ISBN 978-0-364-38059-8
PIBN 11010217

TABLE CHRONOLOGIQUE

DES LOIS ET DÉCRETS

CONTENUS DANS LE TOME IX° DE LA XII° SÉRIE
DU BULLETIN DES LOIS.

— XXX —

FIN DE LA TABLE CHRONOLOGIQUE DES LOIS ET DÉCRETS DU TOME IX.

(XIIᵉ Série.)

BULLETIN DES LOIS

DE LA RÉPUBLIQUE FRANÇAISE.

N° 215.

RÉPUBLIQUE FRANÇAISE.

N° 3237. — *Loi relative à l'Électorat municipal.*

Du 7 Juillet 1874.

(Promulguée au *Journal officiel* du 11 juillet 1874.)

L'Assemblée nationale a adopté la loi dont la teneur suit:

Art. 1er. A partir de la promulgation de la présente loi, une liste électorale relative aux élections municipales sera dressée dans chaque commune par une commission composée du maire, d'un délégué de l'administration désigné par le préfet et d'un délégué choisi par le conseil municipal.

Dans les communes qui auront été divisées en sections électorales, la liste sera dressée, dans chaque section, par une commission composée : 1° du maire ou adjoint ou d'un conseiller municipal dans l'ordre du tableau; 2° d'un délégué de l'administration désigné par le préfet; 3° d'un délégué choisi par le conseil municipal.

Lorsque la commune est divisée en plusieurs cantons, le sectionnement devra être opéré de telle sorte qu'une section électorale ne puisse comprendre des portions de territoires appartenant à plusieurs cantons.

A Paris et à Lyon, la liste sera dressée, dans chaque quartier ou section, par une commission composée du maire de l'arrondissement ou d'un adjoint délégué, du conseiller municipal élu dans le quartier ou la section et d'un électeur désigné par le préfet du département.

Il sera dressé, en outre, d'après les listes spéciales à chaque section ou quartier, une liste générale des électeurs de la commune, par ordre alphabétique.

A Paris et à Lyon, cette liste générale sera dressée par arrondissement.

XII Série.

2. Les listes seront déposées au secrétariat de la mairie, communiquées et publiées conformément à l'article 2 du décret réglementaire du 2 février 1852.

Les demandes en inscription ou en radiation devront être formées dans le délai de vingt jours, à partir de la publication des listes ; elles seront soumises aux commissions indiquées dans l'article 1ᵉʳ, auxquelles seront adjoints deux autres délégués du conseil municipal.

A Paris et à Lyon, deux électeurs domiciliés dans le quartier ou la section et nommés, avant tout travail de révision, par la commission instituée en l'article 1ᵉʳ, seront adjoints à cette commission.

3. L'appel des décisions de ces commissions sera porté devant le juge de paix, qui statuera conformément aux dispositions du décret organique du 2 février 1852.

4. L'électeur qui aura été l'objet d'une radiation d'office de la part des commissions désignées à l'article 1ᵉʳ, ou dont l'inscription aura été contestée devant lesdites commissions, sera averti sans frais par le maire et pourra présenter ses observations.

Notification de la décision des commissions sera, dans les trois jours, faite aux parties intéressées, par écrit et à domicile, par les soins de l'administration municipale ; elles pourront interjeter appel dans les cinq jours de la notification.

Les listes électorales seront réunies en un registre et conservées dans les archives de la commune.

Tout électeur pourra prendre communication et copie de la liste électorale.

5. Sont inscrits sur la liste des électeurs municipaux tous les citoyens âgés de vingt et un ans, jouissant de leurs droits civils et politiques et n'étant dans aucun cas d'incapacité prévu par la loi :

1° Qui sont nés dans la commune ou y ont satisfait à la loi du recrutement, et, s'ils n'y ont pas conservé leur résidence, sont venus s'y établir de nouveau depuis six mois au moins ;

2° Qui, même n'étant pas nés dans la commune, y auront été inscrits depuis un an au rôle d'une des quatre contributions directes ou au rôle des prestations en nature, et, s'ils ne résident pas dans la commune, auront déclaré vouloir y exercer leurs droits électoraux. Seront également inscrits, aux termes du présent paragraphe, les membres de la famille des mêmes électeurs compris dans la cote de la prestation en nature, alors même qu'ils n'y sont pas personnellement portés, et les habitants qui, en raison de leur âge ou de leur santé, auront cessé d'être soumis à cet impôt ;

3° Qui se sont mariés dans la commune et justifieront qu'ils y résident depuis un an au moins ;

4° Qui, ne se trouvant pas dans un des cas ci-dessus, demanderont à être inscrits sur la liste électorale et justifieront d'une résidence de deux années consécutives dans la commune. Ils devront déclarer le lieu et la date de leur naissance.

Tout électeur inscrit sur la liste électorale pourra réclamer la radiation ou l'inscription d'un individu omis ou indûment inscrit;

5° Qui, en vertu de l'article 2 du traité de paix du 10 août 1871, ont opté pour la nationalité française et déclaré fixer leur résidence dans la commune, conformément à la loi du 19 juin 1871;

6° Qui sont assujettis à une résidence obligatoire dans la commune en qualité soit de ministres des cultes reconnus par l'État, soit de fonctionnaires publics.

Seront également inscrits les citoyens qui, ne remplissant pas les conditions d'âge et de résidence ci-dessus indiquées lors de la formation des listes, les rempliront avant la clôture définitive.

L'absence de la commune résultant du service militaire ne portera aucune atteinte aux règles ci-dessus édictées pour l'inscription sur les listes électorales.

6. Ceux qui, à l'aide de déclarations frauduleuses ou de faux certificats, se seront fait inscrire ou auront tenté de se faire inscrire indûment sur une liste électorale; ceux qui, à l'aide des mêmes moyens, auront fait inscrire ou rayer, tenté de faire inscrire ou rayer indûment un citoyen, et les complices de ces délits, seront passibles d'un emprisonnement de six jours à un an et d'une amende de cinquante à cinq cents francs (50 à 500').

Les coupables pourront, en outre, être privés pendant deux ans de l'exercice de leurs droits civiques.

L'article 463 du Code pénal est dans tous les cas applicable.

7. Les dispositions des lois antérieures ne sont abrogées qu'en ce qu'elles ont de contraire à la présente loi.

8. Pour l'année 1874, les listes seront dressées immédiatement après la promulgation de la présente loi, et les délais déterminés par les décrets du 2 février 1852 seront observés.

Délibéré en séances publiques, à Versailles, les 1er et 11 Juin et 7 Juillet 1874.

Le Président,

Signé L. BUFFET.

Les Secrétaires,

Signé FÉLIX VOISIN, FRANCISQUE RIVE, VANDIER, E. DE CAZENOVE DE PRADINE.

LE PRÉSIDENT DE LA RÉPUBLIQUE PROMULGUE LA PRÉSENTE LOI.

Signé Mal DE MAC MAHON, duc DE MAGENTA.

Le Ministre de l'intérieur,

Signé DE FOURTOU.

RÉPUBLIQUE FRANÇAISE.

N° 3238. — *Loi relative aux améliorations à apporter à la situation des Sous-Officiers de l'Armée active.*

Du 10 Juillet 1874.

(Promulguée au *Journal officiel* du 17 juillet 1874.)

L'Assemblée nationale a adopté la loi dont la teneur suit :

Art. 1". A partir du 1" janvier 1875, le tarif de la solde porté au tableau A annexé à la présente loi sera applicable aux sous-officiers des différentes armes.

2. Les sous-officiers qui seront autorisés à contracter un rengagement dans les conditions spécifiées à l'article 51 de la loi du 27 juillet 1872 auront droit, à partir du jour de leur rengagement, à une haute paye journalière de trente centimes (0' 30').

Dans le cas où la classe à laquelle ils appartiennent serait renvoyée par anticipation dans ses foyers avant la dernière année de service, ils pourront, par extension de l'article 51 de la loi précitée, être admis à jouir des avantages spécifiés au précédent paragraphe, à partir du jour du départ de leur classe.

Après dix ans de service, le sous-officier aura droit à une haute paye de vingt centimes (0' 20') qui se cumulera avec la première.

3. Les sous-officiers, à l'âge de trente-cinq ans accomplis, auront droit à une pension de retraite proportionnelle dont le taux sera décompté, pour chaque année de service et pour chaque campagne, à raison d'un vingt-cinquième du minimum de la pension à laquelle ils auraient droit aux termes de la loi du 11 avril 1831, modifiée par les dispositions de l'article 19 du titre IV de la loi du 26 avril 1855. Cette pension pourra se cumuler, jusqu'à concurrence de douze cents francs (1,200'), avec le traitement afférent à l'emploi qu'ils pourront obtenir en vertu des dispositions de la loi du 24 juillet 1873. L'excédant sera reversé au trésor.

Les dispositions du paragraphe précédent n'étant pas applicables aux sous-officiers qui entreront dans la gendarmerie, ces sous-officiers continueront à y jouir de la haute paye dont ils étaient en possession au moment où ils ont quitté leur corps, sans préjudice des droits à la haute paye spéciale qu'ils pourraient acquérir par leurs services ultérieurs dans la gendarmerie.

4. Tout sous-officier porté sur la liste de classement dressée en conformité de l'article 8 de la loi du 24 juillet 1873 recevra, à partir du jour de sa libération, une allocation journalière de un franc cinquante centimes (1' 50') jusqu'au moment où l'un des emplois civils pour lequel il a été désigné lui aura été attribué.

Les sous-officiers ci-dessus désignés pourront être pourvus d'emplois dans les six derniers mois de leur service; ils seront, dans ce cas, mis en congé et remplacés dans leur grade.

5. Le ministre de la guerre déterminera la proportion et les conditions dans lesquelles pourront s'effectuer les rengagements.

6. Les dispositions de la présente loi sont, ainsi que le tarif de solde et le tableau annexés, applicables aux troupes d'infanterie, d'artillerie, ainsi qu'à la gendarmerie de la marine.

7. Il sera rendu compte, chaque année, avant le 31 mars, à l'Assemblée nationale, de l'exécution de la présente loi et de celle du 24 juillet 1873.

DISPOSITIONS TRANSITOIRES.

8. Les sous-officiers libérés du service depuis la promulgation de la loi du 27 juillet 1872 sur le recrutement de l'armée, qui, au moment de leur libération du service actif, avaient accompli deux années de service dans leur grade, pourront, s'ils en font la demande dans le délai de six mois après la promulgation de la présente loi et s'ils n'ont pas dépassé l'âge de trente ans, être admis à contracter un rengagement de cinq ans dans l'armée active.

Ce rengagement leur donnera droit à la haute paye et à tous les avantages attribués par les articles 2 et 3 ci-dessus aux rengagés sous les drapeaux, sans déduction, pour le droit à la retraite, du temps qu'ils auront passé hors de l'armée.

Jusqu'à la promulgation de la loi des cadres, le ministre de la guerre est autorisé à conserver dans l'armée, comme commissionnés, les hommes des cadres pourvus d'emplois spéciaux et compris dans le tableau B annexé à la présente loi.

9. La présente loi sera applicable aux sous-officiers rengagés en vertu du décret du 30 novembre 1872 [1] qui renonceront à jouir du bénéfice dudit décret.

Délibéré en séance publique, à Versailles, le 10 Juillet 1874.

Le Président,

Signé L. BUFFET.

Les Secrétaires,

Signé LOUIS DE SÉGUR, VANDIER, E. DE CAZENOVE DE PRADINE, FÉLIX VOISIN.

LE PRÉSIDENT DE LA RÉPUBLIQUE PROMULGUE LA PRÉSENTE LOI.

Signé M^{al} DE MAC MAHON, duc DE MAGENTA.

Le Vice-Président du Conseil,
Ministre de la guerre,

Signé Gal E. DE CISSEY.

[1] Bull. 115, n° 1600.

TABLEAU A.

DÉSIGNATION.	SOLDE en station avec le pain seulement.

TARIF DE SOLDE.

Infanterie.

Adjudants, chefs armuriers de 1re classe et sous-chefs de musique............ 1f 30c
Sergents-majors, chefs armuriers de 2e classe et tambours-majors............ 1 10
Sergents et sergents-fourriers.. 1 10

Cavalerie.

Adjudants et chefs armuriers de 1re classe............................. 2 10
Maréchaux des logis trompettes.. 1 70
Maréchaux des logis chefs et chefs armuriers de 2e classe.............. 1 50
Maréchaux des logis et maréchaux des logis fourriers.................. 1 20

Artillerie ....

Adjudants et chefs armuriers de 1re classe.............. 2 25
Chefs artificiers... 2 25
Maréchaux des logis chefs et chefs armuriers de 2e classe............ 2 30
Maréchaux des logis trompettes.......................... 1 55
Maréchaux des logis et maréchaux des logis fourriers............... 1 35

Ouvriers d'artillerie.

Maréchaux des logis chefs.............................. 1 22
Maréchaux des logis et maréchaux des logis fourriers.......... 1 25

Compagnies d'artificiers.

Maréchaux des logis chefs............................. 1 22
Maréchaux des logis et maréchaux des logis fourriers........ 1 25

Train.

Adjudants et chefs armuriers de 1re classe........... 2 15
Sergents-majors et chefs armuriers de 2e classe........ 1 37
Sergents et sergents-fourriers......................... 1 22

Train des équipages militaires.

Adjudants.. 2 17
Maréchaux des logis chefs............................. 1 12
Maréchaux des logis et maréchaux des logis fourriers....... 1 37

Services administratifs.

Sergents-majors.. 2
Sergents-fourriers et sergents........................ 1

TABLEAU B.

[text illegible]

[text illegible]

Tambours-majors, sergents-majors, chefs de fanfare, caporaux, tambours et clairons, trompettes-majors et brigadiers-trompettes.

Sous-officiers, caporaux ou brigadiers maîtres d'armes et prévôts.

Maîtres selliers.

Brigadiers maréchaux ferrants.

Chefs artificiers des régiments d'artillerie.

Sous-chefs artificiers de batterie, dans la proportion du quart de l'effectif.

Sous-officiers des compagnies d'ouvriers d'artillerie et des compagnies d'artificiers.

Maîtres charpentiers, forgerons et cordiers des régiments de pontonniers.

Chefs d'atelier et chefs artificiers des écoles du génie.

Sous-officiers et brigadiers des compagnies de remonte, dans la proportion du tiers de l'effectif.

Cavaliers des compagnies de remonte, dans la proportion du sixième de l'effectif.

Sous-officiers secrétaires d'état-major.

Sous-officiers employés dans le service du recrutement et de la mobilisation.

Sous-officiers, caporaux ou brigadiers et hommes des cadres employés dans les écoles militaires.

Sous-officiers, brigadiers et cavaliers de manége.

Sous-officiers, brigadiers et ouvriers arçonniers.

Sergents infirmiers de visite, dans la proportion de la moitié de l'effectif.

Sous-officiers mécaniciens et meuniers des services administratifs.

Sous-officiers concierges des bâtiments militaires d'administration.

Ouvriers d'état de l'artillerie et du génie.

Gardiens de batterie.

Portiers-consignes.

Gendarmerie (cadres et troupe).

Personnel permanent de la justice militaire.

Sous-officiers compris dans le personnel administratif, permanent et entretenu de l'armée territoriale.

Sous-officiers du régiment de sapeurs-pompiers de la ville de Paris.

Vu pour être annexé à la loi adoptée par l'Assemblée nationale dans sa séance du 10 juillet 1874.

Le Président,

Signé L. BUFFET.

Les Secrétaires,

Signé LOUIS DE SÉGUR, VANDIER, E. DE CAZENOVE DE PRADINE, FÉLIX VOISIN.

RÉPUBLIQUE FRANÇAISE.

N° 3239. — *Loi relative aux mesures à prendre en vue de prévenir les Incendies dans les régions boisées de l'Algérie.*

Du 17 Juillet 1874.

(Promulguée au *Journal officiel* du 19 juillet 1874.)

L'ASSEMBLÉE NATIONALE A ADOPTÉ LA LOI dont la teneur suit :

ART. 1ᵉʳ. Dans toute l'étendue du territoire de l'Algérie, pendant la période du 1ᵉʳ juillet au 1ᵉʳ novembre de chaque année, nul ne pourra, hors des habitations, apporter ou allumer du feu dans l'intérieur ou à deux cents mètres des bois et forêts, même pour la fabrication du charbon, l'extraction du goudron et la distillation de la résine. Cette interdiction est applicable même aux propriétaires des bois et forêts.

L'emploi du feu dans les gourbis et autres abris compris dans la même zone sera soumis aux prescriptions du règlement d'administration publique, des arrêtés et règlements à intervenir en exécution de la présente loi.

2. Nul ne pourra, pendant la même période et dans un rayon de quatre kilomètres des massifs forestiers, mettre le feu aux broussailles, herbes ou végétaux sur pied, s'il n'a obtenu la permission expresse de l'autorité administrative locale.

L'arrêté d'autorisation déterminera le jour et l'heure de la mise à feu.

Cet arrêté sera publié et affiché dans les communes limitrophes au moins quinze jours à l'avance ; s'il s'applique à des terrains situés à moins de un kilomètre des forêts, l'avis de l'administration forestière sera préalablement réclamé.

Jusqu'à ce que la loi ait réglé par des dispositions nouvelles l'obligation et le mode d'établissement des tranchées entre les terrains des divers propriétaires, l'arrêté imposera spécialement toutes les mesures de précaution à prendre, et, s'il y a lieu, l'ouverture préalable de tranchées destinées à empêcher la communication du feu.

3. Le gouverneur général pourra désigner un ou plusieurs officiers ou sous-officiers commandant une force publique auxiliaire pour concourir avec les agents forestiers à l'exécution des mesures légalement prises contre les incendies.

Les officiers et sous-officiers délégués seront placés auprès de l'autorité administrative locale et investis des attributions de police judiciaire qui appartiennent à la gendarmerie. Les règlements de cette arme leur seront applicables dans leurs rapports avec les autorités administratives et judiciaires.

4. Les populations indigènes dans les régions forestières seront, pendant la même période, astreintes, sous les pénalités édictées par l'article 8, à un service de surveillance qui sera réglé par arrêtés du gouverneur général.

Tout Européen ou indigène requis pour un service de secours organisé contre l'incendie et qui aura refusé son concours sans motifs légitimes sera puni des peines portées en l'article 8 ci-après, sans préjudice, au regard des usagers, de l'article 149 du Code forestier, relatif à la privation des droits d'usage, laquelle sera prononcée par le juge de paix.

5. En tout territoire, civil ou militaire, indépendamment des condamnations individuelles encourues par les auteurs ou complices des crimes et délits ou contraventions, en cas d'incendies de forêts, les tribus et les douars pourront être frappés d'amendes collectives, dans les formes et suivant les conditions ci-après.

6. Ces amendes seront prononcées par le gouverneur général, en conseil de gouvernement, sur le vu des procès-verbaux, rapports et

propositions de l'autorité administrative locale, les chefs de tribu ou de douar préalablement entendus par ladite autorité.

Le produit des amendes sera versé au trésor ; il pourra être affecté, en tout ou partie, à la réparation du préjudice causé par les incendies. Dans ce cas, le gouverneur général dressera l'état de répartition et le notifiera aux parties lésées ; le recours au Conseil d'État sera ouvert à celles-ci dans le délai de deux mois, à partir de la notification, contre les décisions prises par le gouverneur général à leur égard.

Lorsque les incendies, par leur simultanéité ou leur nature, dénoteront de la part des indigènes un concert préalable, ils pourront être assimilés à des faits insurrectionnels, et, en conséquence, donner lieu à l'application du séquestre, conformément aux dispositions actuellement en vigueur de l'ordonnance royale du 31 octobre 1845 [1].

7. Tout pâturage au profit des usagers est interdit d'une manière absolue, pendant six ans au moins, sur toute l'étendue des bois et forêts incendiés, sous les peines portées par l'article 199, paragraphe 2, du Code forestier.

8. Toutes contraventions aux prescriptions de la présente loi et à celles des règlements et arrêtés rendus pour son exécution seront punies d'une amende de vingt à cinq cents francs et pourront l'être, en outre, d'un emprisonnement de six jours à six mois.

L'article 463 du Code pénal sera applicable.

9. Les gardes forestiers, domaniaux ou communaux, auront le droit, concurremment avec tous officiers de police judiciaire, de rechercher ou constater dans tous les bois et forêts des particuliers les délits et contraventions prévus par les lois et règlements applicables à l'Algérie.

10. Les procès-verbaux dressés par tous préposés forestiers, en exécution de l'article qui précède, sont dispensés de l'affirmation et enregistrés en débet ; ils feront foi jusqu'à inscription de faux dans les conditions prévues par les articles 177 et suivants du Code forestier.

Ils sont, après l'accomplissement des formalités prescrites par le Code forestier et par le décret du 19 janvier 1856, transmis par l'inspecteur des forêts, dans les vingt jours de leur date, au procureur de la République, qui seul exerce les poursuites et traduit les inculpés, suivant les cas, devant le tribunal correctionnel ou devant le juge de paix, dont la compétence spéciale en matière de délits forestiers est déterminée par les décrets des 14 mai 1850 et 19 août 1854 [2].

Dans les territoires maintenus transitoirement sous l'autorité militaire, le général commandant la division exercera les poursuites devant les juridictions militaires compétentes.

11. Un règlement d'administration publique fixera le mode et les détails d'exécution des dispositions qui précèdent.

---

[1] IX° série, Bull. 1250, n° 12,359.   [2] XI° série, Bull. 208, n° 1886.

Des arrêtés du gouverneur général détermineront également les mesures de police qui seront jugées nécessaires pour assurer l'exécution de la loi.

Chaque année, pendant la période du 1ᵉʳ juillet au 1ᵉʳ novembre, le Journal officiel de l'Algérie publiera un rapport mensuel relatant les mesures prises ou à prendre dans chaque province en conformité des prescriptions de la présente loi.

Délibéré en séance publique, à Versailles, le 17 Juillet 1874.

Le Président,
Signé L. BUFFET.

Les Secrétaires,
Signé FÉLIX VOISIN, VANDIER, E. DE CAZENOVE DE PRADINE, LOUIS DE SÉGUR.

LE PRÉSIDENT DE LA RÉPUBLIQUE PROMULGUE LA PRÉSENTE LOI,

Signé Mᵃˡ DE MAC MAHON, duc DE MAGENTA.

Le Ministre de l'intérieur,
Signé DE FOURTOU.

RÉPUBLIQUE FRANÇAISE.

N° 3240. — *DÉCRET qui approuve la Déclaration relative à la Protection des Marques de fabrique, signée à Rome, le 10 juin 1874, entre la France et l'Italie.*

Du 3 Juillet 1874.

(Promulgué au *Journal officiel* du 7 juillet 1874.)

LE PRÉSIDENT DE LA RÉPUBLIQUE FRANÇAISE,

Sur la proposition du ministre des affaires étrangères ;

DÉCRÈTE :

ART. 1ᵉʳ. Une Déclaration relative à la protection des marques de fabrique ayant été signée à Rome, le 10 juin 1874, entre la France et l'Italie, ladite Déclaration, dont la teneur suit, est approuvée et sera insérée au Journal officiel.

DÉCLARATION.

Le Gouvernement de la République française et le Gouvernement de Sa Majesté le Roi d'Italie ayant jugé utile de fixer le sens de l'article 13 de la convention littéraire et artistique signée, le 29 juin

1862, entre la France et l'Italie, les soussignés, dûment autorisés par leurs Gouvernements respectifs, sont convenus de ce qui suit :

ARTICLE UNIQUE. Les marques de fabrique auxquelles s'applique l'article 13 de la convention littéraire et artistique conclue entre la France et l'Italie, le 29 juin 1862 [1], sont celles qui, dans les deux Pays, sont légitimement acquises aux industriels ou négociants qui en usent; c'est-à-dire que le caractère d'une marque française doit être apprécié d'après la loi française, de même que celui d'une marque italienne doit être jugé d'après la loi italienne.

Le présent article additionnel aura la même force, valeur et durée que s'il était inséré, mot pour mot, dans la convention précitée du 29 juin 1862, à laquelle il sert de commentaire.

En foi de quoi, les soussignés ont dressé la présente Déclaration et l'ont revêtue du sceau de leurs armes.

Fait en double expédition, à Rome, ce 10 Juin 1874.

(L. S.) Signé Mᴵ DE NOAILLES.
(L. S.) Signé VISCONTI VENOSTA.

2. Le ministre des affaires étrangères est chargé de l'exécution du présent décret.

Fait à Versailles, le 3 Juillet 1874.

Signé Mᵈ DE MAC MAHON, duc DE MAGENTA.

Le Ministre des affaires étrangères,

Signé DECAZES.

RÉPUBLIQUE FRANÇAISE.

N° 3241. — DÉCRET qui rectifie, en ce qui concerne le département des Côtes-du-Nord, le Tableau de population n° 3, déclaré authentique par le décret du 31 décembre 1872.

Du 9 Juillet 1874.

LE PRÉSIDENT DE LA RÉPUBLIQUE FRANÇAISE,

Sur le rapport du ministre de l'intérieur;
Vu le décret du 31 décembre 1872 [2], qui déclare authentiques les tableaux de la population de la France;
Vu les rectifications proposées par le préfet,

DÉCRÈTE :

ART. 1ᵉʳ. Le tableau rectificatif ci-après est substitué, en ce qui

[1] XIᵉ série, Bull. 1057, n° 10,626.   [2] XIIᵉ série, Bull. 114, n° 1562.

concerne le département des Côtes-du-Nord, aux tableaux de population joints au décret du 31 décembre 1872.

RECTIFICATION AU TABLEAU N° 3.

Population des communes de 2,000 âmes et au-dessus et des chefs-lieux de canton.

ARRONDISSEMENT.	COMMUNE.	POPU-LATION totale.	POPU-LATION compliée à part.	POPULATION normale ou municipale	
				totale.	agglomérée.
Lannion............	Tréguier............	3,815	753	3,062	3,032

2. Le ministre de l'intérieur est chargé l'exécution du présent décret.

Fait à Versailles, le 9 Juillet 1874.

Signé M^{al} DE MAC MAHON.

Le Ministre de l'intérieur,

Signé DE FOURTOU.

RÉPUBLIQUE FRANÇAISE.

N° 3242. — *Décret relatif à la formation des Listes électorales relatives aux Élections municipales.*

Du 11 Juillet 1874.

(Promulgué au *Journal officiel* du 12 juillet 1874.)

LE PRÉSIDENT DE LA RÉPUBLIQUE FRANÇAISE,

Sur la proposition du ministre de l'intérieur;
Vu la loi du 7 juillet 1874,

DÉCRÈTE :

ART. 1er. Les listes électorales relatives aux élections municipales seront immédiatement dressées dans toutes les communes par les commissions instituées conformément à l'article 1er de la loi du 7 juillet 1874.

2. Ces listes seront déposées au secrétariat de la mairie au plus tard le 9 août 1874.

Avis du dépôt sera, le même jour, donné par affiches aux lieux accoutumés.

Copie de la liste et du procès-verbal constatant l'accomplissement des formalités ci-dessus sera en même temps transmise au sous-préfet de l'arrondissement, qui l'adressera dans les deux jours, avec ses observations, au préfet du département.

3. Les demandes en radiation ou en inscription devront être déposées au secrétariat de la mairie le 29 août au plus tard.

4. Le 27 septembre, les commissions désignées à l'article 1er de la loi arrêteront définitivement les listes, après y avoir apporté les rectifications régulièrement ordonnées tant par les commissions désignées en l'article 2 de la loi que par les décisions des juges de paix.

La minute de la liste restera déposée au secrétariat de la commune; une expédition en sera immédiatement transmise au préfet, pour être déposée au secrétariat général du département.

Dans les communes divisées en sections électorales, les listes des diverses sections, telles qu'elles auront été arrêtées par les commissions spéciales, seront en outre réunies en une seule liste alphabétique pour toute la commune; cette liste restera déposée au secrétariat de la mairie.

5. Les seules modifications qui pourront être apportées après le 27 septembre aux listes ainsi arrêtées sont celles qui résulteraient, soit de décisions rendues par les juges de paix sur des réclamations régulièrement introduites, soit de décès ou de jugements passés en force de chose jugée et entraînant la privation des droits civils et politiques.

Fait à Versailles, le 11 Juillet 1874.

Signé M^{al} DE MAC MAHON, duc DE MAGENTA.

Le Ministre de l'intérieur,

Signé DE FOURTOU.

N°3243. — DÉCRET DU PRÉSIDENT DE LA RÉPUBLIQUE FRANÇAISE (contre-signé par le ministre de l'instruction publique, des cultes et des beaux-arts) portant :

ART. 1er. Le secrétaire perpétuel de l'académie des inscriptions et belles-lettres de l'Institut de France est autorisé à accepter, jusqu'à concurrence de la quotité disponible, au nom de cette académie, le legs de vingt mille francs à elle fait par feu la dame *Guérineau*, pour être employé conformément aux conditions énoncées dans le testament de la donatrice.

2. Les secrétaires perpétuels de l'académie des sciences sont autorisés à accepter, jusqu'à concurrence de la quotité disponible, au nom de cette académie, le legs de vingt mille francs à elle fait par feu la dame *Guérineau*, pour être employé conformément aux conditions énoncées dans le même testament.

3. Le ministre de l'instruction publique, des cultes et des beaux-arts est autorisé à accepter, au nom de l'État, pour le conservatoire national de musique et de déclamation, jusqu'à concurrence de la quotité disponible, le legs de dix mille francs fait par feu la dame *Guérineau* au profit de cet établissement et aux conditions énoncées dans le testament de la donatrice. (*Versailles, 25 Octobre 1873.*)

N° 3244. — DÉCRET DU PRÉSIDENT DE LA RÉPUBLIQUE FRANÇAISE (contre-signé par le ministre des travaux publics) portant ce qui suit :

1° Il sera procédé à l'exécution des travaux nécessaires à l'agrandissement et à l'amélioration du port de Marseillan (Hérault), conformément aux projets et aux avis, en date des 26 septembre 1872 et 11 décembre 1873, du conseil général des ponts et chaussées.

2° Ces travaux sont déclarés d'utilité publique.

3° Il est pris acte de l'engagement souscrit par le conseil municipal de Marseillan de contribuer pour moitié à la dépense, tel que cet engagement résulte de ses délibérations des 30 juin 1872 et 13 mars 1873.

Il est également pris acte de l'engagement souscrit par le conseil général de l'Hérault de contribuer pour un quart à la dépense, tel que cet engagement résulte de ses délibérations des 6 septembre 1872 et 30 août 1873.

Le surplus de la somme de vingt et un mille cinq cents francs, c'est-à-dire le quart de la dépense, sera supporté par l'État. (*Versailles, 23 Mars 1874.*)

N° 3245. — DÉCRET DU PRÉSIDENT DE LA RÉPUBLIQUE FRANÇAISE (contre-signé par le ministre des travaux publics) portant ce qui suit :

1° Sont déclarés d'utilité publique les travaux de rectification de la route départementale de la Creuse n° 2, d'Aubusson à Montaigut, aux abords de l'étang de Couyoux, suivant la direction générale indiquée par une ligne rouge sur un plan qui restera annexé au présent décret.

2° L'administration est autorisée à faire l'acquisition des terrains et bâtiments nécessaires à l'exécution de l'entreprise, en se conformant aux dispositions des titres II et suivants de la loi du 3 mai 1841, sur l'expropriation pour cause d'utilité publique.

3° Le présent décret sera considéré comme non avenu si les travaux n'ont pas été adjugés dans un délai de cinq ans, à partir du jour de sa promulgation. (*Versailles, 23 Mars 1874.*)

N° 3246. — DÉCRET DU PRÉSIDENT DE LA RÉPUBLIQUE FRANÇAISE (contre-signé par le ministre des travaux publics) portant ce qui suit :

1° Sont déclarés d'utilité publique les travaux de rectification, à l'entrée de Lugny, de la route départementale de Saône-et-Loire n° 21, de Mâcon à Lugny, suivant la direction indiquée par des lignes rouges sur un plan qui restera annexé au présent décret.

2° L'administration est autorisée à faire l'acquisition des terrains et bâtiments nécessaires à l'exécution de ces travaux, en se conformant aux dispotions des titres II et suivants de la loi du 3 mai 1841, sur l'expropriation pour cause d'utilité publique.

3° Le présent décret sera considéré comme non avenu si les travaux n'ont pas été adjugés dans un délai de cinq ans, à partir du jour de sa promulgation. (*Versailles, 23 Mars 1874.*)

N° 3247.— Décret du Président de la République française (contre-signé par le ministre des travaux publics) qui affecte au département des travaux publics une parcelle de terrain domanial d'une superficie de quatre mille sept cent quarante-cinq mètres, dépendant du magasin des vivres de la marine à Bordeaux (Gironde), et désignée sous le nom de *Parc aux bestiaux*, ladite parcelle indiquée par une teinte jaune sur un plan qui restera annexé au présent décret. (*Versailles, 27 Mars 1874.*)

N° 3248.— Décret du Président de la République française (contre-signé par le ministre de l'intérieur) portant ce qui suit :

Les territoires teintés en rose sur le plan annexé au présent décret sont distraits de la commune de Saint-Pierre-de-Clairac, canton de Puymirol, arrondissement d'Agen (Lot-et-Garonne), et rattachés à la commune de Lafox, même canton.

La présente modification aura lieu sans préjudice des droits d'usage ou autres qui pourraient être respectivement acquis. (*Versailles, 7 Avril 1874.*)

N° 3249.— Décret du Président de la République française (contre-signé par le ministre de l'intérieur) portant ce qui suit :

Les territoires teintés en jaune sur le plan annexé au présent décret et cotés au plan cadastral de la commune de Vezac (section B) sous les n°ˢ 1180 et 1182 à 1204 sont distraits de ladite commune de Vezac, canton et arrondissement de Sarlat (département de la Dordogne), et annexés à la commune de la Roque-Gageac, même canton.

Cette distraction aura lieu aux conditions stipulées dans la délibération du conseil municipal de la Roque-Gageac, en date du 11 juillet 1873, et sans préjudice des droits d'usage ou autres qui peuvent être respectivement acquis. (*Versailles, 7 Avril 1874.*)

N° 3250.— Décret du Président de la République française (contre-signé par le garde des sceaux, ministre de la justice) portant ce qui suit :

1° M. *Alexandre*, propriétaire, né en 1818, à Saint-Florent-de-Castries (île Saint-Louis), demeurant à Saint-Pierre (Martinique), est autorisé à ajouter à son nom patronymique celui de *Verdet*, et à s'appeler, à l'avenir, *Alexandre Verdet*;

2° M. *Graet* (*Marie-Félix*), propriétaire, né le 10 août 1821, à Valenciennes (Nord), demeurant à Monchy-Humières (Oise), est autorisé à ajouter à son nom patronymique celui de *de Bacquencourt*, et à s'appeler, à l'avenir, *Gruel de Bacquencourt*;

3° Mme *de Laurès* (*Jeanne-Françoise-Joséphine*), veuve de *Fuléran-Félix-Édouard Delpon*, née le 19 mars 1809, à Gignac (Hérault), demeurant à Paris, Et ses trois fils :

M. *Delpon* (*Joseph-Paul-Philomen-Charles*), préfet du département d'Ille-et-Vilaine), né le 28 janvier 1835, à Clermont (Hérault),

M. *Delpon* (*Marie-Jean-Albert*), avoué à Paris, y demeurant, né le 14 août 1836, à Clermont (Hérault),

M. *Delpon* (*Fuléran-Marie-Joseph*), négociant, né le 28 décembre 1843, à Clermont (Hérault), demeurant à Paris,

Sont autorisés à ajouter à leur nom patronymique celui de *de Vissec*, et à s'appeler, à l'avenir, *Delpon de Vissec*;

4° M. *Lamp* (*Jean-Paul-Chrysostôme*), né le 28 juin 1854, à Passy (Seine), y demeurant, est autorisé à ajouter à son nom patronymique celui de *Ritter*, et à s'appeler, à l'avenir, *Lamp-Ritter*;

4° Lesdits impétrants ne pourront se pourvoir devant les tribunaux pour faire opérer, sur les registres de l'état civil, les changements résultant du présent décret, qu'après l'expiration du délai fixé par la loi du 11 germinal an xi, et en justifiant qu'aucune opposition n'a été formée devant le Conseil d'État. (*Versailles, 10 Juillet 1874.*)

Certifié conforme :

Versailles, le 28 * Juillet 1874,

Le Garde des Sceaux, Ministre de la Justice,

A. TAILHAND.

* Cette date est celle de la réception du Bulletin au ministère de la Justice.

On s'abonne, pour le Bulletin des lois, à raison de 9 francs par an, à la caisse de l'Imprimerie nationale ou chez les Receveurs des postes des départements.

IMPRIMERIE NATIONALE. — 28 Juillet 1874.

BULLETIN DES LOIS

DE LA RÉPUBLIQUE FRANÇAISE.

N° 216.

RÉPUBLIQUE FRANÇAISE.

N° 3251. — *Loi qui fixe l'époque des Élections pour la reconstitution du Conseil général des Bouches-du-Rhône, dissous par décret du 26 mai 1874.*

Du 29 Juin 1874.

(Promulguée au *Journal officiel* du 1ᵉʳ juillet 1874.)

L'Assemblée nationale a adopté la loi dont la teneur suit :

Art. 1ᵉʳ. Les élections auxquelles il devra être procédé dans le département des Bouches-du-Rhône, pour le remplacement du conseil général dissous par décret du 26 mai 1874, auront lieu en même temps que celles relatives au renouvellement partiel des conseils généraux.

2. La commission départementale élue dans la session d'août 1873 cessera de fonctionner à partir de la promulgation de la présente loi.

Elle sera provisoirement remplacée par une commission nommée conformément à l'article 35 de la loi du 10 août 1871.

Délibéré en séance publique, à Versailles, le 29 Juin 1874.

Le Président,
Signé L. BUFFET.

Les Secrétaires,
Signé FÉLIX VOISIN, FRANCISQUE RIVE, VANDIER,
E. DE CAZENOVE DE PRADINE.

LE PRÉSIDENT DE LA RÉPUBLIQUE PROMULGUE LA PRÉSENTE LOI.

Signé Mᵃˡ DE MAC MAHON, duc DE MAGENTA.

Le Ministre de l'intérieur,
Signé DE FOURTOU.

XIIᵉ Série.

RÉPUBLIQUE FRANÇAISE.

———

N° 3252. — *Loi qui ouvre au Ministre de l'Agriculture et du Commerce, sur l'exercice 1874, un Crédit supplémentaire de 200,000 francs pour les dépenses de l'Exposition de Vienne, et annule une somme de 400,000 francs sur l'exercice 1873.*

Du 10 Juillet 1874.

(Promulguée au *Journal officiel* du 16 juillet 1874.)

L'ASSEMBLÉE NATIONALE A ADOPTÉ LA LOI dont la teneur suit :

ART. 1er. Il est ouvert au ministre de l'agriculture et du commerce, sur le budget de l'exercice 1874, en addition au chapitre xv (*Expositions internationales*), un crédit supplémentaire de deux cent mille francs (200,000^f) pour les dépenses de l'exposition de Vienne.

2. Une somme de quatre cent mille francs (400,000^f) est annulée sur le crédit ouvert au chapitre xv du budget de l'agriculture et du commerce pour l'exercice 1873.

3. Il sera pourvu à l'acquittement de la dépense autorisée en 1874, au moyen des ressources générales affectées au budget de l'exercice 1874.

Délibéré en séance publique ; à Versailles, le 10 Juillet 1874.

Le Président,

Signé L. BUFFET.

Les Secrétaires,

Signé LOUIS DE SÉGUR, VANDIER, E. DE CAZENOVE DE PRADINE, FÉLIX VOISIN.

LE PRÉSIDENT DE LA RÉPUBLIQUE PROMULGUE LA PRÉSENTE LOI.

Signé M^{al} DE MAC MAHON, duc DE MAGENTA.

Le Ministre de l'agriculture et du commerce,

Signé L. GRIVART.

RÉPUBLIQUE FRANÇAISE.

N° 3253. — *Loi qui approuve la Convention de poste entre la France et l'Uruguay, signée le 10 janvier 1874.*

Du 13 Juillet 1874.

(Promulguée au *Journal officiel* du 21 juillet 1874.)

L'ASSEMBLÉE NATIONALE A ADOPTÉ LA LOI dont la teneur suit :

ARTICLE UNIQUE. Le Président de la République est autorisé à ratifier et, s'il y a lieu, à faire exécuter la Convention de poste conclue, le 10 janvier 1874, entre la France et l'Uruguay, et dont une copie authentique demeure annexée à la présente loi.

Délibéré en séance publique, à Versailles, le 13 Juillet 1874.

Le *Président,*
Signé L. BUFFET.

Les *Secrétaires,*
Signé FÉLIX VOISIN, VANDIER, LOUIS DE SÉGUR,
E. DE CAZENOVE DE PRADINE.

LE PRÉSIDENT DE LA RÉPUBLIQUE PROMULGUE LA PRÉSENTE LOI.

Signé M^{al} DE MAC MAHON, duc DE MAGENTA.

Le *Ministre des affaires étrangères,*
Signé DECAZES.

CONVENTION DE POSTE ENTRE LA FRANCE ET L'URUGUAY,
CONCLUE LE 10 JANVIER 1874.

Le Président de la République française et le Président de la République orientale de l'Uruguay, désirant faciliter et régler de la manière la plus avantageuse pour les deux États l'échange des correspondances entre la France et l'Uruguay, ont voulu assurer ce résultat au moyen d'une convention spéciale, et ont nommé, à cet effet, pour leurs plénipotentiaires, savoir :

Le Président de la République française, M. le duc *Decazes,* député à l'Assemblée nationale, ministre des affaires étrangères, commandeur de l'ordre national de la Légion d'honneur, etc. etc. ;

Et le Président de la République orientale de l'Uruguay, M. *Matéo*

2.

Margarinos-Cervantes, chargé d'affaires de la République orientale de l'Uruguay, à Paris;

Lesquels, après s'être communiqué leurs pleins pouvoirs respectifs, trouvés en bonne et due forme, sont convenus des articles suivants :

Art. 1ᵉʳ. Il y aura, entre l'administration des postes de France et l'administration des postes de l'Uruguay, un échange périodique et régulier de lettres, d'échantillons de marchandises et d'imprimés de toute nature, par les moyens de communication et de transport ci-après désignés, savoir :

1° Par les paquebots à vapeur que le Gouvernement français et le Gouvernement oriental pourront juger à propos de fréter ou de subventionner pour opérer le transport des correspondances entre la France et l'Uruguay;

2° Par les bâtiments à vapeur du commerce naviguant entre les ports de la France et les ports de l'Uruguay;

3° Par les baquebots à vapeur britanniques faisant un service régulier entre les ports de la Grande-Bretagne et les ports de l'Uruguay.

L'administration des postes de France payera les frais résultant du transport par les bâtiments naviguant sous pavillon français des dépêches qui seront expédiées, au moyen de ces bâtiments, tant de la France pour l'Uruguay que de l'Uruguay pour la France.

L'administration des postes de France payera les frais résultant du transport des dépêches qui seront expédiées de la France pour l'Uruguay tant par les bâtiments à vapeur du commerce naviguant sous pavillon tiers que par les paquebots britanniques faisant un service régulier entre les ports de la Grande-Bretagne et les ports de l'Uruguay.

De son côté, l'administration des postes de l'Uruguay payera les frais résultant du transport par les bâtiments naviguant sous pavillon oriental des dépêches qui seront expédiées, au moyen de ces bâtiments, tant de la France pour l'Uruguay que de l'Uruguay pour la France.

L'administration des postes de l'Uruguay payera également les frais résultant du transport des dépêches qui seront expédiées de l'Uruguay pour la France tant par les bâtiments à vapeur du commerce naviguant sous pavillon tiers que par les paquebots britanniques faisant un service régulier entre les ports de la Grande-Bretagne et les ports de l'Uruguay.

Il est entendu d'ailleurs qu'aussi longtemps que l'Uruguay ne jouira pas de la faculté d'expédier des dépêches closes pour la France au moyen des paquebots britanniques et par la voie d'Angleterre, les frais du transport de ces dépêches seront acquittés par l'administration des postes de France, qui sera remboursée de ces frais conformément aux dispositions de l'article suivant.

2. Les personnes qui voudront envoyer des lettres ordinaires, c'est-à-dire non recommandées, soit de la France et de l'Algérie pour l'Uruguay, soit de l'Uruguay pour la France et l'Algérie, pourront, à

leur choix, laisser le port desdites lettres à la charge des destinataires ou payer ce port d'avance jusqu'à destination.

Le prix du port des lettres adressées de l'un des deux États dans l'autre sera réglé conformément au tarif ci-dessous :

DÉSIGNATION DES LETTRES.	PRIX DE PORT à payer pour chaque lettre et par chaque poids de 10 grammes ou fraction de 10 grammes		SOMME À PAYER POUR CHAQUE LETTRE et par chaque poids de 10 grammes ou fraction de 10 grammes			
	par les habitants de la France et de l'Algérie.	par les habitants de l'Uruguay.	par l'administration des postes de France à l'administration des postes de l'Uruguay.		par l'administration des postes de l'Uruguay à l'administration des postes de France.	
			Transport aux frais de la France.	Transport aux frais de l'Uruguay.	Transport aux frais de la France.	Transport aux frais de l'Uruguay.
	fr. c.	centesimos.	fr. c.	fr. c.	fr. c.	fr. c.
Lettres affranchies — de la France et de l'Algérie pour l'Uruguay.	1 00	"	0 25	0 75	"	"
Lettres affranchies — de l'Uruguay pour la France et l'Algérie.	"	20	"	"	0 75	0 25
Lettres non affranchies — de la France et de l'Algérie pour l'Uruguay.	"	20	"	"	0 75	0 25
Lettres non affranchies — de l'Uruguay pour la France et l'Algérie.	1 00	"	0 25	0 75	"	"

3. Indépendamment des taxes fixées par l'article 2 précédent, les lettres non affranchies désignées audit article seront passibles, à la charge des destinataires, d'un droit fixe de trente centimes ou de six centesimos, suivant le cas.

Ce droit sera perçu au profit et pour le compte de l'administration des postes du Pays de destination.

4. Les lettres expédiées à découvert, par la voie de la France ou par l'intermédiaire des paquebots-poste français, soit des pays mentionnés au tableau A annexé à la présente Convention pour l'Uruguay, soit de l'Uruguay pour ces mêmes pays, seront échangées, entre l'administration des postes de France et l'administration des postes de l'Uruguay, aux conditions énoncées dans ledit tableau.

Il est convenu que, dans le cas où les conventions qui règlent les relations postales de la France avec les pays désignés dans le tableau A viendraient à être modifiées de manière à influer sur les conditions d'échange fixées par la présente Convention pour les correspondances transmises par la voie de la France, ces modifications seraient appliquées de plein droit auxdites correspondances.

5. L'administration des postes de France pourra livrer à l'admi-

nistration des postes orientales des lettres recommandées à destination
de l'Uruguay.

De son côté, l'administration des postes de l'Uruguay pourra livrer
à l'administration des postes de France des lettres recommandées à
destination de la France et de l'Algérie, et, autant que possible, à
destination des pays auxquels la France sert d'intermédiaire.

Le port des lettres recommandées devra toujours être acquitté
d'avance jusqu'à destination.

Toute lettre recommandée adressée de l'un des deux Pays dans
l'autre supportera, au départ, en sus de la taxe applicable à une lettre
ordinaire affranchie du même poids, un droit fixe de cinquante centimes ou de dix centesimos, suivant le cas.

Ce droit sera perçu au profit et pour le compte de l'administration
des postes du Pays d'origine.

Le port des lettres recommandées expédiées de l'Uruguay à destination des pays auxquels la France sert d'intermédiaire sera double
de celui des lettres originaires pour la même destination.

6. Dans le cas où quelque lettre recommandée viendrait à être
perdue, celle des deux administrations sur le territoire de laquelle
la perte aura eu lieu payera à l'envoyeur, à titre de dédommagement, une indemnité de cinquante francs, dans le délai de trois
mois à dater du jour de la réclamation; mais il est entendu que les
réclamations ne seront admises que dans les six mois qui suivront la
date du dépôt des chargements; passé ce terme, les deux administrations ne seront tenues l'une envers l'autre à aucune indemnité.

7. Tout paquet contenant des échantillons de marchandises, des
journaux, des gazettes, des ouvrages périodiques, des livres brochés,
des livres reliés en cuir ou en carton, sans aucune garniture, des
brochures, des papiers de musique, des catalogues, des prospectus,
des annonces et des avis divers imprimés, gravés, lithographiés ou
autographiés, qui sera expédié de la France ou de l'Algérie pour
l'Uruguay, sera affranchi jusqu'à destination moyennant le payement d'une taxe de quinze centimes par quarante grammes ou fraction de quarante grammes, et réciproquement, tout paquet contenant
des objets de même nature qui sera expédié de l'Uruguay pour la
France ou l'Algérie sera affranchi jusqu'à destination moyennant le
payement d'une taxe de trois centesimos par quarante grammes ou
fraction de quarante grammes.

L'administration des postes de France payera à l'administration
des postes orientales, pour chaque paquet originaire de la France ou
de l'Algérie affranchi en vertu du présent article, la somme de trois
centimes par quarante grammes ou fraction de quarante grammes
lorsque le paquet aura été transporté entre les deux frontières aux
frais de la France, et la somme de onze centimes par quarante
grammes ou fraction de quarante grammes lorsque le paquet aura
été transporté aux frais de l'Uruguay.

De son côté, l'administration des postes orientales payera à l'administration des postes de France, pour chaque paquet originaire de

l'Uruguay affranchi jusqu'à destination en vertu du présent article, la somme de douze centimes par quarante grammes ou fraction de quarante grammes lorsque le paquet aura été transporté entre les deux frontières aux frais de la France, et la somme de quatre centimes par quarante grammes ou fraction de quarante grammes lorsque le paquet aura été transporté aux frais de l'Uruguay.

8. Les échantillons de marchandises ne seront admis à jouir de la modération de taxe qui leur est accordée par l'article précédent qu'autant qu'ils n'auront aucune valeur, qu'ils seront affranchis, qu'ils seront placés sous bandes ou de manière à ne laisser aucun doute sur leur nature, et qu'ils ne porteront d'autre écriture à la main que l'adresse du destinataire, une marque de fabrique ou de marchand, des numéros d'ordre et des prix.

Les échantillons de marchandises qui ne rempliront pas ces conditions seront taxés comme lettres.

9. Les journaux, gazettes, ouvrages périodiques, livres brochés, livres reliés en cuir ou en carton, sans aucune garniture, brochures, papiers de musique, catalogues, prospectus, annonces et avis divers imprimés, gravés, lithographiés ou autographiés, qui seront expédiés par la voie de la France ou par l'intermédiaire des paquebots-poste français, soit des pays désignés dans le tableau B annexé à la présente Convention pour l'Uruguay, soit de l'Uruguay pour ces mêmes pays, seront échangés entre l'administration des postes de France et l'administration des postes orientales aux conditions énoncées dans ledit tableau B.

Il est convenu que, dans le cas où les conventions qui règlent les relations de la France avec les pays désignés audit tableau B viendraient à être modifiées de manière à influer sur les conditions d'échange fixées par la présente Convention pour les journaux et autres imprimés transmis par la voie de la France, ces modifications seraient appliquées de plein droit auxdits journaux et imprimés.

10. Pour jouir des modérations de port accordées par les articles 7 et 9 précédents, les journaux, gazettes, ouvrages périodiques, livres brochés, livres reliés en cuir et en carton, sans aucune garniture, brochures, papiers de musique, catalogues, prospectus, annonces et avis divers imprimés, gravés, lithographiés ou autographiés, devront être affranchis jusqu'aux limites respectivement fixées par lesdits articles, mis sous bandes et ne porter aucune écriture, chiffre ou signe quelconque à la main, si ce n'est l'adresse du destinataire, la signature de l'envoyeur et la date. Ceux desdits objets qui ne réuniront pas ces conditions seront considérés comme lettres et traités en conséquence.

Il est entendu que les dispositions contenues dans les articles susmentionnés n'infirment en aucune manière le droit qu'ont les administrations des postes des deux Pays de ne pas effectuer, sur leurs territoires respectifs, le transport et la distribution de ceux des objets désignés auxdits articles à l'égard desquels il n'aurait pas été satisfait aux lois, ordonnances ou décrets qui règlent les conditions de leur publication et de leur circulation, tant en France que dans l'Uruguay.

11. Il est formellement convenu entre les Parties contractantes que les lettres, les échantillons de marchandises et les imprimés de toute nature adressés de l'un des deux Pays dans l'autre et affranchis jusqu'à destination, conformément aux dispositions de la présente Convention, ne pourront, sous aucun prétexte et à quelque titre que ce soit, être frappés, dans le Pays de destination, d'une taxe ou d'un droit quelconque à la charge des destinataires.

12. Les administrations des postes de France et de l'Uruguay dresseront, chaque mois, les comptes résultant de la transmission des correspondances, et ces comptes, après avoir été débattus et arrêtés contradictoirement par ces administrations, seront soldés, à la fin de chaque trimestre, par l'administration qui sera reconnue redevable envers l'autre.

Les soldes de compte seront payés à Montevideo en monnaie d'or.

13. Les lettres ordinaires ou recommandées, les échantillons de marchandises et les imprimés de toute nature mal adressés ou mal dirigés seront, sans aucun délai, réciproquement renvoyés par l'intermédiaire des bureaux d'échange respectifs, pour les prix auxquels l'office envoyeur aura livré ces objets en compte à l'autre office.

Les objets de même nature qui auront été adressés à des destinataires ayant changé de résidence seront respectivement rendus chargés du port qui aurait dû être payé par les destinataires.

Les lettres ordinaires, les échantillons de marchandises et les imprimés de toute nature qui auront été primitivement livrés à l'administration des postes de France ou à l'administration des postes de l'Uruguay par d'autres administrations et qui, par suite du changement de résidence des destinataires, devront être réexpédiés de l'un des deux Pays pour l'autre, seront réciproquement livrés chargés du port exigible au lieu de la précédente destination.

14. Les lettres ordinaires ou recommandées, les échantillons de marchandises et les imprimés de toute nature échangés entre les administrations des postes de France et de l'Uruguay qui seront tombés en rebut pour quelque cause que ce soit devront être renvoyés, de part et d'autre, à la fin de chaque mois, et plus souvent si faire se peut.

Ceux de ces objets qui auront été livrés en compte seront rendus pour le prix pour lequel ils auront été originairement comptés par l'office envoyeur.

Quant à ceux qui auront été livrés affranchis jusqu'à destination ou jusqu'à la frontière de l'office correspondant, ils seront renvoyés sans taxe ni décompte.

15. Les administrations des postes de France et de l'Uruguay n'admettront à destination de l'un des deux Pays ou des pays qui empruntent leur intermédiaire aucun paquet ou lettre qui contiendrait, soit de l'or ou de l'argent monnayé, soit des bijoux ou effets précieux, soit tout autre objet passible de droits de douane.

16. L'administration des postes de France et l'administration des postes orientales désigneront, d'un commun accord, les bureaux par lesquels devra avoir lieu l'échange des correspondances respectives. Elles régleront aussi la forme des comptes mentionnés dans l'article 12 précédent, la direction des correspondances transmises réciproquement, ainsi que toutes les autres mesures de détail ou d'ordre nécessaires pour assurer l'exécution de la présente Convention.

Il est entendu que les mesures ci-dessus désignées pourront être modifiées par les deux administrations toutes les fois que, d'un commun accord, ces deux administrations en reconnaîtront la nécessité.

17. La présente Convention aura force et valeur à partir du jour dont les deux Parties conviendront, dès que la promulgation en aura été faite d'après les lois particulières à chacun des deux États, et elle demeurera obligatoire, d'année en année, jusqu'à ce que l'une des deux Parties contractantes ait annoncé à l'autre, mais un an à l'avance, son intention d'en faire cesser les effets.

Pendant cette dernière année, la Convention continuera d'avoir son exécution pleine et entière, sans préjudice de la liquidation et du solde des comptes entre les administrations des postes des deux Pays, après l'expiration dudit terme.

18. La présente Convention sera ratifiée, et les ratifications en seront échangées à Paris aussitôt que faire se pourra.

En foi de quoi, les plénipotentiaires respectifs ont signé la présente Convention et y ont apposé leurs cachets.

Fait en double original et signé à Paris, le 10 Janvier 1874.

(*L. S.*) Signé Duc Decazes.
(*L. S.*) Signé M. Magarinos-Cervantes.

A. — *Tableau indiquant les conditions auxquelles seront échangées, entre l'adminis*
pour les pays avec lesquels l'Uruguay peut corres

DÉSIGNATION DES PAYS avec lesquels l'Uruguay peut correspondre par l'intermédiaire des postes françaises.	CONDITION de l'affran- chissement.	LIMITE de l'affranchisse
Portugal, îles du Cap-Vert..	Obligatoire.	Montevide
Sénégal, île de Gorée..	Facultatif.	Destinatio
Buenos-Ayres...	Obligatoire.	Buenos-Ayr
Grande-Bretagne..	Facultatif.	Destinatio
Belgique, Danemark, grand-duché de Luxembourg, Pays-Bas, Suisse, Italie, États d'Allemagne, Autriche.	Facultatif.	Destinatio
Malte, Grèce, Suède, Norwége, Russie, Pologne, villes d'Égypte, de la Turquie, de la Tunisie et du Maroc desservis par les paquebots-poste français (A), Andrinople, Antivari, Burgas, Caïfa, Candie, Ca-née, la Cavale, Chio, Durazzo, Czernavoda, Dède, Agatel, Lagos, Janina, Larnaca, Prévesa, Rétimo, Routschouk, Sercz, Sophia, Ténédos, Valona, établissements français dans l'Inde (B) et en Cochin-chine, île de la Réunion, Mayotte et dépendances, Sainte-Marie de Madagascar, Martinique, Guadeloupe et dépendances, Guyane fran-çaise, îles Saint-Pierre et Miquelon, Shang-Haï, Yokobama, Indes néerlandaises, Guyane hollandaise, Curaçao.	Facultatif.	Destinatio
Espagne et Gibraltar...	Obligatoire.	Frontière fra espagnole.
Australie (voie de Suez).. { Lettres de l'Uruguay.................	Obligatoire.	Port australie débarqueme
Lettres pour l'Uruguay................	Obligatoire.	Alexandrie
Aden, Indes orientales, Ceylan, Maurice, Penang, Singapore, Hong-Kong, Chine, Batavia et autres pays dont la correspondance peut être dirigée avec avantage par la voie de Suez.	Obligatoire.	Ports de la des Indes o la mer de Ch desservis pa paquebots tanniques.
Pays d'outre-mer autres que { Lettres de l'Uruguay................. ceux ci-dessus désignés.	Obligatoire.	Ports de débar ment du p de destinati
Lettres pour l'Uruguay................	Obligatoire.	Port d'embarq ment du p d'origine.

(A) Alexandrie, Alexandrette, Beyrouth, le Caire, Constantinople, les Dardanelles, Galatz, Gallipoli, Ibraïl Inéboli, Jaffa, Kerassunde, Kustendjé, Lattaquie, Mersina, Métalin, Ordou, Port-Saïl, Rhodes, Salonique

de France et l'administration des postes orientales, *les lettres expédiées de l'Uruguay*
médiaire des postes françaises, et vice versa.

DROITS OU TAXES à payer par l'office de l'Uruguay à l'office de France, tant pour les lettres affranchies originaires de l'Uruguay que pour les lettres non affranchies à destination de l'Uruguay, par 10 grammes ou fraction de 10 grammes.		DROITS OU TAXES à payer par l'office de France à l'office de l'Uruguay, tant pour les lettres affranchies à destination de l'Uruguay que pour les lettres non affranchies originaires de l'Uruguay, par 10 grammes ou fraction de 10 grammes.	
Lettres transportées entre la France et l'Uruguay aux frais de la France.	Lettres transportées entre la France et l'Uruguay aux frais de l'Uruguay.	Lettres transportées entre la France et l'Uruguay aux frais de la France.	Lettres transportées entre la France et l'Uruguay aux frais de l'Uruguay.
0f 65c	»	0f 20c	..
0 40	»	0 20	»
0 85	0f 35c	0 20	0f 60c
1 15	0 45	0 20	0 60
1 80	0 80	0 20	0 60
0 75	0 25	»	»
1 55	0 80		
1 55	0 80		
1 55	0 80		
1 55	0 80		
1 55	0 80		

Scutari d'Asie, Sinope, Smyrne, Suez, Sulina, Trébizonde, Tripoli de Syrie, Tuletcha, Tunis, Tanger,
Pondichéry, Chandernagor, Karikal, Yanaon, Mahé.

B. — *Tableau indiquant les conditions auxquelles seront échangés, entre l'administration des postes de France et l'administration des postes orientales, les imprimés de toute nature expédiés de l'Uruguay pour les pays avec lesquels l'Uruguay peut correspondre par l'intermédiaire des postes françaises, et vice versa.*

DÉSIGNATION DES PAYS avec lesquels l'Uruguay peut correspondre par l'intermédiaire des postes françaises.	LIMITE de l'affranchissement obligatoire.	TOTAL des taxes à payer par les habitants de l'Uruguay pour chaque paquet portant une adresse particulière et par chaque 10 grammes ou fraction de 10 grammes.	DROITS OU TAXES à payer par l'office oriental à l'office de France pour chaque paquet portant une adresse particulière et par chaque 40 grammes ou fraction de 40 grammes.	
			Paquets transportés entre la France et l'Uruguay aux frais de la France.	Paquets transportés entre la France et l'Uruguay aux frais de l'Uruguay.
Brésil, îles du Cap-Vert, Sénégal, Gorée et États d'Europe (moins l'Espagne et Gibraltar).	Montevideo........	0f 03c	"	"
Buenos-Ayres..............	Buenos-Ayres.......	0 13	0f 10c	"
Espagne et Gibraltar........	Frontière franco-espagnole.	0 17	0 14	0f 04c
Australie (voie de Suez). { Imprimés originaires de l'Uruguay.	Port australien de débarquement.	0 22	0 19	0 10
Imprimés à destination de l'Uruguay.	Alexandrie........	0 22	0 19	0 10
Aden, Indes orientales, Ceylan, Maurice, Penang, Singapore, Hong-Kong, Chine, Shang-Haï, Yokohama, Batavia et autres pays dont la correspondance peut être dirigée avec avantage par la voie de Suez.	Ports des mers de l'Inde ou de la mer de Chine desservis par les paquebots français ou britanniques.	0 22	0 19	0 10
Pays d'outre-mer autres que ceux ci-dessus désignés. { Imprimés originaires de l'Uruguay.	Port de débarquement du pays de destination.	0 22	0 19	0 10
Imprimés à destination de l'Uruguay.	Port d'embarquement du pays d'origine.	0 22	0 19	0 10

Vu pour être annéxé à la loi adoptée par l'Assemblée nationale dans sa séance du 13 juillet 1874.

Le Président,

Signé L. BUFFET.

Les Secrétaires,

Signé FÉLIX VOISIN, VANDIER, LOUIS DE SÉOUR, E. DE CAZENOVE DE PRADINE.

RÉPUBLIQUE FRANÇAISE.

N° 3254. — *Loi portant approbation de la Convention additionnelle à la Convention de poste du 3 mars 1869, signée entre la France et l'Italie, le 15 mai 1874.*

Du 17 Juillet 1874.

(Promulguée au *Journal officiel* du 23 juillet 1874.)

L'Assemblée nationale a adopté la loi dont la teneur suit :

Article unique. Le Président de la République est autorisé à ratifier et, s'il y a lieu, à faire exécuter la Convention additionnelle à la convention de poste du 3 mars 1869, conclue, le 15 mai 1874, entre la France et l'Italie, et dont une copie authentique demeure annexée à la présente loi (1).

Délibéré en séance publique, à Versailles, le 17 Juillet 1874.

Le Président,
Signé L. Buffet.

Les Secrétaires,
Signé Félix Voisin, Vandier, E. de Cazenove de Pradine, Louis de Ségur.

Le Président de la République promulgue la présente loi.

Signé M^al DE MAC MAHON, duc DE MAGENTA.

Le Ministre des affaires étrangères,
Signé Decazes.

RÉPUBLIQUE FRANÇAISE.

N° 3255. — *Loi qui établit une Surtaxe à l'Octroi de Saint-Quentin (Aisne).*

Du 18 Juillet 1874.

(Promulguée au *Journal officiel* du 26 juillet 1874.)

L'Assemblée nationale a adopté la loi dont la teneur suit :

Article unique. A partir de la promulgation de la présente loi, il sera perçu pendant cinq ans, à l'octroi de Saint-Quentin, département de l'Aisne, une surtaxe de un franc cinquante centimes (1f 50c) par hectolitre de vins en cercles et en bouteilles.

(1) Le texte de la Convention sera promulgué officiellement après l'échange des ratifications des Puissances contractantes.

Cette surtaxe est indépendante du droit de trois francs cinquante centimes (3ᶠ 50ᶜ) par hectolitre perçu à titre de taxe principale.

Délibéré en séance publique, à Versailles, le 18 Juillet 1874.

Le Président,

Signé L. BUFFET.

Les Secrétaires,

Signé FÉLIX VOISIN, VANDIER, LOUIS DE SÉGUR, E. DE CAZENOVE DE PRADINE.

LE PRÉSIDENT DE LA RÉPUBLIQUE PROMULGUE LA PRÉSENTE LOI.

Signé Mᵃˡ DE MAC MAHON, duc DE MAGENTA.

Le Ministre des finances,

Signé P. MAGNE.

RÉPUBLIQUE FRANÇAISE.

N° 3256. — *Loi qui crée un Prix de 300,000 francs au profit de l'inventeur d'un moyen efficace pour détruire le Phylloxera.*

Du 22 Juillet 1874.

(Promulguée au *Journal officiel* du 26 juillet 1874.)

L'ASSEMBLÉE NATIONALE A ADOPTÉ LA LOI dont la teneur suit :

ART. 1ᵉʳ. Un prix de trois cent mille francs (300,000ᶠ), auquel pourront venir s'ajouter des souscriptions volontaires des départements, des communes, des compagnies et des particuliers, sera accordé par l'État à l'inventeur d'un moyen efficace et économiquement applicable, dans la généralité des terrains, pour détruire le phylloxera ou en empêcher les ravages.

2. Une commission nommée par le ministre de l'agriculture et du commerce sera chargée, 1° de déterminer les conditions à remplir pour concourir au prix; 2° de décider s'il y a lieu de décerner le prix et à qui il doit être attribué.

Délibéré en séance publique, à Versailles, le 22 Juillet 1874.

Le Président,

Signé L. MARTEL.

Les Secrétaires,

Signé FÉLIX VOISIN, FRANCISQUE RIVE, Vᵗᵉ BLIN DE BOURDON, VANDIER.

LE PRÉSIDENT DE LA RÉPUBLIQUE PROMULGUE LA PRÉSENTE LOI.

Signé Mᵃˡ DE MAC MAHON, duc DE MAGENTA.

Le Ministre de l'agriculture et du commerce,

Signé L. GRIVART.

RÉPUBLIQUE FRANÇAISE.

N° 3257. — Décret *qui déclare d'utilité publique l'établissement d'un réseau de Voies ferrées à traction de Chevaux dans la ville de Versailles.*

Du 30 Mai 1874.

Le Président de la République française ,

Sur le rapport du ministre des travaux publics ;

Vu la demande présentée par l'administration municipale de la ville de Versailles à l'effet d'obtenir l'autorisation de placer sur un certain nombre de voies publiques un réseau de voies ferrées à traction de chevaux, aux clauses et conditions du cahier des charges arrêté, le 2 mai 1874, par le ministre des travaux publics ;

Vu l'avant-projet présenté, et notamment le plan d'ensemble visé par le maire, le 19 février 1874 ;

Vu les pièces de l'enquête ouverte en exécution de l'article 3 de la loi du 3 mai 1841 et dans la forme prescrite par l'ordonnance réglementaire du 18 février 1834 [1] ;

Vu les délibérations de la commission d'enquête, en date des 9, 18 et 29 octobre 1873 ;

Vu les lettres du préfet de Seine-et-Oise, en date des 14 et 31 août et 8 novembre 1873 et 12 mars 1874 ;

Vu les rapports de l'inspecteur général *Chatoney,* en date des 8 décembre 1873 et 13 avril 1874 ;

Vu l'avis du conseil général des ponts et chaussées, en date du 20 avril 1874 ;

Vu la loi du 3 mai 1841 ;

Le Conseil d'État entendu,

Décrète :

Art. 1er. Est déclaré d'utilité publique l'établissement d'un réseau de voies ferrées à traction de chevaux sur diverses voies publiques de la ville de Versailles, dépendant tant de la grande voirie que de la voirie urbaine.

2. La ville de Versailles est autorisée à établir lesdites voies ferrées à ses risques et périls, en se conformant aux clauses et conditions du cahier des charges, et suivant les dispositions générales du plan ci-dessus visé, lesquels resteront annexés au présent décret.

3. Les expropriations nécessaires à l'exécution de l'entreprise devront être accomplies dans un délai de trois ans, à partir de la promulgation du présent décret, pour tous les travaux des six premières

---

[1] IX° série, 2° partie, 1° section, Bull. 286, n° 5212.

lignes énumérées par l'article 1" du cahier des charges, et dans le délai de six ans pour les travaux des trois dernières lignes.

4. Le ministre des travaux publics est chargé de l'exécution du présent décret.

Fait à Versailles, le 30 Mai 1874.

Signé M⁰¹ DE MAC MAHON.

Le Ministre des travaux publics,

Signé E. CAILLAUX.

CAHIER DES CHARGES.

TITRE I".

TRACÉ ET CONSTRUCTION.

ART. 1". La ville de Versailles est autorisée à placer, à ses risques et périls, sur les voies publiques ci-après désignées, dépendant tant de la grande voirie que de la voirie urbaine, un réseau de voies ferrées desservies par des chevaux, et à y établir un service de voyageurs et de marchandises.

Le réseau comprendra les neuf lignes suivantes :

A. 1° Du sommet de la rue des Réservoirs au carrefour du Grand-Montreuil, par l'avenue de Saint-Cloud;

B. 2° Du square de l'Impératrice à la grille d'octroi de l'Orangerie, par la rue Duplessis, l'avenue de Saint-Cloud, la rue Saint-Pierre, l'avenue de la Mairie, la rue Royale et la rue de l'Orangerie;

C. 3° Du marché Notre-Dame au couvent de Grand-Champ, par la rue de la Paroisse, la rue Hoche, la place d'Armes, l'avenue de Sceaux et la rue Royale;

D. 4° De la grille d'octroi de Trianon à la rue Duplessis, par le boulevard de la Reine;

E. 5° Du boulevard de la Reine, à la jonction de la rue des Réservoirs, au sommet de la rue des Réservoirs;

F. 6° De la mairie à la gare des Chantiers, par la rue des Chantiers;

G. 7° Du square de l'Impératrice à la chapelle de Clagny, par la rue de Villeneuve-l'Étang;

H. 8° De la rue Duplessis à la jonction du boulevard de la Reine à Montreuil, par le boulevard de la Reine et le boulevard projeté de Saint-Symphorien;

I. 9° Du rond-point du Grand-Montreuil au boulevard de la Reine, par l'avenue de Picardie.

2. La ville de Versailles est autorisée à passer des traités avec une ou plusieurs compagnies pour l'établissement et l'exploitation des lignes ci-dessus décrites. Ces traités devront assurer l'exécution des clauses du présent cahier des charges. Ils seront approuvés par décrets rendus en Conseil d'État. La ville de Versailles demeurera garante envers l'État de l'accomplissement des obligations que le cahier des charges lui impose.

3. Les voies ferrées devront être achevées et le service mis en complète activité, savoir : les six premières lignes, dans un délai maximum de trois ans; les trois autres, dans un second délai maximum de trois ans, à partir de la date du décret de concession et de manière que, dans chacune de ces périodes, un tiers au moins de la longueur totale de chacun des réseaux soit livré chaque année à la circulation.

4. La ville de Versailles devra soumettre à l'approbation de l'administration supérieure le projet d'ensemble des lignes concédées dans le délai de six mois, à compter de la date du décret de concession.

Ce projet comprendra les dispositions générales, telles que le tracé, l'emplacement, la largeur et le mode de construction des voies ferrées.

Les projets d'exécution et de détail des ouvrages des diverses lignes seront approuvés par le préfet, sur l'avis des ingénieurs. Ils devront être présentés dans l'ordre qui sera fixé par le préfet.

En cours d'exécution et pendant la durée de la concession, la ville aura la faculté de proposer des modifications aux dispositions adoptées. Ces modifications ne pourront être effectuées qu'avec l'approbation de l'administration supérieure ou du préfet, suivant qu'il s'agira de dispositions générales ou de dispositions de détail.

De son côté, l'administration pourra ordonner d'office, dans la disposition des voies ferrées, les modifications dont l'expérience ou les changements à faire sur le voies publiques feraient connaître la nécessité.

En aucun cas, ces modifications ne pourront donner lieu à indemnité.

A La position des bureaux d'attente et de contrôle qui pourront être autorisés sur la voie publique, celle des égouts, de leurs bouches et regards, et des conduites d'eau et de gaz, devront être indiquées sur les plans présentés par la ville, ainsi que tout ce qui serait de nature à influer sur la position de la voie et sur la régularité des divers services qui peuvent en être affectés.

6. La voie sera simple, à l'exception des points où il sera reconnu nécessaire d'établir des gares d'évitement.

Les voies ferrées seront posées au niveau du sol, sans saillie ni dépression, suivant le profil normal de la voie publique, et sans aucune altération de ce profil, soit dans le sens transversal, soit dans le sens longitudinal, à moins d'une autorisation spéciale du préfet.

Les rails, dont l'administration supérieure déterminera le poids, la forme et le mode d'attache, sur la proposition de la ville, seront compris dans un pavage qui régnera dans l'entre-rail et à trente-deux centimètres au moins au delà de chaque côté.

Lorsque la voie sera établie sur les chaussées empierrées des routes, cette largeur de pavage au delà du rail sera portée à cinquante-neuf centimètres.

7. La ville sera tenue de rétablir et d'assurer à ses frais les écoulements d'eau qui seraient arrêtés, suspendus ou modifiés par ses travaux.

Elle rétablira de même les communications publiques ou particulières que ses travaux l'obligeraient à modifier.

8. La démolition des chaussées et l'ouverture des tranchées, pour la pose et l'entretien de la voie, seront effectuées avec toute la célérité et toutes les précautions convenables.

Les chaussées devront, autant que possible, être rétablies dans la même journée et remises dans le meilleur état.

9. Le déchet résultant de la démolition et du rétablissement des chaussées sera couvert par des fournitures de matériaux neufs de la nature et de la qualité de ceux qui sont employés sur lesdites routes.

Pour le rétablissement des chaussées pavées, au moment de la pose de la voie ferrée, il sera fourni, en outre, la quantité de boutisses nécessaire pour opérer ce rétablissement suivant les règles de l'art, en évitant l'emploi des demi-pavés.

Dans le cas où les voies ferrées seraient placées sur les trottoirs ou contre-allées en terre, il sera établi une chaussée empierrée pour la circulation des chevaux employés à l'exploitation.

Les fers, bois et autres éléments constitutifs des voies ferrées devront être de bonne qualité et propres à remplir leur destination.

10. Les travaux d'établissement et d'entretien seront exécutés sous le contrôle des ingénieurs de l'État.

Ils seront conduits de manière à nuire le moins possible à la liberté et à la sûreté de la circulation. Les chantiers seront éclairés et gardés pendant la nuit.

11. A mesure que les travaux seront terminés sur des parties de voie assez étendues pour être livrées à la circulation, il sera procédé à leur réception provisoire par les ingénieurs chargés du contrôle. Leur procès-verbal ne sera valable qu'après homologation du préfet.

Après cette homologation, la ville pourra mettre en service lesdites parties de voie et y percevoir les prix de transport et les droits de péage ci-après déterminés.

Toutefois, ces réceptions partielles ne deviendront définitives que par la réception générale des lignes concédées.

Lorsque les travaux compris dans la concession seront achevés, la réception générale et définitive aura lieu dans le même forme que les réceptions partielles.

TITRE II.

ENTRETIEN ET EXPLOITATION.

12. Les voies ferrées devront être entretenues constamment en bon état.

Cet entretien comprendra celui du pavage de l'entre-rail et des pavages qui servent d'accotements extérieurs aux rails, sur la largeur déterminée à l'article 6, ainsi que l'empierrement établi sur les trottoirs et les contre-allées.

En cas de négligence, de retard ou de mauvaise exécution, il y sera immédiatement pourvu aux frais de la ville. Le montant des avances faites sera recouvré par des rôles que le préfet du département de Seine-et-Oise rendra exécutoires.

Lorsque, pour la construction ou la réparation des voies ferrées, il sera nécessaire de démolir des parties pavées ou empierrées de la voie publique situées en dehors de la zone ci-dessus indiquée, il devra être pourvu à l'entretien de ces parties pendant une année, à dater de la réception provisoire des ouvrages exécutés. Il en sera de même pour tous les ouvrages souterrains.

13. Il sera établi par la ville, en nombre suffisant, des agents et des cantonniers qui seront chargés de la police et de l'entretien des voies ferrées.

14. Les types des diverses voitures à mettre en service devront être soumis à l'approbation préalable du préfet.

Les voitures destinées au transport des voyageurs seront du meilleur modèle, suspendues sur ressorts, garnies à l'intérieur de banquettes rembourrées et fermées à glaces. Leur largeur sera de deux mètres vingt centimètres au plus.

Ces voitures devront remplir les conditions de police réglées ou à régler pour les voitures qui servent au transport des voyageurs.

Il y aura des places de deux classes.

On se conformera, pour la disposition des places de chaque classe, aux mesures qui seront arrêtées par le préfet.

15. L'entretien et les réparations des voies ferrées, avec leurs dépendances, l'entretien du matériel et le service de l'exploitation seront soumis au contrôle et à la surveillance de l'administration.

Le service de l'entretien de l'exploitation est d'ailleurs assujetti aux règlements généraux de police et de voirie intervenus ou à intervenir, et notamment à ceux qui seront rendus pour régler les dispositions, l'aménagement, la circulation et le stationnement des voitures.

TITRE III.

DURÉE ET DÉCHÉANCE DE LA CONCESSION.

16. La durée de la concession, pour les lignes mentionnées à l'article 1er du présent cahier des charges, sera de quarante ans, à partir de l'époque fixée pour l'achèvement des travaux de la première partie du réseau.

17. A l'expiration de la concession, le Gouvernement décidera, la ville entendue, si les voies ferrées seront maintenues en tout ou en partie pour être l'objet d'une nouvelle concession.

Dans le cas du maintien des voies, les conditions de la nouvelle concession seront arrêtées après instruction.

18. Dans le cas où le Gouvernement déciderait, au contraire, qu'à l'expiration de la concession les voies devront être supprimées en tout ou partie, les voies supprimées seront enlevées et les lieux remis dans l'état primitif, par les soins et aux frais de la ville de Versailles, sans qu'elle puisse prétendre à aucune indemnité, ni exiger que l'État reprenne aucune partie des objets mobiliers ou immobiliers qui dépendent de ces voies.

19. Faute par la ville de Versailles d'avoir présenté les projets ou d'avoir entièrement pourvu à l'exécution et à l'achèvement des travaux dans les délais fixés, et faute aussi par elle de remplir les diverses obligations qui lui sont imposées par le présent cahier des charges, elle encourra la déchéance.

Si la déchéance est prononcée, l'administration ordonnera, la ville entendue, soit la suppression partielle ou totale des travaux, soit leur conservation et l'exploitation sur des bases qu'elle arrêtera.

Dans le cas de la suppression, les ouvrages seront démolis et les lieux remis dans l'état primitif par les soins et aux frais de la ville, ainsi qu'il est dit ci-dessus.

20. En cas d'interruption partielle ou totale de l'exploitation, la ville de Versailles sera tenue de prendre les mesures nécessaires pour assurer provisoirement le service et pour réorganiser ensuite une exploitation régulière.

Si, dans un délai de six mois, cette réorganisation ne peut s'effectuer, la déchéance pourra être également prononcée.

21. Les dispositions des articles qui précèdent relatives à la déchéance ne seraient pas applicables à la ville de Versailles si le retard ou la cessation des travaux, ou l'interruption de l'exploitation, provenait de la force majeure régulièrement constatée.

TITRE IV.

TAXES ET CONDITIONS RELATIVES AU TRANSPORT DES VOYAGEURS ET DES MARCHANDISES.

22. A titre d'indemnité de la dépense et à raison des charges que la présente concession peut entraîner, le Gouvernement accorde à la ville de Versailles l'autorisation de percevoir, pendant toute la durée de la concession, les droits de péage et les prix de transport ci-après déterminés :

DISTANCES PARCOURUES.	PRIX		
	de péage.	de transport.	TOTAL.
	fr. c.	fr. c.	fr. c.
§ 1er. — VOYAGEURS.			
1re classe, par kilomètre................	0 024	0 096	0 12
2e classe, par kilomètre................	0 018	0 072	0 09
§ 2. — MARCHANDISES.			
1° HOUILLE ET CHARBON (LA TONNE).			
De 0 à 2 kilomètres....................	0 06	0 24	0 30
De 2 à 3.............................	0 08	0 32	0 40
De 3 à 4.............................	0 10	0 40	0 50
De 4 à 5.............................	0 12	0 48	0 60
De 5 à 6.............................	0 14	0 56	0 70
De 6 à 7.............................	0 16	0 64	0 80
2° MATIÈRES DIVERSES (LA TONNE).			
De 0 à 2 kilomètres....................	0 08	0 32	0 40
De 2 à 3.............................	0 12	0 48	0 60
De 3 à 4.............................	0 16	0 64	0 80
De 4 à 5.............................	0 20	0 80	1 00
De 5 à 6.............................	0 24	0 96	1 20
De 6 à 7.............................	0 28	1 12	1 40

Le prix ci-dessus déterminé sera acquitté pour toute fraction de kilomètre parcourue en sus d'un nombre exact de kilomètres, comme pour un kilomètre plein.

On adoptera pour chaque ligne des prix uniques respectivement applicables à chacune des deux classes de voyageurs. Ces prix seront calculés au moyen du tarif précédent, d'après le parcours moyen de la ligne.

Toutefois, la ville ne sera pas assujettie à percevoir, sur chaque ligne de parcours, un prix inférieur à quinze centimes pour la première classe et à dix centimes pour la deuxième classe.

Ce maximum sera abaissé à dix centimes et à cinq centimes pour les voyageurs qui, aux termes du cahier des charges, doivent être transportés à moitié prix.

3.

Les lignes pourront être, à toute époque, modifiées par l'administration, sur la proposition de la ville.

Le poids de la tonne est de mille kilogrammes; les fractions ne seront comptées que par centième de tonne.

Les enfants au-dessous de quatre ans, tenus sur les genoux, seront transportés gratuitement. Il en sera de même des paquets et bagages peu volumineux susceptibles d'être portés sur les genoux sans gêner les voisins et dont le poids n'excédera pas dix kilogrammes.

Le matin et le soir, les dimanches et jours fériés exceptés, aux heures d'ouverture et de fermeture des ateliers, le prix des places de deuxième classe sera, si l'administration municipale le requiert, abaissé au taux de dix centimes pour toutes distances. Les heures et les itinéraires auxquels ce transport à prix réduit sera applicable seront fixés par l'administration municipale.

Des voitures spéciales pourront, avec l'approbation de l'administration municipale, être employées à ces transports.

Les enfants de quatre à sept ans seront transportés à moitié prix.

Les places d'impériale seront assimilées pour le prix aux places de seconde classe.

Il pourra être délivré des cartes spéciales permettant aux personnes qui voudront ainsi s'abonner de parcourir tout le réseau de la ville et de la banlieue moyennant une redevance dont le taux sera fixé par l'administration supérieure, la ville de Versailles entendue.

Les prix déterminés au tarif précédent, en ce qui concerne les marchandises, ne sont pas applicables aux objets encombrants, à l'or, à l'argent et autres valeurs, et en général à tous paquets et colis pesant isolément moins de cinquante kilogrammes.

Dans tous ces cas, les prix spéciaux seront arrêtés par le préfet, sur la proposition de la ville. Il en sera de même pour les frais accessoires non mentionnés au tarif, tels que ceux de chargement, de déchargement et d'entrepôt.

La perception des taxes devra se faire indistinctement et sans aucune faveur.

23. Dans le cas où la ville jugerait à propos d'abaisser tout ou partie des tarifs, les taxes réduites ne pourront être relevées qu'après un délai de trois mois.

24. Au moyen de la perception de ces tarifs, la ville de Versailles contracte l'obligation d'assurer le transport des voyageurs et celui des marchandises avec soin, exactitude et célérité; à cet effet, elle devra faire mettre et entretenir en circulation, en toute saison, le nombre de voitures et de chevaux réclamé par les besoins du service, en se conformant aux arrêtés qui seront pris par le préfet.

25. Les tarifs ci-dessus déterminés pourront être revisés tous les cinq ans par l'administration supérieure, la ville de Versailles entendue, après le renouvellement des formalités qui auront précédé leur établissement.

26. A moins d'une autorisation spéciale de l'administration, il est interdit à la ville de Versailles ou à ses ayants droit, sous les peines portées par l'article 419 du Code pénal, de faire, directement ou indirectement, avec des entreprises de transport de voyageurs, sous quelque dénomination que ce puisse être, des arrangements qui ne seraient pas consentis en faveur de toutes les entreprises ayant le même objet.

TITRE V.

STIPULATIONS RELATIVES À DIVERS SERVICES PUBLICS.

27. Les soldats et les sous-officiers en uniforme seront transportés à moitié prix.

28. Les ingénieurs et les agents chargés de la surveillance de la voie seront transportés gratuitement dans les voitures du concessionnaire.

TITRE VI.

CLAUSES DIVERSES.

29. Aucune indemnité ne pourra être réclamée par la ville pour les causes ci-après :

Dommage aux voies ferrées occasionné par le roulage ordinaire;

État de la chaussée et influence pouvant en résulter pour l'entretien de ces voies;

Ouverture de nouvelles voies de communication et établissement de nouveaux services de transport en concurrence avec celui du concessionnaire;

Trouble et interruptions du service qui pourraient résulter, soit de mesures d'ordre et de police, soit de travaux exécutés sur ou sous la voie publique, tant par l'administration que p·r les compagnies ou les particuliers dûment autorisés;

Enfin, toute circonstance résultant du libre usage de la voie publique.

30. En cas d'interruption des voies ferrées par suite des travaux exécutés sur la voie publique, la ville pourra être tenue de rétablir provisoirement les communications, soit en déplaçant momentanément ses voies, soit en les branchant l'une sur l'autre, soit en employant à la traversée de l'obstacle des voitures ordinaires qui puissent le tourner en suivant d'autres lignes.

31. Le Gouvernement se réserve expressément le droit d'autoriser, la ville de Versailles entendue, toute autre entreprise de transport usant de la voie ordinaire, et, en outre, d'accorder de nouvelles concessions de voies ferrées s'embranchant sur celles qui font l'objet du présent cahier des charges, ou qui seraient établies en prolongement des mêmes voies.

Moyennant le droit de péage tel qu'il est ci-dessus fixé par l'article 22 et les arrangements qu'ils prendront avec la ville, les concessionnaires de ces embranchements ou prolongements pourront, sous la réserve de l'observation des règlements de police, faire circuler leurs voitures sur ces lignes; et réciproquement.

Dans le cas où la ville et les concessionnaires de ces embranchements ne pourraient s'entendre sur l'exercice de cette faculté, le préfet statuerait sur les difficultés qui s'élèveraient entre eux à cet égard.

32. Le Gouvernement se réserve, en outre, le droit d'autoriser, la ville de Versailles entendue, de nouvelles entreprises de transport sur les voies ferrées qui font l'objet de la présente concession, à charge, par ces entreprises, d'observer les règlements de service et de police, et de payer, au profit du concessionnaire, un droit de circulation qui sera arrêté par l'administration supérieure, sur la proposition de la ville, et qui ne pourra excéder la moitié ni être inférieur au tiers des tarifs; cette proposition sera soumise à la révision prévue à l'article 20.

33. Les agents et les cantonniers qui seront chargés de la surveillance et de l'entretien des voies ferrées pourront être agréés par le préfet et assermentés; ils auront, dans ce cas, qualité pour dresser des procès-verbaux.

34. Comme toutes les concessions faites sur le domaine public, la présente concession est toujours révocable sans indemnité, en tout ou en partie, avant le terme fixé pour sa durée par l'article 16.

La révocation ne pourra être prononcée que dans les formes de la présente concession. En cas de révocation avant l'expiration de la concession et de la suppression ordonnée à la suite de la déchéance, la ville ou ses ayants droit seront tenus de rétablir les lieux dans l'état primitif, à leurs frais.

35. Les contestations qui s'élèveraient entre la ville et l'administration au sujet de l'exécution ou de l'interprétation du présent cahier des charges seront jugées administrativement par le conseil de préfecture du département de Seine-et-Oise, sauf recours au Conseil d'État.

36. La ville de Versailles sera tenue de déposer à la préfecture de Seine-et-Oise un plan détaillé de ses voies ferrées, telles qu'elles auront été exécutées.

37. Les droits des tiers sont et demeurent expressément réservés.

38. Les droits d'enregistrement sont à la charge du concessionnaire.

Approuvé :

Versailles, le 2 mai 1874.

Le Ministre des travaux publics,

Signé R. DE LARCY.

Certifié conforme au cahier des charges annexé au décret en date du 30 mai 1874, enregistré sous le n° 396.

Le Conseiller d'État, Secrétaire général,

Signé DE BOURÉUILLE.

RÉPUBLIQUE FRANÇAISE.

—

N° 3258. — Décret *qui fixe provisoirement la juridiction du Juge de paix de Bordj-bou-Aréridj.*

Du 6 Juin 1874.

(Promulgué au *Journal officiel* du 10 juin 1874.)

LE PRÉSIDENT DE LA RÉPUBLIQUE FRANÇAISE ,

Sur le rapport du garde des sceaux, ministre de la justice;

Vu les articles 3 et 13 de l'ordonnance du 26 septembre 1842 [1], sur l'organisation de la justice en Algérie;

Vu les décrets des 24 décembre 1870 [2], 20 février [3] et 11 septembre 1873 [4], sur l'organisation administrative en Algérie;

Vu le décret du 23 avril 1874 [5],

DÉCRÈTE :

ART. 1er. La juridiction du juge de paix de Bordj-bou-Aréridj comprend provisoirement, outre la circonscription cantonale de ce nom, la circonscription cantonale de Mansourah, délimitée et inscrite sous le n° 51 du plan général joint au décret du 20 février 1873.

2. Le garde des sceaux, ministre de la justice, est chargé de l'exécution du présent décret.

Fait à Versailles, le 6 Juin 1874.

Signé M^{al} DE MAC MAHON.

Le Garde des sceaux , Ministre de la justice ,

Signé A. TAILHAND.

—

RÉPUBLIQUE FRANÇAISE.

—

N° 3259. — Décret *portant Règlement d'administration publique pour l'exécution de la loi du 26 novembre 1873, concernant l'apposition d'un Timbre ou Poinçon spécial sur les Marques de fabrique ou de commerce.*

Du 25 Juin 1874.

LE PRÉSIDENT DE LA RÉPUBLIQUE FRANÇAISE ,

Sur le rapport du ministre des finances;

[1] IX° série, Bull. 947. n° 10,260.
[2] XII° série, Bull. 20 (Délégation de Bordeaux), n° 385.
[3] XII° série, Bull. 155, n° 2368.
[4] XII° série, Bull. 155, n° 2370.
[5] XII° série, Bull. 198, n° 2967.

Vu l'article 1ᵉʳ de la loi du 26 novembre 1873, relatif à la création, pour les marques de fabrique, d'un timbre ou poinçon spécial destiné à être apposé, soit sur les étiquettes, bandes ou enveloppes en papier, soit sur les étiquettes ou estampilles en métal sur lesquelles figure la marque, soit sur la marque faisant corps avec les objets eux-mêmes, si l'administration les en juge susceptibles;

Vu l'article 2 de la même loi, portant qu'il sera perçu un droit au profit du trésor pour chaque apposition de timbre ou de poinçon;

Et l'article 3, ainsi conçu:

«La quotité des droits perçus au profit du trésor sera proportionnée à la «valeur des objets sur lesquels doivent être apposées les étiquettes soit en «papier, soit en métal, et à la difficulté de frapper du poinçon les marques «fixées sur les objets eux-mêmes. Cette quotité sera établie par des règle-«ments d'administration publique qui détermineront, en outre, les métaux «sur lesquels le poinçon pourra être appliqué, les conditions à remplir pour «être admis à obtenir l'apposition du timbre ou poinçon, ainsi que les autres «mesures d'exécution de la présente loi;»

Le Conseil d'État entendu,

Décrète :

TITRE Iᵉʳ.

DISPOSITIONS GÉNÉRALES.

Art. 1ᵉʳ. Tout propriétaire d'une marque de fabrique ou de commerce qui veut être admis à user de la faculté ouverte par la loi du 26 novembre 1873 doit préalablement en faire la déclaration à l'un des bureaux désignés par les articles 5 et 9 ci-après et y déposer en même temps :

1° Une expédition du procès-verbal du dépôt de sa marque, fait en exécution de la loi du 23 juin 1857 et du décret du 26 juillet 1858 [1];

2° Un exemplaire du dessin, de la gravure ou de l'empreinte qui représente sa marque. Cet exemplaire est revêtu d'un certificat du greffier, attestant qu'il est conforme au modèle annexé au procès-verbal de dépôt;

3° L'original de sa signature, dûment légalisé. Il y a autant de signatures déposées que de propriétaires ou d'associés ayant la signature sociale et qui voudront user de la faculté de requérir l'apposition du timbre ou du poinçon de l'État.

En cas de transmission, à quelque titre que ce soit, de la propriété de la marque, le nouveau propriétaire justifie de son droit par le dépôt des actes ou pièces qui établissent cette transmission. Il dépose, en outre, l'original de sa signature dûment légalisé.

Il est dressé, sur un registre, procès-verbal des déclarations et dépôts prescrits par le présent article. Le procès-verbal est signé par le déclarant, à qui en est délivré récépissé ou ampliation.

2. Toutes les fois que le propriétaire d'une marque de fabrique ou de commerce veut faire apposer sur cette marque le timbre ou le

[1] XIᵉ série, Bull. 625, n° 5785.

poinçon, il remet au receveur du bureau dans lequel la déclaration et le dépôt prévus par l'article précédent ont été effectués une réquisition écrite sur papier non timbré, et conforme aux modèles ci-annexés sous les n°s 1 et 2.

La réquisition, dressée au bureau sur une formule fournie gratuitement par l'administration, est datée et signée. Elle est accompagnée d'un spécimen des étiquettes, bandes, enveloppes ou estampilles à timbrer ou poinçonner, lequel reste déposé avec la réquisition.

Ne peuvent être admises que les réquisitions donnant ouverture à la perception de cinq francs de droits au moins.

3. Les déclarations, dépôts et réquisitions prévus par les deux articles précédents peuvent être faits par un mandataire spécial, à la condition de déposer au bureau soit l'original en brevet, soit une expédition authentique de sa procuration, laquelle est certifiée par le fondé de pouvoirs.

TITRE II.

DE L'APPOSITION DU TIMBRE.

4. Les droits de timbre à percevoir en exécution de l'article 2 de la loi susvisée du 26 novembre 1873, pour les étiquettes, bandes ou enveloppes en papier sur lesquelles figurent des marques de fabrique ou de commerce, sont fixés ainsi qu'il suit, savoir :

1 centime par chaque marque timbrée se rapportant à des objets d'une valeur de 1 franc et au-dessous.

2 centimes, s'il s'agit d'objets d'une valeur supérieure à 1^f jusqu'à 2^f

3 *idem*	2	3
5 *idem*	3	5
10 *idem*	5	10
20 *idem*	10	20
30 *idem*	20	30
50 *idem*	30	50
1 franc, s'il s'agit d'objets d'une valeur supérieure à...	50	

5. La déclaration et le dépôt prescrits par l'article 1er ci-dessus, ainsi que la réquisition, ne peuvent être opérés que dans les chefs-lieux de département désignés comme centres d'une circonscription.

Les départements sont répartis entre dix circonscriptions, conformément au tableau ci-après :

NUMÉRO de la circonscription.	CHEF-LIEU de la circonscription	INDICATION des départements composant chaque circonscription.	NUMÉRO de la circonscription.	CHEF-LIEU de la circonscription	INDICATION des départements composant chaque circonscription.
1.	Lille........	Nord. Pas-de-Calais.	3.	Paris........	Aisne. Eure-et-Loir. Loiret. Oise. Seine. Seine-et-Marne. Seine-et-Oise. Somme. Yonne.
2.	Rouen	Calvados. Eure. Manche. Orne. Seine-Inférieure.			

NUMÉRO de la circonscription.	CHEF-LIEU de la circonscription	INDICATION des départements composant chaque circonscription.	NUMÉRO de la circonscription.	CHEF-LIEU de la circonscription	INDICATION des départements composant chaque circonscription.
4.	Châlons - sur - Marne	Ardennes. Aube. Marne. Marne (Haute-). Meurthe-et-Moselle. Meuse. Saône (Haute-). Vosges.	7. (suite.)	Lyon .... (suite.)	Nièvre. Puy-de-Dôme. Rhône. Saône-et-Loire. Savoie. Savoie (Haute-).
5.	Nantes	Côtes-du-Nord. Finistère. Ille-et-Vilaine. Loire-Inférieure. Mayenne. Morbihan.	8.	Bordeaux....	Charente. Charente-Inférieure. Corrèze. Dordogne. Gironde. Landes. Lot-et-Garonne. Pyrénées (Basses-).
6.	Tours........	Cher. Creuse. Indre. Indre-et-Loire. Loir-et-Cher. Maine-et-Loire. Sarthe. Sèvres (Deux-). Vendée. Vienne. Vienne (Haute-).	9.	Toulouse....	Ariége. Aude. Aveyron. Cantal. Garonne (Haute-). Gers. Lot. Lozère. Pyrénées (Hautes-). Pyrénées-Orientales. Tarn. Tarn-et-Garonne.
7.	Lyon	Ain. Allier. Ardèche. Côte-d'Or. Doubs. Drôme. Isère. Jura. Loire. Loire (Haute-).	10.	Marseille....	Alpes (Basses-). Alpes (Hautes-). Alpes-Maritimes. Bouches-du-Rhône. Corse. Gard. Hérault. Var. Vaucluse.

Les marques ne peuvent être timbrées qu'au chef-lieu de la circonscription dans laquelle a eu lieu le dépôt au greffe prescrit par la loi du 23 juin 1857.

6. Le timbre sera apposé, après payement des droits, sur la marque, si cette apposition peut avoir lieu sans oblitérer cette marque et sans nuire à la netteté du timbre. Dans le cas contraire, le timbre sera apposé partie sur la marque et partie sur la bande, étiquette ou enveloppe.

L'administration de l'enregistrement, des domaines et du timbre est autorisée à refuser de timbrer :

1° Les marques apposées sur des étiquettes, bandes ou enveloppes dont la dimension serait inférieure à trente-cinq millimètres en largeur et en longueur;

2° Les marques qui seraient reproduites en relief ou qui seraient imprimées ou apposées sur des papiers drapés, veloutés, gaufrés, vernissés ou enduits, façonnés à l'emporte-pièce, sur papier joseph, sur papier végétal et tous autres papiers sur lesquels l'administration jugerait que l'empreinte du timbre ne peut être apposée ;

3° Les papiers noirs, de couleur foncée ou disposés de mani
que l'empreinte du timbre ne puisse y être appliquée d'une fa
suffisamment distincte.

7. Les étiquettes ou bandes doivent être présentées en feuilles
divisées en séries de dix destinées à être frappées du timbre de
même quotité. Toutefois les étiquettes ou bandes destinées à é
frappées du timbre de un franc peuvent être reçues au nombre
nimum de cinq.

Si la dimension des papiers portant les étiquettes ou bandes p
sentées au timbre est inférieure à dix centimètres en longueur et
largeur, il est perçu, à titre de frais extraordinaires de manipu
tion, un droit supplémentaire de deux francs par mille étiqu
ou bandes, sans que ce supplément puisse être jamais inférieur
vingt centimes.

Les feuilles, étiquettes, bandes ou enveloppes maculées ou avarié
pendant l'opération sont oblitérées et remises au propriétaire de
marque ou à son mandataire, et il lui tenu compte des droits aff
rents à ces maculatures.

Dans tous les cas, le propriétaire ou son mandataire donne d
charge des marques qui lui sont remises après avoir reçu l'appositi
du timbre et de celles qui ont été maculées ou avariées penda
l'opération.

TITRE III. ·

DE L'APPOSITION DU POINÇON.

8. Les droits de poinçonnage à percevoir, en exécution des articles 2
et 3 de la loi du 26 novembre 1873, pour les étiquettes et estampilles en métal sur lesquelles figurent les marques de fabrique ou
de commerce ou pour les marques faisant corps avec l'objet lui-
même, sont fixés ainsi qu'il suit :

VALEURS.		CLASSES.	ÉTIQUETTES et estampilles présentées sans l'objet qui doit les porter.	MARQUES fixées sur l'objet ou faisant corps avec l'objet lui-même.
Pour chaque objet d'une valeur déclarée	de 5^f 00^c et au-dessous............	1re classe....	0^f 05^c	0^f 06^c
	de 5 01 à 10^f.................	2e idem.....	0 10	0 12
	de 10 01 à 20.................	3e idem.....	0 20	0 24
	de 20 01 à 30.................	4e idem.....	0 30	0 36
	de 30 01 à 50.................	5e idem.....	0 50	0 60
	de 50 01 à 100...............	6e idem.....	1 00	1 20
	de 100 01 à 200...............	7e idem.....	2 00	2 40
	de 200 01 à 350...............	8e idem.....	3 50	4 20
	de 350 01 et au-dessus...........	9e idem.....	5 00	5 00

9. La déclaration et le dépôt prescrits par l'article 1er du présent
décret, ainsi que l'apposition du poinçon, ne pourront être opérés

que dans les bureaux de garantie des matières d'or et d'argent désignés ci-après, au choix du déclarant :

Amiens.	Nancy.
Avignon.	Nantes.
Besançon.	Nîmes.
Bordeaux.	Paris.
Le Havre.	Rouen.
Lille.	Saumur.
Lyon.	Toulouse.
Marseille.	Valence.

10. Les étiquettes, estampilles ou objets fabriqués en aluminium, bronze, cuivre ou laiton, étain, fer-blanc, fer doux, plomb, tôle et zinc, sont admis seuls à recevoir l'empreinte du poinçon de l'État, à la condition de présenter assez de résistance pour supporter l'application du poinçon. L'administration des contributions indirectes est néanmoins autorisée à refuser d'apposer le poinçon dans tous les cas où elle jugerait que cette opération est impraticable.

Les marques doivent présenter dans l'intérieur un espace nu circulaire d'au moins un centimètre de diamètre pour contenir l'empreinte du poinçon.

11. Le montant des droits est perçu au moment du dépôt des étiquettes, estampilles ou objets à poinçonner. Il en est délivré quittance.

Les étiquettes ou estampilles en métal avariées pendant l'opération sont oblitérées et remises au propriétaire de la marque ou à son mandataire, et il lui est tenu compte des droits afférents à ces rebuts.

Le propriétaire ou son mandataire donne décharge des étiquettes, estampilles ou objets qui lui sont remis après avoir reçu l'apposition du poinçon, ainsi que des étiquettes ou estampilles avariées pendant l'opération.

12. Les préfets régleront par des arrêtés les jours et heures où les bureaux de garantie désignés à l'article 9 seront ouverts pour le poinçonnage des marques de fabrique ou de commerce.

13. Les poinçons seront renfermés dans une caisse à deux serrures, sous la garde du contrôleur et du receveur du bureau de garantie. Ces deux employés auront chacun une clef de ladite caisse.

14. Le ministre des finances est chargé de l'exécution du présent décret, qui sera inséré au Journal officiel et au Bulletin des lois.

Fait à Versailles, le 25 Juin 1874.

Signé M^{al} DE MAC MAHON.

Le Ministre des finances,

Signé P. MAGNE.

DIRECTION GÉNÉRALE

DE L'ENREGISTREMENT,

DES DOMAINES

ET DU TIMBRE.

MODÈLE DE RÉQUISITION.

N° 1.

(1) Nom et prénoms.
(2) Profession industrielle.
(3) Fabrique ou commerce.
(4) Étiquettes, bandes ou enveloppes.
(5) Signature du déclarant.

Je soussigné (1)   (2)
                        demeurant à
propriétaire de la marque de (3)   déposée au
bureau de   sous le n°
requiers M. le receveur du timbre d'apposer le timbre
sur les (4)   dont un spécimen
est ci-joint et dont le détail suit :

NUMÉROS D'ORDRE. 1	NATURE DES PRODUITS sur lesquels les marques doivent être apposées. 2	SÉRIE de valeurs correspondant à la quotité du timbre. 3	NOMBRE de marques à timbrer par série de valeurs. 4	DROIT DÛ pour l'unité. 5	MONTANT des droits à percevoir. 6	OBSERVATIONS. 7
						Les colonnes 5 et 6 seront remplies par le receveur chargé de la perception.
			TOTAL............			

, le   187

DIRECTION GÉNÉRALE

DES CONTRIBUTIONS

INDIRECTES.

MODÈLE DE RÉQUISITION.

N° 2.

GARANTIE

DES MARQUES DE FABRIQUE

OU

DE COMMERCE.

Le soussigné (1)
à , département d (2)
déclare présenter au bureau de garantie de
pour être revêtues de l'empreinte du poinçon de l'État,
les marques de (3) dont le modèle
y a été déposé le , sous le n°
et qui sont indiquées ci-après, savoir :

(1) Nom et prénoms.
(2) Profession industrielle.
(3) Fabrique ou commerce.
(4) Signature du déclarant.

NUMÉROS D'ORDRE.	NATURE DES PRODUITS sur lesquels les marques doivent être apposées.	SÉRIE de valeurs correspondant à la quotité du timbre.	NOMBRE de marques à poinçonner par série de valeurs.	DROIT DÛ pour l'unité.	MONTANT des droits à percevoir.	OBSERVATIONS.
1	2	3	4	5	6	7
	§ 1er. Étiquettes et estampilles présentées sans l'objet qui doit les porter.					Les colonnes 5 et 6 seront remplies par le receveur chargé de la perception.
	§ 2. Marques fixées sur l'objet ou faisant corps avec l'objet lui-même.					
				TOTAL..		

Les marques reconnues conformes
au modèle déposé ont été poinçonnées.   A , le 187 .

Le Contrôleur de la garantie,   (4)

Droit payé :   . N° du reg. n°

Le Receveur,

RÉPUBLIQUE FRANÇAISE.

N° 3260. — Décret *portant création de Types destinés à timbrer les Étiquettes, Bandes ou Enveloppes en papier sur lesquelles figurent des Marques de fabrique ou de commerce.*

Du 25 Juin 1874.

Le Président de la République française,

Sur le rapport du ministre des finances;

Vu la loi du 26 novembre 1873, relative à la création d'un timbre ou poinçon spécial pour les marques de fabrique;

Vu l'article 3 de cette loi, portant que des règlements d'administration publique détermineront la quotité des droits à percevoir au profit du trésor pour l'apposition du timbre ou du poinçon sur les marques de fabrique;

Vu les articles 4 et 8 du règlement d'administration publique en date de ce jour [1], ainsi conçus :

« Art. 4. Les droits de timbre à percevoir, en exécution de l'article 2 de la « loi susvisée du 26 novembre 1873, pour les étiquettes, bandes ou enve- « loppes en papier sur lesquelles figurent des marques de fabrique ou de « commerce, sont fixés ainsi qu'il suit, savoir :

« 1 centime|pour chaque marque timbrée se rapportant à des *objets*
   « d'une valeur de 1 franc et au-dessous.

« 2 centimes, s'il s'agit d'objets d'une valeur supérieure à 1^f jusqu'à 3^f
« 3 *idem*... 2
« 5 *idem*... 3 5
« 10 *idem*.. 5 10
« 20 *idem*.. 10 20
« 30 *idem*.. 20 30
« 50 *idem*.. 30 50
« 1 franc, s'il s'agit d'objets d'une valeur supérieure à.... 50

« Art. 8. Les droits de poinçonnage à percevoir, en exécution des articles 2 « et 3 de la loi du 26 novembre 1873 pour les étiquettes et estampilles en « métal sur lesquelles figurent les marques de fabrique ou de commerce ou « pour les marques faisant corps avec l'objet lui-même , sont fixés ainsi qu'il « suit :

VALEURS.		CLASSES.	ÉTIQUETTES et estampilles présentées sans l'objet qui doit les porter.	MARQUES fixées sur l'objet ou faisant corps avec l'objet lui-même.
Pour chaque objet d'une valeur déclarée	de 5^f 00^c et au-dessous..........	1re classe....	0^f 05^c	0^f 06^c
	de 5 01 à 10^f..............	2e *idem*......	0 10	0 12
	de 10 01 à 20..............	3e *idem*......	0 20	0 24
	de 20 01 à 30..............	4e *idem*......	0 30	0 36
	de 30 01 à 50..............	5e *idem*......	0 50	0 60
	de 50 01 à 100..............	6e *idem*......	1 00	1 20
	de 100 01 à 200..............	7e *idem*......	2 00	2 40
	de 200 01 à 350..............	8e *idem*......	3 50	4 20
	de 350 01 et au-dessus..........	9e *idem*......	5 00	5 00

[1] Voir ci-dessus, n° 3259.

DÉCRÈTE :

ART. 1er. Il est créé des types destinés à timbrer les étiquettes, bandes ou enveloppes en papier sur lesquelles figurent des marques de fabrique ou de commerce.

Ces types, qui sont conformes au modèle annexé au présent décret, portent l'indication des quotités établies par l'article 4 ci-dessus du règlement d'administration publique.

2. L'administration de l'enregistrement, des domaines et du timbre fera déposer aux greffes des cours et tribunaux des empreintes des timbres établis par l'article précédent.

Ce dépôt sera constaté par un procès-verbal dressé sans frais.

3. Le poinçon destiné à être apposé sur les étiquettes ou estampilles en métal, dans les conditions déterminées par l'article 1er de la loi du 26 novembre 1873, affecte la forme ronde; son diamètre est de six millimètres et demi, et il représente une tête d'Amphitrite d'après l'antique. Il porte l'un des chiffres arabes 1 à 9, indiquant le numéro et la classe du tarif correspondant à la taxe à percevoir.

4. Le ministre des finances est chargé de l'exécution du présent décret, qui sera inséré au Journal officiel.

Fait à Versailles, le 25 Juin 1874.

Signé Mal DE MAC MAHON.

Le Ministre des finances,
Signé P. MAGNE.

RÉPUBLIQUE FRANÇAISE.

N° 3261. — DÉCRET qui modifie la Juridiction civile de divers Territoires en Algérie.

Du 30 Juin 1874.

(Promulgué au Journal officiel du 2 juillet 1874.)

LE PRÉSIDENT DE LA RÉPUBLIQUE FRANÇAISE,

Vu l'ordonnance du 26 septembre 1842 [1], sur l'organisation de la justice en Algérie ;

Vu les décrets des 7 décembre 1853 [2], 24 juin [3] et 15 novembre 1854 [4], qui créent la justice de paix d'Aumale ;

Vu le décret des 21 novembre 1860 [5] - 15 février 1861, qui crée le tribunal civil de Sétif ;

Vu l'arrêté du gouverneur général de l'Algérie, en date du 19 février 1874 ;

Sur le rapport du garde des sceaux, ministre de la justice,

DÉCRÈTE :

ART. 1er. La portion occidentale du cercle de Bou-Saada, compre-

[1] XIe série, Bull. 947, n° 10,260.
[2] XIe série, Bull. 112, n° 965.
[3] XIe série, Bull. 192, n° 1681.
[4] XIe série, Bull. 231, n° 2115.
[5] XIe série, Bull. 880, n° 8476.

nant la commune mixte de Bou-Saada et le caïdat de Bou-Saada, ainsi que les territoires occupés par les tribus des Beni-Brahim, des Ouled-Amer, des Ouled-Terradj, des Ouled-Aïssa, des Ouled-Ahmed, des Ouled-Khaled, des Ouled-Sidi-Lian, des Ouled-Seliman et d'El-Haoumed, teintée en rose sur le plan ci annexé, est détachée de l'arrondissement de Sétif (département de Constantine) et rattachée, pour l'administration de la justice civile ordinaire, au canton d'Aumale (département et arrondissement d'Alger).

2. Le garde des sceaux, ministre de la justice, est chargé de l'exécution du présent décret.

Fait à Versailles, le 30 Juin 1874.

Signé M°¹ DE MAC MAHON.

Le Garde des sceaux, Ministre de la justice,

Signé A. TAILHAND.

RÉPUBLIQUE FRANÇAISE.

N° 3262. — *DÉCRET relatif à la publication de la loi du 29 juin 1874, qui fixe l'époque des Élections pour la reconstitution du Conseil général des Bouches-du-Rhône.*

Du 1ᵉʳ Juillet 1874.

(Promulgué au *Journal officiel* du 2 juillet 1874.)

LE PRÉSIDENT DE LA RÉPUBLIQUE FRANÇAISE,

Vu la loi du 29 juin 1874, qui fixe l'époque des élections pour la reconstitution du conseil général des Bouches-du-Rhône, dissous par décret du 24 mai dernier;
Vu les ordonnances des 27 novembre 1816 [1] et 18 janvier 1817 [2];
Sur le rapport du garde des sceaux, ministre de la justice,

DÉCRÈTE :

ART. 1ᵉʳ. La publication de la loi du 29 juin 1874, qui fixe l'époque des élections pour la reconstitution du conseil général des Bouches-du-Rhône, dissous par décret du 24 mai dernier, sera faite conformément aux ordonnances des 27 novembre 1816 et 18 janvier 1817.

2. Le garde des sceaux, ministre de la justice, est chargé de l'exécution du présent décret.

Fait à Versailles, le 1ᵉʳ Juillet 1874.

Signé M°¹ DE MAC MAHON.

Le Garde des sceaux, Ministre de la justice,

Signé A. TAILHAND.

[1] vⁿᵉ série, Bull. 124, n° 1347.   [2] vⁿᵉ série, Bull. 134, n° 16221.

RÉPUBLIQUE FRANÇAISE.

N° 3263. — Décret *qui autorise la fondation, à Reims, d'un Etablissement de Petites-Sœurs-des-Pauvres.*

Du 9 Juillet 1874.

Le Président de la République française,

Sur le rapport du ministre de l'instruction publique et des cultes;

Vu la demande de la congrégation des Petites-Sœurs-des-Pauvres, à Saint-Pern, tendant à obtenir :

1° La reconnaissance légale de l'établissement de sœurs de son ordre existant à Reims;

2° L'autorisation d'acquérir et de vendre divers immeubles situés dans cette ville;

Vu les pièces produites en exécution des ordonnances des 2 avril 1817[1] et 14 janvier 1831[2];

Vu la loi du 24 mai 1825;

Vu l'avis du ministre de l'intérieur;

La section de l'intérieur, de la justice, de l'instruction publique, des cultes et des beaux-arts du Conseil d'État entendue,

Décrète :

Art. 1er. La congrégation hospitalière des Petites-Sœurs-des-Pauvres, existant primitivement à Rennes et actuellement à Saint-Pern (Ille-et-Vilaine), en vertu de deux décrets des 9 janvier 1856[3] et 21 avril 1869[4], est autorisée à fonder à Reims (Marne) un établissement de sœurs de son ordre, à la charge, par les membres de cet établissement, de se conformer exactement aux statuts adoptés par la maison mère et approuvés par ordonnance du 8 juin 1828[5].

2. La supérieure générale de la congrégation des Petites-Sœurs-des-Pauvres, à Saint-Pern (Ille-et-Vilaine), est autorisée, au nom de cette congrégation :

1° A acquérir des sieur et dame *Assy,* moyennant le prix de quarante-trois mille francs (43,000f), égal au montant de l'estimation, et aux clauses et conditions d'un acte notarié du 30 décembre 1868, une maison sise à Reims (Marne), rue Neuve, n° 93, et actuellement occupée par l'établissement des sœurs de cet ordre reconnu par l'article 1er du présent décret;

2° A vendre cet immeuble aux enchères publiques, sur la mise à prix de quarante-trois mille francs (43,000f);

3° A acquérir de la famille *Lhotelain,* moyennant le prix de quarante mille francs (40,000f), égal au montant de l'estimation, et aux clauses et conditions énoncées dans un acte notarié des 16 et 30 avril

[1] VIIe série, Bull. 152, n° 1995.
[2] IXe série, 2e partie, Bull. 39, n° 971.
[3] XIe série, Bull. 355, n° 3293.
[4] XIe série, Bull. 1723, n° 17,006.
[5] VIIIe série, Bull. 236, n° 8607.

XIIe Série.

1872, une parcelle de terrain sise à Reims (extra-muros), contenant trois hectares vingt-neuf ares vingt centiares (3ʰ 29ᵃ 20ᶜ) et sur laquelle doivent être édifiées des constructions pour le transfert dudit établissement.

Le prix de cette dernière acquisition sera payé, jusqu'à due concurrence, au moyen du produit de la vente de la maison de la rue Neuve.

3. Le ministre de l'instruction publique et des cultes et le ministre de l'intérieur sont chargés, chacun en ce qui le concerne, de l'exécution du présent décret, qui sera inséré au Bulletin des lois.

Fait à Versailles, le 9 Juillet 1874.

Signé Mᵃˡ DE MAC MAHON.

Le Ministre de l'instruction publique et des cultes,

Signé A. DE CUMONT.

RÉPUBLIQUE FRANÇAISE.

N° 3264. — *Décret qui fixe les Centimes extraordinaires à percevoir par voie d'addition au principal de l'impôt arabe, pour les Dépenses relatives à la constitution et à la constatation de la Propriété individuelle indigène en Algérie.*

Du 13 Juillet 1874.

LE PRÉSIDENT DE LA RÉPUBLIQUE FRANÇAISE,

Sur le rapport du ministre de l'intérieur, d'après les propositions du gouverneur général civil de l'Algérie;

Vu l'article 24 de la loi du 26 juillet 1873, qui met à la charge du budget des centimes additionnels des tribus les dépenses de toute nature nécessitées par la constitution et la constatation de la propriété individuelle indigène en Algérie;

Le Conseil d'État entendu,

DÉCRÈTE :

ART. 1ᵉʳ. Les dépenses résultant de l'exécution de la loi du 26 juillet 1873 seront couvertes par des centimes extraordinaires perçus par voie d'addition au principal de l'impôt arabe et indépendants des centimes additionnels ordinaires déjà établis.

2. Ces nouveaux centimes seront fixés ainsi qu'il suit pour toutes les populations inscrites au rôle de l'impôt arabe, savoir :

1° Pour les populations des douars constitués en communes subdivisionnaires et en communes indigènes assujetties aux impôts achour, zekkat et kohor, ainsi que pour les populations des douars et fractions de douar compris dans les communes mixtes et de plein exercice, et qui restent soumis auxdits impôts, à deux centimes par franc;

2° Pour les populations soumises à l'impôt lezma, quel que soit le régime communal auquel elles appartiennent, à dix centimes par franc, qui seront calculés sur le montant total des taxes de lezma actuellement fixées pour lesdites populations.

3. En regard de ces recettes spéciales, il sera établi, dans chaque budget des communes subdivisionnaires indigènes, mixtes, de plein exercice, un compte des dépenses corrélatives destiné à permettre le reversement au trésor de toutes les sommes réalisées au titre particulier ci-dessus.

Un compte courant sera établi au trésor pour le service spécial des recettes et des dépenses relatives aux opérations de la constitution de la propriété.

Les excédants de recettes à la fin d'une année seront reportés, de plein droit, à l'exercice suivant et viendront en atténuation des charges nouvelles de l'exercice subséquent.

4. Les ministres de l'intérieur et des finances et le gouverneur général civil de l'Algérie sont, chacun en ce qui le concerne, chargés de l'exécution du présent décret, qui sera inséré au Bulletin des lois et au Journal officiel.

Fait à Versailles, le 13 Juillet 1874.

Signé M^{al} DE MAC MAHON.

Le Ministre de l'intérieur,
Signé DE FOURTOU.

RÉPUBLIQUE FRANÇAISE.

—

N° 3265. — DÉCRET pour l'exécution de la Convention de poste conclue, le 28 avril 1874, entre la France et les États-Unis de l'Amérique du Nord.

Du 13 Juillet 1874.

LE PRÉSIDENT DE LA RÉPUBLIQUE FRANÇAISE,

Vu la convention de poste conclue entre la France et les États-Unis de l'Amérique du Nord, le 28 avril 1874;
Vu la loi du 14 floréal an x (4 mai 1802);
Sur le rapport de notre ministre des finances,

DÉCRÈTE :

ART. 1er. Les taxes ou droits à percevoir par l'administration des postes de France pour l'affranchissement des lettres ordinaires, des lettres chargées, des échantillons de marchandises et des journaux, gazettes, ouvrages périodiques, livres brochés ou reliés, brochures, papiers de musique, gravures, lithographies, photographies, catalogues, prospectus, annonces et avis divers imprimés, gravés, litho-

4.

graphiés ou autographiés, qui seront expédiés de la France et de l'Algérie à destination des États-Unis ou de leurs territoires et des pays auxquels les États-Unis servent d'intermédiaire, tant au moyen des paquebots-poste français et étrangers faisant un service régulier entre la France et les États-Unis que par la voie d'Angleterre et des paquebots affectés au transport des dépêches entre la Grande-Bretagne et les États-Unis, seront payés par les envoyeurs, conformément au tarif ci-après :

DÉSIGNATION des correspondances.	NATURE des correspondances.	CONDITIONS de l'affranchissement.	LIMITE de l'affranchissement.	TAXES OU DROITS à percevoir pour chaque objet portant une adresse particulière.
États-Unis et leurs territoires..............	Lettres ordinaires.	Facultatif..	Destination.	5o cent. par 1o gr. ou fraction de 1o gr.
	Lettres chargées.	Obligatoire.	Destination.	Droit fixe de 5o cent. en sus de la taxe applicable à une lettre ordinaire affranchie du même poids.
	Échantillons et imprimés de toute nature........	Obligatoire.	Destination.	15 cent. par 4o gr. ou fraction de 4o gr.
Brésil , Canada , Ile du Prince - Édouard , Nouvelle - Galles du Sud , Nouvelle-Zélande.......	Lettres ordinaires.	Obligatoire.	Destination.	1 fr. par 1o grammes ou fraction de 1o gr.
	Lettres chargées.	Obligatoire.	Destination.	2 fr. par 1o gr. ou fraction de 1o gr.
	Échantillons.....	Obligatoire.	Port de débarquement.	35 cent. par 4o gr. ou fraction de 4o gr.
	Imprimés de toute nature........	Obligatoire.	Port de débarquement.	25 cent. par 4o gr. ou fraction de 4o gr.
Chine , Cuba , États-Unis de l'Amérique du Centre, Grenade , Guyane anglaise , Iles Sandwich , Japon , Mexique , Nouvelle - Grenade , Sainte-Lucie , Saint - Thomas , Saint-Vincent , Trinité , Venezuela............	Lettres ordinaires.	Obligatoire.	Port de débarquement.	1 franc par 1o gr. ou fraction de 1o gr.
	Échantillons.....	Obligatoire.	Port de débarquement.	35 cent. par 4o gr. ou fraction de 4o gr.
	Imprimés de toute nature........	Obligatoire.	Port de débarquement.	25 cent. par 4o gr. ou fraction de 4o gr.

2. Les taxes à percevoir en vertu de l'article précédent pourront être acquittées au moyen des timbres d'affranchissement que l'administration des postes est autorisée à faire vendre.

Lorsque les timbres-poste apposés sur une lettre à destination des États-Unis ou de leurs territoires représenteront une somme inférieure à celle due pour l'affranchissement, le destinataire payera une taxe égale à la différence existant entre la valeur desdits timbres et le port dû pour une lettre non affranchie du même poids. Toutefois, lorsque la somme représentée par les timbres d'affranchissement présentera une fraction de demi-décime, il ne sera pas tenu compte de cette fraction.

3. **Les taxes ou droits** à percevoir par l'administration des postes de France, tant pour les lettres non affranchies qui seront expédiées des États-Unis ou de leurs territoires, à destination de la France et de l'Algérie, que pour les lettres, les échantillons de marchandises et les imprimés de toute nature non affranchis qui seront expédiés des pays auxquels les États-Unis servent d'intermédiaire, à destination de la France et de l'Algérie, seront payés par les destinataires, conformément au tableau ci-après :

ORIGINE des correspondances.	NATURE des correspondances.	TAXES OU DROITS à payer par les destinataires pour chaque objet portant une adresse particulière.
États-Unis et leurs territoires.....	Lettres ordinaires non affranchies..........	Droit fixe de 25 cent. en sus de la taxe de 50 cent. par 10 grammes ou fraction de 10 grammes.
	Lettres insuffisamment affranchies au moyen de timbres-poste américains..........	La même taxe et le même droit que pour les lettres non affranchies, sauf déduction du prix des timbres-poste et en élevant au demi-décime toute fraction de demi-décime résultant de cette réduction.
Brésil, Canada, Chine, Cuba, États-Unis de l'Amérique du Centre, la Grenade, Guyane anglaise, île du Prince-Edouard, îles Sandwich, Jamaïque, Japon, Mexique, Nouvelle-Grenade, Nouvelle-Galles du Sud, Nouvelle-Zélande, Sainte-Lucie, Saint-Thomas, Saint-Vincent, Trinité, Venezuela........	Lettres ordinaires.....	1 fr. 20 cent. par 10 gr. ou fraction de 10 grammes.
	Échantillons de marchandises..........	40 cent. par 40 grammes ou fraction de 40 grammes.
	Imprimés de toute nature...............	25 cent. par 40 grammes ou fraction de 40 grammes.

4. **Les échantillons** de marchandises ne seront admis à jouir des modérations de taxes qui leur sont accordées par les articles 1 et 3 précédents qu'autant qu'ils n'auront aucune valeur vénale, qu'ils seront affranchis jusqu'aux limites respectivement fixées par lesdits articles, qu'ils seront placés sous bandes ou de manière à ne laisser aucun doute sur leur nature, et qu'ils ne porteront d'autre écriture à la main que l'adresse du destinataire, une marque de fabrique ou de marchand, des numéros d'ordre et des prix.

Pour jouir des modérations de port qui leur sont accordées par les mêmes articles, les imprimés devront être mis sous bandes et ne porter aucune écriture, chiffre ou signe quelconque à la main, si ce n'est l'adresse du destinataire, la signature de l'envoyeur et la date.

Ceux des objets désignés dans le présent article qui ne rempliront pas les conditions ci-dessus fixées ou qui n'auront pas été affranchis jusqu'à la limite fixée seront considérés comme lettres et taxés en conséquence.

5. Les journaux et autres imprimés ne seront reçus ou distribués par les bureaux dépendant de l'administration des postes de France qu'autant qu'il aura été satisfait, à leur égard, aux lois, décrets, ordonnances ou arrêtés qui règlent les conditions de leur publication et de leur circulation en France.

6. Il ne sera admis à destination des pays désignés dans l'article 1er du présent décret aucun paquet ou lettre qui contiendrait soit de l'or ou de l'argent monnayé, soit des bijoux ou effets précieux, soit enfin tout autre objet passible de droits de douane.

7. Les lettres chargées expédiées de la France et de l'Algérie, en vertu de l'article 1er du présent décret, ne pourront être admises que sous enveloppes et fermées au moins de deux cachets en cire fine. Ces cachets devront porter une empreinte uniforme reproduisant un signe particulier à l'envoyeur, et être placés de manière à retenir tous les plis de l'enveloppe.

8. Les dispositions du présent décret seront exécutoires à partir du 1er août 1874.

9. Toutes dispositions antérieures contraires sont et demeurent abrogées.

10. Le ministre des finances est chargé de l'exécution du présent décret, qui sera inséré au Bulletin des lois.

Fait à Versailles, le 13 Juillet 1874.

Signé M^{al} DE MAC MAHON.

Le Ministre des finances,

Signé P. MAGNE.

RÉPUBLIQUE FRANÇAISE.

N° 3266.—*Décret qui modifie les décrets des 16 octobre 1871 et 10 octobre 1872, relatifs aux concessions de terres en Algérie.*

Du 15 Juillet 1874.

LE PRÉSIDENT DE LA RÉPUBLIQUE FRANÇAISE,

Vu le titre II du décret du 16 octobre 1871 [1] et le décret du 10 octobre 1872 [2], relatifs aux concessions de terre en Algérie;

Considérant que certaines dispositions de ces décrets ont créé, pour l'installation des colons sur les terres domaniales des difficultés que l'expérience a révélées et qu'il y a lieu de modifier ces dispositions de manière à satisfaire les intérêts des concessionnaires et à sauvegarder en même temps ceux du peuplement et de la colonisation;

Sur le rapport du ministre de l'intérieur, d'après les propositions du gouverneur général civil de l'Algérie,

DÉCRÈTE :

ART. 1er. Le titre II du décret du 16 octobre 1871 et le décret du

[1] Bull. 69, n° 611.　　　　[2] Bull. 110, n° 1483.

10 octobre 1872 sont abrogés et remplacés par les dispositions suivantes.

2. Le gouverneur général est autorisé à consentir, sous promesse de propriété définitive, des locations de terres domaniales d'une durée de cinq années en faveur de tous Français d'origine européenne ou naturalisés qui justifieront de la possession de ressources suffisantes pour vivre pendant une année.

A titre de récompense exceptionnelle, la même faveur pourra être accordée, le conseil de gouvernement entendu, à tous indigènes non naturalisés qui auront rendu des services signalés à la France, en servant dans les corps constitués de l'armée de terre et de mer.

La liste des concessionnaires de cette dernière catégorie sera publiée trimestriellement.

3. La location est faite à condition de résidence personnelle sur la terre louée pendant toute la durée du bail.

4. Le locataire payera annuellement et d'avance à la caisse du receveur de la situation des biens la somme de un franc, quelle que soit l'étendue de son lot.

5. La contenance de chaque lot est proportionnée à la composition de la famille, à raison de dix hectares au plus et de trois hectares au moins par tête, hommes, femmes, enfants (les gens à gages ne comptant pas).

Les célibataires pourront être admis aux concessions; ils ne jouiront sur leur lot que d'une superficie maximum de dix hectares.

Le complément leur sera remis après seulement qu'ils auront contracté mariage, et, jusque-là, il restera entre les mains de la commune, qui en aura la jouissance provisoire.

Après le délai de cinq ans, si le concessionnaire n'est pas marié, l'État pourra disposer du complément réservé, soit au profit de la commune, soit au profit d'un particulier.

L'étendue d'une concession ne pourra être moindre de vingt hectares ni excéder cinquante hectares, si l'attribution est comprise sur le territoire d'un centre de population; elle pourra atteindre cent hectares, s'il s'agit de lots de fermes isolées.

6. A l'expiration de la cinquième année, le bail sera converti en titre définitif de propriété, sous la simple réserve de ne point vendre, pendant une nouvelle période de cinq ans, à tous indigènes non naturalisés.

En cas de contravention à la défense qui précède, la concession sera résolue de plein droit au profit de l'État.

Ce titre de propriété, établi par le service des domaines, est enregistré gratis et transcrit sans autres frais que le salaire du conservateur, le tout à la diligence du service des domaines et aux frais du titulaire.

7. A l'expiration de la troisième année, si la condition de résidence a été remplie, le locataire pourra céder le droit au bail à tout autre individu remplissant les conditions prévues par le paragraphe 1er de l'article 2 pour obtenir lui-même une concession; et

cela avec clauses et conditions convenues entre eux. La même faculté est accordée aux différents cessionnaires du bail qui viendraient à se succéder dans le cours des deux dernières années.

A chaque cession, le contrat de substitution devra être notifié en due forme au receveur des domaines de la situation des biens.

Le titre définitif de propriété est délivré en fin de bail au dernier cessionnaire occupant.

8. Le bail est résilié de plein droit si, passé un délai de six mois à partir du jour de sa notification, le titulaire ne s'est pas conformé aux prescriptions de l'article 3.

En ce cas, l'État reprend purement et simplement possession de la terre louée.

Néanmoins, si le locataire a fait sur l'immeuble des améliorations utiles et permanentes, il sera procédé publiquement, par voie administrative, à l'adjudication du droit au bail.

Cette adjudication pourra être tranchée en faveur de tous enchérisseurs et à l'exclusion des indigènes non naturalisés.

Le prix d'adjudication, déduction faite des frais et compensation faite des dommages, s'il y a lieu, appartiendra au locataire déchu ou à ses ayants cause.

S'il ne se présente aucun adjudicataire, l'immeuble fait définitivement retour à l'État, franc et quitte de toute charge.

La déchéance est prononcée par le préfet du département ou le général commandant la division, suivant le territoire, le conseil de préfecture entendu, trois mois après la mise en demeure adressée au locataire, laquelle vaudra citation d'avoir à fournir, dans ledit délai, ses explications au conseil.

9. Les colons déjà installés en vertu du titre II du décret du 16 octobre 1871, et dont la durée des baux est de neuf années, jouiront de plein droit du bénéfice des modifications apportées par le présent décret aux prescriptions de ce titre.

10. Pendant cinq ans, le concessionnaire devenu propriétaire sera affranchi de tous impôts qui, devant être perçus au profit de l'État, pourraient être établis sur la propriété immobilière en Algérie.

11. Les sociétés qui s'engageraient à construire et à peupler, dans un but d'industrie ou de colonisation, un ou plusieurs villages, pourront recevoir des concessions de terres aux conditions fixées par le présent décret, mais à charge par elles d'en consentir la rétrocession au profit de familles d'ouvriers ou de cultivateurs d'origine française. Les rétrocessions s'effectueront dans les délais qui seront stipulés par l'administration, de concert avec les sociétés.

12. Les terres qui ne se prêtent pas à la création de villages et qui sont alloties sous la dénomination de *fermes isolées,* d'une contenance variant entre les limites extrêmes de cinquante à cent hectares, pourront être vendues aux enchères publiques, dont les indigènes non naturalisés seront exclus.

L'acquéreur ne pourra revendre sa terre avant dix années à des indigènes non naturalisés.

En cas de contravention à la défense qui précède, la concession sera résolue de plein droit au profit de l'État.

13. Tout locataire établi dans les conditions du présent décret est autorisé à transférer, à titre de garantie des prêts qui lui seraient consentis, soit pour édifier ses bâtiments d'habitation ou d'exploitation, soit pour se procurer le cheptel et les semences nécessaires, le droit qui lui est attribué par l'article 7 dudit décret de céder son bail. Toutefois, et bien que ce droit en question ne s'ouvre pour le locataire qu'à l'expiration de la troisième année de résidence, le transfert dont il s'agit pourra en être fait dès l'expiration de la seconde année de résidence seulement.

Le transfert devra être accepté par le préfet du département ou le général commandant la division, selon le territoire, et mentionné sur chacun des deux exemplaires du bail lui-même, à peine de nullité.

L'acte en vertu duquel il sera consenti sera enregistré au droit fixe de un franc cinquante centimes et transcrit sans autres frais que le salaire du conservateur et les droits de timbre.

14. A défaut de payement dans les termes convenus et un mois après un commandement resté sans effet, le créancier bénéficiaire du transfert aura le droit, soit de requérir de l'administration la vente par adjudication publique du droit au bail, sur une mise à prix correspondant au montant de sa créance en capital, intérêts et frais, soit de céder le bail à un tiers réunissant les conditions requises par le paragraphe 1er de l'article 2, et de se rembourser sur le prix jusqu'à due concurrence. Dans ce cas, il notifiera l'acte de cession au locataire, qui, dans les huit jours, pourra, conformément à l'article 8 du présent décret, requérir qu'il soit procédé, aux enchères publiques, à l'adjudication du droit au bail, sur la mise à prix déterminée par le contrat de cession. S'il ne survient pas d'enchères, la cession demeurera définitive.

Au cas d'adjudication directement requise, s'il ne survient pas d'enchères, le créancier aura le choix ou d'abaisser la mise à prix, ou de traiter de gré à gré avec un tiers réunissant les conditions exigées, ou de requérir l'attribution définitive des constructions et bâtiments d'exploitation, ainsi que le sol sur lequel ils seront établis, le surplus faisant retour au domaine de l'État.

15. En cas de déchéance du locataire ou de ses ayants cause, le droit du créancier de transférer le bail peut être exercé immédiatement, sauf l'application, s'il y a lieu, de l'article 8.

16. Le ministre de l'intérieur et le gouverneur général civil de l'Algérie sont chargés, chacun en ce qui le concerne, de l'exécution du présent décret.

Fait à Versailles, le 15 Juillet 1874.

Signé M*l* DE MAC MAHON.

Le Ministre de l'intérieur,

Signé DE FOURTOU.

RÉPUBLIQUE FRANÇAISE.

N° 3267. — Décret qui nomme M. le Général Baron de Chabaud La To
Ministre de l'Intérieur.

Du 20 Juillet 1874.

(Promulgué au Journal officiel du 21 juillet 1874.)

Le Président de la République française

Décrète :

Art. 1er. M. le général baron de Chabaud La Tour, vice-président
de l'Assemblée nationale, est nommé ministre de l'intérieur.

2. Le vice-président du Conseil des ministres est chargé de l'exécution du présent décret.

Fait à Versailles, le 20 Juillet 1874.

Signé Mal DE MAC MAHON, duc DE MAGENTA.

Le Vice-Président du Conseil,
Ministre de la guerre,

Signé Gal E. DE CISSEY.

RÉPUBLIQUE FRANÇAISE.

N° 3268. — Décret qui nomme M. Mathieu-Bodet Ministre des Finances.

Du 20 Juillet 1874.

(Promulgué au Journal officiel du 21 juillet 1874.)

Le Président de la République française

Décrète :

Art. 1er. M. Mathieu-Bodet, membre de l'Assemblée nationale, est
nommé ministre des finances.

2. Le vice-président du Conseil des ministres est chargé de l'exécution du présent décret.

Fait à Versailles, le 20 Juillet 1874.

Signé Mal DE MAC MAHON, duc DE MAGENTA.

Le Vice-Président du Conseil,
Ministre de la guerre,

Signé Gal E. DE CISSEY.

RÉPUBLIQUE FRANÇAISE.

N° 3269. — Décret qui convoque les Électeurs du Département du Calvados,
à l'effet d'élire un Député à l'Assemblée nationale.

Du 22 Juillet 1874.

Le Président de la République française,

Sur le rapport du ministre de l'intérieur ;

Vu la loi du 15 mars 1849, les décrets organique et réglementaire du 2 février 1852 [1], les lois des 10 avril et 2 mai 1871, et celle du 18 février 1873 ;

Vu le décret du Gouvernement de la défense nationale, en date du 29 janvier 1871 [2], et le décret du Président de la République, en date du 2 avril 1873 [3], portant convocation de divers collèges électoraux ;

Attendu le décès de M. *Paris,* membre de l'Assemblée nationale pour le département du Calvados,

Décrète :

Art. 1er. Les électeurs du département du Calvados sont convoqués pour le dimanche 16 août prochain, à l'effet de pourvoir au siège de député à l'Assemblée nationale vacant dans ce département.

2. Les opérations électorales auront lieu suivant les formes déterminées par le décret du 2 avril 1873 ci-dessus visé.

3. Le ministre de l'intérieur est chargé de l'exécution du présent décret.

Fait à Versailles, le 22 Juillet 1874.

Signé Mal DE MAC MAHON.

Le Ministre de l'intérieur,

Signé Gal DE CHABAUD LA TOUR.

RÉPUBLIQUE FRANÇAISE.

N° 3270. — DÉCRET *qui modifie le Tarif des Droits de voirie à percevoir dans la ville de Paris.*

Du 28 Juillet 1874.

LE PRÉSIDENT DE LA RÉPUBLIQUE FRANÇAISE,

Sur le rapport du ministre de l'intérieur ;

Vu le mémoire présenté par le préfet de la Seine au conseil municipal de Paris ;

Vu les délibérations dudit conseil, en date des 27 et 30 décembre 1872, et les autres pièces de l'affaire ;

Vu le décret du 27 octobre 1808 et l'ordonnance royale du 24 décembre 1823 [4] ;

Le Conseil d'État entendu,

Décrète :

Art. 1er. À partir de la publication du présent décret, les droits de voirie dans la ville de Paris, pour délivrances d'alignements, permissions de construire ou de réparer et autres permis de toute espèce qui se requièrent en grande ou en petite voirie, seront perçus conformément aux tarifs ci-après :

[1] 1re série, Bull. 488, nos 3636 et 3637.   [3] XIIe série, Bull. 124, n° 1887.
[2] IIIe série, Bull. 41, n° 274.   [4] VIIe série, Bull. 651, n° 10,260.

Tarj

DÉNOMINATIONS.	DE

SECTION Iʳᵉ.
TRAVAUX NEUFS.

Construction :

1° D'un bâtiment ....

2° D'un mur de clôture ou d'une grille..................................

3° D'une clôture en planches, en treillage ou toute autre clôture légère...............

Baie..

Balcon (grand) dépassant 0ᵐ,22 de saillie....................................

Balcon (petit) ne dépassant pas 0ᵐ,22 de saillie.................................

Barre d'appui. — Garde-fou....................................

Barrière provisoire..

SECTION II.
TRAVAUX MODIFIANT DES CONSTRUCTIONS EXISTANTES.

Surélévation d'un bâtiment....................................

Surélévation d'un mur de clôture ....

Chaperon..

Conversion d'un mur de clôture en mur de face d'un bâtiment...................

Ravalement entier....................................

Ravalement partiel....................................

Baie ouverte après coup ou agrandie :

1° Dans un bâtiment, au rez-de-chaussée, de 2 mètres et plus.................

2° Dans un bâtiment, au rez-de-chaussée, de 0ᵐ,80 à 2 mètres.................

3° Dans un bâtiment, au-dessus du rez-de-chaussée, de 0ᵐ,80 et au-dessus..............

4° Dans un mur de clôture : baie de porte charretière ou cochère.................

Dans un mur de clôture : baie de porte bâtarde.................................

Baie de moins de 0ᵐ,80 dans sa plus grande dimension....................

Poitrail ou toute fermeture de baie de 2 mètres et au-dessus (soit en bâtiment, soit en mur de clôture).................................... | 3(|

Linteau ou toute fermeture de baie, plate-bande, arc en pierre, etc., de 0ᵐ,80 à 2 mètres (soit en bâtiment, soit en mur de clôture).................................... | 1(|

Pied-droit. — Dosseret, soit en bâtiment, soit en mur de clôture, à rez-de-chaussée :

Pour baie de 2 mètres et au-dessus.................................... | 3(|

Pour baie de moins de 2 mètres.................................... | 1(|

Reprise dans la façade d'un bâtiment. — Trumeau construit au rez-de-chaussée. — Bouchement de baie....................................

Point d'appui intermédiaire au rez-de-chaussée. — Pile. — Colonne. — Poteau. — Jambe étrière.................................... | 20 |

Échafaud..

Entablement. — Corniche. — Réfection entière.................................... | 20 |

Entablement. — Corniche. — Réfection partielle.................................... | 10 |

Étais.................................... | 5 |

pl. voirie.

poser n. mètre linéaire.	DROIT au mètre superficiel.	OBSERVATIONS.
2ᶠ 00ᶜ	»	Mesuré sur la longueur totale du rez-de-chaussée.
»	1ᶠ 00ᶜ	Mesuré sur le produit de la hauteur moyenne de la face par la longueur totale.
3 00	»	La taxe à percevoir au mètre superficiel pour la construction des bâtiments est réduite de moitié pour les façades ou portions de façades construites en moellons ou en pans de bois avec enduit en plâtre, sous la réserve du droit de l'administration de refuser l'autorisation de construire des façades de cette nature qui présenteraient des dangers au point de vue des incendies ou de la sécurité publique.
» 5	»	Il est expliqué qu'il ne s'agit ici que des clôtures à demeure fixe et non des clôtures dites *provisoires* servant à entourer momentanément une fouille, un atelier de construction, etc.
» »	»	Dans n'importe quelle partie d'un mur ou d'un bâtiment neuf ou surélevé et quelles que soient ses dimensions, aussi bien dans les étages d'attique ou en retraite qui se trouvent dans un plan vertical au-dessus de l'entablement que dans les étages ou au-dessous de l'entablement.
3 50	»	Mesuré sur la longueur du balcon, non compris les retours.
1 50	»	
5 00	»	Il s'agit ici des barres d'appui placées au droit des croisées avec une très-faible saillie et complétées ensuite par un ouvrage en fonte ou en fer qui garnit le vide dans la partie inférieure.
9 50	»	Mesuré, non pas en raison du développement linéaire de la barrière, mais en raison de la longueur de face du terrain clos.
»	0 50 (par trimestre).	Ce droit s'applique à la superficie du sol de la voie publique temporairement occupé. Il est valable pour un trimestre et renouvelable; le trimestre, considéré comme unité, toujours exigible.
»	1 00	Mesuré sur le produit de la surélévation par la longueur totale de la partie surélevée.
2 00	»	
4 00	»	Le dérasement d'un mur pour la conversion en mur bahut, orné d'une grille, donne lieu à la perception du droit complet d'alignement.
»	»	Voir *Construction d'un bâtiment neuf*, sauf la déduction du droit d'alignement déjà perçu.
»	»	Non compris le droit d'échafaud.
»	»	Ne sera considéré comme partie de ravalement donnant lieu à la taxe que celle qui atteindra 1 mètre superficiel.
»	»	Droit de poitrail non compris.
»	»	Droit de linteau ou fermeture non compris.............. ⎫ Au rez-de-chaussée, ne sont pas considérés comme baies les soupiraux de caves, ni les ouvertures pratiquées dans les devantures ou remplissages en menuiserie. Toutefois, les soupiraux servant à l'éclairage des sous-sols destinés à l'habitation, au commerce ou à l'industrie seront taxés comme baies de rez-de-chaussée.
»	»	Idem........................ ⎭
»	»	
»	»	
»	»	Compris le droit de linteau ou fermeture.
»	»	
»	»	
»	»	Dans les murs de clôture, les poteaux en bois sont considérés comme dosserets.
»	»	Ces droits ne seront dus que pour le cas où les pieds-droits ou dosserets seront véritablement construits dans une largeur excédant 16 centimètres. Lorsque le constructeur, après avoir ouvert une baie, ne fera aucune autre chose que d'en dresser les tableaux et de créer, par conséquent, des dosserets dans la maçonnerie ancienne, sans rien y ajouter, la taxe ne sera pas appliquée.
»	3 00	Mesuré sur la superficie de l'ouvrage effectué.
»	»	Pour chaque objet.
3 00	»	Mesuré sur la longueur de face de la partie du bâtiment échafaudée. Les échafauds volants ne sont pas taxés. Ne sont pas taxés non plus les échafauds placés à l'intérieur d'une barrière provisoire.
»	»	Ces droits ne comprennent pas celui qui sera dû pour l'échafaud.
»	»	Compté pour chaque groupe d'étais, par chaque chevalement, par chaque ensemble de contre-fixes réunies par des moises.

DÉNOMINATIONS.

SECTION Ire.

SAILLIES CONSIDÉRÉES COMME FIXES.

Appui de croisée. —Tablettes, le plus ordinairement en bois, posées au-dessus du soubasse-
    ment d'une baie et ne dépassant pas 0^m,16 de saillie.....................................
Barreaux ou grille. — Au droit d'une croisée...
Chardon ou herse...
Tuyau de descente..
Croisée en saillie. — Volet. — Persienne...
Jalousie en saillie..
Moulures en menuiserie formant cadres et chambranles..

SECTION II.

SAILLIES CONSIDÉRÉES COMME MOBILES.

Abat-jour. — Appareil placé en devant d'une baie pour modifier l'introduction de la lu-
    mière...
Réflecteur. — Appareil disposé au-dessus des baies pour y faire affluer plus de lumière..
Baldaquin. — Marquise. — Transparent...
Banne...

Store en élévation, posé au droit d'une seule croisée et se développant en saillie.........
Borne...
Grande marquise ayant plus de 0^m,80 de saillie...

Devanture de boutique. — Distinction faite du seuil...
Socle ou seuil. — Parpaing recevant une devanture...
Tableau d'enseigne de boutique sous corniche en bois ou en pierre............................
Devanture en réparation. — Toute réparation ou renouvellement de châssis, porte, ta-
    bleau, caisson ou soubassement..
Parement de décoration. — Lambris appliqués sur les murs en élévation.......................

Étalage...
Montre ou vitrine..
Enseigne. — Tableau-enseigne. — Attribut. — Écusson...
Enseignes découpées. — Lettres appliquées sur les balcons....................................
Grand tableau. — Frises courantes portant enseigne..
Pilastres, caissons isolés (en menuiserie)...
Lanterne..

Rampe et appareil d'illumination formant une saillie spéciale, composés de tubes droits ou
    recourbés et sur lesquels sont greffés de petits brûleurs avec ou sans globe............

Échoppe. — Construction mobile, non scellée, posée sur le sol de la voie publique.......

Un volet formant une baie tout entière doit la totalité du droit ; deux volets réunis pour clore une même baie, formant une paire, ne payeront qu'un seul droit.

Sont considérés comme bannes et taxés comme telles les stores qui embrassent plusieurs croisées ou qui s'étendent devant les larges baies ouvertes le plus souvent dans la hauteur des entre-sols.

Mesurée sur la projection horizontale. Ne sont pas considérées comme grandes marquises les grandes tentures en saillie disposées exceptionnellement, les jours de fête, devant les boutiques et portes cochères.

Mesurés entre les deux points extrêmes de la saillie.

Ces lambris sont appliqués le plus souvent au-dessous des devantures de boutique, et leur saillie est limitée, par les termes de l'ordonnance royale de 1823, à l'épaisseur du bois, et par l'usage, à 6 centimètres.

Il est bien entendu qu'il ne s'agit ici que des étalages placés sur le mur bordant la voie publique et ne dépassant pas 16 centimètres de saillie.

Comptées pour une enseigne complète, quel que soit le nombre des mots.

Sera considérée comme lanterne isolée chaque appareil soit directement sur le nu d'un mur ou d'une devanture, soit sur une tringle courante, et consistant en support, conduite ou tringle, avec globe, verre ou réflecteur.

Mesurés sur la projection horizontale. Les rampes posées sur des objets en saillie, corniches, moulures, etc., et ne formant point par elles-mêmes une saillie spéciale, ne devront aucun droit. Les appareils formant une enseigne, un attribut, un chiffre, etc. seront considérés comme des enseignes, des attributs, etc., et taxés comme tels.

Droit proportionnel à la surface occupée et à la valeur du terrain. La valeur du terrain est délibérée par le conseil municipal.

2. Le décret du 27 octobre 1808 et les tarifs qui y sont annexés so
rapportés en ce qu'ils ont de contraire au présent décret.

3. Le ministre de l'intérieur est chargé de l'exécution du prése
décret.

Fait à Versailles, le 28 Juillet 1874.

Signé M^{al} DE MAC MAHON.

Le Ministre de l'intérieur,

Signé G^{al} DE CHABAUD LA TOUR.

N° 3271. — DÉCRET DU PRÉSIDENT DE LA RÉPUBLIQUE FRANÇAISE (contre-sig
par le ministre de l'intérieur) qui crée à Mauguio (Hérault) un commi
sariat spécial de police. (*Paris, 2 Mai 1874.*)

N° 3272. — DÉCRET DU PRÉSIDENT DE LA RÉPUBLIQUE FRANÇAISE (contre-sig
par le ministre de l'intérieur) portant que la juridiction du commissai
de police de Dieulefit (Drôme) est étendue sur les communes de Comp
Poët-Laval et Teyssières. (*Paris, 2 Mai 1874.*)

Certifié conforme :

Versailles, le 3 * Août 1874,

Le Garde des Sceaux, Ministre de la Justice,

A. TAILHAND.

* Cette date est celle de la réception du Bulleti
au ministère de la Justice.

On s'abonne pour le Bulletin des lois, à raison de 9 francs par an , à la caisse de l'Imprime
nationale ou chez les Receveurs des postes des départements.

BULLETIN DES LOIS

DE LA RÉPUBLIQUE FRANÇAISE.

N° 217.

RÉPUBLÍQUE FRANÇAISE.

N° 3273. — Loi relative à l'amélioration des défenses des Frontières de l'Est.

Du 17 Juillet 1874.

(Promulguée au Journal officiel du 25 juillet 1874.)

L'Assemblée nationale a adopté la loi dont la teneur suit :

Art. 1er. Il sera construit de nouveaux ouvrages autour des places de Verdun, Toul, à Épinal, dans la vallée de la haute Moselle, autour de Belfort, de Besançon, à Dijon, Chagny, Reims, Épernay, Nogent-sur-Seine, autour de Langres, de Lyon, de Grenoble, dans la vallée de l'Isère, à Albertville et à Chamousset, autour de Briançon, sur les emplacements indiqués par la commission de défense.

Ces travaux sont déclarés d'utilité publique et d'urgence.

2. Sur le montant total de l'estimation de ces ouvrages, s'élevant à quatre-vingt-huit millions cinq cent mille francs (88,500,000ᶠ), il sera affecté à leur établissement, en 1874, un premier à-compte de vingt-neuf millions (29,000,000ᶠ) à prélever sur les crédits ouverts au département de la guerre, au titre du compte de liquidation.

Les crédits ou portions de crédits qui n'auront pu être employés dans l'exercice seront reportés sur l'exercice suivant.

3. Ces ouvrages de fortifications seront classés dans la première série des places de guerre.

Délibéré en séance publique, à Versailles, le 17 Juillet 1874.

Le Président,

Signé L. BUFFET.

Les Secrétaires,

Signé FÉLIX VOISIN, VANDIER, E. DE CAZENOVE DE PRADINE, LOUIS DE SÉGUR.

LE PRÉSIDENT DE LA RÉPUBLIQUE PROMULGUE LA PRÉSENTE LOI.

Signé Mᵃˡ DE MAC MAHON, duc DE MAGENTA.

Le Vice-Président du Conseil,
Ministre de la guerre,

Signé Gᵈ E. DE CISSEY.

XII° Série.

AVIS DE LA COMMISSION DE DÉFENSE.

(Art. 1ᵉʳ de la loi du 10 juillet 1851.)

La commission de défense, dont l'avis, aux termes de l'article 1ᵉʳ de la loi 10 juillet 1851, doit être annexé aux projets de loi portant création de nouvelles f tifications, a été consultée sur les travaux à entreprendre en 1874 pour mettre défenses des places de la frontière de l'Est à la hauteur des progrès de l'artillerie tenir compte des enseignements de la dernière guerre.

Les propositions émises à ce sujet par la commission, dans ses différentes séance peuvent se résumer de la manière suivante :

1° FRONTIÈRE DU NORD-EST.

1° *Verdun.* Occuper les hauteurs de la rive droite de la Meuse, et notamment position de Bois-Brûlé, entre la route et le chemin de fer d'Étain.

2° *Toul.* Occuper les positions du mont Saint-Michel, de Villey-le-Sec, de Donge main et d'Écrouves.

3° *Belfort.* Étendre, du côté du ballon d'Alsace, les défenses avancées de la po de Belfort;

Restaurer les ouvrages des Hautes et Basses-Perches et de Bellevue;

Occuper les positions du mont Salbert, du mont Vaudois, de Roppe et de Vézelo Occuper la hauteur du mont Bard;

S'établir sur les positions du Pont-de-Roide et de Blamont.

Le comité a également reconnu la nécessité d'occuper la position d'Épinal et d défendre l'accès des trois routes principales conduisant, par Saint-Loup, Luxeuil Lure, de la haute Moselle dans la Franche-Comté.

4° *Langres.* L'organisation de la position de Langres comporterait :

1° La création de trois forts à Dampierre, Beauchemin et au Cognelot;

2° L'achèvement des ouvrages de la Bonnelle, de Peigné et de Buzon, et la con truction de batteries sur les positions de Saint-Menge et de la Pointe-de-Diamant.

5° *Besançon.* La reconstitution des défenses de Besançon comprendrait l'occupati des positions de Fontain, de Montfaucon et de Tallenay-Châtillon.

2° FRONTIÈRE DU SUD-EST.

1° *Lyon.* Occuper les positions du mont Verdun, de Vancia, de Bron et de Feyzin.

2° *Grenoble.* Couronner par des ouvrages les hauteurs du mont Eynard et de Quatre-Seigneurs, et construire les batteries du Mûrier, de Bourcet et de Montavie compléter la défense de la vallée de l'Isère par l'occupation des positions de Cha monnet et d'Albertville.

3° *Briançon.* Construire des ouvrages sur les positions de l'Infernet, du Gondra et sur celle de la Croix-de-Bretagne.

Pour le Président de la commission de défense :

Le Maréchal de France,

Signé Mᵃˡ CANROBERT.

Vu pour être annexé à la loi adoptée par l'Assemblée nationale dans sa séance du 17 juillet 1874.

Le Président,

Signé L. BUFFET,

Les Secrétaires,

Signé FÉLIX VOISIN, VANDIER, E. DE CAZENOVE DE PRADINE, LOUIS DE SÉGUR.

RÉPUBLIQUE FRANÇAISE.

N°3274.—*Loi qui ouvre au Ministre de l'Intérieur, sur l'exercice 1874, un Crédit supplémentaire de 20,000 francs, en addition au chapitre III du Budget des dépenses ordinaires du Gouvernement général de l'Algérie, et annule une somme pareille au chapitre IX du même Budget.*

Du 18 Juillet 1874.

(Promulguée au *Journal officiel* du 29 juillet 1874.)

L'ASSEMBLÉE NATIONALE A ADOPTÉ LA LOI dont la teneur suit :

ART. 1ᵉʳ. Il est ouvert au ministre de l'intérieur, sur l'exercice 1874, en addition au chapitre III (*Publications, expositions, secours et récompenses*) du budget des dépenses ordinaires du gouvernement général civil de l'Algérie, un crédit supplémentaire de vingt mille francs (20,000ᶠ).

2. Une somme de vingt mille francs (20,000ᶠ) est annulée sur le crédit ouvert au chapitre IX du même budget (*Services maritime et sanitaire*).

Délibéré en séance publique, à Versailles, le 18 Juillet 1874.

Le Président,

Signé L. BUFFET.

Les Secrétaires,

Signé FÉLIX VOISIN, VANDIER, E. DE CAZENOVE DE PRADINE, LOUIS DE SÉGUR.

LE PRÉSIDENT DE LA RÉPUBLIQUE PROMULGUE LA PRÉSENTE LOI.

Signé Mᵃˡ DE MAC MAHON, duc DE MAGENTA.

Le Ministre de l'intérieur,

Signé Gˡ DE CHABAUD LA TOUR.

RÉPUBLIQUE FRANÇAISE.

N° 3275. — *Loi qui ouvre au Ministre des Finances, sur l'exercice 1873, un Crédit applicable aux Dépenses diverses de l'Enregistrement, des Domaines et du Timbre.*

Du 20 Juillet 1874.

(Promulguée au *Journal officiel* du 28 juillet 1874.)

L'ASSEMBLÉE NATIONALE A ADOPTÉ LA LOI dont la teneur suit :

ART. 1ᵉʳ. Il est accordé au ministre des finances, sur l'exercice

1873, en augmentation des crédits ouverts par la loi du 20 dé cembre 1872 pour le budget général de cet exercice, un crédi montant à la somme de cent quatre-vingt mille francs (180,000^f) applicable au chapitre LV (*Dépenses diverses de l'enregistrement, de domaines et du timbre*).

2. Il sera pourvu à ce supplément de crédit au moyen des res sources générales du budget de l'exercice 1873.

Délibéré en séance publique, à Versailles, le 20 Juillet 1874.

Le *Président*,

Signé L. BUFFET.

Les *Secrétaires*,

Signé FRANCISQUE RIVE, VANDIER, FÉLIX VOISIN, LOUIS DE SÉGUR.

LE PRÉSIDENT DE LA RÉPUBLIQUE PROMULGUE LA PRÉSENTE LOI.

Signé M^{al} DE MAC MAHON, duc DE MAGENTA.

Le *Ministre des finances*,

Signé MATHIEU-BODET.

RÉPUBLIQUE FRANÇAISE.

N° 3276. — *Loi qui ouvre au Ministre des Finances, sur l'exercice 1873, un Crédit applicable aux Intérêts de la dette flottante du Trésor.*

Du 20 Juillet 1874.

(Promulguée au *Journal officiel* du 28 juillet 1874.)

L'ASSEMBLÉE NATIONALE A ADOPTÉ LA LOI dont la teneur suit :

ART. 1er. Il est accordé au ministre des finances, sur l'exercice 1873, en augmentation des crédits ouverts par la loi du 20 dé cembre 1872 pour le budget ordinaire de cet exercice, un crédit montant à la somme de un million sept cent quarante mille francs (1,740,000^f), sur le chapitre suivant :

CAPITAUX REMBOURSABLES À DIVERS TITRES.

CHAP. XII. Intérêts de la dette flottante du trésor.................. 1,740,000^f

2. Il sera pourvu à ce supplément de crédit au moyen des ressources générales du budget de l'exercice 1873.

Délibéré en séance publique, à Versailles, le 20 Juillet 1874.

Le Président,

Signé L. BUFFET.

Les Secrétaires,

Signé FRANCISQUE RIVE, VANDIER, FÉLIX VOISIN, LOUIS DE SÉGUR.

LE PRÉSIDENT DE LA RÉPUBLIQUE PROMULGUE LA PRÉSENTE LOI.

Signé M^{al} DE MAC MAHON, duc DE MAGENTA.

Le Ministre des finances,

Signé MATHIEU-BODET.

RÉPUBLIQUE FRANÇAISE.

N° 3277. — *Loi qui ouvre au Ministre des Finances des Crédits sur l'exercice 1873.*

Du 20 Juillet 1874.

(Promulguée au *Journal officiel* du 28 juillet 1874.)

L'ASSEMBLÉE NATIONALE A ADOPTÉ LA LOI dont la teneur suit :

ART. 1er. Il est accordé au ministre des finances, sur l'exercice 1873, en augmentation des crédits ouverts par la loi du 20 décembre 1872 pour les dépenses du budget de son département, des crédits montant à la somme de deux millions huit cent trois mille sept cent soixante-quatorze francs vingt-huit centimes (2,803,774ᶠ 28ᶜ), sur les chapitres suivants :

CAPITAUX REMBOURSABLES À DIVERS TITRES.

CHAP. XIII. Intérêts des sommes dues à l'empire d'Allemagne.... 1,145,078ᶠ 44ᶜ

POSTES.

CHAP. LXXVI. Subventions................................... 1,658,695 84

TOTAL................. 2,803,774 28

2. Il sera pourvu à ces suppléments de crédits au moyen des ressources générales du budget de l'exercice 1873.

Délibéré en séance publique, à Versailles, le 20 Juillet 1874.

Le Président,

Signé L. BUFFET.

Les Secrétaires,

Signé FRANCISQUE RIVE, VANDIER, FÉLIX VOISIN, LOUIS DE SÉGUR.

LE PRÉSIDENT DE LA RÉPUBLIQUE PROMULGUE LA PRÉSENTE LOI.

Signé M^{al} DE MAC MAHON, duc DE MAGENTA.

Le Ministre des finances,
Signé MATHIEU-BODET.

RÉPUBLIQUE FRANÇAISE.

N° 3278. — *Loi qui autorise le département des Bouches-du-Rhône à s'imposer extraordinairement.*

Du 21 Juillet 1874.

(Promulguée au *Journal officiel* du 1er août 1874.)

L'ASSEMBLÉE NATIONALE A ADOPTÉ LA LOI dont la teneur suit :

ARTICLE UNIQUE. Le département des Bouches-du-Rhône est autorisé, sur la demande que le conseil général en a faite dans sa session du mois d'août 1872, à s'imposer extraordinairement pendant cinq ans, à partir de 1875, un centime additionnel au principal des quatre contributions directes, dont le produit sera affecté à diverses dépenses d'intérêt départemental.

Cette imposition sera recouvrée indépendamment des centimes extraordinaires dont le maximum sera fixé, chaque année, par la loi de finances, en exécution de la loi du 10 août 1871.

Délibéré en séance publique, à Versailles, le 21 Juillet 1874.

Le Président,

Signé L. MARTEL.

Les Secrétaires,

Signé FÉLIX VOISIN, FRANCISQUE RIVE, VANDIER, LOUIS DE SÉGUR.

LE PRÉSIDENT DE LA RÉPUBLIQUE PROMULGUE LA PRÉSENTE LOI.

Signé M^{al} DE MAC MAHON, duc DE MAGENTA.

Le Ministre de l'intérieur,
Signé G^{al} DE CHABAUD LA TOUR.

RÉPUBLIQUE FRANÇAISE.

N° 3279. — *Loi qui autorise le département de l'Hérault à contracter un Emprunt et à s'imposer extraordinairement.*

Du 21 Juillet 1874.

(Promulguée au *Journal officiel* du 1ᵉʳ août 1874.)

L'ASSEMBLÉE NATIONALE A ADOPTÉ LA LOI dont la teneur suit :

ART. 1ᵉʳ. Le département de l'Hérault est autorisé, suivant la demande que le conseil général en a faite, à emprunter, à un taux d'intérêt qui ne pourra dépasser six pour cent (6 p. o/o), une somme de quatre-vingt-dix mille francs (90,000ᶠ), qui sera appliquée au service de l'instruction primaire.

Cet emprunt pourra être réalisé, soit avec publicité et concurrence, soit par voie de souscription, soit de gré à gré, avec faculté d'émettre des obligations au porteur ou transmissibles par voie d'endossement, soit directement auprès de la caisse des dépôts et consignations.

Les conditions des souscriptions à ouvrir ou des traités à passer de gré à gré seront préalablement soumises à l'approbation du ministre de l'intérieur.

2. Le département de l'Hérault est également autorisé à s'imposer extraordinairement, par addition au principal des quatre contributions directes, 0 centime 60 en 1875, 1876 et 1877, 1 centime 60 pendant sept ans, à partir de 1878, et 0 centime 60 pendant dix ans, à partir de 1885.

Cette imposition sera appliquée tant à l'amortissement et au payement des intérêts de l'emprunt à réaliser en exécution de l'article 1ᵉʳ qu'aux dépenses de l'école normale d'institutrices et au service de l'enseignement primaire.

L'imposition ci-dessus autorisée sera recouvrée indépendamment des centimes extraordinaires dont le maximum sera fixé, chaque année, par la loi de finances, en vertu de la loi du 10 août 1871.

Délibéré en séance publique, à Versailles, le 21 Juillet 1874.

Le Président,

Signé L. MARTEL.

Les Secrétaires,

Signé FÉLIX VOISIN, FRANCISQUE RIVE, VANDIER, LOUIS DE SÉGUR.

LE PRÉSIDENT DE LA RÉPUBLIQUE PROMULGUE LA PRÉSENTE LOI.

Signé Mᵃˡ DE MAC MAHON, duc DE MAGENTA.

Le Ministre de l'intérieur,

Signé Gˡ DE CHABAUD LA TOUR.

RÉPUBLIQUE FRANÇAISE.

N° 3280. — *Loi qui ouvre au Ministre de la Guerre un Crédit de 900,000 francs sur le chapitre VIII (Transports généraux) du Budget de 1873, et annule une somme égale sur le chapitre V (Gendarmerie) du même Budget.*

Du 22 Juillet 1874.

(Promulguée au *Journal officiel* du 2 août 1874.)

L'ASSEMBLÉE NATIONALE A ADOPTÉ LA LOI dont la teneur suit :

ART. 1er. Il est accordé au ministre de la guerre, sur le budget de 1873, au delà des crédits ouverts par la loi du 20 décembre 1872, un crédit de neuf cent mille francs (900,000f), applicable au service des transports généraux (chapitre VIII).

2. Sur les crédits ouverts au ministre de la guerre par la loi précitée du 20 décembre 1872, un crédit de neuf cent mille francs (900,000f) est annulé au titre du service de la gendarmerie (chapitre V).

Délibéré en séance publique, à Versailles, le 22 Juillet 1874.

Le Président,
Signé L. MARTEL.

Les Secrétaires,
Signé FÉLIX VOISIN, FRANCISQUE RIVE, Vte BLIN DE BOURDON, VANDIER.

LE PRÉSIDENT DE LA RÉPUBLIQUE PROMULGUE LA PRÉSENTE LOI.

Signé Mal DE MAC MAHON, duc DE MAGENTA.

Le Vice-Président du Conseil,
Ministre de la guerre,
Signé Gal E. DE CISSEY.

RÉPUBLIQUE FRANÇAISE.

N° 3281. — *Loi qui autorise le département du Calvados à s'imposer extraordinairement.*

Du 22 Juillet 1874.

((Promulguée au *Journal officiel* du 1er août 1874.)

L'ASSEMBLÉE NATIONALE A ADOPTÉ LA LOI dont la teneur suit :

ARTICLE UNIQUE. Le département du Calvados est autorisé, sur la de que le conseil général en a faite dans sa session d'avril 74, à s'imposer extraordinairement pendant quatre ans, à partir 1875, deux centimes additionnels au principal des quatre contributions directes, dont le produit sera affecté au payement des dépenses nécessitées par la construction des chemins de fer d'intérêt local.

Cette imposition sera recouvrée indépendamment des centimes extraordinaires dont le maximum sera fixé, chaque année, par la loi de finances, en exécution de la loi du 10 août 1871.

Délibéré en séance publique, à Versailles, le 22 Juillet 1874.

Le Président,

Signé L. MARTEL.

Les Secrétaires,

Signé FÉLIX VOISIN, FRANCISQUE RIVE, Vᵗᵉ BLIN DE BOURDON, VANDIER.

LE PRÉSIDENT DE LA RÉPUBLIQUE PROMULGUE LA PRÉSENTE LOI.

Signé Mᵃˡ DE MAC MAHON, duc DE MAGENTA

Le Ministre de l'intérieur,

Signé Gᵃˡ DE CHABAUD LA TOUR.

RÉPUBLIQUE FRANÇAISE.

N° 3282. — *Loi qui autorise le département de l'Isère à contracter un Emprunt.*

Du 22 Juillet 1874.

(Promulguée au *Journal officiel* du 1ᵉʳ août 1874.)

L'ASSEMBLÉE NATIONALE A ADOPTÉ LA LOI dont la teneur suit :

ART. 1ᵉʳ. Le département de l'Isère est autorisé, sur la demande que le conseil général en a faite, le 3 septembre 1872 et le 3 avril 1873, à emprunter, au lieu et place des communes, à la caisse des chemins vicinaux, aux conditions de cet établissement, une somme de deux millions de francs (2,000,000ᶠ), qui sera affectée aux travaux des chemins vicinaux ordinaires.

La réalisation de l'emprunt, soit en totalité, soit par fractions successives, ne pourra être effectuée qu'en vertu d'une décision du ministre de l'intérieur.

Cette décision ne sera prise que sur la production d'un état faisant connaître :

1° Le nom des communes auxquelles le département a entendu se substituer;

2° La somme pour laquelle il se substitue à chacune d'elles dans le montant de l'emprunt;

3° La situation financière des communes.

2. Les fonds nécessaires à l'amortissement de l'emprunt à contracter en vertu de l'article 1ᵉʳ ci-dessus seront imputés tant sur les versements à effectuer par les communes auxquelles le département se sera substitué que sur le produit des centimes extraordinaires dont le maximum est fixé, chaque année, par la loi de finances, en exécution de la loi du 10 août 1871.

Délibéré en séance publique, à Versailles, le 22 Juillet 1874.

Le Président,

Signé L. MARTEL.

Les Secrétaires,

Signé FÉLIX VOISIN, FRANCISQUE RIVE, Vᵗᵉ BLIN DE BOURDON, VANDIER.

LE PRÉSIDENT DE LA RÉPUBLIQUE PROMULGUE LA PRÉSENTE LOI.

Signé Mˡ DE MAC MAHON, duc DE MAGENTA.

Le Ministre de l'intérieur,

Signé Gˡ DE CHABAUD LA TOUR.

RÉPUBLIQUE FRANÇAISE.

N° 3283. — *Loi qui autorise le département de Tarn-et-Garonne à contracter un Emprunt.*

Du 23 Juillet 1874.

(Promulguée au *Journal officiel* du 1ᵉʳ août 1874.)

L'ASSEMBLÉE NATIONALE A ADOPTÉ LA LOI dont la teneur suit :

ART. 1ᵉʳ. Le département de Tarn-et-Garonne est autorisé, conformément à la demande que le conseil général en a faite, à emprunter, au lieu et place des communes, à la caisse des chemins vicinaux, aux conditions de cet établissement, une somme de soixante-dix mille francs (70,000ᶠ), qui sera affectée aux travaux des chemins ordinaires.

La réalisation de l'emprunt, soit en totalité, soit par fractions successives, ne pourra être effectuée qu'en vertu d'une décision du ministre de l'intérieur.

Cette décision ne sera prise que sur la production d'un état faisant connaître :

1° Le nom des communes auxquelles le département a entendu substituer ;

2° La somme pour laquelle il se substitue à chacune d'elles dans le montant de l'emprunt ;

3° La situation financière des communes.

2. Les fonds nécessaires à l'amortissement de l'emprunt autorisé par l'article 1er seront imputés sur le produit des centimes extraordinaires dont le maximum sera fixé, chaque année, par la loi de finances.

Délibéré en séance publique, à Versailles, le 23 Juillet 1874.

Le Président,
Signé L. BUFFET.

Les Secrétaires,
Signé FÉLIX VOISIN, FRANCISQUE RIVE, VANDIER, LOUIS DE SÉGUR, E. DE CAZENOVE DE PRADINE.

LE PRÉSIDENT DE LA RÉPUBLIQUE PROMULGUE LA PRÉSENTE LOI.

Signé Mal DE MAC MAHON, duc DE MAGENTA.

Le Ministre de l'intérieur,
Signé Gal DE CHABAUD LA TOUR.

RÉPUBLIQUE FRANÇAISE.

N° 3284. — Loi qui fixe l'époque de la prochaine session ordinaire des Conseils généraux.

Du 30 Juillet 1874.

(Promulguée au Journal officiel du 1er août 1874.)

L'ASSEMBLÉE NATIONALE A ADOPTÉ LA LOI dont la teneur suit :

ART. 1er. La prochaine session ordinaire des conseils généraux de département, qui devait s'ouvrir le 17 août, est ajournée jusqu'à ce qu'il ait pu être procédé au renouvellement triennal de ces assemblées sur les listes électorales dressées en exécution de la loi du 7 juillet 1874. Elle s'ouvrira le 19 octobre prochain.

2. Les élections auxquelles il y aurait lieu de procéder pour le remplacement des conseillers généraux ou des conseillers d'arrondissement qui n'appartiennent pas à la série sortante auront lieu en même temps que les élections pour le renouvellement de ladite série.

3. Sont applicables aux élections du conseil d'arrondissement les articles 5 et 12 de la loi du 10 août 1871.

Délibéré en séance publique, à Versailles, le 30 Juillet 1874.

Le Président,

Signé L. BUFFET.

Les Secrétaires,

Signé FÉLIX VOISIN, VANDIER, Vte BLIN DE BOURDON
LOUIS DE SÉGUR.

LE PRÉSIDENT DE LA RÉPUBLIQUE PROMULGUE LA PRÉSENTE LOI.

Signé M^{al} DE MAC MAHON,.duc DE MAGENTA.

Le Ministre de l'intérieur,

Signé G^{al} DE CHABAUD LA TOUR.

RÉPUBLIQUE FRANÇAISE.

N° 3285. — *Loi sur le Conseil d'État.*

Du 1er Août 1874.

(Promulguée au *Journal officiel* du 4 août 1874.)

L'ASSEMBLÉE NATIONALE A ADOPTÉ LA LOI dont la teneur suit :

ART. 1er. La section du contentieux sera présidée par un président de section, qui sera nommé dans les conditions et les formes déterminées par l'article 10 de la loi du 24 mai 1872. Il n'aura la présidence de l'assemblée publique du Conseil d'État au contentieux qu'en l'absence du vice-président.

2. Est supprimé le minimum de vingt-cinq ans d'âge exigé, par l'article 6 de la loi du 24 mai 1872, des auditeurs de deuxième classe pour être admis au concours de la première.

3. Le concours pour l'auditorat de première classe aura lieu dans les formes qui seront déterminées par un règlement que le Conseil d'État sera chargé de faire. Les concurrents subiront deux sortes d'épreuves : des épreuves par écrit, qui seront subies sous la surveillance d'un membre du jury, et des épreuves orales, qui auront lieu en séance publique.

Le jury, après discussion, pourra tenir compte, dans ses appréciations, des titres et des services antérieurs des candidats.

4. Sont abrogées toutes les dispositions des lois antérieures contraires à la présente loi.

Délibéré en séance publique, à Versailles, le 1er Août 1874.

Le Président,

Signé L. BUFFET.

Les Secrétaires,

Signé LOUIS DE SÉGUR, VANDIER, E. DE CAZENOVE DE PRADINE, FRANCISQUE RIVE.

LE PRÉSIDENT DE LA RÉPUBLIQUE PROMULGUE LA PRÉSENTE LOI.

Signé Mal DE MAC MAHON, duc DE MAGENTA.

Le Garde des sceaux, Ministre de la justice,

Signé A. TAILHAND.

RÉPUBLIQUE FRANÇAISE.

N° 3286. — *Loi portant approbation de la Convention de poste conclue, le 30 mars 1874, entre la France et le Brésil.*

Du 1er Août 1874.

(Promulguée au *Journal officiel* du 4 août 1874.)

L'ASSEMBLÉE NATIONALE A ADOPTÉ LA LOI dont la teneur suit :

ARTICLE UNIQUE. Le Président de la République est autorisé à ratifier et, s'il y a lieu, à faire exécuter la Convention de poste conclue, le 30 mars 1874, entre la France et le Brésil, et dont une copie authentique demeure annexée à la présente loi [1].

Délibéré en séance publique, à Versailles, le 1er Août 1874.

Le Président,

Signé L. BUFFET.

Les Secrétaires,

Signé LOUIS DE SÉGUR, VANDIER, E. DE CAZENOVE DE PRADINE, FRANCISQUE RIVE.

LE PRÉSIDENT DE LA RÉPUBLIQUE PROMULGUE LA PRÉSENTE LOI.

Signé Mal DE MAC MAHON, duc DE MAGENTA.

Le Ministre des affaires étrangères,

Signé DECAZES.

---

[1] Le texte de cette Convention sera promulgué officiellement après l'échange des ratifications des Puissances contractantes.

RÉPUBLIQUE FRANÇAISE.

N° 3287. — *Décret qui déclare d'utilité publique l'établissement d'un Chemin de fer de Bône à Guelma.*

Du 7 Mai 1874.

LE PRÉSIDENT DE LA RÉPUBLIQUE FRANÇAISE,

Sur le rapport du vice-président du Conseil, ministre de l'intérieur, d'a
les propositions du gouverneur général civil de l'Algérie;

Vu l'avant-projet présenté pour l'établissement d'un chemin de fer d
térêt local allant de Bône à Guelma (département de Constantine) et pa
par Duzerville, Barral, Duvivier, Millesimo et Petit;

Vu les délibérations du conseil général de Constantine, des 23 août, 3
tembre 1872 et 26 février 1874;

Vu les délibérations des conseils municipaux des communes de Bône e
Guelma, en date des 1er et 2 mars 1874;

Vu les conventions intervenues, sous les dates des 13 septembre 187
4 mars 1874, entre le préfet de Constantine, agissant pour le compte du d
partement, et la société de construction des Batignolles, représentée pa
le sieur *Ernest Gouin*, administrateur;

Vu les pièces de l'enquête à laquelle il a été procédé, les avis de la chambre
de commerce de Bône et celui du conseil de préfecture de Constantine;

Vu l'avis du conseil général des ponts et chaussées;

Vu les avis du conseil de gouvernement de l'Algérie;

Vu le décret de ce jour, autorisant la promulgation en Algérie de la loi
du 12 juillet 1865, sur les chemins de fer d'intérêt local;

Vu le titre IV de l'ordonnance royale du 1er octobre 1844, le titre IV de la
loi du 16 juin 1851, les décrets des 11 juin 1858 et 8 septembre 1859, relatifs
à l'expropriation pour cause d'utilité publique en Algérie;

Le Conseil d'État entendu,

DÉCRÈTE :

ART. 1er. Est déclaré d'utilité publique l'établissement d'un chemin
de fer de Bône à Guelma.

Le département de Constantine est autorisé à pourvoir à l'exécution de ce chemin, comme chemin de fer d'intérêt local, suivant
les dispositions de la loi du 12 juillet 1865 et du décret, en date de
ce jour, qui rend cette loi exécutoire en Algérie, et conformément
aux clauses et conditions des conventions passées, le 13 septembre
1872 et le 4 mars 1874, entre le préfet de Constantine, agissant
pour le compte du département, et le sieur *Ernest Gouin*, administrateur de la société de construction des Batignolles, agissant pour
le compte de ladite société, ainsi que du cahier des charges y annexé.

Des copies certifiées de ces conventions et cahier des charges resteront annexées au présent décret.

2. Dans le cas où il serait reconnu nécessaire de réunir le chemin de fer de Bône à Guelma au réseau des chemins de fer d'intérêt général, l'État pourra se substituer au département pour l'exercice de la faculté de rachat de la concession qui lui est attribuée par l'article 36 du cahier des charges; mais il devra rembourser les sommes que le département aurait versées à titre de garantie d'intérêt, en exécution de la convention précitée.

3. Aucune émission d'obligations ne pourra avoir lieu qu'en vertu d'une autorisation donnée par le ministre de l'intérieur, après avis du ministre des finances et sur les propositions du gouverneur général civil de l'Algérie.

En aucun cas, il ne pourra être émis d'obligations pour une somme supérieure au montant du capital-actions.

Aucune émission d'obligations ne pourra d'ailleurs être autorisée avant que les quatre cinquièmes du capital-actions aient été versés et employés en achats de terrains, travaux, approvisionnements sur place ou en dépôt de cautionnement, et sous la condition que les émissions d'obligations successivement autorisées ne pourront jamais dépasser le montant des versements effectués sur le capital-actions.

4. Le vice-président du Conseil, ministre de l'intérieur, et le gouverneur général civil de l'Algérie sont chargés, chacun en ce qui le concerne, de l'exécution du présent décret.

Fait à Paris, le 7 Mai 1874.

Signé M^{al} DE MAC MAHON.

Le Vice-Président du Conseil,
Ministre de l'intérieur,
Signé BROGLIE.

CONVENTIONS.

1re SECTION. — DE BÔNE À GUELMA.

L'an mil huit cent soixante-douze, le treize septembre,

Entre M. le préfet du département de Constantine, agissant au nom du même département, en vertu de deux délibérations du conseil général, en date des 23 août et 5 septembre, et sous réserve de la déclaration d'utilité publique et de l'autorisation d'exécution des travaux par décret délibéré en Conseil d'État, sur le rapport des ministres de l'intérieur et des travaux publics,

D'une part,

Et M. *Amand Maire*, ingénieur civil, demeurant à Paris, rue de la Bienfaisance, n° 10, agissant au nom et pour le compte de M. *Ernest-Alexandre Gouin*, ingénieur, officier de la Légion d'honneur, demeurant à Paris, rue Cambacérès, n° 4, seul administrateur de la société de construction des Batignolles, aux termes d'une procuration passée devant Me *Ducloux* et son collègue, notaires à Paris, le 29 août 1872, enregistrée, de laquelle procuration une expédition est demeurée ci-annexée après avoir été certifiée véritable,

D'autre part,

Il a été convenu ce qui suit :

ART. 1ᵉʳ. Le préfet du département de Constantine, en exécution de la loi du 12 juillet 1865, sur les chemins de fer d'intérêt local, et de celle du 10 août 1871 et en vertu des pouvoirs résultant des délibérations ci-dessus énoncées, concède pour quatre-vingt-dix-neuf ans, à partir du 7 mai 1874, à M. *Maire*, la construction et l'exploitation d'un chemin de fer d'intérêt local de Bône à Guelma, avec prolongement sur Tébessa, ledit chemin passant par ou près Duzerville, Mondovi, Barral, le gué Saint-Joseph, le pont de Duvivier, Petit et Millesimo, le tout conformément aux délibérations du conseil général, et, en outre, aux clauses et conditions du cahier des charges ci-annexé.

Le chemin sera exécuté en conformité du projet ci-annexé, pour ce qui concerne les localités traversées, le nombre et l'importance des stations, la répartition des pentes et rampes, ainsi que la distribution et les limites des rayons des courbes adoptées. Toutefois, il pourra y être introduit des modifications de détail, soit sur la demande du concessionnaire et approbation du préfet, soit sur l'ordre direct du préfet, le concessionnaire entendu.

Les projets de tous les travaux à exécuter devront d'ailleurs être dressés et présentés à l'approbation du préfet, en conformité des dispositions du cahier des charges, aucun ouvrage ne pouvant être entrepris, pour l'établissement du chemin de fer et de ses dépendances, qu'avec l'autorisation préfectorale.

2. Le concessionnaire poursuivra la demande de concession de la partie comprise entre Guelma et Tébessa, et, à cet effet, dans le délai de deux ans, il présentera un projet complet de ce prolongement au conseil général de Constantine.

Toutefois, la concession de ce prolongement par le département n'aura lieu que dans un délai de dix ans et lorsque le département y aura affecté une garantie d'intérêt de cinq pour cent au moins sur le montant total de la dépense de ce prolongement.

Dans le cas où le département voudrait exiger la construction de ce prolongement dans un délai de six ans, il devrait y affecter une garantie d'intérêt de six pour cent.

3. Le chemin de fer de Bône à Guelma devra être exécuté dans un délai de trois ans, à partir du décret déclaratif d'utilité publique. Toutefois, le concessionnaire aura la faculté d'anticiper la livraison et l'exploitation de la partie comprise entre Bône et Duvivier. Dans le cas où il profiterait de cette faculté, il jouirait des avantages de la garantie d'intérêt stipulée à l'article 4 ci-après, mais en réduisant proportionnellement à la longueur kilométrique le capital d'établissement auquel s'appliquera la garantie.

4. Le préfet du département de Constantine s'engage, au nom du même département, à garantir au même concessionnaire, pendant la durée de la présente concession, un minimum d'intérêt annuel de six pour cent, y compris l'amortissement, sur le capital de dépenses de premier établissement du chemin de Bône à Guelma, fixé à dix millions de francs par le conseil général.

L'intérêt de garantie ne commence à courir qu'au jour de la livraison totale ou partielle de la ligne.

A cet effet, dans les deux premiers mois de chaque semestre, le concessionnaire devra fournir au préfet un compte détaillé des recettes et des dépenses de l'exploitation du chemin de fer pendant le semestre précédent. Ce compte sera certifié exact dans toutes ses parties par le service du contrôle.

Il est entendu que dans les dépenses seront comptés les intérêts et les avances auxquelles le concessionnaire aurait dû recourir pour faire face aux besoins de l'exploitation et au service des intérêts garantis, en attendant le payement par le département. Cet intérêt ne pourra dépasser le six pour cent.

Le préfet pourra faire contrôler les éléments du compte sur tous les registres et pièces de l'exploitation, qui devront être communiqués, sans déplacement, aux personnes qu'il désignera.

Le règlement définitif de chaque compte semestriel de la garantie sera arrêté et soldé dans le mois qui suivra la remise du compte des recettes et des dépenses du même semestre.

5. Pour rendre effective la garantie de six pour cent dont il est parlé ci-dessus, le département s'oblige, aussitôt après l'achèvement de la ligne, sa réception par le

département et sa mise à exploitation, à autoriser l'inscription, sur les titres de la société à constituer, de la garantie du département pour le payement des intérêts ; ces intérêts garantis ne pouvant, dans aucun cas, dépasser les six cent mille francs par la présente convention.

Le concessionnaire fournira un cautionnement de deux cent mille francs, lequel versé aussitôt après le décret d'utilité publique. Ce cautionnement sera ultérieurement remboursé au concessionnaire dans les termes de l'article 66 du cahier des charges.

7. Le concessionnaire aura la faculté de substituer aux droits et charges résultant de la présente concession la société anonyme qu'il constituera définitivement, lorsque cette concession sera elle-même définitive.

Fait double, à Constantine, le 13 septembre 1872.

Approuvé l'écriture ci-dessus et d'autre part :　　Approuvé l'écriture ci-dessus et d'autre part :

　　Signé A. MAIRE.　　　　　　　　　　　　　　　　Le Préfet,

　　　　　　　　　　　　　　　　　　　　　　　Signé DESCLOZEAUX.

Vu pour être annexé au décret en date du 7 mai 1874.

Pour le Ministre de l'Intérieur :

Le Sous-Secrétaire d'État,

Signé L. N. BARAGNON.

———

L'an mil huit cent soixante-quatorze, le quatre mars,

Entre M. le préfet du département de Constantine, agissant au nom du même département, en vertu d'une première délibération du conseil général, en date du 20 octobre 1873, et d'une seconde délibération du même conseil général convoqué extraordinairement, en date du 26 février 1874, et agissant également au nom des communes de Bône et de Guelma, celles-ci pour les garanties d'intérêt votées par leurs conseils municipaux, en vertu de délibérations en date des 1er et 2 mars 1874, lesquelles sont ci-annexées,

D'une part,

Et la société de construction des Batignolles, représentée par M. Ernest Gouin, administrateur,

D'autre part,

Il a été dit et convenu ce qui suit :

Le préfet de Constantine ayant proposé à la société de construction des Batignolles, qui a accepté, d'introduire, sous forme de convention additionnelle, des modifications au cahier des charges annexé à la convention passée le 13 septembre 1872, et d'apporter à cette dernière quelques changements, les parties ont arrêté d'un commun accord les articles qui suivent :

ART. 1er. La largeur des terrassements en couronne (article 7 du cahier des charges), c'est-à-dire entre les crêtes des fossés ou du remblai, sera de cinq mètres vingt centimètres (5m,20), au lieu de quatre mètres (4m,00), pour la partie en déblai, et de quatre mètres cinquante centimètres (4m,50) pour la partie en remblai, le tout conformément aux profils en travers du chemin de fer de Poitiers à Saumur ci-annexés.

Dans les terrains rocheux, la largeur de la plate-forme pourra être réduite, conformément au type du même chemin, par l'adjonction de murettes maçonnées en pierres sèches de quarante centimètres (0m,40) d'épaisseur, destinées à remplacer les talus du ballast, conformément à ces mêmes profils.

Le ballast aura une largeur de deux mètres quatre-vingts centimètres ($2^m,80$), m
surée au niveau des rails, au lieu de deux mètres cinquante centimètres ($2^m,50$); sa
épaisseur restera de cinquante centimètres ($0^m,50$).

L s rails (article 18 du cahier des charges) pèseront trente kilogrammes (30^k) p
mètre courant, au lieu de vingt-cinq kilogrammes (25^k), et chaque rail de six mètr
($6^m,00$) sera supporté sur sept traverses (7) de deux mètres cinquante centimètr
$2^m,50$) de longueur.

2. Les différentes modifications ci-dessus indiquées en l'article 1er donneront li
à une augmentation de prix de huit cent mille francs ($800,000^f$) à ajouter au forf
primitif de dix millions ($10,000,000^f$) fixé par la convention du 13 septembre 1872.

3. Le matériel prévu au mémoire descriptif annexé à la convention du 13 sep
tembre 1872 sera augmenté par une autre somme de deux cent mille francs ($200,000^f$
sans qu'il soit déterminé aujourd'hui quel nombre de locomotives ou de wagons d
chaque espèce seront fournis par le concessionnaire, les besoins du service devan
faire connaitre mieux que toute prévision la répartition à faire de la somme de deu
cent mille francs ($200,000^f$) entre les divers types.

Le préfet et le concessionnaire se mettront d'accord pour la fixation de cette répa
tition.

4. Le préfet du département de Constantine s'engage, au nom des communes d
Bône et de Guelma, à garantir au concessionnaire, pendant la durée de la concessio
un minimum d'intérêt annuel de six pour cent (6 p. o/o), y compris l'amortissement
sur un capital de un million ($1,000,000^f$) à ajouter au capital de premier établisse
ment, fixé à forfait à dix millions ($10,000,000^f$) dans la convention du 13 septembre
1872.

En conséquence, le capital d'établissement est maintenant fixé à forfait (sau
l'éventualité d'augmentation prévue sous l'article 6 ci-après) à onze millions de franc
($11,000,000^f$), pour lesquels il est garanti au concessionnaire un minimum de reven
net annuel de six cent soixante mille francs ($660,000^f$), laquelle garantie est fournie
à raison de six cent mille francs ($600,000^f$) par le département et de soixante mille
francs ($60,000^f$) par les communes de Bône et de Guelma, dont trente-six mille francs
($36,000^f$) par la première et vingt-quatre mille francs ($24,000^f$) par la seconde.

Les comptes semestriels et règlements auxquels donnera lieu la garantie seront
arrêtés conformément à l'article 4 du traité du 13 septembre 1872, entre le départe
ment et le concessionnaire, et les comptes ainsi arrêtés seront exécutés par les com
munes comme par le département, chacun dans la proportion le concernant.

5. Avant la déclaration d'utilité publique, le préfet justifiera et fera la remise a
concessionnaire des délibérations des conseils municipaux des communes de Bône et
de Guelma, approuvant et confirmant les dispositions du présent traité en ce qui les
concerne.

6. Par le paragraphe 2 de l'article 1er de la convention du 13 septembre 1872, il a
été stipulé que «le chemin sera exécuté en conformité du projet annexé, en ce qui
«concerne les localités traversées, le nombre et l'importance des stations, la réparti-
«tion des pentes et rampes, ainsi que la distribution et les limites des rayons des
«courbes adoptées.»

Par dérogation à ce paragraphe, le profil en long définitif à présenter par le concessionnaire, en conformité de l'article 3 du cahier des charges, pourra être modifié
en vue de l'amélioration des conditions d'exploitation du chemin.

Le maximum des dépenses appliquées à ces améliorations sera de cinq cent mille
francs ($500,000^f$).

Dans la limite de cette prévision éventuelle, le préfet aura le droit d'exiger les
améliorations qu'il croira utiles; il en débattra la dépense contradictoirement avec le
concessionnaire. Le capital de premier établissement, fixé à forfait à onze millions
($11,000,000^f$), sera augmenté d'autant et par le seul fait de la convention qui interviendra entre le préfet et le concessionnaire pour déterminer le chiffre d'augmentation à forfait; les communes de Bône et de Guelma seront tenues envers le concessionnaire à une garantie supplémentaire de revenu de six pour cent (6 p. o/o) par
an sur le montant de cette augmentation de dépenses.

Toutefois, cette garantie supplémentaire ne devra pas être supérieure à trente
mille francs ($30,000^f$), à moins d'un nouvel accord avec les communes, et elle sera
supportée pour trois cinquièmes (3/5) par la commune de Bône et pour deux cinquièmes (2/5) par la commune de Guelma.

7. Par suite de l'addition résultant des présentes, la mention de garantie dont il est question sous l'article 5 de la convention du 13 septembre 1872, à inscrire sur les titres de la société, s'appliquera tant à la somme de six cent mille francs (600,000ᶠ) concernant le département qu'à celle de soixante mille francs (60,000ᶠ), ou éventuellement supérieure jusqu'à quatre-vingt-dix mille francs (90,000ᶠ), concernant les communes.

8. Le tarif des droits de péage et de transport stipulé à l'article 41 du cahier des charges sera le même que celui appliqué par la compagnie des chemins de fer algériens. Dans le cas où le prix de l'hectolitre de blé s'élèverait sur le marché régulateur de Marseille à vingt francs (20ᶠ) et au-dessus, le préfet pourra exiger du concessionnaire que le tarif du transport des blés, grains, riz, maïs, farines et légumes farineux, péage compris, ne puisse s'élever au maximum qu'à dix centimes (0ᶠ 10ᶜ) par tonne et par kilomètre.

9. Pour ne rien préjuger dans le choix de la direction la plus avantageuse à adopter pour le prolongement du chemin de fer jusqu'à Tébessa, le premier paragraphe de l'article 2 de la convention du 13 septembre 1872 sera modifié comme suit :

Le concessionnaire poursuivra la demande de concession de la partie comprise entre le point qui sera ultérieurement déterminé et Tébessa. A cet effet, dans le délai de deux ans à partir de cette fixation, il présentera un projet complet de prolongement au conseil général de Constantine.

10. Les sommes payées au concessionnaire par le département et les communes à titre de garantie d'intérêt pour le capital de onze millions (11,000,000ᶠ) fixé à l'article 4, et alors même qu'éventuellement il serait porté à onze millions cinq cent mille francs (11,500,000ᶠ) dans le cas où le préfet ferait usage de la faculté qui lui est attribuée par l'article 6, seront remboursées sans intérêt et comme suit :

Aussitôt que la recette brute par kilomètre dépassera le chiffre de vingt mille francs (20,000ᶠ) et en tant que les frais d'exploitation ne s'élèveront pas au delà de huit mille francs (8,000ᶠ), de façon à laisser au concessionnaire une recette nette kilométrique de douze mille francs (12,000ᶠ), le remboursement sera opéré à l'aide de l'entier excédant des recettes nettes au delà de ladite somme de douze mille francs (12,000ᶠ), étant bien entendu qu'il ne pourra être exercé de réclamation sur d'autre soit du concessionnaire ou de la compagnie que ledit excédant.

11. Pour tout ce à quoi il n'est pas dérogé ci-dessus, la convention du 13 septembre 1872 est confirmée dans tous ses points.

Fait double, à Constantine, le 4 mars 1874.

Le Préfet,

Signé ERNEST GOUIN.   Signé DESCLOZEAUX.

Vu pour être annexé au décret du 7 mai 1874.

Pour le ministre de l'intérieur :

Le Sous-Secrétaire d'État,

Signé L. N. BARAGNON.

CAHIER DES CHARGES.

TITRE Iᵉʳ.

TRACÉ ET CONSTRUCTION.

ART. 1ᵉʳ. Le chemin de fer se détachera du mur d'enceinte de la ville de Bône, près de la Boudjimah, traversera la dérivation de cette rivière, passera par ou près Duzerville, Mondovi, Barral, le gué du chemin de Saint-Joseph, le pont de Duvivier, traversera la Seybouse, près des Beni-Marmi, passera par ou près Petit et Millesimo, aboutira sur le plateau au-dessus de Guelma.

2. Les travaux devront être commencés dans le délai de six mois, à partir de la di du décret déclaratif d'utilité publique, et devront être terminés dans le délai trois ans, à partir de cette date, de telle sorte qu'à l'expiration de ce dernier délai, chemin de fer soit livré à l'exploitation dans toute son étendue.

3. Aucun travail ne pourra être entrepris, pour l'établissement du chemin de f et de ses dépendances, qu'avec l'autorisation préfectorale; à cet effet, les projets tous les travaux à exécuter seront dressés en double expédition et soumis à l'appr bation de l'administration supérieure pour ce qui concerne la grande voirie, et d préfet pour ce qui concerne la petite. L'une de ces expéditions sera remise à la con pagnie avec le visa du préfet, l'autre restera dans les bureaux de la préfecture.

Avant comme pendant l'exécution, la compagnie aura la faculté de proposer au projets approuvés les modifications qu'elle jugerait utiles; mais ces modification ne pourront être exécutées que moyennant l'approbation de l'autorité compétente

4. La compagnie pourra prendre copie de tous les plans, nivellements et devi qui pourraient avoir été antérieurement dressés aux frais du département.

5. Le tracé et le profil du chemin de fer seront arrêtés par le préfet, sur la produt tion du projet d'ensemble, comprenant, pour la ligne entière ou pour chaque sectio de ligne :

1° Un plan général à l'échelle de un dix-millième ;

2° Un profil en long à l'échelle de un cinq-millième pour les longueurs et de un millième pour les hauteurs, dont les cotes seront rapportées au niveau moyen de la mer, pris pour plan de comparaison ; au-dessous de ce profil, on indiquera, au moyen de quatre lignes horizontales disposées à cet effet, savoir :

Les distances kilométriques du chemin de fer, comptées à partir de son origine ;

La longueur et l'inclinaison de chaque pente ou rampe ;

La longueur des parties droites et le développement des parties courbes du tracé, en faisant connaître le rayon correspondant à chacune de ces dernières ;

3° Un certain nombre de profils en travers, y compris le profil type de la voie ;

4° Un mémoire dans lequel seront justifiées toutes les dispositions essentielles du projet et un devis descriptif dans lequel seront reproduites, sous forme de tableau, les indications relatives aux déclivités et aux courbes déjà données sur le profil en long.

La position des gares et stations projetées, celle des cours d'eau et des voies de communication traversées par le chemin de fer, des passages soit à niveau, soit en dessus, soit en dessous de la voie ferrée, devront être indiquées tant sur le plan que sur le profil en long, le tout sans préjudice des projets à fournir pour chacun de ces ouvrages, et les modifications qui pourraient être ordonnées par suite des enquêtes, le concessionnaire entendu.

6. Le chemin sera exécuté à une seule voie, sauf dans les stations ou autres points où il serait nécessaire d'établir plus d'une voie.

7. La largeur de la voie entre les bords intérieurs des rails devra être de un mètre quarante-quatre centimètres (1m,44) à un mètre quarante-cinq centimètres (1m,45).

Dans les parties à deux voies, la largeur de l'entre-voie, mesurée entre les bords extérieurs des rails, sera de deux mètres (2m,00).

La largeur des terrassements en couronne, c'est-à-dire entre les crêtes des fossés ou du remblai, sera de quatre mètres (4m,00) pour les parties en déblai et de quatre mètres cinquante centimètres (4m,50) pour les parties en remblai.

Le ballast aura une largeur de deux mètres cinquante centimètres (2m,50) mesurée au niveau des rails. Son épaisseur sera de cinquante centimètres (0m,50).

Le concessionnaire établira, le long du chemin de fer, les fossés ou rigoles nécessaires pour l'assèchement de la voie et pour l'écoulement des eaux.

Il sera réservé une emprise libre de deux mètres de largeur (2m,00) sur l'un des côtés du chemin de fer pour la circulation des gardiens à cheval.

8. Les alignements seront raccordés entre eux par des courbes dont le rayon ne pourra être inférieur à deux cents mètres (200m,00).

Deux courbes consécutives seront toujours séparées par un alignement droit d'une longueur suffisante pour que le surhaussement du rail extérieur, calculé pour la vitesse maxima des trains, soit racheté, sur cet alignement, par une rampe supplémentaire qui ne pourra dépasser deux millièmes (0m,002) par mètre.

Le maximum des pentes et rampes est fixé à quinze millièmes (0m,015) pour les parties courbes d'un rayon de trois cents mètres et au-dessous, et à vingt-cinq millièmes (o^m,o25) pour les parties en courbe de plus de trois cents mètres (3oo^m,oo) de rayon.

Les inclinaisons des deux pentes ou rampes consécutives ne pourront différer de plus de cinq millièmes (o^m,oo5) et chacune de ces pentes ou rampes ne pourra présenter une longueur inférieure à dix mètres (1o^m,oo).

La compagnie aura la faculté de proposer aux dispositions de cet article et à celles de l'article précédent, les modifications qui lui paraîtront utiles; mais ces modifications ne pourront être exécutées que moyennant l'approbation préalable de l'administration.

8. Le nombre, l'étendue et l'emplacement des gares d'évitement seront déterminés par le préfet, la compagnie entendue.

Le nombre des voies sera augmenté, s'il y a lieu, dans les gares et aux abords de ces gares, conformément aux décisions qui seront prises par l'administration, la compagnie entendue.

Le nombre et l'emplacement des stations de voyageurs et des gares de marchandises seront également déterminés par le préfet, sur les propositions de la compagnie, après une enquête spéciale.

La compagnie sera tenue, préalablement à tout commencement d'exécution, de soumettre au préfet le projet desdites gares, lequel se composera :

1° D'un plan à l'échelle de un cinq-centième indiquant les voies, les quais, les bâtiments et leur distribution intérieure, ainsi que la disposition de leurs abords ;

2° D'une élévation des bâtiments à l'échelle de un centimètre par mètre ;

3° D'un mémoire descriptif dans lequel les dispositions essentielles du projet seront justifiées.

Il pourra être établi de simples haltes à la rencontre des routes ou chemins importants, soit pour prendre, soit pour déposer des voyageurs. Leur position sera fixée par le préfet, la compagnie entendue.

10. Les croisements à niveau pourront toujours avoir lieu, sous les conditions énoncées à l'article 13 ci-après, même à la traversée des routes nationales et départementales.

11. Lorsque le chemin de fer devra passer au-dessus ou au-dessous des routes et autres chemins publics, les ouvertures des viaducs et les largeurs entre les parapets des ponts ne pourront être inférieures à sept mètres (7^m,oo) pour une route départementale, cinq mètres (5^m,oo) pour un chemin de grande communication et quatre mètres (4^m,oo) pour un simple chemin vicinal.

Pour les viaducs, la largeur entre parapets sera au moins de quatre mètres (4^m,oo) et, dans même cas, la distance verticale ménagée au-dessus du sol pour le passage des voitures ne sera inférieure à quatre mètres trente centimètres (4^m,3o).

Pour les ponts, l'ouverture entre les culées sera au moins de quatre mètres et la distance ménagée au-dessus des rails pour le passage des trains ne sera pas inférieure à quatre mètres trente centimètres (4^m,3o).

12. Dans le cas où des routes nationales ou départementales, ou des chemins vicinaux, ruraux ou particuliers, seraient traversés à leur niveau par le chemin de fer, les rails devront être posés sans aucune saillie ni dépression sur la surface de ces routes, de telle sorte qu'il n'en résulte aucune gêne pour la circulation des voitures.

Le croisement à niveau du chemin de fer et des routes ne pourra s'effectuer sous un angle de moins de quarante-cinq degrés (45°).

Chaque passage à niveau établi sur les routes nationales ou départementales sera muni de barrières; il y sera en outre établi une guérite de garde avec chaîne.

Les barrières ne seront fermées que pendant le passage des trains.

Les autres passages à niveau pourront, en général, rester ouverts. Néanmoins, il sera établi des barrières et des guérites à ceux de ces passages qui donneront lieu à une grande fréquentation, la compagnie entendue. La forme, le type et le mode de manœuvre des barrières seront fixés par l'administration, sur la proposition de la compagnie.

13. Lorsqu'il y aura lieu de modifier l'emplacement ou le profil des routes existantes, l'inclinaison des pentes et rampes sur les routes modifiées ne pourra excéder trois centimètres par mètre pour les routes nationales ou départementales et cinq centimètres pour les chemins vicinaux. L'administration restera libre toutefois d'apprécier les circonstances qui pourraient motiver une dérogation à cette clause, comme à celle qui est relative à l'angle de croisement des passages à niveau.

14. La compagnie sera tenue de rétablir et d'assurer à ses frais l'écoulement
toutes les eaux dont le cours sera arrêté, suspendu ou modifié par ses travaux
de prendre les mesures nécessaires pour prévenir l'insalubrité pouvant résulter
chambres d'emprunt.

Les viaducs à construire à la rencontre des rivières, des canaux et des cours d'
quelconques auront au moins quatre mètres 4ᵐ00 de largeur entre les parap
La hauteur des garde-corps sera fixée par l'administration et ne pourra être inférie
à quatre-vingts centimètres 0ᵐ80.

La hauteur et le débouché du viaduc seront déterminés, dans chaque cas parti
lier, par l'administration suivant les circonstances locales.

15. Les souterrains à établir pour le passage du chemin de fer auront au mo
quatre mètres 4ᵐ00 de largeur entre les pieds-droits au niveau des rails. La d
tance verticale mesurée entre l'intradas de la voûte et le dessus des deux rails
sera pas inférieure à quatre mètres quatre-vingts centimètres 4ᵐ80. L'ouverti
des puits d'aérage et de construction des souterrains sera entourée d'une marge
en maçonnerie de deux mètres 2ᵐ00 de hauteur. Cette ouverture ne pourra é
établie sur aucune voie publique.

16. À la rencontre des cours d'eau flottables ou navigables, la compagnie s
tenue de prendre toutes les mesures nécessaires et de payer tous les frais pour q
le service de la navigation ou du flottage n'éprouve ni interruption ni entrave pe
dant l'exécution des travaux.

À la rencontre des routes nationales ou départementales et des autres chemins p
blics, la compagnie prendra toutes les mesures nécessaires pour que la circulation
n'éprouve ni interruption ni gêne. Avant que les communications existantes puissen
être interceptées, une reconnaissance sera faite par les ingénieurs de la localité
l'effet de constater si les ouvrages provisoires présentent une solidité suffisante e
s'ils peuvent assurer le service de la circulation.

Cette mesure n'aura pas d'ailleurs pour effet de décharger les administrateurs d
la compagnie de la responsabilité qui leur incombe et qui restera entière.

Un délai sera fixé par l'administration pour l'exécution des travaux définitifs dest
nés à rétablir les communications interceptées.

17. La compagnie n'emploiera dans l'exécution des ouvrages que des matériaux d
bonne qualité; elle sera tenue de se conformer à toutes les règles de l'art, de ma
nière à obtenir une construction parfaitement solide.

Tous les aqueducs, ponceaux, ponts et viaducs à construire à la rencontre d
divers cours d'eau et des chemins publics et particuliers seront en maçonnerie o
en fer, sauf les cas d'exception qui pourront être admis par l'administration.

Dans les gares et stations, les bâtiments des voyageurs seront en maçonnerie, l
autres en charpente.

Le département pourra obliger la compagnie à construire ceux-ci définitivement e
maçonnerie lorsque les recettes brutes du chemin de fer auront atteint le chiffre d
quinze mille francs 15.000ᶠ.

18. La voie sera établie d'une manière solide et avec des matériaux neufs de bonn
qualité.

Les rails pèseront vingt-cinq kilogrammes 25ᵏ par mètre courant. La voie ser
établie en rails Vignole avec éclisses, et le matériel sera construit dans les meilleure
conditions.

19. Le chemin de fer sera bordé de haies ou de toute autre clôture dont le mod
et la disposition seront autorisés par l'administration, sur la proposition de la compa
gnie, savoir :

1° Dans toute l'étendue des lieux habités;

2° Sur vingt-cinq mètres de longueur au moins de chaque côté des passages à
niveau pour les routes départementales ou des stations.

20. Tous les terrains nécessaires pour l'établissement du chemin de fer et de ses
dépendances, pour la déviation des voies de communication et des cours d'eau dé
placés et, en général, pour l'exécution des travaux, quels qu'ils soient, auxquels cet
établissement pourra donner lieu, seront à la charge de la compagnie concessionnaire.

Les indemnités pour occupations temporaires ou pour détérioration de terrains,
pour chômage, modification ou destruction d'usines et pour tout dommage quel
conque résultant des travaux, seront supportées et payées par la compagnie.

21. L'entreprise étant d'utilité publique, la compagnie est investie, pour l'exécu-

tion des travaux dépendant de sa concession, de tous les droits que les lois et règlements confèrent à l'administration en matière de travaux publics, soit pour l'acquisition des terrains par voie d'expropriation, soit pour l'extraction, le transport et le dépôt des terres, matériaux, etc., et elle demeure en même temps soumise à toutes les obligations qui dérivent, pour l'administration, de ces lois et règlements.

22. Dans le rayon de servitude des enceintes fortifiées, la compagnie sera tenue, pour l'étude et l'exécution de ses projets, de se soumettre à l'accomplissement de toutes les formalités et de toutes les conditions exigées par les lois, décrets et règlements concernant les travaux mixtes.

23. Si la ligne du chemin de fer traverse un sol déjà concédé pour l'exploitation d'une mine, l'administration déterminera les mesures à prendre pour que l'établissement du chemin de fer ne nuise pas à l'exploitation de la mine, et réciproquement pour que, le cas échéant, l'exploitation de la mine ne compromette pas l'existence du chemin de fer.

Les travaux de consolidation à faire dans l'intérieur de la mine, à raison de la traversée du chemin de fer, et tous les dommages résultant de cette traversée pour les concessionnaires de la mine, seront à la charge de la compagnie.

24. Si le chemin de fer doit s'étendre sur des terrains renfermant des carrières ou les traverser souterrainement, il ne pourra être livré à la circulation avant que les excavations qui pourraient en compromettre la solidité aient été remblayées ou consolidées. L'administration déterminera la nature et l'étendue des travaux qu'il conviendra d'entreprendre à cet effet, et qui seront d'ailleurs exécutés par les soins et aux frais de la compagnie.

25. Pour l'exécution des travaux, le concessionnaire ne pourra obliger les ouvriers à travailler pendant le repos du dimanche.

26. La compagnie exécutera les travaux par des moyens et des agents à son choix, mais en restant soumise au contrôle et à la surveillance de l'administration.

Ce contrôle et cette surveillance auront pour objet d'empêcher la compagnie de s'écarter des dispositions prescrites par le présent cahier des charges et de celles qui résulteront des projets approuvés.

27. A mesure que les travaux seront terminés sur des parties de chemin de fer susceptibles d'être livrées utilement à la circulation, il sera procédé, sur la demande de la compagnie, à la reconnaissance et, s'il y a lieu, à la réception provisoire de de ces travaux par un ou plusieurs commissaires que l'administration désignera.

Sur le vu du procès-verbal de cette reconnaissance, l'administration autorisera, s'il y a lieu, la mise en exploitation des parties dont il s'agit; après cette autorisation, la compagnie pourra mettre lesdites parties en service et y percevoir les taxes ci-après déterminées.

Toutefois, ces réceptions partielles ne deviendront définitives que par la réception générale et définitive du chemin de fer.

28. Après l'achèvement total des travaux et dans le délai qui sera fixé par l'administration, la compagnie fera faire, à ses frais, un bornage contradictoire et un plan cadastral du chemin de fer et de ses dépendances. Elle fera dresser également à ses frais, et contradictoirement avec l'administration, un état descriptif de tous les ouvrages d'art qui auront été exécutés, ledit état accompagné d'un atlas contenant les dessins cotés de tous lesdits ouvrages.

Une expédition dûment certifiée des procès-verbaux de bornage, du plan cadastral, de l'état descriptif des ouvrages d'art et de l'atlas, sera dressée aux frais de la compagnie et déposée dans les archives de la préfecture.

Les terrains acquis par la compagnie postérieurement au bornage général, en vue de satisfaire aux besoins de l'exploitation et qui, par cela même, deviendront partie intégrante du chemin de fer, donneront lieu, au fur et à mesure de leur acquisition, à des bornages supplémentaires et seront ajoutés sur le plan cadastral; addition sera également faite sur l'atlas de tous les ouvrages d'art exécutés postérieurement à sa rédaction.

TITRE II.

ENTRETIEN ET EXPLOITATION.

29. Le chemin de fer et toutes ses dépendances seront constamment entretenus en bon état, de manière que la circulation y soit toujours facile et sûre.

Les frais d'entretien et ceux auxquels donneront lieu les réparations ordinaires et extraordinaires seront entièrement à la charge de la compagnie.

Si le chemin de fer, une fois achevé, n'est pas constamment entretenu en bon état, il y sera pourvu d'office, à la diligence de l'administration et aux frais de la compagnie, sans préjudice, s'il y a lieu, de l'application des dispositions indiquées ci-après dans l'article 39.

Le montant des avances faites sera recouvré au moyen de rôles que le préfet rendra exécutoires.

30. La compagnie sera tenue d'établir et d'entretenir à ses frais, partout où besoin sera, des gardiens en nombre suffisant pour assurer la sûreté du passage des trains sur la voie et celle de la circulation ordinaire aux passages à niveau.

31. Les machines locomotives seront construites sur les meilleurs modèles ; elles devront consumer leur fumée et satisfaire d'ailleurs à toutes les conditions prescrites ou à prescrire par l'administration pour la mise en service de ce genre de machines.

Les voitures de voyageurs devront également être faites d'après les meilleurs modèles et satisfaire à toutes les conditions prescrites ou à prescrire pour les voitures servant au transport des voyageurs sur les chemins de fer. Elles seront couvertes, suspendues sur ressorts, garnies de banquettes et comprendront des compartiments de trois classes au moins; elles pourront être mixtes et à deux étages, mais construites de manière à passer sous tous les gabarits.

Les compartiments de première classe seront garnis, fermés à glaces et munis de rideaux.

Ceux de deuxième classe seront fermés à glaces, munis de rideaux et auront des banquettes rembourrées.

Ceux de troisième classe seront fermés à vitres et munis de banquettes à dossier.

Ces voitures seront construites selon les modèles les plus nouveaux et l'intérieur de chacun des compartiments de toute classe contiendra l'indication du nombre des places de ce compartiment.

L'administration pourra exiger qu'un compartiment de chaque classe soit réservé, dans les trains de voyageurs, aux femmes voyageant seules.

Toutes les parties du matériel roulant seront en bonne et solide construction et seront constamment entretenues en bon état.

32. Des règlements arrêtés par le préfet, après que la compagnie aura été entendue, détermineront les mesures et les dispositions nécessaires pour assurer la police et l'exploitation du chemin de fer, ainsi que la conservation des ouvrages qui en dépendent.

Toutes les dépenses qu'entraînera l'exécution des mesures prescrites en vertu de ces règlements seront à la charge de la compagnie.

La compagnie sera tenue de soumettre à l'approbation de l'administration les règlements relatifs au service et à l'exploitation du chemin de fer.

Les règlements dont il s'agit dans les deux paragraphes précédents seront obligatoires non-seulement pour la compagnie concessionnaire, mais encore pour toutes celles qui obtiendraient ultérieurement l'autorisation d'établir des lignes de chemins de fer d'embranchement ou de prolongement, et, en général, pour toutes les personnes qui emprunteraient l'usage du chemin de fer.

Le préfet déterminera, sur la proposition de la compagnie, le minimum et le maximum de vitesse des convois de voyageurs et de marchandises, ainsi que la durée du trajet.

33. Pour tout ce qui concerne l'entretien et les réparations du chemin de fer et de ses dépendances, l'entretien du matériel et le service de l'exploitation, la compagnie sera soumise au contrôle et à la surveillance de l'administration.

Outre la surveillance ordinaire, l'administration déléguera, aussi souvent qu'elle le jugera utile, un ou plusieurs commissaires pour reconnaître et constater l'état du chemin de fer, de ses dépendances et du matériel.

TITRE III.

DURÉE, RACHAT ET DÉCHÉANCE DE LA CONCESSION.

34. La concession du chemin de fer mentionné à l'article 1er du présent cahier des charges aura une durée de quatre-vingt-dix-neuf ans, à compter du délai fixé pour l'achèvement des travaux par l'article 2 du cahier des charges.

35. À l'époque fixée pour l'expiration de la concession et par le seul fait de cette expiration, le département sera subrogé à tous les droits de la compagnie sur le chemin de fer et ses dépendances, et il entrera immédiatement en jouissance de tous ses produits.

La compagnie sera tenue de lui remettre en bon état d'entretien le chemin de fer et tous les immeubles qui en dépendent, quelle qu'en soit l'origine, tels que les bâtiments des gares et stations, les remises, ateliers et dépôts, les maisons de gardes, etc. Il en sera de même de tous les objets immobiliers dépendant également dudit chemin, tels que les barrières et clôtures, les voies, changements de voie, plaques tournantes, réservoirs d'eau, grues hydrauliques, machines fixes, etc.

Dans les cinq dernières années qui précéderont le terme de la concession, le préfet aura le droit de saisir les revenus du chemin de fer et de les employer à rétablir en bon état le chemin de fer et ses dépendances, si la compagnie ne se mettait pas en mesure de satisfaire pleinement et entièrement à cette obligation.

En ce qui concerne les objets mobiliers, tels que le matériel roulant, les matériaux combustibles et approvisionnements de tous genres, le mobilier des stations, l'outillage des ateliers et des gares, le département sera tenu, si la compagnie le requiert, de reprendre tous ces objets, sur l'estimation qui en sera faite à dire d'experts, et réciproquement, si le département le requiert, la compagnie sera tenue de les céder de la même manière.

Toutefois, le département ne pourra être tenu de reprendre que les approvisionnements nécessaires à l'exploitation du chemin pendant six mois.

36. À toute époque, après l'expiration des quinze premières années de la concession, le département aura la faculté de racheter la concession entière du chemin de fer.

Pour régler le prix du rachat, on relèvera les revenus nets annuels obtenus par la compagnie pendant les sept années qui auront précédé celle où le rachat sera effectué; on en déduira les revenus nets des deux plus faibles années et l'on établira le revenu net moyen des cinq autres années.

Ce revenu net moyen formera le montant d'une annuité qui sera due et payée à la compagnie pendant chacune des années restant à courir sur la durée de la concession.

Dans aucun cas, le montant de l'annuité ne sera inférieur au revenu net de la dernière des sept années prises pour terme de comparaison.

La compagnie recevra en outre, dans les trois mois qui suivront le rachat, les remboursements auxquels elle aurait droit à l'expiration de la concession, selon l'article 35 ci-dessus.

37. Si la compagnie n'a pas commencé les travaux dans le délai fixé par l'article 2, elle sera déchue de plein droit, sans qu'il y ait lieu à aucune notification ou mise en demeure préalable.

Dans ce cas, la somme qui aura été déposée, ainsi qu'il sera dit en l'article 65, à titre de cautionnement, deviendra la propriété du département et lui restera acquise.

38. Faute par la compagnie d'avoir terminé les travaux dans le délai fixé par l'article 2, faute aussi par elle d'avoir rempli les diverses obligations qui lui sont imposées par le présent cahier des charges, elle encourra la déchéance, et il sera pourvu, tant à la continuation et à l'achèvement des travaux qu'à l'exécution des autres engagements contractés par la compagnie, au moyen d'une adjudication que l'on ouvrira sur une mise à prix des ouvrages exécutés, des matériaux approvisionnés et des parties du chemin de fer déjà livrées à l'exploitation.

Les soumissions pourront être inférieures à la mise à prix.

La nouvelle compagnie sera soumise aux clauses du présent cahier des charges, et la compagnie évincée recevra d'elle le prix que la nouvelle adjudication aura fixé.

La partie du cautionnement qui n'aura pas encore été restituée deviendra la propriété du département.

Si l'adjudication ouverte n'amène aucun résultat, une seconde adjudication sera tentée sur les mêmes bases, après un délai de trois mois. Si cette seconde tentative reste également sans résultat, la compagnie sera définitivement déchue de ces droits, et alors les ouvrages exécutés, les matériaux approvisionnés et les parties de chemin de fer déjà livrées à l'exploitation appartiendront au département.

39. Si l'exploitation du chemin de fer vient à être interrompue en totalité ou en partie, l'administration prendra immédiatement, aux frais et risques de la compagnie, les mesures nécessaires pour assurer provisoirement le service.

Si, dans les trois mois de l'organisation du service provisoire, la compagnie n'a pas valablement justifié qu'elle est en état de reprendre et de continuer l'exploitation, et si elle ne l'a pas effectivement reprise, la déchéance pourra être prononcée par le préfet. Cette déchéance prononcée, le chemin de fer et toutes ses dépendances seront mis en adjudication et il sera procédé ainsi qu'il est dit à l'article précédent.

40. Les dispositions des trois articles qui précèdent cesseraient d'être applicables et la déchéance ne serait pas encourue, dans le cas où le concessionnaire n'aurait pu remplir ses obligations par suite de circonstances de force majeure dûment constatées.

TITRE IV.

TAXES ET CONDITIONS RELATIVES AU TRANSPORT DES VOYAGEURS ET DES MARCHANDISES.

41. Pour indemniser la compagnie des travaux et dépenses qu'elle s'engage à faire par le présent cahier des charges, et sous la condition expresse qu'elle en remplira exactement toutes les obligations, le département lui accorde l'autorisation de percevoir, pendant toute la durée de la concession, les droits de péage et les prix de transport ci-après déterminés :

TARIF.	PRIX		
1° PAR TÊTE ET PAR KILOMÈTRE.	de péage.	de transport.	TOTAUX.
Grande vitesse.	fr. c.	fr. c.	fr. c.
Voyageurs... Voitures couvertes, garnies et fermées à glaces (1re classe)..............	0 10	0 06	0 16
Voitures couvertes, fermées à glaces et à banquettes rembourrées (2e classe)................	0 08	0 04	0 12
Voitures couvertes et fermées à vitres (3e classe)...	0 055	0 025	0 08
Enfants...... Au-dessous de trois ans, les enfants ne payent rien, à la condition d'être portés sur les genoux des personnes qui les accompagnent.			
De trois à sept ans, ils payent demi-place et ont droit à une place distincte; toutefois, dans un même compartiment, deux enfants ne pourront occuper que la place d'un voyageur.			
Au-dessus de sept ans, ils payent place entière.			
Chiens transportés dans les trains de voyageurs (sans que la perception puisse être inférieure à 0f 50e)............................	0 016	0 008	0 024
Petite vitesse.			
Bœufs, vaches, taureaux, chevaux, mulets, bêtes de trait........	0 07	0 03	0 10
Veaux et porcs.................................	0 025	0 015	0 04
Moutons, brebis, agneaux, chèvres..................	0 01	0 01	0 02
Lorsque les animaux ci-dessus dénommés seront, sur la demande des expéditeurs, transportés à la vitesse des trains de voyageurs, les prix seront doublés.			
2° PAR TONNE ET PAR KILOMÈTRE.			
Marchandises transportées à grande vitesse.			
Huîtres, poissons frais, denrées, excédants de bagages et marchandises de toute classe transportées à la vitesse des trains de voyageurs......................	0 30	0 24	0 54

	PRIX		
	de péage.	de transport.	TOTAUX.
	fr. c.	fr. c.	fr. c.

Marchandises transportées à petite vitesse.

1re classe. — Spiritueux. — Huiles. — Bois de menuiserie, de teinture et autres bois exotiques. — Produits chimiques non dénommés. — Œufs. — Viande fraîche. — Gibier. — Sucre. — Café. — Drogues. — Épiceries. — Tissus. — Denrées coloniales. — Objets manufacturés. — Armes. — Blés. — Grains. — Farines. — Légumes farineux. — Riz, maïs, châtaignes, betteraves et autres denrées alimentaires non dénommées. — Alfa. — Fourrages. — Chaux et plâtre. — Charbon de bois. — Bois à brûler dit de corde. — Perches. — Chevrons. — Planches. — Madriers. — Bois de charpente. — Marbre en bloc. — Albâtre. — Bitumes. — Cotons. — Laines. — Vins. — Vinaigres. — Boissons. — Bières. — Levure sèche. — Coke. — Fers. — Cuivres. — Plomb et autres métaux ouvrés ou non. — Fontes moulées.............. | o 1275 | o 0925 | o 22

2e classe. — Pierres de taille et produits de carrières. — Minerais. — Fonte brute. — Sel. — Moellons. — Meulières. — Argiles. — Briques. — Ardoises. — Houille. — Marne. — Cendres. — Pulpes de betteraves. — Fumiers et engrais. — Pierres à chaux et à plâtre. — Pavés et matériaux pour la construction et la réparation des routes. — Cailloux et sables..................... | o o8 | o o5 | o 13

3° VOITURES ET MATÉRIEL ROULANT TRANSPORTÉS À PETITE VITESSE.

Par pièce et par kilomètre.

Wagon ou chariot pouvant porter de trois à six tonnes............	o 14	o o9	o 23
Wagon ou chariot pouvant porter plus de six tonnes	o 18	o 12	o 3o
Locomotive pesant de douze à dix-huit tonnes (ne traînant pas de convoi)............	2 7o	1 8o	4 5o
Locomotive pesant plus de dix-huit tonnes (ne traînant pas de convoi)............	3 37	2 25	5 62
Tender de sept à dix tonnes.................	1 35	o 9o	2 25
Tender de plus de dix tonnes.................	2 o2	1 35	3 37

Les machines locomotives seront considérées comme ne traînant pas de convoi, lorsque le convoi remorqué, soit de voyageurs, soit de marchandises, ne comportera pas un péage au moins égal à celui qui serait perçu sur la locomotive avec son tender marchant sans rien traîner.

Le prix à payer pour un wagon chargé ne pourra jamais être inférieur à celui qui serait dû pour un wagon marchant à vide.

Voiture à deux ou quatre roues, à un fond et à une seule banquette dans l'intérieur..............	o 22	o 15	o 37
Voiture à quatre roues, à deux fonds et à deux banquettes dans l'intérieur, omnibus, diligences, etc............	o 27	o 21	o 48

Lorsque, sur la demande des expéditeurs, les transports auront lieu à la vitesse des trains de voyageurs, les prix ci-dessus seront doublés.

Dans ce cas, deux personnes pourront, sans supplément de prix, voyager dans les voitures à une banquette, et trois dans les voitures à deux banquettes, omnibus, diligences, etc. Les voyageurs excédant ce nombre payeront le prix des places de deuxième classe.

Voitures de déménagement à deux ou quatre roues, à vide........	o 18	o 12	o 3o
Ces voitures, lorsqu'elles seront chargées, payeront en sus des prix ci-dessus, par tonne de chargement et par kilomètre........	o 12	o o9	o 21

4° SERVICE DES POMPES FUNÈBRES ET TRANSPORT DES CERCUEILS.

Grande vitesse.

Une voiture des pompes funèbres renfermant un ou plusieurs cercueils sera transportée aux mêmes prix et conditions qu'une voiture à quatre roues, à deux fonds et à deux banquettes.	o 54	o 42	o 96
Chaque cercueil confié à l'administration du chemin de fer sera transporté, dans un compartiment isolé, au prix de............	o 27	o 18	o 45

Les prix déterminés ci-dessus pour les transports à grande vitesse ne comprennent pas l'impôt dû à l'État.

Il est expressément entendu que les prix de transport ne seront dus à la compagnie qu'autant qu'elle effectuerait ces transports à ses frais et par ses propres moyens; dans le cas contraire, elle n'aura droit qu'au prix fixé pour le péage.

La perception aura lieu d'après le nombre de kilomètres parcourus. Tout kilomètre entamé sera payé comme s'il avait été parcouru en entier.

Si la distance parcourue est inférieure à six kilomètres, elle sera comptée pour six kilomètres.

Aux haltes désignées à l'article 9, la distance et la taxe seront comptées comme le départ avait lieu de la station précédente dans le sens de la marche du train, et comme si l'arrivée avait lieu à la station la plus immédiatement éloignée du point de départ.

Le poids de la tonne est de mille kilogrammes.

Les fractions de poids ne seront comptées, tant pour la grande que pour la petite vitesse, que par centième de tonne ou par dix kilogrammes.

Ainsi, tout poids compris entre zéro et dix kilogrammes payera comme dix kilogrammes, entre dix et vingt kilogrammes comme vingt kilogrammes, etc.

Toutefois, pour les excédants de bagages et marchandises à grande vitesse, les coupures seront établies:

1° De zéro à cinq kilogrammes;
2° Au-dessus de cinq jusqu'à dix kilogrammes;
3° Au-dessus de dix kilogrammes par fraction indivisible de dix kilogrammes.

Quelle que soit la distance parcourue, le prix d'une expédition quelconque, soit en grande, soit en petite vitesse, ne pourra être moindre de quarante centimes.

Dans le cas où le prix du quintal métrique de blé dur s'élèverait sur le marché de Guelma à trente francs ou au-dessus, le préfet pourra exiger de la compagnie que le tarif du transport des blés, grains, riz, maïs, farines et légumes farineux, apportés par mer, ne puisse s'élever au maximum qu'à onze centimes, péage compris, par tonne et par kilomètre, à la remonte seulement.

42. A moins d'une autorisation spéciale et révocable de l'administration et dans la limite de ce qui est autorisé par le paragraphe 5, article 18, de l'ordonnance du 15 novembre 1846, tout train régulier de voyageurs devra contenir des voitures de toutes classes en nombre suffisant pour toutes les personnes qui se présenteraient dans les bureaux du chemin de fer.

Dans le cas où le nombre des voyageurs excéderait celui des places offertes dans les limites de l'ordonnance ci-dessus, la compagnie sera tenue d'organiser des trains supplémentaires pour faire partir, dans le plus bref délai, les voyageurs non expédiés.

Dans chaque train de voyageurs, la compagnie aura la faculté de placer des voitures à compartiments spéciaux, pour lesquels il sera établi des prix particuliers que l'administration fixera, sur la proposition de la compagnie; mais le nombre de places à donner dans ces compartiments ne pourra dépasser le dixième du nombre total des places du train.

43. Tout voyageur dont le bagage ne pèsera pas plus de trente kilogrammes n'aura à payer pour le port de ce bagage aucun supplément du prix de sa place. Cette franchise ne s'appliquera pas aux enfants transportés gratuitement et elle sera réduite à vingt kilogrammes pour les enfants transportés à moitié prix.

44. Les animaux, denrées, marchandises, effets et autres objets non désignés dans le tarif, seront rangés, pour les droits à percevoir, dans les classes avec lesquelles ils auront le plus d'analogie, sans que jamais, sauf les exceptions formulées aux articles 46 et 47 ci-après, aucune marchandise non dénommée puisse être soumise à une taxe supérieure à celle de la première classe du tarif ci-dessus.

Les assimilations de classes pourront être provisoirement réglées par la compagnie, mais elles seront soumises immédiatement à l'administration, qui prononcera définitivement.

45. Les droits de péage et les prix de transport déterminés au tarif ne sont point applicables à toute masse indivisible pesant plus de trois mille kilogrammes.

Néanmoins, la compagnie ne pourra se refuser à transporter les masses indivisibles pesant de trois mille à cinq mille kilogrammes, mais les droits de péage et de transport seront augmentés de moitié.

La compagnie ne pourra être contrainte à transporter des masses pesant plus de cinq mille kilogrammes.

Si, nonobstant la disposition qui précède, la compagnie transporte des masses indivisibles pesant plus de cinq mille kilogrammes, elle devra, pendant deux mois au moins, accorder les mêmes facilités à tous ceux qui en feraient la demande.

Dans ce cas, les prix de transport seront fixés par l'administration, sur la proposition de la compagnie.

46. Les prix de transport déterminés au tarif ne sont point applicables :

1° Aux denrées et objets qui ne sont pas nommément énoncés dans le tarif et qui ne pèseraient pas deux cents kilogrammes sous le volume d'un mètre cube ;

2° Aux matières inflammables ou explosibles, aux animaux et objets dangereux, pour lesquels des règlements de police prescriraient des précautions spéciales ; aux armes ;

3° Aux animaux dont la valeur déclarée excéderait cinq mille francs ;

4° A l'or et à l'argent, soit en lingots, soit monnayés ou travaillés, au plaqué d'or ou d'argent, au mercure et au platine, ainsi qu'aux bijoux, dentelles, pierres précieuses, objets d'art et autres valeurs ;

5° Et, en général, à tous paquets, colis ou excédants de bagages pesant isolément quarante kilogrammes et au-dessous.

Toutefois, les prix de transport déterminés au tarif sont applicables à tous paquets ou colis, quoique emballés à part, s'ils font partie d'envois pesant ensemble plus de quarante kilogrammes d'objets envoyés par une même personne à une même personne. Il en sera de même pour les excédants de bagages qui pèseraient ensemble ou isolément plus de quarante kilogrammes.

Le bénéfice de la disposition énoncée dans le paragraphe précédent, en ce qui concerne les paquets et colis, ne peut être invoqué par les entrepreneurs de messageries et de roulage et autres intermédiaires de transport, à moins que les colis qui leur sont envoyés ne soient réunis en un seul colis.

Dans les cinq cas ci-dessus spécifiés, les prix de transport seront arrêtés annuellement par l'administration, tant pour la grande que pour la petite vitesse, sur la proposition de la compagnie.

En ce qui concerne les paquets ou colis mentionnés au paragraphe 5° ci-dessus, le prix de transport devront être calculés de telle manière que, en aucun cas, un de ces paquets ou colis ne puisse payer un prix plus élevé qu'un article de même nature pesant plus de quarante kilogrammes.

47. Dans le cas où la compagnie jugerait convenable soit pour le parcours total, soit pour les parcours partiels de la voie de fer, d'abaisser, avec ou sans conditions, au-dessous des limites déterminées par le tarif les taxes qu'elle est autorisée à percevoir, les taxes abaissées ne pourront être relevées qu'après un délai de deux mois au moins pour les voyageurs et de six mois pour les marchandises.

Toute modification de tarif proposée par la compagnie sera annoncée un mois d'avance par des affiches.

La perception des tarifs modifiés ne pourra avoir lieu qu'avec l'homologation du préfet, conformément à l'article 2 de la loi du 12 juillet 1865.

La perception des taxes devra se faire indistinctement et sans aucune faveur.

Tout traité particulier qui aurait pour effet d'accorder à un ou plusieurs expéditeurs une réduction sur les tarifs approuvés demeure formellement interdit.

Toutefois, cette disposition n'est pas applicable aux traités qui pourraient intervenir entre l'administration et la compagnie dans l'intérêt des services publics, ni aux réductions ou remises qui seraient accordées par la compagnie aux indigents.

En cas d'abaissement des tarifs, la réduction portera proportionnellement sur le péage et sur le transport.

48. La compagnie sera tenue d'effectuer constamment avec soin, exactitude et célérité, et sans tour de faveur, le transport des voyageurs, bestiaux, denrées, marchandises et objets quelconques qui lui seront confiés.

Les colis, bestiaux et objets quelconques seront inscrits, à la gare d'où ils partent et à la gare où ils arrivent, sur des registres spéciaux au fur et à mesure de leur réception ; mention sera faite, sur les registres de la gare de départ, du prix total dû pour leur transport.

Pour les marchandises ayant une même destination, les expéditions auront lieu suivant l'ordre de leur inscription à la gare de départ.

Toute expédition de marchandises sera constatée, si l'expéditeur le demande, par une lettre de voiture, dont un exemplaire restera aux mains de la compagnie et l'autre aux mains de l'expéditeur.

Dans le cas où l'expéditeur ne demanderait pas de lettre de voiture, la compagn sera tenue de lui délivrer un récépissé qui énoncera la nature et le poids du colis, prix total du transport et le délai dans lequel ce transport devra être effectué.

49. Les animaux, denrées, marchandises et objets quelconques seront expédiés livrés de gare en gare dans les délais résultant des conditions ci-après exprimées :

1° Les animaux, denrées, marchandises et objets quelconques à grande vitess seront expédiés par le premier train de voyageurs comprenant des voitures de tout classes et correspondant avec leur destination, pourvu qu'ils aient été présentés l'enregistrement trois heures avant le départ du train ; ils seront mis à la dispositic des destinataires, à la gare, dans le délai de deux heures après l'arrivée du mêm train ;

2° Les animaux, denrées, marchandises et objets quelconques à petite vitess seront expédiés dans le jour qui suivra celui de la remise ; toutefois l'administratic pourra étendre ce délai à deux jours.

Le maximum de durée du trajet sera fixé par l'administration, sur la propositio de la compagnie, sans que ce maximum puisse excéder vingt-quatre heures par frac tion indivisible de cent vingt-cinq kilomètres.

Les colis seront mis à la disposition des destinataires dans le jour qui suivra celu de leur arrivée effective en gare.

Le délai total résultant des trois paragraphes ci-dessus sera seul obligatoire pour l compagnie.

Il pourra être établi un tarif réduit, approuvé par le préfet, pour tout expéditeur qui acceptera des délais plus longs que ceux déterminés ci-dessus pour la petite vi tesse.

Pour le transport des marchandises, il pourra être établi, sur la proposition de la compagnie, un délai moyen entre ceux de la grande et de la petite vitesse. Le prix correspondant à ce délai sera un prix intermédiaire entre ceux de la grande et de la petite vitesse.

L'administration déterminera, par des règlements spéciaux, les dispositions rela tives aux denrées apportées par les trains de nuit et destinées à l'approvisionnement des marchés des villes.

Lorsque la marchandise devra passer d'une ligne sur une autre sans solution de continuité, les délais de livraison et d'expédition, au point de jonction, seront fixés par l'administration, sur la proposition de la compagnie.

50. Les frais accessoires non mentionnés dans les tarifs, tels que ceux d'enregistre ment, de chargement, de déchargement et de magasinage dans les gares et maga sins du chemin de fer, seront fixés annuellement par l'administration, sur la propo sition de la compagnie.

51. La compagnie sera tenue de faire, soit par elle-même, soit par un intermé diaire dont elle répondra, le factage et le camionnage pour la remise au domicile des destinataires de toutes les marchandises qui lui sont confiées.

Le factage et le camionnage ne seront point obligatoires en dehors du rayon de l'octroi, non plus que pour les gares qui desserviraient, soit une population agglo mérée de moins de cinq mille habitants, soit un centre de population de cinq mille habitants situé à plus de cinq kilomètres de la gare du chemin de fer.

Les tarifs à percevoir seront fixés par l'administration, sur la proposition de la compagnie. Ils seront applicables à tout le monde sans distinction.

Toutefois, les expéditeurs et destinataires seront libres de faire eux-mêmes et à leurs frais le factage et le camionnage des marchandises.

52. A moins d'une autorisation spéciale de l'administration, il est interdit à la compagnie, conformément à l'article 14 de la loi du 18 juillet 1845, de faire directe ment ou indirectement avec des entreprises de transport de voyageurs ou de mar chandises par terre ou par eau, sous quelque dénomination ou forme que ce puisse être, des arrangements qui ne seraient pas consentis en faveur de toutes les entre prises desservant les mêmes voies de communication.

L'administration, agissant en vertu de l'article 52 ci-dessus, prescrira les mesures à prendre pour assurer la plus complète égalité entre les diverses entreprises de transports dans leurs rapports avec le chemin de fer.

TITRE V.

STIPULATIONS RELATIVES À DIVERS SERVICES PUBLICS.

53. Les fonctionnaires et agents chargés de la surveillance et du contrôle des chemins de fer seront transportés gratuitement. L'état nominatif de ces fonctionnaires et agents sera annuellement arrêté par le préfet, le concessionnaire entendu.

54. L'administration se réserve la faculté de faire, le long des voies, toutes les constructions, de poser tous les appareils nécessaires à l'établissement d'une ligne télégraphique, sans nuire au service du chemin de fer.

Le concessionnaire sera tenu de faire garder par ses agents les fils et appareils des lignes électriques, de donner aux employés télégraphiques connaissance de tous les accidents qui pourraient survenir et de leur en faire connaître les causes. En cas de rupture du fil télégraphique, les employés du concessionnaire auront à raccrocher provisoirement les bouts séparés, d'après les instructions qui leur seront données à cet effet. Dans le cas où des déplacements de fils, appareils ou poteaux deviendraient nécessaires par suite des travaux exécutés sur le chemin, ces déplacements auraient lieu aux frais du concessionnaire, par les soins de l'administration des lignes télégraphiques.

55. Le concessionnaire sera tenu d'établir à ses frais les fils et appareils télégraphiques destinés à transmettre les signaux nécessaires pour la sûreté et la régularité de son exploitation.

Il pourra, avec l'autorisation du ministre de l'intérieur, se servir des poteaux de la ligne télégraphique de l'État, lorsqu'une semblable ligne existera le long de la voie. Le concessionnaire sera tenu de se soumettre à tous les règlements d'administration publique concernant l'établissement et l'emploi de ces appareils.

56. La compagnie est autorisée à prolonger une ou deux voies le long des quais de la darse et à y faire circuler ses wagons pour le chargement et le déchargement des marchandises, en se conformant aux règlements de police du port.

TITRE VI.

CLAUSES DIVERSES.

57. Dans le cas où le Gouvernement ordonnerait ou autoriserait la construction de routes nationales, départementales ou vicinales, de chemins de fer ou de canaux qui traverseraient la ligne objet de la présente concession, la compagnie ne pourra s'opposer à ces travaux; mais toutes les dispositions nécessaires seront prises pour qu'il n'en résulte aucun obstacle à la construction ou au service du chemin de fer, ni aucuns frais pour la compagnie.

58. Toute exécution ou autorisation ultérieure de route, de canal, de chemin de fer, de travaux de navigation dans la contrée où est situé le chemin de fer objet de la présente concession ou dans toute autre contrée voisine ou éloignée, ne pourra donner ouverture à aucune demande d'indemnité de la part de la compagnie.

59. L'administration se réserve expressément le droit d'accorder de nouvelles concessions de chemins de fer s'embranchant sur le chemin qui fait l'objet du présent cahier des charges ou qui seraient établis en prolongement du même chemin.

La compagnie ne pourra mettre aucun obstacle à ces embranchements ni réclamer, à l'occasion de leur établissement, aucune indemnité quelconque, pourvu qu'il n'en résulte aucun obstacle à la circulation, ni aucuns frais particuliers pour la compagnie.

Les compagnies concessionnaires de chemins de fer d'embranchement ou de prolongement auront la faculté, moyennant les tarifs ci-dessus déterminés et l'observation des règlements de police et de service établis ou à établir, de faire circuler leurs voitures, wagons et machines sur le chemin de fer objet de la présente concession, pour lequel cette faculté sera réciproque à l'égard desdits embranchements et prolongements.

Dans le cas où les diverses compagnies ne pourraient s'entendre entre elles sur l'exercice de cette faculté, l'administration statuerait sur les difficultés qui s'élèveraient entre elles à cet égard.

Dans le cas où une compagnie d'embranchement ou de prolongement joignant la ligne qui fait l'objet de la présente concession n'userait plus de la faculté de circuler sur cette ligne, comme aussi dans le cas où la compagnie concessionnaire de cet dernière ligne ne voudrait pas circuler sur les prolongements et embranchement les compagnies seraient tenues de s'arranger entre elles, de manière que le servi de transport ne soit jamais interrompu aux points de jonction des diverses lignes.

Celle des compagnies qui se servira d'un matériel qui ne serait pas sa proprié payera une indemnité en rapport avec l'usage et la détérioration de ce matérié Dans le cas où les compagnies ne se mettraient pas d'accord sur la quotité de l'i demnité ou sur les moyens d'assurer la continuation du service sur toute la ligu l'administration y pourvoirait d'office et prescrirait toutes les mesures nécessaires.

La compagnie sera tenue, si l'administration le juge convenable, de partag l'usage des stations établies à l'origine des chemins de fer d'embranchement avec le compagnies qui deviendraient ultérieurement concessionnaires desdits chemins.

La compagnie pourra être assujettie, par les décrets qui seront ultérieureme rendus pour les chemins de fer de prolongement ou d'embranchement joignant celu qui lui est concédé, à accorder aux compagnies de ces chemins une réduction d péage ainsi calculée :

1° Si le prolongement ou l'embranchement n'a pas plus de soixante kilomètres, dix pour cent du prix perçu par la compagnie;

2° Si le prolongement ou l'embranchement excède soixante kilomètres, quinze pour cent.

60. La compagnie sera tenue de s'entendre avec tout propriétaire de mines, usines ou carrières, qui, offrant de se soumettre aux conditions prescrites ci-après, demanderait un embranchement; à défaut d'accord, l'administration statuera sur la demande, la compagnie entendue.

Les embranchements seront construits aux frais des propriétaires de mines, usines ou carrières, et de manière à ce qu'il ne résulte de leur établissement aucune entrave à la circulation générale, aucune cause d'avarie pour le matériel, ni aucuns frais particuliers pour la compagnie.

Leur entretien devra être fait avec soin, aux frais de leurs propriétaires et sous le contrôle de l'administration. La compagnie aura le droit de faire surveiller par ses agents cet entretien, ainsi que l'emploi de son matériel sur les embranchements.

L'administration pourra, à toutes époques, prescrire les modifications qui seraient jugées utiles dans la soudure, le tracé ou l'établissement de la voie desdits embranchements, et les changements seront opérés aux frais du propriétaire.

L'administration pourra même, après avoir entendu les propriétaires, ordonner l'enlèvement temporaire des aiguilles de soudure, dans le cas où les établissements embranchés viendraient à suspendre en tout ou en partie leurs transports.

La compagnie sera tenue d'envoyer ses wagons sur les embranchements autorisés destinés à faire communiquer des établissements de mines, usines ou carrières avec la ligne principale du chemin de fer, moyennant un tarif arrêté par le préfet, la compagnie entendue.

La compagnie amènera ses wagons à l'entrée des embranchements.

Les expéditeurs ou destinataires feront conduire les wagons dans leurs établissements, pour les charger et décharger, et les ramèneront au point de jonction avec la ligne principale, le tout à leurs frais. Les wagons ne pourront d'ailleurs être employés qu'au transport d'objets et marchandises destinés à la ligne principale du chemin de fer.

Le temps pendant lequel les wagons séjourneront sur les embranchements particuliers ne pourra excéder six heures, lorsque l'embranchement n'aura pas plus d'un kilomètre. Le temps sera augmenté d'une demi-heure par kilomètre en sus du premier, non compris les heures de la nuit, depuis le coucher jusqu'au lever du soleil.

Dans le cas où les limites de temps seraient dépassées, nonobstant l'avertissement spécial donné par la compagnie, elle pourra exiger une indemnité égale à la valeur du droit de loyer des wagons pour chaque période de retard après avertissement.

Les traitements des gardiens d'aiguilles et de barrières des embranchements autorisés par l'administration seront à la charge des propriétaires des embranchements. Ces gardiens seront nommés et payés par la compagnie, et les frais qui en résulteront lui seront remboursés par lesdits propriétaires.

En cas de difficulté, il sera statué par l'administration, la compagnie entendue.

Les propriétaires d'embranchements seront responsables des avaries que le matériel pourrait éprouver pendant son parcours ou son séjour sur ces lignes.

Dans le cas d'inexécution d'une ou de plusieurs des conditions énoncées ci-dessus, le préfet pourra, sur la plainte de la compagnie, et après avoir entendu le propriétaire de l'embranchement, ordonner par un arrêté la suspension du service et faire supprimer la soudure, sans préjudice de tous dommages-intérêts que la compagnie serait en droit de répéter pour la non-exécution de ces conditions.

61. La contribution foncière sera établie en raison de la surface des terrains occupés par le chemin de fer et ses dépendances; la cote en sera calculée, comme pour les canaux, conformément à la loi du 25 avril 1803.

Les bâtiments et magasins dépendant de l'exploitation du chemin de fer seront assimilés aux propriétés bâties de la localité. Toutes les contributions auxquelles ces édifices pourront être soumis seront, aussi bien que la contribution foncière, à la charge de la compagnie.

62. Les agents et gardes que la compagnie établira, soit pour la perception des droits, soit pour la police et la surveillance du chemin de fer et de ses dépendances, pourront être assermentés et seront, dans ce cas, assimilés aux gardes champêtres.

63. Le chemin de fer sera placé sous la surveillance de l'administration.

64. Les frais de visite, de surveillance et de réception des travaux et les frais de contrôle de l'exploitation seront supportés par la compagnie.

Afin de pourvoir à ces frais, la compagnie sera tenue de verser chaque année, dans une caisse indiquée par le préfet, une somme de soixante francs par chaque kilomètre de chemin de fer concédé. Toutefois, cette somme sera réduite à cinquante francs par kilomètre pour les sections non encore livrées à l'exploitation.

Si la compagnie ne verse pas les sommes ci-dessus réglées aux époques qui auront été fixées, le préfet rendra un rôle exécutoire, et le montant en sera recouvré comme en matière de contributions publiques.

65. Le cautionnement, fixé par la convention de concession à la somme de deux cent mille francs (200,000f), sera versé au trésor public en numéraire ou en rentes sur l'État, lesdites rentes calculées conformément à l'ordonnance du 19 juin 1825, ou en bons du trésor ou autres effets publics, avec transfert, au profit de la caisse des dépôts et consignations, de celles de ces valeurs qui seraient nominatives ou à ordre. Cette somme formera le cautionnement de l'entreprise.

Elle sera rendue à la compagnie par cinquième et proportionnellement à l'avancement des travaux. Le dernier cinquième ne sera remboursé qu'après leur entier achèvement.

66. La compagnie devra faire élection de domicile à Bône.

Dans le cas où elle ne l'aurait pas fait, toute notification ou signification à elle adressée sera valable lorsqu'elle sera faite au secrétariat de la mairie de Bône.

67. Les contestations qui s'élèveraient entre la compagnie et l'administration au sujet de l'exécution et de l'interprétation des clauses du présent cahier des charges seront jugées administrativement par le conseil de préfecture du département de Constantine, sauf recours au Conseil d'État.

68. Le présent cahier des charges et la convention qui s'y rapporte ne seront passibles que du droit fixe de trois francs.

Accepté le présent cahier des charges
pour être annexé à la convention :

Signé A. MAIRE.

Vu et accepté :

Le Préfet,

Signé DESCLOZEAUX.

Vu pour être annexé au décret du 7 mai 1874.

Pour le ministre de l'intérieur :

Le Sous-Secrétaire d'État,

Signé L. N. BARAGNON.

RÉPUBLIQUE FRANÇAISE.

N° 3288. — DÉCRET qui approuve l'adjudication passée par le Ministre des Travaux publics pour l'exécution de la loi du 28 mars 1874, relative à l'achèvement du nouvel Opéra.

Du 10 Mai 1874.

LE PRÉSIDENT DE LA RÉPUBLIQUE FRANÇAISE,

Sur le rapport du ministre des travaux publics ;

Vu la loi du 28 mars 1874, autorisant le ministre des travaux publics à accepter les offres qui lui seraient faites, soit par des réunions de propriétaires, soit par des sociétés de crédit, d'avancer à l'État : en 1874, la somme de trois millions neuf cent mille francs ; en 1875, la somme de un million francs, nécessaires à l'achèvement du nouvel Opéra et à l'acquisition du matériel, et fixant les conditions principales de ces avances;

Vu spécialement l'article 4 de cette loi, ledit article ainsi conçu :

« Le traité passé par le ministre des travaux publics, en vertu de l'article 1 « ci-dessus, devra être approuvé par un décret du Président de la République, « rendu dans la forme des règlements d'administration publique ; »

Vu l'arrêté pris par le ministre des travaux publics pour l'exécution de la loi susénoncée et décidant qu'une adjudication aurait lieu le 28 avril 1874, ledit arrêté publié au Journal officiel du 16 avril ;

Vu le procès-verbal de l'adjudication passée, le 28 avril 1874, par le ministre des travaux publics, duquel il résulte qu'une seule soumission a été déposée, au nom du sieur Blanc (François), et qu'elle remplit les conditions requises ; ensemble ladite soumission ;

Le Conseil d'État entendu,

DÉCRÈTE :

ART. 1ᵉʳ. Est et demeure approuvée l'adjudication passée, le 28 avril 1874, par le ministre des travaux publics, pour l'exécution de la loi du 28 mars 1874, relative à l'achèvement du nouvel Opéra.

En conséquence, est acceptée définitivement l'offre faite par le sieur Blanc (François) d'avancer à l'État la somme de quatre millions neuf cent mille francs, au taux de six pour cent et aux conditions énoncées tant dans ladite loi que dans l'arrêté susvisé.

Ladite soumission et le procès-verbal d'adjudication ci-dessus mentionnés resteront annexés au présent décret.

2. Le ministre des travaux publics est chargé de l'exécution du présent décret.

Fait à Paris, le 10 Mai 1874.

Signé Mᵃˡ DE MAC MAHON.

Le Ministre des travaux publics,
Signé R. DE LARCY.

*Soumission pour faire les avances à l'État de la somme de 4,900,000 francs,
nécessaire à l'achèvement de l'Opéra.*

Je soussigné, *François Blanc*, rentier, demeurant rue de Rivoli, n° 194, à Paris,
actuellement à Monaco (principauté), après avoir pris connaissance des dispositions
de la loi du 28 mars 1874, relative à l'achèvement du nouvel Opéra, et de l'avis publié par le ministre des travaux publics pour l'exécution de cette loi,

M'engage à verser au trésor public, en numéraire, les sommes ci-après, savoir:

En 1874, trois millions neuf cent mille francs en trois termes égaux, les 15 mai,
1er août et 1er novembre;

En 1875, un million de francs en deux termes égaux, le 1er mars et le 1er octobre.

Je consens en outre à ce que le taux d'intérêt fixé par la loi en maximum, tout
compris, soit fixé à six pour cent sans réduction.

Pour garantie de la présente soumission, j'ai fait déposer à la caisse des dépôts et
consignations, par l'intermédiaire de MM. *de Rothschild* frères, à Paris, la somme de
cent mille francs, suivant le récépissé qui sera remis par la maison *Rothschild* de
Paris, et consistant en billets de la Banque de France.

Monaco, le 25 avril 1874.

Signé Fr. BLANC.

Certifié conforme à la soumission annexée au décret en date du 10 mai 1874, enregistré sous le n° 377.

Le Conseiller d'État, Secrétaire général,

Signé DE BOUREUILLE.

———

*Procès-verbal de l'adjudication passée, à l'hôtel du ministère des travaux publics, pour
l'emprunt de la somme de 4,900,000 francs, nécessaire à l'achèvement du nouvel Opéra
et à l'acquisition du matériel.*

Le 28 avril 1874, à une heure, conformément à l'avis officiel publié le 16 avril
1874,

Nous, ministre des travaux publics, assisté de:

MM. *de Boureuille*, conseiller d'État, secrétaire général du ministère;

Goin, président de la chambre de commerce de Paris;

Dutilleul, directeur du mouvement général des fonds au ministère des
finances;

de Cardaillac, directeur des bâtiments civils et des palais nationaux;

Marbeau, auditeur au Conseil d'État, secrétaire;

M. *de Chennevières*, directeur des beaux-arts, absent pour cause de service, s'étant
excusé,

Nous sommes rendu dans l'une des salles du ministère des travaux publics, pour
procéder à l'adjudication de l'emprunt de la somme de quatre millions neuf cent
mille francs, nécessaire à l'achèvement du nouvel Opéra et à l'acquisition du matériel.

Conformément à notre invitation, le secrétaire a donné lecture de l'avis inséré
dans le Journal officiel du 16 avril 1874.

Puis nous avons fait connaître que deux soumissionnaires, la société générale du
crédit industriel et commercial et M. *Blanc*, rentier à Monaco, avaient été admis
pour concourir à l'adjudication, et nous avons déclaré que nous étions prêts à recevoir leurs soumissions.

Un seul paquet nous ayant été remis au nom de M. *Blanc*, nous l'avons ouvert et
nous y avons trouvé sous une première enveloppe un certificat délivré par la caisse
des dépôts et consignations et constatant le versement à cette caisse par MM. *de
Rothschild*, au nom de M. *Blanc*, de la somme de cent mille francs, à titre de dépôt
de garantie. Nous avons fait donner lecture de ce certificat, et, après avoir pris l'avis
de la commission, nous avons déclaré M. *Blanc* définitivement admis à l'adjudication.

Nous avons alors ouvert le paquet contenant la soumission et nous en avons donné lecture.

M. *Blanc* ayant offert de faire à l'État l'avance de la somme de quatre millions neuf cent mille francs, au taux d'intérêt maximum de six pour cent fixé par la loi, sans réduction, nous l'avons déclaré adjudicataire desdites avances, aux clauses et conditions portées tant dans la loi du 28 mars 1874 que dans l'avis publié par nous pour l'exécution de cette loi.

Nous avons déclaré, d'ailleurs, que la présente adjudication ne serait valable définitive qu'après avoir été approuvée par décret rendu dans la forme d'un règlement d'administration publique.

De tout quoi nous avons dressé le présent procès-verbal, pour valoir ce que de raison, les jour, mois et an que dessus, et avons signé avec les personnes ci-dessus dénommées.

Le Ministre des travaux publics,
Signé R. DE LARCY.

Signé DE BOUREUILLE, DE CARDAILLAC, E. Georges,
DUTILLEUL et Édouard MARBEAU.

Certifié conforme au procès-verbal annexé au décret en date du 10 mai 1874, enregistré sous le n° 377.

Le Conseiller d'État, Secrétaire général,
Signé DE BOUREUILLE.

RÉPUBLIQUE FRANÇAISE.

N° 3289. — *DÉCRET qui ouvre au Ministre des Travaux publics un Crédit sur l'exercice 1874, à titre de Fonds de concours versés au Trésor pour les Travaux d'achèvement du nouvel Opéra.*

Du 18 Juin 1874.

LE PRÉSIDENT DE LA RÉPUBLIQUE FRANÇAISE,

Sur la proposition du ministre des travaux publics;

Vu la loi du 29 décembre 1873, portant fixation du budget général des recettes et des dépenses de l'exercice 1874, avec la répartition, par chapitres, des crédits affectés au ministère des travaux publics pour ledit exercice;

Vu l'article 13 de la loi de finances du 6 juin 1843, portant règlement définitif du budget de l'exercice 1840, ledit article relatif aux fonds versés au trésor pour concourir, avec ceux de l'État, à l'exécution des travaux publics;

Vu la loi du 28 mars 1874, autorisant le ministre des travaux publics à accepter les offres qui lui seraient faites, soit par des réunions de propriétaires, soit par des sociétés de crédits, d'avancer à l'État : en 1874, la somme de trois millions neuf cent mille francs; en 1875, la somme de un million de francs, nécessaires à l'achèvement du nouvel Opéra et à l'acquisition du matériel, et fixant les conditions principales de ces avances;

Vu l'arrêté pris par le ministre des travaux publics pour l'exécution de la loi susénoncée et décidant qu'une adjudication aurait lieu le 28 avril 1874, ledit arrêté publié au Journal officier du 16 avril;

Vu le procès-verbal de l'adjudication passée, le 28 avril 1874, par le ministre des travaux publics à M. *Blanc (François)*, de l'emprunt autorisé par la du 28 mars 1874, ladite adjudication approuvée par décret, en date du 10 mai 1874 [1], du Président de la République;

Vu la déclaration du caissier payeur central du trésor public, constatant qu'il a été versé au trésor, le 15 mai 1874, une somme de un million trois cent mille francs, formant le premier à-compte sur l'avance précitée;

Vu la lettre du ministre des finances, en date du 13 juin 1874,

DÉCRÈTE :

ART. 1er. Il est ouvert au ministre des travaux publics, sur les fonds de la deuxième section du budget de l'exercice 1874 (chapitre XLVIII. — *Construction du nouvel Opéra*), un crédit de un million trois cent mille francs (1,300,000') pour les travaux d'achèvement du nouvel Opéra et l'acquisition du matériel.

2. Il sera pourvu à la dépense au moyen des ressources spéciales versées au trésor à titre d'avance, en exécution de l'adjudication susénoncée.

3. Les ministres des travaux publics et des finances sont chargés, chacun en ce qui le concerne, de l'exécution du présent décret, qui sera inséré au Bulletin des lois.

Fait à Versailles, le 18 Juin 1874.

Signé M^{al} DE MAC MAHON.

Le Ministre des finances,
Signé P. MAGNE.

Le Ministre des travaux publics,
Signé E. CAILLAUX.

RÉPUBLIQUE FRANÇAISE.

N° 3290. — DÉCRET *qui ouvre au Ministre des Travaux publics un Crédit sur l'exercice 1874, pour les travaux d'achèvement du nouvel Opéra et l'acquisition du matériel.*

Du 25 Juin 1874.

LE PRÉSIDENT DE LA RÉPUBLIQUE FRANÇAISE,

Sur la proposition du ministre des travaux publics;

Vu la loi du 29 décembre 1873, portant fixation du budget général des recettes et des dépenses de l'exercice 1874, avec la répartition, par chapitres, des crédits affectés au ministère des travaux publics pour ledit exercice;

Vu l'article 13 de la loi de finances du 6 juin 1843, portant règlement définitif du budget de l'exercice 1840, ledit article relatif aux fonds versés au trésor pour concourir, avec ceux de l'État, à l'exécution des travaux publics;

Vu la loi du 28 mars 1874, autorisant le ministre des travaux publics à accepter les offres qui lui seraient faites, soit par des réunions de propriétaires, soit par des sociétés de crédit, d'avancer à l'État : en 1874, la somme

---

[1] Voir ci-dessus, n° 3288.

de trois millions neuf cent mille francs ; en 1875, la somme de un mill[...]
de francs, nécessaires à l'achèvement du nouvel Opéra et à l'acquisition [...]
matériel, et fixant les conditions principales de ces avances ;

Vu l'arrêté pris par le ministre des travaux publics pour l'exécution de [...]
loi susénoncée et décidant qu'une adjudication aurait lieu le 28 avril 187[...]
ledit arrêté publié au Journal officiel du 16 avril ;

Vu le procès-verbal de l'adjudication passée, le 28 avril 1874, par le m[...]
nistre des travaux publics à M. *Blanc (François)*, de l'emprunt autorisé p[...]
la loi du 28 mars 1874, ladite adjudication approuvée par décret, en da[...]
du 10 mai 1874 [1], du Président de la République ;

Vu la déclaration du caissier payeur central du trésor public, constatan[...]
qu'il a été versé au trésor, le 4 juin 1874, une somme de un million tr[...]
cent mille francs, formant le deuxième à-compte sur l'avance précitée ; [...]

Vu le décret, en date du 18 juin 1874 [2], ouvrant au ministre des trava[...]
publics, sur les fonds de la deuxième section du budget de l'exercice 18[...]
un crédit de un million trois cent mille francs, en échange du versem[...]
d'une somme égale opéré par M. *Blanc* ;

Vu la lettre du ministre des finances, en date du 24 juin 1874,

DÉCRÈTE :

ART. 1er. Il est ouvert au ministre des travaux publics, sur les fon[...]
de la deuxième section du budget de l'exercice 1874 (chapitre LVII[...]
— *Construction du nouvel Opéra*), un crédit de un million trois ce[...]
mille francs (1,300,000ᶠ) pour les travaux d'achèvement du nouv[...]
Opéra et l'acquisition du matériel.

2. Il sera pourvu à la dépense au moyen des ressources spéciale[...]
versées au trésor à titre d'avance, en exécution de l'adjudication su[...]
énoncée.

3. Les ministres des travaux publics et des finances sont charg[...]
chacun en ce qui le concerne, de l'exécution du présent décret, q[...]
sera inséré au Bulletin des lois.

Fait à Versailles, le 25 Juin 1874.

Signé Mᵃˡ DE MAC MAHON.

Le Ministre des finances,

Signé P. MAGNE.

Le Ministre des travaux publics,

Signé E. CAILLAUX.

RÉPUBLIQUE FRANÇAISE.

N° 3291. — *Décret qui fixe, pour l'année 1874, le Crédit d'inscription
des Pensions civiles régies par la loi du 9 juin 1853.*

Du 18 Juillet 1874.

LE PRÉSIDENT DE LA RÉPUBLIQUE FRANÇAISE,

Sur le rapport du ministre des finances ;

Vu l'article 20 de la loi du 9 juin 1853, sur les pensions civiles, et l'article 38 du règlement d'administration publique du 9 novembre suivant [3] ;

[1] Voir ci-dessus, n° 3288.
[3] Voir ci-dessus, n° 3289.
[2] XIᵉ série, Bull. 104, n° 869.

Vu l'article 19 de la loi du 29 décembre 1873, qui a ouvert au ministère des finances, pour l'inscription des pensions civiles en 1874, en sus du produit des extinctions, un crédit supplémentaire de un million six cent mille francs (1,600,000ᶠ), dont cent mille francs spécialement applicables à l'inscription des pensions et indemnités à accorder aux anciens employés de la dernière liste civile, par application de la loi du 30 mars 1872 ;

La section des finances, de la guerre, de la marine et des colonies du Conseil d'État entendue,

Décrète :

Art. 1ᵉʳ. Le crédit d'inscription des pensions civiles régies par la loi du 9 juin 1853 est fixé, pour l'année 1874, à la somme de trois millions huit cent mille francs (3,800,000ᶠ).

2. Ce crédit est réparti entre les différents ministères ainsi qu'il suit :

Ministère de la justice		390,000ᶠ
Ministère des affaires étrangères		60,000
Ministère de l'intérieur. {	Ministère	170,000
	Algérie	60,000
Ministère des finances.. {	Ministère	2,110,000
	Liste civile	100,000
Ministère de la guerre		30,000
Ministère de l'instruction publique, des cultes et des beaux-arts		620,000
Ministère de l'agriculture et du commerce		50,000
Ministère des travaux publics		210,000
		3,800,000

3. Les ministres aux départements ci-dessus désignés sont chargés, chacun en ce qui le concerne, de l'exécution du présent décret, qui sera inséré au Bulletin des lois.

Fait à Versailles, le 18 Juillet 1874.

Signé Mᵃˡ DE MAC MAHON.

Le Ministre des finances,

Signé P. MAGNE.

Nᵒ 3292. — Décret du Président de la République française (contre-signé par le garde des sceaux, ministre de la justice) portant ce qui suit :

1ᵒ M. Pallangre (Antoine-Paul), né le 21 mai 1849, à Marseille, demeurant à Carcassonne (Aude), est autorisé à ajouter à son nom patronymique celui de Meyen, et à s'appeler, à l'avenir, Pallangre-Meyen.

2ᵒ Ledit impétrant ne pourra se-pourvoir devant les tribunaux pour faire opérer, sur les registres de l'état civil, le changement résultant du présent décret, qu'après l'expiration du délai fixé par la loi du 11 germinal an XI, et en justifiant qu'aucune opposition n'a été formée devant le Conseil d'État. (*Versailles, 10 Juillet 1874.*)

N° 3293. — DÉCRET DU PRÉSIDENT DE LA RÉPUBLIQUE FRANÇAISE (contre-signé par le garde des sceaux, ministre de la justice) portant ce qui suit :

1° M. *Nugue* (*Louis-André-Alfred*), propriétaire, né le 4 juin 1820, à Saint-Marcellin (Isère), demeurant à Coublevie, arrondissement de Grenoble (Isère), est autorisé à ajouter à son nom patronymique celui de *Durand d'Auxy*, et à s'appeler, à l'avenir, *Nugue Durand d'Auxy*.

2° Ledit impétrant ne pourra se pourvoir devant les tribunaux pour faire opérer, sur les registres de l'état civil, le changement résultant du présent décret, qu'après l'expiration du délai fixé par la loi du 11 germinal an XI, et en justifiant qu'aucune opposition n'a été formée devant le Conseil d'État. (*Versailles, 18 Juillet 1874.*)

Certifié conforme :

Paris, le 11 * Août 1874,

Le Garde des Sceaux, Ministre de la Justice,

A. TAILHAND.

* Cette date est celle de la réception du Bulletin au ministère de la Justice.

On s'abonne pour le Bulletin des lois, à raison de 9 francs par an, à la caisse de l'Imprimerie nationale ou chez les Receveurs des postes des départements.

BULLETIN DES LOIS

DE LA RÉPUBLIQUE FRANÇAISE.

N° 218.

RÉPUBLIQUE FRANÇAISE.

N° 3294. — *Loi qui ouvre au Ministre de l'Intérieur un Crédit supplémentaire sur l'exercice 1873.*

Du 25 Juillet 1874.

(Promulguée au *Journal officiel* du 4 août 1874.)

L'ASSEMBLÉE NATIONALE A ADOPTÉ LA LOI dont la teneur suit :

ART. 1er. Il est alloué au ministre de l'intérieur, sur le chapitre XIV du budget de l'exercice 1873, au delà des crédits ouverts par les lois de finances des 20 décembre 1872 et 23 juillet 1873, un supplément de crédit de trois cent soixante-dix mille francs (370,000^f).

2. Il sera pourvu à cette dépense au moyen des ressources du budget de l'exercice 1873.

Délibéré en séance publique, à Versailles, le 25 Juillet 1874.

Le Président,

Signé L. BUFFET.

Les Secrétaires,

Signé FRANCISQUE RIVE, FÉLIX VOISIN, VANDIER, Vte BLIN DE BOURDON.

LE PRÉSIDENT DE LA RÉPUBLIQUE PROMULGUE LA PRÉSENTE LOI.

Signé M^{al} DE MAC MAHON, duc DE MAGENTA.

Le Ministre de l'intérieur,

Signé G^{al} DE CHABAUD LA TOUR.

REPUBLIQUE FRANÇAISE.

N° 3295. — *Loi qui ouvre au Ministre de l'Intérieur, sur l'exercice 1874, un Crédit supplémentaire pour les dépenses occasionnées par la réorganisation des Services de police des communes du département de la Seine.*

Du 27 Juillet 1874.

(Promulguée au *Journal officiel* du 4 août 1874.)

L'ASSEMBLÉE NATIONALE A ADOPTÉ LA LOI dont la teneur suit :

ARTICLE UNIQUE. Il est ouvert au ministre de l'intérieur, sur l'exercice 1874, un crédit supplémentaire de deux cent trente-sept mille cent vingt-six francs (237,126f) pour faire face aux dépenses des services de police des communes du département de la Seine.

Il sera pourvu à ces dépenses au moyen des deux tiers de la moitié des produits de la surtaxe d'octroi sur les alcools, attribués à ces communes par l'article 2, paragraphe 2, de la loi du 30 décembre 1873.

Délibéré en séance publique, à Versailles, le 27 Juillet 1874.

Le Président,

Signé L. MARTEL.

Les Secrétaires,

Signé LOUIS DE SÉGUR, FÉLIX VOISIN, FRANCISQUE RIVE, VANDIER.

LE PRÉSIDENT DE LA RÉPUBLIQUE PROMULGUE LA PRÉSENTE LOI.

Signé M^{al} DE MAC MAHON, duc DE MAGENTA.

Le Ministre de l'intérieur,

Signé G^{al} DE CHABAUD LA TOUR.

RÉPUBLIQUE FRANÇAISE.

N° 3296. — *Loi relative à la cession par l'État, à la ville de Bordeaux, de l'immeuble domanial dit la Caserne des Fossés.*

Du 28 Juillet 1874.

(Promulguée au *Journal officiel* du 7 août 1874.)

L'ASSEMBLÉE NATIONALE A ADOPTÉ LA LOI dont la teneur suit :

ART. 1er. L'administration des domaines est autorisée à céder à la ville de Bordeaux, suivant les bases indiquées dans une convention du 30 octobre 1873, passée entre le service du génie et la municipalité, l'immeuble situé à Bordeaux dit *la Caserne des Fossés.*

2. Un crédit de trois cent mille francs (300,000f) est ouvert au ministre de la guerre, sur l'exercice 1874 (chapitre XIII. — *Matériel*

du génie), pour la construction des nouveaux établissements militaires de Bordeaux.

Les portions de ce crédit qui ne seraient pas employées en 1874 pourront être reportées par décret aux exercices suivants.

Délibéré en séance publique, à Versailles, le 28 Juillet 1874.

Le Président,
Signé L. BUFFET.

Les Secrétaires,
Signé FÉLIX VOISIN, E. DE CAZENOVE DE PRADINE, FRANCISQUE RIVE, VANDIER.

LE PRÉSIDENT DE LA RÉPUBLIQUE PROMULGUE LA PRÉSENTE LOI.

Signé M^{al} DE MAC MAHON, duc DE MAGENTA.

Le Vice-Président du Conseil,
Ministre de la guerre,

Signé Gal E. DE CISSEY.

RÉPUBLIQUE FRANÇAISE.

N° 3297. — LOI *qui autorise un Échange de Biens meubles et immeubles entre l'État et le département du Pas-de-Calais.*

Du 28 Juillet 1874.

(Promulguée au *Journal officiel* du 8 août 1874.)

L'ASSEMBLÉE NATIONALE A ADOPTÉ LA LOI dont la teneur suit :

ARTICLE UNIQUE. Est approuvé le contrat d'échange passé, le 29 décembre 1873, entre le sous-préfet de l'arrondissement de Boulogne-sur-Mer et le représentant du département du Pas-de-Calais, contenant, d'une part, cession par l'État, au département, d'un bâtiment, aujourd'hui démoli, qui était situé à Boulogne, rue de la Porte-des-Dunes, et servait de corps de garde; et, de l'autre, cession par le département à l'État, pour être affectés au même usage : 1° d'un local dépendant du palais de justice de Boulogne; 2° de divers objets mobiliers dont il est garni.

Délibéré en séance publique, à Versailles, le 28 Juillet 1874.

Le Président,
Signé L. BUFFET.

Les Secrétaires,
Signé FÉLIX VOISIN, E. DE CAZENOVE DE PRADINE, FRANCISQUE RIVE, VANDIER.

LE PRÉSIDENT DE LA RÉPUBLIQUE PROMULGUE LA PRÉSENTE LOI.

Signé M^{al} DE MAC MAHON, duc DE MAGENTA.

Le Ministre des finances,

Signé MATHIEU-BODET.

RÉPUBLIQUE FRANÇAISE.

——

N° 3298. — *Loi qui autorise le département du Finistère à contracter un Emprunt et à s'imposer extraordinairement.*

Du 28 Juillet 1874.

(Promulguée au *Journal officiel* du 4 août 1874.)

L'Assemblée nationale a adopté la loi dont la teneur suit :

Art. 1er. Le département du Finistère est autorisé, conformément à la délibération prise par le conseil général, le 15 avril 1874, à exécuter, au profit des communes dont les conseils municipaux en auront fait la demande, les chemins vicinaux ordinaires compris dans le réseau subventionné.

Les délibérations des conseils municipaux devront contenir un consentement exprès à ce que les ressources communales destinées aux lignes ordinaires soient employées et les travaux exécutés d'après le mode adopté pour les chemins d'intérêt commun.

2. Le département du Finistère est autorisé à emprunter à la caisse des chemins vicinaux, aux conditions de cet établissement, une somme de un million cinq cent mille francs (1,500,000ᶠ), qui sera affectée à l'achèvement des chemins ordinaires dont les communes lui auront confié l'exécution.

La réalisation de l'emprunt par fractions successives ne pourra avoir lieu qu'en vertu d'une décision du ministre de l'intérieur.

Cette décision ne sera prise que sur la production d'un état faisant connaître :

1° Les délibérations des conseils municipaux des communes auxquelles le département a entendu se substituer;
2° La somme pour laquelle il se substitue à chacune d'elles.

3. Le département du Finistère est également autorisé à s'imposer extraordinairement, par addition au principal des quatre contributions directes, pendant trente-sept ans, à partir de 1877, deux centimes, dont le produit sera affecté, avec un prélèvement sur les ressources normales, au remboursement et au service des intérêts de l'emprunt à réaliser en vertu de l'article 2 ci-dessus, et, pour le surplus, aux travaux des routes départementales.

Cette imposition sera recouvrée indépendamment des centimes

extraordinaires dont le maximum sera fixé, chaque année, par la loi de finances, en exécution de la loi du 10 août 1871.

Délibéré en séance publique, à Versailles, le 28 Juillet 1874.

Le Président,

Signé L. BUFFET.

Les Secrétaires,

Signé FÉLIX VOISIN, E. DE CAZENOVE DE PRADINE FRANCISQUE RIVE, VANDIER.

LE PRÉSIDENT DE LA RÉPUBLIQUE PROMULGUE LA PRÉSENTE LOI.

Signé M^l DE MAC MAHON, duc DE MAGENTA.

Le Ministre de l'intérieur,
Signé G^al DE CHABAUD LA TOUR.

RÉPUBLIQUE FRANÇAISE.

N° 3299. — *LOI qui autorise un Échange de Terrains entre l'État et le sieur Francier.*

Du 29 Juillet 1874.

(Promulguée au *Journal officiel* du 8 août 1874.)

L'ASSEMBLÉE NATIONALE A ADOPTÉ LA LOI dont la teneur suit :

ART. 1er. Est approuvé, sous les conditions stipulées dans un acte passé, le 30 mai 1873, entre le préfet des Ardennes, agissant au nom de l'État, et le sieur *Francier*, l'échange de portion, contenant quarante-sept ares soixante-quinze centiares (47^a 75^c), du sol d'une maison domaniale située à Mouzon, teintée en rouge sur le plan joint à l'acte, contre deux parcelles de terrain situées au même lieu, appartenant au sieur *Francier*, contenant, l'une vingt-sept ares quatre-vingt-deux centiares (27^a 82^c), et l'autre dix-neuf ares quatre-vingt-dix-huit centiares (19^a 98^c), teintées en jaune sur le même plan.

2. Une soulte de trois mille trois cents francs (3,300ᶠ) est mise la charge de l'État (budget des travaux publics).

Délibéré en séance publique, à Versailles, le 29 Juillet 1874.

Le Président,

Signé L. BUFFET.

Les Secrétaires,

Signé FRANCISQUE RIVE, E. DE CAZENOVE DE PRADINE, LOUIS DE SÉGUR, FÉLIX VOISIN.

LE PRÉSIDENT DE LA RÉPUBLIQUE PROMULGUE LA PRÉSENTE LOI.

Signé Mᵃˡ DE MAC MAHON, duc DE MAGENTA.

Le Ministre des finances,
Signé MATHIEU-BODET.

RÉPUBLIQUE FRANÇAISE.

—

Nº 3300. — *Loi qui autorise le département de la Loire-Inférieure à contracter un Emprunt.*

Du 29 Juillet 1874.

(Promulguée au *Journal officiel* du 4 août 1874.)

L'ASSEMBLÉE NATIONALE A ADOPTÉ LA LOI dont la teneur suit :

ART. 1ᵉʳ. Le département de la Loire-Inférieure est autorisé, sur la demande que le conseil général en a faite, le 2 septembre 1873, à emprunter, au lieu et place des communes, à la caisse des chemins vicinaux, aux conditions de cet établissement, une somme de deux millions quatre cent mille francs (2,400,000ᶠ), qui sera affectée aux travaux des chemins ordinaires.

La réalisation de l'emprunt, soit en totalité, soit par fractions successives, ne pourra être effectuée qu'en vertu d'une décision du ministre de l'intérieur.

Cette décision ne sera prise que sur la production d'un état faisant connaître :

1° Le nom des communes auxquelles le département a entendu se substituer ;

2° La somme pour laquelle il se substitue à chacune d'elles dans le montant de l'emprunt ;

3° La situation financière des communes.

2. Les fonds nécessaires à l'amortissement de l'emprunt à réaliser en vertu de l'article 1ᵉʳ ci-dessus seront imputés tant sur le reliquat de l'imposition spéciale autorisée par la loi du 12 mai 1866 que sur le produit des centimes extraordinaires dont le maximum est fixé, chaque année, par la loi de finances, en exécution de la loi du 10 août 1871.

Délibéré en séance publique, à Versailles, le 29 Juillet 1874.

Le Président,

Signé L. BUFFET.

Les Secrétaires,

Signé FRANCISQUE RIVE, E. DE CAZENOVE DE PRADINE, LOUIS DE SÉGUR, FÉLIX VOISIN.

LE PRÉSIDENT DE LA RÉPUBLIQUE PROMULGUE LA PRÉSENTE LOI.

Signé Mᵃˡ DE MAC MAHON, duc DE MAGENTA.

Le Ministre de l'intérieur,

Signé Gᵃˡ DE CHABAUD LA TOUR.

RÉPUBLIQUE FRANÇAISE.

N° 3301.—LOI *relative à un échange de Terrains entre l'État et le sieur* Cabanne, *dans le département de l'Allier.*

Du 30 Juillet 1874.

(Promulguée au *Journal officiel* du 8 août 1874.)

L'ASSEMBLÉE NATIONALE A ADOPTÉ LA LOI dont la teneur suit :

ARTICLE UNIQUE. Est approuvé, sous les conditions stipulées dans un acte passé, le 1ᵉʳ février 1873, entre le préfet de l'Allier et le sieur Cabanne, l'échange, sans soulte, d'une parcelle de trois hectares soixante-six ares (3ʰ 66ᵃ) à détacher de la forêt domaniale de Tronçais, à l'ouest du canton de la Chapelle, contre une autre parcelle de cinq hectares soixante-dix-sept ares (5ʰ 77ᵃ), dite *les Cens* ou *la Picaudière,* et enclavée dans cette forêt.

Délibéré en séance publique, à Versailles, le 30 Juillet 1874.

Le Président,

Signé L. BUFFET.

Les Secrétaires,

Signé FÉLIX VOISIN, VANDIER, FRANCISQUE RIVE Vᵗᵉ BLIN DE BOURDON, LOUIS DE SÉGUR.

LE PRÉSIDENT DE LA RÉPUBLIQUE PROMULGUE LA PRÉSENTE LOI.

Signé Mᵃˡ DE MAC MAHON, duc DE MAGENTA

Le Ministre des finances,

Signé MATHIEU-BODET.

RÉPUBLIQUE FRANÇAISE.

N° 3302. — *Loi qui autorise le département de l'Hérault à contracter un Emprunt et à s'imposer extraordinairement.*

Du 30 Juillet 1874.

(Promulguée au *Journal officiel* du 4 août 1874.)

L'ASSEMBLÉE NATIONALE A ADOPTÉ LA LOI dont la teneur suit :

ART. 1ᵉʳ. Le département de l'Hérault est autorisé, sur la demande que le conseil général en a faite, le 9 septembre 1873, à emprunter à un taux d'intérêt qui ne pourra dépasser six pour cent (6 p. o/o) une somme de huit cent cinquante mille francs (850,000ᶠ) pour les travaux des routes départementales.

Cet emprunt pourra être réalisé, soit avec publicité et concurrence, soit par voie de souscription, soit de gré à gré, avec faculté d'émettre des obligations au porteur ou transmissibles par voie d'endossement, soit directement auprès de la caisse des dépôts et consignations.

Les conditions des souscriptions à ouvrir ou des traités à passer de gré à gré seront préalablement soumises à l'approbation du ministre de l'intérieur.

2. Le département de l'Hérault est également autorisé à s'imposer extraordinairement, par addition au principal des quatre contributions directes, pendant huit ans, à partir de 1878, deux centimes (0ᶠ 02ᶜ), dont le produit sera affecté, avec un prélèvement sur les ressources normales, au remboursement et au service des intérêts de l'emprunt à réaliser en vertu de l'article 1ᵉʳ ci-dessus.

Cette imposition sera recouvrée indépendamment des centimes extraordinaires dont le maximum est fixé, chaque année, par la loi de finances, en exécution de la loi du 10 août 1871.

Délibéré en séance publique, à Versailles, le 30 Juillet 1874.

Le Président,
Signé L. BUFFET.

Les Secrétaires,
Signé FÉLIX VOISIN, VANDIER, FRANCISQUE RIVE,
Vᵗᵉ BLIN DE BOURDON, LOUIS DE SÉGUR.

LE PRÉSIDENT DE LA RÉPUBLIQUE PROMULGUE LA PRÉSENTE LOI.

Signé Mᵃˡ DE MAC MAHON, duc DE MAGENTA.

Le Ministre de l'intérieur,
Signé Gᵃˡ DE CHABAUD LA TOUR.

RÉPUBLIQUE FRANÇAISE.

N° 3303. — *Loi qui autorise la ville de Lyon à changer l'affectation d'une Imposition extraordinaire.*

Du 31 Juillet 1874.

(Promulguée au *Journal officiel* du 7 août 1874.)

L'Assemblée nationale a adopté la loi dont la teneur suit :

Article unique. La ville de Lyon (Rhône) est autorisée à affecter le produit de l'imposition extraordinaire de quinze centimes (0ᶠ 15ᶜ) créée par la loi du 30 mars 1872 :

1° À l'amortissement de l'emprunt de huit millions (8,000,000ᶠ) approuvé par la même loi ;

2° À l'atténuation de la dette municipale, et notamment au remboursement de l'emprunt de dix millions (10,000,000ᶠ) contracté en vertu d'une décision de la délégation du Gouvernement de la défense nationale, en date du 21 septembre 1870.

Délibéré en séance publique, à Versailles, le 31 Juillet 1874.

Le Président,
Signé L. BUFFET.

Les Secrétaires,
Signé FÉLIX VOISIN, FRANCISQUE RIVE, LOUIS DE SÉGUR,
E. DE CAZENOVE DE PRADINE.

LE PRÉSIDENT DE LA RÉPUBLIQUE PROMULGUE LA PRÉSENTE LOI.

Signé Mᵃˡ DE MAC MAHON, duc DE MAGENTA.

Le Ministre de l'intérieur,
Signé Gᵃˡ DE CHABAUD LA TOUR.

RÉPUBLIQUE FRANÇAISE.

N° 3304. — *Loi relative à la conscription des Chevaux.*

Du 1ᵉʳ Août 1874.

(Promulguée au *Journal officiel* du 8 août 1874.)

L'Assemblée nationale a adopté la loi dont la teneur suit :

Art. 1ᵉʳ. Le recensement des chevaux et juments âgés de six ans

et au-dessus et des mulets et mules de quatre ans et au-dessu
lieu tous les ans, du 1ᵉʳ au 15 janvier, dans chaque commune, par
soins du maire. L'âge se compte à partir du 1ᵉʳ janvier de l'année
la naissance.

2. Chaque année et à des jours indiqués à l'avance, des comm
sions mixtes désignées dans chaque région par le général comm
dant le corps d'armée procèdent, autant que possible dans cha
commune, en présence du maire, à l'inspection et au classem
des chevaux, juments, mulets et mules recensés.

3. Lès animaux reconnus propres à l'un des services de l'arm
sont classés suivant les catégories établies au budget pour les sch
annuels de la remonte.

4. Sont exemptés de la réquisition, en cas de mobilisation, et
sont pas portés sur la liste de classement par catégories :

1° Les chevaux appartenant au Chef de l'Etat;

2° Les chevaux dont les fonctionnaires sont tenus d'être pou
pour leur service;

3° Les chevaux entiers approuvés ou autorisés pour la reprod
tion;

4° Les juments en état de gestation constatée, ou suitées d'un p
lain, ou notoirement reconnues comme consacrées à la reproducti

5° Les chevaux et juments n'ayant pas atteint l'âge de six ans,
mulets et mules au-dessous de quatre ans;

6° Les chevaux de l'administration des postes ou ceux qu'elle
tretient pour son service par des contrats particuliers;

7° Les chevaux indispensables pour assurer le service de tous
transports nécessaires en temps de guerre, notamment ceux des c
mins de fer.

5. Un tableau certifié par le président de la commission mixte
par le maire, indiquant le signalement des animaux classés, ain
que le nom de leurs propriétaires, est adressé au bureau du recru
tement du ressort.

Un double de ce tableau reste déposé à la mairie, jusqu'au classe
ment suivant.

6. Le contingent des animaux à fournir en cas de mobilisation,
dans chaque région, pour assurer le passage du pied de paix au pied
de guerre des troupes qui y sont stationnées, est fixé par le ministre
de la guerre, en tenant compte, dans chaque catégorie, des ressources constatées à l'inspection annuelle, ainsi que du résultat possible des mutations ou diminutions à prévoir.

Ce contingent est réparti entre les régions et subdivisions de région, et subsidiairement entre les communes, au prorata de leurs
ressources dans chaque catégorie.

Toutefois, cette répartition n'est notifiée qu'en cas de mobilisation.

L'insuffisance des ressources dans un corps d'armée sera com-
pensée par l'excédant d'un autre corps d'armée.

7. Lorsque la mobilisation est ordonnée, le maire est tenu de

évenir les propriétaires que tous les animaux classés présents dans
commune, ainsi que ceux qui y ont été introduits depuis le der-
er classement et qui ne sont pas compris dans les cas d'exemption
évus par les cinq premiers paragraphes de l'article 5, doivent être
duits aux jours fixés, avec ferrure en bon état, bridon et licol,
point de l'arrondissement indiqué par l'autorité militaire.

8. Des commissions désignées par l'autorité militaire procèdent à
réception des animaux amenés et fixent la catégorie à laquelle
vent appartenir ceux qui ont été introduits dans la commune
uis le dernier classement. Il est procédé alors pour chaque
mune, en présence du maire, à un tirage au sort des animaux
r catégorie. Les numéros de tirage déterminent l'ordre dans lequel
animaux doivent être requis.

9. Le propriétaire d'un animal compris dans le contingent a le
roit de présenter à la commission de remonte et de demander à
re inscrire à sa place un autre animal non compris dans le con-
gent, mais appartenant à la même catégorie. Dans ce cas, l'animal
bstituant prend, sur la liste de tirage, le numéro du substitué, et
réciproquement.

10. Après avoir statué sur tous les cas de réforme, de remplacement ou d'ajournement demandé pour cause de maladie, accident
ou autre motif, la commission de remonte, en présence des maires
des communes, prononce la réquisition des animaux nécessaires
pour la mobilisation, en suivant l'ordre des numéros de tirage jusqu'à prélèvement complet du nombre d'animaux à réquisitionner.

11. Les propriétaires des animaux requis pour la mobilisation
reçoivent sans délai des sous-intendants militaires, dans les formes
usitées pour les opérations de la remonte, les mandats représentant
le prix de ces animaux, payables à la caisse du receveur des finances
le plus à proximité.

Les prix sont déterminés à l'avance et fixés d'une manière absolue, pour chaque catégorie, aux chiffres portés au budget de
l'année, augmentés du quart pour les chevaux de selle et d'attelage
d'artillerie.

Toutefois, cette augmentation n'est pas applicable aux chevaux
entiers.

12. Le propriétaire qui, aux termes de l'article 7, n'aura pas con-
duit ses animaux classés, et ceux qui sont susceptibles d'être compris
dans le classement, au lieu désigné pour la mobilisation, ainsi que
le propriétaire d'animaux requis dont les réclamations n'ont pas été
admises par la commission de remonte, le jour de la réquisition, et
qui n'a pas livré dans les trois jours, au quartier de la gendarmerie
du chef-lieu d'arrondissement ou de canton indiqué par l'autorité
militaire, le cheval, la jument, le mulet ou la mule désigné, est dé-
féré aux tribunaux et, au cas de condamnation, frappé d'une amende
gale à la moitié du prix d'achat fixé pour la catégorie dans laquelle
était classé l'animal.

Néanmoins, la saisie et la réquisition pourront être exécutées médiatement et sans attendre le jugement.

13. Les propriétaires de chevaux, juments, mulets ou mules ne se conforment pas aux dispositions de la présente loi sont p sibles d'une amende de cinquante francs à mille francs (50ᶠ à 1,000

Ceux qui auront fait sciemment de fausses déclarations ser frappés d'une amende de deux cents francs à deux mille francs (20 à 2,000ᶠ).

14. Le Président de la République pourvoira, par décret, au détails d'exécution de la présente loi.

Délibéré en séance publique, à Versailles, le 1ᵉʳ Août 1874.

Le Président,

Signé L. BUFFET.

Les Secrétaires,

Signé FRANCISQUE RIVE, VANDIER, E. DE CAZENOVE DE PRADINE, LOUIS DE SÉGUR.

LE PRÉSIDENT DE LA RÉPUBLIQUE PROMULGUE LA PRÉSENTE LOI.

Signé Mˡ DE MAC MAHON, duc DE MAGENTA.

Le Vice-Président du Conseil,
Ministre de la guerre,

Signé Gˡ E. DE CISSEY.

RÉPUBLIQUE FRANÇAISE.

Nº 3805. — *LOI relative à l'introduction en France des Cartouches chargé pour l'usage spécial des Sociétés de tir.*

Du 1ᵉʳ Août 1874.

(Promulguée au *Journal officiel* du 8 août 1874.)

L'ASSEMBLÉE NATIONALE A ADOPTÉ LA LOI dont la teneur suit:

ART. 1ᵉʳ. Nonobstant les dispositions de l'article 21 de la loi du 13 fructidor an v, les ministres de la guerre et des finances pourront autoriser l'admission en France de cartouches chargées utilisables pour des armes autres que celles dont se compose l'armement militaire de la France.

Ces munitions acquitteront, à leur entrée en France, un droit de douane de dix pour cent.

2. Les munitions introduites en vertu d'autorisations ministérielles devront rester en dépôt dans la poudrière la plus rapprochée

emplacements de tir ou d'expérience, pour être délivrées aux ts droit au fur et à mesure de leur consommation.

Délibéré en séance publique, à Versailles, le 1ᵉʳ Août 1874.

Le Président,

Signé L. BUFFET.

Les Secrétaires ,

Signé LOUIS DE SÉGUR, VANDIER, E. DE CAZENOVE DE PRADINE, FRANCISQUE RIVE.

LE PRÉSIDENT DE LA RÉPUBLIQUE PROMULGUE LA PRÉSENTE LOI.

Signé Mᵃˡ DE MAC MAHON, duc DE MAGENTA.

Le Vice-Président du Conseil , Ministre de la guerre,

Signé Gᵃˡ E. DE CISSEY.

RÉPUBLIQUE FRANÇAISE.

3306. — *Loi qui ouvre au Ministre de la Justice, sur le chapitre des exercices clos du Budget de 1874, des Crédits montant à la somme de 728,879 francs.*

Du 3 Août 1874.

(Promulguée au *Journal officiel* du 7 août 1874.)

L'ASSEMBLÉE NATIONALE A ADOPTÉ LA LOI dont la teneur suit :

ARTICLE UNIQUE. Il est alloué au ministre de la justice, sur le chapitre spécial ouvert pour les dépenses des exercices clos au budget de l'exercice courant, conformément à l'article 8 de la loi du 23 mai 1834, des crédits montant à la somme de sept cent vingt-huit mille huit cent soixante-dix-neuf francs (728,879ᶠ), applicables, savoir : à concurrence de six cent soixante-dix-huit mille francs (678,000ᶠ), aux frais de justice criminelle en France et en Algérie pendant l'exercice 1873, et à concurrence de cinquante mille huit cent soixante-dix-neuf francs (50,879ᶠ), à la reconstitution des actes de l'état civil de la ville de Paris pendant le même exercice.

Délibéré en séance publique, à Versailles, le 3 Août 1874.

Le Président,

Signé L. BUFFET.

Les Secrétaires ,

Signé FRANCISQUE RIVE, FÉLIX VOISIN, VANDIER, E. DE CAZENOVE DE PRADINE, Vᵗᵉ BLIN DE BOURDON.

LE PRÉSIDENT DE LA RÉPUBLIQUE PROMULGUE LA PRÉSENTE LOI.

Signé Mᵃˡ DE MAC MAHON, duc DE MAGENTA.

Le Garde des sceaux, Ministre de la justice,

Signé A. TAILHAND.

RÉPUBLIQUE FRANÇAISE.

N° 3307. — *Décret qui déclare d'utilité publique l'établissement de Chemins de fer d'intérêt local dans le département du Nord.*

Du 13 Janvier 1874.

(*Promulgué au Journal officiel du 15 janvier 1874.*)

Le Président de la République française,

Sur le rapport du ministre des travaux publics;

Vu les avant-projets présentés pour l'établissement, dans le dé du Nord, des chemins de fer d'intérêt local ci-après désignés :

1° D'Hazebrouck à un point intermédiaire à déterminer entre T et Orchies, par Don;

2° De Don à la limite du Pas-de-Calais, vers Hénin-Liétard;

3° D'Artres à Denain;

4° De Denain à Saint-Amand;

5° De Lourches à la ligne d'Artres à Denain;

Vu le dossier de l'enquête d'utilité publique à laquelle ces avant-p ont été soumis dans le département du Nord, et notamment les procès-baux des commissions d'enquête, en date des 13-26 janvier, 3 août 1870 26 septembre 1871;

Vu les délibérations, en date des 14 novembre 1871, 5 avril, 27 août 1 5 février, 26 avril et 25 août 1873, par lesquelles le conseil général du N a approuvé l'établissement des chemins de fer susmentionnés et autori préfet à passer, pour leur construction, un traité avec la compagnie d min de fer de Lille à Valenciennes;

Vu ledit traité, conclu le 25 septembre 1873, ainsi que le cahier charges y annexé;

Vu l'avis du conseil général des ponts et chaussées, en date des 6 12 août 1872;

Vu les lettres du ministre de la guerre, des 31 janvier et 1er février 1873 et celle du ministre de l'intérieur, du 8 novembre 1873;

Vu la loi du 3 mai 1841, sur l'expropriation pour cause d'utilité publique

Vu la loi du 12 juillet 1865, sur les chemins de fer d'intérêt local;

Vu la loi du 10 août 1871, sur les conseils généraux;

Le Conseil d'État entendu,

Décrète :

Art. 1er. Est déclaré d'utilité publique l'établissement des chemins de fer ci-après désignés :

1° D'Hazebrouck à un point intermédiaire à déterminer entre Templeuve et Orchies, par Don;

2° De Don à la limite du Pas-de-Calais, vers Hénin-Liétard;

3° D'Artres à Denain;

4° De Denain à Saint-Amand;

5° De Lourches à la ligne d'Artres à Denain.

2. Le département du Nord est autorisé à pourvoir à l'exécution de ces chemins, comme chemins de fer d'intérêt local, suivant les dispositions de la loi du 12 juillet 1865 et conformément au traité

…sé avec la compagnie du chemin de fer de Lille à Valenciennes
… au cahier des charges y annexé.

Des copies certifiées de ces traité et cahier des charges resteront
…nexées au présent décret.

3. Aucune émission d'obligations ne pourra avoir lieu qu'en vertu
…une autorisation donnée par le ministre des travaux publics, de
…cert avec le ministre de l'intérieur et après avis du ministre des
…nances.

En aucun cas, il ne pourra être émis d'obligations pour une somme
…périeure au montant du capital-actions.

Aucune émission d'obligations ne pourra, d'ailleurs, être autorisée
…ant que les quatre cinquièmes du capital-actions aient été versés
…employés en achats de terrains, travaux, approvisionnements sur
…ce ou en dépôt de cautionnement.

4. Les ministres de l'intérieur et des travaux publics sont chargés,
…acun en ce qui le concerne, de l'exécution du présent décret, le-
…quel sera inséré au Bulletin des lois.

Fait à Versailles, le 13 Janvier 1874.

Signé Mal DE MAC MAHON.

Le *Ministre des travaux publics,*

Signé R. DE LARCY.

TRAITÉ.

Entre le préfet du Nord, agissant au nom du département, conformément à la délibération du conseil général en date du 14 novembre 1871, et sous réserve du décret
déclaratif d'utilité publique à intervenir,

D'une part,

Et MM. *Schotsmans* et *Despret*, représentant la compagnie de Lille à Valenciennes,
faisant élection de domicile rue Jean-sans-Peur, n° 16, à Lille,

D'autre part,

Il a été dit et convenu ce qui suit :

Art. 1ᵉʳ. Le préfet concède pour quatre-vingt-dix-neuf ans à MM. *Schotsmans* et
Despret, en leur susdite qualité, la construction et l'exploitation des chemins de fer
d'intérêt local ci-après désignés :

D'Hazebrouck à un point intermédiaire à déterminer entre Templeuve et Orchies,
par Don ;

De Don à la limite du Pas-de-Calais, vers Hénin-Liétard ;

D'Artres à Denain ;

De Denain à Saint-Amand ;

De Lourches à la ligne d'Artres à Denain.

2. MM. *Schotsmans* et *Despret*, en leur susdite qualité, s'engagent à exécuter les
chemins de fer désignés dans l'article précédent dans un délai maximum de cinq
ans, à partir du décret déclaratif d'utilité publique.

3. Ils soumettront, dans un délai de douze mois, les projets définitifs des lignes
concédées.

En cas d'inexécution de cette condition, les concessionnaires payeront une indemnité de mille francs par jour jusqu'au moment où ils y auront satisfait.

4. Les concessionnaires s'engagent, en outre, à mettre en exploitation vingt-cinq
kilomètres de chemin dans l'année qui suivra la remise des projets, soit, au plus
tard, pendant la seconde année, le restant devant être exploité par tiers égal pendant
chacune des trois années suivantes.

5. Une indemnité de deux mille francs par jour sera payée au département par les

concessionnaires, s'ils n'ont pas terminé les travaux et mis les chemins en° expl
tion à l'expiration du délai de cinq ans.

6. En garantie de l'exécution de leurs engagements, les concessionnaires fourni
un cautionnement de trois mille francs par chaque kilomètre à exécuter, en numé
ou en rentes sur l'État, calculées conformément au décret du 31 janvier 1872,
en bons du trésor ou autres effets publics, avec transfert, au profit de la caisse
dépôts et consignations, de celles de ces valeurs qui seraient nominatives ou à or

7. Cette somme sera rendue par cinquième et proportionnellement à l'achèven
des travaux. Le dernier cinquième ne sera remboursé qu'après leur entier ach
ment.

8. La concession des lignes ci-dessus désignées est faite sans garantie d'intéré
moyennant une subvention de cent soixante-seize mille francs.

9. Il est stipulé que le quart du produit brut de l'exploitation appartiendra au
partement au delà d'une recette kilométrique brute de vingt-cinq mille francs

10. Les lignes concédées formeront un tout indivisible; les lignes exécutées se
ront la garantie des parties restant à exécuter.

11. Il est interdit à la compagnie concessionnaire, soit de vendre les lignes con
dées en tout ou en partie, soit de fusionner avec une autre compagnie, soit d'a
l'exploitation à une autre compagnie, sans l'autorisation du conseil général, le
peine de déchéance.

Les frais d'enregistrement seront à la charge de la compagnie concessionnaire

Fait en double, à Lille, le 25 septembre 1873.

Les Concessionnaires,

Signé DESPRET, SCHOTSMANS.

Pour le Préfet du Nord, en congé :

Le Secrétaire général, délégué,

Signé DE PISTOYE.

Certifié conforme au traité annexé au décret en date du 13 janvier 1874, en
gistré sous le n° 46.

Le Conseiller d'État, Secrétaire général,

Signé DE BOURCUILLE.

CAHIER DES CHARGES.

———

TITRE Iᵉʳ.

TRACÉ ET CONSTRUCTION.

ART. 1ᵉʳ. La concession à laquelle s'applique le présent cahier de charges com
prend les chemins de fer :

1° D'Orchies à Hazebrouck, par Don ;
2° De Don à la limite du département, vers Hénin-Liétard ;
3° D'Artres à Denain ;
4° De Denain à Saint-Amand ;
5° Un chemin destiné à relier la ligne des forges de Denain à Lourches à la ligne
d'Artres à Denain.

Le chemin de fer d'Orchies à Hazebrouck partira de Templeuve, passera par ou
près Pont-à-Marcq, Seclin, Don, Estaires, la Gorgue, et viendra aboutir, par le chemin de fer du Nord, à ou près la station d'Hazebrouck.

Celui de Don à la limite du département, vers Hénin-Liétard, partira d'un point
pris sur le chemin de fer de Lens à Armentières, passera par ou près Provin et se
dirigera jusqu'à la limite du département du Pas-de-Calais, vers Carvin, Courrières
et Hénin-Liétard.

Celui d'Artres à Denain partira d'un point pris sur la ligne de Valenciennes à
Aulnoye, à ou près la station d'Artres, croisera la ligne projetée de Valenciennes au
Cateau, dans la vallée de l'Escaut, vers Prouvy ou Thiant, et aboutira sur la ligne
de Somain à Anzin, à ou près la station de Denain.

Un embranchement partira de la station de Denain et reliera aussi directement

e possible cette station avec la ligne de la compagnie des hauts fourneaux et
ges de Denain à Lourches.

Le chemin de Denain à Saint-Amand partira d'un point pris dans ou près la station
Denain, sur la ligne de Somain à Anzin, passera par ou près Haveluy, empruntera
igne du Nord de Douai à Valenciennes, dans la station de Wallers, et sortira de
e station sans rebroussement, passera par ou près Hanon, longera la Scarpe sur
ive droite de cette rivière, pour venir se souder à la ligne de Lille à Valenciennes,
abords de la station de Saint-Amand.

2. Les travaux devront être commencés dans le délai d'un an, à partir de la date
décret déclaratif d'utilité publique.

Ils devront être terminés dans un délai de cinq ans, à partir de la même date, de
manière que les chemins soient praticables et exploités à l'expiration du dernier

3. Aucun travail ne pourra être entrepris pour l'établissement des chemins de fer et
leurs dépendances qu'avec l'autorisation du département; à cet effet, les projets
de tous les travaux à exécuter seront dressés en double expédition et soumis à l'appro-
tion de l'administration supérieure, pour ce qui concerne la grande voirie, et du
partement, pour ce qui concerne la petite. L'administration supérieure et le préfet
pourront y introduire les modifications qu'ils jugeront nécessaires; l'une de ces expé-
tions sera remise à la compagnie, avec le visa du préfet; l'autre demeurera entre
mains de l'administration préfectorale.

Avant comme pendant l'exécution, la compagnie aura la faculté de proposer aux
projets approuvés les modifications qu'elle jugerait utiles; mais ces modifications
pourront être exécutées que moyennant l'approbation du préfet.

La compagnie pourra prendre copie de tous les plans, nivellements et devis qui
auraient avoir été antérieurement dressés aux frais du département.

5. Le tracé et le profil des chemins de fer seront arrêtés sur la production de pro-
d'ensemble comprenant, pour la ligne entière ou pour chaque section de la
ne:

1° Un plan général à l'échelle de un dix-millième;

2° Un profil en long à l'échelle de un cinq-millième pour les longueurs et de un
millième pour les hauteurs, dont les cotes seront rapportées au niveau moyen de la
mer, pris pour point de comparaison. Au-dessous de ce profil, on indiquera, au
moyen de trois lignes horizontales disposées à cet effet, savoir :

Les distances kilométriques des chemins de fer, comptées à partir de leur origine;
La longueur et l'inclinaison de chaque pente ou rampe;
La longueur des parties droites et le développement des parties courbes du tracé,
en faisant connaître le rayon correspondant à chacune de ces dernières;

3° Un certain nombre de profils en travers, y compris le profil type de la voie;

4° Un mémoire dans lequel seront justifiées toutes les dispositions essentielles du
projet et un devis descriptif dans lequel seront reproduites, sous forme de tableaux,
les indications relatives aux déclivités et aux courbes déjà données sur le profil en
long.

La position des gares et stations projetées, celle des cours d'eau et des voies de communication traversés par les chemins de fer et celle des passages soit à niveau, soit
en dessus, soit en dessous de la voie ferrée, devront être indiquées tant sur le plan
que sur le profil en long; le tout sans préjudice des projets à fournir pour chacun
de ces ouvrages.

6. Les terrains seront acquis et les ouvrages d'art exécutés immédiatement pour
deux voies; les terrassements pourront être exécutés et les rails pourront être posés
pour une voie seulement, sauf l'établissement d'un certain nombre de gares d'évitement.

La compagnie sera tenue, d'ailleurs, d'établir la deuxième voie, soit sur la totalité
du chemin, soit sur les parties qui lui seront désignées, lorsque l'insuffisance d'une
seule voie, par suite du développement de la circulation, aura été constatée par
l'administration.

Les terrains acquis par la compagnie pour l'établissement de la seconde voie ne
pourront recevoir une autre destination.

7. La largeur de la voie entre les bords intérieurs des rails devra être de un mètre
quarante-quatre centimètres (1m,44) à un mètre quarante-cinq centimètres (1m,45).
Dans les parties à deux voies, la largeur de l'entre-voie, mesurée entre les bords
extérieurs des rails, sera de deux mètres (2m,00).

XIIe Série.

La largeur des accotements, c'est-à-dire des parties comprises de chaque
entre le bord extérieur du rail et l'arête supérieure du ballast, sera de un
(1ᵐ,00) au moins.

On ménagera au pied de chaque talus du ballast une banquette de cinquante
timètres (0ᵐ,5o) de largeur.

La compagnie établira le long des chemins de fer les fossés ou rigoles qui s
jugés nécessaires pour l'assèchement de la voie et pour l'écoulement des eaux.
Les dimensions de ces fossés et rigoles seront déterminées par l'administra
suivant les circonstances locales, sur les propositions de la compagnie.

8. Les alignements seront raccordés entre eux par des courbes dont le ra
pourra être inférieur à cinq cents mètres; ce rayon pourra, toutefois, être ré
trois cents mètres aux abords des gares. Une partie droite de cent mètres au m
de longueur devra être ménagée entre deux courbes consécutives, lorsqu'elles
dirigées en sens contraire.

Le maximum de l'inclinaison des pentes et rampes est fixé à dix millimètre
mètre.

Une partie horizontale de cent mètres au moins devra être ménagée entre
fortes déclivités consécutives, lorsque ces déclivités se succéderont en sens c
et de manière à verser les eaux au même point.

Les déclivités correspondant aux courbes de faible rayon devront être rédu
tant que faire se pourra.

La compagnie aura la faculté de proposer aux dispositions de cet article et à
de l'article précédent les modifications qui lui paraîtraient utiles; mais ces m
cations ne pourront être exécutées que moyennant l'approbation préalable de l'
nistration préfectorale.

9. Le nombre, l'étendue et l'emplacement des gares d'évitement seront dé
nés par l'administration, la compagnie entendue.

Le nombre des voies sera augmenté, s'il y a lieu, dans les gares et aux ab
ces gares, conformément aux décisions qui seront prises par l'administra
compagnie entendue.

Le nombre et l'emplacement des stations de voyageurs et des gares de m
dises seront également déterminés par l'administration, sur les propositions
compagnie, après une enquête spéciale.

La compagnie sera tenue, préalablement à tout commencement d'exécu
soumettre à l'administration le projet desdites gares, lequel se composera :

1° D'un plan à l'échelle de un cinq-centième, indiquant les voies, les q
bâtiments et leur distribution intérieure, ainsi que la disposition de leurs ab

2° D'une élévation des bâtiments à l'échelle de un centimètre par mètre;

3° D'un mémoire descriptif dans lequel les dispositions essentielles du projet
justifiées.

10. A moins d'obstacles locaux, dont l'appréciation appartiendra à l'admi
tion, les chemins de fer, à la rencontre des routes nationales ou départemental
devront passer, soit au-dessus, soit au-dessous de ces routes.

Les croisements à niveau seront tolérés pour les chemins vicinaux, ruraux ou
ticuliers.

11. Lorsque les chemins de fer devront passer au-dessus d'une route natio
ou départementale, ou d'un chemin vicinal, l'ouverture du viaduc sera fixée
l'administration, en tenant compte des circonstances locales; mais cette ouve
ne pourra, dans aucun cas, être inférieure à huit mètres (8ᵐ,00) pour la route
tionale, à sept mètres (7ᵐ,00) pour la route départementale, à cinq mètres (5ᵐ
pour un chemin vicinal de grande communication, et à quatre mètres (4ᵐ,00)
un simple chemin vicinal.

Pour les viaducs de forme cintrée, la hauteur sous clef, à partir du sol d
route, sera de cinq mètres (5ᵐ,00) au moins. Pour ceux qui seront formés de pou
horizontales en bois ou en fer, la hauteur sous poutres sera de quatre mètres t
centimètres (4ᵐ,3o) au moins.

La largeur entre les parapets sera au moins de huit mètres (8ᵐ,00). La haut
de ces parapets sera fixée par l'administration et ne pourra, dans aucun cas,
inférieure à quatre-vingts centimètres (0ᵐ,8o).

Sur les lignes et sections pour lesquelles la compagnie est autorisée à n'exé
les ouvrages d'art que pour une seule voie, la largeur des viaducs entre les para
sera de quatre mètres cinquante centimètres (4ᵐ,5o) au moins.

12. Lorsque les chemins de fer devront passer au-dessous d'une route nationale ou
entale, ou d'un chemin vicinal, la largeur entre les parapets du pont qui
la route ou le chemin sera fixée par l'administration, en tenant compte
onstances locales; mais cette largeur ne pourra, dans aucun cas, être infé-
huit mètres (8".oo) pour la route nationale, à sept mètres (7".oo) pour la
épartementale, à cinq mètres (5".oo) pour un chemin vicinal de grande
mication, et à quatre mètres (4".oo) pour un simple chemin vicinal.

rerture du pont entre les culées sera au moins de huit mètres (8".oo) et la
verticale ménagée au-dessus des rails extérieurs de chaque voie, pour le
des trains, ne sera pas inférieure à quatre mètres quatre-vingts centimètres
m moins.

s lignes ou sections pour lesquelles la compagnie est autorisée à n'exécuter
d'art que pour une seule voie, l'ouverture entre les culées sera de quatre
cinquante centimètres (4".5o).

Dans le cas où des routes nationales ou départementales, ou des chemins vi-
, ruraux ou particuliers, seraient traversés à leur niveau par les chemins de
s rails devront être posés sans aucune saillie ni dépression sur la surface de
tes, et de telle sorte qu'il n'en résulte aucune gêne pour la circulation des

oisement à niveau des chemins de fer et des routes ne pourra s'effectuer sous
e moindre de quarante-cinq degrés.

passage à niveau sera muni de barrières; il y sera, en outre, établi une
de garde toutes les fois que l'utilité en sera reconnue par l'administration.
ompagnie devra soumettre à l'approbation de l'administration les projets types
barrières.

Lorsqu'il y aura lieu de modifier l'emplacement ou le profil des routes exis-
. l'inclinaison des pentes et rampes sur les routes modifiées ne pourra excéder
centimètres (o".o3) par mètre pour les routes nationales ou départementales,
q centimètres (o".o5) pour les chemins vicinaux. L'administration restera
toutefois, d'apprécier les circonstances qui pourraient motiver une dérogation
clause, comme à celle qui est relative à l'angle de croisement des passages à

La compagnie sera tenue de rétablir et d'assurer à ses frais l'écoulement de
les eaux dont le cours serait arrêté, suspendu ou modifié par ses travaux, et
ndre les mesures nécessaires pour prévenir l'insalubrité pouvant résulter des
s d'emprunt.

ducs à construire à la rencontre des rivières, des canaux et des cours
de eaux auront au moins huit mètres (8".oo) de largeur entre les parapets
hercités à deux voies, et quatre mètres cinquante centimètres (4".5o) sur les
à une voie. La hauteur de ces parapets sera fixée par l'administration et ne
être inférieure à quatre-vingts centimètres (o".8o).

auteur et le débouché du viaduc seront déterminés, dans chaque cas parti-
par l'administration, suivant les circonstances locales.

Les souterrains à établir pour le passage des chemins de fer auront au moins
s (8".oo) de largeur entre les pieds-droits au niveau des rails, et six
',oo) de hauteur sous clef au-dessus de la surface des rails. La distance
ntre l'intrados et le dessus des rails extérieurs de chaque voie ne sera pas
à quatre mètres quatre-vingt-centimètres (4".8o). L'ouverture des puits
ge et de construction des souterrains sera entourée d'une margelle en maçon-
de deux mètres (2".oo) de hauteur. Cette ouverture ne pourra être établie sur
e voie publique.

. À la rencontre des cours d'eau flottables ou navigables, la compagnie sera
e de prendre toutes les mesures et de payer tous les frais nécessaires pour que
rice de la navigation ou du flottage n'éprouve ni interruption ni entrave pen-
l'exécution des travaux.

la rencontre des routes nationales ou départementales et des autres chemins
cs, il sera construit des chemins et ponts provisoires, par les soins et aux frais
la compagnie, partout où cela sera jugé nécessaire pour que la circulation
éprouve ni interruption ni gêne.

Avant que les communications existantes puissent être interceptées, une reconnaissance sera faite par les ingénieurs de la localité, à l'effet de constater si les

9.

ouvrages provisoires présentent une solidité suffisante et s'ils peuvent assu:
service de la circulation.

Un délai sera fixé par l'administration pour l'exécution des travaux dé:
destinés à rétablir les communications interceptées.

18. La compagnie n'emploiera, dans l'exécution des ouvrages, que des mat:
de bonne qualité; elle sera tenue de se conformer à toutes les règles de l'a:
manière à obtenir une construction parfaitement solide.

Tous les aqueducs, ponceaux, ponts et viaducs à construire à la rencont:
divers cours d'eau et des chemins publics ou particuliers seront en maçonne:
en fer, sauf les cas d'exception qui pourraient être admis par l'administration. :

19. Les voies seront établies d'une manière solide et avec des matériaux de:
qualité.

Le poids des rails sera au moins de trente-cinq kilogrammes par mètre e:
sur les voies de circulation, si ces rails sont posés sur traverses, et de trent:
grammes dans le cas où ils seraient posés sur longrines.

20. Les chemins de fer seront séparés des propriétés riveraines par des murs,
ou toute autre clôture dont le mode et la disposition seront autorisés par l'ad:
tration, sur la proposition de la compagnie.

21. Tous les terrains nécessaires pour l'établissement des chemins de:
de leurs dépendances, pour la déviation des voies de communication et de:
d'eau déplacés, et, en général, pour l'exécution des travaux, quels qu'ils soien:
quels cet établissement pourra donner lieu, seront achetés et payés par la com:
concessionnaire.

Les indemnités pour occupation temporaire ou pour détérioration de terrains:
chômage, modification ou destruction d'usines, et pour tous dommages quelco:
résultant des travaux, seront supportées et payées par la compagnie.

22. L'entreprise étant d'utilité publique, la compagnie est investie, pour l'e:
tion des travaux dépendant de sa concession, de tous les droits que les lois et:
ments confèrent à l'administration en matière de travaux publics, soit pour l':
sition des terrains par voie d'expropriation, soit par l'extraction, le transport:
dépôt des terres, matériaux, etc., et elle demeure en même temps soumise à l:
les obligations qui dérivent, pour l'administration, de ces lois et règlements.

23. Dans les limites de la zone frontière et dans le rayon de servitude de:
ceintes fortifiées, la compagnie sera tenue de se soumettre à l'accomplissem:
toutes les formalités et de toutes les conditions exigées par les lois, décrets et:
ments concernant les travaux mixtes.

24. Si les lignes de chemins de fer traversent un sol déjà concédé pour l'exp:
tion d'une mine, l'administration déterminera les mesures à prendre pou:
l'établissement des chemins de fer ne nuise pas à l'exploitation de la mine, et ré:
quement pour que, le cas échéant, l'exploitation de la mine ne comprometto:
l'existence des chemins de fer.

Les travaux de consolidation à faire dans l'intérieur de la mine à raiso:
la traversée des chemins de fer, et tous les dommages résultant de cette trav:
pour les concessionnaires de la mine, seront à la charge de la compagnie.

25. Si les chemins de fer doivent s'étendre sur des terrains renfermant des:
rières ou les traverser souterrainement, ils ne pourront être livrés à la circul:
avant que les excavations qui pourraient en compromettre la solidité aient été :
blayées ou consolidées. L'administration déterminera la nature et l'étendue des:
vaux qu'il conviendra d'entreprendre à cet effet, et qui seront d'ailleurs exé:
par les soins et aux frais de la compagnie.

26. Pour l'exécution des travaux, la compagnie se soumettra aux décisions mi:
rielles concernant l'interdiction du travail les dimanches et jours fériés.

27. La compagnie exécutera les travaux par des moyens et des agents à son c:
mais en restant soumise au contrôle et à la surveillance de l'autorité préfectora:

Ce contrôle et cette surveillance auront pour objet d'empêcher la compagni:
s'écarter des dispositions prescrites par le présent cahier des charges et de celles:
résulteront des projets approuvés.

28. A mesure que les travaux seront terminés sur des parties de chemin de:
susceptibles d'être livrées utilement à la circulation, il sera procédé, sur la dem:
de la compagnie, à la reconnaissance et, s'il y a lieu, à la réception provisoir:
ces travaux par un ou plusieurs commissaires que l'administration désignera.

Sur le vu du procès-verbal de cette reconnaissance, l'administration auto

y a lieu, la mise en exploitation des parties dont il s'agit; après cette autorisa-
, la compagnie pourra mettre lesdites parties en service et y percevoir les taxes
après déterminées. Toutefois, ces réceptions partielles ne deviendront définitives
par la réception générale et définitive des chemins de fer.
29. Après l'achèvement total des travaux, et dans le délai qui sera fixé par l'admi-
istration, la compagnie fera faire à ses frais un bornage contradictoire et un plan
cadastral des chemins de fer et de leurs dépendances. Elle fera dresser également à
ses frais, et contradictoirement avec l'administration, un état descriptif de tous les
ouvrages d'art qui auront été exécutés, ledit état accompagné d'un atlas contenant
les dessins cotés de tous lesdits ouvrages.

Une expédition dûment certifiée des procès-verbaux de bornage et du plan cadastral, de l'état descriptif et de l'atlas, sera dressée aux frais de la compagnie et déposée dans les archives de la préfecture.

Les terrains acquis par la compagnie postérieurement au bornage général, en vue
de satisfaire aux besoins de l'exploitation, et qui, par cela même, deviendront partie
intégrante des chemins de fer, donneront lieu, au fur et à mesure de leur acquisition, à des bornages supplémentaires, et seront ajoutés sur le plan cadastral; addition sera également faite sur l'atlas de tous les ouvrages d'art exécutés postérieurement à sa rédaction.

TITRE II.
ENTRETIEN ET EXPLOITATION.

30. Les chemins de fer et toutes leurs dépendances seront constamment entretenus
en bon état, de manière que la circulation y soit toujours facile et sûre.

Les frais d'entretien et ceux auxquels donneront lieu les réparations ordinaires
extraordinaires sont entièrement à la charge de la compagnie.

Si les chemins de fer, une fois achevés, ne sont pas constamment entretenus en bon
état, il y sera pourvu d'office à la diligence de l'administration et aux frais de la
compagnie, sans préjudice, s'il y a lieu, de l'application des dispositions indiquées
après dans l'article 40.

Le montant des avances faites sera recouvré au moyen de rôles que le préfet
rendra exécutoires.

31. La compagnie sera tenue d'établir à ses frais, partout où besoin sera, des
gardes en nombre suffisant pour assurer la sécurité du passage des trains sur la
voie et celle de la circulation ordinaire sur les points où les chemins de fer seront
traversés à niveau par des routes ou chemins.

32. Les machines locomotives seront construites sur les meilleurs modèles; elles
devront consumer leur fumée et satisfaire d'ailleurs à toutes les conditions prescrites ou à prescrire par l'administration pour la mise en service de ce genre de
machines.

Les voitures de voyageurs devront également être faites d'après les meilleurs
modèles et satisfaire à toutes les conditions réglées ou à régler pour les voitures
servant au transport des voyageurs sur les chemins de fer; elles seront suspendues
sur ressorts et garnies de banquettes.

Il y en aura de trois classes au moins :

1° Les voitures de première classe seront couvertes, garnies, fermées à glaces,
munies de rideaux;

2° Celles de deuxième classe seront couvertes, fermées à glaces, munies de rideaux, et auront des banquettes rembourrées;

3° Celles de troisième classe seront couvertes, fermées à vitres, munies soit de
rideaux, soit de persiennes, et auront des banquettes à dossier. Les dossiers et les
banquettes devront être inclinés, et les dossiers seront élevés à la hauteur de la tête
des voyageurs.

L'intérieur de chacun des compartiments de toute classe contiendra l'indication du
nombre des places de ce compartiment.

L'administration pourra exiger qu'un compartiment de chaque classe soit réservé,
dans les trains de voyageurs, aux femmes voyageant seules.

Les voitures de voyageurs, les wagons destinés au transport des marchandises,
des chaises de poste, des chevaux ou des bestiaux, les plates-formes et, en général,
toutes les parties du matériel roulant seront de bonne et solide construction.

La compagnie sera tenue, pour la mise en service de ce matériel, de se soumettre à tous les règlements sur la matière. Les machines locomotives, tenders, voitures wagons de toute espèce, plates-formes, composant le matériel roulant, seront constamment entretenus en bon état.

33. Des règlements arrêtés par le préfet, après que la compagnie aura été entendue, et rendus exécutoires après l'approbation du conseil général du département détermineront les mesures et les dispositions nécessaires pour assurer la police l'exploitation des chemins de fer, ainsi que des ouvrages qui en dépendent.

Toutes les dépenses qu'entraînera l'exécution des mesures prescrites en vertu de ces règlements seront à la charge de la compagnie.

La compagnie sera tenue de soumettre à l'approbation de l'administration les règlements relatifs au service et à l'exploitation des chemins de fer.

Les règlements dont il s'agit dans les deux paragraphes précédents seront obligatoires, non-seulement pour la compagnie concessionnaire, mais encore pour toutes celles qui obtiendraient ultérieurement l'autorisation d'établir des lignes de chemin de fer d'embranchement ou de prolongement, et, en général, pour toutes les personnes qui emprunteraient l'usage des chemins de fer.

Le préfet déterminera, sur la proposition de la compagnie, le minimum et maximum de vitesse des convois de voyageurs et de marchandises, ainsi que la durée du trajet. En ce qui concerne les convois spéciaux des postes, il sera statué par le ministre.

34. Pour tout ce qui concerne l'entretien et les réparations des chemins de fer de leurs dépendances, l'entretien du matériel et le service de l'exploitation, compagnie sera soumise au contrôle et à la surveillance de l'administration.

Outre la surveillance ordinaire, l'administration déléguera, aussi souvent qu'elle le jugera utile, un ou plusieurs commissaires pour reconnaître et constater l'état chemins de fer, de leurs dépendances et du matériel.

TITRE III.

DURÉE, RACHAT ET DÉCHÉANCE DE LA CONCESSION.

35. La durée de la concession, pour les lignes mentionnées à l'article 1er du présent cahier des charges, sera de quatre-vingt-dix-neuf ans (99). Elle commencera courir à partir de l'expiration du délai d'un an fixé par l'article 2 ci-dessus.

36. A l'époque fixée pour l'expiration de la concession, et par le seul fait de expiration, le département sera subrogé à tous les droits de la compagnie sur chemins de fer et leurs dépendances, et il entrera immédiatement en jouissance de tous leurs produits.

La compagnie sera tenue de lui remettre en bon état d'entretien les chemins de fer et tous les immeubles qui en dépendent, qu'elle qu'en soit l'origine, tels que les bâtiments des gares et stations, les remises, ateliers et dépôts, les maisons de garde, etc. Il en sera de même de tous les objets immobiliers dépendant également desdits chemins, tels que les barrières et clôtures, les voies, changements de voies, plaques tournantes, réservoirs d'eau, grues hydrauliques, machines fixes, etc.

Dans les cinq dernières années qui précéderont le terme de la concession, le préfet aura le droit de saisir les revenus des chemins de fer et de les employer à rétablir en bon état les chemins de fer et leurs dépendances, si la compagnie ne se mettait pas en mesure de satisfaire pleinement et entièrement à cette obligation.

En ce qui concerne les objets mobiliers, tels que le matériel roulant, les matériaux, combustibles et approvisionnements de tous genres, le mobilier des stations, l'outillage des ateliers et des gares, le département sera tenu, si la compagnie le requiert, de reprendre tous ces objets sur l'estimation qui en sera faite à dire d'experts, et réciproquement, si le département le requiert, la compagnie sera tenue de les céder de la même manière.

Toutefois, le département ne pourra être tenu de reprendre que les approvisionnements nécessaires à l'exploitation des chemins pendant six mois.

37. A toute époque après l'expiration des quinze premières années de la concession, le département aura la faculté de racheter la concession entière des chemins de fer.

Pour régler le prix du rachat, on relèvera les produits nets annuels obtenus par la compagnie pendant les sept années qui auront précédé celle où le rachat sera

12. Lorsque les chemins de fer devront passer au-dessous d'une route nationale ou départementale, ou d'un chemin vicinal, la largeur entre les parapets du pont qui supportera la route ou le chemin sera fixée par l'administration, en tenant compte des circonstances locales; mais cette largeur ne pourra, dans aucun cas, être inférieure à huit mètres (8ᵐ,oo) pour la route nationale, à sept mètres (7ᵐ,oo) pour la route départementale, à cinq mètres (5ᵐ,oo) pour un chemin vicinal de grande communication, et à quatre mètres (4ᵐ,oo) pour un simple chemin vicinal.

L'ouverture du pont entre les culées sera au moins de huit mètres (8ᵐ,oo) et la distance verticale ménagée au-dessus des rails extérieurs de chaque voie, pour le passage des trains, ne sera pas inférieure à quatre mètres quatre-vingts centimètres (4ᵐ,80) au moins.

Sur les lignes ou sections pour lesquelles la compagnie est autorisée à n'exécuter les ouvrages d'art que pour une seule voie, l'ouverture entre les culées sera de quatre mètres cinquante centimètres (4ᵐ,5o).

13. Dans le cas où des routes nationales ou départementales, ou des chemins vicinaux, ruraux ou particuliers, seraient traversés à leur niveau par les chemins de fer, les rails devront être posés sans aucune saillie ni dépression sur la surface de ces routes, et de telle sorte qu'il n'en résulte aucune gêne pour la circulation des voitures.

Le croisement à niveau des chemins de fer et des routes ne pourra s'effectuer sous un angle moindre de quarante-cinq degrés.

Chaque passage à niveau sera muni de barrières; il y sera, en outre, établi une maison de garde toutes les fois que l'utilité en sera reconnue par l'administration.

La compagnie devra soumettre à l'approbation de l'administration les projets types de ces barrières.

14. Lorsqu'il y aura lieu de modifier l'emplacement ou le profil des routes existantes, l'inclinaison des pentes et rampes sur les routes modifiées ne pourra excéder trois centimètres (0ᵐ,o3) par mètre pour les routes nationales ou départementales, et cinq centimètres (0ᵐ,o5) pour les chemins vicinaux. L'administration restera libre, toutefois, d'apprécier les circonstances qui pourraient motiver une dérogation à cette clause, comme à celle qui est relative à l'angle de croisement des passages à niveau.

15. La compagnie sera tenue de rétablir et d'assurer à ses frais l'écoulement de toutes les eaux dont le cours serait arrêté, suspendu ou modifié par ses travaux, et de prendre les mesures nécessaires pour prévenir l'insalubrité pouvant résulter des chambres d'emprunt.

Les viaducs à construire à la rencontre des rivières, des canaux et des cours d'eau quelconques auront au moins huit mètres (8ᵐ,oo) de largeur entre les parapets sur les chemins à deux voies, et quatre mètres cinquante centimètres (4ᵐ,5o) sur les chemins à une voie. La hauteur de ces parapets sera fixée par l'administration et ne pourra être inférieure à quatre-vingts centimètres (0ᵐ,80).

La hauteur et le débouché du viaduc seront déterminés, dans chaque cas particulier, par l'administration, suivant les circonstances locales.

16. Les souterrains à établir pour le passage des chemins de fer auront au moins huit mètres (8ᵐ,oo) de largeur entre les pieds-droits au niveau des rails, et six mètres (6ᵐ,oo) de hauteur sous clef au-dessus de la surface des rails. La distance verticale entre l'intrados et le dessus des rails extérieurs de chaque voie ne sera pas inférieure à quatre mètres quatre-vingts centimètres (4ᵐ,80). L'ouverture des puits d'aérage et de construction des souterrains sera entourée d'une margelle en maçonnerie de deux mètres (2ᵐ,oo) de hauteur. Cette ouverture ne pourra être établie sur aucune voie publique.

17. A la rencontre des cours d'eau flottables ou navigables, la compagnie sera tenue de prendre toutes les mesures et de payer tous les frais nécessaires pour que le service de la navigation ou du flottage n'éprouve ni interruption ni entrave pendant l'exécution des travaux.

A la rencontre des routes nationales ou départementales et des autres chemins publics, il sera construit des chemins et ponts provisoires, par les soins et aux frais de la compagnie, partout où cela sera jugé nécessaire pour que la circulation n'éprouve ni interruption ni gêne.

Avant que les communications existantes puissent être interceptées, une reconnaissance sera faite par les ingénieurs de la localité, à l'effet de constater si les

9.

	PRIX		
	de péage.	de trans- port.	TOTAUX
	fr. c.	fr. c.	fr. c

TARIF.

1° PAR TÊTE ET PAR KILOMÈTRE.

Grande vitesse.

		de péage	de transport	TOTAUX
Voyageurs....	Voitures couvertes, garnies et fermées à glaces (1re classe)......................	0 067	0 033	0 10
	Voitures couvertes, fermées à glaces, et à banquettes rembourrées (2e classe).............	0 050	0 025	0 075
	Voitures couvertes et fermées à vitres (3e classe)..	0 037	0 018	0 055
Enfants......	Au-dessous de trois ans, les enfants ne payent rien, à la condition d'être portés sur les genoux des personnes qui les accompagnent. De trois à sept ans, ils payent demi-place et ont droit à une place distincte; toutefois, dans un même compartiment, deux enfants ne pourront occuper que la place d'un voyageur. Au-dessus de sept ans, ils payent place entière.			
Chiens transportés dans les trains de voyageurs.................		0 010	0 005	0 015

(Sans que la perception puisse être inférieure à 0f 30c.)

Petite vitesse.

	de péage	de transport	TOTAUX
Bœufs, vaches, taureaux, mulets, bêtes de trait................	0 07	0 03	0 10
Veaux et porcs...................................	0 025	0 015	0 04
Moutons, brebis, agneaux, chèvres....................	0 01	0 01	0 02

Lorsque les animaux ci-dessus dénommés seront, sur la demande des expéditeurs, transportés à la vitesse des trains de voyageurs, les prix seront doublés.

2° PAR TONNE ET PAR KILOMÈTRE.

Marchandises transportées à grande vitesse.

	de péage	de transport	TOTAUX
Huîtres. — Poissons frais. — Denrées. — Excédants de bagages et marchandises de toutes classes transportées à la vitesse des trains de voyageurs...................................	0 20	0 16	0 36

Marchandises transportées à petite vitesse.

	de péage	de transport	TOTAUX
1re classe. — Spiritueux. — Huiles. — Bois de menuiserie, de teinture et autres bois exotiques. — Produits chimiques non dénommés. — Œufs. — Viande fraîche. — Gibier. — Sucre. — Café. — Drogues. — Épiceries. — Tissus. — Denrées coloniales. — Objets manufacturés. — Armes..........................	0 09	0 07	0 16
2e classe. — Blés. — Grains. — Farines. — Légumes farineux. — Riz. — Maïs. — Châtaignes et autres denrées alimentaires non dénommées. — Chaux et plâtre. — Charbons de bois. — Bois à brûler dit de corde. — Perches. — Chevrons. — Planches. — Madriers. — Bois de charpente. — Marbre en bloc. — Albâtre. — Bitume. — Cotons. — Vins. — Vinaigre. — Boissons. — Bières. — Levûre sèche. — Laines. — Coke. — Fers. — Cuivre. — Plomb et autres métaux ouvrés ou non. — Fontes moulées.............	0 08	0 06	0 14
3e classe. — Pierres de taille et produits de carrières. — Minerais autres que les minerais de fer. — Fonte brute. — Sel. — Moellons. — Meulières. — Argiles. — Briques. — Ardoises............	0 06	0 04	0 10
4e classe. — Houille. — Marne. — Cendres. — Fumiers. — Engrais. — Pierres à chaux et à plâtre. — Pavés et matériaux pour la construction et la réparation des routes. — Minerais de fer. — Cailloux et sables....... / Pour le parcours de 0 à 100 kilomètres, sans que la taxe puisse être supérieure à 5 francs.	0 05	0 03	0 08
Pour le parcours de 101 à 300 kilomètres, sans que la taxe puisse être supérieure à 12 francs.	0 03	0 02	0 05
Pour le parcours de plus de 300 kilomètres	0 025	0 015	0 04

; on en déduira les produits nets des deux plus faibles années, et l'on établira
ut net moyen des cinq autres années.

oduit net moyen formera le montant d'une annuité qui sera due et payée
apagnie pendant chacune des années restant à courir sur la durée de la

Dans aucun cas, le montant de l'annuité ne sera inférieur au produit net de la
dernière des sept années prises pour terme de comparaison.

La compagnie recevra, en outre, dans les trois mois qui suivront le rachat, les
remboursements auxquels elle aurait droit à l'expiration de la concession, suivant
l'article 56 ci-dessus.

38. Si la compagnie n'a pas commencé les travaux dans le délai fixé par l'article 2, elle sera déchue de plein droit, sans qu'il y ait lieu à aucune notification ou
mise en demeure préalable.

Dans ce cas, la somme de deux cent cinquante-trois mille francs qui aura été déposée, ainsi qu'il sera dit à l'article 66, à titre de cautionnement, deviendra la propriété du département et lui restera acquise.

39. Faute par la compagnie d'avoir terminé les travaux dans le délai fixé par l'article 2, faute aussi par elle d'avoir rempli les diverses obligations qui lui sont imposées
par le présent cahier des charges, elle encourra la déchéance, et il sera pourvu tant
à la continuation et à l'achèvement des travaux qu'à l'exécution des autres engagements contractés par la compagnie vis-à-vis du département, au moyen d'une adjudication que l'on ouvrira sur une mise à prix des ouvrages exécutés, des matériaux
approvisionnés et des parties des chemins de fer déjà livrées à l'exploitation.

Les soumissions pourront être inférieures à la mise à prix.

La nouvelle compagnie sera soumise aux clauses du présent cahier des charges;
la compagnie évincée recevra d'elle le prix que la nouvelle adjudication aura fixé.

La partie du cautionnement qui n'aura pas encore été restituée deviendra la propriété du département.

Si l'adjudication ouverte n'amène aucun résultat, une seconde adjudication sera
tentée sur les mêmes bases, après un délai de trois mois; si cette seconde tentative
reste également sans résultat, la compagnie sera définitivement déchue de tous
droits, et alors les ouvrages exécutés, les matériaux approvisionnés et les parties de
chemins de fer déjà livrées à l'exploitation appartiendront au département.

40. Si l'exploitation des chemins de fer vient à être interrompue en totalité ou en
partie, l'administration prendra immédiatement, aux frais et risques de la compagnie, les mesures nécessaires pour assurer provisoirement le service.

Si, dans les trois mois de l'organisation du service provisoire, la compagnie n'a
pas valablement justifié qu'elle est en état de reprendre et de continuer l'exploitation, et si elle ne l'a pas effectivement reprise, la déchéance pourra être prononcée
par le préfet.

Cette déchéance prononcée, les chemins de fer et toutes leurs dépendances seront
mis en adjudication, et il sera procédé ainsi qu'il est dit à l'article précédent.

41. Les dispositions des trois articles qui précèdent cesseraient d'être applicables,
et la déchéance ne serait pas encourue, dans le cas où le concessionnaire n'aurait
pu remplir ses obligations par suite de circonstances de force majeure dûment constatées.

TITRE IV.

TAXES ET CONDITIONS RELATIVES AU TRANSPORT DES VOYAGEURS ET DES MARCHANDISES.

42. Pour indemniser la compagnie des travaux et dépenses qu'elle s'engage
à faire par le présent cahier des charges, et sous la condition expresse qu'elle en
remplira exactement toutes les obligations, le département lui accorde l'autorisation de percevoir, pendant la durée de la concession, les droits de péage et les prix
de transport ci-après déterminés :

Ainsi tout poids compris entre zéro et dix kilogrammes payera comme dix ki grammes, entre dix et vingt kilogrammes, comme vingt kilogrammes, etc.

Toutefois, pour les excédants de bagages et marchandises à grande vitesse, coupures seront établies : 1° de zéro à cinq kilogrammes; 2° au-dessus de dix ki grammes, par fraction indivisible de dix kilogrammes.

Quelle que soit la distance parcourue, le prix d'une expédition quelconque, s en grande, soit en petite vitesse, ne pourra être moindre de quarante centimes.

Dans le cas où le prix de l'hectolitre de blé s'élèverait sur le marché régulateur Lille à vingt francs ou au-dessus, le préfet pourra exiger de la compagnie que tarif du transport des blés, grains, riz, maïs, farines et légumes farineux, péa compris, ne puisse s'élever au maximum qu'à sept centimes par tonne et par ki mètre.

43. A moins d'une autorisation spéciale et révocable de l'administration, tout tra régulier de voyageurs devra contenir des voitures de toute classe en nombre suf sant pour toutes les personnes qui se présenteraient dans les bureaux des chemins fer.

Dans chaque train de voyageurs, la compagnie aura la faculté de placer des vo tures à compartiments spéciaux pour lesquels il sera établi des prix particuliers qu l'administration fixera, sur la proposition de la compagnie; mais le nombre des place à donner dans ces compartiments ne pourra dépasser le cinquième du nombre tot des places du train.

44. Tout voyageur dont le bagage ne pèsera pas plus de trente kilogrammes n'au à payer, pour le port de ce bagage, aucun supplément du prix de sa place.

Cette franchise ne s'appliquera pas aux enfants transportés gratuitement, et ell sera réduite à vingt kilogrammes pour les enfants transportés à moitié prix.

45. Les animaux, denrées, marchandises, effets et autres objets non désignés dan le tarif seront rangés, pour les droits à percevoir, dans les classes avec lesquelles i auront le plus d'analogie, sans que jamais, sauf les exceptions formulées aux a ticles 46 et 47 ci-après, aucune marchandise non dénommée puisse être soumise une taxe supérieure à celle de la première classe du tarif ci-dessus.

Les assimilations de classes pourront être provisoirement réglées par la comp gnie; mais elles seront soumises immédiatement à l'administration, qui prononce défi ivement.

46. Les droits de péage et les prix de transport déterminés au tarif ne sont po applicables à toute masse indivisible pesant plus de trois mille kilogrammes (3.000

Néanmoins, la compagnie ne pourra se refuser à transporter les masses ind sibles pesant de trois mille à cinq mille kilogrammes; mais les droits de péage et l prix de transport, seront augmentés de moitié.

La compagnie ne pourra être contrainte à transporter les masses pesant plus de cinq mille kilogrammes ....

Si, nonobstant la disposition qui précède, la compagnie transporte des masses in divisibles pesant plus de cinq mille kilogrammes, elle devra, pendant trois mois au moins, accorder les mêmes facilités à tous ceux qui en feraient la demande.

Dans ce cas, les prix de transport seront fixés par l'administration, sur la pro pos de la compagnie.

47. Les droits de transport déterminés au tarif ne sont point applicables :

1° Aux denrées et objets qui ne sont pas nommément classés dans le tarif et qui ne pèseraient pas deux cents à cent mètres sous un même axe d'un mètre cube;

2° Aux matières inflammables ou explosibles, aux animaux et objets dangereux, pour lesquels ... spéciales;

3° ....

4° A l'or et à l'argent, soit en lingots, soit monnayés ou travaillés, au plaqué d'or ou d'argent, au mercure et au cuivre, ainsi qu'aux bijoux, dentelles, pierres pré cieuses, et ... voitures;

5° En ... colis ou excédants de bagages pesant isolément quarante kilogrammes et au-dessous.

Toutes ... tarif sont applicables à tous ... remis à ... serons ensemble, ... sur une même ... des excédants de bagages qui peseraient ensemble au ... plus de quarante kilogrammes.

Le bénéfice de la disposition énoncée dans le paragraphe précédent, en ce qui.

cerne les paquets ou colis, ne peut être invoqué par les entrepreneurs de messa-
ries et de roulage et autres intermédiaires de transport, à moins que les articles
y eux envoyés ne soient réunis en un seul colis.

Dans les cinq cas ci-dessus spécifiés, les prix de transport seront arrêtés annuelle-
ent par l'administration, tant pour la grande que pour la petite vitesse, sur la
position de la compagnie.

En ce qui concerne les paquets ou colis mentionnés au paragraphe 5° ci-dessus,
prix de transport devront être calculés de telle manière qu'en aucun cas un de
paquets ou colis ne puisse payer un prix plus élevé qu'un article de même nature
plus de quarante kilogrammes.

Dans le cas où la compagnie jugerait convenable, soit pour le parcours total,
pour les parcours partiels de la voie de fer, d'abaisser, avec ou sans conditions,
sous des limites déterminées par le tarif les taxes qu'elle est autorisée à per-
it, les taxes abaissées ne pourront être relevées qu'après un délai de trois mois
pour les voyageurs et d'un an pour les marchandises.

Toute modification du tarif proposée par la compagnie sera annoncée un mois d'a-
par des affiches.

La perception des tarifs modifiés ne pourra avoir lieu qu'avec l'homologation du
, conformément aux dispositions de la loi du 12 juillet 1865.

La perception des taxes devra se faire indistinctement et sans aucune faveur.

Tout traité particulier qui aurait pour effet d'accorder à un ou plusieurs expédi-
une réduction sur les tarifs approuvés demeure formellement interdit.

Toutefois, cette disposition n'est pas applicable aux traités qui pourraient interve-
entre le Gouvernement et la compagnie dans l'intérêt des services publics, ni
réductions ou remises qui seraient accordées aux indigents.

En cas d'abaissement des tarifs, la réduction portera proportionnellement sur le
sur le transport.

La compagnie sera tenue d'effectuer constamment avec soin, exactitude et
, et sans tour de faveur, le transport des voyageurs, bestiaux, denrées, mar-
dises et objets quelconques qui lui seront confiés.

Les colis, bestiaux et objets quelconques seront inscrits, à la gare d'où ils partent
la gare où ils arrivent, sur des registres spéciaux, au fur et à mesure de leur
ption; mention sera faite, sur le registre de la gare de départ, du prix total
pour leur transport.

Pour les marchandises ayant une même destination, les expéditions auront lieu
ment l'ordre de leur inscription à la gare de départ.

Toute expédition de marchandises sera constatée, si l'expéditeur le demande, par
une lettre de voiture, dont un exemplaire restera aux mains de la compagnie et
l'autre aux mains de l'expéditeur. Dans le cas où l'expéditeur ne demanderait pas de
lettre de voiture, la compagnie sera tenue de lui délivrer un récépissé qui énoncera
la nature et le poids du colis, le prix total du transport et le délai dans lequel ce
transport devra être effectué.

50. Les animaux, denrées, marchandises et objets quelconques seront expédiés
et livrés, de gare en gare, dans les délais résultant des conditions ci-après exprimés :

1° Les animaux, denrées, marchandises et objets quelconques à grande vitesse
seront expédiés par le premier train de voyageurs comprenant des voitures de toute
classe et correspondant avec leur destination, pourvu qu'ils aient été présentés à
l'enregistrement trois heures avant le départ de ce train.

Ils seront mis à la disposition des destinataire, à la gare, dans le délai de deux
heures après l'arrivée du même train.

2° Les animaux, denrées, marchandises et objets quelconques à petite vitesse
seront expédiés dans le jour qui suivra celui de la remise; toutefois, l'administration supérieure pourra étendre ce délai à deux jours.

Le maximum de durée du trajet sera fixé par l'administration, sur la proposition
de la compagnie, sans que ce maximum puisse excéder vingt-quatre heures par fraction indivisible de cent vingt-cinq kilomètres.

Les colis seront mis à la disposition des destinataires dans le jour qui suivra celui
de leur arrivée en gare.

Le délai total résultant des trois paragraphes ci-dessus sera seul obligatoire pour
la compagnie.

Il pourra être établi un tarif réduit, approuvé par le préfet, pour tout expéditeur qui acceptera des délais plus longs que ceux déterminés ci-dessus pour la petite vitesse.

Pour le transport des marchandises, il pourra être établi, sur la proposition de la compagnie, un délai moyen entre ceux de la grande et de la petite vitesse. Le prix correspondant à ce délai sera un prix intermédiaire entre ceux de la grande et de la petite vitesse.

L'administration déterminera, par des règlements spéciaux, les heures d'ouverture et de fermeture des gares et stations, tant en hiver qu'en été, ainsi que les dispositions relatives aux denrées apportées par les trains de nuit et destinées à l'approvisionnement des marchés des villes.

Lorsque la marchandise devra passer d'une ligne sur une autre sans solution de continuité, les délais de livraison et d'expédition aux points de jonction seront fixés par l'administration, sur la proposition de la compagnie.

51. Les frais accessoires non mentionnés dans les tarifs, tels que ceux d'enregistrement, de chargement, de déchargement et de magasinage dans les gares et magasins des chemins de fer, seront fixés annuellement par l'administration, sur la proposition de la compagnie.

52. La compagnie sera tenue de faire, soit par elle-même, soit par un intermédiaire dont elle répondra, le factage et le camionnage pour la remise au domicile des destinataires de toutes les marchandises qui lui seront confiées.

Le factage et le camionnage ne seront point obligatoires en dehors du rayon de l'octroi, non plus que pour les gares qui desserviraient, soit une population agglomérée de moins de cinq mille habitants, soit un centre de population de cinq mille habitants situé à plus de cinq kilomètres de la gare du chemin de fer.

Les tarifs à percevoir seront fixés par l'administration, sur la proposition de la compagnie. Ils seront applicables à tout le monde sans dictinction.

Toutefois, les expéditeurs et destinataires resteront libres de faire eux-mêmes à leurs frais le factage et le camionnage des marchandises.

53. A moins d'une autorisation spéciale de l'administration, il est interdit à la compagnie, conformément à l'article 14 de la loi du 15 juillet 1845, de faire directement ou indirectement avec des entreprises de transport de voyageurs ou de marchandises par terre ou par eau, sous quelque dénomination ou forme que ce puisse être, des arrangements qui ne seraient pas consentis en faveur de toutes les entreprises desservant les mêmes voies de communication.

L'administration, agissant en vertu de l'article 33 ci-dessus, prescrira les mesures à prendre pour assurer la plus complète égalité entre les diverses entreprises de transport dans leurs rapports avec les chemins de fer.

TITRE V.

STIPULATIONS RELATIVES À DIVERS SERVICES PUBLICS.

54. Les militaires ou marins voyageant en corps, aussi bien que les militaires ou marins voyageant isolément pour cause de service, envoyés en congé limité ou en permission, ou rentrant dans leurs foyers après libération, ne seront assujettis, eux, leurs chevaux et leurs bagages, qu'au quart de la taxe du tarif fixé par le présent cahier des charges.

Si le Gouvernement avait besoin de diriger des troupes et un matériel militaire ou naval sur l'un des points desservis par les chemins de fer, la compagnie serait tenue de mettre immédiatement à sa disposition, pour la moitié du même tarif, tous ses moyens de transport.

55. Les fonctionnaires ou agents chargés de l'inspection, du contrôle et de la surveillance des chemins de fer seront transportés gratuitement dans les voitures de la compagnie.

La même faculté est accordée aux agents des contributions indirectes et des douanes chargés de la surveillance des chemins de fer dans l'intérêt de la perception de l'impôt.

56. Le service des lettres et dépêches sera fait comme il suit :

1° A chacun des trains de voyageurs et de marchandises circulant aux heures ordinaires de l'exploitation, la compagnie sera tenue de réserver gratuitement au moins un compartiment spécial d'une voiture de deuxième classe, ou un espace équivalent, pour recevoir les lettres, les dépêches et les agents nécessaires au service des postes, le surplus de la voiture restant à la disposition de la compagnie.

1° Si le volume des dépêches ou la nature du service rend insuffisante la capacité de deux compartiments à deux banquettes, de sorte qu'il y ait lieu de substituer une voiture spéciale aux wagons ordinaires, le transport de cette voiture donnera lieu à l'application de la moitié du prix du tarif.

Lorsque la compagnie voudra changer les heures de départ de ses convois ordinaires, elle sera tenue d'en avertir l'administration des postes quinze jours à l'avance.

3° La compagnie sera tenue de transporter gratuitement, par tous les convois de voyageurs, tout agent des postes chargé d'une mission ou d'un service accidentel et porteur d'un ordre de service régulier délivré à Paris par le directeur général des postes. Il sera accordé à l'agent des postes en mission une place de voiture de même classe, ou de première classe, si le convoi ne comporte pas de voitures de même classe.

4° L'administration se réserve le droit d'établir à ses frais, sans indemnité, mais aussi sans responsabilité pour la compagnie, tous poteaux ou appareils nécessaires à l'échange des dépêches sans arrêt de train, à la condition que ces appareils, par leur nature ou leur position, n'apportent pas d'entraves aux différents services de la ligne et des stations.

5° Les employés chargés de la surveillance du service, les agents préposés à l'échange ou à l'entrepôt des dépêches, auront accès dans les gares ou stations pour l'exécution de leur service, en se conformant aux règlements de police intérieure de la compagnie.

37. La compagnie sera tenue, à toute réquisition, de faire partir par convoi ordinaire les wagons ou voitures cellulaires employés au transport des prévenus, accusés ou condamnés.

Les wagons et les voitures employés au service dont il s'agit seront construits aux frais de l'État ou des départements; leurs formes et dimensions seront déterminées de concert par le ministre de l'intérieur et par le ministre des travaux publics, la compagnie entendue.

38. Le Gouvernement se réserve la faculté de faire, le long des voies, toutes les constructions, de poser tous les appareils nécessaires à l'établissement d'une ligne télégraphique sans nuire au service du chemin de fer.

Sur la demande de l'administration des lignes télégraphiques, il sera réservé, dans les gares des villes ou des localités qui seront désignées ultérieurement, le terrain nécessaire à l'établissement des maisonnettes destinées à recevoir le bureau télégraphique et son matériel.

La compagnie concessionnaire sera tenue de faire garder par ses agents les fils et appareils des lignes électriques, de donner aux employés télégraphiques connaissance de tous les accidents qui pourraient survenir et de leur en faire connaître les causes. En cas de rupture du fil électrique, les employés de la compagnie auront à raccrocher provisoirement les bouts séparés, d'après les instructions qui leur seront données à cet effet.

Les agents de la télégraphie voyageant pour le service de la ligne électrique auront le droit de circuler gratuitement dans les voitures des chemins de fer.

Dans le cas où des déplacements de fils, appareils ou poteaux deviendraient nécessaires par suite de travaux exécutés sur les chemins, ces déplacements auront lieu aux frais de la compagnie, par les soins de l'administration des lignes télégraphiques.

La compagnie pourra être autorisée, et au besoin requise, par le ministre des travaux publics, agissant de concert avec le ministre de l'intérieur, d'établir à ses frais les fils et appareils télégraphiques destinés à transmettre les signaux nécessaires pour la sûreté et la régularité de son exploitation.

Elle pourra, avec l'autorisation du ministre de l'intérieur, se servir des poteaux de la ligne télégraphique de l'État, lorsqu'une semblable ligne existera le long de la voie.

La compagnie sera tenue de se soumettre à tous les règlements d'administration publique concernant l'établissement et l'emploi de ces appareils, ainsi que l'organisation, aux frais de la compagnie, du contrôle de ce service par les agents de l'État.

TITRE VI.

CLAUSES DIVERSES.

59. Dans le cas où le Gouvernement ordonnerait ou autoriserait la construction de routes nationales, départementales ou vicinales, de chemins de fer ou de canaux qui traverseraient les lignes objet de la présente concession, la compagnie ne pourra s'opposer à ces travaux; mais toutes les dispositions nécessaires seront prises pour qu'il n'en résulte aucun obstacle à la construction ou au service des chemins de fer, ni aucuns frais pour la compagnie.

60. Toute exécution ou autorisation ultérieure de route, de canal, de chemin de fer, de travaux de navigation dans les contrées où sont situés les chemins de fer objet de la présente concession, ou dans toute autre contrée voisine ou éloignée, ne pourra donner ouverture à aucune demande d'indemnité de la part de la compagnie.

61. Le Gouvernement et le département se réservent expressément le droit d'accorder de nouvelles concessions de chemins de fer s'embranchant sur les chemins qui font l'objet du présent cahier des charges, ou qui seraient établis en prolongement des mêmes chemins.

La compagnie ne pourra mettre aucun obstacle à ces embranchements, ni réclamer, à l'occasion de leur établissement, aucune indemnité quelconque, pourvu qu'il n'en résulte aucun obstacle à la circulation, ni aucuns frais particuliers pour la compagnie.

Les compagnies concessionnaires de chemins de fer d'embranchement ou de prolongement auront la faculté, moyennant les tarifs ci-dessus déterminés et l'observation des règlements de police et de service établis ou à établir, de faire circuler leurs voitures, wagons et machines sur les chemins de fer objet de la présente concession, pour lesquels cette faculté sera réciproque à l'égard desdits embranchements et prolongements.

Dans le cas où les diverses compagnies ne pourraient s'entendre entre elles sur l'exercice de cette faculté, le Gouvernement ou le préfet statuerait sur les difficultés qui s'élèveraient entre elles à cet égard.

Dans le cas où une compagnie d'embranchement ou de prolongement joignant les lignes qui font l'objet de la présente concession n'userait pas de la faculté de circuler sur ces lignes, comme aussi dans le cas où la compagnie concessionnaire de ces dernières lignes ne voudrait pas circuler sur les embranchements et prolongements, les compagnies seraient tenues de s'arranger entre elles, de manière que le service de transport ne soit jamais interrompu aux points de jonction des diverses lignes.

Celle des compagnies qui se servira d'un matériel qui ne serait pas sa propriété payera une indemnité en rapport avec l'usage et la détérioration de ce matériel. Dans le cas où les compagnies ne se mettraient pas d'accord sur la quotité de l'indemnité ou sur les moyens d'assurer la continuation du service sur toute la ligne, le Gouvernement ou le préfet y pourvoirait d'office et prescrirait toutes les mesures nécessaires.

La compagnie pourra être assujettie, par les décrets qui seront ultérieurement rendus pour l'exploitation des chemins de fer de prolongement ou d'embranchement joignant ceux qui lui sont concédés, à accorder aux compagnies de ces chemins une réduction de péage ainsi calculée :

1° Si le prolongement ou l'embranchement n'a pas plus de cent kilomètres, dix pour cent (10 p. o/o) du prix perçu par la compagnie;

2° Si le prolongement ou l'embranchement excède cent kilomètres, quinze pour cent (15 p. o/o);

3° Si le prolongement ou l'embranchement excède deux cents kilomètres, vingt pour cent (20 p. o/o);

4° Si le prolongement ou l'embranchement excède trois cents kilomètres, vingt-cinq pour cent (25 p. o/o).

La compagnie sera tenue, si l'administration le juge convenable, de partager l'usage des stations établies à l'origine des chemins de fer d'embranchement avec les compagnies qui deviendraient ultérieurement concessionnaires desdits chemins.

En cas de difficultés entre les compagnies pour l'application de cette clause, il sera statué par le Gouvernement ou le préfet.

62. La compagnie sera tenue de s'entendre avec tout propriétaire de mines ou d'usines qui, offrant de se soumettre aux conditions prescrites ci-après, demanderait un embranchement; à défaut d'accord, l'administration statuera sur la demande, la compagnie entendue.

Les embranchements seront construits aux frais des propriétaires de mines et d'usines, et de manière à ce qu'il ne résulte de leur établissement aucune entrave à la circulation générale, aucune cause d'avarie pour le matériel, ni aucuns frais particuliers pour la compagnie.

Leur entretien devra être fait avec soin et aux frais de leurs propriétaires, et sous le contrôle de l'administration. La compagnie aura le droit de faire surveiller par ses agents cet entretien, ainsi que l'emploi de son matériel sur les embranchements.

L'administration pourra, à toutes époques, prescrire les modifications qui seraient jugées utiles dans la soudure, le tracé ou l'établissement de la voie desdits embranchements, et les changements seront opérés aux frais des propriétaires.

L'administration pourra même, après avoir entendu les propriétaires, ordonner l'enlèvement temporaire des aiguilles de soudure, dans le cas où les établissements embranchés viendraient à suspendre en tout ou en partie leurs transports.

La compagnie sera tenue d'envoyer ses wagons sur tous les embranchements autorisés destinés à faire communiquer des établissements de mines ou d'usines avec la ligne principale des chemins de fer.

La compagnie amènera ses wagons à l'entrée des embranchements.

Les expéditeurs ou destinataires feront conduire les wagons dans leurs établissements pour les charger ou décharger, et les ramèneront au point de jonction avec la ligne principale, le tout à leurs frais.

Les wagons ne pourront, d'ailleurs, être employés qu'au transport d'objets et marchandises destinés à la ligne principale des chemins de fer.

Le temps pendant lequel les wagons séjourneront sur les embranchements particuliers ne pourra excéder six heures, lorsque l'embranchement n'aura pas plus d'un kilomètre. Le temps sera augmenté d'une demi-heure par kilomètre en sus du premier, non compris les heures de la nuit, depuis le coucher jusqu'au lever du soleil.

Dans le cas où les limites de temps seraient dépassées nonobstant l'avertissement spécial donné par la compagnie, elle pourra exiger une indemnité égale à la valeur du droit de loyer des wagons pour chaque période de retard après l'avertissement.

Les traitements des gardiens d'aiguilles et des barrières des embranchements autorisés par l'administration seront à la charge des propriétaires des embranchements. Ces gardiens seront nommés et payés par la compagnie, et les frais qui en résulteront lui seront remboursés par lesdits propriétaires.

En cas de difficulté, il sera statué par l'administration, la compagnie entendue.

Les propriétaires d'embranchements seront responsables des avaries que le matériel pourrait éprouver pendant son parcours ou son séjour sur ces lignes.

Dans le cas d'inexécution d'une ou de plusieurs des conditions énoncées ci-dessus, le préfet pourra, sur la plainte de la compagnie et après avoir entendu le propriétaire de l'embranchement, ordonner par un arrêté la suspension du service et faire supprimer la soudure, sauf recours à l'administration supérieure et sans préjudice de tous dommages-intérêts que la compagnie serait en droit de répéter pour la non-exécution de ces conditions.

Pour indemniser la compagnie de la fourniture et de l'envoi de son matériel sur les embranchements, elle est autorisée à percevoir un prix fixe de douze centimes (o'12°) par tonne pour le premier kilomètre et, en outre, quatre centimes (o'o4°) par tonne et par kilomètre en sus du premier, lorsque la longueur de l'embranchement excédera un kilomètre.

Tout kilomètre entamé sera payé comme s'il avait été parcouru en entier.

Le chargement et le déchargement sur les embranchements s'opéreront aux frais des expéditeurs ou destinataires, soit qu'ils les fassent eux-mêmes, soit que la compagnie des chemins de fer consente à les opérer.

Dans ce dernier cas, ces frais seront l'objet d'un règlement arrêté par l'administration supérieure, sur la proposition de la compagnie.

Tout wagon envoyé par la compagnie sur un embranchement devra être payé comme wagon complet, lors même qu'il ne serait pas complètement chargé.

La surcharge, s'il y en a, sera payée au prix du tarif légal et au prorata du poids réel. La compagnie sera en droit de refuser les chargements qui dépasseraient le maximum de trois mille cinq cents kilogrammes déterminé en raison des dim sions actuelles des wagons.

Le maximum sera revisé par l'administration, de manière à être toujours en r port avec la capacité des wagons.

Les wagons seront pesés à la station d'arrivée par les soins et aux frais de la co pagnie.

63. La contribution foncière sera établie en raison de la surface des terrains oc pés par les chemins de fer et leurs dépendances; la cote en sera calculée, com pour les canaux, conformément à la loi du 25 avril 1803.

Les bâtiments et magasins dépendant de l'exploitation des chemins de fer ser assimilés aux propriétés bâties de la localité. Toutes les contributions auxquelles e édifices pourront être soumis seront, aussi bien que la contribution foncière, à charge de la compagnie.

64. Les agents et gardes que la compagnie établira, soit pour la perception d droits, soit pour la surveillance et la police des chemins de fer et de leurs dépe dances, pourront être assermentés, et seront, dans ce cas, assimilés aux gar champêtres.

65. Les chemins de fer seront placés sous la surveillance de l'administration; le frais de visite, de surveillance et de réception des travaux, et les frais de contrôle d l'exploitation, seront supportés par la compagnie.

Afin de pourvoir à ces frais, la compagnie sera tenue de verser, chaque an à la caisse départementale du trésor public, une somme de cent francs par cha kilomètre de chemin de fer concédé. Toutefois, cette somme sera réduite à cinqu francs par kilomètre pour les sections non encore livrées à l'exploitation.

Dans lesdites sommes n'est pas comprise celle qui sera déterminée, en exécuti de l'article 58 ci-dessus, pour frais de contrôle du service télégraphique de la com pagnie par les agents de l'État.

Si la compagnie ne verse pas les sommes ci-dessus réglées aux époques qui se ront été fixées, le préfet rendra un rôle exécutoire, et le montant en sera recou comme en matière de contributions publiques.

66. Avant la signature du décret qui ratifiera l'acte de concession, la compag déposera au trésor public une somme de trois mille francs par kilomètre concé en numéraire ou en rentes sur l'État, calculées conformément au décret du 31 j vier 1872, ou en bons du trésor ou autres effets publics, avec transfert, au p de la caisse des dépôts et consignations, de celles de ces valeurs qui seraient no natives ou à ordre.

Cette somme formera le cautionnement de l'entreprise.

Elle sera rendue à la compagnie par cinquième et proportionnellement à l'avance ment des travaux. Le dernier cinquième ne sera rendu qu'après leur entier achève ment. En retour de cet avantage, les parties de lignes construites serviront de garan tie au département jusqu'à leur complet achèvement.

67. La compagnie devra faire élection de domicile à Lille.

Dans le cas où elle ne l'aurait pas fait, toute notification ou signification à elle adressée sera valable lorsqu'elle sera faite au secrétariat général de la préfecture du Nord.

68. Les contestations qui s'élèveraient entre la compagnie et l'administration au sujet de l'exécution et de l'interprétation des clauses du présent cahier des charges seront jugées administrativement par le conseil de préfecture du département du Nord, sauf recours au Conseil d'État.

69. Les frais d'enregistrement seront à la charge de la compagnie concessionnaire.

Arrêté à Lille, le 25 septembre 1873.

Les Concessionnaires,   Pour le Préfet du Nord, en congé :

Signé DESPRET, SCHOTSMANS.   *Le Secrétaire général, délégué,*

Signé DE PISTOYE.

Certifié conforme au cahier des charges annexé au décret en date du 13 janvier 1874, enregistré sous le n° 46.

Le Conseiller d'État, Secrétaire général,

Signé DE BOUREUILLE.

RÉPUBLIQUE FRANÇAISE.

N° 3308. — Décret qui autorise la fondation, à Grasse, d'un Établissement de Petites-Sœurs-des-Pauvres.

Du 27 Juin 1874.

Le Président de la République française,

Sur le rapport du ministre de l'instruction publique et des cultes ;

Vu le testament olographe du sieur *Crouet* ;

Vu le consentement des héritiers du testateur ;

Vu les autres pièces relatives aux legs contenus au testament, à la fondation, à Grasse, d'un établissement de Petites-Sœurs-des-Pauvres et à l'acquisition du local affecté à cet établissement ;

Vu l'avis du ministre de l'intérieur ;

La section de l'intérieur, de la justice, de l'instruction publique, des cultes et des beaux-arts du Conseil d'État entendue,

Décrète :

Art. 1er. La congrégation hospitalière des Petites-Sœurs-des-Pauvres, existant primitivement à Rennes et actuellement à Saint-Pern (Ille-et-Vilaine), en vertu des décrets des 9 janvier 1856 [1] et 22 avril 1869 [2], est autorisée à fonder à Grasse (Alpes-Maritimes) un établissement de sœurs de son ordre, à la charge, par les membres de cet établissement, de se conformer aux statuts adoptés par la maison mère et approuvés par ordonnance du 8 juin 1828 [3].

2. La supérieure générale de la congrégation des Petites-Sœurs-des-Pauvres, à Saint-Pern (Ille-et-Vilaine), est autorisée à acquérir, au nom de cette congrégation, de la demoiselle *Isnard*, moyennant une somme de trente-quatre mille francs, égale au montant de l'estimation, et aux autres clauses et conditions énoncées dans un acte sous seings privés du 14 janvier 1873, une propriété située à Grasse (Alpes-Maritimes), servant de maison conventuelle à l'établissement de sœurs de cet ordre.

Il sera passé acte public de cette acquisition, dont le prix sera payé, partie avec le produit d'un legs de trente mille francs fait par le sieur *Crouet* et dont l'acceptation a été autorisée par l'article suivant du présent décret, et le surplus au moyen de dons et offrandes recueillis pour cette destination.

Cet acte sera transcrit conformément aux prescriptions de la loi du 23 mars 1855.

3. La supérieure générale de la congrégation des Petites-Sœurs-des-Pauvres, à Saint-Pern (Ille-et-Vilaine), est autorisée à accepter, aux clauses et conditions imposées, le legs d'une somme de trente mille francs (30,000f) fait par le sieur *Dominique Crouet*, suivant son tes-

---

[1] 11e série, Bull. 355, n° 3293.　　[2] viiie série, Bull. 236, n° 8607.

[3] 11e série, Bull. 1723, n° 17,006.

tament olographe du 26 mars 1868, pour fonder à Grasse (Alpes
Maritimes) un établissement de sœurs de cet ordre chargées de rec
voir des vieillards infirmes et indigents.

Conformément à la demande du conseil d'administration de
congrégation, le produit de ce legs sera employé au payement d
prix d'une acquisition d'immeuble autorisée par l'article 2 du pr
sent décret.

4. Le curé de la paroisse de Grasse (Alpes-Maritimes) est autorisé
accepter, aux clauses et conditions imposées, le legs fait au titulai
de cette cure par le sieur *Dominique Crouet*, suivant son testamen
olographe du 26 mars 1868, et consistant en une rente annuelle
perpétuelle de deux cents francs, dont les arrérages devront êtr
annuellement distribués à des pauvres honteux.

En cas de remboursement de cette rente, le capital en provenan
sera placé en rentes sur l'État au nom des curés successifs de Grass
avec mention sur l'inscription de la destination des arrérages.

5. La commission administrative des hospices de Grasse (Alpes
Maritimes) est autorisée à accepter, aux clauses et conditions impo
sées, le legs fait à ces établissements par le sieur *Dominique Crouet*,
suivant son testament olographe du 26 mars 1868, et consistant en
une somme de deux mille francs.

La somme léguée sera placée en rentes sur l'État.

6. Le bureau de bienfaisance de Grasse (Alpes-Maritimes) est au
torisé à accepter, aux clauses et conditions imposées, le legs fait à ce
établissement par le sieur *Dominique Crouet*, suivant son testamen
olographe du 20 mars 1868, et consistant en une somme de deux
mille francs.

La somme léguée sera placée en rentes sur l'État.

7. Le ministre de l'instruction publique et des cultes et le mi
nistre de l'intérieur sont chargés, chacun en ce qui le concerne, de
l'exécution du présent décret, qui sera inséré au Bulletin des lois.

Fait à Versailles, le 27 Juin 1874.

Signé M^{al} DE MAC MAHON.

Le Ministre de l'instruction publique et des cultes,

Signé A. DE CUMONT.

RÉPUBLIQUE FRANÇAISE.

N° 3309. — Décret *relatif à l'examen du Baccalauréat ès lettres*

Du 25 Juillet 1874.

(Promulgué au *Journal officiel* du 27 juillet 1874.)

LE PRÉSIDENT DE LA RÉPUBLIQUE FRANÇAISE,

Sur le rapport du ministre de l'instruction publique, des cultes et des beaux-arts;

Vu les articles 16 et 19 du décret du 17 mars 1808 [1];

Vu l'article 14 de la loi du 14 juin 1854;

Vu le décret du 27 novembre 1864 [2];

Vu le décret du 9 avril 1874 [3];

Vu l'avis du conseil supérieur de l'instruction publique;

Le Conseil d'État entendu,

Décrète:

Art. 1er. Nul ne peut, sauf le cas de dispense, se présenter à l'examen du baccalauréat ès lettres, s'il n'est âgé de seize ans accomplis.

2. L'examen pour le baccalauréat ès lettres comprend deux séries d'épreuves.

3. Les épreuves de la deuxième série ne peuvent être subies qu'un an après que le candidat a subi avec succès celles de la première série.

L'intervalle compris entre la session d'octobre-novembre et celle de juillet-août compte pour une année.

Le délai d'une année pourra être réduit à trois mois pour les candidats qui auraient dix-neuf ans accomplis à la date des épreuves de la deuxième série.

4. Pour le jugement des épreuves de la première série, le jury est formé de trois membres de la faculté des lettres.

Pour le jugement des épreuves de la seconde série, il est formé de deux membres de la faculté des lettres et d'un membre de la faculté des sciences.

5. Les agrégés des facultés et, à leur défaut, des docteurs désignés annuellement par le ministre, après avis des doyens et du recteur, peuvent être appelés à compléter le jury d'examen.

Il peut, en outre, être adjoint au jury, sur la proposition du recteur de l'académie, un examinateur spécial pour les épreuves relatives aux langues vivantes.

6. Les épreuves de chaque série sont, les unes écrites, les autres orales.

7. Les épreuves écrites de la première série sont:

1° Une version latine;

2° Une composition en latin.

Les deux compositions, corrigées chacune par un membre du jury, sont jugées par le jury tout entier, qui décide quels sont les candidats admis à subir les épreuves orales.

8. Les épreuves orales de la première série consistent en explications d'auteurs et en interrogations.

Les explications portent sur les textes des auteurs français, latins et grecs prescrits dans les lycées pour la classe de rhétorique; en ce qui touche les auteurs grecs, l'examen ne portera que sur cer-

[1] IV° série, Bull. 185, n° 3179.   [3] XII° série, Bull. 199, n° 2992.
[2] II° série, Bull. 1265, n° 12,909.

taines parties de leurs œuvres, désignées tous les trois ans
arrêté ministériel.

Les interrogations portent : 1° sur les parties de l'histoire et
géographie enseignées en rhétorique dans les lycées; 2° sur les
cipales notions de rhétorique et de littérature classique.

9. Les épreuves écrites de la seconde série sont :

1° Une composition française sur un sujet de philosophie;

2° La traduction en français d'un texte de langue vivante.

Les dispositions prescrites par l'article 7 pour la première
le sont également pour la deuxième.

10. Les épreuves orales de la seconde série consistent en i
gations : 1° sur les parties de la philosophie, de l'histoire et
géographie enseignées dans la classe de philosophie des lycées;
les sciences, dans la limite du plan d'études des lycées pou
classes des lettres; 3° et sur une langue vivante.

11. Toutes les parties de l'examen sont obligatoires, soit à l'ép
écrite, soit à l'épreuve orale; l'ajournement ne peut être pro
qu'en vertu d'une délibération du jury.

12. Les candidats qui produisent le diplôme de bacheli
sciences sont dispensés de la partie scientifique des épreuv
baccalauréat ès lettres.

13. Tout bachelier ès sciences qui aura subi avec succès l
mière épreuve du baccalauréat ès lettres et qui aura été d
admissible aux épreuves orales de l'examen pour l'école polytech
ou l'école militaire de Saint-Cyr pourra prendre les trois pre
inscriptions à la faculté de droit ou à la faculté de médecine
d'avoir subi la deuxième épreuve du baccalauréat ès lettres.

14. Les droits à percevoir par le trésor pour le baccalaur
lettres sont fixés ainsi qu'il suit :

Examens (deux à 30f).................................. 60f ⎫
Certificats d'aptitude (deux à 10f)....................... 20 ⎬ 120f
Diplôme.. 40 ⎭

Le candidat consignera quarante francs avant la première séri
d'épreuves et quatre-vingts francs avant la deuxième.

Lorsque le candidat est ajourné pour la première série, il lui es
remboursé la somme de dix francs sur les quarante francs qu'il
consignés.

Lorsqu'il est ajourné pour la deuxième série, il lui est rembour
cinquante francs sur les quatre-vingts francs qu'il a consignés.

15. Tout candidat qui, sans excuse jugée valable par le jury, n
répond pas à l'appel de son nom le jour qui lui a été indiqué, e
renvoyé à une autre session et perd le montant des droits d'exame
qu'il a consignés.

16. La division des épreuves deviendra obligatoire à dater d
1er octobre 1875.

Jusqu'à cette époque, elle sera facultative; les candidats qui présenteront à la première série des épreuves ne seront interrogés, en ce qui concerne l'histoire et la géographie, que sur les matières ement comprises dans le programme de rhétorique.

17. Jusqu'à la fin de l'année scolaire 1874-1875, les candidats au baccalauréat qui auront été ajournés pour la première série pour-ront, à leur choix, renouveler cette même épreuve ou subir l'exa-men du baccalauréat en une seule épreuve, dans les conditions fixées les anciens règlements.

8. Les candidats qui auront échoué à l'examen du baccalauréat ne seule épreuve pourront, jusqu'en octobre-novembre 1876 in-' ement, subir de nouveau l'examen d'après les règlements des novembre 1864 et 19 mai 1870, ou, s'ils le préfèrent, se présenter baccalauréat en deux épreuves.

19. Le ministre de l'instruction publique, des cultes et des beaux-est chargé d'assurer l'exécution du présent décret, qui sera inséré Bulletin des lois et au Journal officiel.

Fait à Versailles, le 25 Juillet 1874.

Signé M^{al} DE MAC MAHON.

Le Ministre de l'instruction publique, des cultes et des beaux-arts,

Signé A. DE CUMONT.

RÉPUBLIQUE FRANÇAISE.

N° 3310. — DÉCRET *relatif aux Vacances de la Cour des Comptes pour l'année 1873.*

Du 2 Août 1874.

(Promulgué au *Journal officiel* du 4 août 1874.)

LE PRÉSIDENT DE LA RÉPUBLIQUE FRANÇAISE,

Sur le rapport du ministre des finances,

DÉCRÈTE :

ART. 1er. La cour des comptes prendra ses vacances, en la pré-sente année, du 1er septembre au 31 octobre, sous les réserves ci-après déterminées.

2. Il y aura, pendant ce temps, une chambre de vacations com-posée d'un président de chambre et de six conseillers maîtres, laquelle tiendra ses séances au moins trois jours par semaine.

3. La chambre des vacations connaîtra de toutes les affaires attri-buées aux trois chambres, sauf celles qui seront exceptées par un comité composé du premier président, des présidents de chambre et

du procureur général. Le jugement de ces dernières sera renvoyé
la chambre compétente.

4. La chambre des vacations sera composée, en 1874, de :

M. *Roy*, président de la troisième chambre, président ;

MM. *Briatte,*
Dubois de l'Estang,
Bartholdi, } conseillers maîtres.
O'Donnell,
Béchet,
Jard-Panvillier,

M. *Jard-Panvillier*, conseiller maître, remplacera le procureur général, en cas d'absence.

M. *Lamotte*, commis greffier attaché à la troisième chambre, remplira l'office de greffier de la chambre des vacations ; il remplace
le greffier en chef, lorsque ce dernier s'absentera avec l'autorisa-
du premier président.

5. Le premier président désignera ceux des conseillers référendaires qui pourront prendre part aux vacances sans préjudice po
le service de la cour. Il ne pourra, dans aucun cas, donner
congés à plus de la moitié des conseillers référendaires.

Cette disposition est applicable aux auditeurs-rapporteurs.

Les congés des autres auditeurs seront réglés par le premier président selon les besoins du service.

6. L'absence qui aura lieu en vertu des dispositions qui précèdent sera comptée comme temps d'activité.

7. Le ministre des finances est chargé de l'exécution du présent
décret.

Fait à Versailles, le 2 Août 1874.

Signé M^{al} DE MAC MAHON.

Le Ministre des finances,

Signé MATHIEU-BODET.

———

N° 3311.— DÉCRET DU PRÉSIDENT DE LA RÉPUBLIQUE FRANÇAISE (contre-signé
par le ministre des travaux publics) portant ce qui suit :

1° Sont déclarés d'utilité publique les travaux de construction, entre le col
de Bluffy et la plaine d'Alex, de la route départementale n° 7, d'Annecy à
Bonneville par Thônes (Haute-Savoie), suivant la direction générale approuvée par le conseil général et indiquée par une ligne rouge sur un plan
annexé au présent décret.

2° L'administration est autorisée à faire l'acquisition des terrains et bâtiments nécessaires à l'exécution de ces travaux, en se conformant aux dispositions des titres II et suivants de la loi du 3 mai 1841, sur l'expropriation
pour cause d'utilité publique.

3° Le présent décret sera considéré comme.non avenu, si les travaux n'ont pas été adjugés dans un délai de cinq ans, à partir du jour de sa promulgation. (*Versailles, 29 Mars 1874.*)

N° 3311.—Décret du Président de la République française (contre-signé par le ministre des travaux publics) portant ce qui suit :

1° Il sera procédé à l'exécution des travaux nécessaires pour le dévasement des ports de Granville et de Cherbourg (Manche), conformément aux dispositions du projet et à l'avis, en date du 14 février 1874, du conseil général des ponts et chaussées.

2° La dépense, évaluée à cent quatre-vingt mille francs, sera imputée sur la deuxième section du budget du ministère des travaux publics (*Travaux ordinaires des ports maritimes*). (*Paris, 9 Avril 1874.*)

N° 3313.—Décret du Président de la République française (contre-signé par le ministre des travaux publics) portant ce qui suit :

1° Il sera procédé à l'exécution des travaux nécessaires à l'amélioration de la navigation du Rhône au passage du Grand-Camp (Rhône), conformément aux dispositions générales d'un plan qui restera annexé au présent décret.

2° Les travaux mentionnés ci-dessus sont déclarés d'utilité publique.

3° La dépense, évaluée à la somme de trois cent quarante mille francs, sera imputée sur les fonds affectés au budget du ministère des travaux publics pour travaux extraordinaires d'amélioration des rivières. (*Paris, 9 Avril 1874.*)

N° 3314.—Décret du Président de la République française (contre-signé par le ministre des travaux publics) portant ce qui suit :

1° Est déclaré d'utilité publique l'agrandissement de la station de Luxé (Charente), ligne de Tours à Bordeaux, sur les terrains désignés par un trait rouge au plan d'ensemble produit par la compagnie, lequel plan restera annexé au présent décret.

2° Pour l'acquisition des terrains mentionnés à l'article précédent, la compagnie d'Orléans est substituée aux droits comme aux obligations qui dérivent, pour l'administration, de la loi du 3 mai 1841, sur l'expropriation pour cause d'utilité publique.

Les expropriations devront être accomplies dans un délai de deux années, à partir de la promulgation du présent décret.

3° En conséquence, lesdits terrains seront incorporés au chemin de fer d'Orléans à Bordeaux et feront retour à l'État à l'expiration de la concession, comme le chemin de fer lui-même. (*Paris, 14 Avril 1874.*)

N° 3315.—Décret du Président de la République française (contre-signé par le garde des sceaux, ministre de la justice) portant ce qui suit :

1° M. *Londès* (*Anne-Scipion-Henri-Édouard*), propriétaire, né le 25 octobre

octobre 1823, à Besouce, arrondissement de Nîmes (Gard), y demeu
est autorisé à ajouter à son nom patronymique celui de *de Payen de l'*
de Lagarde, et à s'appeler, à l'avenir, *Londès de Payen de l'Hôtel de Lag*

2° Ledit impétrant ne pourra se pourvoir devant les tribunaux pour
opérer, sur les registres de l'état civil, le changement résultant du p
décret, qu'après l'expiration du délai fixé par la loi du 11 germinal :
et en justifiant qu'aucune opposition n'a été formée devant le Conseil
(*Versailles, 30 Juillet 1874.*)

N° 3316.—Décret du Président de la République française (contre-s
par le garde des sceaux, ministre de la justice) portant ce qui suit :

1° M. *Labenne* (*Henri*), né le 14 octobre 1850, à Saint-Vincent-de-Xai
arrondissement de Dax (Landes), employé de commerce, demeurant à
deaux, est autorisé à ajouter à son nom patronymique celui de *Rougier*,
s'appeler, à l'avenir, *Labenne-Rougier*.

2° Ledit impétrant ne pourra se pourvoir devant les tribunaux pour
opérer, sur les registres de l'état civil, le changement résultant du pr
décret, qu'après l'expiration du délai fixé par la loi du 11 germinal a
et en justifiant qu'aucune opposition n'a été formée devant le Conseil d
(*Versailles, 4 Août 1874.*)

Certifié conforme :

Paris, le 17 * Août 1874,

Le Garde des Sceaux, Ministre de la Justice,

A. TAILHAND.

* Cette date est celle de la réception du Bulletin
au ministère de la Justice.

On s'abonne, pour le Bulletin des lois, a raison de 9 francs par an, à la caisse de l'Imprimerie
nationale ou chez les Receveurs des postes des départements.

BULLETIN DES LOIS

DE LA RÉPUBLIQUE FRANÇAISE.

N° 219.

RÉPUBLIQUE FRANÇAISE.

———

3317. — *Loi relative à la déclaration d'utilité publique et à la concession à MM. de Mieulle et compagnie des Chemins de fer : 1° de Bourges à Gien ; 2° d'Argent à Beaune-la-Rolande.*

Du 17 Juin 1874.

(Promulguée au *Journal officiel* du 26 juin 1874.)

L'Assemblée nationale a adopté la loi dont la teneur suit :

Art. 1ᵉʳ. Est déclaré d'utilité publique l'établissement des chemins de fer ci-après :

1° De Bourges à Gien ;
2° D'Argent à Beaune-la-Rolande.

2. Est approuvée la convention provisoire passée, le 17 juin 1874, entre le ministre des travaux publics et M. *Anatole-Honoré de Mieulle,* agissant tant en son nom personnel qu'au nom d'une société anonyme en formation, ladite convention portant concession à *M. de Mieulle,* ès nom qu'il agit, des chemins de fer énoncés à l'article 1ᵉʳ ci-dessus.

3. Aucune émission d'obligations ne pourra avoir lieu qu'en vertu d'une autorisation donnée, après avis du ministre des finances, par le ministre des travaux publics.

En aucun cas, il ne pourra être émis d'obligations pour une somme supérieure à la moitié du capital total à réaliser par la compagnie pour l'exécution et la mise en exploitation desdits chemins de fer.

Aucune émission d'obligations ne pourra d'ailleurs être autorisée avant que la moitié au moins du capital-actions ait été versée et employée en achats de terrains, en travaux ou en approvisionnements sur place ou en dépôt de cautionnement.

XII° Série.

Le compte rendu détaillé des résultats de l'exploitation, compre nant les recettes et les dépenses de premier établissement et d'explo tation, sera remis tous les trois mois au ministre des travaux publi et inséré au Journal officiel.

4. Ladite convention et le cahier des charges annexés à la pré sente loi ne seront passibles que du droit fixe d'enregistrement de trois francs (3ᶠ).

Délibéré en séance publique, à Versailles, le 17 Juin 1874.

Le Président,

Signé L. BUFFET.

Les Secrétaires,

Signé FÉLIX VOISIN, FRANCISQUE RIVE, VANDIER, LOUIS DE SÉG
Vᵗᵉ BLIN DE BOURDON, E. DE CAZENOVE DE PRADIN.

LE PRÉSIDENT DE LA RÉPUBLIQUE PROMULGUE LA PRÉSENTE LOI.

Signé Mᵃˡ DE MAC MAHON, duc DE MAGEN

Le Ministre des travaux publics,

Signé E. CAILLAUX.

CONVENTION.

L'an mil huit cent soixante-quatorze, et le dix-sept du mois de juin,

Entre le ministre des travaux publics, agissant au nom de l'État, sous la rés de l'approbation des présentes par une loi,

D'une part,

Et M. *Anatole-Honoré de Mieulle*, agissant tant en son nom personnel qu'au d'une société anonyme en formation,

D'autre part,

Il a été dit et convenu ce qui suit :

ART. 1ᵉʳ. Le ministre des travaux publics, au nom de l'État, concède à M. *Mieulle*, qui l'accepte, les chemins de fer ci-après :

1° De Bourges à Gien ;
2° D'Argent à Beaune-la-Rolande.

2. M. *de Mieulle*, ès nom qu'il agit, s'engage à exécuter les chemins de fer dési és à l'article 1ᵉʳ ci-dessus, sans subvention ni garantie d'intérêts, dans le délai quatre ans, à partir de la loi qui approuvera la présente convention.

3. Lesdits chemins de fer seront régis par le cahier des charges annexé à la pré sente convention.

4. Le concessionnaire devra constituer une société anonyme suivant les dispo tions de la loi du 24 juillet 1867. Aucune action ou promesse d'action ne pourra négociée qu'après cette constitution.

Cette société devra se renfermer strictement, à moins d'autorisation spéciale dans l'objet de la présente concession ou des autres concessions de chemins de fer qui pourront lui être faites ultérieurement.

Fait à Versailles, les jour, mois et an que dessus.

Signé E. CAILLAUX.

Approuvé l'écriture ci-dessus :

Signé AN. DE MIEULLE.

CAHIER DES CHARGES.

TITRE Ier.
TRACÉ ET CONSTRUCTION.

Art. 1er. Le chemin de fer de Bourges à Gien se détachera de la ligne d'Orléans à Vierzon, à ou près Bourges, passera à ou près Argent et aboutira à ou près Gien, soit sur la ligne de Paris à Nevers par le Bourbonnais, soit sur la ligne d'Orléans à Gien.

La ligne d'Argent à Beaune-la-Rolande passera par Lorris, Bellegarde et aboutira sur la ligne de Villeneuve-Saint-Georges à Montargis, à ou près la station de Beaune. Elle se raccordera avec les lignes d'Orléans à Gien et d'Orléans à Châlons.

Toutes réserves sont faites au sujet du passage de la Loire, tant pour la ligne de Bourges à Gien que pour celle d'Argent à Beaune-la-Rolande, la compagnie demeurant tenue de se soumettre à toutes les dispositions qui pourraient lui être prescrites ultérieurement à cet égard.

2. Les travaux devront être commencés dans un délai d'un an et terminés dans un délai de quatre ans, à partir de la date de la loi qui approuve la présente concession.

3. Aucun travail ne pourra être entrepris, pour l'établissement du chemin de fer et de ses dépendances, qu'avec l'autorisation de l'administration supérieure; à cet effet, les projets de tous les travaux à exécuter seront dressés en double expédition et soumis à l'approbation du ministre, qui prescrira, s'il y a lieu, d'y introduire telles modifications que de droit : l'une de ces expéditions sera remise à la compagnie avec le visa du ministre, l'autre demeurera entre les mains de l'administration.

Avant comme pendant l'exécution, la compagnie aura la faculté de proposer aux projets approuvés les modifications qu'elle jugerait utiles; mais ces modifications ne pourront être exécutées que moyennant l'approbation de l'administration supérieure.

4. La compagnie pourra prendre copie de tous les plans, nivellements et devis qui pourraient avoir été antérieurement dressés aux frais de l'État.

5. Le tracé et le profil du chemin de fer seront arrêtés sur la production de projets d'ensemble comprenant, pour la ligne entière ou pour chaque section de la ligne :

1° Un plan général à l'échelle de un dix-millième;

2° Un profil en long à l'échelle de un cinq-millième pour les longueurs et de un millième pour les hauteurs, dont les cotes seront rapportées au niveau moyen de la mer, pris pour point de comparaison. Au-dessous de ce profil, on indiquera, au moyen de trois lignes horizontales disposées à cet effet, savoir :

Les distances kilométriques du chemin de fer, comptées à partir de son origine;

La longueur et l'inclinaison de chaque pente ou rampe;

La longueur des parties droites et le développement des parties courbes du tracé, en faisant connaître le rayon correspondant à chacune de ces dernières;

3° Un certain nombre de profils en travers, y compris le profil type de la voie;

4° Un mémoire dans lequel seront justifiées toutes les dispositions essentielles du projet et un devis descriptif dans lequel seront reproduites, sous forme de tableaux, les indications relatives aux déclivités et aux courbes déjà données sur le profil en long.

La position des gares et stations projetées, celle des cours d'eau et des voies de communication traversés par le chemin de fer, des passages soit à niveau, soit en dessus, soit en dessous de la voie ferrée, devront être indiquées tant sur le plan que sur le profil en long; le tout sans préjudice des projets à fournir pour chacun de ces ouvrages.

6. Les terrains seront acquis pour deux voies; les ouvrages d'art et les terrassements pourront être exécutés et les rails pourront être posés pour une voie seulement, sauf l'établissement d'un certain nombre de gares d'évitement.

La compagnie sera tenue d'ailleurs d'établir la deuxième voie, soit sur la totalité du chemin, soit sur les parties qui lui seront désignées, lorsque l'insuffisance d'une seule voie, par suite du développement de la circulation, aura été constatée par l'administration.

Les terrains acquis par la compagnie pour l'établissement de la seconde voie ne pourront recevoir une autre destination.

7. La largeur de la voie entre les bords intérieurs des rails devra être de un mèt quarante-quatre (1",44) à un mètre quarante-cinq centimètres (1",45).

Dans les parties à deux voies, la largeur de l'entre-voie, mesurée entre les bor extérieurs des rails, sera de deux mètres (2",00).

La largeur des accotements, c'est-à-dire des parties comprises de chaque côté ent le bord extérieur du rail et l'arête supérieure du ballast, sera de un mètre (1",0 au moins.

On ménagera au pied de chaque talus du ballast une banquette de cinquante ce timètres (0",50) de largeur.

La compagnie établira le long du chemin de fer les fossés ou rigoles qui sero jugés nécessaires pour l'assèchement de la voie et l'écoulement des eaux.

Les dimensions de ces fossés et rigoles seront déterminées par l'administration, su vant les circonstances locales, sur les propositions de la compagnie.

8. Les alignements seront raccordés entre eux par des courbes dont le rayon pourra être inférieur à quatre cents mètres. Une partie droite de cent mètres au moi de longueur devra être ménagée entre deux courbes consécutives, lorsqu'elles sero dirigées en sens contraire.

Le maximum de l'inclinaison des pentes et rampes est fixé à seize millimètres pu mètre.

Une partie horizontale de cent mètres au moins devra être ménagée entre de fortes déclivités consécutives, lorsque ces déclivités se succéderont en sens co traire, et de manière à verser leurs eaux au même point.

Les déclivités correspondant aux courbes de faible rayon devront être réduit autant que faire se pourra.

La compagnie aura la faculté de proposer aux dispositions de cet article et à cel de l'article précédent les modifications qui lui paraîtraient utiles; mais ces modi cations ne pourront être exécutées que moyennant l'approbation préalable de l'adm nistration supérieure.

9. Le nombre, l'étendue et l'emplacement des gares d'évitement seront détermi nés par l'administration, la compagnie entendue.

Le nombre des voies sera augmenté, s'il y a lieu, dans les gares et aux abords d ces gares, conformément aux décisions qui seront prises par l'administration, compagnie entendue.

Le nombre et l'emplacement des stations de voyageurs et des gares de marchan dises seront également déterminés par l'administration, sur les propositions de la compagnie, après une enquête spéciale.

La compagnie sera tenue, préalablement à tout commencement d'exécution, de soumettre à l'administration le projet desdites gares, lequel se composera :

1° D'un plan à l'échelle de un cinq-centième, indiquant les voies, les quais, les bâtiments et leur distribution intérieure, ainsi que la disposition de leurs abords;

2° D'une élévation des bâtiments à l'échelle de un centimètre par mètre;

3° D'un mémoire descriptif dans lequel les dispositions essentielles du projet se ront justifiées.

10. A moins d'obstacles locaux, dont l'appréciation appartiendra à l'administration, les croisements à niveau pourront toujours avoir lieu dans les conditions stipulées dans l'article 13.

11. Lorsque le chemin de fer devra passer au-dessus d'une route nationale ou départementale, ou d'un chemin vicinal, l'ouverture du viaduc sera fixée par l'ad ministration, en tenant compte des circonstances locales; mais cette ouverture ne pourra, dans aucun cas, être inférieure à huit mètres (8",00) pour la route natio nale, à sept mètres (7",00) pour la route départementale, à cinq mètres (5",00) pour un chemin vicinal de grande communication, et à quatre mètres (4",00) pour un simple chemin vicinal.

Pour les viaducs de forme cintrée, la hauteur sous clef, à partir du sol de la route, sera de cinq mètres (5",00) au moins. Pour ceux qui seront formés de poutres horizontales en bois ou en fer, la hauteur sous poutres sera de quatre mètres trente centimètres (4",30) au moins.

La largeur entre les parapets sera au moins de huit mètres (8",00). La hauteur de ces parapets sera fixée par l'administration et ne pourra, dans aucun cas, être in férieure à quatre-vingts centimètres (0",80).

Sur les lignes et sections pour lesquelles la compagnie est autorisée à n'exécuter les ouvrages d'art que pour une seule voie, la largeur des viaducs entre les parapets sera de quatre mètres cinquante centimètres (4^m,50) au moins.

12. Lorsque le chemin de fer devra passer au-dessous d'une route nationale ou départementale, ou d'un chemin vicinal, la largeur entre les parapets du pont qui supportera la route ou le chemin sera fixée par l'administration, en tenant compte des circonstances locales; mais cette largeur ne pourra, dans aucun cas, être inférieure à huit mètres (8^m,00) pour la route nationale, à sept mètres (7^m,00) pour la voie départementale, à cinq mètres (5^m,00) pour un chemin vicinal de grande communication, et à quatre mètres (4^m,00) pour un simple chemin vicinal.

L'ouverture du pont entre les culées sera au moins de huit mètres (8^m,00), et la distance verticale ménagée au-dessus des rails extérieurs de chaque voie pour le passage des trains ne sera pas inférieure à quatre mètres quatre-vingts centimètres (4^m,80) au moins.

Sur les lignes ou sections pour lesquelles la compagnie est autorisée à n'exécuter les ouvrages d'art que pour une seule voie, l'ouverture entre les culées sera de quatre mètres cinquante centimètres (4^m,50).

13. Dans le cas où des routes nationales ou départementales, ou des chemins vicinaux, ruraux ou particuliers, seraient traversés à leur niveau par le chemin de fer, les rails devront être posés sans aucune saillie ni dépression sur la surface de ces routes, et de telle sorte qu'il n'en résulte aucune gêne pour la circulation des voitures.

Le croisement à niveau du chemin de fer et des routes ne pourra s'effectuer sous un angle moindre de quarante-cinq degrés.

Chaque passage à niveau sera muni de barrières; il y sera, en outre, établi une maison de garde toutes les fois que l'utilité en sera reconnue par l'administration. La compagnie devra soumettre à l'approbation de l'administration les projets types de ces barrières.

14. Lorsqu'il y aura lieu de modifier l'emplacement ou le profil des routes existantes, l'inclinaison des pentes et rampes, sur les routes modifiées, ne pourra excéder trois centimètres (0^m,03) par mètre pour les routes nationales ou départementales, et cinq centimètres (0^m,05) pour les chemins vicinaux. L'administration restera libre, toutefois, d'apprécier les circonstances qui pourraient motiver une dérogation à cette clause, comme à celle qui est relative à l'angle de croisement des passages à niveau.

15. La compagnie sera tenue de rétablir et d'assurer à ses frais l'écoulement de toutes les eaux dont le cours serait arrêté, suspendu ou modifié par ses travaux, et de prendre les mesures nécessaires pour prévenir l'insalubrité pouvant résulter des chambres d'emprunt.

Les viaducs à construire à la rencontre des rivières, des canaux et des cours d'eau quelconques auront au moins huit mètres (8^m,00) de largeur entre les parapets sur les chemins à deux voies, et quatre mètres cinquante centimètres (4^m,50) sur les chemins à une voie. La hauteur de ces parapets sera fixée par l'administration et ne pourra être inférieure à quatre-vingts centimètres (0^m,80).

La hauteur et le débouché du viaduc seront déterminés, dans chaque cas particulier, par l'administration, suivant les circonstances locales.

Dans tous les cas où l'administration le jugera utile, il pourra être accolé aux ponts établis par la compagnie pour le service du chemin de fer une voie charretière ou une passerelle pour piétons. L'excédant de dépense qui en résultera sera supporté par l'État, le département ou les communes intéressées, après évaluation contradictoire des ingénieurs de l'État et de la compagnie.

16. Les souterrains à établir pour le passage du chemin de fer auront au moins huit mètres (8^m,00) de largeur entre les pieds-droits au niveau des rails et six mètres (6^m,00) de hauteur sous clef au-dessus de la surface des rails. La distance verticale entre l'intrados et le dessus des rails extérieurs de chaque voie ne sera pas inférieure à quatre mètres quatre-vingts centimètres (4^m,80). L'ouverture des puits d'aérage et de construction des souterrains sera entourée d'une margelle en maçonnerie de deux mètres (2^m,00) de hauteur. Cette ouverture ne pourra être établie sur aucune voie publique.

17. A la rencontre des cours d'eau flottables ou navigables, la compagnie sera tenue de prendre toutes les mesures et de payer tous les frais nécessaires pour que le service de la navigation ou du flottage n'éprouve ni interruption ni entrave pendant l'exécution des travaux.

A la rencontre des routes nationales ou départementales et des autres chemins publics, il sera construit des chemins et ponts provisoires, par les soins et aux frais de la compagnie, partout où cela sera jugé nécessaire pour que la circulation n'éprouve ni interruption ni gêne.

Avant que les communications existantes puissent être interceptées, une reconnaissance sera faite par les ingénieurs de la localité, à l'effet de constater si les ouvrages provisoires présentent une solidité suffisante et s'ils peuvent assurer le service de la circulation.

Un délai sera fixé par l'administration pour l'exécution des travaux définitifs destinés à rétablir les communications interceptées.

18. La compagnie n'emploiera, dans l'exécution des ouvrages, que des matériaux de bonne qualité; elle sera tenue de se conformer à toutes les règles de l'art, de manière à obtenir une construction parfaitement solide.

Tous les aqueducs, ponceaux, ponts et viaducs à construire à la rencontre des divers cours d'eau et des chemins publics ou particuliers seront en maçonnerie n fer, sauf les cas d'exception qui pourront être admis par l'administration.

19. Les voies seront établies d'une manière solide et avec des matériaux de bonne qualité.

Le poids des rails sera au moins de trente-cinq kilogrammes par mètre courant sur les voies de circulation, si ces rails sont posés sur traverses, et de trente kilogrammes dans le cas où ils seraient posés sur longrines.

20. Le chemin de fer sera séparé des propriétés riveraines par des murs, haies ou toute autre clôture dont le mode et la disposition seront autorisés par l'administration, sur la proposition de la compagnie, savoir :

1° Dans toute l'étendue de la traversée des lieux habités;

2° Sur cinquante mètres de longueur au moins de chaque côté des passages à niveau ou des stations;

3° Et enfin dans toutes les parties où l'administration le jugera nécessaire.

21. Tous les terrains nécessaires pour l'établissement du chemin de fer et de ses dépendances, pour la déviation des voies de communication et des cours d'eau déplacés, et, en général, pour l'exécution des travaux, quels qu'ils soient, auxquels l'établissement pourra donner lieu, seront achetés et payés par la compagnie concessionnaire.

Les indemnités pour occupation temporaire ou pour détérioration de terrains, pour chômage, modification ou destruction d'usines, et pour tous dommages quelconques résultant des travaux, seront supportées et payées par la compagnie.

22. L'entreprise étant d'utilité publique, la compagnie est investie, pour l'exécution des travaux dépendant de sa concession, de tous les droits que les lois et règlements confèrent à l'administration en matière de travaux publics, soit pour l'acquisition des terrains par voie d'expropriation, soit pour l'extraction, le transport et le dépôt des terres, matériaux, etc., et elle demeure en même temps soumise à toutes les obligations qui dérivent, pour l'administration, de ces lois et règlements.

23. Dans les limites de la zone frontière et dans le rayon de servitude des enceintes fortifiées, la compagnie sera tenue, pour l'étude et l'exécution de ces projets, de se soumettre à l'accomplissement de toutes les formalités et de toutes les conditions exigées par les lois, décrets et règlements concernant les travaux militaires.

24. Si la ligne du chemin de fer traverse un sol déjà concédé pour l'exploitation d'une mine, l'administration déterminera les mesures à prendre pour que l'établissement du chemin de fer ne nuise pas à l'exploitation de la mine, et réciproquement pour que, le cas échéant, l'exploitation de la mine ne compromette pas l'existence du chemin de fer.

Les travaux de consolidation à faire dans l'intérieur de la mine à raison de la traversée du chemin de fer, et tous les dommages résultant de cette traversée pour les concessionnaires de la mine, seront à la charge de la compagnie.

25. Si le chemin de fer doit s'étendre sur des terrains renfermant des carrières et les traverser souterrainement, il ne pourra être livré à la circulation avant que les excavations qui pourraient en compromettre la solidité aient été remblayées ou consolidées. L'administration déterminera la nature et l'étendue des travaux qu'il conviendra d'entreprendre à cet effet, et qui seront d'ailleurs exécutés par les soins et aux frais de la compagnie.

26. Pour l'exécution des travaux, la compagnie se soumettra aux décisions ministérielles concernant l'interdiction du travail les dimanches et jours fériés.

27. Les travaux seront exécutés sous le contrôle et la surveillance de l'administration.

Les travaux devront être adjugés par lots ou sur série de prix, soit avec publicité et concurrence, soit sur soumissions cachetées, entre entrepreneurs agréés à l'avance : toutefois, si le conseil d'administration juge convenable, pour une entreprise ou une fourniture déterminée, de procéder par voie de régie ou de traité direct, il devra, préalablement à toute exécution, obtenir de l'assemblée générale des actionnaires l'autorisation soit de la régie, soit du traité.

Un marché général pour l'emploi du chemin de fer, soit à forfait, soit sur série de prix, est dans tous les cas formellement interdit.

Le contrôle et la surveillance de l'administration auront pour objet d'empêcher la compagnie de s'écarter des dispositions prescrites par le présent cahier des charges, et spécialement par le présent article, et de celles qui résulteront des projets approuvés.

28. A mesure que les travaux seront terminés sur des parties de chemin de fer susceptibles d'être livrées utilement à la circulation, il sera procédé, sur la demande de la compagnie, à la reconnaissance et, s'il y a lieu, à la réception provisoire de ces parties par un ou plusieurs commissaires que l'administration désignera.

Sur le vu du procès-verbal de cette reconnaissance, l'administration autorisera, s'il y a lieu, la mise en exploitation des parties dont il s'agit; après cette autorisation, la compagnie pourra mettre lesdites parties en service et y percevoir les taxes ci-après déterminées. Toutefois, ces réceptions partielles ne deviendront définitives que par la réception générale et définitive du chemin de fer.

29. Après l'achèvement total des travaux, et dans le délai qui sera fixé par l'administration, la compagnie fera faire à ses frais un bornage contradictoire et un plan cadastral du chemin de fer et de ses dépendances. Elle fera dresser également à ses frais, et contradictoirement avec l'administration, un état descriptif de tous les ouvrages d'art qui auront été exécutés, ledit état accompagné d'un atlas contenant les cotes de tous lesdits ouvrages.

Une expédition dûment certifiée des procès-verbaux de bornage, du plan cadastral, de l'état descriptif et de l'atlas sera dressée aux frais de la compagnie et déposée dans les archives du ministère.

Les terrains acquis par la compagnie postérieurement au bornage général, en vue de satisfaire aux besoins de l'exploitation, et qui par cela même deviendront partie intégrante du chemin de fer, donneront lieu, au fur et à mesure de leur acquisition, à des bornages supplémentaires, et seront ajoutés sur le plan cadastral; addition sera également faite sur l'atlas de tous les ouvrages d'art exécutés postérieurement à sa rédaction.

TITRE II.

ENTRETIEN ET EXPLOITATION.

30. Le chemin de fer et toutes ses dépendances seront constamment entretenus en bon état, de manière que la circulation y soit toujours facile et sûre.

Les frais d'entretien et ceux auxquels donneront lieu les réparations ordinaires et extraordinaires seront entièrement à la charge de la compagnie.

Si le chemin de fer, une fois achevé, n'est pas constamment entretenu en bon état, il y sera pourvu d'office, à la diligence de l'administration et aux frais de la compagnie, sans préjudice, s'il y a lieu, de l'application des dispositions indiquées dans l'article 40.

Le montant des avances faites sera recouvré au moyen de rôles que le préfet rendra exécutoires.

31. La compagnie sera tenue d'établir à ses frais, partout où besoin sera, des gardiens en nombre suffisant pour assurer la sécurité du passage des trains sur la voie et celle de la circulation ordinaire sur les points où le chemin de fer sera traversé à niveau par des routes ou chemins.

32. Les machines locomotives seront construites sur les meilleurs modèles. Elles devront consumer leur fumée et satisfaire d'ailleurs à toutes les conditions prescrites ou à prescrire par l'administration pour la mise en service de ce genre de machines.

Les voitures de voyageurs devront également être faites d'après les meilleurs modèles et satisfaire à toutes les conditions réglées ou à régler pour les voitures servant au transport des voyageurs sur les chemins de fer. Elles seront suspendues su ressorts et garnies de banquettes.

Il y en aura de trois classes au moins :

1° Les voitures de première classe seront couvertes, garnies, fermées à glaces munies de rideaux;

2° Celles de deuxième classe seront couvertes, fermées à glaces, munies d rideaux, et auront des banquettes rembourrées;

3° Celles de troisième classe seront couvertes, fermées à vitres, munies soit d rideaux, soit de persiennes, et auront des banquettes à dossier. Les dossiers et les banquettes devront être inclinés, et les dossiers seront élevés à la hauteur de l tête des voyageurs.

L'intérieur de chacun des compartiments de toute classe contiendra l'indicatio du nombre des places de ce compartiment.

L'administration pourra exiger qu'un compartiment de chaque classe soit réservé dans les trains de voyageurs, aux femmes voyageant seules.

Les voitures de voyageurs, les wagons destinés au transport des marchandises des chaises de poste, des chevaux ou des bestiaux, les plates-formes, et, en général toutes les parties du matériel roulant, seront de bonne et solide construction.

La compagnie sera tenue, pour la mise en service de ce matériel, de se soumettre à tous les règlements sur la matière.

Les machines locomotives, tenders, voitures, wagons de toute espèce, plates formes composant le matériel roulant, seront constamment entretenus en bon état.

33. Des règlements d'administration publique, rendus après que la compagnie aura été entendue, détermineront les mesures et les dispositions nécessaires pour assurer la police et l'exploitation du chemin de fer, ainsi que la conservation du ouvrages qui en dépendent.

Toutes les dépenses qu'entraînera l'exécution des mesures prescrites en vertu de ces règlements seront à la charge de la compagnie.

La compagnie sera tenue de soumettre à l'approbation de l'administration les règlements relatifs au service et à l'exploitation du chemin de fer.

Les règlements dont il s'agit dans les deux paragraphes précédents seront obliga toires non-seulement pour la compagnie concessionnaire, mais encore pour toutes celles qui obtiendraient ultérieurement l'autorisation d'établir des lignes de chemin de fer d'embranchement ou de prolongement, et, en général, pour toutes les per sonnes qui emprunteraient l'usage du chemin de fer.

Le ministre déterminera, sur la proposition de la compagnie, le minimum et le maximum de vitesse des convois de voyageurs et de marchandises et des convois spéciaux des postes, ainsi que la durée du trajet.

34. Pour tout ce qui concerne l'entretien et les réparations du chemin de fer et de ses dépendances, l'entretien du matériel et le service de l'exploitation, la compa gnie sera soumise au contrôle et à la surveillance de l'administration.

Outre la surveillance ordinaire, l'administration déléguera, aussi souvent qu'elle le jugera utile, un ou plusieurs commissaires pour reconnaître et constater l'état du chemin de fer, de ses dépendances et du matériel.

TITRE III.

DURÉE, RACHAT ET DÉCHÉANCE DE LA CONCESSION.

35. La durée de la concession, pour les lignes mentionnées à l'article 1er du pré sent cahier des charges, sera de quatre-vingt-dix-neuf ans (99 ans). Elle commencera à courir à partir du délai fixé pour l'achèvement des travaux par l'article 2 ci-dessus.

36. A l'époque fixée pour l'expiration de la concession, et par le seul fait de cette expiration, le Gouvernement sera subrogé à tous les droits de la compagnie sur le chemin de fer et ses dépendances, et il entrera immédiatement en jouissance de tous ses produits.

La compagnie sera tenue de lui remettre en bon état d'entretien le chemin de fer et tous les immeubles qui en dépendent, quelle qu'en soit l'origine, tels que les bâ timents des gares et stations, les remises, ateliers et dépôts, les maisons de gardes, etc. Il en sera de même de tous les objets immobiliers dépendant également dudit che min, tels que les barrières et clôtures, les voies, changements de voies, plaques tour nantes, réservoirs d'eau, grues hydrauliques, machines fixes, etc.

Dans les cinq dernières années qui précéderont le terme de la concession, le Gouvernement aura le droit de saisir les revenus du chemin de fer et de les employer à rétablir en bon état le chemin de fer et ses dépendances, si la compagnie ne se mettait pas en mesure de satisfaire pleinement et entièrement à cette obligation.

En ce qui concerne les objets mobiliers, tels que le matériel roulant, les matériaux, combustibles et approvisionnements de tout genre, le mobilier des stations, l'outillage des ateliers et des gares, l'État sera tenu, si la compagnie le requiert, de reprendre tous ces objets sur l'estimation qui en sera faite à dire d'experts, et réciproquement, si l'État le requiert, la compagnie sera tenue de les céder de la même manière.

Toutefois, l'État ne pourra être tenu de reprendre que les approvisionnements nécessaires à l'exploitation du chemin pendant six mois.

II. A toute époque après l'expiration des quinze premières années de la concession, le Gouvernement aura la faculté de racheter la concession entière du chemin de fer.

Pour régler le prix du rachat, on relèvera les produits nets annuels obtenus par la compagnie pendant les sept années qui auront précédé celle où le rachat sera effectué; on en déduira les produits nets des deux plus faibles années, et l'on établira le produit net moyen des cinq autres années.

Ce produit net moyen formera le montant d'une annuité qui sera due et payée à la compagnie pendant chacune des années restant à courir sur la durée de la concession.

Dans aucun cas, le montant de l'annuité ne sera inférieur au produit net de la dernière des sept années prises pour terme de comparaison.

La compagnie recevra, en outre, dans les trois mois qui suivront le rachat, les remboursements auxquels elle aurait droit à l'expiration de la concession, suivant l'article 36 ci-dessus.

Dans le cas où il serait fait concession à la compagnie de nouvelles lignes de chemin de fer, si le Gouvernement exerce le droit qui lui est réservé par le présent article de racheter la concession entière, la compagnie pourra demander que les lignes dont la concession remonte à moins de quinze ans soient évaluées, non d'après leurs produits nets, mais d'après leur prix réel de premier établissement.

38. Si la compagnie n'a pas commencé les travaux dans le délai fixé par l'article 2, elle sera déchue de plein droit, sans qu'il y ait lieu à une notification ou mise en demeure préalable.

Dans ce cas, la somme de un million (1,000,000^f) qui aura été déposée, ainsi qu'il sera dit à l'article 63, à titre de cautionnement, deviendra la propriété de l'État et restera acquise au trésor public.

39. Faute par la compagnie d'avoir terminé les travaux dans le délai fixé par l'article 2, faute aussi par elle d'avoir rempli les diverses obligations qui lui sont imposées par le présent cahier des charges, elle encourra la déchéance, et il sera pourvu tant à la continuation et à l'achèvement des travaux qu'à l'exécution des autres engagements contractés par la compagnie, au moyen d'une adjudication que l'on ouvrira sur une mise à prix des ouvrages exécutés, des matériaux approvisionnés et des parties du chemin de fer déjà livrées à l'exploitation.

Les soumissions pourront être inférieures à la mise à prix.

La nouvelle compagnie sera soumise aux clauses du présent cahier des charges, et la compagnie évincée recevra d'elle le prix que la nouvelle adjudication aura fixé.

La partie du cautionnement qui n'aura pas encore été restituée deviendra la propriété de l'État.

Si l'adjudication ouverte n'amène aucun résultat, une seconde adjudication sera tentée sur les mêmes bases, après un délai de trois mois; si cette seconde tentative reste également sans résultat, la compagnie sera définitivement déchue de tous droits, et alors les ouvrages exécutés, les matériaux approvisionnés et les parties de chemin de fer déjà livrées à l'exploitation appartiendront à l'État.

40. Si l'exploitation du chemin de fer vient à être interrompue en totalité ou en partie, l'administration prendra immédiatement, aux frais et risques de la compagnie, les mesures nécessaires pour assurer provisoirement le service.

Si, dans les trois mois de l'organisation du service provisoire, la compagnie n'a pas valablement justifié qu'elle est en état de reprendre et de continuer l'exploitation, et si elle ne l'a pas définitivement reprise, la déchéance pourra être prononcée par le ministre. Cette déchéance prononcée, le chemin de fer et toutes ses dépen-

dances seront mis en adjudication, et il sera procédé ainsi qu'il est dit à l'
précédent.

41. Les dispositions des trois articles qui précèdent cesseraient d'être app
et la déchéance ne serait pas encourue, dans le cas où le concessionnaire
pa remplir ses obligations par suite de circonstances de force majeure
constatées.

TITRE IV.

TAXES ET CONDITIONS RELATIVES AU TRANSPORT DES VOYAGEURS
ET DES MARCHANDISES.

42. Pour indemniser la compagnie des travaux et dépenses qu'elle s'engage à
par le présent cahier des charges, et sous la condition expresse qu'elle en
plira exactement toutes les obligations, le Gouvernement lui accorde l'
de percevoir, pendant toute la durée de la concession, les droits de péag
de transport ci-après déterminés :

TARIF.

1° PAR TÊTE ET PAR KILOMÈTRE.

		fr. c.	fr. c.
Grande vitesse.			
Voyageurs.	Voitures couvertes, garnies et fermées a glaces (1re classe)	0 067	0 033
	Voitures couvertes, fermées à glaces, et à banquettes rembourrées (2e classe)	0 050	0 025
	Voitures couvertes et fermées a vitres (3e classe)	0 037	0 018
Enfants.	Au-dessous de trois ans, les enfants ne payent rien, à la condition d'être portés sur les genoux des personnes qui les accompagnent. De trois à sept ans, ils payent demi-place et ont droit a une place distincte; toutefois, dans un même compartiment, deux enfants ne pourront occuper que la place d'un voyageur.		
	Au-dessus de sept ans, ils payent place entière.		
Chiens transportés dans les trains de voyageurs (sans que la perception puisse être inférieure à 0'30')		0 010	0 005

Petite vitesse.

	fr. c.	fr. c.
Bœufs, vaches, taureaux, chevaux, mulets, bêtes de trait	0 07	0 03
Veaux et porcs	0 025	0 015
Moutons, brebis, agneaux, chèvres	0 01	0 01

Lorsque les animaux ci-dessus dénommés seront, sur la demande des expéditeurs, transportés à la vitesse des trains de voyageurs, les prix seront doublés.

2° PAR TONNE ET PAR KILOMÈTRE.

Marchandises transportées à grande vitesse.

	fr. c.	fr. c.
Huîtres, poissons frais, denrées, excédants de bagages et marchandises de toute classe transportées a la vitesse des trains de voyageurs	0 30	0 16

Marchandises transportées à petite vitesse.

	fr. c.	fr. c.
1re classe. — Spiritueux. — Huiles. — Bois de menuiserie, de teinture et autres bois exotiques. — Produits chimiques non dénommés. — Œufs. — Viande fraîche. — Gibier. — Sucre. — Café. — Drogues. — Épiceries. — Tissus. — Denrées coloniales. — Objets manufacturés. — Armes	0 09	0 07
2e classe. — Blés. — Grains. — Farines. — Légumes farineux. — Riz. — Maïs. — Châtaignes et autres denrées alimentaires non dénommées. — Chaux et plâtre. — Charbon de bois. — Bois à brûler dit de corde. — Perches. — Chevrons. — Planches. — Madriers.		

| | PRIX | | |
de péage.	de trans- port.	TOTAUX.
fr. c.	fr. c.	fr. c.

— Bois de charpente. — Marbre en bloc. — Albâtre. — Bitumes. — Cotons. — Laines. — Vins. — Vinaigres. — Boissons. — Bière. — Levûre sèche. — Coke. — Fers. — Cuivre. — Plombs et autres métaux ouvrés ou non. — Fontes moulées. . . . . **0 08 | 0 06 | 0 14**

P... — Pierres de taille et produits de carrières. — Minerais autres que les minerais de fer. — Fonte brute. — Sel. — Moellons. — Meulières. — Argiles. — Briques. — Ardoises. . . . . **0 06 | 0 04 | 0 10**

... — Houille. —
... — Cendre. —
Pour le parcours de 0 à 100 kilomètres, sans que la taxe puisse être supérieure à 5 francs. . . . . **0 05 | 0 03 | 0 08**

... — Engrais. —
...res à chaux et à ...re. — Pavés et ma- ...tériaux pour la cons- truction et la répara- tion des routes. — Mi- nerais de fer. — Cail- loux et sables. . . . .
Pour le parcours de 101 à 300 kilo- mètres, sans que la taxe puisse être su- périeure à 12 francs. . . . . **0 03 | 0 02 | 0 05**

Pour le parcours de plus de 300 kilo- mètres. . . . . **0 025 | 0 015 | 0 04**

3° VOITURES ET MATÉRIEL ROULANT TRANSPORTÉS À PETITE VITESSE.

Par pièce et par kilomètre.

Wagon ou chariot pouvant porter de trois à six tonnes . . . . **0 09 | 0 06 | 0 15**

Wagon ou chariot pouvant porter plus de six tonnes. . . . . **0 12 | 0 08 | 0 20**

Locomotive pesant de douze à dix-huit tonnes (ne traînant pas de convoi). . . . . **1 80 | 1 20 | 3 00**

Locomotive pesant plus de dix-huit tonnes (ne traînant pas de convoi). . . . . **2 25 | 1 50 | 3 75**

Tender de sept à dix tonnes. . . . . **0 90 | 0 60 | 1 50**

Tender de plus de dix tonnes. . . . . **1 55 | 0 90 | 2 25**

Les machines locomotives seront considérées comme ne traînant pas de convoi, lorsque le convoi remorqué, soit de voyageurs, soit de marchandises, ne comportera pas un péage au moins égal à celui qui serait perçu sur la locomotive avec son tender mar- chant sans rien traîner.

Le prix à payer pour un wagon chargé ne pourra jamais être inférieur à celui qui serait dû pour un wagon marchant à vide.

Voitures à deux ou quatre roues, à un fond et à une seule banquette dans l'intérieur. . . . . **0 15 | 0 10 | 0 25**

Voitures à quatre roues, à deux fonds et à deux banquettes dans l'intérieur, omnibus, diligences, etc. . . . **0 18 | 0 14 | 0 32**

Lorsque, sur la demande des expéditeurs, les transports auront lieu à la vitesse des trains de voyageurs, les prix ci-dessus seront doublés.

Dans ce cas, deux personnes pourront, sans supplément de prix, voyager dans les voitures à une banquette, et trois dans les voi- tures à deux banquettes, omnibus, diligences, etc.; les voya- geurs excédant ce nombre payeront le prix des places de deuxième classe.

Voitures de déménagement à deux ou quatre roues, à vide. . . . . . . **0 12 | 0 08 | 0 20**

Ces voitures, lorsqu'elles seront chargées, payeront en sus des prix ci-dessus, par tonne de chargement et par kilomètre. . . . . **0 08 | 0 06 | 0 14**

4° SERVICE DES POMPES FUNÈBRES ET TRANSPORT DES CERCUEILS.

Grande vitesse.

Une voiture des pompes funèbres renfermant un ou plusieurs cer- cueils sera transportée aux mêmes prix et conditions qu'une voiture à quatre roues, à deux fonds et à deux banquettes. . . . . **0 36 | 0 28 | 0 64**

Chaque cercueil confié à l'administration du chemin de fer sera transporté, dans un compartiment isolé, au prix de. . . . . **0 18 | 0 12 | 0 30**

Chaque cercueil confié à l'administration du chemin de fer pour être transporté par train express dans une voiture spéciale sera soumis au tarif de. . . . . **0 60 | 0 40 | 1 00**

Les prix déterminés ci-dessus pour les transports à grande vitesse ne comprennent pas l'impôt dû à l'État.

Il est expressément entendu que les prix de transport ne seront dus à la compagnie qu'autant qu'elle effectuerait elle-même ces transports à ses frais et par ses propres moyens. Dans le cas contraire, elle n'aura droit qu'aux prix fixés pour le péage.

La perception aura lieu d'après le nombre de kilomètres parcourus. Tout kilomètre entamé sera payé comme s'il avait été parcouru tout en entier.

Si la distance parcourue est inférieure à six kilomètres, elle sera comptée pour six kilomètres.

Le poids de la tonne est de mille kilogrammes.

Les fractions de poids ne seront comptées, tant pour la grande que pour la petite vitesse, que par centième de tonne ou par dix kilogrammes.

Ainsi, tout poids compris entre zéro et dix kilogrammes payera comme dix kilogrammes; entre dix et vingt kilogrammes, comme vingt kilogrammes, etc.

Toutefois, pour les excédants de bagages et marchandises à grande vitesse, les coupures seront établies : 1° de zéro à cinq kilogrammes; 2° au-dessus de cinq, jusqu'à dix kilogrammes; 3° au-dessus de dix kilogrammes, par fraction indivisible de dix kilogrammes.

Quelle que soit la distance parcourue, le prix d'une expédition quelconque, soit en grande, soit en petite vitesse, ne pourra être moindre de quarante centimes.

Dans le cas où le prix de l'hectolitre de blé s'élèverait sur le marché régulateur de Gray à vingt francs ou au-dessus, le Gouvernement pourra exiger de la compagnie que le tarif du transport des blés, grains, riz, maïs, farines et légumes farineux, péage compris, ne puisse s'élever, au maximum, qu'à sept centimes par tonne et par kilomètre.

43. A moins d'une autorisation spéciale et révocable de l'administration, tout train régulier de voyageurs devra contenir des voitures de toute classe en nombre suffisant pour toutes les personnes qui se présenteraient dans les bureaux du chemin de fer.

Dans chaque train de voyageurs, la compagnie aura la faculté de placer des voitures à compartiments spéciaux, pour lesquels il sera établi des prix particuliers que l'administration fixera, sur la proposition de la compagnie; mais le nombre des places à donner dans ces compartiments ne pourra dépasser le cinquième du nombre total des places du train.

44. Tout voyageur dont le bagage ne pèsera pas plus de trente kilogrammes n'aura à payer, pour le port de ce bagage, aucun supplément du prix de sa place.

Cette franchise ne s'appliquera pas aux enfants transportés gratuitement, et elle sera réduite à vingt kilogrammes pour les enfants transportés à moitié prix.

45. Les animaux, denrées, marchandises, effets et autres objets non désignés dans le tarif seront rangés, pour les droits à percevoir, dans les classes avec lesquelles ils auront le plus d'analogie, sans que jamais, sauf les exceptions formulées aux articles 46 et 47 ci-après, aucune marchandise non dénommée puisse être soumise à une taxe supérieure à celle de la première classe du tarif ci-dessus.

Les assimilations de classes pourront être provisoirement réglées par la compagnie; mais elles seront soumises immédiatement à l'administration, qui prononcera définitivement.

46. Les droits de péage et les prix de transport déterminés au tarif ne sont point applicables à toute masse indivisible pesant plus de trois mille kilogrammes (3,000ᵏ).

Néanmoins, la compagnie ne pourra se refuser à transporter les masses indivisibles pesant de trois mille à cinq mille kilogrammes, mais les droits de péage et les prix de transport seront augmentés de moitié.

La compagnie ne pourra être contrainte à transporter les masses pesant plus de cinq mille kilogrammes (5,000ᵏ).

Si, nonobstant la disposition qui précède, la compagnie transporte des masses indivisibles pesant plus de cinq mille kilogrammes, elle devra, pendant trois mois au moins, accorder les mêmes facilités à tous ceux qui en feraient la demande.

Dans ce cas, les prix de transport seront fixés par l'administration, sur la proposition de la compagnie.

47. Les prix de transport déterminés au tarif ne sont point applicables :

1° Aux denrées et objets qui ne sont pas nommément énoncés dans le tarif et qui ne pèseraient pas deux cents kilogrammes sous le volume d'un mètre cube;

2° Aux matières inflammables ou explosibles, aux animaux et objets dangereux, pour lesquels des règlements de police prescriraient des précautions spéciales;

3° Aux animaux dont la valeur déclarée excéderait cinq mille francs;

4° À l'or et à l'argent, soit en lingots, soit monnayés ou travaillés, au plaqué d'or ou d'argent, au mercure et au platine, ainsi qu'aux bijoux, dentelles, pierres précieuses, objets d'art et autres valeurs;

5° Et, en général, à tous paquets, colis ou excédants de bagages pesant isolément quarante kilogrammes et au-dessous.

Toutefois, les prix de transport déterminés au tarif sont applicables à tous paquets ou colis, quoique emballés à part, s'ils font partie d'envois pesant ensemble plus de quarante kilogrammes d'objets envoyés par une même personne à une même personne. Il en sera de même pour les excédants de bagages qui pèseraient ensemble isolément plus de quarante kilogrammes.

Le bénéfice de la disposition énoncée dans le paragraphe précédent, en ce qui concerne les paquets ou colis, ne peut être invoqué par les entrepreneurs de messageries et de roulage et autres intermédiaires de transport, à moins que les articles ainsi envoyés ne soient réunis en un seul colis.

Dans les cinq cas ci-dessus spécifiés, les prix de transport seront arrêtés annuellement par l'administration, tant pour la grande que pour la petite vitesse, sur la proposition de la compagnie.

En ce qui concerne les paquets ou colis mentionnés au paragraphe 5° ci-dessus, les prix de transport devront être calculés de telle manière qu'en aucun cas un de ces paquets ou colis ne puisse payer un prix plus élevé qu'un article de même nature pesant plus de quarante kilogrammes.

Dans le cas où la compagnie jugerait convenable, soit pour le parcours total, soit pour les parcours partiels de la voie de fer, d'abaisser, avec ou sans conditions, au-dessous des limites déterminées par le tarif les taxes qu'elle est autorisée à percevoir, les taxes abaissées ne pourront être relevées qu'après un délai de trois mois au moins pour les voyageurs et d'un an pour les marchandises.

Toute modification de tarif proposée par la compagnie sera annoncée un mois d'avance par des affiches.

La perception des tarifs modifiés ne pourra avoir lieu qu'avec l'homologation de l'administration supérieure, conformément aux dispositions de l'ordonnance du 15 novembre 1846.

La perception des taxes devra se faire indistinctement et sans aucune faveur. Tout traité particulier qui aurait pour effet d'accorder à un ou plusieurs expéditeurs une réduction sur les tarifs approuvés demeure formellement interdit.

Toutefois, cette disposition n'est pas applicable aux traités qui pourraient intervenir entre le Gouvernement et la compagnie dans l'intérêt des services publics, ni aux réductions ou remises qui seraient accordées par la compagnie aux indigents.

En cas d'abaissement des tarifs, la réduction portera proportionnellement sur le péage et sur le transport.

49. La compagnie sera tenue d'effectuer constamment avec soin, exactitude et célérité, et sans tour de faveur, le transport des voyageurs, bestiaux, denrées, marchandises et objets quelconques qui lui seront confiés.

Les colis, bestiaux et objets quelconques seront inscrits, à la gare d'où ils partent et à la gare où ils arrivent, sur des registres spéciaux, au fur et à mesure de leur réception; mention sera faite, sur le registre de la gare de départ, du prix total dû pour leur transport.

Pour les marchandises ayant une même destination, les expéditions auront lieu suivant l'ordre de leur inscription à la gare de départ.

Toute expédition de marchandises sera constatée, si l'expéditeur le demande, par une lettre de voiture dont un exemplaire restera aux mains de la compagnie et l'autre aux mains de l'expéditeur. Dans le cas où l'expéditeur ne demanderait pas de lettre de voiture, la compagnie sera tenue de lui délivrer un récépissé qui énoncera la nature et le poids du colis, le prix total du transport et le délai dans lequel ce transport devra être effectué.

50. Les animaux, denrées, marchandises et objets quelconques seront expédiés et livrés de gare en gare dans les délais résultant des conditions ci-après exprimées:

1° Les animaux, denrées, marchandises et objets quelconques à grande vitesse seront expédiés par le premier train de voyageurs comprenant des voitures de toutes classes et correspondant avec leur destination, pourvu qu'ils aient été présentés à l'enregistrement trois heures avant le départ de ce train.

Ils seront mis à la disposition des destinataires, à la gare, dans le délai de de heures après l'arrivée du train.

2° Les animaux, denrées, marchandises et objets quelconques à petite vite seront expédiés dans le jour qui suivra celui de la remise ; toutefois, l'administra supérieure pourra étendre ce délai à deux jours.

Le maximum de durée du trajet sera fixé par l'administration, sur la propo de la compagnie, sans que ce maximum puisse excéder vingt-quatre heures fraction indivisible de cent vingt-cinq kilomètres.

Les colis seront mis à la disposition des destinataires dans le jour qui suivra ce de leur arrivée en gare.

Le délai total résultant des trois paragraphes ci-dessus sera seul obligatoire p la compagnie.

Il pourra être établi un tarif réduit, approuvé par le ministre, pour tout expé qui acceptera des délais plus longs que ceux déterminés ci-dessus pour la p vitesse.

Pour le transport des marchandises, il pourra être établi, sur la proposition compagnie, un délai moyen entre ceux de la grande et de la petite vitesse. Le correspondant à ce délai sera un prix intermédiaire entre ceux de la grande la petite vitesse.

L'administration supérieure déterminera par des règlements spéciaux les h d'ouverture et de fermeture des gares et stations, tant en hiver qu'en été, ainsi les dispositions relatives aux denrées apportées par les trains de nuit et desti l'approvisionnement des marchés des villes.

Lorsque la marchandise devra passer d'une ligne sur une autre sans solution continuité, les délais de livraison et d'expédition au point de jonction seront par l'administration, sur la proposition de la compagnie.

51. Les frais accessoires non mentionnés dans les tarifs, tels que ceux d'e gistrement, de chargement, de déchargement et de magasinage dans les gar magasins du chemin de fer, seront fixés annuellement par l'administration, s proposition de la compagnie.

52. La compagnie sera tenue de faire, soit par elle-même, soit par un inte diaire dont elle répondra, le factage et le camionnage pour la remise au dom des destinataires de toutes les marchandises qui lui sont confiées.

Le factage et le camionnage ne seront point obligatoires en dehors du ray l'octroi, non plus que pour les gares qui desserviraient, soit une population a mérée de moins de cinq mille habitants, soit un centre de population de cinq m habitants situé à plus de cinq kilomètres de la gare du chemin de fer.

Les tarifs à percevoir seront fixés par l'administration, sur la proposition de compagnie. Ils seront applicables à tout le monde sans distinction.

Toutefois, les expéditeurs et destinataires resteront libres de faire eux-mêmes à leurs frais le factage et le camionnage des marchandises.

53. A moins d'une autorisation spéciale de l'administration, il est interdit à compagnie, conformément à l'article 14 de la loi du 15 juillet 1845, de faire dir tement ou indirectement avec des entreprises de transport de voyageurs ou marchandises par terre ou par eau, sous quelque dénomination ou forme que puisse être, des arrangements qui ne seraient pas consentis en faveur de toutes l entreprises desservant les mêmes voies de communication.

L'administration, agissant en vertu de l'article 33 ci-dessus, prescrira les mesu à prendre pour assurer la plus complète égalité entre les diverses entreprises transport dans leurs rapports avec le chemin de fer.

TITRE V.

STIPULATIONS RELATIVES À DIVERS SERVICES PUBLICS.

54. Les militaires ou marins voyageant en corps, aussi bien que les militaires ou marins voyageant isolément pour cause de service, envoyés en congé limité ou en permission, ou rentrant dans leurs foyers après libération, ne seront assujettis, eux, leurs chevaux et leurs bagages, qu'au quart de la taxe du tarif fixé par le présent cahier des charges.

Si le Gouvernement avait besoin de diriger des troupes et un matériel militaire ou naval sur l'un des points desservis par le chemin de fer, la compagnie serait tenu de mettre immédiatement à sa disposition, pour la moitié de la taxe du même tarif, tous ses moyens de transport.

5. Les fonctionnaires ou agents chargés de l'inspection, du contrôle et de la surveillance du chemin de fer seront transportés gratuitement dans les voitures de la compagnie.

La même faculté est accordée aux agents des contributions indirectes et des douanes chargés de la surveillance des chemins de fer dans l'intérêt de la perception de l'impôt.

6. Le service des lettres et dépêches sera fait comme il suit :

1° À chacun des trains de voyageurs et de marchandises circulant aux heures ordinaires de l'exploitation, la compagnie sera tenue de réserver gratuitement deux compartiments spéciaux d'une voiture de deuxième classe, ou un espace équivalent, pour recevoir les lettres, les dépêches et les agents nécessaires au service des postes, le surplus de la voiture restant à la disposition de la compagnie.

2° Si le volume des dépêches ou la nature du service rend insuffisante la capacité des deux compartiments à deux banquettes, de sorte qu'il y ait lieu de substituer une voiture spéciale aux wagons ordinaires, le transport de cette voiture sera également gratuit.

3° Lorsque la compagnie voudra changer les heures de départ de ses convois ordinaires, elle sera tenue d'en avertir l'administration des postes quinze jours à l'avance.

4° Un train spécial régulier, dit *train journalier de la poste*, sera mis gratuitement chaque jour, à l'aller et au retour, à la disposition du ministre des finances pour le transport des dépêches sur toute l'étendue de la ligne.

5° L'étendue du parcours, les heures de départ et d'arrivée, soit de jour, soit de nuit, la marche et les stationnements de ce convoi sont réglés par le ministre des travaux publics et le ministre des finances, la compagnie entendue.

6° Indépendamment de ce train, il pourra y avoir tous les jours, à l'aller et au retour, un ou plusieurs convois spéciaux dont la marche sera réglée comme il est dit ci-dessus. La rétribution payée à la compagnie pour chaque convoi ne pourra excéder soixante-quinze centimes par kilomètre parcouru pour la première voiture, et vingt-cinq centimes pour chaque voiture en sus de la première.

7° La compagnie pourra placer dans les convois spéciaux de la poste des voitures de toutes classes pour le transport, à son profit, des voyageurs et des marchandises.

8° La compagnie ne pourra être tenue d'établir de convois spéciaux ou de changer les heures de départ, la marche ou le stationnement de ces convois, qu'autant que l'administration l'aura prévenue par écrit quinze jours à l'avance.

9° Néanmoins, toutes les fois qu'en dehors des services réguliers l'administration requerra l'expédition d'un convoi extraordinaire, soit de jour, soit de nuit, cette expédition devra être faite immédiatement, sauf l'observation des règlements de police; le prix sera ultérieurement réglé, de gré à gré ou à dire d'experts, entre l'administration et la compagnie.

9° L'administration des postes fera construire à ses frais les voitures qu'il pourra être nécessaire d'affecter spécialement au transport et à la manutention des dépêches. Elle réglera la forme et les dimensions de ces voitures, sauf l'approbation, par le ministre des travaux publics, des dispositions qui intéressent la régularité et la sécurité de la circulation. Elles seront montées sur châssis et sur roues. Leur poids ne dépassera pas huit mille kilogrammes, chargement compris. L'administration des postes fera entretenir à ses frais ses voitures spéciales; toutefois, l'entretien des châssis et des roues sera à la charge de la compagnie.

10° La compagnie ne pourra réclamer aucune augmentation des prix ci-dessus indiqués lorsqu'il sera nécessaire d'employer des plates-formes au transport des malles-poste ou des voitures spéciales en réparation.

11° La vitesse moyenne des convois spéciaux mis à la disposition de l'administration des postes ne pourra être moindre de quarante kilomètres à l'heure, temps d'arrêt compris; l'administration pourra consentir à une vitesse moindre, soit à raison des pentes, soit à raison des courbes à parcourir, ou bien exiger une plus grande vitesse, dans le cas où la compagnie obtiendrait plus tard, dans la marche de son service, une vitesse supérieure.

12° La compagnie sera tenue de transporter gratuitement, par tous les convois de voyageurs, tout agent des postes chargé d'une mission ou d'un service accidentel et porteur d'un ordre de service régulier délivré à Paris par le directeur général des postes. Il sera accordé à l'agent des postes en mission une place de voiture de deuxième

classe, ou de première classe, si le convoi ne comporte pas de voitures de d
classe.

13° La compagnie sera tenue de fournir, à chacun des points extrêmes de
ainsi qu'aux principales stations intermédiaires qui seront désignées par l'
tration des postes, un emplacement sur lequel l'administration pourra faire
des bureaux de poste ou d'entrepôt des dépêches et des hangars pour le
et le déchargement des malles-poste. Les dimensions de cet emplacem
au maximum, de soixante-quatre mètres carrés dans les gares des départ
du double à Paris.

14° La valeur locative du terrain ainsi fourni par la compagnie lui sera
gré à gré ou à dire d'experts.

15° La position sera choisie de manière que les bâtiments qui y seront
aux frais de l'administration des postes ne puissent entraver en rien le ser
compagnie.

16° L'administration se réserve le droit d'établir à ses frais, sans indemr
aussi sans responsabilité pour la compagnie, tous poteaux ou appareils n
à l'échange des dépêches sans arrêt de train, à la condition que ces appa
leur nature ou leur position, n'apportent pas d'entraves aux différents ser
ligne ou des stations.

17° Les employés chargés de la surveillance du service, les agents
l'échange ou à l'entrepôt des dépêches, auront accès dans les gares ou su
l'exécution de leur service, en se conformant aux règlements de police in
la compagnie.

57. La compagnie sera tenue, à toute réquisition, de faire partir par conv
naire les wagons ou voitures cellulaires employés au transport des prévenus,
ou condamnés.

Les wagons et les voitures employés au service dont il s'agit seront const
frais de l'État ou des départements; leurs formes et dimensions seront dé
de concert par le ministre de l'intérieur et par le ministre des travaux pu
compagnie entendue.

Les employés de l'administration, les gardiens et les prisonniers placés
wagons ou voitures cellulaires ne seront assujettis qu'à la moitié de la taxe ap
aux places de troisième classe, telle qu'elle est fixée par le présent cah
charges.

Les gendarmes placés dans les mêmes voitures ne payeront que le quart
même taxe.

Le transport des wagons et des voitures sera gratuit.

Dans le cas où l'administration voudrait, pour le transport des prisonniers,
usage des voitures de la compagnie, celle-ci serait tenue de mettre à sa di
un ou plusieurs compartiments spéciaux de voitures de deuxième classe à d
quettes. Le prix de location en sera fixé à raison de vingt centimes (o^f 2o^c)
partiment et par kilomètre.

Les dispositions qui précèdent seront applicables au transport des jeun
quants recueillis par l'administration pour être transférés dans les éta
d'éducation.

58. Le Gouvernement se réserve la faculté de faire le long des voies to
constructions, de poser tous les appareils nécessaires à l'établissement d'une
télégraphique, sans nuire au service du chemin de fer.

Sur la demande de l'administration des lignes télégraphiques, il sera réservé
les gares des villes et des localités qui seront désignées ultérieurement, le t
nécessaire à l'établissement des maisonnettes destinées à recevoir le bureau t
phique et son matériel.

La compagnie concessionnaire sera tenue de faire garder par ses agents les
appareils des lignes électriques, de donner aux employés télégraphiques
sance de tous les accidents qui pourraient survenir et de leur en faire connaî
causes. En cas de rupture du fil télégraphique, les employés de la compagni
ront à raccrocher provisoirement les bouts séparés, d'après les instructions qu
seront données à cet effet.

Les agents de la télégraphie voyageant pour le service de la ligne électique a
le droit de circuler gratuitement dans les voitures du chemin de fer.

En cas de rupture du fil télégraphique ou d'accidents graves, une locomotive sera
mise immédiatement à la disposition de l'inspecteur télégraphique de la ligne pour

transporter sur le lieu de l'accident avec les hommes et les matériaux nécessaires
à la réparation. Ce transport sera gratuit, et il devra être effectué dans des conditions
telles qu'il ne puisse entraver en rien la circulation publique.

Dans le cas où des déplacements de fils, appareils ou poteaux deviendraient nécessaires par suite de travaux exécutés sur le chemin, ces déplacements auront lieu
aux frais de la compagnie, par les soins de l'administration des lignes télégraphiques.

La compagnie pourra être autorisée, et, au besoin, requise par le ministre des
travaux publics, agissant de concert avec le ministre de l'intérieur, d'établir à ses
frais les fils et appareils télégraphiques destinés à transmettre les signaux nécessaires pour la sûreté et la régularité de son exploitation.

Elle pourra, avec l'autorisation du ministre de l'intérieur, se servir des poteaux de
la ligne télégraphique de l'État, lorsqu'une semblable ligne existera le long de la voie.

La compagnie sera tenue de se soumettre à tous les règlements d'administration
publique concernant l'établissement et l'emploi de ces appareils, ainsi que l'organisation, aux frais de la compagnie, du contrôle de ce service par les agents de l'État.

TITRE VI.

CLAUSES DIVERSES.

. Dans le cas où le Gouvernement ordonnerait ou autoriserait la construction
de routes nationales, départementales ou vicinales, de chemins de fer ou de canaux
qui traverseraient la ligne objet de la présente concession, la compagnie ne pourra
s'opposer à ces travaux; mais toutes les dispositions nécessaires seront prises pour
qu'il n'en résulte aucun obstacle à la construction ou au service du chemin de fer,
ni frais pour la compagnie.

. Toute exécution ou autorisation ultérieure de route, de canal, de chemin de
fer ou travaux de navigation, dans la contrée où est situé le chemin de fer objet de
la présente concession, ou dans toute autre contrée voisine ou éloignée, ne pourra
donner ouverture à aucune demande d'indemnité de la part de la compagnie.

. Le Gouvernement se réserve expressément le droit d'accorder de nouvelles
concessions de chemins de fer s'embranchant sur le chemin qui fait l'objet du présent cahier de charges ou qui seraient établis en prolongement du même chemin.

La compagnie ne pourra mettre aucun obstacle à ces embranchements, ni réclamer, à l'occasion de leur établissement, aucune indemnité quelconque, pourvu qu'il
n'en résulte aucun obstacle à la circulation, ni aucuns frais particuliers pour la com-

Les compagnies concessionnaires de chemins de fer d'embranchement ou de prolongement auront la faculté, moyennant les tarifs ci-dessus déterminés et l'observation des règlements de police et de service établis ou à établir, de faire circuler
leurs voitures, wagons et machines sur le chemin de fer objet de la présente concession, pour lequel cette faculté sera réciproque à l'égard desdits embranchements
et prolongements. Dans ce cas, ces compagnies ne payeront le prix du péage que
pour le nombre de kilomètres réellement parcourus, un kilomètre entamé étant
toujours considéré comme ayant été parcouru en entier.

Dans le cas où les diverses compagnies ne pourraient s'entendre entre elles sur
l'exercice de cette faculté, le Gouvernement statuerait sur les difficultés qui s'élèveraient entre elles à cet égard.

Dans le cas où une compagnie d'embranchement ou de prolongement joignant la
ligne qui fait l'objet de la présente concession n'userait pas de la faculté de circuler
sur cette ligne, comme aussi dans le cas où la compagnie concessionnaire de cette
dernière ligne ne voudrait pas circuler sur les prolongements et embranchements,
les compagnies seraient tenues de s'arranger entre elles, de manière que le service
du transport ne soit jamais interrompu aux points de jonction des diverses lignes.

Celle des compagnies qui se servira d'un matériel qui ne serait pas sa propriété
payera une indemnité en rapport avec l'usage et la détérioration de ce matériel.

Dans le cas où les compagnies ne se mettraient pas d'accord sur la quotité de l'indemnité ou sur les moyens d'assurer la continuation du service sur toute la ligne, le
Gouvernement y pourvoirait d'office et prescrirait toutes les mesures nécessaires.

La compagnie pourra être assujettie, par les décrets qui seront ultérieurement
rendus pour l'exploitation des chemins de fer de prolongement ou d'embranche-

ment joignant celui qui lui est concédé, à accorder aux compagnies de ces
une réduction de péage ainsi calculée :

1° Si le prolongement ou l'embranchement n'a pas plus de cent kil
pour cent (10 p. o/o) du prix perçu par la compagnie;

2° Si le prolongement ou l'embranchement excède cent kilomètres, quinze
cent (15 p. o/o);

3° Si le prolongement ou l'embranchement excède deux cents kilomètres,
pour cent (20 p. o/o);

4° Si le prolongement ou l'embranchement excède trois cents kilomètres,
cinq pour cent (25 p. o/o).

La compagnie sera tenue, si l'administration le juge convenable, de
l'usage des stations établies à l'origine des chemins de fer d'e
les compagnies qui deviendraient ultérieurement concessionnaires desdit

La redevance à payer à la compagnie sera réglée d'un commun accor
deux compagnies intéressées et, en cas de dissentiment, par voie d'arbitr

En cas de désaccord sur le principe ou l'exercice de l'usage commun d
tions, il sera statué par le ministre des travaux publics, les deux compagn
dues.

62. La compagnie sera tenue de s'entendre avec tout propriétaire de
carrières ou d'usines et d'établissements commerciaux qui, offrant de se
aux conditions prescrites ci-après, demanderait un embranchement; à déf
cord, le Gouvernement statuera sur la demande, la compagnie entendue.

Les embranchements seront construits aux frais des propriétaires des
carrières, usines et établissements commerciaux, et de manière à ce qu'il ne
de leur établissement aucune entrave à la circulation générale, aucune cause
pour le matériel, ni aucuns frais particuliers pour la compagnie.

Leur entretien devra être fait avec soin et aux frais de leurs propriétaires,
le contrôle de l'administration. La compagnie aura le droit de faire surveiller
agents cet entretien, ainsi que l'emploi de son matériel sur les embranch

L'administration pourra, à toutes époques, prescrire les modifications qu
jugées utiles dans la soudure, le tracé ou l'établissement de la voie desdits
chements, et les changements seront opérés aux frais des propriétaires.

L'administration pourra même, après avoir entendu les propriétaires,
l'enlèvement temporaire des aiguilles de soudure, dans le cas où les établ
embranchés viendraient à suspendre en tout ou en partie leurs transports.

La compagnie sera tenue d'envoyer ses wagons sur tous les embranchemen
risés destinés à faire communiquer des établissements de mines, de carri
d'usines ou des établissements commerciaux avec la ligne principale du chemin

La compagnie amènera ses wagons à l'entrée des embranchements.

Les expéditeurs ou destinataires feront conduire les wagons dans leurs
ments pour les charger ou décharger, et les ramèneront au point de jonction
la ligne principale, le tout à leurs frais.

Les wagons ne pourront, d'ailleurs, être employés qu'au transport d'objets
chandises destinés à la ligne principale du chemin de fer.

Le temps pendant lequel les wagons séjourneront sur les embranchements
culiers ne pourra excéder six heures, lorsque l'embranchement n'aura pas
kilomètre. Le temps sera augmenté d'une demi-heure par kilomètre en sus
mier, non compris les heures de la nuit, depuis le coucher jusqu'au lever du

Dans le cas où les limites de temps seraient dépassées, nonobstant l'av
spécial donné par la compagnie, elle pourra exiger une indemnité égale
du droit de loyer des wagons pour chaque période de retard après l'ave

Les traitements des gardiens d'aiguilles et des barrières des embranchemen
torisés par l'administration seront à la charge des propriétaires des embran
Ces gardiens seront nommés et payés par la compagnie, et les frais qui en
teront lui seront remboursés par lesdits propriétaires.

En cas de difficulté, il sera statué par l'administration, la compagnie enten

Les propriétaires d'embranchements seront responsables des avaries que l
riel pourrait éprouver pendant son parcours ou son séjour sur ces lignes.

Dans le cas d'inexécution d'une ou de plusieurs des conditions énoncées ci
le préfet pourra, sur la plainte de la compagnie et après avoir entendu le
taire de l'embranchement, ordonner par un arrêté la suspension du service
supprimer la soudure, sauf recours à l'administration supérieure et sans p

tous dommages-intérêts que la compagnie serait en droit de répéter pour la non-
de ces conditions.

indemniser la compagnie de la fourniture et de l'envoi de son matériel sur
branchements, elle est autorisée à percevoir un prix fixe de douze centimes
) par tonne pour le premier kilomètre, et, en outre, quatre centimes (0ᶠ04ᶜ)
une et par kilomètre en sus du premier, lorsque la longueur de l'embranche-
excédera un kilomètre.

kilomètre entamé sera payé comme s'il avait été parcouru en entier.

ent et le déchargement sur les embranchements s'opéreront aux frais
ou destinataires, soit qu'ils les fassent eux-mêmes, soit que la com-
chemin de fer consente à les opérer.

dernier cas, ces frais seront l'objet d'un règlement arrêté par l'administra-
eure, sur la proposition de la compagnie.

gon envoyé par la compagnie sur un embranchement devra être payé
gon complet, lors même qu'il ne serait pas complétement chargé.

e, s'il y en a, sera payée au prix du tarif légal et au prorata du poids
ompagnie sera en droit de refuser les chargements qui dépasseraient le
de trois mille cinq cents kilogrammes, déterminé en raison des dimen-
actuelles des wagons.

maximum sera revisé par l'administration, de manière à être toujours en rap-
vec la capacité des wagons.

wagons seront pesés à la station d'arrivée par les soins et aux frais de la com-

a contribution foncière sera établie en raison de la surface des terrains occu-
le chemin de fer et ses dépendances; la cote en sera calculée, comme pour
conformément à la loi du 25 avril 1803.

liments et magasins dépendant de l'exploitation du chemin de fer seront
aux propriétés bâties de la localité. Toutes les contributions auxquelles ces
pourront être soumis seront, aussi bien que la contribution foncière, à la
de la compagnie.

es agents et gardes que la compagnie établira, soit pour la perception des
soit pour la surveillance et la police du chemin de fer et de ses dépendances,
t être assermentés et seront, dans ce cas, assimilés aux gardes champêtres.
ln règlement d'administration publique désignera, la compagnie entendue,
lois dont la moitié devra être réservée aux anciens militaires de l'armée de
t de mer libérés du service.

ll sera institué près de la compagnie un ou plusieurs inspecteurs ou commis-
spécialement chargés de surveiller les opérations de la compagnie, pour tout
ne rentre pas dans les attributions des ingénieurs de l'État.

Les frais de visite, de surveillance et de réception des travaux, et les frais de
de l'exploitation, seront supportés par la compagnie. Ces frais comprendront
t des inspecteurs ou commissaires dont il a été question dans l'article

urvoir à ces frais, la compagnie sera tenue de verser chaque année, à la
du trésor public, une somme de cent vingt francs par chaque kilo-
chemin de fer concédé. Toutefois, cette somme sera réduite à cinquante
kilomètre pour les sections non encore livrées à l'exploitation.

dites sommes n'est pas comprise celle qui sera déterminée, en exécution
58 ci-dessus, pour frais de contrôle du service télégraphique de la com-
r les agents de l'État.

ompagnie ne verse pas les sommes ci-dessus réglées aux époques qui auront
, le préfet rendra un rôle exécutoire, et le montant en sera recouvré comme
tière de contributions publiques.

Avant la signature du décret qui ratifiera l'acte de concession, le concession-
déposera au trésor public une somme de un million (1,000,000ᶠ) en numéraire
ou rentes sur l'État, calculées conformément au décret du 31 janvier 1872, ou
ms du trésor ou autres effets publics, avec transfert, au profit de la caisse des
et consignations, de celles de ces valeurs qui seraient nominatives ou à ordre.

Cette somme formera le cautionnement de l'entreprise.

Elle sera rendue à la compagnie par cinquième et proportionnellement à l'avan-
ment des travaux. Le dernier cinquième ne sera remboursé qu'après leur entier
achèvement.

69. La compagnie devra faire élection de domicile à Paris.

Dans le cas où elle ne l'aurait pas fait, toute notification ou signification à adressée sera valable lorsqu'elle sera faite au secrétariat général de la préfectur la Seine.

70. Les contestations qui s'élèveraient entre la compagnie et l'administratio sujet de l'exécution et de l'interprétation des clauses du présent cahier des seront jugées administrativement par le conseil de préfecture du départe la Seine, sauf recours au Conseil d'État.

Vu pour être annexé à la loi adoptée par l'Assemblée nationale dans sa s 17 juin 1874.

Le Président,

Signé L. BUFFET.

Les Secrétaires,

Signé FÉLIX VOISIN, FRANCISQUE RIVE, VANDIER, LOUIS DE
E. DE CAZENOVE DE PRADINE, Vᵗᵉ BLIN DE BOURDON.

RÉPUBLIQUE FRANÇAISE.

Nº 3318. — *DÉCRET qui place parmi les Instruments de pesage et de m légaux l'Appareil automatique désigné sous le nom de* Mesureur-Com *pour les Grains.*

Du 15 Juillet 1874.

LE PRÉSIDENT DE LA RÉPUBLIQUE FRANÇAISE,

Sur le rapport du ministre de l'agriculture et du commerce ;
Vu la loi du 4 juillet 1837 ;
Vu l'article 12 de l'ordonnance du 17 avril 1839 [1] ;
Vu le décret du 26 février 1873 [2] ;
Vu l'avis du comité consultatif des arts et manufactures ;
Le Conseil d'État entendu,

DÉCRÈTE :

ART. 1ᵉʳ. A dater de la promulgation du présent décret, l'ap automatique désigné sous le nom de *mesureur-compteur,* po grains, imaginé par le sieur *Boulay,* sera placé parmi les instru de pesage et de mesurage légaux et reçu à la vérification et au çonnage.

2. Cet appareil sera compris dans les mesures de capacité série. La taxe de poinçonnage et de vérification sera calculée d' la nature et le nombre des unités de mesure employées dans pareil.

3. Le ministre de l'agriculture et du commerce est charg l'exécution du présent décret, qui sera inséré au Bulletin des

Fait à Versailles, le 15 Juillet 1874.

Signé Mᵃˡ DE MAC MAHON.

Le Ministre de l'agriculture et du commerce,

Signé L. GRIVART.

[1] IXᵉ série, Bull. 645, nº 7909.   [2] XIIᵉ série, Bull. 121, nº 1842.

RÉPUBLIQUE FRANÇAISE.

319. — Décret *qui supprime le service du Mesurage des Pierres et Moellons destinés aux Constructions publiques et particulières de la Ville de Paris.*

Du 18 Juillet 1874.

Le Président de la République française,

Sur le rapport du ministre des finances;

Vu la délibération du conseil municipal de Paris, en date du 22 janvier 1874, tendant :

1° A la suppression du service des arrivages des pierres;

2° A la modification des droits d'octroi sur les pierres et les moellons;

Vu l'avis du préfet de la Seine, du 6 mars suivant;

Vu le décret du 11 juin 1811, relatif au mesurage des pierres destinées aux constructions publiques et particulières de la ville de Paris;

Le Conseil d'État entendu,

Décrète :

Art. 1er. Est supprimé le service du mesurage des pierres et moellons destinés aux constructions publiques et particulières de la ville de Paris, tel qu'il a été établi par le décret du 11 juin 1811, ainsi que la taxe du mesurage y afférente.

2. A partir de la publication du présent décret, les droits sur les pierres et les moellons, à l'octroi de la ville de Paris, seront perçus conformément au tarif ci-après, savoir :

Pierres de taille, dalles et carreaux de pierre de toute espèce, par mètre cube 3ᶠ 50ᶜ

Moellons de toute espèce et meulière de toute dimension, par mètre cube 1 00

Ces taxes sont passibles de deux décimes additionnels pour franc.

3. Le ministre des finances est chargé de l'exécution du présent décret, qui sera inséré au Bulletin des lois.

Fait à Versailles, le 18 Juillet 1874.

Signé Mᵃˡ DE MAC MAHON.

Le Ministre des finances,

Signé P. Magne.

RÉPUBLIQUE FRANÇAISE.

——

N° 3320. — *Décret relatif à la Contribution spéciale à percevoir, en pour les Dépenses de la Chambre de commerce de Sedan.*

Du 18 Juillet 1874.

Le Président de la République française,

Sur le rapport du ministre de l'agriculture et du commerce;

Vu les articles 11 à 16 de la oi de finances du 23 juillet 1820, l de la loi du 14 juillet 1838 et l'article 33 de la loi du 25 avril 1844;

Vu la loi du 29 décembre 1873, portant fixation des dépenses cettes de l'exercice 1874,

Décrète :

Art. 1er. Une contribution spéciale de la somme de cent quatre-vingt-cinq francs (1,485'), nécessaire au pay dépenses de la chambre de commerce de Sedan (Ardennes le budget approuvé, sur la proposition de la chambre, par l de l'agriculture et du commerce, plus cinq centimes par f couvrir les non-valeurs et trois centimes aussi par franc p venir aux frais de perception, sera répartie, en 1874, sur les tés du département désignés par l'article 33 de la loi du 2 1844, en ayant égard aux additions et modifications autoris les lois ultérieures sur les patentes.

2. Le produit de ladite contribution sera mis, sur les man préfet, à la disposition de la chambre de commerce, qui compte de son emploi au ministre de l'agriculture et du

3. Le ministre de l'agriculture et du commerce et le minis finances sont chargés, chacun en ce qui le concerne, de l'ex du présent décret, qui sera inséré au Bulletin des lois.

Fait à Versailles, le 18 Juillet 1874.

Signé Mal DE MAC MAHON.

Le Ministre de l'agriculture et du commerce,

Signé L. Grivart.

——

N° 3321. — Décret du Président de la République française (con par le ministre des travaux publics) qui déclare d'utilité publique l vaux à exécuter pour l'établissement d'un canal de secours déri Verdon, destiné à compléter l'alimentation du canal de Pontoise, d'insuffisance des eaux du Colostre, communes de Gréoux (Basses et de Vinon (Var). (*Versailles, 29 Mars 1874.*)

N° 3322. — DÉCRET DU PRÉSIDENT DE LA RÉPUBLIQUE FRANÇAISE (contre-signé par le ministre des travaux publics) portant affectation au service des ponts et chaussées de l'ancien corps de garde 46 de la place déclassée d'Avesnes (Nord), d'une contenance d'un are neuf centiares vingt-huit centièmes, lequel est représenté par une teinte jaune sur un plan qui restera annexé au présent décret. (*Versailles, 29 Mars 1874.*)

N° 3323. — DÉCRET DU PRÉSIDENT DE LA RÉPUBLIQUE FRANÇAISE (contre-signé par le ministre des travaux publics) portant ce qui suit :

1° Il sera procédé à l'exécution des travaux nécessaires pour l'amélioration la rive droite du port de Bordeaux (Gironde), entre le pont métallique la pointe de Queyriès, conformément aux dispositions du projet et des , en date des 13 mai 1869, 26 décembre 1872 et 5 février 1874, du con-général des ponts et chaussées.

2° Les travaux énoncés à l'article qui précède sont déclarés d'utilité pu-e.

3° st pris acte de l'engagement souscrit, à la date du 28 mars 1870, par le municipal de Bordeaux, de contribuer à la dépense de ladite entre-)our une somme de quatre-vingt-six mille trois cent trois francs -deux centimes.

surplus de la dépense restant à la charge de l'État, soit la somme de cent treize mille six cent quatre-vingt-seize francs trente-huit cen-, sera prélevé sur les fonds annuellement inscrits à la deuxième sec-la budget du ministère des travaux publics (*Amélioration des ports ma-de commerce*). (*Versailles, 29 Mars 1874.*)

N° 3324. — DÉCRET DU PRÉSIDENT DE LA RÉPUBLIQUE FRANÇAISE (contre-signé par le ministre des travaux publics) portant ce qui suit :

1° Est déclaré d'utilité publique l'établissement à Auch (Gers) d'une pépi-destinée aux plantations des routes départementales, conformément positions d'un plan qui restera annexé au présent décret.

L'administration est autorisée à faire l'acquisition des terrains néces-à l'exécution de ce travail, en se conformant aux dispositions des articles II et suivants de la loi du 3 mai 1841, sur l'expropriation pour cause d'utilité publique. (*Versailles, 29 Mars 1874.*)

N° 3325. — DÉCRET DU PRÉSIDENT DE LA RÉPUBLIQUE FRANÇAISE (contre-signé par le ministre de l'intérieur) qui supprime le commissariat spécial de police de Saint-Mathieu-de-Tréviers (Hérault). (*Paris, 2 Mai 1874.*)

N° 3326. — DÉCRET DU PRÉSIDENT DE LA RÉPUBLIQUE FRANÇAISE (contre-signé par le ministre de l'intérieur) portant ce qui suit :

Il est créé à Châteauneuf-du-Faou (Finistère) un commissariat spécial de police.

La juridiction du titulaire comprendra, outre cette commune, celle de Plonévez-du-Faou, Lennon, Landeleau, Saint-Goazec et Saint-Thois (*Paris, 2 Mai 1874.*)

N° 3327. — DÉCRET DU PRÉSIDENT DE LA RÉPUBLIQUE FRANÇAISE (contre-signé par le ministre de l'intérieur) portant que la juridiction du commissaire spécial de police de Bléré (Indre) est étendue sur la commune de la Croix (*Paris, 2 Mai 1874.*)

N° 3328. — DÉCRET DU PRÉSIDENT DE LA RÉPUBLIQUE FRANÇAISE (contre-signé par le ministre de l'intérieur) portant que la juridiction du commissaire spécial de police de Confolens (Charente) est étendue sur les communes de Manot, Ansac, Saint-Maurice, Lesterps, Esse, Brillac et Saint-Germain. (*Versailles, 13 Mai 1874.*)

Certifié conforme :

Paris, le 21* Août 1874,

Le Garde des Sceaux, Ministre de la Justice,

A. TAILHAND.

* Cette date est celle de la réception du Bulletin au ministère de la Justice.

On s'abonne pour le Bulletin des lois, à raison de 9 francs par an, à la caisse de l'Imprimerie nationale ou chez les Receveurs des postes des départements.

IMPRIMERIE NATIONALE. — 21 Août 1874.

BULLETIN DES LOIS

DE LA RÉPUBLIQUE FRANÇAISE.

N° 220.

———

RÉPUBLIQUE FRANÇAISE.

———

— *Loi qui accorde une Pension, à titre de Récompense nationale,* *asteur, membre de l'Institut de France et professeur à la Faculté des* *de Paris.*

Du 18 Juillet 1874.

(Promulguée au *Journal officiel* du 1ᵉʳ août 1874.)

ᴍʙʟᴇᴇ ɴᴀᴛɪᴏɴᴀʟᴇ ᴀ ᴀᴅᴏᴘᴛᴇ ʟᴀ ʟᴏɪ dont la teneur suit :

. 1ᵉʳ. Il est accordé à M. *Pasteur* une pension annuelle et viagère ᴍᴇ mille francs (12,000ᶠ), à titre de récompense nationale. Cette pension sera inscrite au livre des pensions civiles du tré- ᴘᴜʙʟɪᴄ, avec jouissance à partir de la promulgation de la présente elle ne sera pas sujette aux lois particulières du cumul ; elle sera e par moitié sur la veuve de M. *Pasteur.* ᴅᴇʟɪʙᴇré en séance publique, à Versailles, le 18 Juillet 1874.

Le Président,
Signé L. Buffet.

Les Secrétaires,
Signé Félix Voisin, Vandier, Louis de Ségur,
E. de Cazenove de Pradine.

ʟᴀ Pʀᴇ́sɪᴅᴇɴᴛ ᴅᴇ ʟᴀ Rᴇ́ᴘᴜʙʟɪǫᴜᴇ ᴘʀᴏᴍᴜʟɢᴜᴇ ʟᴀ ᴘʀᴇ́sᴇɴᴛᴇ ʟᴏɪ.

Signé Mᵃˡ DE MAC MAHON, duc DE MAGENTA.

Le Ministre de l'instruction publique, des cultes
et des beaux-arts,
Signé A. DE CUMONT.

RÉPUBLIQUE FRANÇAISE.

—

N° 3330. — *Loi qui ouvre au Ministre de l'Instruction publique, des des Beaux-Arts un Crédit supplémentaire de 20,989 fr. 95 cent. sur l' 1873, et annule une somme égale sur l'exercice 1874.*

Du 29 Juillet 1874.

(Promulguée au *Journal officiel* du 31 juillet 1874.)

L'Assemblée nationale a adopté la loi dont la teneur suit :

ART. 1er. Il est ouvert au ministre de l'instruction publiq cultes et des beaux-arts (section 1re, chapitre XVII), sur l' 1873, un crédit de vingt mille neuf cent quatre-vingt-neuf quatre-vingt-quinze centimes (20,989f 95c), en augmentation dits votés par la loi de finances du 20 décembre 1872.

2. Une somme égale de vingt mille neuf cent quatre-vin francs quatre-vingt-quinze centimes (20,989f 95c) est annulée crédits alloués au budget du même ministère (exercice 1874, section, même chapitre) par la loi de finances du 29 décembre

3. Il sera pourvu à la dépense spécifiée en l'article 1er au des ressources de l'exercice 1873.

Délibéré en séance publique, à Versailles, le 29 Juillet 187

Le Président,

Signé L. BUFFET.

Les Secrétaires,

Signé FÉLIX VOISIN, FRANCISQUE RIVE, V
Vte BLIN DE BOURDON, LOUIS DE Sés

LE PRÉSIDENT DE LA RÉPUBLIQUE PROMULGUE LA PRÉSENTE LOI.

Signé Mal DE MAC MAHON, duc DE MA

Le Ministre des finances,
Signé MATHIEU-BODET.

Le Ministre de l'instruction publique, des et des beaux-arts,
Signé A. DE CUMONT.

RÉPUBLIQUE FRANÇAISE.

1. — *LOI qui ouvre au Ministre des Finances, sur le chapitre des exercices clos du Budget de 1874, un Crédit de 2,806 fr. 79 cent.*

Du 3 Août 1874.

(Promulguée au *Journal officiel* du 13 août 1874.)

L'Assemblée nationale a adopté la loi dont la teneur suit :

CLE UNIQUE. Il est alloué au ministre des finances, sur le cha-
spécial ouvert pour les dépenses des exercices clos au budget
xercice courant, conformément à l'article 8 de la loi du 23 mai
, un crédit de deux mille huit cent six francs soixante-dix-neuf
(2,806ᶠ 79ᶜ), applicable au chapitre xxxiii du budget de ce
(*Supplément à la dotation de la Légion d'honneur*).

en séance publique, à Versailles, le 3 Août 1874.

Le Président,
Signé L. BUFFET.

Les Secrétaires,
Signé FRANCISQUE RIVE, FÉLIX VOISIN, VANDIER,
E. DE CAZENOVE DE PRADINE, Vᵗᵉ BLIN
DE BOURDON.

LE PRÉSIDENT DE LA RÉPUBLIQUE PROMULGUE LA PRÉSENTE LOI.

Signé Mᵃˡ DE MAC MAHON, duc DE MAGENTA.

Le Ministre des finances,
Signé MATHIEU-BODET.

RÉPUBLIQUE FRANÇAISE.

N° 3332. — *LOI qui autorise le département d'Indre-et-Loire à s'imposer extraordinairement.*

Du 3 Août 1874.

(Promulguée au *Journal officiel* du 11 août 1874.)

L'Assemblée nationale a adopté la loi dont la teneur suit :

ARTICLE UNIQUE. Le département d'Indre-et-Loire est autorisé, sur
la demande que le conseil général en a faite, à s'imposer extraordinairement pendant deux ans, à partir de 1875, un centime (0ᶠ 01ᶜ)
additionnel au principal des quatre contributions directes, dont le

produit sera consacré au payement d'une subvention destinée à a
rer le casernement des troupes.

Cette imposition sera recouvrée indépendamment des centi
extraordinaires dont le maximum aura été fixé par la loi de finan
en exécution de la loi du 10 août 1871.

Délibéré en séance publique, à Versailles, le 3 Août 1874.

Le Président,

Signé L. BUFFET.

Les Secrétaires,

Signé FRANCISQUE RIVE, FÉLIX VOISIN, VAND
E. DE CAZENOVE DE PRADINE, Vᵗᵉ
DE BOURDON.

LE PRÉSIDENT DE LA RÉPUBLIQUE PROMULGUE LA PRÉSENTE LOI.

Signé Mᵃˡ DE MAC MAHON, duc DE MAGENTA.

Le Ministre de l'intérieur,

Signé Gᵃˡ DE CHABAUD LA TOUR.

RÉPUBLIQUE FRANÇAISE.

Nᵒ 3333. — *Loi qui autorise le département des Vosges à contracter un Empru*

Du 3 Août 1874.

(Promulguée au *Journal officiel* du 11 août 1874.)

L'ASSEMBLÉE NATIONALE A ADOPTÉ LA LOI dont la teneur suit :

ART. 1ᵉʳ. Le département des Vosges est autorisé, conforméme
à la demande que le conseil général en a faite, le 15 avril 1874,
emprunter, au lieu et place des communes, à la caisse des chemi
vicinaux, aux conditions de cet établissement, une somme de se
cent quatre-vingt-quatre mille francs (784,000ᶠ), qui sera affect
aux travaux des chemins ordinaires.

La réalisation de l'emprunt, soit en totalité, soit par fractions su
cessives, ne pourra être effectuée qu'en vertu d'une décision du mi
nistre de l'intérieur.

Cette décision ne sera prise que sur la production d'un état faisan
connaître :

1° Le nom des communes auxquelles le département a entendu s
substituer ;

2° La somme pour laquelle il se substitue à chacune d'elles dan
le montant de l'emprunt ;

3° La situation financière des communes.

2. Les fonds nécessaires à l'amortissement de l'emprunt autorisé l'article 1er seront imputés sur le produit des centimes extraordidont le maximum est fixé, chaque année, par la loi de ces, en exécution de la loi du 10 août 1871.

Délibéré en séance publique, à Versailles, le 3 Août 1874.

Le Président,

Signé L. BUFFET.

Les Secrétaires,

Signé FRANCISQUE RIVE, FÉLIX VOISIN, VANDIER, E. DE CAZENOVE DE PRADINE, Vte BLIN DE BOURDON.

LE PRÉSIDENT DE LA RÉPUBLIQUE PROMULGUE LA PRÉSENTE LOI.

Signé Mal DE MAC MAHON, duc DE MAGENTA.

Le Ministre de l'intérieur,

Signé Gal DE CHABAUD LA TOUR.

RÉPUBLIQUE FRANÇAISE.

N° 3334. — *Loi qui autorise la ville de Granville à contracter un Emprunt et à s'imposer extraordinairement.*

Du 3 Août 1874.

(Promulguée au *Journal officiel* du 11 août 1874.)

L'ASSEMBLÉE NATIONALE A ADOPTÉ LA LOI dont la teneur suit :

ARTICLE UNIQUE. La ville de Granville (Manche) est autorisée à emprunter, moyennant un taux d'intérêt qui ne pourra dépasser pour cent (5 p. o/o), la somme de trois cent mille francs 000'), remboursable en quinze ans, à partir de 1885, sur ses us ordinaires, pour subvenir à l'établissement d'une nouvelle ation d'eau.

et emprunt pourra être réalisé, soit avec publicité et concurce, soit de gré à gré, soit par voie de souscription, avec faculté nettre des obligations au porteur ou transmissibles par voie d'ennt.

Les conditions des souscriptions à ouvrir ou des traités à passer seront préalablement soumises à l'approbation du ministre de l'intérieur.

La même ville est, en outre, autorisée à s'imposer extraordinairement, par addition au principal de ses quatre contributions directes, dix centimes (o' 10°) pendant cinq ans, à partir de 1879, et vingt centimes (o' 20°) en 1884 et 1885. Le produit de cette imposition, devant s'élever en totalité à quatre-vingt-seize mille sept cent ci quante francs (96,750'), servira à compléter les ressources nécessair au payement des dettes de la caisse municipale et au service des i térêts de l'emprunt ci-dessus, de 1874 à 1885.

Délibéré en séance publique, à Versailles, le 3 Août 1874.

Le Président,
Signé L. BUFFET.

Les Secrétaires,

Signé FRANCISQUE RIVE, FÉLIX VOISIN, VANDIE
E. DE CAZENOVE DE PRADINE, Vᵐ Bᵉ
DE BOURDON.

LE PRÉSIDENT DE LA RÉPUBLIQUE PROMULGUE LA PRÉSENTE LOI.

Signé Mᵃˡ DE MAC MAHON, duc DE MAGENTA.

Le Ministre de l'intérieur,
Signé Gᵃˡ DE CHABAUD LA TOUR.

RÉPUBLIQUE FRANÇAISE.

N° 3335. — *Loi qui approuve le Traité conclu à Saïgon, le 15 mars 1874, entre la France et le Royaume d'Annam.*

Du 4 Août 1874.

(Promulguée au *Journal officiel* du 9 août 1874.)

L'ASSEMBLÉE NATIONALE A ADOPTÉ LA LOI dont la teneur suit :

ARTICLE UNIQUE. Le Président de la République française est au torisé à ratifier et, s'il y a lieu, à faire exécuter le Traité conclu Saïgon, le 15 mars 1874, entre la France et le Royaume d'Annam Une copie authentique de ce Traité sera annexée à la présente loi [1]

Délibéré en séance publique, à Versailles, le 4 Août 1874.

Le Président,
Signé L. BUFFET.

Les Secrétaires,

Signé FÉLIX VOISIN, FRANCISQUE RIVE, VANDIE,
E. DE CAZENOVE DE PRADINE.

LE PRÉSIDENT DE LA RÉPUBLIQUE PROMULGUE LA PRÉSENTE LOI.

Signé Mᵃˡ DE MAC MAHON, duc DE MAGENTA.

Le Ministre des affaires étrangères,
Signé DECAZES.

[1] Le texte de ce Traité sera promulgué officiellement après l'échange des ratifications des Puissances contractantes.

RÉPUBLIQUE FRANÇAISE.

3336. — *Loi qui ouvre au Ministre de l'Intérieur, sur l'exercice 1874, un Crédit supplémentaire de 10,000 francs, en addition au chapitre III du Budget du Gouvernement général civil de l'Algérie, et annule une Somme égale au chapitre IX du même Budget.*

Du 4 Août 1874.

(Promulguée au *Journal officiel* du 11 août 1874.)

L'ASSEMBLÉE NATIONALE A ADOPTÉ la loi dont la teneur suit :

ART. 1er. Il est ouvert au ministre de l'intérieur, sur l'exercice 1874, en addition au chapitre III (*Publications, expositions, missions, etc.*) du budget des dépenses ordinaires du gouvernement général de l'Algérie, un crédit supplémentaire de dix mille francs (10,000f).

2. Une somme de dix mille francs (10,000f) est annulée au chapitre IX du même budget (*Services maritime et sanitaire*).

Délibéré en séance publique, à Versailles, le 4 Août 1874.

Le Président,

Signé L. BUFFET.

Les Secrétaires,

Signé FÉLIX VOISIN, FRANCISQUE RIVE, VANDIER, E. DE CAZENOVE DE PRADINE.

LE PRÉSIDENT DE LA RÉPUBLIQUE PROMULGUE LA PRÉSENTE LOI.

Signé Mal DE MAC MAHON, duc DE MAGENTA.

Le Ministre de l'intérieur,

Signé Gal DE CHABAUD LA TOUR.

RÉPUBLIQUE FRANÇAISE.

N° 3337. — *Loi portant répartition, pour l'exercice 1875, du fonds de subvention affecté aux Dépenses des départements.*

Du 4 Août 1874.

(Promulguée au *Journal officiel* du 11 août 1874.)

L'ASSEMBLÉE NATIONALE A ADOPTÉ LA LOI dont la teneur suit :

ARTICLE UNIQUE. La répartition du fonds de subvention affecté par l'article 58 de la loi du 10 août 1871 aux dépenses des départements qui, en raison de leur situation financière, doivent recevoir une allocation sur les fonds généraux du budget, est réglée, pour l'exercice 1875, conformément au tableau ci-annexé.

Une somme de vingt mille francs (20,000f) est laissée, comme fonds de réserve, à la disposition du ministre de l'intérieur, pour

frais d'impressions, dépenses diverses et imprévues du service d
partemental.

Délibéré en séance publique, à Versailles, le 4 Août 1874.

Le Président,

Signé L. BUFFET.

Les Secrétaires,

Signé FÉLIX VOISIN, FRANCISQUE RIVE, VANDIER
E. DE CAZENOVE DE PRADINE.

LE PRÉSIDENT DE LA RÉPUBLIQUE PROMULGUE LA PRÉSENTE LOI.

Signé M^{al} DE MAC MAHON, duc DE MAGENTA.

Le Ministre de l'intérieur,

Signé G^{al} DE CHABAUD LA TOUR.

*État de répartition du fonds de subvention affecté aux dépenses du budget ordinaire
des départements (exercice 1875).*

DÉPARTEMENTS.	ALLOCATION.	DÉPARTEMENTS.	
Ain	116,000f	Lozère	142,000f
Allier	54,000	Marne (Haute-)	18,000
Alpes (Basses-)	154,000	Mayenne	52,000
Alpes (Hautes-)	125,000	Meurthe-et-Moselle	14,000
Alpes-Maritimes	180,000	Meuse	10,000
Ardèche	174,000	Morbihan	26,000
Ardennes	11,000	Nièvre	60,000
Ariége	121,000	Pyrénées (Basses-)	95,000
Aube	34,000	Pyrénées (Hautes-)	75,000
Aveyron	62,000	Pyrénées-Orientales	89,000
Bouches-du-Rhône	30,000	Rhône	60,000
Cantal	58,000	Saône (Haute-)	20,000
Cher	133,000	Savoie	211,000
Corrèze	84,000	Savoie (Haute-)	244,000
Corse	237,000	Seine	65,000
Côtes-du-Nord	30,000	Sèvres (Deux-)	35,000
Creuse	105,000	Tarn	20,000
Dordogne	9,000	Tarn-et-Garonne	8,000
Doubs	14,000	Var	55,000
Drôme	50,000	Vaucluse	117,000
Finistère	42,000	Vendée	37,000
Gers	9,000	Vienne	80,000
Indre	135,000	Vienne (Haute-)	95,000
Indre-et-Loire	10,000	Vosges	65,000
Jura	9,000	Territoire de Belfort	7,000
Landes	137,000		
Loir-et-Cher	52,000		
Loire (Haute-)	55,000	TOTAL	
Lot	50,000		

Vu pour être annexé à la loi adoptée par l'Assemblée nationale dans sa séance du
4 août 1874.

Le Président,

Signé L. BUFFET.

Les Secrétaires,

Signé FÉLIX VOISIN, FRANCISQUE RIVE, VANDIER,
E. DE CAZENOVE DE PRADINE.

RÉPUBLIQUE FRANÇAISE.

N° 3338. — *Loi relative aux Dépenses du casernement de l'armée*

Du 4 Août 1874.

(Promulguée au *Journal officiel* du 11 août 1874.)

L'Assemblée nationale a adopté la loi dont la teneur suit :

Art. 1er. Il sera pourvu aux dépenses du casernement de l'ar-, jusqu'à concurrence de quatre-vingt-huit millions de francs (88,000,000ʼ), au moyen de fonds de concours demandés aux départements ou aux villes à titre gratuit ou onéreux.

2. Les fonds de concours à titre onéreux stipulés dans les conventions à passer avec les départements et les villes, et remboursables par l'État, ne pourront pas dépasser la somme de cinquante-sept millions de francs (57,000,000ʼ). Ils seront remboursables au taux maximum de cinq pour cent (5 p. o/o) d'intérêt, en douze ans au moins et quinze ans au plus.

3. Les emprunts à contracter par les départements et les villes pour faire face aux fonds de concours fournis à l'État à titre onéreux ou gratuit seront exempts des droits de timbre mis par la loi à la charge des départements et des communes. Cette exemption devra être mentionnée dans le corps même des titres à émettre, ainsi que la date de la loi d'autorisation ou des décrets prévus par l'article suivant.

4. Pendant la durée de la prorogation résultant de la résolution du 31 juillet 1874, le Président de la République est autorisé, à charge de rendre compte dans le mois qui suivra la reprise des séances :

1° A sanctionner les conventions à intervenir entre l'État et les départements ou les communes relativement aux fonds de concours prévus aux articles 1er et 2 ;

2° A approuver les emprunts et les ressources extraordinaires de toute nature votés dans ce but par les conseils municipaux et les conseils généraux.

5. Les décisions prévues à l'article 4 seront rendues en conseil des

ministres, sous le contre-seing des ministres de l'intérieur, de guerre et des finances.

Délibéré en séance publique, à Versailles, le 4 Août 1874.

Le Président,

Signé L. BUFFET.

Les Secrétaires,

Signé FÉLIX VOISIN, FRANCISQUE RIVE, VA
E. DE CAZENOVE DE PRADINE.

LE PRÉSIDENT DE LA RÉPUBLIQUE PROMULGUE LA PRÉSENTE LOI.

Signé M^{al} DE MAC MAHON, duc DE MAGENTA.

Le Ministre de l'intérieur,

Signé G^{al} DE CHABAUD LA TOUR.

RÉPUBLIQUE FRANÇAISE.

N° 3339. — *Loi qui impose d'office la commune de Bons (Haute-Savoie) pour le payement d'une Dette résultant de condamnations judiciaires.*

Du 4 Août 1874.

(Promulguée au *Journal officiel* du 11 août 1873.)

L'ASSEMBLÉE NATIONALE A ADOPTÉ LA LOI dont la teneur suit :

ARTICLE UNIQUE. Il sera imposé d'office sur la commune de Bo (Haute-Savoie), en douze années, à partir de 1875, par addition principal de ses quatre contributions directes, la somme de vin deux mille deux cent trente-six francs (22,236^f), répartie ainsi qu' suit :

En 1875, 2,002^f, représentant 89^c environ.
En 1876, 2,002, représentant 89 environ.
En 1877, 2,002, représentant 89 environ.
En 1878, 1,840, représentant 81 1/2 environ.
En 1879, 1,780, représentant 79 1/2 environ.
En 1880, 1,720, représentant 76 1/2 environ.
En 1881, 1,760, représentant 78 environ.
En 1882, 1,795, représentant 80 environ.
En 1883, 1,785, représentant 79 environ.
En 1884, 1,792, représentant 80 environ.
En 1885, 1,815, représentant 81 environ.
En 1886, 1,943, représentant 86 environ.

Le produit de cette imposition servira à solder, en principal et intérêts, la dette résultant des condamnations prononcées contre la

une par arrêtés du conseil de préfecture de la Haute-Savoie, date des 13 novembre 1867 et 22 décembre 1871.

Délibéré en séance publique, à Versailles, le 4 Août 1874.

Le Président,

Signé L. BUFFET.

Les Secrétaires,

Signé FÉLIX VOISIN, FRANCISQUE RIVE, VANDIER,
E. DE CAZENOVE DE PRADINE.

LE PRÉSIDENT DE LA RÉPUBLIQUE PROMULGUE LA PRÉSENTE LOI.

Signé M^{al} DE MAC MAHON, duc DE MAGENTA.

Le Ministre de l'intérieur,

Signé G^{al} DE CHABAUD LA TOUR.

RÉPUBLIQUE FRANÇAISE.

N° 3340. — *Loi qui autorise le département des Ardennes.*
à contracter un Emprunt.

Du 4 Août 1874.

(Promulguée au *Journal officiel* du 11 août 1874.)

L'ASSEMBLÉE NATIONALE A ADOPTÉ LA LOI dont la teneur suit:

ART. 1er. Le département des Ardennes est autorisé, conformément à la demande que le conseil général en a faite, à emprunter, à un d'intérêt qui ne pourra dépasser six pour cent (6 p. o/o), une de trois cent trente mille francs (330,000^f), destinée à aug- r le montant des indemnités attribuées aux victimes de la en exécution de la loi du 7 avril 1873.

Cet emprunt pourra être réalisé, soit avec publicité et concurrence, par voie de souscription, soit de gré à gré, avec faculté d'émettre obligations au porteur ou transmissibles par voie d'endossement, t directement auprès de la caisse des dépôts et consignations.

Les conditions des souscriptions à ouvrir ou des traités à passer de gré à gré seront préalablement soumises à l'approbation du ministre de l'intérieur.

2. Le département des Ardennes est également autorisé à s'im- poser extraordinairement pendant vingt-trois ans, à partir de 1875, un centime additionnel au principal des quatre contributions directes, dont le produit sera affecté au remboursement et au ser-

vice des intérêts de l'emprunt à réaliser en vertu de l'article 1ᵉʳ
dessus.

Cette imposition sera recouvrée indépendamment des centimes
extraordinaires dont le maximum est fixé, chaque année, par la loi
de finances, en exécution de la loi du 10 août 1871.

Délibéré en séance publique, à Versailles, le 4 Août 1874.

Le Président,

Signé L. BUFFET.

Les Secrétaires,

Signé FÉLIX VOISIN, FRANCISQUE RIVE, VANDIER
E. DE CAZENOVE DE PRADINE.

LE PRÉSIDENT DE LA RÉPUBLIQUE PROMULGUE LA PRÉSENTE LOI.

Signé Mᵃˡ DE MAC MAHON, duc DE MAGENTA.

Le Ministre de l'intérieur,

Signé Gᵃˡ DE CHABAUD LA TOUR.

RÉPUBLIQUE FRANÇAISE.

N° 3341. — *Loi qui autorise la ville de Boulogne-sur-Mer
à contracter un Emprunt.*

Du 4 Août 1874.

(Promulguée au *Journal officiel* du 11 août 1874.)

L'ASSEMBLÉE NATIONALE A ADOPTÉ LA LOI dont la teneur suit :

ARTICLE UNIQUE. La ville de Boulogne-sur-Mer (Pas-de-Calais) est
autorisée à emprunter, à un taux d'intérêt qui ne pourra dépasser
six pour cent (6 p. o/o), une somme de sept cent mille francs
(700,000ᶠ), remboursable en vingt ans, à partir de 1884, sur ses
revenus ordinaires, pour subvenir à la construction d'un nouvel hospice et de deux salles d'asile, à l'élargissement des rues de l'Ancien-
Rivage et du Sautoir et au payement de travaux d'appropriation à
exécuter au petit séminaire.

Cet emprunt sera réalisé, jusqu'à concurrence de deux cent cinquante mille francs (250,000ᶠ), auprès des hospices de Boulogne,
conformément aux offres de la commission administrative, qui sera
autorisée à aliéner, à cet effet, des inscriptions de rente représentant
un capital de pareille somme. Le complément de quatre cent cinquante mille francs (450,000ᶠ) sera réalisé, soit avec publicité et
concurrence, soit de gré à gré, soit par voie de souscription, avec
faculté d'émettre des obligations au porteur ou transmissibles par
voie d'endossement.

Les conditions des souscriptions à ouvrir ou des traités à passer
nt préalablement soumises à l'approbation du ministre de l'in-
eur.

Délibéré en séance publique, à Versailles, le 4 Août 1874.

Le Président,

Signé L. BUFFET.

Les Secrétaires,

Signé FÉLIX VOISIN, FRANCISQUE RIVE, VANDIER,
E. DE CAZENOVE DE PRADINE.

LE PRÉSIDENT DE LA RÉPUBLIQUE PROMULGUE LA PRÉSENTE LOI.

Signé M^al DE MAC MAHON, duc DE MAGENTA.

Le Ministre de l'intérieur,

Signé G^ce DE CHABAUD LA TOUR.

RÉPUBLIQUE FRANÇAISE.

N° 3342. — *LOI qui établit une Surtaxe à l'Octroi de Guipavas (Finistère).*

Du 4 Août 1874.

(Promulguée au *Journal officiel* du 13 août 1874.)

L'ASSEMBLÉE NATIONALE A ADOPTÉ LA LOI dont la teneur suit :

ARTICLE UNIQUE. A partir du 1er janvier 1875 et jusqu'au 31 décembre 1877 inclusivement, il sera perçu à l'octroi de Guipavas
(Finistère) une surtaxe de treize francs (13^f) par hectolitre d'alcool
pur contenu dans les eaux-de-vie et esprits, liqueurs et fruits à
l'eau-de-vie, et par hectolitre d'absinthe.

Cette surtaxe est indépendante du droit de six francs (6^f) par hectolitre établi en taxe principale.

Délibéré en séance publique, à Versailles, le 4 Août 1874.

Le Président,

Signé L. BUFFET.

Les Secrétaires,

Signé FÉLIX VOISIN, FRANCISQUE RIVE, VANDIER,
E. DE CAZENOVE DE PRADINE.

LE PRÉSIDENT DE LA RÉPUBLIQUE PROMULGUE LA PRÉSENTE LOI.

Signé M^al DE MAC MAHON, duc DE MAGENTA.

Le Ministre des finances,

Signé MATHIEU-BODET.

RÉPUBLIQUE FRANÇAISE.

N° 3343. — *Loi qui établit une Surtaxe à l'Octroi de Kerlouan (Finistère).*

Du 4 Août 1874.

(Promulguée au *Journal officiel* du 13 août 1874.)

L'ASSEMBLÉE NATIONALE A ADOPTÉ LA LOI dont la teneur suit :

ARTICLE UNIQUE. A partir du 1er janvier 1875 et jusqu'au 31 décembre 1879 inclusivement, il sera perçu à l'octroi de la commune de Kerlouan, département du Finistère, une surtaxe de dix-huit francs (18f) par hectolitre d'alcool pur contenu dans les eaux-de-vie et esprits, liqueurs et fruits à l'eau-de-vie, et par hectolitre d'absinthe.

Cette surtaxe est indépendante du droit de six francs (6f) par hectolitre établi en taxe principale.

Délibéré en séance publique, à Versailles, le 4 Août 1874.

Le Président,
Signé L. BUFFET.

Les Secrétaires,
Signé FÉLIX VOISIN, FRANCISQUE RIVE, VANDIER
E. DE CAZENOVE DE PRADINE.

LE PRÉSIDENT DE LA RÉPUBLIQUE PROMULGUE LA PRÉSENTE LOI.

Signé Mal DE MAC MAHON, duc DE MAGENTA.

Le Ministre des finances,
Signé MATHIEU-BODET.

RÉPUBLIQUE FRANÇAISE.

N° 3344. — *Loi qui établit des Surtaxes à l'Octroi de Lannion (Côtes-du-Nord).*

Du 4 Août 1874.

(Promulguée au *Journal officiel* du 13 août 1874.)

L'ASSEMBLÉE NATIONALE A ADOPTÉ LA LOI dont la teneur suit :

ARTICLE UNIQUE. A partir de la promulgation de la présente loi et jusqu'au 31 décembre 1877 inclusivement, il sera perçu à l'octroi de Lannion, département des Côtes-du-Nord, les surtaxes ci-après :

en cercles et en bouteilles, par hectolitre............　o' 78°
, poirés et hydromels, par hectolitre.............　o 38
l pur contenu dans les eaux-de-vie et esprits, liqueurs
ruits à l'eau-de-vie, par hectolitre................　3 90
the (volume total), par hectolitre................　3 90

surtaxes sont indépendantes des droits de un franc vingt cen-
:1'20°) sur les vins, de cinquante centimes (o' 5o°) sur les
et de six francs (6') sur les alcools, établis à titre de taxes

ré en séance publique, à Versailles, le 4 Août 1874.

Le Président,

Signé L. BUFFET.

Les Secrétaires,

Signé FÉLIX VOISIN, FRANCISQUE RIVE, VANDIER,
E. DE CAZENOVE DE PRADINE.

LE PRÉSIDENT DE LA RÉPUBLIQUE PROMULGUE LA PRÉSENTE LOI.

Signé M^{al} DE MAC MAHON, duc DE MAGENTA.

Le Ministre des finances,
Signé MATHIEU-BODET.

RÉPUBLIQUE FRANÇAISE.

3345. — *Loi qui établit une Surtaxe à l'Octroi de Rumengol (Finistère).*

Du 4 Août 1874.

(Promulguée au *Journal officiel* du 13 août 1874.)

L'ASSEMBLÉE NATIONALE A ADOPTÉ LA LOI dont la teneur suit :

ARTICLE UNIQUE. A partir de la promulgation de la présente loi et
'au 31 décembre 1878 inclusivement, il sera perçu à l'octroi de
commune de Rumengol, département du Finistère, une surtaxe
dix-huit francs (18') par hectolitre d'alcool pur contenu dans les
eaux-de-vie et esprits, liqueurs et fruits à l'eau-de-vie, et par hectolitre d'absinthe.

Cette surtaxe est indépendante du droit de six fran‹
tolitre établi en taxe principale.

Délibéré en séance publique, à Versailles, le 4 Aoû

Le Président

Signé L. Buff‹

Les Secrétaires

Signé Félix Voisin, Francisq‹
E. de Cazenove de P

Le Président de la République promulgue la prése

Signé M⁰¹ DE MAC MAHON, duc

Le Ministre des finances,

Signé Mathieu-Bodet.

RÉPUBLIQUE FRANÇAISE.

N° 3346. — *Loi qui autorise la Chambre de commerce de Bo‹
l'État l'avance d'une somme de 4,500,000 francs, pour ac‹
flot en construction dans ce Port et pour y construire une for*

Du 5 Août 1874.

(Promulguée au *Journal officiel* du 9 août 1874.)

L'Assemblée nationale a adopté la loi dont la tene‹

Art. 1ᵉʳ. Le ministre des travaux publics est autor‹
au nom de l'État, l'offre faite par la chambre de com‹
deaux, ainsi qu'il résulte de sa délibération en date du
1873, d'avancer à l'État une somme de quatre milli
mille francs (4,500,000ᶠ), pour être affectée à l'achèven
à flot en cours d'exécution dans ce port en vertu
27 juillet 1867 et à la construction d'une forme de ra
même bassin.

2. La chambre de commerce est autorisée à emprun
qui n'excède pas six pour cent (6 p. o/o), la somme d
lions cinq cent mille francs, montant de son avance ‹

Cet emprunt pourra être réalisé, soit avec publicité et
soit par voie de souscription, soit de gré à gré, avec la fac
des obligations au porteur ou transmissibles par voie d'

Si l'emprunt est contracté auprès d'un établissem‹
crédit, la chambre de commerce devra se conformer a

taires de cet établissement, sans toutefois que la commission
e dépasser quarante-cinq centimes pour cent francs (o' 45° p. o/o).

Les fonds successivement versés par la chambre de commerce,
l'à concurrence de ladite somme de quatre millions cinq cent
francs, porteront intérêt à quatre et demi pour cent (4 1/2
ɔ), à dater de leur versement.

mortissement, calculé au même taux de quatre et demi pour
(4 1/2 p. o/o), s'effectuera en quinze annuités, à partir de 1875.

l différence entre le taux d'intérêt payé par l'État à la chambre
erce et celui qu'elle aura elle-même payé aux souscripteurs
nprunt qu'elle est autorisée à contracter sera couverte au
des produits du droit de péage établi par le décret du 6 juin
et dont la perception continuera à son profit jusqu'à l'entier
ursement de la somme formant cette différence. Ce droit, fixé
t centimes (o' 20') par tonneau de jauge par le décret précité,
porté à vingt-cinq centimes (o' 25°) à partir du 1er janvier 1875.

libéré en séance publique, à Versailles, le 5 Août 1874.

Le Président ,

Signé L. BUFFET.

Les Secrétaires ,

Signé E. DE CAZENOVE DE PRADINE, FRANCISQUE RIVE,
VANDIER, FÉLIX VOISIN.

PRÉSIDENT DE LA RÉPUBLIQUE PROMULGUE LA PRÉSENTE LOI.

Signé Mᵃˡ DE MAC MAHON, duc DE MAGENTA.

Le Ministre des travaux publics ,

Signé E. CAILLAUX.

RÉPUBLIQUE FRANÇAISE.

347. — *LOI qui autorise le Ministre des Travaux publics a accepter, au nom
de l'État, l'offre faite par la Chambre de commerce du Havre d'avancer à
l'État la somme de 6 millions de francs, à l'effet d'assurer l'achèvement des
travaux en cours d'exécution dans le Port de cette ville.*

Du 5 Août 1874.

(Promulguée au *Journal officiel* du 9 août 1874.)

L'ASSEMBLÉE NATIONALE A ADOPTÉ LA LOI dont la teneur suit :

ART. 1er. Le ministre des travaux publics est autorisé à accepter,
nom de l'État, l'offre faite par la chambre de commerce du Havre,
nsi qu'il résulte de ses délibérations des 16 octobre 1873, 19 fé-

vrier, 26 mars et 26 juin 1874, d'avancer à l'État la somme de
millions de francs (6,000,000ᶠ), à l'effet d'assurer l'achèvement
travaux en cours d'exécution dans le port du Havre en vertu
décret du 18 juillet 1870.

2. La chambre de commerce est autorisée à emprunter, à un
qui n'excède pas six pour cent (6 p. o/o), la somme de six
(6,000,000ᶠ), montant de son avance à l'État.

Cet emprunt pourra être réalisé, soit avec publicité et co
rence, soit par voie de souscription, soit de gré à gré, avec la fa
d'émettre des obligations au porteur ou transmissibles par voie
dossement.

Si l'emprunt est contracté auprès d'un établissement publi
crédit, la chambre de commerce devra se conformer aux condi
statutaires de cet établissement, sans toutefois que la com
puisse dépasser quarante-cinq centimes pour cent francs (0ᶠ 45ᶜ

3. Les fonds successivement versés par la chambre de co
jusqu'à concurrence de ladite somme de six millions (6,000,
porteront intérêt à quatre et demi pour cent (4ᶠ 50ᶜ p. o/o), à
de leur versement.

L'amortissement, calculé au même taux de quatre et demi
cent (4ᶠ 50ᶜ p. o/o), s'effectuera en quinze annuités, à partir de l

La différence entre le taux d'intérêt payé par l'État à la cha
de commerce et celui qu'elle aura elle-même payé aux souscrip
de l'emprunt qu'elle est autorisée à contracter sera couverte au m
des produits du droit de péage établi par les lois des 14 juillet 1
et 22 juillet 1870, et dont la perception continuera à son profit
qu'à l'entier remboursement de la somme formant cette différe

Délibéré en séance publique, à Versailles, le 5 Août 1874.

Le Président,

Signé L. BUFFET.

Les Secrétaires,

Signé E. DE CAZENOVE DE PRADINE, FRANCISQUE
VANDIER, FELIX VOISIN.

LE PRÉSIDENT DE LA RÉPUBLIQUE PROMULGUE LA PRÉSENTE LOI.

Signé Mᵗ DE MAC MAHON, duc DE MAGENTA.

Le Ministre des travaux publics,

Signé E. CAILLAUX.

RÉPUBLIQUE FRANÇAISE.

8. — *Loi qui déclare d'utilité publique les travaux à faire pour l'amé-
n du Port de Marseille et autorise le Ministre des Travaux publics à
, au nom de l'État, l'offre faite par la Chambre de commerce de cette
d'avancer à l'État la somme de 15 millions de francs, à l'effet d'assurer
exécution de ces travaux.*

Du 5 Août 1874.

(Promulguée au *Journal officiel* du 9 août 1874.)

'ASSEMBLÉE NATIONALE A ADOPTÉ LA LOI dont la teneur suit :

. 1ᵉʳ. Sont déclarés d'utilité publique les travaux à faire pour
'oration du port de Marseille, conformément aux dispositions
ant-projet dressé à la date du 4 avril 1874 et adopté par le
l général des ponts et chaussées.

Le ministre des travaux publics est autorisé à accepter, au nom
État, l'offre faite par la chambre de commerce de Marseille,
qu'il résulte de sa délibération du 22 mai 1874, d'avancer à
la somme de quinze millions de francs (15,000,000ᶠ), à l'effet
r l'exécution des travaux mentionnés dans l'article qui pré-

La chambre de commerce de Marseille est autorisée à em-
ter, à un taux qui n'excède pas six pour cent (6 p. o/o), la
de quinze millions de francs (15,000,000ᶠ), montant des
à faire à l'État.

emprunt pourra être réalisé, soit avec publicité et concur-
, soit par voie de souscription, soit de gré à gré, avec faculté
être des obligations au porteur ou transmissibles par voie d'en-
ent.

emprunt est contracté auprès d'un établissement public de
, la chambre de commerce devra se conformer aux conditions
ires de cet établissement, sans toutefois que la commission
e en sus de l'intérêt puisse dépasser quarante-cinq centimes
cent francs (0ᶠ 45ᶜ p. o/o).

Les fonds successivement versés par la chambre de commerce
larseille, jusqu'à concurrence de ladite somme de quinze mil-
(15,000,000ᶠ), porteront intérêt à quatre et demi pour cent
(4ᶠ 50ᶜ p. o/o), à dater de leur versement.

L'amortissement, calculé au même taux de quatre et demi pour
cent (4ᶠ 50ᶜ p. o/o), s'effectuera en quinze annuités, payables en
termes semestriels, à partir du 15 janvier 1880.

5. Il sera établi au port de Marseille, à partir du 1ᵉʳ janvier 1875,
par application de l'article 4 de la loi du 19 mai 1866, un droit de
dix centimes (0ᶠ 10ᶜ) par tonneau de jauge sur tout navire chargé

entrant dans le port de Marseille et venant du long cours ou
pays étrangers.

Ce droit ne sera pas applicable au matériel naval de l'État.

La perception du droit susmentionné est concédée à la chamb
de commerce pour couvrir la différence entre le taux d'intérêt pa
par l'État à la chambre de commerce et celui qu'elle aura elle-m
payé aux souscripteurs de l'emprunt qu'elle est autorisée à contract
Cette perception cessera aussitôt après l'entier remboursement de
somme formant cette différence.

Délibéré en séance publique, à Versailles, le 5 Août 1874.

Le Président,

Signé L. BUFFET.

Les Secrétaires,

Signé E. DE CAZENOVE DE PRADINE, FRANCISQUE RIV
VANDIER, FÉLIX VOISIN.

LE PRÉSIDENT DE LA RÉPUBLIQUE PROMULGUE LA PRÉSENTE LOI.

Signé M^{al} DE MAC MAHON, duc DE MAGENTA.

Le Ministre des travaux publics,

Signé E. CAILLAUX.

RÉPUBLIQUE FRANÇAISE.

N° 3349.— *Loi qui ouvre au Ministre des Travaux publics des Crédits
supplémentaires sur l'exercice 1874.*

Du 5 Août 1874.

(Promulguée au *Journal officiel* du 14 août 1874.)

L'ASSEMBLÉE NATIONALE A ADOPTÉ LA LOI dont la teneur suit :

ART. 1er. Les crédits ci-après, montant ensemble à la somme de
cent quatre-vingt-deux mille six cent trente-sept francs (182,637'),
sont ouverts au ministre des travaux publics sur l'exercice 1874.

Ces crédits sont répartis comme il suit :

CHAP. XVII.	Matériel des mines...........................	17,637'
—— XXII.	Constructions et grosses réparations des bâtiments civils...................................	20,000
—— XLVII.	Édifices publics............................	75,000
—— XLVIII *ter*.	Reconstruction de la colonne Vendôme..........	70,000
	TOTAL ÉGAL......................	182,637

2. Il sera pourvu aux dépenses autorisées par la présente loi à aide des ressources créées par la loi du budget de l'exercice 1874.

Délibéré en séance publique, à Versailles, le 5 Août 1874.

Le Président,

Signé L. BUFFET.

Les Secrétaires,

Signé E. DE CAZENOVE DE PRADINE, FRANCISQUE RIVE, VANDIER, FÉLIX VOISIN.

LE PRÉSIDENT DE LA RÉPUBLIQUE PROMULGUE LA PRÉSENTE LOI.

Signé M⁺ DE MAC MAHON, duc DE MAGENTA.

Le Ministre des travaux publics,

Signé E. CAILLAUX.

_____

RÉPUBLIQUE FRANÇAISE.

N° 3350. — *Loi qui établit des Surtaxes à l'Octroi de la commune d'Estaires* (*Nord*).

Du 5 Août 1874.

(Promulguée au *Journal officiel* du 12 août 1874.)

L'ASSEMBLÉE NATIONALE A ADOPTÉ LA LOI dont la teneur suit:

ARTICLE UNIQUE. A partir de la promulgation de la présente loi jusqu'au 31 décembre 1877 inclusivement, les surtaxes suivantes seront perçues à l'octroi de la commune d'Estaires, département du Nord, savoir:

Vins en cercles et en bouteilles, par hectolitre............   8ᶠ
Alcool pur contenu dans les eaux-de-vie et esprits, liqueurs et
   fruits à l'eau-de-vie, par hectolitre................... 14
Absinthe (volume total), par hectolitre.................. 14

Ces surtaxes sont indépendantes des droits de un franc vingt centimes (1ᶠ 20ᶜ) par hectolitre sur les vins et de six francs (6ᶠ) par hectolitre sur les alcools, établis à titre de taxes principales.

Délibéré en séance publique, à Versailles, le 5 Août 1874.

Le Président,

Signé L. BUFFET.

Les Secrétaires,

Signé E. DE CAZENOVE DE PRADINE, FRANCISQUE RIVE, VANDIER, FÉLIX VOISIN.

LE PRÉSIDENT DE LA RÉPUBLIQUE PROMULGUE LA PRÉSENTE LOI.

Signé M⁺ DE MAC MAHON, duc DE MAGENTA.

Le Ministre des finances,

Signé MATHIEU-BODET.

_____

RÉPUBLIQUE FRANÇAISE.

N° 3343. — *Loi qui établit une Surtaxe à l'Octroi de Kerlouan (Finistère).*

Du 4 Août 1874.

(Promulguée au *Journal officiel* du 13 août 1874.)

L'ASSEMBLÉE NATIONALE A ADOPTÉ LA LOI dont la teneur suit :

ARTICLE UNIQUE. A partir du 1er janvier 1875 et jusqu'au 31 décembre 1879 inclusivement, il sera perçu à l'octroi de la commune de Kerlouan, département du Finistère, une surtaxe de dix-huit francs (18f) par hectolitre d'alcool pur contenu dans les eaux-de-vie et esprits, liqueurs et fruits à l'eau-de-vie, et par hectolitre d'absinthe.

Cette surtaxe est indépendante du droit de six francs (6f) par hectolitre établi en taxe principale.

Délibéré en séance publique, à Versailles, le 4 Août 1874.

Le Président,
Signé L. BUFFET.

Les Secrétaires,
Signé FÉLIX VOISIN, FRANCISQUE RIVE, VANDIER,
E. DE CAZENOVE DE PRADINE.

LE PRÉSIDENT DE LA RÉPUBLIQUE PROMULGUE LA PRÉSENTE LOI.

Signé Mal DE MAC MAHON, duc DE MAGENTA.

Le Ministre des finances,
Signé MATHIEU-BODET.

RÉPUBLIQUE FRANÇAISE.

N° 3344. — *Loi qui établit des Surtaxes à l'Octroi de Lannion (Côtes-du-Nord).*

Du 4 Août 1874.

(Promulguée au *Journal officiel* du 13 août 1874.)

L'ASSEMBLÉE NATIONALE A ADOPTÉ LA LOI dont la teneur suit :

ARTICLE UNIQUE. A partir de la promulgation de la présente loi et jusqu'au 31 décembre 1877 inclusivement, il sera perçu à l'octroi de Lannion, département des Côtes-du-Nord, les surtaxes ci-après :

en cercles et en bouteilles, par hectolitre............ 0' 78°
, poirés et hydromels, par hectolitre.............. o 38
l pur contenu dans les eaux-de-vie et esprits, liqueurs
fruits à l'eau-de-vie, par hectolitre................. 3 90
nthe (volume total), par hectolitre................ 3 90

 surtaxes sont indépendantes des droits de un franc vingt cen-
(1'20°) sur les vins, de cinquante centimes (0'50°) sur les
et de six francs (6') sur les alcools, établis à titre de taxes
pales.

Délibéré en séance publique, à Versailles, le 4 Août 1874.

Le Président,

Signé L. BUFFET.

Les Secrétaires,

Signé FÉLIX VOISIN, FRANCISQUE RIVE, VANDIER,
E. DE CAZENOVE DE PRADINE.

LE PRÉSIDENT DE LA RÉPUBLIQUE PROMULGUE LA PRÉSENTE LOI.

Signé M^{al} DE MAC MAHON, duc DE MAGENTA.

Le Ministre des finances,
Signé MATHIEU-BODET.

RÉPUBLIQUE FRANÇAISE.

N° 3345. — *Loi qui établit une Surtaxe à l'Octroi de Rumengol (Finistère).*

Du 4 Août 1874.

(Promulguée au *Journal officiel* du 13 août 1874.)

L'ASSEMBLÉE NATIONALE A ADOPTÉ LA LOI dont la teneur suit :

ARTICLE UNIQUE. A partir de la promulgation de la présente loi et
jusqu'au 31 décembre 1878 inclusivement, il sera perçu à l'octroi de
la commune de Rumengol, département du Finistère, une surtaxe
de dix-huit francs (18') par hectolitre d'alcool pur contenu dans les
eaux-de-vie et esprits, liqueurs et fruits à l'eau-de-vie, et par hectolitre d'absinthe.

Cette surtaxe est indépendante du droit de six francs (6ᶠ) par tolitre établi en taxe principale.

Délibéré en séance publique, à Versailles, le 4 Août 1874.

Le Président,

Signé L. BUFFET.

Les Secrétaires,

Signé FÉLIX VOISIN, FRANCISQUE RIVE, VA
E. DE CAZENOVE DE PRADINE.

LE PRÉSIDENT DE LA RÉPUBLIQUE PROMULGUE LA PRÉSENTE LOI.

Signé Mᵃˡ DE MAC MAHON, duc DE MA

Le Ministre des finances,

Signé MATHIEU-BODET.

RÉPUBLIQUE FRANÇAISE.

N° 3346. — *Loi qui autorise la Chambre de commerce de Bordeaux à f*
l'État l'avance d'une somme de 4,500,000 francs, pour achever le Ba
flot en construction dans ce Port et pour y construire une forme de Rado

Du 5 Août 1874.

(Promulguée au *Journal officiel* du 9 août 1874.)

L'ASSEMBLÉE NATIONALE A ADOPTÉ LA LOI dont la teneur suit :

ART. 1ᵉʳ. Le ministre des travaux publics est autorisé à accep
au nom de l'État, l'offre faite par la chambre de commerce de
deaux, ainsi qu'il résulte de sa délibération en date du 26 nove
1873, d'avancer à l'État une somme de quatre millions cinq
mille francs (4,500,000ᶠ), pour être affectée à l'achèvement du ba
à flot en cours d'exécution dans ce port en vertu du décret
27 juillet 1867 et à la construction d'une forme de radoub dans
même bassin.

2. La chambre de commerce est autorisée à emprunter, à un
qui n'excède pas six pour cent (6 p. o/o), la somme de quatre
lions cinq cent mille francs, montant de son avance à l'État.

Cet emprunt pourra être réalisé, soit avec publicité et concurren
soit par voie de souscription, soit de gré à gré, avec la faculté d'émet
des obligations au porteur ou transmissibles par voie d'endosseme

Si l'emprunt est contracté auprès d'un établissement public
crédit, la chambre de commerce devra se conformer aux conditi

tutaires de cet établissement, sans toutefois que la commission
e dépasser quarante-cinq centimes pour cent francs (o' 45' p. o/o).

Les fonds successivement versés par la chambre de commerce,
à concurrence de ladite somme de quatre millions cinq cent
e francs, porteront intérêt à quatre et demi pour cent (4 1/2
o), à dater de leur versement.

amortissement, calculé au même taux de quatre et demi pour
(4 1/2 p. o/o), s'effectuera en quinze annuités, à partir de 1875.

différence entre le taux d'intérêt payé par l'État à la chambre
erce et celui qu'elle aura elle-même payé aux souscripteurs
uprunt qu'elle est autorisée à contracter sera couverte au
des produits du droit de péage établi par le décret du 6 juin
et dont la perception continuera à son profit jusqu'à l'entier
ursement de la somme formant cette différence. Ce droit, fixé
vingt centimes (o' 20') par tonneau de jauge par le décret précité,
porté à vingt-cinq centimes (o' 25') à partir du 1er janvier 1875.

Délibéré en séance publique, à Versailles, le 5 Août 1874.

Le Président,

Signé L. BUFFET.

Les Secrétaires,

Signé E. DE CAZENOVE DE PRADINE, FRANCISQUE RIVE,
VANDIER, FÉLIX VOISIN.

LE PRÉSIDENT DE LA RÉPUBLIQUE PROMULGUE LA PRÉSENTE LOI.

Signé M^al DE MAC MAHON, duc DE MAGENTA.

Le Ministre des travaux publics,

Signé E. CAILLAUX.

RÉPUBLIQUE FRANÇAISE.

3347. — *Loi qui autorise le Ministre des Travaux publics a accepter, au nom
de l'État, l'offre faite par la Chambre de commerce du Havre d'avancer à
l'État la somme de 6 millions de francs, à l'effet d'assurer l'achèvement des
travaux en cours d'exécution dans le Port de cette ville.*

Du 5 Août 1874.

(Promulguée au *Journal officiel* du 9 août 1874.)

L'ASSEMBLÉE NATIONALE A ADOPTÉ LA LOI dont la teneur suit :

ART. 1er. Le ministre des travaux publics est autorisé à accepter,
au nom de l'État, l'offre faite par la chambre de commerce du Havre,
ainsi qu'il résulte de ses délibérations des 16 octobre 1873, 19 fé-

vrier, 26 mars et 26 juin 1874, d'avancer à l'État la somme de millions de francs (6,000,000'), à l'effet d'assurer l'achèvement travaux en cours d'exécution dans le port du Havre en vertu décret du 18 juillet 1870.

2. La chambre de commerce est autorisée à emprunter, à un qui n'excède pas six pour cent (6 p. 0/0), la somme de six mi (6,000,000'), montant de son avance à l'Etat.

Cet emprunt pourra être réalisé, soit avec publicité et con rence, soit par voie de souscription, soit de gré à gré, avec la facul d'émettre des obligations au porteur ou transmissibles par voie d'e dossement.

Si l'emprunt est contracté auprès d'un établissement public d crédit, la chambre de commerce devra se conformer aux conditio statutaires de cet établissement, sans toutefois que la commissi puisse dépasser quarante-cinq centimes pour cent francs (o' 45° p. 0/0

3. Les fonds successivement versés par la chambre de commer jusqu'à concurrence de ladite somme de six millions (6,000,00 porteront intérêt à quatre et demi pour cent (4' 50° p. 0/0), à da de leur versement.

L'amortissement, calculé au même taux de quatre et demi po cent (4' 50° p. 0/0), s'effectuera en quinze annuités, à partir de 187

La différence entre le taux d'intérêt payé par l'État à la chamb de commerce et celui qu'elle aura elle-même payé aux souscripteu de l'emprunt qu'elle est autorisée à contracter sera couverte au moy des produits du droit de péage établi par les lois des 14 juillet 18 et 22 juillet 1870, et dont la perception continuera à son profit ju qu'à l'entier remboursement de la somme formant cette différenc

Délibéré en séance publique, à Versailles, le 5 Août 1874.

Le Président,
Signé L. BUFFET.

Les Secrétaires,
Signé E. DE CAZENOVE DE PRADINE, FRANCISQUE RIVE, VANDIER, FÉLIX VOISIN.

LE PRÉSIDENT DE LA RÉPUBLIQUE PROMULGUE LA PRÉSENTE LOI.

Signé M° DE MAC MAHON, duc DE MAGENTA.

Le Ministre des travaux publics,
Signé E. CAILLAUX.

RÉPUBLIQUE FRANÇAISE.

——

3348. — *Loi qui déclare d'utilité publique les travaux à faire pour l'amélioration du Port de Marseille et autorise le Ministre des Travaux publics à
accepter, au nom de l'État, l'offre faite par la Chambre de commerce de cette
ville d'avancer à l'État la somme de 15 millions de francs, à l'effet d'assurer
l'exécution de ces travaux.*

Du 5 Août 1874.

(Promulguée au *Journal officiel* du 9 août 1874.)

L'Assemblée nationale a adopté la loi dont la teneur suit :

Art. 1er. Sont déclarés d'utilité publique les travaux à faire pour
l'élioration du port de Marseille, conformément aux dispositions
'avant-projet dressé à la date du 4 avril 1874 et adopté par le
général des ponts et chaussées.

Le ministre des travaux publics est autorisé à accepter, au nom
État, l'offre faite par la chambre de commerce de Marseille,
qu'il résulte de sa délibération du 22 mai 1874, d'avancer à
la somme de quinze millions de francs (15,000,000^f), à l'effet
r l'exécution des travaux mentionnés dans l'article qui pré-

La chambre de commerce de Marseille est autorisée à em-
ter, à un taux qui n'excède pas six pour cent (6 p. o/o), la
de quinze millions de francs (15,000,000^f), montant des
ces à faire à l'État.

Cet emprunt pourra être réalisé, soit avec publicité et concurrence, soit par voie de souscription, soit de gré à gré, avec faculté
d'émettre des obligations au porteur ou transmissibles par voie d'endossement.

Si l'emprunt est contracté auprès d'un établissement public de
crédit, la chambre de commerce devra se conformer aux conditions
utaires de cet établissement, sans toutefois que la commission
perçue en sus de l'intérêt puisse dépasser quarante-cinq centimes
pour cent francs (0^f 45^c p. o/o).

4. Les fonds successivement versés par la chambre de commerce
de Marseille, jusqu'à concurrence de ladite somme de quinze millions (15,000,000^f), porteront intérêt à quatre et demi pour cent
(4^f 50^c p. o/o), à dater de leur versement.

L'amortissement, calculé au même taux de quatre et demi pour
cent (4^f 50^c p. o/o), s'effectuera en quinze annuités, payables en
termes semestriels, à partir du 15 janvier 1880.

5. Il sera établi au port de Marseille, à partir du 1er janvier 1875,
par application de l'article 4 de la loi du 19 mai 1866, un droit de
dix centimes (0^f 10^c) par tonneau de jauge sur tout navire chargé

entrant dans le port de Marseille et venant du long cours o
pays étrangers.

Ce droit ne sera pas applicable au matériel naval de l'État.

'La perception du droit susmentionné est concédée à la cha
de commerce pour couvrir la différence entre le taux d'intérêt
par l'État à la chambre de commerce et celui qu'elle aura elle-m
payé aux souscripteurs de l'emprunt qu'elle est autorisée à contra
Cette perception cessera aussitôt après l'entier remboursement
somme formant cette différence.

Délibéré en séance publique, à Versailles, le 5 Août 1874.

Le Président,

Signé L. BUFFET.

Les Secrétaires,

Signé E. DE CAZENOVE DE PRADINE, FRANCISQUE
VANDIER, FÉLIX VOISIN.

LE PRÉSIDENT DE LA RÉPUBLIQUE PROMULGUE LA PRÉSENTE LOI.

Signé M^al DE MAC MAHON, duc DE MAGENT

Le Ministre des travaux publics,

Signé E. CAILLAUX.

RÉPUBLIQUE FRANÇAISE.

N° 3349.— *Loi qui ouvre au Ministre des Travaux publics des Crédits
supplémentaires sur l'exercice 1874.*

Du 5 Août 1874.

(Promulguée au *Journal officiel* du 14 août 1874.)

L'ASSEMBLÉE NATIONALE A ADOPTÉ LA LOI dont la teneur suit :

ART. 1er. Les crédits ci-après, montant ensemble à la somme
cent quatre-vingt-deux mille six cent trente-sept francs (182,637
sont ouverts au ministre des travaux publics sur l'exercice 1874.

Ces crédits sont répartis comme il suit :

CHAP. XVII.	Matériel des mines............................	17,637^f
—— XXII.	Constructions et grosses réparations des bâtiments civils.................................	20,000
—— XLVII.	Édifices publics............................	75,000
—— XLVIII *ter*.	Reconstruction de la colonne Vendôme..........	70,000
	TOTAL ÉGAL.....................	182,637

2. Il sera pourvu aux dépenses autorisées par la présente loi à l'aide des ressources créées par la loi du budget de l'exercice 1874.

Délibéré en séance publique, à Versailles, le 5 Août 1874.

Le Président,

Signé L. BUFFET.

Les Secrétaires,

Signé E. DE CAZENOVE DE PRADINE, FRANCISQUE RIVE, VANDIER, FÉLIX VOISIN.

LE PRÉSIDENT DE LA RÉPUBLIQUE PROMULGUE LA PRÉSENTE LOI.

Signé M^al DE MAC MAHON, duc DE MAGENTA.

Le Ministre des travaux publics,

Signé E. CAILLAUX.

RÉPUBLIQUE FRANÇAISE.

N° 3350. — *Loi qui établit des Surtaxes à l'Octroi de la commune d'Estaires (Nord).*

Du 5 Août 1874.

(Promulguée au *Journal officiel* du 12 août 1874.)

L'ASSEMBLÉE NATIONALE A ADOPTÉ LA LOI dont la teneur suit :

ARTICLE UNIQUE. A partir de la promulgation de la présente loi et jusqu'au 31 décembre 1877 inclusivement, les surtaxes suivantes seront perçues à l'octroi de la commune d'Estaires, département du Nord, savoir :

Vins en cercles et en bouteilles, par hectolitre............　8^f
Alcool pur contenu dans les eaux-de-vie et esprits, liqueurs et fruits à l'eau-de-vie, par hectolitre....................　14
Absinthe (volume total), par hectolitre.................　14

Ces surtaxes sont indépendantes des droits de un franc vingt centimes (1^f 20^c) par hectolitre sur les vins et de six francs (6^f) par hectolitre sur les alcools, établis à titre de taxes principales.

Délibéré en séance publique, à Versailles, le 5 Août 1874.

Le Président,

Signé L. BUFFET.

Les Secrétaires,

Signé E. DE CAZENOVE DE PRADINE, FRANCISQUE RIVE, VANDIER, FÉLIX VOISIN.

LE PRÉSIDENT DE LA RÉPUBLIQUE PROMULGUE LA PRÉSENTE LOI.

Signé M^al DE MAC MAHON, duc DE MAGENTA.

Le Ministre des finances,

Signé MATHIEU-BODET.

RÉPUBLIQUE FRANÇAISE.

N° 3351. — Décret *portant promulgation de la Convention additionnelle de poste conclue, le 15 mai 1874, entre la France et l'Italie.*

Du 11 Août 1874.

(Promulgué au Journal officiel du 13 août 1874.)

Le Président de la République française,

Sur la proposition du ministre des affaires étrangères,

Décrète :

Art. 1ᵉʳ.

Une Convention additionnelle à la convention de poste du 3 ma[rs] 1869 [1] ayant été conclue, le 15 mai 1874, entre la France et l'Itali[e], l'Assemblée nationale, par une loi votée le 17 juillet 1874, l'aya[nt] approuvée, et les ratifications en ayant été échangées à Paris, [le] 8 août 1874; ladite Convention additionnelle, dont la teneur su[it] recevra sa pleine et entière exécution.

CONVENTION ADDITIONNELLE À LA CONVENTION DE POSTE DU 3 MARS 186[9] ENTRE LA FRANCE ET L'ITALIE.

Le Président de la République française et Sa Majesté le R[oi] d'Italie, désirant faciliter les relations postales de chacun des de[ux] États avec des pays étrangers par rapport auxquels la France [et] l'Italie peuvent servir réciproquement d'intermédiaire, ont réso[lu] d'assurer ce résultat au moyen d'une Convention et ont nommé po[ur] leurs plénipotentiaires à cet effet, savoir :

Le Président de la République :

M. le duc *Decazes,* député à l'Assemblée nationale, ministre de[s] affaires étrangères, commandeur de l'ordre national de la Légio[n] d'honneur, etc. etc.;

Sa Majesté le Roi d'Italie :

M. le chevalier *Nigra,* son envoyé extraordinaire et ministre plénipotentiaire à Paris, grand-croix de l'ordre des Saints Maurice et Lazare, grand-croix de l'ordre de la Couronne d'Italie, grand officier de la Légion d'honneur, etc. etc.;

Lesquels, après s'être communiqué leurs pleins pouvoirs respectifs, trouvés en bonne et due forme, sont convenus de ce qui suit:

Art. 1ᵉʳ. A partir du jour où les dépêches closes échangées entre l'Italie et la Grande-Bretagne reprendront la voie de Modane et de Calais, le Gouvernement français établira entre Mâcon et Modane un train-poste quotidien, aller et retour, en correspondance avec le courrier de nuit fonctionnant entre Paris et Calais.

[1] xiᵉ série, Bull. 1720, n° 16,986.

Il est entendu, toutefois, que dans le cas où le produit, pour le Trésor français, du transit des dépêches closes dont il s'agit ne couvrirait pas les frais d'entretien du nouveau train-poste susmentionné, le Gouvernement français aura le droit de supprimer ce train, après avoir averti le Gouvernement italien un mois à l'avance.

2. Par exception aux dispositions de l'article 19 de la convention du 3 mars 1869, entre la France et l'Italie, l'administration des postes de l'Italie payera à l'administration des postes de France, savoir :

1° Pour les objets compris dans les dépêches closes qui seront échangées entre l'Italie et la Grande-Bretagne, la somme de quinze francs par kilogramme de lettres, poids net, et celle de un franc par kilogramme d'échantillons de marchandises, de journaux et autres imprimés, aussi poids net ;

2° Pour les objets compris dans les dépêches closes qui seront échangées entre l'Italie et la Belgique, la somme de dix francs par kilogramme de lettres, poids net, et celle de un franc par kilogramme d'échantillons de marchandises, journaux et autres imprimés, aussi poids net.

3. Par exception aux dispositions de l'article 20 de la convention précitée du 3 mars 1869, l'administration des postes de France payera à l'administration des postes d'Italie, pour les objets compris dans les dépêches closes qui seront échangées entre la France et l'Égypte ou d'autres pays étrangers (voie de Suez), la somme de onze francs par kilogramme de lettres, poids net, et celle de un franc par kilogramme d'échantillons de marchandises, de journaux et autres imprimés, aussi poids net.

4. La présente Convention, qui sera considérée comme additionnelle à la convention du 3 mars 1869, sera ratifiée; les ratifications en seront échangées à Paris aussitôt que faire se pourra, et elle sera mise à exécution à partir du jour dont les deux Parties conviendront, dès que la promulgation en aura été faite d'après les lois particulières à chacun des deux États.

En foi de quoi, les plénipotentiaires respectifs ont signé la présente Convention et y ont apposé leurs cachets.

Fait en double original, à Paris, le 15 Mai 1874.

(*L. S.*) Signé DECAZES.
(*L. S.*) Signé NIGRA.

ART. 2.

Le ministre des affaires étrangères est chargé de l'exécution du présent décret.

Fait à Versailles, le 11 Août 1874.

Signé M^{al} DE MAC MAHON, duc DE MAGENTA.

Le Ministre des affaires étrangères,

Signé DECAZES.

RÉPUBLIQUE FRANÇAISE.

N° 3352. — DÉCRET *concernant la Taxe municipale à percevoir sur les C dans le département de la Haute-Savoie.*

Du 11 Juin 1874.

LE PRÉSIDENT DE LA RÉPUBLIQUE FRANÇAISE,

Sur la proposition du ministre de l'intérieur,

DÉCRÈTE :

ART. 1er. Le tarif de la taxe municipale à percevoir sur les dans les communes du département de la Haute-Savoie, en vertu décret du 23 mars dernier [1], ne sera mis en vigueur qu'à partir 1er janvier 1875.

2. Le ministre de l'intérieur est chargé de l'exécution du p décret.

Fait à Versailles, le 11 Juin 1874.

Signé Mal DE MAC MAHON.

Le Ministre de l'intérieur,

Signé DE FOURTOU.

RÉPUBLIQUE FRANÇAISE.

N° 3353. — DÉCRET *qui fixe le Droit de commission à percevoir par les Courtiers d'assurances maritimes à Nantes.*

Du 20 Juillet 1874.

LE PRÉSIDENT DE LA RÉPUBLIQUE FRANÇAISE,

Sur le rapport du ministre de l'agriculture et du commerce;
Vu la loi du 28 ventôse an IX;
Vu l'article 13 de l'arrêté des consuls, du 29 germinal an IX [2], et l'article 90 du Code de commerce;
Vu le décret du 31 décembre 1852 [3];
Vu les avis du tribunal et de la chambre de commerce de Nantes et d préfet du département de la Loire-Inférieure;
Le Conseil d'État entendu,

DÉCRÈTE :

ART. 1er. Le droit de commission à percevoir par les courtiers d'as-

---

[1] XIIe série, Bull. 193, n° 2904.
[3] IIIe série, Bull. 79, n° 642.
[2] XIe série, Bull. 19, n° 165.

urances maritimes à Nantes est fixé à sept et demi pour cent du montant de la prime d'assurance.

Ce droit sera payé exclusivement par les assureurs.

. 2. Le ministre de l'agriculture et du commerce est chargé de l'exécution du présent décret.

Fait à Versailles, le 20 Juillet 1874.

Signé M** DE MAC MAHON.

Le Ministre de l'agriculture et du commerce ,

Signé L. GRIVART.

RÉPUBLIQUE FRANÇAISE.

N° 3354. — DÉCRET relatif à la Contribution spéciale à percevoir, en 1874, pour les Dépenses de la Chambre de commerce de Narbonne.

Du 27 Juillet 1874.

LE PRÉSIDENT DE LA RÉPUBLIQUE FRANÇAISE,

Sur le rapport du ministre de l'agriculture et du commerce;

Vu les articles 11 à 16 de la loi de finances du 23 juillet 1820, l'article 4 de la loi du 14 juillet 1838 et l'article 33 de la loi du 25 avril 1844;

Vu la loi du 29 décembre 1873, portant fixation des dépenses et des recettes de l'exercice 1874,

DÉCRÈTE :

ART. 1er. Une contribution spéciale de la somme de deux mille treize francs (2,013f), nécessaire au payement des dépenses de la chambre de commerce de Narbonne (Aude), suivant le budget approuvé, sur la proposition de la chambre, par le ministre de l'agriculture et du commerce, plus cinq centimes par franc pour couvrir les non-valeurs et trois centimes aussi par franc pour subvenir aux frais de perception, sera répartie, en 1874, sur les patentés de l'arrondissement désignés par l'article 33 de la loi du 25 avril 1844, en ayant égard aux additions et modifications autorisées par les lois postérieures sur les patentes.

2. Le produit de ladite contribution sera mis, sur les mandats du préfet, à la disposition de la chambre de commerce, qui rendra compte de son emploi au ministre de l'agriculture et du commerce.

3. Le ministre de l'agriculture et du commerce et le ministre des finances sont chargés, chacun en ce qui le concerne, de l'exécution du présent décret, qui sera inséré au Bulletin des lois.

Fait à Versailles, le 27 Juillet 1874.

Signé M** DE MAC MAHON.

Le Ministre de l'agriculture et du commerce ,

Signé L. GRIVART.

RÉPUBLIQUE FRANÇAISE.

N° 3355. — *Décret qui ouvre au Ministre de l'Intérieur un Crédit sur l'exercice 1873, à titre de Fonds de concours versés au Trésor par des Constructeurs Inventeurs d'appareils électriques, pour l'installation d'une Exposition télégraphique collective à Vienne.*

Du 29 Juillet 1874.

Le Président de la République française,

Sur le rapport du ministre de l'intérieur ;

Vu la loi de finances du 20 décembre 1872, portant fixation du budget général des dépenses et des recettes de l'exercice 1873 ;

Vu l'article 13 de la loi de finances du 6 juin 1843, concernant les fonds de concours ;

Vu l'état ci-annexé des sommes encaissées à ce titre pour concourir à l'exécution de travaux télégraphiques ;

Vu l'avis du ministre des finances,

Décrète :

Art. 1er. Il est ouvert au ministre de l'intérieur, sur l'exercice 1873, un crédit de neuf mille six cent quarante-six francs soixante-neuf centimes (9,646f 69c), applicable comme suit au service télégraphique :

Chap. viii. Matériel des lignes télégraphiques.

2. Il sera pourvu aux dépenses autorisées par le présent décret au moyen des ressources spéciales résultant des versements faits au trésor à titre de fonds de concours.

3. Les ministres de l'intérieur et des finances sont chargés, chacun en ce qui le concerne, de l'exécution du présent décret, qui sera inséré au Bulletin des lois.

Fait à Versailles, le 29 Juillet 1874.

Signé Mal DE MAC MAHON.

Le Ministre des finances,
Signé MATHIEU-BODET.

Le Ministre de l'intérieur,
Signé Gal DE CHABAUD LA TOUR.

t des sommes versées dans les caisses du trésor par des constructeurs et inventeurs d'appareils électriques, pour concourir, avec les fonds de l'État, aux dépenses d'installation d'une exposition télégraphique collective à Vienne.

DÉPARTEMENT.	TRAVAUX AUXQUELS LES FONDS SONT DESTINÉS.	MONTANT du versement.
....	Organisation d'une exposition collective à Vienne. (Décision ministérielle du 25 février 1873.)	9,646ᶠ 69ᶜ

u pour être annexé au décret du 29 juillet 1874.

Le Ministre de l'intérieur.

Par délégation :

Le Sous-Secrétaire d'État,

Signé C. DE WITT.

RÉPUBLIQUE FRANÇAISE.

66. — Décret *qui rend exécutoire en Algérie la loi du 7 juillet 1874, relative à l'Électorat municipal.*

Du 1ᵉʳ Août 1874.

Le Président de la République française,

Sur le rapport du ministre de l'intérieur, d'après les propositions du gouverneur général civil de l'Algérie;

La loi du 7 juillet 1874, relative à l'Électorat municipal dans la métro-

Décrète :

Art. 1ᵉʳ. La loi du 7 juillet 1874 susvisée est rendue exécutoire en Algérie. A cet effet, elle sera publiée et promulguée à la suite du présent décret, qui sera inséré au Bulletin officiel du gouvernement général civil de l'Algérie.

2. En outre des conditions déterminées par la loi du 7 juillet 1874, l'inscription depuis un an au rôle de la taxe municipale sur les loyers donne droit, en Algérie, à l'inscription sur la liste des électeurs municipaux.

3. Le gouverneur général civil de l'Algérie fixera, par un arrêté spécial, les délais pour la confection des nouvelles listes électorales municipales.

4. Le ministre de l'intérieur et le gouverneur général civil de

13.

l'Algérie sont chargés, chacun en ce qui le concerne, de l'exécu
du présent décret.

Fait à Versailles, le 1ᵉʳ Août 1874.

Signé Mᵃˡ DE MAC MAHON.

Le Ministre de l'intérieur,

Signé Gᵈ DE CHABAUD LA TOUR.

RÉPUBLIQUE FRANÇAISE.

Nº 3357. — DÉCRET *qui modifie la composition du Conseil de Prud'hommes
de Montalieu-Vercieu (Isère).*

Du 4 Août 1874.

LE PRÉSIDENT DE LA RÉPUBLIQUE FRANÇAISE,

Sur le rapport du ministre de l'agriculture et du commerce;
Vu la loi du 1ᵉʳ juin 1853, concernant les conseils de prud'hommes;
Vu le décret du 23 mai 1866 [1], qui a établi un conseil de prud'hommes
Montalieu-Vercieu (Isère);
Vu le décret du 16 mars 1867 [2], qui a modifié la composition de ce con-
seil;
Vu les lettres du préfet de l'Isère, en date des 21 avril et 31 mai 1873 e
du 12 mars 1874;
Vu les délibérations de la chambre consultative des arts et manufacture
de Bourgoin, en date des 23 mai 1873 et 18 février 1874;
Vu la lettre du garde des sceaux, ministre de la justice, en date d
25 août 1873;
Le Conseil d'État entendu,

DÉCRÈTE:

ART. 1ᵉʳ. Le conseil de prud'hommes établi à Montalieu-Vercieu
sera composé de la manière suivante:

CATÉ-GORIE.	INDUSTRIES.	NOMBRE de prud'hommes.	
		Patrons.	Ouvriers.
Unique.	Extraction de la pierre. — Fabrication de la chaux. — Taille de la pierre..	6	6

2. Les ministres de l'agriculture et du commerce et le garde de
sceaux, ministre de la justice, sont chargés, chacun en ce qui le con-

[1] XIᵉ série, Bull. 1394, nº 14,257.   [2] XIᵉ série, Bull. 1479, nº 15,028.

e, de l'exécution du présent décret, qui sera inséré au Bulletin
lois et publié au Journal officiel de la République française.

Fait à Versailles, le 4 Août 1874.

Signé M^{al} DE MAC MAHON.

Le Ministre de l'agriculture et du commerce,
    Signé L. GRIVART.

RÉPUBLIQUE FRANÇAISE.

3358. — Décret *qui autorise la fondation, à Périgueux, d'un Établissement
de Petites-Sœurs-des-Pauvres.*

Du 4 Août 1874.

Le Président de la République française,

Sur le rapport du ministre de l'instruction publique et des cultes;

Vu la demande de la congrégation des Petites-Sœurs-des-Pauvres, à Saint-
  tendant à obtenir l'autorisation de fonder à Périgueux un établisse-
  de sœurs de son ordre et d'acquérir un immeuble pour l'installation
  t établissement;

  les pièces produites à l'appui de cette demande, en exécution de la loi
  mai 1825 et de l'ordonnance du 14 janvier 1831 [1];

  l'avis du ministre de l'intérieur;

  section de l'intérieur, de la justice, de l'instruction publique, des
  et des beaux-arts du Conseil d'État entendue,

    E :

  1er. La congrégation hospitalière des Petites-Sœurs-des-Pauvres,
  ue primitivement à Rennes et actuellement à Saint-Pern (Ille-
  ine), par décrets des 9 janvier 1856 [2] et 21 avril 1869 [3], est
    à fonder à Périgueux (Dordogne) un établissement de sœurs
  son ordre, à la charge, par les membres de cet établissement, de
  conformer aux statuts adoptés pour la maison mère et approuvés
  ordonnance du 8 juin 1828 [4].

  La supérieure générale de la congrégation des Petites-Sœurs-
  Pauvres, à Saint-Pern (Ille-et-Vilaine), est autorisée à acquérir,
  nom de cette congrégation, des époux *Reydy*, moyennant
  somme de vingt-huit mille francs (28,000^f), égale au montant
  l'estimation, et aux autres clauses et conditions énoncées dans
  acte notarié du 12 septembre 1866, une propriété située à Péri-
    (Dordogne) et destinée à servir de maison conventuelle à l'état-
      t de cet ordre reconnu dans cette ville par l'article 1er du
  nt décret.

---

[1] IXe série, 2e partie, Bull. 39, n° 971.
[3] XIe série, Bull. 355, n° 3293.
[2] XIe série, Bull. 1723, n° 17,006.
[4] VIIIe série, Bull. 236, n° 8607.

Il sera pourvu au payement de cette acquisition au moyen de et offrandes recueillis pour cette destination.

3. Le ministre de l'instruction publique et des cultes et le nistre de l'intérieur sont chargés, chacun en ce qui le concerne, l'exécution du présent décret, qui sera inséré au Bulletin des l

Fait à Versailles, le 4 Août 1874.

Signé M^d DE MAC MAHON.

Le Ministre de l'instruction publique et des cultes ,
Signé A. DE CUMONT.

RÉPUBLIQUE FRANÇAISE.

N° 3359. — *DÉCRET qui modifie la composition du Conseil de Prud'hommes de Vienne (Isère).*

Du 6 Août 1874.

(Promulgué au *Journal officiel* du 10 août 1874.)

LE PRÉSIDENT DE LA RÉPUBLIQUE FRANÇAISE ,

Sur le rapport du ministre de l'agriculture et du commerce;
Vu la loi du 1er juin 1853, concernant les conseils de prud'hommes;
Vu l'ordonnance du 26 mai 1824[1], qui a créé un conseil de prud'ho à Vienne (Isère);
Vu les décrets des 20 janvier 1854[2] et 14 juin 1864[3], qui ont modi juridiction et la composition de ce conseil;
Vu la délibération du conseil de prud'hommes de Vienne, en date 25 avril 1870, relative à une nouvelle extension de juridiction;
Vu la délibération de la chambre consultative des arts et manufactures Vienne, en date du 30 mai 1870;
Vu les délibérations du conseil municipal de Vienne, en date des 1er tobre et 8 novembre 1872;
Vu l'avis du préfet de l'Isère, en date du 19 novembre 1872;
Vu la lettre du ministre de la justice, en date du 4 avril 1873;
Le Conseil d'État entendu,

DÉCRÈTE :

ART. 1er. Le conseil de prud'hommes établi à Vienne sera désormais composé comme il suit :

[1] VIIe série, Bull. 870, n° 17.038. [2] XIe série, Bull. 1218, n° 12,426.
[3] XIe série, Bull. 141, n° 1148.

Arti-cles.	INDUSTRIES.	NOMBRE de prud'hommes	
		Patrons.	Ouvriers.
1er.	Industries de la laine, du coton, des textiles, manipulation des déchets et chiffons, industrie de la soie et des rubans........	4	4
2.	Métallurgie, construction de machines........................	2	2
3.	Serruriers, ferblantiers, fabricants de pompes, lampistes, maréchaux ferrants, forgerons, poêliers, chaudronniers, étameurs, armuriers, balanciers, couteliers, taillandiers, fabricants de limes et outils de fer, fondeurs en cuivre, tourneurs sur métaux, grilleurs, maçons, charpentiers, tailleurs de pierres, menuisiers, vitriers, plâtriers, peintres en bâtiments, peintres décorateurs, peintres en voitures, couvreurs, verriers, charrons, paveurs, terrassiers, carriers, mineurs, scieurs de long, scieries mécaniques, fabricants de tuiles, briques, carreaux, chaux, plâtre, poterie et tuyaux, marbriers, sculpteurs......	2	2
4.	Horlogers, papetiers, cartonniers, doreurs, ébénistes, fabricants de chaises, tapissiers, lamiers, cordiers, tourneurs sur bois et sur pierre, tonneliers, boisseliers, cercliers, vanniers, formiers, usines à gaz et agglomérés, huileries, carrossiers, selliers, bourreliers, produits chimiques, droguistes, bougies, chandelles, savons, brasseurs, distillateurs, liquoristes, tailleurs d'habits, confections pour hommes et femmes, modistes, lingers, fabricants de parapluies, teinturiers dégraisseurs, reliurs, cordonniers, galochers, sabotiers, chapeliers, minotiers, imprimeurs typographes et lithographes.........	2	2
		10	10
		20	

2. La juridiction du conseil de prud'hommes de Vienne s'étendra sus les établissements désignés à l'article 1er et dont le siége sera é dans l'une des communes du canton nord ou du canton sud la ville.

eront justiciables de ce conseil les fabricants, entrepreneurs et s d'atelier qui seront à la tête desdits établissements, ainsi que contre-maîtres, ouvriers et apprentis qui travailleront pour eux, l que soit le lieu du domicile ou de la résidence des uns et des res.

3. Le ministre de l'agriculture et du commerce et le garde des aux, ministre de la justice, sont chargés, chacun en ce qui le cerne, de l'exécution du présent décret, qui sera publié au Jour-l officiel de la République française et inséré au Bulletin des lois. Fait à Versailles, le 6 Août 1874.

Signé Mal DE MAC MAHON.

Le Ministre de l'agriculture et du commerce,

　　Signé L. GRIVART.

RÉPUBLIQUE FRANÇAISE.

N° 3360. — *Décret qui rend exécutoire en Algérie le Règlement d'adminis publique du 25 juin 1874 pour l'exécution de la loi du 26 novembre concernant l'apposition d'un Timbre ou Poinçon spécial sur les M fabrique et de commerce.*

Du 7 Août 1874.

Le Président de la République française

Sur le rapport du ministre de l'intérieur, d'après les propositions du verneur général civil de l'Algérie;

Vu l'article 8 de la loi du 26 novembre 1873, lequel est ainsi conçu « La présente loi sera applicable dans les colonies françaises et en Al

Vu le décret du 25 juin 1874 [1], portant règlement d'administrati blique sur le territoire continental de la France, en exécution de la

Le Conseil d'État entendu,

Décrète :

Art. 1ᵉʳ. Le décret susvisé du 25 juin 1874 est rendu exécuto‍ Algérie.

2. Pour l'application de l'article 5 dudit décret, concernant l' sition du timbre, le territoire de l'Algérie est divisé en trois ci criptions, conformément au tableau ci-après :

NUMÉROS de la circons- cription.	CHEF-LIEU de la circonscription.	INDICATION DES DÉPARTEMENTS composant chaque circonscription.	OBSERVATIONS.
1.	Alger..............	Département d'Alger.	
2.	Oran..............	Département d'Oran.	
3.	Constantine.........	Département de Constantine.	

3. La déclaration et le dépôt prescrits en vue de l'appositio poinçon, ainsi que l'apposition du poinçon, ne pourront être tués en Algérie que dans les bureaux de garantie des matières d'or d'argent désignés ci-après, au choix du déclarant :

Alger, Oran, Constantine.

4. Le ministre de l'intérieur et le gouverneur général civil d l'Algérie sont chargés, chacun en ce qui le concerne, de l'exécutio du présent décret.

Fait à Versailles, le 7 Août 1874.

Signé M⁻¹ DE MAC MAHON.

Le Ministre de l'intérieur,
Signé Gᵃˡ DE CHABAUD LA TOUR.

[1] Bull. 216, n° 3259.

3361.—Décret du Président de la République française (contre-signé par le ministre des travaux publics) portant ce qui suit :

1° Sont déclarés d'utilité publique les travaux de rectification, au point de n avec la route départementale n° 5, de la route départementale du n° 9, de l'Ile-en-Dodon à Grenade, suivant la direction générale indi- ur une teinte rose sur un plan qui restera annexé au présent décret.

.'administration est autorisée à faire l'acquisition des terrains et bâti- nécessaires à l'exécution de ces travaux, en se conformant aux dis- des titres II et suivants de la loi du 3 mai 1841, sur l'expropriation use d'utilité publique.

e présent décret sera considéré comme non avenu, si les travaux n'ont adjugés dans un délai de cinq ans, à partir du jour de sa promul- (*Versailles, 29 Mars 1874.*)

.—Décret du Président de la République française (contre-signé e ministre des travaux publics) portant qu'il y a urgence de prendre ion, pour l'établissement du chemin de fer de Monsoult à Amiens, ritoire des communes de Persan (Seine-et-Oise), Chambly et Méru , de diverses parcelles de terrain non bâties, lesquelles sont dési- sur trois plans et un tableau indicatif qui resteront annexés au t décret. (*Paris, 27 Avril 1874.*)

.—Décret du Président de la République française (contre-signé e ministre des travaux publics) portant qu'il y a urgence de prendre sion des parcelles de terrain à occuper pour l'établissement du che- de fer de Saint-Amand à Blanc-Misseron (Nord), entre les points 690 et 10ᵏ 432 de la variante approuvée par la décision ministérielle du juillet 1873. (*Paris, 6 Mai·1874.*)

— Décret du Président de la République française (contre-signé ministre des travaux publics) portant qu'il y a urgence de prendre ion, pour l'établissement du chemin de fer de Monsoult à Amiens, diverses parcelles de terrain non bâties, sises au territoire des com- mnes de Neuville-sous-Lœuilly et de Lœuilly (Somme), lesdites parcelles désignées sur un plan et un état indicatif qui resteront annexés au présent décret. (*Paris, 6 Mai 1874.*)

3365.— Décret du Président de la République française (contre-signé par le ministre des travaux publics) portant ce qui suit :

1° Il sera procédé à l'exécution des travaux nécessaires pour l'allongement et la réfection du déversoir de Saint-Martin, établi sur la levée de la rive gauche de la Loire, en amont de Gien (Loiret), conformément aux disposi- tions contenues dans l'avis du conseil général des ponts et chaussées en date du 9 décembre 1869 et au plan qui restera annexé au présent décret.

2° Les travaux mentionnés à l'article 1ᵉʳ ci-dessus sont déclarés d'ut
publique.

L'administration est autorisée à faire l'acquisition des immeubles né
saires à l'exécution desdits travaux, en se conformant aux dispositions d
loi du 3 mai 1841.

3° La dépense, évaluée à deux cent quatre-vingt-trois mille cinq c
francs, sera imputée sur les fonds affectés au budget du ministère de
vaux publics pour travaux de défense contre les inondations. (*Paris, 6*
1874.)

N° 3366. — Décret du Président de la République française (contre
par le ministre des travaux publics) portant ce qui suit :

1° Sont déclarés d'utilité publique les travaux de construction de q
routes salicoles dans le marais de la Moulinette, près de la Rochelle
rente-Inférieure), suivant la direction générale indiquée en rouge s
plan qui restera annexé au présent décret.

2° Le syndicat des propriétaires du marais est autorisé à faire l'acqui
des terrains et bâtiments nécessaires à l'exécution de cette entreprise,
conformant aux dispositions des titres II et suivants de la loi du 3 mai
sur l'expropriation pour cause d'utilité publique.

3° Le présent décret sera considéré comme non avenu, si les travaux
pas été adjugés dans un délai de cinq ans, à partir du jour de sa prom
tion.

4° L'entretien des quatre routes salicoles dont il s'agit sera, à perpét
à la charge des propriétaires du marais. (*Paris, 6 Mai 1874.*)

N° 3367. — Décret du Président de la République française (contre
par le ministre des travaux publics) portant ce qui suit :

1° Sont déclarés d'utilité publique les travaux à exécuter pour l'a
dissement de la gare des marchandises d'Ivry (Seine), chemin de f
Paris à Orléans, conformément au plan dressé, le 29 février 1872, par
génieur de la compagnie, lequel plan restera annexé au présent décr

2° La chaussée pleine projetée pour faire franchir le bastion 93 au
veau raccordement du chemin de fer de Ceinture sera remplacée p
viaduc dont le dessin d'exécution sera fourni par le génie militaire.

La suppression de la rue latérale allant de la rue Watt aux fortifica
ne pourra être opérée qu'après l'achèvement du pont du boulevard
séna.

3° Pour l'occupation des terrains nécessaires à l'exécution des tra
mentionnés à l'article 1ᵉʳ ci-dessus, la compagnie du chemin de fer de
à Orléans est substituée aux droits comme aux obligations qui déri
pour l'administration, de la loi du 3 mai 1841.

Lesdits terrains seront incorporés au chemin de fer de Paris à Orlé
feront retour à l'État à l'expiration de la concession.

Les expropriations devront être accomplies dans un délai de deux a
partir de la promulgation du présent décret.

4° Il est pris acte de l'engagement contracté par la compagnie du ch
de fer de Paris à Orléans, devant la commission d'enquête, de contri
pour une somme de cent mille francs (100,000ᶠ) aux dépenses de cons

du pont sur rails à établir à la rencontre du boulevard Masséna. (*Paris*, *i 1874*.)

___

368.—Décret du Président de la République française (contre-signé par le garde des sceaux, ministre de la justice) portant ce qui suit :

Le décret du 10 octobre 1872, qui assigne dix offices d'huissier au tribunal de première instance de Gannat (Allier), est modifié en ce sens que ce nombre est réduit à neuf.

Le décret du 16 juin 1859, qui assigne seize offices d'huissier au tribunal de première instance de Carcassonne (Aude), est modifié en ce sens que ce nombre est réduit à quinze.

Le décret du 16 mars 1867, qui assigne dix-huit offices d'huissier au tribunal de première instance de Lure (Haute-Saône), est modifié en ce sens que ce nombre est réduit à dix-sept.

Le décret du 23 juillet 1873, qui assigne vingt et un offices d'huissier au tribunal de première instance de Vesoul (Haute-Saône), est modifié en ce sens que ce nombre est réduit à vingt.

Le décret du 19 décembre 1868, qui assigne treize offices d'huissier au tribunal de première instance de Montdidier (Somme), est modifié en ce sens que ce nombre est réduit à douze. (*Versailles, 21 Mai 1874.*)

___

369.—Décret du Président de la République française (contre-signé par le garde des sceaux, ministre de la justice) portant que le décret du 11 mai 1870, qui assigne vingt-sept offices d'huissier au tribunal de première instance de Limoges (Haute-Vienne), est modifié en ce sens que ce nombre est réduit à vingt-six. (*Versailles, 5 Juin 1874.*)

___

370.—Décret du Président de la République française (contre-signé par le garde des sceaux, ministre de la justice) portant ce qui suit :

L'ordonnance du 3 mars 1820, qui assigne huit offices d'avoué au tribunal de première instance de Bellac (Haute-Vienne), est modifiée en ce sens que ce nombre est réduit à sept.

Le décret du 29 août 1863, qui assigne quinze offices d'huissier au tribunal de première instance de Louviers (Eure), est modifié en ce sens que ce nombre est réduit à quatorze.

Le décret du 19 février 1870, qui assigne vingt-six offices d'huissier au tribunal de première instance d'Avranches (Manche), est modifié en ce sens que ce nombre est réduit à vingt-cinq.

Le décret du 22 juillet 1872, qui assigne dix-neuf offices d'huissier au tribunal de première instance de Mortagne (Orne), est modifié en ce sens que ce nombre est réduit à dix-huit.

Le décret du 17 mars 1866, qui assigne dix-neuf offices d'huissier au tribunal de première instance d'Autun (Saône-et-Loire), est modifié en ce sens que ce nombre est réduit à dix-huit. *Versailles, 11 Juin 1874.*)

N° 3371. — Décret du Président de la République française (contre-sig
par le garde des sceaux, ministre de la justice) portant ce qui suit :

1° M. *Pierrol* (*Jean-Théophile*), instituteur adjoint, né le 21 septembre 18
à Neufchef (ci-devant Moselle), demeurant à Paris, est autorisé à substitu
à son nom patronymique celui de *Pierret*, et à s'appeler, à l'avenir, *Pier*
au lieu de *Pierrol*.

2° M. *Paul* (*Antoine*), ingénieur civil, né le 24 août 1830, à Beauj
(Rhône), demeurant à Paris (Seine), est autorisé à ajouter à son nom patr
nymique celui de *Dubos*, et à s'appeler, à l'avenir, *Paul-Dubos*.

3° Lesdits impétrants ne pourront se pourvoir devant les tribunaux pou
faire opérer, sur les registres de l'état civil, les changements résultant d
présent décret, qu'après l'expiration du délai fixé par la loi du 11 germia
an XI, et en justifiant qu'aucune opposition n'a été formée devant le Cons
d'État. (*Versailles, 18 Juillet 1874.*)

Certifié conforme :

Paris, le 22 * Août 1874,

Le Garde des Sceaux, Ministre de la Justice,

A. TAILHAND.

* Cette date est celle de la réception du Bulleti
au ministère de la Justice.

On s'abonne pour le Bulletin des lois, à raison de 9 francs par an, à la caisse de l'
nationale ou chez les Receveurs des postes des départements.

IMPRIMERIE NATIONALE. — 22 Août 1874.

BULLETIN DES LOIS

DE LA RÉPUBLIQUE FRANÇAISE.

N° 221.

RÉPUBLIQUE FRANÇAISE.

. — *Loi qui accorde un Dédommagement aux personnes qui ont éprouvé
dice lors des destructions opérées par le génie militaire pour les besoins
la Défense nationale.*

Du 28 Juillet 1874.

(Promulguée au *Journal officiel* du 7 août 1874.)

ASSEMBLÉE NATIONALE A ADOPTÉ LA LOI dont la teneur suit :

. 1ᵉʳ. Par dérogation à la législation existante et à titre excep-
, il sera alloué un dédommagement à tous ceux qui justifie-
roir, comme propriétaires ou occupants, subi pendant la
de 1870-1871, dans les places fortes ou partout ailleurs, en
ou en dehors de toute zone de servitudes militaires, un pré-
matériel et direct résultant des mesures de défense qui ont
par l'autorité militaire française.

Sont exclus du bénéfice de la présente loi :

Ceux qui ne renonceraient pas à toute action devant les tribu-
judiciaires ou administratifs ;

Ceux qui n'auront pas adressé ou renouvelé leur demande à
tration, conformément au premier paragraphe de l'article 4
ès ;

Ceux qui auraient souscrit un engagement de démolir à pre-
réquisition, ou dont les immeubles auraient été construits en
vention aux lois.

Il sera constitué, par décret du Président de la République,
a sur la proposition des ministres de la guerre et de l'intérieur,
commission chargée d'examiner toutes les réclamations.

demandes déjà faites devront être renouvelées et les demandes
elles devront être adressées :

Pour Paris et le département de la Seine, au ministre
rieur ;
Pour les départements, aux préfets.

4. Ces renouvellements et demandes nouvelles devront a
dans un délai de deux mois, à compter de la promulgati
présente loi.

Le fait seul de la demande administrative ou du renouv
de celle déjà faite emportera de plein droit acceptation de la
à intervenir par la commission.

Toute personne qui n'aura pas fait ou renouvelé sa dema
conformité du présent article, dans le délai de deux mois,
chue de plein droit.

En ce qui concerne les personnes qui n'ont pas la libre
de leurs biens, le fait de ces renouvellements ou de ces d
nouvelles sera assimilé à un acte de simple administration
dispensé d'autorisation spéciale et de toute autre formalité ju

5. La commission contrôlera ces réclamations avec les do
existants ou à l'aide de tous moyens nouveaux qu'elle croira
employer.

Dans le cas où ceux qui ont subi des dommages rentrant
catégories prévues, ci-dessus énoncées, auraient été comp
les répartitions des indemnités votées par l'Assemblée, aux
des lois des 6 septembre 1871 et 7 avril 1873, les sommes
par eux seront déduites du montant de celles qui leur revi
en vertu de la présente loi.

La commission arrêtera définitivement, souverainement
recours le chiffre pour lequel chaque réclamant sera par elle

L'indemnité sera remise au réclamant, en la valeur qui
après déterminée.

6. Toutes les contestations auxquelles donnera lieu la
titres ou la constatation de l'identité et des droits des intéres
par suite d'erreur dans les noms et prénoms, soit pour tou
cause, seront jugées sommairement, sans appel et sans frai
juge de paix du canton, qui délivrera aux indemnitaires un
sur papier libre, établissant leurs droits.

Ce certificat tiendra lieu des pièces justificatives exigées
règlements sur la comptabilité publique.

7. Les liquidations totales ou partielles qui auront été app
par la commission administrative donneront lieu à l'établi
au profit des indemnitaires, de certificats qui seront payés
bons de liquidation au porteur, cinq pour cent au pair,
espèces, soit partie en bons, partie en espèces, dans des co
et dans des proportions à déterminer par le ministre des fina

Dans le cas du payement total ou partiel en espèces, il se
à la charge des indemnitaires, une déduction représentant l
et, s'il y a lieu, la perte à la négociation des bons de liquida

8. Le ministre des finances est autorisé à créer et à négoci
maximum, cinquante-deux mille bons de liquidation au po

cinq cents francs (500^f) chacun, portant vingt-cinq francs (25^f)
térêt, jouissance du 1er janvier 1875, et remboursables au pair
ingt-cinq ans, à partir de cette dernière date.

montant de ces bons sera affecté au payement des dédommage-
s de tous les préjudices, de quelque nature qu'ils soient, dont
tion a été ou pourrait être demandée devant les tribunaux
administratifs, ou qui feront l'objet des demandes adressées
mmission constituée par l'article 3 de la présente loi.

première attribution de trente pour cent (30 p. o/o) de ces
ourra être immédiatement faite par la commission au profit
nnes dont elle aura admis les réclamations.

it ouvert au ministre des finances, par imputation sur les
s générales du budget de l'exercice 1875, un crédit de un
huit cent quarante-huit mille francs (1,848,000^f), qui sera
au payement de la première annuité;

a crédit de deux cent mille francs (200,000^f) en compte sur
de l'opération, qui sera imputé sur les ressources de l'exer-
874.

Toute action qui pourrait être intentée devant les tribunaux
aires ou administratifs, pour dommages causés par l'autorité
re pour la défense nationale, à l'occasion de la guerre de 1870,

rite par le délai d'une année, à partir de la promulgation
résente loi.

béré en séances publiques, à Versailles, les 22 Mai, 26 Juin
Juillet 1874.

Le Président,

Signé L. BUFFET.

Les Secrétaires,

Signé FRANCISQUE RIVE, E. DE CAZENOVE DE PRADINE,
LOUIS DE SÉGUR, FÉLIX VOISIN.

PRÉSIDENT DE LA RÉPUBLIQUE PROMULGUE LA PRÉSENTE LOI.

Signé M^{al} DE MAC MAHON, duc DE MAGENTA.

Le Ministre de l'intérieur,	*Le Ministre des finances,*	*Le Vice-Président du Conseil, Ministre de la guerre,*
G^{al} DE CHABAUD LA TOUR.	Signé MATHIEU-BODET.	Signé Gal E. DE CISSEY.

RÉPUBLIQUE FRANÇAISE.

—

N° 3373. — *Loi portant, 1° régularisation des Crédits supplémentaires par des décrets pendant la prorogation de l'Assemblée nationale; 2° ouv de Crédits spéciaux d'exercices clos et périmés.*

Du 4 Août 1874.

(Promulguée au *Journal officiel* du 18 août 1874.)

L'ASSEMBLÉE NATIONALE A ADOPTÉ LA LOI dont la teneur suit :

TITRE I".

CRÉDITS SUPPLÉMENTAIRES SUR L'EXERCICE 1873.

ART. 1". Il est accordé sur l'exercice 1873, au delà des tions fixées par la loi de finances du 20 décembre 1872 et p lois spéciales, des crédits supplémentaires montant à la so deux cent dix-huit mille francs (218,000ᶠ).

Ces crédits supplémentaires demeurent répartis, par minis par chapitre, conformément à l'état A ci-annexé.

TITRE II.

CRÉDITS EXTRAORDINAIRES POUR DÉPENSES D'EXERCICES PÉRIMÉS.

2. Il est accordé sur l'exercice courant, pour le payement créances des exercices périmés, des crédits extraordinaires sp montant à la somme de soixante-deux mille six cent trente-q francs quarante trois centimes (62,634ᶠ 43ᶜ).

Ces crédits extraordinaires spéciaux sont répartis, entre les di ministères, conformément à l'état B ci-annexé.

TITRE III.

CRÉDITS SUPPLÉMENTAIRES AUX RESTES À PAYER DES EXERCICES CL

3. Il est accordé, en augmentation des restes à payer des exe 1870, 1871 et 1872, des crédits supplémentaires pour la som deux cent cinquante-cinq mille cinq cent cinquante-sept f soixante - quinze centimes (255,557ᶠ 75ᶜ), montant de nou créances constatées sur ces exercices, suivant l'état C ci-annexé.

Les ministres sont, en conséquence, autorisés à ordonnancer créances sur le chapitre spécial ouvert pour les dépenses d'exerci aux budgets des exercices courants, conformément à l'article 8 loi du 23 mai 1834.

'ré en séance publique, à Versailles, le 4 Août 1874.

Le Président,
Signé L. BUFFET.

Les Secrétaires,
Signé FÉLIX VOISIN, FRANCISQUE RIVE, VANDIER,
E. DE CAZENOVE DE PRADINE.

PRÉSIDENT DE LA RÉPUBLIQUE PROMULGUE LA PRÉSENTE LOI.

Signé M^l DE MAC MAHON, duc DE MAGENTA.

Ministre des finances,
é MATHIEU-BODET.

Tableau, par ministère et par chapitre, des crédits supplémentaires accordés pour dépenses prévues au budget de l'exercice 1873.

MINISTÈRES ET SERVICES.	MONTANT des crédits supplémentaires accordés	
	par chapitre.	par ministère.
MINISTÈRE DE L'INSTRUCTION PUBLIQUE, DES CULTES ET DES BEAUX-ARTS.		
SERVICE DE L'INSTRUCTION PUBLIQUE.		
Facultés......................................	168,000^f	168,000^f
MINISTÈRE DE L'AGRICULTURE ET DU COMMERCE.		
Encouragements aux pêches maritimes..........	50,000	50,000
TOTAL de l'état A........	218,000	

MINISTÈRES.	
Ministère de l'intérieur et gouvernement général civil de l'Algérie...... } Service du ministère de l'intérieur..........:	26,845^f 06^c
Ministère de la marine et des colonies.................................	5,667 00
Ministère de l'instruction publique, des cultes et des beaux-arts........ } 1re section. — Service de l'instruction publique.	257 63
Ministère de l'agriculture et du commerce...........................	2,892 00
Ministère des travaux publics......................................	26,972 74
TOTAL de l'état B..............	

ÉTAT C.   *Tableau des crédits supplémentaires accordés en augmentation des restes*
à payer des exercices clos.

MINISTÈRES.	MONTANT des crédits accordés.
Ministère des affaires étrangères....................................	46,489ᶠ 7⁰
Ministère de la marine et des colonies.............................	50,254 82
Ministère de l'instruction publique, des cultes et 1ʳᵉ section. — Service de l'instruction publique. des beaux-arts........	6,590 20
Ministère de l'agriculture et du commerce........................	51,736 5⁰
Ministère des travaux publics.....................................	100,486 6⁰
TOTAL de l'état C...............	255,557 7⁰

Vu pour être annexé à la loi adoptée par l'Assemblée nationale dans sa séance
4 août 1874.

Le Président,

Signé L. BUFFET.

Les Secrétaires,

Signé FÉLIX VOISIN, FRANCISQUE RIVE, VARIN
E. DE CAZENOVE DE PRADINE.

RÉPUBLIQUE FRANÇAISE.

N° 3374. — *Loi concernant les Dépenses du Compte de liquidation*
pour l'exercice 1875.

Du 4 Août 1874.

(Promulguée au *Journal officiel* du 18 août 1874.)

L'ASSEMBLÉE NATIONALE A ADOPTÉ LA LOI dont la teneur suit :

ART. 1ᵉʳ. Pour faire suite aux crédits déjà ouverts dans les trois
années précédentes au compte de liquidation et s'élevant à cinq cent
soixante-dix-neuf millions huit cent trente-six mille cent trente-trois
francs (579,836,133ᶠ), il est ouvert, pour le service dudit compte
pendant l'exercice 1875 :

AU MINISTÈRE DE LA GUERRE :

CHAP. Iᵉʳ.	Approvisionnement et armement.....................	61,500,000
—— II.	Casernement, génie..............................	24,500,000
—— III.	Subsistances militaires..........................	5,000,000
—— V.	Harnachement..................................	4,000,000
—— VI.	Habillement...................................	25,465,000
CHAPITRE UNIQUE.	Complément des dépenses de l'occupation allemande........	15,000,000

AU MINISTÈRE DE LA MARINE :

'ons navales 8,000,000ᶠ
....   2,000,000

AU MINISTÈRE DE L'INTÉRIEUR :

annuité du remboursement des dépenses de la garde na-
mobilisée...   29,359,000

AU MINISTÈRE DES TRAVAUX PUBLICS :

des bâtiments incendiés.............................   1,555,000
tion intérieure du Palais-Royal (Conseil d'État)...........   600,000

          TOTAL pour 1875................   176,979,000

Il sera pourvu aux dépenses autorisées sur l'exercice 1875 par
e précédent, au moyen :

reliquat provisoire des ressources attribuées aux exercices
1871...   39,000,000ᶠ
este disponible sur le supplément de l'emprunt de trois mil-
....   26,701,435
roduit de la négociation des rentes de l'amortissement et du
nt des arrérages de ces rentes depuis 1872................   98,802,838
partie du prix de ventes d'immeubles domaniaux, jusqu'à
nce de..   12,474,727

          SOMME ÉGALE aux crédits ouverts...   176,979,000

3. Le ministre des finances est autorisé à négocier, au mieux des
ts du trésor, les quatre millions quatre cent quatre mille deux
quatre-vingt-sept francs (4,404,287ᶠ) de rentes trois pour cent
0/0) immatriculées au nom de l'ancienne caisse d'amortisse-
t et provenant des rachats opérés par cette caisse de 1867 à 1871.
. Les portions de crédits non consommées à la clôture de l'exer-
1875 pourront être reportées par décrets, avec la même affec-
n, aux exercices suivants, en même temps qu'une ressource cor-
ndante.

Délibéré en séance publique, à Versailles, le 4 Août 1874.

Le Président,
Signé L. BUFFET.

Les Secrétaires,
Signé FÉLIX VOISIN, FRANCISQUE RIVE, VANDIER,
E. DE CAZENOVE DE PRADINE.

LE PRÉSIDENT DE LA RÉPUBLIQUE PROMULGUE LA PRÉSENTE LOI.

Signé Mᵃˡ DE MAC MAHON, duc DE MAGENTA.

Le Ministre des finances,
Signé MATHIEU-BODET.

disposition du trésor une somme de quarante millions, réalisable par portions é[...]
au commencement de chaque trimestre, le mode de réalisation du surplus r[...]
provisoirement subordonné aux affectations législatives à intervenir.

4. Le remboursement des sommes prélevées par le trésor sur le crédit de qu[...]
vingts millions sera immédiatement suite aux opérations de remboursement [...]
tant du contrat de 1871, et s'effectuera avec les mêmes conditions et avec les m[...]
garanties, dans le délai de six mois.

Toutefois, si les budgets aux besoins desquels le crédit de quatre-vingts mil[...]
pourra être affecté se règlaient en excédant de recettes, cet excédant serait ap[...]
au remboursement, jusqu'à due concurrence, des avances qui font l'objet du pr[...]
traité.

5. Le présent traité ne sera exécutoire qu'après son approbation par l'Asse[...]
nationale.

La minute dudit traité, ainsi que tous les actes qui en seraient la suite, sero[...]
besoin, enregistrés en débet.

Fait et signé à Versailles, le 4 Août 1874.

Le Gouverneur de la Banque de France,

Signé ROULAND.

Le Ministre des finances,

Signé MATHIEU-BODET.

Vu pour être annexé à la loi adoptée par l'Assemblée nationale dans sa séan[...]
5 août 1874.

Le Président,

Signé L. BUFFET.

Les Secrétaires,

Signé E. DE CAZENOVE DE PRADINE, FÉLIX VOIS[...]
FRANCISQUE RIVE, VANDIER.

RÉPUBLIQUE FRANÇAISE.

N° 3377. — LOI qui autorise la Ville de Paris, 1° à s'imposer extraordinairem[...]
2° à établir différentes Surtaxes à son Octroi.

Du 5 Août 1874.

(Promulguée au *Journal officiel* du 12 août 1874.)

L'ASSEMBLÉE NATIONALE A ADOPTÉ LA LOI dont la teneur suit:

ART. 1er. A partir de la promulgation de la présente loi et jusqu'[...]
31 décembre 1876 inclusivement, il sera perçu à l'octroi de la v[...]
de Paris, sur les vins en cercles et en bouteilles, les cidres et poir[...]
les alcools dénaturés et les huiles, en sus des droits actuelleme[...]
existants, des surtaxes fixées comme il suit :

Vins en cercles, un second décime additionnel; par hectolitre, [...]
franc;

Vins en bouteilles, huit francs en principal, plus deux décim[...]
soit au total, par hectolitre, neuf francs soixante centimes;

Cidres et poirés, un second décime additionnel; par hectolitre,
trente-huit centimes;

dénaturé, deux décimes additionnels au droit principal
r hectolitre d'alcool pur; par hectolitre, un franc cinquante
es;

es d'olive, fruits et conserves à l'huile, huiles parfumées de
spèce, augmentation en principal de deux francs par hecto-
, avec les deux décimes, deux francs quarante centimes;
cent kilogrammes, deux francs soixante-deux centimes;

de toute autre espèce provenant de substances animales ou
, augmentation sur le tarif actuel, quatre francs en princi-
hectolitre, et, avec les deux décimes, quatre francs quatre-
centimes; soit, par cent kilogrammes, cinq francs vingt-cinq
es.

La ville de Paris est autorisée à s'imposer extraordinairement:

Dix-sept centimes par addition au principal des contributions
re, personnelle et mobilière et des portes et fenêtres;

Douze centimes par addition au principal de la contribution
patentes.

Cette imposition sera perçue pendant cinq années, à partir du
vier 1875 jusqu'au 31 décembre 1879.

Le produit annuel sera appliqué au payement des dépenses
cipales ordinaires.

en séance publique, à Versailles, le 5 Août 1874.

Le Président,
Signé L. BUFFET.

Les Secrétaires,
Signé FÉLIX VOISIN, FRANCISQUE RIVE, VANDIER,
E. DE CAZENOVE DE PRADINE.

LE PRÉSIDENT DE LA RÉPUBLIQUE PROMULGUE LA PRÉSENTE LOI.

Signé M^{al} DE MAC MAHON, duc DE MAGENTA.

Le Ministre de l'intérieur,
Signé G^{al} DE CHABAUD LA TOUR.

Le Ministre des finances,
Signé MATHIEU-BODET.

RÉPUBLIQUE FRANÇAISE.

N° 3378. — *Loi qui établit des Surtaxes à l'Octroi de la commune
de Briançon (Hautes-Alpes).*

Du 5 Août 1874.

(Promulguée au *Journal officiel* du 18 août 1874.)

L'ASSEMBLÉE NATIONALE A ADOPTÉ LA LOI dont la teneur suit:

ARTICLE UNIQUE. A partir du 1er janvier 1875 et jusqu'au 31 dé-

cembre 1879 inclusivement, les surtaxes suivantes seront perçue
l'octroi de la commune de Briançon, département des Hautes-Alp
savoir :

Vins en cercles et en bouteilles, par hectolitre........ 1ᶠ 2
Alcool par contenu dans les eaux-de-vie et esprits, liqueurs
et fruits à l'eau-de-vie, par hectolitre................. 2 0
Absinthe (volume total), par hectolitre.............. 2 0

Ces surtaxes sont indépendantes des droits de quatre-vingts c
times (0ᶠ80ᶜ) par hectolitre sur les vins et de six francs (6ᶠ) par l
tolitre sur les alcools, établis à titre de taxes principales.

Délibéré en séance publique, à Versailles, le 5 Août 1874.

Le Président,

Signé L. BUFFET.

Les Secrétaires,

Signé E. DE CAZENOVE DE PRADINE, FRANCISQUE I
VASCHER, FÉLIX VOISIN.

LE PRÉSIDENT DE LA RÉPUBLIQUE PROMULGUE LA PRÉSENTE LOI.

Signé Mᵃˡ DE MAC MAHON, duc DE MAGENT

Le Ministre des finances,
Signé MATHIEU-BODET.

RÉPUBLIQUE FRANÇAISE.

N° 3372. — Loi qui établit une Surtaxe à l'Octroi de la commune
de Guilers (Finistère).

Du 5 Août 1874.

(Promulguée au Journal officiel du 15 août 1874.)

L'ASSEMBLÉE NATIONALE A ADOPTÉ LA LOI dont la teneur suit :

ARTICLE UNIQUE. À partir du 1ᵉʳ janvier 1875 et jusqu'au 31
cembre 1879 inclusivement, il sera perçu à l'octroi de la commu
de Guilers, département du Finistère, une surtaxe de dix-huit fra
(18ᶠ) par hectolitre d'alcool pur contenu dans les eaux-de-vie
— ⁻its, liqueurs et fruits à l'eau-de-vie, et par hectolitre d'absint

Cette surtaxe est indépendante du droit de six francs (6ᶠ) par hec-
établi en taxe principale.

ibéré en séance publique, à Versailles, le 5 Août 1874.

Le Président,
Signé L. BUFFET.

Les Secrétaires,
Signé E. DE CAZENOVE DE PRADINE, FRANCISQUE RIVE,
VANDIER, FÉLIX VOISIN.

PRÉSIDENT DE LA RÉPUBLIQUE PROMULGUE LA PRÉSENTE LOI.

Signé Mᵃˡ DE MAC MAHON, duc DE MAGENTA.

Le Ministre des finances,
Signé MATHIEU-BODET.

———

RÉPUBLIQUE FRANÇAISE.

—

N° 3380. — *Loi qui établit des Surtaxes à l'Octroi de la commune
de Lillebonne (Seine-Inférieure).*

Du 5 Août 1874.

(Promulguée au *Journal officiel* du 18 août 1874.)

L'ASSEMBLÉE NATIONALE A ADOPTÉ LA LOI dont la teneur suit :

ARTICLE UNIQUE. A partir du 1ᵉʳ janvier 1875 et jusqu'au 31 dé-
re 1879 inclusivement, les surtaxes suivantes seront perçues à
oi de la commune de Lillebonne, département de la Seine-Infé-
, savoir :

Vins en cercles et en bouteilles, par hectolitre.........	0ᶠ 30ᶜ
Alcool pur contenu dans les eaux-de-vie et esprits, liqueurs et fruits à l'eau-de-vie, par hectolitre.................	4 00
Absinthe (volume total)........................	4 00

Ces surtaxes sont indépendantes des droits de un franc vingt centimes (1' 70) sur les vins et de six francs (6') sur les alcools, étal a titre de taxes principales par hectolitre.

Délibéré en séance publique, à Versailles, le 5 Août 1874.

Le Président,

Signé L. BUFFET.

Les Secrétaires,

Signé E. DE CAZENOVE DE PRADINE, FRANCISQUE VANDIER, FÉLIX VOISIN.

LE PRÉSIDENT DE LA RÉPUBLIQUE PROMULGUE LA PRÉSENTE LOI.

Signé M^{al} DE MAC MAHON, duc DE MAGE

Le Ministre des finances,

Signé MATHIEU-BODET.

RÉPUBLIQUE FRANÇAISE.

N° 3381. — *Loi qui établit une Surtaxe à l'Octroi de la commune de Plonéour-Lanvern (Finistère).*

Du 5 Août 1874.

(Promulguée au Journal officiel du 18 août 1874.)

L'ASSEMBLÉE NATIONALE A ADOPTÉ LA LOI dont la teneur suit :

ARTICLE UNIQUE. A partir du 1er janvier 1875 et jusqu'au 31 cembre 1879 inclusivement, il sera perçu à l'octroi de la commu de Plonéour-Lanvern, département du Finistère, une surtaxe de francs (6') par hectolitre d'alcool pur contenu dans les eaux-de et esprits, liqueurs et fruits à l'eau-de-vie, et par hectolitre d'absint

Cette surtaxe est indépendante du droit de six francs (6') par he tolitre établi à titre de taxe principale.

Délibéré en séance publique, à Versailles, le 5 Août 1874.

Le Président,

Signé L. BUFFET.

Les Secrétaires,

Signé E. DE CAZENOVE DE PRADINE, FRANCISQUE VANDIER, FÉLIX VOISIN.

LE PRÉSIDENT DE LA RÉPUBLIQUE PROMULGUE LA PRÉSENTE LOI.

Signé M^{al} DE MAC MAHON, duc DE MAGENTA.

Le Ministre des finances,

Signé MATHIEU-BODET.

RÉPUBLIQUE FRANÇAISE.

. — *Loi qui établit une Surtaxe à l'Octroi de la commune de Plouzané (Finistère).*

Du 5 Août 1874.

(Promulguée au *Journal officiel* du 18 août 1874.)

BLÉE NATIONALE A ADOPTÉ LA LOI dont la teneur suit :

UNIQUE. A partir du 1ᵉʳ janvier 1875 et jusqu'au 31 dé- 1879 inclusivement, il sera perçu à l'octroi de la commune louzané, département du Finistère, une surtaxe de treize francs par hectolitre d'alcool pur contenu dans les eaux-de-vie et ts, liqueurs et fruits à l'eau-de-vie, et par hectolitre d'absinthe. tte surtaxe est indépendante du droit de six francs (6ᶠ) par hec- établi à titre de taxe principale.

ibéré en séance publique, à Versailles, le 5 Août 1874.

Le Président,
Signé L. BUFFET.

Les Secrétaires,
Signé E. DE CAZENOVE DE PRADINE, FRANCISQUE RIVE, VANDIER, FÉLIX VOISIN.

PRÉSIDENT DE LA RÉPUBLIQUE PROMULGUE LA PRÉSENTE LOI.

Signé Mᵃˡ DE MAC MAHON, duc DE MAGENTA.

Le Ministre des finances,
Signé MATHIEU-BODET.

RÉPUBLIQUE FRANÇAISE.

3383. — *Décret qui déclare d'utilité publique l'établissement, dans le dépar- tement de Saône-et-Loire, d'un Chemin de fer d'intérêt local partant de la limite du département de la Loire, dans la direction de Roanne, et aboutissant à Châlon-sur-Saône, avec Embranchement de Saint-Gengoux vers Montchanin.*

Du 8 Janvier 1874.

(Promulgué au *Journal officiel* du 17 janvier 1874.)

LE PRÉSIDENT DE LA RÉPUBLIQUE FRANÇAISE,

Sur le rapport du ministre des travaux publics ;

Vu l'avant-projet relatif à l'établissement, dans le département de Saône-

RÉPUBLIQUE FRANÇAISE.

N° 3375. — *Loi qui ouvre au Ministre des Finances, sur l'exercice: des Crédits supplémentaires montant à la somme de 124,280 francs.*

Du 4 Août 1874.

(Promulguée au *Journal officiel* du 18 août 1874.)

L'Assemblée nationale a adopté la loi dont la teneur suit :

Art. 1er. Il est accordé au ministre des finances, sur l'e 1874, en augmentation des crédits ouverts par la loi du 29 dé 1873 pour les dépenses du budget de son département, des montant à la somme de cent vingt-quatre mille deux cent q vingts francs (124,280'), sur les chapitres suivants :

CAPITAUX REMBOURSABLES A DIVERS TITRES.

Chap. VII. Intérêts et amortissement des obligations trentenaires........ ,

CONTRIBUTIONS DIRECTES.

Chap. L. Mutations cadastrales................................... 17

DOUANES.

Chap. LX. Personnel...

Total........................

2. Il sera pourvu à ces suppléments de crédits au moyen des r sources générales du budget de l'exercice 1874.

Délibéré en séance publique, à Versailles, le 4 Août 1874.

Le Président,
Signé L. Buffet.

Les Secrétaires,
Signé Francisque Rive, Vandier, Vte Bli de Bourdon, Félix Voisin.

Le Président de la République promulgue la présente loi.

Signé Mal DE MAC MAHON, duc DE MAGENTA

Le Ministre des finances,
Signé Mathieu-Bodet.

, de l'exécution du présent décret, lequel sera inséré au Bulletin
is.

ait à Versailles, le 8 Janvier 1874.

Signé M^{al} DE MAC MAHON.

Ministre des travaux publics,

Signé R. DE LARCY.

CONVENTION.

1873, le 26 août,

M. le vicomte *Malher,* chevalier de la Légion d'honneur, officier de l'ordre
Léopold de Belgique, préfet de Saône-et-Loire, agissant au nom du dépar-

part,

MM. *Parent-Pécher,* banquier à Tournay, et *Riche* frères, constructeurs de che_
de fer, demeurant à Bruxelles,

D'autre part,

1 été convenu ce qui suit :

. 1". Le département de Saône-et-Loire concède à MM. *Parent-Pécher* et *Riche*
, ès noms qu'ils agissent, la construction et l'exploitation :

un chemin de fer allant de Cluny à Chalon-sur-Saône, en passant par ou près
Buxy et Saint-Gengoux, avec un embranchement de ou près Saint-Gengoux
    n, aboutissant sur la ligne de Chagny à Paray, en un point qui sera ulté-
nt déterminé ;

un chemin de fer allant de Cluny à la limite du département de la Loire,
direction de Roanne (ville), et traversant les cantons de Matour et la Clayette ;
u aux conditions du cahier des charges annexé à la présente convention.

leur côté, MM. *Parent-Pécher* et *Riche* frères s'engagent à exécuter, sans au-
bvention du département, mais avec le concours facultatif des communes,
l'absence de ce concours puisse constituer d'ailleurs un cas de résiliation,
    de fer qui fait l'objet de la présente concession, et à se conformer, pour la
    et l'exploitation dudit chemin, aux clauses et conditions du cahier des
dessus mentionné et complété par la présente convention.

'arent-Pécher et *Riche* frères s'engagent à exécuter et à mettre en exploi-
le délai de trois ans et demi, à partir de la promulgation du décret dé-
ilité publique, le chemin de Cluny à Châlon, ainsi que l'embranchement
nin, et la partie comprise entre Roanne (ville) et Cluny dans le délai de
partir de la même date.

Parent-Pécher et *Riche* frères ont versé entre les mains de M. le préfet de
Loire, lequel l'a déposée à la Banque de France, en valeurs cotées aux
e Paris, de Londres et de Bruxelles, et agréées par le préfet et la commis-
entale, une somme de cinquante mille francs, qui sera acquise au dé-
t, à titre de dédommagement, en cas d'inexécution des engagements

de baisse de ces valeurs, la compagnie sera tenue d'augmenter le dépôt de
que les sommes fixées par la présente convention soient toujours intégrale-
tées et réalisables en cas de non-exécution.

entendu que le versement de cinquante mille francs vient en déduction du
t du cautionnement qui devra être fourni, en exécution de l'article 64 du
des charges, immédiatement après l'émission du décret déclaratif d'utilité
ue, le montant du cautionnement devant être de cent mille francs, fourni
qu'il est dit au paragraphe 1" du présent article.

Au cas où les lignes concédées ne seraient pas livrées à l'exploitation dans les
stipulés à l'article 3, la compagnie concessionnaire sera passible d'une retenue
cinq mille francs par mois de retard au profit du département, jusqu'à concurrence de la totalité du cautionnement,

6. MM. *Parent-Pêcher* et *Riche* frères s'engagent, en outre, à ouvrir dans gares un bureau à la télégraphie privée, sans autre rétribution que celle par l'administration télégraphique.

7. De son côté, M. le vicomte *Malher*, au nom du département, s'engag tout ce qui dépendra de lui pour obtenir, dans le plus bref délai possible, l' du décret déclaratif d'utilité publique des diverses lignes ci-dessus ment sans qu'en aucun cas aucune demande en indemnité puisse être intentée département.

8. La présente convention, approuvée par le conseil général du départem sera définitive qu'après la promulgation du décret déclaratif d'utilité publique.

9. Les frais d'enregistrement sont à la charge des concessionnaires.

<table>
<tr><td>*Les Concessionnaires,*</td><td>*Le Préfet de Saône-et-Loire,*</td></tr>
<tr><td>Signé Riche frères et Parent-Pêcher.</td><td>Signé Vte Malher.</td></tr>
</table>

Certifié conforme à la convention annexée au décret en date du 8 janvier enregistré sous le n° 7.

Le Conseiller d'État, Secrétaire général,

Signé de Boureuille.

CAHIER DES CHARGES.

TITRE I".

TRACÉ ET CONSTRUCTION.

ART. 1". Le chemin de fer d'intérêt local à établir dans la traversée du ment de Saône-et-Loire, sous le titre de *Chemin de fer de Roanne à Châlon,* a embranchement de ou près Saint Gengoux vers Montchanin, aboutissant sur de Chagny à Paray, en un point qui sera ultérieurement déterminé, aura son à Roanne (ville). Il se raccordera à Châlon-sur-Saône avec la ligne de Pari Méditerranée.

2. Les travaux devront être commencés six mois au plus tard après le d'utilité publique et l'approbation des plans.

La section du chemin de fer à construire entre Cluny et Châlon (ville), ai l'embranchement de ou près Saint-Gengoux à la ligne de Chagny à Paray vers chanin, devront être livrés à l'exploitation dans un délai de trois ans et d partir de la promulgation du décret déclaratif d'utilité publique, et la parti prise entre Cluny et Roanne (ville) dans le délai de six ans, à partir de la date.

3. La compagnie soumettra à l'approbation du préfet et de la commission mentale le tracé et le profil du chemin, ainsi que l'emplacement, l'étendue dispositions principales des gares et stations, et ce dans un délai de six mois, à du décret de concession.

Aucun cours d'eau, aucun chemin public appartenant soit à la grande, soi petite voirie, ne pourra être modifié ni détourné sans l'autorisation de l'autorité pétente.

Les ouvrages à construire à la rencontre du chemin de fer et desdits cours ou chemins ne pourront être entrepris qu'après qu'il aura été reconnu par l'ad tration que les dispositions projetées sont de nature à assurer le libre écoulement eaux ou à maintenir une circulation facile sur les voies traversées par le chemi fer.

4. La compagnie pourra prendre copie de tous les plans, nivellements et devi pourraient avoir été antérieurement dressés aux frais de l'administration.

5. Le tracé et le profil du chemin de fer seront arrêtés sur la production de jets d'ensemble comprenant, pour la ligne entière ou pour chaque section de ligne :

1° Un plan d'ensemble à l'échelle de un dix-millième ;

Un profil en long à l'échelle de cinq millièmes pour les longueurs et de un
pour les hauteurs, dont les cotes seront rapportées au niveau moyen de la
mis pour plan de comparaison; au-dessous de ce profil, on indiquera, au
de trois lignes horizontales disposées à cet effet, savoir :
distances kilométriques du chemin de fer, comptées à partir de son origine;
ngueur et l'inclinaison de chaque pente et rampe;
ngueur des parties droites et courbes du tracé, en faisant connaître le rayon
t à chacune de ces dernières;
rtain nombre de profils en travers, y compris le profil type de la voie;
émoire dans lequel seront justifiées toutes les dispositions essentielles du
n devis descriptif dans lequel seront reproduites, sous forme de tableaux,
ons relatives aux déclivités et aux courbes déjà données sur le profil en

on des gares et stations projetées, celle des cours d'eau et des voies de
tion traversés par le chemin de fer, les passages soit à niveau, soit en
on en dessous de la voie ferrée, devront être indiqués tant sur le plan que
profil en long;
tout sans préjudice des projets à fournir pour chacun de ces ouvrages.
Les terrains pourront être acquis et les ouvrages d'art pourront être exécutés
une voie seulement.
terrains acquis par les concessionnaires pour l'établissement d'une seconde
si elle devenait nécessaire, ne pourront recevoir une autre destination.
La largeur de la voie entre les bords intérieurs des rails devra être de un mètre
centimètres (1m,44) à un mètre quarante-cinq centimètres (1m,45).
s parties à deux voies, la largeur de l'entre-voie, mesurée entre les bords
des rails, sera de deux mètres (2m,00).
eur des accotements, c'est-à-dire des parties comprises de chaque côté entre
xtérieure du rail et l'arête supérieure du ballast, sera de soixante-quinze
(0m,75) au moins.
gera au pied de chaque talus du ballast, lorsque le chemin sera en rem-
anquette de cinquante centimètres (0m,50) de largeur.
gnie établira le long du chemin de fer les fossés ou rigoles qui seront
pour l'asséchement de la voie et l'écoulement des eaux.
s alignements seront raccordés entre eux par des courbes dont le rayon ne
être inférieur à trois cents mètres (300m,00). (Voir la délibération du conseil
.) Une partie droite de quarante mètres (40m,00) au moins de longueur devra
énagée entre deux courbes consécutives, lorsqu'elles sont dirigées en sens
Le maximum de l'inclinaison des pentes et rampes est fixé à vingt mil-
(0m,020) par mètre. Une partie horizontale de cent mètres (100m,00) au
m être ménagée entre deux fortes déclivités consécutives, lorsque ces
se succéderont en sens contraire, et de manière à verser leurs eaux au
t.
éclivités correspondant aux courbes de faible rayon devront être réduites au-
faire se pourra.
mpagnie aura la faculté de proposer aux dispositions de cet article et à celles
icle précédent les modifications qui lui paraîtront utiles; mais ces modifica-
pourront être exécutées que moyennant l'approbation préalable de l'admi-
et de la commission départementale.
ombre, l'étendue et l'emplacement des gares d'évitement seront détermi-
administration, la compagnie entendue.
bre des voies sera augmenté, s'il y a lieu, dans les gares et aux abords de
, conformément aux décisions qui seront prises par l'administration, la
ie entendue.
bre et l'emplacement des stations de voyageurs et des gares de marchan-
ont également déterminés par l'administration, sur les propositions de la
ie, après une enquête spéciale.
mpagnie sera tenue, préalablement à tout commencement d'exécution, de
re à l'administration et à la commission départementale le projet desdites
, lequel se composera :
D'un plan à l'échelle de un cinq-centième (1/500), indiquant les dispositions
cipales;
2° D'un mémoire descriptif et justificatif.

cembre 1879 inclusivement, les surtaxes suivantes seront
l'octroi de la commune de Briançon, département des Hautes-
savoir :

Vins en cercles et en bouteilles, par hectolitre........ 1ᶠ
Alcool pur contenu dans les eaux-de-vie et esprits, liqueurs
et fruits à l'eau-de-vie, par hectolitre.................. 2
Absinthe (volume total), par hectolitre.............. 2

Ces surtaxes sont indépendantes des droits de quatre-vingts
times (o'80ᶜ) par hectolitre sur les vins et de six francs (6ᶠ) par
tolitre sur les alcools, établis à titre de taxes principales.

Délibéré en séance publique, à Versailles, le 5 Août 1874.

Le Président,

Signé L. BUFFET.

Les Secrétaires,

Signé E. DE CAZENOVE DE PRADINE, FRANCISQUE
VANDIER, FÉLIX VOISIN.

LE PRÉSIDENT DE LA RÉPUBLIQUE PROMULGUE LA PRÉSENTE LOI.

Signé Mᵃˡ DE MAC MAHON, duc DE MAGEN

Le Ministre des finances,
Signé MATHIEU-BODET.

RÉPUBLIQUE FRANÇAISE.

Nº 3379. — *Loi qui établit une Surtaxe à l'Octroi de la commune
de Guilers (Finistère).*

Du 5 Août 1874.

(Promulguée au *Journal officiel* du 18 août 1874.)

L'ASSEMBLÉE NATIONALE A ADOPTÉ LA LOI dont la teneur suit :

ARTICLE UNIQUE. A partir du 1ᵉʳ janvier 1875 et jusqu'au 31
cembre 1879 inclusivement, il sera perçu à l'octroi de la commu
de Guilers, département du Finistère, une surtaxe de dix-huit fran
(18ᶠ) par hectolitre d'alcool pur contenu dans les eaux-de-vie
esprits, liqueurs et fruits à l'eau-de-vie, et par hectolitre d'absinth

teur et le débouché du viaduc seront déterminés, dans chaque cas parti-
er l'administration, suivant les circonstances locales.

s souterrains à établir pour le passage du chemin de fer auront au moins
mètres cinquante centimètres (4",50) de largeur entre les pieds-droits au ni-
rails; ils auront cinq mètres cinquante centimètres (5",50) de hauteur sous
  de la surface des rails. La distance verticale entre l'intrados et le dessus
:xférieurs de chaque voie ne sera pas inférieure à quatre mètres quatre-
timètres (4",80).

ure des puits d'aérage et de construction des souterrains sera entourée d'une
n maçonnerie de deux mètres (2",oo) de hauteur. Cette ouverture ne
t établie sur aucune voie publique.

. rencontre des routes nationales ou départementales et des autres che-
'cs, il sera construit des chemins et ponts provisoires, par les soins et aux
compagnie, partout où cela sera jugé nécessaire pour que la circulation
ui interruption ni gêne.

sera fixé par l'administration pour l'exécution des travaux définitifs desti-
lir les communications interceptées.

compagnie n'emploiera, dans l'exécution des ouvrages, que des matériaux
qualité; elle sera tenue de se conformer à toutes les règles de l'art, de
i obtenir une construction parfaitement solide.

s aqueducs, ponceaux, ponts et viaducs à construire à la rencontre des
  d'eau et des chemins publics ou particuliers seront en maçonnerie ou en
s cas d'exception qui pourraient être admis par l'administration.

roies seront établies d'une manière solide et avec des matériaux de bonne

des rails sera de trente-cinq kilogrammes (35ʰ), sauf les réductions qui
  être autorisées par l'administration.

réfet pourra dispenser les concessionnaires, sur leurs propositions, de
lôtures sur tout ou partie du chemin.

res seront exigées sur tout le parcours de la voie, sauf dans les cas où la
n départementale autoriserait une dérogation formelle à cette clause. (Voir
tion du conseil général.)

s les terrains nécessaires à l'établissement du chemin de fer et de ses dépen-
ur la déviation des voies de communication et des cours d'eau déplacés,
téral, pour l'exécution des travaux, quels qu'ils soient, auxquels cet éta-
pourra donner lieu, seront achetés et payés par la compagnie conces-

mnités pour occupation temporaire ou pour détérioration des terrains,
  e et pour tous dommages quelconques résultant des travaux, seront
  et payées par la compagnie concessionnaire.

reprise étant d'utilité publique, la compagnie est investie, pour l'exécution
  dépendant de sa concession, de tous les droits que les lois et règlements
  à l'administration en matière de travaux publics, soit pour l'acquisition des
par voie d'expropriation, soit pour l'extraction, le transport et le dépôt des
matériaux, etc., et elle demeure en même temps soumise à toutes les obliga-
dérivent, pour l'administration, de ces lois et règlements.

la ligne traverse un sol déjà concédé pour l'exploitation d'une mine, l'admi-
  déterminera les mesures à prendre pour que l'établissement du chemin
nuise pas à l'exploitation de la mine, et réciproquement pour que, le cas
l'exploitation de la mine ne compromette pas l'existence du chemin de fer.

e chemin de fer doit s'étendre sur des terrains renfermant des carrières ou
  souterrainement, il ne pourra être livré à la circulation avant que les
ns qui pourraient en compromettre la solidité aient été remblayées ou con-
  L'administration déterminera la nature et l'étendue des travaux qu'il
fra d'entreprendre à cet effet, et qui seront d'ailleurs exécutés par les soins et
s de la compagnie.

our l'exécution des travaux, la compagnie se soumettra aux décisions minis-
concernant l'interdiction du travail les dimanches et jours fériés.

es travaux seront exécutés sous le contrôle et la surveillance du préfet.

ntrôle et cette surveillance auront pour objet d'empêcher la compagnie de
des dispositions prescrites par le présent cahier des charges, et de celles qui
Maulteront des projets approuvés.

27. A mesure que les travaux seront terminés sur des parties de chemin de
susceptibles d'être livrées utilement à la circulation, il sera procédé, sur la
de la compagnie, à la reconnaissance et, s'il y a lieu, à la réception pro
ces travaux par un ou plusieurs commissaires que l'administration désigne

Sur le vu du procès-verbal de cette reconnaissance, l'administration a
s'il y a lieu, la mise en exploitation des parties dont il s'agit; après ce
sation, la compagnie pourra mettre lesdites parties en service et y
taxes ci-après déterminées. Toutefois, ces réceptions partielles ne deviendron
tives que par la réception générale et définitive du chemin de fer.

28. Après l'achèvement total des travaux, et dans le délai qui sera fixé par
nistration, la compagnie fera faire à ses frais un bornage contradictoire et
général du chemin de fer et de ses dépendances.

Une expédition dûment certifiée des procès-verbaux de bornage et du plan
sera dressée aux frais de la compagnie et déposée dans les archives de la pré

Les terrains acquis par la compagnie postérieurement au bornage général,
de satisfaire aux besoins de l'exploitation, et qui par cela même deviendron
intégrante du chemin de fer, donneront lieu, au fur et à mesure de leur
tion, à des bornages supplémentaires, et seront ajoutés sur le plan général.

TITRE II.

ENTRETIEN ET EXPLOITATION.

29. Le chemin de fer et toutes ses dépendances seront constamment e
en bon état, de manière que la circulation y soit toujours facile et sûre.

Les frais d'entretien et ceux auxquels donneront lieu les réparations ord
extraordinaires seront entièrement à la charge de la compagnie.

Si le chemin de fer, une fois achevé, n'est pas constamment entretenu e
état, il y sera pourvu d'office à la diligence de l'administration et aux frais
compagnie, sans préjudice, s'il y a lieu, de l'application des dispositions
quées ci-après dans l'article 39.

Le montant des avances faites sera recouvré au moyen des rôles que le
rendra exécutoires.

30. La compagnie sera tenue d'établir à ses frais, partout où besoin sera, d
diens en nombre suffisant pour assurer la sûreté du passage des trains sur la
celle de la circulation ordinaire sur les points où le chemin de fer sera traver
veau par des routes ou chemins publics.

31. Les machines locomotives seront construites sur les meilleurs modèle
devront satisfaire d'ailleurs à toutes les conditions prescrites ou à p
l'administration pour la mise en service de ce genre de machines.

Les voitures de voyageurs devront également être faites d'après les meill
dèles et satisfaire à toutes les conditions prescrites ou à prescrire pour le
servant au transport des voyageurs sur les chemins de fer. Elles seront su
sur ressorts, garnies de banquettes et munies de rideaux.

Il y aura trois classes au moins :

1° Les voitures de première classe seront couvertes, garnies et fermées à g

2° Celles de deuxième classe seront couvertes, fermées à glaces et auront
quettes rembourrées;

3° Celles de troisième classe seront couvertes, fermées à vitres et auront
quettes à dossiers. Les banquettes et dossiers devront être inclinés, et les
seront élevés à la hauteur de la tête des voyageurs.

L'intérieur de chacun des compartiments de toute classe contiendra l'indica
nombre de places de ce compartiment.

Le préfet pourra exiger qu'un compartiment de chaque classe soit réservé,
les trains de voyageurs, aux femmes voyageant seules.

Les voitures de voyageurs, les wagons destinés au transport des marchandise
chaises de poste, des chevaux ou des bestiaux, les plates-formes, et, en gé
toutes les parties du matériel roulant seront de bonne et solide construction, et
dimensions telles qu'ils puissent circuler sur les diverses lignes des compagnie
chemins de fer.

La compagnie sera tenue, pour la mise en service de ce matériel, de se soumet
à tous les règlements sur la matière.

machines locomotives, wagons de toutes espèces, tenders, voitures, plates-
composant le matériel roulant, seront constamment entretenus en bon état.
Des règlements arrêtés par le préfet, après que la compagnie aura été en-
, détermineront les mesures et dispositions nécessaires pour assurer la po-
l'exploitation du chemin de fer, ainsi que la conservation des ouvrages qui
dent.

les dépenses qu'entraînera l'exécution des mesures prescrites en vertu de
nts seront à la charge de la compagnie.

ie sera tenue de soumettre à l'approbation du préfet les règlements géné-
an service et à l'exploitation du chemin de fer.

ements dont il s'agit dans les deux paragraphes précédents seront obliga-
seulement pour la compagnie concessionnaire, mais encore pour toutes
obtiendraient ultérieurement l'autorisation d'établir des lignes de chemins
mbranchement ou de prolongement, et, en général, pour toutes les per-
ü emprunteraient l'usage du chemin de fer.

let déterminera, sur la proposition de la compagnie, le minimum et le
de vitesse des convois de voyageurs et de marchandises, ainsi que la durée
jet.

Pour tout ce qui concerne l'entretien et les réparations du chemin de fer et
dépendances, l'entretien du matériel et le service de l'exploitation, la com-
est soumise au contrôle et à la surveillance de l'administration.

la surveillance ordinaire, l'administration déléguera, aussi souvent qu'elle
utile, un ou plusieurs commissaires pour reconnaître et constater l'état du
de fer, de ses dépendances et du matériel.

TITRE III.

DURÉE, RACHAT ET DÉCHÉANCE DE LA CONCESSION.

La durée de la concession pour la ligne mentionnée à l'article 1ᵉʳ du présent
des charges sera de quatre-vingt-dix-neuf ans. Elle commencera à courir du
e la mise en exploitation de la ligne entière, et au plus tard à l'expiration du
ber pour l'achèvement des travaux par l'article 2 dudit cahier des charges.

À l'époque fixée pour l'expiration de la concession, et par le seul fait de
spiration, le département sera subrogé à tous les droits de la compagnie
chemin de fer et ses dépendances, et il entrera immédiatement en jouissance
ses produits.

mpagnie sera tenue de lui remettre en bon état d'entretien le chemin de
as les immeubles qui en dépendent, quelle qu'en soit l'origine, tels que
ents des gares et stations, les remises, ateliers et dépôts, les maisons de
tc. Il en sera de même de tous les objets immobiliers dépendant également
emin, tels que les barrières et clôtures, les voies, changements de voies,
tournantes, réservoirs d'eau, grues hydrauliques, machines fixes, etc.

les cinq dernières années qui précéderont le terme de la concession, le
ent aura le droit de saisir les revenus du chemin de fer et de les employer
en bon état le chemin de fer et ses dépendances, si la compagnie ne se
pas en mesure de satisfaire pleinement et entièrement à cette obligation.

e qui concerne les objets mobiliers, tels que le matériel roulant, les maté-
combustibles et approvisionnements de tout genre, le mobilier des stations,
ige des ateliers et des gares, le département sera tenu, si la compagnie le
, de reprendre tous ces objets sur l'estimation qui en sera faite à dire d'ex-
t réciproquement, si le département le requiert, la compagnie sera tenue
éder de la même manière.

fou, le département ne pourra être tenu de reprendre que les approvision-
nécessaires à l'exploitation du chemin pendant six mois.

oute époque après l'expiration des quinze premières années de la concession,
tement aura la faculté de racheter la concession entière du chemin de fer.

égler le prix du rachat, on relèvera les produits nets annuels obtenus par la
e pendant les sept années qui auront précédé celle où le rachat sera effec-
on en déduira les produits nets des deux plus faibles années, et l'on établira le
uit moyen des cinq autres années.

et-Loire, d'un chemin de fer d'intérêt local partant de la limite du dé
ment de la Loire, dans la direction de Roanne, et aboutissant à Châlon-
Saône, avec embranchement de Saint-Gengoux vers Montchanin;

Vu le dossier de l'enquête d'utilité publique à laquelle cet avant-p
a été soumis, et notamment le procès-verbal de la commission d'enqu
en date des 1er et 7 mars et 7 avril 1873;

Vu les délibérations, en date des 30 août 1872 et 26 août 1873, par
quelles le conseil général du département de Saône-et-Loire a app
l'établissement du chemin de fer susmentionné, ainsi que sa concessio
sieurs *Parent-Pêcher* et *Riche* frères;

Vu la convention passée, le 26 août 1873, entre le préfet du départ
et les sieurs *Parent-Pêcher* et *Riche* frères, ainsi que le cahier des
y annexé;

Vu l'avis du conseil général des ponts et chaussées, du 28 juillet 1873;

Vu la lettre du ministre de la guerre, du 18 décembre 1873;

Vu la lettre du ministre de l'intérieur, du 17 novembre 1873;

Vu la loi du 3 mai 1841, sur l'expropriation pour cause d'utilité pub

Vu la loi du 12 juillet 1865, sur les chemins de fer d'intérêt local;

Vu la loi du 10 août 1871;

Le Conseil d'État entendu,

Décrète :

Art. 1er. Est déclaré d'utilité publique l'établissement :

1° D'un chemin de fer de la limite du département de la L
dans la direction de Roanne, à Châlon, par Cluny;

2° D'un embranchement qui se détachera de ce chemin,
près Saint-Gengoux, et aboutira à Montchanin, sur la ligne de
gny à Paray-le-Monial.

2. Le département de Saône-et-Loire est autorisé à pourvo
l'exécution de ces chemins, comme chemins de fer d'intérêt l
suivant les dispositions de la loi du 12 juillet 1865 et confo
ment aux clauses et conditions de la convention passée, le 26
1873, avec les sieurs *Parent-Pêcher* et *Riche* frères, ainsi que
cahier des charges y annexé.

Des copies certifiées de ces convention et cahier des charges
ront annexées au présent décret.

3. Aucune émission d'obligations ne pourra avoir lieu qu'
vertu d'une autorisation du ministre des travaux publics, donnée
concert avec le ministre de l'intérieur, après avis du ministre d
finances.

En aucun cas, il ne pourra être émis d'obligations pour u
somme supérieure au montant du capital-actions.

Aucune émission d'obligations ne pourra d'ailleurs être autori
avant que les quatre cinquièmes du capital-actions aient été ver
et employés en achats de terrains, travaux, approvisionnements s
place ou en dépôt de cautionnement.

4. Le vice-président du Conseil, ministre de l'intérieur, et le mi-
histre des travaux publics sont chargés, chacun en ce qui le con

ne, de l'exécution du présent décret, lequel sera inséré au Bulletin
lois.

Fait à Versailles, le 8 Janvier 1874.

Signé Mᵃˡ DE MAC MAHON.

Le Ministre des travaux publics,

Signé R. DE LARCY.

CONVENTION.

1873, le 26 août,

M. le vicomte *Malher*, chevalier de la Légion d'honneur, officier de l'ordre
de Léopold de Belgique, préfet de Saône-et-Loire, agissant au nom du dépar-

D'une part,

MM. *Parent-Pécher*, banquier à Tournay, et *Riche* frères, constructeurs de che_
de fer, demeurant à Bruxelles,

D'autre part,

a été convenu ce qui suit :

1. 1°. Le département de Saône-et-Loire concède à MM. *Parent-Pécher* et *Riche*
, ès noms qu'ils agissent, la construction et l'exploitation :

D'un chemin de fer allant de Cluny à Chalon-sur-Saône, en passant par ou près
Buxy et Saint-Gengoux, avec un embranchement de ou près Saint-Gengoux
hanin, aboutissant sur la ligne de Chagny à Paray, en un point qui sera ulté-
t déterminé ;

Et un chemin de fer allant de Cluny à la limite du département de la Loire,
la direction de Roanne (ville), et traversant les cantons de Matour et la Clayette ;
tout aux conditions du cahier des charges annexé à la présente convention.

De leur côté, MM. *Parent-Pécher* et *Riche* frères s'engagent à exécuter, sans au-
subvention du département, mais avec le concours facultatif des communes,
que l'absence de ce concours puisse constituer d'ailleurs un cas de résiliation,
de fer qui fait l'objet de la présente concession, et à se conformer, pour la
et l'exploitation dudit chemin, aux clauses et conditions du cahier des
dessus mentionné et complété par la présente convention.

Parent-Pécher et *Riche* frères s'engagent à exécuter et à mettre en exploi-
tus le délai de trois ans et demi, à partir de la promulgation du décret dé-
d'utilité publique, le chemin de Cluny à Châlon, ainsi que l'embranchement
tchanin, et la partie comprise entre Roanne (ville) et Cluny dans le délai de
à partir de la même date.

i. *Parent-Pécher* et *Riche* frères ont versé entre les mains de M. le préfet de
Loire, lequel l'a déposée à la Banque de France, en valeurs cotées aux
de Paris, de Londres et de Bruxelles, et agréées par le préfet et la commis-
artementale, une somme de cinquante mille francs, qui sera acquise au dé-
t, à titre de dédommagement, en cas d'inexécution des engagements
ts.

cas de baisse de ces valeurs, la compagnie sera tenue d'augmenter le dépôt de
à ce que les sommes fixées par la présente convention soient toujours intégrale-
représentées et réalisables en cas de non-exécution.

st entendu que le versement de cinquante mille francs vient en déduction du
t du cautionnement qui devra être fourni, en exécution de l'article 64 du
des charges, immédiatement après l'émission du décret déclaratif d'utilité
ue, le montant du cautionnement devant être de cent mille francs, fourni
qu'il est dit au paragraphe 1ᵉʳ du présent article.

cas où les lignes concédées ne seraient pas livrées à l'exploitation dans les
stipulés à l'article 3, la compagnie concessionnaire sera passible d'une retenue
q mille francs par mois de retard au profit du département, jusqu'à concur-
de la totalité du cautionnement,

6. MM. *Parent-Pécher* et *Riche* frères s'engagent, en outre, à ouvrir dans gares un bureau à la télégraphie privée, sans autre rétribution que celle par l'administration télégraphique.

7. De son côté, M. le vicomte *Malher*, au nom du département, s'engage tout ce qui dépendra de lui pour obtenir, dans le plus bref délai possible, l'é du décret déclaratif d'utilité publique des diverses lignes ci-dessus menti sans qu'en aucun cas aucune demande en indemnité puisse être intentée département.

8. La présente convention, approuvée par le conseil général du départem sera définitive qu'après la promulgation du décret déclaratif d'utilité publique.

9. Les frais d'enregistrement sont à la charge des concessionnaires.

Les Concessionnaires,

Signé RICHE frères et PARENT-PÉCHER.

Le Préfet de Saône-et-Loire,

Signé Vᵗᵉ MALHER.

Certifié conforme à la convention annexée au décret en date du 8 janvier enregistré sous le n° 7.

Le Conseiller d'État, Secrétaire général,

Signé DE BOUREUILLE.

CAHIER DES CHARGES.

TITRE Iᵉʳ.

TRACÉ ET CONSTRUCTION.

ART. 1ᵉʳ. Le chemin de fer d'intérêt local à établir dans la traversée du d ment de Saône-et-Loire, sous le titre de *Chemin de fer de Roanne à Châlon*, a embranchement de ou près Saint-Gengoux vers Montchanin, aboutissant sur l de Chagny à Paray, en un point qui sera ultérieurement déterminé, aura son à Roanne (ville). Il se raccordera à Châlon-sur-Saône avec la ligne de Pa Méditerranée.

2. Les travaux devront être commencés six mois au plus tard après le d'utilité publique et l'approbation des plans.

La section du chemin de fer à construire entre Cluny et Châlon (ville), ain l'embranchement de ou près Saint-Gengoux à la ligne de Chagny à Paray vers chanin, devront être livrés à l'exploitation dans un délai de trois ans et d partir de la promulgation du décret déclaratif d'utilité publique, et la parti prise entre Cluny et Roanne (ville) dans le délai de six ans, à partir de la date.

3. La compagnie soumettra à l'approbation du préfet et de la commission d mentale le tracé et le profil du chemin, ainsi que l'emplacement, l'étendue dispositions principales des gares et stations, et ce dans un délai de six mois, à du décret de concession.

Aucun cours d'eau, aucun chemin public appartenant soit à la grande, soi petite voirie, ne pourra être modifié ni détourné sans l'autorisation de l'autorité pétente.

Les ouvrages à construire à la rencontre du chemin de fer et desdits cours ou chemins ne pourront être entrepris qu'après qu'il aura été reconnu par l'ad tration que les dispositions projetées sont de nature à assurer le libre écouleme eaux ou à maintenir une circulation facile sur les voies traversées par le ch fer.

4. La compagnie pourra prendre copie de tous les plans, nivellements et de pourraient avoir été antérieurement dressés aux frais de l'administration.

5. Le tracé et le profil du chemin de fer seront arrêtés sur la production de jets d'ensemble comprenant, pour la ligne entière ou pour chaque section de ligne :

1° Un plan d'ensemble à l'échelle de un dix-millième ;

2° Un profil en long à l'échelle de cinq millièmes pour les longueurs et de un
pour les hauteurs, dont les cotes seront rapportées au niveau moyen de la
ris pour plan de comparaison; au-dessous de ce profil, on indiquera, au
de trois lignes horizontales disposées à cet effet, savoir :

distances kilométriques du chemin de fer, comptées à partir de son origine;
ngueur et l'inclinaison de chaque pente et rampe;
ngueur des parties droites et courbes du tracé, en faisant connaître le rayon
ndant à chacune de ces dernières.

certain nombre de profils en travers, y compris le profil type de la voie;
mémoire dans lequel seront justifiées toutes les dispositions essentielles du
un devis descriptif dans lequel seront reproduites, sous forme de tableaux,
ons relatives aux déclivités et aux courbes déjà données sur le profil en

on des gares et stations projetées, celle des cours d'eau et des voies de
traversés par le chemin de fer, les passages soit à niveau, soit en
on en dessous de la voie ferrée, devront être indiqués tant sur le plan que
profil en long;

tout sans préjudice des projets à fournir pour chacun de ces ouvrages.

Les terrains pourront être acquis et les ouvrages d'art pourront être exécutés
une voie seulement.

terrains acquis par les concessionnaires pour l'établissement d'une seconde
si elle devenait nécessaire, ne pourront recevoir une autre destination.

La largeur de la voie entre les bords intérieurs des rails devra être de un mètre
e centimètres ($1^m,44$) à un mètre quarante-cinq centimètres ($1^m,45$).

s parties à deux voies, la largeur de l'entre-voie, mesurée entre les bords
des rails, sera de deux mètres ($2^m,00$).

eur des accotements, c'est-à-dire des parties comprises de chaque côté entre
xtérieure du rail et l'arête supérieure du ballast, sera de soixante-quinze
($0^m,75$) au moins.

gera au pied de chaque talus du ballast, lorsque le chemin sera en rem-
anquette de cinquante centimètres ($0^m,50$) de largeur.

agnie établira le long du chemin de fer les fossés ou rigoles qui seront
pour l'assèchement de la voie et l'écoulement des eaux.

s alignements seront raccordés entre eux par des courbes dont le rayon ne
tre inférieur à trois cents mètres ($300^m,00$). (Voir la délibération du conseil
) Une partie droite de quarante mètres ($40^m,00$) au moins de longueur devra
nagée entre deux courbes consécutives, lorsqu'elles sont dirigées en sens
Le maximum de l'inclinaison des pentes et rampes est fixé à vingt mil-
($0^m,020$) par mètre. Une partie horizontale de cent mètres ($100^m,00$) au
rra être ménagée entre deux fortes déclivités consécutives, lorsque ces
se succéderont en sens contraire, et de manière à verser leurs eaux au
t.

éclivités correspondant aux courbes de faible rayon devront être réduites au
faire se pourra.

mpagnie aura la faculté de proposer aux dispositions de cet article et à celles
icle précédent les modifications qui lui paraîtront utiles; mais ces modifica-
pourront être exécutées que moyennant l'approbation préalable de l'admi-
et de la commission départementale.

nombre, l'étendue et l'emplacement des gares d'évitement seront détermi-
l'administration, la compagnie entendue.

nombre des voies sera augmenté, s'il y a lieu, dans les gares et aux abords de
res, conformément aux décisions qui seront prises par l'administration, la
guie entendue.

nombre et l'emplacement des stations de voyageurs et des gares de marchan-
seront également déterminés par l'administration, sur les propositions de la
ie, après une enquête spéciale.

la compagnie sera tenue, préalablement à tout commencement d'exécution, de
mettre à l'administration et à la commission départementale le projet desdites
ces, lequel se composera :

1° D'un plan à l'échelle de un cinq-centième (1/500), indiquant les dispositions
principales;

2° D'un mémoire descriptif et justificatif.

10. La compagnie sera tenue de rétablir les communications interrompues
chemin de fer, suivant les dispositions qui seront approuvées par l'administrat

11. Lorsque le chemin de fer devra passer au-dessus d'une route nation
départementale, ou d'un chemin vicinal, l'ouverture du viaduc sera fixée par l
nistration, en tenant compte des circonstances locales; mais cette ouvertu
pourra, dans aucun cas, être inférieure à huit mètres (8",00) pour la route
nale, à sept mètres (7",00) pour la route départementale, à cinq mètres (
pour un chemin vicinal de grande communication, et à quatre mètres (4",00) pe
simple chemin vicinal.

Pour les viaducs de forme cintrée, la hauteur sous clef, à partir du sol
route, sera de cinq mètres (5",00) au moins. Pour ceux qui seront formés de p
horizontales en bois ou en fer, la hauteur sous poutre sera de quatre mètres
centimètres (4",3o) au moins.

La largeur entre les parapets sera au moins de quatre mètres cinquante
mètres (4",5o). La hauteur de ces parapets sera fixée par l'administration et ne p
dans aucun cas, être inférieure à quatre-vingts centimètres (o",8o).

12. Lorsque le chemin de fer devra passer au-dessous d'une route nationale
partementale, ou d'un chemin vicinal, la largeur entre les parapets du pont
portera la route ou le chemin sera fixée par l'administration, en tenant
des circonstances locales; mais cette largeur ne pourra, dans aucun cas,
rieure à huit mètres (8",00) pour la route nationale, à sept mètres (7",oo)
route départementale, à cinq mètres (5",00) pour un chemin vicinal de gra
munication, et à quatre mètres (4",oo) pour un simple chemin vicinal.

L'ouverture du pont entre les culées sera au moins de quatre mètres cin
centimètres (4",5o), et la distance verticale ménagée au-dessus des rails extéri
chaque voie pour le passage des trains ne sera pas inférieure à quatre mètres
vingts centimètres (4",8o).

13. Dans le cas où des routes nationales ou départementales, ou des chemin
naux, ruraux ou particuliers, seraient traversés à leur niveau par le chemin
les rails devront être posés sans aucune saillie ni dépression sur la surface
routes, et de telle sorte qu'il n'en résulte aucune gêne pour la circulation d
tures.

Le croisement à niveau du chemin de fer et des routes ne pourra s'effectue
un angle de moins de quarante-cinq degrés (45°). Chaque passage à niveau
sur une route ou sur un chemin public sera muni de barrières lisses à bas
chaîne; il y sera, en outre, établi une maison de garde toutes les fois que l
en sera reconnue par l'administration.

La longueur des passages à niveau, c'est-à-dire l'ouverture des barrières,
comme l'ouverture correspondante des passages inférieurs, à savoir : pour les
nationales, huit mètres (8",00); pour les routes départementales, sept mètres (7
pour les chemins vicinaux de grande communication, cinq mètres (5",00), et
pour les simples chemins vicinaux ou d'intérêt commun, quatre mètres (4",oo

Les routes et chemins croisant la voie ferrée devront, à droite et à gauche
ligne, offrir une partie droite de niveau ou palier de dix mètres (10",00) au
de longueur, à moins que le concessionnaire n'en soit dispensé par l'administ
(Voir la délibération du conseil général.)

14. Lorsqu'il y aura lieu de modifier l'emplacement ou le profil des routes
tantes, l'inclinaison des pentes et rampes modifiées ne pourra
der trois centimètres (o",o3) par mètre pour les routes nationales et département
et cinq centimètres (o",o5) pour les chemins vicinaux. L'administration
libre, toutefois, d'apprécier les circonstances qui pourraient motiver une dé
tion à cette clause, comme à celle qui est relative à l'angle de croisement de
sages à niveau.

15. La compagnie sera tenue de rétablir et d'assurer à ses frais l'écouleme
toutes les eaux dont le cours serait arrêté, suspendu ou modifié par ses travau
de prendre les mesures nécessaires pour prévenir l'insalubrité pouvant résulte
chambres d'emprunt.

Les viaducs à construire à la rencontre des rivières, des canaux et des cours
quelconques auront au moins quatre mètres cinquante centimètres (4",5o) de la
entre les parapets.

La hauteur de ces parapets sera fixée par l'administration et ne pourra être
rieure à quatre-vingts centimètres (o",8o).

hauteur et le débouché du viaduc seront déterminés, dans chaque cas parti-
, par l'administration, suivant les circonstances locales.

Les souterrains à établir pour le passage du chemin de fer auront au moins
mètres cinquante centimètres (4^m,5o) de largeur entre les pieds-droits au nies rails; ils auront cinq mètres cinquante centimètres (5^m,5o) de hauteur sous
dessus de la surface des rails. La distance verticale entre l'intrados et le dessus
b extérieurs de chaque voie ne sera pas inférieure à quatre mètres quatre-
antimètres (4^m,8o).

ure des puits d'aérage et de construction des souterrains sera entourée d'une
en maçonnerie de deux mètres (2^m,oo) de hauteur. Cette ouverture ne
être établie sur aucune voie publique.

à la rencontre des routes nationales ou départementales et des autres che-
ublics, il sera construit des chemins et ponts provisoires, par les soins et aux
la compagnie, partout où cela sera jugé nécessaire pour que la circulation
ve ni interruption ni gêne.

Sai sera fixé par l'administration pour l'exécution des travaux définitifs desti-
ablir les communications interceptées.

a compagnie n'emploiera, dans l'exécution des ouvrages, que des matériaux
qualité; elle sera tenue de se conformer à toutes les règles de l'art, de
à obtenir une construction parfaitement solide.

les aqueducs, ponceaux, ponts et viaducs à construire à la rencontre des
urs d'eau et des chemins publics ou particuliers seront en maçonnerie ou en
les cas d'exception qui pourraient être admis par l'administration.

Les voies seront établies d'une manière solide et avec des matériaux de bonne
.

oids des rails sera de trente-cinq kilogrammes (35^k), sauf les réductions qui
ient être autorisées par l'administration.

Le préfet pourra dispenser les concessionnaires, sur leurs propositions, de
clôtures sur tout ou partie du chemin.

tures seront exigées sur tout le parcours de la voie, sauf dans les cas où la
n départementale autoriserait une dérogation formelle à cette clause. (Voir
tion du conseil général.)

» les terrains nécessaires à l'établissement du chemin de fer et de ses dépen-
ur la déviation des voies de communication et des cours d'eau déplacés,
éral, pour l'exécution des travaux, quels qu'ils soient, auxquels cet éta-
pourra donner lieu, seront achetés et payés par la compagnie conces-

mnités pour occupation temporaire ou pour détérioration des terrains,
age et pour tous dommages quelconques résultant des travaux, seront
et payées par la compagnie concessionnaire.

treprise étant d'utilité publique, la compagnie est investie, pour l'exécution
x dépendant de sa concession, de tous les droits que les lois et règlements
à l'administration en matière de travaux publics, soit pour l'acquisition des
par voie d'expropriation, soit pour l'extraction, le transport et le dépôt des
matériaux, etc., et elle demeure en même temps soumise à toutes les obliga-
à dérivent, pour l'administration, de ces lois et règlements.

la ligne traverse un sol déjà concédé pour l'exploitation d'une mine, l'admi-
n déterminera les mesures à prendre pour que l'établissement du chemin
e nuise pas à l'exploitation de la mine, et réciproquement pour que, le cas
, l'exploitation de la mine ne compromette pas l'existence du chemin de fer.

le chemin de fer doit s'étendre sur des terrains renfermant des carrières ou
erser souterrainement, il ne pourra être livré à la circulation avant que les
ns qui pourraient en compromettre la solidité aient été remblayées ou con-

L'administration déterminera la nature et l'étendue des travaux qu'il
dra d'entreprendre à cet effet, et qui seront d'ailleurs exécutés par les soins et
rais de la compagnie.

Pour l'exécution des travaux, la compagnie se soumettra aux décisions minis-
les concernant l'interdiction du travail les dimanches et jours fériés.

26. Les travaux seront exécutés sous le contrôle et la surveillance du préfet.
Ce contrôle et cette surveillance auront pour objet d'empêcher la compagnie de
s'écarter des dispositions prescrites par le présent cahier des charges, et de celles qui
résulteront des projets approuvés.

27. A mesure que les travaux seront terminés sur des parties de chemin de f susceptibles d'être livrées utilement à la circulation, il sera procédé, sur la dem de la compagnie, à la reconnaissance et, s'il y a lieu, à la réception provisoire ces travaux par un ou plusieurs commissaires que l'administration désignera.

Sur le vu du procès-verbal de cette reconnaissance, l'administration autorise s'il y a lieu, la mise en exploitation des parties dont il s'agit; après cette aut sation, la compagnie pourra mettre lesdites parties en service et y percevoir taxes ci-après déterminées. Toutefois, ces réceptions partielles ne deviendront dé tives que par la réception générale et définitive du chemin de fer.

28. Après l'achèvement total des travaux, et dans le délai qui sera fixé par l'a nistration, la compagnie fera faire à ses frais un bornage contradictoire et un p général du chemin de fer et de ses dépendances.

Une expédition dûment certifiée des procès-verbaux de bornage et du plan gé sera dressée aux frais de la compagnie et déposée dans les archives de la préfec

Les terrains acquis par la compagnie postérieurement au bornage général, en de satisfaire aux besoins de l'exploitation, et qui par cela même deviendront pa intégrante du chemin de fer, donneront lieu, au fur et à mesure de leur ac tion, à des bornages supplémentaires, et seront ajoutés sur le plan géném

TITRE II.

ENTRETIEN ET EXPLOITATION.

29. Le chemin de fer et toutes ses dépendances seront constamment entre en bon état, de manière que la circulation y soit toujours facile et sûre.

Les frais d'entretien et ceux auxquels donneront lieu les réparations ordinaires extraordinaires seront entièrement à la charge de la compagnie.

Si le chemin de fer, une fois achevé, n'est pas constamment entretenu en état, il y sera pourvu d'office à la diligence de l'administration et aux frais de compagnie, sans préjudice, s'il y a lieu, de l'application des dispositions i quées ci-après dans l'article 39.

Le montant des avances faites sera recouvré au moyen des rôles que le p rendra exécutoires.

30. La compagnie sera tenue d'établir à ses frais, partout où besoin sera, des duens en nombre suffisant pour assurer la sûreté du passage des trains sur la v celle de la circulation ordinaire sur les points où le chemin de fer sera traversé vaau par des routes ou chemins publics.

31. Les machines locomotives seront construites sur les meilleurs modèles; devront satisfaire d'ailleurs à toutes les conditions prescrites ou à prescrire l'administration pour la mise en service de ce genre de machines.

Les voitures de voyageurs devront également être faites d'après les meilleurs dèles et satisfaire à toutes les conditions prescrites ou à prescrire pour les voit servant au transport des voyageurs sur les chemins de fer. Elles seront suspen sur ressorts, garnies de banquettes et munies de rideaux.

Il y aura trois classes au moins :

1° Les voitures de première classe seront couvertes, garnies et fermées à glaces

2° Celles de deuxième classe seront couvertes, fermées à glaces et auront des b quettes rembourrées;

3° Celles de troisième classe seront couvertes, fermées à vitres et auront des b quettes à dossiers. Les banquettes et dossiers devront être inclinés, et les do seront élevés à la hauteur de la tête des voyageurs.

L'intérieur de chacun des compartiments de toute classe contiendra l'indication nombre de places de ce compartiment.

Le préfet pourra exiger qu'un compartiment de chaque classe soit réservé, d les trains de voyageurs, aux femmes voyageant seules.

Les voitures de voyageurs, les wagons destinés au transport des marchandises, chaises de poste, des chevaux ou des bestiaux, les plates-formes, et, en génér toutes les parties du matériel roulant seront de bonne et solide construction, et d dimensions telles qu'ils puissent circuler sur les diverses lignes des compagnies d chemins de fer.

La compagnie sera tenue, pour la mise en service de ce matériel, de se soume à tous les règlements sur la matière.

es machines locomotives, wagons de toutes espèces, tenders, voitures, plates-
es composent le matériel roulant, seront constamment entretenus en bon état.
2. Des règlements arrêtés par le préfet, après que la compagnie aura été en-
ue, détermineront les mesures et dispositions nécessaires pour assurer la po-
et l'exploitation du chemin de fer, ainsi que la conservation des ouvrages qui
dépendent.
utes les dépenses qu'entraînera l'exécution des mesures prescrites en vertu de
règlements seront à la charge de la compagnie.
compagnie sera tenue de soumettre à l'approbation du préfet les règlements gé-
relatifs au service et à l'exploitation du chemin de fer.
règlements dont il s'agit dans les deux paragraphes précédents seront obliga-
on-seulement pour la compagnie concessionnaire, mais encore pour toutes
qui obtiendraient ultérieurement l'autorisation d'établir des lignes de chemins
d'embranchement ou de prolongement, et, en général, pour toutes les per-
qui emprunteraient l'usage du chemin de fer.
préfet déterminera, sur la proposition de la compagnie, le minimum et le
um de vitesse des convois de voyageurs et de marchandises, ainsi que la durée
njet.
. Pour tout ce qui concerne l'entretien et les réparations du chemin de fer et
es dépendances, l'entretien du matériel et le service de l'exploitation, la com-
ie est soumise au contrôle et à la surveillance de l'administration.
tre la surveillance ordinaire, l'administration déléguera, aussi souvent qu'elle
gera utile, un ou plusieurs commissaires pour reconnaître et constater l'état du
min de fer, de ses dépendances et du matériel.

TITRE III.

DURÉE, RACHAT ET DÉCHÉANCE DE LA CONCESSION.

. La durée de la concession pour la ligne mentionnée à l'article 1ᵉʳ du présent
r des charges sera de quatre-vingt-dix-neuf ans. Elle commencera à courir du
de la mise en exploitation de la ligne entière, et au plus tard à l'expiration du
é fixé pour l'achèvement des travaux par l'article 2 dudit cahier des charges.
. À l'époque fixée pour l'expiration de la concession, et par le seul fait de
expiration, le département sera subrogé à tous les droits de la compagnie
le chemin de fer et ses dépendances, et il entrera immédiatement en jouissance
dans ses produits.
a compagnie sera tenue de lui remettre en bon état d'entretien le chemin de
et tous les immeubles qui en dépendent, quelle qu'en soit l'origine, tels que
timents des gares et stations, les remises, ateliers et dépôts, les maisons de
, etc. Il en sera de même de tous les objets immobiliers dépendant également
chemin, tels que les barrières et clôtures, les voies, changements de voies,
ques tournantes, réservoirs d'eau, grues hydrauliques, machines fixes, etc.
ans les cinq dernières années qui précéderont le terme de la concession, le
rtement aura le droit de saisir les revenus du chemin de fer et de les employer
établir en bon état le chemin de fer et ses dépendances, si la compagnie ne se
ait pas en mesure de satisfaire pleinement et entièrement à cette obligation.
n ce qui concerne les objets mobiliers, tels que le matériel roulant, les maté-
x, combustibles et approvisionnements de tout genre, le mobilier des stations,
tillage des ateliers et des gares, le département sera tenu, si la compagnie le
uiert, de reprendre tous ces objets sur l'estimation qui en sera faite à dire d'ex-
rts, et réciproquement, si le département le requiert, la compagnie sera tenue
les céder de la même manière.
Toutefois, le département ne pourra être tenu de reprendre que les approvision-
ments nécessaires à l'exploitation du chemin pendant six mois.
36. À toute époque après l'expiration des quinze premières années de la concession,
département aura la faculté de racheter la concession entière du chemin de fer.
Pour régler le prix du rachat, on relèvera les produits nets annuels obtenus par la
mpagnie pendant les sept années qui auront précédé celle où le rachat sera effec-
é; on en déduira les produits nets des deux plus faibles années, et l'on établira le
roduit moyen des cinq autres années.

Ce produit net moyen formera le montant d'une annuité qui sera due et payée à
compagnie pendant chacune des années restant à courir sur la durée de la conce

La compagnie recevra en outre, dans les trois mois qui suivront le rachat,
remboursements auxquels elle aurait droit à l'expiration de la concession, sui
l'article 35 ci-dessus.

37. Si la compagnie n'a pas commencé les travaux ou présenté les projets dan
délais fixés par les articles 2 et 3, elle encourra la déchéance, sans qu'il y ait
aucune notification ou mise en demeure préalable.

Dans ce cas, la somme de cent mille francs (100,000^f) qui aura été d
ainsi qu'il sera dit à l'article 64, à titre de cautionnement, deviendra la p
du département et lui restera acquise.

38. Faute par la compagnie d'avoir commencé ou terminé les travaux
délai fixé par l'article 2, faute aussi par elle d'avoir rempli les diverses ob
qui lui sont imposées par le présent cahier des charges, elle encourra la déc
et il sera pourvu tant à la continuation et à l'achèvement des travaux qu
cution des autres engagements contractés par la compagnie, au moyen d'u
dication que l'on ouvrira sur une mise à prix des ouvrages exécutés, des
approvisionnés et des parties du chemin de fer déjà livrées à l'exploitation.

Les soumissions pourront être inférieures à la mise à prix.

La nouvelle compagnie sera soumise aux clauses et conditions du présen
des charges, et la compagnie évincée recevra d'elle le prix que la nouvelle s
tion aura fixé.

La partie du cautionnement qui n'aura pas encore été restituée deviendra la
priété du département.

Si l'adjudication ouverte n'amène aucun résultat, une seconde adjudication
tentée sur les mêmes bases, après un délai de trois mois; si cette seconde
reste également sans résultat, la compagnie sera définitivement déchue de
droits, et alors les ouvrages exécutés, les matériaux approvisionnés et les parti
chemin de fer déjà livrées à l'exploitation appartiendront au département.

39. Si l'exploitation du chemin de fer vient à être interrompue en totalité
partie, l'administration prendra immédiatement, aux frais de la compagnie, le
sures nécessaires pour assurer provisoirement le service.

Si, dans les trois mois de l'organisation du service provisoire, la compagn
pas valablement justifié qu'elle est en état de reprendre et de continuer l'ex
tion, et si elle ne l'a pas effectivement reprise, la déchéance pourra être pro
par le préfet. Cette déchéance prononcée, le chemin de fer et toutes ses
dances seront mis en adjudication, et il sera procédé ainsi qu'il en est dit à l
précédent.

40. Les dispositions des trois articles qui précèdent cesseraient d'être appli
et la déchéance ne serait pas encourue, dans le cas où le concessionnaire n'aura
rempli ses obligations par suite de circonstances de force majeure dûment
tatées.

TITRE IV.

TAXES ET CONDITIONS RELATIVES AU TRANSPORT DES VOYAGEURS ET DES MARCHANDISES.

41. Pour indemniser la compagnie des travaux et dépenses qu'elle s'engage
faire par le présent cahier des charges, et sous la condition expresse qu'elle
remplira exactement toutes les obligations, le département lui accorde l'a
sation de percevoir, pendant toute la durée de la concession, les droits de p
et les prix de transport ci-après déterminés :

TARIF.

1° PAR TÊTE ET PAR KILOMÈTRE.

	PRIX		
	de péage.	de trans- port.	TOTAUX.
	fr. c.	fr. c.	fr. c.

Grande vitesse.

Voitures couvertes, garnies et fermées à glaces (1re classe)......	0 067	0 033	0 10
Voitures couvertes, fermées à glaces, et à banquettes rembourrées (2° classe)......................	0 050	0 025	0 075
Voitures couvertes et fermées à vitres (3° classe)...	0 037	0 018	0 055

Au-dessous de trois ans, les enfants ne payent rien, à la condition d'être portés sur les genoux des personnes qui les accompagnent.

De trois à sept ans, ils payent demi-place et ont droit à une place distincte; toutefois, dans un même compartiment, deux enfants ne pourront occuper que la place d'un voyageur.

Au-dessus de sept ans, ils payent place entière.

transportés dans les trains de voyageurs................	0 010	0 005	0 015

(Sans que la perception puisse être inférieure à 0^f 30^c.)

Petite vitesse.

, vaches, taureaux, chevaux, mulets, bêtes de trait........	0 07	0 03	0 10
, porcs...	0 025	0 015	0 04
, brebis, agneaux, chèvres...............	0 01	0 01	0 02

que les animaux ci-dessus dénommés seront, sur la de-
des expéditeurs, transportés à la vitesse des trains de voya-
, les prix seront doublés.

2° PAR TONNE ET PAR KILOMÈTRE.

Marchandises transportées à grande vitesse.

, poissons frais, denrées, excédants de bagages et marchande toutes classes transportées à la vitesse des trains de voya-

....	0 30	0 20	0 50

Marchandises transportées à petite vitesse.

— Spiritueux. — Huiles. — Bois de menuiserie, de tein- autres bois exotiques. — Produits chimiques non dénom- œufs. — Viande fraiche. — Gibier. — Sucre. — Café. — Épiceries. — Tissus. — Denrées coloniales. — Objets . — Armes............	0 09	0 07	0 16
lés. — Grains. — Farines. — Légumes farineux. — s. — Châtaignes et autres denrées alimentaires non Chaux. — Plâtre. — Charbon de bois. — Bois à — Bois de charpente. — Marbre en bloc. — Albâtre. — — Cotons. — Laines. — Vins. — Vinaigres. — Fers. — Plomb et autres métaux ouvrés ou non. — Fontes moulées. — Boissons. — Bières. — Levûre sèche. — Coke......	0 08	0 06	0 14
classe. — Pierres de taille et produits de carrière. — Minerais autre que les minerais de fer. — Fonte brute. — Sel. — Moel- lons. — Meulières. — Argiles. — Briques. — Ardoises............	0 06	0 04	0 10
classe. — Houille. — Marnes. — Cendres. — Fumiers et engrais. — Pierres à chaux et à plâtre. — Pavés et matériaux pour la cons- truction et la réparation des routes. — Minerais de fer. — Cail- loux et sables.............................	0 045	0 035	0 08

3° PAR PIÈCE ET PAR KILOMÈTRE.

Voitures et matériel roulant transportés à petite vitesse.

Wagon ou chariot pouvant porter de trois à six tonnes..............	0 15	0 10	0 25
Wagon ou chariot pouvant porter plus de six tonnes............	0 20	0 10	0 30
Locomotive pesant de douze à dix-huit tonnes (ne trainant pas de convoi)...	2 25	1 50	3 75
Locomotive pesant plus de dix-huit tonnes (ne trainant pas de convoi)...	3 00	1 50	4 50

	de péage.	de transport.	fr.
	fr. c.	fr. c.	fr.

Tender de sept à dix tonnes.................................. | 1 35 | 0 90 | 2

Tender de plus de dix tonnes............................... | 2 00 | 1 00 | 3

Les machines locomotives seront considérées comme ne traînant pas de convoi, lorsque le convoi remorqué, soit de voyageurs, soit de marchandises, ne comportera pas un péage au moins égal à celui qui serait perçu sur la locomotive avec son tender marchant sans rien traîner.

Le prix à payer pour un wagon chargé ne pourra jamais être inférieur à celui qui serait dû pour un wagon marchant à vide.

Voitures à deux ou quatre roues, à un fond et à une seule banquette dans l'intérieur.. | 0 18 | 0 14 | 0

Voitures à quatre roues, à deux fonds et à deux banquettes dans l'intérieur, omnibus, diligences, etc............................ | 0 25 | 0 15 | 0

Lorsque, sur la demande des expéditeurs, les transports auront lieu à la vitesse des trains de voyageurs, les prix ci-dessus seront doublés.

Dans ce cas, deux personnes pourront, sans supplément de prix, voyager dans les voitures à une banquette et trois dans les voitures à deux banquettes, omnibus, diligences, etc. Les voyageurs excédant ce nombre payeront le prix des places de deuxième classe.

Voitures de déménagement à deux ou à quatre roues, à vide...... | 0 10 | 0 08 | 0

4° SERVICE DES POMPES FUNÈBRES ET TRANSPORT DES CERCUEILS.

Grande vitesse.

Une voiture des pompes funèbres renfermant un ou plusieurs cercueils sera transportée aux mêmes prix et conditions qu'une voiture à quatre roues, à deux fonds et à deux banquettes.

Chaque cercueil confié à l'administration du chemin de fer sera transporté, dans un compartiment isolé, au prix de............ | 0 18 | 0 12 | 0

Les prix déterminés ci-dessus pour les transports à grande vitesse ne co pas l'impôt dû à l'État.

Il est expressément entendu que les prix de transport ne seront dus à la co qu'autant qu'elle effectuerait elle-même ces transports à ses frais et par ses moyens; dans le cas contraire, elle n'aurait droit qu'aux prix fixés pour le p

La perception aura lieu d'après le nombre de kilomètres parcourus.

Tout kilomètre entamé sera payé comme s'il avait été parcouru en entier.

Si la distance parcourue est inférieure à six kilomètres, elle sera comptée six kilomètres.

Le poids de la tonne est de mille kilogrammes.

Les fractions de poids ne seront comptées, tant pour la grande que pour la vitesse, que par centième de tonne ou par dix kilogrammes.

Ainsi, tout le poids compris entre zéro et dix kilogrammes payera comme dix grammes; entre dix et vingt, comme vingt kilogrammes.

Toutefois, pour les excédants de bagages et marchandises à grande vitesse, coupures seront établies : 1° de zéro à cinq kilogrammes; 2° au-dessus de cinq qu'à dix kilogrammes; 3° au-dessus de dix kilogrammes, par fraction indivisible dix kilogrammes.

Quelle que soit la distance parcourue, le prix d'une expédition quelconque, en grande, soit en petite vitesse, ne pourra être moindre de quarante cen (0f 40c)..

42. A moins d'une autorisation spéciale et révocable de l'administration, train régulier de voyageurs devra contenir des voitures de toute classe en suffisant pour toutes les personnes qui se présenteraient dans les bureaux du min de fer.

chaque train de voyageurs, la compagnie aura la faculté de placer des voitures
artiments spéciaux pour lesquels il sera établi des prix particuliers que l'admi-
fixera, sur la proposition de la compagnie; mais le nombre des places à
dans ces compartiments ne pourra dépasser le cinquième du nombre total des
du train.

'out voyageur dont le bagage ne pèsera pas plus de trente kilogrammes
à payer, pour le port de ce bagage, aucun supplément du prix de sa place.

franchise ne s'appliquera pas aux enfants transportés gratuitement, et elle
à vingt kilogrammes pour les enfants transportés à moitié prix.

animaux, denrées, marchandises, effets ou autres objets non désignés
if seront rangés, pour les droits à percevoir, dans les classes avec les-
uront le plus d'analogie, sans que jamais, sauf les exceptions formulées
45 et 46 ci-après, aucune marchandise non dénommée puisse être soume taxe supérieure à celle de la première classe du tarif ci-dessus.

similations de classes pourront être provisoirement réglées par la compa-
us elles seront soumises immédiatement à l'administration, qui prononcera
ement.

es droits de péage et les prix de transport déterminés au tarif ne sont point
les à toute masse indivisible pesant plus de trois mille kilogrammes (3,000^k).

, la compagnie ne pourra se refuser à transporter les masses indivi-
pesant de trois à cinq mille kilogrammes; mais les droits de péage et les prix
msport seront augmentés de moitié.

compagnie ne pourra être contrainte à transporter les masses pesant plus de
mille kilogrammes (5,000^k).

nonobstant la disposition qui précède, la compagnie transporte des masses in-
pesant plus de cinq mille kilogrammes, elle devra, pendant trois mois au
accorder les mêmes facultés à tous ceux qui en feraient la demande.

ce cas, les prix de transport seront fixés par l'administration, sur la proposi-
la compagnie.

Les prix de transport déterminés au tarif ne sont point applicables :

ux denrées et objets qui ne sont pas nommément énoncés dans le tarif et qui
t pas deux cents kilogrammes sous le volume d'un mètre cube;

Aux matières inflammables ou explosibles, aux animaux et objets dangereux,
lesquels des règlements de police prescriraient des précautions spéciales;

Aux animaux dont la valeur déclarée excéderait cinq mille francs;

A l'or, à l'argent, soit en lingots, soit monnayés ou travaillés, au plaqué d'or
d'argent, au mercure et au platine, ainsi qu'aux bijoux, dentelles, pierres pré-
, objets d'art et autres valeurs;

, en général, à tous paquets, colis ou excédants de bagages pesant isolément
kilogrammes et au-dessous.

efois, les prix de transport déterminés au tarif sont applicables à tout paquet
, quoique emballé à part, s'il fait partie d'envois pesant ensemble plus de
te kilogrammes d'objets envoyés par une même personne. Il en sera de même
s excédants de bagages qui pèseraient ensemble ou isolément plus de quarante
mes.

néfices de la disposition énoncée dans le paragraphe précédent, en ce qui
les paquets et colis, ne peut être invoqué par les entrepreneurs de messa-
et de roulage et autres intermédiaires de transport, à moins que les articles
par eux envoyés ne soient réunis en un seul colis.

Dans les cinq cas ci-dessus spécifiés, les prix de transport seront arrêtés annuellement par l'administration, tant pour la grande que pour la petite vitesse, sur la proposition de la compagnie.

En ce qui concerne les paquets ou colis mentionnés au paragraphe 5° ci-dessus,
les prix de transport devront être calculés de telle manière qu'en aucun cas un de
ces paquets ou colis ne puisse payer un prix plus élevé qu'un article de même nature
pesant plus de quarante kilogrammes.

47. Dans le cas où la compagnie jugerait convenable, soit pour le parcours total,
soit pour le parcours partiel de la voie ferrée, d'abaisser, avec ou sans conditions,
au-dessous des limites déterminées par le tarif les taxes qu'elle est autorisée à percevoir, les taxes abaissées ne pourront être relevées qu'après un délai de trois mois
au moins pour les voyageurs et de six mois pour les marchandises.

Toute modification de tarif proposée par la compagnie sera annoncée un m
d'avance par des affiches.

La perception des tarifs modifiés ne pourra avoir lieu qu'avec l'homologation
préfet, conformément aux dispositions de la loi du 12 juillet 1865.

La perception des taxes devra se faire indistinctement et sans aucune faveur.

Tout traité particulier qui aurait pour objet d'accorder à un ou plusieurs expédi
une réduction sur les tarifs approuvés demeure formellement interdit.

Toutefois, cette disposition n'est pas applicable aux traités qui pourraient in
venir entre le Gouvernement et la compagnie dans l'intérêt des services public
aux réductions ou remises qui seraient accordées par la compagnie aux indigen

En cas d'abaissement des tarifs, la réduction portera proportionnellement s
péage et sur le transport.

48. La compagnie sera tenue d'effectuer constamment avec soin, exactitud
célérité, et sans tour de faveur, le transport des voyageurs, denrées, marchand
et objets quelconques qui lui seront confiés.

Les colis, bestiaux et objets quelconques seront inscrits, à la gare d'où ils pa
et à la gare où ils arrivent, sur des registres spéciaux, au fur et à mesure de l
réception; mention sera faite, sur les registres de la gare de départ, du prix tot
pour leur transport.

Pour les marchandises ayant une même destination, les expéditions auront
suivant l'ordre de leur inscription à la gare de départ.

Toute expédition de marchandises sera constatée, si l'expéditeur le demande,
une lettre de voiture dont un exemplaire restera aux mains de la compagnie
l'autre aux mains de l'expéditeur. Dans le cas où l'expéditeur ne demanderait pas
lettre de voiture, la compagnie sera tenue de lui délivrer un récépissé qui énonc
la nature et le poids du colis, le prix total du transport et le délai dans lequel
transport sera effectué.

49. Les animaux, denrées, marchandises et objets quelconques seront expédi
livrés de gare en gare dans les délais résultant des conditions ci-après exprimées.

1° Les animaux, denrées, marchandises et objets quelconques seront expédié
le premier train de voyageurs comprenant des voitures de toute classe et cor
pondant avec leur destination, pourvu qu'ils aient été présentés à l'enregistre
trois heures avant le départ de ce train.

Ils seront mis à la disposition du destinataire, à la gare, dans le délai de
heures après l'arrivée du même train.

2° Les animaux, denrées, marchandises et objets quelconques à petite vit
seront expédiés dans le jour qui suivra la remise; toutefois, l'administration po
étendre ce délai de deux jours.

Le maximum de durée du trajet sera fixé par l'administration, sur la proposition
la compagnie, sans que ce maximum puisse excéder vingt-quatre heures par fra
indivisible de cent vingt-cinq kilomètres.

Les colis seront mis à la disposition des destinataires dans le jour qui suivra c
de leur arrivée effective en gare.

Le délai total résultant des trois paragraphes ci-dessus sera seul obligatoire po
compagnie.

Il pourra être établi un tarif réduit, approuvé par le préfet et la commission d
partementale, pour tous expéditeurs qui accepteront des délais plus longs que c
déterminés ci-dessus pour la petite vitesse.

Pour le transport des marchandises, il pourra être établi, sur la proposition de l
compagnie, un délai moyen entre ceux de la grande et de la petite vitesse.

L'administration déterminera, la compagnie entendue, par des règlements spé
ciaux, les heures d'ouverture et de fermeture des gares et stations, tant en hive
qu'en été. Le service de nuit n'est pas obligatoire pour la compagnie.

Lorsque la marchandise devra passer d'une ligne sur une autre sans solution d
continuité, les délais de livraison et d'expédition au point de jonction seront fix
par l'administration, sur la proposition de la compagnie.

Le délai total résultant des trois paragraphes ci-dessus sera seul obligatoire pou
la compagnie, à moins d'engagements spéciaux pris par la compagnie envers le
expéditeurs. (Voir la délibération du conseil général.)

50. Les frais accessoires non mentionnés dans les tarifs, tels que ceux d'enregistre
ment, de chargement, de déchargement et de magasinage dans les gares et maga

fais du chemin de fer, seront fixés annuellement par l'administration, sur la propo-
de la compagnie.

La compagnie sera tenue de faire, soit par elle-même, soit par un intermédiaire
elle répondra, le factage et le camionnage pour la remise au domicile des
de toutes les marchandises qui lui seront confiées.

age et le camionnage ne seront point obligatoires en dehors du rayon de l'oc-
plus que pour les gares qui desserviraient, soit une population agglomérée
de cinq mille habitants, soit un centre de population de cinq mille habi-
é à plus de cinq kilomètres de la gare du chemin de fer.

ifs à percevoir seront fixés par l'administration, sur la proposition de la
e; ils seront applicables à tout le monde sans distinction.

, les expéditeurs et destinataires resteront libres de faire eux-mêmes et
nais le factage et le camionnage de leurs marchandises.

moins d'une autorisation spéciale de l'administration, il est interdit à la
ie, conformément à l'article 14 de la loi du 15 juillet 1845, de faire directe-
indirectement avec des entreprises de transport de voyageurs ou de mar-
par terre ou par eau, sous quelque dénomination ou forme que ce puisse
arrangements qui ne seraient pas consentis en faveur de toutes les entre-
servant les mêmes voies de communication.

nistration, agissant en vertu de l'article 32 ci-dessus, prescrira les mesures
pour assurer la plus complète égalité entre les diverses entreprises de
dans leurs rapports avec le chemin de fer.

TITRE V.

STIPULATIONS RELATIVES À DIVERS SERVICES PUBLICS.

Les militaires ou marins voyageant en corps, aussi bien que les militaires ou
voyageant isolément pour cause de service, envoyés en congé limité ou en
on, ou rentrant dans leurs foyers après libération, ne seront assujettis, eux,
evaux et leurs bagages, qu'à la moitié de la taxe du tarif fixé par le présent
es charges.

Gouvernement avait besoin de diriger des troupes et un matériel militaire ou
ir l'un des points desservis par le chemin de fer, la compagnie serait tenue
immédiatement à sa disposition, pour la moitié de la taxe du présent tarif,
noyens de transport.

fonctionnaires ou agents chargés de l'inspection, du contrôle et de la sur-
du chemin de fer seront transportés gratuitement dans les voitures de la

ème faculté est accordée aux agents des contributions indirectes et des douanes
de la surveillance des chemins de fer dans l'intérêt de la perception de

e service des lettres et dépêches sera fait comme il suit :
chacun des trains de voyageurs et de marchandises circulant aux heures
de l'exploitation, la compagnie sera tenue de réserver gratuitement un
ent spécial d'une voiture de deuxième classe, ou un espace équivalent,
oir les lettres, les dépêches et les agents nécessaires au service des postes,
de la voiture restant à la disposition de la compagnie.

olume des dépêches ou la nature du service rend insuffisante la capacité du
t à deux banquettes, de sorte qu'il y ait lieu d'en occuper un deuxième, la
ie sera tenue de le livrer, et il sera payé à la compagnie, pour la location de
nième compartiment, vingt centimes par kilomètre parcouru.

que la compagnie voudra changer les heures de départ de ses convois ordi-
elle sera tenue d'en avertir l'administration des postes quinze jours à l'avance.

La compagnie sera tenue de transporter par tous les convois de voya-
tout agent des postes chargé d'une mission ou d'un service accidentel et
ir d'un ordre de service régulier délivré à Paris par le directeur général des
. Il sera accordé à l'agent des postes en mission une place de voiture de
classe, ou de première classe, si le convoi ne comporte pas de voitures de
deuxième classe.

4° L'administration se réserve le droit d'établir à ses frais, sans indemnité, mais
aussi sans responsabilité pour la compagnie, tous poteaux ou appareils nécessaires à

61. La compagnie sera tenue de s'entendre avec tout propriétaire de
ou d'usines qui, offrant de se soumettre aux conditions prescrites ci-après,
derait un nouvel embranchement; à défaut d'accord, le préfet statuera sur
mande, la compagnie entendue.

Les embranchements seront construits aux frais des propriétaires de
d'usines, de manière à ce qu'il ne résulte de leur établissement aucune
la circulation générale, aucune cause d'avarie pour le matériel, ni aucuns
ticuliers pour la compagnie.

Leur entretien devra être fait avec soin, aux frais de leurs propriétaires et
contrôle de l'administration.

La compagnie aura le droit de faire surveiller par ses agents cet entretien
que l'emploi de son matériel sur les embranchements.

L'administration pourra, à toutes époques, prescrire les modifications qui
jugées utiles dans la soudure, le tracé ou l'établissement desdits embran
les changements seront opérés aux frais des propriétaires.

L'administration pourra même, après avoir entendu les propriétaires,
l'enlèvement temporaire des aiguilles de soudure, dans le cas où les établi
embranchés viendraient à suspendre en tout ou en partie leurs transports.

La compagnie sera tenue d'envoyer ses wagons sur tous les embranch
risés destinés à faire communiquer les établissements de mines ou d'
ligne principale du chemin de fer.

La compagnie amènera ses wagons à l'entrée des embranchements.

Les expéditeurs ou destinataires feront conduire les wagons dans leurs
ments, pour les charger et les décharger, et les ramèneront au point de j
avec la ligne principale, le tout à leurs frais.

Les wagons ne pourront d'ailleurs être employés qu'au transport d'objets
chandises destinés à la ligne principale du chemin de fer.

Le temps pendant lequel les wagons séjourneront sur les embranchem
culiers ne pourra excéder six heures, lorsque l'embranchement n'aura
d'un kilomètre. Le temps sera augmenté d'une demi-heure par kilomètre e
premier, non compris les heures de la nuit, depuis le coucher jusqu'au l
soleil.

Dans le cas où les limites de temps seraient dépassées, nonobstant l'averti
spécial donné par la compagnie, elle pourra exiger une indemnité égale à l
du droit de loyer des wagons pour chaque période de retard après l'averti

Le traitement des gardiens d'aiguilles et des barrières des embranchemen
risés par l'administration sera à la charge des propriétaires des embranchemen

Ces gardiens seront nommés et payés par la compagnie, et les frais qui e
teront lui seront remboursés par lesdits propriétaires.

En cas de difficulté, il sera statué par l'administration, la compagnie ente

Les propriétaires d'embranchements seront responsables des avaries que l
riel pourrait éprouver pendant son parcours ou son séjour sur les lignes.

Dans le cas d'inexécution d'une ou de plusieurs des conditions énoncées c
le préfet pourra, sur la plainte de la compagnie et après avoir entendu le
taire de l'embranchement, ordonner par un arrêté la suspension du service
supprimer la soudure, sauf recours à l'administration supérieure et sans pré
de tous dommages-intérêts que la compagnie serait en droit de répéter pour l
exécution de ces conditions.

Pour indemniser la compagnie de la fourniture et de l'envoi de son matéri
les embranchements, elle est autorisée à percevoir un prix fixe de douze cen
(0' 12°) par tonne pour le premier kilomètre, et, en outre, quatre centimes (
par tonne et par kilomètre en sus du premier, lorsque la longueur de l'embr
ment dépassera un kilomètre.

Tout kilomètre entamé sera payé comme s'il avait été parcouru en son en

Le chargement et le déchargement sur les embranchements s'opéreront au
des expéditeurs ou destinataires, soit qu'ils les fassent eux-mêmes, soit que l
pagnie du chemin de fer consente à les opérer.

Dans ce dernier cas, ces frais seront l'objet d'un règlement arrêté par l'admi
tion supérieure, sur les propositions de la compagnie.

Tout wagon envoyé par la compagnie sur un embranchement devra être
comme wagon complet, lors même qu'il ne serait pas complétement chargé.

La surcharge, s'il y en a, sera payée au prix du tarif légal et au prorata du

t compagnie sera en droit de refuser les chargements qui dépasseraient le
um de trois mille cinq cents kilogrammes, déterminé en raison des dimen-
tuelles des wagons.

aximum sera revisé par l'administration de manière à être toujours en rapport
espacité des wagons. Les wagons seront pesés à la station d'arrivée par les
aux frais de la compagnie.

a contribution foncière sera établie en raison de la surface des terrains oc-
ur le chemin de fer et ses dépendances; la-cote en sera calculée, comme
i canaux, conformément à la loi du 25 avril 1803.

timents et magasins dépendant de l'exploitation du chemin de fer seront
b aux propriétés bâties de la localité. Toutes les contributions auxquelles
lces pourront être soumis seront, aussi bien que la contribution foncière,
rge de la compagnie.

es agents et gardes que la compagnie établira, soit pour la perception des
soit pour la surveillance et la police du chemin de fer et de ses dépen-
pourront être assermentés et seront, dans ce cas, assimilés aux gardes
tres.

emin de fer restera toujours placé sous la surveillance de l'autorité préfecto-
s frais de contrôle, de surveillance et de réception de travaux, et les frais de
e de l'exploitation, seront supportés par la compagnie.

de pourvoir à ces frais, la compagnie sera tenue de verser chaque année,
se du trésorier payeur général du département, une somme de cinquante
par chaque kilomètre concédé.

compagnie ne verse pas cette somme aux époques qui auront été fixées, le
rendra un rôle exécutoire, et le montant en sera recouvré comme en ma-
: contributions publiques.

Dans les dix jours qui suivront la sortie du décret déclaratif d'utilité publique,
pagnie déposera dans une caisse publique désignée par le préfet une somme
l mille francs en numéraire ou en rentes sur l'État, ou en bons du trésor ou
effets publics, ou valeurs acceptées par le préfet, avec transfert, au profit du
ment, de celles de ces valeurs qui seraient nominatives ou à ordre.

e somme, qui formera le cautionnement de l'entreprise, peut être remplacée
ne inscription hypothécaire, au choix de la compagnie.

cautionnement sera restitué à la compagnie au fur et à mesure de l'exécution
vaux, sous la condition de justifier, en acquisitions de terrains, travaux et
ments de la voie, d'une dépense double de la somme réclamée.

. La compagnie devra faire élection de domicile à Mâcon.

le cas où elle ne l'aurait pas fait, toute notification ou signification à elle
lui sera valable lorsqu'elle sera faite au secrétariat général de la préfecture.

Les contestations qui s'élèveraient entre la compagnie et l'administration au
l'exécution et de l'interprétation des clauses du présent cahier des charges
jugées administrativement par le conseil de préfecture du département de
et-Loire, sauf recours au Conseil d'État.

Les frais d'enregistrement sont à la charge des concessionnaires.

PARAGRAPHES ADDITIONNELS.

s concessionnaires seront tenus d'ouvrir et de disposer à la fois pour la télégra-
privée les gares établies sur ledit chemin, sans autre rétribution que celle auto-
et appliquée par l'administration des lignes télégraphiques.

e tarifs pour le transport des voyageurs et des marchandises seront les mêmes
ceux insérés dans le cahier des charges imposé à M. *Mangini* et aux compagnies
chemins de fer.

s concessionnaires seront tenus de chauffer les wagons de toutes les classes, san
ption, pendant l'hiver.

rêté à Mâcon, le 30 Août 1872.

Pour le Préfet de Saône-et-Loire :

Le *Secrétaire général*,

Signé P. DE CHAMBERET.

Approuvé l'écriture ci-dessus :

Signé RICHE frères.

Certifié conforme au cahier des charges annexé au décret en date du 8 janv 1874, enregistré sous le n° 7.

Le Conseiller d'État, Secrétaire général,

Signé DE BOUREUILLE.

RÉPUBLIQUE FRANÇAISE.

N 3384. — DÉCRET *qui proroge le délai pour l'exécution du Chemin de fer Pont-d'Ouche à Velars et la rectification de la ligne de Pont-d'Ouche Épinac.*

Du 8 Juillet 1874.

LE PRÉSIDENT DE LA RÉPUBLIQUE FRANÇAISE,

Sur le rapport du ministre des travaux publics ;

Vu l'ordonnance royale du 7 avril 1830 [1], autorisant l'établissement chemin de fer d'Épinac au canal de Bourgogne ;

Vu le décret du 1er août 1864 [2], autorisant la rectification de ce che et son prolongement de Pont-d'Ouche à la ligne de Paris à Lyon, près Vel ainsi que l'exécution d'un raccordement avec la ligne de Santenay à Éta ensemble la convention et le cahier des charges annexés audit décret ;

Vu l'article 2 du cahier des charges susvisé, portant que les travaux d' cution du prolongement sur Velars et du raccordement avec la lign Santenay à Étang, et ceux de rectification du chemin de fer d'Épinac vront être commencés dans un délai d'un an et achevés dans un dé huit ans, à partir de la date du décret de concession ;

Vu la demande présentée, le 14 janvier 1873, par la société des houil d'Épinac, à l'effet d'obtenir que la section de Pont-d'Ouche à Velars retranchée de sa concession ;

Vu les pièces de l'instruction à laquelle a été soumise cette demand la compagnie, et notamment l'avis de la commission d'enquête de la C d'Or, du 31 mars 1873 ; celui de la commission d'enquête de Saône-et-L du 8 avril suivant, et les délibérations des chambres de commerce de D Beaune et Châlon-sur-Saône, des 14 avril, 13 mai et 28 mars 1873 ;

Vu la lettre, en date du 24 juillet 1873, par laquelle la compagnie, m fiant sa première demande, sollicite un nouveau délai de dix ans ;

Vu l'avis du conseil général des ponts et chaussées, du 24 novembre 18

Le Conseil d'État entendu,

DÉCRÈTE :

ART. 1er. Un dernier délai de trois ans est accordé à la société houillères d'Épinac, à compter de la date de la promulgation présent décret, pour l'exécution du chemin de fer de Pont-d'Ou à Velars et la rectification de la ligne de Pont-d'Ouche à Épinac, les conditions énoncées aux articles 38 et 39 du cahier des char annexé au décret du 1er août 1864.

2. Les travaux à exécuter sur le chemin de fer d'Épinac à Vel

[1] VIIIe série, Bull. 350, n° 14,043.   [2] XIe série, Bull. 1236, n° 12,583.

nt être commencés dans le courant de la première des trois
es mentionnées à l'article 1ᵉʳ ci-dessus.

Le ministre des travaux publics est chargé de l'exécution du
nt décret, lequel sera inséré au Bulletin des lois.

Fait à Versailles, le 8 Juillet 1874.

Signé Mᵃˡ DE MAC MAHON.

Le Ministre des travaux publics,

Signé E. CAILLAUX.

RÉPUBLIQUE FRANÇAISE.

5. — *DÉCRET qui ouvre un Crédit sur l'exercice 1874, à titre de Fonds
oncours versés au Trésor par la Compagnie du Chemin de fer du Nord,
la construction des Chemins de fer d'Épinay à Luzarches et d'Arras à
les, avec embranchements sur Béthune et Abbeville.*

Du 18 Juillet 1874.

PRÉSIDENT DE LA RÉPUBLIQUE FRANÇAISE,

le rapport du ministre des travaux publics;

la loi du 29 décembre 1873, portant fixation du budget général des re-
et des dépenses de l'exercice 1874, avec la répartition, par chapitres,
rédits affectés au ministère des travaux publics pour ledit exercice;

l'article 13 de la loi de finances du 6 juin 1843, portant règlement
du budget de l'exercice 1840, ledit article ainsi conçu:

fonds versés par des départements, des communes et des particu-
pour concourir, avec ceux de l'État, à l'exécution de travaux publics,
portés en recette aux produits divers du budget; un crédit de pa-
omme sera ouvert par ordonnance royale au ministère des travaux
, additionnellement à ceux qui lui auront été accordés par le bud-
ur les mêmes travaux, et la portion desdits fonds qui n'aura pas
ployée pendant le cours d'un exercice pourra être réimputée, avec
le affectation, aux budgets des exercices subséquents, en vertu d'or-
ces royales qui prononceront l'annulation des sommes restées sans
oi sur l'exercice expiré; »

la loi du 22 mai 1869, qui autorise la compagnie du chemin de fer du
à faire à l'État une avance montant à dix-neuf millions de francs, pour
struction des chemins de fer d'Épinay à Luzarches et d'Arras à Étaples,
mbranchements sur Béthune et sur Abbeville;

les déclarations du receveur central du département de la Seine,
nt qu'il a été versé au trésor, les 12 novembre 1873 et 7 mai 1874,
urelles sommes montant à deux millions trois cent soixante-quinze
francs, à titre d'à-compte sur l'avance précitée de dix-neuf millions de
;

la lettre du ministre des finances, en date du 16 juillet 1874,

DÉCRÈTE :

ART. 1ᵉʳ. Il est ouvert au ministre des travaux publics, sur les

fonds de la deuxième section du budget de l'exercice 1874 (c
pitre XLIII. — *Travaux de chemins de fer exécutés par l'État*),
crédit de deux millions trois cent soixante-quinze mille fr
(2,375,000'), applicable à la construction des chemins de fer d'
nay à Luzarches et d'Arras à Étaples, avec embranchements
Béthune et sur Abbeville.

2. Il sera pourvu à la dépense au moyen des ressources spéci
versées au trésor, à titre de fonds de concours, par voie d'av
faite par la compagnie du chemin de fer du Nord.

3. Les ministres des travaux publics et des finances sont cha
chacun en ce qui le concerne, de l'exécution du présent décret,
sera inséré au Bulletin des lois.

Fait à Versailles, le 18 Juillet 1874.

Signé Mᵃˡ DE MAC MAHON.

Le Ministre des finances,

Signé P. MAGNE.

Le Ministre des travaux publics,

Signé E. CAILLAUX.

RÉPUBLIQUE FRANÇAISE.

N° 3386. — *Décret qui ouvre un Crédit sur l'exercice 1874, à titre de F
de concours versés au Trésor par la Chambre de commerce du Havre,
l'agrandissement de l'Avant-Port de cette ville.*

Du 18 Juillet 1874.

LE PRÉSIDENT DE LA RÉPUBLIQUE FRANÇAISE,

Sur le rapport du ministre des travaux publics;

Vu la loi du 29 décembre 1873, portant fixation du budget général
recettes et des dépenses de l'exercice 1874, avec la répartition, par
pitres, des crédits affectés au ministère des travaux publics pour ledit
cice;

Vu l'article 13 de la loi de finances du 6 juin 1843, portant règle
définitif du budget de l'exercice 1840, ledit article ainsi conçu :

« Les fonds versés par des départements, des communes et des par
« liers, pour concourir, avec ceux de l'État, à l'exécution de travaux pub
« seront portés en recette aux produits divers du budget; un crédit de
« reille somme sera ouvert par ordonnance royale au ministère des tra
« publics, additionnellement à ceux qui lui auront été accordés p
« budget pour les mêmes travaux, et la portion desdits fonds qui n'aura
« été employée pendant le cours d'un exercice pourra être réimputée,
« la même affectation, aux budgets des exercices subséquents, en v
« d'ordonnances royales qui prononceront l'annulation des sommes re
« sans emploi sur l'exercice expiré; »

Vu la loi du 22 juillet 1870, qui autorise la chambre de commerce
Havre à faire à l'État une avance montant à sept millions de francs (7,000,00
pour l'agrandissement de l'avant-port du Havre;

les déclarations du receveur central du département de la Seine,
tant qu'il a été versé au trésor, les 25 novembre 1873, 5 janvier, 5 fé-
5 mars, 4-25 avril, 5-26 mai et 5 juin 1874, de nouvelles sommes
t ensemble à neuf cent mille francs, à titre d'à-compte sur l'avance
de sept millions de francs ;

lettre du ministre des finances, en date du 16 juillet 1874,

:

1ᵉʳ. Il est ouvert au ministre des travaux publics, sur les
de la deuxième section du budget de l'exercice 1874 (cha-
IIXVII. — *Travaux d'amélioration et d'achèvement des ports ma-*
), un crédit de neuf cent mille francs (900,000ᶠ).

Il sera pourvu à la dépense au moyen des ressources spéciales
au trésor, à titre de fonds de concours, par voie d'avance
par la chambre de commerce du Havre.

Les ministres des travaux publics et des finances sont chargés,
en ce qui le concerne, de l'exécution du présent décret, qui
inséré au Bulletin des lois.

Fait à Versailles, le 18 Juillet 1874.

Signé Mᵃˡ DE MAC MAHON.

Le Ministre des finances,
Signé P. MAGNE.

Le Ministre des travaux publics,
Signé E. CAILLAUX.

RÉPUBLIQUE FRANÇAISE.

.—*Décret qui approuve divers Travaux à exécuter et diverses Dépenses
à faire sur l'ancien réseau de la Compagnie du Chemin de fer du Nord.*

Du 25 Juillet 1874.

Président de la République française,

le rapport du ministre des travaux publics ;

les loi et décret du 22 mai 1869 [1], portant approbation d'une conven-
e, le même jour, entre l'État et la compagnie du chemin de fer
, et spécialement les articles 5, 6, 7 et 9 de ladite convention ;

les projets présentés et demandes faites par la compagnie du che-
fer du Nord pour que divers travaux à exécuter sur son ancien ré-
sient approuvés par décret délibéré en Conseil d'État, conformément
spositions de l'article 9 susvisé de la convention du 22 mai 1869 ;

les rapports de l'inspecteur général et des ingénieurs chargés du con-
le l'exploitation du réseau de la compagnie du chemin de fer du Nord,
avis du conseil des ponts et chaussées, des 26 novembre 1873, 25 fé-
1ᵉʳ, 15, 22 et 29 avril, 13 et 27 mai, 3 juin 1874 ;

Conseil d'État entendu,

Décrète :

ᴮ Iᵉ série, Bull. 1721, n° 16,990.

ART. 1ᵉʳ. Sont approuvés les travaux à exécuter et les dépenses faire sur l'ancien réseau de la compagnie du chemin de fer du Nord conformément aux projets suivants :

LIGNE DE SAINT-QUENTIN A ERQUELINES.

Projet des bâtiments définitifs de la station d'Essigny-le-Petit, présenté le 30 décembre 1873, avec un détail estimatif montant à...................... 30,800

Projet des bâtiments définitifs de la station de Fresnoy-le-Grand, présenté le 30 décembre 1873, avec un détail estimatif montant à... 25,200

LIGNE D'AMIENS A DOUAI.

Projet de divers travaux à la gare d'Albert, présenté le 30 décembre 1873, avec un détail estimatif montant à........................ 95,200

Projet d'agrandissement du corps de garde à la gare d'Arras, présenté le 8 avril 1874, avec un détail estimatif montant à.......... 2,038

LIGNES D'AMIENS A BOULOGNE ET D'AMIENS A ROUEN.

Projet de détail des voies et bâtiments de la nouvelle gare de Saint-Roch, à Amiens, présenté le 4 décembre 1873, avec un détail estimatif montant à... 1,836,800

LIGNE D'AMIENS A BOULOGNE.

Projet d'établissement d'une voie spéciale pour les tenders dans l'avant-gare de Boulogne, présenté le 30 décembre 1873, avec un détail estimatif montant à...................................... 4,816

Projet de divers travaux à la gare de Boulogne, présenté le 30 décembre 1873, avec un détail estimatif montant à............... 43,680

Projet de construction de puits près de neuf maisons de gardes-barrière, présenté le 30 décembre 1873, avec un détail estimatif montant à... 1,26

LIGNE DES HOUILLÈRES DU PAS-DE-CALAIS.

Projet de remplacement de quatre plaques tournantes et établissement de pavage à la station de Bully-Grenay, présenté le 30 décembre 1873, avec un détail estimatif montant à............... 12,880

Projet d'allongement du quai à voyageurs (côté droit) à la station de Nœux, présenté le 30 décembre 1873, avec un détail estimatif montant à.. 672

Projet de construction de seize maisons de cantoniers, présenté le 30 décembre 1873, avec un détail estimatif montant à.......... 44,800

LIGNE DE BOULOGNE A CALAIS.

Projet de raccordement d'une voie et d'établissement d'un pont à bascule à la gare de Marquise, présenté le 8 avril 1874, avec un détail estimatif montant a....................... 8,512

LIGNE DE LILLE A CALAIS ET A DUNKERQUE.

Nouveau projet du bâtiment définitif des voyageurs à la gare de Dunkerque, présenté le 19 novembre 1872, avec un détail estimatif montant à...:......... 187,040 00

ENSEMBLE.................... 2,293,698 40

dépense dont il s'agit sera imputée sur les soixante millions
,000') énoncés à l'article 9 de la convention susmentionnée
e maximum des dépenses à autoriser, dans un délai de dix ans,
ancien réseau de la compagnie.

Est rapportée celle des dispositions du décret du 27 novembre
qui approuvait une dépense de cent quarante mille francs
par la compagnie du Nord pour la construction du bâtiment
if des voyageurs à la gare de Dunkerque.

e ministre des travaux publics est chargé de l'exécution du
t décret, lequel sera inséré au Bulletin des lois.

at à Versailles, le 25 Juillet 1874.

Signé M°' DE MAC MAHON.

Le Ministre des travaux publics,
Signé E. CAILLAUX.

RÉPUBLIQUE FRANÇAISE.

N° 3388. — DÉCRET *qui rend applicable à diverses Colonies la loi
du 23 janvier 1874, relative à la Surveillance de la haute Police.*

Du 1er Août 1874.

PRÉSIDENT DE LA RÉPUBLIQUE FRANÇAISE,

l'article 18 du sénatus-consulte du 3 mai 1854;
r le rapport du ministre de la marine et des colonies et du garde des
. ministre de la justice,

DÉCRÈTE :

ART. 1er. La loi du 23 janvier 1874, relative à la surveillance de
haute police, est déclarée applicable aux colonies de la Guyane,
Sénégal et dépendances, de l'Inde, de la Cochinchine, de la
elle-Calédonie, de l'Océanie, de Saint-Pierre et Miquelon, de
otte, de Nossi-Bé, de Sainte-Marie de Madagascar, de la côte
et du Gabon.

. Le ministre de la marine et des colonies et le garde des sceaux,
tre de la justice, sont chargés, chacun en ce qui le concerne,
l'exécution du présent décret, qui sera inséré au Bulletin des lois
au Bulletin officiel de la marine.

Fait à Versailles, le 1er Août 1874.

Signé M°' DE MAC MAHON.

Garde des sceaux, Ministre de la justice,
Signé A. TAILHAND.

Le Ministre de la marine et des colonies,
Signé MONTAIGNAC.

N° 3389. — Décret du Président de la République française (contre-s
par le ministre des travaux publics) portant :

Art. 1ᵉʳ. Sont affectés au département des travaux publics les ten
domaniaux dépendant des bâtiments militaires situés en saillie sur le
de rive est du canal de Bergues, au port de Dunkerque (Nord), lesdits
rains indiqués par une teinte jaune sur un plan annexé au présent décre

2. Cette affectation aura lieu sous les conditions suivantes :

1° La clôture de l'enclos du magasin militaire 101 sera établie par le
vice des ponts et chaussées au moyen de palissades de deux mètres de l
teur ;

2° Une latrine sera construite dans l'enclos de ce magasin en se co
mant, pour l'exécution, aux plans et profils des dessins annexés au pro
verbal de la conférence du 20 octobre 1873 ;

3° Les charpentes des bâtiments démolis seront démontées de maniè
pouvoir être remontées sans changement de forme, les bois et ferrures r
trés et rangés à l'intérieur du bâtiment A ;

4° On ne laissera subsister que le mur de façade est du bâtiment B ;
ouvertures en seront murées et le mur sera chaperonné ;

5° Les tuiles des couvertures des bâtiments démolis seront rangées d
la cour du magasin 133, ainsi que les briques de démolition non utili
par le service des ponts et chaussées pour les travaux mentionnés aux p
graphes 2 et 4 ci-dessus ; ces briques seront proprement nettoyées ;

6° Le transport, dans le bâtiment A, des bois et matériaux actuelle
emmagasinés dans le bâtiment B sera fait par les soins du service des p
et chaussées. (*Versailles, 16 Mai 1874.*)

Certifié conforme :

Paris, le 26 * Août 1874,

Le Garde des Sceaux, Ministre de la Justice

A. TAILHAND.

* Cette date est celle de la réception du Bull
au ministère de la Justice.

On s'abonne pour le Bulletin des lois, à raison de 9 francs par an , à la caisse de l'Imprim
nationale ou chez les Receveurs des postes des départements.

IMPRIMERIE NATIONALE. — 26 Août 1874.

BULLETIN DES LOIS

DE LA RÉPUBLIQUE FRANÇAISE.

N° 222.

RÉPUBLIQUE FRANÇAISE.

N° 33go. — *Loi qui ouvre au Ministre de la Marine et des Colonies un Crédit supplémentaire sur l'exercice 1875.*

Du 5 Août 1874.

(Promulguée au *Journal officiel* du 23 août 1874.)

L'ASSEMBLÉE NATIONALE A ADOPTÉ LA LOI dont la teneur suit :

Art. 1er. Il est ouvert au ministre de la marine et des colonies, sur le budget de 1875, en addition au chapitre v (*Troupes*), un crédit de trois cent quatre mille neuf cent vingt-trois francs (304,923f) pour amélioration de la solde des sous-officiers des troupes de la marine.

Il sera pourvu à ce supplément de crédit au moyen des ressources générales de l'exercice 1875.

Délibéré en séance publique, à Versailles, le 5 Août 1874.

Le Président,
Signé L. BUFFET.

Les Secrétaires,

Signé E. DE CAZENOVE DE PRADINE, VANDIER,
FRANCISQUE RIVE, FÉLIX VOISIN.

LE PRÉSIDENT DE LA RÉPUBLIQUE PROMULGUE LA PRÉSENTE LOI.

Signé Mal DE MAC MAHON, duc DE MAGENTA.

Le Ministre de la marine et des colonies,
Signé MONTAIGNAC.

RÉPUBLIQUE FRANÇAISE.

N° 3391. — *Loi qui autorise le département de la Mayenne à contracter un Emprunt.*

Du 5 Août 1874.

(Promulguée au *Journal officiel* du 18 août 1874.)

L'ASSEMBLÉE NATIONALE A ADOPTÉ LA LOI dont la teneur suit :

ART. 1ᵉʳ. Le département de la Mayenne est autorisé, conformément à la demande que le conseil général en a faite, à emprunter au lieu et place des communes, à la caisse des chemins vicinaux, aux conditions de cet établissement, une somme de un million de francs (1,000,000ᶠ), qui sera affectée aux travaux des chemins vicinaires.

La réalisation de l'emprunt, soit en totalité, soit par fractions successives, ne pourra avoir lieu qu'en vertu d'une décision du ministre de l'intérieur.

Cette décision ne sera prise que sur la production d'un état faisant connaître :

1° Le nom des communes auxquelles le département a entendu substituer ;

2° La somme pour laquelle il se substitue à chacune d'elles et le montant de l'emprunt ;

3° La situation financière des communes.

2. Les fonds nécessaires à l'amortissement de l'emprunt autorisé par l'article 1ᵉʳ ci-dessus seront prélevés tant sur le produit des times extraordinaires dont le maximum sera fixé, chaque année, par la loi de finances, en exécution de la loi du 10 août 1871, que sur les versements qui pourront être effectués par les communes auxquelles le département se sera substitué.

Délibéré en séance publique, à Versailles, le 5 Août 1874.

Le Président,

Signé L. BUFFET.

Les Secrétaires,

Signé E. DE CAZENOVE DE PRADINE, FRANCISQUE RIVE
VANDIER, FÉLIX VOISIN.

LE PRÉSIDENT DE LA RÉPUBLIQUE PROMULGUE LA PRÉSENTE LOI.

Signé Mᵃˡ DE MAC MAHON, duc DE MAGENTA.

Le Ministre de l'intérieur,

Signé Gᵃˡ DE CHABAUD LA TOUR.

RÉPUBLIQUE FRANÇAISE.

———

3g2. — DÉCRET *portant promulgation de la Convention de poste conclue, le 30 mars 1874, entre la France et le Brésil.*

Du 16 Août 1874.

(Promulgué au *Journal officiel* du 27 août 1874.)

LE PRÉSIDENT DE LA RÉPUBLIQUE FRANÇAISE,

Sur la proposition du ministre des affaires étrangères,

DÉCRÈTE :

ARTICLE PREMIER.

Convention de poste ayant été conclue, le 30 mars 1874, entre ce et le Brésil, l'Assemblée nationale, par une loi votée le 1874, l'ayant approuvée, et les ratifications en ayant été à Paris, le 7 août 1874, ladite Convention, dont la teneur recevra sa pleine et entière exécution.

CONVENTION DE POSTE ENTRE LA FRANCE ET LE BRÉSIL, DU 30 MARS 1874.

ent de la République française et Sa Majesté l'Empereur l, désirant resserrer les liens d'amitié qui unissent si heu- ot la France et le Brésil, en facilitant et en réglant, de la la plus avantageuse, l'échange des correspondances entre Pays, ont voulu assurer ce résultat au moyen d'une Con- et ont nommé pour leurs plénipotentiaires à cet effet, savoir :

sident de la République française, le sieur *Léon-Alexis Noël,* deur de l'ordre de la Légion d'honneur et de l'ordre de III d'Espagne, grand officier de l'ordre de Guadalupe du e et de l'ordre du Lion et du Soleil de Perse, commandeur de des saints Maurice et Lazare d'Italie, officier de l'ordre de la chevalier de l'ordre de Saint-Grégoire-le-Grand du Saint-Siége, plénipotentiaire de France ;

Majesté l'Empereur du Brésil, le sieur *Carlos Carneiro de* , vicomte *de Caravellas,* de son Conseil et du Conseil d'État, llan de Sa Majesté l'Impératrice, sénateur et grand de l'Em- professeur en retraite de l'école de droit de Saint-Paul, com- eur de l'ordre du Christ, grand-croix de l'ordre Ernestine de la

à l'administration des postes de France des lettres chargées à d
nation de la France et de l'Algérie, et, autant que possible, à d
tination des pays auxquels la France sert d'intermédiaire.

. Le port des lettres chargées devra toujours être acquitté d'ava
jusqu'à destination.

Toute lettre chargée adressée de l'un des deux Pays dans l'a
supportera, au départ, en sus de la taxe applicable à une lettre
dinaire affranchie du même poids, un droit fixe de deux cents
ou de cinquante centimes, suivant le cas.

Ce droit sera perçu au profit et pour le compte de l'administra
des postes du Pays d'origine.

Le port des lettres chargées expédiées du Brésil à destination
pays auxquels la France sert d'intermédiaire sera double de c
des lettres ordinaires pour la même destination.

6. Dans le cas où quelque lettre chargée viendrait à être pe
celle des deux administrations sur le territoire de laquelle la
aura eu lieu payera à l'envoyeur, à titre de dédommagement,
indemnité de cinquante francs, dans le délai de trois mois, à d
du jour de la réclamation; mais il est entendu que les réclamati
ne seront admises que dans les six mois qui suivront la date du dé
des chargements; passé ce terme, les deux administrations ne ser
tenues, l'une envers l'autre, à aucune indemnité.

7. Tout paquet contenant des échantillons de marchandises,
journaux, des gazettes, des ouvrages périodiques, des livres broch
des livres reliés en cuir ou en carton sans aucune garniture, des
chures, des papiers de musique, des catalogues, des prospectus,
annonces et des avis divers imprimés, gravés, lithographiés
autographiés, qui sera expédié de la France ou de l'Algérie pour
Brésil, sera affranchi jusqu'à destination moyennant le payem
d'une taxe de quinze centimes par quarante grammes; et, récip
quement, tout paquet contenant des objets de même nature,
sera expédié du Brésil pour la France ou l'Algérie, sera affran
jusqu'à destination moyennant le payement d'une taxe de soixan
reis par quarante grammes ou fraction de quarante grammes.

L'administration des postes de France payera à l'administrati
des postes brésiliennes, pour chaque paquet originaire de la Fran
ou de l'Algérie affranchi jusqu'à destination, en vertu du prése
article, la somme de trois centimes par quarante grammes ou fra
tion de quarante grammes, lorsque le paquet aura été transporté
entre les deux frontières aux frais de la France, et la somme de on
centimes par quarante grammes ou fraction de quarante grammes
lorsque le paquet aura été transporté aux frais du Brésil.

De son côté, l'administration des postes brésiliennes payera à l'administration des postes de France, pour chaque paquet originaire
du Brésil affranchi jusqu'à destination, en vertu du présent article,
la somme de quarante-quatre reis par quarante grammes ou fraction
de quarante grammes, lorsque le paquet aura été transporté entre
les deux frontières aux frais de la France, et la somme de douze

DES LETTRES.	PRIX DE PORT à payer pour chaque lettre et par chaque poids de 10 grammes ou fraction de 10 grammes		SOMME A PAYER POUR CHAQUE LETTRE		
	par les habitants de la France et de l'Algérie.	par les habitants du Brésil.	et par chaque poids de 10 grammes ou fraction de 10 grammes par l'administration des postes de France à l'administration des postes du Brésil pour les lettres transportées entre la frontière française et la frontière brésilienne		et par chaque 3/8 d'once ou fraction de 3/8 d'once par l'administration des postes du Brésil à l'administration des postes de France pour les lettres transportées entre la frontière brésilienne et la frontière française.
			Transport aux frais de la France.	Transport aux frais du Brésil.	Transport aux frais de la France.
	fr. c.	reis.	fr. c.	fr. c.	reis.
de la France et de l'Algérie pour le Brésil.........	1 00	•	0 25	0 75	•
du Brésil pour la France et l'Algérie.........	•	400	•	•	300
de la France et de l'Algérie pour le Brésil.........	•	400	•	•	
du Brésil pour la France et l'Algérie.........	1 00	•	0 25	0 75	

...ndépendamment des taxes fixées par l'article 2 précédent, les
...non affranchies seront passibles, à la charge des destina-
...d'un droit fixe de cent vingt reis ou de trente centimes, sui-
...e cas.

...droit sera perçu au profit et pour le compte du Pays de desti-

...les lettres expédiées à découvert (naõ seguras) par la voie de
... ou par l'intermédiaire des paquebots-poste français, soit
...s mentionnés au tableau A annexé à la présente Conven-
...our le Brésil, soit du Brésil pour ces mêmes pays, seront
...ées entre l'administration des postes de France et l'administra-
...s postes du Brésil aux conditions énoncées dans ledit tableau.
...st convenu que, dans le cas où les conditions qui règlent les
...ns postales de la France avec les pays désignés dans le ta-
...u A viendraient à être modifiées de manière à influer sur les
...ditions d'échange fixées par la présente Convention pour les cor-
...ondances transmises par la voie de la France, ces modifications
...t appliquées de plein droit auxdites correspondances.

5. L'administration des postes de France pourra livrer à l'administration des postes brésiliennes des lettres chargées à destination
du Brésil.

De son côté, l'administration des postes brésiliennes pourra livrer

més de toute nature adressés de l'un des deux Pays dans l'autre, affranchis jusqu'à destination, conformément aux dispositions de présente Convention, ne pourront, sous aucun prétexte et à quel titre que ce soit, être frappés, dans le Pays de destination, d'une taxe ou d'un droit quelconque à la charge des destinataires.

12. Le Gouvernement français s'engage à faire transporter en pêches closes, par les paquebots-poste français, les correspondan que les bureaux de poste établis dans les ports du Brésil où tou ront ces paquebots pourront avoir à échanger par cette voie d'autres bureaux de poste du même État.

Les objets qui seront compris dans ces dépêches closes ne porteront d'autres taxes que celles dont sont passibles les objet même nature transportés par les paquebots-poste brésiliens, produit de ces taxes sera partagé par moitié entre l'administr des postes de France et l'administration des postes brésilienne

13. Les administrations des postes de France et du Brésil dr ront chaque mois les comptes résultant de la transmission des respondances, et ces comptes, après avoir été débattus et ar contradictoirement par ces administrations, seront soldés à la f chaque trimestre par l'administration qui sera reconnue rede envers l'autre.

Le solde des comptes ci-dessus mentionnés sera établi en mon du Brésil. A cet effet, les sommes portées dans lesdits compte monnaie française seront réduites en reis, sur le pied de qu cents reis pour un franc.

Les soldes de comptes seront payés à Rio-de-Janeiro en mon courante.

14. Les lettres ordinaires ou chargées, les échantillons de chandises et les imprimés de toute nature mal adressés ou mal rigés seront, sans aucun délai, réciproquement renvoyés par l termédiaire des bureaux d'échange respectifs pour les prix auxq l'office envoyeur aura livré ces objets en compte à l'autre office.

Les objets de même nature qui auront été adressés à des dest taires ayant changé de résidence seront respectivement ren chargés du port qui aurait dû être payé par les destinataires.

Les lettres ordinaires, les échantillons de marchandises et les i primés de toute nature qui auront été primitivement livrés à l' ministration des postes du Brésil par d'autres administrations, qui, par suite du changement de résidence des destinataires, devr être réexpédiés de l'un des deux Pays pour l'autre, seront récip quement livrés chargés du port exigible au lieu de la précéden destination.

15. Les lettres ordinaires ou chargées, les échantillons de ma chandises et les imprimés de toute nature échangés entre les de administrations des postes de France et du Brésil, qui seront tomb en rebut (naõ tiverem sido reclamadas), pour quelque cause que soit, devront être renvoyés de part et d'autre à la fin de chaqu mois, et plus souvent si faire se peut.

par quarante grammes ou fraction de quarante grammes, lorsque
quet aura été transporté aux frais du Brésil.

Les échantillons de marchandises ne seront admis à jouir de
on de taxe qui leur est accordée par l'article précédent,
tant qu'ils n'auront aucune valeur, qu'ils seront affranchis,
seront placés sous bandes ou de manière à ne laisser aucun
sur leur nature, et qu'ils ne porteront d'autre écriture à la
que l'adresse du destinataire, une marque de fabrique ou de
and, des numéros d'ordre et des prix.

échantillons de marchandises qui ne rempliront pas ces con-
seront taxés comme lettres.

es journaux, gazettes, ouvrages périodiques, livres brochés,
reliés en cuir ou en carton sans aucune garniture, brochures,
de musique, catalogues, prospectus, annonces et avis divers
, gravés, lithographiés ou autographiés, qui seront expé-
ir la voie de la France ou par l'intermédiaire des paquebots-
rançais, soit des pays désignés dans le tableau B annexé à la
te Convention pour le Brésil, soit du Brésil pour ces mêmes
seront échangés entre l'administration des postes de France et
tration des postes brésiliennes aux conditions énoncées
it tableau B.

convenu que, dans le cas où les conventions qui règlent les
de la France avec les pays désignés audit tableau vien-
à être modifiées de manière à influer sur les conditions
e fixées par la présente Convention pour les journaux et
transmis par la voie de la France, ces modifications seront
s de plein droit auxdits journaux et imprimés.

ir jouir des modérations de port accordées par les articles 7
ents, les journaux, gazettes, ouvrages périodiques, livres
livres reliés en cuir ou en carton sans aucune garniture,
s, papiers de musique, catalogues, prospectus, annonces
divers imprimés, gravés, lithographiés ou autographiés, de-
tre affranchis jusqu'aux limites respectivement fixées par les-
ticles, mis sous bandes, et ne porter aucune écriture, chiffre
quelconque à la main, si ce n'est l'adresse du destinataire,
ure de l'envoyeur et la date. Ceux desdits objets qui ne réu-
as ces conditions seront considérés comme lettres et traités

entendu que les dispositions contenues dans les articles sus-
nés n'infirment en aucune manière le droit qu'ont les admi-
ns des postes des deux Pays de ne pas effectuer, sur leurs
es respectifs, le transport et la distribution de ceux des
ésignés auxdits articles à l'égard desquels il n'aurait pas été
aux lois, ordonnances ou décrets qui règlent les conditions
ir publication et de leur circulation, tant en France qu'au

11. Il est formellement convenu entre les deux Parties contractantes que les lettres, les échantillons de marchandises et les impri-

A. — *Tableau indiquant les conditions auxquelles seront échangées, entre l'adm...*
par la voie de la France pour les pays avec les q...

DÉSIGNATION DES PAYS avec lesquels le Brésil peut correspondre par l'intermédiaire des postes françaises.	CONDITION de l'affranchissement.	
Portugal, îles du Cap-Vert	Obligatoire.	Port là... barg... de ... me...
Sénégal, île de Gorée....................................	Facultatif.	De...
Buenos-Ayres et Uruguay. { Lettres du Brésil......................	Obligatoire.	Port d... me...
Lettres pour le Brésil	Obligatoire.	Port d... me...
Grande-Bretagne.....................................	Facultatif.	De...
Belgique, Danemark, grand-duché de Luxembourg, Pays-Bas, Suisse, Italie, États d'Allemagne, Prusse, Autriche.	Facultatif.	De...
Malte, Grèce, Suède, Norwége, Russie, Pologne, villes d'Égypte et de la Turquie desservies par les paquebots-poste français (A), Andrinople, Antivari, Burgos, Caïfa, Candie, la Canée, la Cavode, Chio, Dédé, Agatsch, Durazzo, Janina-Larnaca, Prévésa, Rehms, Roustschouk, Serez, Sophia, Ténédos-Valona, établissements français dans l'Inde (B) et en Cochinchine, île de la Réunion, Mayotte et dépendances, Sainte-Marie de Madagascar, Martinique, Guadeloupe et dépendances, Guyane française, îles Saint-Pierre et Miquelon, Shang-Haï et Yokohama, Indes néerlandaises, Guyane hollandaise et Curaçao.	Facultatif.	De...
États de l'Amérique du Nord....................................	Facultatif.	De... San-...
Iles Sandwich....................................	Obligatoire.	espa...
Espagne et Gibraltar....................................	Obligatoire.	Fronti... espa...
Australie (voie de Suez).. { Lettres du Brésil	Obligatoire.	Port si... dé...
Lettres pour le Brésil..............	Obligatoire.	Ali...
Aden, Indes orientales, Ceylan, Maurice, Penang, Singapore, Hong-Kong, Chine, Batavia et autres pays dont la correspondance peut être dirigée avec avantage par la voie de Suez.		Ports ... des in... la me... desse... paque... çais ... nique...
Pays d'outre-mer autres que ceux ci-dessus désignés................. { Lettres du Brésil......................	Obligatoire.	Port de... ment... de dé...
Lettres pour le Brésil..................	Obligatoire.	Port d'u... ment... d'orig...

(A) Alexandrie, Alexandrette, Beyrouth, le Caire, Constantinople, les Dardanelles, Galats, Gallipoli... Inéboli, Jaffa, Kerassunde, Kustendjé, Lattaquié, Mersina, Ordoa, Port-Said, Mételin, Rhodes, ...

ux de ces objets qui auront été livrés en compte seront rendus
le prix pour lequel ils auront été originairement comptés par
envoyeur.

ant à ceux qui auront été livrés affranchis jusqu'à destination
usqu'à la frontière de l'office correspondant, ils seront renvoyés
taxe ni décompte.

Les deux administrations des postes de France et du Brésil
ettront, à destination de l'un des deux Pays ou des pays qui
ntent leur intermédiaire, aucun paquet ou lettre qui contien-
soit de l'or ou de l'argent monnayé, soit des bijoux ou effets
ux, soit tout autre objet passible de droits de douane.

L'administration des postes de France et l'administration des
brésiliennes désigneront, d'un commun accord, les bureaux
lesquels devra avoir lieu l'échange des correspondances respec-
Elles régleront aussi la forme des comptes mentionnés dans
le 13 précédent, la direction des correspondances transmises
roquement, ainsi que toutes les autres mesures de détail ou
nécessaires pour assurer l'exécution des stipulations de la
te Convention.

est entendu que les mesures ci-dessus désignées pourront être
plifiées par les deux administrations toutes les fois que, d'un com-
accord, ces deux administrations en reconnaîtront la nécessité.

. La présente Convention aura force et valeur à partir du jour
les deux Parties conviendront, dès que la promulgation en aura
faite d'après les lois particulières à chacun des deux États, et elle
urera obligatoire, d'année en année, jusqu'à ce que l'une des
Parties contractantes ait annoncé à l'autre, mais un an à
, son intention d'en faire cesser les effets.

nt cette dernière année, la Convention continuera d'avoir
exécution pleine et entière, sans préjudice de la liquidation et
solde des comptes entre les administrations des postes des deux
après l'expiration dudit terme.

. La présente Convention sera ratifiée et les ratifications en se-
échangées à Paris, aussitôt que faire se pourra.

foi de quoi les plénipotentiaires respectifs ont signé la présente
ntion et y ont apposé le sceau de leurs armes.

ait en double original et signé à Rio-de-Janeiro, le 30 Mars 1874.

(*L. S.*) Signé Léon Noël.
(*L. S.*) Signé Vte de Caravellas.

B. — *Tableau indiquant les conditions auxquelles seront échangés, entre l'administration des postes de France et l'administration des postes brésiliennes, les imprimés de toute nature expédiés du Brésil par la voie de France pour les pays avec lesquels le Brésil peut correspondre par l'intermédiaire des postes françaises, et vice versa.*

DÉSIGNATION DES PAYS avec lesquels le Brésil peut correspondre par l'intermédiaire des postes françaises.	LIMITE de l'affranchissement obligatoire.	TOTAL des taxes à payer par les habitants du Brésil pour chaque paquet portant une adresse particulière et par chaque 40 grammes ou fraction de 40 grammes.	DROITS OU TAXES À PAYER par l'office brésilien... l'office de France... chaque paquet... une adresse particulière et par chaque 40 grammes ou fraction de 40 grammes. Paquets transportés entre la France et le Brésil aux frais de l'office de France.	Paquets transportés... la France et le Brésil aux frais de l'office du Brésil.
		reis.	reis.	reis.
Iles du Cap-Vert, Sénégal, Gorée et États d'Europe (moins l'Espagne et Gibraltar).	Port brésilien d'embarquement ou de débarquement.	10	»	»
Buenos-Ayres et Uruguay. — Imprimés originaires du Brésil.	Port de débarquement.	50	40	»
Buenos-Ayres et Uruguay. — Imprimés à destination du Brésil.	Port d'embarquement.	50	40	»
Espagne et Gibraltar.......	Frontière franco-espagnole.	70	56	16
États-Unis de l'Amérique du Nord. — Imprimés originaires du Brésil.	Port américain de débarquement.	90	80	10
États-Unis de l'Amérique du Nord. — Imprimés à destination du Brésil.	Port américain d'embarquement.	90	80	10
Australie (voie de Suez). — Imprimés originaires du Brésil.	Port australien de débarquement.	90	80	10
Australie (voie de Suez). — Imprimés à destination du Brésil.	Alexandrie........	90	80	10
Aden, Indes orientales, Ceylan, Maurice, Penang, Singapore, Hong-Kong, Chine, Shang-Haï, Yokohama, Batavia et autres pays dont la correspondance peut être dirigée avec avantage par la voie de Suez.	Ports des mers de l'Inde ou de la mer de Chine desservis par les paquebots français ou britanniques.	90	80	
Pays d'outre-mer autres que ceux ci-dessus désignés. — Imprimés originaires du Brésil.	Port de débarquement du pays de destination.	90	80	10
Pays d'outre-mer autres que ceux ci-dessus désignés. — Imprimés à destination du Brésil.	Port d'embarquement du pays d'origine.	90	80	10

ART. 2.

ministre des affaires étrangères est chargé de l'exécution du
nt décret.

à Versailles, le 16 Août 1874.

Signé M^{al} DE MAC MAHON, duc DE MAGENTA.

des affaires étrangères,
Signé DECAZES.

RÉPUBLIQUE FRANÇAISE.

—

.— DÉCRET *qui fixe la Cotisation à percevoir sur les Trains de Bois*
flotté, pendant l'exercice 1874. (Approvisionnement de Paris.)

Du 6 Juin 1874.

PRÉSIDENT DE LA RÉPUBLIQUE FRANÇAISE,

le rapport du ministre des travaux publics ;

la délibération, en date du 14 décembre 1873, prise par la commu-
des marchands de bois de chauffage, ladite délibération ayant pour
de pourvoir, dans un intérêt commun, aux dépenses que nécessiteront,
t le cours de l'exercice 1874, le transport et la conservation de ces

les lois annuelles de finances ;

Conseil d'État entendu,

E:

1°. Il sera perçu, à titre de cotisation, sur les trains de bois
pendant l'exercice 1874, savoir :

chaque train de dix-huit coupons qui sera flotté sur l'Yonne, en amont de
y, et sur la Cure, quarante-cinq francs (45^f), dont vingt-cinq francs (25^f) se-
sayés à Clamecy et vingt francs (20^f) à Paris, ci.................... 45^f
chaque train de dix-huit coupons qui sera flotté sur le canal de Bour-
, quarante-deux francs (42^f), dont vingt-deux francs (22^f) payables à
y et vingt francs (20^f) à Paris, ci.................................. 42
chaque train de dix-huit coupons qui sera flotté sur l'Yonne, en aval du
de Joigny, et qui ne sera pas composé de bois précédemment tirés en
, quarante et un francs (41^f), dont vingt et un francs (21^f) seront payés
Sens et vingt francs (20^f) à Paris, ci.............................. 41

La portion de cotisation payable à Clamecy, Joigny et Sens s'applique aux
services rendus en cours de navigation sur l'Yonne et au traitement des
gardes-rivières qui y sont établis, ainsi que sur la Cure et la Seine; l'autre
partie, c'est-à-dire vingt francs (20^f), comprend les frais de garage des trains
à Paris.

Pour chaque train de dix-huit coupons provenant, soit de la rivière de Seine,
soit des canaux d'Orléans, de Briare et du Loing, vingt-deux francs (22^f).

maison ducale de Saxe et de celui de Léopold de Belgique, mini
et secrétaire d'État des affaires étrangères;

Lesquels, après avoir échangé leurs pleins pouvoirs respecti
trouvés en bonne et due forme, sont convenus des articles suivai

ART. 1er. Il y aura, entre l'administration des postes de Franc
l'administration des postes du Brésil, un échange périodique et
gulier de lettres, d'échantillons de marchandises et d'imprimé
toute nature, par les moyens de communication et de transport
après désignés, savoir :

1° Par les paquebots à vapeur que le Gouvernement français e
Gouvernement brésilien pourront juger à propos d'entretenir,
fréter ou de subventionner pour opérer le transport des corres
dances entre la France et le Brésil ;

2° Par les bâtiments à vapeur du commerce naviguant entr
ports français et les ports brésiliens ;

3° Par les paquebots à vapeur britanniques faisant un se
régulier entre les ports de la Grande-Bretagne et les ports du B

L'administration des postes de France payera les frais résul
du transport par les bâtiments naviguant sous pavillon fran
des dépêches qui seront expédiées, au moyen de ces bâtiments,
du Brésil pour la France que de la France pour le Brésil.

L'administration des postes de France payera également les f
résultant du transport des dépêches qui seront expédiées de la Fr
pour le Brésil, tant par les bâtiments à vapeur du commerce
guant sous pavillon tiers que par les paquebots britanniques fai
un service régulier entre les ports de la Grande-Bretagne et les p
du Brésil.

De son côté, l'administration des postes du Brésil payera les
résultant du transport par les bâtiments naviguant sous pav
brésilien des dépêches qui seront expédiées, au moyen de ces
ments, tant de la France pour le Brésil que du Brésil pou
France.

L'administration des postes du Brésil payera également les f
résultant du transport des dépêches qui seront expédiées du Br
pour la France, tant par les bâtiments à vapeur du commerce n
guant sous pavillon tiers que par les paquebots britanniques fai
un service régulier entre les ports de la Grande-Bretagne et les p
du Brésil.

2. Les personnes qui voudront envoyer des lettres ordinair
c'est-à-dire non chargées, soit de la France et de l'Algérie pour
Brésil, soit du Brésil pour la France et l'Algérie, pourront, à l
choix, laisser le port desdites lettres à la charge des destinataires
payer ce port d'avance jusqu'à destination.

Le prix du port des lettres adressées de l'un des deux États d
l'autre sera réglé conformément au tarif ci-dessous :

DES LETTRES.	PRIX DE PORT à payer pour chaque lettre et par chaque poids de 10 grammes ou fraction de 10 grammes		SOMME À PAYER POUR CHAQUE LETTRE		
	par les habitants de la France et de l'Algérie.	par les habitants du Brésil.	et par chaque poids de 10 grammes ou fraction de 10 grammes par l'administration des postes de France à l'administration des postes du Brésil pour les lettres transportées entre la frontière française et la frontière brésilienne		et par chaque 3/8 d'once ou fraction de 3/8 d'once par l'administration des postes du Brésil à l'administration des postes de France pour les lettres transportées entre la frontière brésilienne et la frontière française.
			Transport aux frais de la France.	Transport aux frais du Brésil.	Transport aux frais de la France.
	fr. c.	reis.	fr. c.	fr. c.	reis.
affran. — de la France et de l'Algérie pour le Brésil.........	1 00	•	0 25	0 75	•
du Brésil pour la France et l'Algérie..........	•	400	•	•	300
non affranchies — de la France et de l'Algérie pour le Brésil.........	•	400	•	•	•
du Brésil pour la France et l'Algérie...........	1 00	•	0 25	0 75	•

ndépendamment des taxes fixées par l'article 2 précédent, les non affranchies seront passibles, à la charge des destina- , d'un droit fixe de cent vingt reis ou de trente centimes, sui- le cas.

droit sera perçu au profit et pour le compte du Pays de desti-

.es lettres expédiées à découvert (naõ seguras) par la voie de ou par l'intermédiaire des paquebots-poste français, soit mentionnés au tableau A annexé à la présente Conven- r le Brésil, soit du Brésil pour ces mêmes pays, seront entre l'administration des postes de France et l'administra- des postes du Brésil aux conditions énoncées dans ledit tableau. est convenu que, dans le cas où les conditions qui règlent les tions postales de la France avec les pays désignés dans le ta- u A viendraient à être modifiées de manière à influer sur les conditions d'échange fixées par la présente Convention pour les cor- respondances transmises par la voie de la France, ces modifications seraient appliquées de plein droit auxdites correspondances.

5. L'administration des postes de France pourra livrer à l'admi- nistration des postes brésiliennes des lettres chargées à destination du Brésil.

De son côté, l'administration des postes brésiliennes pourra livrer

fonds de la deuxième section du budget de l'exercice 1874 (c
pitre XLIII. — *Travaux de chemins de fer exécutés par l'État*),
crédit de deux millions trois cent soixante - quinze mille fr
(2,375,000ᶠ), applicable à la construction des chemins de fer d'É
nay à Luzarches et d'Arras à Étaples, avec embranchements
Béthune et sur Abbeville.

2. Il sera pourvu à la dépense au moyen des ressources spécia
versées au trésor, à titre de fonds de concours, par voie d'ava
faite par la compagnie du chemin de fer du Nord.

3. Les ministres des travaux publics et des finances sont cha
chacun en ce qui le concerne, de l'exécution du présent décret,
sera inséré au Bulletin des lois.

Fait à Versailles, le 18 Juillet 1874.

Signé M^{al} DE MAC MAHON.

Le Ministre des finances,
Signé P. MAGNE.

Le Ministre des travaux publics,
Signé E. CAILLAUX.

RÉPUBLIQUE FRANÇAISE.

N° 3386. — *Décret qui ouvre un Crédit sur l'exercice 1874, à titre de F
de concours versés au Trésor par la Chambre de commerce du Havre,
l'agrandissement de l'Avant-Port de cette ville.*

Du 18 Juillet 1874.

LE PRÉSIDENT DE LA RÉPUBLIQUE FRANÇAISE,

Sur le rapport du ministre des travaux publics;

Vu la loi du 29 décembre 1873, portant fixation du budget général
recettes et des dépenses de l'exercice 1874, avec la répartition, par e
pitres, des crédits affectés au ministère des travaux publics pour ledit e
cice;

Vu l'article 13 de la loi de finances du 6 juin 1843, portant règlem
définitif du budget de l'exercice 1840, ledit article ainsi conçu :

« Les fonds versés par des départements, des communes et des part
« liers, pour concourir, avec ceux de l'État, à l'exécution de travaux publi
« seront portés en recette aux produits divers du budget; un crédit de
« reille somme sera ouvert par ordonnance royale au ministère des tra
« publics, additionnellement à ceux qui lui auront été accordés par
« budget pour les mêmes travaux, et la portion desdits fonds qui n'aura
« été employée pendant le cours d'un exercice pourra être réimputée,
« la même affectation, aux budgets des exercices subséquents, en v
« d'ordonnances royales qui prononceront l'annulation des sommes res
« sans emploi sur l'exercice expiré; »

Vu la loi du 22 juillet 1870, qui autorise la chambre de commerce d
Havre à faire à l'État une avance montant à sept millions de francs (7,000,000
pour l'agrandissement de l'avant-port du Havre;

les déclarations du receveur central du département de la Seine,
ont qu'il a été versé au trésor, les 25 novembre 1873, 5 janvier, 5 fé-
5 mars, 4-25 avril, 5-26 mai et 5 juin 1874, de nouvelles sommes
t ensemble à neuf cent mille francs, à titre d'à-compte sur l'avance
de sept millions de francs;

lettre du ministre des finances, en date du 16 juillet 1874,

:

. 1er. Il est ouvert au ministre des travaux publics, sur les
de la deuxième section du budget de l'exercice 1874 (cha-
IIIVII. — *Travaux d'amélioration et d'achèvement des ports ma-*
), un crédit de neuf cent mille francs (900,000f).

Il sera pourvu à la dépense au moyen des ressources spéciales
au trésor, à titre de fonds de concours, par voie d'avance
par la chambre de commerce du Havre.

Les ministres des travaux publics et des finances sont chargés,
en ce qui le concerne, de l'exécution du présent décret, qui
inséré au Bulletin des lois.

ait à Versailles, le 18 Juillet 1874.

Signé Mal DE MAC MAHON.

Le Ministre des finances,
Signé P. MAGNE.

Le Ministre des travaux publics,
Signé E. CAILLAUX.

RÉPUBLIQUE FRANÇAISE.

338**7.**—DÉCRET *qui approuve divers Travaux à exécuter et diverses Dépenses
à faire sur l'ancien réseau de la Compagnie du Chemin de fer du Nord.*

Du 25 Juillet 1874.

PRÉSIDENT DE LA RÉPUBLIQUE FRANÇAISE,

le rapport du ministre des travaux publics;

u les loi et décret du 22 mai 1869 [1], portant approbation d'une conven-
passée, le même jour, entre l'Etat et la compagnie du chemin de fer
Nord, et spécialement les articles 5, 6, 7 et 9 de ladite convention;

Vu les projets présentés et demandes faites par la compagnie du che-
de fer du Nord pour que divers travaux à exécuter sur son ancien ré-
soient approuvés par décret délibéré en Conseil d'État, conformément
dispositions de l'article 9 susvisé de la convention du 22 mai 1869;

Vu les rapports de l'inspecteur général et des ingénieurs chargés du con-
le de l'exploitation du réseau de la compagnie du chemin de fer du Nord,
les avis du conseil des ponts et chaussées, des 26 novembre 1873, 25 fé-
, 1er, 15, 22 et 29 avril, 13 et 27 mai, 3 juin 1874;

Le Conseil d'État entendu,

DÉCRÈTE :

---

[1] XIe série, Bull. 1721, n° 16,990.

N° 3398. — Décret du Président de la République française (contre-signé par le ministre de la marine et des colonies) portant ce qui suit. :

1° Les limites de la mer dans l'anse de Maldormant (commune et quartier maritime de Marseille, département des Bouches-du-Rhône), depuis le point où commence la délimitation consacrée par le décret du 17 juin 1857 [1] qu'au point où se termine celle qui a été consacrée par le décret du 1er 1858 [2], sont et demeurent fixées conformément à la ligne brisée A R D tracée en carmin, avec l'indication. : *Limites du rivage de la mer*, sur plan annexé au présent décret.

2° Les droits des tiers sont réservés. (*Versailles, 28 Mai 1874.*)

N° 3399. — Décret du Président de la République française (contre-signé par le ministre de l'instruction publique, des cultes et des beaux-arts) qui autorise le secrétaire perpétuel de l'académie des sciences morales et politiques à recevoir, au nom de cette académie et aux conditions énoncées dans le testament olographe de feu M. *Odilon Barrot*, en date à Bougival, 4 juillet 1869, le legs de cinquante mille francs par lui fait à ladite académie pour la fondation d'un prix à décerner, tous les deux ou trois ans, alternativement, au meilleur ouvrage sur le jury et sur la procédure tant civile que criminelle et au travail le plus libéral et le plus pratique sur l'émancipation de nos administrations municipales et départementales et sur une vraie décentralisation. (*Versailles, 4 Juin 1874.*)

N° 3400. — Décret du Président de la République française (contre-signé par le garde des sceaux, ministre de la justice) portant ce qui suit:

L'ordonnance du 19 janvier 1820, qui assigne six offices d'avoué au tribunal de première instance de Mantes, est modifiée en ce sens que ce nombre est réduit à quatre.

Le décret du 2 novembre 1871, qui assigne douze offices d'huissier au tribunal de première instance de la Châtre, est modifié en ce sens que ce nombre est réduit à onze.

Le décret du 25 juillet 1860, qui assigne dix-sept offices d'huissier au tribunal de première instance d'Arras, est modifié en ce sens que ce nombre est réduit à seize. (*Versailles, 2 Juillet 1874.*)

N° 3401. — Décret du Président de la République française (contre-signé par le ministre de la guerre) portant ce qui suit:

1° Le ministre de la guerre, au nom de l'État, est autorisé à accepter le don de cent francs de rente trois pour cent sur l'État offert par Mme Marie Geneviève Thomas, veuve du chef de bataillon *Carré* (*Louis-Auguste*), chevalier de la Légion d'honneur, tué glorieusement à l'ennemi, devant Metz, 31 août 1870, pour la fondation, en faveur des enfants de troupe du cinquième bataillon de chasseurs à pied, de deux prix annuels de bonne conduite de cinquante francs chacun, afin de perpétuer dans le corps le souvenir de son ancien commandant.

2° Les arrérages annuels de ladite rente seront employés, chaque année, lors de l'inspection générale, conformément aux intentions ci-dessus exprimées. (*Versailles, 14 Juillet 1874.*)

[1] xie série, Bull. 519, n° 4783. [2] xie série, Bull. 519, n° 5751.

3402. — Décret du Président de la République française (contre-signé par le ministre de la marine et des colonies) portant ce qui suit :

Les limites de la mer sur le territoire de la commune de Portirargnes (département de l'Hérault, quartier maritime d'Agde) sont et demeurent fixées conformément à la ligne tracée en bleu, avec l'indication : *Limites du rivage de la mer,* sur le plan annexé au présent décret.

Les droits des tiers sont réservés. [*Versailles, 14 Juillet 1874.*]

3403. — Décret du Président de la République française (contre-signé par le garde des sceaux, ministre de la justice) portant ce qui suit :

1° M. *Serpette* (*Marie-Auguste-Édouard*), propriétaire et maire, né le 8 juillet 1812, à Louvencourt, arrondissement de Doullens (Somme), y demeurant, est autorisé à ajouter à son nom patronymique celui de *de Bersaucourt,* et à s'appeler, à l'avenir, *Serpette de Bersaucourt.*

2° M. *Busquet* (*Noël-Charles-Isambart*), propriétaire, né le 23 février 1821, à Eu (Seine-Inférieure), demeurant à Paris, est autorisé à ajouter à son nom patronymique celui de *de Caumont de Marivault,* et à s'appeler, à l'avenir, *Busquet de Caumont de Marivault.*

3° M. *Mouillesaux* (*Jacques-Auguste-Charles*), interprète attaché à l'administration des douanes impériales chinoises, né le 26 mai 1848, à Varennes-Vauzelles (Nièvre), demeurant à Shang-Haï (Chine),

Et M. *Mouillesaux* (*Gabriel-Emmanuel*), son frère, élève à l'école militaire de Saint-Cyr, né le 9 octobre 1853, à Orléans (Loiret), demeurant à Paris (Seine),

Sont autorisés à ajouter à leur nom patronymique celui de *de Bernières,* et à s'appeler, à l'avenir, *Mouillesaux de Bernières.*

Lesdits impétrants ne pourront se pourvoir devant les tribunaux pour faire opérer, sur les registres de l'état civil, les changements résultant du présent décret, qu'après l'expiration du délai fixé par la loi du 11 germinal an XI, et en justifiant qu'aucune opposition n'a été formée devant le Conseil d'État. (*Versailles, 18 Juillet 1874.*)

3404. — Décret du Président de la République française (contre-signé par le garde des sceaux, ministre de la justice) portant ce qui suit :

1° M. *Le Roy de Lisa* (*Charles-Marie-Jules*), capitaine du génie, né le 16 juin 1840, à Besançon (Doubs), y demeurant, est autorisé à ajouter à son nom patronymique celui de *de Chateaubran,* et à s'appeler, à l'avenir, *Le Roy de Lisa de Chateaubran.*

2° Ledit impétrant ne pourra se pourvoir devant les tribunaux pour faire opérer, sur les registres de l'état civil, le changement résultant du présent décret, qu'après l'expiration du délai fixé par la loi du 11 germinal an XI, et en justifiant qu'aucune opposition n'a été formée devant le Conseil d'État. (*Versailles, 25 Juillet 1874.*)

3405. — Décret du Président de la République française (contre-signé par le garde des sceaux, ministre de la justice) portant ce qui suit :

1° M. *Arnault* (*Henri-Alexandre*), procureur de la République près le tribunal de première instance de la Rochelle (Charente-Inférieure), né le 7 janvier 1831, à Fontenay-le-Comte (Vendée), est autorisé à ajouter à son nom patronymique celui de *de Guesyveau*, et à s'appeler, à l'avenir, *Arnault de veau*.

2° M. *de Bellot* (*Robert-Marie*), étudiant en droit, né le 17 juillet 1 Alger, demeurant à Paris, est autorisé à ajouter à son nom patron celui de *de Chardebœuf de Pradel*, et à s'appeler, à l'avenir, *de Bellot debœuf de Pradel*.

3° Lesdits impétrants ne pourront se pourvoir devant les tribunaux po opérer, sur les registres de l'état civil, les changements résultant du p décret, qu'après l'expiration du délai fixé par la loi du 11 germinal ar en justifiant qu'aucune opposition n'a été formée devant le Conseil (*Versailles, 30 Juillet 1874.*)

N° 3406. — DÉCRET DU PRÉSIDENT DE LA RÉPUBLIQUE FRANÇAISE (con par le garde des sceaux, ministre de la justice) portant ce qui su

1° M. *Cavallier* (*Joseph-Henri-Gabriel*), juge au tribunal de pr tance de Béziers, né le 15 mai 1839, à Montpellier (Hérault), d à Béziers (même département), est autorisé à ajouter à son nom p mique celui de *d'Arnaudy*, et à s'appeler, à l'avenir, *Cavallier d'Arna*

2° M. *Thirion* (*Alexandre-Auguste*), propriétaire, né le 11 août 1 Metz, demeurant à Paris (Seine),

M. *Thirion* (*Oswald-Isidore*), ingénieur civil, né le 10 septembre 1 Metz, demeurant à Paris (Seine),

Et M. *Thirion* (*Alexandre-Henry*), négociant, né le 14 mars 1844, à demeurant à Paris (Seine),

Sont autorisés à ajouter à leur nom patronymique celui de *de Nov* à s'appeler, à l'avenir, *Thirion de Noville*.

3° Lesdits impétrants ne pourront se pourvoir devant les tribunaux faire opérer, sur les registres de l'état civil, les changements résulta présent décret, qu'après l'expiration du délai fixé par la loi du 11 g an XI, et en justifiant qu'aucune opposition n'a été formée devant le d'État. (*Paris, 12 Aout 1874.*)

Certifié conforme :

Paris, le 1ᵉʳ Septembre 1874,

Le Garde des Sceaux, Ministre de la J

A. TAILHAND.

* Cette date est celle de la réception du Ba au ministère de la Justice.

On s'abonne pour le Bulletin des lois, à raison de 9 francs par an, à la caisse de l' nationale ou chez les Receveurs des postes des départements.

IMPRIMERIE NATIONALE. — 1ᵉʳ Septembre 1874.

BULLETIN DES LOIS

DE LA RÉPUBLIQUE FRANÇAISE.

N° 223.

RÉPUBLIQUE FRANÇAISE.

— *Loi qui modifie les limites des départements de la Marne et de la Meuse entre les communes de Charmontois-le-Roi et de Sénard.*

Du 21 Juillet 1874.

(Promulguée au *Journal officiel* du 20 août 1873.)

'ASSEMBLÉE NATIONALE A ADOPTÉ LA LOI dont la teneur suit :

7. 1ᵉʳ. Les polygones cotés A, B, C, sur le plan annexé à la présente loi et contenant ensemble une superficie de trois hectares quarante-six ares soixante-dix centiares (3ʰ 46ᵉ 70ᵉ) sont distraits de la de Charmontois-le-Roi, canton de Dommartin, arrondissement de Sainte-Menehould, département de la Marne, et rattachés commune de Sénard, canton de Triaucourt, arrondissement de le-Duc, département de la Meuse.

La présente modification aura lieu aux conditions stipulées les délibérations des conseils municipaux intéressés, en date 18-20 août 1872, 11 février et 16 mars 1873.

Délibéré en séance publique, à Versailles, le 21 Juillet 1874.

Le Président ,
Signé L. MARTEL.

Les Secrétaires ,
Signé FÉLIX VOISIN, FRANCISQUE RIVE, VANDIER, LOUIS DE SÉGUR.

LE PRÉSIDENT DE LA RÉPUBLIQUE PROMULGUE LA PRÉSENTE LOI.

Signé Mᵃˡ DE MAC MAHON, duc DE MAGENTA.

Le Ministre de l'intérieur,
Signé Gᵃˡ DE CHABAUD LA TOUR.

RÉPUBLIQUE FRANÇAISE.

N° 3408. — *Loi qui érige en municipalité distincte la section de Lizines, dé*
dant de la commune de Lizines-Sognolles (canton de Donnemarie), arrondi
ment de Provins (Seine-et-Marne).

Du 21 Juillet 1874.

(Promulguée au *Journal officiel* du 20 août 1874.)

L'ASSEMBLÉE NATIONALE A ADOPTÉ LA LOI dont la teneur suit :

ART. 1er. Le territoire qui forme actuellement la commune
Lizines-Sognolles, canton de Donnemarie, arrondissement de
vins, département de Seine-et-Marne, est divisé en deux commu
qui auront pour chefs-lieux, l'une Lizines, l'autre Sognolles.

2. La limite entre ces deux communes est déterminée par la li
A, B, C, D, E, F, G, H, figurée au plan ci-annexé par un li
carmin.

3. La présente séparation aura lieu sans préjudice des dr
d'usage ou autres qui peuvent être respectivement acquis.

Les autres conditions de la séparation prononcée seront, s'il
lieu, déterminées par un décret.

Délibéré en séance publique, à Versailles, le 21 Juillet 1874.

Le Président,

Signé L. MARTEL.

Les Secrétaires,

Signé FÉLIX VOISIN, FRANCISQUE RIVE, VAUDI
LOUIS DE SÉGUR.

LE PRÉSIDENT DE LA RÉPUBLIQUE PROMULGUE LA PRÉSENTE LOI.

Signé Mal DE MAC MAHON, duc DE MAGENTA

Le Ministre de l'intérieur,

Signé Gal DE CHABAUD LA TOUR.

RÉPUBLIQUE FRANÇAISE.

N° 3409. — *Loi qui distrait des Territoires des communes de Lascelle, de Sai*
Simon et de Vic-sur-Cère (Cantal), pour en former une commune distincte de
le chef-lieu est fixé à Velzic.

Du 29 Juillet 1874.

(Promulguée au *Journal officiel* du 28 août 1874.)

L'ASSEMBLÉE NATIONALE A ADOPTÉ LA LOI dont la teneur suit :

ART. 1er. Les territoires formant la succursale de Velzic et dépen

des communes de Lascelle et de Saint-Simon (canton nord
ac) et de Vic-sur-Cère (canton de Vic-sur-Cère), arrondisse-
'Aurillac, département du Cantal, formeront, à l'avenir, une
ne distincte dont le chef-lieu est fixé à Velzic et qui en prendra

nite de la nouvelle commune sera déterminée conformément
noir figuré au plan ci-annexé, suivant la ligne pleine.
une de Velzic dépendra du canton nord d'Aurillac.
dispositions qui précèdent auront lieu sans préjudice des
sage ou autres qui pourront être respectivement acquis.
tres conditions de la distraction prononcée seront, s'il y a
par un décret.

en séance publique, à Versailles, le 29 Juillet 1874.

La Président,

Signé L. BUFFET.

Les Secrétaires,

Signé FRANCISQUE RIVE, E. DE CAZENOVE DE PRADINE
LOUIS DE SÉGUR, FÉLIX VOISIN.

PRÉSIDENT DE LA RÉPUBLIQUE PROMULGUE LA PRÉSENTE LOI.

Signé M^{al} DE MAC MAHON, duc DE MAGENTA.

Le Ministre de l'intérieur,

G^{al} DE CHABAUD LA TOUR.

RÉPUBLIQUE FRANÇAISE.

— *LOI qui reporte à l'exercice 1874 une somme de 100,000 francs,
disponible sur l'exercice 1873 (chapitre XXI du Budget du Ministère
l'Intérieur. — Secours aux émigrations politiques).*

Du 5 Août 1874.

(Promulguée au *Journal officiel* du 18 août 1874.)

NATIONALE A ADOPTÉ LA LOI dont la teneur suit :

CLE UNIQUE. La somme de cent mille francs (100,000^f) restant
ible sur le crédit de cinq cent mille francs (500,000^f) ouvert
pitre XXI du budget du ministère de l'intérieur, exercice 1873,
ée au même chapitre, exercice 1874, pour être affectée aux

18.

secours à distribuer aux étrangers réfugiés en France pour politique.

Délibéré en séance publique, à Versailles, le 5 Août 1874.

Le Président,

Signé L. BUFFET.

Les Secrétaires,

Signé E. DE CAZENOVE DE PRADINE, FRANCISQUE RI[...]
VANDIER, FÉLIX VOISIN.

LE PRÉSIDENT DE LA RÉPUBLIQUE PROMULGUE LA PRÉSENTE LOI.

Signé M⁵¹ DE MAC MAHON, duc DE MAGE[...]

Le Ministre de l'intérieur,

Signé G⁵¹ DE CHABAUD LA TOUR.

RÉPUBLIQUE FRANÇAISE.

N° 3411. — *LOI qui autorise la ville de Limoges à contracter un Empru[...] et à s'imposer extraordinairement.*

Du 5 Août 1874.

(Promulguée au *Journal officiel* du 18 août 1874.)

L'ASSEMBLÉE NATIONALE A ADOPTÉ LA LOI dont la teneur suit :

ARTICLE UNIQUE. La ville de Limoges (Haute-Vienne) est aut[...] à emprunter, moyennant un taux d'intérêt qui ne pourra dép[...] six pour cent (6 p. o/o), une somme de deux millions trois cent [...] francs (2,300,000ᶠ), remboursable en vingt-cinq ans, à part[...] 1875, pour subvenir, avec les fonds à provenir du rembourse[...] de la taxe des mobilisés, à l'établissement d'une nouvelle distrib[...] d'eau et à la construction d'égouts.

Cet emprunt sera réalisé au moyen de l'émission d'obligation[...] mille francs chacune, qui seront remises à l'entrepreneur adjud[...] taire des travaux au fur et à mesure de ses besoins.

La même ville est autorisée à s'imposer extraordinairement, [...] dant vingt-cinq ans, à partir de 1875, douze centimes (0ᶠ 12ᶜ) [...] tionnels au principal de ses quatre contributions directes, de[...] rapporter en totalité un million six cent quatre-vingt-sept mille [...] cents francs (1,687,200ᶠ), pour rembourser ledit emprunt en ca[...]

érêts, concurremment avec un prélèvement sur les ressources
aires.

ibéré en séance publique, à Versailles, le 5 Août 1874.

· *Le Président,*

Signé L. BUFFET.

Les Secrétaires,

Signé E. DE CAZENOVE DE PRADINE, FRANCISQUE RIVE,
VANDIER, FÉLIX VOISIN.

PRÉSIDENT DE LA RÉPUBLIQUE PROMULGUE LA PRÉSENTE LOI.

Signé M^{al} DE MAC MAHON, duc DE MAGENTA.

Le Ministre de l'intérieur,

é G^{al} DE CHABAUD LA TOUR.

RÉPUBLIQUE FRANÇAISE.

12. — *DÉCRET qui déclare d'utilité publique l'établissement d'un Chemin
fer d'intérêt local de Vézelise à la limite du département des Vosges, dans
direction de Mirecourt.*

Du 5 Mars 1874.

(Promulgué au *Journal officiel* du 7 mars 1874.)

LE PRÉSIDENT DE LA RÉPUBLIQUE FRANÇAISE,

Sur le rapport du ministre des travaux publics;

Vu l'avant-projet présenté pour l'établissement d'un chemin de fer d'intérêt local de Vézelise à la limite du département des Vosges, dans la direction de Mirecourt ;

Vu le dossier de l'enquête d'utilité publique à laquelle cet avant-projet a
été soumis dans le département de Meurthe-et-Moselle, et notamment le
procès-verbal de la commission d'enquête, en date du 5 décembre 1872 ;

Vu les délibérations, en date des 18 novembre 1871 et 13 avril 1873, par
lesquelles le conseil général de Meurthe-et-Moselle a approuvé l'établissement et la direction du chemin de fer susmentionné et autorisé le préfet à
passer, pour sa construction, un traité avec les sieurs *Tourtèl* et compagnie;

Vu ledit traité, conclu le 8 novembre 1873, ainsi que le cahier des charges
annexé ;

Vu l'avis du conseil général des ponts et chaussées, en date du 19 juin
1873;

Vu la lettre du ministre de la guerre, du 4 août 1873 ;

Vu la lettre du ministre des finances, du 3 septembre 1873 ;

Vu la lettre du ministre de l'intérieur, du 30 octobre 1873 ;

Vu la loi du 3 mai 1841, sur l'expropriation pour cause d'utilité publique;

Vu la loi du 12 juillet 1865, sur les chemins de fer d'intérêt local, et la loi
du 10 août 1871 ;

Le Conseil d'État entendu,

Décrète :

Art. 1ᵉʳ. Est déclaré d'utilité publique l'établissement d'un che̅m̅ de fer de Vézelise à la limite du département des Vosges, dan̅ direction de Mirecourt.

2. Le département de Meurthe-et-Moselle est autorisé à pourvo̅i l'exécution de ce chemin, comme chemin de fer d'intérêt local, s vant les dispositions de la loi du 12 juillet 1865 et conformémen̅t traité passé avec les sieurs *Tourtel* et compagnie et au cahier ; charges y annexé.

Des copies certifiées de ces traité et cahier des charges reste̅m annexées au présent décret.

3. Il est alloué au département de Meurthe-et-Moselle, sur̅. fonds du trésor, par application de l'article 5 de la loi précitée̅. 12 juillet 1865, et sous réserve de l'inscription préalable d'un cr̅é au budget des travaux publics, une subvention de cent quatre-v̅i̅ deux mille francs (182,000ᶠ).

Cette subvention sera payée en termes semestriels égaux, à (époques qui seront ultérieurement déterminées par un décret d̅ béré en Conseil d'État.

Le département devra justifier, avant le payement de cha̅ terme, de l'emploi, en achats de terrains ou en travaux et appr̅o̅ sionnements sur place, d'une somme triple du terme à recevoir.

Le dernier terme ne sera payé qu'après l'achèvement complet (travaux.

4. Aucune émission d'obligations ne pourra avoir lieu qu'en v̅e̅ d'une autorisation donnée par le ministre des travaux publics, concert avec le ministre de l'intérieur, et après avis du ministre (finances.

En aucun cas il ne pourra être émis d'obligations pour une so̅m̅ supérieure au montant du capital-actions.

Aucune émission d'obligations ne pourra, d'ailleurs, être autor̅i̅ avant que les quatre cinquièmes du capital-actions aient été ve̅n̅ et employés en achats de terrains, travaux, approvisionnements t place, ou en dépôt de cautionnement.

5. Les ministres de l'intérieur et des travaux publics sont charg̅é chacun en ce qui le concerne, de l'exécution du présent déc̅r̅ lequel sera inséré au Bulletin des lois.

Fait à Versailles, le 5 Mars 1874.

Signé Mᵃˡ DE MAC MAHON.

Le Ministre des travaux publics,

Signé R. DE LARCY.

TRAITÉ.

L'an mil huit cent soixante-douze, et le huit novembre,

Entre M. *Albert Le Guay,* préfet du département de Meurthe-et-Moselle, agiss̅a̅ au nom du département, en vertu de la délibération du conseil général, en date d̅ 7 septembre 1872, et de celle de la commission de permanence, en date du 1ᵉʳ o̅c̅ tobre 1872.

D'une part,

Et MM. *Tourtel* (*Charles-Jules*), membre du conseil général de Meurthe-et-Moselle, demeurant à Tantonville ;

Langlet (*Jean-Baptiste-Joseph*), banquier à Nancy, vice-président du conseil d'administration du chemin de fer de Nancy à Vézelise ;

Grandgeorge (*Étienne*), propriétaire à Nancy, administrateur du chemin de fer de Nancy à Vézelise ;

Sidrot (*Antoine*), membre du conseil municipal de Nancy ;

Lejeune (*Émile*), négociant à Nancy, administrateur du chemin de fer de Nancy à Vézelise ;

Gérard (*Eugène*), notaire et maire de Diarville ;

Aubry (*Fourier*), négociant à Mirecourt, président du tribunal de commerce de Mirecourt ;

Gaspard (*Émile*), notaire à Mirecourt, membre du conseil d'arrondissement de Mirecourt ;

Évrard (*Auguste*), banquier à Mirecourt, ancien président du tribunal de commerce de Mirecourt ;

Payonne (*Charles-Antoine*), ancien notaire, juge suppléant au tribunal civil de Mirecourt ;

Chappuy (*Émile-Gabriel*), avocat à Mirecourt, ancien maire de Mirecourt ;

Bastien (*Ernest*), ancien négociant, juge au tribunal de commerce de Mirecourt ;

Ulens (*Léon*), ingénieur à Nancy ;

Delmas (*Gaëtan*), membre du conseil général des Vosges, ancien sous-préfet de Mirecourt, maire de Saint-Menge ;

George (*Amédée*), propriétaire à Boulaincourt,

D'autre part,

Il a été convenu ce qui suit :

Art. 1ᵉʳ. Le préfet du département concède à

Tourtel (*Charles-Jules*), membre du conseil général de Meurthe-et-Moselle, demeurant à Tantonville ;

Langlet (*Jean-Baptiste-Joseph*), banquier à Nancy, vice-président du conseil d'administration du chemin de fer de Nancy à Vézelise ;

Grandgeorge (*Étienne*), propriétaire à Nancy, administrateur du chemin de fer de Nancy à Vézelise ;

Sidrot (*Antoine*), membre du conseil municipal de Nancy ;

Lejeune (*Émile*), négociant à Nancy, administrateur du chemin de fer de Nancy à Vézelise ;

Gérard (*Eugène*), notaire et maire de Diarville ;

Aubry (*Fourier*), négociant à Mirecourt, président du tribunal de commerce de Mirecourt ;

Gaspard (*Émile*), notaire à Mirecourt, membre du conseil d'arrondissement de Mirecourt ;

Évrard (*Auguste*), banquier à Mirecourt, ancien président du tribunal de commerce de Mirecourt ;

Payonne (*Charles-Antoine*), ancien notaire, juge suppléant au tribunal civil de Mirecourt ;

Chappuy (*Émile-Gabriel*), avocat à Mirecourt, ancien maire de Mirecourt ;

Bastien (*Ernest*), ancien négociant, juge au tribunal de commerce de Mirecourt ;

Ulens (*Léon*), ingénieur à Nancy ;

Delmas (*Gaëtan*), membre du conseil général des Vosges, ancien sous-préfet d Mirecourt, maire de Saint-Menge ;

George (*Amédée*), propriétaire à Boulaincourt,

qui acceptent et s'engagent à l'exploiter, la section, comprise dans le départemen de Meurthe-et-Moselle, d'un chemin de fer d'intérêt local de Vézelise à Mirecourt, passant à l'est de la côte de Sion par Diarville,

Et ce, aux clauses et conditions du cahier des charges ci-annexé.

2. De leur côté, MM. *Tourtel, Lenglet, Grandgeorge, Sidrot, Lejeune, Gérard, Gaspard, Évrard, Payonne, Chappuy, Bastien, Ulens, Delmas* et *George* s'e exécuter le chemin de fer qui fait l'objet de la présente convention dans un d trois ans, à partir de la livraison des terrains nécessaires à l'établissement de min de fer et de ses dépendances.

3. Le préfet de Meurthe-et-Moselle s'engage, au nom de ce même départ

A. — A livrer aux concessionnaires les terrains nécessaires à l'empla chemin de fer, à ses ouvrages d'art, des gares et stations et de toutes leu dances, suivant les avant-projets dressés par M. l'ingénieur en chef *Dilsc* M. l'ingénieur ordinaire *Bauer*, sans préjudice des modifications qui peuvent tant des enquêtes prescrites par la loi du 3 mai 1841 que des études définitives crites par le titre Ier du cahier des charges et des conférences à ouvrir avec le militaire, et ce, dans un délai d'une année, à partir de la date de l'approbation l'administration, des plans et états parcellaires ;

B. — A exécuter à ses frais toutes les déviations et modifications des chem' routes rencontrés, ainsi que les chemins latéraux et les chemins d'accès aux stations et haltes, pour toutes les parties de ces travaux qui seront en dehors d pendances du chemin de fer ;

C. — A payer aux concessionnaires, à titre de subvention en argent, pour cution dudit chemin, une somme de trois cent quatre-vingt-quatorze mille (394,000'), y compris les subventions à provenir des communes, des parti intéressés et de l'Etat.

4. Le département prélèvera tout d'abord sur les premières subventions nibles, de toute provenance, les fonds nécessaires pour le payement des qui seront acquis à ses risques et périls.

Le surplus des subventions, fixé, quel que soit le prix d'achat des terrains, somme de trois cent quatre-vingt-quatorze mille francs (394,000'), sera versé e les mains des concessionnaires de la manière suivante :

En 1875..	74,000^f
En 1876..	110,000
En 1877..	105,000
En 1878..	105,000
TOTAL ÉGAL................	394,000

Chacune de ces sommes sera versée en deux termes semestriels égaux, *dont* premier sera payé lo 1er avril de chaque année et le second le 1er octobre suivant.

Les concessionnaires devront justifier, avant le payement de chacun des six p miers termes, de l'emploi en travaux, approvisionnements et matériel d'une au moins double de celle qu'ils auront à recevoir, et, avant le payement des derniers termes, de la réception définitive de la ligne.

5. La partie de ladite subvention de trois cent quatre-vingt-quatorze mille f (394,000') qu'il y aura lieu d'imputer sur les fonds départementaux pourra être choix du département, payée en obligations départementales, au porteur ou n natives, émises au pair, rapportant cinq pour cent (5 p. o/o) d'intérêt et amortis sables en un nombre d'annuités pouvant varier de vingt à quarante, les frais de timbre étant à la charge du département et les impôts à la charge des concession-naires.

La somme à imputer sur les fonds départementaux et convertissable ainsi en obli gations départementales ne pourrait être inférieure à cent soixante mille francs (160,000') ni supérieure à deux cent cinquante mille francs (250,000').

Le département aura la faculté de choisir le mode de payement qui lui conviendra jusqu'au jour de la première des échéances fixées par l'article 4.

6. Dans le cas où les concessionnaires auraient justifié de l'emploi en travaux, approvisionnements et matériel d'une somme dépassant les prévisions portées à l'ar ticle 4, les payements que le département aurait encore à leur faire seraient de vancés jusqu'à concurrence des rentrées réalisées par lui sur l'ensemble des subven tions spéciales à la ligne de Vézelise à Mirecourt, quelle qu'en soit l'origine.

7. La présente convention est subordonnée :

A l'obtention du décret portant déclaration d'utilité publique du chemin con-

A l'allocation par l'État d'une subvention de cent quatre-vingt-deux mille francs
) sur les fonds mis à la disposition de l'administration des travaux publics
loi du 12 juillet 1865 ;

la condition que cette subvention sera mise à la disposition du département
délais au moins aussi rapprochés que ceux qui ont été prévus, c'est-à-dire
annuités, de 1874 à 1878 ;

obtention de la concession de la section du chemin de fer comprise dans le
t des Vosges.

l'exécution et l'exploitation du chemin concédé, MM. *Tourtel, Lenglet,*
, *Sidrot, Lejeune, Gérard, Aubry, Gaspard, Evrard, Payonne, Chappuy,*
, *Delmas* et *George* engagent leur garantie personnelle et solidaire, se
droit de former une société anonyme à laquelle ils transféreront les
ligations résultant de la présente convention.

is de timbre et d'enregistrement du présent traité seront à la charge des
es.

double à Nancy, les jour, mois et an susdits.

les signatures :

Signé J. Tourtel, A. Le Guay, Lenglet, Grandgeorge, E. Lejeune,
L. Ulens, Gérard, F. Aubry, Gaëtan Delmas, A. Évrard,
E. Gaspard, E. Chappuy, E. Bastien, Sidrot fils, Payonne,
George.

é conforme au traité annexé au décret du 5 mars 1874, enregistré sous le

Le Conseiller d'État, Secrétaire général,

Signé DE BOUREUILLE.

CAHIER DES CHARGES.

TITRE Ier.

TRACÉ ET CONSTRUCTION.

Art. 1er. Le chemin de fer d'intérêt local de Vézelise à Mirecourt, section comprise
le département de Meurthe-et-Moselle, sera établi en prolongement du chemin
fer d'intérêt local de Nancy à Vézelise. Au sortir de la station de Vézelise, il se
sur Quevilloncourt, Forcelles-Saint-Gorgon, Praye-sous-Vaudémont, passera
es villages de Saint-Firmin et de Housséville, arrivera près de Diarville, rele ruisseau de Bouzanville, passera entre les villages de Bouzanville et de
et se raccordera avec le tracé de la section du même chemin de fer
dans le département des Vosges.

Les travaux devront être commencés six mois au plus tard après la livraison des
par le département et achevés dans les trois années qui suivront cette livrai-

2. La compagnie soumettra à l'approbation du préfet le tracé et le profil du
chemin, ainsi que l'emplacement, l'étendue et les dispositions principales des gares
et stations, et ce, dans un délai de six mois, à partir du décret de concession.

Aucun cours d'eau navigable ou non navigable, aucun chemin public dépendant
soit de la grande, soit de la petite voirie, ne pourra être modifié ou détourné sans
l'autorisation de l'autorité compétente.

Les ouvrages à construire à la rencontre du chemin de fer et desdits cours d'eau
ou chemins ne pourront être entrepris qu'après qu'il aura été reconnu par l'administration que les dispositions projetées sont de nature à assurer le libre écoulement
des eaux ou à maintenir une circulation facile, soit sur les cours d'eau navigables,
soit sur les voies de terre traversées par le chemin de fer.

Après l'approbation des dispositions projetées pour la modification ou la déviation
des routes et chemins rencontrés, et pour la création des chemins latéraux et d'accès,

le service départemental se chargera d'exécuter à ses frais la partie de ces
qui sera en dehors des dépendances du chemin de fer, les limites de ces dép
devant être fixées au besoin par l'autorité préfectorale.

4. La compagnie pourra prendre copie de tous les plans, nivellements
qui pourraient avoir été antérieurement dressés par les soins de l'admin

5. Le tracé et le profil du chemin de fer seront arrêtés sur la production de
d'ensemble. comprenant, pour la ligne entière on pour chaque section de la

1° Un plan général à l'échelle de un dix-millième ;

2° Un profil en long à l'échelle de un cinq-millième pour les longueurs e
millième pour les hauteurs, dont les cotes seront rapportées au niveau
mer, pris pour plan de comparaison ; au-dessous de ce profil, on indiquera, au
de trois lignes horizontales disposées à cet effet, savoir :

La longueur et l'inclinaison de chaque pente et rampe ;

La longueur des parties droites et le développement des parties courbes du
en faisant connaître le rayon correspondant à chacune de ces dernières ;

Les distances kilométriques du chemin de fer, comptées à partir de son

3° Un certain nombre de profils en travers, y compris le profil type de la

4° Un mémoire dans lequel seront justifiées toutes les dispositions
projet et un devis descriptif dans lequel seront reproduites, sous forme de
les indications relatives aux déclivités et aux courbes, déjà données sur le
long.

La position des gares et stations projetées, celle des cours d'eau et des
communication traversés par le chemin de fer, des passages soit à niveau,
dessus, soit en dessous de la voie ferrée, devront être indiqués tant sur
que sur le profil en long, le tout sans préjudice des projets à fournir pour
ces ouvrages.

6. Les terrains seront acquis, les terrassements et les ouvrages d'art exécu
rails posés pour une voie seulement, sauf l'établissement d'un certain no
gares d'évitement.

7. La largeur de la voie entre les bords intérieurs des rails devra être de ur
quarante-quatre centimètres (1″,44 à un mètre quarante-cinq centimètres (1″,

Dans les parties à deux voies, la largeur de l'entre-voie, mesurée entre les
extérieurs des rails, sera de deux mètres (2″.00).

La largeur des accotements, c'est-à-dire des parties comprises de chaque côt
les bords extérieurs du rail et l'arête supérieure du ballast sera de soixante
centimètres (0″,75′ au moins.

La largeur en couronne du profil en travers sera de cinq mètres (5″,00).

La compagnie établira, le long du chemin de fer, les fossés ou rigoles qu
jugés nécessaires pour l'assèchement de la voie et pour l'écoulement des
dimensions de ces fossés et rigoles seront déterminées par l'administration,
les circonstances locales, sur les propositions de la compagnie.

8. Les alignements seront raccordés entre eux par des courbes dont le ra
pourra être inférieur à trois cents mètres (300″,00). Une partie droite de cent
(100″,00) au moins de longueur devra être ménagée entre deux courbes cons
lorsqu'elles seront dirigées en sens contraire.

Le maximum de l'inclinaison des pentes et rampes est fixé à quinze
(0″,015′ par mètre.

Une partie horizontale de cent mètres (100″,00) au moins devra être ménagée
deux fortes déclivités consécutives, lorsque ces déclivités se succéderont en
contraire et de manière à verser leurs eaux sur le même point.

Les déclivités correspondant aux courbes de faible rayon devront être réd
tant que faire se pourra.

La compagnie aura la faculté de proposer aux dispositions de cet article et
de l'article précédent les modifications qui lui paraîtraient utiles ; mais ces
tions ne pourront être exécutées que moyennant l'approbation préalable de
nistration.

9. Si des gares d'évitement sont reconnues nécessaires, leur nombre, leur
et leur emplacement seront déterminés par le préfet, la compagnie entendue.

Le nombre des voies sera augmenté, s'il y a lieu, dans les gares et aux a
ces gares, conformément aux décisions qui seront prises par le préfet, la co
entendue.

Le nombre et l'emplacement des stations de voyageurs et des gares de t également déterminés par le préfet, sur les propositions de la compagnie, enquête spéciale.

pagnie sera tenue, préalablement à tout commencement d'exécution, de an préfet le projet desdites gares, lequel se composera :

plan à l'échelle de un cinq-centième indiquant les voies, les quais, les bâti-eur distribution intérieure, ainsi que les dispositions de leurs abords ;

élévation des bâtiments à l'échelle de un centimètre par mètre ;

mémoire descriptif dans lequel les dispositions essentielles du projet seront

e le chemin de fer devra passer au-dessus d'une route nationale ou dé-, ou d'un chemin vicinal, l'ouverture du viaduc sera fixée par l'admi-iérieure pour les routes et par le préfet pour les chemins, en tenant irconstances locales ; mais cette ouverture ne pourra, dans aucun cas, e à huit mètres (8^m,00) pour la route nationale, à sept mètres (7,^{m}00) route départementale, à cinq mètres (5^m,00) pour un chemin vicinal de communication et à quatre mètres (4^m,00) pour un simple chemin vicinal. les viaducs de forme cintrée, la hauteur sous clef, à partir du sol de la route, cinq mètres (5^m,00) au moins. Pour ceux qui seront formés de poutres hori-en bois ou en fer, la hauteur sous poutre sera de quatre mètres trente cen-(4^m,30) au moins.

rgeur entre les têtes sera au moins de quatre mètres cinquante centimètres . La hauteur de ces parapets sera fixée par l'administration et ne pourra, dans as, être inférieure à quatre-vingts centimètres (0^m,80).

orsque le chemin de fer devra passer au-dessous d'une route nationale ou entale, ou d'un chemin vicinal, la largeur entre les parapets du pont qui ra la route ou le chemin sera fixée par l'administration supérieure pour les et par le préfet pour les chemins, en tenant compte des circonstances lo-mais cette largeur ne pourra, dans aucun cas, être inférieure à huit mètres } pour la route nationale, à sept mètres (7^m,00) pour la route départemen-à cinq mètres (5^m,00) pour un chemin vicinal de grande communication et mètres (4^m,00) pour un simple chemin vicinal.

du pont entre les culées sera au moins de quatre mètres cinquante (4^m,50) et la distance verticale ménagée au-dessus des rails extérieurs de voie pour le passage des trains ne sera pas inférieure à quatre mètres quatre-centimètres (4^m,80).

Dans le cas où des routes nationales ou départementales, ou des chemins vici-naux ou particuliers, seraient traversés à leur niveau par le chemin de fer, devront être posés sans aucune saillie ni dépression sur la surface de ces de telle sorte qu'il n'en résulte aucune gêne pour la circulation des voitures. ucement à niveau du chemin de fer et des routes ne pourra s'effectuer sous de moins de quarante-cinq degrés (45°).

passage à niveau établi sur une route nationale ou départementale sera le barrières ; il y sera en outre établi une maison de garde toutes les fois que en sera reconnue par l'administration.

autres passages à niveau pourront, en général, rester ouverts. Néanmoins, il tabli, les concessionnaires entendus, des barrières et des guérites à ceux de ssages qui donneront lieu à une grande fréquentation.

forme, le type et le mode de manœuvre des barrières seront fixés par l'admi-, sur la proposition des concessionnaires.

Lorsqu'il y aura lieu de modifier l'emplacement ou le profil des routes exis-, l'inclinaison des pentes et rampes sur les routes modifiées ne pourra excéder centimètres (0^m,03) par mètre pour les routes nationales ou départementales centimètres (0^m,05) pour les chemins vicinaux. L'administration restera libre d'apprécier les circonstances qui pourraient motiver une dérogation à cette comme à celle qui est relative à l'angle de croisement des passages à niveau. bien entendu que le présent article n'apporte aucune dérogation au mode de des travaux entre la compagnie concessionnaire et le service départemental, qu'il est indiqué a l'article 3.

14. La compagnie sera tenue de rétablir et d'assurer à ses frais l'écoulement de toutes les eaux dont le cours serait arrêté, suspendu ou modifié par ces travaux, et de prendre les mesures nécessaires pour prévenir l'insalubrité pouvant résulter des chambres d'emprunt.

18...

Les viaducs à construire à la rencontre des rivières, des canaux et des cours quelconques auront au moins quatre mètres cinquante centimètres (4ᵐ,5o) e têtes.

La hauteur et le débouché de chacun d'eux seront déterminés, dans c particulier, par l'administration, suivant les circonstances locales.

15. Les souterrains à établir pour le passage du chemin de fer auront a quatre mètres cinquante centimètres (4ᵐ,5o) de largeur entre les pieds-d niveau des rails ; ils auront cinq mètres cinquante centimètres (5ᵐ,5o) de sous clef au-dessus de la surface du rail. La distance verticale, entre l'intra dessus des rails extérieurs de chaque voie ne sera pas inférieure à quatr quatre-vingts centimètres (4ᵐ,8o). L'ouverture des puits d'aérage et de con des souterrains sera entourée d'une margelle en maçonnerie de deux mètre de hauteur. Cette ouverture ne pourra être établie sur aucune voie publique

16. A la rencontre des cours d'eau flottables ou navigables, la com tenue, à moins d'en être dispensée par le préfet, de prendre toutes les de payer tous les frais nécessaires pour que le service de la navigation ou (n'éprouve ni interruption ni entrave pendant l'exécution des travaux.

A la rencontre des routes nationales ou départementales et des autres ch blics, il sera construit des chemins et ponts provisoires par les soins et a la compagnie, partout où cela sera jugé nécessaire pour que la circulation aucune interruption ni gêne, sauf au département à faire état à la com termes de l'article 3, de la valeur des travaux provisoires qui seraient u lui dans les travaux définitifs.

Un délai sera fixé par l'administration pour l'exécution des travaux défini nés à rétablir les communications interceptées.

17. La compagnie n'emploiera dans l'exécution des ouvrages que des mat bonne qualité ; elle sera tenue de se conformer à toutes les règles de l'art, nière à obtenir une construction parfaitement solide.

Tous les aqueducs, ponceaux, ponts et viaducs à construire à la renco divers cours d'eau et des chemins publics et particuliers seront en maçon en fer, sauf les cas d'exception qui pourront être admis par l'administration.

18. Les voies seront établies d'une manière solide et avec des matériaux de qualité. Le poids des rails sera de trente-cinq kilogrammes (35ᵏ) au moins sur de circulation.

19. Le préfet pourra dispenser les concessionnaires, sur leur proposition, de des clôtures sur tout ou partie du chemin.

20. Tous les terrains nécessaires pour l'établissement du chemin de fer et dépendances, pour la déviation des voies de communication et des cours d' placés, et, en général, pour l'exécution des travaux, quels qu'ils soient', auxqu établissement pourra donner lieu, seront achetés et payés par le dépa remis gratuitement à la compagnie à titre de subvention, et ce, dans un an à partir de la date de l'approbation, par l'administration, des plans p et des états indicatifs des contenances à acquérir.

Les indemnités pour occupation temporaire, pour emprunt ou pour dété des terrains, pour chômage et pour tous dommages quelconques résultant des à la charge de la compagnie, seront supportées et payées par elle.

21. L'entreprise étant d'utilité publique, la compagnie est investie, pour l' tion des travaux dépendant de sa concession, de tous les droits que les lois et ments confèrent à l'administration en matière de travaux publics, soit pour l' sition des terrains par voie d'expropriation, soit pour l'extraction, le transpor dépôt des terres, matériaux, etc., et elle demeure en même temps soumise à les obligations qui dérivent, pour l'administration, de ces lois et règlements.

22. Dans les limites de la zone frontière et dans le rayon de servitude d ceintes fortifiées, la compagnie sera tenue, pour l'étude et l'exécution de ses de se soumettre à l'accomplissement de toutes les formalités et de toutes le tions exigées par les lois, décrets et règlements concernant les travaux mixte

23. Si la ligne du chemin de fer traverse un sol déjà concédé pour l'expl d'une mine, l'administration déterminera les mesures à prendre pour que l' sement du chemin de fer ne nuise pas à l'exploitation de la mine, et réciproqu pour que, le cas échéant, l'exploitation de la mine ne compromette pas l'ex du chemin de fer.

24. Si le chemin de fer doit s'étendre sur des terrains renfermant des

traverser souterrainement, il ne pourra être livré à la circulation avant que
aïions qui pourraient en compromettre la solidité aient été remblayées ou
s. L'administration déterminera la nature et l'étendue des travaux qu'il
ı d'entreprendre à cet effet, et qui seront d'ailleurs exécutés par les soins
s de la compagnie.

l'exécution des travaux, la compagnie se soumettra aux décisions minis-
ıcernant l'interdiction du travail les dimanches et jours fériés.

ravaux seront exécutés sous le contrôle et la surveillance du préfet.

e et la surveillance de l'administration préfectorale auront pour objet
les concessionnaires de s'écarter des dispositions prescrites par le pré-
des charges et de celles qui résulteront des projets approuvés.

esure que les travaux seront terminés sur des parties de chemin de fer
s d'être livrées utilement à la circulation, il sera procédé, sur la demande
pagnie, à la reconnaissance et, s'il y a lieu, à la réception provisoire de
par un ou plusieurs commissaires que l'administration désignera.

ı du procès-verbal de cette reconnaissance, l'administration autorisera,
, la mise en exploitation des parties dont il s'agit; après cette autorisation,
ie pourra mettre lesdites parties en service et y percevoir les taxes ci-après
:s.

, ces réceptions partielles ne deviendront définitives que par la réception
et définitive du chemin de fer.

ès l'achèvement total des travaux, et dans le délai qui sera fixé par l'admi-
, la compagnie fera faire, à ses frais, un bornage contradictoire et un plan
du chemin de fer et de ses dépendances.

expédition dûment certifiée des procès-verbaux de bornage et du plan ca-
sera dressée aux frais de la compagnie et déposée aux archives de la pré-

errains acquis par la compagnie postérieurement au bornage général, en vue
aire aux besoins de l'exploitation, et qui, par cela même, deviendront partie
nte du chemin de fer, donneront lieu, au fur et à mesure de leur acquisition,
bornages supplémentaires et seront ajoutés sur le plan cadastral.

TITRE II.

ENTRETIEN ET EXPLOITATION.

le chemin de fer et toutes ses dépendances seront constamment entretenus
état, de manière que la circulation y soit toujours facile et sûre.

tous d'entretien et ceux auxquels donneront lieu les réparations ordinaires et
ıres seront entièrement à la charge de la compagnie.

hemin de fer, une fois achevé, n'est pas constamment entretenu en bon
sera pourvu d'office, à la diligence de l'administration et aux frais de la
e, sans préjudice, s'il y a lieu, de l'application des dispositions indiquées
dans l'article 39.

ontant des avances faites sera recouvré au moyen de rôles que le préfet rendra
ıres.

la compagnie sera tenue d'établir à ses frais, partout où besoin sera, des gar-
en nombre suffisant pour assurer la sécurité du passage des trains sur la voie et
de la circulation ordinaire sur les points où le chemin de fer sera traversé à ni-
par des routes ou chemins publics.

les machines locomotives seront construites sur les meilleurs modèles; elles
satisfaire d'ailleurs à toutes les conditions prescrites ou à prescrire par l'ad-
tion pour la mise en service de ce genre de machines.

oitures de voyageurs devront également être faites d'après les meilleurs mo-
satisfaire à toutes les conditions réglées ou à régler pour les voitures servant
sport des voyageurs sur les chemins de fer. Elles seront suspendues sur
et garnies de banquettes.

I en aura de trois classes au moins:

les voitures de première classe seront couvertes, garnies, fermées à glaces,
ies de rideaux;

les voitures de deuxième classe seront couvertes, fermées à glaces ou à vitres,
de rideaux, et auront des banquettes et des dossiers rembourrés;

3° Celles de troisième classe seront couvertes, fermées à vitres et auront quettes à dossier. Les banquettes et les dossiers devront être inclinés et les seront élevés à la hauteur de la tête des voyageurs.

L'intérieur de chacun des compartiments de toute classe contiendra l'indi nombre des places de ce compartiment.

Le préfet pourra exiger qu'un compartiment de chaque classe soit réservé, trains de voyageurs, aux femmes voyageant seules.

Les voitures de voyageurs, les wagons destinés au transport des marchand chaises de poste, des chevaux ou des bestiaux, les plates-formes, et en gén les parties du matériel roulant, seront de bonne et solide construction.

La compagnie sera tenue, pour la mise en service de ce matériel, de se à tous les règlements sur la matière.

Les machines locomotives, tenders, voitures, wagons de toute espèce formes, composant le matériel roulant, seront constamment entretenus en

32. Des règlements arrêtés par le préfet, après que la compagnie aura endue, et rendus exécutoires par l'approbation du conseil général du dé détermineront les mesures et les dispositions nécessaires pour assurer l'exploitation du chemin de fer, ainsi que la conservation des ouvrages pendent.

Toutes les dépenses qu'entraînera l'exécution des mesures prescrites c ces règlements seront à la charge de la compagnie.

La compagnie sera tenue de soumettre à l'approbation du préfet les néraux relatifs au service ou à l'exploitation du chemin de fer.

Les règlements dont il s'agit dans les deux paragraphes précédents gatoires non-seulement pour la compagnie concessionnaire, mais encore por celles qui obtiendraient ultérieurement l'autorisation d'établir des lignes de de fer d'embranchement ou de prolongement, et, en général, pour toutes sonnes qui emprunteraient l'usage du chemin de fer.

Le préfet déterminera, sur la proposition de la compagnie, le minimum et mum de vitesse des convois de voyageurs et de marchandises, ainsi que l du trajet.

Le nombre des trains de voyageurs desservant toutes les stations et haltes moins de trois par jour dans chaque sens. Ces trains pourront être mixtes. To le nombre de ces trains pourra être réduit à deux dans chaque sens, si le rev de l'exploitation est inférieur et tant que ce revenu sera inférieur à quatre du capital effectif dépensé par la compagnie concessionnaire, sous forme d'a d'obligations. La compagnie pourra, d'ailleurs, être autorisée par le préfet former, dans chaque sens, un de ces trois trains en un train direct ne desser les stations ou haltes principales.

33. Pour tout ce qui concerne l'entretien et les réparations du chemin d de ses dépendances, l'entretien du matériel et le service de l'exploitation, pagnie sera soumise au contrôle et à la surveillance de l'administration.

Outre la surveillance ordinaire, l'administration déléguera, aussi souvent le jugera utile, un ou plusieurs commissaires pour reconnaître et constater l' chemin de fer, de ses dépendances et du matériel.

TITRE III.

DURÉE, RACHAT ET DÉCHÉANCE DE LA CONCESSION.

34. La durée de la concession pour la ligne mentionnée à l'article 1ᵉʳ du cahier des charges sera de quatre-vingt-quinze ans. Elle commencera à 1ᵉʳ janvier 1877 et finira le 31 décembre 1972.

Toutefois, si la ligne est terminée et reçue avant le 1ᵉʳ janvier 1877, la cc sera autorisée, sans dérogation au paragraphe précédent, à l'exploiter aux de la concession.

35. A l'époque fixée pour l'expiration de la concession, et par le seul fa expiration, le département sera subrogé à tous les droits de la compg¹ chemin de fer et ses dépendances, et il entrera immédiatement en jou ous ses produits.

La compagnie sera tenue de lui remettre en bon état d'entretien le chemin

les immeubles qui en dépendent, quelle qu'en soit l'origine, tels que les
des gares et des stations, les remises, ateliers et dépôts, les maisons de
.etc. Il en sera de même de tous les objets immobiliers dépendant également
hemin, tels que les barrières et clôtures, les voies, changements de voie,
tournantes, réservoirs d'eau, grues hydrauliques, machines fixes, etc.

les cinq dernières années qui précéderont le terme de la concession, le dé-
t aura le droit de saisir les revenus du chemin de fer et de les employer à
n bon état le chemin de fer et ses dépendances, si la compagnie ne se
s en mesure de satisfaire pleinement et entièrement à cette obligation.

ui concerne les objets mobiliers, tels que le matériel roulant, les matériaux,
les et approvisionnements de tous genres, le mobilier des stations, l'ou-
ateliers et des gares, le département sera tenu, si la compagnie le re-
reprendre tous ces objets, sur l'estimation qui en sera faite à dire d'experts,
uement, si le département le requiert, la compagnie sera tenue de les
la même manière.

is, le département ne pourra être tenu de reprendre que les approvision-
nécessaires à l'exploitation du chemin pendant six mois.

l toute époque, après l'expiration des quinze premières années de la conces-
₂ département aura la faculté de racheter la concession entière du chemin

régler le prix du rachat, on relèvera les revenus nets annuels obtenus par la
pendant les sept années qui auront précédé celle où le rachat sera effectué;
ira les produits nets des deux plus faibles années et l'on établira le produit
des cinq autres années.

ait net moyen formera le montant d'une annuité qui sera due et payée
'e pendant chacune des années restant à courir sur la durée de la con-

aucun cas, le montant de l'annuité ne sera inférieur au produit net de la
des sept années prises pour terme de comparaison.

compagnie recevra en outre, dans les trois mois qui suivront le rachat, les
ursements auxquels elle aurait droit à l'expiration de la concession, selon l'ar-
ó ci-dessus.

Si la compagnie n'a pas commencé les travaux ou présenté les projets dans les
fixés par les articles 2 et 3, elle encourra la déchéance, sans qu'il y ait lieu à
notification ou mise en demeure préalable.

te cas, la somme de trente mille francs qui aura été déposée, ainsi qu'il sera
l'article 65, à titre de cautionnement, deviendra la propriété du département
restera acquise.

Faute par la compagnie d'avoir terminé les travaux dans le délai fixé par l'ar-
₂, faute aussi par elle d'avoir rempli les diverses obligations qui lui sont impo-
par le présent cahier des charges, elle encourra la déchéance, et il sera pourvu,
la continuation et à l'achèvement des travaux qu'à l'exécution des autres enga-
contractés par la compagnie au moyen d'une adjudication que l'on ouvrira
ne mise à prix des ouvrages exécutés, des matériaux approvisionnés et des par-
u chemin de fer déjà livrées à l'exploitation.

soumissions pourront être inférieures à la mise à prix.

nouvelle compagnie sera soumise aux clauses du présent cahier des charges, et
pagnie évincée recevra d'elle le prix que la nouvelle adjudication aura fixé.

rtie du cautionnement qui n'aura pas encore été restituée deviendra la pro-
du département.

adjudication ouverte n'amène aucun résultat, une seconde adjudication sera
sur les mêmes bases, après un délai de trois mois. Si cette seconde tentative
également sans résultat, la compagnie sera définitivement déchue de tous
, et alors les ouvrages exécutés, les matériaux approvisionnés et les parties du
de fer déjà livrées à l'exploitation appartiendront au département.

39. Si l'exploitation du chemin de fer vient à être interrompue en totalité ou en
partie, l'administration prendra immédiatement, aux frais et risques de la compagnie, les mesures nécessaires pour assurer provisoirement le service.

Si, dans les trois mois de l'organisation du service provisoire, la compagnie n'a
pas valablement justifié qu'elle est en état de reprendre et de continuer l'exploitation, et si elle ne l'a pas effectivement reprise, la déchéance pourra être prononcée

par le préfet. Cette déchéance prononcée, le chemin de fer et toutes ses dép
seront mis en adjudication, et il sera procédé ainsi qu'il est dit à l'article p

40. Les dispositions des trois articles qui précèdent cesseraient d'être appli
et la déchéance ne serait pas encourue, dans le cas où le concessionnaire n'a
remplir ses obligations par suite de circonstances de force majeure dûment
tées.

TITRE IV.

TAXES ET CONDITIONS RELATIVES AU TRANSPORT DES VOYAGEURS ET DES MARCHANDISES.

41. Pour indemniser la compagnie des travaux et dépenses qu'elle s'engage
par le présent cahier des charges, et sous la condition expresse qu'elle en
exactement toutes les obligations, le département lui accorde l'autorisation d
voir, pendant toute la durée de la concession, les droits de péage et les prix de
port ci-après déterminés :

TARIF.

1° PAR TÊTE ET PAR KILOMÈTRE.

Grande vitesse.

Voyageurs...

Voitures couvertes, garnies, fermées à glaces et munies de rideaux (1re classe).................

Voitures couvertes, fermées à glaces ou à vitres et munies de banquettes et dossiers rembourrés (2e classe).............................

Voitures couvertes et fermées à vitres (3e classe)...

Enfants......

Au-dessous de trois ans, les enfants ne payent rien, à la condition d'être portés sur les genoux des personnes qui les accompagnent.

De trois à sept ans, ils payent demi-place et ont droit à une place distincte; toutefois, dans un même compartiment, deux enfants ne pourront occuper que la place d'un voyageur.

Au-dessus de sept ans, ils payent place entière.

Chiens transportés dans les trains de voyageurs (sans que la perception puisse être inférieure à 0f 30e).........................

Petite vitesse.

Bœufs, vaches, taureaux, chevaux, mulets, bêtes de trait........

Veaux et porcs.......................................

Moutons, brebis, agneaux, chèvres......................

Lorsque les animaux ci-dessus dénommés seront, sur la demande des expéditeurs, transportés à la vitesse des trains de voyageurs, les prix seront doublés.

2° PAR TONNE ET PAR KILOMÈTRE.

Marchandises transportées à grande vitesse.

Huîtres, poissons frais, denrées, excédants de bagages et marchandises de toute classe transportées à la vitesse des trains de voyageurs...

Marchandises transportées à petite vitesse.

1re classe. — Spiritueux. — Huiles. — Bois de menuiserie, de teinture et autres bois exotiques. — Produits chimiques non dénommés. — Œufs. — Viande fraîche. — Gibier. — Sucre. — Café. — Drogues. — Épiceries. — Tissus. — Denrées coloniales. — Objets manufacturés. — Armes...............................

2e classe. — Blés. — Grains. — Farines. — Légumes farineux. — Riz. — Maïs. — Châtaignes et autres denrées alimentaires non dénommées. — Chaux et plâtre. — Charbon de bois. — Bois à brûler dit de corde. — Perches. — Chevrons. — Planches. — Madriers. — Bois de charpente. — Marbre en bloc. — Albâtre. — Bitumes. — Cotons. — Laines. — Vins. — Vinaigres. — Bois-

	PRIX		
	de péage.	de trans- port.	TOTAUX.
	fr. c.	fr. c.	fr. c.

— Bières. — Levûre sèche. — Coke. — Fers. — Cuivres. et autres métaux ouvrés ou non. — Fontes moulées... · Pierres de taille et produits de carrières. — Minerais : le minerai de fer. — Fonte brute. — Sel. — Moel- lières. — Argiles. — Briques. — Ardoises.......... | 0 08 | 0 06 | 0 14

· Houille. — Marne. — Cendres. — Fumiers et engrais. à chaux et à plâtre. — Pavés et matériaux pour la cons- : la réparation des routes. — Minerais de fer. — Cailloux | 0 07 | 0 05 | 0 12

.... | 0 06 | 0 04 | 0 10

ET MATÉRIEL ROULANT TRANSPORTÉS À PETITE VITESSE.

Par pièce et par kilomètre.

: chariot pouvant porter de trois à six tonnes.............	0 15	0 10	0 25
: chariot pouvant porter plus de six tonnes.............	0 20	0 10	0 30
pesant de douze à dix-huit tonnes (ne trainant pas de	2 25	1 50	3 75
pesant plus de dix-huit tonnes (ne trainant pas de con-	3 00	1 50	4 50
sept à dix tonnes.................................	1 35	0 90	2 25
de plus de dix tonnes.............................	2 00	1 00	3 00

machines locomotives seront considérées comme ne trainant le convoi lorsque le convoi remorqué, soit de voyageurs, soit marchandises, ne comportera pas un péage au moins égal à qui serait perçu sur la locomotive avec son tender marchant rien trainer.

prix à payer pour un wagon chargé ne pourra jamais être : r à celui qui serait dû pour un wagon marchant à vide.

: deux ou quatre roues, à un fond et à une seule banquette intérieur	0 18	0 14	0 32
quatre roues, à deux fonds et à deux banquettes dans l'in- , omnibus, diligences, etc.	0 25	0 15	0 40

que, sur la demande des expéditeurs, les transports auront à vitesse des trains de voyageurs, les prix ci-dessus seront

: cas, deux personnes pourront, sans supplément de prix, dans les voitures à une banquette, et trois dans les voi- : eux banquettes, omnibus, diligences, etc. Les voyageurs : t ce nombre payeront le prix des places de troisième

de déménagement à deux ou quatre roues, à vide........	0 20	0 10	0 30
:itures, lorsqu'elles seront chargées, payeront en sus des ci-dessus, par tonne de chargement et par kilomètre........	0 10	0 08	0 18

l' SERVICE DES POMPES FUNÈBRES ET TRANSPORT DE CERCUEILS.

Grande vitesse.

voiture des pompes funèbres renfermant un ou plusieurs cer- :uils sera transportée aux mêmes prix et conditions qu'une voi- :e à quatre roues, à deux fonds et à deux banquettes......... | 0 50 | 0 30 | 0 80

cercueil confié à l'administration du chemin de fer sera :ansporté, dans un compartiment isolé, au prix de............. | 0 18 | 0 12 | 0 30

Les prix déterminés ci-dessus pour les transports à grande vitesse ne comprennent pas l'impôt dû à l'État.

Il est expressément entendu que les prix de transport ne seront dus à la compagnie qu'autant qu'elle effectuerait elle-même ces transports à ses frais et par ses propres moyens; dans le cas contraire, elle n'aura droit qu'aux prix fixés pour le péage.

La perception aura lieu, sur la ligne principale, d'après le nombre de kilomètres qui y seront parcourus. Tout kilomètre entamé sera payé comme s'il avait été par- couru en entier.

Si la distance parcourue est inférieure à quatre kilomètres, elle sera comp[...]
pour quatre kilomètres.

Le poids de la tonne est de mille kilogrammes.

Les fractions de poids ne seront comptées, tant pour la grande que pour la pe[...]
vitesse, que par centième de tonne ou par dix kilogrammes.

Ainsi, tout poids compris entre zéro et dix kilogrammes payera comme dix k[...]
grammes, entre dix et vingt kilogrammes comme vingt kilogrammes, etc.

Toutefois, pour les excédants de bagages et marchandises à grande vitesse[...]
coupures seront établies : 1° de zéro à cinq kilogrammes ; 2° au-dessus de cinq[...]
qu'à dix kilogrammes ; 3° au-dessus de dix kilogrammes par fraction indivisib[...]
dix kilogrammes.

Quelle que soit la distance parcourue, le prix d'une expédition quelconque,[...]
en grande, soit en petite vitesse, ne pourra être moindre de quarante centimes[...]

42. A moins d'une autorisation spéciale et révocable de l'administration, tout t[...]
régulier de voyageurs devra contenir des voitures des trois classes définies à[...]
ticle 41 en nombre suffisant pour toutes les personnes qui se présenteraient a[...]
les bureaux du chemin de fer.

Dans chaque train de voyageurs, la compagnie aura la faculté de placer de[...]
tures à compartiments spéciaux, pour lesquels il sera établi des prix particuliers[...]
l'administration fixera, sur la proposition de la compagnie.

43. Tout voyageur dont le bagage ne pèsera pas plus de trente kilogra[...]
n'aura à payer pour le port de ce bagage aucun supplément du prix de sa pl[...]
Cette franchise ne s'appliquera pas aux enfants transportés gratuitement, et elle s[...]
réduite à vingt kilogrammes pour les enfants transportés à moitié prix.

44. Les animaux, denrées, marchandises, effets et autres objets non désignés dan[...]
tarif seront rangés, pour les droits à percevoir, dans les classes avec lesquelles ils[...]
ront le plus d'analogie, sans que jamais, sauf les exceptions formulées aux article[...]
et 46 ci-après, aucune marchandise non dénommée puisse être soumise à une t[...]
supérieure à celle de la première classe du tarif ci-dessus.

Les assimilations de classes pourront être provisoirement réglées par la compag[...]
mais elles seront soumises immédiatement à l'administration, qui prononcera d[...]
nitivement.

45. Les droits de péage et les prix de transport déterminés au tarif ne sont p[...]
applicables à toute masse indivisible pesant plus de trois mille kilogrammes.

Néanmoins, la compagnie ne pourra se refuser à transporter les masses indivisib[...]
pesant de trois mille à cinq mille kilogrammes ; mais les droits de péage et les p[...]
de transport seront augmentés de moitié.

La compagnie ne pourra être contrainte à transporter les masses indivisibles p[...]
sant plus de cinq mille kilogrammes.

Si, nonobstant la disposition qui précède, la compagnie transporte des masses in[...]
divisibles pesant plus de cinq mille kilogrammes, elle devra, pendant trois mois a[...]
moins, accorder les mêmes facilités à tous ceux qui en feraient la demande.

Dans ce cas, les prix de transport seront fixés par l'administration, sur la propo[...]
sition de la compagnie.

46. Les prix de transport déterminés au tarif ne sont point applicables :

1° Aux denrées et objets qui ne sont pas nommément énoncés dans le tarif et qui[...]
ne pèseraient pas deux cents kilogrammes sous le volume d'un mètre cube ;

2° Aux matières inflammables ou explosibles, aux animaux et objets dangereux,[...]
pour lesquels des règlements de police prescriraient des précautions spéciales ;

3° Aux animaux dont la valeur déclarée excéderait cinq mille francs ;

4° A l'or et à l'argent, soit en lingots, soit monnayés ou travaillés, au plaqué d'or[...]
ou d'argent, au mercure et au platine, ainsi qu'aux bijoux, dentelles, pierres pré[...]
cieuses, objets d'art et autres valeurs ;

5° Et, en général, à tous paquets, colis ou excédants de bagages pesant isolément[...]
quarante kilogrammes et au-dessous.

Toutefois, les prix de transport déterminés au tarif sont applicables à tous paquets[...]
ou colis, quoique emballés à part, s'ils font partie d'envois pesant ensemble plus de[...]
quarante kilogrammes d'objets envoyés par une même personne à une même per[...]
sonne. Il en sera de même pour les excédants de bagages qui pèseraient ensemble ou[...]
isolément plus de quarante kilogrammes.

Le bénéfice de la disposition énoncée dans le paragraphe précédent, en ce qui[...]
concerne les paquets et colis, ne peut être invoqué par les entrepreneurs de mes[...]

et de roulage et autres intermédiaires de transport, à moins que les articles
ix envoyés ne soient réunis en un seul colis.

s les cinq cas ci-dessus spécifiés, les prix de transport seront arrêtés annuelle-
ar l'administration, tant pour la grande que pour la petite vitesse, sur la pro-
de la compagnie.

e qui concerne les paquets ou colis mentionnés au paragraphe 5° ci-dessus,
x de transport devront être calculés de telle manière que, en aucun cas, un
paquets ou colis ne puisse payer un prix plus élevé qu'un article de même
pesant plus de quarante kilogrammes.

Dans le cas où la compagnie jugerait convenable, soit pour le parcours total,
ur le parcours partiel de la voie de fer, d'abaisser, avec ou sans conditions,
des limites déterminées par le tarif les taxes qu'elle est autorisée à per-
s taxes abaissées ne pourront être relevées qu'après un délai de trois mois
s pour les voyageurs et de six mois pour les marchandises.

modification de tarif proposée par la compagnie sera annoncée un mois
par des affiches.

perception des tarifs modifiés ne pourra avoir lieu qu'avec l'homologation du
et, conformément aux dispositions de la loi du 12 juillet 1865.

perception des taxes devra se faire indistinctement et sans aucune faveur.

ut traité particulier qui aurait pour effet d'accorder à un ou plusieurs expédi-
ume réduction sur les tarifs approuvés demeure formellement interdit.

atefois, cette disposition n'est pas applicable aux traités qui pourraient inter-
entre le Gouvernement et la compagnie dans l'intérêt des services publics,
aux réductions ou remises qui seraient accordées par la compagnie aux indigents.
En cas d'abaissement des tarifs, la réduction portera proportionnellement sur le
age et sur le transport.

48. La compagnie sera tenue d'effectuer constamment avec soin, exactitude et cé-
é, et sans tour de faveur, le transport des voyageurs, bestiaux, denrées, mar-
ises et objets quelconques qui lui seront confiés.

s colis, bestiaux et objets quelconques seront inscrits, à la gare d'où ils
nt et à la gare où ils arrivent, sur des registres spéciaux au fur et à mesure de
réception; mention sera faite, sur les registres de la gare de départ, du prix
té pour leur transport.

ur les marchandises ayant une même destination, les expéditions auront lieu
l'ordre de leur inscription à la gare de départ.

Toute expédition de marchandises sera constatée, si l'expéditeur le demande, par
une lettre de voiture, dont un exemplaire restera aux mains de la compagnie et
l'autre aux mains de l'expéditeur. Dans le cas où l'expéditeur ne demanderait pas de
lettre de voiture, la compagnie sera tenue de lui délivrer un récépissé qui énoncera
la nature et le poids du colis, le prix total du transport et le délai dans lequel ce
transport devra être effectué.

49. Les animaux, denrées, marchandises et objets quelconques seront expédiés et
livrés de gare en gare dans les délais résultant des conditions ci-après exprimées :

1° Les animaux, denrées, marchandises et objets quelconques à grande vitesse
seront expédiés par le premier train de voyageurs comprenant des voitures de toutes
classes et correspondant avec leur destination, pourvu qu'ils aient été présentés à
l'enregistrement trois heures avant le départ de ce train.

Ils seront mis à la disposition des destinataires, à la gare, dans le délai de deux
heures après l'arrivée du même train;

2° Les animaux, denrées, marchandises et objets quelconques à petite vitesse
seront expédiés dans le jour qui suivra celui de la remise; toutefois, l'administration
pourra étendre ce délai à deux jours.

Le maximum de durée du trajet sera fixé par l'administration, sur la proposition
de la compagnie, sans que ce maximum puisse excéder vingt-quatre heures par fraction indivisible de cent vingt-cinq kilomètres.

Les colis seront mis à la disposition des destinataires dans le jour qui suivra celui
de leur arrivée effective en gare.

Le délai total résultant des trois paragraphes ci-dessus sera seul obligatoire pour la
compagnie.

Il pourra être établi un tarif réduit, approuvé par le préfet, pour tout expéditeur
qui acceptera des délais plus longs que ceux déterminés ci-dessus pour la petite vitesse.

Pour le transport des marchandises, il pourra être établi, sur la proposition de la compagnie, un délai moyen entre ceux de la grande et de la petite vitesse.

Le prix correspondant à ce délai sera un prix intermédiaire entre ceux de grande et de la petite vitesse.

L'administration déterminera, par des règlements spéciaux et sur la proposition de la compagnie, les heures d'ouverture et de fermeture des gares et stations, tant en hiver qu'en été. Le service de nuit n'est pas obligatoire pour la compagnie.

Lorsque la marchandise devra passer d'une ligne sur une autre sans solution de continuité, les délais de livraison et d'expédition, au point de jonction, seront fixés par l'administration, sur la proposition de la compagnie.

50. Les frais accessoires non mentionnés dans les tarifs, tels que ceux d'enregistrement, de chargement, de déchargement et de magasinage dans les gares et magasins du chemin de fer, seront fixés annuellement par l'administration, sur la proposition de la compagnie.

51. La compagnie sera tenue de faire, soit par elle-même, soit par un intermédiaire dont elle répondra, le factage et le camionnage pour la remise au domicile des destinataires de toutes les marchandises qui lui seront confiées.

Le factage et le camionnage ne seront point obligatoires en dehors du rayon de l'octroi, non plus que pour les gares qui desserviraient, soit une population agglomérée de moins de cinq mille habitants, soit un centre de population de cinq mille habitants situé à plus de cinq kilomètres de la gare du chemin de fer.

Les tarifs à percevoir seront fixés par l'administration, sur la proposition de la compagnie. Ils seront applicables à tout le monde sans distinction.

Toutefois, les expéditeurs et les destinataires seront libres de faire eux-mêmes à leurs frais le factage et le camionnage des marchandises.

52. A moins d'une autorisation spéciale de l'administration, il est interdit à la compagnie, conformément à l'article 14 de la loi du 15 juillet 1845, de faire directement ou indirectement avec des entreprises de transport de voyageurs ou de marchandises par terre ou par eau, sous quelque dénomination ou forme que ce puisse être, des arrangements qui ne seraient pas consentis en faveur de toutes les entreprises desservant les mêmes voies de communication.

L'administration, agissant en vertu de l'article 32 ci-dessus, prescrira les mesures à prendre pour assurer la plus complète égalité entre les diverses entreprises de transports dans leurs rapports avec le chemin de fer.

TITRE V.

STIPULATIONS RELATIVES À DIVERS SERVICES PUBLICS.

53. Les militaires ou marins voyageant en corps, aussi bien que les militaires ou marins voyageant isolément pour cause de service, envoyés en congé limité ou en permission, ou rentrant dans leurs foyers après libération, ne seront assujettis, eux, leurs chevaux et leurs bagages, qu'à la moitié de la taxe du tarif fixé par le présent cahier des charges.

Si le Gouvernement avait besoin de diriger des troupes et un matériel militaire ou naval sur l'un des points desservis par le chemin de fer, la compagnie serait tenue de mettre immédiatement à sa disposition, pour la moitié de la taxe du même tarif, tous ses moyens de transport.

54. Les fonctionnaires ou agents chargés de l'inspection, du contrôle et de la surveillance du chemin de fer seront transportés gratuitement dans les voitures de la compagnie.

La même faculté est accordée aux agents des contributions indirectes et des douanes chargés de la surveillance des chemins de fer dans l'intérêt de la perception de l'impôt.

55. Le service des lettres et dépêches sera fait comme il suit :

1° A chacun des trains de voyageurs et de marchandises circulant aux heures ordinaires de l'exploitation, la compagnie pourra être tenue de réserver gratuitement un compartiment spécial d'une voiture de deuxième classe, ou un espace équivalent, pour recevoir les lettres, les dépêches et les agents nécessaires au service des postes, le surplus de la voiture restant à la disposition de la compagnie.

 des dépêches ou la nature du service rend insuffisante la capacité deux banquettes, de sorte qu'il y ait lieu d'en occuper un deuxième,

pagnie sera tenue de le livrer, et il sera payé à la compagnie, pour la location
ce deuxième compartiment, vingt centimes par kilomètre parcouru.

rsque la compagnie voudra changer les heures de départ de ses convois ordi-
es, elle sera tenue d'en avertir l'administration des postes quinze jours à l'avance.

La compagnie sera tenue de transporter gratuitement, par tous les convois de
geurs, tout agent des postes chargé d'une mission ou d'un service accidentel et
ur d'un ordre de service régulier délivré à Paris par le directeur général des
. Il sera accordé à l'agent des postes en mission une place de voiture de la
me classe, ou de la première classe définie à l'article 31, si le convoi ne com-
pas de voitures de deuxième classe.

L'administration se réserve le droit d'établir à ses frais, sans indemnité, mais
sans responsabilité pour la compagnie, tous poteaux ou appareils nécessaires
ange des dépêches sans arrêt de train, à la condition que ces appareils, par
ature ou leur position, n'apportent pas d'entraves aux différents services de la
ou des stations.

Les employés chargés de la surveillance de la ligne, les agents préposés à
ange ou à l'entrepôt des dépêches, auront accès dans les gares ou stations pour
cution de leur service, en se conformant aux règlements de police intérieure
compagnie.

. La compagnie sera tenue, à toute réquisition, de faire partir par convoi ordi-
les wagons ou voitures cellulaires employés au transport des prévenus, accusés
condamnés.

s wagons et les voitures employés au service dont il s'agit seront construits aux
de l'État ou des départements; leurs formes ou dimensions seront déterminées
concert par le ministre de l'intérieur et par le ministre des travaux publics, la
pagnie entendue.

s employés de l'administration, les gardiens et les prisonniers placés dans les
ons ou voitures cellulaires ne seront assujettis qu'à la moitié de la taxe applicable
places de deuxième classe, telle qu'elle est fixée par le présent cahier des charges.
s gendarmes placés dans les mêmes voitures ne payeront que moitié de la
me taxe.

transport des wagons et des voitures sera gratuit.

ns le cas où l'administration voudrait, pour le transport des prisonniers, faire
ge des voitures de la compagnie, celle-ci serait tenue de mettre à sa disposition
plusieurs compartiments spéciaux de voitures de troisième classe à deux ban-
. Le prix de location en sera fixé à vingt centimes par compartiment et par

Les dispositions qui précèdent seront applicables au transport des jeunes délin-
s recueillis par l'administration pour être transférés dans les établissements
cation.

compagnie devra, de plus, mettre à la disposition de l'administration un com-
ment séparé de deuxième classe pour le transport des aliénés, sur la réquisition
lui en sera faite.

7. Le Gouvernement se réserve la faculté de faire, le long des voies, toutes les
structions, de poser tous les appareils nécessaires à l'établissement d'une ligne
graphique, sans nuire au service du chemin de fer.

ur la demande de l'administration des lignes télégraphiques, il sera réservé,
les gares des villes ou des localités qui seront désignées ultérieurement, le ter-
n nécessaire à l'établissement des maisonnettes destinées à recevoir le bureau
graphique et son matériel.

La compagnie concessionnaire sera tenue de faire garder par ses agents les fils et
reils des lignes électriques, de donner aux employés télégraphiques connais-
ce de tous les accidents qui pourraient survenir à ces fils et appareils et de leur
faire connaître les causes.

En cas de rupture du fil télégraphique, les employés de la compagnie auront à
crocher provisoirement les bouts séparés, d'après les instructions qui leur seront
nées à cet effet.

Les agents de la télégraphie voyageant pour le service de la ligne électrique auront
droit de circuler gratuitement dans les voitures du chemin de fer.

La compagnie sera tenue d'établir à ses frais les fils et appareils télégraphiques
tinés à transmettre les signaux nécessaires pour la sûreté et la régularité de son
ploitation.

Elle pourra, avec l'autorisation du ministre de l'intérieur, se servir des poteaux de
ligne télégraphique de l'État, lorsqu'une semblable ligne existera le long de la v...

La compagnie sera tenue de se soumettre à tous les règlements d'administration
publique concernant l'établissement et l'emploi de ces appareils.

TITRE VI.

CLAUSES DIVERSES.

58. Dans le cas où le Gouvernement ordonnerait ou autoriserait la construction
routes nationales, départementales ou vicinales, de chemins de fer ou de can...
qui traverseraient la ligne objet de la présente concession, la compagnie ne po...
s'opposer à ces travaux; mais toutes les dispositions nécessaires seront prises p...
qu'il n'en résulte aucun obstacle à la construction ou au service du chemin de...
ni aucuns frais pour la compagnie.

59. Toute exécution ou autorisation ultérieure de route, de canal, de chemi...
fer, de travaux de navigation dans la contrée où est situé le chemin de fer...
de la présente concession ou dans toute autre contrée voisine ou éloignée, ne po...
donner ouverture à aucune demande d'indemnité de la part de la compagnie.

60. Le Gouvernement et le département se réservent expressément le droit...
corder de nouvelles concessions de chemins de fer s'embranchant sur le chemi...
fait l'objet du présent cahier des charges ou qui seraient établis en prolongem...
même chemin.

La compagnie ne pourra mettre aucun obstacle à ces embranchements ni ré...
mer, à l'occasion de leur établissement, aucune indemnité quelconque, pourvu q...
n'en résulte aucun obstacle à la circulation, ni aucuns frais particuliers pour la c...
pagnie.

Les compagnies concessionnaires de chemins de fer d'embranchement ou de p...
longement auront la faculté, moyennant les tarifs ci-dessus déterminés et l'obse...
tion des règlements de police et de service établis ou à établir, de faire circuler le...
voitures, wagons et machines sur le chemin de fer objet de la présente concessi...
pour lequel cette faculté sera réciproque à l'égard desdits embranchements et p...
longements. Toutefois, la compagnie ne sera pas tenue d'admettre sur les rai...
matériel dont le poids et les dimensions seraient hors de proportion avec les élé...
constitutifs de ses voies.

Dans le cas où les diverses compagnies ne pourraient s'entendre entre elles...
l'exercice de cette faculté, le Gouvernement ou le préfet statuerait sur les difficu...
qui s'élèveraient entre elles à cet égard.

Dans le cas où une compagnie d'embranchement ou de prolongement joignan...
ligne qui fait l'objet de la présente concession n'userait pas de la faculté de circ...
sur cette ligne, comme aussi dans le cas où la compagnie concessionnaire de c...
dernière ligne ne voudrait pas circuler sur les prolongements et embranchemen...
les compagnies seraient tenues de s'arranger entre elles, de manière que le ser...
de transport ne soit jamais interrompu aux points de jonction des diverses lignes...

Celle des compagnies qui se servira d'un matériel qui ne serait pas sa propri...
payera une indemnité en rapport avec l'usage et la détérioration de ce matér...
Dans le cas où les compagnies ne se mettraient pas d'accord sur la quotité de l'i...
demnité ou sur les moyens d'assurer la continuation du service sur toute la ligne...
le Gouvernement ou le préfet y pourvoirait d'office et prescrirait toutes les mesur...
nécessaires.

La compagnie sera tenue, si l'administration le juge convenable, de partage...
l'usage des stations établies à l'origine des chemins de fer d'embranchement avec le...
compagnies qui deviendraient ultérieurement concessionnaires desdits chemins.

61. La compagnie sera tenue de s'entendre avec tout propriétaire de mines ou
d'usines, ou établissements commerciaux, qui, offrant de se soumettre aux condition...
prescrites ci-après, demanderait un nouvel embranchement; à défaut d'accord, le
préfet statuera sur la demande, la compagnie entendue.

Les embranchements seront construits aux frais des propriétaires de mines et
d'usines, et de manière à ce qu'il ne résulte de leur établissement aucune entrave
à la circulation générale, aucune cause d'avarie pour le matériel, ni aucuns frais
particuliers pour la compagnie.

Leur entretien devra être fait avec soin et aux frais de leurs propriétaires, et sous le

de l'administration. La compagnie aura le droit de faire surveiller par ses
et entretien, ainsi que l'emploi de son matériel sur les embranchements.

istration pourra, à toutes époques, prescrire les modifications qui seraient
es dans la soudure, le tracé ou l'établissement de la voie desdits embran-
et les changements seront opérés aux frais des propriétaires.

tion pourra même, après avoir entendu les propriétaires, ordonner
temporaire des aiguilles de soudure, dans le cas où les établissements
viendraient à suspendre en tout ou en partie leurs transports.

gnie sera tenue d'envoyer ses wagons sur tous les embranchements au-
més à faire communiquer des établissements de mines ou d'usines avec
icipale du chemin de fer.

amènera ses wagons à l'entrée des embranchements.

xpéditeurs ou destinataires feront conduire les wagons dans leurs établisse-
pour les charger ou les décharger, et les ramèneront au point de jonction
ligne principale, le tout à leurs frais.

wagons ne pourront d'ailleurs être employés qu'au transport d'objets et mar-
destinés à la ligne principale du chemin de fer.

ps pendant lequel les wagons séjourneront sur les embranchements parti-
pourra excéder six heures, lorsque l'embranchement n'aura pas plus d'un

nps sera augmenté d'une demi-heure par kilomètre en sus du premier, non
les heures de la nuit, depuis le coucher jusqu'au lever du soleil.

le cas où les limites de temps seraient dépassées, nonobstant l'avertissement
onné par la compagnie, elle pourra exiger une indemnité égale à la valeur
de loyer des wagons pour chaque période de retard après l'avertissement.

traitements des gardiens d'aiguilles et des barrières des embranchements au-
par l'administration seront à la charge des propriétaires des embranchements.

ardiens seront nommés et payés par la compagnie, et les frais qui en résulte-
ni seront remboursés par lesdits propriétaires.

cas de difficulté, il sera statué par l'administration, la compagnie entendue.

propriétaires d'embranchements seront responsables des avaries que le maté-
ssait éprouver pendant son parcours ou son séjour sur ces lignes.

le cas d'inexécution d'une ou de plusieurs des conditions énoncées ci-dessus,
t pourra, sur la plainte de la compagnie, et après avoir entendu le proprié-
t l'embranchement, ordonner par un arrêté la suspension du service et faire
la soudure.

idemniser la compagnie de la fourniture et de l'envoi de son matériel sur
rochements, elle est autorisée à percevoir un prix de douze centimes par
sur le premier kilomètre, et, en outre, quatre centimes par tonne et par ki-
en sus du premier, lorsque la longueur de l'embranchement excédera un
e.

t kilomètre entamé sera payé comme s'il avait été parcouru en son entier.

ompagnie percevra en outre, pendant un délai de dix ans, un droit d'embran-
nt fixe de trente centimes par tonne; le délai de dix ans courra à partir du jour
circulation sur l'embranchement aura été autorisée par le préfet. Seront
ts de ce droit les propriétaires de mines ou d'usines qui auront contribué, par
subvention agréée par le préfet, à la construction du chemin de fer. La percep-
de la taxe d'embranchement sera, d'ailleurs, soumise aux prescriptions de l'ar-
47 ci-dessus.

chargement et le déchargement sur les embranchements s'opéreront aux frais
xpéditeurs et destinataires, soit qu'ils les fassent eux-mêmes, soit que la com-
e du chemin de fer consente à les opérer.

Dans ce dernier cas, ces frais seront l'objet d'un règlement arrêté par l'administration, sur la proposition de la compagnie.

Tout wagon envoyé par la compagnie sur un embranchement devra être payé
comme wagon complet, lors même qu'il ne serait pas complètement chargé.

La surcharge, s'il y en a, sera payée au prix du tarif légal et au prorata du poids
réel. La compagnie sera en droit de refuser les chargements qui dépasseraient le
maximum de cinq mille kilogrammes.

Le maximum sera revisé par l'administration, de manière à être toujours en rapport avec la capacité des wagons.

Les wagons seront pesés à la station d'arrivée par les soins et aux frais de la
pagnie.

62. La contribution foncière sera établie en raison de la surface des terrains
pés par le chemin de fer et ses dépendances; la cote en sera calculée, comme p
canaux, conformément à la loi du 25 avril 1803.

Les bâtiments et magasins dépendant de l'exploitation du chemin de fer
assimilés aux propriétés bâties de la localité. Toutes les contributions auxquel
édifices pourront être soumis seront, aussi bien que la contribution foncière
charge de la compagnie.

63. Les agents et gardes que la compagnie établira, soit pour la percepti
droits, soit pour la surveillance et la police du chemin de fer et de ses dépen
pourront être assermentés et seront, dans ce cas, assimilés aux gardes cham

64. Les frais de visite, de surveillance et de réception des travaux et les f
contrôle de l'exploitation seront supportés par la compagnie.

Afin de pourvoir à ces frais, la compagnie sera tenue de verser chaque a
à la caisse départementale, une somme de cinquante francs par kilomètre de c
de fer concédé.

Si la compagnie ne verse pas la somme ci-dessus réglée aux époques qui aur
fixées, le préfet rendra un rôle exécutoire, et le montant en sera recouvré co
matière de contributions publiques.

65. Avant la signature de l'acte de concession, la compagnie déposera, dan
caisse publique désignée par le préfet, une somme de trente mille francs (3
en numéraire ou en rentes sur l'État calculées conformément à l'ordonn
19 janvier 1825, ou en bons du trésor ou autres effets publics, ou valeurs a
par le préfet, avec transfert, au profit du département, de celles de ces val
seraient nominatives ou à ordre.

Cette somme formera le cautionnement de l'entreprise. Elle sera rendue à l
pagnie par quart et proportionnellement à l'avancement des travaux.

Le dernier quart ne sera remboursé qu'après leur entier achèvement.

66. La compagnie devra faire élection de domicile à Nancy pour ses rappo
l'administration.

Dans le cas où elle ne l'aurait pas fait, toute notification ou signification
adressée sera valable lorsqu'elle sera faite au secrétariat général de la préfec
Meurthe-et-Moselle.

67. Les contestations qui s'élèveraient entre la compagnie et l'administra
sujet de l'exécution et de l'interprétation des clauses du présent cahier des
seront jugées administrativement par le conseil de préfecture du départe
Meurthe-et-Moselle, sauf recours au Conseil d'État.

68. Les frais d'enregistrement sont à la charge de la compagnie concessio

Fait double à Nancy, le 8 novembre 1872, pour être joint au traité en dat
jour.

Suivent les signatures.

Signé A. Le Guay, J. Tourtel, Lenglet, Grandgeorge, E. Le
L. Ulens, Gérard, F. Aubry, E. Bastien, Gaëtan D
A. Évrard, A. George, Gaspard, E. Chappuy, Pa
Sidrot fils.

Certifié conforme au cahier des charges annexé au décret en date du 5
1874, enregistré sous le n° 159.

Le Conseiller d'État, Secrétaire général

Signé DE BOUREUILLE.

RÉPUBLIQUE FRANÇAISE.

—

— Décret qui ouvre un Crédit sur l'exercice 1874, à titre de Fonds
s versés au Trésor par des Départements, des Communes et des
, pour l'exécution de divers Travaux publics.

Du 18 Juillet 1874.

NT DE LA République française,

proposition du ministre des travaux publics;

loi du 29 décembre 1873, portant fixation du budget général des
et des dépenses de l'exercice 1874, avec la répartition, par chapitres,
affectés au ministère des travaux publics pour ledit exercice;

rticle 13 de la loi de finances du 6 juin 1843, portant règlement dé-
l'exercice 1840, ledit article ainsi conçu:

onds versés par des départements, des communes et des particu-
concourir, avec ceux de l'État, à l'exécution de travaux publics
tés en recette aux produits divers du budget; un crédit de pa-
e sera ouvert par ordonnance royale au ministère des travaux
ldditionnellement à ceux qui lui auront été accordés par le bud-
s mêmes travaux, et la portion desdits fonds qui n'aura pas été
pendant le cours d'un exercice pourra être réimputée, avec la
tion, aux budgets des exercices subséquents, en vertu d'or-
royales qui prononceront l'annulation des sommes restées sans
sur l'exercice expiré; »

il ci-annexé des sommes versées dans les caisses du trésor par des
ents, des communes et des particuliers pour concourir, avec les
e l'État, à l'exécution de travaux publics appartenant à l'exercice

lettre du ministre des finances, en date du 16 juillet 1874,

.1er. Il est ouvert au ministère des travaux publics, sur les
du budget de l'exercice 1874 (première et deuxième sections),
t de quatre millions trois cent soixante-huit mille huit cent
francs soixante-dix centimes (4,368,804f 70°).

somme de quatre millions trois cent soixante-huit mille huit
quatre francs soixante-dix centimes (4,368,804f 70°) est répartie
manière suivante entre les chapitres de la première et de la
ème section ci-après désignés, savoir:

2. Il sera pourvu à la dépense autorisée par l'article 1er au des ressources spéciales versées au trésor à titre de fonds de

3. Les ministres des travaux publics et des finances sont c chacun en ce qui le concerne, de l'exécution du présent déc sera inséré au Bulletin des lois.

Fait à Versailles, le 18 Juillet 1874.

Signé M^{al} DE MAC MAH

Le Ministre des finances,
Signé P. MAGNE.

Le Ministre des travaux publi
Signé E. CAILLAUX.

sommes versées dans les caisses du trésor par des départements, des communes particuliers pour concourir, avec les fonds de l'État, à l'exécution de travaux appartenant à l'exercice 1874.

ENTREPRISES AUXQUELLES LES FONDS SONT DESTINÉS.

Iʳᵉ SECTION. (TRAVAUX ORDINAIRES.)

CHAPITRE XI.
ROUTES ET PONTS.

....	Reconstruction de la chaussée de la route nationale n° 3, dans la traverse de Château-Thierry................	3,500ᶠ 0
1ère.....	Travaux d'exhaussement du quai Houardon, à Landerneau (route nationale n° 12)......................	1,000 00
....	Travaux destinés à protéger la route nationale n° 135 et la ville de Riscle contre les inondations de l'Adour........	2,000 00
	Restauration de la chaussée pavée du cours de l'Intendance (route nationale n° 10), entre la place de la Comédie et la place Dauphine, à Bordeaux...	19,500 00
.....	Entretien des routes nationales dans la traverse de Blaye..	289 30
	Entretien des routes nationales dans la traverse de Libourne.	222 06
	Entretien des routes nationales dans la traverse de Bordeaux.........	9,460 00
....	Réparation des chaussées des routes nationales nᵒˢ 20 et 143, dans la traverse de Châteauroux.............	8,700 00
....	Reconstruction d'un aqueduc sous la route nationale n° 5, dans la traverse de Montrond......................	500 00
..	Rescindement de la maison appartenant à Mᵐᵉ *Delsare*, située le long de la route nationale n° 157, dans la traverse de Vendôme.....................	1,500 00
....	Rescindement de la maison du sieur *Barbier*, située le long de la route nationale n° 7, dans la traverse de Briare...	100 00
ol-sonne.	Rescindement de la maison du sieur *Mousseron*, situé le long de la route nationale n° 127, dans la traverse d'Agen.	602 07
......	Reconstruction de la chaussée pavée de la route nationale n° 3, dans la traverse de la rue du Commerce, à Épernay.	11,000 00
......	Construction de trottoirs à Ligny, route nationale n° 4....	1,180 00
......	Amélioration de la route nationale n° 31, aux abords et dans la traverse de Beauvais....................	2,500 00
ais..	Construction de trottoirs et de caniveaux pavés dans la traverse de Fauquembergue (route nationale n° 28).......	225 00
Saône haute-).	Élargissement de la route nationale n° 67, dans la traverse de Gray..........................	8,000 00
e........	Construction d'un égout sous la route nationale n° 5, dans la traverse de Charenton......................	25,000 00
	Entretien de la route nationale n° 10................	1,500 00
Seine-et-Oise..	Construction d'un égout sous les routes nationales nᵒˢ 13 et 183, dans la traverse de Mantes..................	12,000 00
	Arrosage des routes nationales nᵒˢ 10 et 185, dans la traverse de Versailles.....................	2,598 24
Vendée......	Construction d'un aqueduc dans la traverse de la Roche-sur-Yon (route nationale n° 160)..................	3,200 00
Yonne......	Établissement de trottoirs à Ancy-le-Franc, sur le côté gauche de la route nationale n° 6....................	283 17

TOTAL du chapitre XI.............

CHAPITRE XII.
NAVIGATION INTÉRIEURE. — RIVIÈRES.

Aisne........	Travaux d'empierrement du chemin de halage de la rivière d'Aisne, entre le pont de Soissons et la promenade du Mail..............................	3,000 00

DÉPARTEMENTS.	ENTREPRISES AUXQUELLES LES FONDS SONT DESTINÉS.	
Allier........	Réparation du perré de Charmeil-sur-Allier.............	
Ardèche......	Revêtement de la berge de rive droite du Rhône, au quartier de l'île de Perriers............................	
Drôme.......	Entretien du barrage de Ternay.....................	
	Travaux de réparation de la digue de Donzère..........	
Eure........	Travaux de déplacement du bac de Poses, sur la Seine....	
	Construction d'une digue et d'une cale d'embarquement sur la Seine, à Aizier......................	
	Établissement d'une cale d'accès au bac de Lestiac.......	
Gironde......	Construction, sur la Garonne, d'un débarcadère destiné au service du chemin de fer d'intérêt local de Bordeaux à la Sauve................................	
	Construction d'une cale à Port-Neuf, sur la Dordogne.....	
Jura........	Travaux de défense de la rive gauche du Doubs, à Neublans.............................	
Landes......	Travaux de défense de la rive droite de l'Adour, en aval du moulin de Touya..........................	
Loire.......	Entretien du réservoir de Furens..................	
Maine-et-Loire.	Construction d'un port au Pas du-Pin, sur la Loire.......	
	Amélioration du port de Saint-Mainbœuf, sur la Loire, à Villebernier..............................	
Meurthe-et-Moselle.	Frais d'études d'un avant-projet de canalisation de la Meurthe.............................	
	Construction du chemin de halage de la rive gauche de la Moselle, entre les ruisseaux de Garc-le-Coup et des Bouvades................................	1,500
	Frais d'entretien du chemin de halage de la Lys..........	204
Pas-de-Calais..	Frais d'entretien du chemin de halage de la Scarpe.......	27
	Frais d'entretien du chemin de halage de la Lawe........	
	Frais de curage de la Scarpe.....................	
Puy-de-Dôme.	Travaux de défense du chemin d'intérêt commun n° 34, à Brassac............................	
Pyrénées (Basses-).	Entretien des quais de la Nive...................	1,608
Rhône.......	Entretien des quais du Rhône et de la Saône, dans la traversée de Lyon............................	20,000
Tarn.......	Entretien des barrages de Montans et de Lamothe-Gardès, sur le Tarn............................	1,519
Tarn-et-Garonne.	Travaux de défense des rives de la Garonne, à Lamirol, à Speyroux et au Mas-Grenier..................	17,266
	Construction d'une cale d'accès au bac de Cordes, sur la Garonne................................	683

TOTAL du chapitre XII...........

CHAPITRE XIII.

NAVIGATION INTÉRIEURE. — CANAUX.

Nord........	Entretien des ponts établis sur la Sambre française canalisée..............................	5.50
Oise........	Amélioration du port de Pont-l'Évêque, sur le canal latéral à l'Aisne..............................	
Pas-de-Calais..	Reconstruction du pont de halage dit des Vaches, sur le canal de la Sensée......................	

TOTAL du chapitre XIII...........

CHAPITRE XIV.

PORTS MARITIMES, PHARES ET FANAUX.

Calvados.....	Entretien des cales du port de Grand-Camp..............	1,000 00
	Pavage du terre-plein des cales du port de Grand-Camp...	2,500 00
	Travaux de dévasement du port de Honfleur.............	10,000 00

ENTREPRISES AUXQUELLES LES FONDS SONT DESTINÉS.	MONTANT des versements.

Construction d'une cale au port Paradis.................... 1,418ᶠ 86ᶜ
Construction d'une jetée sur le rocher de la Fumée, à Fouras... 2,100 00
Travaux de prolongement du débarcadère submersible de Saint-Bonnet 5,912 31
Construction d'une cale d'embarquement dans le havre du moulin de Plouër, sur la Rance maritime.............. 16,000 00
Entretien des quais de la rive gauche du port de Bordeaux. 11,318 65
Établissement d'un chemin d'accès au débarcadère d'Eyrac. 649 74
Travaux de redressement du chenal du port de By........ 519 00
Reconstruction du débarcadère d'Eyrac 8,000 00
Entretien des ports de Soussans, de Plagne, de Macau, de Blaye, de Plassac et de Bourg 1,778 89
Portion de traitement de l'agent chargé du service des tirages à la mer dans le port de Calais.................. 600 00
Indemnité allouée aux officiers et aux maîtres de port chargés du service des renseignements météorologiques. 360 00
Indemnité allouée aux officiers et aux maîtres de port chargés du service des renseignements météorologiques...... 240 00
Entretien de la côte des Basques........................ 1,600 00
Travaux de modification des vannes de chasse de l'écluse du grand pont de Beauvoir............................ 6,500 00

TOTAL du chapitre XIV 70,497 45

CHAPITRE XV.

ÉTUDES ET SUBVENTIONS POUR TRAVAUX D'IRRIGATION, DE DESSÉCHEMENT ET DE CURAGE.

Frais de curage de ruisseaux non navigables ni flottables... 395 10

IIᵉ SECTION. (TRAVAUX EXTRAORDINAIRES.)

CHAPITRE XXX.

LACUNES DES ROUTES NATIONALES.

Entretien de la route thermale nº 3 *bis*.................. 2,500 00
Construction de la route nationale nº 202, entre Cluses et le col de Châtillon................................ 5,604 00

TOTAL du chapitre XXX........... 8,104 00

CHAPITRE XXXI.

RECTIFICATION DES ROUTES NATIONALES.

Rectification de la route nationale nº 112, dans la traverse de Béziers.................................... 5,250 00
Rectification de la route nationale nº 178, dans la traverse de la ville de la Guerche........................ 15,000 00

TOTAL du chapitre XXXI........... 20,250 00

CHAPITRE XXXIV.

CONSTRUCTION DE PONTS.

Construction du pont du boulevard Saint-Germain, sur la Seine.................. .... 400,000 00

DÉPARTEMENTS.	ENTREPRISES AUXQUELLES LES FONDS SONT DESTINÉS.	MONT... ...ver...
	CHAPITRE XXXV.	
	AMÉLIORATION DES RIVIÈRES.	
Gironde......	Amélioration du port de Viole, sur la Garonne..........	
	Établissement d'un port sur la Garonne (commune de Saint-Maixent)......................................	3...
Meurthe-et-Moselle.	Construction des ponts de Dieulouard, sur la Moselle......	5,000
Pas-de-Calais..	Reconstruction du pont de Vitry, sur la Scarpe.........	15,00
Rhône.......	Travaux de prolongement de la digue de la Mulatière, à Lyon...	10,000
	TOTAL du chapitre XXXV...........	31,2...
	CHAPITRE XXXVI.	
	ÉTABLISSEMENT DE CANAUX DE NAVIGATION.	
Saône-et-Loire.	Établissement de la rigole navigable de l'Arroux.........	36,00
Vendée......	Construction d'un pont tournant à la Charrié, sur le canal de Luçon.....................................	14,37..
	TOTAL du chapitre XXXVI.........	50,3..
	CHAPITRE XXXVII.	
	TRAVAUX D'AMÉLIORATION ET D'ACHÈVEMENT DES PORTS MARITIMES.	
Calvados.....	Travaux d'amélioration du port de Honfleur............	40,00
Gironde......	Prolongement d'un égout sous le cours du Médoc, à Bordeaux....................................	1,250
Manche......	Acquisition de bâtiments et dépendances existant aux abords du quai du port de Barfleur...................	1,090
	Amélioration du port de Carteret...................	20,00
Vendée......	Acquisition d'une partie de la maison Borgnet, située en saillie sur l'alignement du quai Guiné, au port des Sables.	1,33..
	Achèvement du bassin à flot du port des Sables..........	7,1...
	TOTAL du chapitre XXXVII.........	70,819
	CHAPITRE XXXVIII.	
	TRAVAUX DE DÉFENSE CONTRE LES INONDATIONS.	
Maine-et-Loire.	Exhaussement et consolidation des levées de Savennières..	5,000
	Travaux de défense de la ville d'Angers contre les inondations..	10,000
	TOTAL du chapitre XXXVIII........	15,000
	CHAPITRE XXXIX.	
	TRAVAUX DE DESSÉCHEMENT ET D'IRRIGATION.	
Corse........	Travaux de desséchement des marais de Biguglia........	51 ...

ENTREPRISES AUXQUELLES LES FONDS SONT DESTINÉS.	MONTANT des versements.
CHAPITRE XLIII.	
TRAVAUX DE CHEMINS DE FER EXÉCUTÉS PAR L'ÉTAT.	
Construction des chemins de fer de Foix à Tarascon et de Mende à Séverac....................................	2,500,000f 00c
Construction du chemin de fer d'Arras à Étaples, avec embranchements sur Béthune et sur Abbeville.........	970,000 00
TOTAL du chapitre XLIII...........	3,470,000 00

RÉCAPITULATION.

1re SECTION. — TRAVAUX ORDINAIRES.

Routes et ponts..........................	114,859f 84c
Navigation intérieure. — Rivières......................	109,965 56
Navigation intérieure. — Canaux.....................	7,199 42
Ports maritimes, phares et fanaux	70,497 45
Études et subventions pour travaux d'irrigation, de desséchement et de curage........................	395 10

IIe SECTION. — TRAVAUX EXTRAORDINAIRES.

Lacunes des routes nationales	8,104 00
Rectification des routes nationales....................	20,250 00
Construction de ponts	400,000 00
Amélioration des rivières.......................	31,285 00
Établissement de canaux de navigation..............	50,377 12
Travaux d'amélioration et d'achèvement des ports maritimes......................................	70,819 77
Travaux de défense contre les inondations..............	15,000 00
Travaux de desséchement et d'irrigation..............	51 44
Travaux de chemins de fer exécutés par l'État.........	3,470,000 00
TOTAL GÉNÉRAL..............	4,368,804 70

Pour être annexé au décret en date du 18 juillet 1874, enregistré sous le n° ...

Le Ministre des travaux publics,

Signé E. CAILLAUX.

——

84.—DÉCRET DU PRÉSIDENT DE LA RÉPUBLIQUE FRANÇAISE (contre-signé par le garde des sceaux, ministre de la justice) portant ce qui suit :

Décret du 31 janvier 1855, qui assigne cinq offices d'avoué au tribunal de première instance de Fougères (Ille-et-Vilaine), est modifié en ce que ce nombre est réduit à quatre.

Ordonnance du 2 août 1820, qui assigne huit offices d'avoué au tribunal de première instance de Charolles (Saône-et-Loire), est modifiée en ce que ce nombre est réduit à six. (*Paris, 14 Avril 1874.*)

N° 3415.—Décret du Président de la République française (con
par le ministre des travaux publics) portant ce qui suit :

1° Sont déclarés d'utilité publique les travaux à exécuter pour l'é
ment de voies de manœuvre à la gare des usines de la Sambre,
Saint-Quentin à Erquelines (Nord), conformément au plan dressé
du 5 juin 1873 par l'ingénieur de la compagnie, lequel plan re
nexé au présent décret.

2° Pour l'acquisition des terrains nécessaires à l'exécution de
vaux, la compagnie du chemin de fer du Nord est substituée au
comme aux obligations qui dérivent, pour l'administration, de l
3 mai 1841 sur l'expropriation pour cause d'utilité publique.

L'expropriation de ces terrains devra être consommée dans le
deux ans, à partir de la promulgation du présent décret.

3° Ces terrains seront incorporés au chemin de fer du Nord e
retour à l'État à l'expiration de la concession. (*Versailles, 28 Mai 18*

Certifié conforme :

Paris, le 4[*] Septembre 1874

Le Garde des Sceaux, Ministre de la J

A. TAILHAND.

[*] Cette date est celle de la réception du
au ministère de la Justice.

On s'abonne pour le Bulletin des lois, à raison de 9 francs par an, à la caisse de l'Im
nationale ou chez les Receveurs des postes des départements.

IMPRIMERIE NATIONALE. — 4 Septembre 1874.

BULLETIN DES LOIS

DE LA RÉPUBLIQUE FRANÇAISE.

N° 224*.

RÉPUBLIQUE FRANÇAISE.

———

16. — *Loi portant fixation du Budget général des Dépenses et des Recettes de l'exercice 1875.*

Du 5 Août 1874.

(Promulguée au *Journal officiel* du 25 août 1874.)

ssEMBLÉE NATIONALE A ADOPTÉ LA LOI dont la teneur suit :

TITRE Ier.

BUDGET GÉNÉRAL.

———

§ Ier. — *Crédits accordés.*

Ier. Des crédits sont ouverts aux ministres pour les dépenses
les de l'exercice 1875, conformément à l'état A ci-annexé.

crédits s'appliquent :

dette publique et aux dotations, pour....	1,223,199,474'
services généraux des ministères, pour...	1,094,206,608
frais de régie, de perception et 'tation des impôts et revenus publics, ... 247,902,849'	
rembousements et resti- . non-valeurs, primes et ptes, pour............., 19,143,900	267,046,749
ToTAL GÉNÉRAL, conforme à l'état A ci-annexé..	2,584,452,831

§ 2. — *Impôts autorisés.*

2. Dans la loi de finances de 1876, il sera présenté par le Gouv
nement un projet de nouvelle répartition du principal de la con
bution foncière entré les départements.

La contribution des patentes continuera de supporter, comm
1874, quarante-trois centimes (o^f 43°) additionnels extraordin
par franc.

3. Les contributions directes applicables aux dépenses génér
de l'État seront perçues, pour 1875, en principal et en cent
additionnels, conformément à la première partie de l'état B ci-an
et aux dispositions des lois existantes.

Le contingent de chaque département dans les contributions
cière, personnelle-mobilière et des portes et fenêtres est fix
principal aux sommes portées dans l'état C annexé à la présen

4. Continuera d'être faite pour 1875, au profit de l'État, co
mément aux lois existantes, la perception des divers droits,
duits et revenus énoncés dans le premier paragraphe de l'état D
nexé à la présente loi.

5. Les droits de vérification des poids et mesures seront é
par décrets, sans pouvoir dépasser le taux des droits fixés dan
tarifs annexés au décret du 26 février 1873.

6. Les prescriptions de l'article 15 de la loi du 22 juin 1854
remplacées par la disposition suivante :

Chaque avertissement délivré pour le recouvrement des
contributions directes, en exécution des articles 50 et 51 de la lo
15 mai 1818, énoncera les proportions entre la part de la contr
tion revenant à l'État, la part de la contribution revenant au dé
tement, la part de la contribution revenant à la commune et le
de la contribution réclamée au contribuable.

7. Ne sont pas assujetties à la taxe établie par l'article 9 de la
du 16 septembre 1871 les sociétés ayant pour objet exclusif des j
d'adresse ou des exercices spéciaux, tels que chasse, sport nautiq
exercices gymnastiques, jeux de paume, jeux de boules, de tir
fusil, au pistolet, à l'arc, à l'arbalète, etc., et dont les réunions
sont pas quotidiennes.

8. Les paragraphes 1 et 3 de l'article 8 de la loi du 30 décemb
1873 sont remplacés par les dispositions suivantes :

§ 1er. Les savons employés à la préparation, au dégraissage,
teinture et au blanchiment des soies, des laines, des cotons, des
et autres matières textiles à l'état brut ou à l'état de tissus n'aya
pas encore reçu le dernier apprêt que comporte leur fabricatio
pourront être livrés avec décharge de droits, si l'emploi en est suf

ment justifié. Cette justification résultera de l'exercice des fa-
ques qui réclameront le bénéfice de cette exemption. Les frais de
exercices seront à leur charge.

. Le règlement d'administration publique indiqué à l'article 15
minera la forme spéciale de l'application de ces dispositions
briques de savons, et notamment en ce qui regarde l'exception
tie pour les fabriques et teintureries de soie, laines, cotons, fils
es matières textiles.

§ 3. — *Évaluation des voies et moyens et résultat général du budget.*

Les voies et moyens applicables aux dépenses du budget géné-
de l'exercice 1875 sont évalués, conformément à l'état E ci-an-
, à la somme totale de................ 2,588,900,624

s crédits pour les frais de régie, de percep-
d'exploitation des impôts et pour les rem-
ments et restitutions étant fixés à........ 267,046,749

produit net des impôts et revenus publics
ué à................................. 2,321,853,875

D'après les fixations établies par la présente loi, le résultat gé-
du budget de l'exercice 1875 se résume ainsi qu'il suit :

duit net des impôts et revenus............ 2,321,853,875
dits ouverts pour la dette publique et les
ons.................................. 1,223,199,474

applicable au service de l'État........... 1,098,654,401
dits ouverts pour les services généraux des
res.................................. 1,094,206,608

cédant du produit net des impôts et revenus
cs sur les dépenses de l'État............. 4,447,793

Les bons du trésor en circulation ne pourront excéder quatre millions de francs (400,000,000'). Ne sont pas compris dans limite les bons déposés en garantie à la Banque de France, les créés spécialement pour prêts à l'industrie, ni les bons 2-10 et 5-10.

24. Il est ouvert au ministre de la guerre un crédit de quatre lions cinq cent mille francs (4,500,000') pour l'inscription, au public, des pensions militaires à liquider dans le courant de l'1875.

25. Il est ouvert au ministre des finances, sur l'exercice pour l'inscription des pensions civiles, par application de la 9 juin 1853, un crédit supplémentaire de un million cinq cent francs (1,500,000') en sus du produit des extinctions.

TITRE V.

DISPOSITIONS GÉNÉRALES.

26. Le ministre des finances est autorisé à convertir le mo des seize millions quatre cent quatre mille trois cent soixante-n francs des subventions dues, en 1875, à diverses compagnie chemins de fer mentionnées au chapitre xLIV du budget du mini des travaux publics, en quinze annuités au plus, comprenant l rêt et l'amortissement. Cette conversion aura lieu dans la for aux conditions qui concilieront le mieux l'intérêt du trésor a facilité de l'opération.

27. L'autorisation accordée à la ville de Paris, par les lois 6 septembre 1871, 20 décembre 1872 et 29 décembre 1873, mettre en circulation, pendant les années 1871, 1872, 1873 et 18 des bons de la caisse municipale pour une somme qui ne pour excéder soixante millions de francs (60,000,000'), est prorogée qu'au 31 décembre 1875.

28. Toutes contributions directes ou indirectes autres que celles torisées par la présente loi, à quelque titre ou sous quelque déno nation qu'elles se perçoivent, sont formellement interdites, à pei contre les autorités qui les ordonneraient, contre les employés confectionneraient les rôles et tarifs et ceux qui en feraient le recou ment, d'être poursuivis comme concussionnaires, sans préjudice l'action en répétition, pendant trois années, contre tous receveu percepteurs ou individus qui auraient fait la perception, et sans q pour exercer cette action devant les tribunaux il soit besoin d' autorisation préalable.

Il n'est pas, néanmoins, dérogé à l'exécution de l'article 4 de la du 2 août 1829, modifié par l'article 7 de la loi du 7 août 185 relatif au cadastre, non plus qu'aux dispositions des lois des 10 m 1838 et 10 août 1871, sur les attributions départementales,

re 1871 et 21 mai 1873, sur la composition du conseil de la Seine, des 18 juillet 1837 et 24 juillet 1867, sur l'administration communale, des 21 mai 1836 et 11 juillet 1868, sur ins vicinaux, et des 15 mars 1850 et 10 avril 1867, sur l'insprimaire.

ré en séance publique, à Versailles, le 5 Août 1874.

Le Président,

Signé L. BUFFET.

Les Secrétaires,

Signé FÉLIX VOISIN, FRANCISQUE RIVE, VANDIER, E. DE CAZENOVE DE PRADINE.

PRÉSIDENT DE LA RÉPUBLIQUE PROMULGUE LA PRÉSENTE LOI.

Signé M^{al} DE MAC MAHON, duc DE MAGENTA.

Le Ministre des finances,

Signé MATHIEU BODET.

ÉTAT A.   *Budget général, par chapitres, des dépenses de l'exercice 18*

CHAPITRES spéciaux.	MINISTÈRES ET SERVICES.	
	MINISTÈRE DES FINANCES.	
	Ire PARTIE. — DETTE PUBLIQUE ET DOTATIONS.	
	DETTE CONSOLIDÉE.	
Ier.	Rentes 5 p. o/o..	316,0
II.	Rentes 4 1/2 p. o/o...	3,6
III.	Rentes 4 p. o/o..	4
IV.	Rentes 3 p. o/o..	364.
	TOTAL de la dette consolidée...................	748,
	CAPITAUX REMBOURSABLES À DIVERS TITRES.	
V.	Annuités diverses..	4,
VI.	Annuités à la Société générale algérienne...................	4,
VII.	Intérêts et amortissement des obligations trentenaires........	2,4
VIII.	Service des obligations de l'emprunt de 250 millions..........	17,7
IX.	Intérêts et amortissement des emprunts faits à la Banque.......	207,7
X.	Annuité à la compagnie des chemins de fer de l'Est............	20,
XI.	Annuités aux départements, aux villes et aux communes, pour remboursement d'une partie des contributions extraordinaires et réparation des dommages résultant de la guerre.................	17
XI bis.	Annuité pour réparation des dommages causés par le génie militaire.	1,
XII.	Intérêts de capitaux de cautionnements......................	8,
XIII.	Intérêts de la dette flottante du trésor.....................	38,
XIV.	Rachat des péages du Sund et des Belts.....................	
XV.	Redevances annuelles envers l'Espagne pour la délimitation de la frontière des Pyrénées..	
XVI.	Annuités dues aux compagnies de chemins de fer..............	9
XVII.	Intérêts et amortissement de l'emprunt contracté par le Gouvernement sarde pour l'amélioration de l'établissement thermal d'Aix.........	
	TOTAL des capitaux remboursables à divers titres....	325
	DETTE VIAGÈRE.	
XVIII.	Rentes viagères d'ancienne origine.........................	
XIX.	Rentes viagères pour la vieillesse..........................	7,
XX.	Pensions des grands fonctionnaires de l'Empire..............	
XXI.	Pensions de la pairie et de l'ancien Sénat...................	
XXII.	Pensions civiles. (Loi du 22 août 1790.)....................	3,
XXIII.	Pensions à titre de récompense nationale...................	
XXIV.	Pensions militaires...	65,
XXV.	Pensions ecclésiastiques....................................	
XXVI.	Pensions de donataires dépossédés..........................	
XXVII.	Pensions civiles. (Loi du 9 juin 1853.)......................	41,
XXVIII.	Secours aux pensionnaires de l'ancienne liste civile des rois *Louis XVIII* et *Charles X*..	
XXIX.	Pensions et indemnités viagères de retraite aux employés de l'ancienne liste civile et du domaine privé du roi *Louis-Philippe*..............	36
XXX.	Anciens dotataires du Mont-de-Milan........................	5
XXXI.	Annuités à la caisse des dépôts et consignations pour le service des pensions aux anciens militaires de la République et de l'Empire.	3,0
	TOTAL de la dette viagère......................	122,0
	DOTATIONS.	
XXXII.	Traitement du Président de la République...................	60
XXXIII.	Frais de maison du Président de la République...............	30
XXXIV.	Supplément à la dotation de la Légion d'honneur..............	12,0
XXXV.	Subvention à la caisse des invalides de la marine.............	8,0
	TOTAL des dotations, etc......................	20,99
	DÉPENSES DE L'ASSEMBLÉE NATIONALE.	
XXXVI.	Dépenses administratives de l'Assemblée nationale et indemnités des députés..	
	TOTAL pour la dette publique et les dotations......	

MINISTÈRES ET SERVICES.	MONTANT des crédits accordés.

SERVICES GÉNÉRAUX DES MINISTÈRES.

MINISTÈRE DE LA JUSTICE.

Administration centrale.

Personnel.	559,400[f]
Matériel.	88,000

Conseil d'État.

Personnel.	783,300
Matériel.	76,500

Cours et tribunaux.

Cour de cassation.	1,173,600
Cours d'appel.	6,519,143
Cours d'assises.	136,200
Tribunaux de première instance.	10,040,530
Tribunaux de commerce.	176,600
Tribunaux de police.	89,400
Justices de paix.	7,811,600
Justice française en Algérie.	1,139,200

Frais de justice.

Frais de justice criminelle en France et en Algérie, et frais de statistiques.	4,750,000

Dépenses diverses.

Secours et dépenses imprévues.	135,000
Reconstitution des actes de l'état civil de la ville de Paris.	300,000
Dépenses des exercices périmés.	Mémoire.
Dépenses des exercices clos.	Idem.
TOTAL pour le ministère de la justice.	33,777,473

MINISTÈRE DES AFFAIRES ÉTRANGÈRES.

Administration centrale.

Traitement du ministre et personnel de l'administration centrale.	649,200
Matériel de l'administration centrale.	200,000

Traitements des agents du service extérieur.

Traitements des agents politiques et consulaires.	6,060,900
Traitements des agents en inactivité.	120,000

Dépenses variables.

Frais d'établissement.	400,000
Frais de voyages et de courriers.	670,000
Frais de service.	1,800,900
Présents diplomatiques.	40,000
Indemnités et secours.	112,500
Dépenses secrètes.	500,000
Missions et dépenses extraordinaires, dépenses imprévues.	500,000
Frais de location et charges accessoires de l'hôtel affecté à la résidence de l'ambassade ottomane.	52,000
Subvention accordée à l'émir Abd-el-Kader.	150,000
Dépenses des exercices périmés non frappées de déchéance.	Mémoire.
Dépenses des exercices clos.	Idem.
TOTAL pour le ministère des affaires étrangères.	11,255,500

CHAPITRES spéciaux.	MINISTÈRES ET SERVICES.	

MINISTÈRE DE L'INTÉRIEUR.

Administration centrale.

Ier.	Traitement du ministre et personnel de l'administration centrale....	1,5
II.	Matériel et dépenses diverses des bureaux.........................	3(

Administration générale.

III.	Traitements et indemnités des fonctionnaires administratifs des départements..	4,95
IV.	Abonnements pour frais d'administration des préfectures et sous-préfectures..	5,8
V.	Inspections générales administratives............................	19
VI.	Subvention pour l'organisation et l'entretien des corps de sapeurs-pompiers...	7

Service télégraphique.

VII.	Personnel des lignes télégraphiques..............................	9,90
VIII.	Matériel des lignes télégraphiques...............................	1,0

Sûreté publique.

IX.	Dépenses des commissariats de l'émigration	3(
X.	Traitements et indemnités des commissaires de police.............	1,70
XI.	Subvention à la ville de Paris pour la police municipale	6,9
XII.	Frais de police de l'agglomération lyonnaise.....................	1,25
XIII.	Dépenses secrètes de sûreté publique	7,00

Prisons.

XIV.	Personnel du service des prisons et des établissements pénitentiaires.	1,6
XV.	Dépenses pour l'entretien et le transport des détenus, acquisitions et constructions;....................................	13,3(
XVI.	Remboursement sur le produit du travail des condamnés...........	3,31(

Subventions et secours.

XVII.	Subventions aux départements. (Loi du 10 août 1871.)..........	1,00
XVIII.	Subventions aux établissements généraux de bienfaisance...........	86(
XIX.	Secours à des établissements et institutions de bienfaisance.......	70(
XX.	Dépenses intérieures et frais d'inspection et de surveillance du service des enfants assistés.....................	95(
XXI.	Secours personnels à divers titres, frais de rapatriement, etc.......	1,01(
XXII.	Secours aux réfugiés étrangers	42(
XXIII.	Dépenses du matériel des cours d'appel........................	53(
XXIV.	Dépenses des exercices périmés non frappées de déchéance.........	Mémo
XXV.	Dépenses des exercices clos....................................	Idem

Service extraordinaire.

XXVI.	Impressions et frais accessoires pour l'exécution de la loi du 11 juillet 1868..	10(
XXVII.	Indemnités à d'anciens fonctionnaires sardes devenus Français......	7(
XXVIII.	Reconstruction des palais de justice de Paris, d'Angers et d'Amiens..	2,7(
XXIX.	Subvention pour faciliter l'achèvement des chemins vicinaux ordinaires et d'intérêt commun...................	5,750(
XXX.	Dépenses de la délégation du ministère à Versailles	11,8
XXXI.	Subvention pour l'acquittement des loyers. (Loi du 21 avril 1871.) — Quatrième annuité.........................	7,50(
XXXII.	Liquidation des dépenses de guerre incombant au ministère de l'intérieur. — Quatrième à-compte	6,000,0(
	TOTAL pour le ministère de l'intérieur........	81,812,1

SERVICE DU GOUVERNEMENT GÉNÉRAL CIVIL
DE L'ALGÉRIE.

Administration centrale. (Personnel.)	493,690
Administration centrale. (Matériel.)	82,000
Publications, expositions, missions.	46,000
Administration provinciale, départementale et cantonale.	2,023,805
Prisons	1,036,200
Service télégraphique.	1,110,700
Justice, cultes, instruction publique.	435,850
Enregistrement, domaines, timbre.	984,200
Contributions directes, cadastre.	629,150
Perceptions. (Contributions diverses, poudres à feu, poids et mesures.)	837,910
Forêts	802,882
Postes	817,500
Topographie	621,900
Service maritime et sanitaire.	395,910
Colonisation	2,430,000
Travaux publics. — Service ordinaire	4,075,017
Travaux publics. — Service extraordinaire.	7,361,100
Dépenses secrètes	80,000
Dépenses des exercices périmés non frappés de déchéance.	Mémoire.
Dépenses des exercices clos.	Idem.
TOTAL pour le gouvernement général civil de l'Algérie...	24,165,814

RÉCAPITULATION.

Dépenses du ministère de l'intérieur	81,810,235
Dépenses du gouvernement général civil de l'Algérie.	24,165,814
TOTAL pour le ministère de l'intérieur et le gouvernement général civil de l'Algérie	105,976,049

MINISTÈRE DES FINANCES.

1ʳᵉ PARTIE. — SERVICE GÉNÉRAL.

Administration centrale des finances.

Personnel	5,931,150
Matériel	1,320,000
Impressions	2,250,000
Dépenses diverses	287,600

Monnaies et médailles.

Personnel	62,400
Matériel.	81,400
Dépenses diverses.	29,900
Fabrication des monnaies de bronze	85,000

Exercices périmés et clos.

Dépenses des exercices périmés non frappées de déchéance.	155,000
Dépenses des exercices clos.	Mémoire.

Cour des comptes.

Personnel	1,469,700
Matériel et dépenses diverses.	84,800

Service de trésorerie.

Frais de trésorerie.	1,200,000
Traitements et émoluments des trésoriers payeurs généraux et des receveurs des finances.	7,000,000
TOTAL pour le service général du ministère des finances...	19,956,950

CHAPITRES spéciaux.	MINISTÈRES ET SERVICES.	

MINISTÈRE DE LA GUERRE.

Ier.	Traitement du ministre et personnel de l'administration centrale	
II.	Matériel de l'administration centrale........................	
III.	Dépôt général de la guerre......................	
IV.	États-majors..............................	
V.	Gendarmerie	
VI.	Solde et prestations en nature....................	
VII.	Fourrages	
VIII.	Service de marche.............................	
IX.	Habillement..................................	
X.	Lits militaires	
XI.	Transports généraux...........................	
XII.	Recrutement et réserve.........................	
XIII.	Justice militaire	
XIV.	Remonte générale et harnachement.................	
XV.	Établissements et matériel de l'artillerie et des équipages militaires.	
XVI.	Établissements et matériel du génie................	
XVII.	Écoles militaires...............................	
XVIII.	Invalides de la guerre..........................	
XIX.	Solde de non-activité, solde et traitement de réforme.............	
XX.	Secours	
XXI.	Dépenses secrètes..............................	
XXII.	Dépenses des exercices périmés non frappées de déchéance.........	
XXIII.	Dépenses des exercices clos	

TOTAL pour le ministère de la guerre....

MINISTÈRE DE LA MARINE ET DES COLONIES.

SERVICE GÉNÉRAL.

Ier.	Traitement du ministre et personnel de l'administration centrale.....	
II.	Matériel de l'administration centrale.....................	
III.	Dépôt des cartes et plans de la marine	
IV.	États-majors et équipages à terre et à la mer. (Personnel naviguant.)	
V.	Troupes....................................	
VI.	Corps entretenus et agents divers. (Personnel non naviguant.)......	
VII.	Maistrance, gardiennage et surveillance....................	
VIII.	Hôpitaux et vivres.............................	

IX.	Salaires d'ou-	1re partie. — Constructions navales.....	16,634,000
	vriers......	2e partie. — Artillerie................	1,505,000
X.	Approvisionne-		
	ments géné-	1re partie. — Constructions navales.....	26,618,875
	raux de la	2e partie. — Artillerie et poudres	3,000,000
	flotte......		

XI.	Travaux hydrauliques et bâtiments civils.....................	
XII.	Justice maritime..............................	
XIII.	École navale et boursiers de la marine..................	
XIV.	Frais généraux d'impressions et achats de livres.............	
XV.	Frais de passage, de rapatriement, de pilotage et de voyage; dépenses diverses et ostréiculture	
XVI.	Traitements temporaires........................	

SERVICE COLONIAL.

XVII.	Personnel civil et militaire aux colonies...................	
XVIII.	Matériel civil et militaire aux colonies...................	
XIX.	Service pénitentiaire	
XX.	Subvention au service local des colonies	
XXI.	Dépenses des exercices périmés non frappées de déchéance.........	
XXII.	Dépenses des exercices clos......................	

TOTAL pour le ministère de la marine et des colonies...... 158,59

MINISTÈRE DE L'INSTRUCTION PUBLIQUE, DES CULTES ET DES BEAUX-ARTS.

1re SECTION. — INSTRUCTION PUBLIQUE. — SCIENCES ET LETTRES. — ÉTABLISSEMENTS SCIENTIFIQUES ET LITTÉRAIRES.

Traitement du ministre et personnel de l'administration centrale.....	599,400
Matériel de l'administration centrale........................	127,900
Inspecteurs généraux de l'instruction publique....................	316,000
Services généraux de l'instruction publique....................	270,000
Administration académique............................	1,183,500
École normale supérieure............................	372,110
Facultés....................................	5,124,581
Bibliothèque de l'Université...........................	30,000
École des hautes études; encouragements aux membres du corps enseignant, souscriptions aux ouvrages utiles à l'enseignement.....	300,000
Institut national de France...........................	667,200
Académie de médecine.............................	75,500
Collége de France..............................	315,000
Muséum d'histoire naturelle..........................	722,380
Établissements astronomiques.........................	531,088
École des langues orientales vivantes.....................	130,200
École des chartes..............................	57,000
École d'Athènes...............................	52,500
Bibliothèque nationale. — Dépenses ordinaires..................	495,750
Bibliothèque nationale. — Confection des catalogues...............	50,000
Bibliothèques publiques, bibliothèque et musée d'Alger.............	258,200
Archives nationales..............................	182,000
Sociétés savantes...............................	78,000
Subvention au Journal des savants.......................	15,000
Souscriptions scientifiques et littéraires....................	190,000
Encouragements aux savants et gens de lettres.................	200,000
Voyages et missions scientifiques, publication de documents provenant de missions scientifiques et littéraires................	100,500
Recueil et publication de documents inédits de l'histoire de France ...	120,000
Préparation et publication de la carte des Gaules................	20,000
Frais généraux de l'instruction secondaire...................	133,000
Lycées et colléges communaux.........................	3,887,200
Dépenses extraordinaires des lycées......................	800,000
Bourses et dégrèvements............................	1,130,000
Inspection des écoles primaires........................	1,529,322
Dépenses d'instruction primaire imputables sur les fonds généraux de l'État....................................	16,542,608
Dépenses d'instruction primaire spéciales à l'Algérie.............	86,000
Dépenses des exercices périmés non frappées de déchéance..........	Mémoire.
Dépenses des exercices clos..........................	Idem.
TOTAL pour la 1re section	**36,683,939**

2e SECTION. — BEAUX-ARTS ET MUSÉES.

Personnel de l'administration centrale	192,000
Matériel de l'administration centrale.....................	40,000
Établissements des beaux-arts.........................	454,400
Ouvrages d'art et décoration d'édifices publics................	921,000
Exposition des œuvres des artistes vivants...................	245,000
Théâtres nationaux et conservatoire de musique................	1,616,000
Souscriptions aux ouvrages d'art.......................	136,000
Encouragements et secours..........................	264,000
Monuments historiques............................	1,100,000
Musées nationaux...............................	640,480
Palais du Luxembourg.............................	112,000
Manufactures nationales............................	809,950
Dépenses des exercices périmés non frappées de déchéance..........	Mémoire.
Dépenses des exercices clos..........................	Idem.
TOTAL pour la 2e section	**6,520,830**

Les bons du trésor en circulation ne pourront excéder quatre cent millions de francs (400,000,000'). Ne sont pas compris dans cette limite les bons déposés en garantie à la Banque de France, les bons créés spécialement pour prêts à l'industrie, ni les bons 2-10, 3 et 5-10.

24. Il est ouvert au ministre de la guerre un crédit de quatre millions cinq cent mille francs (4,500,000') pour l'inscription, au trésor public, des pensions militaires à liquider dans le courant de l'année 1875.

25. Il est ouvert au ministre des finances, sur l'exercice 1875, pour l'inscription des pensions civiles, par application de la loi du 9 juin 1853, un crédit supplémentaire de un million cinq cent mille francs (1,500,000') en sus du produit des extinctions.

TITRE V.

DISPOSITIONS GÉNÉRALES.

26. Le ministre des finances est autorisé à convertir le montant des seize millions quatre cent quatre mille trois cent soixante-quinze francs des subventions dues, en 1875, à diverses compagnies de chemins de fer mentionnées au chapitre XLIV du budget du ministère des travaux publics, en quinze annuités au plus, comprenant l'intérêt et l'amortissement. Cette conversion aura lieu dans la forme et aux conditions qui concilieront le mieux l'intérêt du trésor avec la facilité de l'opération.

27. L'autorisation accordée à la ville de Paris, par les lois des 6 septembre 1871, 20 décembre 1872 et 29 décembre 1873, de mettre en circulation, pendant les années 1871, 1872, 1873 et 1874, des bons de la caisse municipale pour une somme qui ne pourra excéder soixante millions de francs (60,000,000'), est prorogée jusqu'au 31 décembre 1875.

28. Toutes contributions directes ou indirectes autres que celles autorisées par la présente loi, à quelque titre ou sous quelque dénomination qu'elles se perçoivent, sont formellement interdites, à peine contre les autorités qui les ordonneraient, contre les employés qui confectionneraient les rôles et tarifs et ceux qui en feraient le recouvrement, d'être poursuivis comme concussionnaires, sans préjudice de l'action en répétition, pendant trois années, contre tous receveurs, percepteurs ou individus qui auraient fait la perception, et sans que pour exercer cette action devant les tribunaux il soit besoin d'une autorisation préalable.

Il n'est pas, néanmoins, dérogé à l'exécution de l'article 4 de la loi du 2 août 1829, modifié par l'article 7 de la loi du 7 août 1850, relatif au cadastre, non plus qu'aux dispositions des lois des 10 mai 1838 et 10 août 1871, sur les attributions départementales, des septembre 1871 et 21 mai 1873, sur la composition du conseil de la Seine, des 18 juillet 1837 et 24 juillet 1867, sur l'ad-ation communale, des 21 mai 1836 et 11 juillet 1868, sur ins vicinaux, et des 15 mars 1850 et 10 avril 1867, sur l'ins-n primaire.

béré en séance publique, à Versailles, le 5 Août 1874.

Le Président,

Signé L. BUFFET.

Les Secrétaires,

Signé FÉLIX VOISIN, FRANCISQUE RIVE, VANDIER,
E. DE CAZENOVE DE PRADINE.

LE PRÉSIDENT DE LA RÉPUBLIQUE PROMULGUE LA PRÉSENTE LOI.

Signé M^{al} DE MAC MAHON, duc DE MAGENTA.

Le Ministre des finances,

Signé MATHIEU BODET.

CHAPITRES spéciaux.	MINISTÈRES ET SERVICES.	

RÉCAPITULATION.

1ʳᵉ SECTION. Service ordinaire......................................

2ᵉ SECTION. Travaux extraordinaires...........................

TOTAL pour le ministère des travaux publics.....

MINISTÈRE DES FINANCES.

___

3ᵉ PARTIE. — FRAIS DE RÉGIE, DE PERCEPTION ET D'EXPLOITATION DES IMPÔTS ET REVENUS PUBLICS.

CONTRIBUTIONS DIRECTES, TAXES PERÇUES EN VERTU DE RÔLES ET CADASTRE.

(Service administratif des contributions directes et autres taxes dans les départements.)

| L. | Personnel.. | 3,3 |
| LI. | Dépenses diverses... | 2,2 |

CADASTRE.

| LII. | Frais d'arpentage et d'expertise. (Dépenses à la charge du budget de l'État.)... | |
| LIII. | Frais de mutations cadastrales................................. | |

FRAIS DE PERCEPTION DES CONTRIBUTIONS DIRECTES ET AUTRES TAXES.

| LIV. | Remises aux percepteurs, indemnités aux porteurs de contraintes et frais judiciaires.. | 12,0 |
| LV. | Secours aux percepteurs réformés, aux veuves et orphelins de percepteurs.. | |

ENREGISTREMENT, DOMAINES ET TIMBRE.

(Service administratif, de perception et d'exploitation dans les départements.)

LVI.	Personnel..	16,31
LVII.	Matériel...	1,12
LVIII.	Dépenses diverses...	1,4

FORÊTS.

(Service administratif et de surveillance dans les départements.)

LIX.	Personnel..	5
LX.	Matériel...	3,
LXI.	Constructions, reboisement et gazonnement.....................	2,
LXII.	Dépenses diverses...	1,

DOUANES.

(Service administratif, de perception et d'exploitation dans les départements.)

LXIII.	Personnel..	25,1
LXIV.	Matériel...	
LXV.	Dépenses diverses...	3,
LXVI.	Dépenses du service des douanes en Algérie....................	1,212

CONTRIBUTIONS INDIRECTES.

*(Service administratif, de perception et d'exploitation
dans les départements.)*

Personnel...	25,930,
Matériel...	584,
Dépenses diverses...	6,510,
Avances recouvrables..	796,1

MANUFACTURES DE L'ÉTAT.

(Frais de régie et d'exploitation dans les départements.)

Personnel...	1,687,9
Matériel...	18,160,0
Dépenses diverses...	353,6
Avances recouvrables..	160,0
Achats et transports...	42,690,0

POSTES.

*(Service administratif, de perception et d'exploitation
dans les départements.)*

Personnel...	29,918,56
Matériel...	13,308,64
Dépenses diverses...	1,424,57
Subventions...	25,734,87
TOTAL des frais de régie et de perception....	247,902,84

**4ᵉ PARTIE. — REMBOURSEMENTS ET RESTITUTIONS,
NON-VALEURS, PRIMES ET ESCOMPTES.**

Dégrèvements et non-valeurs sur les taxes perçues en vertu de rôles..	108,900
Remboursements sur produits indirects et divers..................	6,814,000
Annuité de remboursement au trésor des sommes avancées pour indemnités d'expropriation des fabriques d'allumettes..............	3,000,000
Répartitions de produits d'amendes, saisies et confiscations attribués à divers	7,361,000
Primes à l'exportation de marchandises.........................	380,000
Escomptes sur divers droits....................................	1,400,000
Remboursement au département de l'Oise (article 3 de la loi du 28 mars 1874)..	80,000
TOTAL des remboursements et restitutions......	19,143,900

RÉCAPITULATION

DU BUDGET GÉNÉRAL DES DÉPENSES DE L'EXERCICE 1875.

et dotations..		1,223,199,47
Ministère de la justice...........................	33,777,478	
Ministère des affaires étrangères..................	11,255,600	
Ministère de l'intérieur et gouvernement général civil de l'Algérie — Service du ministère de l'Intérieur..... 81,810,235ᶠ / Service du gouvernement général civil de l'Algérie...... 24,165,814	105,976,049	
Ministère des finances...........................	19,956,950	1,094,206,60
Ministère de la guerre............................	493,776,321	
Ministère de la marine et des colonies.............	158,699,542	
Ministère de l'instruction publique, des cultes et des beaux-arts.................................	96,852,514	
Ministère de l'agriculture et du commerce.........	17,063,040	
Ministère des travaux publics — Service ordinaire.... 76,702,490ᶠ / Travaux extraordinaires..... 80,246,729	156,949,219	
régie, de perception et d'exploitation des impôts et revenus publics....	247,902,84	
et restitutions, non-valeurs, primes et escomptes............	19,143,90	
TOTAL du budget des dépenses de l'exercice 1875.......		2,584,452,83

RÉCAPITULATION.

1re SECTION. Service ordinaire..............................
2e SECTION. Travaux extraordinaires........................

TOTAL pour le ministère des travaux publics......

MINISTÈRE DES FINANCES.

—

5e PARTIE. — FRAIS DE RÉGIE, DE PERCEPTION ET D'EXPLOITATION DES IMPÔTS ET REVENUS PUBLICS.

CONTRIBUTIONS DIRECTES, TAXES PERÇUES EN VERTU DE RÔLES ET CADASTRE.

(Service administratif des contributions directes et autres taxes dans les départements.)

L.	Personnel...........................
LI.	Dépenses diverses..................

CADASTRE.

LII.	Frais d'arpentage et d'expertise. (Dépenses à la charge du budget de l'État.)..................
LIII.	Frais de mutations cadastrales..................

FRAIS DE PERCEPTION DES CONTRIBUTIONS DIRECTES ET AUTRES

LIV.	Remises aux percepteurs, indemnités aux porteurs de contraintes, frais judiciaires..................
LV.	Secours aux percepteurs réformés, aux veuves et orphelins des percepteurs..................

ENREGISTREMENT, DOMAINES ET TIMBRE.

(Service administratif, de perception et d'exploitation dans les départements.)

LVI.	Personnel..................
LVII.	Matériel..................
LVIII.	Dépenses diverses..................

FORÊTS.

(Service administratif et de surveillance ...)

LIX.	Personnel..................
LX.	Matériel..................
LXI.	Constructions, reboisement et gazonnement..................
LXII.	Dépenses diverses..................

(Service administratif de ... dans les dé...)

LXIII.	Personnel..................
LXIV.	Matériel..................
LXV.	Dépenses diverses..................
LXVI.	Dépenses du service des douanes..................

			par affectation de contributions.

Personnel . . . . .
Matériel . . . .
Dépenses . . . .
Avances . . . .

Personnel . . . . .
Matériel . . . .
Dépenses . . . .
Avances . . . .
Achats et . . . .

Personnel . . . .
Ma . . . .
Dépenses . . . . .
Mat . . . .

| | | | 382,721,200 |

. . . .	5,425,000		
Ministère de			
Ministère des affaires . . .	3,328,000		
. . . . . . et	25,296,000		
gouvernement			
général de l'Algérie	9,984,000		
Ministère des . . .			
Ministère de . . .			140,814,000
Ministère de . . .			
Ministère de . . .			
des . . .			
Ministère . . .			
Ministère			
des travaux			
publics.		86,000	
régie, de . . .			
. . . . . et . . .	,000	92,119,000	140,814,000

pour dépenses générales du budget. Le produit de ces

NATURE ET OBJET DES IMPOSITIONS.			foncière.	
		Centimes additionnels.		
	Report	»	62,366,000	
Fonds pour dépenses départementales. (Suite.) — **Budget départemental extraordinaire.**	Centimes additionnels extraordinaires sur les quatre contributions directes à recouvrer en vertu de l'article 40 de la loi du 10 août 1871 (*maximum,* *12 centimes*) et en vertu de lois spéciales .... { pour dépenses de l'instruction primaire...	»	95,000	
	{ pour dépenses autres que celles de l'instruction primaire...	»	25,143,000	
Fonds pour dépenses communales.	Centimes pour dépenses ordinaires (*maximum,* *5 centimes*)	»	8,650,000	
	Centimes pour dépenses extraordinaires (*approuvés par des actes du Gouvernement, par des arrêtés des préfets, votés par les conseils municipaux dans les limites légales ou imposés d'office en vertu de l'art. 39 de la loi du 18 juillet 1837*).	»	44,412,000	
	Centimes pour frais de bourses et chambres de commerce (y compris le fonds de non-valeurs).	»	»	
	Centimes pour dépenses des chemins vicinaux (*maximum, 5 centimes*)	»	7,822,000	
	Centimes pour dépenses de l'instruction primaire { autorisés par la loi du 15 mars 1850 (*maximum, 3 centimes*).	»	4,962,000	
	{ autorisés par l'article 8 de la loi du 10 avril 1867 (*maximum, 4 centimes*).	»	1,109,000	
	Centimes pour frais de perception des impositions communales (*3 centimes du montant de ces impositions*)	»	2,028,737	
	Fonds de 8 centimes sur le principal des patentes attribué aux communes par l'article 32 de la loi du 25 avril 1844.	»	»	
	Fonds provenant de l'augmentation du produit des patentes attribuée au compte spécial établi en exécution de l'article 19 de la loi du 18 juillet 1866, sur les courtiers de marchandises.	»	»	
	Fonds pour secours en cas de grêle, inondations et autres cas fortuits	1	1,713,000	
Fonds de non-valeurs	sur le principal des contributions foncière, personnelle-mobilière et des portes et fenêtres (décharges et réductions non susceptibles de réimposition, remises et modérations).	1	1,713,000	
	sur le principal de la contribution des patentes (décharges, réductions, remises et modérations, et frais d'expédition des formules de patentes).	»	»	
	A reporter	2	160,613,737	

	des patentes.		TOTAUX	
	Centimes additionnels.		par nature de contributions.	par affectation de contributions.
1,764,000ᶠ	»	8,437,000ᶠ	92,119,000ᶠ	140,814,000ᶠ
15,000	»	33,000	170,000	
4,994,000	»	11,273,000	48,526,000	
»	»	. . »	11,085,000	
8,087,000	»	14,427,000	77,942,000	
»	»	537,000	537,000	
1,379,000	»	2,617,000	13,712,000	
379,000	»	2,241,000	9,555,000	126,171,510
431,000	»	1,509,000	3,644,000	
336,068	»	671,121	3,560,510	
»	»	6,136,000	6,136,000	
»	»	708,000	708,000	708,000
»	»	» »	2,200,000	2,200,000
1,032,000	»	»	3,232,000	
»	5	3,835,000	3,835,000	
11,037,068	5	52,424,121	276,960,510	269,893,510

NATURE ET OBJET DES IMPOSITIONS.	foncière.		
	Centimes additionnels.		Centimes additionnels.
Report......................	2	160,013,737^f	2
Fonds de non-valeurs. *(Suite.)* Centimes à ajouter au montant des impositions départementales pour leur contribution à la formation du fonds de non-valeurs. (*Art. 14 de la loi du 8 juillet 1852 et art. 11 de la loi du 4 septembre 1871.*)......................	»	876,040	»
Centimes à ajouter au montant des impositions communales pour leur contribution à la formation du fonds de non-valeurs. (*Art. 14 de la loi du 8 juillet 1852 et art. 11 de la loi du 4 septembre 1871.*)..................	»	669,550	»
Fonds de réimpositions.....................	»	77,000	»
Centimes pour frais de confection de rôles spéciaux d'impositions extraordinaires........................	»	17,900	»
Totaux...............	2	161,654,227	2
2/5 de la taxe de premier avertissement pour les rôles confectionnés aux frais de l'État spéciaux......................			
Total des fonds pour dépenses spéciales..............			
Total des fonds pour dépenses générales........	»	171,300,000^f	17
Taxe de premier avertissement.......................			
Total des fonds pour dépenses spéciales........	2	161,654,227	2
Taxe de premier avertissement.......................			
Total Général des contributions directes..	2	332,954,227	19

(A) 3 centimes sur 380,000 avertissements pour rôles spéciaux d'impositions extraordinaires, établis communes, et pour rôles de frais de bourses et chambres de commerce, servant à couvrir les frais d'imp confection desdits avertissements : le produit de ces 3 centimes est de....

2 centimes sur la totalité des avertissements (19,440,000) sont attribués aux percepteurs pour la distribution desdits avertissements, soit......

| | | | TOTAL............... |

		des patentes.		TOTAUX	
...rrs.				par nature de contributions.	par affectation de contributions.
	Cen- times addi- tionnels.				
...,039,068ᶠ	5	52,424,121ᶠ		276,960,510ᶠ	269,893,510ᶠ
263,790	"	987,150		2,373,720	11,649,380
326,280	"	1,039,700		2,208,660	
26,000	"	"		1,253,000	1,253,000
2,400	"	2,600		26,200	26,200
1,655,538	5	54,453,571		282,822,090	282,822,090
et taxe entière des avertissements pour rôles				400,200 (A)	400,200
				283,222,290	283,222,290
3,...,200ᶠ	57 6/10	114,035,200ᶠ		382,149,400ᶠ	382,721,200ᶠ
				571,800	
1,655,538	5	54,453,571		282,822,090	283,222,290 (B)
				400,200	
5,...,738	62 6/10	168,488,771		665,943,490	665,943,490 (C)

des impositions affectées à des dépenses spéciales est attribué aux ministères ci-après:

...tion publique 10,154,000ᶠ
...ture et commerces .... 130,574,000 } 142,928,000ᶠ
.... 2,200,000
.... 140,294,290

TOTAL 283,222,290

..... se compose du total des quatre contributions (colonnes 2 à 5) et des sommes de 571,800 francs, et de
...mant le montant de la taxe de premier avertissement.

CONTRIBUTIONS FONCIÈRE

Fixation du con

Numéros d'ordre.	DÉPARTEMENTS.	Foncière.	Personnelle et mobilière.
1	Ain...	1,266,449^f	310,549^f
2	Aisne...	2,907,920	701,692
3	Allier...	1,429,746	358,738
4	Alpes (Basses-)...	623,027	128,483
5	Alpes (Hautes-)...	510,730	91,569
6	Alpes-Maritimes...	639,949	266,197
7	Ardèche...	940,811	258,385
8	Ardennes...	1,366,317	366,419
9	Ariége...	615,730	173,433
10	Aube...	1,500,655	352,186
11	Aude...	1,833,095	325,672
12	Aveyron...	1,494,841	302,490
13	Bouches-du-Rhône...	2,401,799	1,359,414
14	Calvados...	3,920,729	743,050
15	Cantal...	1,131,985	187,769
16	Charente...	1,929,156	426,703
17	Charente-Inférieure...	2,609,958	577,386
18	Cher...	1,089,014	297,668
19	Corrèze...	874,701	188,439
20	Corse...	188,046	127,089
21	Côte-d'Or...	2,721,06	522,382
22	Côtes-du-Nord...	1,754,788	415,262
23	Creuse...	738,620	173,460
24	Dordogne...	2,199,144	413,603
25	Doubs...	1,273,344	339,693
26	Drôme...	1,270,254	331,111
27	Eure...	3,313,620	538,069
28	Eure-et-Loir...	2,250,911	416,012
29	Finistère...	1,592,690	812,309
30	Gard...	1,931,698	497,917
31	Garonne (Haute-)...	2,426,333	595,587
32	Gers...	1,671,128	313,299
33	Gironde...	3,518,014	1,218,299
34	Hérault...	2,536,638	625,529
35	Ille-et-Vilaine...	2,049,954	523,923
36	Indre...	1,068,418	207,376
37	Indre-et-Loire...	1,709,663	417,957
38	Isère...	2,503,293	532,021
39	Jura...	1,376,609	285,190
40	Landes...	780,918	200,248
41	Loir-et-Cher...	1,395,757	316,550
42	Loire...	1,733,020	527,159
43	Loire (Haute-)...	1,050,820	219,751
44	Loire-Inférieure...	1,819,811	666,589
45	Loiret...	1,977,579	479,566

DÉPARTEMENTS.	CONTRIBUTIONS EN PRINCIPAL.		
	Foncière.	Personnelle et mobilière.	Portes et fenêtres.
Lot.....................	1,279,273ᶠ	278,074ᶠ	142,891ᶠ
Lot-et-Garonne.............	2,162,702	400,453	206,813
Lozère..................	599,721	91,150	66,649
Maine-et-Loire.............	2,720,176	568,618	459,863
Manche..................	3,459,286	633,078	437,704
Marne..................	1,996,286	584,173	516,914
Marne (Haute-).............	1,445,892	309,297	182,343
Mayenne................	1,676,411	349,587	201,334
Meurthe-et-Moselle.........	1,654,702	444,605	316,036
Meuse..................	1,564,826	340,668	203,506
Morbihan...............	1,540,339	352,862	189,400
Nièvre.................	1,362,761	344,056	191,565
Nord..................	4,959,739	1,611,790	1,798,517
Oise...................	2,839,561	583,642	547,856
Orne..................	2,427,764	467,453	339,564
Pas-de-Calais.............	3,182,076	755,190	802,212
Puy-de-Dôme.............	2,422,238	525,744	306,178
Pyrénées (Basses-)..........	939,042	374,634	337,270
Pyrénées (Hautes-)..........	590,481	170,006	126,743
Pyrénées-Orientales.........	741,633	161,078	99,591
Rhin (Haut-) (Belfort)........	197,432	49,334	51,801
Rhône..................	2,786,199	1,233,335	929,793
Saône (Haute-)............	1,511,189	300,312	200,778
Saône-et-Loire.............	3,017,103	581,198	391,233
Sarthe.................	2,859,727	497,491	336,573
Savoie..................	600,946	161,576	93,718
Savoie (Haute-)...........	532,410	116,008	77,391
Seine..................	14,068,367	9,237,882	5,767,323
Seine-Inférieure...........	5,620,074	1,471,729	1,376,729
Seine-et-Marne.............	3,002,785	594,283	381,968
Seine-et-Oise..............	3,850,621	1,328,411	803,884
Sèvres (Deux-)............	1,531,259	305,602	174,929
Somme..................	3,335,446	698,844	803,579
Tarn..................	1,703,927	329,349	226,907
Tarn-et-Garonne............	1,679,678	259,979	154,943
Var....................	1,290,106	412,210	295,119
Vaucluse................	966,211	315,552	256,705
Vendée.................	1,648,679	324,584	188,979
Vienne.................	1,284,154	312,251	242,779
Vienne (Haute-)...........	977,649	258,400	195,774
Vosges.................	1,211,958	312,596	242,739
Yonne..................	1,863,661	453,846	296,606
TOTAUX..............	170,429,910	47,793,165	34,156,029

NATURE ET OBJET DES IMPOSITIONS.		foncière.	
		Cen-times addi-tionnels.	Cen-times addi-tionnels.
	Iʳᵉ PARTIE. —		
Principal des contributions		170,429,910ᶠ	
A ajouter pour cotisations en principal des propriétés nouvellement bâties., imposables à partir du 1ᵉʳ janvier 1875, déduction faite des dégrèvements afférents aux propriétés détruites ou démolies. (Art. 2 des lois des 17 août 1835 et 4 août 1844.)		870,090	
TOTAL du principal		171,300,000	. . . . . .
A retrancher pour attributions aux communes sur la contribution des patentes			
RESTE		171,300,000	
Centimes additionnels généraux sans affectation spéciale (calculés sur le total du principal)			17
Centimes additionnels généraux extraordinaires			
TOTAUX		171,300,000	17
A retrancher de la contribution des patentes, en principal et centimes additionnels généraux, pour attribution au compte spécial établi en exécution de l'article 19 de la loi du 18 juillet 1866, sur les courtiers de marchandises . . .			
RESTE		171,300,000	17

3/5 de la taxe de premier avertissement pour les rôles confectionnés aux frais de l'État.

TOTAL des fonds pour dépenses générales . . . .

IIᵉ PARTIE. —

		foncière.	
Fonds pour dépenses départementales.	Centimes additionnels portant sur les contributions foncière et personnelle-mobilière, votés annuellement par les conseils généraux (loi du 10 août 1871, art. 58) : maximum, 25 centimes.	43,250,000ᶠ	
	pour dépenses ordinaires des départements : maximum, 1 centime	1,730,000	
	pour dépenses du service vicinal (loi du 21 mai 1836) : maximum, 7 centimes . .	12,110,000	
Budget départemental ordinaire.	pour dépenses de l'instruction primaire (lois des 15 mars 1850 et 10 avril 1867) : maximum, 3 centimes . . .	5,190,000	
	imposés d'office, en cas d'omission au budget départemental d'un crédit suffisant pour faire face aux dépenses spécifiées à l'article 61 de la loi du 10 août 1871 : maximum, 2 centimes. (Mémoire.)		
	Centimes pour dépenses du cadastre : maximum, 5 centimes	86,000	
	A reporter	62,366,000	

(A) Sur les 3 centimes imposés pour taxe de premier avertissement, 3 centimes sur 19,060,000 av . . . 3 centimes est de 571,800 francs.
Le produit des 2 autres centimes est attribué aux percepteurs pour la distribution des avertiss . . .

...tionnels pour l'exercice 1875.

	Cen-times addi-tionnels.	des patentes.	TOTAUX par nature de contributions.	par affectation de contributions.
...ALES.				
44,156,000	»	76,700,000	329,079,102	
243,971	»	»	2,020,898	
	....	76,700,000	331,100,000	
	»	6,136,000	6,136,000	
	....	70,564,000	324,964,000	
	14 6/10	11,198,200	24,912,400	
	43	32,981,000	32,981,000	
39,835,200	57 6/10	114,743,200	382,857,400	
»	»	708,000	708,000	
	57 6/10	114,035,200	382,149,400	
	....		(A) 571,800	
	....		382,721,200	382,721,200
...ALES.				
»	»	»	55,425,000	
344,000	»	767,000	5,528,000	
2,408,000	»	6,369,000	25,296,000	
1,032,000	»	2,301,000	9,984,000	
				140,814,000
»	»			
»	»	86,000	86,000	
		8,437,000	92,119,000	

aux frais de l'État, rentrent dans les fonds pour dépenses générales du budget. Le produit de ces

à la deuxième partie du présent tableau.

20.

ÉTAT F. *Tableau des dépenses sur ress...*

RECETTES.

CONTRIBUTIONS DIRECTES.

Fonds pour dépenses départementales............................	140,814,000
Fonds pour dépenses communales..................................	126,171,510
Fonds pour rachat des offices de courtiers de marchandises..........	708,000
Fonds pour secours spéciaux à l'agriculture........................	2,200,000
Fonds de non-valeurs et de réimpositions........................	12,902,380
Fonds pour frais de confection de rôles spéciaux d'impositions extra-ordinaires...	26,200
Portion de la taxe de premier avertissement imputable sur les fonds spéciaux..	400,200

TAXES SPÉCIALES ASSIMILÉES AUX CONTRIBUTIONS DIRECTES.

Fonds spéciaux pour frais de premier avertissement de la taxe des biens de mainmorte..	5,200
Fonds spéciaux pour frais de premier avertissement des redevances des mines...	70
Contributions sur les voitures et les chevaux. Fonds du vingtième attribué aux communes sur le principal de la contribution....................	470,000
Fonds de non-valeurs (5 cent. par franc du principal)	470,000
Portion de la taxe de premier avertissement : 2/5.....	14,000
Fonds spéciaux pour frais de premier avertissement de la taxe sur les billards...	5,000
Fonds spéciaux pour frais de premier avertissement de la taxe sur les abonnés des cercles..	500

Produits éventuels départementaux................................	

PRODUITS DIVERS SPÉCIAUX.

Ressources spéciales pour dépenses des écoles normales primaires.....	700,000
Produits divers spéciaux applicables à l'instruction publique.........	650,000
Remboursement des frais de contrôle et de surveillance des chemins de fer en France et en Algérie................................	2,451,685
Remboursement des frais de surveillance de sociétés et établissements divers...	87,417
Versement par l'adjudicataire imprimeur-gérant du Journal officiel, pour frais de rédaction et d'administration de ce journal.........	200,000
Remboursement du prix des bourses à l'école normale primaire mixte d'Alger à la charge des provinces algériennes et des particuliers...	11,420
Remboursement par les parties intéressées des frais de constatation et de constitution de la propriété individuelle indigène et taxe de premier avertissement...	259,400

TOTAL des recettes.....................	3

Recettes..............	
Dépenses..............	

torrélatives pour l'exercice 1875.

DÉPENSES.	MONTANT des crédits accordés.

DE L'INTÉRIEUR ET GOUVERNEMENT GÉNÉRAL CIVIL DE L'ALGÉRIE.

SERVICE DU MINISTÈRE DE L'INTÉRIEUR.

ordinaires......................................	124,649,000ᶠ	
extraordinaires................................	77,625,000	202,474,000ᶠ
rédaction et d'administration du Journal officiel....	200,000	

VICE DU GOUVERNEMENT GÉNÉRAL CIVIL DE L'ALGÉRIE.

tion centrale.................................	11,420	
ublics...	51,685	
ent et conservation de la propriété indigène. — ment des dépenses résultant de la constatation constitution de la propriété individuelle indigène à ge des tribus.................................	250,000	322,505
tions directes. — Frais de premier avertissement de dépense d'établissement et de la conservation de la pro-riété indigène (2/5)...........................	9,400	

MINISTÈRE DES FINANCES.

1ᵉʳ. Rôles spéciaux. — Impression et confection......	26,200	
II. Avertissements. — Impression et expédition......	17,842	
III. Frais de distribution du premier avertissement...	407,128	
IV. Frais d'arpentage et d'expertise. (Cadastre.)	86,000	141,259,060
Chap. v. Restitutions et non-valeurs. (Contributions directes.).................................	140,721,890	

MINISTÈRE DE L'INSTRUCTION PUBLIQUE.

de l'instruction primaire imputables sur les fonds rtementaux....................................	10,804,000	
de l'instruction primaire imputables sur les pro-spéciaux des écoles normales primaires............	700,000	11,504,000

NISTÈRE DE L'AGRICULTURE ET DU COMMERCE.

spéciaux pour pertes matérielles et événements mal-heureux.......................................	2,200,000	
Frais de surveillance de sociétés et établissements divers.....	39,217	2,239,217

MINISTÈRE DES TRAVAUX PUBLICS.

le et surveillance des chemins de fer en France.......	2,400,000	
de surveillance des sociétés et établissements divers...	48,200	2,448,200

TOTAL des dépenses..................	360,246,982

....	360,246,982ᶠ
....	360,246,982

....	

CHAPITRES spéciaux.	RECETTES.	MONTANT DES RECETTES par articles.	
	MINISTÈRE DE LA JUSTICE.		
	IMPRIMERIE NATIONALE.		
Unique..	Produit des impressions diverses......................	6,198,000ᶠ	
	LÉGION D'HONNEUR.		
	Rentes 3 p. o/o sur le grand-livre de la dette publique............................ 6,407,946ᶠ		
	Rentes 3 p. o/o sur le grand-livre de la dette publique. (*Décret du 17 mars 1852.*) 500,000	6,907,946	
	Supplément à la dotation........................	* 12,095,731	
	Actions sur les canaux d'Orléans et du Loing et sur le canal du Midi............................	58,000	
	Remboursement, par les membres de la Légion d'honneur touchant le traitement et par les médaillés militaires, du prix de leurs décorations et médailles. — Produit des brevets de nomination et de promotion dans l'ordre. — Droits de chancellerie pour port de décorations étrangères.	215,000	
	Rentes données en remplacement des anciens chefs-lieux de cohorte...........................	14,843	
	Versements par les titulaires de majorats..............	4,000	
Unique..	Domaine d'Écouen.............................	6,000	
	Montant présumé des pensions et trousseaux des élèves pensionnaires de la maison de Saint-Denis.	66,000	
	Montant présumé des pensions et trousseaux des élèves pensionnaires des succursales....................	26,000	
	Prélèvements sur les avances à faire par la caisse des dépôts et consignations, en exécution de la loi du 5 mai 1869, et applicables aux frais de bureau du service spécial des anciens militaires de la République et de l'Empire...	24,000	
	Versements faits dans la caisse de l'ordre à charge de restitution..............................	10,000	
	Produits divers.............................	6,000	
	Intérêts à payer par la caisse des dépôts et consignations (son compte courant avec la Légion d'honneur).........	10,000	
	Avances à faire à la Légion d'honneur par la caisse des dépôts et consignations pour le payement des pensions viagères, en vertu de la loi du 5 mai 1869.............	6,250,000	
	MINISTÈRE DES AFFAIRES ÉTRANGÈRES.		
	CHANCELLERIES CONSULAIRES.		
	Produit d'actes de chancelleries et bénéfice sur le change...	1,350,000	
Unique..	Prélèvements à effectuer sur le fonds commun des chancelleries consulaires au profit d'une partie de celles dont les dépenses excèdent les recettes. (Règlement du 21 juin 1862.).	800,000	
	MINISTÈRE DES FINANCES.		
	SERVICE DE LA FABRICATION DES MONNAIES ET MÉDAILLES.		
	Article 1ᵉʳ. — *Monnaies.*		
	Retenues, pour frais de fabrication, sur les matières apportées aux changes des monnaies 1,182,559ᶠ		
	Produit des tolérances en faible sur le titre et le poids des monnaies fabriquées 50,000		
Unique..	Droits d'essai sur les lingots présentés en vérification par le commerce............ 100	1,813,659	
	Article 2. — *Médailles.*		
	Produit de la vente des médailles fabriquées.. 580,000		
	Droit de 10 p. o/o prélevé sur le prix de la fabrication des médailles de sainteté, boutons, etc. 1,000		
	A reporter..................	....	35,8

MINISTÈRE DE LA JUSTICE.

Imprimerie nationale.. 6,198,

LÉGION D'HONNEUR.

Personnel de la grande chancellerie......................	258,200
Matériel de la grande chancellerie........................	69,000
Traitement et supplément de traitement des membres de l'ordre..	11,239,130
Décorations aux membres de l'ordre sans traitement......	20,000
Secours aux membres de l'ordre, à leurs veuves et à leurs orphelins...	64,000
Traitements des médaillés militaires......................	5,176,740
Maison de Saint-Denis. (Personnel.)......................	127,700
Maison de Saint-Denis. (Matériel.).......................	420,000
Succursales. (Personnel.).................................	23,400
Succursales. (Matériel.).................................	346,850
Pensions et trousseaux de 40 élèves pensionnaires aux frais des familles..	26,000
Secours aux élèves..	4,000
Commissions aux trésoriers payeurs généraux.............	37,500
Frais relatifs au domaine d'Écouen........................	7,000
Dépenses diverses et imprévues. — Travaux extraordinaires des employés. — Indemnités......................	20,000
Prix de décorations militaires, médailles, brevets et ampliations de décrets relatifs au port de décorations étrangères. — Distribution à titre de secours, aux membres de l'ordre et à leurs orphelines, de l'excédant du produit des brevets et des droits de chancellerie..........................	225,000
Subventions supplémentaires aux anciens militaires de l'armée de terre mis à la retraite de 1814 à 1861..........	1,345,000
Frais de bureau du service spécial des anciens militaires de la République et de l'Empire.........................	24,000
Remboursement des sommes versées à charge de restitution.	10,000
Dépenses des exercices clos...............................	Mémoire.
Dépenses des exercices périmés............................	Idem.
Intérêts à payer à la caisse des dépôts et consignations (son compte courant avec la Légion d'honneur).............	10,000
Pensions viagères en vertu de la loi du 5 mai 1869........	6,250,000

25,703,510

MINISTÈRE DES AFFAIRES ÉTRANGÈRES.

Chancelleries consulaires... 1,750,000

MINISTÈRE DES FINANCES.

Service de la fabrication des monnaies et des médailles.............. 1,813,659

A reporter.................... 35,465,179

CHAPITRES spéciaux.	RECETTES.	MONTANT DES par articles.
	Report.............	....
	MINISTÈRE DE LA GUERRE.	
	CAISSE DE LA DOTATION DE L'ARMÉE.	
	Solde au 31 décembre 1874........................	1,268,000
	Arrérages de rentes 3 p. o/o appartenant à la dotation de l'armée..	2,198,004
	Arrérages de rentes 3 p. o/o appartenant aux sous-officiers...	6,000
	Intérêts résultant de l'excédant des recettes................	15,000
Unique..	Versements à titres divers et restitutions de sommes indûment perçues...	2,000
	Produit de la vente de rentes 3 p. o/o nécessaires pour former le capital de 23 millions..............................	23,000,000
	Versements volontaires à faire, à titre de dépôt, par des militaires de tous grades, dans le cours de leur service....	Mémoire.
	MINISTÈRE DE LA MARINE ET DES COLONIES.	
	CAISSE DES INVALIDES DE LA MARINE.	
	Retenues sur les dépenses du personnel et du matériel de la marine et des colonies...........................	6,031,647
	Retenues exercées sur la solde des officiers militaires et civils et agents de tous grades en congé, tant de la marine que des colonies....................................	400,000
	Retenues sur les salaires des marins du commerce........	1,500,000
	Décomptes des déserteurs.........................	27,000
Unique..	Dépôts provenant de solde, de parts de prises, etc.........	606,000
	Dépôts provenant de naufrages..........................	94,000
	Droits sur les prises.................................	1,000
	Arrérages des inscriptions de rentes 3 et 5 p. o/o appartenant à la caisse des invalides...........................	5,023,000
	Plus-value des feuilles de rôles d'équipage des bâtiments du commerce...................................	52,000
	Recettes diverses..................................	60,353
	Subvention du trésor public...........................	8,000,000
	MINISTÈRE DE L'AGRICULTURE ET DU COMMERCE.	
	ÉCOLE CENTRALE DES ARTS ET MANUFACTURES.	
	Produit des bourses accordées par l'État..............	30,000
	Produit des bourses accordées par les départements et les communes...................................	15,000
	Produit des pensions............................	390,000
Unique..	Recettes éventuelles.—Produits des détériorations imputables aux élèves.................................	9,000
	Legs et donations................................	Mémoire.
	Recettes extraordinaires. — Rentes 3 p. o/o sur l'État. — Intérêts servis par la caisse des dépôts et consignations et produits divers.............................	32,000
	Recettes sur exercices clos........................	Mémoire.
	TOTAL GÉNÉRAL............	....

Report.....................

MINISTÈRE DE LA GUERRE.

de la dotation de l'armée.....................................

MINISTÈRE DE LA MARINE ET DES COLONIES.

des invalides de la marine................................

MINISTÈRE DE L'AGRICULTURE ET DU COMMERCE.

centrale des arts et manufactures...........................

TOTAL GÉNÉRAL.............

N° 3417. — Décret du Président de la République française (con
par le ministre de l'instruction publique, des cultes et des b
portant :

Art. 1ᵉʳ. Le conseil municipal de Saint-Étienne est autorisé à su
dans son lycée deux bourses et deux demi-bourses d'internes et à
vertir en six bourses de demi-pensionnaires.

2. Elles seront concédées dans les formes prescrites par les
qui régissent les bourses d'internes.

3. La somme nécessaire au payement de ces bourses sera portée
ment au budget de la ville de Saint-Étienne. (*Versailles, 26 Mars 1*

N° 3418. — Décret du Président de la République française (con
par le ministre de l'instruction publique, des cultes et des bea
portant que le directeur de l'école nationale des beaux-arts, au
cet établissement, est autorisé à accepter, aux clauses et conditi
posées, la donation faite par la dame *Thérèse-Adélaïde Marest*, v
sieur *Pierre-Charles Huguier*, à l'école des beaux-arts, suivant acte
du 19 janvier 1874, et consistant en deux titres de rente trois po
sur l'État français, au porteur, l'un de cinq cents francs, portant
méro 39,115, l'autre de cent francs, portant le numéro 184,198, l
devront être, dans les formes légales, convertis en un titre na
immatriculé au nom de l'école donataire, avec mention du titre
ralité de l'objet de la donation et du nom du sieur *Haguier*, pour
rages être affectés chaque année, à partir du 1ᵉʳ janvier 1874, à l
tion d'un prix destiné à l'élève qui aura obtenu le premier rang
concours spécial d'anatomie appliquée aux beaux-arts, dont le
supérieur de l'école déterminera les conditions. (*Versailles, 3*
1874.)

N° 3419. — Décret du Président de la République française (con
par le garde des sceaux, ministre de la justice) portant ce qui suit

L'ordonnance du 12 mai 1820, qui assigne douze offices d'avoué
bunal de première instance de Pau, est modifiée en ce sens que ce n
est réduit à dix.

Le décret du 1ᵉʳ novembre 1862, qui assigne treize offices d'huis
tribunal de première instance de Parthenay, est modifié en ce sens
nombre est réduit à douze. (*Paris, 23 Avril 1874.*)

N° 3420. — Décret du Président de la République française (
par le ministre de l'agriculture et du commerce) portant :

Art. 1ᵉʳ. Sont déclarées d'intérêt public les deux sources minérales
Nouvelles sources des Célestins n° 2 (au milieu de la grotte), aménagées en
et la *Source des anciens Célestins n° 2*, découverte en 1870, lesdites
dépendant de l'établissement thermal de Vichy et appartenant à l'État

2. Il est établi un périmètre de protection autour du groupe des so

, de la source de Mesdames et de la source d'Hauterive, appartenant

périmètre institué autour des sources de Vichy proprement dites, sa-
source du Puits-Carré, source de la Grande-Grille, source Lucas,
du Parc, source de l'Hôpital, source des anciens Célestins n° 1,
des anciens Célestins n° 2, nouvelle source des Célestins n° 1
de la Vasque), nouvelle source des Célestins n° 2, toutes appar-
à l'État, est limité ainsi qu'il suit, savoir :

t, par une ligne droite C D tirée de la source Larbaud, point C, au
e des Garets et prolongée jusqu'à sa rencontre avec la rive gauche
, point D;

l, par une ligne droite tirée du point D au domaine des Bartins,
jusqu'à son intersection avec la rive droite de l'Allier, point E;

uest, par le point E jusqu'au clocher de Vesse, point de départ;

ud, par une ligne droite tirée du clocher de Vesse, point A, au do-
des Saligeons, point B; une autre ligne tirée du domaine des Saligeons
urce Larbaud, point C :

it périmètre contenant une étendue de six cent quatre-vingt-huit
et portant sur les territoires des communes de Vichy, de Cusset,
t et de Vesse.

érimètre institué autour de la source minérale dite *Source de Mes-*
située sur la commune de Cusset, est limité ainsi qu'il suit :

ud, par la partie FG de l'ancienne route de Cusset, telle qu'elle est
au plan du cadastre, comprise entre la ligne ci-dessus tirée de la
Larbaud au domaine des Garets et une autre ligne tirée du do-
e de Puy-Besseaux à l'intersection du chemin de Cusset à Chante-Grelet
le chemin de Cusset à Champ-Court, point H;

'est, par la ligne GH;

nord, par le chemin de Cusset à Chante-Grelet, depuis le point H jus-
sa rencontre avec le chemin de Cusset à Crotte, point I, et par ce che-
de Cusset à Crotte, depuis le point I jusqu'à sa rencontre avec le pro-
ent de la ligne ci-dessus tirée de la source Larbaud aux Garets,
;

uest, par ladite ligne tirée de la source Larbaud aux Garets, depuis
K jusqu'au point F, point de départ :

it périmètre contenant une étendue de cent dix hectares et portant
: territoire de la commune de Cusset.

périmètre institué autour de la source minérale dite *Source d'Haute-*
située sur la commune de ce nom, est limité ainsi qu'il suit :

nord, par une ligne tirée du domaine des Dalots au domaine des
, depuis son intersection L avec la rive droite de l'Allier jusqu'à son
ction M avec une autre ligne tirée du clocher d'Abrest au Grand-
ne;

ouest, par la ligne précédente, depuis le point M jusqu'à sa ren-
N avec une autre ligne tirée de l'intersection des chemins de Saint-
t à Hauterive et d'Hauterive à Piagoulin, au village des Faits;

sud, par la ligne précédente, depuis le point N jusqu'à sa rencontre P
la rive droite de l'Allier;

'est, par la rive droite de l'Allier, depuis le point P jusqu'au point L,
t de départ :

Ledit périmètre contenant une étendue de cent vingt-deux hectares et
portant ser les territoires des communes d'Hauterive, d'Abrest et de Saint-
Yorre.

3. Des bornes seront placées aux angles et aux points principaux du péri-

mètre déterminé en l'article 2 ci-dessus. Ce bornage aura lieu à la
du préfet et par les soins de l'ingénieur des mines du départem
l'Allier, qui dressera procès-verbal de l'opération.

4. Le paragraphe 2 de l'article 3 de la loi du 14 juillet 1856 est d
applicable aux terrains compris dans le périmètre des sources de
proprement dites, à l'exception de la région située sur la rive droite
Sichon et d'une bande de deux cent cinquante mètres de large
intérieurement la limite est CD du périmètre de protection.

En conséquence, les propriétaires qui voudront exécuter sur lesdits
rains des fouilles, tranchées pour extraction de matériaux ou pour
objet, fondations de maisons, caves ou autres travaux à ciel ouvert,
tenus d'en faire, au moins un mois à l'avance, la déclaration au préfet.

5. Le présent décret sera publié et affiché, à la diligence du préfet
les communes intéressées et dans les chefs-lieux d'arrondissement
partement de l'Allier. (*Versailles, 17 Mai 1874.*)

Erratum. Bulletin n° 149, huitième ligne du décret du 14 août 1873, qui
M. *Favier* à ajouter à son nom patronymique celui de *de Coulomb*, au lieu de :
Né le 30 octobre 1848,

Lisez :

Né le 3 octobre 1848.

Certifié conforme :

Paris, le 8 * Septembre 1874,

*Le Ministre de l'Agriculture et du Commer
chargé de l'intérim du ministère de la Jus*

L. GRIVART.

* Cette date est celle de la réception du
au ministère de la Justice.

On s'abonne pour le Bulletin des lois, à raison de 9 francs par an, à la caisse de l'Impri
nationale ou chez les Receveurs des postes des départements.

IMPRIMERIE NATIONALE. — 8 Septembre 1874.

BULLETIN DES LOIS

DE LA RÉPUBLIQUE FRANÇAISE.

N° 225.

RÉPUBLIQUE FRANÇAISE.

1. — *Loi qui distrait un territoire de la commune de Charquemont pour en former une commune distincte sous le nom de Fournet-heroche.*

Du 4 Août 1874.

(Promulguée au *Journal officiel* du 3 septembre 1874.)

EMBLÉE NATIONALE A ADOPTÉ LA LOI dont la teneur suit :

1ᵉʳ. Le territoire limité au nord par la ligne C C C, figurée plan annexé à la présente loi, est distrait de la commune de emont, canton de Maiche, arrondissement de Montbéliard, ment du Doubs, et formera à l'avenir, sous le nom de *Four-cheroche,* une commune distincte dont le chef-lieu est fixé à et.

Cette distraction aura lieu sans préjudice des droits d'usage et qui peuvent être respectivement acquis.

décret ultérieur statuera sur le partage des biens communaux ra notamment la part contributive de la commune de Fournet-heroche dans les frais de rectification du chemin vicinal dit *de uemont aux Galliots.*

libéré en séance publique, à Versailles, le 4 Août 1874.

Le Président,

Signé L. BUFFET.

Les Secrétaires,

Signé FÉLIX VOISIN, FRANCISQUE RIVE, VANDIER, E. DE CAZENOVE DE PRADINE.

PRÉSIDENT DE LA RÉPUBLIQUE PROMULGUE LA PRÉSENTE LOI.

Signé Mᵃˡ DE MAC MAHON, duc DE MAGENTA.

Le Ministre de l'intérieur,

Signé Gᵃˡ DE CHABAUD LA TOUR.

mètre déterminé en l'article 2 ci-dessus. Ce bornage aura lieu à la diligen du préfet et par les soins de l'ingénieur des mines du département. l'Allier, qui dressera procès-verbal de l'opération.

4. Le paragraphe 2 de l'article 3 de la loi du 14 juillet 1856 est décl applicable aux terrains compris dans le périmètre des sources de Vic proprement dites, à l'exception de la région située sur la rive droite Sichon et d'une bande de deux cent cinquante mètres de large longe intérieurement la limite est CD du périmètre de protection.

En conséquence, les propriétaires qui voudront exécuter sur lesdits t rains des fouilles, tranchées pour extraction de matériaux ou pour au objet, fondations de maisons, caves ou autres travaux à ciel ouvert, ser tenus d'en faire, au moins un mois à l'avance, la déclaration au préfet.

5. Le présent décret sera publié et affiché, à la diligence du préfet, d les communes intéressées et dans les chefs-lieux d'arrondissement du partement de l'Allier. (*Versailles, 17 Mai 1874.*)

Erratum. Bulletin n° 149, huitième ligne du décret du 14 août 1873, qui aut M. *Favier* à ajouter à son nom patronymique celui de *de Coulomb*, au lieu de :
Né le 30 octobre 1848,

Lisez :

Né le 3 octobre 1848.

Certifié conforme :

Paris, le 8 * Septembre 1874,

Le Ministre de l'Agriculture et du Commer chargé de l'intérim du ministère de la Justi

L. GRIVART.

* Cette date est celle de la réception du Bull au ministère de la Justice.

On s'abonne pour le Bulletin des lois, à raison de 9 francs par an, à la caisse nationale ou chez les Receveurs des postes des départements.

IMPRIMERIE NATIONALE. — 8 Septembr

RÉPUBLIQUE FRANÇAISE.

3423. — LOI relative à une nouvelle délimitation des communes de Busigny (Nord) et de Becquigny (Aisne).

Du 4 Août 1874.

(Promulguée au Journal officiel du 3 septembre 1874.)

'ASSEMBLÉE NATIONALE A ADOPTÉ LA LOI dont la teneur suit :

т. 1ᵉʳ. Les territoires des hameaux dépendant du Petit-Cambrésis Tout-y-Faut, tels qu'ils sont délimités au plan annexé à la pré-loi par un liséré bleu, sont distraits de la commune de Busigny, n de Clary, arrondissement de Cambrai, département du Nord, inis à la commune de Becquigny, canton de Bohain, arrondisse-t de Saint-Quentin, département de l'Aisne.

commune de Becquigny cédera en échange à celle de Busigny lygone figuré au plan par une teinte jaune.

Les autres conditions de la séparation ci-dessus prononcée t déterminées, s'il y a lieu, par un décret ultérieur.

libéré en séance publique, à Versailles, le 4 Août 1874.

Le Président,

Signé L. BUFFET.

Les Secrétaires,

Signé FÉLIX VOISIN, FRANCISQUE RIVE, VANDIER, E. DE CAZENOVE DE PRADINE.

ε PRÉSIDENT DE LA RÉPUBLIQUE PROMULGUE LA PRÉSENTE LOI.

Signé Mᵃˡ DE MAC MAHON, duc DE MAGENTA.

Le Ministre de l'intérieur,

Signé Gᵈ DE CHABAUD LA TOUR.

RÉPUBLIQUE FRANÇAISE.

3424. — LOI qui ouvre au Ministre de l'Instruction publique, des Cultes et des Beaux-Arts, sur l'exercice 1874, un Crédit supplémentaire.

Du 5 Août 1874.

(Promulguée au Journal officiel du 25 août 1874.)

L'ASSEMBLÉE NATIONALE A ADOPTÉ LA LOI dont la teneur suit :

ART. 1ᵉʳ. Un crédit supplémentaire de soixante-quatorze mille

22.

francs (74,000ᶠ) est ouvert au ministre de l'instruction publi
des cultes et des beaux-arts (section 1ʳᵉ, chapitre VII, exercice 1

2. Il sera pourvu à la dépense spécifiée en l'article 1ᵉʳ au
des ressources du budget de l'exercice 1874.

Délibéré en séance publique, à Versailles, le 5 Août 1874.

Le Président,

Signé L. BUFFET.

Les Secrétaires,

Signé E. DE CAZENOVE DE PRADINE, FRANCISQUE
VANDIER, FÉLIX VOISIN.

LE PRÉSIDENT DE LA RÉPUBLIQUE PROMULGUE LA PRÉSENTE LOI.

Signé Mᵃˡ DE MAC MAHON, duc DE MAGE

*Le Ministre de l'instruction publique, des cultes
et des beaux-arts,*

Signé A. DE CUMONT.

RÉPUBLIQUE FRANÇAISE.

N° 3425. — *Loi qui distrait des territoires des communes de Réquista et
Lédergues (Aveyron) pour en former une commune distincte dont le ch
est fixé à Saint-Jean-Delnous.*

Du 5 Août 1874.

(Promulguée au *Journal officiel* du 4 septembre 1874.)

L'ASSEMBLÉE NATIONALE A ADOPTÉ LA LOI dont la teneur suit:

ART. 1ᵉʳ. Les territoires composant aujourd'hui la succursale
Saint-Jean-Delnous sont distraits des communes de Réquista et
Lédergues (canton de Réquista, arrondissement de Rodez, dé
ment de l'Aveyron), dont ils dépendent, et formeront une co
distincte qui aura pour chef-lieu Saint-Jean-Delnous, et qui
prendra le nom.

2. La limite de la nouvelle commune suivra la ligne figurée
plan ci-joint, sauf du point A au point B, où elle suivra la
pointillée en rouge A C B.

3. La distraction aura lieu sans préjudice des droits d'usage
autres qui peuvent être respectivement acquis.

Les autres conditions de cette séparation seront prononcées,
ᵣ a lieu, par un décret ultérieur.

é en séance publique, à Versailles, le 5 Août 1874.

Le Président,

Signé L. BUFFET.

Les Secrétaires,

Signé E. DE CAZENOVE DE PRADINE, FRANCISQUE RIVE, VANDIER,
FÉLIX VOISIN.

ʙ PRÉSIDENT DE LA RÉPUBLIQUE PROMULGUE LA PRÉSENTE LOI.

|Signé Mᵃˡ DE MAC MAHON, duc DE MAGENTA.

Le Ministre de l'intérieur,

é Gᵈ DE CHABAUD LA TOUR.

RÉPUBLIQUE FRANÇAISE.

26. — *Loi qui distrait une portion de territoire des communes de Job,
mbert et de Valcivières (Puy-de-Dôme) pour en former une Commune
incte dont le chef-lieu est fixé à la Forie.*

Du 5 Août 1874.

(Promulguée au *Journal officiel* du 4 septembre 1874.)

'ASSEMBLÉE NATIONALE A ADOPTÉ LA LOI dont la teneur suit :

ᴛ. 1ᵉ. La portion de territoire teintée en rose sur le plan annexé
présente loi sous le n° 1 est distraite des communes de Job,
rt et de Valcivières (canton et arrondissement d'Ambert, dé-
nt du Puy-de-Dôme), et formera, à l'avenir, une commune
cte, dont le chef-lieu est fixé à la Forie, dont elle prendra le

limite entre la nouvelle commune et celle de Job sera déter-
par le liséré carmin indiqué au plan parcellaire annexé sous
2.

limite entre la nouvelle commune et celles d'Ambert et de Val-
es sera déterminée par le liséré carmin indiqué au plan parcel-
également annexé sous le n° 3.

. Les dispositions qui précèdent auront lieu sans préjudice des
ᵢᵗs d'usage et autres qui peuvent être respectivement acquis.

3. Les autres conditions de la distraction seront réglées, s'il lieu, par un décret.

Délibéré en séance publique, à Versailles, le 5 Août 1874.

Le Président,

Signé L. BUFFET.

Les Secrétaires,

Signé E. DE CAZENOVE DE PRADINE, FRANCISQUE RIVE, V FÉLIX VOISIN.

LE PRÉSIDENT DE LA RÉPUBLIQUE PROMULGUE LA PRÉSENTE LOI.

Signé M^{al} DE MAC MAHON, duc DE MAG

Le Ministre de l'intérieur,

Signé G^{al} DE CHABAUD LA TOUR.

RÉPUBLIQUE FRANÇAISE.

N° 3427. — *DÉCRET qui déclare d'utilité publique l'établissement d'un de fer d'intérêt local de la Teste à l'Étang de Cazaux.*

Du 2 Février 1874.

(Promulgué au *Journal officiel* du 7 février 1874.)

LE PRÉSIDENT DE LA RÉPUBLIQUE FRANÇAISE,

Sur le rapport du ministre des travaux publics ;

Vu l'avant-projet présenté pour l'établissement, dans le départem la Gironde, d'un chemin de fer d'intérêt local de la Teste à l'éta Cazaux ;

Vu le dossier de l'enquête d'utilité publique à laquelle cet avant- a été soumis, et notamment le procès-verbal de la commission d' en date du 7 juillet 1873 ;

Vu la délibération, en date du 22 avril 1873, par laquelle le co néral de la Gironde a approuvé la concession du chemin susmenti

Vu la convention passée, le 20 mai 1873, entre le préfet du dép et le sieur *Bonnet (Édouard)* pour la construction et l'exploitation chemin, ainsi que le cahier des charges y annexé ;

Vu l'avis du conseil général des ponts et chaussées, du 24 novembr

Vu la lettre du ministre de l'intérieur, du 8 décembre 1873, et ministre de la guerre, du 20 octobre 1873 ;

Vu la loi du 3 mai 1841, sur l'expropriation pour cause d'utilité pu

Vu la loi du 12 juillet 1865, sur les chemins de fer d'intérêt local ;

Vu la loi du 10 août 1871, sur les conseils généraux ;

Le Conseil d'État entendu,

DÉCRÈTE :

ART. 1er. Est déclaré d'utilité publique l'établissement d'un ch de fer de la Teste à l'étang de Cazaux.

Le département de la Gironde est autorisé à pourvoir à l'exécu-
de ce chemin, comme chemin de fer d'intérêt local, suivant les
'tions de la loi du 12 juillet 1865 et conformément aux condi-
de la convention passée avec le sieur *Édouard Bonnet* et du
r des charges y annexé.

copies certifiées de ces convention et cahier des charges reste-
annexées au présent décret.

Aucune émission d'obligations ne pourra avoir lieu qu'en vertu
autorisation donnée par le ministre des travaux publics, de
avec le ministre de l'intérieur, et après avis du ministre des
es.

aucun cas, il ne pourra être émis d'obligations pour une somme
eure au montant du capital-actions.

cune émission d'obligations ne pourra, d'ailleurs, être autorisée
que les quatre cinquièmes du capital-actions aient été versés
ployés en achat de terrains, travaux, approvisionnements sur
, ou en dépôt de cautionnement.

Le vice-président du Conseil, ministre de l'intérieur, et le mi-
des travaux publics sont chargés, chacun en ce qui le con-
, de l'exécution du présent décret, lequel sera inséré au Bulletin
is.

t à Versailles, le 2 Février 1874.

Signé M^{al} DE MAC MAHON.

Ministre des travaux publics,

Signé R. DE LARCY.

CONVENTION.

1873, le 20 mai,

M. *Ferdinand Duval*, préfet de la Gironde, chevalier de la Légion d'hon-
ssant au nom du département,

D'une part,

qu'il résulte de la délibération du conseil général en date du 22 avril der-

M. *Bonnet* (*Édouard*), demeurant à la Teste (Gironde),

D'autre part,

été convenu ce qui suit :

1°. M. le préfet de la Gironde concède à M. *Bonnet* (*Édouard*), qui l'accepte,
ction et l'exploitation d'un chemin de fer d'intérêt local à établir entre la
de la Teste (ligne de Bordeaux à Arcachon) et l'étang de Cazaux, le tout aux
et conditions du cahier des charges ci-annexé.

e son côté, M. *Bonnet* (*Édouard*) s'engage à construire et exploiter le chemin
l'objet de la présente convention et à se conformer, pour l'exécution et l'ex-
, aux clauses et conditions du cahier des charges ci-dessus mentionné,
concessionnaire construira entièrement, et à ses frais, ce chemin et ses dé-
tes; il fournira le matériel roulant et fixe nécessaire à l'exploitation.

us les travaux et fournitures seront exécutés conformément au cahier des
susénoncé, sous le contrôle de l'administration.

e concessionnaire exploitera ledit chemin conformément au cahier des charges
, et pour l'indemniser tant des dépenses de la construction que de celles de
loitation que la présente convention laisse à sa charge, ledit concessionnaire en-

caissera toutes les recettes qui proviendront de l'exploitation du chemin de construire.

6. Il est donné acte à M. *Bonnet* de ce qu'il a déjà effectué à la caisse des consignations un cautionnement de douze mille francs.

7. La présente convention ne sera définitive qu'après le décret déclaratif publique.

Fait double à Bordeaux, le 20 mai 1873.

<table>
<tr><td>*Le Concessionnaire,*</td><td>*Le Préfet de la Gironde,*</td></tr>
<tr><td>Signé E. BONNET.</td><td>Signé FERDINAND DUVAL.</td></tr>
</table>

Certifié conforme à la convention annexée au décret en date du 2 février enregistré sous le n° 117.

Le Conseiller d'État, Secrétaire g

Signé DE BOUREUILLE.

CAHIER DES CHARGES.

TITRE I°.

TRACÉ ET CONSTRUCTION.

ART. 1°. Le chemin de fer de la Teste à l'étang de Cazaux partira de la stati la Teste, sur le chemin de fer de Bordeaux à Arcachon (réseau de la compag chemins de fer du Midi), passera près des villages de Courneaux et de C aboutira à l'étang de Cazaux, en suivant le tracé rouge indiqué sur le plan a présent cahier des charges.

2. Les travaux devront être commencés six mois au plus tard après la noti au concessionnaire du décret déclaratif d'utilité publique et seront terminés ans après ladite notification.

3. Aucun travail ne pourra être entrepris, pour l'exécution du chemin de fer ses dépendances, qu'avec l'autorisation du préfet, et, à cet effet, le concessio soumettra à son approbation le tracé et les profils du chemin, ainsi que les p des ouvrages d'art et des stations ; ces projets comprendront notamment :

1° Un plan général à l'échelle de un dix-millième ;

2° Un profil en long à l'échelle de un cinq-millième pour les longueurs et cinq-centième pour les hauteurs, dont les cotes seront rapportées au niveau de la mer, pris pour plan de comparaison.

Au-dessous de ce profil, on indiquera, au moyen de trois lignes horizon posées à cet effet, savoir :

Les distances kilométriques du chemin de fer, comptées à partir de son

La longueur ou l'inclinaison de chaque pente ou rampe ;

La longueur des parties droites et le développement des parties courbes d en faisant connaître le rayon correspondant à chacune de ces dernières ;

3° Un certain nombre de profils en travers, y compris le profil type de la v

4° Un mémoire dans lequel seront justifiées toutes les dispositions essent projet et un devis descriptif dans lequel seront reproduites, sous forme de tabl indications relatives aux déclivités et aux courbes déjà données sur le profil La position des gares et stations projetées, celle des cours d'eau et des voies munication traversés par le chemin de fer, des passages soit à niveau, dessus, soit au-dessous de la voie ferrée, devront être indiquées tant sur le p sur le profil en long ; le tout sans préjudice des profils de détails à fournir cun de ces ouvrages. Avant comme pendant l'exécution, le concessionnaire faculté de proposer aux projets approuvés les modifications qu'il jugera utile ces modifications ne pourront être exécutées que moyennant l'approbation du

4. Les terrains seront acquis et les terrassements et les ouvrages d'art sero cutés pour une voie seulement, sauf l'établissement des voies de garage des et des gares d'évitement.

terrains acquis par le concessionnaire pour l'établissement d'une seconde voie
t recevoir une autre destination.

largeur de la voie entre les bords intérieurs des rails devra être de un mètre
-quatre à un mètre quarante-cinq centimètres. Dans les parties à deux voies,
r de l'entre-voie, mesurée entre les bords extérieurs des rails, sera de deux
La largeur des accotements, c'est-à-dire des parties comprises de chaque
ntre le bord extérieur du rail et l'arête supérieure du ballast, sera de soixante-
centimètres au moins. La largeur en couronne de la plate-forme des terrasse-
sera de cinq mètres trente centimètres.

oncessionnaire établira le long du chemin de fer les fossés ou rigoles qui
jugés nécessaires pour l'assèchement de la voie et pour l'écoulement des eaux.
ions de ces fossés et rigoles seront déterminées par l'administration, sui-
irconstances locales et les propositions du concessionnaire.

alignements seront raccordés entre eux par des courbes dont le rayon ne
re inférieur à trois cents mètres. Une partie droite de cent mètres au moins
ur devra être ménagée entre deux courbes consécutives, lorsqu'elles seront
en sens contraire.

ximum de l'inclinaison des pentes et rampes est fixé à un centimètre par
Jne partie horizontale de cent mètres devra être ménagée entre deux décli-
nsécutives, lorsque ces déclivités se succéderont en sens contraire, et de
à verser leurs eaux au même point.

ncessionnaire aura la faculté de proposer aux dispositions de cet article et à
: l'article précédent les modifications qui lui paraîtraient utiles ; mais ces mo-
s ne pourront être exécutées que moyennant l'approbation de l'adminis-

n réservera une deuxième voie à chaque station et à chaque gare d'évitement.
établi, sur le parcours de la ligne à construire, deux stations : l'une à Cour-
et l'autre à Cazaux. Il sera établi, en outre, une gare d'évitement au pont de
t une gare marinière à l'étang de Cazaux.

lacement et l'étendue des stations de voyageurs et des gares d'évitement et
ises seront déterminés par le préfet, après une enquête spéciale, le
maire entendu.

iments des stations et des gares seront de la construction la plus simple;
des marchandises pourront être de simples hangars en bois.

cessionnaire sera tenu, préalablement à tout commencement d'exécution,
ttre à l'administration le projet desdites gares et stations, lequel se com-
:

D'un plan à l'échelle d'un millième;
D'une élévation des bâtiments à l'échelle d'un centième;
D'un mémoire descriptif et justificatif.

Le concessionnaire sera tenu de rétablir les communications interrompues par
de fer, suivant les dispositions qui seront approuvées par l'administration.
orsque des routes départementales, ou des chemins vicinaux, ruraux et parti-
, seront traversés à leur niveau par le chemin de fer, les rails devront être
ans aucune saillie ni dépression sur la surface des routes, et de telle sorte qu'il
sulte aucune gêne pour la circulation des voitures.

roisement à niveau du chemin de fer et des routes ou chemins pourra
sous un angle de quarante-cinq degrés. Les passages à niveau les plus fré-
seront munis de barrières, si l'administration le juge indispensable pour la
Les barrières ne seront fermées que pendant le passage des trains.

rsqu'il y aura lieu de modifier l'emplacement ou le profil des routes exis-
inclinaison des pentes ou rampes sur les routes modifiées ne pourra excéder
timètres par mètre pour les routes départementales et cinq centimètres
chemins vicinaux. L'administration prendra, toutefois, en considération les
ces qui pourraient motiver une dérogation à cette clause, comme à celle
lative à l'angle de croisement des passages à niveau.

concessionnaire sera tenu de rétablir et d'assurer à ses frais l'écoulement
les eaux dont le cours serait arrêté, suspendu ou modifié par ses travaux,
prendre les mesures nécessaires pour prévenir l'insalubrité résultant des
res d'emprunt.

viaducs à construire à la rencontre des canaux et des cours d'eau quelconques
au moins quatre mètres entre les parapets.

La hauteur de ces parapets sera fixée par l'administration et ne pourra rieure à quatre-vingts centimètres; toutefois, les parapets ne seront pas dessus des aqueducs.

La hauteur et le débouché de l'ouvrage seront déterminés, dans chaque culier, suivant les circonstances locales, par le préfet, sur l'avis de l' chef du département.

12. A la rencontre des routes départementales et autres chemins publics, cessionnaire prendra toutes les mesures nécessaires pour que la circulation n' ni interruption ni gêne pendant l'exécution des travaux.

13. Le concessionnaire n'emploiera, dans l'exécution des ouvrages, que riaux de bonne qualité; il sera tenu de se conformer à toutes les règles d manière à obtenir une construction parfaitement solide.

Tous les aqueducs, ponceaux et ponts construits à la rencontre des d'eau seront en maçonnerie ou en fer, sauf les cas d'exception qui admis par l'administration.

14. Les voies seront établies d'une manière solide et avec des matériaux de qualité.

Les rails seront du système Vignole, ou à double champignon, éclissés, du de vingt-deux kilogrammes par mètre courant.

Le ballast aura quarante centimètres au moins d'épaisseur.

Il ne sera placé des clôtures le long de la voie que sur les points où l'a reconnaîtra que la sécurité l'exige.

15. Tous les terrains nécessaires pour l'établissement du chemin de fer dépendances, pour la déviation des voies de communication et des cours placés, et, en général, pour l'exécution des travaux, quels qu'ils soient, aux établissement pourra donner lieu, seront achetés et payés par le concessio

16. L'opération étant d'utilité publique, le concessionnaire est investi construction des travaux dépendant de la concession, de tous les droits qu et règlements confèrent à l'administration en matière de travaux publics, l'acquisition des terrains par voie d'expropriation, soit pour l'extraction, le et le dépôt des terres, matériaux, etc. etc., et il demeurera en même temps toutes les obligations qui dérivent, pour l'administration, de ces lois et règl

17. Pour l'exécution des travaux, le concessionnaire se soumettra aux ministérielles concernant l'interdiction du travail les dimanches et jours fér

18. Les travaux seront exécutés sous le contrôle et la surveillance du contrôle et cette surveillance auront pour objet d'empêcher le conce s'écarter des dispositions prescrites par le présent cahier des charges et de résulteraient des projets approuvés.

19. A mesure que les travaux seront terminés sur des parties de chem susceptibles d'être livrées utilement à la circulation, il sera procédé, sur la du concessionnaire, à la reconnaissance et, s'il y a lieu, à la réception pro travaux par un ou plusieurs commissaires délégués à cet effet par le préf vu du procès-verbal de cette reconnaissance, l'administration autorisera lieu, la mise en exploitation des parties dont il s'agit; après cette concessionnaire pourra mettre lesdites parties en service et y percevoir les terminées. Toutefois, ces réceptions partielles ne deviendront définitives que réception générale et définitive du chemin de fer.

20. Après l'achèvement total des travaux, et dans le délai qui sera fixé par l' nistration, le concessionnaire fera faire à ses frais un bornage contradictoire plan cadastral du chemin de fer et de ses dépendances. Une expédition tifiée des procès-verbaux de bornage et du plan cadastral sera dressée au concessionnaire et déposée dans les archives de la préfecture.

Les terrains acquis par le concessionnaire postérieurement au bornage g vue de satisfaire aux besoins de l'exploitation, et qui par cela même devi partie intégrante du chemin de fer, donneront lieu, au fur et à mesure acquisition, à des bornes supplémentaires et seront ajoutés sur le plan ca

TITRE II.
ENTRETIEN ET EXPLOITATION.

21. Le chemin de fer et toutes ses dépendances seront constamment é en bon état, de manière que la circulation y soit toujours facile et sûre.

frais d'entretien et ceux auxquels donneront lieu les réparations ordinaires et
· ' · es seront entièrement à la charge du concessionnaire.

nin de fer, une fois achevé, n'est pas constamment entretenu en bon
a pourvu d'office à la diligence de l'administration et aux frais du con-
, sans préjudice, s'il y a lieu, de l'application des dispositions indiquées
dans l'article 29.

ipenses faites seront recouvrées au moyen de rôles que le préfet rendra exé-

e concessionnaire entretiendra le nombre d'agents jugés nécessaire par l'ad-
tion pour la sûreté de la voie et la manœuvre des barrières qu'il aura été
indispensable d'établir.

es machines locomotives devront être construites sur les meilleurs modèles
nt satisfaire à toutes les conditions prescrites ou à prescrire par l'admi-
pour la mise en service de ce genre de machines.

voitures pour le transport des voyageurs seront du meilleur modèle, suspen-
sur ressorts, couvertes, garnies de banquettes et munies de rideaux.

aura deux classes de compartiments :

compartiments de première classe seront fermés à glaces et auront des ban-
et des dossiers rembourrés comme les deuxièmes des grandes compagnies;
de deuxième classe seront fermés à vitres et munis de banquettes à dossier
les troisièmes des grandes compagnies.

eur de chacun des compartiments de toute classe contiendra l'indication
des places de ce compartiment.

vitures pourront être à impériales.

'fet pourra exiger qu'un compartiment de chaque classe soit réservé, dans
s de voyageurs, aux dames voyageant seules.

rra être établi des voitures mixtes portant des voyageurs et des marchan-
la condition que les marchandises soient séparées des voyageurs.

les parties du matériel seront de bonne et solide construction et seront
ent entretenues en bon état.

oncessionnaire sera tenu, pour la mise en service de ce matériel, de se sou-
a tous les règlements sur la matière.

La vitesse maxima des trains de voyageurs sera de vingt kilomètres par heure,
d'arrêt compris.

nombre des trains sera au moins de deux par jour dans chaque sens et s'arrê-
toutes les stations et haltes, sans que le concessionnaire puisse être obligé à un
de nuit. Il restera libre d'augmenter le nombre des trains journaliers selon
oins du trafic. Des règlements rendus par le préfet, après que le concession-
aura été entendu, détermineront les dispositions et les mesures nécessaires
ssurer la police et l'exploitation du chemin de fer, ainsi que des ouvrages qui
ent. Toutes les dépenses qu'entraînera l'exécution des mesures prescrites
tu de ces règlements seront à la charge du concessionnaire.

oncessionnaire sera tenu de soumettre à l'approbation du préfet les règle-
généraux relatifs au service et à l'exploitation du chemin de fer.

TITRE III.

DURÉE, RACHAT ET DÉCHÉANCE DE LA CONCESSION.

. La durée de la concession pour la ligne mentionnée à l'article 1ᵉʳ du présent
des charges sera de soixante-dix ans. Elle commencera à courir à l'expiration
ai fixé pour l'achèvement des travaux par l'article 2 dudit cahier des charges.

A l'époque fixée pour l'expiration de la concession, et par le seul fait de cette
n, le département sera subrogé à tous les droits du concessionnaire sur le
de fer et ses dépendances, et il entrera immédiatement en jouissance de
ses produits.

e concessionnaire sera tenu de lui remettre en bon état d'entretien le chemin
fer et tous les immeubles qui en dépendent, quelle qu'en soit l'origine, tels
les bâtiments des gares et des stations, les remises, ateliers et dépôts, etc. etc.
n sera de même de tous les objets immobiliers dépendant également dudit che-
, tels que barrières et clôtures, voies, changements de voies, plaques tour-
, réservoirs d'eau, grues hydrauliques, machines fixes, etc. etc.

Dans les cinq dernières années qui précéderont le terme de la concession, le dé-

partement aura le droit de saisir les revenus du chemin de fer et de les empl
à rétablir en bon état le chemin de fer et ses dépendances, si le concessionna
se mettait pas en mesure de satisfaire pleinement et entièrement à cette oblig

En ce qui concerne les objets mobiliers, tels que matériaux, combustibl
approvisionnements de tout genre, le mobilier des stations, le matériel rou
l'outillage des ateliers et des gares, le département sera tenu, si le concessio
le requiert, de reprendre tous ces objets sur l'estimation qui sera faite à dire
perts, et réciproquement, si le département le requiert, le concessionnaire
tenu de les céder de la même manière. Toutefois, le département ne pourra
tenu de reprendre que les approvisionnements nécessaires à l'exploitation du ch
pendant six mois.

27. A toute époque après l'expiration des quinze premières années de la conce
le département aura la faculté de racheter la concession entière du chemin d

Pour régler le prix du rachat, on relèvera les produits nets annuels obtenu
le concessionnaire pendant les sept années qui auront précédé celle où le r
sera effectué; on en déduira les produits nets des deux plus faibles années, et
établira le produit net au moyen des cinq autres années. Le produit net obtenu
mera une annuité qui sera due et payée au concessionnaire pendant chacune
années restant à courir sur la durée de la concession.

Dans aucun cas, le montant de l'annuité ne sera inférieur au produit net
dernière des sept années prises pour terme de comparaison.

Le concessionnaire recevra, en outre, dans les trois mois qui suivront le r
les remboursements auxquels il aurait droit à l'expiration de la concession,
l'article 26 ci-dessus.

28. Faute par le concessionnaire d'avoir terminé les travaux dans le délai fix
l'article 2, faute aussi par lui d'avoir rempli les diverses obligations qui lui
imposées par le présent cahier des charges, il encourra la déchéance, et il
pourvu tant à la continuation et à l'achèvement des travaux qu'à l'exécution
autres engagements contractés par le concessionnaire au moyen d'une adjudic
que l'on ouvrira sur une mise à prix des ouvrages exécutés, des matériaux app
sionnés et des parties du chemin de fer déjà livrées à l'exploitation.

Les soumissions pourront être inférieures à la mise à prix.

Le nouveau concessionnaire sera soumis aux clauses du nouveau cahier
charges, et le concessionnaire évincé recevra de lui le prix que la nouvelle a
cation aura fixé. Si l'adjudication ouverte n'amène aucun résultat, une se
adjudication sera tentée sur les mêmes bases, après un délai de trois mois; si
seconde tentative reste également sans résultat, le concessionnaire sera défin
ment déchu de tous ses droits, et alors les ouvrages exécutés, les matériaux a
visionnés et les parties du chemin de fer déjà livrées à l'exploitation appartien
au département, ainsi que le cautionnement s'il n'a pas été remboursé.

29. Si l'exploitation du chemin de fer vient à être interrompue en totalité ou
partie, le préfet prendra immédiatement, aux frais et risques du concessionnaire
mesures nécessaires pour assurer provisoirement le service.

Si, dans les trois mois de l'organisation du service provisoire, le concessio
n'a pas valablement justifié qu'il est en état de reprendre et de continuer l'e
tation, et s'il ne l'a pas effectivement reprise, la déchéance pourra être prono
par le préfet. Cette déchéance prononcée, le chemin de fer et toutes ses dép
dances seront mis en adjudication et il sera procédé ainsi qu'il est dit à l'article p
cédent.

30. Les dispositions des deux articles qui précèdent cesseraient d'être applicabl
et la déchéance ne serait pas encourue, dans le cas où le concessionnaire n'aurait
remplir ses obligations par suite de circonstances de force majeure dûment constaté

TITRE IV.

TAXES ET CONDITIONS RELATIVES AU TRANSPORT DES VOYAGEURS ET DES MARCHANDISES.

31. Pour indemniser le concessionnaire des dépenses auxquelles il s'engage, su
la condition expresse qu'il remplira exactement ses obligations, il lui est accord
autorisation de percevoir, pendant toute la durée de la concession, les droits d
péage et les prix de transport ci-après déterminés :

TARIF.

1° PAR TÊTE ET PAR KILOMÈTRE.

	PRIX		
	de péage.	de transport.	TOTAUX.
	fr. c.	fr. c.	fr. c.

Grande vitesse.

Voitures de 1re classe............................	0 060	0 040	0 10
Voitures de 2e classe............................	0 036	0 024	0 06
Au-dessous de trois ans, les enfants ne payent rien, s'ils sont portés sur les genoux des personnes qui les accompagnent.			
De trois à sept ans, ils payent demi-place ; toutefois, dans un même compartiment, deux enfants ne pourront occuper que la place d'un voyageur.			
Au-dessus de sept ans, ils payent place entière.			
....	0 018	0 012	0 03

Petite vitesse.

(perception minimum, 1f). Taureaux, bœufs, vaches, mulets, ânes, bêtes de trait........................	0 09	0 06	0 15
perception minimum, 1f). Veaux et porcs.	0 05	0 03	0 08
perception minimum, 0f 50c). Moutons, brebis, agneaux, cochons de lait	0 025	0 015	0 04

rix seront doublés si les animaux ci-dessus sont, sur la des expéditeurs, transportés à la vitesse des trains de

2° PAR TONNE ET PAR KILOMÈTRE.

Marchandises transportées à grande vitesse.

marchandises seront toujours reçues dans les trains de voyageurs.)

— Denrées. — Comestibles. — Poissons. — Viande. — Vin. — Boissons et spiritueux. — Produits chimiques. — Essences. — Objets manufacturés. — Armes. — ls de bagages et marchandises des autres classes transpora vitesse des trains de voyageurs......................	0 30	0 20	0 50

Marchandises transportées à petite vitesse.

— Produits résineux. — Gommes en barriques. — Colo- — Goudrons. — Bois de teinture et autres bois exotiques, ises de première classe qui ne seraient pas transpor- nde vitesse........................	0 21	0 14	0 35
Planches et bois de toutes sortes équarris. — Bois de e. — Fers, cuivre, plomb et autres métaux ouvrés — Pailles et fourrages........................	0 16	0 12	0 28
Bois en grume. — Pierres de taille et produits de car- Argiles. — Briques. — Ardoises. — Minerais..........	0 15	0 10	0 25
Houille. — Marne. — Cendres. — Fumiers. — Engrais. à chaux et à plâtre. — Pavés et matériaux pour la cons- et la réparation des routes. — Cailloux et sable........	0 08	0 04	0 12

3° PAR PIÈCE ET PAR KILOMÈTRE.

Voitures et matériel roulant transportés à petite vitesse.

à deux ou à quatre roues, à un fond et à une seule ban- dans l'intérieur........................	0 30	0 20	0 50
à quatre roues, à deux fonds et à deux banquettes dans r, omnibus, etc........................	0 35	0 25	0 60

les transports auront lieu à la vitesse des trains de , les prix ci-dessus seront doublés. Dans ce cas, deux es pourront, sans supplément de prix, voyager dans les à une banquette, et trois dans les voitures à deux ban- Les voyageurs excédant ce nombre payeront le prix des de deuxième classe.

	de péage.	de transport.	
	fr. c.	fr. c.	
Voitures de déménagement à deux ou quatre roues, à vide........	o 25	o 10	o
Ces voitures, lorsqu'elles seront chargées, payeront en sus des prix ci-dessus, par tonne et par kilomètre............................	o 16	o 09	o
Wagon et chariot pouvant porter de deux à six tonnes............	o 09	o 06	o
Wagon et chariot pouvant porter plus de six tonnes	o 12	o 08	o
Locomotive pesant au plus dix-huit tonnes (ne trainant pas de convoi)...	1 80	1 20	3
Tender pesant au plus dix tonnes (ne trainant pas de convoi).	o 90	o 60	1

Les machines locomotives seront considérées comme ne trainant pas de convoi lorsque le convoi remorqué, soit de voyageurs, soit de marchandises, ne comportera pas un péage au moins égal à celui qui serait perçu sur la locomotive avec son tender marchant sans rien trainer.

Le prix à payer pour un wagon chargé ne pourra jamais être inférieur à celui qui serait dû pour un wagon marchant à vide.

4° SERVICE DES POMPES FUNÈBRES ET TRANSPORT DE CERCUEILS.

Grande vitesse.

	de péage.	de transport.	
Une voiture des pompes funèbres renfermant un ou plusieurs cercueils sera transportée aux mêmes conditions qu'une voiture à quatre roues, et au prix de	o 40	o 30	o
Chaque cercueil sera transporté, dans un compartiment isolé, au prix de	o 20	o 15	o

Les prix déterminés ci-dessus pour les transports à grande vitesse ne co
pas l'impôt dû à l'État.

Il est expressément entendu que les prix de transport ne seront dus au
sionnaire qu'autant qu'il effectuera lui-même ces transports à ses frais et
propres moyens; dans le cas contraire, il n'aura droit qu'aux prix fixés
péage.

La perception aura lieu d'après le nombre de kilomètres parcourus. T
mètre entamé sera payé comme s'il avait été parcouru en entier.

Si la distance parcourue est inférieure à quatre kilomètres, elle sera comp
quatre kilomètres.

Le poids de la tonne est de mille kilogrammes. Les fractions de poids ne
comptées, tant pour la grande que pour la petite vitesse, que par centième de
ou par dix kilogrammes.

Toutefois, pour les excédants de bagages et marchandises à grande
coupures seront établies : 1° de zéro au-dessus de cinq kilogrammes; 2° au-dessus de
grammes, jusqu'à dix kilogrammes; 3° au-dessus de dix kilogrammes, par
indivisibles de dix kilogrammes. Quelle que soit la distance parcourue, le p
expédition quelconque, soit en grande, soit en petite vitesse, ne pourra être
de quarante centimes.

32. A moins d'une autorisation spéciale et révocable du préfet, tout train
de voyageurs devra contenir des compartiments des deux classes en nombre
pour recevoir tous les voyageurs qui se présenteraient dans les bureaux du
de fer.

33. Tout voyageur dont le bagage ne pèsera pas plus de trente kilogrammes
à payer, pour le port de ce bagage, aucun supplément de prix de sa place.

Cette franchise ne s'appliquera pas aux enfants transportés gratuitement,
sera réduite à vingt kilogrammes pour les enfants transportés à moitié prix.

34. Les animaux, denrées, marchandises, effets et autres objets non désigné
le tarif seront rangés, pour les droits à percevoir, dans les classes avec lesque
auront le plus d'analogie, sans que jamais, sauf les cas formulés aux articles

ci-après, aucune marchandise non dénommée puisse être soumise à une taxe
à celle de la première classe du tarif ci-dessus.

imilations de classes pourront être réglées provisoirement par le conces-
; mais elles seront soumises immédiatement à l'administration, qui pro-
définitivement.

droits de péage et les prix de transport déterminés au tarif ne sont point
s à toute masse indivisible pesant plus de trois mille kilogrammes.

ins, le concessionnaire ne pourra se refuser à transporter les masses indi-
sant de trois mille à cinq mille kilogrammes; mais les droits de péage et
transport seront augmentés de moitié.

ionnaire ne pourra être contraint à transporter les masses pesant plus
mille kilogrammes.

onobstant la disposition qui précède, le concessionnaire transporte des
indivisibles pesant plus de cinq mille kilogrammes, les prix de ces transports
fixés par le préfet.

tout poids indivisible de trois mille kilogrammes et au-dessus, les délais de
et de transport seront doublés.

es prix déterminés au tarif précédent ne sont point applicables :

x objets encombrants qui ne pèseraient pas deux cents kilogrammes sous le
d'un mètre cube;

x matières inflammables, aux animaux et objets dangereux;

x animaux dont la valeur déclarée excéderait cinq mille francs;

l'or, à l'argent, ainsi qu'aux bijoux, dentelles, pierres précieuses et autres
;

, en général, à tous paquets ou colis pesant isolément moins de cinquante
es.

ois, les prix déterminés au tarif sont applicables à tous paquets et colis,
e emballés à part, s'ils font partie d'envois pesant plus de cinquante kilo-
es d'objets envoyés par une même personne à une même personne. Il en
même pour les excédants de bagages qui pèseraient ensemble ou isolément
cinquante kilogrammes.

énéfice de la disposition énoncée dans le paragraphe précédent, en ce qui
e les paquets ou colis, ne peut être invoqué par les entrepreneurs de messa-
t de roulage et autres intermédiaires de transport, à moins que les articles
envoyés ne soient réunis en un seul colis.

les cinq cas ci-dessus spécifiés, les prix de transport seront arrêtés annuelle-
ar le préfet, tant pour la grande que pour la petite vitesse, sur la proposition
ionnaire.

qui concerne les paquets ou colis pesant moins de cinquante kilogrammes,
eront calculés de telle manière qu'en aucun cas un de ces paquets ou colis
payer un prix plus élevé qu'un article de même nature pesant plus de cin-
kilogrammes.

Dans le cas où le concessionnaire jugerait convenable, soit pour le parcours
oit pour les parcours partiels de la voie de fer, d'abaisser, avec ou sans con-
, au-dessous des limites déterminées par le tarif les taxes qu'il est autorisé à
oir, les taxes abaissées ne pourront être relevées qu'après un délai de deux
n moins pour les voyageurs et de six mois au moins pour les marchandises.

te modification de tarif proposée par le concessionnaire sera annoncée un
l'avance par des affiches.

perception des tarifs modifiés ne pourra avoir lieu qu'après l'homologation du
, conformément aux dispositions de la loi du 12 juillet 1865.

La perception des taxes devra se faire indistinctement et sans aucune faveur.

traité particulier qui aurait pour effet d'accorder à un ou plusieurs expédi-
une réduction sur les tarifs approuvés demeure formellement interdit. Toute-
cette disposition n'est pas applicable aux traités qui pourraient intervenir entre
ouvernement et le concessionnaire dans l'intérêt des services publics, ni aux
ons et remises qui seraient accordées par le concessionnaire aux indigents.

cas d'abaissement des tarifs, la réduction portera proportionnellement sur le
et sur le transport.

Le concessionnaire sera tenu d'effectuer constamment avec soin, exactitude
lérité, et sans tour de faveur, le transport des voyageurs, bestiaux, denrées,
dises et objets quelconques qui lui seront confiés.

Des règlements émanés de l'autorité préfectorale détermineront, sur la propo
du concessionnaire, les dispositions relatives au camionnage; les formali
transport et la forme des récépissés, dans le cas où il en serait délivré; le
accessoires non mentionnés dans les tarifs, tels que ceux d'enregistrement, de
gement, de déchargement et de magasinage dans les gares et magasins du che
fer, ainsi que les délais de transport.

40. L'administration préfectorale déterminera, sur la proposition du conce
naire:

1° Le nombre des trains à faire circuler par jour;

2° Les heures de départ et d'arrivée, ainsi que la vitesse de la marche.

41. A moins d'une autorisation spéciale de l'administration, il est interdit au
cessionnaire, conformément à l'article 14 de la loi du 15 juillet 1845, de faire
tement ou indirectement avec des entreprises de transport de voyageurs ou de
chandises par terre ou par eau, sous quelque dénomination ou forme que ce p
être, des arrangements qui ne seraient pas consentis en faveur de toutes les
prises desservant les mêmes voies de communication.

TITRE V.

SERVICES PUBLICS.

42. Les militaires ou marins voyageant en corps, aussi bien que les militai
marins voyageant isolément pour cause de service, envoyés en congé limité o
permission, ou rentrant dans leurs foyers après libération, ne seront assujettis,
leurs chevaux et leurs bagages, qu'à la moitié de la taxe du tarif fixé par le p
cahier des charges.

Si le Gouvernement avait besoin de diriger des troupes et un matériel militai
naval sur l'un des points desservis par le chemin de fer, le concessionnaire s
tenu de mettre immédiatement à sa disposition, pour la moitié de la taxe du
tarif, tous ses moyens de transport.

43. Les fonctionnaires ou agents chargés de l'inspection, du contrôle et de la
veillance du chemin de fer seront transportés gratuitement dans les voiture
concessionnaire; l'état nominatif en sera arrêté par le préfet, le concessionnaire
tendu.

Dans l'un des trains journaliers de voyageurs ou de marchandises désignés p
préfet, le concessionnaire sera tenu de réserver gratuitement, dans un compartim
de première classe, la place nécessaire pour recevoir les lettres, les dépêche
l'agent du service des postes.

L'administration se réserve la faculté de faire, le long des voies, toutes les c
tructions, de poser tous les appareils nécessaires à l'établissement d'une ligne
graphique, sans nuire au service du chemin de fer.

Le concessionnaire sera tenu de faire garder-par ses agents les fils et les appa
des lignes télégraphiques. En cas de rupture du fil télégraphique, les employé
concessionnaire auront à raccrocher provisoirement les bouts séparés, d'après
instructions qui leur seront données à cet effet.

Dans le cas où des déplacements de fils, appareils ou poteaux deviendraient
cessaires par suite de travaux exécutés sur le chemin de fer, ces déplacements au
lieu aux frais du concessionnaire par les soins de l'administration des lignes télé
phiques.

Le concessionnaire établira à ses frais les fils et les appareils télégraphiques d
tinés à transmettre les signaux nécessaires pour la sûreté et la régularité de
exploitation.

Il pourra, avec l'autorisation de M. le ministre de l'intérieur, se servir des pot
télégraphiques de l'État, lorsqu'une semblable ligne existera le long de la voie.

Le concessionnaire sera tenu de se soumettre à tous les règlements d'admini
tion publique concernant l'établissement et l'emploi de ces appareils.

TITRE VI.

CLAUSES DIVERSES.

44. Dans le cas où l'État autoriserait ou ordonnerait la construction de routes nationales, départementales ou vicinales, de chemins de fer ou de canaux qui tra

ent la ligne qui fait l'objet de la présente concession, le concessionnaire
  s'opposer à ces travaux; mais toutes les dispositions nécessaires seront
pour qu'il n'en résulte aucun obstacle à la construction ou au service du che-
e fer, ni aucuns frais pour le concessionnaire.

Toute exécution ou autorisation ultérieure de route, de canal, de chemin de
: travaux de navigation, ne pourra donner ouverture à aucune demande d'inde la part du concessionnaire.

'administration se réserve expressément le droit d'accorder de nouvelles
ions de chemins de fer s'embranchant sur le chemin de fer qui fait l'objet
ent cahier des charges ou en prolongement.

»ncessionnaire ne pourra mettre aucun obstacle à ces embranchements ou
ements, ni réclamer, à l'occasion de leur établissement, aucune indemnité
que, pourvu qu'il n'en résulte aucun obstacle ni aucuns frais particuliers
e concessionnaire.

compagnies concessionnaires de chemins de fer d'embranchement ou de
gement auront la faculté, en observant les règlements de police et de service
ou à établir, de faire circuler leurs voitures, wagons et machines sur le che-
: fer objet de la présente concession, moyennant les prix fixés au tarif ci-
ou de gré à gré. Toutefois, le concessionnaire ne sera pas tenu d'admettre
: rails un matériel dont le poids et les dimensions seraient hors de proportion
's éléments constitutifs de sa voie.

le cas où les diverses compagnies ne pourraient s'entendre entre elles sur
ce de cette faculté, l'administration statuerait sur les difficultés soulevées
lles à cet égard.

le cas où un concessionnaire d'embranchement ou de prolongement joignant
e qui fait l'objet de la présente concession n'userait pas de la faculté de cir-
ur cette ligne, comme aussi dans le cas où le concessionnaire de la présente
le voudrait pas circuler sur les prolongements ou embranchements, ils seraient
de s'arranger entre eux de manière que le service des transports ne soit
interrompu aux points de jonction des diverses lignes.

i des concessionnaires qui se servirait d'un matériel qui ne serait pas sa pro-
payera à l'autre une indemnité en rapport avec l'usage et la détérioration de
ériel. Dans le cas où les concessionnaires ne se mettraient pas d'accord sur la
n de l'indemnité ou sur les moyens d'assurer la continuation du service sur
a ligne, l'administration y pourvoira d'office et prescrira toutes les mesures
ires.

es contributions foncières seront établies à raison de la surface des terrains
  par le chemin de fer et ses dépendances; la cote en sera calculée, comme
es canaux, conformément à la loi du 25 avril 1803.

bâtiments et magasins dépendant de l'exploitation du chemin de fer seront
lés aux propriétés bâties de la localité. Toutes les contributions auxquelles
édifices pourront être soumis seront, aussi bien que la contribution foncière, à
harge du concessionnaire.

3. Les agents et gardes que le concessionnaire établira, soit pour la perception
droits, soit pour la surveillance et la police du chemin de fer et de ses dépen-
, pourront être assermentés et seront, dans ce cas, assimilés aux gardes
êtres.

Le chemin de fer restera toujours placé sous la surveillance de l'autorité pré-
le; les frais de contrôle, de surveillance et de réception des travaux seront
és par le concessionnaire. Afin de pourvoir à ces frais, il sera tenu de verser
année à la caisse du trésorier payeur général du département une somme de
ite francs par chaque kilomètre de chemin de fer concédé; cette somme sera
à soixante-quinze francs par année pendant la durée de la construction. Si le
ionnaire ne verse pas cette somme aux époques qui auront été fixées, le
réfet rendra un rôle exécutoire et le montant en sera recouvré comme en matière
le contributions publiques.

50. Pour la garantie des obligations qui lui sont imposées, le concessionnaire sera
tenu de déposer, après le décret déclaratif d'utilité publique, dans une caisse publique
désignée par le préfet, une somme de douze mille francs en numéraire ou en rentes
sur l'État, calculées conformément à l'ordonnance du 19 janvier 1825.

Cette somme formera le cautionnement de l'entreprise; elle sera rendue au concessionnaire après la réception définitive des ouvrages et du matériel fixe et rou

51. Le concessionnaire devra faire élection de domicile à Bordeaux.

Dans le cas où il ne l'aurait pas fait, toute notification ou signification à adressée sera valable lorsqu'elle sera faite au secrétariat général de la Gironde.

52. Les contestations qui s'élèveraient entre le concessionnaire et l'administra au sujet de l'exécution ou de l'interprétation du présent cahier des charges se jugées administrativement par le conseil de préfecture de la Gironde, sauf rec au Conseil d'État.

53. Aucune émission d'obligations ne pourra avoir lieu qu'en vertu d'une aut sation donnée par le ministre des travaux publics, de concert avec le ministre l'intérieur, et après avis du ministre des finances.

En aucun cas, il ne pourra être émis d'obligations pour une somme supéri au montant du capital-actions.

Aucune émission d'obligations ne pourra d'ailleurs être autorisée avant que quatre cinquièmes du capital-actions aient été versés et employés en achats de rains, travaux, approvisionnements sur place, ou en dépôt de cautionnement.

54. Les frais d'enregistrement sont à la charge du concessionnaire.

Le Préfet de la Gironde,

Signé FERDINAND DUVAL.

Accepté par le concessionnaire soussigné :

Signé E. BONNET.

Certifié conforme au cahier des charges annexé au décret en date du 2 févr 1874, enregistré sous le n° 117.

Le Conseiller d'État, Secrétaire général,

Signé DE BOUREUILLE.

RÉPUBLIQUE FRANÇAISE.

N° 3428. — *Décret qui ouvre au Ministre de l'Instruction publique, des Cult et des Beaux-Arts un Crédit sur l'exercice 1874, à titre de Fonds de concou versés au Trésor, pour la construction d'un Édifice destiné à la Faculté d Médecine de Nancy.*

Du 20 Juillet 1874.

LE PRÉSIDENT DE LA RÉPUBLIQUE FRANÇAISE,

Sur le rapport du ministre de l'instruction publique, des cultes et d beaux-arts;

Vu la loi du 29 décembre 1873, portant fixation du budget des recett et des dépenses de l'exercice 1874 :

Vu la déclaration de versement à la caisse du trésorier payeur général de Meurthe-et-Moselle, au crédit du fonds de concours, d'une somme de cent cinquante-neuf mille deux cent soixante et onze francs quatre-vingt-hui centimes (159,271' 88°), ledit versement effectué en vertu d'une convention entre la ville de Nancy et le ministre de l'instruction publique, des et des beaux-arts ;

l'article 13 de la loi du 6 juin 1843 et l'article 52 du décret du 31 mai ;

la lettre du ministre des finances, en date du 2 juin 1874;

Conseil d'État entendu,

ˑTE :

. 1ᵉʳ. Il est ouvert au ministre de l'instruction publique, des et des beaux-arts, sur l'exercice 1874 (budget de l'instruction que, chapitre vii. — *Facultés*), un crédit de cent cinquante-mille deux cent soixante et onze francs quatre-vingt-huit cen- (159,271ᶠ88ᶜ), applicable aux dépenses de construction d'un ce destiné à la faculté de médecine de Nancy.

Il sera pourvu à la dépense au moyen de la somme versée au r public à titre de fonds de concours.

Le ministre de l'instruction publique, des cultes et des beaux- et le ministre des finances sont chargés, chacun en ce qui le e, de l'exécution du présent décret. .

Fait à Versailles, le 20 Juillet 1874.

Signé Mᵃˡ DE MAC MAHON.

Le Ministre des finances,

Signé MATHIEU BODET.

Le Ministre de l'instruction publique, des cultes et des beaux-arts,

Signé A. DE CUMONT.

RÉPUBLIQUE FRANÇAISE.

——

N° 3429. — *Décret qui fixe le prix de la pension, de la demi-pension et de l'externat dans divers Lycées.*

Du 12 Août 1874.

LE PRÉSIDENT DE LA RÉPUBLIQUE FRANÇAISE,

Sur le rapport du ministre de l'instruction publique, des cultes et des beaux-arts ;

Vu les délibérations des conseils académiques et des bureaux d'adminis-tration des lycées,

DÉCRÈTE :

ART. 1ᵉʳ. Le prix de la pension, de la demi-pension et de l'exter-nat est fixé ainsi qu'il suit dans les lycées ci-après désignés :

LYCÉES.	FRAIS DE PENSION.				FRAIS DE DEMI-PENSION.				FRAIS D'ÉTUDE.			
	Mathématiques spéciales.	Division supérieure.	Division de grammaire.	Division élémentaire.	Mathématiques spéciales.	Division supérieure.	Division de grammaire.	Division élémentaire.	Mathématiques spéciales.	Division supérieure.	Division de grammaire.	Division élémentaire.
Reims..........	950	900	850	800	600	550	500	450	225	200	175	15
Clermont......	900	850	800	750	"	"	"	"	"	"	"	
Nîmes.........	900	850	800	750	550	525	475	425	200	160	130	11
Saint-Étienne...	900	850	800	750	550	500	450	400	180	160	120	"
Moulins.......	900	800	750	700	550	500	450	400	"	"	"	
Carcassonne....	"	750	700	650	"	475	425	375	"	130	110	
Bourg.........	"	700	650	600	"	450	400	350	"	160	120	
Chaumont......	"	700	650	600	"	450	400	350	"	120	100	
Le Puy........	"	650	600	550	"	425	375	325	"	"	"	
Le Havre......	"	"	"	"	"	575	325	475	"	250	180	
Rouen........	"	"	"	"	"	"	"	"	"	250	180	
Mâcon........	"	"	"	"	"	"	"	"	"	160	120	
Périgueux.....	"	750	700	650	"	475	425	375	"	170	130	15

2. Ces dispositions seront mises à exécution le 1ᵉʳ octobre prochain, excepté dans les lycées de Clermont, de Moulins et du Puy, où les nouveaux tarifs ne seront appliqués qu'à partir du 1ᵉʳ janvier 1875.

3. Le ministre de l'instruction publique, des cultes et des beaux-arts est chargé de l'exécution du présent décret.

Fait à Versailles, le 12 Août 1874.

Signé Mᵃˡ DE MAC MAHON.

Le Ministre de l'instruction publique, des cultes et des beaux-arts,
Signé A. DE CUMONT.

RÉPUBLIQUE FRANÇAISE.

Nº 3430. — *Décret relatif à l'Organisation judiciaire dans la Kabylie.*

Du 29 Août 1874.

(Promulgué au *Journal officiel* du 5 septembre 1874.)

LE PRÉSIDENT DE LA RÉPUBLIQUE FRANÇAISE,

Sur le rapport du garde des sceaux, ministre de la justice,

DÉCRÈTE :

TITRE Iᵉʳ.

SECTION Iʳᵉ. — JUSTICE CIVILE.

ART. 1ᵉʳ. Les tribunaux de Tizi-Ouzou et de Bougie, et les juges de paix de leurs ressorts, statuant sur les actions civiles et commerciales autres que celles qui intéressent exclusivement les indigènes kabyles ou arabes, ou musulmans étrangers, appliqueront la loi française d'après les règles établies pour les autres tribunaux et jus-

de paix de l'Algérie, et sauf les modifications qui résultent du
t décret.

a arrêté du gouverneur général délimitera les circonscriptions
lesquelles doit s'exercer la juridiction de chacun des juges de
créés par le décret du 23 avril 1874 [1].

, dans quelques-unes de ces circonscriptions, des mahakmas ou
djemaâs de justice sont maintenues pour le jugement des con-
tions entre indigènes ou musulmans étrangers, le même arrêté
a les limites dans lesquelles elles continueront d'exercer leur ju-
on. Dans ce dernier cas, les articles 19, 20, 21, 22, 23, 24
lu présent décret seront appliqués.

Le droit musulman ou kabyle continue à régir les conventions
ou commerciales entre indigènes arabes ou kabyles, ou mu-
s étrangers, ainsi que les questions religieuses et d'État, sauf
ifications qui ont pu ou pourront y être apportées.

tefois, la déclaration faite par les parties, lors de la convention
puis, qu'elles entendent se soumettre à la loi française, en-
l'application de cette loi.

Entre indigènes arabes ou kabyles, ou musulmans étrangers,
s à des lois différentes quant à l'objet de la convention ou de la
on, la loi applicable sera, en matière réelle, celle du lieu
situation de l'immeuble, et, en matière personnelle et mobi-
, celle du lieu où s'est formé le contrat, ou, à défaut de conven-
, la loi du lieu où s'est accompli le fait qui a donné naissance à
igation. Si les parties ont indiqué, lors du contrat, à quelle loi
entendaient se soumettre, cette loi sera appliquée.

Entre toutes personnes autres que les indigènes arabes ou ka-
, ou musulmans étrangers, les juges de paix des deux arron-
ents de la Kabylie, y compris ceux des deux chefs-lieux
ondissement, connaîtront :

Des matières spéciales attribuées aux juges de paix de France
les lois des 25 mai 1838, 20 mai 1854 et 2 mai 1855, dans les
tes du premier ressort fixées par lesdites lois, et, en dernier res-
, jusqu'à la valeur de cinq cents francs ;

Des actions purement personnelles et mobilières, civiles ou
merciales, à savoir : en dernier ressort, jusqu'à la valeur de
[cents francs, et, en premier ressort, jusqu'à celle de mille
cs.

s exerceront en outre, à l'exception des juges de paix de Tizi-
et de Bougie :

es fonctions de présidents des tribunaux de première instance
e juges de référés en toute matière, et pourront, comme eux,
er toutes mesures conservatoires ;

' Toutes les attributions conférées par la loi française au prési-
it du tribunal, en ce qui concerne l'exequatur à donner aux sen-
ces arbitrales.

---

[1] XII° série, Bull. 198, n° 2966 et 2967.

Entre indigènes arabes ou kabyles, ou musulmans étrangers, juges de paix de ces deux arrondissements connaîtront :

En premier ressort :

1° De toutes contestations relatives aux matières religieuses d'État qui sont énumérées par l'article 24 du décret du 13 décem 1866 ;

2° De toutes les autres actions personnelles ou mobilières, civ ou commerciales ;

3° De toutes les actions immobilières jusqu'à soixante francs revenu déterminé, soit en rentes, soit par prix de bail ;

En dernier ressort :

De toutes actions personnelles et mobilières dans les limites fi par les deux premiers paragraphes du présent article.

En cas d'arbitrage d'après la coutume indigène, le juge de p qui serait compétent pour connaître de la contestation désigne tiers arbitre ; à défaut d'accord entre les parties, dans tous les ca cette désignation appartenait à la djemaâ ou à l'amin.

5. Dans les contestations entre Arabes, le juge de paix sera a d'un assesseur arabe ; dans les contestations entre Kabyles, d'un a seur kabyle ; dans les contestations entre Arabes et Kabyles, de sesseur arabe et de l'assesseur kabyle. Les assesseurs des jug paix ont voix consultative ; dans les matières religieuses et d' ainsi que dans toutes les causes sujettes à appel, leur avis s point de droit sera toujours mentionné dans le jugement.

L'assesseur ou les deux assesseurs sont nommés, suspendus o voqués par arrêté du gouverneur général, rendu sur la propos du premier président et du procureur général. Ils ne peuvent poursuivis qu'après l'autorisation du gouverneur général. E d'autorisation, ils sont traduits, en matière correctionnelle, de la première chambre de la cour d'appel d'Alger ; en matière cri nelle, devant la cour d'assises de leur département.

Un arrêté du gouverneur général déterminera le mode et l'i tance de la rétribution des assesseurs de justice de paix (vacatio

6. Seront applicables en justice de paix, entre indigènes ar ou kabyles, ou musulmans étrangers, les articles 15, 25, 29. et 32 du décret du 13 décembre 1866 [1].

Les obligations imposées dans ces articles au cadi ou à l'ade combent au juge de paix ou à son greffier.

Les juges de paix pourront exceptionnellement, en cas d'urg spécifiée dans le jugement, et en exigeant une caution, ordo l'exécution provisoire de leurs décisions, nonobstant appel.

7. Entre toutes personnes autres que les indigènes arabes ou byles, ou musulmans étrangers, les tribunaux de première ins de Tizi-Ouzou et de Bougie connaîtront, en premier ressort :

1° De toutes les actions personnelles et mobilières qui, à ra soit de leur nature, soit de leur valeur indéterminée ou supér

---

[1] XIᵉ série, Bull. 1451, n° 14,794.

taux de la compétence générale ou spéciale des juges de paix, ne
t pas de la compétence de ces derniers;

2° Des actions immobilières;

En dernier ressort :

1° Des actions personnelles et mobilières jusqu'à la valeur de deux
le francs;

° Des actions immobilières jusqu'à soixante francs de revenu, dé-
né en rentes ou par prix de bail;

En appel :

De tous jugements rendus en premier ressort par les juges de paix.

Entre indigènes arabes ou kabyles, ou musulmans étrangers, les
aux de Tizi-Ouzou et de Bougie connaîtront, en premier res-
les actions immobilières d'une valeur indéterminée ou supé-
à soixante francs de revenu, déterminé en rentes ou par prix
l; en appel, de tous jugements rendus en premier ressort par
uges de paix et les djemaâs ou mahakmas organisées par le pré-
décret.

L'appel des décisions rendues en premier ressort par les tribu-
de Tizi-Ouzou et de Bougie entre toutes personnes autres que
idigènes arabes ou kabyles, ou musulmans étrangers, est porté
t la cour d'appel d'Alger.

appels des jugements rendus en premier ressort entre indi-
arabes ou kabyles, ou musulmans étrangers, par le tribunal
i-Ouzou sont portés à la cour d'Alger; ceux du tribunal de
, au tribunal de Constantine.

e indigènes arabes ou kabyles, le tribunal civil, siégeant soit
mière instance, soit en appel, sera composé de deux magistrats
s et d'un assesseur musulman ou kabyle, si le litige existe
Arabes ou Kabyles seulement; si le litige existe entre Arabes et
les, le tribunal sera composé de trois magistrats français et soit
eux assesseurs arabes ou kabyles, soit d'un assesseur arabe et
assesseur kabyle, selon les distinctions établies au paragraphe
dent.

assesseurs près la cour et les tribunaux auront voix délibéra-
Ils sont nommés par décret du Président de la République, sur
oposition du garde des sceaux, ministre de la justice, le gouver-
général consulté. Ils peuvent être suspendus par un arrêté mi-
l et révoqués par un décret.

peuvent être poursuivis en justice que dans les formes éta-
chapitre III du titre IV du livre II du Code d'instruction
le.

sont rétribués conformément à l'article 9 du décret du 13 dé-
re 1866.

Sont applicables devant les juridictions d'appel, entre indigènes
es ou arabes, ou musulmans étrangers, les articles 33, 34 et 35,
raphes 1, 2, 3 et 4, du décret du 13 décembre 1866.

Le désistement de l'appel sera reçu et notifié à qui de droit, dans
les mêmes formes que la déclaration d'appel.

10. Les décisions en dernier ressort, rendues par les juges
paix, les tribunaux civils et la cour d'appel, appliquant le droit
sulman ou kabyle, ne sont pas susceptibles de recours en cassa

Lorsque le droit français a été appliqué, le recours est ouvert
formément aux règles de la législation française.

11. Les jugements ou arrêts définitifs, rendus entre indigèn
musulmans étrangers par les juges de paix, les tribunaux et la
s'exécutent, selon les règles et usages actuellement en vigueur
les soins des cadis entre musulmans, et, entre Kabyles, par les
du chef de la djemaâ de section ou de son suppléant.

12. Le ministère des défenseurs n'est pas obligatoire devant
tribunaux, ni devant la cour, pour les affaires entre Arabes et
byles. Mais si leur ministère est requis, ils ont droit à des hono
et ont action pour le recouvrement. Ces honoraires restent,
tous les cas, à la charge de la partie qui a requis l'assistance d
fenseur. Ils sont taxés en un seul chiffre, pour tous les soins d
à l'affaire et pour la plaidoirie, par l'un des juges qui auront
de l'affaire. Il pourra être délivré exécutoire par le greffier; ce
cutoire sera susceptible d'opposition.

L'opposition sera formée dans les trois jours de la significa
personne ou à domicile; il y sera statué sommairement par le
nal, en chambre du conseil, sans appel ni recours en cassation.

13. Il est créé trois emplois de défenseurs près chacun des
naux de Tizi-Ouzou et de Bougie, et un emploi d'interprète judi
près chaque tribunal et chaque justice de paix. Il sera pourvu à
emplois selon le mode en vigueur en Algérie.

Toutefois, transitoirement, le diplôme de licencié en droit ne
pas exigé de ceux des aspirants aux emplois de défenseurs près l
tribunaux, qui justifieront :

1° Du certificat de capacité;

2° De cinq années de cléricature dans une étude d'avoué en F
ou de défenseur en Algérie.

14. Il sera créé, au fur et à mesure des besoins, des emp
notaire et d'huissier.

Il y sera pourvu selon le mode en vigueur en Algérie; leur
dence sera fixée par l'acte de nomination, ainsi que leur ressort

Les notaires résidant au chef-lieu de chaque arrondissement
ront instrumenter dans toute l'étendue de cet arrondissement
exception.

Dans les cantons judiciaires où il n'existera pas de notaire,
greffiers de justice de paix pourront être désignés par le garde
sceaux pour en remplir les fonctions.

15. Les cadis existant dans les deux arrondissements judici
de la Kabylie sont maintenus. Ils continuent à exercer les fonc
de notaire entre musulmans, concurremment avec les notaires
çais. Dans les circonscriptions judiciaires où les cadis ne con
pas les attributions du juge, ils continuent d'exercer celles qui l

conférées par les articles 36 et 40 du décret du 13 décembre

le cas où il s'élèverait des difficultés quelconques, soit dans
tion des jugements, soit sur le partage et la liquidation des
ions, le cadi sera tenu d'en saisir le juge de paix, qui statuera
emier ou en dernier ressort, comme en matière de référé, avec
nce d'assesseurs et suivant les distinctions établies par le pré-
décret.

SECTION II. — JUSTICE RÉPRESSIVE.

. En ce qui touche la poursuite et la répression des crimes, dé-
t contraventions prévus et punis par le Code pénal français,
que par les lois, décrets et arrêtés locaux, les deux arrondisse-
de Tizi-Ouzou et de Bougie seront soumis aux mêmes règles
s autres territoires civils de l'Algérie.

crimes commis dans le ressort de Tizi-Ouzou sont déférés à la
d'assises d'Alger; ceux commis dans le ressort de Bougie sont
devant la cour d'assises de Constantine.

réservée aux conseils de guerre la connaissance des crimes et
commis par des musulmans non naturalisés en dehors du
ire civil. Est également maintenue en territoire militaire, à
des mêmes personnes, l'organisation des commissions disci-
es et des pouvoirs inhérents au commandement.

En territoire civil, les indigènes non naturalisés pourront être
vis et condamnés aux peines de simple police fixées par les
464, 465 et 466 du Code pénal, pour infractions spéciales à
nat non prévues par la loi française, mais déterminées dans
rrêtés préfectoraux, rendus sur les propositions des commis-
civils, des chefs de circonscription cantonale ou des maires.
peine de l'amende et celle de la prison pourront être cumulées
lever au double en cas de récidive prévue par l'article 483 du
pénal.

juges de simple police statueront en cette matière sans frais
appel.

TITRE II.
CERCLE SPÉCIAL DE FORT-NATIONAL.

SECTION I⁰. — JUSTICE CIVILE.

18. Jusqu'à l'incorporation au territoire civil de Tizi-Ouzou de la
ité ou de portions détachées du cercle de Fort-National, les dis-
tions ci-dessus n'y seront appliquées que sous les modifications
ntes :

. Le juge de paix de Fort-National statuera, conformément aux
s établies ci-dessus, sur les litiges autres que ceux qui inté-
nt exclusivement les Kabyles.

Il ne jugera les contestations entre Kabyles que sur la déclaration
toutes les parties qu'elles entendent se soumettre à sa juridiction.

Cette déclaration sera reçue par le greffier de la justice de paix; pourra aussi être faite, lors de la convention, ou depuis, dev djemaâ ou le notaire français. Elle sera irrévocable. Elle ne pas être faite après la décision de la djemaâ.

Les dispositions de l'article du présent décret seront app en justice de paix après la déclaration d'option. L'appel sera jugé selon les distinctions établies par les articles 7 et 8.

20. En l'absence de cette déclaration, la justice, rendue au du peuple français, sera provisoirement administrée au pre degré seulement, dans le territoire du cercle, par les djemaâs ciaires, réorganisées et fonctionnant d'après le mode ci-après miné.

21. Dans chacune des sections de la commune indigène de National, il est institué une djemaâ de justice composée de membres choisis parmi les notables de la section par le général mandant la subdivision, qui pourra les suspendre ou les rév

Leurs fonctions sont gratuites.

22. La djemaâ élit dans son sein un président et un vice-dent.

La djemaâ ne peut statuer qu'au nombre de cinq me moins.

La voix du président est prépondérante en cas de partage.

23. Les parties sont appelées et procèdent, et la djemaâ rend décisions dans les formes prescrites par la coutume.

Toutefois, ses décisions devront être motivées.

24. Le kodja de chaque section fait office de greffier; il décisions sous l'autorité du président; elles sont toutes consignées un registre spécial.

Elles sont revêtues de la signature et du cachet du président du cachet de la djemaâ.

25. Les décisions des djemaâs sont susceptibles d'appel, si l'o du litige est d'une valeur supérieure à deux cents francs de cap pour les actions personnelles et mobilières, et pour les actions mobilières, supérieure à trente francs de revenu, déterminé soit rentes, soit par prix de bail.

26. L'appel des décisions des djemaâs portant sur un litige rieur à ce taux, ou d'une valeur indéterminée, ou concernant matières religieuses ou d'état civil, sera porté devant le tribunal Tizi-Ouzou, statuant comme il est dit en l'article 9 ci-dessus.

Les articles 10, 11 et 12 sont également applicables dans ce

27. La déclaration d'appel sera reçue par le kodja de la ou le greffier de la justice de paix.

L'appel sera non recevable s'il n'est interjeté dans le mois du pro noncé de la décision, si elle est contradictoire, et si elle est par dé faut, dans le mois de l'avis donné au défaillant par le kodja.

Le désistement d'appel sera reçu par le kodja qui aura reçu la dé claration d'appel.

Il sera donné suite à la déclaration d'appel et procédé sur
, comme il est dit en l'article 6 ci-dessus.

Les jugements définitifs des djemaâs sont exécutés selon les
actuellement en vigueur, en tant qu'il n'y est pas dérogé par
nt décret, ou selon les dispositions d'un règlement qui pourra
du par le gouverneur général, sur les propositions des chefs
cour d'Alger.

SECTION II. — JUSTICE RÉPRESSIVE.

Les crimes, délits et contraventions quelconques, prévus par
françaises, les décrets et arrêtés locaux, seront poursuivis et
és selon les règles appliquées au territoire militaire.

Les djemaâs sont investies du droit de prononcer, pour les
ns spéciales à l'indigénat, prévues par la coutume, et qui ne
rimées par aucune loi ou par aucun règlement de l'autorité
, une peine qui ne pourra excéder cent francs d'amende.

décisions portant condamnation d'une amende supérieure
nte francs seront susceptibles d'appel devant le tribunal de
u.

roduit des amendes sera versé dans la caisse de la commune
e.

léclaration d'appel sera soumise aux formes et délais établis
lernier paragraphe de l'article 62 de l'ordonnance du 26 sep-
1842 [1].

Le garde des sceaux, ministre de la justice, est chargé de l'exé-
du présent décret.

à Paris, le 29 Août 1874.

Signé Mᵈˡ DE MAC MAHON.

Garde des sceaux, Ministre de la justice,

Signé A. TAILHAND.

RÉPUBLIQUE FRANÇAISE.

1. — DÉCRET qui ouvre au Ministre de la Guerre un Crédit sur l'exercice
1874, à titre de Fonds de concours versés au Trésor par des Départements et
des Communes, pour l'exécution de Travaux militaires.

Du 29 Août 1874.

LE PRÉSIDENT DE LA RÉPUBLIQUE FRANÇAISE,

Sur le rapport du vice-président du Conseil, ministre de la guerre;
Vu la loi du 29 décembre 1873, portant fixation du budget des dépenses
du ministère de la guerre pour l'exercice 1874;
Vu les lois des 29 juillet 1872, 5 avril 1873 et 23 mars 1874, portant ou-

verture, au titre du compte de liquidation des charges de la
crédits nécessaires pour l'exécution de divers travaux;

Vu l'article 13 de la loi du 6 juin 1843, portant règlement d
budget de l'exercice 1840;

Vu l'article 52 du décret du 31 mai 1862, relatif aux fonds de co

Vu les états, au nombre de trois, des sommes versées au trésor
départements et des communes, en vue de concourir, avec les
l'État, à la dépense de travaux militaires se rapportant à l'année et à
cice 1874;

Vu la lettre du ministre des finances, en date du 11 juillet 1874;

Le Conseil d'État entendu,

Décrète :

Art. 1er. Il est ouvert au ministre de la guerre :

1° Un crédit de vingt-quatre mille sept cent quarante-huit
quarante centimes (24,748f 40c) sur le budget de l'exercice 18

2° Un crédit de cent soixante mille six cent quatre-vingt-qu
francs quatre-vingt-quatre centimes (160,694f 84c) sur le co
liquidation des charges de la guerre, année 1874 et exercic
soit ensemble cent quatre-vingt-cinq mille quatre cent quaran
francs vingt-quatre centimes (185,443f 24c), applicables aux
militaires de la manière indiquée ci-après :

BUDGET DE L'EXERCICE 1874.

CHAPITRE XIII. — ÉTABLISSEMENTS ET MATÉRIEL DU GÉNIE.

Saint-Malo. Ouverture d'une porte à l'extrémité de la rue de Toulouse.   7
Sedan. Construction d'un cercle militaire.........................   10
Cette. Appropriation du casernement.........................   4
Quimper. Organisation d'un champ de tir.........................   3
Vernon. Entretien de l'avenue de Bizy.........................

TOTAL pour le budget de l'exercice 1874.....

COMPTE DE LIQUIDATION DES CHARGES DE LA GUERRE.

CHAPITRE 1er. — ARTILLERIE. (Exercice 1874.)

Tarbes. Création d'une école d'artillerie.........................   75,

CHAPITRE II. — GÉNIE. (Année 1874.)

Tarbes. Construction d'un nouveau quartier d'artillerie.............   60,

(Exercice 1874.)

Saint-Étienne. Construction du bâtiment C de la caserne d'infanterie,
côté A.........................   25,

TOTAL du chapitre II.............

TOTAL pour le compte de liquidation........

. Il sera pourvu à cette dépense au moyen des ressources spé-
es versées au trésor, à titre de fonds de concours, par les départs et les communes mentionnés dans les états susvisés.

. Le vice-président du Conseil, ministre de la guerre, et le
tre des finances sont chargés, chacun en ce qui le concerne, de
ution du présent décret, qui sera inséré au Bulletin des lois.

it à Versailles, le 29 Août 1874.

Signé M^{al} DE MAC MAHON.

Le Ministre des finances,
Signé MATHIEU BODET.

Le Vice-Président du Conseil,
Ministre de la guerre,
Signé Gal C. DE CISSEY.

RÉPUBLIQUE FRANÇAISE.

2. — DÉCRET concernant les Lettres chargées contenant des Valeurs-
rs payables au porteur, échangées entre les Habitants de la France et de
lgérie, d'une part, et les Habitants des Pays-Bas, d'autre part.

Du 31 Août 1874.

(Promulgué au Journal officiel du 2 septembre 1874.)

PRÉSIDENT DE LA RÉPUBLIQUE FRANÇAISE,

la convention de poste conclue entre la France et la Belgique le 3 dé-
1857 [1] et les articles additionnels à cette convention, signés à
28 février 1865 [2];

le décret du 2 juin 1869 [3], concernant les lettres renfermant des
déclarées échangées entre la France et la Belgique;

le rapport du ministre des finances,

`TE :

1er. Les personnes qui voudront envoyer de la France ou de
e aux Pays-Bas des lettres chargées contenant des valeurs-
payables au porteur pourront obtenir, jusqu'à concurrence
x mille francs par lettre, le remboursement de ces valeurs, en
perte ou de spoliation prévu par l'article 6 du décret du 2 juin
usvisé, en faisant la déclaration de ces valeurs et en payant
ce, indépendamment du prix d'affranchissement d'une lettre
re de la France pour les Pays-Bas, un droit fixe de un franc
vingts centimes pour toute déclaration de valeurs de huit
francs et au-dessous. Lorsque la valeur déclarée sera de plus
nit cents francs, il sera perçu, en sus du port de la lettre et du
fixe, un droit proportionnel de vingt centimes pour chaque

II° série, Bull. 576, n° 5221.
II° série, Bull. 1344, n° 13,749.

[3] XI° série, Bull. 1717, n° 16,963.

cent francs ou fraction de cent francs en sus des premiers huit francs.

2. L'envoyeur de toute lettre chargée contenant des valeurs déclarées, qui sera expédiée de la France ou de l'Algérie à destination des Pays-Bas, pourra demander, au moment du dépôt de sa lettre qu'il lui soit donné avis de sa réception par le destinataire. Dans ce cas, il payera d'avance, pour le port de l'avis, une taxe uniforme de trente-cinq centimes.

3. Sont applicables aux lettres désignées dans l'article 1er du présent décret les dispositions des articles 2, 3, 4, 5, 6, 7, 8 et 9 du décret du 2 juin 1869.

4. Les dispositions du présent décret seront exécutoires à partir du 1er septembre prochain.

5. Le ministre des finances est chargé de l'exécution du présent décret.

Fait à Versailles, le 31 Août 1874.

Signé Mal DE MAC MAHON

Le Ministre des finances,

Signé MATHIEU BODET.

N° 3433. — DÉCRET DU PRÉSIDENT DE LA RÉPUBLIQUE FRANÇAISE (contresigné par le ministre des travaux publics) portant :

1° Sont déclarés d'utilité publique les travaux à exécuter pour l'agrandissement de la gare de Campagnan (Hérault), sur la ligne de Montpellier à Paulhan, conformément au projet présenté, le 14 juin 1873, par la compagnie des chemins de fer du Midi.

2° Ces travaux devront être terminés dans le délai de deux ans.

3° Pour l'acquisition des terrains nécessaires à l'exécution desdits travaux la compagnie des chemins de fer du Midi est substituée aux droits et aux obligations qui dérivent, pour l'administration, de la loi du 3 mai sur l'expropriation pour cause d'utilité publique.

Lesdits terrains seront incorporés au chemin et feront retour à l'expiration de la concession. (*Versailles, 28 Mai 1874.*)

N° 3434. — DÉCRET DU PRÉSIDENT DE LA RÉPUBLIQUE FRANÇAISE (contresigné par le ministre des travaux publics) portant affectation, au département des travaux publics, des terrains domaniaux compris dans les dépendances de l'arsenal de la marine, au port de Bayonne (Basses-Pyrénées) tels qu'ils sont délimités par un liséré vert sur un plan en date du 13 novembre 1873, lequel restera annexé au présent décret. (*Versailles, 1874.*)

N° 3435. — DÉCRET DU PRÉSIDENT DE LA RÉPUBLIQUE FRANÇAISE (contresigné par le ministre des finances) portant que les droits d'octroi perçus sur certains objets à l'entrée dans Paris, ainsi que la nomenclature

, sont modifiés conformément aux indications contenues dans le
u suivant :

DÉSIGNATION DES OBJETS.	UNITÉ sur laquelle portent les droits.	TARIF en principal, plus 2 décimes.
.... acétique.	Hectolitre ...	15ᶠ 00ᶜ
: acétique...	Idem.	50 00
J'olives, fruits et conserves à l'huile, huiles parfumées toute espèce...	100 kilog....	41 53
s de toute autre espèce provenant de substances animales végétales; huiles animales sortant des abattoirs........	Idem.	22 95
et essences minérales.	Hectolitre ...	18 00
de toute espèce autres que ceux à l'alcool.............	Idem.	18 00
s de bois dur, menuise de bois dur et bois blanc, cotrets menuise et fagots de toute espèce......................	Stère.	1 50
et granits...	Mètre cube..	25 00
ı de grande dimension.............................	Le millier...	5 00
de petite dimension...........................	Idem.	3 00
de dimension ordinaire........................	Idem.	6 00
ux de dimension ordinaire et de faïence.............	Idem.	5 00
eux, mitres, tuyaux et poterie de toute espèce employés la construction et le jardinage......................	100 kilog....	0 50
, terre glaise et sable gras...........................	Mètre cube..	1 50
anche, spermaceti raffiné et pressé.................	100 kilog....	35 00
une...	Idem........	35 00
stéarique, acides stéarique et margarique et autres pouvant remplacer la cire, tels que la paraffine, etc.	Idem........	20 00
ceti brut.	Idem........	20 00
de toute espèce, bruts ou fondus sous toutes formes, ux oings et graisses de toute espèce non comestibles ve- ıt de l'extérieur, sortant des abattoirs ou des suifferies et doirs particuliers..	Idem........	10 00
à rafraichir..	Idem........	5 00
par contenu dans les préparations dites *alcool dénaturé* [1].	Hectolitre ...	7 50

(Versailles, 28 Juillet 1874.)

3436. — DÉCRET DU PRÉSIDENT DE LA RÉPUBLIQUE FRANÇAISE (contre-signé
le ministre des finances) portant :

ᴛ. 1ᵉʳ. Les droits *ad valorem* établis sur la volaille et le gibier vendus en
dans les halles centrales sont convertis en taxe d'octroi.

Les taxes d'octroi applicables, à l'entrée de la ville, à toute la volaille et
le gibier sans exception sont fixées conformément aux indications
, savoir :

PREMIÈRE CATÉGORIE.

de bruyère, outardes, canes petières, faisans, perdrix, bartavelles, lagopèdes
perdrix blanches, grouses, bécasses, bécassines, coqs de bois, gélinottes,
cailles, alouettes, grives, râles de genêt, becfigues, ortolans, lots de crêtes de
coqs, rognons de poulets, foies d'oies et foies de canards.............. 62ᶠ 50ᶜ
en principal, les cent kilogrammes.

DEUXIÈME CATÉGORIE.

es, canards domestiques, poulets, pintades, pigeons, oies sauvages, canards sauvages, canards pilets, canards milouins, canards siffleurs, rouges de rivière, celles, poules d'eau, râles d'eau, pluviers, vanneaux, merles et chevreuils. 25'(en principal, les cent kilogrammes.

TROISIÈME CATÉGORIE.

Oies domestiques, lièvres, lapins de garenne, cerfs et biches, daims, chamois isards, sangliers et marcassins, hérissons, écureuils, agneaux, cochons de l ours, bisons, poules de prairies, macreuses, pigeons ramiers et tous gibiers volailles entrant dans l'alimentation non compris dans les précédentes cat ries .... 45' en principal, les cent kilogrammes.

QUATRIÈME CATÉGORIE.

Lapins domestiques et chevreaux................................... 1' en principal, les cent kilogrammes.

Ces taxes sont, en outre, passibles d'un double décime par franc.

3. Un droit d'abri de deux francs par cent kilogrammes est établi volaille et le gibier qui seront apportés aux halles pour y être vendus, aux enchères, soit à l'amiable.

Dans l'application du droit d'abri, la fraction de un à vingt-cinq grammes sera considérée comme vingt-cinq kilogrammes, celle de cinq à cinquante kilogrammes comme cinquante kilogrammes, celle de c quante à soixante-quinze kilogrammes comme soixante-quinze kilogram et celle de soixante-quinze à cent kilogrammes comme l'entier. (*Versaill 28 Juillet 1874.*)

Certifié conforme :

Paris, le 23 ˙ Septembre 1874,

Le Garde des Sceaux, Ministre de la Justice,

A. TAILHAND.

˙ Cette date est celle de la réception du Bull au ministère de la Justice.

On s'abonne pour le Bulletin des lois, à raison de 9 francs par an, à la caisse de l'Imprime nationale ou chez les Receveurs des postes des départements.

IMPRIMERIE NATIONALE. — 23 Septembre 1874.

BULLETIN DES LOIS

E LA RÉPUBLIQUE FRANÇAISE.

N° 226.

RÉPUBLIQUE FRANÇAISE.

— DÉCRET *qui déclare d'utilité publique l'établissement de divers emins de fer d'intérêt local dans le département du Pas-de-Calais.*

Du 13 Janvier 1874.

PRÉSIDENT DE LA RÉPUBLIQUE FRANÇAISE,

le rapport du ministre des travaux publics ;

les avant-projets présentés pour l'établissement, dans le département e-Calais, des chemins de fer d'intérêt local : 1° d'Hénin-Liétard vers de la partie de la ligne d'Hazebrouck à Templeuve située entre el Laventie ;

e dossier de l'enquête d'utilité publique à laquelle ces avant-projets soumis, et notamment les procès-verbaux des commissions d'enquête, des 29 avril et 10 juin 1872 ;

s délibérations, en date des 9 et 10 novembre 1871, 6 avril 1872 et 1873, par lesquelles le conseil général du Pas-de-Calais a approuvé ession des chemins susmentionnés ;

convention passée, le 16 octobre 1873, entre le préfet du départe- la compagnie du chemin de fer de Lille à Valenciennes, pour la tion et l'exploitation desdits chemins, ainsi que le cahier des charges é ;

avis du conseil général des ponts et chaussées, des 9 et 17 octobre

lettre du ministre de l'intérieur, du 11 novembre 1873, et celles du de la guerre, des 31 janvier et 1ᵉʳ février 1873 ;

la loi du 3 mai 1841, sur l'expropriation pour cause d'utilité publique ;

la loi du 12 juillet 1865, sur les chemins de fer d'intérêt local ;

la loi du 10 août 1871, sur les conseils généraux ;

Conseil d'État entendu,

T. 1ᵉʳ. Est déclaré d'utilité publique l'établissement des che- de fer :

23

1° D'Hénin-Liétard vers Don ;

2° De la partie de la ligne d'Hazebrouck à Templeuve
Aubers et Laventie.

2. Le département du Pas-de-Calais est autorisé à pou
cution de ces chemins, comme chemins de fer d'intéri
vant les dispositions de la loi du 12 juillet 1865 et co
aux conditions des convention et cahier des charges s
copies certifiées de ces convention et cahier des charges
annexées au présent décret.

3. Aucune émission d'obligations ne pourra avoir lieu q
d'une autorisation donnée par le ministre des travaux p
concert avec le ministre de l'intérieur et après avis du
finances.

En aucun cas, il ne pourra être émis d'obligations pour
supérieure au montant du capital-actions.

Aucune émission d'obligations ne pourra, d'ailleurs, ê
avant que les quatre cinquièmes du capital-actions aien
et employés en achats de terrains, travaux, approvisionn
place ou en dépôt de cautionnement.

4. Les ministres de l'intérieur et des travaux publics sor
chacun en ce qui le concerne, de l'exécution du présent
quel sera inséré au Bulletin des lois.

Fait à Versailles, le 13 Janvier 1874.

Signé M⁰¹ DE MAC

Le Ministre des travaux publics,

Signé R. DE LARCY.

CONVENTION.

Entre le préfet du Pas-de-Calais, agissant en conformité des dél
seil général, des 9 et 10 novembre 1871 et 6 avril 1872, et sous la
claration d'utilité publique,

Assisté de la commission départementale,

Et la compagnie anonyme du chemin de fer de Lille à Valenciennes et
sions, représentée par MM. *Schotsmans* et *Despret,* membres du conseil
tration de ladite compagnie, élisant domicile à Arras, en la demeure de
Plé, négociant, Grande-Place,

Agissant en vertu des pouvoirs qui leur ont été conférés par deliberá
seil d'administration de ladite compagnie, en date du 8 septembre 1873

Il a été dit et convenu ce qui suit :

ART. 1ᵉʳ. Le préfet concède pour quatre-vingt-dix-neuf ans à la comp
min de fer de Lille à Valenciennes et ses extensions, qui l'accepte, la c
l'exploitation des chemins de fer d'intérêt local ci-après désignés :

1° D'Hénin-Liétard à la frontière du département, vers Don, par C
rières ;

2° De la partie de la ligne d'Hazebrouck à Templeuve située dans le
du Pas-de-Calais, entre Aubers et Laventie.

Lesdites lignes seront établies conformément au tracé arrêté définitiv
commission départementale dans sa séance du 18 juillet 1872.

2. La compagnie du chemin de fer de Lille à Valenciennes et ses
s'engage à exécuter les chemins de fer désignés dans l'article précédent
délai de deux ans, à partir du décret déclaratif d'utilité publique.

3. Elle soumettra, dans un délai de six mois, à partir également du décret d
ratif d'utilité publique, les projets définitifs des lignes concédées.

d'inexécution de cette condition, la compagnie payera une indemnité de
francs par jour jusqu'au moment où elle y aura satisfait.

indemnité de trois cent cinquante francs par jour sera payée au départe-
la compagnie, si elle n'a pas terminé les travaux et mis les chemins en
à l'expiration du délai de deux ans.

tie de l'exécution de ses engagements, la compagnie concessionnaire
s un délai de huit jours, à compter de la date du présent acte, un cau-
e trois mille francs par chaque kilomètre à exécuter, en numéraire ou en
État, calculées conformément au décret du 31 janvier 1872, ou e
or ou autres effets publics, avec transfert, au profit de la caisse des
asignations, de celles de ces valeurs qui seraient nominatives ou à ordre.
omme sera rendue par cinquième et proportionnellement à l'achèvement
Le dernier cinquième ne sera remboursé qu'après leur entier achève-

cession des lignes ci-dessus est faite sans garantie d'intérêt et moyennant
tion de cent francs par kilomètre, qui sera payée moitié après justification
triple de la somme à recevoir, et moitié après l'achèvement complet

stipulé que le quart du produit brut de l'exploitation appartiendra au dé-
au delà d'une recette kilométrique de vingt-cinq mille francs.

interdit à la compagnie concessionnaire, soit de vendre les lignes concé-
d'affermer l'exploitation à une autre compagnie, sans l'autorisation du
éral, le tout à peine de déchéance.

compagnie s'oblige à construire et exploiter tous les embranchements se-
se rattachant à son réseau et dont l'établissement sera réclamé par les
s houillères du bassin du Pas-de-Calais, à charge, par celles-ci, de four-
rains et de supporter les frais de construction des ouvrages d'art. Au
vue des péages, ces branches seront considérées comme faisant partie de
, et les taxes y afférentes ne seront perçues que pour l'allongement du
sans répétition des frais de gare ou de manutention. Toutefois, les compa-
ères devront garantir un minimum de transport de cinquante mille tonnes
: embranchement, et lorsque ce minimum ne sera pas atteint, elles
urfaire la somme nécessaire pour donner une recette brute de sept mille
francs par kilomètre.

les frais résultant de la présente convention seront à la charge de la

présente convention remplace et annule celle passée à la date du 13 août

double, à Arras, le 16 octobre 1873, en séance de la commission départe-
, où étaient présents MM. Degrave, président, Sens, secrétaire, Graux, Vast,
et Delhomel, conseillers généraux, et le préfet du Pas-de-Calais.

Signé C¹º DE RAMBUTEAU.

ru, Sens, Graux, Vast, Dufour   Signé SCHOTSMANS et DESPRET.
Delhomel.

é à Arras, le 9 février 1874, folio 56 recto, case 7. Reçu dix-sept francs
uatre francs vingt-cinq centimes.

conforme à la convention annexée au décret en date du 13 janvier 1874,
sous le n° 47.

Le Conseiller d'État, Secrétaire général,

Signé DE BOUREUILLE.

CAHIER DES CHARGES.

TITRE I".

TRACÉ ET CONSTRUCTION.

ART. 1". La concession à laquelle s'applique le présent cahier de c
prend les chemins de fer suivants :

1° La ligne d'Hénin-Liétard à la frontière du département, vers Don,
et Courrières;

2° La partie de la ligne d'Hazebrouck à Templeuve située dans le dép
Pas-de-Calais, entre Aubers et Laventie.

2. Les travaux devront être commencés dans le délai d'un an, à partir de
du décret déclaratif d'utilité publique.

Ils devront être terminés dans un délai de deux ans, à partir de la même
manière que les chemins soient praticables et exploités à l'expiration du
délai.

3. Aucun travail ne pourra être entrepris, pour l'établissement des chemi
de leurs dépendances, qu'avec l'autorisation du département; à cet effet,
de tous les travaux à exécuter seront dressés en double expédition et soumis
bation de l'administration supérieure, pour ce qui concerne la grande voir
département, pour ce qui concerne la petite. L'administration supérieure et
pourront y introduire les modifications qu'ils jugeront nécessaires; l'une de
ditions sera remise à la compagnie, avec le visa du préfet; l'autre deme
les mains de l'administration préfectorale.

Avant comme pendant l'exécution, la compagnie aura la faculté de pi
projets approuvés les modifications qu'elle jugerait utiles; mais ces m
ne pourront être exécutées que moyennant l'approbation du préfet.

4. La compagnie pourra prendre copie de tous les plans, nivellements et
pourraient avoir été antérieurement dressés aux frais du département.

5. Le tracé et le profil des chemins de fer seront arrêtés sur la productio
jets d'ensemble comprenant, pour la ligne entière ou pour chaque secti
ligne :

1° Un plan général à l'échelle de un dix-millième;

2° Un profil en long à l'échelle de un cinq-millième pour les longueurs et
millième pour les hauteurs, dont les cotes seront rapportées au niveau moye
mer, pris pour point de comparaison. Au-dessous de ce profil, on indiqu
moyen de trois lignes horizontales disposées à cet effet, savoir :

Les distances kilométriques des chemins de fer, comptées à partir de leur

La longueur et l'inclinaison de chaque pente ou rampe;

La longueur des parties droites et le développement des parties courbes d
en faisant connaître le rayon correspondant à chacune de ces dernières;

3° Un certain nombre de profils en travers, y compris le profil type de la

4° Un mémoire dans lequel seront justifiées toutes les dispositions essent
projet et un devis descriptif dans lequel seront reproduites, sous forme de
les indications relatives aux déclivités et aux courbes déjà données sur le
long.

La position des gares et stations projetées, celle des cours d'eau et des voies d
munication traversés par les chemins de fer, des passages soit à niveau,
dessus, soit en dessous de la voie ferrée, devront être indiquées tant sur le
que sur le profil en long; le tout sans préjudice des projets à fournir pour
de ces ouvrages.

6. Les terrains seront acquis et les ouvrages d'art exécutés immédiatement
deux voies; les terrassements pourront être exécutés et les rails pourront être
pour une voie seulement, sauf l'établissement d'un certain nombre de gares
tement.

La compagnie sera tenue, d'ailleurs, d'établir la deuxième voie, soit sur la
du chemin, soit sur les parties qui lui seront désignées, lorsque l'insuffisance
seule voie, par suite du développement de la circulation, aura été constatée
l'administration.

terrains acquis par la compagnie pour l'établissement de la seconde voie ne
[pourr]ont recevoir une autre destination.

[L]a largeur de la voie entre les bords intérieurs des rails devra être de un mètre
[quarante]-quatre centimètres (1ᵐ,44) à un mètre quarante-cinq centimètres (1ᵐ,45).
[Dans] les parties à deux voies, la largeur de l'entre-voie, mesurée entre les bords
[intérieu]rs des rails, sera de deux mètres (2ᵐ,oo).

[La lar]geur des accotements, c'est-à-dire des parties comprises de chaque côté
[du] bord extérieur du rail et l'arête supérieure du ballast, sera de un mètre
[au] moins.

[On mé]nagera au pied de chaque talus du ballast une banquette de cinquante cen-
[timètre]s (oᵐ,5o) de largeur.

[La com]pagnie établira le long des chemins de fer les fossés ou rigoles qui seront
[né]cessaires pour l'assèchement de la voie et pour l'écoulement des eaux.

[Les di]mensions de ces fossés et rigoles seront déterminées par l'administration,
[suivan]t les circonstances locales, sur les propositions de la compagnie.

[Les] alignements seront raccordés entre eux par des courbes dont le rayon ne
[pourra] être inférieur à cinq cents mètres; ce rayon pourra, toutefois, être réduit à
[trois cen]ts mètres aux abords des gares. Une partie droite de cent mètres au moins
[de long]ueur devra être ménagée entre deux courbes consécutives, lorsqu'elles seront
[dirigée]s en sens contraire.

[Le m]aximum de l'inclinaison des pentes et rampes est fixé à douze millimètres
[par mè]tre.

[Une] partie horizontale de cent mètres au moins devra être ménagée entre deux
[d]éclivités consécutives, lorsque ces déclivités se succéderont en sens contraire,
[de ma]nière à verser les eaux au même point.

[Les] déclivités correspondant aux courbes de faible rayon devront être réduites au-
[tant que] faire se pourra.

[La com]pagnie aura la faculté de proposer aux dispositions de cet article et à celles
[de l'art]icle précédent les modifications qui lui paraîtraient utiles; mais ces modifi-
[cations] ne pourront être exécutées que moyennant l'approbation préalable de l'admi-
[nistrati]on préfectorale.

[Le] nombre, l'étendue et l'emplacement des gares d'évitement seront détermi-
[nés par] l'administration, la compagnie entendue.

[Le nom]bre des voies sera augmenté, s'il y a lieu, dans les gares et aux abords de
[celles-ci], conformément aux décisions qui seront prises par l'administration, la
[compagnie] entendue.

[Le nom]bre et l'emplacement des stations de voyageurs et des gares de marchan-
[dises sero]nt également déterminés par l'administration, sur les propositions de la
[compag]nie, après une enquête spéciale.

[La com]pagnie sera tenue, préalablement à tout commencement d'exécution, de
[soumett]re à l'administration le projet desdites gares, lequel se composera :

[1°] D'un plan à l'échelle de un cinq-centième, indiquant les voies, les quais, les
[bâtimen]ts et leur distribution intérieure, ainsi que la disposition de leurs abords;

[2°] D'une élévation des bâtiments à l'échelle de un centimètre par mètre;

[3°] D'un mémoire descriptif dans lequel les dispositions essentielles du projet seront
[indiquée]s.

[A] moins d'obstacles locaux, dont l'appréciation appartiendra à l'administra-
[tion, le]s chemins de fer, à la rencontre des routes nationales ou départementales,
[devron]t passer, soit au-dessus, soit au-dessous de ces routes.

[Les] croisements à niveau seront tolérés pour les chemins vicinaux, ruraux ou par-
[ticuliers].

[Lo]rsque les chemins de fer devront passer au-dessus d'une route nationale
[ou dép]artementale, ou d'un chemin vicinal, l'ouverture du viaduc sera fixée par
[l'admini]stration, en tenant compte des circonstances locales; mais cette ouverture
[ne pou]rra, dans aucun cas, être inférieure à huit mètres (8ᵐ,oo) pour la route na-
[tionale], à sept mètres (7ᵐ,oo) pour la route départementale, à cinq mètres (5ᵐ,oo)
[pour u]n chemin vicinal de grande communication, et à quatre mètres (4ᵐ,oo) pour
[un sim]ple chemin vicinal.

[Pou]r les viaducs de forme cintrée, la hauteur sous clef, à partir du sol de la
[rout]e, sera de cinq mètres (5ᵐ,oo) au moins. Pour ceux qui seront formés de poutres
[horiz]ontales en bois ou en fer, la hauteur sous poutres sera de quatre mètres trente
[cen]timètres (4ᵐ,3o) au moins.

La largeur entre les parapets sera au moins de huit mètres (8^m,00). La l
de ces parapets sera fixée par l'administration et ne pourra, dans aucun de
inférieure à quatre-vingts centimètres (o^m,80).

12. Lorsque les chemins de fer devront passer au-dessous d'une route nat
départementale, ou d'un chemin vicinal, la largeur entre les parapets du p
supportera la route ou le chemin sera fixée par l'administration, en tenant
des circonstances locales; mais cette largeur ne pourra, dans aucun cas,
rieure à huit mètres (8^m,00) pour la route nationale, à sept mètres (7^m,00)
route départementale, à cinq mètres (5^m,00) pour un chemin vicinal de
communication, et à quatre mètres (4^m,00) pour un simple chemin vicinal.

L'ouverture du pont entre les culées sera au moins de huit mètres (8^m,0
distance verticale ménagée au-dessus des rails extérieurs de chaque voie
passage des trains ne sera pas inférieure à quatre mètres quatre-vingts ce
(4^m,80) au moins.

13. Dans le cas où des routes nationales ou départementales, ou des che
cinaux, ruraux ou particuliers, seraient traversés à leur niveau par les che
fer, les rails devront être posés sans aucune saillie ni dépression sur la s
ces routes, et de telle sorte qu'il n'en résulte aucune gêne pour la circul
voitures.

Le croisement à niveau des chemins de fer et des routes ne pourra s'effe
un angle moindre de quarante-cinq degrés.

Chaque passage à niveau sera muni de barrières; il y sera, en outre, ét
maison de garde toutes les fois que l'utilité en sera reconnue par l'administr

La compagnie devra soumettre à l'approbation de l'administration les proje
de ces barrières.

14. Lorsqu'il y aura lieu de modifier l'emplacement ou le profil des rou
tantes, l'inclinaison des pentes et rampes sur les routes modifiées ne pourra
trois centimètres (o^m,03) par mètre pour les routes nationales ou départem
et cinq centimètres (o^m,05) pour les chemins vicinaux. L'administration
libre, toutefois, d'apprécier les circonstances qui pourraient motiver une dé
à cette clause, comme à celle qui est relative à l'angle de croisement des pa
niveau.

15. La compagnie sera tenue de rétablir et d'assurer à ses frais l'écoule
toutes les eaux dont le cours serait arrêté, suspendu ou modifié par ses tra
de prendre les mesures nécessaires pour prévenir l'insalubrité pouvant rés
chambres d'emprunt.

Les viaducs à construire à la rencontre des rivières, des canaux et des
d'eau quelconques auront au moins huit mètres (8^m,00) de largeur entre le
La hauteur de ces parapets sera fixée par l'administration et ne pourra être
rieure à quatre-vingts centimètres (o^m,80).

La hauteur et le débouché du viaduc seront déterminés, dans chaque ca
culier, par l'administration, suivant les circonstances locales.

16. Les souterrains à établir pour le passage des chemins de fer auront au
huit mètres (8^m,00) de largeur entre les pieds-droits au niveau des rails,
mètres (6^m,00) de hauteur sous clef au-dessus de la surface des rails. La di
verticale entre l'intrados et le dessus des rails extérieurs de chaque voie ne
inférieure à quatre mètres quatre-vingts centimètres (4^m,80). L'ouverture d
d'aérage et de construction des souterrains sera entourée d'une margelle en
nerie de deux mètres (2^m,00) de hauteur. Cette ouverture ne pourra être ét
aucune voie publique.

17. A la rencontre des cours d'eau flottables ou navigables, la compagnie
tenue de prendre toutes les mesures et de payer tous les frais nécessaires pou
le service de la navigation ou du flottage n'éprouve ni interruption ni entrav
dant l'exécution des travaux.

A la rencontre des routes nationales ou départementales et des autres ch
publics, il sera construit des chemins et ponts provisoires, par les soins et aux
de la compagnie, partout où cela sera jugé nécessaire pour que la circula
n'éprouve ni interruption ni gêne.

Avant que les communications existantes puissent être interceptées, une re
naissance sera faite par les ingénieurs de la localité, à l'effet de constater si
ouvrages provisoires présentent une solidité suffisante et s'ils peuvent assur
service de la circulation.

· sera fixé par l'administration pour l'exécution des travaux définitifs
rétablir les communications interceptées.

ompagnie n'emploiera, dans l'exécution des ouvrages, que des matériaux
qualité; elle sera tenue de se conformer à toutes les règles de l'art, de
obtenir une construction parfaitement solide.

aqueducs, ponceaux, ponts et viaducs à construire à la rencontre des
d'eau et des chemins publics ou particuliers seront en maçonnerie ou
les cas d'exception qui pourraient être admis par l'administration.

voies seront établies d'une manière solide et avec des matériaux de bonne

des rails sera au moins de trente-cinq kilogrammes par mètre courant
de circulation, si ces rails sont posés sur traverses, et de trente kilo-
dans le cas où ils seraient posés sur longrines.

compagnie pourra être dispensée, par le préfet de séparer les chemins
propriétés riveraines par des murs, haies ou toute autre clôture sur tout
du parcours desdits chemins.

les terrains nécessaires pour l'établissement des chemins de fer et
pendances, pour la déviation des voies de communication et des cours
cés, et, en général, pour l'exécution des travaux, quels qu'ils soient, aux-
ablissement pourra donner lieu, seront achetés et payés par la compagnie
re.

ités pour occupation temporaire ou pour détérioration de terrains, pour
modification ou destruction d'usines, et pour tous dommages quelconques
les travaux, seront supportées et payées par la compagnie.

treprise étant d'utilité publique, la compagnie est investie, pour l'exécu-
ivaux dépendant de sa concession, de tous les droits que les lois et règle-
fèrent à l'administration en matière de travaux publics, soit pour l'acqui-
terrains par voie d'expropriation, soit pour l'extraction, le transport et le
terres, matériaux, etc., et elle demeure en même temps soumise à toutes
s qui dérivent, pour l'administration, de ces lois et règlements.

s limites de la zone frontière et dans le rayon de servitude des en-
ées, la compagnie sera tenue de se soumettre à l'accomplissement de
nalités et de toutes les conditions exigées par les lois, décrets et règle-
t les travaux mixtes.

gnes de chemins de fer traversent un sol déjà concédé pour l'exploita-
iine, l'administration déterminera les mesures à prendre pour que
t des chemins de fer ne nuise pas à l'exploitation de la mine, et récipro-
ur que, le cas échéant, l'exploitation de la mine ne compromette pas
des chemins de fer.

iux de consolidation à faire dans l'intérieur de la mine à raison de
des chemins de fer, et tous les dommages résultant de cette traversée
oncessionnaires de la mine, seront à la charge de la compagnie.

es chemins de fer doivent s'étendre sur des terrains renfermant des car-
les traverser souterrainement, ils ne pourront être livrés à la circulation
les excavations qui pourraient en compromettre la solidité aient été rem-
u consolidées. L'administration déterminera la nature et l'étendue des tra-
l conviendra d'entreprendre à cet effet, et qui seront d'ailleurs exécutés
ins et aux frais de la compagnie.

l'exécution des travaux, la compagnie se soumettra aux décisions ministé-
ncernant l'interdiction du travail les dimanches et jours fériés.

compagnie exécutera les travaux par des moyens et des agents à son choix,
restant soumise au contrôle et à la surveillance de l'autorité préfectorale.

itrôle et cette surveillance auront pour objet d'empêcher la compagnie de
des dispositions prescrites par le présent cahier des charges et de celles qui
t des projets approuvés.

nesure que les travaux seront terminés sur des parties de chemin de fer
es d'être livrées utilement à la circulation, il sera procédé, sur la demande
pagnie, à la reconnaissance et, s'il y a lieu, à la réception provisoire de
par un ou plusieurs commissaires que l'administration désignera.

le vu du procès-verbal de cette reconnaissance, l'administration autorisera,
a lieu, la mise en exploitation des parties dont il s'agit; après cette autorisa-
· la compagnie pourra mettre lesdites parties en service et y percevoir les taxes

ci-après déterminées. Toutefois, ces réceptions partielles ne deviendront
que par la réception générale et définitive des chemins de fer.

29. Après l'achèvement total des travaux, et dans le délai qui sera fixé [
nistration, la compagnie fera faire à ses frais un bornage contradictoire e
cadastral des chemins de fer et de leurs dépendances. Elle fera dresser
ses frais, et contradictoirement avec l'administration, un état descriptif d
ouvrages d'art qui auront été exécutés, ledit état accompagné d'un atlas
les dessins cotés de tous lesdits ouvrages.

Une expédition dûment certifiée des procès-verbaux de bornage et du p
tral, de l'état descriptif et de l'atlas, sera dressée aux frais de la compa
posée dans les archives de la préfecture.

Les terrains acquis par la compagnie postérieurement au bornage géné
de satisfaire aux besoins de l'exploitation, et qui, par cela même, de
intégrante des chemins de fer, donneront lieu, au fur et à mesure de l
tion, à des bornages supplémentaires, et seront ajoutés sur le plan cada
tion sera également faite sur l'atlas de tous les ouvrages d'art exécutés
ment à sa rédaction.

TITRE II.

ENTRETIEN ET EXPLOITATION.

30. Les chemins de fer et toutes leurs dépendances seront constamment
en bon état, de manière que la circulation y soit toujours facile et sûre.

Les frais d'entretien et ceux auxquels donneront lieu les réparations
et extraordinaires sont entièrement à la charge de la compagnie.

Si les chemins de fer, une fois achevés, ne sont pas constamment entreten
état, il y sera pourvu d'office à la diligence de l'administration et aux f
compagnie, sans préjudice, s'il y a lieu, de l'application des dispositions i
ci-après dans l'article 40.

Le montant des avances faites sera recouvré au moyen de rôles que
rendra exécutoires.

31. La compagnie sera tenue d'établir à ses frais, partout où besoin
gardiens en nombre suffisant pour assurer la sécurité du passage des tra
voie et celle de la circulation ordinaire sur les points où les chemins de
traversés à niveau par des routes ou chemins.

32. Les machines locomotives seront construites sur les meilleurs
devront consumer leur fumée et satisfaire d'ailleurs à toutes les condi
crites ou à prescrire par l'administration pour la mise en service de ce
machines.

Les voitures de voyageurs devront également être faites d'après les
modèles et satisfaire à toutes les conditions réglées ou à régler pour le
servant au transport des voyageurs sur les chemins de fer; elles seront
sur ressorts et garnies de banquettes.

Il y en aura de trois classes au moins :

1° Les voitures de première classe seront couvertes, garnies, fermées à
munies de rideaux;

2° Celles de deuxième classe seront couvertes, fermées à glaces, mun
deaux, et auront des banquettes rembourrées;

3° Celles de troisième classe seront couvertes, fermées à vitres, munies
rideaux, soit de persiennes, et auront des banquettes à dossier. Les dossiers
banquettes devront être inclinés, et les dossiers seront élevés à la hauteur de
des voyageurs.

L'intérieur de chacun des compartiments de toute classe contiendra l'indi
nombre des places de ce compartiment.

L'administration pourra exiger qu'un compartiment de chaque classe soit
dans les trains de voyageurs, aux femmes voyageant seules.

Les voitures de voyageurs, les wagons destinés au transport des
des chaises de poste, des chevaux ou des bestiaux, les plates-formes et, et
toutes les parties du matériel roulant seront de bonne et solide constructio

La compagnie sera tenue, pour la mise en service de ce matériel, de se
à tous les règlements sur la matière. Les machines locomotives, tenders, voitu

de toute espèce, plates-formes, composant le matériel roulant, seront cons-
t entretenus en bon état.

es règlements arrêtés par le préfet, après que la compagnie aura été enten-
rendus exécutoires après l'approbation du conseil général du département,
eront les mesures et les dispositions nécessaires pour assurer la police et
tion des chemins de fer, ainsi que la conservation des ouvrages qui en dé-

les dépenses qu'entraînera l'exécution des mesures prescrites en vertu de
ts seront à la charge de la compagnie.

pagnie sera tenue de soumettre à l'approbation de l'administration les rè-
s relatifs au service et à l'exploitation des chemins de fer.

règlements dont il s'agit dans les deux paragraphes précédents seront obliga-
non-seulement pour la compagnie concessionnaire, mais encore pour toutes
qui obtiendraient ultérieurement l'autorisation d'établir des lignes de chemins
d'embranchement ou de prolongement, et, en général, pour toutes les per-
qui emprunteraient l'usage des chemins de fer.

fet déterminera, sur la proposition de la compagnie, le minimum et le
de vitesse des convois de voyageurs et de marchandises, ainsi que la durée
. En ce qui concerne les convois spéciaux des postes, il sera statué par le

ur tout ce qui concerne l'entretien et les réparations des chemins de fer et
dépendances, l'entretien du matériel et le service de l'exploitation, la
sera soumise au contrôle et à la surveillance de l'administration.

la surveillance ordinaire, l'administration déléguera, aussi souvent qu'elle
utile, un ou plusieurs commissaires pour reconnaître et constater l'état des
de fer, do leurs dépendances et du matériel.

TITRE III.

DURÉE, RACHAT ET DÉCHÉANCE DE LA CONCESSION.

La durée de la concession, pour les lignes mentionnées à l'article 1ᵉʳ du pré-
des charges, sera de quatre-vingt-dix-neuf ans (99). Elle commencera à
rtir de l'expiration du délai d'un an fixé par l'article 2 ci-dessus.

poque fixée pour l'expiration de la concession, et par le seul fait de cette
le département sera subrogé à tous les droits de la compagnie sur les
e fer et leurs dépendances, et il entrera immédiatement en jouissance
urs produits.

nie sera tenue de lui remettre en bon état d'entretien les chemins de fer
s immeubles qui en dépendent, qu'elle qu'en soit l'origine, tels que les
des gares et stations, les remises, ateliers et dépôts, les maisons de
etc. Il en sera de même de tous les objets immobiliers dépendant également
chemins, tels que les barrières et clôtures, les voies, changements de voies,
tournantes, réservoirs d'eau, grues hydrauliques, machines fixes, etc.

les cinq dernières années qui précéderont le terme de la concession, le
aura le droit de saisir les revenus des chemins de fer et de les employer à
en bon état les chemins de fer et leurs dépendances, si la compagnie ne se
pas en mesure de satisfaire pleinement et entièrement à cette obligation.

t qui concerne les objets mobiliers, tels que le matériel roulant, les matériaux,
ibles et approvisionnements de tous genres, le mobilier des stations, l'outil-
ateliers et des gares, le département sera tenu, si la compagnie le requiert,
ndre tous ces objets sur l'estimation qui en sera faite à dire d'experts, et
ement, si le département le requiert, la compagnie sera tenue de les
le la même manière.

efois, le département ne pourra être tenu de reprendre que les approvision-
ts nécessaires à l'exploitation des chemins pendant six mois.

. A toute époque après l'expiration des quinze premières années de la conces-
, le département aura la faculté de racheter la concession entière des chemins
fer.

Pour régler le prix du rachat, on relèvera les produits nets annuels obtenus par
compagnie pendant les sept années qui auront précédé celle où le rachat sera

effectué ; on en déduira les produits nets des deux plus faibles années, et l'on le produit net moyen des cinq autres années.

Ce produit net moyen formera le montant d'une annuité qui sera due et à la compagnie pendant chacune des années restant à courir sur la durée concession.

Dans aucun cas, le montant de l'annuité ne sera inférieur au produit dernière des sept années prises pour terme de comparaison.

La compagnie recevra, en outre, dans les trois mois qui suivront le remboursements auxquels elle aurait droit à l'expiration de la concession l'article 36 ci-dessus.

38. Si la compagnie n'a pas commencé les travaux dans le délai fix ticle 2, elle sera déchue de plein droit, sans qu'il y ait lieu à aucune mise en demeure préalable.

Dans ce cas, la somme de trois mille francs par kilomètre qui aura été ainsi qu'il sera dit à l'article 66, à titre de cautionnement, deviendra la du département et lui restera acquise.

39. Faute par la compagnie d'avoir terminé les travaux dans le délai fixé ticle 2, faute aussi par elle d'avoir rempli les diverses obligations qui lui sont par le présent cahier des charges, elle encourra la déchéance, et il sera à la continuation et à l'achèvement des travaux qu'à l'exécution des autres ments contractés par la compagnie vis-à-vis du département, au moyen judication que l'on ouvrira sur une mise à prix des ouvrages exécutés, des approvisionnés et des parties des chemins de fer déjà livrées à l'exploitation.

Les soumissions pourront être inférieures à la mise à prix.

La nouvelle compagnie sera soumise aux clauses du présent cahier des et la compagnie évincée recevra d'elle le prix que la nouvelle adjudication

La partie du cautionnement qui n'aura pas encore été restituée deviendra priété du département.

Si l'adjudication ouverte n'amène aucun résultat, une seconde adjudica tentée sur les mêmes bases, après un délai de trois mois ; si cette seconde reste également sans résultat, la compagnie sera définitivement déchue droits, et alors les ouvrages exécutés, les matériaux approvisionnés et les chemin de fer déjà livrées à l'exploitation appartiendront au département.

40. Si l'exploitation des chemins de fer vient à être interrompue en partie, l'administration prendra immédiatement, aux frais et risques d gnie, les mesures nécessaires pour assurer provisoirement le service.

Si, dans les trois mois de l'organisation du service provisoire, la co pas valablement justifié qu'elle est en état de reprendre et de continuer tion, et si elle ne l'a pas effectivement reprise, la déchéance pourra être par le préfet.

Cette déchéance prononcée, les chemins de fer et toutes leurs dépendances mis en adjudication, et il sera procédé ainsi qu'il est dit à l'article précédent.

41. Les dispositions des trois articles qui précèdent cesseraient d'être et la déchéance ne serait pas encourue, dans le cas où le concessionnaire pu remplir ses obligations par suite de circonstances de force majeure tatées.

TITRE IV.

TAXES ET CONDITIONS RELATIVES AU TRANSPORT DES VOYAGEURS ET DES MARCHANDISES.

42. Pour indemniser la compagnie des travaux et dépenses qu'elle s' à faire par le présent cahier des charges, et sous la condition expresse qu' remplira exactement toutes les obligations, le département lui accorde l' tion de percevoir, pendant la durée de la concession les droits de péage et de transport ci-après déterminés :

	PRIX		
TARIF.	de péage.	de transport.	TOTAUX.
1° PAR TÊTE ET PAR KILOMÈTRE.	fr. c.	fr. c.	fr. c.

Grande vitesse.

Voitures couvertes, garnies et fermées à glaces (1re classe)............................	0 067	0 033	0 10
Voitures couvertes, fermées à glaces, et à banquettes rembourrées (2e classe)..............	0 050	0 025	0 075
Voitures couvertes et fermées à vitres (3e classe)..	0 037	0 018	0 055

Au-dessous de trois ans, les enfants ne payent rien, à la condition d'être portés sur les genoux des personnes qui les accompagnent.

De trois à sept ans, ils payent demi-place et ont droit à une place distincte ; toutefois, dans un même compartiment, deux enfants ne pourront occuper que la place d'un voyageur.

Au-dessus de sept ans, ils payent place entière.

| dans les trains de voyageurs.................. que la perception puisse être inférieure à 0ᶠ 30ᶜ.) | 0 010 | 0 005 | 0 015 |

Petite vitesse.

, taureaux, chevaux, mulets, bêtes de trait........	0 07	0 03	0 10
ca...	0 025	0 015	0 04
ebis, agneaux, chèvres...........................	0 01	0 01	0 02

les animaux ci-dessus dénommés seront, sur la de-
des expéditeurs, transportés à la vitesse des trains de voya-
les prix seront doublés.

2° PAR TONNE ET PAR KILOMÈTRE.

Marchandises transportées à grande vitesse.

| boissons frais. — Denrées. — Excédants de bagages et de toutes classes transportées à la vitesse des trains .... | 0 20 | 0 16 | 0 36 |

Marchandises transportées à petite vitesse.

— Spiritueux. — Huiles. — Bois de menuiserie, de tein-			
tures bois exotiques. — Produits chimiques non dénom- — Œufs. — Viande fraîche. — Gibier. — Sucre. — Café. — Épiceries. — Tissus. — Denrées coloniales. — Objets — Armes.	0 09	0 07	0 16
— Blés. — Grains. — Farines. — Légumes farineux. Maïs. — Châtaignes et autres denrées alimentaires non dé- — Chaux et plâtre. — Charbons de bois. — Bois à brû- rds. — Perches. — Chevrons. — Planches. — Madriers. de charpente. — Marbre en bloc. — Albâtre. — Bitume. — Vins. — Vinaigre. — Boissons. — Bières. — sèche. — Laines. — Coke. — Fers. — Cuivre. — Plomb métaux ouvrés ou non. — Fontes moulées............	0 08	0 06	0 14
— Pierres de taille et produits de carrières. — Minerais que les minerais de fer. — Fonte brute. — Sel. — Moel- — Meulières. — Argiles. — Briques. — Ardoises...........	0 06	0 04	0 10

— Houille. — Cendres. — Engrais. à chaux et à — Pavés et ma- pour la cons- et la répara- des routes. — Mi- is de fer. — Cail- et sables........	Pour le parcours de 0 à 100 kilomètres, sans que la taxe puisse être supérieure à 5 francs.	0 05	0 03	0 08
	Pour le parcours de 101 à 300 kilomètres, sans que la taxe puisse être supérieure à 12 francs......................	0 03	0 02	0 05
	Pour le parcours de plus de 300 kilo- mètres	0 025	0 015	0 04

3° PAR PIÈCE ET PAR KILOMÈTRE.

Voitures et matériel roulant transportés à petite vitesse.

Wagon ou chariot pouvant porter de trois à six tonnes.............
Wagon ou chariot pouvant porter plus de six tonnes.............
Locomotive pesant de douze a dix-huit tonnes, ne traînant pas de
convoi...
Locomotive pesant plus de dix-huit tonnes, ne traînant pas de con-
voi..
Tender de sept a dix tonnes................................
Tender de plus de dix tonnes...............................

Les machines locomotives seront considérées comme ne traînant
pas de convoi , lorsque le convoi remorqué, soit de voyageurs,
soit de marchandises, ne comportera pas un péage au moins égal
à celui qui serait perçu sur la locomotive avec son tender marchant sans rien traîner.

Le prix à payer pour un wagon chargé ne pourra jamais être
inférieur à celui qui serait dû pour un wagon marchant à vide.

Voitures a deux ou quatre roues, à un fond et à une seule banquette dans l'intérieur..................................
Voitures à quatre roues, à deux fonds et à deux banquettes dans
l'intérieur, omnibus, diligences, etc.........................

Lorsque, sur la demande des expéditeurs, les transports auront
lieu à la vitesse des trains de voyageurs, les prix ci-dessus seront
doublés. Dans ce cas, deux personnes pourront, sans supplément
de prix, voyager dans les voitures à une banquette, et trois dans
les voitures à deux banquettes, omnibus, diligences, etc. Les
voyageurs excédant ce nombre payeront le prix des places de
deuxième classe.

Voitures de déménagement à deux ou à quatre roues, à vide......
Ces voitures, lorsqu'elles seront chargées, payeront en sus des
prix ci-dessus, par tonne de chargement et par kilomètre.......

4° SERVICE DES POMPES FUNÈBRES ET TRANSPORT DES CERCUEILS.

Grande vitesse.

Une voiture des pompes funèbres renfermant un ou plusieurs cercueils sera transportée aux mêmes prix et conditions qu'une voiture à quatre roues, a deux fonds et a deux banquettes..........
Chaque cercueil confié à l'administration du chemin de fer sera
transporté, dans un compartiment isolé, au prix de..............
Chaque cercueil confié à l'administration du chemin de fer pour être
transporté par train express dans une voiture spéciale, sera soumis au tarif de (impôt non compris)..........................

Les prix déterminés ci-dessus pour les transports à grande vitesse ne com
pas l'impôt dû à l'État.

Il est expressément entendu que les prix de transport ne seront dus à la
gnie qu'autant qu'elle effectuerait elle-même ces transports à ses frais et
propres moyens; dans le cas contraire, elle n'aura droit qu'aux prix fixés
péage.

La perception aura lieu d'après le nombre de kilomètres parcourus. Tout
entamé sera payé comme s'il avait été parcouru en entier.

Si la distance parcourue est inférieure à six kilomètres, elle sera
six kilomètres.

Cette disposition n'est pas applicable toutefois aux machines et wagons p
d'affluents qui viendraient se souder aux lignes faisant partie de la présent
sion, lesquels ne payeront qu'en raison des distances parcourues. Tout
entamé sera compté comme s'il avait été entièrement parcouru.

Le poids de la tonne est de mille kilogrammes.

Les fractions de poids ne seront comptées, tant pour la grande que pour la pe
vitesse, que par centième de tonne ou par dix kilogrammes.

tout poids compris entre zéro et dix kilogrammes payera comme dix kilo-
, entre dix et vingt kilogrammes, comme vingt kilogrammes, etc.
, pour les excédants de bagages et marchandises à grande vitesse, les
seront établies : 1° de zéro à cinq kilogrammes; 2° au-dessus de dix kilo-
par fraction indivisible de dix kilogrammes.
que soit la distance parcourue, le prix d'une expédition quelconque, soit
, soit en petite vitesse, ne pourra être moindre de quarante centimes.
cas où le prix de l'hectolitre de blé s'élèverait sur le marché régulateur
vingt francs ou au-dessus, le préfet pourra exiger de la compagnie que le
port des blés, grains, riz, maïs, farines et légumes farineux, péage
ne puisse s'élever au maximum qu'à sept centimes par tonne et par kilo-

moins d'une autorisation spéciale et révocable de l'administration, tout train
de voyageurs devra contenir des voitures de toute classe en nombre suffi-
toutes les personnes qui se présenteraient dans les bureaux des chemins de

haque train de voyageurs, la compagnie aura la faculté de placer des voi-
partiments spéciaux pour lesquels il sera établi des prix particuliers que
on fixera, sur la proposition de la compagnie ; mais le nombre des places
ans ces compartiments ne pourra dépasser le cinquième du nombre total
du train.
voyageur dont le bagage ne pèsera pas plus de trente kilogrammes n'aura
pour le port de ce bagage, aucun supplément du prix de sa place.
ranchise ne s'appliquera pas aux enfants transportés gratuitement, et elle
ite à vingt kilogrammes pour les enfants transportés à moitié prix.
animaux, denrées, marchandises, effets et autres objets non désignés dans
t rangés, pour les droits à percevoir, dans les classes avec lesquelles ils
us d'analogie, sans que jamais, sauf les exceptions formulées aux ar-
7 ci-après, aucune marchandise non dénommée puisse être soumise à
érieure à celle de la première classe du tarif ci-dessus.
lations de classes pourront être provisoirement réglées par la compa-
lles seront soumises immédiatement à l'administration, qui prononcera
t.
oits de péage et les prix de transport déterminés au tarif ne sont point
toute masse indivisible pesant plus de trois mille kilogrammes (3,000ᵏ).
, la compagnie ne pourra se refuser à transporter les masses indivi-
de trois mille à cinq mille kilogrammes; mais les droits de péage et les
ort seront augmentés de moitié.
ie ne pourra être contrainte à transporter les masses pesant plus de
grammes (5,000ᵏ).
nt la disposition qui précède, la compagnie transporte des masses in-
pesant plus de cinq mille kilogrammes, elle devra, pendant trois mois au
lccorder les mêmes facilités à tous ceux qui en feraient la demande.
ce cas, les prix de transport seront fixés par l'administration, sur la pro-
de la compagnie.
es prix de transport déterminés au tarif ne sont point applicables :
denrées et objets qui ne sont pas nommément énoncés dans le tarif et
tseraient pas deux cents kilogrammes sous le volume d'un mètre cube;
matières inflammables ou explosibles, aux animaux et objets dangereux,
els des règlements de police prescriraient des précautions spéciales;
nimaux dont la valeur déclarée excéderait cinq mille francs;
et à l'argent, soit en lingots, soit monnayés ou travaillés, au plaqué d'or
t, au mercure et au platine, ainsi qu'aux bijoux, dentelles, pierres pré-
bjets d'art et autres valeurs;
n général, à tous paquets, colis ou excédants de bagages pesant isolément
ilogrammes et au-dessous.
is, les prix de transport déterminés au tarif sont applicables à tous pa-
olis, quoique emballés à part, s'ils font partie d'envois pesant ensemble
uarante kilogrammes d'objets envoyés par une même personne à une même
Il en sera de même pour les excédants de bagages qui pèseraient ensemble
ent plus de quarante kilogrammes.
bénéfice de la disposition énoncée dans le paragraphe précédent, en ce qui

concerne les paquets ou colis, ne peut être invoqué par les entrepreneurs
geries et de roulage et autres intermédiaires de transport, à moins que le
par eux envoyés ne soient réunis en un seul colis.

Dans les cinq cas ci-dessus spécifiés, les prix de transport seront arrêté
ment par l'administration, tant pour la grande que pour la petite vites
proposition de la compagnie.

En ce qui concerne les paquets ou colis mentionnés au paragraphe
les prix de transport devront être calculés de telle manière qu'en auc
ces paquets ou colis ne puisse payer un prix plus élevé qu'un article de
pesant plus de quarante kilogrammes.

48. Dans le cas où la compagnie jugerait convenable, soit pour le pa
soit pour les parcours partiels de la voie de fer, d'abaisser, avec ou sans
au-dessous des limites déterminées par le tarif les taxes qu'elle est aut
cevoir, les taxes abaissées ne pourront être relevées qu'après un délai d
au moins pour les voyageurs et d'un an pour les marchandises.

Toute modification du tarif proposée par la compagnie sera annoncée
vance par des affiches.

La perception des tarifs modifiés ne pourra avoir lieu qu'avec l'hom
préfet, conformément aux dispositions de la loi du 12 juillet 1865.

La perception des taxes devra se faire indistinctement et sans aucune
Tout traité particulier qui aurait pour effet d'accorder à un ou plusie
teurs une réduction sur les tarifs approuvés demeure formellement inter

Toutefois, cette disposition n'est pas applicable aux traités qui pourra
nir entre le Gouvernement et la compagnie dans l'intérêt des services
aux réductions ou remises qui seraient accordées aux indigents.

En cas d'abaissement des tarifs, la réduction portera proportionnelle
péage et sur le transport.

49. La compagnie sera tenue d'effectuer constamment avec soin, ex
célérité, et sans tour de faveur, le transport des voyageurs, bestiaux, de
chandises et objets quelconques qui lui seront confiés.

Les colis, bestiaux et objets quelconques seront inscrits, à la gare d'où
et à la gare où ils arrivent, sur des registres spéciaux, au fur et à mes
réception ; mention sera faite, sur le registre de la gare de départ, du
dû pour leur transport.

Pour les marchandises ayant une même destination, les expéditions
suivant l'ordre de leur inscription à la gare de départ.

Toute expédition de marchandises sera constatée, si l'expéditeur le de
une lettre de voiture, dont un exemplaire restera aux mains de la com
l'autre aux mains de l'expéditeur. Dans le cas où l'expéditeur ne demand
lettre de voiture, la compagnie sera tenue de lui délivrer un récépissé qu
la nature et le poids du colis, le prix total du transport et le délai dans
transport devra être affectué.

50. Les animaux, denrées, marchandises et objets quelconques seront
et livrés, de gare en gare, dans les délais résultant des conditions ci-après

1° Les animaux, denrées, marchandises et objets quelconques à gran
seront expédiés par le premier train de voyageurs comprenant des voiture
classe et correspondant avec leur destination, pourvu qu'ils aient été p
l'enregistrement trois heures avant le départ de ce train.

Ils seront mis à la disposition des destinataire, à la gare, dans le déla
heures après l'arrivée du même train.

2° Les animaux, denrées, marchandises et objets quelconques à peti
seront expédiés dans le jour qui suivra celui de la remise ; toutefois, l'a
tion supérieure pourra étendre ce délai à deux jours.

Le maximum de durée du trajet sera fixé par l'administration, sur la p
de la compagnie, sans que ce maximum puisse excéder vingt-quatre heure
tion indivisible de cent vingt-cinq kilomètres.

Les colis seront mis à la disposition des destinataires dans le jour qui su
de leur arrivée en gare.

Le délai total résultant des trois paragraphes ci-dessus sera seul oblig
la compagnie.

Il pourra être établi un tarif réduit, approuvé par le préfet, pour tout

des délais plus longs que ceux déterminé ci-dessus pour la petite

transport des marchandises, il pourra être établi, sur la proposition de la
, un délai moyen entre ceux de la grande et de la petite vitesse. Le prix
ant à ce délai sera un prix intermédiaire entre ceux de la grande et de la
se.

n déterminera, par des règlements spéciaux, les heures d'ouverture
ture des gares et stations, tant en hiver qu'en été, ainsi que les disposi-
ies aux denrées apportées par les trains de nuit et destinées à l'approvi-
des marchés des villes.

la marchandise devra passer d'une ligne sur une autre sans solution de
les délais de livraison et d'expédition aux points de jonction seront fixés
istration, sur la proposition de la compagnie.

s frais accessoires non mentionnés dans les tarifs, tels que ceux d'enregistre-
e chargement, de déchargement et de magasinage dans les gares et maga-
chemins de fer, seront fixés annuellement par l'administration, sur la propo-
la compagnie.

compagnie sera tenue de faire, soit par elle-même, soit par un intermé-
nt elle répondra, le factage et le camionnage pour la remise au domicile
taires de toutes les marchandises qui lui seront confiées.

et le camionnage ne seront point obligatoires en dehors du rayon de
non plus que pour les gares qui desserviraient, soit une population agglo-
moins de cinq mille habitants, soit un centre de population de cinq mille
situé à plus de cinq kilomètres de la gare du chemin de fer.

nfs à percevoir seront fixés par l'administration, sur la proposition de la
ie. Ils seront applicables à tout le monde sans distinction.

s, les expéditeurs et destinataires resteront libres de faire eux-mêmes et
zis le factage et le camionnage des marchandises.

moins d'une autorisation spéciale de l'administration, il est interdit à la
ie, conformément à l'article 14 de la loi du 15 juillet 1845, de faire direc-
o indirectement avec des entreprises de transport de voyageurs ou de mar-
par terre ou par eau, sous quelque dénomination ou forme que ce puisse
arrangements qui ne seraient pas consentis en faveur de toutes les entre-
ant les mêmes voies de communication.

, agissant en vertu de l'article 33 ci-dessus, prescrira les mesures
ir assurer la plus complète égalité entre les diverses entreprises de
leurs rapports avec les chemins de fer.

TITRE V.

STIPULATIONS RELATIVES À DIVERS SERVICES PUBLICS.

les militaires ou marins voyageant en corps, aussi bien que les militaires ou
voyageant isolément pour cause de service, envoyés en congé limité ou en
, ou rentrant dans leurs foyers après libération, ne seront assujettis, eux,
ux et leurs bagages, qu'à la moitié du tarif fixé par le présent cahier des

souvernement avait besoin de diriger des troupes et un matériel militaire
sur l'un des points desservis par les chemins de fer, la compagnie serait
mettre immédiatement à sa disposition, pour la moitié du même tarif,
moyens de transport.

s fonctionnaires ou agents chargés de l'inspection, du contrôle et de la sur-
des chemins de fer seront transportés gratuitement dans les voitures de la
e.

ne faculté est accordée aux agents des contributions indirectes et des
chargés de la surveillance des chemins de fer dans l'intérêt de la perception

ervice des lettres et dépêches sera fait comme il suit :
cun des trains de voyageurs et de marchandises circulant aux heures ordi-
l'exploitation, la compagnie sera tenue de réserver gratuitement au moins
ment spécial d'une voiture de deuxième classe, ou un espace équivalent,

pour recevoir les lettres, les dépêches et les agents nécessaires au service des po
le surplus de la voiture restant à la disposition de la compagnie.

2° Si le volume des dépêches ou la nature du service rend insuffisante la cap
de deux compartiments à deux banquettes, de sorte qu'il y ait lieu de subs
une voiture spéciale aux wagons ordinaires, le transport de cette voiture de
lieu à l'application de la moitié du prix du tarif.

Lorsque la compagnie voudra changer les heures de départ de ses convoi
naires, elle sera tenue d'en avertir l'administration des postes quinze jours à l'a

3° La compagnie sera tenue de transporter gratuitement, par tous les con
voyageurs, tout agent des postes chargé d'une mission ou d'un service accide
porteur d'un ordre de service régulier délivré à Paris par le directeur géné
postes. Il sera accordé à l'agent des postes en mission une place de voi
deuxième classe, ou de première classe, si le convoi ne comporte pas de voit
deuxième classe.

4° L'administration se réserve le droit d'établir à ses frais, sans indemnité,
aussi sans responsabilité pour la compagnie, tous poteaux ou appareils néces
l'échange des dépêches sans arrêt de train, à la condition que ces appareils, p
nature ou leur position, n'apportent pas d'entraves aux différents services de
ou des stations.

5° Les employés chargés de la surveillance du service, les agents prépos
change ou à l'entrepôt des dépêches, auront accès dans les gares ou stati
l'exécution de leur service, en se conformant aux règlements de police intéri
la compagnie.

57. La compagnie sera tenue, à toute réquisition, aux frais de l'État, de
partir par convoi ordinaire les wagons ou voitures cellulaires employés au tra
des prévenus, accusés ou condamnés.

Les wagons et les voitures employés au service dont il s'agit seront constru
frais de l'État ou des départements; leurs formes et dimensions seront déter
de concert par le ministre de l'intérieur et par le ministre des travaux publi
compagnie entendue.

58. Le Gouvernement se réserve la faculté de faire, le long des voies, tou
constructions, de poser tous les appareils nécessaires à l'établissement d'une
télégraphique sans nuire au service des chemins de fer.

Sur la demande de l'administration des lignes télégraphiques, il sera
dans les gares des villes ou des localités qui seront désignées ultérieurement
rain nécessaire à l'établissement des maisonnettes destinées à recevoir le
télégraphique et son matériel.

La compagnie concessionnaire sera tenue de faire garder par ses agents
et appareils des lignes électriques, de donner aux employés télégraphiques co
sance de tous les accidents qui pourraient survenir et de leur en faire conna
causes. En cas de rupture du fil électrique, les employés de la compagnie au
raccrocher provisoirement les bouts séparés, d'après les instructions qui leur s
données à cet effet.

Les agents de la télégraphie voyageant pour le service de la ligne électriq
ront le droit de circuler gratuitement dans les voitures des chemins de fer.

Dans le cas où des déplacements de fils, appareils ou poteaux deviendraient n
saires par suite de travaux exécutés sur les chemins, ces déplacements auron
aux frais de la compagnie, par les soins de l'administration des lignes télégraph

La compagnie pourra être autorisée, et au besoin requise, par le ministre de
vaux publics, agissant de concert avec le ministre de l'intérieur, d'établir à se
les fils et appareils télégraphiques destinés à transmettre les signaux néce
pour la sûreté et la régularité de son exploitation.

Elle pourra, avec l'autorisation du ministre de l'intérieur, se servir des po
de la ligne télégraphique de l'État, lorsqu'une semblable ligne existera le long
voie.

La compagnie sera tenue de se soumettre à tous les règlements d'adminis
publique concernant l'établissement et l'emploi de ces appareils, ainsi que l
sation, aux frais de la compagnie, du contrôle de ce service par les agents de

TITRE VI.

CLAUSES DIVERSES.

le cas où le Gouvernement ordonnerait ou autoriserait la construction de
es, départementales ou vicinales, de chemins de fer ou de canaux qui
nt les lignes objet de la présente concession, la compagnie ne pourra
ces travaux; mais toutes les dispositions nécessaires seront prises pour
!sulte aucun obstacle à la construction ou au service des chemins de fer,
nis pour la compagnie.

exécution ou autorisation ultérieure de route, de canal, de chemin de
ux de navigation dans les contrées où sont situés les chemins de fer ob-
résente concession, ou dans toute autre contrée voisine ou éloignée, ne
ner ouverture à aucune demande d'indemnité de la part de la compagnie.
Gouvernement et le département se réservent expressément le droit d'ac-
nouvelles concessions de chemins de fer s'embranchant sur les chemins
objet du présent cahier des charges, ou qui seraient établis en prolonge-
mêmes chemins.

pagnie ne pourra mettre aucun obstacle à ces embranchements, ni récla-
ion de leur établissement, aucune indemnité quelconque, pourvu qu'il
ucun obstacle à la circulation, ni aucuns frais particuliers pour la com-

nies concessionnaires de chemins de fer d'embranchement ou de pro-
auront la faculté, moyennant les tarifs ci-dessus déterminés et l'obser-
règlements de police et de service établis ou à établir, de faire circuler
res, wagons et machines sur les chemins de fer objet de la présente con-
our lesquels cette faculté sera réciproque à l'égard desdits embranche-
prolongements.

cas où les diverses compagnies ne pourraient s'entendre entre elles sur
de cette faculté, le Gouvernement ou le préfet statuerait sur les difficultés
ent entre elles à cet égard.

où une compagnie d'embranchement ou de prolongement joignant le
it l'objet de la présente concession n'userait pas de la faculté de circuler
, comme aussi dans le cas où la compagnie concessionnaire de ces
ne voudrait pas circuler sur les embranchements et prolongements,
s seraient tenues de s'arranger entre elles, de manière que le service
ne soit jamais interrompu aux points de jonction des diverses lignes.
compagnies qui se servira d'un matériel qui ne serait pas sa propriété
indemnité en rapport avec l'usage et la détérioration de ce matériel.
où les compagnies ne se mettraient pas d'accord sur la quotité de l'in-
sur les moyens d'assurer la continuation du service sur toute la ligne,
ement ou le préfet y pourvoirait d'office et prescrirait toutes les mesures

agnie pourra être assujettie, par les décrets qui seront ultérieurement
r l'exploitation des chemins de fer de prolongement ou d'embranchement
eux qui lui sont concédés, à accorder aux compagnies de ces chemins une
de péage ainsi calculée:

prolongement ou l'embranchement n'a pas plus de cent kilomètres, dix
(10 p. o/o) du prix perçu par la compagnie;
prolongement ou l'embranchement excède cent kilomètres, quinze pour
. o/o);
prolongement ou l'embranchement excède deux cents kilomètres, vingt
(20 p. o/o);
prolongement ou l'embranchement excède trois cents kilomètres, vingt-
cent (25 p. o/o).
pagnie sera tenue, si l'administration le juge convenable, de partager
stations établies à l'origine des chemins de fer d'embranchement avec les
s qui deviendraient ultérieurement concessionnaires desdits chemins.
de difficultés entre les compagnies pour l'application de cette clause, il
par le Gouvernement ou le préfet.

62. La compagnie sera tenue de s'entendre avec tout propriétaire de
d'usines qui, offrant de se soumettre aux conditions prescrites ci-après, de
un embranchement; à défaut d'accord, l'administration statuera sur la de
compagnie entendue.

Les embranchements seront construits aux frais des propriétaires de
d'usines, et de manière à ce qu'il ne résulte de leur établissement aucu
à la circulation générale, aucune cause d'avarie pour le matériel, ni a
particuliers pour la compagnie.

Leur entretien devra être fait avec soin et aux frais de leurs propriétaire
contrôle de l'administration. La compagnie aura le droit de faire surve
agents cet entretien, ainsi que l'emploi de son matériel sur les embranch

L'administration pourra, à toutes époques, prescrire les modifications
jugées utiles dans la soudure, le tracé ou l'établissement de la voie des
chemins, et les changements seront opérés aux frais des propriétaires.

L'administration pourra même, après avoir entendu les propriétaires
l'enlèvement temporaire des aiguilles de soudure, dans le cas où les éta
embranchés viendraient à suspendre en tout ou en partie leurs transport

La compagnie sera tenue d'envoyer ses wagons sur tous les embranche
risés destinés à faire communiquer des établissements de mines ou d'usi
ligne principale des chemins de fer.

La compagnie amènera ses wagons à l'entrée des embranchements.

Les expéditeurs ou destinataires feront conduire les wagons dans leu
ments pour les charger ou décharger, et les ramèneront au point de jonct
ligne principale, le tout à leurs frais.

Les wagons ne pourront, d'ailleurs, être employés qu'au transport d'obj
chandises destinés à la ligne principale des chemins de fer.

Le temps pendant lequel les wagons séjourneront sur les embranche
culiers ne pourra excéder six heures, lorsque l'embranchement n'aura pa
kilomètre. Le temps sera augmenté d'une demi-heure par kilomètre en
mier, non compris les heures de la nuit, depuis le coucher jusqu'au leve

Dans le cas où les limites de temps seraient dépassées nonobstant l'ave
spécial donné par la compagnie, elle pourra exiger une indemnité égale
du droit de loyer des wagons pour chaque période de retard après l'averti

Les traitements des gardiens d'aiguilles et des barrières des embranche
torisés par l'administration seront à la charge des propriétaires des e
ments. Ces gardiens seront nommés et payés par la compagnie, et les fr
résulteront lui seront remboursés par lesdits propriétaires.

En cas de difficulté, il sera statué par l'administration, la compagnie e

Les propriétaires d'embranchements seront responsables des avaries qu
riel pourrait éprouver pendant son parcours ou son séjour sur ces lignes.

Dans le cas d'inexécution d'une ou de plusieurs des conditions énoncées
le préfet pourra, sur la plainte de la compagnie et après avoir entendu
taire de l'embranchement, ordonner par un arrêté la suspension du serv
supprimer la soudure, sauf recours à l'administration supérieure et sans
de tous dommages-intérêts que la compagnie serait en droit de répéter po
exécution de ces conditions.

Pour indemniser la compagnie de la fourniture et de l'envoi de son ma
les embranchements, elle est autorisée à percevoir un prix fixe de douze
(o' 12°) par tonne pour le premier kilomètre et, en outre, quatre centim
par tonne et par kilomètre en sus du premier, lorsque la longueur de l'em
ment excédera un kilomètre.

Tout kilomètre entamé sera payé comme s'il avait été parcouru en entier.

Le chargement et le déchargement sur les embranchements s'opéreront
des expéditeurs ou destinataires, soit qu'ils les fassent eux-mêmes, soit qu
pagnie des chemins de fer consente à les opérer.

Dans ce dernier cas, ces frais seront l'objet d'un règlement arrêté par l'
tration supérieure, sur la proposition de la compagnie.

Tout wagon envoyé par la compagnie sur un embranchement devra êt
comme wagon complet, lors même qu'il ne serait pas complétement chargé.

La surcharge, s'il y en a, sera payée au prix du tarif légal et au pr
poids réel. La compagnie sera en droit de refuser les chargements qui dépa

de trois mille cinq cents kilogrammes déterminé en raison des dimen-
es des wagons.

m sera revisé par l'administration, de manière à être toujours en rapport
:ité des wagons.

s seront pesés à la station d'arrivée par les soins et aux frais de la com-

tribution foncière sera établie en raison de la surface des terrains occu-
hemins de fer et leurs dépendances; la cote en sera calculée, comme
ux, conformément à la loi du 25 avril 1803.
nts et magasins dépendant de l'exploitation des chemins de fer seront
propriétés bâties de la localité. Toutes les contributions auxquelles ces
t être soumis seront, aussi bien que la contribution foncière, à la
ipagnie.

s et gardes que la compagnie établira, soit pour la perception des
la surveillance et la police des chemins de fer et de leurs dépen-
t être assermentés, et seront, dans ce cas, assimilés aux gardes

emins de fer seront placés sous la surveillance de l'administration; les
, de surveillance et de réception des travaux, et les frais de contrôle de
, seront supportés par la compagnie.
pourvoir à ces frais, la compagnie sera tenue de verser, chaque année,
départementale du trésor public, une somme de cent francs par chaque
le chemin de fer concédé. Toutefois, cette somme sera réduite à cinquane
kilomètre pour les sections non encore livrées à l'exploitation.
sommes n'est pas comprise celle qui sera déterminée, en exécution
ci-dessus, pour frais de contrôle du service télégraphique de la com-
agents de l'État.
gnie ne verse pas les sommes ci-dessus réglées aux époques qui au-
, le préfet rendra un rôle exécutoire, et le montant en sera recouvré
iatière de contributions publiques.
la signature du décret qui ratifiera l'acte de concession, la compagnie
trésor public une somme de trois mille francs par chaque kilomètre à
numéraire ou en rentes sur l'État, calculées conformément au décret
1872, ou en bons du trésor ou autres effets publics, avec transfert,
la caisse des dépôts et consignations, de celles de ces valeurs qui se-
tives ou à ordre.
formera le cautionnement de l'entreprise.
due à la compagnie par cinquième et proportionnellement à l'avance-
aux. Le dernier cinquième ne sera rendu qu'après leur entier achève-
de cet avantage, les parties de lignes construites serviront de garantie
jusqu'à leur complet achèvement.
ipagnie devra faire élection de domicile à Arras.
s où elle ne l'aurait pas fait, toute notification ou signification à elle
valable lorsqu'elle sera faite au secrétariat général de la préfecture du

ntestations qui s'élèveraient entre la compagnie et l'administration au
cution et de l'interprétation des clauses du présent cahier des charges
administrativement par le conseil de préfecture du département du
, sauf recours au Conseil d'État.
frais d'enregistrement seront à la charge de la compagnie concessionnaire.

à Arras, le 16 Octobre 1873.

de la commission départementale,   *Le Préfet du Pas-de-Calais,*

vz, *Président;*   Signé Cte DE RAMBUTEAU.
s, *Secrétaire;*
GRAUX, VAST, DUFOUR et DELHOMEL.   *Les Membres du conseil d'administration de
                                        la compagnie du chemin de fer de Lille à
                                        Valenciennes,*

                                        Signé SCHOTSMANS et DESPRET.

Enregistré à Arras, le 9 février 1874, folio 57 recto, case 1ʳᵉ. Reçu décime, soixante-quinze centimes. Signé *Berek*.

Certifié conforme au cahier des charges annexé au décret en date du 1 1874, enregistré sous le n° 47.

Le Conseiller d'État, Secrétaire

Signé DE BOUREUILLE.

RÉPUBLIQUE FRANÇAISE.

N° 3438. — DÉCRET *qui approuve les Statuts du Bureau public établi Étienne pour le titrage des Soies et autres Matières textiles.*

Du 7 Mai 1874.

LE PRÉSIDENT DE LA RÉPUBLIQUE FRANÇAISE,

Sur le rapport du ministre de l'agriculture et du commerce;
Vu le décret du 29 août 1873 [1], qui a autorisé la chambre de c de Saint-Étienne à établir un bureau public pour le titrage des soies matières textiles.
Vu les délibérations de ladite chambre, en date du 17 septembre du 27 janvier 1874;
Vu l'avis du préfet de la Loire;
Vu l'avis du comité consultatif des arts et manufactures;
La section des travaux publics, de l'agriculture, du comme affaires étrangères du Conseil d'État entendue,

DÉCRÈTE :

ART. 1ᵉʳ. Les statuts du bureau public établi à Saint-Éti la chambre de commerce de cette ville, pour le titrage des autres matières textiles, sont approuvés, tels qu'ils sont ann présent décret.
2. Le ministre de l'agriculture et du commerce est chargé cution du présent décret, qui sera publié au Journal offici République française et inséré au Bulletin des lois.

Fait à Versailles, le 7 Mai 1874.

Signé Mᵃˡ DE MAC

Ministre de l'agriculture et du commerce,

Signé A. P. DESEILLIGNY.

[1] Bull. 152, n° 2330.

STATUTS.

'té à la lettre de M. le ministre de l'agriculture et du commerce, en
nier 1874, que M. le préfet de la Loire a transmise, le 12 du même mois,
de commerce de Saint-Étienne, la chambre, après en avoir délibéré,
e il suit les statuts du bureau public de Saint-Étienne pour le titrage
matières textiles :

Un bureau public est établi à Saint-Étienne, dans les bâtiments de la
pour le titrage des soies et autres matières textiles.

u du titrage est régi, sous la surveillance de la chambre de commerce
enne, par le directeur de la condition.

tement du directeur, le nombre des employés et agents à placer sous
, ainsi que leurs appointements et salaires, sont fixés par la chambre de
. Cette chambre nomme à tous les emplois de l'essai public et peut révo-
mployés.

produits du titrage des soies et autres matières textiles appartiennent à la
de commerce, chargée des frais de loyer, d'outillage, d'installation, d'ex-
et d'administration.

bulletin officiel de titrage rédigé en double, constatant le résultat de l'expé-
signé du directeur de la condition, est délivré aux vendeurs et acheteurs
dans l'opération. Ce bulletin relate : 1° le titre véritable, c'est-à-dire le titre
après l'essai d'hydratation de la substance au moment de l'essai; 2° le titre
variable résultant du conditionnement à l'absolu, à moins que les parties ne
at qu'il ne soit point procédé à cette opération.

tarifs des droits à percevoir pour le titrage des soies et autres matières tex-
établis comme il suit :

oute opération de titrage d'un ballot de soie ouvrée portant sur vingt flottes
our cinq matteaux pris dans cinq parties d'un ballot, deux francs, ci.   2^f 00^c

opération complémentaire qui consiste à peser les vingt écheveaux
ès les avoir soumis à la dessiccation absolue, afin de connaître la
les titres résultant de ce poids absolu, un franc, ci............   1 00

ération du titrage d'un ballot de soie grège, qui consiste à prendre
prélevées sur cinq matteaux pris dans cinq parties différentes du
prendre dans chaque matteau quatre écheveaux de cinq cents
gueur, deux francs, ci................................   2 00

ération complémentaire qui consiste à peser les vingt écheveaux
ès les avoir soumis à la dessiccation absolue, afin de connaître la
résultant de ce poids absolu, un franc, ci.....................   1 00

constatation du numérotage métrique des laines et autres matières
n franc, ci...   1 00

ris peuvent être revisés, la chambre de commerce entendue.

de titrage sont à la charge de la partie ou des parties qui les requièrent,
de conventions contraires indiquées sur le bulletin à présentation.

operations d'essai seront faites sous la responsabilité du directeur.

deux commissaires délégués par la chambre, en vertu de l'article 18 du
23 germinal an XIII, pour la surveillance de la condition, exercent égale-
surveillance de l'essai public.

séquence, le directeur, conformément à l'article 6 dudit règlement, est tenu
ouvrir à ces deux commissaires l'atelier d'essai toutes les fois qu'ils se pré-
ensemble ou séparément.

budgets et les comptes du bureau du titrage sont distincts de ceux de la
; ils sont, comme ces derniers, examinés par la chambre et transmis par
préfet au ministre de l'agriculture et du commerce, qui les approuve s'il y a

tout conformément aux dispositions de l'article 17 du décret du 3 septembre

Il est dressé, par les soins de la chambre de commerce, un règlement d'admi-

concerne les paquets ou colis, ne peut être invoqué par les entrepreneurs
geries et de roulage et autres intermédiaires de transport, à moins que le
par eux envoyés ne soient réunis en un seul colis.

Dans les cinq cas ci-dessus spécifiés, les prix de transport seront arrêtés
ment par l'administration, tant pour la grande que pour la petite vitesse
proposition de la compagnie.

En ce qui concerne les paquets ou colis mentionnés au paragraphe 5°
les prix de transport devront être calculés de telle manière qu'en aucun
ces paquets ou colis ne puisse payer un prix plus élevé qu'un article de m
pesant plus de quarante kilogrammes.

48. Dans le cas où la compagnie jugerait convenable, soit pour le pa
soit pour les parcours partiels de la voie de fer, d'abaisser, avec ou san
au-dessous des limites déterminées par le tarif les taxes qu'elle est
cevoir, les taxes abaissées ne pourront être relevées qu'après un délai de
au moins pour les voyageurs et d'un an pour les marchandises.

Toute modification du tarif proposée par la compagnie sera annoncée un
vance par des affiches.

La perception des tarifs modifiés ne pourra avoir lieu qu'avec l'h
préfet, conformément aux dispositions de la loi du 12 juillet 1865.

La perception des taxes devra se faire indistinctement et sans aucune

Tout traité particulier qui aurait pour effet d'accorder à un ou plusi
teurs une réduction sur les tarifs approuvés demeure formellement interdi

Toutefois, cette disposition n'est pas applicable aux traités qui pourraie
nir entre le Gouvernement et la compagnie dans l'intérêt des services p
aux réductions ou remises qui seraient accordées aux indigents.

En cas d'abaissement des tarifs, la réduction portera proportionnell
péage et sur le transport.

49. La compagnie sera tenue d'effectuer constamment avec soin, ex
célérité, et sans tour de faveur, le transport des voyageurs, bestiaux, den
chandises et objets quelconques qui lui seront confiés.

Les colis, bestiaux et objets quelconques seront inscrits, à la gare d'où
et à la gare où ils arrivent, sur des registres spéciaux, au fur et à mesu
réception ; mention sera faite, sur le registre de la gare de départ, du
dû pour leur transport.

Pour les marchandises ayant une même destination, les expéditions a
suivant l'ordre de leur inscription à la gare de départ.

Toute expédition de marchandises sera constatée, si l'expéditeur le
une lettre de voiture, dont un exemplaire restera aux mains de la co
l'autre aux mains de l'expéditeur. Dans le cas où l'expéditeur ne demand
lettre de voiture, la compagnie sera tenue de lui délivrer un récépissé qui
la nature et le poids du colis, le prix total du transport et le délai dans
transport devra être effectué.

50. Les animaux, denrées, marchandises et objets quelconques seront
et livrés, de gare en gare, dans les délais résultant des conditions ci-après

1° Les animaux, denrées, marchandises et objets quelconques à gran
seront expédiés par le premier train de voyageurs comprenant des voiture
classe et correspondant avec leur destination, pourvu qu'ils aient été p
l'enregistrement trois heures avant le départ de ce train.

Ils seront mis à la disposition des destinataire, à la gare, dans le délai
heures après l'arrivée du même train.

2° Les animaux, denrées, marchandises et objets quelconques à petit
seront expédiés dans le jour qui suivra celui de la remise ; toutefois, l'a
tion supérieure pourra étendre ce délai à deux jours.

Le maximum de durée du trajet sera fixé par l'administration, sur la
de la compagnie, sans que ce maximum puisse excéder vingt-quatre heures
tion indivisible de cent vingt-cinq kilomètres.

Les colis seront mis à la disposition des destinataires dans le jour qui sui
de leur arrivée en gare.

Le délai total résultant des trois paragraphes ci-dessus sera seul obligatoire
la compagnie.

Il pourra être établi un tarif réduit, approuvé par le préfet, pour tout expédi

des délais plus longs que ceux déterminé ci-dessus pour la petite

asport des marchandises, il pourra être établi, sur la proposition de la
ın délai moyen entre ceux de la grande et de la petite vitesse. Le prix
t à ce délai sera un prix intermédiaire entre ceux de la grande et de la

⸱ ın déterminera, par des règlements spéciaux, les heures d'ouverture
eture des gares et stations, tant en hiver qu'en été, ainsi que les disposi-
ves aux deorées apportées par les trains de nuit et destinées à l'approvi-
t des marchés des villes.

la marchandise devra passer d'une ligne sur une autre sans solution de
, les délais de livraison et d'expédition aux points de jonction seront fixés
istration, sur la proposition de la compagnie.

s frais accessoires non mentionnés dans les tarifs, tels que ceux d'enregistre-
e chargement, de déchargement et de magasinage dans les gares et maga-
chemins de fer, seront fixés annuellement par l'administration, sur la propo-
la compagnie.

compagnie sera tenue de faire, soit par elle-même, soit par un intermé-
ıt elle répondra, le factage et le camionnage pour la remise au domicile
de toutes les marchandises qui lui seront confiées.

et le camionnage ne seront point obligatoires en dehors du rayon de
non plus que pour les gares qui desserviraient, soit une population agglo-
: moins de cinq mille habitants, soit un centre de population de cinq mille
situé à plus de cinq kilomètres de la gare du chemin de fer.

rifs à percevoir seront fixés par l'administration, sur la proposition de la
ie. Ils seront applicables à tout le monde sans distinction.

, les expéditeurs et destinataires resteront libres de faire eux-mêmes et
ris le factage et le camionnage des marchandises.

moins d'une autorisation spéciale de l'administration, il est interdit à la
ie, conformément à l'article 14 de la loi du 15 juillet 1845, de faire direc-
u indirectement avec des entreprises de transport de voyageurs ou de mar-
par terre ou par eau, sous quelque dénomination ou forme que ce puisse
arrangements qui ne seraient pas consentis en faveur de toutes les entre-
ıt les mêmes voies de communication.

tion, agissant en vertu de l'article 33 ci-dessus, prescrira les mesures
pour assurer la plus complète égalité entre les diverses entreprises de
dans leurs rapports avec les chemins de fer.

TITRE V.
STIPULATIONS RELATIVES À DIVERS SERVICES PUBLICS.

Les militaires ou marins voyageant en corps, aussi bien que les militaires ou
voyageant isolément pour cause de service, envoyés en congé limité ou en
ou, ou rentrant dans leurs foyers après libération, ne seront assujettis, eux,
:vaux et leurs bagages, qu'à la moitié du tarif fixé par le présent cahier des

Gouvernement avait besoin de diriger des troupes et un matériel militaire
l sur l'un des points desservis par les chemins de fer, la compagnie serait
e mettre immédiatement à sa disposition, pour la moitié du même tarif,
moyens de transport.

es fonctionnaires ou agents chargés de l'inspection, du contrôle et de la sur-
des chemins de fer seront transportés gratuitement dans les voitures de la
ie.

ıme faculté est accordée aux agents des contributions indirectes et des
chargés de la surveillance des chemins de fer dans l'intérêt de la perception

ervice des lettres et dépêches sera fait comme il suit :
ıcun des trains de voyageurs et de marchandises circulant aux heures ordi-
l'exploitation, la compagnie sera tenue de réserver gratuitement au moins
ment spécial d'une voiture de deuxième classe, ou un espace équivalent,

pour recevoir les lettres, les dépêches et les agents nécessaires au service des post
le surplus de la voiture restant à la disposition de la compagnie.

2° Si le volume des dépêches ou la nature du service rend insuffisante la cap
de deux compartiments à deux banquettes, de sorte qu'il y ait lieu de subst
une voiture spéciale aux wagons ordinaires, le transport de cette voiture don
lieu à l'application de la moitié du prix du tarif.

Lorsque la compagnie voudra changer les heures de départ de ses convois
naires, elle sera tenue d'en avertir l'administration des postes quinze jours à l'av

3° La compagnie sera tenue de transporter gratuitement, par tous les conv
voyageurs, tout agent des postes chargé d'une mission ou d'un service accide
porteur d'un ordre de service régulier délivré à Paris par le directeur génér
postes. Il sera accordé à l'agent des postes en mission une place de voit
deuxième classe, ou de première classe, si le convoi ne comporte pas de voitu
deuxième classe.

4° L'administration se réserve le droit d'établir à ses frais, sans indemnité,
aussi sans responsabilité pour la compagnie, tous poteaux ou appareils néces
l'échange des dépêches sans arrêt de train, à la condition que ces appareils, p
nature ou leur position, n'apportent pas d'entraves aux différents services de l
ou des stations.

5° Les employés chargés de la surveillance du service, les agents prépos
change ou à l'entrepôt des dépêches, auront accès dans les gares ou statio
l'exécution de leur service, en se conformant aux règlements de police intérie
la compagnie.

57. La compagnie sera tenue, à toute réquisition, aux frais de l'État, de
partir par convoi ordinaire les wagons ou voitures cellulaires employés au tra
des prévenus, accusés ou condamnés.

Les wagons et les voitures employés au service dont il s'agit seront construit
frais de l'État ou des départements; leurs formes et dimensions seront déterm
de concert par le ministre de l'intérieur et par le ministre des travaux publi
compagnie entendue.

58. Le Gouvernement se réserve la faculté de faire, le long des voies, tou
constructions, de poser tous les appareils nécessaires à l'établissement d'une
télégraphique sans nuire au service des chemins de fer.

Sur la demande de l'administration des lignes télégraphiques, il sera n
dans les gares des villes ou des localités qui seront désignées ultérieurement,
rain nécessaire à l'établissement des maisonnettes destinées à recevoir le l
télégraphique et son matériel.

La compagnie concessionnaire sera tenue de faire garder par ses agents l
et appareils des lignes électriques, de donner aux employés télégraphiques con
sance de tous les accidents qui pourraient survenir et de leur en faire connaît
causes. En cas de rupture du fil électrique, les employés de la compagnie aur
raccrocher provisoirement les bouts séparés, d'après les instructions qui leur se
données à cet effet.

Les agents de la télégraphie voyageant pour le service de la ligne électrique
ront le droit de circuler gratuitement dans les voitures des chemins de fer.

Dans le cas où des déplacements de fils, appareils ou poteaux deviendraient n
saires par suite de travaux exécutés sur les chemins, ces déplacements auront
aux frais de la compagnie, par les soins de l'administration des lignes télégraph

La compagnie pourra être autorisée, et au besoin requise, par le ministre de
vaux publics, agissant de concert avec le ministre de l'intérieur, d'établir à ses
les fils et appareils télégraphiques destinés à transmettre les signaux néce
pour la sûreté et la régularité de son exploitation.

Elle pourra, avec l'autorisation du ministre de l'intérieur, se servir des pot
de la ligne télégraphique de l'État, lorsqu'une semblable ligne existera le long
voie.

La compagnie sera tenue de se soumettre à tous les règlements d'administ
publique concernant l'établissement et l'emploi de ces appareils, ainsi que l'o
sation, aux frais de la compagnie, du contrôle de ce service par les agents de l

TITRE VI.

CLAUSES DIVERSES.

le cas où le Gouvernement ordonnerait ou autoriserait la construction de
ionales, départementales ou vicinales, de chemins de fer ou de canaux qui
ent les lignes objet de la présente concession, la compagnie ne pourra
à ces travaux; mais toutes les dispositions nécessaires seront prises pour
résulte aucun obstacle à la construction ou au service des chemins de fer,
frais pour la compagnie.

te exécution ou autorisation ultérieure de route, de canal, de chemin de
ux de navigation dans les contrées où sont situés les chemins de fer ob-
ésente concession, ou dans toute autre contrée voisine ou éloignée, ne
ner ouverture à aucune demande d'indemnité de la part de la compagnie.
Gouvernement et le département se réservent expressément le droit d'ac-
nouvelles concessions de chemins de fer s'embranchant sur les chemins
'objet du présent cahier des charges, ou qui seraient établis en prolonge-
mêmes chemins.

pagnie ne pourra mettre aucun obstacle à ces embranchements, ni récla-
ccasion de leur établissement, aucune indemnité quelconque, pourvu qu'il
te aucun obstacle à la circulation, ni aucuns frais particuliers pour la com-

pagnies concessionnaires de chemins de fer d'embranchement ou de pro-
t auront la faculté, moyennant les tarifs ci-dessus déterminés et l'obser-
règlements de police et de service établis ou à établir, de faire circuler
ures, wagons et machines sur les chemins de fer objet de la présente con-
pour lesquels cette faculté sera réciproque à l'égard desdits embranche-
prolongements.

t cas où les diverses compagnies ne pourraient s'entendre entre elles sur
de cette faculté, le Gouvernement ou le préfet statuerait sur les difficultés
eraient entre elles à cet égard.

cas où une compagnie d'embranchement ou de prolongement joignant le
font l'objet de la présente concession n'userait pas de la faculté de circuler
es, comme aussi dans le cas où la compagnie concessionnaire de ces
es ne voudrait pas circuler sur les embranchements et prolongements,
ies seraient tenues de s'arranger entre elles, de manière que le service
ne soit jamais interrompu aux points de jonction des diverses lignes.

des compagnies qui se servira d'un matériel qui ne serait pas sa propriété
me indemnité en rapport avec l'usage et la détérioration de ce matériel.
cas où les compagnies ne se mettraient pas d'accord sur la quotité de l'in-
ou sur les moyens d'assurer la continuation du service sur toute la ligne,
ement ou le préfet y pourvoirait d'office et prescrirait toutes les mesures
i.

agnie pourra être assujettie, par les décrets qui seront ultérieurement
ur l'exploitation des chemins de fer de prolongement ou d'embranchement
ceux qui lui sont concédés, à accorder aux compagnies de ces chemins une
de péage ainsi calculée:

e prolongement ou l'embranchement n'a pas plus de cent kilomètres, dix
t (10 p. o/o) du prix perçu par la compagnie;

e prolongement ou l'embranchement excède cent kilomètres, quinze pour
p. o/o);

e prolongement ou l'embranchement excède deux cents kilomètres, vingt
(20 p. o/o);

prolongement ou l'embranchement excède trois cents kilomètres, vingt-
cent (25 p. o/o).

apagnie sera tenue, si l'administration le juge convenable, de partager
a stations établies à l'origine des chemins de fer d'embranchement avec les
qui deviendraient ultérieurement concessionnaires desdits chemins.

de difficultés entre les compagnies pour l'application de cette clause, il
par le Gouvernement ou le préfet.

effectué ; on en déduira les produits nets des deux plus faibles années, et l'on le produit net moyen des cinq autres années.

Ce produit net moyen formera le montant d'une annuité qui sera due et à la compagnie pendant chacune des années restant à courir sur la durée concession.

Dans aucun cas, le montant de l'annuité ne sera inférieur au produit net dernière des sept années prises pour terme de comparaison.

La compagnie recevra, en outre, dans les trois mois qui suivront le remboursements auxquels elle aurait droit à l'expiration de la concession l'article 36 ci-dessus.

38. Si la compagnie n'a pas commencé les travaux dans le délai fixé ticle 2, elle sera déchue de plein droit, sans qu'il y ait lieu à aucune notifi mise en demeure préalable.

Dans ce cas, la somme de trois mille francs par kilomètre qui aura été ainsi qu'il sera dit à l'article 66, à titre de cautionnement, deviendra la du département et lui restera acquise.

39. Faute par la compagnie d'avoir terminé les travaux dans le délai fixé ticle 2, faute aussi par elle d'avoir rempli les diverses obligations qui lui sont par le présent cahier des charges, elle encourra la déchéance, et il sera p à la continuation et à l'achèvement des travaux qu'à l'exécution des autre ments contractés par la compagnie vis-à-vis du département, au moyen judication que l'on ouvrira sur une mise à prix des ouvrages exécutés, des approvisionnés et des parties des chemins de fer déjà livrées à l'exploitation

Les soumissions pourront être inférieures à la mise à prix.

La nouvelle compagnie sera soumise aux clauses du présent cahier des et la compagnie évincée recevra d'elle le prix que la nouvelle adjudication a

La partie du cautionnement qui n'aura pas encore été restituée deviendra priété du département.

Si l'adjudication ouverte n'amène aucun résultat, une seconde adjudicat tentée sur les mêmes bases, après un délai de trois mois ; si cette seconde t reste également sans résultat, la compagnie sera définitivement déchue droits, et alors les ouvrages exécutés, les matériaux approvisionnés et les p chemin de fer déjà livrées à l'exploitation appartiendront au département.

40. Si l'exploitation des chemins de fer vient à être interrompue en totalité partie, l'administration prendra immédiatement, aux frais et risques de la gnie, les mesures nécessaires pour assurer provisoirement le service.

Si, dans les trois mois de l'organisation du service provisoire, la com pas valablement justifié qu'elle est en état de reprendre et de continuer tion, et si elle ne l'a pas effectivement reprise, la déchéance pourra être par le préfet.

Cette déchéance prononcée, les chemins de fer et toutes leurs dépendance mis en adjudication, et il sera procédé ainsi qu'il est dit à l'article précédent.

41. Les dispositions des trois articles qui précèdent cesseraient d'être appli et la déchéance ne serait pas encourue, dans le cas où le concessionnaire n' pu remplir ses obligations par suite de circonstances de force majeure dûment tatées.

TITRE IV.

TAXES ET CONDITIONS RELATIVES AU TRANSPORT DES VOYAGEURS ET DES MARCHANDISES.

42. Pour indemniser la compagnie des travaux et dépenses qu'elle s' à faire par le présent cahier des charges, et sous la condition expresse qu' remplira exactement toutes les obligations, le département lui accorde l' tion de percevoir, pendant la durée de la concession les droits de péage et les de transport ci-après déterminés :

	PRIX		
TARIF. 1° PAR TÊTE ET PAR KILOMÈTRE.	de péage.	de trans- port.	TOTAUX.
	fr. c.	fr. c.	fr. c.
Grande vitesse.			
Voitures couvertes, garnies et fermées à glaces (1re classe)............................	o o67	o o33	o 10
Voitures couvertes, fermées à glaces, et à banquettes rembourrées (2e classe)............	o o5o	o o25	o o75
Voitures couvertes et fermées à vitres (3e classe)..	o o37	o o18	o o55
Au-dessous de trois ans, les enfants ne payent rien, à la condition d'être portés sur les genoux des personnes qui les accompagnent.			
De trois à sept ans, ils payent demi-place et ont droit à une place distincte ; toutefois, dans un même compartiment, deux enfants ne pourront occuper que la place d'un voyageur.			
Au-dessus de sept ans, ils payent place entière.			
transportés dans les trains de voyageurs.............	o o1o	o o05	o o15
que la perception puisse être inférieure à o¹ 3o°.)			
Petite vitesse.			
...ches, taureaux, chevaux, mulets, bêtes de trait..........	o o7	o o3	o 10
...porcs...	o o25	o o15	o o4
..., brebis, agneaux, chèvres...........................	o o1	o o1	o o2
...e et les animaux ci-dessus dénommés seront, sur la de-des expéditeurs, transportés à la vitesse des trains de voya-..., les prix seront doublés.			

2° PAR TONNE ET PAR KILOMÈTRE.

Marchandises transportées à grande vitesse.

—Poissons frais. — Denrées. — Excédants de bagages et ...es de toutes classes transportées à la vitesse des trains ...rs..	o 20	o 16	o 36

Marchandises transportées à petite vitesse.

— Spiritueux. — Huiles. — Bois de menuiserie, de tein-...autres bois exotiques. — Produits chimiques non dénom-...Œufs. — Viande fraîche. — Gibier. — Sucre. — Café. —... — Épiceries. — Tissus. — Denrées coloniales. — Objets ...urés. — Armes.	o o9	o o7	o 16
— Blés. — Grains. — Farines. — Légumes farineux. —...ais. — Châtaignes et autres denrées alimentaires non dé-—Chaux et plâtre. — Charbons de bois. — Bois à brû-...corde. — Perches. — Chevrons. — Planches. — Madriers. ...i de charpente. — Marbre en bloc. — Albâtre. — Bitume. ...ons. — Vins. — Vinaigre. — Boissons. — Bières. —...sèche. — Laines. — Coke. — Fers. — Cuivre. — Plomb ...es métaux ouvrés ou non. — Fontes moulées.............	o o8	o o6	o 14
— Pierres de taille et produits de carrières. — Minerais que les minerais de fer. — Fonte brute. — Sel. — Moel-—Meulières. — Argiles. — Briques. — Ardoises............	o o6	o o4	o 10

— Houille. — Cendres. — Engrais. — à chaux et à — Pavés et ma-pour la cons-truction et la répara-tion des routes. — Mi-nerais de fer. — Cail-loux et sables.	Pour le parcours de o à 1oo kilomètres, sans que la taxe puisse être supérieure à 5 francs............................	o o5	o o3	o o8
	Pour le parcours de 1o1 à 3oo kilomètres, sans que la taxe puisse être supérieure à 12 francs............................	o o3	o o2	o o5
	Pour le parcours de plus de 3oo kilo-mètres............................	o o25	o o15	o o4

effectué ; on en déduira les produits nets des deux plus faibles années, et l'on le produit net moyen des cinq autres années.

Ce produit net moyen formera le montant d'une annuité qui sera due et à la compagnie pendant chacune des années restant à courir sur la durée concession.

Dans aucun cas, le montant de l'annuité ne sera inférieur au produit net dernière des sept années prises pour terme de comparaison.

La compagnie recevra, en outre, dans les trois mois qui suivront le remboursements auxquels elle aurait droit à l'expiration de la concession l'article 36 ci-dessus.

38. Si la compagnie n'a pas commencé les travaux dans le délai fixé ticle 2, elle sera déchue de plein droit, sans qu'il y ait lieu à aucune notifi mise en demeure préalable.

Dans ce cas, la somme de trois mille francs par kilomètre qui aura été ainsi qu'il sera dit à l'article 66, à titre de cautionnement, deviendra la du département et lui restera acquise.

39. Faute par la compagnie d'avoir terminé les travaux dans le délai fixé ticle 2, faute aussi par elle d'avoir rempli les diverses obligations qui lui sont par le présent cahier des charges, elle encourra la déchéance, et il sera po à la continuation et à l'achèvement des travaux qu'à l'exécution des autre ments contractés par la compagnie vis-à-vis du département, au moyen judication que l'on ouvrira sur une mise à prix des ouvrages exécutés, des approvisionnés et des parties des chemins de fer déjà livrées à l'exploitatic

Les soumissions pourront être inférieures à la mise à prix.

La nouvelle compagnie sera soumise aux clauses du présent cahier des et la compagnie évincée recevra d'elle le prix que la nouvelle adjudication

La partie du cautionnement qui n'aura pas encore été restituée deviendr priété du département.

Si l'adjudication ouverte n'amène aucun résultat, une seconde adjudica tentée sur les mêmes bases, après un délai de trois mois ; si cette seconde reste également sans résultat, la compagnie sera définitivement déchue droits, et alors les ouvrages exécutés, les matériaux approvisionnés et les p chemin de fer déjà livrées à l'exploitation appartiendront au département.

40. Si l'exploitation des chemins de fer vient à être interrompue en totalit partie, l'administration prendra immédiatement, aux frais et risques de la gnie, les mesures nécessaires pour assurer provisoirement le service.

Si, dans les trois mois de l'organisation du service provisoire, la com pas valablement justifié qu'elle est en état de reprendre et de continuer tion, et si elle ne l'a pas effectivement reprise, la déchéance pourra être par le préfet.

Cette déchéance prononcée, les chemins de fer et toutes leurs dépendan mis en adjudication, et il sera procédé ainsi qu'il est dit à l'article précéde

41. Les dispositions des trois articles qui précèdent cesseraient d'être ap et la déchéance ne serait pas encourue, dans le cas où le concessionnaur pu remplir ses obligations par suite de circonstances de force majeure dû tatées.

TITRE IV.

TAXES ET CONDITIONS RELATIVES AU TRANSPORT DES VOYAGE ET DES MARCHANDISES.

42. Pour indemniser la compagnie des travaux et dépenses qu' à faire par le présent cahier des charges, et sous la condition ex remplira exactement toutes les obligations, le département lui tion de percevoir, pendant la durée de la concession les droits de transport ci-après déterminés :

	PRIX		
	de péage.	de trans-port.	TOTAUX.
	fr. c.	fr. c.	fr. c.

TARIF.

1° PAR TÊTE ET PAR KILOMÈTRE.

Grande vitesse.

	de péage.	de trans-port.	TOTAUX.
Voitures couvertes, garnies et fermées à glaces (1re classe)..........................	o o67	o o33	o 10
Voitures couvertes, fermées à glaces, et à banquettes rembourrées (2e classe).............	o o5o	o o25	o o75
Voitures couvertes et fermées à vitres (3e classe)..	o o37	o o18	o o55
Au-dessous de trois ans, les enfants ne payent rien, à la condition d'être portés sur les genoux des personnes qui les accompagnent.			
De trois à sept ans, ils payent demi-place et ont droit à une place distincte ; toutefois, dans un même compartiment, deux enfants ne pourront occuper que la place d'un voyageur.			
Au-dessus de sept ans, ils payent place entière.			
...portés dans les trains de voyageurs.................	o o1o	o oo5	o o15
...que la perception puisse être inférieure à o¹ 3o°.)			

Petite vitesse.

	de péage.	de trans-port.	TOTAUX.
...ches, taureaux, chevaux, mulets, bêtes de trait........	o o7	o o3	o 10
...porcs....................................	o o15	o o15	o o4
...brebis, agneaux, chèvres.....................	o o1	o o1	o o2
...que les animaux ci-dessus dénommés seront, sur la de-...des expéditeurs, transportés à la vitesse des trains de voya-...les prix seront doublés.			

2° PAR TONNE ET PAR KILOMÈTRE.

Marchandises transportées à grande vitesse.

	de péage.	de trans-port.	TOTAUX.
Poissons frais. — Denrées. — Excédants de bagages et ...ses de toutes classes transportées à la vitesse des trains ...ours..	o 20	o 16	o 36

Marchandises transportées à petite vitesse.

	de péage.	de trans-port.	TOTAUX.
...— Spiritueux. — Huiles. — Bois de menuiserie, de tein-...res bois exotiques. — Produits chimiques non dénom-...Œufs. — Viande fraîche. — Gibier. — Sucre. — Café. — Épiceries. — Tissus. — Denrées coloniales. — Objets ...vrés. — Armes.	o o9	o o7	o 16
...Blés. — Grains. — Farines. — Légumes farineux. ...— Châtaignes et autres denrées alimentaires non dé-...— Chaux et plâtre. — Charbons de bois. — Bois à brû-...corde. — Perches. — Chevrons. — Planches. — Madriers. ...de charpente. — Marbre en bloc. — Albâtre. — Bitume. ...— Vins. — Vinaigre. — Boissons. — Bières. ...— Laines. — Coke. — Fers. — Cuivre. — Plomb ...ouvrés ou non. — Fontes moulées............	o o8	o o6	o 14
...Pierres de taille et produits de carrières. — Minerais ...les minerais de fer. — Fonte brute. — Sel. — Moel-...— Argiles. — Briques. — Ardoises..........	o o6	o o4	o 10
	o o5	o	

CAHIER DES CHARGES.

TITRE Ier.

TRACÉ ET CONSTRUCTION.

ART. 1er. La concession à laquelle s'applique le présent cahier de charges
prend les chemins de fer suivants :

1° La ligne d'Hénin-Liétard à la frontière du département, vers Don, par C[?]
et Courrières;

2° La partie de la ligne d'Hazebrouck à Templeuve située dans le départem[ent]
Pas-de-Calais, entre Aubers et Laventie.

2. Les travaux devront être commencés dans le délai d'un an, à partir de la
du décret déclaratif d'utilité publique.

Ils devront être terminés dans un délai de deux ans, à partir de la même da[te]
manière que les chemins soient praticables et exploités à l'expiration du d[?]
délai.

3. Aucun travail ne pourra être entrepris, pour l'établissement des chemins d[?]
de leurs dépendances, qu'avec l'autorisation du département; à cet effet, les p[?]
de tous les travaux à exécuter seront dressés en double expédition et soumis à l'[?]
bation de l'administration supérieure, pour ce qui concerne la grande voirie, e[?]
département, pour ce qui concerne la petite. L'administration supérieure et le p[?]
pourront y introduire les modifications qu'ils jugeront nécessaires; l'une de ces [?]
ditions sera remise à la compagnie, avec le visa du préfet; l'autre demeurera [?]
les mains de l'administration préfectorale.

Avant comme pendant l'exécution, la compagnie aura la faculté de proposer [?]
projets approuvés les modifications qu'elle jugerait utiles; mais ces modific[?]
ne pourront être exécutées que moyennant l'approbation du préfet.

4. La compagnie pourra prendre copie de tous les plans, nivellements et devi[?]
pourraient avoir été antérieurement dressés aux frais du département.

5. Le tracé et le profil des chemins de fer seront arrêtés sur la production d[?]
jets d'ensemble comprenant, pour la ligne entière ou pour chaque section [?]
ligne :

1° Un plan général à l'échelle de un dix-millième;

2° Un profil en long à l'échelle de un cinq-millième pour les longueurs et d[?]
millième pour les hauteurs, dont les cotes seront rapportées au niveau moyen [?]
mer, pris pour point de comparaison. Au-dessous de ce profil, on indiquera[?]
moyen de trois lignes horizontales disposées à cet effet, savoir :

Les distances kilométriques des chemins de fer, comptées à partir de leur ori[?]
La longueur et l'inclinaison de chaque pente ou rampe;
La longueur des parties droites et le développement des parties courbes du tr[?]
en faisant connaître le rayon correspondant à chacune de ces dernières;

3° Un certain nombre de profils en travers, y compris le profil type de la voie;

4° Un mémoire dans lequel seront justifiées toutes les dispositions essentielle[?]
projet et un devis descriptif dans lequel seront reproduites, sous forme de table[?]
les indications relatives aux déclivités et aux courbes déjà données sur le pr[?]
long.

La position des gares et stations projetées, celle des cours d'eau et des voies de c[?]
munication traversés par les chemins de fer, des passages soit à niveau, so[?]
dessus, soit en dessous de la voie ferrée, devront être indiquées tant sur le p[?]
que sur le profil en long; le tout sans préjudice des projets à fournir pour cha[?]
de ces ouvrages.

6. Les terrains seront acquis et les ouvrages d'art exécutés immédiatement p[?]
deux voies; les terrassements pourront être exécutés et les rails pourront être p[?]
pour une voie seulement, sauf l'établissement d'un certain nombre de gares [?]
tement.

La compagnie sera tenue, d'ailleurs, d'établir la deuxième voie, soit sur la tota[?]
du chemin, soit sur les parties qui lui seront désignées, lorsque l'insuffisance d'u[?]
seule voie, par suite du développement de la circulation, aura été constatée pa[?]
l'administration.

terrains acquis par la compagnie pour l'établissement de la seconde voie ne ont recevoir une autre destination.

La largeur de la voie entre les bords intérieurs des rails devra être de un mètre ate-quatre centimètres (1".44) à un mètre quarante-cinq centimètres (1".45). les parties à deux voies, la largeur de l'entre-voie, mesurée entre les bords urs des rails, sera de deux mètres (2",00).

argeur des accotements, c'est-à-dire des parties comprises de chaque côté e bord extérieur du rail et l'arête supérieure du ballast, sera de un mètre au moins.

ménagera au pied de chaque talus du ballast une banquette de cinquante cen-es (0",50) de largeur.

ompagnie établira le long des chemins de fer les fossés ou rigoles qui seront nécessaires pour l'assèchement de la voie et pour l'écoulement des eaux.

dimensions de ces fossés et rigoles seront déterminées par l'administration, à les circonstances locales, sur les propositions de la compagnie.

es alignements seront raccordés entre eux par des courbes dont le rayon ne être inférieur à cinq cents mètres; ce rayon pourra, toutefois, être réduit à ents mètres aux abords des gares. Une partie droite de cent mètres au moins guenr devra être ménagée entre deux courbes consécutives, lorsqu'elles seront s en sens contraire.

aximum de l'inclinaison des pentes et rampes est fixé à douze millimètres tre.

partie horizontale de cent mètres au moins devra être ménagée entre deux déclivités consécutives, lorsque ces déclivités se succéderont en sens contraire, manière à verser les eaux au même point.

déclivités correspondant aux courbes de faible rayon devront être réduites au-e faire se pourra.

ompagnie aura la faculté de proposer aux dispositions de cet article et à celles rticle précédent les modifications qui lui paraîtraient utiles; mais ces modifi-e ne pourront être exécutées que moyennant l'approbation préalable de l'admi-ion préfectorale.

Le nombre, l'étendue et l'emplacement des gares d'évitement seront détermi-r l'administration, la compagnie entendue.

mbre des voies sera augmenté, s'il y a lieu, dans les gares et aux abords de s, conformément aux décisions qui seront prises par l'administration, la pe entendue.

mbre et l'emplacement des stations de voyageurs et des gares de marchan-ront également déterminés par l'administration, sur les propositions de la gie, après une enquête spéciale.

ompagnie sera tenue, préalablement à tout commencement d'exécution, de ttre à l'administration le projet desdites gares, lequel se composera :

D'un plan à l'échelle de un cinq-centième, indiquant les voies, les quais, les ents et leur distribution intérieure, ainsi que la disposition de leurs abords;

D'une élévation des bâtiments à l'échelle de un centimètre par mètre ;

D'un mémoire descriptif dans lequel les dispositions essentielles du projet seront es.

A moins d'obstacles locaux, dont l'appréciation appartiendra à l'administra-les chemins de fer, à la rencontre des routes nationales ou départementales, t passer, soit au-dessus, soit au-dessous de ces routes.

croisements à niveau seront tolérés pour les chemins vicinaux, ruraux ou par-

Lorsque les chemins de fer devront passer au-dessus d'une route nationale partementale, ou d'un chemin vicinal, l'ouverture du viaduc sera fixée par nistration, en tenant compte des circonstances locales; mais cette ouverture urra, dans aucun cas, être inférieure à huit mètres (8",00) pour la route na-e, à sept mètres (7",00) pour la route départementale, à cinq mètres (5",00) un chemin vicinal de grande communication, et à quatre mètres (4",00) pour mple chemin vicinal.

ur les viaducs de forme cintrée, la hauteur sous clef, à partir du sol de la e, sera de cinq mètres (5",00) au moins. Pour ceux qui seront formés de poutres zontales en bois ou en fer, la hauteur sous poutres sera de quatre mètres trente imètres (4",30) au moins.

La largeur entre les parapets sera au moins de huit mètres (8ᵐ,oo). La ha
de ces parapets sera fixée par l'administration et ne pourra, dans aucun cas
inférieure à quatre-vingts centimètres (0ᵐ,8o).

12. Lorsque les chemins de fer devront passer au-dessous d'une route
départementale, ou d'un chemin vicinal, la largeur entre les parapets du p
supportera la route ou le chemin sera fixée par l'administration, en tenant
des circonstances locales; mais cette largeur ne pourra, dans aucun cas, êt
rieure à huit mètres (8ᵐ,oo) pour la route nationale, à sept mètres (7ᵐ,oo)
route départementale, à cinq mètres (5ᵐ,oo) pour un chemin vicinal de
communication, et à quatre mètres (4ᵐ,oo) pour un simple chemin vicinal.

L'ouverture du pont entre les culées sera au moins de huit mètres (8ᵐ,ol
distance verticale ménagée au-dessus des rails extérieurs de chaque voie
passage des trains ne sera pas inférieure à quatre mètres quatre-vingts cent
(4ᵐ,8o) au moins.

13. Dans le cas où des routes nationales ou départementales, ou des ch
cinaux, ruraux ou particuliers, seraient traversés à leur niveau par les ch
fer, les rails devront être posés sans aucune saillie ni dépression sur la s
ces routes, et de telle sorte qu'il n'en résulte aucune gêne pour la circul
voitures.

Le croisement à niveau des chemins de fer et des routes ne pourra s'eff
un angle moindre de quarante-cinq degrés.

Chaque passage à niveau sera muni de barrières; il y sera, en outre, é
maison de garde toutes les fois que l'utilité en sera reconnue par l'administ

La compagnie devra soumettre à l'approbation de l'administration les projet
de ces barrières.

14. Lorsqu'il y aura lieu de modifier l'emplacement ou le profil des rout
tantes, l'inclinaison des pentes et rampes sur les routes modifiées ne pourra e
trois centimètres (0ᵐ,o3) par mètre pour les routes nationales ou départeme
et cinq centimètres (0ᵐ,o5) pour les chemins vicinaux. L'administration
libre, toutefois, d'apprécier les circonstances qui pourraient motiver une dé
à cette clause, comme à celle qui est relative à l'angle de croisement des p
niveau.

15. La compagnie sera tenue de rétablir et d'assurer à ses frais l'écoul
toutes les eaux dont le cours serait arrêté, suspendu ou modifié par ses tr
de prendre les mesures nécessaires pour prévenir l'insalubrité pouvant rés
chambres d'emprunt.

Les viaducs à construire à la rencontre des rivières, des canaux et d
d'eau quelconques auront au moins huit mètres (8ᵐ,oo) de largeur entre les
La hauteur de ces parapets sera fixée par l'administration et ne pourra être
rieure à quatre-vingts centimètres (0ᵐ,8o).

La hauteur et le débouché du viaduc seront déterminés, dans chaque cas
culier, par l'administration, suivant les circonstances locales.

16. Les souterrains à établir pour le passage des chemins de fer auront au
huit mètres (8ᵐ,oo) de largeur entre les pieds-droits au niveau des rails,
mètres (6ᵐ,oo) de hauteur sous clef au-dessus de la surface des rails. La d
verticale entre l'intrados et le dessus des rails extérieurs de chaque voie ne
inférieure à quatre mètres quatre-vingts centimètres (4ᵐ,8o). L'ouverture d
d'aérage et de construction des souterrains sera entourée d'une margelle en
nerie de deux mètres (2ᵐ,oo) de hauteur. Cette ouverture ne pourra être éta
aucune voie publique.

17. A la rencontre des cours d'eau flottables ou navigables, la compagnie
tenue de prendre toutes les mesures et de payer tous les frais nécessaires pou
le service de la navigation ou du flottage n'éprouve ni interruption ni entrave
dant l'exécution des travaux.

A la rencontre des routes nationales ou départementales et des autres
publics, il sera construit des chemins et ponts provisoires, par les soins et au
de la compagnie, partout où cela sera jugé nécessaire pour que la circ
n'éprouve ni interruption ni gêne.

Avant que les communications existantes puissent être interceptées, une
naissance sera faite par les ingénieurs de la localité, à l'effet de constater si
ouvrages provisoires présentent une solidité suffisante et s'ils peuvent assurer
service de la circulation.

.élai sera fixé par l'administration pour l'exécution des travaux définitifs
à rétablir les communications interceptées.

ı compagnie n'emploiera, dans l'exécution des ouvrages, que des matériaux
e qualité; elle sera tenue de se conformer à toutes les règles de l'art, de
à obtenir une construction parfaitement solide.

les aqueducs, ponceaux, ponts et viaducs à construire à la rencontre des
d'eau et des chemins publics ou particuliers seront en maçonnerie ou
f les cas d'exception qui pourraient être admis par l'administration.

roies seront établies d'une manière solide et avec des matériaux de bonne

des rails sera au moins de trente-cinq kilogrammes par mètre courant
ies de circulation, si ces rails sont posés sur traverses, et de trente kilo-
dans le cas où ils seraient posés sur longrines.

compagnie pourra être dispensée, par le préfet de séparer les chemins
s propriétés riveraines par des murs, haies ou toute autre clôture sur tout
du parcours desdits chemins.

us les terrains nécessaires pour l'établissement des chemins de fer et
dépendances, pour la déviation des voies de communication et des cours
placés, et, en général, pour l'exécution des travaux, quels qu'ils soient, aux-
établissement pourra donner lieu, seront achetés et payés par la compagnie
re.

emnités pour occupation temporaire ou pour détérioration de terrains, pour
. modification ou destruction d'usines, et pour tous dommages quelconques
t des travaux, seront supportées et payées par la compagnie.

'entreprise étant d'utilité publique, la compagnie est investie, pour l'exécu-
travaux dépendant de sa concession, de tous les droits que les lois et règle-
onfèrent à l'administration en matière de travaux publics, soit pour l'acqui-
terrains par voie d'expropriation, soit pour l'extraction, le transport et le
terres, matériaux, etc., et elle demeure en même temps soumise à toutes
tions qui dérivent, pour l'administration, de ces lois et règlements.

ıs les limites de la zone frontière et dans le rayon de servitude des en-
rtifiées, la compagnie sera tenue de se soumettre à l'accomplissement de
formalités et de toutes les conditions exigées par les lois, décrets et règle-
t les travaux mixtes.

gnes de chemins de fer traversent un sol déjà concédé pour l'exploita-
ıine, l'administration déterminera les mesures à prendre pour que
t des chemins de fer ne nuise pas à l'exploitation de la mine, et récipro-
ıur que, le cas échéant, l'exploitation de la mine ne compromette pas
des chemins de fer.

ıux de consolidation à faire dans l'intérieur de la mine à raison de
des chemins de fer, et tous les dommages résultant de cette traversée
ıs concessionnaires de la mine, seront à la charge de la compagnie.

Si les chemins de fer doivent s'étendre sur des terrains renfermant des car-
ou les traverser souterrainement, ils ne pourront être livrés à la circulation
que les excavations qui pourraient en compromettre la solidité aient été rem-
ou consolidées. L'administration déterminera la nature et l'étendue des tra-
u'il conviendra d'entreprendre à cet effet, et qui seront d'ailleurs exécutés
soins et aux frais de la compagnie.

ʰour l'exécution des travaux, la compagnie se soumettra aux décisions ministé-
concernant l'interdiction du travail les dimanches et jours fériés.

La compagnie exécutera les travaux par des moyens et des agents à son choix,
ı restant soumise au contrôle et à la surveillance de l'autorité préfectorale.

ontrôle et cette surveillance auront pour objet d'empêcher la compagnie de
des dispositions prescrites par le présent cahier des charges et de celles qui
t les projets approuvés.

A mesure que les travaux seront terminés sur des parties de chemin de fer
ıtbles d'être livrées utilement à la circulation, il sera procédé, sur la demande
ı compagnie, à la reconnaissance et, s'il y a lieu, à la réception provisoire de
travaux par un ou plusieurs commissaires que l'administration désignera.

ır le vu du procès-verbal de cette reconnaissance, l'administration autorisera,
y a lieu, la mise en exploitation des parties dont il s'agit; après cette autorisa-
, la compagnie pourra mettre lesdites parties en service et y percevoir les taxes

ci-après déterminées. Toutefois, ces réceptions partielles ne deviendront que par la réception générale et définitive des chemins de fer.

29. Après l'achèvement total des travaux, et dans le délai qui sera fixé | nistration, la compagnie fera faire à ses frais un bornage contradictoire e cadastral des chemins de fer et de leurs dépendances. Elle fera dresser ses frais, et contradictoirement avec l'administration, un état descriptif d(ouvrages d'art qui auront été exécutés, ledit état accompagné d'un atlas les dessins cotés de tous lesdits ouvrages.

Une expédition dûment certifiée des procès-verbaux de bornage et du pla tral, de l'état descriptif et de l'atlas, sera dressée aux frais de la compagni posée dans les archives de la préfecture.

Les terrains acquis par la compagnie postérieurement au bornage général, de satisfaire aux besoins de l'exploitation, et qui, par cela même, devien intégrante des chemins de fer, donneront lieu, au fur et à mesure de le tion, à des bornages supplémentaires, et seront ajoutés sur le plan cadas tion sera également faite sur l'atlas de tous les ouvrages d'art exécutés p ment à sa rédaction.

TITRE II.

ENTRETIEN ET EXPLOITATION.

30. Les chemins de fer et toutes leurs dépendances seront constamment en bon état, de manière que la circulation y soit toujours facile et sûre.

Les frais d'entretien et ceux auxquels donneront lieu les réparations et extraordinaires sont entièrement à la charge de la compagnie.

Si les chemins de fer, une fois achevés, ne sont pas constamment entretenu: état, il y sera pourvu d'office à la diligence de l'administration et aux fra compagnie, sans préjudice, s'il y a lieu, de l'application des dispositions ia ci-après dans l'article 40.

Le montant des avances faites sera recouvré au moyen de rôles que l(rendra exécutoires.

31. La compagnie sera tenue d'établir à ses frais, partout où besoin gardiens en nombre suffisant pour assurer la sécurité du passage des trai voie et celle de la circulation ordinaire sur les points où les chemins de l traversés à niveau par des routes ou chemins.

32. Les machines locomotives seront construites sur les meilleurs mod devront consumer leur fumée et satisfaire d'ailleurs à toutes les conditi crites ou à prescrire par l'administration pour la mise en service de ce machines.

Les voitures de voyageurs devront également être faites d'après les modèles et satisfaire à toutes les conditions réglées ou à régler pour les servant au transport des voyageurs sur les chemins de fer; elles seront sus sur ressorts et garnies de banquettes.

Il y en aura de trois classes au moins :

1° Les voitures de première classe seront couvertes, garnies, fermées à munies de rideaux;

2° Celles de deuxième classe seront couvertes, fermées à glaces, m deaux, et auront des banquettes rembourrées;

3° Celles de troisième classe seront couvertes, fermées à vitres, munies rideaux, soit de persiennes, et auront des banquettes à dossier. Les dossiers banquettes devront être inclinés, et les dossiers seront élevés à la hauteur de des voyageurs.

L'intérieur de chacun des compartiments de toute classe contiendra l'indi nombre des places de ce compartiment.

L'administration pourra exiger qu'un compartiment de chaque classe soit dans les trains de voyageurs, aux femmes voyageant seules.

Les voitures de voyageurs, les wagons destinés au transport des marchand des chaises de poste, des chevaux ou des bestiaux, les plates-formes et, en g toutes les parties du matériel roulant seront de bonne et solide construction.

La compagnie sera tenue, pour la mise en service de ce matériel, de se soum à tous les règlements sur la matière. Les machines locomotives, tend

de toute espèce, plates-formes, composant le matériel roulant, seront consent entretenus en bon état.

Des règlements arrêtés par le préfet, après que la compagnie aura été enten-
t rendus exécutoires après l'approbation du conseil général du département,
ineront les mesures et les dispositions nécessaires pour assurer la police et
tion des chemins de fer, ainsi que la conservation des ouvrages qui en dé-

les dépenses qu'entraînera l'exécution des mesures prescrites en vertu de
lements seront à la charge de la compagnie.

mpagnie sera tenue de soumettre à l'approbation de l'administration les rè-
ts relatifs au service et à l'exploitation des chemins de fer.

règlements dont il s'agit dans les deux paragraphes précédents seront obliga-
, non-seulement pour la compagnie concessionnaire, mais encore pour toutes
qui obtiendraient ultérieurement l'autorisation d'établir des lignes de chemins
d'embranchement ou de prolongement, et, en général, pour toutes les per-
qui emprunteraient l'usage des chemins de fer.

refet déterminera, sur la proposition de la compagnie, le minimum et le
um de vitesse des convois de voyageurs et de marchandises, ainsi que la durée
et. En ce qui concerne les convois spéciaux des postes, il sera statué par le
e.

Pour tout ce qui concerne l'entretien et les réparations des chemins de fer et
rs dépendances, l'entretien du matériel et le service de l'exploitation, la
pagnie sera soumise au contrôle et à la surveillance de l'administration.

la surveillance ordinaire, l'administration déléguera, aussi souvent qu'elle
gera utile, un ou plusieurs commissaires pour reconnaître et constater l'état des
de fer, de leurs dépendances et du matériel.

TITRE III.

DURÉE, RACHAT ET DÉCHÉANCE DE LA CONCESSION.

La durée de la concession, pour les lignes mentionnées à l'article 1ᵉʳ du pré-
des charges, sera de quatre-vingt-dix-neuf ans (99). Elle commencera à
partir de l'expiration du délai d'un an fixé par l'article 2 ci-dessus.

l'époque fixée pour l'expiration de la concession, et par le seul fait de cette
, le département sera subrogé à tous les droits de la compagnie sur les
de fer et leurs dépendances, et il entrera immédiatement en jouissance
leurs produits.

compagnie sera tenue de lui remettre en bon état d'entretien les chemins de fer
les immeubles qui en dépendent, qu'elle qu'en soit l'origine, tels que les
des gares et stations, les remises, ateliers et dépôts, les maisons de
etc. Il en sera de même de tous les objets immobiliers dépendant également
chemins, tels que les barrières et clôtures, les voies, changements de voies,
tournantes, réservoirs d'eau, grues hydrauliques, machines fixes, etc.

les cinq dernières années qui précéderont le terme de la concession, le
aura le droit de saisir les revenus des chemins de fer et de les employer à
r en bon état les chemins de fer et leurs dépendances, si la compagnie ne se
t pas en mesure de satisfaire pleinement et entièrement à cette obligation.

e qui concerne les objets mobiliers, tels que le matériel roulant, les matériaux,
tibles et approvisionnements de tous genres, le mobilier des stations, l'outil-
ateliers et des gares, le département sera tenu, si la compagnie le requiert,
endre tous ces objets sur l'estimation qui en sera faite à dire d'experts, et
uement, si le département le requiert, la compagnie sera tenue de les
de la même manière.

outefois, le département ne pourra être tenu de reprendre que les approvision-
ments nécessaires à l'exploitation des chemins pendant six mois.

37. À toute époque après l'expiration des quinze premières années de la conces-
, le département aura la faculté de racheter la concession entière des chemins
fer.

Pour régler le prix du rachat, on relèvera les produits nets annuels obtenus par
compagnie pendant les sept années qui auront précédé celle où le rachat sera

effectué ; on en déduira les produits nets des deux plus faibles années, et l'on le produit net moyen des cinq autres années.

Ce produit net moyen formera le montant d'une annuité qui sera due et à la compagnie pendant chacune des années restant à courir sur la durée concession.

Dans aucun cas, le montant de l'annuité ne sera inférieur au produit net dernière des sept années prises pour terme de comparaison.

La compagnie recevra, en outre, dans les trois mois qui suivront le rachat remboursements auxquels elle aurait droit à l'expiration de la concession l'article 36 ci-dessus.

38. Si la compagnie n'a pas commencé les travaux dans le délai fixé ticle 2, elle sera déchue de plein droit, sans qu'il y ait lieu à aucune notifi mise en demeure préalable.

Dans ce cas, la somme de trois mille francs par kilomètre qui aura été ainsi qu'il sera dit à l'article 66, à titre de cautionnement, deviendra la du département et lui restera acquise.

39. Faute par la compagnie d'avoir terminé les travaux dans le délai fix ticle 2, faute aussi par elle d'avoir rempli les diverses obligations qui lui sont par le présent cahier des charges, elle encourra la déchéance, et il sera po à la continuation et à l'achèvement des travaux qu'à l'exécution des autre ments contractés par la compagnie vis-à-vis du département, au moyen judication que l'on ouvrira sur une mise à prix des ouvrages exécutés, des approvisionnés et des parties des chemins de fer déjà livrées à l'exploitatio

Les soumissions pourront être inférieures à la mise à prix.

La nouvelle compagnie sera soumise aux clauses du présent cahier des et la compagnie évincée recevra d'elle le prix que la nouvelle adjudication a

La partie du cautionnement qui n'aura pas encore été restituée deviendr priété du département.

Si l'adjudication ouverte n'amène aucun résultat, une seconde adjudicat tentée sur les mêmes bases, après un délai de trois mois ; si cette seconde t reste également sans résultat, la compagnie sera définitivement déchue droits, et alors les ouvrages exécutés, les matériaux approvisionnés et les pa chemin de fer déjà livrées à l'exploitation appartiendront au département.

40. Si l'exploitation des chemins de fer vient à être interrompue en totalit partie, l'administration prendra immédiatement, aux frais et risques de la gnie, les mesures nécessaires pour assurer provisoirement le service.

Si, dans les trois mois de l'organisation du service provisoire, la com pas valablement justifié qu'elle est en état de reprendre et de continuer l tion, et si elle ne l'a pas effectivement reprise, la déchéance pourra être p par le préfet.

Cette déchéance prononcée, les chemins de fer et toutes leurs dépendances mis en adjudication, et il sera procédé ainsi qu'il est dit à l'article précédent.

41. Les dispositions des trois articles qui précèdent cesseraient d'être appli et la déchéance ne serait pas encourue, dans le cas où le concessionnaire n' pu remplir ses obligations par suite de circonstances de force majeure dûment tatées.

TITRE IV.

TAXES ET CONDITIONS RELATIVES AU TRANSPORT DES VOYAGEURS ET DES MARCHANDISES.

42. Pour indemniser la compagnie des travaux et dépenses qu'elle s' à faire par le présent cahier des charges, et sous la condition expresse qu' remplira exactement toutes les obligations, le département lui accorde l tion de percevoir, pendant la durée de la concession les droits de péage et les de transport ci-après déterminés :

<table>
<thead>
<tr><th></th><th colspan="3">PRIX</th></tr>
<tr><th></th><th>de
péage.</th><th>de
trans-
port.</th><th>TOTAUX.</th></tr>
<tr><th></th><th>fr. c.</th><th>fr. c.</th><th>fr. c.</th></tr>
</thead>
<tbody>
<tr><td colspan="4">**TARIF.**
1° PAR TÊTE ET PAR KILOMÈTRE.</td></tr>
<tr><td colspan="4">*Grande vitesse.*</td></tr>
<tr><td>Voitures couvertes, garnies et fermées à glaces (1re classe)..........................</td><td>0 067</td><td>0 033</td><td>0 10</td></tr>
<tr><td>Voitures couvertes, fermées à glaces, et à ban-
quettes rembourrées (2e classe)..............</td><td>0 050</td><td>0 025</td><td>0 075</td></tr>
<tr><td>Voitures couvertes et fermées à vitres (3e classe)..</td><td>0 037</td><td>0 018</td><td>0 055</td></tr>
<tr><td>Au-dessous de trois ans, les enfants ne payent rien,
à la condition d'être portés sur les genoux des
personnes qui les accompagnent.
De trois à sept ans, ils payent demi-place et ont
droit à une place distincte; toutefois, dans un
même compartiment, deux enfants ne pourront
occuper que la place d'un voyageur.
Au-dessus de sept ans, ils payent place entière.</td><td></td><td></td><td></td></tr>
<tr><td>...és dans les trains de voyageurs..............
que la perception puisse être inférieure à 0f 30c.)</td><td>0 010</td><td>0 005</td><td>0 015</td></tr>
<tr><td colspan="4">*Petite vitesse.*</td></tr>
<tr><td>vaches, taureaux, chevaux, mulets, bêtes de trait.........</td><td>0 07</td><td>0 03</td><td>0 10</td></tr>
<tr><td>porcs...............................</td><td>0 025</td><td>0 015</td><td>0 04</td></tr>
<tr><td>, brebis, agneaux, chèvres............</td><td>0 01</td><td>0 01</td><td>0 02</td></tr>
<tr><td>...sque les animaux ci-dessus dénommés seront, sur la de-
des expéditeurs, transportés à la vitesse des trains de voya-
, les prix seront doublés.</td><td></td><td></td><td></td></tr>
<tr><td colspan="4">2° PAR TONNE ET PAR KILOMÈTRE.</td></tr>
<tr><td colspan="4">*Marchandises transportées à grande vitesse.*</td></tr>
<tr><td>Poissons frais. — Denrées. — Excédants de bagages et
de toutes classes transportées à la vitesse des trains
....</td><td>0 20</td><td>0 16</td><td>0 36</td></tr>
<tr><td colspan="4">*Marchandises transportées à petite vitesse.*</td></tr>
<tr><td>— Spiritueux. — Huiles. — Bois de menuiserie, de tein-
autres bois exotiques. — Produits chimiques non dénom-
—Œufs. — Viande fraiche. — Gibier. — Sucre. — Café.
— Épiceries. — Tissus. — Denrées coloniales. — Objets
— Armes.............................</td><td>0 09</td><td>0 07</td><td>0 16</td></tr>
<tr><td>— Blés. — Grains. — Farines. — Légumes farineux.
Maïs. — Châtaignes et autres denrées alimentaires non dé-
—Chaux et plâtre. — Charbons de bois. — Bois à brû-
cords. — Perches. — Chevrons. — Planches. — Madriers
de charpente. — Marbre en bloc. — Albâtre. — Bitume.
Cotons. — Vins. — Vinaigre. — Boissons. — Bières.
sèche. — Laines. — Coke. — Fers. — Cuivre. — Plomb
métaux ouvrés ou non. — Fontes moulées............</td><td>0 08</td><td>0 06</td><td>0 14</td></tr>
<tr><td>— Pierres de taille et produits de carrières. — Minerais
que les minerais de fer. — Fonte brute. — Sel. — Moel-
—Meulières. — Argiles. — Briques. — Ardoises..........</td><td>0 06</td><td>0 04</td><td>0 10</td></tr>
<tr><td>— Houille. —
— Cendres. —
—Engrais. —
à chaux et à
— Pavés et ma-
pour la cons-
Pour le parcours de 0 à 100 kilomètres,
sans que la taxe puisse être supérieure
à 5 francs...........................</td><td>0 05</td><td>0 03</td><td>0 08</td></tr>
<tr><td>et la répara-
des routes. — Mi-
Pour le parcours de 101 à 300 kilomètres,
sans que la taxe puisse être supérieure à
12 francs............................</td><td>0 03</td><td>0 02</td><td>0 05</td></tr>
<tr><td>de fer. — Cail-
et sables. ....
Pour le parcours de plus de 300 kilo-
mètres...............................</td><td>0 025</td><td>0 015</td><td>0 04</td></tr>
</tbody>
</table>

3° PAR PIÈCE ET PAR KILOMÈTRE.

Voitures et matériel roulant transportés à petite vitesse.

Wagon ou chariot pouvant porter de trois à six tonnes.............
Wagon ou chariot pouvant porter plus de six tonnes..............
Locomotive pesant de douze à dix-huit tonnes, ne traînant pas de
    convoi.....................................
Locomotive pesant plus de dix-huit tonnes, ne traînant pas de con-
    voi..
Tender de sept à dix tonnes.................................
Tender de plus de dix tonnes................................

    Les machines locomotives seront considérées comme ne traînant pas de convoi , lorsque le convoi remorqué, soit de voyageurs, soit de marchandises, ne comportera pas un péage au moins égal à celui qui serait perçu sur la locomotive avec son tender marchant sans rien traîner.

    Le prix à payer pour un wagon chargé ne pourra jamais être inférieur à celui qui serait dû pour un wagon marchant à vide.

Voitures a deux ou quatre roues, à un fond et à une seule ban-
    quette dans l'intérieur............................
Voitures à quatre roues, à deux fonds et à deux banquettes dans
    l'intérieur, omnibus, diligences, etc...................

    Lorsque, sur la demande des expéditeurs, les transports auront lieu à la vitesse des trains de voyageurs, les prix ci-dessus seront doublés. Dans ce cas, deux personnes pourront, sans supplément de prix, voyager dans les voitures à une banquette, et trois dans les voitures à deux banquettes, omnibus, diligences, etc. Les voyageurs excédant ce nombre payeront le prix des places de deuxième classe.

Voitures de déménagement à deux ou à quatre roues, à vide......
Ces voitures, lorsqu'elles seront chargées, payeront en sus des
    prix ci-dessus, par tonne de chargement et par kilomètre.......

4° SERVICE DES POMPES FUNÈBRES ET TRANSPORT DES CERCUEILS.

Grande vitesse.

Une voiture des pompes funèbres renfermant un ou plusieurs cer-
    cueils sera transportée aux mêmes prix et conditions qu'une voi-
    ture à quatre roues, à deux fonds et à deux banquettes........
Chaque cercueil confié à l'administration du chemin de fer sera
    transporté, dans un compartiment isolé, au prix de............
Chaque cercueil confié à l'administration du chemin de fer pour être
    transporté par train express dans une voiture spéciale, sera sou-
    mis au tarif de (impôt non compris).......................

    Les prix déterminés ci-dessus pour les transports à grande vitesse ne com pas l'impôt dû à l'État.

    Il est expressément entendu que les prix de transport ne seront dus à la gnie qu'autant qu'elle effectuerait elle-même ces transports à ses frais et propres moyens; dans le cas contraire, elle n'aura droit qu'aux prix fixés péage.

    La perception aura lieu d'après le nombre de kilomètres parcourus. Tout entamé sera payé comme s'il avait été parcouru en entier.

    Si la distance parcourue est inférieure à six kilomètres, elle sera comp six kilomètres.

    Cette disposition n'est pas applicable toutefois aux machines et wagons p d'affluents qui viendraient se souder aux lignes faisant partie de la présente sion, lesquels ne payeront qu'en raison des distances parcourues. Tout kil entamé sera compté comme s'il avait été entièrement parcouru.

    Le poids de la tonne est de mille kilogrammes.

    Les fractions de poids ne seront comptées, tant pour la grande que pour la pe vitesse, que par centième de tonne ou par dix kilogrammes.

tout poids compris entre zéro et dix kilogrammes payera comme dix kilo-
, ntre dix et vingt kilogrammes, comme vingt kilogrammes, etc.

, pour les excédants de bagages et marchandises à grande vitesse, les
seront établies : 1° de zéro à cinq kilogrammes; 2° au-dessus de dix kilo-
, par fraction indivisible de dix kilogrammes.

que soit la distance parcourue, le prix d'une expédition quelconque, soit
, soit en petite vitesse, ne pourra être moindre de quarante centimes.

cas où le prix de l'hectolitre de blé s'élèverait sur le marché régulateur
vingt francs ou au-dessus, le préfet pourra exiger de la compagnie que le
transport des blés, grains, riz, maïs, farines et légumes farineux, péage
ne puisse s'élever au maximum qu'à sept centimes par tonne et par kilo-

moins d'une autorisation spéciale et révocable de l'administration, tout train
de voyageurs devra contenir des voitures de toute classe en nombre suffi-
toutes les personnes qui se présenteraient dans les bureaux des chemins de

haque train de voyageurs, la compagnie aura la faculté de placer des voi-
ompartiments spéciaux pour lesquels il sera établi des prix particuliers que
ration fixera, sur la proposition de la compagnie ; mais le nombre des places
dans ces compartiments ne pourra dépasser le cinquième du nombre total
du train.

nt voyageur dont le bagage ne pèsera pas plus de trente kilogrammes n'aura
pour le port de ce bagage, aucun supplément du prix de sa place.

franchise ne s'appliquera pas aux enfants transportés gratuitement, et elle
uite à vingt kilogrammes pour les enfants transportés à moitié prix.

animaux, denrées, marchandises, effets et autres objets non désignés dans
eront rangés, pour les droits à percevoir, dans les classes avec lesquelles ils
e plus d'analogie, sans que jamais, sauf les exceptions formulées aux ar-
et 47 ci-après, aucune marchandise non dénommée puisse être soumise à
supérieure à celle de la première classe du tarif ci-dessus.

imilations de classes pourront être provisoirement réglées par la compa-
elles seront soumises immédiatement à l'administration, qui prononcera
t.

roits de péage et les prix de transport déterminés au tarif ne sont point
à toute masse indivisible pesant plus de trois mille kilogrammes (3,000^k).

s, la compagnie ne pourra se refuser à transporter les masses indivi-
de trois mille à cinq mille kilogrammes; mais les droits de péage et les
sport seront augmentés de moitié.

nie ne pourra être contrainte à transporter les masses pesant plus de
ogrammes (5,000^k).

nt la disposition qui précède, la compagnie transporte des masses in-
pesant plus de cinq mille kilogrammes, elle devra, pendant trois mois au
ccorder les mêmes facilités à tous ceux qui en feraient la demande.

e cas, les prix de transport seront fixés par l'administration, sur la pro-
de la compagnie.

prix de transport déterminés au tarif ne sont point applicables :

denrées et objets qui ne sont pas nommément énoncés dans le tarif et
seraient pas deux cents kilogrammes sous le volume d'un mètre cube;

matières inflammables ou explosibles, aux animaux et objets dangereux,
els des règlements de police prescriraient des précautions spéciales;

nimaux dont la valeur déclarée excéderait cinq mille francs;

et à l'argent, soit en lingots, soit monnayés ou travaillés, au plaqué d'or
t, au mercure et au platine, ainsi qu'aux bijoux, dentelles, pierres pré-
bjets d'art et autres valeurs;

n général, à tous paquets, colis ou excédants de bagages pesant isolément
tilogrammes et au-dessous.

is, les prix de transport déterminés au tarif sont applicables à tous pa-
colis, quoique emballés à part, s'ils font partie d'envois pesant ensemble
uarante kilogrammes d'objets envoyés par une même personne à une même
. Il en sera de même pour les excédants de bagages qui pèseraient ensemble
lément plus de quarante kilogrammes.

bénéfice de la disposition énoncée dans le paragraphe précédent, en ce qui

concerne les paquets ou colis, ne peut être invoqué par les entrepreneurs
geries et de roulage et autres intermédiaires de transport, à moins que le
par eux envoyés ne soient réunis en un seul colis.

Dans les cinq cas ci-dessus spécifiés, les prix de transport seront arrêtés
ment par l'administration, tant pour la grande que pour la petite vitesse
proposition de la compagnie.

En ce qui concerne les paquets ou colis mentionnés au paragraphe 5°
les prix de transport devront être calculés de telle manière qu'en aucun
ces paquets ou colis ne puisse payer un prix plus élevé qu'un article de m
pesant plus de quarante kilogrammes.

48. Dans le cas où la compagnie jugerait convenable, soit pour le pa
soit pour les parcours partiels de la voie de fer, d'abaisser, avec ou sans
au-dessous des limites déterminées par le tarif les taxes qu'elle est a
cevoir, les taxes abaissées ne pourront être relevées qu'après un délai de
au moins pour les voyageurs et d'un an pour les marchandises.

Toute modification du tarif proposée par la compagnie sera annoncée un
vance par des affiches.

La perception des tarifs modifiés ne pourra avoir lieu qu'avec l'h
préfet, conformément aux dispositions de la loi du 12 juillet 1865.

La perception des taxes devra se faire indistinctement et sans aucune

Tout traité particulier qui aurait pour effet d'accorder à un ou plusieu
teurs une réduction sur les tarifs approuvés demeure formellement interc

Toutefois, cette disposition n'est pas applicable aux traités qui pourrai
nir entre le Gouvernement et la compagnie dans l'intérêt des services
aux réductions ou remises qui seraient accordées aux indigents.

En cas d'abaissement des tarifs, la réduction portera proportionnellem
péage et sur le transport.

49. La compagnie sera tenue d'effectuer constamment avec soin,
célérité, et sans tour de faveur, le transport des voyageurs, bestiaux, de
chandises et objets quelconques qui lui seront confiés.

Les colis, bestiaux et objets quelconques seront inscrits, à la gare d'oi
et à la gare où ils arrivent, sur des registres spéciaux, au fur et à mes
réception ; mention sera faite, sur le registre de la gare de départ, du
dû pour leur transport.

Pour les marchandises ayant une même destination, les expéditions a
suivant l'ordre de leur inscription à la gare de départ.

Toute expédition de marchandises sera constatée, si l'expéditeur le d
une lettre de voiture, dont un exemplaire restera aux mains de la co
l'autre aux mains de l'expéditeur. Dans le cas où l'expéditeur ne demand
lettre de voiture, la compagnie sera tenue de lui délivrer un récépissé qui
la nature et le poids du colis, le prix total du transport et le délai dans
transport devra être affectué.

50. Les animaux, denrées, marchandises et objets quelconques seront
et livrés, de gare en gare, dans les délais résultant des conditions ci-après ex

1° Les animaux, denrées, marchandises et objets quelconques à grand
seront expédiés par le premier train de voyageurs comprenant des voitures
classe et correspondant avec leur destination, pourvu qu'ils aient été p
l'enregistrement trois heures avant le départ de ce train.

Ils seront mis à la disposition des destinataire, à la gare, dans le délai
heures après l'arrivée du même train.

2° Les animaux, denrées, marchandises et objets quelconques à petit
seront expédiés dans le jour qui suivra celui de la remise; toutefois, l'
tion supérieure pourra étendre ce délai à deux jours.

Le maximum de durée du trajet sera fixé par l'administration, sur la p
de la compagnie, sans que ce maximum puisse excéder vingt-quatre heures
tion indivisible de cent vingt-cinq kilomètres.

Les colis seront mis à la disposition des destinataires dans le jour qui sui
de leur arrivée en gare.

Le délai total résultant des trois paragraphes ci-dessus sera seul ob
la compagnie.

Il pourra être établi un tarif réduit, approuvé par le préfet, pour tout

des délais plus longs que ceux déterminé ci-dessus pour la petite

transport des marchandises, il pourra être établi, sur la proposition de la
, un délai moyen entre ceux de la grande et de la petite vitesse. Le prix
ant à ce délai sera un prix intermédiaire entre ceux de la grande et de la
se.

stration déterminera, par des règlements spéciaux, les heures d'ouverture
eture des gares et stations, tant en hiver qu'en été, ainsi que les disposi-
ves aux denrées apportées par les trains de nuit et destinées à l'approvi-
t des marchés des villes.

la marchandise devra passer d'une ligne sur une autre sans solution de
, les délais de livraison et d'expédition aux points de jonction seront fixés
istration, sur la proposition de la compagnie.

s frais accessoires non mentionnés dans les tarifs, tels que ceux d'enregistre-
e chargement, de déchargement et de magasinage dans les gares et maga-
chemins de fer, seront fixés annuellement par l'administration, sur la propo-
la compagnie.

compagnie sera tenue de faire, soit par elle-même, soit par un intermé-
ont elle répondra, le factage et le camionnage pour la remise au domicile
aires de toutes les marchandises qui lui seront confiées.

et le camionnage ne seront point obligatoires en dehors du rayon de
non plus que pour les gares qui desserviraient, soit une population agglo-
moins de cinq mille habitants, soit un centre de population de cinq mille
situé à plus de cinq kilomètres de la gare du chemin de fer.

rifs à percevoir seront fixés par l'administration, sur la proposition de la
ie. Ils seront applicables à tout le monde sans distinction.

ois, les expéditeurs et destinataires resteront libres de faire eux-mêmes et
mis le factage et le camionnage des marchandises.

moins d'une autorisation spéciale de l'administration, il est interdit à la
ie, conformément à l'article 14 de la loi du 15 juillet 1845, de faire direc-
u indirectement avec des entreprises de transport de voyageurs ou de mar-
par terre ou par eau, sous quelque dénomination ou forme que ce puisse
arrangements qui ne seraient pas consentis en faveur de toutes les entre-
ant les mêmes voies de communication.

, agissant en vertu de l'article 33 ci-dessus, prescrira les mesures
pour assurer la plus complète égalité entre les diverses entreprises de
dans leurs rapports avec les chemins de fer.

TITRE V.
STIPULATIONS RELATIVES À DIVERS SERVICES PUBLICS.

Les militaires ou marins voyageant en corps, aussi bien que les militaires ou
voyageant isolément pour cause de service, envoyés en congé limité ou en
, ou rentrant dans leurs foyers après libération, ne seront assujettis, eux,
ux et leurs bagages, qu'à la moitié du tarif fixé par le présent cahier des

Gouvernement avait besoin de diriger des troupes et un matériel militaire
sur l'un des points desservis par les chemins de fer, la compagnie serait
mettre immédiatement à sa disposition, pour la moitié du même tarif,
moyens de transport.

s fonctionnaires ou agents chargés de l'inspection, du contrôle et de la sur-
des chemins de fer seront transportés gratuitement dans les voitures de la
ie.

me faculté est accordée aux agents des contributions indirectes et des
chargés de la surveillance des chemins de fer dans l'intérêt de la perception

ervice des lettres et dépêches sera fait comme il suit :
cun des trains de voyageurs et de marchandises circulant aux heures ordi-
l'exploitation, la compagnie sera tenue de réserver gratuitement au moins
ment spécial d'une voiture de deuxième classe, ou un espace équivalent,

pour recevoir les lettres, les dépêches et les agents nécessaires au service des
le surplus de la voiture restant à la disposition de la compagnie.

2° Si le volume des dépêches ou la nature du service rend insuffisante la c
de deux compartiments à deux banquettes, de sorte qu'il y ait lieu de s
une voiture spéciale aux wagons ordinaires, le transport de cette voiture
lieu à l'application de la moitié du prix du tarif.

Lorsque la compagnie voudra changer les heures de départ de ses con
naires, elle sera tenue d'en avertir l'administration des postes quinze jours à l

3° La compagnie sera tenue de transporter gratuitement, par tous les co
voyageurs, tout agent des postes chargé d'une mission ou d'un service accid
porteur d'un ordre de service régulier délivré à Paris par le directeur gén
postes. Il sera accordé à l'agent des postes en mission une place de
deuxième classe, ou de première classe, si le convoi ne comporte pas de v
deuxième classe.

4° L'administration se réserve le droit d'établir à ses frais, sans indem
aussi sans responsabilité pour la compagnie, tous poteaux ou appareils né
l'échange des dépêches sans arrêt de train, à la condition que ces appareils,
nature ou leur position, n'apportent pas d'entraves aux différents services d
ou des stations.

5° Les employés chargés de la surveillance du service, les agents prépo
change ou à l'entrepôt des dépêches, auront accès dans les gares ou statio
l'exécution de leur service, en se conformant aux règlements de police intéri
la compagnie.

57. La compagnie sera tenue, à toute réquisition, aux frais de l'État, c
partir par convoi ordinaire les wagons ou voitures cellulaires employés au
des prévenus, accusés ou condamnés.

Les wagons et les voitures employés au service dont il s'agit seront cons
frais de l'État ou des départements; leurs formes et dimensions seront dé
de concert par le ministre de l'intérieur et par le ministre des travaux p
compagnie entendue.

58. Le Gouvernement se réserve la faculté de faire, le long des voies, t
constructions, de poser tous les appareils nécessaires à l'établissement d'u
télégraphique sans nuire au service des chemins de fer.

Sur la demande de l'administration des lignes télégraphiques, il sera
dans les gares des villes ou des localités qui seront désignées ultérieurement,
rain nécessaire à l'établissement des maisonnettes destinées à recevoir le
télégraphique et son matériel.

La compagnie concessionnaire sera tenue de faire garder par ses agents
et appareils des lignes électriques, de donner aux employés télégraphiques
sance de tous les accidents qui pourraient survenir et de leur en faire con
causes. En cas de rupture du fil électrique, les employés de la compagnie a
raccrocher provisoirement les bouts séparés, d'après les instructions qui leu
données à cet effet.

Les agents de la télégraphie voyageant pour le service de la ligne électri
ront le droit de circuler gratuitement dans les voitures des chemins de fer.

Dans le cas où des déplacements de fils, appareils ou poteaux deviendraient
saires par suite de travaux exécutés sur les chemins, ces déplacements auro
aux frais de la compagnie, par les soins de l'administration des lignes télégrap

La compagnie pourra être autorisée, et au besoin requise, par le ministre
vaux publics, agissant de concert avec le ministre de l'intérieur, d'établir à s
les fils et appareils télégraphiques destinés à transmettre les signaux n
pour la sûreté et la régularité de son exploitation.

Elle pourra, avec l'autorisation du ministre de l'intérieur, se servir des
de la ligne télégraphique de l'État, lorsqu'une semblable ligne existera le lo
voie.

La compagnie sera tenue de se soumettre à tous les règlements d'admini
publique concernant l'établissement et l'emploi de ces appareils, ainsi que l'
sation, aux frais de la compagnie, du contrôle de ce service par les agents de

TITRE VI.

CLAUSES DIVERSES.

le cas où le Gouvernement ordonnerait ou autoriserait la construction de
nales, départementales ou vicinales, de chemins de fer ou de canaux qui
nt les lignes objet de la présente concession, la compagnie ne pourra
à ces travaux; mais toutes les dispositions nécessaires seront prises pour
résulte aucun obstacle à la construction ou au service des chemins de fer,
frais pour la compagnie.

te exécution ou autorisation ultérieure de route, de canal, de chemin de
raux de navigation dans les contrées où sont situés les chemins de fer ob-
résente concession, ou dans toute autre contrée voisine ou éloignée, ne
ner ouverture à aucune demande d'indemnité de la part de la compagnie.
Gouvernement et le département se réservent expressément le droit d'ac-
nouvelles concessions de chemins de fer s'embranchant sur les chemins
objet du présent cahier des charges, ou qui seraient établis en prolonge-
mêmes chemins.

pagnie ne pourra mettre aucun obstacle à ces embranchements, ni récla-
ccasion de leur établissement, aucune indemnité quelconque, pourvu qu'il
te aucun obstacle à la circulation, ni aucuns frais particuliers pour la com-

es concessionnaires de chemins de fer d'embranchement ou de pro-
auront la faculté, moyennant les tarifs ci-dessus déterminés et l'obser-
règlements de police et de service établis ou à établir, de faire circuler
res, wagons et machines sur les chemins de fer objet de la présente con-
pour lesquels cette faculté sera réciproque à l'égard desdits embranche-
prolongements.

: cas où les diverses compagnies ne pourraient s'entendre entre elles sur
de cette faculté, le Gouvernement ou le préfet statuerait sur les difficultés
eraient entre elles à cet égard.

cas où une compagnie d'embranchement ou de prolongement joignant le
font l'objet de la présente concession n'userait pas de la faculté de circuler
, comme aussi dans le cas où la compagnie concessionnaire de ces
es ne voudrait pas circuler sur les embranchements et prolongements,
ies seraient tenues de s'arranger entre elles, de manière que le service
ne soit jamais interrompu aux points de jonction des diverses lignes.
des compagnies qui se servira d'un matériel qui ne serait pas sa propriété
ne indemnité en rapport avec l'usage et la détérioration de ce matériel.
cas où les compagnies ne se mettraient pas d'accord sur la quotité de l'in-
ou sur les moyens d'assurer la continuation du service sur toute la ligne,
rnement ou le préfet y pourvoirait d'office et prescrirait toutes les mesures
res.

pagnie pourra être assujettie, par les décrets qui seront ultérieurement
ur l'exploitation des chemins de fer de prolongement ou d'embranchement
eux qui lui sont concédés, à accorder aux compagnies de ces chemins une
de péage ainsi calculée:

e prolongement ou l'embranchement n'a pas plus de cent kilomètres, dix
t (10 p. o/o) du prix perçu par la compagnie;
e prolongement ou l'embranchement excède cent kilomètres, quinze pour
p. o/o);
le prolongement ou l'embranchement excède deux cents kilomètres, vingt
(20 p. o/o);
prolongement ou l'embranchement excède trois cents kilomètres, vingt-
cent (25 p. o/o).

pagnie sera tenue, si l'administration le juge convenable, de partager
i stations établies à l'origine des chemins de fer d'embranchement avec les
qui deviendraient ultérieurement concessionnaires desdits chemins.
de difficultés entre les compagnies pour l'application de cette clause, il
par le Gouvernement ou le préfet.

62. La compagnie sera tenue de s'entendre avec tout propriétaire de
d'usines qui, offrant de se soumettre aux conditions prescrites ci-après, d
un embranchement; à défaut d'accord, l'administration statuera sur la de
compagnie entendue.

Les embranchements seront construits aux frais des propriétaires de
d'usines, et de manière à ce qu'il ne résulte de leur établissement aucun
à la circulation générale, aucune cause d'avarie pour le matériel, ni au
particuliers pour la compagnie.

Leur entretien devra être fait avec soin et aux frais de leurs propriétaires,
contrôle de l'administration. La compagnie aura le droit de faire surveill
agents cet entretien, ainsi que l'emploi de son matériel sur les embranch

L'administration pourra, à toutes époques, prescrire les modifications qu
jugées utiles dans la soudure, le tracé ou l'établissement de la voie desdits
chemens, et les changements seront opérés aux frais des propriétaires.

L'administration pourra même, après avoir entendu les propriétaires,
l'enlèvement temporaire des aiguilles de soudure, dans le cas où les établi
embranchés viendraient à suspendre en tout ou en partie leurs transports.

La compagnie sera tenue d'envoyer ses wagons sur tous les embranche
risés destinés à faire communiquer des établissements de mines ou d'usin
ligne principale des chemins de fer.

La compagnie amènera ses wagons à l'entrée des embranchements.

Les expéditeurs ou destinataires feront conduire les wagons dans leurs
ments pour les charger ou décharger, et les ramèneront au point de jonctio
ligne principale, le tout à leurs frais.

Les wagons ne pourront, d'ailleurs, être employés qu'au transport d'objet
chandises destinés à la ligne principale des chemins de fer.

Le temps pendant lequel les wagons séjourneront sur les embranchem
culiers ne pourra excéder six heures, lorsque l'embranchement n'aura pas
kilomètre. Le temps sera augmenté d'une demi-heure par kilomètre en s
mier, non compris les heures de la nuit, depuis le coucher jusqu'au lever

Dans le cas où les limites de temps seraient dépassées nonobstant l'ave
spécial donné par la compagnie, elle pourra exiger une indemnité égale à
du droit de loyer des wagons pour chaque période de retard après l'averti

Les traitements des gardiens d'aiguilles et des barrières des embranch
torisés par l'administration seront à la charge des propriétaires des e
ments. Ces gardiens seront nommés et payés par la compagnie, et les f
résulteront lui seront remboursés par lesdits propriétaires.

En cas de difficulté, il sera statué par l'administration, la compagnie en

Les propriétaires d'embranchements seront responsables des avaries que
riel pourrait éprouver pendant son parcours ou son séjour sur ces lignes. ·

Dans le cas d'inexécution d'une ou de plusieurs des conditions énoncées
le préfet pourra, sur la plainte de la compagnie et après avoir entendu le
taire de l'embranchement, ordonner par un arrêté la suspension du service
supprimer la soudure, sauf recours à l'administration supérieure et sans p
de tous dommages-intérêts que la compagnie serait en droit de répéter pour
exécution de ces conditions.

Pour indemniser la compagnie de la fourniture et de l'envoi de son ma
les embranchements, elle est autorisée à percevoir un prix fixe de douze
(0^f 12^c) par tonne pour le premier kilomètre et, en outre, quatre centim
par tonne et par kilomètre en sus du premier, lorsque la longueur de l'
ment excédera un kilomètre.

Tout kilomètre entamé sera payé comme s'il avait été parcouru en entier.

Le chargement et le déchargement sur les embranchements s'opéreront a
des expéditeurs ou destinataires, soit qu'ils les fassent eux-mêmes, soit que
pagnie des chemins de fer consente à les opérer.

Dans ce dernier cas, ces frais seront l'objet d'un règlement arrêté par l'
tration supérieure, sur la proposition de la compagnie.

Tout wagon envoyé par la compagnie sur un embranchement devra ê
comme wagon complet, lors même qu'il ne serait pas complétement chargé

La surcharge, s'il y en a, sera payée au prix du tarif légal et au
poids réel. La compagnie sera en droit de refuser les chargements qui d

de trois mille cinq cents kilogrammes déterminé en raison des dimen-
es des wagons.

m sera revisé par l'administration, de manière à être toujours en rapport
cité des wagons.

ns seront pesés à la station d'arrivée par les soins et aux frais de la com-

ontribution foncière sera établie en raison de la surface des terrains occu-
chemins de fer et leurs dépendances; la cote en sera calculée, comme
naux, conformément à la loi du 25 avril 1803.

ents et magasins dépendant de l'exploitation des chemins de fer seront
r propriétés bâties de la localité. Toutes les contributions auxquelles ces
nt être soumis seront, aussi bien que la contribution foncière, à la
a compagnie.

agents et gardes que la compagnie établira, soit pour la perception des
pour la surveillance et la police des chemins de fer et de leurs dépen-
uront être assermentés, et seront, dans ce cas, assimilés aux gardes

chemins de fer seront placés sous la surveillance de l'administration; les
te, de surveillance et de réception des travaux, et les frais de contrôle de
n, seront supportés par la compagnie.

pourvoir à ces frais, la compagnie sera tenue de verser, chaque année,
départementale du trésor public, une somme de cent francs par chaque
de chemin de fer concédé. Toutefois, cette somme sera réduite à cinquane
kilomètre pour les sections non encore livrées à l'exploitation.

sommes n'est pas comprise celle qui sera déterminée, en exécution
ci-dessus, pour frais de contrôle du service télégraphique de la com-
agents de l'État.

gnie ne verse pas les sommes ci-dessus réglées aux époques qui au-
, le préfet rendra un rôle exécutoire, et le montant en sera recouvré
matière de contributions publiques.

: la signature du décret qui ratifiera l'acte de concession, la compagnie
trésor public une somme de trois mille francs par chaque kilomètre à
1 numéraire ou en rentes sur l'État, calculées conformément au décret
1872, ou en bons du trésor ou autres effets publics, avec transfert,
la caisse des dépôts et consignations, de celles de ces valeurs qui se-
atives ou à ordre.

e formera le cautionnement de l'entreprise.

rendue à la compagnie par cinquième et proportionnellement à l'avance-
travaux. Le dernier cinquième ne sera rendu qu'après leur entier achève-
tour de cet avantage, les parties de lignes construites serviront de garantie
ment jusqu'à leur complet achèvement.

ompagnie devra faire élection de domicile à Arras.

cas où elle ne l'aurait pas fait, toute notification ou signification à elle
ra valable lorsqu'elle sera faite au secrétariat général de la préfecture du

ontestations qui s'élèveraient entre la compagnie et l'administration au
técution et de l'interprétation des clauses du présent cahier des charges
es administrativement par le conseil de préfecture du département du
is, sauf recours au Conseil d'État.

frais d'enregistrement seront à la charge de la compagnie concessionnaire.

l Arras, le 16 Octobre 1873.

de la commission départementale,

DEGLAYE, Président;
SESS, Secrétaire;
GRAUX, VAST, DUFOUR et DELHOMEL.

Le Préfet du Pas-de-Calais,

Signé Cte DE RAMBUTEAU.

Les Membres du conseil d'administration de
la compagnie du chemin de fer de Lille à
Valenciennes,

Signé SCHOTSMANS et DESPRET.

les indications relatives aux déclivités et aux courbes défà données, au mètre
long.

La position des gares et stations projetées, celle des cours d'eau et de communication traversés par le chemin de fer, des passages soit à niveau, soit au-dessus, soit en dessous de la voie ferrée, devront être indiquées tant que sur le profil en long ; le tout sans préjudice des projets à fournir pour ces ouvrages.

6. Les terrains pourront être acquis, les terrassements et les ouvrages exécutés immédiatement pour une voie seulement, sauf l'établissement du nombre de gares d'évitement.

7. La largeur de la voie entre les bords intérieurs des rails devra être de quarante-quatre (1ᵐ,44) à un mètre quarante-cinq centimètres (1ᵐ,45). Aux parties à deux voies, la largeur de l'entre-voie, mesurée entre les bords des rails, sera de deux mètres (2ᵐ,00).

La largeur des accotements, c'est-à-dire des parties comprises de chaque côté le bord extérieur du rail et l'arête supérieure du ballast, sera de un mètre au moins.

On ménagera au pied de chaque talus du ballast une banquette de cinquante centimètres (0ᵐ,50) de largeur.

La compagnie établira le long du chemin de fer les fossés ou rigoles jugés nécessaires pour l'asséchement de la voie pour et l'écoulement

Les dimensions de ces fossés et rigoles seront déterminées par l'administration suivant les circonstances locales, sur les propositions de la compagnie.

8. Les alignements seront raccordés entre eux par des courbes dont le rayon pourra être inférieur à trois cent cinquante mètres. Une partie droite devra au moins de longueur devra être ménagée entre deux courbes consécutives qu'elles seront dirigées en sens contraire.

Le maximum de l'inclinaison des pentes et rampes est fixé à dix millimètres par mètre.

Une partie horizontale de cent mètres au moins devra être ménagée entre deux fortes déclivités consécutives, lorsque ces déclivités se succéderont en sens contraire, et de manière à verser leurs eaux au même point.

Les déclivités correspondant aux courbes de faible rayon devront être adoucies autant que faire se pourra.

La compagnie aura la faculté de proposer aux dispositions de cet article, de l'article précédent les modifications qui lui paraîtraient utiles; mais ces modifications ne pourront être exécutées que moyennant l'approbation préalable de l'administration supérieure.

9. Le nombre, l'étendue et l'emplacement des gares d'évitement seront déterminés par l'administration, la compagnie entendue.

Le nombre des voies sera augmenté, s'il y a lieu, dans les gares, et aux abords de ces gares, conformément aux décisions qui seront prises par l'administration, la compagnie entendue.

Le nombre et l'emplacement des stations de voyageurs et des marchandises seront également déterminés par l'administration, sur les propositions de la compagnie, après une enquête spéciale.

La compagnie sera tenue, préalablement à tout commencement d'exécution, de soumettre à l'administration le projet desdites gares, lequel se composera

1° D'un plan à l'échelle de un cinq-centième, indiquant les voies, les bâtiments et leur distribution intérieure, ainsi que la disposition de leurs abords;

2° D'une élévation des bâtiments à l'échelle de un centimètre par mètre;

3° D'un mémoire descriptif dans lequel les dispositions essentielles du projet seront justifiées.

10. A moins d'obstacles locaux, dont l'appréciation appartiendra à l'administration, le chemin de fer, à la rencontre des routes nationales ou départementales, passer soit au-dessus, soit au-dessous de ces routes.

Les croisements à niveau seront tolérés pour les chemins vicinaux et particuliers.

11. Lorsque le chemin de fer devra passer au-dessus d'une route nationale ou départementale, ou d'un chemin vicinal, l'ouverture du viaduc sera fixée par l'administration, en tenant compte des circonstances locales; mais cette ouverture ne pourra, dans aucun cas, être inférieure à huit mètres (8ᵐ,00) pour la route

à sept mètres (7^m,00) pour la route départementale, à cinq mètres (5^m,00)
un chemin vicinal de grande communication, et à quatre mètres (4^m,00) pour
e chemin vicinal.

les viaducs de forme cintrée, la hauteur sous clef, à partir du sol de la
ru de cinq mètres (5^m,00) au moins. Pour ceux qui seront formés de poutres
en bois ou en fer, la hauteur sous poutres sera de quatre mètres trente
tres (4^m,30) au moins.

rgeur entre les parapets sera au moins de huit mètres (8^m,00). La hauteur
arapets sera fixée par l'administration et ne pourra, dans aucun cas, être in-
à quatre-vingts centimètres (0^m,80).

es lignes et sections pour lesquelles la compagnie est autorisée à n'exécuter
d'art que pour une seule voie, la largeur des viaducs entre les parapets
tre mètres cinquante centimètres (4^m,50) au moins.

que le chemin de fer devra passer au-dessous d'une route nationale o
tale, ou d'un chemin vicinal, la largeur entre les parapets du pont qu
la route ou le chemin sera fixée par l'administration, en tenant compt.

nces locales; mais cette largeur ne pourra, dans aucun cas, être infé
it mètres (8^m,00) pour la route nationale, à sept mètres (7^m,00) pour la
rtementale, à cinq mètres (5^m,00) pour un chemin vicinal de grande
tion, et à quatre mètres (4^m,00) pour un simple chemin vicinal.

are du pont entre les culées sera au moins de huit mètres (8^m,00), et
verticale ménagée au-dessus des rails extérieurs de chaque voie pour le
s trains ne sera pas inférieure à quatre mètres quatre-vingts centimètres
moins.

le cas où des routes nationales ou départementales, ou des chemins
vicaux ou particuliers, seraient traversés à leur niveau par le chemin de
ils devront être posés sans aucune saillie ni dépression sur la surface de
, et de telle sorte qu'il n'en résulte aucune gêne pour la circulation des

à niveau du chemin de fer et des routes ne pourra s'effectuer sous
tre de quarante-cinq degrés.

passage à niveau sera muni de barrières; il y sera, en outre, établi une
garde toutes les fois que l'utilité en sera reconnue par l'administration.

pagnie devra soumettre à l'approbation de l'administration les projets types
rtés.

il y aura lieu de modifier l'emplacement ou le profil des routes exis-
lors des pentes et rampes, sur les routes modifiées, ne pourra excé-
entimètres (0^m,03) par mètre pour les routes nationales ou départementales,
stimètres (0^m,05) pour les chemins vicinaux. L'administration restera libre,
d'apprécier les circonstances qui pourraient motiver une dérogation à cette
et celle qui est relative à l'angle de croisement des passages à niveau.
compagnie sera tenue de rétablir et d'assurer à ses frais l'écoulement de
eaux dont le cours serait arrêté, suspendu ou modifié par ses travaux, et
les mesures nécessaires pour prévenir l'insalubrité pouvant résulter des
emprunt.

ics à construire à la rencontre des rivières, des canaux et des cours d'eau
auront au moins huit mètres (8^m,00) de largeur entre les parapets sur
s à deux voies, et quatre mètres cinquante centimètres (4^m,50) sur les
une voie. La hauteur de ces parapets sera fixée par l'administration et ne
inférieure à quatre-vingts centimètres (0^m,80).

teur et le débouché du viaduc seront déterminés, dans chaque cas particu-
l'administration, suivant les circonstances locales.

es souterrains à établir pour le passage du chemin de fer auront au moins
mètres cinquante centimètres (4^m,50) de largeur entre les pieds-droits au
des rails et six mètres (6^m,00) de hauteur sous clef au-dessus de la surface
s. La distance verticale entre l'intrados et le dessus des rails extérieurs de
ne sera pas inférieure à quatre mètres quatre-vingts centimètres (4^m,80).

ire des puits d'aérage et de construction des souterrains sera entourée d'une
en maçonnerie de deux mètres (2^m,00) de hauteur. Cette ouverture ne
tre établie sur aucune voie publique.

la rencontre des cours d'eau flottables ou navigables, la compagnie sera te-
prendre toutes les mesures et de payer tous les frais nécessaires pour que la

service de la navigation ou du flottage n'éprouve ni interruption ni entrave pe...
l'exécution des travaux.

A la rencontre des routes nationales ou départementales et des autres ch...
publics, il sera construit des chemins et ponts provisoires, par les soins et aux fr...
la compagnie, partout où cela sera jugé nécessaire pour que la circulation n'é...
ni interruption ni gêne.

Avant que les communications existantes puissent être interceptées, une...
naissance sera faite par les ingénieurs de la localité, à l'effet de constater si l...
vrages provisoires présentent une solidité suffisante et s'ils peuvent assurer le s...
de la circulation.

Un délai sera fixé par l'administration pour l'exécution des travaux définit...
tinés à rétablir les communications interceptées.

18. La compagnie n'emploiera, dans l'exécution des ouvrages, que des ma...
de bonne qualité; elle sera tenue de se conformer à toutes les règles de l'a...
manière à obtenir une construction parfaitement solide.

Tous les aqueducs, ponceaux, ponts et viaducs à construire à la rencontre...
vers cours d'eau et des chemins publics ou particuliers seront en maçonn...
en fer, sauf les cas d'exception qui pourront être admis par l'administration.

19. Les voies seront établies d'une manière solide et avec des matériaux de...
qualité.

Le poids des rails sera au moins de trente-cinq kilogrammes par mètre cou...
les voies de circulation, si ces rails sont posés sur traverses, et de trente kilogr...
dans le cas où ils seraient posés sur longrines.

20. Le chemin de fer sera séparé des propriétés riveraines par des mur...
toute autre clôture dont le mode et la disposition seront autorisés par l'a...
tration, sur la proposition de la compagnie.

21. Tous les terrains nécessaires pour l'établissement du chemin de fer et...
dépendances, pour la déviation des voies de communication et des cours d'eau...
cés, et, en général, pour l'exécution des travaux, quels qu'ils soient, auxqu...
établissement pourra donner lieu, seront achetés et payés par la compagnie c...
sionnaire.

Les indemnités pour occupation temporaire ou pour détérioration de te...
pour chômage, modification ou destruction d'usines, et pour tous dommag...
conques résultant des travaux, seront supportées et payées par la compagnie...

22. L'entreprise étant d'utilité publique, la compagnie est investie, pour l...
tion des travaux dépendant de sa concession, de tous les droits que les lois e...
ments confèrent à l'administration en matière de travaux publics, soit po...
quisition des terrains par voie d'expropriation, soit pour l'extraction, le tr...
et le dépôt des terres, matériaux, etc., et elle demeure en même temps s...
à toutes les obligations qui dérivent, pour l'administration, de ces lois et règle...

23. Dans les limites de la zone frontière et dans le rayon de servitude d...
ceintes fortifiées, la compagnie sera tenue, pour l'étude et l'exécution de s...
jets, de se soumettre à l'accomplissement de toutes les formalités et de tou...
conditions exigées par les lois, décrets et règlements concernant les travaux...

24. Si la ligne du chemin de fer traverse un sol déjà concédé pour l'ex...
d'une mine, l'administration déterminera les mesures à prendre pour que l'é...
ment du chemin de fer ne nuise pas à l'exploitation de la mine, et récipro...
pour que, le cas échéant, l'exploitation de la mine ne compromette pas l'e...
du chemin de fer.

Les travaux de consolidation à faire dans l'intérieur de la mine à raison de...
versée du chemin de fer, et tous les dommages résultant de cette traversée p...
concessionnaires de la mine, seront à la charge de la compagnie.

25. Si le chemin de fer doit s'étendre sur des terrains renfermant des carr...
les traverser souterrainement, il ne pourra être livré à la circulation avant q...
excavations qui pourraient en compromettre la solidité aient été remblayées...
solidées. L'administration déterminera la nature et l'étendue des travaux qu...
viendra d'entreprendre à cet effet, et qui seront d'ailleurs exécutés par les so...
aux frais de la compagnie.

26. Pour l'exécution des travaux, la compagnie se soumettra aux décisions...
rielles concernant l'interdiction du travail les dimanches et jours fériés.

27. Les travaux seront exécutés sous le contrôle et la surveillance de l'ad...
tration.

Les travaux devront être adjugés par lots ou sur série de prix, soit avec publicité
peurrence, soit sur soumissions cachetées, entre entrepreneurs agréés à l'avance;
in, si le conseil d'administration juge convenable, pour une entreprise ou
re déterminée, de procéder par voie de régie ou de traité direct; il devra,
ment à toute exécution, obtenir de l'assemblée générale des actionnaires
tion soit de la régie, soit du traité.

marché général pour l'ensemble du chemin de fer, soit à forfait, soit sur série
est dans tous les cas formellement interdit.

ntrôle et la surveillance de l'administration auront pour objet d'empêcher la
nie de s'écarter des dispositions prescrites par le présent cahier des charges,
alement par le présent article, et de celles qui résulteront des projets ap-

mesure que les travaux seront terminés sur des parties de chemin de fer
les d'être livrées utilement à la circulation, il sera procédé, sur la demande
mpagnie, à la reconnaissance et, s'il y a lieu, à la réception provisoire de ces
par un ou plusieurs commissaires que l'administration désignera.

e vu du procès-verbal de cette reconnaissance, l'administration autorisera,
ieu, la mise en exploitation des parties dont il s'agit; après cette autorisation,
pagnie pourra mettre lesdites parties en service et y percevoir les taxes ci-
es. Toutefois, ces réceptions partielles ne deviendront définitives que
n générale et définitive du chemin de fer.

rès l'achèvement total des travaux, et dans le délai qui sera fixé par l'admi-
, la compagnie fera faire à ses frais un bornage contradictoire et un plan
du chemin de fer et de ses dépendances. Elle fera dresser également à ses
t contradictoirement avec l'administration, un état descriptif de tous les ou-
d'art qui auront été exécutés, ledit état accompagné d'un atlas contenant les
cotés de tous lesdits ouvrages.

expédition dûment certifiée des procès-verbaux de bornage, du plan ca-
de l'état descriptif et de l'atlas sera dressée aux frais de la compagnie et
dans les archives du ministère.

terrains acquis par la compagnie postérieurement au bornage général, en
satisfaire aux besoins de l'exploitation, et qui par cela même deviendront
intégrante du chemin de fer, donneront lieu, au fur et à mesure de leur
tion, à des bornages supplémentaires, et seront ajoutés sur le plan cadastral;
sera également faite sur l'atlas de tous les ouvrages d'art exécutés posté-
à sa rédaction.

TITRE II.

ENTRETIEN ET EXPLOITATION.

Le chemin de fer et toutes ses dépendances seront constamment entretenus en
état, de manière que la circulation y soit toujours facile et sûre.

frais d'entretien et ceux auxquels donneront lieu les réparations ordinaires et
aires seront entièrement à la charge de la compagnie.

chemin de fer, une fois achevé, n'est pas constamment entretenu en bon
sera pourvu d'office, à la diligence de l'administration et aux frais de la
ie, sans préjudice, s'il y a lieu, de l'application des dispositions indiquées
dans l'article 40,

montant des avances faites sera recouvré au moyen de rôles que le préfet
exécutoires.

La compagnie sera tenue d'établir à ses frais, partout où besoin sera, des gar-
n nombre suffisant pour assurer la sécurité du passage des trains sur la voie
e de la circulation ordinaire sur les points où le chemin de fer sera traversé
par des routes ou chemins.

Les machines locomotives seront construites sur les meilleurs modèles. Elles
nt consumer leur fumée et satisfaire d'ailleurs à toutes les conditions prescrites
prescrire par l'administration pour la mise en service de ce genre de machines.
voitures de voyageurs devront également être faites d'après les meilleurs mo-
et satisfaire à toutes les conditions réglées ou à régler pour les voitures ser-
t au transport des voyageurs sur les chemins de fer. Elles seront suspendues sur
ressorts et garnies de banquettes.

Il y en aura de trois classes au moins :

1° Les voitures de première classe, seront couvertes, garnies, fermées à gla munies de rideaux ;

2° Celles de deuxième classe seront couvertes, fermées à glaces muni rideaux, et auront des banquettes rembourrées ;

3° Celles de troisième classe seront couvertes, fermées à vitres, munies de rideaux, soit de persiennes, et auront des banquettes à dossier. Les dossiers banquettes devront être inclinés, et les dossiers seront élevés à la hauteur tête des voyageurs.

L'intérieur de chacun des compartiments de toute classe contiendra l'indi du nombre des places de ce compartiment.

L'administration pourra exiger qu'un compartiment de chaque classe soit rése dans les trains de voyageurs, aux femmes voyageant seules.

Les voitures de voyageurs, les wagons destinés au transport des animaux des chaises de poste, des chevaux ou des bestiaux, les plates-formes, et, en gén toutes les parties du matériel roulant, seront de bonne et solide construction.

La compagnie sera tenue, pour la mise en service de ce matériel, de se soum à tous les règlements sur la matière.

Les machines locomotives, tenders, voitures, wagons de toute espèce formes, composant le matériel roulant, seront constamment entretenus en bon

33. Des règlements d'administration publique, rendus après que la comp aura été entendue, détermineront les mesures et les dispositions nécessai assurer la police et l'exploitation du chemin de fer, ainsi que la conservat ouvrages qui en dépendent.

Toutes les dépenses qu'entraînera l'exécution des mesures prescrites en ve ces règlements seront à la charge de la compagnie.

La compagnie sera tenue de soumettre à l'approbation de l'administrati règlements relatifs au service et à l'exploitation du chemin de fer.

Les règlements dont il s'agit dans les deux paragraphes précédents seront ob toires non-seulement pour la compagnie concessionnaire, mais encore pour celles qui obtiendraient ultérieurement l'autorisation d'établir des lignes de ch de fer d'embranchement ou de prolongement, et, en général, pour toutes le sonnes qui emprunteraient l'usage du chemin de fer.

Le ministre déterminera, sur la proposition de la compagnie, le minimum maximum de vitesse des convois de voyageurs et de marchandises et des spéciaux des postes, ainsi que la durée du trajet.

34. Pour tout ce qui concerne l'entretien et les réparations du chemin de fer ses dépendances, l'entretien du matériel et le service de l'exploitation, la co gnie sera soumise au contrôle et à la surveillance de l'administration.

Outre la surveillance ordinaire, l'administration déléguera, aussi souvent qu le jugera utile, un ou plusieurs commissaires pour reconnaître et constater l'é chemin de fer, de ses dépendances et du matériel.

TITRE III.
DURÉE, RACHAT ET DÉCHÉANCE DE LA CONCESSION.

35. La durée de la concession du chemin de fer mentionné à l'article présent cahier des charges aura une durée égale au temps restant à courir concession du chemin de fer de Paris-Lyon-Méditerranée.

36. À l'époque fixée pour l'expiration de la concession, et par le seul fait expiration, le Gouvernement sera subrogé à tous les droits de la compagnie chemin de fer et ses dépendances, et il entrera immédiatement en jouiss tous ses produits.

La compagnie sera tenue de lui remettre en bon état d'entretien le chemin et tous les immeubles qui en dépendent, quelle qu'en soit l'origine, tels que ments des gares et stations, les remises, ateliers et dépôts, les maisons de gar Il en sera de même de tous les objets immobiliers dépendant également du ch min, tels que les barrières et clôtures, les voies, changements de voies, plaques nantes, réservoirs d'eau, grues hydrauliques, machines fixes, etc.

Dans les cinq dernières années qui précéderont le terme de la concession, le vernement aura le droit de saisir les revenus du chemin de fer et de les employ rétablir en bon état le chemin de fer et ses dépendances, si la compagnie ne se mettait pas en mesure de satisfaire pleinement et entièrement à cette obligation.

En ce qui concerne les objets mobiliers, tels que le matériel roulant, les matériaux, combustibles et approvisionnements de tout genre, le mobilier des stations, l'outillage des ateliers et des gares, l'État sera tenu, si la compagnie le requiert, de reprendre tous ces objets sur l'estimation qui en sera faite à dire d'experts, et réciproquement, si l'État le requiert, la compagnie sera tenue de les céder de la même manière, si l'État le requiert.

Toutefois, l'État ne pourra être tenu de reprendre que les approvisionnements nécessaires à l'exploitation du chemin pendant six mois.

37. À toute époque après l'expiration des quinze premières années de la concession, le Gouvernement aura la faculté de racheter la concession entière du chemin de fer.

Pour régler le prix du rachat, on relèvera les produits nets annuels obtenus par la compagnie pendant les sept années qui auront précédé celle où le rachat sera effectué; on en déduira les produits nets des deux plus faibles années, et l'on établira le produit net moyen des cinq autres années.

Ce produit net moyen formera le montant d'une annuité qui sera due et payée à la compagnie pendant chacune des années restant à courir sur la durée de la concession.

En aucun cas, le montant de l'annuité ne sera inférieur au produit net de la dernière des sept années prises pour terme de comparaison.

La compagnie recevra, en outre, dans les trois mois qui suivront le rachat, les remboursements auxquels elle aurait droit à l'expiration de la concession, suivant l'article 36 ci-dessus.

38. Si la compagnie n'a pas commencé les travaux dans le délai fixé par l'article 2, elle sera déchue de plein droit, sans qu'il y ait lieu à aucune notification ou mise en demeure préalable.

Dans ce cas, la somme de cinquante-huit mille francs (58,000ᶠ) qui aura été déposée ainsi qu'il sera dit à l'article 63, à titre de cautionnement, deviendra la propriété de l'État, et restera acquise au trésor public.

39. Faute par la compagnie d'avoir terminé les travaux dans le délai fixé par l'article 2, faute aussi par elle d'avoir rempli les diverses obligations qui lui sont imposées par le présent cahier des charges, elle encourra la déchéance, et il sera pourvu, à la continuation et à l'achèvement des travaux qu'à l'exécution des autres engagements contractés par la compagnie, au moyen d'une adjudication que l'on ouvrira sur une mise à prix des ouvrages exécutés, des matériaux approvisionnés et des parties du chemin de fer déjà livrées à l'exploitation.

Les soumissions pourront être inférieures à la mise à prix.

La nouvelle compagnie sera soumise aux clauses du présent cahier des charges, et la compagnie évincée recevra d'elle le prix que la nouvelle adjudication aura fixé.

La partie du cautionnement qui n'aura pas encore été restituée deviendra la propriété de l'État.

Si l'adjudication ouverte n'amène aucun résultat, une seconde adjudication sera tentée sur les mêmes bases, après un délai de trois mois; si cette seconde tentative reste également sans résultat, la compagnie sera définitivement déchue de tous droits, et alors les ouvrages exécutés, les matériaux approvisionnés et les parties de chemin de fer déjà livrées à l'exploitation appartiendront à l'État.

40. Si l'exploitation du chemin de fer vient à être interrompue en totalité ou en partie, l'administration prendra immédiatement, aux frais et risques de la compagnie, les mesures nécessaires pour assurer provisoirement le service.

41. Si, dans les trois mois de l'organisation du service provisoire, la compagnie n'a pas valablement justifié qu'elle est en état de reprendre et de continuer l'exploitation, et si elle ne l'a pas effectivement reprise, la déchéance pourra être prononcée par le ministre. Cette déchéance prononcée, le chemin de fer et toutes ses dépendances seront mis en adjudication, et il sera procédé ainsi qu'il est dit à l'article précédent.

42. Les dispositions des trois articles qui précèdent cesseront d'être applicables, et la déchéance ne serait pas encourue, dans le cas où le concessionnaire n'aurait pu remplir ses obligations par suite de circonstances de force majeure dûment constatées.

TITRE IV.

TAXES ET CONDITIONS RELATIVES AU TRANSPORT DES VOYAGEURS ET DES MARCHANDISES.

42. Pour indemniser la compagnie des travaux et dépenses qu'elle s'engage par le présent cahier des charges, et sous la condition expresse qu'elle en remplira exactement toutes les obligations, le Gouvernement lui accorde de percevoir, pendant toute la durée de la concession, les droits de péa de transport ci-après déterminés :

TARIF.

1° PAR TÊTE ET PAR KILOMÈTRE.

		fr. c.	fr. c.
Grande vitesse.			
Voyageurs..	Voitures couvertes, garnies et fermées à glaces (1re classe)...................	0 067	0 033
	Voitures couvertes, fermées à glaces, et à banquettes rembourrées (2e classe)...................	0 050	0 025
	Voitures couvertes et fermées à vitres (3e classe)...	0 037	0 018
Enfants....	Au-dessous de trois ans, les enfants ne payent rien, à la condition d'être portés sur les genoux des personnes qui les accompagnent. De trois à sept ans, ils payent demi-place et ont droit à une place distincte; toutefois, dans un même compartiment, deux enfants ne pourront occuper que la place d'un voyageur.		
	Au-dessus de sept ans, ils payent place entière.		
Chiens transportés dans les trains de voyageurs (sans que la perception puisse être inférieure à 0f 30c)........................		0 010	0 005
Petite vitesse.			
Bœufs, vaches, taureaux, chevaux, mulets, bêtes de trait.........		0 07	0 08
Veaux et porcs..		0 025	0 045
Moutons, brebis, agneaux, chèvres...........................		0 01	0 01
Lorsque les animaux ci-dessus dénommés seront, sur la demande des expéditeurs, transportés à la vitesse des trains de voyageurs, les prix seront doublés.			

2° PAR TONNE ET PAR KILOMÈTRE.

Marchandises transportées à grande vitesse.

	fr. c.	fr. c.
Huitres, poissons frais, denrées, excédants de bagages et marchandises de toute classe transportées à la vitesse des trains de voyageurs..	0 20	0 16

Marchandises transportées à petite vitesse.

	fr. c.	fr. c.
1re classe. — Spiritueux. — Huiles. — Bois de menuiserie, de teinture et autres bois exotiques. — Produits chimiques non dénommés. — Œufs. — Viande fraiche. — Gibier. — Sucre. — Café. — Drogues. — Épiceries. — Tissus. — Denrées coloniales. — Objets manufacturés. — Armes.................................	0 09	0 07
2e classe. — Blés. — Grains. — Farines. — Légumes farineux. — Riz. — Maïs. — Châtaignes et autres denrées alimentaires non dénommées. — Chaux et plâtre. — Charbon de bois. — Bois à brûler dit de corde. — Perches. — Chevrons. — Planches. — Madriers. — Bois de charpente. — Marbre en bloc. — Albâtre. — Bitumes. — Cotons. — Laines. — Vins. — Vinaigres. — Boissons. — Bière.		
3e classe. — Levure sèche. — Coke. — Fers. — Cuivre. — Plombs et autres métaux ouvrés ou non. — Fontes moulées................	0 08	0 06

	PRIX		
	de péage.	de transport.	TOTAUX.
	fr. c.	fr. c.	fr. c.
classe. — Pierres de taille et produits de carrières. — Minerais autres que les minerais de fer. — Fonte brute. — Sel. — Moellons. ... — Houille. ... — Cendres. — Engrais. — ... à chaux et à ... — Pavés et ma... pour la cons... et la répara... des routes. — Mi... de fer. — Cail... et sables.			
....	0 08	0 04	0 10
Pour le parcours de 0 à 100 kilomètres, sans que la taxe puisse être supérieure à 5 francs.			
....	0 05	0 03	0 08
Pour le parcours de 101 à 300 kilomètres, sans que la taxe puisse être supérieure à 12 francs.			
....	0 03	0 02	0 05
Pour le parcours de plus de 300 kilomètres	0 025	0 015	0 04

VOITURES ET MATÉRIEL ROULANT TRANSPORTÉS À PETITE VITESSE.

Par pièce et par kilomètre.

... ou chariot pouvant porter de trois à six tonnes	0 09	0 06	0 15
... ou chariot pouvant porter plus de six tonnes	0 12	0 08	0 20
...otive pesant de douze à dix-huit tonnes (ne traînant pas de ...voi)	1 80	1 20	3 00
...motive pesant plus de dix-huit tonnes (ne traînant pas de ...voi)	2 25	1 50	3 75
...er de sept à dix tonnes	0 90	0 60	1 50
...er de plus de dix tonnes	1 35	0 90	2 25

Les machines locomotives seront considérées comme ne traînant pas de convoi, lorsque le convoi remorqué, soit de voyageurs, soit de marchandises, ne comportera pas un péage au moins égal à celui qui serait perçu, sur la locomotive avec son tender marchant sans rien traîner.

Le prix à payer pour un wagon chargé ne pourra jamais être inférieur à celui qui serait dû pour un wagon marchant à vide.

...res à deux ou quatre roues, à un fond et à une seule banquette dans l'intérieur	0 15	0 10	0 25
...res à quatre roues, à deux fonds et à deux banquettes, dans ...térieur, omnibus, diligences, etc.	0 18	0 14	0 32

Lorsque, sur la demande des expéditeurs, les transports auront ... à la vitesse des trains de voyageurs, les prix ci-dessus seront ...blés.

Dans ce cas, deux personnes pourront, sans supplément de prix, ...yager dans les voitures à une banquette, et trois dans les voi...res à deux banquettes, omnibus, diligences, etc.; les voya...urs excédant ce nombre payeront le prix des places de deuxième ...asse.

...res de déménagement à deux ou quatre roues, à vide	0 12	0 08	0 20
...voitures, lorsqu'elles seront chargées, payeront en sus des prix ...dessus, par tonne de chargement et par kilomètre	0 08	0 06	0 14

4° SERVICE DES POMPES FUNÈBRES ET TRANSPORT DES CERCUEILS.

Grande vitesse.

...e voiture des pompes funèbres renfermant un ou plusieurs cer...cueils sera transportée aux mêmes prix et conditions qu'une voiture à quatre roues, à deux fonds et à deux banquettes	0 36	0 28	0 64
...que cercueil confié à l'administration du chemin de fer sera transporté, dans un compartiment isolé, au prix de	0 18	0 12	0 30
...que cercueil confié à l'administration du chemin de fer pour être transporté par train express dans une voiture spéciale sera soumis au tarif de	0 60	0 40	1 00

Les prix déterminés ci-dessus pour les transports à grande vitesse ne comprennent pas l'impôt dû à l'État.

Il est expressément entendu que les prix de transport ne seront dus à la compagnie

qu'autant qu'elle effectuerait elle-même ses transports à ses frais et par
moyens. Dans le cas contraire, elle n'aura droit qu'aux prix fixés pour le

La perception aura lieu d'après le nombre de kilomètres parcourus. Tout
entamé sera payé comme s'il avait été parcouru en entier.

Si la distance parcourue est inférieure à six kilomètres, elle sera compt
six kilomètres.

Le poids de la tonne est de mille kilogrammes.

Les fractions de poids ne seront comptées, tant pour la grande que pour
vitesse, que par centième de tonne ou par dix kilogrammes.

Ainsi, tout poids compris entre zéro et dix kilogrammes payera cent
grammes; entre dix et vingt kilogrammes, comme vingt kilogrammes; et

Toutefois, pour les excédants de bagages et marchandises à grande
coupures seront établies : 1° de zéro à cinq kilogrammes; 2° au-dessus de
qu'à dix kilogrammes; 3° au-dessus de dix kilogrammes, par fraction ind
dix kilogrammes.

Quelle que soit la distance parcourue, le prix d'une expédition quelco
en grande, soit en petite vitesse, ne pourra être moindre de quarante ce

Dans le cas où le prix de l'hectolitre de blé s'élèverait sur le marché
de Paris à vingt francs ou au-dessus, le Gouvernement pourra exiger de
gnie que le tarif du transport des blés, grains, etc., mais, farines et lég
neux, péage compris, ne puisse s'élever au maximum qu'à sept ce
tonne et par kilomètre.

43. A moins d'une autorisation spéciale et révocable de l'administration,
régulier de voyageurs devra contenir des voitures de toute classe en nombr
pour toutes les personnes qui se présenteraient dans les bureaux du che

Dans chaque train de voyageurs, la compagnie aura la faculté de plac
tures à compartiments spéciaux, pour lesquels il sera établi des prix
que l'administration fixera, sur la proposition de la compagnie; mais
des places à donner dans ces compartiments ne pourra dépasser le ci
nombre total des places du train.

44. Tout voyageur dont le bagage ne pèsera pas plus de trente,
n'aura à payer, pour le port de ce bagage, aucun supplément du prix d

Cette franchise ne s'appliquera pas aux enfants transportés gratuit
sera réduite à vingt kilogrammes pour les enfants transportés à moitié

45. Les animaux, denrées, marchandises, effets et autres objets non
le tarif seront rangés, pour les droits à percevoir, dans les classes avec
auront le plus d'analogie, sans que jamais, sauf les exceptions formul
ticles 46 et 47 ci-après, aucune marchandise non dénommée puisse être
une taxe supérieure à celle de la première classe du tarif ci-dessus.

Les assimilations de classes pourront être provisoirement réglées par
gnie; mais elles seront soumises immédiatement à l'administration, qui
définitivement.

46. Les droits de péage et les prix de transport déterminés au tarif n
applicables à toute masse indivisible pesant plus de trois mille kilogram

Néanmoins, la compagnie ne pourra se refuser à transporter les
sibles pesant de trois mille à cinq mille kilogrammes, mais les droits de p
prix de transport seront augmentés de moitié.

La compagnie ne pourra être contrainte à transporter les masses pèsa
cinq mille kilogrammes (5,000k).

Si, nonobstant la disposition qui précède, la compagnie transporte des
divisibles pesant plus de cinq mille kilogrammes, elle devra, pendant
moins, accorder les mêmes facilités à tous ceux qui en feraient la dema

Dans ce cas, les prix de transport seront fixés par l'administration, sur
tion de la compagnie.

47. Les prix de transport déterminés au tarif ne sont point applicables

1° Aux denrées et objets qui ne sont pas nommément énoncés dans le
ne pèseraient pas deux cents kilogrammes sous le volume d'un mètre cub

2° Aux matières inflammables ou explosibles, aux animaux et objets
pour lesquels des règlements de police prescriraient des précautions spécial

3° Aux animaux dont la valeur déclarée excéderait cinq mille francs;

4° A l'or et à l'argent, soit en lingots, soit monnayés ou travaillés, au plaqu

... mercase et au plistie, ainsi qu'aux bijoux, dentelles, pierres pré-
objets d'art et autres valeurs;

Et, en général, à tous paquets, colis ou excédants de bagages pesant isolément
... kilogrammes et au-dessous.

... fois, les prix de transport déterminés au tarif sont applicables à tous paquets
... lis, quoique emballés à part, s'ils font partie d'envois pesant ensemble plus de
... kilogrammes d'objets envoyés par une même personne à une même
... ou par la même personne les excédants de bagages qui pèseraient ensemble
... ément plus de quarante kilogrammes.

... néfice de la disposition énoncée dans le paragraphe précédent, en ce qui
... les paquets ou colis, ne peut être invoqué par les entrepreneurs de messa-
... de roulage et autres intermédiaires de transport, à moins que les articles
... envoyés ne soient réunis en un seul colis.

... ci-dessus spécifiés, les prix de transport seront arrêtés annuelle-
... l'administration, tant pour la grande que pour la petite vitesse, sur la
... de la compagnie.

... qui concerne les paquets ou colis mentionnés au paragraphe 5 ci-dessus, les
... transport devront être calculés de telle manière qu'en aucun cas un de
... ou colis ne puisse payer un prix plus élevé qu'un article de même nature
... de quarante kilogrammes.

... les cas où la compagnie jugerait convenable, soit pour le parcours total,
... les parcours partiels de la voie de fer, d'abaisser, avec ou sans conditions,
... des limites déterminées par le tarif les taxes qu'elle est autorisée à
... les taxes abaissées ne pourront être relevées qu'après un délai de trois
... pour les voyageurs et d'un an pour les marchandises.

... modification de tarif proposée par la compagnie sera annoncée un mois
... par des affiches.

... des tarifs modifiés ne pourra avoir lieu qu'avec l'homologation de
... supérieure, conformément aux dispositions de l'ordonnance du
... re 1846.

... des taxes devra se faire indistinctement et sans aucune faveur.

... particulier qui aurait pour effet d'accorder à un ou plusieurs expédi-
... réduction sur les tarifs approuvés demeure formellement interdit.

... cette disposition n'est pas applicable aux traités qui pourraient inter-
... le Gouvernement et la compagnie dans l'intérêt des services publics, ni
... ou remises qui seraient accordées par la compagnie aux indigents.

... d'abaissement des tarifs, la réduction portera proportionnellement sur le
... tout le transport.

... compagnie sera tenue d'effectuer constamment avec soin, exactitude et
... et sans tour de faveur, le transport des voyageurs, bestiaux, denrées, mar-
... et objets quelconques qui lui seront confiés.

... colis, bestiaux et objets quelconques seront inscrits, à la gare d'où ils partent
... gare où ils arrivent, sur des registres spéciaux, au fur et à mesure de leur
... mention sera faite, sur le registre de la gare de départ, du prix total
... leur transport.

... les marchandises ayant une même destination, les expéditions auront lieu
... l'ordre de leur inscription à la gare de départ.

... expédition de marchandises sera constatée, si l'expéditeur le demande, par
... de voiture dont un exemplaire restera aux mains de la compagnie et l'autre
... mains de l'expéditeur. Dans le cas où l'expéditeur ne demanderait pas de lettre
... la compagnie sera tenue de lui délivrer un récépissé qui énoncera
... et le poids du colis, le prix total du transport et le délai dans lequel ce
... devra être effectué.

Les animaux, denrées, marchandises et objets quelconques seront expédiés
... de gare en gare dans les délais résultant des conditions ci-après exprimées :
Les animaux, denrées, marchandises et objets quelconques à grande vitesse
expédiés par le premier train de voyageurs comprenant des voitures de toutes
... correspondant avec leur destination, pourvu qu'ils aient été présentés à
... trois heures avant le départ de ce train.

... seront mis à la disposition des destinataires, à la gare, dans le délai de deux
heures après l'arrivée du même train.

... les animaux, denrées, marchandises et objets quelconques à petite vitesse

seront expédiés dans le jour qui suivra celui de la remise; toutefois,
supérieure pourra étendre ce délai à deux jours.

Le maximum de durée du trajet sera fixé par l'administration, sur la
de la compagnie, sans que ce maximum puisse excéder vingt-quatre h
fraction indivisible de cent vingt-cinq kilomètres.

Les colis seront mis à la disposition des destinataires dans le jour qui
de leur arrivée en gare.

Le délai total résultant des trois paragraphes ci-dessus sera seul
la compagnie.

Il pourra être établi un tarif réduit, approuvé par le ministre, pour tout
qui acceptera des délais plus longs que ceux déterminés ci-dessus pour
vitesse.

Pour le transport des marchandises, il pourra être établi, sur la propos
compagnie, un délai moyen entre ceux de la grande et de la petite vitesse;
correspondant à ce délai sera un prix intermédiaire entre ceux de la grande
la petite vitesse.

L'administration supérieure déterminera par des règlements spéciaux les
d'ouverture et de fermeture des gares et stations, tant en hiver qu'en été,
les dispositions relatives aux denrées apportées par les trains de nuit et
l'approvisionnement des marchés des villes.

Lorsque la marchandise devra passer d'une ligne sur une autre sans sol
continuité, les délais de livraison et d'expédition au point de jonction se
par l'administration, sur la proposition de la compagnie.

51. Les frais accessoires non mentionnés dans les tarifs, tels que ceux
gistrement, de chargement, de déchargement et de magasinage dans les
magasins du chemin de fer, seront fixés annuellement par l'administration,
proposition de la compagnie.

52. La compagnie sera tenue de faire, soit par elle-même, soit par un
tiers dont elle répondra, le factage et le camionnage pour la remise au
des destinataires de toutes les marchandises qui lui sont confiées.

Le factage et le camionnage ne seront point obligatoires en dehors du
l'octroi; non plus que pour les gares qui desserviraient, soit une population
mée de moins de cinq mille habitants, soit un centre de population de cin
habitants situé à plus de cinq kilomètres de la gare du chemin de fer.

Les tarifs à percevoir seront fixés par l'administration, sur la proposition
compagnie. Ils seront applicables à tout le monde sans distinction.

Toutefois, les expéditeurs et destinataires resteront libres de faire eux-m
à leurs frais le factage et le camionnage des marchandises.

53. A moins d'une autorisation spéciale de l'administration, il est int
compagnie, conformément à l'article 14 de la loi du 15 juillet 1845, de faire
tement ou indirectement avec des entreprises de transport de voyage
marchandises par terre ou par eau, sous quelque dénomination ou form
puisse être, des arrangements qui ne seraient pas consentis en faveur de
entreprises desservant les mêmes voies de communication.

L'administration, agissant en vertu de l'article 33 ci-dessus, prescrira les
à prendre pour assurer la plus complète égalité entre les diverses entre
transport dans leurs rapports avec le chemin de fer.

TITRE V.

STIPULATIONS RELATIVES À DIVERS SERVICES PUBLICS.

54. Les militaires ou marins voyageant en corps, aussi bien que les mil
marins voyageant isolément pour cause de service, envoyés en congé limit
permission, ou rentrant dans leurs foyers après libération, ne seront assujet
leurs chevaux et leurs bagages, qu'au quart de la taxe du tarif fixé par le
cahier des charges.

Si le Gouvernement avait besoin de diriger des troupes et un matériel mi
naval sur l'un des points desservis par le chemin de fer, la compagnie serait
de mettre immédiatement à sa disposition, pour la moitié de la taxe du même
tous ses moyens de transport.

55. Les fonctionnaires ou agents chargés de l'inspection, du contrôle et de la

fer seront transportés gratuitement ~~dans les voitures de~~

ordée aux agents des contributions indirectes et des agents
des chemins de fer dans l'intérêt de la perception de l'impôt.
es et dépêches sera fait comme il est dit ...
le voyageurs et de marchandises circulant aux heures aux-
la compagnie sera tenue de réserver gratuitement deux
une voiture de deuxième classe, ou un espace équivalent.
les dépêches et les agents nécessaires au service des postes.
stant à la disposition de la compagnie ...
èches ou la nature du service rend insuffisante la capacité
à deux banquettes, de sorte qu'il y ait lieu de substituer
agons ordinaires, le transport de cette voiture sera égale-

voudra changer les heures de départ de ses convois, es-
e d'en avertir l'administration des postes quinze jours à

ulier, dit train journalier de la poste, sera mis gratuitement
u retour, à la disposition du ministre des finances pour le
r toute l'étendue de la ligne.
rs, les heures de départ et d'arrivée, soit de jour, soit de
ationnements de ce convoi sont réglés par le ministre des
istre des finances, la compagnie entendue.
a ce train, il pourra y avoir tous les jours, à l'aller et au re-
nvois spéciaux dont la marche sera réglée comme il est dit
payée à la compagnie pour chaque convoi ne pourra excé-
mes par kilomètre parcouru pour la première voiture, et
chaque voiture au sus de la première.
a placer dans les convois spéciaux de la poste des voitures
transport, à son profit, des voyageurs et des marchandises.
urra être tenue d'établir de convois spéciaux ou de changer
marche ou le stationnement de ces convois, qu'autant que
évenue par écrit quinze jours à l'avance.
les fois qu'en dehors des services réguliers l'administration
convoi extraordinaire, soit de jour, soit de nuit, cette expé-
médiatement, sauf l'observation des règlements de police;
t réglé de gré à gré ou à dire d'experts, entre l'adminis-

postes fera construire à ses frais les voitures qu'il pourra
pécialement au transport et à la manutention des dépêches.
les dimensions de ces voitures, sauf l'approbation, par le
iés, des dispositions qui intéressent la régularité et la sécu-
les seront montées sur châssis et sur roues. Leur poids ne
kilogrammes, chargement compris. L'administration des
s frais ses voitures spéciales; toutefois, l'entretien des châssis
ge de la compagnie.
ourra réclamer aucune augmentation des prix ci-dessus in-
saire d'employer des plates-formes au transport des malles-
ciales en réparation.
e des convois spéciaux mis à la disposition de l'administra-
être moindre de quarante kilomètres à l'heure, temps d'arrêt
pourra consentir une vitesse moindre, soit à raison des
ourbes à parcourir, ou bien exiger une plus grande vitesse,
qu'ie obtiendrait plus tard, dans la marche de son service.

tenue de transporter gratuitement, par tous les convois de
postes chargé d'une mission ou d'un service accidentel
service régulier, délivré à Paris par le directeur général des
gent des postes, en mission une place de voiture de deuxième
asse, si le convoi ne comporte pas de voitures de deuxième

tenue de fournir, à chacun des points extrêmes de la ligne,

ainsi qu'aux principales stations intermédiaires qui seront désignées par
tration des postes, un emplacement sur lequel l'administration pourra faire
des bureaux de poste ou d'entrepôt des dépêches et des hangars pour le
et le déchargement des malles-poste. Les dimensions de cet emplace
au maximum, de soixante-quatre mètres carrés dans les gares des dép
du double à Paris.

14° La valeur locative du terrain ainsi fourni par la compagnie sul
gré à gré ou à dire d'experts.

15° La position sera choisie de manière que les bâtiments qui y sero
aux frais de l'administration des postes ne puissent entraver en rien le
compagnie.

16° L'administration se réserve le droit d'établir à ses frais, sans nu
ainsi sans responsabilité pour la compagnie, tous poteaux ou appareils n
à l'échange des dépêches sans arrêt de train, à la condition que ces appar
leur nature ou leur position, n'apportent pas d'entraves aux différents serv
ligne ou des stations.

17° Les employés chargés de la surveillance du service, les agents p
l'échange ou à l'entrepôt des dépêches, auront accès dans les gares ou
l'exécution de leur service, en se conformant aux règlements de police i
la compagnie.

57. La compagnie sera tenue à toute réquisition, de faire partir
naire les wagons ou voitures cellulaires employés au transport
ou condamnés.

Les wagons et les voitures employés au service, dont il s'agit, seront
frais de l'État ou des départements; leurs formes et dimensions seront
de concert par le ministre de l'intérieur, et par le ministre des travaux,
compagnie entendue.

Les employés de l'administration, les gardiens et les prisonniers plac
wagons ou voitures cellulaires ne seront assujettis qu'à la moitié de la tax
aux places de troisième classe, telle qu'elle est fixée par le présent
charges.

Les gendarmes placés dans les mêmes voitures ne payeront que le
même taxe.

Le transport des wagons et des voitures sera gratuit.

Dans le cas où l'administration voudrait, pour le transport des
usage des voitures de la compagnie, celle-ci serait tenue de mettre à sa
un ou plusieurs compartiments spéciaux de voitures de deuxième classe
quettes. Le prix de location en sera fixé à raison de vingt centimes (0,
partiment et par kilomètre.

Les dispositions qui précèdent seront applicables au transport des
quants recueillis par l'administration pour être transférés dans les
d'éducation.

58. Le Gouvernement se réserve la faculté de faire le long des v
constructions, de poser tous les appareils nécessaires à l'établissem
télégraphique, sans nuire au service du chemin de fer.

Sur la demande de l'administration des lignes télégraphiques, il sera
les gares des villes et des localités qui seront désignées ultérieurement
nécessaire à l'établissement des maisonnettes destinées à recevoir le bur
phique et son matériel.

La compagnie concessionnaire sera tenue de faire garder par ses agents
appareils des lignes électriques, de donner aux employés télégraphique
sance de tous les accidents qui pourraient survenir et de leur en faire
causes. En cas de rupture du fil télégraphique, les employés du ch
ront à raccrocher provisoirement les bouts séparés, d'après les instru
seront données à cet effet.

Les agents de la télégraphie voyageant pour le service de la ligne,
le droit de circuler gratuitement dans les voitures du chemin de fer.

En cas de rupture du fil télégraphique ou d'accidents graves, une
mise immédiatement à la disposition de l'inspecteur télégraphique de
le transporter sur le lieu de l'accident avec les hommes et les matériaux
à la réparation. Ce transport sera gratuit, et il devra être effectué dans des
telles qu'il ne puisse entraver en rien la circulation publique.

as ou des déplacements de fils, appareils ou poteaux deviendraient né-
ir suite de travaux exécutés sur le chemin, ces déplacements auront lieu
la compagnie, par les soins de l'administration des lignes télégraphiques.

agnie pourra être autorisée, et, au besoin, requise par le ministre des
olies, agissant de concert avec le ministre de l'intérieur, d'établir à ses
s et appareils télégraphiques destinés à transmettre les signaux néces-
la sûreté et la régularité de son exploitation.

ra, avec l'autorisation du ministre de l'intérieur, se servir des poteaux de
graphique de l'État, lorsqu'une semblable ligne existera le long de la voie.

ignie sera tenue de se soumettre à tous les règlements d'administration
oncernant l'établissement et l'emploi de ces appareils, ainsi que l'orga-
a frais de la compagnie, du contrôle de ce service, par les agents de l'État.

TITRE VI.

CLAUSES DIVERSES.

le cas où le Gouvernement ordonnerait ou autoriserait la construction
ationales, départementales ou vicinales, de chemins de fer ou de canaux
raient un objet de la présente concession, la compagnie ne pourra
ces travaux; mais toutes les dispositions nécessaires seront prises pour
sulte aucun obstacle à la construction ou au service du chemin de fer,
ais pour la compagnie.

exécution ou autorisation ultérieure de route, de canal, de chemin de
ux de navigation, dans la contrée où est situé le chemin de fer objet de
concession, ou dans toute autre contrée voisine ou éloignée, ne pourra
rture à aucune demande d'indemnité de la part de la compagnie.

ouvernement se réserve expressément le droit d'accorder de nouvelles
de chemins de fer s'embranchant sur le chemin qui fait l'objet du pré-
de charges ou qui seraient établis en prolongement du même chemin.

ignie ne pourra mettre aucun obstacle à ces embranchements, ni récla-
asion de leur établissement, aucune indemnité quelconque, pourvu qu'il
auc un obstacle à la circulation, ni aucuns frais particuliers pour la com-

agnies concessionnaires de chemins de fer d'embranchement ou de pro-
auront la faculté, moyennant les tarifs ci-dessus déterminés et l'obser-
règlements de police et de service établis ou à établir, de faire circuler
es, wagons et machines sur le chemin de fer objet de la présente con-
ur lequel cette faculté sera réciproque à l'égard desdits embranchements
ments.

cas où les diverses compagnies ne pourraient s'entendre entre elles sur
le cette faculté, le Gouvernement statuerait sur les difficultés qui s'élève-
e elles à cet égard.

cas où une compagnie d'embranchement ou de prolongement joignant la
ait l'objet de la présente concession n'userait pas de la faculté de circuler
gne, comme aussi dans le cas où la compagnie concessionnaire de cette
gne ne voudrait pas circuler sur les prolongements et embranchements,
gnies seraient tenues de s'arranger entre elles, de manière que le service
et ne soit jamais interrompu aux points de jonction des diverses lignes.

s compagnies qui se servira d'un matériel qui ne serait pas sa propriété
e indemnité en rapport avec l'usage et la détérioration de ce matériel.
as où les compagnies ne se mettraient pas d'accord sur la quotité de l'in-
o sur les moyens d'assurer la continuation du service sur toute la ligne, le
nent y pourvoirait d'office et prescrirait toutes les mesures nécessaires.

pagnie pourra être assujettie, par les décrets qui seront ultérieurement
ur l'exploitation des chemins de fer de prolongement ou d'embranche-
nant celui qui lui est concédé, à accorder aux compagnies de ces chemins
tion de péage ainsi calculée :

prolongement ou l'embranchement n'a pas plus de cent kilomètres, dix
(10 p. o/o) du prix perçu par la compagnie;

2° Si le prolongement ou l'embranchement excède cent kilomètres, quinze cent (15 p. o/o);

3° Si le prolongement ou l'embranchement excède deux cents kilomètres, pour cent (20 p. o/o);

4° Si le prolongement ou l'embranchement excède trois cents kilomètres, cinq pour cent (25 p. o/o).

La compagnie sera tenue, si l'administration le juge convenable, de l'usage des stations établies à l'origine des chemins de fer d'embranch les compagnies qui deviendraient ultérieurement concessionnaires desdits

En cas de difficultés entre les compagnies pour l'application de cette sera statué par le Gouvernement.

62. La compagnie sera tenue de s'entendre avec tout propriétaire de d'usines qui, offrant de se soumettre aux conditions prescrites ci-après, rait un embranchement; à défaut d'accord, le Gouvernement statuera : mande, la compagnie entendue.

Les embranchements seront construits aux frais des propriétaires des d'usine, et de manière à ce qu'il ne résulte de leur établissement aucune la circulation générale, aucune cause d'avarie pour le matériel, ni aucuns ticuliers pour la compagnie.

Leur entretien devra être fait avec soin et aux frais de leurs propriétaire le contrôle de l'administration. La compagnie aura le droit de faire survei agents cet entretien, ainsi que l'emploi de son matériel sur les emb

L'administration pourra, à toutes époques, prescrire les modificatio jugées utiles dans la soudure, le tracé ou l'établissement de la voie de chements, et les changements seront opérés aux frais des propriétaires

L'administration pourra même, après avoir entendu les propriétai l'enlèvement temporaire des aiguilles de soudure, dans le cas où les embranchés viendraient à suspendre en tout ou en partie leurs transports.

La compagnie sera tenue d'envoyer ses wagons sur tous les embranche risés destinés à faire communiquer des établissements de mines ou avec la ligne principale du chemin de fer.

La compagnie amènera ses wagons à l'entrée des embranchements.

Les expéditeurs ou destinataires feront conduire les wagons dans leur ments pour les charger ou décharger, et les ramèneront au point de jon la ligne principale, le tout à leurs frais.

Les wagons ne pourront, d'ailleurs, être employés qu'au transport d'objets chandises destinés à la ligne principale du chemin de fer.

Le temps pendant lequel les wagons séjourneront sur les embranchemen culiers ne pourra excéder six heures, lorsque l'embranchement n'aura pas kilomètre. Le temps sera augmenté d'une demi-heure par kilomètre en su mier, non compris les heures de la nuit, depuis le coucher jusqu'au lever d

Dans le cas où les limites de temps seraient dépassées, nonobstant l'av spécial donné par la compagnie, elle pourra exiger une indemnité égale du droit de loyer des wagons pour chaque période de retard après l'aver

Les traitements des gardiens d'aiguilles et des barrières des embranch torisés par l'administration seront à la charge des propriétaires de em Ces gardiens seront nommés et payés par la compagnie, et les frais qui e teront lui seront remboursés par lesdits propriétaires.

En cas de difficulté, il sera statué par l'administration, la compagnie ente

Les propriétaires d'embranchements seront responsables des avaries que riel pourrait éprouver pendant son parcours ou son séjour sur ces lignes.

Dans le cas d'inexécution d'une ou de plusieurs des conditions énoncées ci le préfet pourra, sur la plainte de la compagnie et après avoir entendu le taire de l'embranchement, ordonner par un arrêté la suspension du service supprimer la soudure, sauf recours à l'administration supérieure et sans de tous dommages-intérêts que la compagnie serait en droit de répéter pour exécution de ces conditions.

Pour indemniser la compagnie de la fourniture et de l'envoi de son ma les embranchements, elle est autorisée à percevoir un prix fixe de douze (o' 12°) par tonne pour le premier kilomètre, et, en outre, quatre centimes (o' par tonne et par kilomètre en sus du premier, lorsque la longueur de l'embranche ment excédera un kilomètre.

Tout kilomètre entamé sera payé comme s'il avait été parcouru en entier.

Le chargement et le déchargement sur les embranchements s'opéreront aux frais des expéditeurs ou destinataires, soit qu'ils les fassent eux-mêmes, soit que la compagnie du chemin de fer consente à les opérer.

Dans ce dernier cas, ces frais seront l'objet d'un règlement arrêté par l'administration supérieure, sur la proposition de la compagnie.

Tout wagon envoyé par la compagnie sur un embranchement devra être payé comme wagon complet, lors même qu'il ne serait pas complétement chargé.

La surcharge, s'il y en a, sera payée au prix du tarif légal et au prorata du poids. La compagnie sera en droit de refuser les chargements qui dépasseraient le maximum de trois mille cinq cents kilogrammes, déterminé en raison des dimensions actuelles des wagons.

Ce maximum sera revisé par l'administration, de manière à être toujours en rapport avec la capacité des wagons.

Les wagons seront pesés à la station d'arrivée par les soins et aux frais de la compagnie.

La contribution foncière sera établie en raison de la surface des terrains occupés par le chemin de fer et ses dépendances; la cote en sera calculée, comme pour les canaux, conformément à la loi du 25 avril 1803.

Les bâtiments et magasins dépendant de l'exploitation du chemin de fer seront assimilés aux propriétés bâties de la localité. Toutes les contributions auxquelles ces immeubles pourront être soumis seront, aussi bien que la contribution foncière, à la charge de la compagnie.

Les agents et gardes que la compagnie établira, soit pour la perception des droits, soit pour la surveillance et la police du chemin de fer et de ses dépendances, pourront être assermentés et seront, dans ce cas, assimilés aux gardes champêtres.

Un règlement d'administration publique désignera, la compagnie entendue, les emplois dont la moitié devra être réservée aux anciens militaires de l'armée de terre et de mer libérés du service.

Il sera institué près de la compagnie un ou plusieurs inspecteurs ou commissaires spécialement chargés de surveiller les opérations de la compagnie, pour tout ce qui ne rentre pas dans les attributions des ingénieurs de l'État.

Les frais de visite, de surveillance et de réception des travaux, et les frais de contrôle de l'exploitation, seront supportés par la compagnie. Ces frais comprendront également ceux des inspecteurs ou commissaires dont il a été question dans l'article précédent.

Afin de pourvoir à ces frais, la compagnie sera tenue de verser chaque année, à la caisse centrale du trésor public, une somme de cent vingt francs par chaque kilomètre de chemin de fer concédé. Toutefois, cette somme sera réduite à cinquante francs par kilomètre pour les sections non encore livrées à l'exploitation.

Dans lesdites sommes n'est pas comprise celle qui sera déterminée, en exécution de l'article 58 ci-dessus, pour frais de contrôle du service télégraphique de la compagnie par les agents de l'État.

Si la compagnie ne verse pas les sommes ci-dessus réglées aux époques qui auront été fixées, le préfet rendra un rôle exécutoire, et le montant en sera recouvré comme en matière de contributions publiques.

Avant la signature du décret qui ratifiera l'acte de concession, le concessionnaire déposera au trésor public une somme de cinquante-huit mille francs (58,000ᶠ) en numéraire ou en rentes sur l'État, calculées conformément à l'ordonnance du ... juin 1825, modifiée par le décret du 31 janvier 1872, ou en bons du trésor ou autres effets publics, avec transfert, au profit de la caisse des dépôts et consignations, de celles de ces valeurs qui seraient nominatives ou à ordre.

Cette somme formera le cautionnement de l'entreprise.

Elle sera rendue à la compagnie par cinquième et proportionnellement à l'avancement des travaux. Le dernier cinquième ne sera remboursé qu'après leur entier achèvement.

La compagnie devra faire élection de domicile à Nîmes.

Dans le cas où elle ne l'aurait pas fait, toute notification ou signification à elle adressée sera valable lorsqu'elle sera faite au secrétariat général de la préfecture du Gard.

70. Les contestations qui s'élèveraient entre la compagnie et l'administration au sujet de l'exécution et de l'interprétation des clauses du présent cahier des charges

seront jugées administrativement par le conseil de préfecture du d
Gard, sauf recours au Conseil d'État.

71. Les frais d'enregistrement résultant du présent cahier des charges rest
la charge des concessionnaires.

Arrêté à Versailles, le 27 mars 1874.

Le Ministre des travaux publics,

Signé E. DE LARCY.

Certifié conforme au cahier des charges annexé au décret en date du 27
1874, enregistré sous le n° 245.

Le Conseiller d'État, Secrétaire général,

Signé DE BOUREUILLE.

RÉPUBLIQUE FRANÇAISE.

N° 3471. — *Décret relatif aux conditions que les habitants Indigènes
mans ou étrangers de l'Algérie doivent remplir pour être admis à l'Él
municipal.*

Du 10 Septembre 1874.

(Promulgué au *Journal officiel* du 20 septembre 1874.)

LE PRÉSIDENT DE LA RÉPUBLIQUE FRANÇAISE,

Vu l'article 10 du décret du 27 décembre 1866 [1], déterminant les
ditions de l'électorat municipal en Algérie à l'égard des indigènes
mans et des étrangers;

Vu le paragraphe 4 de l'article 5 de la loi du 7 juillet 1874, sur l'
rat municipal dans la métropole;

Vu le décret du 1er août dernier [2], rendant exécutoire en Al
l'égard des citoyens français, la loi susvisée;

Considérant qu'il y a lieu d'étendre l'application du paragraphe 4
ticle 5 de cette loi aux indigènes musulmans et aux étrangers qui
l'Algérie;

Sur le rapport du ministre de l'intérieur, d'après les proposition
gouverneur général civil de l'Algérie,

DÉCRÈTE :

ART. 1er. Les habitants indigènes musulmans ou étrangers
l'Algérie devront, pour être admis à l'électorat municipal,
outre les conditions exigées par l'article 10 du décret du
cembre 1866, celle d'une résidence de deux années consé
dans la commune.

Ils n'y seront inscrits sur la liste électorale qu'après en av
la demande et avoir déclaré le lieu et la date de leur naissanc

Tout électeur inscrit sur la liste électorale pourra réclame
cription ou la radiation, sur cette liste, d'un indigène musu
d'un étranger qui y serait omis ou indûment inscrit.

[1] XIe série, Bull. 1457, n° 14,837.   [2] XIIe série, Bull. 220, n° 3356.

Un arrêté du gouverneur général civil de l'Algérie réglera les
ils d'application du présent décret.

. Le ministre de l'intérieur et le gouverneur général civil de
gérie sont chargés, chacun en ce qui le concerne, de l'exécu-
du présent décret.

ait à Paris, le 10 Septembre 1874.

Signé M^{al} DE MAC MAHON.

Le Ministre de l'intérieur,

Signé G^{al} DE CHABAUD LA TOUR.

RÉPUBLIQUE FRANÇAISE.

2. — DÉCRET qui fixe l'époque des Élections pour le renouvellement
d des Conseils généraux et des Conseils d'arrondissement dans les dépar-
ents autres que celui de la Seine.

Du 11 Septembre 1874.

(Promulgué au Journal officiel du 15 septembre 1874.)

PRÉSIDENT DE LA RÉPUBLIQUE FRANÇAISE,

la proposition du ministre de l'intérieur;
le titre III de la loi du 22 juin 1833, les articles 14 et 17 du décret du
et 1848, l'article 4 de la loi du 7 juillet 1852, la loi du 10 août 1871
t du 30 juillet 1874,

1er Les élections pour le renouvellement de la première
rtante des conseils généraux et des conseils d'arrondissement
lieu, dans les départements autres que celui de la Seine, le
8 4 octobre prochain.

électeurs des cantons dans lesquels il y aurait lieu de procé-
u remplacement de conseillers généraux ou de conseillers
ndissement qui n'appartiennent pas à la série sortante sont
qués pour le même jour.

L'élection sera faite sur la liste dressée dans chaque commune
u de la loi du 7 juillet 1874,
nformément aux lois des 10 août 1871 et 30 juillet 1874, le
ne durera qu'un seul jour.
era ouvert à sept heures du matin et clos à six heures du soir.
dépouillement suivra immédiatement la clôture du scrutin.
Aussitôt après le dépouillement, les procès-verbaux de chaque
que seront portés au chef-lieu de canton par deux membres
eau. Le recensement général des votes sera fait par le bureau
ef-lieu et le résultat proclamé par son président.

son nom patronymique celui de *Compristo*, et à s'appeler, à l'avenir, *pristo* au lieu de *Médaille*.

3° Lesdits impétrants ne pourront se pourvoir devant les tribunaux faire opérer, sur les registres de l'état civil, les changements résultan présent décret, qu'après l'expiration du délai fixé par la loi du 11 ge an XI, et en justifiant qu'aucune opposition n'a été formée devant le d'État. (*Versailles, 4 Août 1874.*)

N° 3476. — Décret du Président de la République française (contre par le garde des sceaux, ministre de la justice) portant ce qui suit:

1° M. *Warnesson* (*Charles-Auguste*), lieutenant-colonel d'artillerie, n 20 avril 1822, à Sedan (Ardennes), en garnison à Bourges (Cher), autorisé à ajouter à son nom patronymique celui de *de Grandchamp*, s'appeler, à l'avenir, *Warnesson de Grandchamp*.

2° Ledit impétrant ne pourra se pourvoir devant les tribunaux faire opérer, sur les registres de l'état civil, le changement rés présent décret, qu'après l'expiration du délai fixé par la loi du 11 g an XI, et en justifiant qu'aucune opposition n'a été formée devant le d'État. (*Paris, 9 Septembre 1874.*)

RÉPUBLIQUE FRANÇAISE.

Certifié conforme :

Paris, le 3 * Octobre 1874,

Le Garde des Sceaux, Ministre de la Jus

A. TAILHAND.

* Cette date est celle de la réception du au ministère de la Justice.

On s'abonne pour le Bulletin des lois, à raison de 9 francs par an , à la caisse de l'I nationale ou chez les Receveurs des postes des départements.

IMPRIMERIE NATIONALE. — 3 Octobre 1874.

BULLETIN DES LOIS

DE LA RÉPUBLIQUE FRANÇAISE.

N° 228.

RÉPUBLIQUE FRANÇAISE.

6477. — DÉCRET *qui déclare d'utilité publique l'établissement d'un Chemin de fer d'intérêt local de Machecoul à la Roche-sur-Yon, avec Embranchement sur Saint-Gilles-sur-Vie.*

Du 11 Avril 1874.

(Promulgué au *Journal officiel* du 14 avril 1874.)

LE PRÉSIDENT DE LA RÉPUBLIQUE FRANÇAISE,

Sur le rapport du ministre des travaux publics;

Vu l'avant-projet relatif à l'établissement, dans le département de la Vendée, d'un chemin de fer d'intérêt local de Machecoul à la Roche-sur-Yon, avec embranchement sur Saint-Gilles-sur-Vie;

Vu le dossier de l'enquête d'utilité publique à laquelle cet avant-projet a été soumis, et notamment le procès-verbal de la commission d'enquête, en date du 6 avril 1872;

Vu les délibérations, en date des 28 août 1872 et 3 janvier 1874, par lesquelles le conseil général de la Vendée a approuvé l'établissement du chemin de fer susmentionné, ainsi que sa concession à la compagnie des chemins de fer nantais, représentée par le sieur *François Briau;*

Vu la convention passée, le 24 décembre 1872, entre le préfet du département et le sieur *François Briau,* pour la construction et l'exploitation de ladite ligne, et le cahier des charges y annexé;

Vu le procès-verbal de la conférence tenue, le 10 janvier 1873, entre les ingénieurs des ponts et chaussées et les officiers du génie, et l'adhésion donnée, le 29 du même mois, sous certaines conditions, à l'exécution du chemin, conformément à l'article 18 du décret du 16 août 1853 [1], par le directeur des fortifications à Nantes;

Vu les avis du conseil général des ponts et chaussées, des 4 août et 20 octobre 1873;

Vu la lettre du ministre de l'intérieur, du 26 février 1874;

Vu la lettre du ministre des finances, du 6 mars 1874;

Vu la loi du 3 mai 1841, sur l'expropriation pour cause d'utilité publique;

Vu la loi du 12 juillet 1865, sur les chemins de fer d'intérêt local;

Vu la loi du 10 août 1871;

[1] XIe série, Bull. 97, n° 816.

Le Conseil d'État entendu,

DÉCRÈTE :

ART. 1er. Est déclaré d'utilité publique l'établissement d'un chemin de fer de Machecoul à la Roche-sur-Yon, avec embranchement sur Saint-Gilles-sur-Vie.

2. Le département de la Vendée est autorisé à pourvoir à l'exécution de ce chemin, comme chemin de fer d'intérêt local, suiv les dispositions de la loi du 12 juillet 1865 et conformément : clauses et conditions de la convention passée, le 24 décembre 18 avec le sieur *François Briau,* ainsi que du cahier des charge annexé.

Des copies certifiées de ces convention et cahier des charges ront annexées au présent décret.

3. Il est alloué au département de la Vendée, sur les fonds trésor, par application de l'article 5 de la loi précitée du 12 ju 1865, sous réserve de l'inscription préalable d'un crédit au des travaux publics, une subvention de cinq cent soixante-dix-mille cinq cents francs (577,500^f).

Cette subvention sera versée en termes semestriels égaux, époques qui seront ultérieurement fixées par un décret délibéré Conseil d'État.

Le département devra justifier, avant le payement de cha terme, d'une dépense, en achats de terrains ou en travaux et a visionnements sur place, triple de la somme à recevoir.

Le dernier terme ne sera payé qu'après l'achèvement complet travaux.

4. Aucune émission d'obligations ne pourra avoir lieu q vertu d'une autorisation donnée par le ministre des travaux pub de concert avec le ministre de l'intérieur, et après avis du min des finances.

En aucun cas, il ne pourra être émis d'obligations pour somme supérieure au montant du capital-actions.

Aucune émission d'obligations ne pourra d'ailleurs être auto avant que les quatre cinquièmes du capital-actions aient été et employés en achats de terrains, travaux, approvisionnements place ou en dépôt de cautionnement, et sous la condition que émissions d'obligations successivement autorisées ne pourront mais dépasser le montant des versements effectués sur le actions.

5. Le ministre de l'intérieur et le ministre des travaux pul sont chargés, chacun en ce qui le concerne, de l'exécution du sent décret, lequel sera inséré au Bulletin des lois.

Fait à Paris, le 11 Avril 1874.

Signé Mal DE MAC MAHON.

Le Ministre des travaux publics,
Signé R. DE LARCY.

CONVENTION.

ı mil huit cent soixante-donze, le vingt-quatre décembre,

re le préfet du département de la Vendée, agissant au nom du département et tn de l'autorisation qui lui a été donnée par le conseil général dans sa séance août 1872, sous réserve de la déclaration d'utilité publique et de l'autorisation ution par décret,

'une part,

ı compagnie des chemins de fer nantais, société anonyme régulièrement cons-, suivant acte passé devant M* *Martineau*, notaire à Nantes, le 16 mai 1870, re-iée par M*. *François Briau*, propriétaire, demeurant à Varades (Loire-Infé-, spécialement autorisé à l'effet des présentes par délibération de l'assemblée ie ordinaire et extraordinaire des actionnaires de ladite compagnie, en date du tembre 1872, dont un extrait est demeuré ci-annexé,

'autre part,

été convenu ce qui suit :

. 1er. Le préfet du département de la Vendée concède au susnommé, qui l'ac-et aux clauses et conditions du cahier des charges ci-annexé, le chemin de ntérêt local de Machecoul à la Roche-sur-Yon, avec embranchement sur Saint-sur-Vie.

Je son côté, le susnommé s'engage, à construire et à exploiter le chemin qui bjet de la présente convention, en se conformant, pour la construction et ntation dudit chemin, aux clauses et conditions générales du cahier des rs ci-dessus mentionné, de manière qu'il puisse être ouvert à l'exploitation le llet 1878 au plus tard.

Le préfet de la Vendée s'engage, au nom de ce département, à payer à la com-ı concessionnaire, à titre de subvention pour l'exécution dudit chemin de fer, me de deux millions trois cent dix mille francs (2,310,000'), qui sera versée ı il suit :

r l'État, la somme de sept cent soixante-dix mille francs, suivant les échéances ront déterminées par le Gouvernement, ci..................... 770,000

r le département, la somme de un million cinq cent quarante francs, payables comme suit :
première moitié par termes semestriels égaux, à partir du com-ment des travaux, de façon qu'elle soit versée intégralement le llet 1878 ;
seconde moitié en six termes annuels égaux, commençant le llet 1879 et finissant le 1er juillet 1884, ci.................... 1,540,000

      SOMME ÉGALE.................... 2,310,000

subvention du département ne sera cependant payée au concessionnaire qu'au à à mesure de l'avancement des travaux, sur des états de situation dressés tous is par la compagnie concessionnaire, vérifiés et approuvés par l'administration tementale.

Dans le cas où l'État n'accorderait pas au département la subvention de sept oixante-dix mille francs (770,000') dont il est parlé à l'article 3 ci-dessus, et celui où la somme de trois cent quatre-vingt-cinq mille francs (385,000') ne se-us souscrite par les communes et les particuliers, la présente convention pourra résiliée par le concessionnaire.

Le concessionnaire ne pourra, sans y être dûment autorisé, passer aucun traité étrocession ou d'exploitation avec une compagnie quelconque, ni contracter avec ı ou plusieurs compagnies aucuns arrangements basés sur des tarifs communs. ins le premier cas, il sera statué par un décret rendu en Conseil d'État, dans les mes formes que le décret à intervenir pour l'approbation de la présente conven-ı, après que les traités auront été approuvés tant par le conseil général du dé-tement que par l'administration supérieure.

Dans le deuxième cas, l'approbation des tarifs communs sera donnée, s'il y a
d'un côté, par le préfet, en ce qui concerne la compagnie concessionnaire, et,
autre côté, par le ministre des travaux publics, pour ce qui regardera les comp
de chemins de fer d'intérêt général qui participeront aux tarifs combinés.

Fait double à la Roche-sur-Yon, les jour, mois et an que devant.

Vu et approuvé :   *Le Préfet*,

Signé F. BRIAU.   Signé GAUJA.

Enregistré à la Roche-sur-Yon, le 26 décembre 1872, folio 127 verso, cases 5
Reçu un franc cinquante centimes et trente centimes pour double décime.
Maigre.

CAHIER DES CHARGES.

———

TITRE Iʳ.

TRACÉ ET CONSTRUCTION.

ART. 1ʳ. Le chemin de fer de Machecoul à la Roche-sur-Yon partira de la l'
du département de la Loire-Inférieure, en un point où il se soudera avec le ch
venant de Nantes, et passera par ou près de Bois-de-Cené, la Garnache, Chal
Soullans, Commequiers, Saint-Maixent-sur-Vie, Aizenay, la Genetouze, Mouill
Captif, et viendra se terminer à la Roche-sur-Yon, dans la gare commune aux
pagnies d'Orléans, des Charentes et de la Vendée.

D'un point de la ligne principale à déterminer entre Saint-Maixent et Coëx,
tachera un embranchement se dirigeant sur Saint-Gilles, passant par ou p
Saint Révérend et l'Aiguillon.

2. Les travaux devront être commencés au plus tard le 1ʳ juillet 1875;
ront terminés dans un délai de trois ans, de manière que le chemin soit prê
et exploité sur toute sa longueur à l'expiration du 1ʳ juillet 1878.

3. Aucun travail ne pourra être entrepris, pour l'établissement du chemin
et de ses dépendances, qu'avec l'autorisation préfectorale.

A cet effet, les projets de tous les travaux à exécuter seront dressés en double
dition et soumis à l'approbation du préfet, qui prescrira, s'il y a lieu, d'y in
telles modifications que de droit; l'une de ces expéditions sera remise a la c
gnie avec le visa du préfet, l'autre demeurera entre les mains de l'administrati

Ces projets comprendront notamment :
Un plan général à l'échelle de un dix-millième ;
Un profil en long et les profils en travers types;
Des plans de détail à l'échelle de un millième, indiquant notamment les ei
ments et les dispositions des stations et de leurs abords, les ouvrages projeté
rencontre des cours d'eau et des voies de communication;
Les dessins des types d'ouvrages d'art et des bâtiments à exécuter;
Une notice explicative dans laquelle les dispositions essentielles des projets
justifiées.

Avant comme pendant l'exécution, la compagnie aura la faculté de propo
projets approuvés les modifications qu'elle jugerait utiles, mais ces modificati
pourront être exécutées que moyennant l'approbation du préfet.

4. Le concessionnaire pourra prendre copie de tous les plans, nivellemt
devis qui pourraient avoir été antérieurement dressés aux frais de l'Etat ou de
partement.

5. Les terrains seront acquis et les travaux exécutés pour une seule voie, sauf
les stations ou autres points où il serait nécessaire d'établir plusieurs voies.

6. La largeur de la voie entre les bords intérieurs des rails devra être de un
quarante-quatre centimètres (1ᵐ,44) à un mètre quarante-cinq centimètres (1
Dans les parties à deux voies, la largeur de l'entre-voie, mesurée entre les
des rails, sera de deux mètres (2ᵐ,00) au minimum.

La largeur des accotements, c'est-à-dire des parties comprises de chaque côté

bord extérieur du rail et l'arête supérieure du ballast, sera de soixante-quinze
centimètres (o^m,75) au moins.

Dans les parties en remblai, on ménagera au pied de chaque talus du ballast une
banquette de cinquante centimètres (o^m,5o) de largeur. Cette disposition est obligatoire en déblai comme en remblai.

La compagnie établira le long du chemin de fer les fossés et rigoles nécessaires
pour l'assèchement de la voie et l'écoulement des eaux.

7. Les alignements seront raccordés entre eux par des courbes dont le rayon ne
pourra être inférieur à trois cents mètres (3oo^m,oo).

Une partie droite de cent mètres (1oo^m,oo) au moins de longueur sera ménagée
entre deux courbes consécutives, lorsqu'elles seront dirigées en sens contraire. Une
partie horizontale de cent mètres (1oo^m,oo) au moins sera interposée entre deux
fortes déclivités consécutives, lorsque ces déclivités se succéderont en sens contraire, et de manière à verser leurs eaux au même point.

Le maximum de l'inclinaison des pentes et rampes est fixé à quinze millimètres
(o^m,o15).

8. Lorsque le chemin de fer devra passer au-dessus des routes ou autres chemins publics, les dimensions, les ouvertures des viaducs et les largeurs entre les parapets seront fixées par le préfet, en tenant compte des circonstances locales, et
les dimensions minima seront les mêmes que sur le chemin de fer des Charentes.

9. Les souterrains à établir pour le passage du chemin de fer pourront n'avoir que
quatre mètres cinquante centimètres (4^m,5o) de largeur entre les pieds-droits au niveau des rails, et quatre mètres quatre-vingts centimètres (4^m,8o) de hauteur verticale au-dessus de la surface des rails.

10. Dans le cas où des routes ou autres chemins publics ou privés seraient traversés
à niveau par le chemin de fer, les rails devront être posés sans saillie ni dépression
sensibles sur la surface de ces routes et chemins, de telle sorte qu'il n'en résulte
aucune gêne pour la circulation des voitures.

Le croisement à niveau du chemin de fer et des routes ou chemins pourra s'effectuer sous un angle de quarante-cinq degrés (45°).

Les passages à niveau seront munis de barrières toutes les fois que l'utilité en
sera reconnue par l'administration.

11. Les bâtiments destinés aux voyageurs pourront consister en des hangars-abris
fermés de trois côtés seulement et munis de banquettes.

Le nombre, l'emplacement et l'étendue des stations de voyageurs et des gares de
marchandises seront déterminés par le préfet, sur les propositions de la compagnie,
après une enquête spéciale.

La compagnie pourra, moyennant l'autorisation préfectorale, établir entre les stations de simples haltes ou arrêts sans aucun aménagement particulier, aux points où
lui paraîtra utile.

12. L'administration pourra obliger le concessionnaire à poser des clôtures sur les
lignes du chemin où elle le jugera utile.

Lorsqu'il y aura lieu de modifier l'emplacement ou le profil des routes existantes,
l'inclinaison des pentes ou rampes sur les routes modifiées ne pourra excéder trois
centimètres (o^m,o3) pour les routes nationales, et cinq centimètres (o^m,o5) pour les
chemins vicinaux et les routes départementales.

L'administration restera libre, toutefois, d'apprécier les circonstances qui pourront motiver une dérogation à cette clause, comme à celle qui est relative à l'angle
du croisement des passages à niveau.

13. La compagnie sera tenue de rétablir à ses frais l'écoulement de toutes les
eaux dont le cours serait arrêté, suspendu ou modifié par ses travaux, et de prendre
les mesures nécessaires pour prévenir l'insalubrité pouvant résulter des chambres
d'emprunt.

Les viaducs à construire à la rencontre des rivières, des canaux et des cours d'eau
quelconques auront au moins quatre mètres (4^m,oo) de largeur entre les parapets.

La hauteur de ces parapets sera de quatre-vingts centimètres (o^m,8o).

Quant au débouché des viaducs et ponts, il sera déterminé, dans chaque cas particulier, par le préfet, suivant les circonstances locales.

14. À la rencontre des cours d'eau flottables ou navigables, le concessionnaire sera
tenu de prendre toutes les mesures et de payer tous les frais nécessaires pour que le
service de la navigation ou du flottage n'éprouve ni interruption ni entrave pendant
l'exécution des travaux.

A la rencontre des routes nationales ou départementales et des autres ch
publics, il sera construit des chemins et ponts provisoires, par les soins et au
de la compagnie, partout où cela sera jugé nécessaire pour que la cir
n'éprouve ni interruption ni gêne.

Avant que les communications existantes puissent être interceptées, une
naissance sera faite par les ingénieurs de la localité à l'effet de constater si
vrages provisoires présentent une solidité suffisante et s'ils peuvent assurer le
de la circulation.

Un délai sera fixé par l'administration pour l'exécution des travaux définiti
nés à rétablir les communications interceptées.

15. Le concessionnaire n'emploiera, dans l'exécution des ouvrages, que d
tériaux de bonne qualité; il sera tenu de se conformer aux règles de l'art, d
nière à obtenir une construction parfaitement solide.

Tous les aqueducs, ponceaux, ponts et viaducs à construire à la rencontr
divers cours d'eau et des chemins publics ou particuliers seront en maçonnerie
fer.

16. Le poids des rails sera au moins de trente-cinq kilogrammes (35^k) par
courant sur la voie de circulation, que ces rails soient posés sur traverses
longrines.

17. Tous les terrains nécessaires pour l'établissement du chemin de fer et
dépendances, pour la déviation des voies de communication et des cours d'
en général, pour l'exécution des travaux, quels qu'ils soient, auxquels cet
ment pourra donner lieu, seront achetés et payés par le concessionnaire.

Les indemnités pour occupation temporaire ou pour détérioration de t
pour chômage, modification ou destruction d'usines, et pour tous dommag
conques résultant des travaux, seront supportées et payées par la compag

18. L'entreprise étant d'utilité publique, la compagnie est investie, pour l'e
des travaux dépendant de sa concession, de tous les droits que les lois et règ
confèrent à l'administration en matière de travaux publics, soit pour l'acquisi
terrains par voie d'expropriation, soit pour l'extraction, le transport ou le dé
terres, matériaux, etc., et elle demeure en même temps soumise à toutes les
tions qui dérivent, pour l'administration, de ces lois et règlements.

19. Si la ligne du chemin de fer traverse un sol déjà concédé pour l'expl
d'une mine, l'administration déterminera les mesures à prendre pour que l'
sement du chemin de fer ne nuise pas à l'exploitation de la mine, et réci
pour que, le cas échéant, l'exploitation de la mine ne compromette pas l'e
du chemin de fer.

Les travaux de consolidation à faire dans l'intérieur de la mine, à raison de
versée du chemin de fer, et tous les dommages causés par cette traversée au
cessionnaires de la mine, seront à la charge du concessionnaire.

19 bis. Si le chemin de fer doit s'étendre sur des terrains renfermant des
ou les traverser souterrainement, il ne pourra être livré à la circulation avant
excavations qui pourraient en compromettre la solidité aient été remblayées
solidées. L'administration déterminera la nature et l'étendue des travau
conviendra d'entreprendre à cet effet, et qui seront d'ailleurs exécutés par les
aux frais de la compagnie concessionnaire.

20. Pour l'exécution des travaux, la compagnie se soumettra aux décisions
térielles concernant l'interdiction du travail les dimanches et jours fériés.

21. La compagnie exécutera les travaux par des moyens et agents à son
mais en restant soumise au contrôle et à la surveillance de l'administration
mentale.

Ce contrôle et cette surveillance auront pour objet d'empêcher la compa
s'écarter des dispositions prescrites par le présent cahier des charges, et de cel
résulteront des projets approuvés.

22. A mesure que les travaux seront terminés sur des parties de chemin
susceptibles d'être livrées utilement à la circulation, il sera procédé, sur la
du concessionnaire, à la reconnaissance et, s'il y a lieu, à la réception
de ces travaux par un ou plusieurs commissaires que le préfet désignera.

Sur le vu du procès-verbal de cette reconnaissance, le préfet autoriser
lieu, la mise en exploitation des parties dont il s'agit; après cette autori
compagnie pourra mettre lesdites parties en service et y percevoir les taxes
déterminées.

itefois, ces réceptions partielles ne deviendront définitives que par la réception
le et définitive du chemin de fer.

Après l'achèvement total des travaux, et dans le délai qui sera fixé par l'admi-
tion, la compagnie fera faire à frais communs avec le département un bornage
dictoire et un plan cadastral du chemin de fer et de ses dépendances.

Il sera dressé également à frais communs avec le département, et contradictoi-
il avec l'administration, un état descriptif de tous les ouvrages d'art qui auront
écutés, ledit état accompagné d'un atlas contenant un dessin coté de tous les
ges.

L'expédition dûment certifiée des procès-verbaux de bornage, du plan cadastral,
at descriptif et de l'atlas sera dressée à frais communs avec le département et
e dans les archives de la préfecture.

terrains acquis par la compagnie postérieurement au bornage général, en vue
isfaire aux besoins de l'exploitation, et qui par cela même deviendront partie
ante du chemin de fer, donneront lieu, au fur et à mesure de leur acquisi-
des bornages supplémentaires, et seront ajoutés sur le plan cadastral; addi-
ta également faite sur l'atlas de tous les ouvrages d'art exécutés postérieure-
à sa rédaction.

TITRE II

ENTRETIEN ET EXPLOITATION.

Le chemin de fer et ses dépendances seront constamment entretenus en bon
le manière que la circulation y soit toujours facile et sûre.

frais d'entretien et ceux auxquels donneront lieu les réparations ordinaires et
ordinaires seront entièrement à la charge de la compagnie.

Ce chemin de fer, une fois achevé, n'est pas constamment entretenu en bon
il y sera pourvu d'office à la diligence de l'administration préfectorale et aux
e la compagnie, sans préjudice, s'il y a lieu, de l'application des dispositions
des ci-après dans l'article 33.

La compagnie sera tenue d'établir à ses frais, partout où besoin sera, des gar-
en nombre suffisant pour assurer la sécurité du passage des trains sur la voie et
e la circulation ordinaire sur les points où le chemin de fer sera traversé à ni-
ar des routes ou chemins et où des barrières seront jugées indispensables.

La compagnie sera autorisée à employer soit des machines locomotives-ten-
soit des machines locomotives avec tenders séparés, construites d'ailleurs sur
meilleurs modèles; elles devront satisfaire à toutes les conditions prescrites ou
crire par l'administration pour la mise en service de ce genre de machines.

voitures de voyageurs seront suspendues sur ressorts et garnies de banquettes.
aura de deux classes au moins, dont une mixte comprenant un compartiment
mière.

voitures de première classe seront couvertes garnies et fermées à glaces ou
s, munies de rideaux; celles de deuxième classe seront couvertes, fermées à
on à vitres, munies de rideaux, et auront des banquettes rembourrées; celles
sième classe seront couvertes, fermées à vitres et auront des banquettes à
r.

compagnie sera autorisée à établir des impériales couvertes.

intérieur de chacun des compartiments de toute classe contiendra l'indication du
e des places de ce compartiment.

es les parties du matériel roulant seront de bonne et solide construction.

mpagnie sera tenue, pour la mise en service de ce matériel, de se soumettre
s règlements sur la matière.

Des règlements arrêtés par le préfet, après que la compagnie aura été en-
e, détermineront les mesures et les dispositions nécessaires pour assurer la po-
t l'exploitation du chemin de fer, ainsi que la conservation des ouvrages qui
pendent.

es les dépenses qu'entraînera l'exécution des mesures prescrites en vertu de
glements seront à la charge de la compagnie.

compagnie sera tenue de soumettre à l'approbation du préfet les règlements gé-
x relatifs au service et à l'exploitation du chemin de fer.

préfet déterminera, sur la proposition de la compagnie, le minimum et le maximum de vitesse des convois de voyageurs et de marchandises, ainsi que la du trajet et le nombre des trains qui devront être établis pour le service j de la ligne.

28. Pour ce qui concerne l'entretien et les réparations du chemin de fer dépendances, l'entretien du matériel et le service de l'exploitation, la sera soumise au contrôle et à la surveillance de l'administration.

Outre la surveillance ordinaire, l'administration déléguera, aussi souvent le jugera utile, un ou plusieurs commissaires pour reconnaître et constater l' chemin de fer, de ses dépendances et du matériel.

TITRE III.

DURÉE, RACHAT ET DÉCHÉANCE DE LA CONCESSION.

29. La durée de la concession pour la ligne mentionnée à l'article 1ᵉʳ du p cahier des charges sera de quatre-vingt-dix-neuf ans.

Elle commencera à courir à l'expiration du délai fixé pour l'achèvement vaux par l'article 2 du cahier des charges.

30. A l'époque fixée pour l'expiration de la concession, et par le seul cette expiration, le département sera subrogé à tous les droits de la com sur le chemin de fer et ses dépendances, et il entrera immédiatement en jouis de tous leurs produits.

La compagnie sera tenue de lui remettre en bon état d'entreti le chem fer et tous les immeubles qui en dépendent, quelle qu'en soit l'origine, tels les bâtiments des gares et stations, les remises, ateliers et dépôts, les ma garde, etc. Il en sera de même de tous les objets immobiliers dépendant é; dudit chemin de fer, tels que les barrières et clôtures, les voies, changer voies, plaques tournantes, réservoirs d'eau, grues hydrauliques, machines fi

Dans les cinq dernières années qui précéderont le terme de la con département aura le droit de saisir les revenus du chemin de fer et de ses d dances, si la compagnie ne se mettait pas en mesure de satisfaire pleinem entièrement à cette obligation.

En ce qui concerne les objets mobiliers, tels que le matériel roulant, les riaux, combustibles et approvisionnements de tout genre, le mobilier des sta l'outillage des ateliers et des gares, le département sera tenu, si la compagn requiert, de reprendre tous ces objets sur l'estimation qui en sera faite à dire perts, et réciproquement, si le département le requiert, la compagnie sera t de les céder de la même manière.

Toutefois, le département ne pourra être tenu de reprendre que les appro nements nécessaires à l'exploitation du chemin pendant six mois.

31. A toute époque après l'expiration des quinze premières années de l'exploit le département aura la faculté de racheter la concession entière du chemin de

Pour régler le prix du rachat, on relèvera les produits annuels nets obtenus compagnie pendant les sept années qui auront précédé celle où le rachat sera tué; on en déduira les produits nets des deux plus faibles années, et l'on étab produit moyen des cinq autres années.

Ce produit net moyen formera le montant d'une annuité qui sera due et payé compagnie pendant chacune des années restant à courir sur la durée de la conce.

Dans aucun cas, le montant de l'annuité ue sera inférieur au produit net dernière des sept années prises pour terme de comparaison.

La compagnie recevra en outre, dans les trois mois qui suivront le rachat remboursements auxquels elle aurait droit à l'expiration de la concession, l'article 30 ci-dessus.

32. Faute par la compagnie d'avoir terminé les travaux dans le délai fixé par ticle 2, faute aussi par elle d'avoir rempli les diverses obligations qui lui sont im par le présent cahier des charges, elle encourra la déchéance, et il sera pourvu la continuation et à l'achèvement des travaux qu'à l'exécution des autres enga contractés par la compagnie, au moyen d'une adjudication que l'on ouvrira mise à prix des ouvrages exécutés, des matériaux approvisionnés et des par chemin de fer déjà livrées à l'exploitation.

Les soumissions pourront être inférieures à la mise à prix.

La nouvelle compagnie sera soumise aux clauses du présent cahier des et la compagnie évincée recevra le prix que la nouvelle adjudication aura fixé.

l'adjudication ouverte n'amène aucun résultat, une seconde adjudication sera
sur les mêmes bases, après un délai de trois mois; si cette seconde tentative
également sans résultat, la compagnie sera définitivement déchue de tous
, et alors les ouvrages exécutés, les matériaux approvisionnés et les parties du
n de fer déjà livrées à l'exploitation appartiendront au département.

Si l'exploitation du chemin de fer vient à être interrompue en totalité ou en
le préfet prendra immédiatement, aux frais et risques de la compagnie, les
ures nécessaires pour assurer provisoirement le service.

, dans les trois mois de l'organisation du service provisoire, la compagnie n'a
valablement justifié qu'elle est en état de reprendre et de continuer l'exploita-
, et si elle ne l'a pas effectivement reprise, la déchéance pourra être prononcée
le préfet en conseil de préfecture, sauf recours au Conseil d'État; la compa-
sera déchue de tous droits, et il sera procédé à une adjudication comme il est
l'article précédent.

. Les dispositions des trois articles qui précèdent cesseraient d'être applicables,
déchéance ne serait pas encourue, dans le cas où la compagnie n'aurait pu
lir ses obligations par suite de circonstances de force majeure dûment cons-

TITRE IV.

VENTIONS TAXES ET CONDITIONS RELATIVES AU TRANSPORT DES VOYAGEURS ET DES MARCHANDISES.

En sus des subventions accordées par l'État et par le département à la com-
concessionnaire par le traité en date de ce jour, et pour l'indemniser des tra-
t dépenses qu'elle s'engage à faire par le présent cahier des charges, et sous
dition expresse qu'elle en remplira exactement toutes les obligations, le dé-
lement lui accorde l'autorisation de percevoir, pendant toute la durée de la
ssion, les droits de péage et les prix de transport ci-après déterminés :

TARIF. 1° PAR TÊTE ET PAR KILOMÈTRE.	de péage.	de transport.	TOTAUX.
Grande vitesse.	fr. c.	fr. c.	fr. c.
Voitures couvertes, garnies et fermées à glaces ou à vitres (1re classe)......	0 067	0 033	0 10
Voitures couvertes, fermées à glaces ou à vitres, avec banquettes rembourrées, avec ou sans impériales (2e classe)........	0 055	0 025	0 08
Voitures couvertes, fermées à vitres, avec banquettes à dossier (3e classe)........	0 042	0 018	0 06
Au-dessous de trois ans, les enfants ne payent rien, à la condition d'être portés sur les genoux des personnes qui les accompagnent. De trois à sept ans, ils payeront demi-place et auront droit à une place distincte; toutefois, dans un même compartiment, deux enfants ne pourront occuper que la place d'un voyageur.			
Au-dessus de sept ans, ils payeront place entière.			
transportés dans les trains de voyageurs...............	0 010	0 005	0 015
(Sans que la perception puisse être inférieure à 0' 30°.)			
Petite vitesse.			
, vaches, taureaux, chevaux, mulets, bêtes de trait........	0 07	0 03	0 10
et porcs..................................	0 025	0 015	0 04
ns, agneaux, brebis et chèvres...............	0 01	0 01	0 02
orsque les animaux ci-dessus dénommés seront, sur la de- de des expéditeurs, transportés à la vitesse des trains de voya- , les prix seront doublés.			
2° PAR TONNE ET PAR KILOMÈTRE.			
Marchandises transportées à grande vitesse.			
, poissons frais, denrées, excédants de bagages et marchan- de toute classe transportées à la vitesse des trains de voya-	0 30	0 20	0 50

	de péage.		

Marchandises transportées à petite vitesse.

	fr. c.	fr. c.	fr.
1re classe. — Spiritueux. — Huiles. — Bois de menuiserie, de teinture et autres bois exotiques. — Produits chimiques non dénommés. — Œufs. — Viande fraiche. — Gibier. — Sucre. — Café. — Drogues. — Épiceries. — Tissus. — Denrées coloniales. — Objets manufacturés. — Armes..................................	0 09	0 07	0
2° classe. — Blés. — Grains. — Farines. — Légumes farineux. — Riz. — Maïs. — Châtaignes et autres denrées alimentaires non dénommées. — Chaux. — Plâtre. — Charbon de bois. — Bois a brûler dit *de corde.* — Perches. — Chevrons. — Planches. — Madriers. — Bois de charpente. — Marbre en bloc. — Albâtre. — Bitume. — Cotons. — Laines. — Vins. — Vinaigres. — Boissons. — Bières. — Levûre sèche. — Coke. — Fers. — Cuivre. — Plomb et autres métaux ouvrés ou non. — Fontes moulées.............	0 08	0 06	0 14
3° classe. — Pierres de taille et produits de carrière. — Minerais autre que les minerais de fer. — Fonte brute. — Sel. — Moellons. — Meulières. — Argiles. — Briques. — Ardoises..........	0 06	0 04	0
4° classe. — Houille. — Marnes. — Cendres. — Fumiers et engrais. — Pierres à chaux et à plâtre. — Pavés et matériaux pour la construction et la réparation des routes. — Minerais de fer. — Cailloux et sables...	0 045	0 035	0

3° PAR PIÈCE ET PAR KILOMÈTRE.

Voitures et matériel roulant transportés à petite vitesse.

Wagon ou chariot pouvant porter de trois à six tonnes............	0 15	0 10	0
Wagon ou chariot pouvant porter plus de six tonnes..............	0 20	0 10	0
Locomotive pesant de douze à dix-huit tonnes (ne traînant pas de convoi)...	2 25	1 50	3
Locomotive pesant plus de dix-huit tonnes (ne traînant pas de convoi)..	3 00	1 50	4
Tender de sept à dix tonnes...	1 35	0 90	2
Tender de plus de dix tonnes......................................	2 00	1 00	3

Les machines locomotives seront considérées comme ne traînant pas de convoi, lorsque le convoi remorqué, soit de voyageurs, soit de marchandises, ne comportera pas un péage au moins égal à celui qui serait perçu sur la locomotive avec son tender marchant sans rien traîner.

Le prix à payer pour un wagon chargé ne pourra jamais être inférieur à celui qui serait dû pour un wagon marchant à vide.

Voitures a deux ou quatre roues, à un fond et à une seule banquette dans l'intérieur..	0 18	0 14	0
Voitures a quatre roues, à deux fonds et à deux banquettes dans l'intérieur, omnibus, diligences, etc...........................	0 25	0 15	0

Lorsque, sur la demande des expéditeurs, les transports auront lieu à la vitesse des trains de voyageurs, les prix ci-dessus seront doublés.

Dans ce cas, deux personnes pourront, sans supplément de prix, voyager dans les voitures à une banquette et trois dans les voitures à deux banquettes, omnibus, diligences, etc. Les voyageurs excédant ce nombre payeront le prix des places de deuxième classe.

Voitures de déménagement à deux ou à quatre roues.............	0 20	0 10	0
Ces voitures, lorsqu'elles seront chargées, payeront en sus, par tonne de chargement et par kilomètre...	0 10	0 08	0

4° SERVICE DES POMPES FUNÈBRES ET TRANSPORT DES CERCUEILS.

Grande vitesse.

Une voiture des pompes funèbres renfermant un ou plusieurs cercueils sera transportée aux mêmes prix et conditions qu'une voiture à quatre roues, à deux fonds et à deux banquettes............	0 36	0 28	0 64
Chaque cercueil confié à l'administration du chemin de fer sera transporté, dans un compartiment isolé, au prix de............	0 18	0 12	0 30

prix ci-dessus déterminés pour les transports à grande vitesse ne comprennent
l'impôt dû à l'État.

est expressément entendu que les prix de transport ne seront dus à la compagnie
utant qu'elle effectuerait elle-même ces transports à ses frais et par ses propres
ens; dans le cas contraire, elle n'aura droit qu'aux prix fixés pour le péage.

perception aura lieu d'après le nombre de kilomètres parcourus. Tout kilomètre
é sera payé comme s'il avait été parcouru en entier.

la distance parcourue est inférieure à six kilomètres, elle sera comptée pour
lomètres.

poids de la tonne est de mille kilogrammes.

i fractions de poids ne seront comptées, tant pour la grande que pour la petite
e, que par centième de tonne ou par dix kilogrammes.

, tout le poids compris entre zéro et dix kilogrammes payera comme dix kilo-
es; entre dix et vingt kilogrammes, comme vingt kilogrammes, etc.

efois, pour les excédants de bagages et marchandises à grande vitesse, les
s seront établies :

De zéro à cinq kilogrammes;
Au-dessus de cinq jusqu'à dix kilogrammes;
Au-dessus de dix kilogrammes, par fraction indivisible de dix kilogrammes.

elle que soit la distance parcourue, le prix d'une expédition quelconque, soit
nde, soit en petite vitesse, ne pourra être moindre de quarante centimes.

La compagnie aura la faculté de faire délivrer des billets de voyageurs par les
cteurs de trains en mouvement, sous la réserve d'appliquer le système de
le qui lui paraîtra le plus avantageux.

A moins d'une autorisation spéciale et révocable de l'administration, ou de
stances de force majeure, tout train régulier de voyageurs devra contenir des
de toute classe en nombre suffisant pour toutes les personnes qui se pré-
ient dans les bureaux du chemin de fer.

chaque train, la compagnie aura la faculté de placer des voitures à comparti-
spéciaux pour lesquels il sera établi des prix particuliers que l'administration
, sur la proposition de la compagnie; mais le nombre des places à donner
es compartiments ne pourra dépasser le cinquième du nombre total des places
in.

Tout voyageur dont le bagage ne pèsera pas plus de trente kilogrammes
à payer, pour le port de ce bagage, aucun supplément du prix de sa place.

tte franchise ne s'appliquera pas aux enfants transportés gratuitement, et elle
réduite à vingt kilogrammes pour les enfants transportés à moitié prix.

. Les animaux, denrées, marchandises, effets et autres objets non désignés
le tarif sont rangés, pour les droits à percevoir, dans les classes avec les-
es ils auront le plus d'analogie, sans que jamais, sauf les exceptions formulées
        40 et 41 ci-après, aucune marchandise non dénommée puisse être sou-
une taxe supérieure à celle de la première classe du tarif ci-dessus.

ssimilations de classes pourront être provisoirement réglées par la compa-
mais elles seront soumises immédiatement à l'administration, qui prononcera
vement.

Les droits de péage et les prix de transport déterminés au tarif ne sont point
bles à toute masse indivisible pesant plus de trois mille kilogrammes.

ns, la compagnie ne pourra se refuser à transporter les masses indivi-
nt de trois à cinq mille kilogrammes; mais les droits de péage et les prix
seront augmentés de moitié.

mpagnie ne pourra être contrainte à transporter les masses pesant plus de
le kilogrammes.

onbstant la disposition qui précède, la compagnie transporte des masses in-
s pesant plus de cinq mille kilogrammes, elle devra, pendant trois mois au
accorder les mêmes facilités à tous ceux qui en feront la demande.

ce cas, les prix des transports seront fixés par l'administration, sur la pro-
n de la compagnie.

Les prix de transport déterminés au tarif ne sont point applicables :
ux denrées ou objets qui ne sont pas nommément énoncés dans le tarif et qui
ient pas deux cents kilogrammes sous le volume d'un mètre cube;

Aux matières inflammables et explosibles, aux animaux et objets dangereux,
r lesquels des règlements de police prescriraient des précautions spéciales;

27...

3° Aux animaux dont la valeur déclarée excéderait cinq mille francs;

4° A l'or et à l'argent, soit en lingots, soit monnayés ou travaillés, au plu ou d'argent, au mercure et au platine, ainsi qu'aux bijoux, dentelles, pi cieuses, objets d'art et autres valeurs;

5° En général, à tous les paquets, colis ou excédants de bagages pesa ment quarante kilogrammes et au-dessous.

Toutefois, les prix de transport déterminés au tarif sont applicables à tou quets ou colis, quoique emballés à part, s'ils font partie d'envois pesant plus de quarante kilogrammes d'objets envoyés par une même personne à une personne.

Il en sera de même pour les excédants de bagages qui pèseraient ensemble lément plus de quarante kilogrammes.

Le bénéfice de la disposition énoncée dans le paragraphe précédent, en concerne les paquets ou colis, ne peut être invoqué par les entrepreneurs de geries et de roulage et autres intermédiaires de transport, à moins que les par eux envoyés ne soient réunis en un seul colis.

Dans les cinq cas ci-dessus spécifiés, les prix de transport seront arrêtés a lement par l'administration, tant pour la grande que pour la petite vitesse, sur position de la compagnie.

En ce qui concerne les paquets ou colis mentionnés au paragraphe 5° ci les prix de transport devront être calculés de telle manière qu'en aucun cas ces paquets ou colis ne puisse payer un prix plus élevé qu'un article de même pesant plus de quarante kilogrammes.

42. Dans le cas où la compagnie jugerait convenable, soit pour le parcour soit pour le parcours partiel de la voie de fer, d'abaisser, avec ou sans con au-dessous des limites déterminées par le tarif les taxes qu'elle est autorisée cevoir, les taxes abaissées ne pourront être relevées qu'après un délai de trois au moins pour les voyageurs et de six mois pour les marchandises.

Toute modification de tarif proposée par la compagnie sera annoncée un d'avance par des affiches.

La perception des tarifs modifiés ne pourra avoir lieu qu'après l'homologa préfet, conformément aux dispositions de la loi du 12 juillet 1865.

La perception des taxes devra se faire indistinctement et sans aucune faveu

Tout traité particulier qui aurait pour effet d'accorder à un ou plusieurs ex une réduction sur les tarifs approuvés demeure formellement interdit.

Toutefois, cette disposition n'est pas applicable aux traités qui pourraie venir entre le Gouvernement et la compagnie dans l'intérêt des services pu aux réductions ou remises qui seraient accordées par la compagnie aux indi

En cas d'abaissement des tarifs, la réduction portera proportionnellemer péage et sur le transport.

43. La compagnie sera tenue d'effectuer constamment avec soin, exact célérité, et sans tour de faveur, le transport des voyageurs, bestiaux, denrée chandises et objets quelconques qui lui seront confiés.

Les colis, bestiaux et objets quelconques seront inscrits, à la gare d'où ils et à la gare où ils arrivent, sur des registres spéciaux, au fur et à mesure réception; mention sera faite, sur les registres de la gare du départ, du prix pour leur transport.

Pour les marchandises ayant une même destination, les expéditions auront suivant l'ordre de leur inscription à la gare de départ.

Toute expédition de marchandises sera constatée, si l'expéditeur le demande, une lettre de voiture dont un exemplaire restera dans les mains de la l'autre entre les mains de l'expéditeur.

Dans le cas où l'expéditeur ne demanderait pas de lettre de voiture, la sera tenue de lui délivrer un récépissé qui énoncera la nature et le poid le prix total du transport et le délai dans lequel ce transport devra être ef

44. Les animaux, denrées, marchandises et objets quelconques seront livrés de gare en gare dans les délais résultant des conditions ci-après exp

1° Les animaux, denrées, marchandises et objets quelconques à gra seront expédiés par le premier train de voyageurs comprenant des voitur classe et correspondant avec leur destination, pourvu qu'ils aient été l'enregistrement trois heures avant le départ du train.

ls seront mis à la disposition des destinataires, à la gare, dans un délai de deux
res après l'arrivée du train.

Les animaux, denrées, marchandises et objets quelconques à petite vitesse
ont expédiés dans le jour qui suivra celui de la remise; toutefois, l'administration
ra étendre ce délai à deux jours.

e maximum de durée du trajet sera fixé par l'administration, sur la proposition de
mpagnie, sans que ce maximum puisse excéder vingt-quatre heures par fraction
sible de cent vingt-cinq kilomètres.

e colis seront mis à la disposition du destinataire, à la gare, dans le jour qui sui-
celui de leur arrivée en gare.

a délai total résultant des trois paragraphes ci-dessus sera seul obligatoire pour la
pagnie.

ourra être établi un tarif réduit, approuvé par le préfet, pour tout expéditeur
cceptera des délais plus longs que ceux déterminés ci-dessus pour la petite
e.

dministration déterminera, par des règlements spéciaux, les heures d'ouver-
et de fermeture des gares et stations, tant en hiver qu'en été.

service de nuit n'est pas obligatoire pour la compagnie.

sque d'une marchandise devra passer d'une ligne sur une autre sans solution de
nuité, les délais de livraison et d'expédition au point de jonction seront fixés
administration, sur la proposition de la compagnie.

Les frais accessoires non mentionnés dans les tarifs, tels que ceux d'enregistre-
t, de chargement, de déchargement et de magasinage dans les gares et magasins
emin de fer, seront fixés annuellement par l'administration, sur la proposition
compagnie.

ns certaines gares, la compagnie pourra ne pas être obligée à faire les charge-
ts et déchargements; cette autorisation sera donnée par le préfet, sur la propo-
a de la compagnie.

La compagnie sera tenue de faire, soit par elle-même, soit par un intermédiaire
elle répondra, le factage et le camionnage pour la remise au domicile des des-
aires de toutes les marchandises qui lui seront confiées.

factage et le camionnage ne seront point obligatoires en dehors du rayon de l'oc-
non plus que pour les gares qui desserviraient, soit une population agglomérée
ins de cinq mille habitants, soit un centre de population de cinq mille habi-
situé à plus de cinq kilomètres de la gare du chemin de fer.

tarifs à percevoir seront fixés par l'administration, sur la proposition de la
gnie; ils seront applicables à tout le monde sans distinction.

tefois, les expéditeurs et destinataires resteront libres de faire eux-mêmes, à
frais, le factage et le camionnage des marchandises.

À moins d'une autorisation spéciale de l'administration, il est interdit à la
gnie, conformément à l'article 14 de la loi du 15 juillet 1845, de faire directe-
ou indirectement avec des entreprises de transport de voyageurs et de mar-
dises par terre ou par eau, sous quelque dénomination ou forme que ce puisse
des arrangements qui ne seraient pas consentis en faveur de toutes les entre-
s desservant les mêmes voies de communication.

TITRE V.

STIPULATIONS RELATIVES À DIVERS SERVICES PUBLICS.

Les militaires ou marins voyageant en corps, aussi bien que les militaires ou
s voyageant isolément pour cause de service, envoyés en congé limité ou en
ission, ou rentrant dans leurs foyers après libération, ne seront assujettis, eux,
chevaux et leurs bagages, qu'à la moitié de la taxe du tarif fixé par le présent
r des charges.

e Gouvernement avait besoin de diriger des troupes et un matériel militaire ou
l sur l'un des points desservis par le chemin de fer, la compagnie serait tenue
ettre immédiatement à sa disposition, pour la moitié de la taxe du même tarif,
es moyens de transport.

s agents voyers, dans la limite de leur circonscription, payeront demi-place.

. Les fonctionnaires ou agents chargés de l'inspection, du contrôle et de la surveillance du chemin de fer, le préfet, le sous-préfet, le secrétaire général transportés gratuitement dans les voitures de la compagnie.

La même faculté est accordée aux agents des contributions indirectes et des do chargés de la surveillance des chemins de fer dans l'intérêt de la perceptic l'impôt.

50. Le service des lettres et dépêches sera fait comme il suit :

1° A chacun des trains de voyageurs et de marchandises circulant aux h ordinaires de l'exploitation, la compagnie sera tenue de réserver gratuiteme compartiment spécial d'une voiture de deuxième classe, ou, un espace équiv pour recevoir les lettres, les dépêches et les agents nécessaires au service des p le surplus de la voiture restant à la disposition de la compagnie.

2° Si le volume des dépêches ou la nature du service rend insuffisante la capacité compartiment à deux banquettes, de sorte qu'il y ait lieu d'en occuper un deuxi me compagnie sera tenue de le livrer, et il sera payé à la compagnie, pour la location ce deuxième compartiment, vingt centimes par kilomètre parcouru.

Lorsque la compagnie voudra changer les heures de départ de ses convois naires, elle sera tenue d'en avertir l'administration des postes quinze jours à l'a

3° La compagnie sera tenue de transporter gratuitement, par tous les convois voyageurs, tout agent des postes chargé d'une mission ou d'un service accidente porteur d'un ordre de service régulier délivré à Paris par le directeur général postes. Il sera accordé à l'agent des postes en mission une place de voiture deuxième classe, ou de première classe, si le convoi ne comporte pas de voitures deuxième classe.

4° L'administration se réserve d'établir à ses frais, sans indemnité, mais a sans responsabilité pour la compagnie, tous poteaux ou appareils nécessai l'échange des dépêches sans arrêt de train, à la condition que ces appareils leur nature ou leur position, n'apportent pas d'entraves aux différents service la ligne et des stations.

5° Les employés chargés de la surveillance du service, les préposés à l'éch ou à l'entrepôt des dépêches, auront accès dans les gares ou stations jour l'exé cution de leur service, en se conformant aux règlements de police intérieure compagnie.

51. La compagnie sera tenue, à toute réquisition, de faire partir par co ordinaire les wagons ou voitures cellulaires employés au transport des préve accusés ou condamnés.

Les wagons et les voitures employés au service dont il s'agit seront construit frais de l'État ou des départements; leurs formes et dimensions seront détermi de concert par le ministre de l'intérieur et par le ministre des travaux publi compagnie entendue.

Les employés de l'administration, les gardiens et les prisonniers placés da wagons ou voitures cellulaires ne seront assujettis qu'à la moitié de la taxe cable aux places de troisième classe, telle qu'elle est fixée par le présent cahier charges.

Les gendarmes placés dans les mêmes voitures ne payeront que la moitié même taxe.

Le transport des wagons et des voitures sera gratuit.

Dans le cas où l'administration voudrait, pour le transport des prisonniers, usage des voitures de la compagnie, celle-ci serait tenue de mettre à sa dispos un ou plusieurs compartiments spéciaux de voitures de deuxième classe à banquettes. Le prix de location en sera fixé à raison de vingt centimes (0'20' compartiment et par kilomètre.

Les dispositions qui précèdent seront applicables au transport des jeunes quants recueillis par l'administration pour être transférés dans les établissement ducation.

52. Le Gouvernement se réserve la faculté de faire, le long des voies, toute constructions, de poser tous les appareils nécessaires à l'établissement d'une télégraphique, sans nuire au service du chemin de fer.

Sur la demande de l'administration des lignes télégraphiques, il sera réservé, les gares des villes ou des localités qui seront désignées ultérieurement, le nécessaire à l'établissement des maisonnettes destinées à recevoir le bureau té phique et son matériel.

La compagnie concessionnaire sera tenue de faire garder par ses agents les fils

ils des lignes télégraphiques, de donner aux employés connaissance de tous
ents qui pourraient survenir et de leur en faire connaître les causes. En cas
pture du fil télégraphique, les employés de la compagnie auront à raccrocher
soirement les bouts séparés, d'après les instructions qui leur seront données à
effet.

agents de la télégraphie voyageant pour le service de la ligne électrique auront
de circuler gratuitement dans les voitures du chemin de fer.

cas de rupture du fil électrique ou d'accidents graves, une locomotive sera
mmédiatement à la disposition de l'inspecteur télégraphique de la ligne pour
porter sur le lieu de l'accident avec les hommes et les matériaux nécessaires
ration. Ce transport devra être effectué dans des conditions telles qu'il ne
entraver en rien la circulation publique. Il sera alloué à la compagnie une
ité de un franc par kilomètre parcouru par la machine.

compagnie sera tenue d'établir à ses frais les fils et appareils télégraphiques
s à transmettre les signaux nécessaires pour la sûreté et la régularité de son
ttation.

pourra, avec l'autorisation du ministre de l'intérieur, se servir des poteaux
ligne télégraphique de l'État, lorsqu'une semblable ligne existera le long de la

compagnie sera tenue de se soumettre à tous les règlements d'administration
e concernant l'établissement et l'emploi de ces appareils.

TITRE VI.

CLAUSES DIVERSES.

. Dans le cas où l'administration ordonnerait ou autoriserait la construction de
nationales, départementales ou vicinales, de chemins de fer ou de canaux
raient la ligne objet de la présente concession, la compagnie ne pourra
à ces travaux; mais toutes les dispositions nécessaires seront prises pour
résulte aucun obstacle à la construction ou au service du chemin de fer,
frais pour la compagnie.

oute exécution ou autorisation ultérieure de route, de canal, de chemin de
ravaux de navigation dans la contrée où est situé le chemin de fer objet de
concession, ou dans toute autre contrée voisine ou éloignée, ne pourra
ouverture à aucune demande d'indemnité de la part de la compagnie.

L'administration se réserve expressément le droit d'accorder de nouvelles con-
de chemins de fer s'embranchant sur le chemin qui fait l'objet du présent
des charges ou qui seraient établis en prolongement du même chemin.

concessionnaire ne pourra mettre aucun obstacle à ces embranchements, ni
er, à l'occasion de leur établissement, aucune indemnité quelconque, pourvu
'en résulte aucun obstacle à la circulation, ni aucuns frais particuliers pour
pte.

compagnies de chemins de fer d'embranchement ou de prolongement auront
lté, moyennant les tarifs ci-dessus déterminés et l'observation des règlements
ce et de service établis ou à établir, de faire circuler leurs voitures, wagons et
nes sur le chemin de fer objet de la présente concession, pour laquelle cette
sera réciproque à l'égard desdits embranchements et prolongements.

tefois, la compagnie ne sera pas tenue d'admettre sur les rails un matériel
e poids et les dimensions seraient hors de proportion avec les éléments consti-
de ses voies.

le cas où les diverses compagnies ne pourraient s'entendre entre elles sur
e de cette faculté, l'administration préfectorale statuerait sur les difficultés
élèveraient entre elles à cet égard.

le cas où un concessionnaire d'embranchement ou de prolongement joignant
e qui fait l'objet de la présente concession n'userait pas de la faculté de cir-
sur cette ligne, comme aussi dans le cas où la compagnie concessionnaire de
dernière ligne ne voudrait pas circuler sur les prolongements et embranche-
, les concessionnaires seraient tenus de s'arranger entre eux de manière que
ce des transports ne soit jamais interrompu aux points de jonction des di-
lignes.

des concessionnaires qui se servira d'un matériel qui ne serait pas sa propriété payera une indemnité en rapport avec l'usage et la détérioration du matériel.

La compagnie sera tenue, si l'administration le juge convenable, de partager sage des gares établies à l'origine des chemins de fer d'embranchement compagnies qui deviendraient ultérieurement concessionnaires desdits chem

Dans le cas où les concessionnaires ne se mettraient pas d'accord sur la qu indemnités à payer dans les cas prévus par les deux paragraphes précités ou moyens d'assurer soit la continuation du service sur toute la ligne, soit la nauté d'usage des gares de jonction, le préfet y pourvoirait d'office et toutes les mesures nécessaires.

56. La compagnie sera tenue de s'entendre avec tout propriétaire de ou d'usines qui, offrant de se soumettre aux conditions prescrites ci-après, d derait un nouvel embranchement. A défaut d'accord, le préfet statuera sur l mande, la compagnie entendue.

Les embranchements seront construits aux frais des propriétaires de mi d'usines, de manière à ce qu'il ne résulte de leur établissement aucune e la circulation générale, aucune cause d'avarie pour le matériel, ni aucuns frais ticuliers pour la compagnie.

Leur entretien devra être fait avec soin, aux frais des propriétaires et sous le trôle de l'administration. La compagnie aura le droit de faire surveiller par agents cet entretien, ainsi que l'emploi de son matériel sur les embranchements

L'administration pourra, à toutes époques, prescrire les modifications qui ugées utiles dans la soudure, le tracé ou l'établissement de la voie desdits chements, et les changements seront opérés aux frais des propriétaires.

L'administration pourra même, après avoir entendu les propriétaires, ord l'enlèvement temporaire des aiguilles de soudure, dans le cas où les établisse embranchés viendraient à suspendre en tout ou en partie leurs transports.

La compagnie sera tenue d'envoyer ses wagons sur tous les embranchements risés à faire communiquer les établissements de mines ou d'usines avec la ligne cipale, le tout à leurs frais.

La compagnie amènera ses wagons à l'entrée des embranchements.

Les expéditeurs ou destinataires feront conduire les wagons dans leurs éta ments pour les charger ou décharger, et les ramèneront au point de jonction a ligne principale, le tout à leurs frais.

Les wagons ne pourront d'ailleurs être employés qu'au transport d'objets et chandises destinés à la ligne principale du chemin de fer.

Le temps pendant lequel les wagons séjourneront sur les embranchements culiers ne pourra excéder six heures, lorsque l'embranchement n'aura pas d'un kilomètre.

Le temps sera augmenté d'une demi-heure par kilomètre en sus du premier, compris les heures de la nuit, depuis le coucher jusqu'au lever du soleil.

Dans le cas où les limites de temps seraient dépassées, nonobstant l'avertisse spécial donné par la compagnie, elle pourra exiger une indemnité égale à la v du droit de loyer des wagons pour chaque période de retard après l'avertissem

Les traitements des gardiens d'aiguilles et des barrières des embranche autorisés par l'administration seront à la charge des propriétaires des embra ments.

Les gardiens seront nommés et payés par la compagnie, et les frais qui en teront lui seront remboursés par lesdits propriétaires.

En cas de difficulté, il sera statué par l'administration, la compagnie entend

Les propriétaires d'embranchements seront responsables des avaries que le riel pourrait éprouver dans son parcours ou son séjour sur ces lignes.

Dans le cas d'inexécution d'une ou de plusieurs des conditions énoncées ci-d le préfet pourra, sur la plainte de la compagnie et après avoir entendu le p taire de l'embranchement, ordonner par un arrêté la suspension du service et supprimer la soudure, sauf recours à l'administration supérieure et sans préjudi de tous dommages-intérêts que la compagnie serait en droit de répéter pour la exécution de ces conditions.

Pour indemniser la compagnie de la fourniture et de l'envoi de son matériel l es embranchements, elle est autorisée à percevoir un prix fixe de douze cen o' 12°) par tonne pour le premier kilomètre, et, en outre, quatre centimes (o'o4

tonne et par kilomètre en sus du premier, lorsque la longueur de l'embranche-
t excédera un kilomètre.

ut kilomètre entamé sera payé comme s'il avait été parcouru en entier.

chargement et le déchargement sur les embranchements s'opéreront aux frais
spéditeurs ou destinataires, soit qu'ils les fassent eux-mêmes, soit que la com-
du chemin de fer consente à les opérer.

ce dernier cas, ces frais seront l'objet d'un règlement arrêté par l'administra-
ur la proposition de la compagnie.

wagon envoyé par la compagnie sur un embranchement devra être payé
e wagon complet, lors même qu'il ne serait pas complétement chargé.

surcharge, s'il y en a, sera payée au prix du tarif légal et au prorata du poids
a compagnie sera en droit de refuser les chargements qui dépasseraient le
um de trois mille cinq cents kilogrammes, déterminé en raison des dimen-
ctuelles des wagons.

maximum pourra être réduit ou augmenté par le préfet, sur la demande de la
nie, de manière à être toujours en rapport avec la capacité des wagons.

wagons seront pesés à la station d'arrivée par les soins et aux frais de la com-
e.

La contribution foncière sera établie en raison de la surface des terrains oc-
par le chemin de fer et ses dépendances; la cote en sera calculée, comme
les canaux, conformément à la loi du 25 avril 1803.

bâtiments et magasins dépendant de l'exploitation du chemin de fer seront
ilés aux propriétés bâties de la localité. Toutes les contributions auxquelles
difices pourront être soumis seront, aussi bien que la contribution foncière,
harge de la compagnie.

Les agents et gardes que la compagnie établira, soit pour la perception des
s, soit pour la surveillance et la police du chemin de fer et de ses dépen-
, pourront être assermentés et seront, dans ce cas, assimilés aux gardes
pêtres.

Le chemin de fer concédé restera toujours placé sous la surveillance de l'au-
préfectorale.

frais de contrôle, de surveillance et de réception de travaux, les frais de con-
de l'exploitation, seront supportés par la compagnie.

n de pourvoir à ces frais, la compagnie sera tenue de verser chaque année,
caisse du trésorier payeur général du département, une somme de cinquante
cs par chaque kilomètre de chemin de fer concédé.

la compagnie ne verse pas cette somme aux époques qui auront été fixées, le
t rendra un rôle exécutoire, et le montant en sera recouvré comme en ma-
de contributions publiques.

. La compagnie concessionnaire devra faire élection de domicile à la Roche-sur-

s le cas où elle ne l'aurait pas fait, toute notification ou signification à elle
ée sera valable lorsqu'elle sera faite au secrétariat général de la préfecture de
dée.

Les contestations qui s'élèveraient entre la compagnie et l'administration au
le l'exécution et de l'interprétation du présent cahier des charges seront jugées
tivement par le conseil de préfecture du département de la Vendée, sauf
rs au Conseil d'État.

. Les frais d'enregistrement seront à la charge de la compagnie concessionnaire.

rrêté à la Roche-sur-Yon, le 24 décembre 1872.

Vu et approuvé :   *Le Préfet,*
Signé F. Briau.   Signé Gauja.

nregistré à la Roche-sur-Yon, le 26 décembre 1872, folio 127 verso, case 3. Reçu
franc cinquante centimes et trente centimes pour double décime. Signé *Maigre.*

Extrait du procès-verbal de la délibération de l'assemblée générale ordinaire et extraordinaire du 24 septembre 1872.

L'an mil huit cent soixante-douze, le vingt-quatre septembre, à midi,.

Les actionnaires de la compagnie des chemins de fer nantais, convoqués en semblée générale ordinaire et extraordinaire, conformément aux articles 8 et 36 statuts de la compagnie, se sont réunis ces jour et heure au siége de la société, boulevard Delorme, n° 28.

Tous les actionnaires étaient présents ou représentés, ainsi que le constate feuille de présence signée par chaque actionnaire présent en entrant en séance certifiée par le bureau et annexée à la minute du présent procès-verbal.

MM. les actionnaires se trouvant en nombre suffisant pour constituer, aux termes statuts, l'assemblée générale ordinaire et extraordinaire, M. de Saint-Paul, du conseil d'administration, a pris place au fauteuil de la présidence; MM. Henri viau et Isaac-Léopold Sée, les deux plus forts actionnaires après M. Briau, out appelés aux fonctions de scrutateurs, au refus de ce dernier, et le bureau ainsi posé ayant désigné M. *Charles Delaunay* pour remplir les fonctions de secrétaire, séance a été ouverte.

RÉSOLUTIONS.

§ 1er.

Comme assemblée générale ordinaire,

L'assemblée approuve, etc..

§ 2.

Comme assemblée générale extraordinaire,

L'assemblée approuve, etc.

IV.

L'assemblée, ratifiant la demande faite par M. *Briau*, au nom de la compagnie chemins de fer nantais, du prolongement du chemin de Nantes à Machecoul, rise M. *Briau* à signer avec le préfet de la Vendée la convention et le cahier charges relatifs à la concession de la ligne de Machecoul à la Roche-sur-Yon donne au conseil d'administration les pouvoirs nécessaires pour poursuivre la ration d'utilité publique de cette nouvelle ligne.

Fait, clos et arrêté à Nantes, les jour, mois et an que dessus.

La minute est signée G. DE SAINT-PAUL, CH. DE FLEHRIOT, H. DAVIAU, L. et CH. DELAUNAY.

Pour extrait certifié conforme :

Le Président du conseil d'administration
de la compagnie des chemins de fer nantais,

Signé G. DE SAINT-PAUL.

Vu pour être annexé à la convention en date du 24 décembre 1872.

Le Préfet,

Signé F. BRIAU. Signé GAUJA.

Enregistré à la Roche-sur-Yon, le 26 décembre 1872, folio 127 verso, case 4. Reçu un franc cinquante centimes et trente centimes pour double décime. Signé *Maigre.*

Modifications à la convention et au cahier des charges du 24 décembre 1872.

L'an mil huit cent soixante-quatorze, le vingt-six janvier,

Les soussignés :

M. le préfet du département de la Vendée, agissant au nom du département en vertu de l'autorisation qui lui a été donnée par le conseil général dans ses ces des 27 août 1873 et 3 janvier 1874, sous réserve de la déclaration d'utilité bique et de l'autorisation d'exécution par décret du Président de la République,

D'une part;

t la compagnie des chemins de fer nantais, société anonyme régulièrement, tituée, suivant acte passé devant M° *Martineau*, notaire à Nantes, le 16 mai 1870; e société, dont le siège est établi à Nantes, boulevard Delorme, n° 28, repré- par M. *François Briau*, son directeur, propriétaire, demeurant à Varades -Inférieure),

D'autre part;

Vu la décision du conseil général du département de la Vendée, en date du août 1872, concédant à la compagnie des chemins de fer nantais le chemin de de Machecoul à la Roche-sur-Yon, avec embranchement sur Saint-Gilles-sur-

Vu la convention passée en vertu de cette décision, le 24 décembre 1872;
Vu le cahier des charges annexé à ladite convention, portant la même date;
Vu la dépêche ministérielle du 18 août 1873;
Vu la décision du conseil général de la Vendée, en date du 27 août 1873;
Vu la dépêche ministérielle du 13 novembre 1873;
Vu la décision du conseil général de la Vendée, en date du 3 janvier 1874,

Ont fait et apporté les modifications suivantes aux convention et cahier des charges 24 décembre 1872 :

TITRE I".

MODIFICATION À LA CONVENTION.

ARTICLE UNIQUE. L'article 5 de la convention du 24 décembre 1872 est modifié de nière suivante :

« concessionnaire ne pourra, sans y être dûment autorisé, passer aucun traité étrocession ou d'exploitation avec une compagnie quelconque, ni contracter une ou plusieurs compagnies aucuns arrangements basés sur des tarifs com- s.

ans le premier cas, il sera statué par un décret rendu en Conseil d'État, dans les mes formes que le décret à intervenir pour l'approbation de la présente con- tion, après que les traités auront été approuvés tant par le conseil général du partement que par l'administration supérieure.

Dans le deuxième cas, l'approbation des tarifs communs sera donnée, s'il y a n, d'un côté, par le préfet, en ce qui concerne la compagnie concessionnaire, et, n autre côté, par le ministre des travaux publics, pour ce qui regardera les com- ies de chemins de fer d'intérêt général qui participeront aux tarifs combinés. »

TITRE II.

MODIFICATION AU CAHIER DES CHARGES.

ARTICLE UNIQUE. L'article 1" du cahier des charges du 24 décembre 1872 est é comme suit :

« Le chemin de fer de Machecoul à la Roche-sur-Yon partira de la limite du dépar- tement de la Loire-Inférieure, en un point où il se soudera avec la ligne venant de Nantes, et passera par ou près de Bois-de-Cené, la Garnache, Challans, Soullans, Commequiers, Saint-Maixent-sur-Vie, Aizenay, la Genetouze, Mouilleron-le-Captif,

«et viendra se terminer à la Roche-sur-Yon, dans la gare commune aux
«d'Orléans, des Charentes et de la Vendée.

«D'un point de la ligne principale à déterminer entre Saint-Maixent et Coëx,
«détachera un embranchement se dirigeant sur Saint-Gilles-sur-Vie et passant
«ou près de Saint-Révérend, de l'Aiguillon.»

Fait double à la Roche-sur-Yon, les jour, mois et an que dessus.

Le Préfet,

Signé F. BRIAU.   Signé DUPRÉNIEUX.

Enregistré à la Roche-sur-Yon, le 26 janvier 1874, folio 151 recto, case 6. R
trois francs et soixante-quinze centimes pour décimes. Signé *Maigre.*

Certifié conforme au cahier des charges annexé au décret en date du 11 a
1874, enregistré sous le n° 297.

Le Conseiller d'État, Secrétaire général,

Signé DE BOUREUILLE.

RÉPUBLIQUE FRANÇAISE.

N° 3478. — *DÉCRET qui ouvre au Ministre de la Marine et des Colonies
Crédit supplémentaire pour des créances constatées sur des exercices clos.*

Du 18 Juin 1874.

LE PRÉSIDENT DE LA RÉPUBLIQUE FRANÇAISE,

Sur le rapport du ministre de la marine et des colonies;

Vu l'état des créances liquidées à la charge du département de la ma
et des colonies, additionnellement aux restes à payer constatés par
comptes définitifs pour les exercices 1870 et 1871;

Vu le sénatus-consulte du 31 décembre 1861;

Vu l'article 9 de la loi du 23 mai 1834;

Vu le décret du 10 novembre 1856 [1];

Vu l'article 126 du décret du 31 mai 1862, portant règlement général
la comptabilité publique;

Vu la lettre du ministre des finances, en date du 16 mai 1874;

Considérant qu'aux termes de l'article 9 de la loi du 23 mai 1834 et
l'article 126 du décret du 31 mai 1862 [2], les créances comprises dans l'
ci-dessus visé peuvent être acquittées, attendu qu'elles se rapportent à
services prévus par les budgets des exercices précités et que leur monta
n'excède pas les restants de crédits à annuler en clôture d'exercice;

Le Conseil d'État entendu,

DÉCRÈTE :

ART. 1er. Il est ouvert au ministre de la marine et des colonies,
augmentation des restes à payer constatés par les comptes défini
des exercices 1870 et 1871, un crédit supplémentaire de cinq

[1] XIe série, Bull. 440, n° 4110.   [2] XIe série, Bull. 1045, n° 10,527.

quatre-vingt-quinze mille six cent cinquante-trois francs onze centimes (595,653ᶠ 11ᶜ), montant des créances désignées au tableau ci-annexé, qui ont été liquidées à la charge de ces exercices et pour lesquelles des états nominatifs seront adressés en double expédition au ministre des finances, conformément à l'article 129 du décret précité du 31 mai 1862, savoir :

Exercice 1870. (Budget ordinaire.)..................... 215,196ᶠ 93ᶜ
Exercice 1871. (Budget ordinaire.)... .... 380,456 18

ENSEMBLE............. 595,653 11

2. Le ministre de la marine et des colonies est autorisé à ordonnancer ces créances sur le chapitre spécial ouvert pour les dépenses des exercices clos au budget de l'exercice courant, en exécution de l'article 8 de la loi du 23 mai 1834.

3. Il sera pourvu à cette dépense au moyen des ressources affectées au service ordinaire des exercices courants.

4. Le ministre de la marine et des colonies et le ministre des finances sont chargés, chacun en ce qui le concerne, de l'exécution du présent décret, qui sera inséré au Bulletin des lois.

Fait à Versailles, le 18 Juin 1874.

Signé Mᵃˡ DE MAC MAHON.

Le Ministre des finances,
Signé P. MAGNE.

Le Ministre de la marine et des colonies,
Signé MONTAIGNAC.

Tableau des nouvelles créances constatées en augmentation des restes à payer arrêtés par les comptes définitifs de 1870 et 1871, et qui sont à ordonnancer sur les budgets des exercices courants.

NUMÉROS des chapitres.	CHAPITRES.	MONTANT DES CRÉDITS	
		par chapitre.	par exercice.
	EXERCICE 1870.		
	BUDGET ORDINAIRE.		
IV.	États-majors et équipages à terre et à la mer.......	83,521ᶠ 59ᶜ	
V.	Troupes...............................	72,638 43	
IX.	Vivres..............................	13,387 52	
XI.	Approvisionnements généraux de la flotte..........	11,857 38	
XIII.	Travaux hydrauliques et bâtiments civils..........	2,753 92	
XVIII.	Frais de passage, de rapatriement, de pilotage, de voyage, etc.	9,208 36	
XXII.	Matériel civil et militaire aux colonies.............	18,873 02	
XXIII.	Service pénitentiaire..........................	2,956 71	215,196ᶠ 93ᶜ

NUMÉROS des chapitres.	CHAPITRES.	MONTANT DES CRÉDITS.	
		par chapitre.	par exercice.
	EXERCICE 1871.		
	BUDGET ORDINAIRE.		
1er.	Administration centrale.. (Personnel.).............	293f 81c	
IV.	États-majors et équipages à terre et à la mer........	129,790 78	
V.	Troupes..	217,580 29	
IX.	Vivres...	1,319 16	
XI.	Approvisionnements généraux de la flotte..........	1,668 76	
XVII.	Frais de passage, de rapatriement, de pilotage, de voyage, etc...............................	682 99	
XX.	Personnel civil et militaire aux colonies............	3,765 64	
XXI.	Matériel civil et militaire aux colonies.............	22,265 59	
XXII.	Service pénitentiaire...........................	3,089 16	
			380,456f 18
	TOTAL....................		595,653 11

Arrêté le présent tableau à la somme de cinq cent quatre-vingt-quinze mille cent cinquante-trois francs onze centimes.

Paris, le 8 Mai 1874.

Le Conseiller d'État,
Directeur de la comptabilité générale,

Signé JULES DELARBRE.

RÉPUBLIQUE FRANÇAISE.

N° 3479. — *DÉCRET qui supprime le Bureau de garantie établi à Épinal pour l'essai et la marque des Ouvrages d'or et d'argent.*

Du 8 Août 1874.

LE PRÉSIDENT DE LA RÉPUBLIQUE FRANÇAISE,

Sur le rapport du ministre des finances;

Vu l'article 35 de la loi du 19 brumaire an VI, concernant le nombre, placement et la circonscription des bureaux de garantie pour l'essai et marque des ouvrages d'or et d'argent;

Vu les propositions de l'administration des contributions indirectes;

Vu les observations présentées par l'administration des monnaies et médailles et par le préfet des Vosges;

Vu l'avis du ministre de l'agriculture et du commerce,

DÉCRÈTE :

ART. 1er. Le bureau de garantie pour l'essai et la marque des ouvrages d'or et d'argent établi à Épinal (Vosges) est supprimé.

La circonscription de ce bureau est rattachée à celle du bureau
garantie de Nancy (Meurthe-et-Moselle).

Le ministre des finances est chargé de l'exécution du présent
t, qui sera inséré au Journal officiel et au Bulletin des lois.

Fait à Versailles, le 8 Août 1874.

Signé M¹ DE MAC MAHON.

Le Ministre des finances,
Signé MATHIEU-BODET.

RÉPUBLIQUE FRANÇAISE.

3480. — DÉCRET portant Règlement d'administration publique sur le service
des Aliénés du département de la Seine.

Du 16 Août 1874.

PRÉSIDENT DE LA RÉPUBLIQUE FRANÇAISE,

le rapport du ministre de l'intérieur;

u la loi du 30 juin 1838, l'ordonnance du 18 décembre 1839[1] et le
et du 6 juin 1863[2], sur le service des aliénés;

u l'arrêté ministériel du 20 mars 1857, réglant le service intérieur des
s publics, et le décret du 31 mai 1862[3], sur la comptabilité publique;
u la loi du 9 mai 1863, portant création de ressources affectées à la
struction d'asiles d'aliénés pour le département de la Seine, les décrets
30 juillet et 3 octobre de la même année, qui ont déclaré d'utilité pu-
e la fondation d'un asile clinique à Paris et la construction de deux
s ruraux sur les domaines de Ville-Évrard et de Vaucluse, département
eine-et-Oise;

u la loi du 18 juillet 1866;

u les rapports du préfet de la Seine et du préfet de police;

observations de M. le garde des sceaux, ministre de la justice, et celles
cour des comptes;

Conseil d'État entendu,

E :

T. 1ᵉʳ. Les asiles publics d'aliénés de Vaucluse et de Ville-
rd, fondés par le département de la Seine dans les arrondisse-
s de Corbeil et de Pontoise (Seine-et-Oise), sont et demeureront
s sous la juridiction et sous la surveillance du préfet de police,
même titre que les autres établissements spéciaux, publics ou
és, situés dans ledit département de la Seine.

. Le préfet de police remplira, à l'égard de ces établissements et
individus qui y seront placés, toutes les obligations prescrites
la loi du 30 juin 1838, et notamment aux articles 4, 8, 10, 11,
14, 15, 16, 18, 20, 21, 22, 23, 29, 30 et 41.

11ᵉ série, Bull. 721, n° 8578.   [2] XIᵉ série, Bull. 1045, n° 10,527.
11ᵉ série, Bull. 1128, n° 11,403.

3. Au point de vue administratif et financier, les asiles cluse et de Ville-Évrard relèvent du préfet de la Seine.

Conformément aux dispositions de l'ordonnance du 18 d 1839, ils sont gérés, ainsi que l'asile Sainte-Anne, à Paris, directeur responsable, assisté d'une commission de surveillan

Les services financiers sont confiés à des comptables spéciau

4. Exceptionnellement, et à raison de la situation extra-dé mentale des deux établissements ruraux, une seule commission e cera, pour les trois asiles départementaux de Sainte-Anne, V Évrard et Vaucluse, les attributions déterminées par la loi du 3o 1838 et par l'ordonnance du 18 décembre 1839.

Cette commission sera composée de onze membres.

5. Les budgets et les comptes annuels de chaque asile seront mis à l'approbation du conseil général.

6. Le garde des sceaux, ministre de la justice, et le ministr l'intérieur sont chargés, chacun en ce qui le concerne, de l'exécu du présent décret.

Fait à Versailles, le 16 Août 1874.

Signé M^{al} DE MAC MAHON.

Le Ministre de l'intérieur,

Signé G^{al} DE CHABAUD LA TOUR.

RÉPUBLIQUE FRANÇAISE.

N° 3481. — *Décret qui prescrit les mesures à prendre pour l'Embarque et le Débarquement des Matières dangereuses.*

Du 2 Septembre 1874.

LE PRÉSIDENT DE LA RÉPUBLIQUE FRANÇAISE,

Sur le rapport du ministre des travaux publics;

Vu l'article 3 de la loi du 18 juin 1870, aux termes duquel un règl d'administration publique doit déterminer les conditions de l'emba ment et du débarquement des matières pouvant être une cause d'expl ou d'incendie, et les précautions à prendre pour l'amarrage dans les des bâtiments qui en sont porteurs;

Vu l'article 4 de ladite loi, portant que toute contravention au règl d'administration publique énoncé à l'article 3 et aux arrêtés pris pa préfets, sous l'approbation du ministre des travaux publics, sera pun la peine portée à l'article 1er, c'est-à-dire d'une amende de seize fra trois mille francs, et l'article 5 de la même loi, portant qu'en cas de dive dans l'année, les peines prononcées par l'article 1er seront port double, et que le tribunal pourra, selon les circonstances, prononcer, outre, un emprisonnement de trois jours à un mois;

Vu les avis des ingénieurs des ponts et chaussées et des chambres commerce;

· Vu les avis du conseil général des ponts et chaussées, des 15 février 1 et 3o octobre 1873;

le décret du 12 août 1874, rendu en exécution de l'article 2 de la loi 8 juin 1870, déterminant la nomenclature des matières qui doivent être dérées comme pouvant donner lieu soit à des explosions, soit à des dies;

Conseil d'État entendu,

CRÈTE :

r. 1ᵉʳ. Tout navire chargé, en totalité ou en partie, de l'une ou usieurs des marchandises dangereuses dont la nomenclature a été minée par le décret du 12 août 1874, doit s'arrêter dans la par- u port ou des mouillages extérieurs désignée à cet effet par rrêté préfectoral approuvé par le ministre des travaux publics. capitaine fait connaître immédiatement, par une déclaration ireau du port, la nature et la quantité des marchandises dange- s dont le navire est chargé, ainsi que la nature des récipients es contiennent.

Le navire stationne ou se rend à l'emplacement qui lui est dé- é par les officiers du port.

est amarré avec des chaînes-câbles en fer, et arbore un pavillon e à l'endroit le plus apparent.

doit rester éloigné des autres navires à la distance de cinquante ou à la distance moindre fixée par les officiers du port.

est interdit à tout navire de stationner, sans autorisation, à une ndre distance des navires chargés de marchandises dangereuses.

Les navires dont le chargement en marchandises dangereuses de quinze mille litres doivent, en outre, être entourés, aux frais navires, par les soins des officiers du port, d'une ceinture de ges isolateurs du système en usage dans le port.

même mesure de précaution peut être appliquée, si les officiers port en reconnaissent l'utilité, aux navires portant moins de ze mille litres de matières dangereuses.

Le capitaine est tenu de se conformer à toutes les dispositions les officiers du port lui prescriront dans l'intérêt de la sûreté ique.

Les navires qui ont reçu dans le port un chargement de mar- ises dangereuses sont soumis aux dispositions des articles pré- ts.

Le chargement et le déchargement des marchandises dange- ne peuvent avoir lieu que sur les quais ou portions de quai és à cet effet.

opérations ne peuvent être commencées sans l'autorisation e d'un officier du port. Elles n'ont lieu que de jour et sont pour- ies, sans désemparer, avec la plus grande célérité, de telle sorte ucun colis ne reste sur le quai pendant la nuit.

embarquement des marchandises dangereuses n'a lieu qu'à la du chargement.

7. Le chargement et le déchargement par allèges ne pourront

avoir lieu qu'au moyen d'embarcations dont la construction et
cement auront été déterminés, pour chaque port, par un arrêté
fectoral approuvé par le ministre des travaux publics.

Leur tonnage n'excédera pas la quantité de marchandises d
reuses qui peut être déchargée ou chargée dans une journée.

Les alléges en service arborent un pavillon rouge.

8. Les essences doivent être contenues dans des vases métalli
exactement fermés.

L'usage des bombonnes ou touries en verre et en grès, lors
qu'elles sont protégées par un revêtement extérieur, est interdi

'9· A l'égard des navires importateurs, la disposition de l'
précédent ne sera exécutoire qu'après le délai d'un an à partir
promulgation du présent règlement.

Les marchandises dangereuses qui seront importées, pend
durée de ce délai, dans des bombonnes, devront être débar
séparément, avec les précautions particulières prescrites par les
ciers du port.

Les bombonnes ne pourront, dans aucun cas, rester déposées
les quais.

Les deux paragraphes qui précèdent seront applicables
essences importées dans des vases non métalliques ou non
quement fermés.

10. Il est interdit de faire usage de feu, de lumière ou
mettes, ainsi que de fumer à bord des navires, sur les allég
ployées aux transports et sur les quais où se font le charge
le déchargement, pendant la durée du chargement et du d
ment.

11. Tout navire chargé de marchandises dangereuses re
gardien spécial désigné par les officiers du port, pendant t
durée de son séjour.

Le même gardiennage permanent s'exerce sur les allége
dant leur emploi, et sur les quais de dépôt, pendant la manu
des marchandises.

Le gardiennage à bord des navires et sur les alléges est aux
des navires.

12. Les entrepôts ou magasins de marchandises dangereu
bâtis sur des terrains dépendant du port ou y attenant seront
aux dispositions spéciales déterminées par des arrêtés préfe
approuvés par le ministre des travaux publics.

13. Des arrêtés préfectoraux approuvés par le ministre
vaux publics déterminent, pour chaque port : 1° les mesu
cessaires pour l'exécution du présent règlement; 2° les co
sous lesquelles il pourra être dérogé aux dispositions du présen
ment à l'égard des navires chargés de petites quantités de ma
dises dangereuses et des marchandises qui, à raison de circonsta
locales, exigeraient moins de précautions.

B. n° 228.   ·— 459 —

14. Le ministre des travaux publics est chargé de l'exécution du
nt décret, qui sera inséré au Bulletin des lois.

Fait à Versailles, le 2 Septembre 1874.

Signé M^{al} DE MAC MAHON.

Le Ministre des travaux publics,

Signé E. CAILLAUX.

RÉPUBLIQUE FRANÇAISE.

3482.— *DÉCRET qui ouvre au Gouvernement général de l'Algérie un Crédit
plémentaire sur l'exercice 1874, à titre de Fonds de concours versés au
, pour faire face aux dépenses de colonisation et aux frais occasionnés
le fonctionnement des commissions de séquestre.*

Du 19 Septembre 1874.

LE PRÉSIDENT DE LA RÉPUBLIQUE FRANÇAISE,

Sur le rapport du ministre de l'intérieur, d'après les propositions du gou-
ur général de l'Algérie;

la loi du 29 décembre 1873, portant fixation du budget général des
et des dépenses ordinaires de l'exercice 1874;

u l'article 13 de la loi du 6 juin 1843, portant règlement définitif du
et de l'exercice 1840;

l'article 52 du décret du 31 mai 1862 ⁽¹⁾, sur la comptabilité publique;
le décret du 10 novembre 1856 ⁽²⁾ (article 2);

l'article 4 du sénatus-consulte du 31 décembre 1861;

les récépissés constatant le versement au trésor, à titre de fonds de
urs pour dépenses publiques, d'une somme de deux cent soixante-
mille trente-cinq francs dix-sept centimes, provenant de soultes de
t de séquestre;

l'avis du ministre des finances.

RÈTE:

. 1er. Il est ouvert au gouvernement général de l'Algérie, au
du budget ordinaire de 1874, un crédit supplémentaire de
cent soixante-huit mille trente-cinq francs dix-sept centimes
,035f 17c) pour faire face aux dépenses de colonisation et aux
occasionnés par le fonctionnement des commissions de sé-
tre.

chapitre x dudit budget est augmenté à l'article 4 (*Acquisition
terres melk pour la colonisation. — Frais de séquestre*) de pareille
e de deux cent soixante-huit mille trente-cinq francs dix-sept
times.

2. Il sera pourvu aux dépenses imputables sur le crédit ouvert
l'article précédent au moyen des fonds versés au trésor à titre
fonds de concours pour dépenses publiques.

(1) XIe série, Bull. 1045, n° 10,527.   (2) XIe série, Bull. 440, n° 4110.

3. Les ministres de l'intérieur et des finances et le gouver général civil de l'Algérie sont chargés, chacun en ce qui le concer de l'exécution du présent décret.

Fait à Paris, le 19 Septembre 1874.

Signé M⁰ᶥ DE MAC MAHON.

Le Ministre des finances,

Signé MATHIEU-BODET.

Le Ministre de l'intérieur,

Signé Gᵈ DE CHABAUD LA TOU

RÉPUBLIQUE FRANÇAISE.

N° 3483. — DÉCRET qui rectifie, en ce qui concerne le département de Sa et-Loire, le Tableau de population n° 3, déclaré authentique par le d du 31 décembre 1872.

Du 19 Septembre 1874.

LE PRÉSIDENT DE LA RÉPUBLIQUE FRANÇAISE,

Sur le rapport du ministre de l'intérieur;
Vu le décret du 31 décembre 1872[1], qui déclare authentiques les tabl de la population de la France;
Vu les rectifications proposées par le préfet,

DÉCRÈTE :

ART. 1ᵉʳ. Le tableau rectificatif ci-après est substitué, en ce concerne le département de Saône-et-Loire, aux tableaux de p lation joints au décret du 31 décembre 1872.

RECTIFICATIONS AU TABLEAU N° 3.

Population des communes de 2,000 âmes et au-dessus et des chefs-lieux de ca

ARRONDISSEMENT.	COMMUNE.	POPU-LATION totale.	POPU-LATION comptée à part.	POPULATION normale en ma	
				totale.	agg
Autun.............	Le Creusot..........	21,890	397	22,493	15,4

2. Les ministres de l'intérieur et des finances sont chargés, c cun en ce qui le concerne, de l'exécution du présent décret.

Fait à Paris, le 19 Septembre 1874.

Signé M⁰ᶥ DE MAC MAHON.

Le Ministre de l'intérieur,

Signé Gᵈ DE CHABAUD LA TOUR.

[1] Bull. 114, n° 1562.

RÉPUBLIQUE FRANÇAISE.

N° 3484. — Décret *qui convoque les Électeurs des départements des Alpes-Maritimes, du Pas-de-Calais et de Seine-et-Oise, à l'effet d'élire des Députés à l'Assemblée nationale.*

Du 23 Septembre 1874.

(Promulguée au *Journal officiel* du 24 septembre 1874.)

Président de la République française,

r le rapport du ministre de l'intérieur ;

u la loi du 15 mars 1849, les décrets organique et réglementaire du vrier 1852 [1], les lois des 10 avril et 2 mai 1871 et celle du 18 février 3 ;

u le décret du Gouvernement de la défense nationale, en date du 29 jan- 1871 [2], et le décret du Président de la République, en date du 2 avril 3 [3], portant convocation de divers colléges électoraux ;

tendu le décès de M. *Bergondi*, député du département des Alpes-Maris- s, de M. *Fouler de Relingue*, député du département du Pas-de-Calais, l. *Labélonye*, député du département de Seine-et-Oise ;

u la démission de M. *Piccon*, député du département des Alpes-Mari-

CRÈTE :

RT. 1er. Les électeurs des départements des Alpes-Maritimes, du de-Calais et de Seine-et-Oise sont convoqués pour le dimanche)ctobre prochain, à l'effet de pourvoir aux siéges de députés à emblée nationale vacants dans chacun de ces départements suite des décès de MM. *Bergondi*, *Fouler de Relingue*, *Labélonye* le la démission de M. *Piccon*.

. Les opérations électorales auront lieu suivant les formes déter- ées par le décret du 2 avril 1873 ci-dessus visé.

. Le ministre de l'intérieur est chargé de l'exécution du présent ret.

Fait à Sully-sur-Loire, le 23 Septembre 1874.

Signé M^{al} DE MAC MAHON.

Le Vice-Président du Conseil, Ministre de la guerre, chargé, par interim, du département de l'intérieur,

Signé Gal E. DE CISSEY.

---

[1] x° série, Bull. 488, n°s 3636 et 3637.　　[2] xII° série, Bull. 124, n° 1887.
[3] xII° série, Bull. 41, n° 274.

RÉPUBLIQUE FRANÇAISE.

N° 3485. — DÉCRET qui rectifie, en ce qui concerne le département du Rhône, le Tableau de population n° 3, déclaré authentique par le décret du 31 décembre 1872.

Du 25 Septembre 1874.

LE PRÉSIDENT DE LA RÉPUBLIQUE FRANÇAISE,

Sur le rapport du ministre de l'intérieur;

Vu le décret du 31 décembre 1872 [1], qui déclare authentiques les tableaux de la population de la France;

Vu les rectifications proposées par le préfet du Rhône,

DÉCRÈTE :

ART. 1". Le tableau rectificatif ci-après est substitué, en ce qui concerne le département du Rhône, aux tableaux de population joints au décret du 31 décembre 1872.

RECTIFICATIONS AU TABLEAU N° 3.

Population des communes de 2,000 âmes et au-dessus et des chefs-lieux de canton.

ARRONDISSEMENT.	COMMUNE.	POPU- LATION totale.	POPU- LATION comptée à part.	POPULATION normale ou municipale	
				totale.	agglo.
Lyon............	Villeurbanne.	7,474	851	6,643	

2. Le ministre de l'intérieur est chargé de l'exécution du présent décret.

Fait à Paris, le 25 Septembre 1874.

Signé M^{al} DE MAC MAHON.

Le Vice-Président du Conseil, Ministre de la guerre, chargé, par intérim, du département de l'intérieur,

Signé Gal E. DE CISSEY.

RÉPUBLIQUE FRANÇAISE.

N° 3486. — DÉCRET qui rectifie, en ce qui concerne le département de la Somme, le Tableau de population n° 3, déclaré authentique par le décret du 31 décembre 1872.

Du 25 Septembre 1874.

LE PRÉSIDENT DE LA RÉPUBLIQUE FRANÇAISE,

[1] Bull. 114, n° 1562.

le rapport du ministre de l'intérieur ;

le décret du 31 décembre 1872 (*), qui déclare authentiques les tableaux
population de la France ;

les rectifications proposées par le préfet de la Somme,

CRÈTE :

T. 1er. Le tableau rectificatif ci-après est substitué, en ce qui
rne le département de la Somme, aux tableaux de population
au décret du 31 décembre 1872.

RECTIFICATIONS AU TABLEAU N° 3.

palation des communes de 2,000 âmes et au-dessus et des chefs-lieux de canton.

RRONDISSEMENT.	COMMUNE.	POPU-LATION totale.	POPU-LATION comptée à part.	POPULATION normale ou municipale	
				totale.	agglomérée.
ns.............	Corbie	3,643	»	3,643	3,554

Le ministre de l'intérieur est chargé de l'exécution du présent

à Paris, le 25 Septembre 1874.

Signé Mal DE MAC MAHON.

*-Président du Conseil, Ministre de la guerre,
, par intérim, du département de l'intérieur,*

Signé Gal E. DE CISSEY.

RÉPUBLIQUE FRANÇAISE.

3487. — *DÉCRET portant convocation des Conseils d'arrondissement.*

Du 25 Septembre 1874.

(Promulgué au *Journal officiel* du 30 septembre 1874.)

PRÉSIDENT DE LA RÉPUBLIQUE FRANÇAISE,

la proposition du ministre de l'intérieur ;

les lois des 22 juin 1833 et 10 mai 1838,

ARÊTE :

T. 1er. Les conseils d'arrondissement se réuniront le mardi

13 octobre pour la première partie de leur session, dont la durée est fixée à trois jours.

Ils se réuniront le 23 novembre pour la deuxième partie de leur session, qui ne pourra durer plus de trois jours.

2. Il sera statué par un décret particulier en ce qui concerne le département de la Seine.

3. Le ministre de l'intérieur est chargé de l'exécution du présent décret.

Fait à Paris, le 25 Septembre 1874.

Signé M^{al} DE MAC MAHON.

Le Vice-Président du Conseil, Ministre de la guerre, chargé, par intérim, du département de l'intérieur,

Signé Gal E. DE CISSEY.

Certifié conforme :

Paris, le 9 ˙ Octobre 1874,

Le Garde des Sceaux, Ministre de la Justice,

A. TAILHAND.

˙ Cette date est celle de la réception du Bulletin au ministère de la Justice.

On s'abonne pour le Bulletin des lois, a raison de 9 francs par an, à la caisse de l'Imprimerie nationale ou chez les Receveurs des postes des départements.

IMPRIMERIE NATIONALE. — 9 Octobre 1874˙

BULLETIN DES LOIS

DE LA RÉPUBLIQUE FRANÇAISE.

N° 229.

RÉPUBLIQUE FRANÇAISE.

N° 3488. — Décret qui reconstitue le Conseil supérieur des Haras.

Du 4 Juillet 1874.

Le Président de la République française,

Vu la loi du 29 mai 1874, sur les haras;

Considérant que le nombre des membres du conseil supérieur des haras être mis en rapport avec les nouvelles dispositions législatives;

Sur le rapport du ministre de l'agriculture et du commerce,

Décrète :

Art. 1ᵉʳ. Le conseil supérieur des haras nommé par arrêtés ministériels en date des 23 juin, 1ᵉʳ et 24 juillet 1871, 16 mai 1872 et 10 avril 1874, est dissous.

2. Cette commission est reconstituée et composée de la manière suivante :

MM. le ministre de l'agriculture et du commerce, président;
le baron *du Taya*, directeur des haras;
Bocher, député du Calvados;
de Carayon-Latour, député de la Gironde;
Carré-Kérisouët, député des Côtes-du-Nord;
le marquis *de Dampierre*, député des Landes;
Delacour, député du Calvados;
Desbons, député des Hautes-Pyrénées;
de Fontaine, député de la Vendée;
le vicomte *de Forsanz*, député du Finistère;
le baron *de Fourment*, éleveur dans le département de la Somme;
Gayot, ancien inspecteur général des haras, chargé du service;
Hervé de Saint-Germain, député de la Manche;
le comte *d'Hespel*, député du Nord;

XIIᵉ Série.   28

MM. le comte *de Juigné*, député de la Loire-Inférieure;

le général *de Laveaucoupet;*

le général *Lefort*, inspecteur général permanent des montes ;

Montjaret de Kerjégu, député du Finistère;

le marquis *de Mornay*, député de l'Orne;

le baron *de Nexon*, président de la société des courses de moges;

Ozenne, conseiller d'État, secrétaire général du ministère l'agriculture et du commerce;

Porlier, directeur de l'agriculture;

le baron *de la Rochette*, commissaire des courses de la ciété d'encouragement pour l'amélioration des races chevaux en France;

le comte *de la Roque-Ordan,* éleveur;

le marquis *de Vaugiraud*, président de la société lo d'encouragement pour l'espèce chevaline;

de Beauvert, chef de bureau, secrétaire.

3. Le ministre de l'agriculture et du commerce est chargé de l' cution du présent décret.

Fait à Versailles, le 4 Juillet 1874.

Signé M^{al} DE MAC MAHON.

Le Ministre de l'agriculture et du commerce,

Signé L. GRIVART.

RÉPUBLIQUE FRANÇAISE.

N° 3489. — DÉCRET *qui affecte le Dépôt de mendicité de Mirande au service du département des Hautes-Pyrénées.*

Du 11 Juillet 1874.

LE PRÉSIDENT DE LA RÉPUBLIQUE FRANÇAISE,

Sur le rapport du ministre de l'intérieur ;

La section de l'intérieur, de la justice, de l'instruction publique, cultes et des beaux-arts du Conseil d'État entendue,

DÉCRÈTE :

ART. 1er. Est autorisée l'affectation du dépôt de mendicité Mirande (Gers) au service du département des Hautes-Pyrénées.

2. Le ministre de l'intérieur est chargé de l'exécution du p décret.

Fait à Versailles, le 11 Juillet 1874.

Signé M^{al} DE MAC MAHON.

Le Ministre de l'intérieur,

Signé DE FOURTOU.

RÉPUBLIQUE FRANÇAISE.

N° 3490. — DÉCRET qui autorise la Société de la Banque de la Nouvelle-Calédonie à fonder un Établissement de Crédit à Nouméa.

Du 14 Juillet 1874.

LE PRÉSIDENT DE LA RÉPUBLIQUE FRANÇAISE,

Sur le rapport des ministres de la marine et des colonies et des finances.
Vu la loi du 11 juillet 1871, sur l'organisation des banques coloniales ;
Vu la loi du 24 juin 1874, modificative de la loi précitée;
La commission de surveillance des banques coloniales entendue,

DÉCRÈTE :

ART. 1er. La société de la banque de la Nouvelle-Calédonie est autorisée à fonder à Nouméa (Nouvelle-Calédonie) un établissement de t avec privilége d'émission dans les termes et sous les conditions énoncés dans les statuts ci-annexés.

Les dispositions applicables aux banques coloniales, en vertu a loi du 24 juin 1874, en matière de prêts sur récoltes, sont dues à la banque de la Nouvelle-Calédonie.

L. La durée du privilége est limitée à vingt années, à dater de ce r.

L. Les ministres de la marine et des colonies et des finances sont , chacun en ce qui le concerne, de l'exécution du présent

Fait à Versailles, le 14 Juillet 1874.

Signé Mal DE MAC MAHON.

Le Ministre des finances,　　　　Le Ministre de la marine et des colonies,
Signé P. MAGNE.　　　　　　　　Signé MONTAIGNAC.

STATUTS.

TITRE 1er.

CONSTITUTION DE LA BANQUE ET NATURE DES OPÉRATIONS QUI LUI SONT ATTRIBUÉES.

SECTION 1re.

CONSTITUTION, DURÉE ET SIÉGE DE LA SOCIÉTÉ.

ART. 1er. La compagnie de la Nouvelle-Calédonie constituée par actes déposés chez Gautier et Perard, notaires à Paris, les 5 août 1872 et 31 mars 1874, a pris la dé-
tion de Banque de la Nouvelle-Calédonie; tous les droits et priviléges concédés mpagnie de la Nouvelle-Calédonie par l'article 10 du contrat passé avec le e de la marine et des colonies, le 7 février 1872, enregistré le 15 du même

mois et déposé le lendemain chez M⁰ *Gautier*, demeurent la propriété de la banque
la Nouvelle-Calédonie.

Tous les droits, concessions et priviléges, les charges et obligations résultant d
autres articles de la susdite convention sont, de consentement exprès de M. le ministi
apportés à une société nouvelle constituée sous la dénomination de *Société fonci
calédonienne*, dont il va être parlé à l'article 6, étant expliqué que la présente soci
de banque en est formellement déchargée.

2. La banque de la Nouvelle-Calédonie est constituée en société anonyme; la
ciété se compose de tous les propriétaires d'actions. Chaque sociétaire n'est resp
sable des engagements de la société que jusqu'à concurrence de sa part dans le fo
social.

3. Le terme de la société demeure fixé au 16 octobre 1922; mais ladite société
jouira des priviléges ci-après relatés que pendant vingt années, à dater de l'approba
des présentes par décret du Président de la République.

4. Le siége de la société est fixé à Paris.

5. La société aura son établissement principal à Nouméa. Elle peut établir
agences dans la colonie en vertu d'arrêtés du gouverneur rendus en conseil pri
sur la proposition du conseil d'administration.

La société est dès à présent autorisée à établir à Gomen et au Diahot une age
placée sous la dépendance de l'établissement de Nouméa.

SECTION II.

CAPITAL DES ACTIONS.

6. Le capital social est fixé à la somme de quatre millions de francs, divisé en
mille actions de cinq cents francs chacune. Ce fonds social pourra être augmenté
décision de l'assemblée générale approuvée par le ministre de la marine et des
nies.

Dans ce cas, les porteurs des huit mille actions de la première émission au
toujours un droit de préférence pour la souscription des actions nouvelles.

Sur ce capital, un million de francs pourra être employé à souscrire des act
dans la société foncière calédonienne, dont l'objet sera l'exploitation des doma
en Nouvelle-Calédonie.

Les actions de ladite société foncière calédonienne étant dès à présent libérées
trois quarts, la banque de la Nouvelle-Calédonie devra, dans le délai d'un mois
dater de l'approbation par décret des présents statuts, appeler sur ses propres acti
une somme au moins égale au troisième quart de la valeur nominale des actions
elle souscrites. — En cas d'appels subséquents de la société foncière calédonien
la banque ne pourra effectuer les versements à sa charge qu'au moyen de fond
provenir de la partie non encore appelée de ses propres actions.

7. Indépendamment des huit mille actions ci-dessus, il a été créé seize cent
tions de jouissance qui n'auront aucun droit à la portion de l'actif social repré
tant le capital versé, mais qui participeront aux bénéfices nets dans la proporti
indiquée à l'article 44, et à l'excédant, en cas de dissolution, comme il est spécifi
l'article 83.

Les actions sont nominatives ou au porteur; elles sont extraites d'un registr
souche, et le titre détaché porte les signatures de deux administrateurs.

8. Les huit mille actions sont, dès à present, libérées de moitié.

Les troisième et quatrième quarts seront appelés en totalité ou en partie lorsque
conseil d'administration le jugera utile, et notamment dans le cas prévu au deuxi
paragraphe de l'article 6, mais seulement à trois mois d'intervalle et après que l'
en aura été inséré au moins un mois à l'avance dans deux journaux d'annonces
gales.

9. Le conseil d'administration peut ordonner la vente des actions sur lesquelles
versements exigibles n'ont pas été effectués.

Cette vente est faite dix jours après l'insertion d'un avis s'adressant aux actio
naires en retard, dans deux journaux, à Paris, désignés pour la publication de
actes de société.

Elle a lieu à la bourse de Paris, par le ministère d'un agent de change, aux risqu
et périls de l'actionnaire en retard, sans qu'il soit besoin d'autorisation judiciaire et d
mise en demeure préalable.

Les titres ainsi vendus deviennent nuls dans les mains du détenteur, et il en est délivré de nouveaux aux acquéreurs sous les mêmes numéros.

Les mesures autorisées par le présent article ne font point obstacle à l'exercice simultané, par la société, des moyens ordinaires de droit.

' Si le produit de la vente laisse un excédant disponible après acquittement du verent en retard, cet excédant appartient à l'actionnaire primitif.

). Toute action sur laquelle les versements exigibles n'ont pas été opérés cesse négociable.

ıt versement en retard porte intérêt de plein droit, en faveur de la société, à de six pour cent par an, à compter du jour de l'échéance, sans demande en

ı. Les titres portent le timbre de la société.

ı sont, au choix de l'actionnaire, nominatifs ou au porteur.

:s actions de jouissance sont nominatives ou au porteur, au choix de l'actione.

ı. La transmission des titres nominatifs s'opère par transfert au dos du titre et du cédant et d'un directeur.

Les actions au porteur se transmettent par simple tradition.

13. Toute action est indivisible.

La société ne reconnaît qu'un propriétaire pour une action.

14. Les droits attachés à l'action suivent le titre en quelques mains qu'il passe.

15. La possession d'une action emporte de plein droit adhésion aux statuts de la été et aux décisions de l'assemblée générale.

6. Chaque action de capital donne droit, dans la propriété de l'actif et dans le des bénéfices, à une part proportionnelle au nombre des actions émises.

ue action de jouissance donne les mêmes droits au partage des bénéfices a proportion indiquée ci-après.

Les dividendes de toute action, soit nominative, soit au porteur, sont valant payés au porteur du titre.

Les héritiers, représentants ou créanciers d'un actionnaire ne peuvent, sous œ prétexte que ce soit, provoquer l'apposition des scellés sur les biens et de la société, en demander le partage ou la licitation, ni s'immiscer en e manière dans son administration.

SECTION III.

OPÉRATIONS DE LA BANQUE.

19. La banque ne peut, en aucun cas et sous aucun prétexte, faire, sauf l'excep-ıı portée au deuxième paragraphe de l'article 6, d'autres opérations que celles qui • sont permises par les présents statuts.

10. Les opérations de la banque doivent avoir pour unique objet les opérations ères se rattachant à la Nouvelle-Calédonie.

Elles consistent, en Nouvelle-Calédonie :

1° A émettre, à l'exclusion de tous autres établissements, dans l'étendue de la Nouvelle-Calédonie et de ses dépendances, des billets au porteur de cinq cents francs, de cent francs, de vingt francs et de cinq francs.

Ces billets sont remboursables à vue à l'établissement de Nouméa.

Ils sont reçus comme monnaie légale dans l'étendue de la colonie par les caisses iques, ainsi que par les particuliers;

2° A escompter les billets à ordre ou effets de place à deux ou plusieurs signa-tures;

3° A négocier, escompter ou acheter des traites, mandats ou chèques directs ou à ordre, sur la colonie, la métropole ou l'étranger;

4° A escompter des obligations négociables ou non négociables, garanties :

a. Par des warrants ou des récépissés de marchandises déposées soit dans des maga-sins publics, soit dans des magasins particuliers dont les clefs ont été régulièremen remises à la banque;

b. Par des cessions de récoltes pendantes;

c. Par des connaissements à ordre ou régulièrement endossés;

d. Par des transferts de rentes françaises;

29. A défaut de remboursement, à l'échéance, des sommes prêtées, la banque est autorisée, huitaine après une simple mise en demeure, à faire vendre aux enchères publiques, nonobstant toute opposition, soit les marchandises, soit les matières d'argent ou de cuivre données en nantissement, soit les récoltes cédées ou leur produit, sans préjudice des autres poursuites qui peuvent être exercées contre les débiteurs, jusqu'à entier remboursement des sommes prêtées en capital, intérêts et frais.

30. Tous actes ayant pour objet de constituer des nantissements par voie d'engagement, de cession de récoltes, de transports ou autrement, au profit de la banque et d'établir ses droits comme créancier, sont enregistrés au droit fixe.

31. Les souscripteurs, accepteurs, endosseurs ou donneurs d'aval des effets inscrits en faveur de la banque ou négociés à cet établissement, sont justiciables du tribunaux de commerce à raison de ces engagements et des nantissements ou autres sûretés y relatifs.

32. L'article 408 du Code pénal est applicable à tout propriétaire, usufruitier gérant, administrateur ou autre représentant du propriétaire, à tout fermier, métayer, locataire de terrains ou entrepreneur de plantations, qui a détourné ou dissipé, en tout ou en partie, au préjudice de la banque, la récolte pendante cédée à cet établissement.

33. Lorsque le payement d'un effet a été garanti par l'une des valeurs énoncées à l'article 20, la banque peut, huit jours après le protêt, ou après une simple mise en demeure, faire vendre les marchandises ou les valeurs pour se couvrir jusqu'à concurrence; s'il s'agit de récoltes pendantes, la banque a le choix de procéder à la vente sur pied ou de se faire envoyer en possession pour fabrication.

34. Si les obligations ou effets garantis par l'une des valeurs énoncées au quatrième alinéa de l'article 20 ne sont pas à ordre, le débiteur a le droit d'anticiper sa libération, et il lui est fait remise des intérêts à raison du temps à courir jusqu'à l'échéance.

35. Les garanties additionnelles données à la banque ne font pas obstacle aux poursuites contre les signataires des effets; ces poursuites peuvent être continuées concurremment avec celles qui ont pour objet la réalisation des garanties spéciales constituées au profit de la banque, jusqu'à l'entier remboursement des sommes avancées en capital, intérêts et frais.

36. L'escompte est perçu à raison du nombre de jours à courir et même d'un seul jour. Pour les effets payables à plusieurs jours de vue, l'escompte est calculé sur le nombre de jours de vue, et si ces effets sont payables, soit hors du lieu où ils sont présentés à l'escompte, soit même hors de la colonie, le nombre de jours de vue est augmenté d'un délai calculé d'après les distances.

37. Les sommes que la banque a encaissées pour le compte des particuliers ou établissements publics, et qui lui sont versées à titre de dépôt, ne peuvent porter intérêt. Ces sommes peuvent être retirées à la volonté du propriétaire des fonds; elles peuvent être, sur sa demande, transportées immédiatement à un autre compte.

38. Aucune opposition n'est admise sur les fonds déposés en compte courant à la banque, ni sur les crédits ouverts par elle et résultant d'une opération sur cession de récolte faite dans les conditions ci-dessus déterminées.

39. La banque peut admettre à l'escompte ou en compte courant toute personne notoirement solvable dont la demande est appuyée par l'un des membres du conseil d'administration, du conseil d'escompte, ou par deux personnes ayant déjà des comptes courants à la banque. La qualité d'actionnaire ne donne droit à aucune préférence.

40. La banque fournit des récépissés des dépôts volontaires qui lui sont faits. Le récépissé exprime la nature et la valeur des objets déposés, le nom et la demeure du déposant, la date du jour où le dépôt a été fait et celui où il doit être retiré, et le numéro du registre d'inscription.

Le récépissé n'est point à ordre et ne peut être transmis par voie d'endossement.

La banque perçoit immédiatement, sur la valeur des dépôts sur lesquels il n'a pas été fait d'avances, un droit de garde dont la quotité est réglée par le conseil d'administration, et, à son défaut, par le directeur à Nouméa.

Lorsque, sur la demande du déposant, les avances lui sont faites avant l'époque fixée pour le retrait du dépôt, le droit de garde perçu reste acquis à la banque.

41. Le montant cumulé des billets en circulation, des comptes courants ou autres dettes de la banque ne peut excéder le triple du capital social réalisé, déduction faite

sommes employées en actions de la société foncière calédonienne, à moins que contre-valeur des comptes courants et des autres dettes ne soit représentée par numéraire venant en augmentation de l'encaisse métallique.

Le type des billets à vue et au porteur créés par la banque devra être préalablement approuvé par M. le ministre de la marine et des colonies.

Les instruments de fabrication demeureront confiés à la garde de la Banque de France.

La quotité des divers billets en circulation ne peut, en aucun cas, excéder le triple de l'encaisse métallique.

Cette quotité est déterminée par le conseil d'administration, sous l'approbation du ministre de la marine et des colonies. Toutefois, le directeur à Nouméa, en cas de circonstances exceptionnelles, peut apporter des modifications temporaires à cette quotité, avec l'approbation du gouverneur en conseil privé, sans que jamais, en aucun cas, la proportion indiquée au paragraphe 1ᵉʳ du présent article puisse être dépassée.

L'établissement de Nouméa fera publier tous les mois, en Nouvelle-Calédonie, la situation de la banque dans le journal désigné à cet effet par le gouverneur.

Chaque mois, la banque de la Nouvelle-Calédonie, à Paris, devra remettre au ministre de la marine et des colonies sa situation financière.

SECTION IV.

DIVIDENDE ET FONDS DE RÉSERVE.

Tous les ans, à l'époque du 30 juin, les livres et comptes sont arrêtés et balancés; le résultat des opérations de la banque est établi.

Les créances en souffrance ne peuvent être comprises dans le compte de l'actif pour un chiffre excédant le cinquième de leur valeur nominale.

Il est fait, sur les bénéfices nets et réalisés acquis pendant le semestre, un prélèvement de un et demi pour cent du capital versé, sans que ce prélèvement puisse jamais être inférieur un vingtième des bénéfices nets réalisés.

Ce prélèvement est employé à former un fonds de réserve.

Un premier dividende, équivalant à six pour cent par an du capital versé, est ensuite distribué aux actions de capital.

Ces déductions faites, le surplus des bénéfices se partage de la manière suivante :

Dix pour cent à un deuxième fonds de réserve;

Dix pour cent au conseil d'administration;

Dix pour cent aux directeurs et principaux employés de la société, dans la proportion déterminée par le conseil;

Cinquante pour cent aux actions de capital, comme second dividende;

Vingt pour cent aux actions de jouissance.

Il ne sera rien changé à la proportion attribuée dans les bénéfices aux actions de jouissance précédemment créées, quel que puisse être l'accroissement ultérieur du capital social.

Dans le cas où l'insuffisance des bénéfices ne permet pas de distribuer aux actionnaires un dividende de six pour cent par an sur le capital versé, le dividende peut être augmenté jusqu'au maximum de six pour cent par un prélèvement sur le deuxième fonds de réserve.

Néanmoins, aucune de ces répartitions ne peut être réalisée sans l'approbation du ministre de la marine et des colonies.

Tous les dividendes qui ne sont pas réclamés dans les cinq années de l'exigibilité sont prescrits au profit de la société.

Aussitôt que le total des deux réserves atteint la moitié du capital versé, tout versement cesse d'avoir lieu au profit des réserves.

Dans ce cas, les dix pour cent destinés au deuxième fonds de réserve seront attribués moitié au conseil d'administration et moitié répartis suivant les proportions déterminées en l'article 43.

Les dividendes sont payés aussitôt après l'approbation mentionnée en l'article 43, aux caisses de la banque, à Paris et à Nouméa.

TITRE II.

ADMINISTRATION DE LA BANQUE.

SECTION Iʳᵉ.

ASSEMBLÉE GÉNÉRALE.

48. L'assemblée générale régulièrement constituée représente l'universalité d[...] actionnaires.

Elle se compose de tous les actionnaires propriétaires de dix actions de capital q[...] ont fait le dépôt de leurs titres quinze jours avant le jour fixé pour la réunion.

Il est délivré en échange de chaque dépôt un récépissé nominatif qui sert de ca[...] d'entrée à l'assemblée générale.

Il est dressé une liste des actionnaires ayant déposé leurs actions; elle contient [...] noms et domiciles des actionnaires, le nombre d'actions dont chacun d'eux est p[...] teur. Cette liste est tenue à la disposition de tous les actionnaires qui veulent[...] prendre connaissance. Le jour de l'assemblée, elle est placée sur le bureau.

La feuille de présence est certifiée par le bureau de l'assemblée; elle est dépe[...] au siége social et doit être communiquée à tout requérant.

49. Nul ne peut se faire représenter à l'assemblée que par un mandataire memb[...] de l'assemblée.

50. Les délibérations sont prises à la majorité des voix des membres présents.

Dix actions de capital donnent droit à une voix, sans que la même perso[...] puisse réunir plus de vingt voix, tant en son nom que comme mandataire.

51. L'assemblée générale se réunit de droit chaque année au siége de la soci[...] et au lieu indiqué par les avis de convocation. Elle est convoquée par le con[...] d'administration et présidée par le président du conseil, à son défaut, par le vic[...] président ou un administrateur désigné par ses collègues.

Les fonctions de scrutateurs sont remplies par les deux plus forts actionnai[...] présents, et, à leur refus, par ceux qui les suivent, par ordre d'inscription, jus[...] acceptation.

Le bureau désigne le secrétaire.

52. L'assemblée générale entend le rapport du conseil d'administration et ce[...] des commissaires sur la situation des affaires sociales et sur les questions à l'or[...] du jour.

Elle discute, approuve ou rejette les comptes.

Elle fixe les dividendes à répartir.

Elle nomme les administrateurs et les commissaires toutes les fois qu'il y a lie[...]

Elle délibère sur toutes les questions qui lui sont soumises par le conseil, [...] notamment sur l'augmentation du fonds social, sur l'extension à donner aux affair[...] de la société, sur les modifications à apporter aux statuts, sur la prolongation ou [...] dissolution anticipée de la société, et généralement sur toutes les propositions p[...] vues et non prévues par les statuts.

L'assemblée procède ensuite, s'il y a lieu, à l'élection des administrateurs et de[...] commissaires, dont les fonctions sont déterminées ci-après.

Les nominations ont lieu par bulletin secret, si la demande en est faite, et à [...] majorité absolue des suffrages des membres présents.

Après deux tours de scrutin, s'il ne s'est pas formé de majorité absolue, l'asse[...] blée procède au scrutin de ballottage entre les deux candidats qui ont réuni le pl[...] de voix au second tour.

Lorsqu'il y a égalité de voix au scrutin de ballottage, le plus âgé est élu.

53. Les délibérations de l'assemblée générale ne sont valables dans une prem[...] réunion qu'autant que sept membres au moins y ont participé, réunissant dans leu[...] mains le quart des actions émises.

Dans le cas où ce nombre et cette proportion ne seraient pas atteints, il est fa[...] une deuxième convocation à quinze jours d'intervalle au moins, et les membr[...] présents à cette nouvelle réunion peuvent délibérer valablement, quel que soit leu[...] nombre, mais seulement sur les objets qui ont été mis à l'ordre du jour de la pre[...] mière réunion.

54. L'assemblée générale peut être convoquée extraordinairement toutes les fois[...] que le conseil d'administration en reconnaîtra la nécessité.

L'assemblée générale doit être convoquée extraordinairement :

Lorsque les actionnaires, réunissant ensemble le quart au moins des actions, ont adressé la demande écrite au conseil d'administration;

Dans le cas où les pertes résultant des opérations de la banque réduiraient le capital de moitié.

Les convocations ordinaires et extraordinaires sont faites par lettres individuelles adressées aux titulaires des actions nominatives membres de l'assemblée générale, aux domiciles par eux indiqués sur les registres de la banque, et par un inséré, quinze jours au moins avant la réunion, dans les deux journaux de Paris désignés pour la publication des actes de société.

Les lettres et l'avis doivent contenir l'indication sommaire de l'objet de la convocation. Tout actionnaire qui veut soumettre une proposition à l'assemblée générale doit l'adresser vingt jours à l'avance au conseil d'administration, qui décide s'il y a lieu de la porter à l'ordre du jour. Aucune autre question que celles inscrites à l'ordre du jour arrêté par le conseil d'administration et consigné dans le registre de ses délibérations ne peut être mise en délibération.

Les assemblées générales ayant pour objet la constitution de la société sont convoquées et délibèrent conformément aux dispositions spéciales de la loi du 24 juillet 1867.

Les assemblées générales appelées à délibérer sur les modifications aux statuts, sur les propositions de continuation de la société au delà du terme fixé pour sa durée, ou de dissolution avant ce terme, ne sont régulièrement constituées et ne peuvent valablement qu'autant qu'elles sont composées d'un nombre d'actionnaires représentant au moins la moitié du capital social. Les avis de convocation indiquent expressément l'objet de la réunion.

Les délibérations portant approbation du bilan et des comptes doivent être précédées du rapport du ou des commissaires.

Les délibérations des assemblées prises conformément aux statuts obligent tous les actionnaires, même ceux absents ou dissidents.

Les délibérations sont constatées par des procès-verbaux inscrits sur un registre et signés par le président, un scrutateur et le secrétaire. Ce registre reste au siège de la société. Une feuille de présence, destinée à constater le nombre des membres assistant à l'assemblée et celui de leurs actions, demeure annexée à la minute du procès-verbal; elle est revêtue des mêmes signatures.

Les justifications à faire, vis-à-vis des tiers, des délibérations de l'assemblée résultent des copies ou extraits certifiés par le président du conseil d'administration.

SECTION II.
ADMINISTRATION, DIRECTION ET SURVEILLANCE.

La banque est administrée par un conseil d'administration composé de huit membres au moins et de quinze membres au plus. Les administrateurs sont nommés par l'assemblée générale des actionnaires, sur la proposition du conseil.

Les administrateurs sont nommés pour cinq ans et renouvelables par cinquième chaque année.

Le sort détermine l'ordre de sortie des administrateurs pour les quatre premières années. Ils sont rééligibles.

En cas de décès ou de démission d'un administrateur, le conseil peut lui substituer, jusqu'à la prochaine réunion de l'assemblée générale, un autre membre choisi parmi les actionnaires qui remplissent les conditions prescrites par l'article 64.

Le membre élu en remplacement d'un autre ne demeure en exercice que pendant la durée du mandat confié à son prédécesseur.

En entrant en fonctions, chacun des administrateurs est tenu de justifier qu'il est propriétaire de quarante actions de capital. Ces actions doivent être libres et demeurent inaliénables pendant la durée des fonctions de l'administrateur.

Les administrateurs reçoivent des jetons de présence dont le montant est déterminé par l'assemblée générale.

Le conseil est investi des pouvoirs les plus étendus pour l'administration des affaires de la société. Il délibère sur toutes les affaires de la société. Il fait tous les règlements du service intérieur de la banque. Il fixe le taux de l'escompte et de l'intérêt, les charges, commissions et droits de garde, le mode à suivre pour l'estimation des lingots, monnaies ou matières d'or ou d'argent, des marchandises ou récoltes.

Il autorise, dans les limites des statuts, toutes les opérations de la banque, et détermine les conditions.

Il fait choix des effets ou engagements qui peuvent être admis à l'escompte; il avoir besoin de motiver le refus; il statue sur les signatures dont les billets de banque doivent être revêtus, sur les retraits et l'annulation de ces billets.

Il autorise tous traités, transactions, emplois de fonds, transferts de rentes l'État et autres valeurs, achats de créances et autres droits incorporels, cessions mêmes droits avec ou sans garanties, désistement d'hypothèques ou privilèges, don de droits personnels et réels, mainlevées d'inscriptions et d'oppositions, avec ou sans payement; il exerce toutes actions judiciaires, tant en demandant défendant, participations à des concordats amiables et judiciaires, acquisitions nations d'immeubles, emprunts et constitutions d'hypothèques.

Il autorise la demande de toutes concessions d'immeubles et autres, aux condi qui seront imposées par actes et décrets de concessions, toutes les opération travaux faisant l'objet de la société, le renouvellement et l'encaissement de créances, effets de commerce et valeurs de toute nature appartenant à la socié veille à ce que la banque ne fasse d'autres opérations que celles déterminées par statuts et dans les formes prescrites par les règlements intérieurs de la banque convoque les assemblées générales, arrête leur ordre du jour et détermine les tions qui y sont mises en délibération.

Il fixe l'organisation des bureaux, les appointements, salaires et rémunération agents ou employés et les dépenses générales de l'administration, lesquelles être déterminées chaque année et d'avance.

Le conseil peut déléguer tout ou partie des pouvoirs et attributions qui

67. Le conseil nomme un président, un ou deux vice-présidents, pris dans et un secrétaire.

Il est tenu registre des délibérations du conseil d'administration. Le procès approuvé par le conseil, est signé par le président et par le secrétaire du conseil.

68. Le conseil se réunit au moins une fois par mois.

Il se réunit extraordinairement toutes les fois que les intérêts de la société l'e

69. Aucune délibération n'est valable sans le concours de cinq administrat moins. Les délibérations sont prises à la majorité des voix des membres présent cas de partage, la voix du président est prépondérante.

70. Le compte des opérations de la banque qui doit être présenté à l'assem générale est arrêté par le conseil d'administration. Ce compte est imprimé et au ministre de la marine et des colonies et au gouverneur; il est remis à chacun membres de l'assemblée générale.

71. Le conseil délègue ses pouvoirs à des directeurs chargés, sous son autori la gestion des affaires sociales. Ils représentent la compagnie vis-à-vis des tier l'exécution des décisions du conseil.

72. Les directeurs sont nommés par le conseil d'administration, après agréés par le ministre de la marine et des colonies.

73. Les actions judiciaires peuvent être exercées au nom du conseil d'ad tion, poursuites et diligences des directeurs.

74. Les directeurs ne peuvent faire aucun commerce; aucun effet ou engag revêtu de leur signature ne peut être admis à l'escompte.

75. En entrant en fonctions, les directeurs doivent justifier de la propri quarante actions de capital, qui demeurent inaliénables pendant la durée de fonctions et restent déposées dans les caisses de la banque.

76. Un ou plusieurs commissaires, associés ou non, sont chargés chaque ann faire un rapport à l'assemblée générale sur la situation de la société, sur le b sur les comptes présentés par le conseil d'administration.

77. Il pourra être établi auprès des succursales un conseil d'escompte dont position et les attributions seront déterminées par un règlement du conseil d'a nistration approuvé par le ministre de la marine et des colonies.

SECTION III.
COMMISSAIRES DU GOUVERNEMENT.

78. Il est établi auprès de la banque de la Nouvelle-Calédonie deux commissi du Gouvernement, nommés par le ministre de la marine et des colonies.

L'un des commissaires résidera à Paris et l'autre à Nouméa.

En cas de maladie ou d'empêchement momentané de ce dernier, le gouverne pourvoit à son remplacement temporaire. En cas de mort ou de démission, le gouverneur pourrait lui désigner un successeur à titre provisoire et jusqu'à ce que le ministre ait nommé un titulaire.

79. Les commissaires du Gouvernement sont convoqués à chacune des réunions du conseil d'administration. Ils veillent à l'exécution des statuts et des règlements de la banque; ils exercent leur surveillance sur toutes les parties de l'établissement; ils ont représenter l'état des caisses, les registres et les portefeuilles de la banque; peuvent requérir la transcription de leurs observations sur un registre désigné à cet. Ces observations seront transcrites sur le registre des délibérations du

commissaires rendent compte, chaque mois au moins, au ministre, de la surface exercée par eux.

Le ministre et le gouverneur peuvent, lorsqu'ils le jugent convenable, faire procéder, par les agents qu'ils désignent, à toute vérification des registres, des caisses et opérations de la banque.

Les commissaires du Gouvernement ont droit à une indemnité de traitement fixée par le ministre de la marine et des colonies et payée par la société.

TITRE III.

DISPOSITIONS GÉNÉRALES.

Dans le cas où, par suite de pertes sur les opérations de la banque, le capital réduit des deux tiers, la liquidation de la société a lieu de plein droit.

Dans le cas où, par la même cause, la réduction est d'un tiers, l'assemblée des actionnaires convoqués extraordinairement peut demander la liquidation.

Cette demande n'est valable que si elle réunit la majorité en nombre et les deux tiers en capital des intéressés; le Gouvernement examine si les intérêts généraux de la colonie et ceux des tiers permettent de prononcer la dissolution de la société, qui ne peut résulter que d'un décret du Président de la République, précédé de l'avis de la commission de surveillance des banques coloniales et de celui du Conseil d'État.

Les produits de la liquidation, de quelque source qu'ils proviennent, sont d'abord appliqués au remboursement intégral des actions de capital. L'excédant, s'il y a, se partage comme il est dit au quatrième paragraphe de l'article 44.

Les dix pour cent attribués au fonds de réserve sont ajoutés aux cinquante pour cent attribués aux actionnaires.

Dans le cas de contestations, tout actionnaire doit faire élection de domicile

A défaut d'élection de domicile spécial, tous actes et notifications, toutes assignations et actes extrajudiciaires sont valablement signifiés au parquet de M. le procureur de la République près le tribunal civil de première instance de la Seine.

Les tribunaux de la Seine seront seuls compétents pour statuer sur toutes difficultés qui pourraient exister entre les associés et le conseil d'administration.

Deux ans avant l'époque fixée pour l'expiration des priviléges de la société, l'assemblée générale est appelée à décider si le renouvellement de ces priviléges doit être demandé au Gouvernement.

Pour faire publier et déposer les nouveaux statuts partout où besoin sera, tous pouvoirs sont donnés au porteur d'une expédition ou d'un extrait des présentes et de la délibération des assemblées générales constatant la constitution de la société.

Vu pour être annexé au décret du 14 juillet 1874.

Le Ministre de la marine et des colonies,

Signé MONTAIGNAC.

RÉPUBLIQUE FRANÇAISE.

N° 3491. — DÉCRET qui détermine les Régions territoriales et les Subdivisions de région.

Du 6 Août 1874.

LE PRÉSIDENT DE LA RÉPUBLIQUE FRANÇAISE,

Sur le rapport du ministre de la guerre;

Vu la loi du 24 juillet 1873, relative à l'organisation générale de l'

Vu l'article 1ᵉʳ, ainsi conçu:

« Le territoire de la France est divisé, pour l'organisation de l'a

« tive, de la réserve de l'armée active, de l'armée territoriale et de su

« en dix-huit régions et en subdivisions de région.

« Ces régions et subdivisions de région, établies d'après les

« recrutement et les exigences de la mobilisation, sont déterminées

« cret rendu dans la forme des règlements d'administration publique et

« au Bulletin des lois; »

Le Conseil d'État entendu,

Décrète :

Art. 1ᵉʳ. Chacune des dix-huit régions énoncées à l'article 1ᵉʳ loi du 24 juillet 1873 comprend huit subdivisions de région.

Ces régions et subdivisions de région sont délimitées conf ment aux indications des tableaux et de la carte ci-annexés.

2. Le ministre de la guerre est chargé de l'exécution du décret, qui sera inséré au Bulletin des lois.

Fait à Versailles, le 6 Août 1874.

Signé Mᵈˡ DE MAC MAHON

Le Vice-Président du Conseil,
Ministre de la guerre,

Signé Gᵃˡ E. DE CISSEY.

Tableaux indiquant la division de la France en dix-huit régions et en subdivisions de région.

Iᵉ RÉGION, chef-lieu LILLE.

Comprend les départements du Nord et du Pas-de-Calais.

		qui concourent à la formation des
Nord	Lille.	
Nord	Valenciennes.	
Nord	Douai.	
	Cambrai,	Cambrai est et ouest, Marcoing Solesmes et Carnières.
Nord	Avesnes.	
	Cambrai	Clary et le Cateau.
Pas-de-Calais	Arras.	
Pas-de-Calais	Béthune.	
	Saint-Pol.	
	Saint-Omer.	
Pas-de-Calais	Boulogne.	
	Montreuil.	
Nord	Dunkerque.	
	Hazebrouck.	

II° RÉGION, chef-lieu AMIENS.

prend les départements de l'Aisne, de l'Oise, de la Somme, de Seine-et-Oise (arrondissement de Pontoise) et de la Seine (cantons de Saint-Denis et de Pantin, 10°, 19° et 20° arrondissements de Paris).

DÉPARTEMENTS	ARRONDISSEMENTS	CANTONS
		qui concourent à la formation des subdivisions de la région.
Aisne.............	Soissons.	
	Château-Thierry.	
Seine-et-Oise......	Fraction de l'arrondissement de Pontoise.	
Seine.............	Fraction des cantons de Saint-Denis et de Pantin et des 10°, 19° et 20° arrondissements de Paris.	
Aisne.............	Saint-Quentin.	
	Vervins.	
Oise..............	Beauvais.	
	Clermont.	
Seine-et-Oise......	Fraction de l'arrondissement de Pontoise.	
Seine.............	Fraction des cantons de Saint-Denis et de Pantin et des 10°, 19° et 20° arrondissements de Paris.	
Somme...........	Amiens.	
Seine-et-Oise......	Fraction de l'arrondissement de Pontoise.	
Seine	Fraction des cantons de Saint-Denis et de Pantin et des 10°, 19° et 20° arrondissements de Paris.	
Oise..............	Compiègne.	
	Senlis.	
Seine-et-Oise......	Fraction de l'arrondissement de Pontoise.	
Seine,............	Fraction des cantons de Saint-Denis et de Pantin et des 10°, 19° et 20° arrondissements de Paris.	
Somme...........	Abbeville.	
	Doullens.	
Seine-et-Oise......	Fraction de l'arrondissement de Pontoise.	
Seine.............	Fraction des cantons de Saint-Denis et de Pantin et des 10°, 19° et 20° arrondissements de Paris.	
Aisne.............	Laon.	
Seine-et-Oise......	Fraction de l'arrondissement de Pontoise.	
Seine	Fraction des cantons de Saint-Denis et de Pantin et des 10°, 19° et 20° arrondissements de Paris.	
Somme...........	Péronne.	
	Montdidier.	
Seine-et-Oise......	Fraction de l'arrondissement de Pontoise.	
Seine.............	Fraction des cantons de Saint-Denis et de Pantin et des 10°, 19° et 20° arrondissements de Paris.	

III° RÉGION, chef-lieu ROUEN.

Comprend les départements du Calvados, de l'Eure, de la Seine-Inférieure, de Seine-et-O (arrondissements de Mantes et de Versailles) et de la Seine (cantons de Courbevoie Neuilly, 1ᵉʳ, 7ᵉ, 8ᵉ, 9ᵉ, 15ᵉ, 16ᵉ, 17ᵉ et 18ᵉ arrondissements de Paris).

NUMÉROS des subdivisions de la région.	DÉPARTEMENTS	ARRONDISSEMENTS	CANTONS
		qui concourent à la formation des subdivisions de la region.	
1ʳᵉ.	Eure............	Pont-Audemer. Bernay.	
	Seine-et-Oise......	Fraction des arrondissements de Mantes et de Versaille	
	Seine............	Fraction des cantons de Courbevoie et de Neuilly, et d 1ᵉʳ, 7ᵉ, 8ᵉ, 9ᵉ, 15ᵉ, 16ᵉ, 17ᵉ et 18ᵉ arrondissements Paris.	
2ᵉ.	Eure............	Évreux.	
	Seine-et-Oise.....	Fraction des arrondissements de Mantes et de Versaille	
	Seine............	Fraction des cantons de Courbevoie et de Neuilly et d 1ᵉʳ, 7ᵉ, 8ᵉ, 9ᵉ, 15ᵉ, 16ᵉ, 17ᵉ et 18ᵉ arrondissements Paris.	
3ᵉ.	Calvados.........	Vire. Falaise.	
	Seine-et Oise.....	Fraction des arrondissements de Mantes et de Versaille	
	Seine............	Fraction des cantons de Courbevoie et de Neuilly et 1ᵉʳ, 7ᵉ, 8ᵉ, 9ᵉ, 15ᵉ, 16ᵉ, 17ᵉ et 18ᵉ arrondissements Paris.	
4ᵉ.	Calvados.........	Pont-l'Évêque. Lisieux.	
	Seine-et-Oise.....	Fraction des arrondissements de Mantes et de Versaille	
	Seine............	Fraction des cantons de Courbevoie et de Neuilly et d 1ᵉʳ, 7ᵉ, 8ᵉ, 9ᵉ, 15ᵉ, 16ᵉ, 17ᵉ et 18ᵉ arrondissements Paris.	
5ᵉ.	Seine-Inférieure...	Rouen............	Moins les cantons de Boos, Gra Couronne, Elbeuf, Rouen (ri gauche).
	Seine-Inférieure...	Dieppe. Neufchâtel.	
	Seine-et-Oise......	Fraction des arrondissements de Mantes et de Versaille	
	Seine............	Fraction des cantons de Courbevoie et de Neuilly, et de 1ᵉʳ, 7ᵉ, 8ᵉ, 9ᵉ, 15ᵉ, 16ᵉ, 17ᵉ et 18ᵉ arrondissements Paris.	
6ᵉ.	Seine-Inférieure...	Rouen............	Boos, Grand-Couronne, Elbeuf Rouen (rive gauche).
	Eure............	Les Andelys. Louviers.	
	Seine-et-Oise......	Fraction des arrondissements de Mantes et de Versaill	
	Seine............	Fraction des cantons de Courbevoie et de Neuilly et 1ᵉʳ, 7ᵉ, 8ᵉ, 9ᵉ, 15ᵉ, 16ᵉ, 17ᵉ et 18ᵉ arrondissements Paris.	
7ᵉ.	Calvados.........	Caen. Bayeux.	
	Seine-et-Oise......	Fraction des arrondissements de Mantes et de Versaille	
	Seine............	Fraction des cantons de Courbevoie et de Neuilly et 1ᵉʳ, 7ᵉ, 8ᵉ, 9ᵉ, 15ᵉ, 16ᵉ, 17ᵉ et 18ᵉ arrondissements Paris.	
8ᵉ.	Seine-Inférieure...	Le Havre. Yvetot.	
	Seine-et-Oise.....	Fraction des arrondissements de Mantes et de Versaille	
	Seine............	Fraction des cantons de Courbevoie et de Neuilly et de 1ᵉʳ, 7ᵉ, 8ᵉ, 9ᵉ, 15ᵉ, 16ᵉ, 17ᵉ et 18ᵉ arrondissements de Paris.	

IV° RÉGION, chef-lieu LE MANS.

les départements d'Eure-et-Loir, de la Mayenne, de l'Orne, de la Sarthe, de
4-Oise (arrondissements de Rambouillet) et de la Seine (cantons de Villejuif et de
°, 5°, 6°, 13° et 14° arrondissements de Paris).

DÉPARTEMENTS	ARRONDISSEMENTS	CANTONS
qui concourent à la formation des subdivisions de la région.		
Mayenne..	Château-Gontier. Laval.............	Moins le canton de Chailland.
Seine-et-Oise......	Fraction de l'arrondissement de Rambouillet.	
Seine.	Fraction des cantons de Villejuif et de Sceaux et des 4°, 5°, 6°, 13° et 14° arrondissements de Paris.	
Mayenne..........	Mayenne. Laval.............	Chailland.
Seine-et-Oise......	Fraction de l'arrondissement de Rambouillet.	
Seine............	Fraction des cantons de Villejuif et de Sceaux et des 4°, 5°, 6°, 13° et 14° arrondissements de Paris.	
Sarthe............	Mamers. Saint-Calais.......	Moins le canton de Château-du-Loir.
	Le Mans.	Ballon,' Montfort et 3° canton du Mans.
Seine-et-Oise......	Fraction de l'arrondissement de Rambouillet.	
Seine.	Fraction des cantons de Villejuif et de Sceaux et des 4°, 5°, 6°, 13° et 14° arrondissements de Paris.	
Sarthe............	La Flèche. Le Mans...........	1er et 2° cantons du Mans, Sillé, Conlie, Loué, la Suze, Écommoy.
	Saint-Calais.......	Château-du-Loir.
Seine-et-Oise.....	Fraction de l'arrondissement de Rambouillet.	
Seine............	Fraction des cantons de Villejuif et de Sceaux et des 4°, 5°, 6°, 13° et 14° arrondissements de Paris.	
Eure-et-Loir.......	Chartres..........	Chartres (nord), Courville, Maintenon.
	Nogent-le-Rotrou. Dreux.	
Seine-et-Oise.....	Fraction de l'arrondissement de Rambouillet.	
Seine............	Fraction des cantons de Villejuif et de Sceaux et des 4°, 5°, 6°, 13° et 14° arrondissements de Paris.	
Eure-et-Loir.......	Châteaudun.	
	Chartres.	Chartres (sud), Auneau, Illiers, Voves, Janville.
Seine-et-Oise.....	Fraction de l'arrondissement de Rambouillet.	
Seine............	Fraction des cantons de Villejuif et de Sceaux et des 4°, 5°, 6°, 13° et 14° arrondissements de Paris.	
Orne.............	Alençon. Mortagne.	
Seine-et-Oise......	Fraction de l'arrondissement de Rambouillet.	
Seine.	Fraction des cantons de Villejuif et de Sceaux et des 4°, 5°, 6°, 13 et 14° arrondissements de Paris.	
Orne.............	Argentan. Domfront.	
Seine-et-Oise......	Fraction de l'arrondissement de Rambouillet.	
Seine.	Fraction des cantons de Villejuif et de Sceaux et des 4°, 5°, 6°, 13 et 14° arrondissements de Paris.	

V° RÉGION, chef-lieu ORLÉANS.

Comprend les départements du Loiret, de Loir-et-Cher, de Seine-et-Marne, de l'I
Seine-et-Oise (arrondissements d'Étampes et de Corbeil) et de la Seine (cantons de
et de Vincennes, 2°, 3°, 11° et 12° arrondissements de Paris).

NUMÉROS des subdivisions de la région.		qui concourent à la formation des ‹	
1re.	Yonne.............	Sens. Joigny.............	Cerisiers, Villeneuve-sur-Y Brienon et Joigny.
	Seine-et-Oise......	Fraction des arrondissements d'Étampes et de	
	Seine.............	Fraction des cantons de Charenton et de Vin des 2°, 3°, 11° et 12° arrondissements de Paris.	
2°.	Seine-et-Marne.....	Fontainebleau. Provins.	
	Seine-et-Oise......	Fraction des arrondissements d'Étampes et de Cor	
	Seine.............	Fraction des cantons de Charenton et de Vin des 2°, 3°, 11° et 12° arrondissements de Paris.	
3°.	Seine-et-Marne....	Melun. Coulommiers......	Rozoy.
	Seine-et-Oise......	Fraction des arrondissements d'Étampes et de C	
	Seine.............	Fraction des cantons de Charenton et de Vincen des 2°, 3°, 11° et 12° arrondissements de Paris.	
4°.	Seine-et-Marne....	Meaux. Coulommiers......	Moins Rozoy.
	Seine-et-Oise......	Fraction des arrondissements d'Étampes et de Cor	
	Seine.............	Fraction des cantons de Charenton et de V de 2°, 3°, 11° et 12° arrondissements de Paris.	
5°.	Yonne.............	Auxerre. Avallon. Tonnerre.	
6°.	Loiret.............	Montargis. Gien.	
	Yonne.............	Joigny.............	Saint-Julien, Charny, Aillant, neau et Saint-Fargeau.
7°.	Loir-et-Cher.		
8°.	Loiret.............	Orléans. Pithiviers.	

VI° RÉGION, chef-lieu Châlons-sur-Marne.

rend les départements des Ardennes, de l'Aube, de la Marne, de Meurthe-et-Moselle, de la Meuse et des Vosges.

	DÉPARTEMENTS	ARRONDISSEMENTS	CANTONS
nos s si- ines la su.			qui concourent à la formation des subdivisions de la région.
".	Meurthe-et-Moselle. { Vosges	Nancy............ Lunéville. Saint-Dié.	Nancy (ouest) et Saint-Nicolas.
".	Meurthe-et-Moselle. { Vosges	Toul. Nancy........... Épinal. Mirecourt. Remiremont. Neufchâteau.	Moins Nancy (ouest) et Saint-Nicolas.
".	Meurthe-et-Moselle. { Meuse	Briey............ Verdun. Bar-le-Duc. Commercy.	Briey, Conflans, Chambley.
".	Ardennes........ { Meuse Meurthe-et-Moselle.	Rocroi. Mézières. Sedan. Montmédy. Briey............	Longuyon, Longwy, Audun.
".	Marne........... Ardennes........	Reims. Vouziers. Rethel.	
".	Aube.		
".	Marne...........	Sainte-Menehould. Châlons. Vitry. Épernay.	

VIIe RÉGION, chef-lieu BESANÇON.

Comprend les départements de l'Ain, du Doubs, du Jura, de la Haute-Marne, du Haut-Rhin, de la Haute-Saône et du Rhône (canton de Neuville, 4e et 5e arrondissements de Lyon).

NUMÉROS des subdivisions de la région.	DÉPARTEMENTS	ARRONDISSEMENTS	CANTONS
		qui concourent à la formation des subdivisions de la région.	
1re.	Haut-Rhin........ Haute-Saône...... Doubs	Belfort. Lure............. Baume-les-Dames. Montbéliard.	Champagney.
2e.	Haute-Saône......	Vesoul. Lure.............	Moins Champagney.
3e.	Haute-Marne...... Haute-Saône...... Rhône	Langres. Chaumont........ Gray. Lyon	Arc-en-Barrois. 4e arrondissement de Lyon.
4e.	Haute-Marne...... Rhône	Chaumont........ Vassy. Lyon	Moins Arc-en-Barrois. Neuville et 5e arrondissement de Lyon.
5e.	Jura.............	Lons-le-Saunier. Poligny. Dôle............. Saint-Claude.	Chaumergy, Chaussin et Montbarrey.
6e.	Doubs .... Jura.............	Besançon. Pontarlier. Dôle.............	Moins Chaumergy, Chaussin Montbarrey.
7e.	Ain.............	Bourg .... Trévoux..........	Moins Pont-d'Ain. Moins Montluel, Chalamont, Meximieux.
8e.	Ain.............	Belley. Gex. Nantua. Bourg............ Trévoux.	Pont-d'Ain. Montluel, Chalamont, Meximieux.

VIII° RÉGION, chef-lieu BOURGES.

Comprend les départements du Cher, de la Côte-d'Or, de la Nièvre, de Saône-et-Loire
et du Rhône (arrondissement de Villefranche).

		qui concourent à la formation des	
1º.	Saône-et-Loire.....	Louhans..........	Saint-Pierre-en-Bresse.
		Chalon...........	Chagny, Verdun-sur-Doubs et Saint-Martin-en-Bresse.
	Côte-d'Or.........	Beaune.	
		Dijon...........	Auxonne et Pontailler.
2º.	Côte-d'Or.........	Châtillon.	
		Semur.	
		Dijon...........	Moins Auxonne et Pontailler.
3º.	Saône-et-Loire.....	Mâcon...........	Cluny, Saint-Gengoux, Lugny et Tournus.
		Louhans	Moins Saint-Pierre-en-Bresse.
		Chalon...........	Moins Chagny, Verdun-sur-Doubs et Saint-Martin-en-Bresse.
4º.	Saône-et-Loire.....	Mâcon...........	Mâcon (nord et sud), la Chapelle, Tramayes et Matour.
	Rhône	Villefranche.	
5º.	Cher.............	Sancerre.	
	Nièvre	Clamecy.	
		Cosne.	
6º.	Cher.............	Bourges.	
		Saint-Amand.	Moins la Guerche, Sancoins et Nérondes.
7º.	Saône-et-Loire.....	Charolles.	
		Autun.	
8º.	Nièvre	Château-Chinon.	
		Nevers.	
	Cher.............	Saint-Amand.......	La Guerche, Sancoins et Nérondes.

IXe RÉGION, chef-lieu Tours.

Comprend les départements de Maine-et-Loire, d'Indre-et-Loire, de l'Indre, des deux-Sèvres et de la Vienne.

NUMÉROS des subdivisions de la région.	DÉPARTEMENTS	ARRONDISSEMENTS	CANTONS
		qui concourent à la formation des subdivisions de la région.	
1re.	Indre............	Issoudun. La Châtre. Châteauroux.......	Moins Châtillon et Écueillé.
2e.	Indre............ Vienne............ Indre-et-Loire.....	Châteauroux....... Le Blanc. Montmorillon. Loches.	Châtillon et Écueillé.
3e.	Deux-Sèvres.......	Parthenay. Bressuire. Niort.	
4e.	Vienne............ Deux-Sèvres.......	Poitiers........... Civray. Melle.	Moins Saint-Julien, Saint-Georges, Neuville et Mirebeau.
5e.	Vienne............ Indre-et-Loire.....	Châtellerault. Loudun. Poitiers........... Chinon............	Saint-Julien, Saint-Georges, Neuville et Mirebeau. Moins Langeais et Bourgueil.
6e.	Indre-et-Loire..... Maine-et-Loire.....	Tours. Chinon............ Saumur............ Baugé	Langeais et Bourgueil. Saumur (nord-est, nord-ouest et sud-est). Noyant et Longué.
7e.	Maine-et-Loire.....	Segré. Baugé.'........... Angers...........	Moins Noyant et Longué. Moins Chalonne, Ponts-de-Cé et Thouaré.
8e.	Maine-et-Loire.....	Cholet. Angers............ Saumur...........	Ponts-de-Cé, Chalonne et Thouaré. Moins Saumur (nord-est, nord-ouest et sud-est).

Xᵉ RÉGION, chef-lieu RENNES.

Comprend les départements des Côtes-du-Nord, de la Manche et d'Ille-et-Vilaine.

DÉPARTEMENTS	ARRONDISSEMENTS	CANTONS
	qui concourent à la formation des subdivisions de la région.	
Côtes-du-Nord......	Guingamp.	
	Lannion.	
Côtes-du-Nord......	Saint-Brieuc.	
	Loudéac.	
Ille-et-Vilaine......	Rennes.	
	Redon.	
	Montfort.	
Ille-et-Vilaine......	Vitré.	
	Fougères.	
Manche..........	Valognes.	
	Cherbourg.	
Ille-et-Vilaine......	Saint-Malo.	
Côtes-du-Nord.....	Dinan.	
Manche..........	Avranches.	
	Mortain.	
Manche..........	Saint-Lô.	
	Coutances.	

XIe RÉGION, chef-lieu NANTES.

Comprend les départements du Finistère, de la Loire-Inférieure, du Morbihan et de la Vendée.

NUMÉROS des subdivisions de la région.	DÉPARTEMENTS	ARRONDISSEMENTS	CANTONS
		qui concourent à la formation des subdivisions de la région.	
1re.	Loire-Inférieure....	Nantes............	Moins Carquefou, Verton, le Loroux Vallet, Clisson et Aigrefeuille.
		Saint-Nazaire.	
		Paimbœuf.	
2e.	Loire-Inférieure....	Ancenis.	
		Châteaubriant.	
		Nantes............	Carquefou, Verton, le Loroux Vallet, Clisson et Aigrefeuille.
3e.	Vendée..........	La Roche-sur-Yon..	Moins Mortagne, les Herbiers, Chantonnay.
		Les Sables-d'Olonne	
4e.	Vendée..........	La Roche-sur-Yon..	Mortagne, les Herbiers et Chantonnay.
		Fontenay.	
5e.	Morbihan........	Vannes.	
		Ploërmel.	
6e.	Finistère........	Quimper.	
		Quimperlé.	
		Châteaulin.	
7e.	Finistère.	Brest.	
		Morlaix.	
8e.	Morbihan........	Lorient.	
		Pontivy.	

XII° REGION, chef-lieu LIMOGES.

Comprend les départements de la Charente, de la Corrèze, de la Creuse, de la Dordogne et de la Haute-Vienne.

DÉPARTEMENTS	ARRONDISSEMENTS	CANTONS
	qui concourent à la formation des subdivisions de la région.	
1°. Haute-Vienne......	Limoges. Rochechouart..... Saint-Yrieix.......	Moins Saint-Junien. Nexon et Chalus.
Creuse...........	Bourganeuf......	Moins Bénévent.
Dordogne........	Nontron.........	Moins Mareuil, Champagnac, Thiviers, Lanouaille et Jumilhac.
2°. Haute-Vienne......	Rochechouart..... Bellac.	Saint-Junien.
Charente.........	Confolens.	
Creuse...........	Guéret........... Bourganeuf......	La Souterraine et Grand-Bourg. Bénévent.
3°. Creuse...........	Aubusson. Boussac. Guéret...........	Moins la Souterraine et Grand-Bourg.
4°. Corrèze...........	Tulle. Ussel.	
5°. Charente.........	Barbezieux.	
Dordogne........	Ribérac. Nontron......... Périgueux........	Mareuil et Champagnac. Moins Excideuil, Hautefort et Thenon.
6°. Charente.........	Angoulême. Ruffec. Cognac.	
7°. Dordogne........	Nontron.......... Périgueux........ Sarlat............	Lanouaille, Jumilhac et Thiviers. Excideuil, Hautefort et Thenon. Terrasson.
Haute-Vienne.....	Saint-Yrieix......	Saint-Yrieix et Saint-Germain.
Corrèze...........	Brives.	
Dordogne........	Bergerac. Sarlat............	Moins Terrasson.

XIII° RÉGION, chef-lieu CLERMONT-FERRAND.

Comprend les départements de l'Allier, de la Loire, du Puy-de-Dôme, de la Haute-Loire, du Cantal et du Rhône (cantons de l'Arbresle, Condrieu, Limonest, Mornant, Saint-Symphorien, Saint-Laurent et Vaugneray).

NUMÉROS des subdivisions de la région.	DÉPARTEMENTS	ARRONDISSEMENTS	CANTONS
		qui concourent à la formation des subdivisions de la région.	
1**.	Puy-de-Dôme.....	Riom. Thiers. Clermont..........	Clermont (nord-est, nord-ouest et sud-ouest), Rochefort, Bourg-Lastic et Herment.
2°.	Allier............	Moulins. Montluçon. Gannat.	
3°.	Puy-de-Dôme.....	Clermont. .... Issoire. Ambert.	Moins Clermont (nord-est, nord-ouest et sud-ouest), Rochefort, Bourg-Lastic et Herment.
4°.	Haute-Loire...... Cantal.	Brioude...........	Blesle, Auzon, la Chaise-Dieu, Brioude et Lavoûte.
5°.	Haute-Loire......	Le Puy. Yssingeaux. Brioude..........	Pinols, Langeac et Paulhaguet.
6°.	Loire............	Saint-Étienne.	
7°.	Loire............ Rhône............	Montbrison. Lyon.............	L'Arbresle, Condrieu, Limonest, Mornant, S¹-Symphorien, Saint-Laurent et Vaugneray.
8°	Allcr............ Loire............	La Palisse. Roanne.	

XIV° RÉGION, chef-lieu GRENOBLE.

les départements des Alpes (Hautes-), de la Drôme, de l'Isère, de la Savoie, de la Haute-) et du Rhône (cantons de Givors, Saint-Genis-Laval, Villeurbanne, 1er, 2e, et 6 arrondissements de Lyon).

NOS	DÉPARTEMENTS	ARRONDISSEMENTS	CANTONS
		qui concourent à la formation des subdivisions de la région.	
1er.	Isère............	Grenoble.	
2e.	Isère............	La Tour-du-Pin. Saint-Marcellin.	
3e.	Haute-Savoie.		
4e.	Savoie.		
5e.	Isère............	Vienne.	
	Rhône............	Lyon............	Givors et 6e arrondissement de Lyon.
6e.	Drôme...........	Valence.	
	Rhône............	Lyon............	3e arrondissement de Lyon.
7e.	Drôme.	Montélimar. Die. Nyons.	
	Rhône............	Lyon............	Villeurbanne et 1er arrondissement de Lyon.
8e.	Hautes-Alpes.		
	Rhône............	Lyon............	Saint-Genis-Laval et 2e arrondissement de Lyon.

XVᵉ RÉGION, chef-lieu MARSEILLE.

Comprend les départements des Alpes (Basses-) des Alpes-Maritimes, de l'Ardèche, des Bouches-du-Rhône, de la Corse, du Gard, du Var et de Vaucluse.

NUMÉROS des subdivisions de la région.		qui concourent à la formation des :	
1ʳᵉ.	Var	Brignoles.	
		Toulon.	
	Bouches-du-Rhône .	Marseille.........	Aubagne, la Ciotat, Roqu centre extra et sud extra de seille.
2ᵉ.	Alpes-Maritimes.		
	Var	Draguignan.	
3ᵉ.	Bouches-du-Rhône .	Arles.	
		Aix.	
		Marseille.........	Centre intra, nord intra, nord tra et sud intra de Marseille.
	Basses-Alpes.		
4ᵉ.	Corse.		
5ᵉ.	Gard	Nîmes.	
		Alais.	
		Le Vigan.	
6ᵉ.	Vaucluse.		
7ᵉ.	Ardèche	Tournon.	
		Privas.........	Moins Viviers, Bourg-Saint-A et Villeneuve-de-Berg.
8ᵉ.	Gard	Uzès.	
	Ardèche	Largentière.	
		Privas...........	Viviers, Bourg-Saint-Andéol et leneuve-de-Berg.

XVI° RÉGION, chef-lieu MONTPELLIER.

Comprend les départements de l'Aude, de l'Aveyron, de l'Hérault, de la Lozère, du Tarn et des Pyrénées-Orientales.

DÉPARTEMENTS	ARRONDISSEMENTS	CANTONS
	qui concourent à la formation des subdivisions de la région.	
Hérault..........	Béziers.	
	Saint-Pons.	
Hérault..........	Montpellier.	
	Lodève.	
Aveyron..........	Saint-Affrique.	
Lozère.		
Aveyron..........	Millau.	
Aveyron..........	Rodez.	
	Villefranche.	
	Espalion.	
Aude.............	Narbonne.	
	Carcassonne.......	Moins Saissac, Montréal, Alzonne et Carcassonne (est et ouest).
	Limoux.	
Pyrénées-Orientales.		
Tarn.............	Castres.	
Aude.............	Castelnaudary.	
	Carcassonne.......	Saissac, Montréal, Alzonne et Carcassonne (est et ouest).
Tarn.............	Albi.	
	Gaillac.	
	Lavaur.	

XVIIe RÉGION, chef-lieu TOULOUSE.

Comprend les départements de l'Ariége, de la Haute-Garonne, du Gers, du Lot, de Lot-et-Garonne et de Tarn-et-Garonne.

NUMÉROS des subdivisions de la région.		qui concourent à la formation des	
	Tarn-et-Garonne...	Castelsarrasin.....	Saint-Nicolas, Lavit et Beaumont.
		Moissac.	
1re.	Lot-et-Garonne....	Agen.	
		Nérac............	Nérac et Francescas.
		Condom.........	Condom et Montréal.
	Gers.............	Lectoure.........	Lectoure et Miradoux.
		Marmande.	
2e.	Lot-et-Garonne....	Villeneuve.......	Moins Villeréal, Monflanquin, mel et Tournon.
		Nérac...........	Moins Nérac et Francescas.
		Figeac..........	Cajarc.
	Lot.............	Gourdon........	Payrac, Gourdon, Salviac, Germain et la Bastide.
3e.		Cahors.	
	Lot-et-Garonne....	Villeneuve.......	Villeréal, Monflanquin, Fumel Tournon.
	Tarn-et-Garonne...	Montauban.......	Molières et Montpezat.
	Lot.............	Gourdon.........	Moins Payrac, Gourdon, Saint-Germain et la Bastide.
4e.		Figeac..........	Moins Cajarc.
	Tarn-et-Garonne...	Montauban.......	Moins Molières et Montpezat.
		Castelsarrasin.....	Castelsarrasin, Montech, Verdun Grisolles.
		Toulouse.	
5e.	Haute-Garonne....	Villefranche.	
		Muret...........	Saint-Lys, Muret et Auterive.
	Haute-Garonne....	Muret...........	Cintegabelle.
6e.		Pamiers.	
	Ariége...........	Foix.	
		Saint-Girons......	Massat.
		Mirande.	
		Auch.	
7e.	Gers.............	Condom.........	Moins Condom et Montréal.
		Lectoure.........	Moins Lectoure et Miradoux.
		Lombez.	
	Haute-Garonne....	Muret...........	Moins Cintegabelle, Saint-Lys, ret et Auterive.
		Saint-Gaudens.	
	Ariége...........	Saint-Girons......	Moins Massat.

XVIIIe RÉGION, chef-lieu BORDEAUX.

Comprend les départements de la Charente-Inférieure, de la Gironde, des Landes, des Basses-Pyrénées et des Hautes-Pyrénées.

DÉPARTEMENTS	ARRONDISSEMENTS	CANTONS
	qui concourent à la formation des subdivisions de la région.	
1re. Charente-Inférieure	Saintes. Marennes. Jonzac.	
2e. Charente-Inférieure	La Rochelle. Rochefort. Saint-Jean-d'Angely	
3e. Gironde	Libourne. Blaye. La Réole.	
4e. Gironde	Bordeaux. Lesparre. Bazas.	
5e. Landes	Mont-de-Marsan. Saint-Sever. Dax	Montfort et Castets.
6e. Basses-Pyrénées / Landes	Bayonne. Mauléon. Dax	Moins Montfort et Castets.
7e. Basses-Pyrénées	Pau. Orthez. Oloron.	
. Hautes-Pyrénées.		

Vu pour être annexé au décret du 6 août 1874.

Le Président de la République,

Signé M^{al} DE MAC MAHON.

RÉPUBLIQUE FRANÇAISE.

3492. — DÉCRET *qui affecte au Département de la Guerre une partie des Terrains de l'ancienne corderie, à Cherbourg.*

Du 8 Août 1874.

PRÉSIDENT DE LA RÉPUBLIQUE FRANÇAISE,

la rapport du ministre de la guerre;

Vu l'ordonnance du 14 juin 1833 [1], qui règle le mode à suivre dans tous les cas où il s'agit d'affecter un immeuble domanial à un service public de l'État;

Vu le procès-verbal dressé, le 20 novembre 1873, par les services du génie, de la marine et des domaines, à l'effet de constater la remise au département de la guerre d'une partie des terrains de l'ancienne corderie, occupés par la marine sur l'emplacement des glacis de la place de Cherbourg au nord de la rue de l'Abbaye, lesquels terrains sont désignés par une teinte jaune sur le plan joint audit procès-verbal et ci-annexé;

Considérant que, pour régulariser cette opération, il y a lieu d'affecter terrains dont il s'agit au service de la guerre, sous la réserve mentionnée audit procès-verbal, que la marine conservera la propriété des matériaux situés sur le sol, mais qu'elle devra les enlever d'ici au 1er janvier 18, sauf à enclore les terrains qu'elle conservera du chantier de la corderie, reportant en AB la clôture actuelle A'B';

Considérant que, par deux dépêches des 6 janvier et 24 juillet 1874, les ministres de la marine et des finances ont donné leur assentiment à cette mesure,

Décrète :

ART. 1er. Les terrains susmentionnés sont affectés au service département de la guerre, sous la réserve ci-dessus énoncée.

2. Les ministres de la guerre, de la marine et des finances sont chargés, chacun en ce qui le concerne, de l'exécution du présent décret, qui sera inséré au Bulletin des lois.

Fait à Versailles, le 8 Août 1874.

Signé M^{al} DE MAC MAHON.

Le Vice-Président du Conseil,
Ministre de la guerre,

Signé Gal E. DE CISSEY.

RÉPUBLIQUE FRANÇAISE.

N° 3493. — Décret *qui modifie la composition territoriale de la France.*

Du 10 Août 1874.

LE PRÉSIDENT DE LA RÉPUBLIQUE FRANÇAISE,

Vu le décret du 13 octobre 1873, modifiant transitoirement la composition territoriale des divisions militaires; .

Vu le décret du 6 août 1874, déterminant les régions et les subdivisions de région;

Sur le rapport du vice-président du Conseil, ministre de la guerre,

Décrète :

[1] IXe série, 2e partie, 1re section, Bull. 234, n° 4853.

1°. Les divisions militaires modifiées par le décret du 28 oc-
873 étant supprimées par le décret du 6 août 1874, le comm-
ment territorial est confié, à dater du 16 août 1874, à chaque
dant de corps d'armée dans la circonscription de sa région,
'elle est déterminée par ledit décret, sauf les modifications
ires indiquées dans l'article 3 ci-après pour Paris et Lyon.

ansitoirement et jusqu'à la promulgation d'une loi sur la
militaire, qui a été déposée sur le bureau de l'Assemblée, les
dants de corps d'armée prendront le titre de *Commandant de
d'armée et de telle division militaire*, la division prenant le
numéro que le corps d'armée.

ransitoirement également et jusqu'à la constitution des com-
ments de Paris et de Lyon, demandée par une loi à l'Assem-
'onale, le département du Rhône sera rattaché au comman-
t du quatorzième corps et de la quatorzième division militaire,
épartements de la Seine et de Seine-et-Oise constitueront une
me division militaire sous le commandement du gouverneur

vice-président du Conseil, ministre de la guerre, est chargé
tion du présent décret.

à Versailles, le 10 Août 1874.

Signé M^{al} DE MAC MAHON.

Vice-Président du Conseil,
Ministre de la guerre,

gné Gal E. DE CISSEY.

RÉPUBLIQUE FRANÇAISE.

4. — *Décret qui autorise la substitution de la Compagnie du Chemin de
le Lille à Valenciennes et ses extensions aux droits et obligations de la
été Lebon et Otlet, adjudicataire de la concession du Chemin de fer de
e à la ligne des Ardennes.*

Du 12 Août 1874.

Président de la République française ;

le rapport du ministre des travaux publics ;
le décret du 19 juin 1868 [1], déclarant d'utilité publique l'établisse-
du chemin de fer de Lérouville à la ligne des Ardennes, près Sedan ;
la loi du 18 juillet 1868, autorisant le ministre de l'agriculture, du
erce et des travaux publics à s'engager, au nom de l'État, à allouer

en vue de l'exécution du chemin de fer de Lérouville à la ligne des
dennes, une subvention qui ne pourra excéder treize millions cinq
mille francs;

Vu le décret du 7 avril 1869[1], prescrivant la mise en adjudication
chemin de fer de Lérouville à la ligne des Ardennes;

Vu le décret du 21 août 1869[2], approuvant l'adjudication du chemin
fer de Lérouville à la ligne des Ardennes, ladite adjudication tranchée
profit des sieurs *André Lebon* et *Édouard Otlet*, moyennant le rabais de
millions cinquante-cinq mille francs (5,055,000ᶠ) exprimé dans leur
mission;

Vu le décret du 17 juin 1872[3], portant fixation du tracé de chemin d
de Lérouville à la ligne des Ardennes;

Vu le décret du 11 juillet 1864[4], déclarant d'utilité publique et con
le chemin de fer de Lille à Valenciennes;

Vu le décret du 26 octobre 1871[5], portant concession du chemin
de Saint-Amand à la frontière, dans la direction de Tournay, et de
Amand à Blanc-Misseron;

Vu le décret du 26 février 1872[6], concédant le chemin de fer d'
chement de Beuvrages à Bruay;

Vu le traité passé, le 10 novembre 1873, entre le sieur *Édouard*
représentant la société *André Lebon* et *Otlet*, et la compagnie du chem
fer de Lille à Valenciennes et ses extensions, pour la cession à ladite
pagnie du chemin de fer de Lérouville à la ligne des Ardennes;

Vu la délibération de l'assemblée générale des actionnaires du ch
de fer de Lille à Valenciennes et extensions, autorisant le directeur
compagnie à accepter la cession du chemin de fer de Lérouville à la
des Ardennes;

Vu l'acte de société des sieurs *André Lebon* et *Édouard Otlet*, adjudica
du chemin de fer de Lérouville à la ligne des Ardennes;

Le Conseil d'État entendu,

Décrète :

Art. 1ᵉʳ. Est autorisée la substitution de la compagnie du ch
de fer de Lille à Valenciennes et ses extensions aux droits et o
tions de la société *Lebon* et *Otlet*, adjudicataire de la concession
chemin de fer de Lérouville à la ligne des Ardennes.

2. La compagnie du chemin de fer de Lille à Valenciennes et
extensions devra se renfermer strictement, à moins d'auto
spéciale, dans l'objet des concessions des chemins de fer consti
son réseau, tel qu'il résulte des décrets susvisés des 11 juillet 1
26 octobre 1871 et 26 février 1872, du décret du 13 janvier 1
homologuant des concessions de chemins de fer d'intérêt local,
présent décret, ce sous réserve des extensions que pourrait
voir ledit réseau par suite de concessions ultérieures de ch
de fer.

3. Le compte rendu détaillé des résultats de l'exploitation
lignes de la société, comprenant les recettes brutes et les dépenses

[1] xiᵉ série, Bull. 1700, n° 16,828.
[2] xiᵉ série, Bull. 1743, n° 17,175.
[3] xiiᵉ série, Bull. 98, n° 1271.
[4] xiᵉ série, Bull. 1232, n° 12,537.
[5] xiiᵉ série, Bull. 72, n° 689.
[6] xiiᵉ série, Bull. 85, n° 984.

sera remis tous les trois mois au ministre des travaux publics et inséré au Journal officiel.

4. Le ministre des travaux publics est chargé de l'exécution du présent décret, lequel sera inséré au Bulletin des lois.

Fait à Versailles, le 12 Août 1874.

Signé M^{al} DE MAC MAHON.

Le Ministre des travaux publics,

Signé E. CAILLAUX.

RÉPUBLIQUE FRANÇAISE.

N° 3495. — DÉCRET qui crée une Chaire de médecine opératoire à l'École préparatoire de Médecine et de Pharmacie de Marseille.

Du 27 Août 1874.

LE PRÉSIDENT DE LA RÉPUBLIQUE FRANÇAISE,

Sur le rapport du ministre de l'instruction publique, des cultes et des beaux-arts;

Vu l'ordonnance du 13 octobre 1840 [1];

Vu le décret du 24 novembre 1856 [2], portant réorganisation de l'école préparatoire de médecine et de pharmacie de Marseille;

Vu la délibération du conseil municipal de Marseille, en date du 6 août 1874,

DÉCRÈTE :

ART. 1er. Il est créé une chaire de médecine opératoire à l'école préparatoire de médecine et de pharmacie de Marseille.

2. Le ministre de l'instruction publique, des cultes et des beaux-arts est chargé d'assurer l'exécution du présent décret.

Fait à Versailles, le 27 Août 1874.

Signé M^{al} DE MAC MAHON.

Le Ministre de l'instruction publique, des cultes et des beaux-arts,

Signé A. DE CUMONT.

---

[1] IXe série, Bull. 775, n° 8986.　　　[2] XIe série, Bull. 461, n° 4252.

RÉPUBLIQUE FRANÇAISE.

N° 3496. — DÉCRET qui approuve divers Travaux à exécuter et diverses Dépenses à faire sur l'ancien réseau de la Compagnie des Chemins de fer de Paris, Lyon et à la Méditerranée.

Du 28 Août 1874.

LE PRÉSIDENT DE LA RÉPUBLIQUE FRANÇAISE,

Sur le rapport du ministre des travaux publics;

Vu les loi et décret du 19 juin 1857 [1], lesquels constituent le réseau de chemins de fer de Paris à Lyon et à la Méditerranée; ensemble la convention et le cahier des charges y annexés;

Vu les loi et décret du 11 juin 1863 [2], portant concession de diverses lignes à la compagnie des chemins de fer de Paris à Lyon et à la Méditerranée et modification des concessions antérieures;

Vu la loi du 18 juillet 1868 et le décret du 28 avril 1869 [3], portant approbation de la convention passée, le 18 juillet 1868, entre l'État et la compagnie des chemins de fer de Paris à Lyon et à la Méditerranée, et spécialement les articles 8, 9, 10 et 12 de ladite convention;

Vu les projets présentés et demandes faites par la compagnie des chemins de fer de Paris à Lyon et à la Méditerranée pour que les dépenses relatives à divers travaux complémentaires à exécuter sur son ancien réseau soient approuvées par décret délibéré en Conseil d'État, conformément aux dispositions de l'article 12 susvisé de la convention du 18 juillet 1868;

Vu les rapports de l'inspecteur général des ponts et chaussées et des ingénieurs chargés du contrôle de l'exploitation du réseau de la Méditerranée, et les avis du conseil des ponts et chaussées, des 29 janvier et 30 avril 1873, 28 janvier, 1er, 15 avril, 6, 13 et 27 mai 1874;

Le Conseil d'État entendu,

DÉCRÈTE :

ART. 1er. Sont approuvés les travaux à exécuter et les dépenses à faire sur l'ancien réseau de la compagnie des chemins de fer de Paris à Lyon et à la Méditerranée, conformément aux projets suivants:

LIGNE DE PARIS A LYON.

Projet de construction d'un deuxième étage au bâtiment des bureaux de la traction à la gare de Lyon-Perrache, présenté le 27 mars 1874, avec un détail estimatif montant à. 11,700

LIGNE DE DIJON A BELFORT.

Projet d'établissement d'une grue hydraulique et d'une fosse à piquer à la gare de triage de Dôle, présenté le 11 avril 1874, avec un détail estimatif montant à. 25,500

[1] XIe série, Bull. 116, n° 1627.
[3] XIe série, Bull. 1699, n° 16,808.
[2] XIe série, Bull. 1141, n° 11,555.

LIGNE DE BESANÇON A BELFORT.

Projet de pose d'une voie de garage à la station de Baume-les-Dames, présenté le 17 avril 1874, avec un détail estimatif montant à 27,000ᶠ

LIGNE DE LYON A GENÈVE.

et d'établissement d'une halle couverte pour les marchandises à la gare de Chancy-Pougny, présenté le 14 février 1874, avec un détail estimatif montant à   14,000

LIGNE D'AIX A ANNECY.

et d'établissement d'une nouvelle voie de garage et de trois plaques tournantes à la gare d'Aix-les-Bains, présenté le 3 février 1874, avec un détail estimatif montant à   11,600

LIGNE DE SAINT-RAMBERT A RIVES.

et d'agrandissement des voies et du quai couvert de la gare de Beaupaire, présenté le 2 mars 1874, avec un détail estimatif montant à .   34,000
d'établissement de voies nouvelles à la gare d'Épinouze, présenté le 14 février 1874, avec un détail estimatif montant à   34,000

LIGNE D'AVIGNON A MARSEILLE.

de déplacement des bureaux des receveurs à la gare de Marseille, présenté le 6 mars 1874; avec un détail estimatif montant à   2,700

LIGNE DE TARASCON A CETTE.

t d'agrandissement de la gare des marchandises et de reconstruction de la gare des voyageurs de Villeneuve-lès-Maguelonne, présenté 21 mars 1874, avec un détail estimatif montant à   110,000
projet d'agrandissement de la gare des marchandises de Montpellier, présenté le 13 novembre 1872, modifié conformément à la demande produite le 21 juin 1873, avec un détail estimatif dressé le 16 mars 1874 et s'élevant à   1,510,000

ENSEMBLE   1,780,000

La dépense des travaux dont il s'agit sera imputée sur les quatre-seize millions (96,000,000ᶠ) énoncés à l'article 12 de la convention susmentionnée comme maximum de dépenses complémentaires à autoriser, dans un délai de dix ans, sur l'ancien réseau de la compagnie.

2. Est rapportée l'approbation donnée par le décret du 26 février 1872 au projet présenté, le 22 juin 1870, pour l'agrandissement de la gare des marchandises de Montpellier, avec un détail estimatif s'élevant à sept cent soixante-dix-sept mille francs (777,000ᶠ).

Le montant des dépenses complémentaires autorisées par ledit décret du 26 février 1872 est en conséquence ramené du chiffre de un million trois cent vingt-deux mille neuf cents francs (1,322,900ᶠ) à celui de cinq cent quarante-cinq mille neuf cents francs (545,900ᶠ).

3. Le ministre des travaux publics est chargé de l'exécution du présent décret, qui sera inséré au Bulletin des lois.

Fait à Versailles, le 28 Août 1874.

Signé Mal DE MAC MAHON.

Le Ministre des travaux publics,
Signé E. CAILLAUX.

RÉPUBLIQUE FRANÇAISE.

N° 3497. — *DÉCRET qui fait passer la Place de Valence de la Direction d'artil de Grenoble à celle de Toulon.*

Du 19 Septembre 1874.

LE PRÉSIDENT DE LA RÉPUBLIQUE FRANÇAISE,

Vu le décret du 4 décembre 1873 [1], portant réorganisation des mandements de l'artillerie;

Sur la proposition du ministre de la guerre, vice-président du Conseil ministres,

DÉCRÈTE :

ART. 1er. La place de Valence, qui faisait partie de la d' d'artillerie de Grenoble et du quatorzième corps d'armée, sera tachée désormais à la direction d'artillerie de Toulon et au co dement du quinzième corps d'armée.

2. L'arrondissement d'artillerie dont la place de Valence étai chef-lieu sera séparé de la direction d'artillerie de Grenoble et taché à celle de Toulon.

3. Le présent décret sera exécutoire à dater du 30 septembre 1

Fait à Paris, le 19 Septembre 1874.

Signé Mal DE MAC MAHON.

Le Vice-Président du Conseil,
Ministre de la guerre,
Signé Gal E. DE CISSEY.

[1] Bull. 175, n° 2627.

RÉPUBLIQUE FRANÇAISE.

3498. — DÉCRET qui autorise le sieur Gibiat à mettre en circulation des Voitures d'un nouveau modèle sur la voie ferrée à traction de chevaux de Sèvres à Versailles.

Du 19 Septembre 1874.

LE PRÉSIDENT DE LA RÉPUBLIQUE FRANÇAISE,

Sur le rapport du ministre des travaux publics ;

Vu le décret du 28 avril 1855, qui autorise le sieur *Tardieu* à placer sur la voie publique, entre Sèvres et Versailles, département de Seine-et-Oise, des voies ferrées desservies par des chevaux ;

Vu le décret du 19 mars 1862, qui substitue le sieur *Gibiat* au sieur *Tardieu* dans tous les droits et charges résultant du décret susvisé ;

Vu le décret du 6 février 1864, qui fixe les prix de transport des voyageurs sur les voies ferrées à traction de chevaux de Paris à Sèvres et au rond-point de Boulogne et de Sèvres à Versailles ;

Vu les demandes présentées par le sieur *Gibiat* à l'effet d'obtenir l'autorisation de mettre en service, d'abord à titre provisoire, puis à titre définitif, une nouvelle voiture dans laquelle le compartiment de première classe est supprimé ;

Vu les pièces de l'instruction à laquelle les demandes précitées ont été soumises dans le département de Seine-et-Oise, et notamment le procès-verbal de la commission d'enquête, en date des 23-30 mai 1874 ;

Vu la lettre du préfet de Seine-et-Oise, en date du 27 juin 1874 ;

Vu l'avis du conseil général des ponts et chaussées, du 6 juillet 1874 ;

Le Conseil d'Etat entendu,

DÉCRÈTE :

ART. 1ᵉʳ. Le sieur *Gibiat* est autorisé à mettre en circulation sur la voie ferrée de Sèvres à Versailles des voitures d'un nouveau modèle dans lesquelles le compartiment de première classe sera supprimé.

2. Toutes les dispositions du cahier des charges annexé au décret du 28 avril 1855 et qui ne sont pas contraires à la présente continueront à avoir leur effet.

3. Le ministre des travaux publics est chargé de l'exécution du présent décret.

Fait à Versailles, le 19 Septembre 1874.

Signé Mᵃˡ DE MAC MAHON.

Le Ministre des travaux publics,
Signé E. CAILLAUX.

RÉPUBLIQUE FRANÇAISE.

N° 3499. — *Décret concernant la Faculté de Droit de Nancy.*

Du 25 Septembre 1874.

LE PRÉSIDENT DE LA RÉPUBLIQUE FRANÇAISE,

Sur le rapport du ministre de l'instruction publique, des cultes et beaux-arts;

Vu les décrets du 9 janvier 1864 [1] et du 17 septembre suivant [2], cernant le rétablissement d'une faculté de droit dans la ville de Nancy;

Considérant que les engagements contractés par la ville de Nancy la délibération du conseil municipal du 21 décembre 1863, visée aux d précités, prendront fin le 1er octobre 1874;

Considérant que les recettes encaissées par l'État à ladite faculté les dépenses effectuées au compte de l'État pour le personnel et le de l'enseignement et de l'administration;

Vu la demande formée, le 18 août 1873, par M. le maire de Nancy, de la ville, tendant à modifier les conditions déterminées auxdits

Vu la délibération du conseil municipal de la ville de Nancy, en 10 août 1874, par laquelle cette ville s'engage : 1° à prendre à sa traitements affectés aux cinq cours complémentaires institués sur mande, à raison de mille deux cents francs chacun; 2° à agrandir les attribués à la faculté de droit et à l'école supérieure de pharmacie;

Vu l'avis de M. le ministre des finances, en date du 23 octobre 1873

DÉCRÈTE :

ART. 1er. L'article 2 du décret du 9 janvier 1864, relatif au blissement d'une faculté de droit dans la ville de Nancy, et le du 17 septembre déterminant les voies et moyens d'exécuti dispositions contenues audit article, sont et demeurent rap

2. Conformément aux dispositions de l'article 1er du déc 9 janvier 1864 et complétées par le décret du 10 décembre 1 faculté de droit de Nancy demeure constituée comme il suit :

Trois chaires de code civil;
Deux chaires de droit romain;
Une chaire de procédure civile;
Une chaire de législation criminelle;
Une chaire de droit commercial;
Une chaire de droit administratif.

3. Cinq cours complémentaires pourront être institués suivant vœu du conseil municipal, sous la réserve expresse qu'il n'en tera aucune charge pour l'État. Les traitements seront acqu

[1] XIe série, Bull. 1185, n° 12,065.　　　[2] XIe série, Bull. 1245, n° 12,687.

ement par la ville. Le ministre de l'instruction publique dési.
les fonctionnaires qui en seront chargés.

. Le ministre de l'instruction publique, des cultes et des beaux-
est chargé de l'exécution du présent décret.

Fait à Paris, le 25 Septembre 1874.

Signé M^{al} DE MAC MAHON.

e de l'instruction publique, des cultes
et des beaux-arts,

Signé A. DE CUMONT.

.—DÉCRET DU PRÉSIDENT DE LA RÉPUBLIQUE FRANÇAISE (contre-signé
e ministre des travaux publics) portant ce qui suit :

t déclaré d'utilité publique l'agrandissement de la gare de Saint-Val-
me), sur le chemin de fer de Lyon à Avignon, conformément au
essé par l'ingénieur de la compagnie, le 21 avril 1873, lequel plan
annexé au présent décret.

our l'exécution desdits travaux, la compagnie des chemins de fer de
i Lyon et à la Méditerranée est substituée aux droits comme aux obli-
s qui dérivent, pour l'administration, de la loi du 3 mai 1841.

propriation des terrains nécessaires pour l'agrandissement de la sta-
evra être consommée dans le délai de deux ans, à partir de la promul-
du présent décret.

terrains seront incorporés au chemin de fer de Lyon à Avignon et
retour à l'État à l'expiration de la concession. (Versailles, 30 Mai 1874.)

.—DÉCRET DU PRÉSIDENT DE LA RÉPUBLIQUE FRANÇAISE (contre-signé
ministre des travaux publics) portant ce qui suit : ·.

déclaré d'utilité publique l'établissement d'une gare de marchan-
la station des Mazes (Hérault), sur la ligne de Tarascon à Cette, con-
ent au plan dressé par l'ingénieur de la compagnie de la Méditerra-
29 mars 1873, lequel plan restera annexé au présent décret.

our l'exécution desdits travaux, la compagnie des chemins de fer de
i Lyon et à la Méditerranée est substituée aux droits comme aux obli-
s qui dérivent, pour l'administration, de la loi du 3 mai 1841.

propriation des terrains nécessaires pour l'établissement de la nou-
are devra être terminée dans un délai de deux ans, à partir de la pro-
tion du présent décret.

terrains seront incorporés au chemin de fer de Tarascon à Cette et
t retour à l'État à l'expiration de la concession. (Versailles, 30 Mai 1874.)

.—DÉCRET DU PRÉSIDENT DE LA RÉPUBLIQUE FRANÇAISE (contre-signé ·
le ministre des travaux publics) portant ce qui suit : ·

ont déclarés d'utilité publique les travaux de construction de la route
ementale de Meurthe-et-Moselle n° 15, de Nancy à Verdun, dans la rue ·

Marion, à Thiaucourt, suivant la direction générale indiquée par une ligne rouge sur un plan qui restera annexé au présent décret.

2° L'administration est autorisée à faire l'acquisition des terrains et ments nécessaires à l'exécution de cette entreprise, en se conformant dispositions des titres II et suivants de la loi du 3 mai 1841, sur l'expro tion pour cause d'utilité publique.

3° Le présent décret sera considéré comme non avenu, si les travaux n pas été adjugés dans un délai de cinq ans, à partir du jour de sa prom tion. (*Versailles, 30 Mai 1874.*)

N° 3503. — DÉCRET DU PRÉSIDENT DE LA RÉPUBLIQUE FRANÇAISE (contre-si par le ministre des.travaux publics) portant ce qui suit :

1° Est et demeure classé parmi les routes départementales de la comme prolongement de la route départementale n° 68, de Choisy-le Orly, le chemin dit *de Villeneuve-le-Roi*, jusqu'à la limite du départem Seine-et-Oise.

La direction générale de ce prolongement est figurée par la ligne ja sur un plan qui restera annexé au présent décret.

La route départementale n° 68 prendra désormais la dénomi *Route de Choisy-le-Roi à Villeneuve-le-Roi.*

2° L'administration est autorisée à faire l'acquisition des terrains et ments nécessaires à l'amélioration de cette nouvelle portion de route, conformant aux dispositions des titres II et suivants de la loi du 3 mai sur l'expropriation pour cause d'utilié publique.

3° Le présent décret sera considéré comme non avenu, si les travaux pas été adjugés dans un délai de cinq ans, à partir du jour de sa pro tion. (*Versailles, 30 Mai 1874.*)

N° 3504. — DÉCRET DU PRÉSIDENT DE LA RÉPUBLIQUE FRANÇAISE (contr par le ministre des finances) qui approuve l'acte passé, le 25 avri entre le préfet du département de l'Hérault et le maire de la comm Marseillan (Hérault), portant cession à ladite commune de M moyennant le prix de trois cent soixante francs et aux conditions én audit acte, d'une parcelle à conquérir sur l'étang de Thau, d'une ficie de quatorze mille quatre cents mètres carrés, située au nord port de Marseillan et figurée par une teinte rose sur le plan ann présent décret. (*Versailles, 18 Juin 1874.*)

N° 3505. — DÉCRET DU PRÉSIDENT DE LA RÉPUBLIQUE FRANÇAISE (con par le garde des sceaux, ministre de la justice) portant ce qui suit:

Le décret du 1er août 1868, qui assigne quinze offices d'huissier au nal de première instance de Ribérac (Dordogne), est modifié en ce sens ce nombre est réduit à quatorze.

Le décret du 24 septembre 1860, qui assigne douze offices d'huissier tribunal de première instance de Vitry-le-François (Marne), est modifié ce sens que ce nombre est réduit à onze.

Le décret du 24 octobre 1866, qui assigne vingt-six offices d'huissier

tribunal de première instance de Bagnères (Hautes-Pyrénées), est modifié
en ce sens que ce nombre est réduit à vingt-quatre.

Le décret du 11 janvier 1872, qui assigne vingt-quatre offices d'huissier
au tribunal de première instance d'Auxerre (Yonne), est modifié en ce sens
que ce nombre est réduit à vingt-trois.

Le décret du 23 décembre 1865, qui assigne vingt et un offices d'huissier
au tribunal de première instance de Montauban (Tarn-et-Garonne), est modifié en ce sens que ce nombre est réduit à vingt. (*Versailles, 7 Août 1874.*)

———

3506. — DÉCRET DU PRÉSIDENT DE LA RÉPUBLIQUE FRANÇAISE (contre-signé
par le ministre des finances) portant :

ART. 1er. Le tarif approuvé par décret du 8 août 1849 [1] pour le passage
Laber-Ildut, sur le Laber, commune de Porspoder, département du Finistère, est et demeure applicable au bac établi sur l'Élorn, à Landerneau (Finistère).

2. Sont exempts des droits de péage les administrateurs, magistrats,
fonctionnaires publics et autres personnes énumérées à l'article précédent,
qui, aux termes du cahier des charges de l'adjudication desdits droits,
sont affranchis de toute obligation à cet égard. (*Versailles, 8 Août 1874.*)

———

3507. — DÉCRET DU PRÉSIDENT DE LA RÉPUBLIQUE FRANÇAISE (contre-signé
par le garde des sceaux, ministre de la justice) portant ce qui suit :

Le décret du 26 août 1857, qui assigne quatre offices d'avoué au tribunal
de première instance de Cholet (Maine-et-Loire), est modifié en ce sens que
ce nombre est réduit à trois.

Le décret du 21 novembre 1858, qui assigne cinq offices d'avoué au tribunal de première instance de Sainte-Menehould (Marne), est modifié en
ce sens que ce nombre est réduit à quatre.

Le décret du 9 mars 1870, qui assigne huit offices d'avoué au tribunal de
première instance de Mâcon (Saône-et-Loire), est modifié en ce sens que ce
nombre est réduit à sept.

Le décret de 8 mai 1861, qui assigne treize offices d'huissier au tribunal
de première instance de Melun (Seine-et-Marne), est modifié en ce sens que
ce nombre est réduit à douze. (*Paris, 9 Septembre 1874.*)

———

3508. — DÉCRET DU PRÉSIDENT DE LA RÉPUBLIQUE FRANÇAISE (contre-signé
par le garde des sceaux, ministre de la justice) portant ce qui suit :

Le décret du 2 mai 1868, qui assigne quatorze offices d'avoué à la cour
d'appel de Montpellier, est modifié en ce sens que ce nombre est réduit à
treize.

L'ordonnance du 12 mai 1820, qui assigne huit offices d'avoué au tribunal de première instance du Mans (Sarthe), est modifiée en ce sens que ce
nombre est réduit à sept.

Le décret du 11 avril 1868, qui assigne vingt-trois offices d'huissier au tribunal de première instance de Périgueux (Dordogne), est modifié en sens que ce nombre est réduit à vingt-deux.

Le décret du 8 février 1868, qui assigne trente-quatre offices d'huissier tribunal de première instance de Saint-Gaudens (Haute-Garonne), est difié en ce sens que ce nombre est réduit à trente-trois.

Le décret du 11 juillet 1873, qui assigne quinze offices d'huissier au bunal de première instance de Chinon (Indre-et-Loire), est modifié en sens que ce nombre est réduit à quatorze.

L'arrêté du 27 août 1871, qui assigne vingt-quatre offices d'huissier tribunal de première instance de Nantes (Loire-Inférieure), est modifié ce sens que ce nombre est réduit à vingt-trois.

Le décret du 10 juillet 1857, qui assigne dix offices d'huissier au trib de première instance de Cholet (Maine-et-Loire), est modifié en ce ce nombre est réduit à neuf.

Le décret du 14 juin 1865, qui assigne dix offices d'huissier au trib de première instance de Châlons (Marne), est modifié en ce sens que nombre est réduit à neuf. (*Paris, 19 Septembre 1874.*)

N° 3509. — DÉCRET DU PRÉSIDENT DE LA RÉPUBLIQUE FRANÇAISE (con
par le ministre de l'instruction publique, des cultes et des bea
portant :

ART. 1er. Le département de la Haute-Garonne est autorisé à fonder demi-bourses affectées à l'entretien d'élèves de ce département dans colléges de Saint-Gaudens et de Revel.

2. Pour couvrir la dépense de cette fondation, il sera porté au au budget du département de la Haute-Garonne l'allocation nécessa l'entretien desdites demi-bourses.

3. Les bourses dont il s'agit seront concédées dans les formes par les décrets et règlements qui régissent les bourses dé (*Versailles ; 25 Septembre 1874.*)

Certifié conforme :

Paris, le 19 * Octobre 1874,

Le Garde des Sceaux, Ministre de la J

A. TAILHAND.

* Cette date est celle de la réception du au ministère de la Justice.

IMPRIMERIE NATIONALE. — 19 Octobre 1874.

BULLETIN DES LOIS

DE LA RÉPUBLIQUE FRANÇAISE.

N° 230.

RÉPUBLIQUE FRANÇAISE.

---

10. — Décret *qui déclare d'utilité publique l'établissement d'un Chemin*
r d'intérêt local de Mirecourt à la limite du département de Meurthe-et-
le, dans la direction de Vézelise.

Du 5 Mars 1874.

(Promulgué au *Journal officiel* du 7 mars 1874.)

PRÉSIDENT DE LA RÉPUBLIQUE FRANÇAISE,

le rapport du ministre des travaux publics;

l'avant-projet présenté pour l'établissement, dans le département des
, d'un chemin de fer d'intérêt local dirigé de Mirecourt à la limite du
nt de Meurthe-et-Moselle, dans la. direction de Vézelise;

ssier de l'enquête d'utilité publique à laquelle cet avant-projet a
, et notamment le procès-verbal de la commission d'enquête, en
20 décembre 1872;

déliberation, en date du 25 août 1872, par laquelle le conseil gé-
s Vosges a approuvé l'établissement du chemin de fer susmentionné
sé le préfet a passer pour sa concession un traité avec les sieurs
et compagnie;

ledit traité, conclu le 20 décembre 1872, entre le préfet du départe-
et les sieurs *Tourtel* et compagnie, pour la construction et l'exploita-
de ladite ligne, et le cahier des charges y annexé;

l'avis du conseil général des ponts et chaussées, du 19 juin 1873;

la lettre du ministre de la guerre, du 4 août 1873;

la lettre du ministre de l'intérieur, du 13 janvier 1874;

la lettre du ministre des finances, du 3 septembre 1873;

la loi du 3 mai 1841, sur l'expropriation pour cause d'utilité publique,

la loi du 12 juillet 1865, sur les chemins de fer d'intérêt local;

la loi du 10 août 1871;

Conseil d'État entendu,

ÊTE:

· 1". Est déclaré d'utilité publique l'établissement du chemin
er de Mirecourt à la limite du département de Meurthe-et-Mo-
, dans la direction de Vézelise.

2. Le département des Vosges est autorisé à pourvoir à l'exécution de ce chemin, comme chemin de fer d'intérêt local, suivant les dispositions de la loi du 12 juillet 1865 et conformément aux clauses et conditions du traité passé, le 20 décembre 1872, avec les sieurs *Tourtel* et compagnie, ainsi que du cahier des charges y annexé.

Des copies certifiées de ces traité et cahier des charges resteront annexées au présent décret.

3. Il est alloué au département des Vosges, sur les fonds du trésor par application de l'article 5 de la loi précitée du 12 juillet 1865, sous réserve de l'inscription préalable d'un crédit au budget des travaux publics, une subvention de cent quatre-vingt-douze mille francs (192,000').

Cette subvention sera versée en termes semestriels égaux, aux époques qui seront ultérieurement fixées par un décret délibéré en Conseil d'État.

Le département devra justifier, avant le payement de chaque terme, d'une dépense, en achats de terrains ou en travaux et approvisionnements sur place, triple de la somme à recevoir.

Le dernier terme ne sera payé qu'après l'achèvement complet des travaux.

4. Aucune émission d'obligations ne pourra avoir lieu qu'en vertu d'une autorisation donnée par le ministre des travaux publics, de concert avec le ministre de l'intérieur, et après avis du ministre des finances.

En aucun cas, il ne pourra être émis d'obligations pour une somme supérieure au montant du capital-actions.

Aucune émission d'obligations ne pourra d'ailleurs être autorisée avant que les quatre cinquièmes du capital-actions aient été versés et employés en achats de terrains, travaux, approvisionnements sur place ou en dépôt de cautionnement.

5. Le vice-président du Conseil, ministre de l'intérieur, et le ministre des travaux publics sont chargés, chacun en ce qui le concerne, de l'exécution du présent décret, qui sera inséré au Bulletin des lois.

Fait à Versailles, le 5 Mars 1874.

Signé M^{al} DE MAC MAHON.

Le Ministre des travaux publics,

Signé R. DE LARCY.

TRAITÉ.

L'an mil huit cent soixante-douze, et le vingt décembre,

Entre M. *Danican-Philidor*, secrétaire général, remplaçant M. le préfet des Vosges en congé, agissant au nom du département, en vertu de la délibération du conseil général, en date du 25 août 1872, et de celle de la commission de permanence, en date du 21 novembre 1872,

D'une part,

Et MM. *Tourtel* (*Charles-Jules*), membre du conseil général de Meurthe-et-Moselle, demeurant à Tantonville;

Lenglet (*Jean-Baptiste-Joseph*), banquier à Nancy, vice-président du conseil d'administration du chemin de fer de Nancy à Vézelise;

Grandgeorge (*Etienne*), propriétaire à Nancy, administrateur du chemin de fer de Nancy à Vézelise;

Sidrot (*Antoine*), membre du conseil municipal de Nancy;

Lejeune (*Émile*), négociant à Nancy, administrateur du chemin de fer de Nancy à Vézelise;

Gérard (*Eugène*), notaire et maire de Diarville;

Aubry (*Fourier*), négociant à Mirecourt, président du tribunal de commerce de Mirecourt;

Gaspard (*Émile*), notaire à Mirecourt, membre du conseil d'arrondissement de Mirecourt;

Évrard (*Auguste*), banquier à Mirecourt, ancien président du tribunal de commerce de Mirecourt;

Payonne (*Charles-Antoine*), ancien notaire, juge suppléant au tribunal civil de Mirecourt;

Bastien (*Ernest*), ancien négociant, juge au tribunal de commerce de Mirecourt;

Chappuy (*Émile-Gabriel*), avocat à Mirecourt, ancien maire de Mirecourt;

Les susnommés se sont adjoint :

MM. *Ulens* (*Léon*), ingénieur à Nancy;

Delmas (*Gaëtan*), membre du conseil général des Vosges, ancien sous-préfet de Mirecourt;

George (*Amédée*), propriétaire à Boulaincourt.

D'autre part,

a été convenu ce qui suit :

1°. Le préfet du département concède à MM. *Tourtel, Lenglet, Grandgeorge, Lejeune, Gérard, Aubry, Gaspard, Évrard, Payonne, Chappuy, Bastien, Ulens, et George,* qui acceptent et s'engagent à l'exploiter, la section comprise dans ent des Vosges d'un chemin de fer d'intérêt local de Vézelise à Mire-, par Diarville;

ce, aux clauses et conditions du cahier des charges ci-annexé et de la délibéra-du conseil général, en date du 25 août 1872.

De leur côté, les concessionnaires susdénommés s'engagent à exécuter le che-de fer qui fait l'objet de la présente convention dans un délai de trois ans, à de la livraison des terrains nécessaires à l'établissement de ce chemin de fer et dépendances.

.e préfet des Vosges, autorisé qu'il y est par les délibérations susindiquées, , au nom du même département :

- A acheter, pour le compte des concessionnaires, les terrains nécessaires à cement du chemin de fer, de ses ouvrages d'art, des gares et stations et de leurs dépendances, conformément aux plans et états parcellaires qui seront , et ce dans un délai d'une année, à partir de la date de l'approbation, par tion, desdits plans et états parcellaires;

- A exécuter, aux frais des concessionnaires, toutes les déviations et modifica-les chemins ou routes rencontrés, ainsi que les chemins latéraux et les che-l'accès aux gares, stations et haltes, pour toutes les parties de ces travaux qui en dehors des dépendances du chemin de fer;

— A payer aux concessionnaires, à titre de subvention en argent :

L'allocation qu'accordera l'État par application de l'article 5 de la loi du 12 juillet ;

Une somme totale approximative de deux cent mille francs à fournir par les com-es intéressées;

Une somme de cent quatre-vingt-quatre mille francs à payer sur les fonds dé-entaux, conformément à la délibération du 25 août 1872 du conseil général des Vosges.

Le département prélèvera tout d'abord sur les premières subventions disponibles toute provenance les fonds nécessaires pour le payement des travaux spécifiés au

paragraphe B et des terrains qui seront acquis aux risques et périls de la com
concessionnaire.

Le surplus des subventions sera acquitté aux époques déterminées par la d
tion du conseil général, en date du 25 août 1872, par le décret déclaratif de l'u
publique de l'entreprise, et enfin par les délibérations des conseils municipaux
communes subventionnaires.

Le payement des subventions à la compagnie n'aura lieu que sur le vu d'un
justifiant, en travaux et approvisionnements, d'une dépense double des sommes
lui seront payées par le département et les communes.

4. La présente convention est subordonnée à l'obtention du décret portant d
ration d'utilité publique du chemin concédé.

5. Pour l'exécution et l'exploitation du chemin concédé, MM. les concessio
susdénommés engagent leur garantie personnelle et solidaire, se réservant l
de former une société anonyme à laquelle ils transféreront les droits et obl
résultant de la présente convention.

6. Les frais de timbre et d'enregistrement du présent traité seront à la charge
concessionnaires.

Fait double à Épinal, les jour, mois et an susdits.

Approuvé :

Pour le Préfet des Vosges en co

Le Secrétaire général,

Signé E. DANICAN-PHILIDOR.

Approuvé :

Signé GRANDGEORGE.	Signé SIDROT.	Signé LENGLET.
LEJEUNE.	GÉRARD.	AUBRY.
GASPARD.	ÉVRARD.	PAYONNE.
CHAPPUY.	DELMAS.	BASTIEN.
ULENS.	TOURTEL.	GEORGE.

Certifié conforme au traité annexé au décret en date du 5 mars 1874, en
sous le n° 160.

Le Conseiller d'État, Secrétaire général,

Signé DE BOUREUILLE.

CAHIER DES CHARGES.

TITRE 1er.

TRACÉ ET CONSTRUCTION.

ART. 1er. Le chemin de fer d'intérêt local de Vézelise à Mirecourt, section
dans le département des Vosges, sera établi en prolongement de la section
chemin de fer comprise dans le département de Meurthe-et-Moselle. Il pass
les villages de Bouzanville et de Boulaincourt, se dirigera sur Prevelle-l
passera par ou près Puzieux et Poussay, et arrivera à Mirecourt.

2. Les travaux devront être commencés six mois au plus tard après la livraison
terrains par le service de la voirie départementale, et achevés dans les trois an
qui suivront cette livraison.

3. La compagnie soumettra à l'approbation du préfet le tracé et le profil
chemin, ainsi que l'emplacement, l'étendue et les dispositions principales des
et stations, et ce, dans un délai de six mois, à partir du décret de concession.

Aucun cours d'eau navigable ou non navigable, aucun chemin public dépen
soit de la grande, soit de la petite voirie, ne pourra être modifié ou détourné
l'autorisation de l'autorité compétente.

Les ouvrages à construire à la rencontre du chemin de fer et desdits cours
ou chemins ne pourront être entrepris qu'après qu'il aura été reconnu par l'

· n que les dispositions projetées sont de nature à assurer le libre écoulement
·aux ou à maintenir une circulation facile, soit sur les cours d'eau navigables,
·or les voies de terre traversées par le chemin de fer.

·rès l'approbation des dispositions projetées pour la modification ou la déviation
·outes et chemins rencontrés, et pour la création des chemins latéraux et d'accès,

· de la voirie départementale se chargera d'exécuter aux frais de la compa-
·irtie de ces travaux qui sera en dehors des dépendances du chemin de fer,
·i de ces dépendances devant être fixées au besoin par l'autorité préfectorale.

·ment se remboursera des avances ainsi faites en opérant sur les subven-
·qui seront dues à la compagnie une retenue équivalente au prix de ces tra-

La compagnie pourra prendre copie de tous les plans, nivellements et devis
·ourraient avoir été antérieurement dressés par les soins de l'administration.

Le tracé et le profil du chemin de fer seront arrêtés sur la production de projets
·mble comprenant, pour la ligne entière on pour chaque section de la ligne :
·n plan général à l'échelle de un dix-millième ;
·n profil en long à l'échelle de un cinq-millième pour les longueurs et de un
    pour les hauteurs, dont les cotes seront rapportées au niveau moyen de la
·is pour plan de comparaison ; au-dessous de ce profil, on indiquera, au moyen
    lignes horizontales disposées à cet effet, savoir :
·ngueur et l'inclinaison de chaque pente et rampe ;
·ngueur des parties droites et le développement des parties courbes du tracé,
·nt connaître le rayon correspondant à chacune de ces dernières ;
    distances kilométriques du chemin de fer, comptées à partir de son origine ;
·n certain nombre de profils en travers, y compris le profil type de la voie ;
·n mémoire dans lequel seront justifiées toutes les dispositions essentielles du
    et un devis descriptif dans lequel seront reproduites, sous forme de tableaux,
    cations relatives aux déclivités et aux courbes déjà données sur le profil en

·osition des gares et stations projetées, celle des cours d'eau et des voies de
·unication traversés par le chemin de fer, des passages soit à niveau, soit en
·, soit en dessous de la voie ferrée, devront être indiquées tant sur le plan
    le profil en long, le tout sans préjudice des projets à fournir pour chacun de

Les terrains seront acquis, les terrassements et les ouvrages d'art exécutés et les
·poets pour une voie seulement, sauf l'établissement d'un certain nombre de
·d'évitement.

La largeur de la voie entre les bords intérieurs des rails devra être de un mètre
    ·atre centimètres (1m,44) à un mètre quarante-cinq centimètres (1m,45).
    parties à deux voies, la largeur de l'entre-voie, mesurée entre les bords
    ·es rails, sera de deux mètres (2m,00).
    des accotements, c'est-à-dire des parties comprises de chaque côté entre
·, extérieurs des rails et l'arête supérieure du ballast sera de soixante-quinze
·tres (0m,75) au moins.
·geur en couronne du profil en travers sera de cinq mètres (5m,00).
·mpagnie établira, le long du chemin de fer, les fossés ou rigoles qui sont
·écessaires pour l'assèchement de la voie et pour l'écoulement des eaux. Les
·ons de ces fossés et rigoles seront déterminées par l'administration, suivant
·nstances locales, sur les propositions de la compagnie.
·s alignements seront raccordés entre eux par des courbes dont le rayon ne
·être inférieur à trois cents mètres. Une partie droite de cent mètres au moins
·eur devra être ménagée entre deux courbes consécutives, lorsqu'elles seront
    en sens contraire.
·maximum de l'inclinaison des pentes et rampes est fixé à quinze millimètres
·5) par mètre.
·partie horizontale de cent mètres (100m,00) au moins devra être ménagée entre
·fortes déclivités consécutives, lorsque ces déclivités se succéderont en sens
·ire, et de manière à verser leurs eaux sur le même point.
·déclivités correspondant aux courbes de faible rayon devront être réduites au-
·que faire se pourra.
·compagnie aura la faculté de proposer aux dispositions de cet article et à celles
·article précédent les modifications qui lui paraîtraient utiles ; mais ces modifica-

23. Si la ligne du chemin de fer traverse un sol déjà concédé pour l'
d'une mine, l'administration déterminera les mesures à prendre pour que
sement du chemin de fer ne nuise pas à l'exploitation de la mine, et réciproq
pour que, le cas échéant, l'exploitation de la mine ne compromette pas l'
du chemin de fer.

24. Si le chemin de fer doit s'étendre sur des terrains renfermant des
ou les traverser souterrainement, il ne pourra être livré à la circulation av
les excavations qui pourraient en compromettre la solidité aient été rembla
consolidées. L'administration déterminera la nature et l'étendue des travau
conviendra d'entreprendre à cet effet, et qui seront d'ailleurs exécutés par les
et aux frais de la compagnie.

25. Pour l'exécution des travaux, la compagnie se soumettra aux décisions
térielles concernant l'interdiction du travail les dimanches et jours fériés.

26. Les travaux seront exécutés sous le contrôle et la surveillance du préfet
Le contrôle et la surveillance de l'administration préfectorale auront pou
d'empêcher les concessionnaires de s'écarter des dispositions prescrites par
sent cahier des charges et de celles qui résulteront des projets approuvés.

27. A mesure que les travaux seront terminés sur des parties de chemin
susceptibles d'être livrées utilement à la circulation, il sera procédé, sur la d
de la compagnie, à la reconnaissance et, s'il y a lieu, à la réception prov
ces travaux par un ou plusieurs commissaires que l'administration désignera

Sur le vu du procès-verbal de cette reconnaissance, l'administration au
s'il y a lieu, la mise en exploitation des parties dont il s'agit; après cette au
la compagnie pourra mettre lesdites parties en service et y percevoir les taxe
déterminées.

Toutefois, ces réceptions partielles ne deviendront définitives que par la
générale et définitive du chemin de fer.

28. Après l'achèvement total des travaux, et dans le délai qui sera fixé par
nistration, la compagnie fera faire, à ses frais, un bornage contradictoire et
cadastral du chemin de fer et de ses dépendances.

Une expédition dûment certifiée des procès-verbaux de bornage et du
dastral sera dressée aux frais de la compagnie et déposée aux archives de
fecture.

Les terrains acquis par la compagnie postérieurement au bornage général,
de satisfaire aux besoins de l'exploitation, et qui, par cela même, deviendron
intégrante du chemin de fer, donneront lieu, au fur et à mesure de leur a
à des bornages supplémentaires et seront ajoutés sur le plan cadastral.

TITRE II.
ENTRETIEN ET EXPLOITATION.

29. Le chemin de fer et toutes ses dépendances seront constamment e
en bon état, de manière que la circulation y soit toujours facile et sûre.

Les frais d'entretien et ceux auxquels donneront lieu les réparations o
extraordinaires seront entièrement à la charge de la compagnie.

Si le chemin de fer, une fois achevé, n'est pas constamment entreten
état, il y sera pourvu d'office, à la diligence de l'administration et aux fi
compagnie, sans préjudice, s'il y a lieu, de l'application des dispositions
ci-après dans l'article 39.

Le montant des avances faites sera recouvré au moyen de rôles que le préfe
exécutoires.

30. La compagnie sera tenue d'établir à ses frais, partout où besoin sera, d
diens en nombre suffisant pour assurer la sécurité du passage des trains sur la
celle de circulation ordinaire sur les points où le chemin de fer sera traversé
veau par des routes ou chemins publics.

31. Les machines locomotives seront construites sur les meilleurs modèles;
devront satisfaire d'ailleurs à toutes les conditions prescrites ou à prescrire par
ministration pour la mise en service de ce genre de machines.

Les voitures de voyageurs devront également être faites d'après les meilleurs
dèles et satisfaire à toutes les conditions réglées ou à régler pour les voitures
au transport des voyageurs sur les chemins de fer. Elles seront suspendues
ressorts et garnies de banquettes.

Il y en aura de trois classes au moins :

1° Les voitures de première classe seront couvertes, garnies, fermées à glaces, munies de rideaux;

2° Les voitures de deuxième classe seront couvertes, fermées à glaces ou à vitres, munies de rideaux, et auront des banquettes et des dossiers rembourrés;

3° Celles de troisième classe seront couvertes, fermées à vitres et auront des banquettes à dossier. Les banquettes et les dossiers devront être inclinés et les dossiers seront élevés à la hauteur de la tête des voyageurs.

L'intérieur de chacun des compartiments de toute classe contiendra l'indication du nombre des places de ce compartiment.

Le préfet pourra exiger qu'un compartiment de chaque classe soit réservé, dans les convois de voyageurs, aux femmes voyageant seules.

Les voitures de voyageurs, les wagons destinés au transport des marchandises, des chaises de poste, des chevaux ou des bestiaux, les plates-formes, et en général toutes les parties du matériel roulant, seront de bonne et solide construction.

La compagnie sera tenue, pour la mise en service de ce matériel, de se soumettre à tous les règlements sur la matière.

Les machines locomotives, tenders, voitures, wagons de toute espèce, plates-formes, composant le matériel roulant, seront constamment entretenus en bon état.

2. Des règlements arrêtés par le préfet, après que la compagnie aura été entendue, et rendus exécutoires par l'approbation du conseil général du département, détermineront les mesures et les dispositions nécessaires pour assurer la police et l'exploitation du chemin de fer, ainsi que la conservation des ouvrages qui en dépendent.

Toutes les dépenses qu'entraînera l'exécution des mesures prescrites en vertu de ces règlements seront à la charge de la compagnie.

La compagnie sera tenue de soumettre à l'approbation du préfet les règlements généraux relatifs au service ou à l'exploitation du chemin de fer.

Les règlements dont il s'agit dans les deux paragraphes précédents seront obligatoires non-seulement pour la compagnie concessionnaire, mais encore pour toutes celles qui obtiendraient ultérieurement l'autorisation d'établir des lignes de chemins de fer d'embranchement ou de prolongement, et, en général, pour toutes les personnes qui emprunteraient l'usage du chemin de fer.

Le préfet déterminera, sur la proposition de la compagnie, le minimum et le maximum de vitesse des convois de voyageurs et de marchandises, ainsi que la durée du trajet.

Le nombre des trains de voyageurs desservant toutes les stations et haltes sera au moins de trois par jour dans chaque sens. Ces trains pourront être mixtes. Toutefois, le nombre de ces trains pourra être réduit à deux dans chaque sens, si le revenu net de l'exploitation est inférieur et tant que ce revenu sera inférieur à quatre pour cent du capital effectif dépensé par la compagnie concessionnaire sous forme d'actions et d'obligations. La compagnie pourra d'ailleurs être autorisée par le préfet à transformer, dans chaque sens, un de ces trois trains en un train direct ne desservant que les stations ou haltes principales.

3. Pour tout ce qui concerne l'entretien et les réparations du chemin de fer et ses dépendances, l'entretien du matériel et le service de l'exploitation, la compagnie sera soumise au contrôle et à la surveillance de l'administration.

Outre la surveillance ordinaire, l'administration déléguera, aussi souvent qu'elle le jugera utile, un ou plusieurs commissaires pour reconnaître et constater l'état du chemin de fer, de ses dépendances et du matériel.

TITRE III.

DURÉE, RACHAT ET DÉCHÉANCE DE LA CONCESSION.

34. La durée de la concession pour la ligne mentionnée à l'article 1ᵉʳ du présent cahier des charges sera de quatre-vingt-quinze ans. Elle commencera à courir le 1ᵉʳ janvier 1877 et finira le 31 décembre 1972.

Toutefois, si la ligne est terminée et reçue avant le 1ᵉʳ janvier 1877, la compagnie sera autorisée, sans dérogation au paragraphe précédent, à l'exploiter aux conditions de la concession.

35. À l'époque fixée pour l'expiration de la concession, et par le seul fait de cette expiration, le département sera subrogé à tous les droits de la compagnie sur le

chemin de fer et ses dépendances, et il entrera immédiatement en jou tous ses produits.

La compagnie sera tenue de lui remettre en bon état d'entretien le che et tous les immeubles qui en dépendent, quelle qu'en soit l'origine, t bâtiments des gares et des stations, les remises, ateliers et dépôts, les gardes, etc. Il en sera de même de tous les objets immobiliers dépendant éga dudit chemin, tels que les barrières et clôtures, les voies, changements d plaques tournantes, réservoirs d'eau, grues hydrauliques, machines fixes, etc

Dans les cinq dernières années qui précéderont le terme de la concession, partement aura le droit de saisir les revenus du chemin de fer et de les rétablir en bon état le chemin de fer et ses dépendances, si la compa mettait pas en mesure de satisfaire pleinement et entièrement à cette obli

En ce qui concerne les objets mobiliers, tels que le matériel roulant, les combustibles et approvisionnements de tous genres, le mobilier des statio tillage des ateliers et des gares, le département sera tenu, si la compagni quiert, de reprendre tous ces objets, sur l'estimation qui en sera faite à dire d et réciproquement, si le département le requiert, la compagnie sera tenu céder de la même manière.

Toutefois, le département ne pourra être tenu de reprendre que les appro nements nécessaires à l'exploitation du chemin pendant six mois.

36. A toute époque, après l'expiration des quinze premières années de la sion, le département aura la faculté de racheter la concession entière du de fer.

Pour régler le prix du rachat, on relèvera les produits nets annuels obtenu compagnie pendant les sept années qui auront précédé celle où le rachat sera on en déduira les produits nets des deux plus faibles années et l'on établira le net moyen des cinq autres années.

Ce produit net moyen formera le montant d'une annuité qui sera due et à la compagnie pendant chacune des années restant à courir sur la durée de cession.

Dans aucun cas, le montant de l'annuité ne sera inférieur au produit ne dernière des sept années prises pour terme de comparaison.

La compagnie recevra en outre, dans les trois mois qui suivront le ra remboursements auxquels elle aurait droit à l'expiration de la concession, ticle 35 ci-dessus.

37. Si la compagnie n'a pas commencé les travaux ou présenté les projets délais fixés par les articles 2 et 3, elle encourra la déchéance, sans qu'il y a aucune notification ou mise en demeure préalable.

Dans ce cas, la somme de vingt mille francs qui aura été déposée, ainsi q dit à l'article 65, à titre de cautionnement, deviendra la propriété du d et lui restera acquise.

38. Faute par la compagnie d'avoir terminé les travaux dans le délai fixé ticle 2, faute aussi par elle d'avoir rempli les diverses obligations qui lui so sées par le présent cahier des charges, elle encourra la déchéance, et il sera tant à la continuation et à l'achèvement des travaux qu'à l'exécution des autr gements contractés par la compagnie, au moyen d'une adjudication que l'on sur une mise à prix des ouvrages exécutés, des matériaux approvisionnés et ties du chemin de fer déjà livrées à l'exploitation.

Les soumissions pourront être inférieures à la mise à prix.

La nouvelle compagnie sera soumise aux clauses du présent cahier des la compagnie évincée recevra d'elle le prix que la nouvelle adjudication aura

La partie du cautionnement qui n'aura pas encore été restituée deviendra priété du département.

Si l'adjudication ouverte n'amène aucun résultat, une seconde adjudicati tentée sur les mêmes bases, après un délai de trois mois. Si cette seconde resta également sans résultat, la compagnie sera définitivement déchue droits, et alors les ouvrages exécutés, les matériaux approvisionnés et les chemin de fer déjà livrées à l'exploitation appartiendront au département.

39. Si l'exploitation du chemin de fer vient à être interrompue en totalité partie, l'administration prendra immédiatement, aux frais et risques de la gnie, les mesures nécessaires pour assurer provisoirement le service.

Si, dans les trois mois de l'organisation du service provisoire, la

ement justifié qu'elle est en état de reprendre et de continuer l'exploita-
si elle ne l'a pas effectivement reprise, la déchéance pourra être prononcée
éfet. Cette déchéance prononcée, le chemin de fer et toutes ses dépendances
is en adjudication, et il sera procédé ainsi qu'il est dit à l'article précédent.
s dispositions des trois articles qui précèdent cesseraient d'être applicables,
éance ne serait pas encourue, dans le cas où le concessionnaire n'aurait pu
ses obligations par suite de circonstances de force majeure dûment constatées.

TITRE IV.

TAXES ET CONDITIONS RELATIVES AU TRANSPORT DES VOYAGEURS ET DES MARCHANDISES.

Pour indemniser la compagnie des travaux et dépenses qu'elle s'engage à faire
présent cahier des charges, et sous la condition expresse qu'elle en remplira
ent toutes les obligations, le département lui accorde l'autorisation de perce-
dant toute la durée de la concession, les droits de péage et les prix de trans-
rès déterminés :

TARIF. 1° PAR TÊTE ET PAR KILOMÈTRE.	PRIX		
	de péage.	de transport.	TOTAUX.
	fr. c.	fr. c.	fr. c.
Grande vitesse.			
Voitures couvertes, garnies, fermées à glaces et munies de rideaux (1re classe)	0 067	0 033	0 100
Voitures couvertes, fermées à glaces ou à vitres et munies de banquettes et dossiers rembourrés (2° classe)	0 050	0 025	0 075
Voitures couvertes et fermées à vitres (3° classe)	0 037	0 018	0 055
Au-dessous de trois ans, les enfants ne payent rien, à la condition d'être portés sur les genoux des personnes qui les accompagnent.			
De trois à sept ans, ils payent demi-place et ont droit à une place distincte ; toutefois, dans un même compartiment, deux enfants ne pourront occuper que la place d'un voyageur.			
Au-dessus de sept ans, ils payent place entière.			
transportés dans les trains de voyageurs (sans que la perception puisse être inférieure à 0' 30')	0 010	0 005	0 015
Petite vitesse.			
vaches, taureaux, chevaux, mulets, bêtes de trait	0 07	0 03	0 10
et porcs.	0 025	0 015	0 04
, brebis, agneaux, chèvres	0 01	0 01	0 02
les animaux ci-dessus dénommés seront, sur la demande des expéditeurs, transportés à la vitesse des trains de , les prix seront doublés.			
2° PAR TONNE ET PAR KILOMÈTRE.			
Marchandises transportées à grande vitesse.			
, poissons frais, denrées, excédants de bagages et marchan- de toute classe transportées à la vitesse des trains de voya-	0 30	0 20	0 50
Marchandises transportées à petite vitesse.			
— Spiritueux. — Huiles. — Bois de menuiserie, de tein- autres bois exotiques. — Produits chimiques non dénom- Café. — Viande fraîche. — Gibier. — Sucre. — Café. — Épiceries. — Tissus. — Denrées coloniales. — Objets turés. — Armes. — Blé. — Grains. — Farines. — Légumes farineux. — Mais. — Châtaignes et autres denrées alimentaires non — Chaux et plâtre. — Charbon de bois. — Bois à et de cordes. — Perches. — Chevrons. — Planches. — — Bois de charpente. — Marbre en bloc. — Albâtre. Bitumes. — Cotons. — Laines. — Vins. — Vinaigres. — Bois-	0 09	0 07	0 16

	de péage.	de transport.	
	fr. c.	fr. c.	fr. c.
sons. — Bières. — Levûre sèche. — Coke. — Fers. — Cuivres. — Plomb et autres métaux ouvrés ou non. — Fontes moulées...	o o8	o o6	o 1á
3ᵉ classe. — Pierres de taille et produits de carrières. — Minerais autres que le minerais de fer. — Fonte brute.— Sel.— Moellons. —Meulières.—Argiles.—Briques.—Ardoises.—Betteraves à sucre.	o o7	o o5	o 1á
4ᵉ classe. — Houille. — Marne. — Cendres. — Fumiers et engrais. — Pierres a chaux et à plâtre. — Pavés et matériaux pour la construction et la réparation des routes. — Minerais de fer. — Cailloux et sables.	o o6	o o4	o

3° VOITURES ET MATÉRIEL ROULANT TRANSPORTÉS À PETITE VITESSE.

Par pièce et par kilomètre.

	de péage.	de transport.	
Wagon ou chariot pouvant porter de trois à six tonnes	o 15	o 10	o
Wagon ou chariot pouvant porter plus de six tonnes	o 20	o 10	o
Locomotive pesant de douze à dix-huit tonnes (ne trainant pas de convoi)	2 25	1 50	3
Locomotive pesant plus de dix-huit tonnes (ne trainant pas de convoi)	3 oo	1 5o	4
Tender de sept à dix tonnes	1 35	o 9o	2
Tender de plus de dix tonnes	2 oo	1 oo	3

Les machines locomotives seront considérées comme ne traînant pas de convoi, lorsque le convoi remorqué, soit de voyageurs, soit de marchandises, ne comportera pas un péage au moins égal à celui qui serait perçu sur la locomotive avec son tender marchant sans rien trainer.

Le prix à payer pour un wagon chargé ne pourra jamais être inférieur à celui qui serait dû pour un wagon marchant à vide.

	de péage.	de transport.	
Voiture à deux ou quatre roues, à un fond et à une seule banquette à l'intérieur	o 18	o 14	o
Voiture à quatre roues, à deux fonds et à deux banquettes dans l'intérieur, omnibus, diligences, etc.	o 25	o 15	o

Lorsque, sur la demande des expéditeurs, les transports auront lieu à la vitesse des trains de voyageurs, les prix ci-dessus seront doublés.

Dans ce cas, deux personnes pourront, sans supplément de prix, voyager dans les voitures à une banquette, et trois dans les voitures à deux banquettes, omnibus, diligences, etc. Les voyageurs excédant ce nombre payeront le prix des places de troisième classe.

	de péage.	de transport.	
Voitures de déménagement à deux ou quatre roues, à vide	o 20	o 10	o
Ces voitures, lorsqu'elles seront chargées, payeront en sus des prix ci-dessus, par tonne de chargement et par kilomètre	o 10	o o8	o 1á

4° SERVICE DES POMPES FUNÈBRES ET TRANSPORT DE CERCUEILS.

Grande vitesse.

	de péage.	de transport.	
Une voiture des pompes funèbres renfermant un ou plusieurs cercueils sera transportée aux mêmes prix et conditions qu'une voiture à quatre roues, à deux fonds et à deux banquettes	o 5o	o 3o	o 8o
Chaque cercueil confié à l'administration du chemin de fer sera transporté, dans un compartiment isolé, au prix de	o 18	o 12	o 3o

Les prix déterminés ci-dessus pour les transports à grande vitesse ne compr pas l'impôt dû à l'État.

Il est expressément entendu que les prix de transport ne seront dus à la com qu'autant qu'elle effectuerait elle-même ces transports à ses frais et par ses pr moyens; dans le cas contraire, elle n'aura droit qu'aux prix fixés pour le péage.

La perception aura lieu, sur la ligne principale, d'après le nombre de kilomètres qui y seront parcourus. Tout kilomètre entamé sera payé comme s'il avait été parcouru en entier.

la distance parcourue est inférieure à quatre kilomètres, elle sera comptée quatre kilomètres.

poids de la tonne est de mille kilogrammes.

fractions de poids ne seront comptées, tant pour la grande que pour la petite , que par centième de tonne ou par dix kilogrammes.

, tout poids compris entre zéro et dix kilogrammes payera comme dix kilo- rs, entre dix et vingt kilogrammes comme vingt kilogrammes, etc.

:fois, pour les excédants de bagages et marchandises à grande vitesse, les seront établies : 1° de zéro à cinq kilogrammes ; 2° au-dessus de cinq jus- ilogrammes ; 3° au-dessus de dix kilogrammes, par fraction indivisible de mmes.

e que soit la distance parcourue, le prix d'une expédition quelconque, soit ade, soit en petite vitesse, ne pourra être moindre de quarante centimes.

A moins d'une autorisation spéciale et révocable de l'administration, tout train er de voyageurs devra contenir des voitures des trois classes définies à l'ar- il en nombre suffisant pour toutes les personnes qui se présenteraient dans reaux du chemin de fer.

is chaque train de voyageurs, la compagnie aura la faculté de placer des voi- à compartiments spéciaux, pour lesquels il sera établi des prix particuliers que nistration fixera, sur la proposition de la compagnie.

Tout voyageur dont le bagage ne pèsera pas plus de trente kilogrammes a à payer pour le port de ce bagage aucun supplément du prix de sa place. franchise ne s'appliquera pas aux enfants transportés gratuitement, et elle sera le à vingt kilogrammes pour les enfants transportés à moitié prix.

, Les animaux, denrées, marchandises, effets et autres objets non désignés dans le seront rangés, pour les droits à percevoir, dans les classes avec lesquelles ils au- le plus d'analogie, sans que jamais, sauf les exceptions formulées aux articles 45 ci-après, aucune marchandise non dénommée puisse être soumise à une taxe eure à celle de la première classe du tarif ci-dessus.

assimilations de classes pourront être provisoirement réglées par la compagnie ; illes seront soumises immédiatement à l'administration, qui prononcera défi- ent.

es droits de péage et les prix de transport déterminés au tarif ne sont point les à toute masse indivisible pesant plus de trois mille kilogrammes.

ins, la compagnie ne pourra se refuser à transporter les masses indivisibles e trois mille à cinq mille kilogrammes ; mais les droits de péage et les prix port seront augmentés de moitié.

oupagnie ne pourra être contrainte à transporter les masses indivisibles pe- les de cinq mille kilogrammes.

nonobstant la disposition qui précède, la compagnie transporte des masses in- es pesant plus de cinq mille kilogrammes, elle devra, pendant trois mois au accorder les mêmes facilités à tous ceux qui en feraient la demande.

ce cas, les prix de transport seront fixés par l'administration, sur la propo- le la compagnie.

es prix de transport déterminés au tarif ne sont point applicables :

ix denrées et objets qui ne sont pas nommément énoncés dans le tarif et qui ient pas deux cents kilogrammes sous le volume d'un mètre cube ;

Aux matières inflammables ou explosibles, aux animaux et objets dangereux, lesquels des règlements de police prescriraient des précautions spéciales ;

Aux animaux dont la valeur déclarée excéderait cinq mille francs ;

A l'or et à l'argent, soit en lingots, soit monnayés ou travaillés, au plaqué d'or argent, au mercure et au platine, ainsi qu'aux bijoux, dentelles, pierres pré- , objets d'art et autres valeurs ;

Et, en général, à tous paquets, colis ou excédants de bagages pesant isolément nte kilogrammes et au-dessous.

itefois, les prix de transport déterminés au tarif sont applicables à tous paquets lis, quoique emballés à part, s'ils font partie d'envois pesant ensemble plus de te kilogrammes d'objets envoyés par une même personne à une même per- Il en sera de même pour les excédants de bagages qui pèseraient ensemble ou ent plus de quarante kilogrammes.

bénéfice de la disposition énoncée dans le paragraphe précédent, en ce qui rne les paquets et colis, ne peut être invoqué par les entrepreneurs de messageries et de roulage et autres intermédiaires de transport, à moins que les par eux envoyés ne soient réunis en un seul colis.

Dans les cinq cas ci-dessus spécifiés, les prix de transport seront arrêtés ment par l'administration, tant pour la grande que pour la petite vitesse, sur position de la compagnie.

En ce qui concerne les paquets ou colis mentionnés au paragraphe 5° ci les prix de transport devront être calculés de telle manière que, en aucun de ces paquets ou colis ne puisse payer un prix plus élevé qu'un article de nature pesant plus de quarante kilogrammes.

47. Dans le cas où la compagnie jugerait convenable, soit pour le parcours soit pour le parcours partiel de la voie de fer, d'abaisser, avec ou sans au-dessous des limites déterminées par le tarif les taxes qu'elle est autorisée cevoir, les taxes abaissées ne pourront être relevées qu'après un délai de trois au moins pour les voyageurs et de six mois pour les marchandises.

Toute modification de tarif proposée par la compagnie sera annoncée un d'avance par des affiches.

La perception des tarifs modifiés ne pourra avoir lieu qu'avec l'homolo préfet, conformément aux dispositions de la loi du 12 juillet 1865.

La perception des taxes devra se faire indistinctement et sans aucune faveu

Tout traité particulier qui aurait pour effet d'accorder à un ou plusieurs teurs une réduction sur les tarifs approuvés demeure formellement interdit.

Toutefois, cette disposition n'est pas applicable aux traités qui pourraien venir entre le Gouvernement et la compagnie dans l'intérêt des services ni aux réductions ou remises qui seraient accordées par la compagnie aux in

En cas d'abaissement des tarifs, la réduction portera proportionnellement péage et sur le transport.

48. La compagnie sera tenue d'effectuer constamment avec soin, exactitude lérité, et sans tour de faveur, le transport des voyageurs, bestiaux, denrées, chandises et objets quelconques qui lui seront confiés.

Les colis, bestiaux et objets quelconques seront inscrits, à la gare d' partent et à la gare où ils arrivent, sur des registres spéciaux au fur et à leur réception ; mention sera faite, sur les registres de la gare de dépar total dû pour leur transport.

Pour les marchandises ayant une même destination, les expéditions a suivant l'ordre de leur inscription à la gare de départ.

Toute expédition de marchandises sera constatée, si l'expéditeur le dem une lettre de voiture, dont un exemplaire restera aux mains de la com l'autre aux mains de l'expéditeur. Dans le cas où l'expéditeur ne demander lettre de voiture, la compagnie sera tenue de lui délivrer un récépissé qui la nature et le poids du colis, le prix total du transport et le délai dans transport devra être effectué.

49. Les animaux, denrées, marchandises et objets quelconques seront en livrés de gare en gare dans les délais résultant des conditions ci-après expri

1° Les animaux, denrées, marchandises et objets quelconques à gran seront expédiés par le premier train de voyageurs comprenant des voitures classes et correspondant avec leur destination, pourvu qu'ils aient été p l'enregistrement trois heures avant le départ de ce train.

Ils seront mis à la disposition des destinataires, à la gare, dans le délai d heures après l'arrivée du même train ;

2° Les animaux, denrées, marchandises et objets quelconques à petite seront expédiés dans le jour qui suivra celui de la remise ; toutefois, l'a pourra étendre ce délai à deux jours.

Le maximum de durée du trajet sera fixé par l'administration, sur la p de la compagnie, sans que ce maximum puisse excéder vingt-quatre heures par tion indivisible de cent vingt-cinq kilomètres.

Les colis seront mis à la disposition des destinataires dans le jour qui suivra de leur arrivée effective en gare.

Le délai total résultant des trois paragraphes ci-dessus sera seul obligatoire compagnie.

Il pourra être établi un tarif réduit, approuvé par le préfet, pour tout qui acceptera des délais plus longs que ceux déterminés ci-dessus pour la petite tesse.

r le transport des marchandises, il pourra être établi, sur la proposition de la
agnie, un délai moyen entre ceux de la grande et de la petite vitesse.
prix correspondant à ce délai sera un prix intermédiaire entre ceux de la
e et de la petite vitesse.
lministration déterminera, par des règlements spéciaux et sur la proposition
compagnie, les heures d'ouverture et de fermeture des gares et stations, tant
er qu'en été. Le service de nuit n'est pas obligatoire pour la compagnie.
e la marchandise devra passer d'une ligne sur une autre sans solution de
uité, les délais de livraison et d'expédition au point de jonction seront fixés
dministration, sur la proposition de la compagnie.
Les frais accessoires non mentionnés dans les tarifs, tels que ceux d'enregistre-
de chargement, de déchargement et de magasinage dans les gares et magasins
'n de fer, seront fixés annuellement par l'administration, sur la proposition
mpagnie.
a compagnie sera tenue de faire, soit par elle-même, soit par un intermé-
ont elle répondra, le factage et le camionnage pour la remise au domicile
inataires de toutes les marchandises qui lui seront confiées.
factage et le camionnage ne seront point obligatoires en dehors du rayon de
i, non plus que pour les gares qui desserviraient, soit une population agglo-
: de moins de cinq mille habitants, soit un centre de population de cinq mille
nts situé à plus de cinq kilomètres de la gare du chemin de fer.
tarifs à percevoir seront fixés par l'administration, sur la proposition de la
gnie. Ils seront applicables à tout le monde sans distinction.
tefois, les expéditeurs et les destinataires resteront libres de faire eux-mêmes et
s frais le factage et le camionnage des marchandises.
A moins d'une autorisation spéciale de l'administration, il est interdit à la
ie, conformément à l'article 14 de la loi du 15 juillet 1845, de faire directe-
ou indirectement avec des entreprises de transport de voyageurs ou de mar-
ises par terre ou par eau, sous quelque dénomination ou forme que ce puisse
des arrangements qui ne seraient pas consentis en faveur de toutes les entre-
desservant les mêmes voies de communication.
lministration, agissant en vertu de l'article 52 ci-dessus, prescrira les mesures
dre pour assurer la plus complète égalité entre les diverses entreprises de
dans leurs rapports avec le chemin de fer.

TITRE V.

STIPULATIONS RELATIVES À DIVERS SERVICES PUBLICS.

Les militaires ou marins voyageant en corps, aussi bien que les militaires ou
voyageant isolément pour cause de service, envoyés en congé limité ou en
. , ou rentrant dans leurs foyers après libération, ne seront assujettis, eux,
chevaux et leurs bagages, qu'à la moitié de la taxe du tarif fixé par le présent
des charges.
le Gouvernement avait besoin de diriger des troupes et un matériel militaire ou
sur l'un des points desservis par le chemin de fer, la compagnie serait tenue
ettre immédiatement à sa disposition, pour la moitié de la taxe du même tarif,
ses moyens de transport.
. Les fonctionnaires ou agents chargés de l'inspection, du contrôle et de la sur-
ce du chemin de fer seront transportés gratuitement dans les voitures de la
e.
ême faculté est accordée aux agents des contributions indirectes et des
chargés de la surveillance des chemins de fer dans l'intérêt de la perception
mpôt.
. Le service des lettres et dépêches sera fait comme il suit :
A chacun des trains de voyageurs et de marchandises circulant aux heures ordi-
s de l'exploitation, la compagnie pourra être tenue de réserver gratuitement un
partiment spécial d'une voiture de deuxième classe, ou un espace équivalent,
recevoir les lettres, les dépêches et les agents nécessaires au service des
, le surplus de la voiture restant à la disposition de la compagnie.
2° Si le volume des dépêches ou la nature du service rend insuffisante la capacité
du compartiment à deux banquettes, de sorte qu'il y ait lieu d'en occuper un deuxième,

la compagnie sera tenue de le livrer, et il sera payé à la compagnie, pour la
de ce deuxième compartiment, vingt centimes par kilomètre parcouru.

Lorsque la compagnie voudra changer les heures de départ de ses convois
naires, elle sera tenue d'en avertir l'administration des postes quinze jours à l'av

3° La compagnie sera tenue de transporter gratuitement, par tous les convois
voyageurs, tout agent des postes chargé d'une mission ou d'un service accidentel
porteur d'un ordre de service régulier délivré à Paris par le directeur général
postes. Il sera accordé à l'agent des postes en mission une place de voiture de
deuxième classe, ou de la première classe définie à l'article 31, si le convoi ne
porte pas de voitures de deuxième classe.

4° L'administration se réserve le droit d'établir à ses frais, sans indemnité,
aussi sans responsabilité pour la compagnie, tous poteaux ou appareils néces
à l'échange des dépêches sans arrêt de train, à la condition que ces appareils
leur nature ou leur position, n'apportent pas d'entraves aux différents services
ligne ou des stations.

5° Les employés chargés de la surveillance de la ligne, les agents pr
l'échange ou à l'entrepôt des dépêches, auront accès dans les gares ou station
l'exécution de leur service, en se conformant aux règlements de police int
de la compagnie.

56. La compagnie sera tenue, à toute réquisition, de faire partir par conv
naire les wagons ou voitures cellulaires employés au transport des prévenus,
ou condamnés.

Les wagons et les voitures employés au service dont il s'agit seront constru
frais de l'État ou des départements; leurs formes ou dimensions seront déte
de concert par le ministre de l'intérieur et par le ministre des travaux pul
compagnie entendue.

Les employés de l'administration, les gardiens et les prisonniers placés
wagons ou voitures cellulaires ne seront assujettis qu'à la moitié de la taxe ap
aux places de deuxième classe, telle qu'elle est fixée par le présent cahier des

Les gendarmes placés dans les mêmes voitures ne payeront que moitié
même taxe.

Le transport des wagons et des voitures sera gratuit.

Dans le cas où l'administration voudrait, pour le transport des prisonniers,
usage des voitures de la compagnie, celle-ci serait tenue de mettre à sa dis
un ou plusieurs compartiments spéciaux de voitures de troisième classe à de
quettes. Le prix de location en sera fixé à vingt centimes par compartiment
kilomètre.

Les dispositions qui précèdent seront applicables au transport des jeunes
quants recueillis par l'administration pour être transférés dans les établi
d'éducation.

La compagnie devra, de plus, mettre à la disposition de l'administration c
partiment séparé de deuxième classe pour le transport des aliénés, sur la réq
qui lui en sera faite.

57. Le Gouvernement se réserve la faculté de faire, le long des voies, tout
constructions, de poser tous les appareils nécessaires à l'établissement d'une
télégraphique, sans nuire au service du chemin de fer.

Sur la demande de l'administration des lignes télégraphiques, il sera
dans les gares des villes ou des localités qui seront désignées ultérieurement,
rain nécessaire à l'établissement des maisonnettes destinées à recevoir le
télégraphique et son matériel.

La compagnie concessionnaire sera tenue de faire garder par ses agents les
appareils des lignes électriques, de donner aux employés télégraphiques con
sance de tous les accidents qui pourraient survenir à ces fils et appareils, et de
en faire connaître les causes.

En cas de rupture du fil télégraphique, les employés de la compagnie aur
raccrocher provisoirement les bouts séparés, d'après les instructions qui leur s
données à cet effet.

Les agents de la télégraphie voyageant pour le service de la ligne électrique a
le droit de circuler gratuitement dans les voitures du chemin de fer.

La compagnie sera tenue d'établir à ses frais les fils et appareils télégraph
destinés à transmettre les signaux nécessaires pour la sûreté et la régularité de
exploitation.

pourra, avec l'autorisation du ministre de l'intérieur, se servir des poteaux de la télégraphique de l'État, lorsqu'une semblable ligne existera le long de la voie. compagnie sera tenue de se soumettre à tous les règlements d'administration ne concernant l'établissement et l'emploi de ces appareils.

TITRE VI.

CLAUSES DIVERSES.

Dans le cas où le Gouvernement ou le département ordonnerait ou autoriserait ruction de routes nationales, départementales ou vicinales, de chemins de de canaux qui traverseraient la ligne objet de la présente concession, la com-ne pourra s'opposer à ces travaux; mais toutes les dispositions nécessaires prises pour qu'il n'en résulte aucun obstacle à la construction ou au service min de fer, ni aucuns frais pour la compagnie.

Toute exécution ou autorisation ultérieure de route, de canal, de chemin de travaux de navigation dans la contrée où est situé le chemin de fer objet sente concession, ou dans toute autre contrée voisine ou éloignée, ne pourra ouverture à aucune demande d'indemnité de la part de la compagnie.

Le Gouvernement et le département se réservent expressément le droit d'ac-de nouvelles concessions de chemins de fer s'embranchant sur le chemin qui bjet du présent cahier des charges ou qui seraient établis en prolongement du chemin.

compagnie ne pourra mettre aucun obstacle à ces embranchements ni récla-l'occasion de leur établissement, aucune indemnité quelconque, pourvu qu'il suite aucun obstacle à la circulation, ni aucuns frais particuliers pour la com-

compagnies concessionnaires de chemins de fer d'embranchement ou de pro-nt auront la faculté, moyennant les tarifs ci-dessus déterminés et l'observa-reglements de police et de service établis en, de faire circuler leurs wagons et machines sur le chemin de fer objet de la présente concession, uel cette faculté sera réciproque à l'égard desdits embranchements et pro-ts. Toutefois, la compagnie ne sera pas tenue d'admettre sur les rails un lont le poids et les dimensions seraient hors de proportion avec les éléments de ses voies.

cas où les diverses compagnies ne pourraient s'entendre entre elles sur de cette faculté, le Gouvernement ou le préfet statuerait sur les difficultés raient entre elles à cet égard.

le cas où une compagnie d'embranchement ou de prolongement joignant la i fait l'objet de la présente concession n'userait pas de la faculté de circuler ligne, comme aussi dans le cas où la compagnie concessionnaire de cette e ligne ne voudrait pas circuler sur les prolongements et embranchements, pagnies seraient tenues de s'arranger entre elles, de manière que le service sport ne soit jamais interrompu aux points de jonction des diverses lignes.

des compagnies qui se servira d'un matériel qui ne serait pas sa propriété une indemnité en rapport avec l'usage et la détérioration de ce matériel. e cas où les compagnies ne se mettraient pas d'accord sur la quotité de l'in-té ou sur les moyens d'assurer la continuation du service sur toute la ligne, rernement ou le préfet y pourvoirait d'office et prescrirait toutes les mesures res.

compagnie sera tenue, si l'administration le juge convenable, de partager des stations établies à l'origine des chemins de fer d'embranchement avec les gnies qui deviendraient ultérieurement concessionnaires desdits chemins.

La compagnie sera tenue de s'entendre avec tout propriétaire de mines ou s, ou établissements commerciaux, qui, offrant de se soumettre aux conditions très ci-après, demanderait un nouvel embranchement; à défaut d'accord, le statuera sur la demande, la compagnie entendue.

embranchements seront construits aux frais des propriétaires de mines et nes, et de manière à ce qu'il ne résulte de leur établissement aucune entrave circulation générale, aucune cause d'avarie pour le matériel, ni aucuns frais culiers pour la compagnie.

Leur entretien devra être fait avec soin et aux frais de leurs propriétaires, et sous le

contrôle de l'administration. La compagnie aura le droit de faire surveiller p
agents cet entretien, ainsi que l'emploi de son matériel sur les embranchemen

L'administration pourra, à toutes époques, prescrire les modifications qui se
jugées utiles dans la soudure, le tracé ou l'établissement de la voie desdits em
chements, et les changements seront opérés aux frais des propriétaires.

L'administration pourra même, après avoir entendu les propriétaires, ord
l'enlèvement temporaire des aiguilles de soudure, dans le cas où les établisse
embranchés viendraient à suspendre en tout ou en partie leurs transports.

La compagnie sera tenue d'envoyer ses wagons sur tous les embrancheme
torisés destinés à faire communiquer des établissements de mines ou d'usine
la ligne principale du chemin de fer.

La compagnie amènera ses wagons à l'entrée des embranchements.

Les expéditeurs ou destinataires feront conduire les wagons dans leurs éta
ments pour les charger ou les décharger, et les ramèneront au point de jo
avec la ligne principale, le tout à leurs frais.

Les wagons ne pourront d'ailleurs être employés qu'au transport d'objets e
chandises destinés à la ligne principale du chemin de fer.

Le temps pendant lequel les wagons séjourneront sur les embranchements
culiers ne pourra excéder six heures, lorsque l'embranchement n'aura pas plu
kilomètre.

Le temps sera augmenté d'une demi-heure par kilomètre en sus du premie
compris les heures de la nuit, depuis le coucher jusqu'au lever du soleil.

Dans le cas où les limites de temps seraient dépassées, nonobstant l'avertis
spécial donné par la compagnie, elle pourra exiger une indemnité égale à la
du droit de loyer des wagons pour chaque période de retard après l'avertisseme

Les traitements des gardiens d'aiguilles et des barrières des embrancheme
torisés par l'administration seront à la charge des propriétaires des embranche
Ces gardiens seront nommés et payés par la compagnie, et les frais qui en r
ront lui seront remboursés par lesdits propriétaires.

En cas de difficulté, il sera statué par l'administration, la compagnie entend

Les propriétaires d'embranchements seront responsables des avaries que le
riel pourrait éprouver pendant son parcours ou son séjour sur ces lignes.

Dans le cas d'inexécution d'une ou de plusieurs des conditions énoncées ci
le préfet pourra, sur la plainte de la compagnie, et après avoir entendu le
taire de l'embranchement, ordonner par un arrêté la suspension dd service
supprimer la soudure.

Pour indemniser la compagnie de la fourniture et de l'envoi de son matér
les embranchements, elle est autorisée à percevoir un prix de douze centim
tonne pour le premier kilomètre, et, en outre, quatre centimes par tonne et p
lomètre en sus du premier, lorsque la longueur de l'embranchement excéde
kilomètre.

Tout kilomètre entamé sera payé comme s'il avait été parcouru en son entier

La compagnie percevra en outre, pendant un délai de dix ans, un droit d'em
chement fixe de trente centimes par tonne; le délai de dix ans courra à partir d
où la circulation sur l'embranchement aura été autorisée par le préfet. S
exempts de ce droit les propriétaires de mines ou d'usines qui auront contribu
une subvention agréée par le préfet, à la construction du chemin de fer. La p
tion de la taxe d'embranchement sera, d'ailleurs, soumise aux prescriptions de
ticle 47 ci-dessus.

Le chargement et le déchargement sur les embranchements s'opéreront au
des expéditeurs et destinataires, soit qu'ils les fassent eux-mêmes, soit que la
pagnie du chemin de fer consente à les opérer.

Dans ce dernier cas, ces frais seront l'objet d'un règlement arrêté par l'admin
tion, sur la proposition de la compagnie.

Tout wagon envoyé par la compagnie sur un embranchement devra être
comme wagon complet, lors même qu'il ne serait pas complétement chargé.

La surcharge, s'il y en a, sera payée au prix du tarif légal et au prorata du
réel. La compagnie sera en droit de refuser les chargements qui dépasseraie
maximum de cinq mille kilogrammes.

Le maximum sera revisé par l'administration, de manière à être toujours en
port avec la capacité des wagons.

Les wagons seront pesés à la station d'arrivée par les soins et aux frais de la compagnie.

62. La contribution foncière sera établie en raison de la surface des terrains occupés par le chemin de fer et ses dépendances; la cote en sera calculée, comme pour les canaux, conformément à la loi du 25 avril 1803.

Les bâtiments et magasins dépendant de l'exploitation du chemin de fer seront assimilés aux propriétés bâties de la localité. Toutes les contributions auxquelles ces propriétés pourront être soumis seront, aussi bien que la contribution foncière, à la charge de la compagnie.

Les agents et gardes que la compagnie établira, soit pour la perception des droits, soit pour la surveillance et la police du chemin de fer et de ses dépendances, pourront être assermentés et seront, dans ce cas, assimilés aux gardes champêtres.

Les frais de visite, de surveillance et de réception des travaux et les frais de contrôle de l'exploitation seront supportés par la compagnie.

Afin de pourvoir à ces frais, la compagnie sera tenue de verser chaque année, à la caisse départementale, une somme de cinquante francs par kilomètre de chemin de fer concédé.

Si la compagnie ne verse pas la somme ci-dessus réglée aux époques qui auront été fixées, le préfet rendra un rôle exécutoire, et le montant en sera recouvré comme en matière de contributions publiques.

Pour tenir lieu du cautionnement de l'entreprise, et conformément à la délibération de la commission départementale du conseil général, les concessionnaires souscrit un engagement de verser dans la caisse du trésorier général, à première réquisition, une somme de vingt mille francs.

La compagnie devra faire élection de domicile à Épinal pour ses rapports avec l'administration.

Dans le cas où elle ne l'aurait pas fait, toute notification ou signification à elle adressée sera valable lorsqu'elle sera faite au secrétariat général de la préfecture des Vosges.

Les contestations qui s'élèveraient entre la compagnie et l'administration au sujet de l'exécution et de l'interprétation des clauses du présent cahier des charges seront jugées administrativement par le conseil de préfecture du département des Vosges, sauf recours au Conseil d'État.

Les frais d'enregistrement sont à la charge de la compagnie concessionnaire.

Fait double à Épinal, le 20 décembre 1872, pour être joint au traité en date de ce jour.

Approuvé :

SIDROT.	Signé LENGLET.	Signé A. ÉVRARD.
E. CHAPPUY.	GÉRARD.	P. ÉVRARD.
F. AUBRY.	TOURTEL.	BASTIEN.
PAYONNE.	GASPARD.	Gaëtan DELMAS.
GRANDGEORGE.	E. LEJEUNE.	ULENS.

Approuvé :
Pour le Préfet des Vosges en congé :
Le Secrétaire général,
Signé DANICAN-PHILIDOR.

Certifié conforme au cahier des charges annexé au décret en date du 5 mars 1873, enregistré sous le n° 160.

Le Conseiller d'État, Secrétaire général,
Signé DE BOUREUILLE.

RÉPUBLIQUE FRANÇAISE.

N° 3511. — DÉCRET *qui détermine la nomenclature des Matières considéré comme pouvant donner lieu soit à des explosions, soit à des incendies.*

Du 12 Août 1874.

LE PRÉSIDENT DE LA RÉPUBLIQUE FRANÇAISE,

Sur le rapport du ministre de l'agriculture et du commerce;
Vu la loi du 18 juin 1870, sur le transport des marchandises dangereu par eau et par voies de terre autres que les chemins de fer;
Vu notamment les articles 1 et 2, ainsi conçus:
«Art. 1ᵉʳ. Quiconque aura embarqué ou fait embarquer sur un bâtim
«de commerce employé à la navigation maritime ou à la navigation su
«rivières et canaux, expédié ou fait expédier par voie de terre des ma
«pouvant être une cause d'explosion ou d'incendie, sans en avoir décla
«nature au capitaine, maître ou patron, au commissionnaire expéditeu
«au voiturier, et sans avoir apposé des marques apparentes sur les em
«lages, sera puni d'une amende de seize francs à trois mille francs.
«Cette disposition est applicable à l'embarquement sur un navire étra
«dans un port français ou sur un point quelconque des eaux françaises.
«Art. 2. Un règlement d'administration publique déterminera:
«1° La nomenclature des matières qui doivent être considérées co
«pouvant donner;lieu soit à des explosions, soit à des incendies;
«2° La forme et la nature des marques à apposer sur les emballages;
Le Conseil d'État entendu,

DÉCRÈTE:

ART. 1ᵉʳ. Les matières pouvant être une cause d'explosion ou cendie sont divisées en deux catégories:
1° Les matières explosibles ou très-dangereuses, et dont le tran exige les plus grandes précautions;
2° Les matières inflammables et comburantes ou moins da reuses, mais dont il importe cependant de soumettre le transpo des précautions spéciales.
2. Les matières de la première catégorie sont contenues da nomenclature suivante:

Nitroglycérine.
Dynamite.
Picrates.
Coton-poudre.
Coton azotique (pour collodion).
Fulminates purs ou mélangés.
Amorces.
Mélanges de chlorates et d'une matière combustible.
Poudres et cartouches de guerre, de chasse et de mine.
Pièces d'artifice.
Mèches de mineur.

3. Les matières de la deuxième catégorie sont désignées dans la nomenclature ci-après :

Phosphore.

Allumettes.

Sulfure de carbone.

Éthers.

Collodion liquide.

Huiles brutes de pétrole, de schiste, de boghead, de résine.

Essences et huiles lampantes de pétrole.

Essences et huiles lampantes de schiste.

Essences et huiles lampantes de boghead.

Essences et huiles lampantes de résine.

Essence de houille, benzine, toluène.

Acide nitrique monohydraté.

Les substances de la première catégorie seront désignées par marques de couleur rouge.

Les substances de la deuxième catégorie seront désignées par des marques de couleur verte.

Ces marques seront, ou bien tracées au pinceau en couleur à l'huile, ou formées d'une peau ou étoffe solide quelconque.

Leur surface sera au moins d'un décimètre carré.

Les caisses renfermant les matières dangereuses de l'une ou de l'autre catégorie porteront une de ces marques sur chacune de leurs surfaces.

Si les colis ont moins d'un décimètre cube, une seule marque suffit et devra être visible sur deux des faces au moins.

Lorsque les matières seront renfermées dans des fûts, les marques seront peintes sur quatre points opposés et symétriques.

Lorsque les matières seront renfermées dans des touries, bombonnes ou flacons emballés ou non dans des paniers, les marques seront en bois peint ou en étoffe, ou en peau, et appliquées en quatre points opposés et symétriques.

Dans le cas où les colis seraient extérieurement de couleur rouge ou verte, la marque rouge sera entourée d'un liséré vert au moins de deux centimètres de largeur, et la marque verte d'un liséré rouge de même dimension.

4. Il n'est pas dérogé aux dispositions de l'article 10 du décret du mai 1873 [1], relatives au transport des essences inflammables de pétrole pour le commerce de détail.

5. Le ministre de l'agriculture et du commerce est chargé de l'exécution du présent décret.

Fait à Paris, le 12 Août 1874.

Signé Mˡ DE MAC MAHON.

Le ministre de l'agriculture et du commerce,

Signé L. GRIVART.

[1] Bull. 134, n° 2057.

RÉPUBLIQUE FRANÇAISE.

N° 3512. — *Décret qui crée un Conseil de Prud'hommes à Poitiers.*

Du 12 Août 1874.

LE PRÉSIDENT DE LA RÉPUBLIQUE FRANÇAISE,

Sur le rapport du ministre de l'agriculture et du commerce;
Vu la loi du 1er juin 1853, concernant les conseils de prud'hommes;
Vu la délibération de la chambre consultative des arts et manufactures
Poitiers, en date du 21 juin 1873;
Vu la délibération du conseil municipal de la même ville, en date
25 juillet suivant;
Vu les avis du préfet de la Vienne, en date du 1er septembre 1873 e
12 mars 1874;
Vu la lettre du garde des sceaux, ministre de la justice, en date du 19
cembre 1873;
Le Conseil d'État entendu,

DÉCRÈTE :

ART. 1er. Il est créé à Poitiers un conseil de prud'hommes qui e
composé de la manière suivante :

CATÉ- GORIES.	INDUSTRIES.	JOMES de patrons.	ou ou
1re.	Filatures de chanvre et de lin, tissus, tisserands, fonderies de fer et de cuivre, mécaniciens de machines agricoles et autres, entrepreneurs de serrurerie, maréchaux, cloutiers, taillandiers, ferblantiers, fabricants de pompes, horlogers, bijoutiers, tourneurs en cuivre et bois, imprimeurs lithographes, imprimeurs en caractères........................	3	
2e.	Entrepreneurs de maçonnerie et de travaux publics, carriers, tailleurs de pierres, marbriers, sculpteurs, plâtriers, fabricants de chaux et briques, poterie, chaudronniers, fumistes, couvreurs, charpentiers, ébénistes, charrons, fabricants de voitures, carrossiers, peintres en bâtiments...............	3	
3e.	Tanneurs, apprêteurs de peaux de chevreaux, d'oies; bourreliers, gantiers, chamoiseurs, cordiers, fabricants de chaussures, sabotiers, couturières, lingères, modistes, tailleurs, chapeliers, teinturiers, tapissiers, cartonniers, relieurs, miroitiers, confiseurs, distillateurs, fabricants de liqueurs, d'huile et de résine; fabricants de chandelles et bougies......	2	
		8	
		16	

2. La juridiction du conseil de prud'hommes de Poitiers s'étend
à tous les établissements industriels désignés ci-dessus et dont le siè
sera situé sur le territoire de cette ville.

Seront justiciables dudit conseil les fabricants, entrepreneurs et chefs d'atelier qui seront à la tête desdits établissements, ainsi que les contre-maîtres, ouvriers et apprentis qui travailleront pour eux, quel que soit le lieu du domicile ou de la résidence des uns et des autres.

3. Aussitôt après son installation, le conseil de prud'hommes de tiers préparera et soumettra à l'approbation du ministre de l'agriculture et du commerce un projet de règlement pour son régime intérieur.

4. Le ministre de l'agriculture et du commerce et le garde des sceaux, ministre de la justice, sont chargés, chacun en ce qui le concerne, de l'exécution du présent décret, qui sera inséré au Bulletin des lois et publié au Journal officiel de la République française.

Fait à Paris, le 12 Août 1874.

Signé M^{al} DE MAC MAHON.

Le Ministre de l'agriculture et du commerce,

Signé L. GRIVART.

RÉPUBLIQUE FRANÇAISE.

3513. — DÉCRET qui ouvre le Bureau des Douanes de la Nouvelle (Aude) au transit des Marchandises non prohibées.

Du 28 Août 1874.

(Promulgué au Journal officiel du 1ᵉʳ septembre 1874.)

LE PRÉSIDENT DE LA RÉPUBLIQUE FRANÇAISE,

Sur le rapport du ministre de l'agriculture et du commerce;

Vu la loi du 9 février 1832;

Vu l'article 4 de la loi du 5 juillet 1836, qui confère au Gouvernement le droit de déterminer les bureaux de douane qui seront ouverts au transit de certaines marchandises,

DÉCRÈTE :

ART. 1ᵉʳ. Le bureau des douanes de la Nouvelle (Aude) est ouvert au transit des marchandises non prohibées.

2. Le ministre de l'agriculture et du commerce et le ministre des finances sont chargés, chacun en ce qui le concerne, de l'exécution du présent décret.

Fait à Paris, le 28 Août 1874.

Signé M^{al} DE MAC MAHON.

Le Ministre de l'agriculture et du commerce,

Signé L. GRIVART.

RÉPUBLIQUE FRANÇAISE.

N° 3514. — Décret qui établit un Droit sur les Chiens de forte race à l'exportation par la frontière de terre.

Du 5 Septembre 1874.

(Promulgué au *Journal officiel* du 6 septembre 1874.)

Le Président de la République française,

Sur le rapport du ministre de l'agriculture et du commerce;

Considérant la nécessité de réprimer la fraude qui s'exerce sur les tières de terre au moyen des chiens;

Vu l'article 34 de la loi du 17 décembre 1814, portant que des o nances pourront, provisoirement et en cas d'urgence, permettre ou pendre l'exportation des produits du sol et de l'industrie national déterminer les droits auxquels ils seront assujettis, et que toutes les sitions ordonnées et exécutées en vertu dudit article seront présenté forme de projet de loi, aux Chambres, avant la fin de leur session, s sont assemblées, ou à la session la plus prochaine, si elles ne le sont

Décrète :

Art. 1er. Il est établi sur les chiens de forte race, à l'expor par la frontière de terre, un droit de six francs par tête, d compris.

Seront considérés comme chiens de forte race ceux qui trois cent vingt-cinq millimètres ou plus de hauteur au mili l'échine.

2. Le ministre de l'agriculture et du commerce et le ministre finances sont chargés, chacun en ce qui le concerne, de l'exécu du présent décret.

Fait à Paris, le 5 Septembre 1874.

Signé Mal DE MAC MAHON,

Le Ministre de l'agriculture et du commerce,
Signé L. Grivart.

RÉPUBLIQUE FRANÇAISE.

N° 3515. — Décret qui rapporte celui du 29 août 1874, relatif à l'import des Grains et Farines.

Du 11 Septembre 1874.

(Promulgué au *Journal officiel* du 13 septembre 1874.)

Le Président de la République française,

Sur le rapport du ministre de l'agriculture et du commerce ;

Vu l'article 34 de la loi du 17 décembre 1814;

Vu le décret du 29 août 1873 [1], qui exempte provisoirement les grains et rines importés en France de la surtaxe d'entrepôt établie par l'article 3 la loi du 3o janvier 1872,

Décrète :

Art. 1er. Les dispositions du décret du 29 août 1873 sont et demeurent rapportées à partir du 1er octobre prochain.

Le ministre de l'agriculture et du commerce et le ministre des nces sont chargés, chacun en ce qui le concerne, de l'exécution présent décret.

Fait à Versailles, le 11 Septembre 1874.

Signé M^{al} DE MAC MAHON.

Ministre de l'agriculture et du commerce,

Signé L. Grivart.

RÉPUBLIQUE FRANÇAISE.

516. — *Décret qui transporte du Budget du Ministère des Travaux publics celui du Ministère de l'Agriculture et du Commerce, exercice 1874, une mme de 11,000 francs, destinée aux Travaux de grosses réparations de tablissement thermal de Vichy.*

Du 19 Septembre 1874.

Le Président de la République française,

Sur la proposition du ministre des travaux publics ;

Vu la loi du 29 décembre 1873 [2], portant fixation du budget général des ttes et des dépenses de l'exercice 1874, avec la répartition, par chas, des crédits affectés au ministère des travaux publics pour ledit exer-

Vu les décrets des 5 mars et 2 septembre 1874, qui ont ouvert au mire des travaux publics, chapitre x de la première section du budget de ercice 1874 (*Entretien des établissements thermaux appartenant à l'État*), crédit de cinquante-cinq mille francs à titre de fonds de concours versés la compagnie fermière de l'établissement thermal de Vichy ;

Considérant qu'une somme de onze mille francs, à prélever sur le crédit cinquante-cinq mille francs ouvert par les décrets des 5 mars et 2 septembre 1874 [3], est destinée aux travaux de grosses réparations de l'établissement thermal ci-dessus désigné ; que ces travaux s'exécutent sous l'autorité ministère de l'agriculture et du commerce, qui doit, par là même, ordonnancer directement le payement des sommes qui y sont affectées ; qu'il lieu, dès lors, de transporter au budget du ministère de l'agriculture et

Bull. 152, n° 2329.　　　　　　[2] Bull. 226, n° 3443.
Bull. 190, n° 2849.

du commerce, chapitre XI (*Entretien des établissements thermaux ap*
à *l'État*), ladite somme de onze mille francs,

DÉCRÈTE :

ART. 1ᵉʳ. Les crédits ouverts au ministre des travaux publics,
l'exercice 1874, au chapitre X de la première section du budgɛ
ministère des travaux publics (*Entretien des établissements theɪ*
appartenant à l'État), par la loi du 29 décembre 1873 et par lɛ
crets des 5 mars et 2 septembre 1874, et montant ensemble à
vingt-cinq mille francs, sont réduits d'une somme de onze
francs (11,000ᶠ).

Cette somme est transportée au budget du ministère de l'a
ture et du commerce, exercice 1874, chapitre XI (*Entretien dɛ
blissements thermaux appartenant à l'État.—Subvention aux étab
ments particuliers d'eaux minérales*), et ajoutée au crédit de deux
cinquante-six mille six cent soixante et un francs quatre-vi
centimes déjà inscrit à ce chapitre, lequel est ainsi porté à deu
soixante-sept mille six cent soixante et un francs quatre-vi
centimes.

2. Les ministres des travaux publics, de l'agriculture et dɛ
merce et des finances sont chargés, chacun en ce qui le con
de l'exécution du présent décret, qui sera inséré au Bulletin des

Fait à Versailles, le 19 Septembre 1874.

Signé Mᵃˡ DE MAC M

Le *Ministre des finances*,
Signé MATHIEU-BODET.

Le *Ministre des travaux publics*
Signé E. CAILLAUX.

RÉPUBLIQUE FRANÇAISE.

Nº 3517. — DÉCRET *qui ouvre un Crédit sur l'exercice 1874, à titre de
de concours versés au Trésor pour l'achèvement du Chemin de fer de
gnan à Prades.*

Du 19 Septembre 1874.

LE PRÉSIDENT DE LA RÉPUBLIQUE FRANÇAISE,

Sur la proposition du ministre des travaux publics;
Vu la loi du 29 décembre 1873, portant fixation du budget génért
recettes et des dépenses de l'exercice 1874, avec la répartition, par cha
des crédits affectés au ministère des travaux publics pour ledit exercice
Vu l'article 13 de la loi de finances du 6 juin 1843, portant règl
définitif du budget de l'exercice 1840, ledit article ainsi conçu :
« Les fonds versés par des départements, des communes et des
« liers, pour concourir, avec ceux de l'État, à l'exécution de travaux
« blics, seront portés en recette aux produits divers du budget; un crédit
« pareille somme sera ouvert par ordonnance royale au ministère des

publics, additionnellement à ceux qui lui auront été accordés par le
'et pour les mêmes travaux, et la portion desdits fonds qui n'aura pas
mployée pendant le cours d'un exercice pourra être réimputée, avec
ême affectation, aux budgets des exercices subséquents, en vertu
onnances royales qui prononceront l'annulation des sommes restées
emploi sur l'exercice expiré ; »
a loi du 21 mai dernier, qui alloue à la compagnie du chemin de fer
  ignan à Prades la somme de cent soixante-dix mille cent soixante-
  ncs, formant le solde de la subvention accordée par l'État à ladite
  'e, et qui doit servir, avec d'autres ressources, à l'achèvement de
    par l'administration du séquestre;
le récépissé du caissier payeur central du ministère des finances,
tant qu'il a été versé à sa caisse, le 6 août dernier, la somme précitée
t soixante-dix mille cent soixante-cinq francs, par le receveur cen-
1 département de la Seine, qui en a reçu lui-même le montant en
  ment, tant en obligations de la compagnie susnommée qu'en nu-
  ';
  1 lettre du ministre des finances, en date du 15 septembre 1874,

ÈTE :

. 1ᵉʳ. Il est ouvert au ministère des travaux publics, sur les
de la deuxième section du budget de l'exercice 1874, cha-
XLIII (*Travaux de chemins de fer exécutés par l'État*), un
t de cent soixante-dix mille cent soixante-cinq francs (170,165ᶠ),
cable à l'achèvement du chemin de fer de Perpignan à Prades.
Il sera pourvu à la dépense au moyen des ressources spéciales
'es précédemment et qui ont été versées au trésor à titre de
de concours.
.es ministres des travaux publics et des finances sont chargés,
u en ce qui le concerne, de l'exécution du présent décret, qui
inséré au Bulletin des lois.
il à Versailles, le 19 Septembre 1874.

Signé Mᵃˡ DE MAC MAHON.

Le Ministre des finances,   Le Ministre des travaux publics,
Signé MATHIEU-BODET.   Signé E. CAILLAUX.

RÉPUBLIQUE FRANÇAISE.

3518. — DÉCRET *qui ouvre au Ministre des Travaux publics un Crédit sur*
exercice 1874, à titre de Fonds de concours versés au Trésor par la
Chambre de commerce de Bordeaux, pour la construction d'un Bassin à flot
du Port de cette ville.

Du 19 Septembre 1874.

LE PRÉSIDENT DE LA RÉPUBLIQUE FRANÇAISE,

Sur le proposition du ministre des travaux publics;

Vu la loi du 29 décembre 1873, portant fixation du budget général recettes et des dépenses de l'exercice 1874, avec la répartition, par chapi des crédits affectés au ministère des travaux publics pour ledit exercice

Vu l'article 13 de la loi de finances du 6 juin 1843, portant règlement finitif du budget de l'exercice 1840, ledit article ainsi conçu :

« Les fonds versés par des départements, des communes et des pa « liers, pour concourir, avec ceux de l'État, à l'exécution de travaux p « seront portés en recette aux produits divers du budget; un crédit de p « somme sera ouvert par ordonnance royale au ministère des travaux pi « additionnellement à ceux qui lui auront été accordés par le budge « les mêmes travaux, et la portion desdits fonds qui n'aura pas été em « pendant le cours d'un exercice pourra être réimputée, avec la même « tation, aux budgets des exercices subséquents, en vertu d'ordon « royales qui prononceront l'annulation des sommes restées sans emp « l'exercice expiré; »

Vu la loi du 20 mai 1868, qui autorise la chambre de commer Bordeaux à faire à l'État une avance montant à dix millions de f pour la construction d'un bassin à flot au port de Bordeaux;

Vu la déclaration du trésorier payeur général du département de ronde, constatant qu'il a été versé au trésor, le 6 juillet dernier, une velle somme de cinq cent mille francs, à titre d'à-compte sur l'avance citée de dix millions de francs ;

Vu la lettre du ministre des finances, en date du 20 août 1874,

DÉCRÈTE :

ART. 1ᵉʳ. Il est ouvert au ministre des travaux publics, s fonds de la deuxième section du budget de l'exercice 1874 pitre XXXVII (*Travaux d'amélioration et d'achèvement Jes ports times*), un crédit de cinq cent mille francs (500,000ᶠ), appli la construction d'un bassin à flot au port de Bordeaux.

2. Il sera pourvu à la dépense au moyen des ressources sp versées au trésor, à titre de fonds de concours, par voie d'a faite par la chambre de commerce de Bordeaux.

3. Les ministres des travaux publics et des finances sont ch chacun en ce qui le concerne, de l'exécution du présent décret, sera inséré au Bulletin des lois.

Fait à Versailles, le 19 Septembre 1874.

Signé Mᵃˡ DE MAC MAHON.

Le Ministre des travaux publics,

Signé MATHIEU-BODET.

Le Ministre des finances,

Signé E. CAILLAUX.

RÉPUBLIQUE FRANÇAISE.

N° 3519. — *Décret qui modifie la limite de la Zone des fortifications du Fort Saint-Nicolas, à Marseille.*

Du 2 Octobre 1874.

Président de la République française,

les lois des 10 juillet 1791, 17 juillet 1819 et 10 juillet 1851, concer-
le classement et la conservation des places de guerre et postes mili-
;
le décret du 10 août 1853 [1], portant règlement d'administration pu-
e sur les mêmes objets ;
notamment l'article 6 de la loi du 10 juillet 1851 et l'article 6 du décret
août 1853, relatifs aux réductions qu'il est possible d'apporter à l'éten-
e la zone des fortifications ;
le décret du 30 mai 1863 [2], qui a homologué le bornage de la zone
ortifications du fort Saint-Nicolas, à Marseille ;
l'avis du comité des fortifications, en date du 19 mars 1867 ;
nsidérant que l'exécution d'une gare maritime au sud du bassin du
age et à l'est du fort Saint-Nicolas rend nécessaire la réduction de cette
, et que cette réduction peut être opérée sans inconvénient pour la
e et les intérêts du service militaire,

ÈTE :

T. 1er. La limite de la zone des fortifications du fort Saint-Ni-
, à Marseille, est modifiée du côté de l'est suivant le tracé in-
par un liséré jaune sur le plan du chef du génie, en date du
ptembre 1874.
Le ministre de la guerre est chargé de l'exécution du présent
et, qui sera inséré au Bulletin des lois.

it à Paris, le 2 Octobre 1874.

Signé M^{al} DE MAC MAHON.

Le Vice-Président du Conseil,
Ministre de la guerre,
Signé Gal E. DE CISSEY.

[1] XI° série, Bull. 91, n° 780 et Bull. 105,   [2] XI° série, Bull. 1124, n° 11,362.

RÉPUBLIQUE FRANÇAISE.

N° 3520. — *Décret qui reporte à l'exercice 1874 une portion du Crédit o au Ministre des Affaires étrangères, sur l'exercice 1873, à titre de Fon concours versés au Trésor, pour les frais de reconstruction de l'hôte Consulat de France à Tien-Tsin et de restauration de l'hôtel de la de France à Pékin.*

Du 9 Octobre 1874.

LE PRÉSIDENT DE LA RÉPUBLIQUE FRANÇAISE,

Sur le rapport du ministre des affaires étrangères;

Vu les lois de finances des 20 décembre 1872 et 29 décembre 1873, tant fixation des dépenses des exercices 1873 et 1874;

Vu l'article 13 de la loi du 6 juin 1843, concernant les fonds v trésor pour concourir à l'exécution des travaux publics;

Vu le décret du 25 novembre 1872, portant ouverture au dé des affaires étrangères, sur l'exercice 1872, à titre de fonds de co d'un crédit de quatre cent mille quatre cent trente-trois francs (4 pour frais de reconstruction de la maison consulaire de France à Tie et de restauration de l'hôtel de la légation de France à Pékin;

Vu le décret du 19 décembre 1873 [1], prononçant le report à l'ex 1873, avec la même affectation, d'une somme de trois cent soixan sept cent quatre-vingt-un francs trente-six centimes (360,781^f 36°), disponible sur le crédit ci-dessus spécifié;

Vu la lettre du ministre des finances, en date du 19 septembre 1874 Le Conseil d'État entendu,

DÉCRÈTE :

ART. 1ᵉʳ. Sur le crédit de trois cent soixante mille sept cent vingt-un francs trente-six centimes (360,781^f 36°) affecté, sur l' cice 1873, aux frais de reconstruction de l'hôtel du consul France à Tien-Tsin et de restauration de l'hôtel de la légatio France à Pékin, il est annulé une somme de trois cent quarant mille sept cent soixante-quatre francs treize centimes (345,764^f demeurée sans emploi.

2. Il est ouvert au ministre des affaires étrangères, sur l'ex 1874, pour le même objet, un crédit de trois cent quarante mille sept cent soixante-quatre francs treize centimes (345,764^f Ce crédit formera le chapitre XVI dudit budget.

3. Il sera pourvu à la dépense au moyen de la somme restée l sur celle primitivement versée au trésor public à titre de fond concours.

4. Le ministre des affaires étrangères et le ministre des fin

[1] Bull. 177, n° 2658.

at chargés, chacun en ce qui le concerne, de l'exécution du pré-
al décret, qui sera inséré au Bulletin des lois.
Fait à Paris, le 9 Octobre 1874.

Signé M^{al} DE MAC MAHON.

La Ministre des finances ,

La Ministre des affaires étrangères ,

Signé MATHIEU-BODET.

Signé DECAZES.

RÉPUBLIQUE FRANÇAISE.

521.—DÉCRET relatif à la cession des Bois de fascinage par l'Administration
forestière au Département de la Guerre.

Du 10 Octobre 1874.

LE PRÉSIDENT DE LA RÉPUBLIQUE FRANÇAISE,

l'ordonnance du 24 décembre 1830 [1], qui autorise des coupes de bois
les forêts de l'État pour la défense des places fortes ;
le décret du 31 mai 1862 [2], portant règlement général sur la compta-
publique ;
nsidérant qu'il y a intérêt à faire fournir par l'État aux écoles et aux
tions d'artillerie, pour les besoins annuels de l'instruction des troupes
tte arme, les bois de fascinage autrefois demandés au commerce,

DÉCRÈTE :

art. 1er. Les bois de fascinage, piquets, fascines, harts nécessaires
x les excercices annuels des écoles d'artillerie, des corps de
pes isolés de leurs écoles respectives, des directions d'artillerie
Algérie et des directions assimilées à des écoles d'artillerie, se-
coupés dans les forêts de l'État, à moins qu'à raison des dises à parcourir jusqu'au lieu de destination et des frais de trans-
qui en résulteraient, il ne soit dans l'intérêt de l'État de se les
urer par la voie du commerce.
Lorsque les fournitures devront être faites dans les forêts de
t, les directeurs des écoles et directions d'artillerie ou les chefs
orps destinataires feront connaître aux agents forestiers les besoins
ois de toute nature, espèces, qualités, dimensions et quantités.
Sur la proposition des agents forestiers locaux, le conservateur
isera les délivrances dans les forêts les plus voisines des lieux
estination, et, dans le cas où l'état des peuplements, la possi-
é des forêts, les dispositions des aménagements ne permettraient
e délivrer tout ou partie des bois, des essences, dimensions et
ités désignées, il en informera, sans retard, les directeurs ou
s de corps militaires.
Les coupes seront faites par les soins de l'administration fo-

restière, à moins que la proximité du lieu ne permette d'e
des hommes de troupe sans les obliger à découcher.

L'administration des forêts ne pourra jamais réclamer le co
des hommes de troupe s'il est reconnu que le service ou l'i
tion doive en souffrir.

5. Les transports seront faits par les soins de l'artillerie tou
fois que la proximité du lieu lui permettra de ne pas faire déco
le détachement.

6. Quand les coupes et les transports seront exécutés par les
de l'administration forestière, le montant des frais sera re
par le département de la guerre.

7. Les transports par chemins de fer seront exécutés
soins de l'administration forestière et donneront lieu à re
sement.

8. La valeur des bois cédés sera remboursée par l'administ
de la guerre, par voie de virement de compte.

9. Les dispositions qui précèdent seront également appliq
aux bois de bourdaine à exploiter dans les forêts de l'État, et de
délivrance sera demandée par les directeurs des poudreries (
guerre.

10. Les ministres des finances, de l'intérieur et de la guerre
chargés, chacun en ce qui le concerne, de l'exécution du pr
décret, qui sera inséré au Bulletin des lois et au Journal mill
officiel.

Fait à Paris, le 10 Octobre 1874.

Signé Mal DE MAC MAHON.

Le Ministre des finances,
Signé MATHIEU-BODET.

Le Ministre de la guerre, chargé,
par intérim, du département de
l'intérieur,

Signé Gal E. DE CISSEY.

Le Vice-Président du C
Ministre de la guer

Signé Gal E. DE CI

RÉPUBLIQUE FRANÇAISE.

N° 3522. — Décret qui modifie celui du 29 août 1874, sur l'organisati
de la Justice musulmane.

Du 10 Octobre 1874.

(Promulgué au Journal officiel du 14 octobre 1874.)

Le Président de la République française,

Sur le rapport du garde des sceaux, ministre de la justice,

Décrète :

Art. 1er. L'article 8 du décret du 29 août 1874 [1], sur l'organ
tion de la justice en Kabylie, est complété ainsi qu'il suit :

[1] Bull. 225, n° 3430.

Entre indigènes arabes ou kabyles, les tribunaux de Tizi-Ouzou de Bougie, siégeant soit en première instance, soit en appel, seront composés de deux magistrats français, et d'un assesseur arabe kabyle, si le litige existe entre Arabes ou Kabyles seulement; si litige existe entre Arabes et Kabyles, ces tribunaux seront composés de trois magistrats français, d'un assesseur arabe et d'un assesseur kabyle. Pour les appels des jugements rendus par ces tribunaux, la cour et le tribunal de Constantine seront composés de trois magistrats français et de deux assesseurs arabes ou kabyles, si le litige existe entre Arabes ou Kabyles seulement; si le litige existe entre Arabes et Kabyles, de trois magistrats français, d'un assesseur arabe et d'un assesseur kabyle.

Le garde des sceaux, ministre de la justice, est chargé de l'exécution du présent décret.

Fait à Paris, le 10 Octobre 1874.

Signé M⁰¹ DE MAC MAHON.

Garde des sceaux, Ministre de la justice,

Signé A. TAILHAND.

RÉPUBLIQUE FRANÇAISE.

5523. — DÉCRET qui ouvre au Ministre de l'Intérieur un Crédit sur l'exercice 1874, à titre de Fonds de concours versés au Trésor, pour l'exécution de Travaux télégraphiques.

Du 14 Octobre 1874.

LE PRÉSIDENT DE LA RÉPUBLIQUE FRANÇAISE,

Sur le rapport du ministre de l'intérieur;

Vu la loi de finances du 29 décembre 1873, portant fixation du budget général des dépenses et des recettes de l'exercice 1874;

Vu l'article 13 de la loi de finances du 6 juin 1843, concernant les fonds de concours;

Vu l'état ci-annexé des sommes encaissées à ce titre pour concourir à l'exécution de travaux télégraphiques;

Vu l'avis du ministre des finances,

DÉCRÈTE :

ART. 1er. Il est ouvert au ministre de l'intérieur, sur l'exercice 1874, un crédit de cent dix mille deux cent onze francs vingt-sept centimes (110,211ᶠ 27ᶜ), applicable comme suit au service télégraphique :

CHAP. VIII. Matériel des lignes télégraphiques.

2. Il sera pourvu aux dépenses autorisées par le présent décret

au moyen des ressources spéciales résultant des versements faits
trésor à titre de fonds de concours.

3. Les ministres de l'intérieur et des finances sont chargés, chaq
en ce qui le concerne, de l'exécution du présent décret, qui s
inséré au Bulletin des lois.

Fait à Paris, le 14 Octobre 1874.

Signé M^{al} DE MAC MAHON.

Le Ministre des finances,

Signé MATHIEU-BODET.

Le Ministre de l'intérieur,

Signé G^{al} DE CHABAUD LA T

*État des sommes versées dans les caisses du trésor par des départements, des
des particuliers, pour concourir, avec les fonds de l'État, à l'exécution
sur les lignes télégraphiques.*

DÉPARTE-MENTS.	MOTIFS DES VERSEMENTS.	
	BUDGET ORDINAIRE.	
	CHAPITRE VIII.	
	MATÉRIEL DES LIGNES TÉLÉGRAPHIQUES.	
Ain......	Établissement du bureau télégraphique de Chalamont..........	1,1
	Idem de Villars..	
	Idem de Saint-André-de-Corcy.............................	
	Idem de Marlieux...	
Aisne.....	*Idem* de Condé-en-Brie....	1
	Idem d'Oulchy-le-Château.	
	Idem de Saint-Michel.......	
	Idem d'Hirson..	1,
	Idem d'Origny...	
	Idem de Crécy-sur-Serre.................................	
Alpes (Basses-).	*Idem* d'Oraison..	1
Alpes (Hautes-).	*Idem* de Serres..	1,
	Idem de Veynes..	1,
Alpes-Maritimes.	*Idem* de l'Escarène......................................	
Ardennes.	*Idem* de Margut..	1,
	Idem de Bévilly..	
Ariége.....	*Idem* de Saint-Ybars.....................................	1
Calvados..	*Idem* de Blangy..	1
Charente-Inférieure.	*Idem* de Saint-Fort-sur-Gironde..........................	1,
Corse......	*Idem* de Levic...	
	Déplacement du bureau télégraphique de Petreto-Bicchisano....	
	Établissement du bureau télégraphique de Ste-Lucie-de-Tallano.	
Côte-d'Or..	*Idem* de Montbard..	
Garonne (Haute-).	*Idem* de Montrejeau......................................	1,
	Idem de Caraman...	1,
Gers......	*Idem* de Valence...	1
	Idem d'Aignan...	
Gironde...	*Idem* de Lamarque..	1,005
	Idem de Ludon..	660
Ille-et-Vilaine.	*Idem* de Saint-Méen......................................	330
	Idem de Bain..	305
Indre.....	*Idem* de Prissac...	798
	Idem d'Argenton...	1,917
	Idem de la Côte-Saint-André.............................	2,880
Isère......	*Idem* de Saint-Jean-de-Bournay...........................	3,724
	Idem de Pont-en-Royans..................................	1,188

DÉPARTE-MENTS.	MOTIFS DES VERSEMENTS.	MONTANT des versements effectués.
...des...	Établissement du bureau télégraphique de Roquefort...........	1,600ᶠ 00ᶜ
Maine-Loire.	Idem de Beaupréau...................................	2,276 40
...re...	Idem de Régnéville.................................	1,200 00
	Idem de Saint-Pair.................................	480 00
...	Idem de Fismes....................................	3,257 70
...rne	Idem de Poissons..................................	840 00
...te-).	Idem de Châteauvillain.............................	1,800 00
...the-selle.	Idem de Badonviller................................	1,453 20
.....	Idem de Condé-en-Barrois...........................	393 00
.....	Idem de Ferrières-la-Grande........................	540 00
.....	Idem de Tourouvre.................................	720 00
	Idem de Bertincourt...............................	1,045 50
	Idem..	1,431 00
	Idem...	385 50
	Idem de Bourlon....................................	600 00
...alais.	Idem...	60 00
	Établissement de diverses lignes télégraphiques de Pont-sans-Pareil à Ardres, Nordausques, Zudausques, Ferlinghem et Guines..	2,034 65
...Puy-Dôme.	Établissement du bureau télégraphique de Sauxillanges........	733 20
	Idem de Vitrey....................................	1,080 00
...ône	Idem de Cintrey...................................	936 00
...te-).	Idem de Morey....................................	1,476 00
	Idem d'Autrey....................................	1,224 00
...ie	Idem de Taninges.................................	1,864 00
...e-).	Idem de Samoëns..................................	1,320 00
	Idem de Mieussy..................................	200 00
	Travaux sur les lignes télégraphiques des chemins de fer de Paris à Lyon et à la Méditerranée...........................	12,385 41
	Idem du Nord.....................................	12,087 41
	Idem d'Orléans....................................	1,859 75
	Idem d'Orléans à Rouen............................	394 85
...e...	Idem de l'Est......................................	177 25
	Idem d'Orléans à Châlons...........................	45 00
	Idem de l'Ouest...................................	35 00
...r	Idem d'Alençon à Condé-sur-Huisne...................	30 50
	Idem de la Vendée.................................	5 50
	Établissement d'une ligne télégraphique reliant entre elles les râperies de Bray-sur-Seine............................	1,838 39
...ne.	Établissement du bureau télégraphique de Soisy-sur-École......	851 10
.....	Idem d'Airaines...................................	1,452 00
.....	Idem de Vabre....................................	3,383 70
...e..	Idem de Cadenet..................................	960 00
.....	Idem de Sainte-Hermine............................	1,620 00
.....	Idem de Charroux.................................	1,200 00
	Idem de Saint-Valérien............................	726 41
...e..	Idem de Ravières.................................	996 00
	Idem de Noyers...................................	2,365 80
	TOTAL............................	110,211 27

...ur être annexé au décret du 14 octobre 1874.

Le Ministre de l'intérieur.

Pour le Ministre et par délégation :

Le Directeur du secrétariat et de la comptabilité,

Signé F. NORMAND.

RÉPUBLIQUE FRANÇAISE.

N° 3524. — *Décret qui convoque les Électeurs des départements de la du Nord et de l'Oise, à l'effet d'élire des Députés à l'Assemblée nationale*

Du 14 Octobre 1874.

(Promulgué au *Journal officiel* du 15 octobre 1874.)

LE PRÉSIDENT DE LA RÉPUBLIQUE FRANÇAISE,

Sur le rapport du ministre de l'intérieur;
• Vu la loi du 15 mars 1849, les décrets organique et réglemen 2 février 1852 [1], les lois des 10 avril et 2 mai 1871, et celle du 18 1873;
Vu le décret du Gouvernement de la défense nationale, en date du vier 1871 [2], et le décret du Président de la République, en date du 2 1873 [3], portant convocation de divers colléges électoraux;
Vu la démission de M. *Dupuy*, député du département de la Drôme; Attendu le décès de M. *de Brigode*, député du département du Nord, M. *Perrot*, député du département de l'Oise,

DÉCRÈTE :

ART. 1er. Les électeurs des départements de la Drôme, du N de l'Oise sont convoqués pour le dimanche 8 novembre p à l'effet de pourvoir au siège de député à l'Assemblée natio cant dans chacun de ces départements.

2. Les opérations électorales auront lieu suivant les formes minées par le décret du 2 avril 1873 ci-dessus visé.

3. Le ministre de l'intérieur est chargé de l'exécution du décret.

Fait à Paris, le 14 Octobre 1874.

Signé M^{al} DE MAC MAHON.

Le Ministre de l'intérieur,
Signé G^{al} DE CHABAUD LA TOUR.

RÉPUBLIQUE FRANÇAISE.

N° 3525. — *Décret qui ouvre au Gouvernement général de l'Algérie un sur l'exercice 1874, représentant une somme versée au Trésor par le tement de Constantine pour sa participation dans les dépenses de l'Ex permanente des produits de l'Algérie à Paris.*

Du 17 Octobre 1874.

LE PRÉSIDENT DE LA RÉPUBLIQUE FRANÇAISE,

[1] x° série, Bull. 488, n°° 3636 et 3637. [2] xii° série, Bull. 124, n° 1887.
[3] xii° série, Bull. 41, n° 274.

le rapport du ministre de l'intérieur, d'après les propositions du gou-
général de l'Algérie;

la loi du 29 décembre 1873, portant fixation du budget général des
es et dépenses ordinaires de l'exercice 1874;

l'article 13 de la loi du 6 juin 1843, portant règlement définitif du
t de l'exercice 1840;

l'article 52 du décret du 31 mai 1862 [1], sur la comptabilité publique;
le décret du 10 novembre 1856 [2];

l'article 4 du sénatus-consulte du 31 décembre 1861;

le récépissé (n° 1020), en date du 14 août 1874, constatant le verse-
à titre de fonds de concours, dans la caisse du trésor public, d'une
de quinze cents francs (1,500'), représentant la participation du dé-
nt de Constantine dans les dépenses de l'exposition permanente des
de l'Algérie à Paris;

vis du ministre des finances,

TE :

T. 1er. Il est ouvert au gouvernement général de l'Algérie, au
du budget ordinaire de l'exercice 1874, un crédit supplémen-
de quinze cents francs (1,500'), pour la participation du dé-
ment de Constantine dans les dépenses de l'exposition perma-
des produits de l'Algérie à Paris en 1874.

chapitre III dudit budget est augmenté de pareille somme de
cents francs.

l sera pourvu aux dépenses imputables sur le crédit susmen-
au moyen des ressources versées au trésor à titre de fonds de
urs.

Les ministres de l'intérieur et des finances et le gouverneur
civil de l'Algérie sont chargés, chacun en ce qui le con-
de l'exécution du présent décret, qui sera inséré au Bulletin
lois.

Fait à Paris, le 17 Octobre 1874.

Signé M^{al} DE MAC MAHON.

Le Ministre des finances,

Signé MATHIEU BODET.

Le Ministre de l'intérieur,

Signé G^{al} DE CHABAUD LA TOUR.

RÉPUBLIQUE FRANÇAISE.

3526. — DÉCRET *qui ouvre au Ministre de l'Intérieur, sur l'exercice 1874,*
un Crédit supplémentaire pour les dépenses du Gouvernement général de
l'Algérie.

Du 17 Octobre 1874.

LE PRÉSIDENT DE LA RÉPUBLIQUE FRANÇAISE,

[1] XIe série, Bull. 1045, n° 10,527.   [2] XIe séri , Bull. 440 n° 4110.

Sur le rapport du ministre de l'intérieur, d'après les propositions gouverneur général civil de l'Algérie;

Vu les lois des 16 septembre 1871 (article 32), 30 mars 1872 (et 20 décembre 1872 (article 16);

Vu la loi de finances du 29 décembre 1873, portant fixation du général de l'exercice 1874;

Le Conseil d'État entendu;

De l'avis du Conseil des ministres,

Décrète :

Art. 1ᵉʳ. Il est accordé au ministre de l'intérieur, sur l'ex courant, au delà des crédits ouverts par la loi du 29 décembre pour les dépenses du gouvernement général civil de l'Alg crédit supplémentaire de cent cinquante-trois mille cinquan francs cinquante-cinq centimes (153,055ᶠ 55ᶜ), applicable au pitre v (*Prisons*).

2. Il sera pourvu à cette dépense au moyen des ressources rales du budget de cet exercice.

3. Le présent décret sera soumis à la sanction de l'Assemblée tionale dans la première quinzaine de sa prochaine réunion.

4. Les ministres de l'intérieur et des finances et le gouverneur néral civil de l'Algérie sont chargés, chacun en ce qui le con de l'exécution du présent décret, qui sera inséré au Bulletin lois et au Bulletin officiel du gouvernement général de l'Algérie.

Fait à Paris, le 17 Octobre 1874.

Signé Mᵃˡ DE MAC MAHON.

Le Ministre des finances,

Signé Mathieu-Bodet.

Le Ministre de l'intérieur,

Signé Gᵃˡ de Chabaud La Tour.

RÉPUBLIQUE FRANÇAISE.

N° 3527. — *Décret qui rend applicable à l'Algérie l'article 25 de la loi 29 décembre 1873, relatif au recouvrement des Amendes et Condamnat pécuniaires.*

Du 17 Octobre 1874.

Le Président de la République française,

Vu l'ordonnance du 22 juillet 1834 [1], article 4;

Vu l'article 25 de la loi de finances du 29 décembre 1873, ainsi conçu :

«A partir du 1ᵉʳ janvier 1874, les percepteurs des contributions dir «seront substitués aux receveurs de l'enregistrement pour le recouvrement «des amendes et condamnations pécuniaires autres que celles concernant «les droits d'enregistrement, de timbre, de greffe, d'hypothèques, le notariat «et la procédure civile.

[1] IXᵉ série, 2ᵉ partie 1ʳᵉ section, Bull. 324, n° 545a.

maintenues toutes les dispositions des lois qui ne sont pas contraires
agraphe précédent; toutefois, les porteurs de contraintes pourront
les huissiers pour l'exercice des poursuites.

glement d'administration publique déterminera, s'il y a lieu, les
nécessaires pour assurer l'exécution du présent article; »
lérant qu'il y a lieu de rendre les dispositions de l'article 25 précité
les en Algérie;
rapport des ministres de l'intérieur et des finances, d'après les pro-
du gouverneur général civil de l'Algérie,

TE :

1er. Les receveurs des contributions diverses sont substitués
ceveurs de l'enregistrement, en Algérie, pour le recouvrement
endes et condamnations pécuniaires autres que celles concer-
s droits d'enregistrement, de timbre, de greffe, d'hypothèques,
riat et la procédure civile. Toutefois, le service des amendes
entralisé par les trésoriers payeurs d'Algérie, conformément au
suivi en France par les trésoriers payeurs généraux à l'égard
pérations effectuées par les percepteurs.
porteurs de contraintes, en Algérie, pour remplacer les
ers pour l'exercice des poursuites en matière d'amendes et
amnations pécuniaires.
nt, d'ailleurs, maintenues toutes les dispositions des lois et règle-
ls qui régissent ce service.
La remise du service des amendes aux trésoriers payeurs d'Al-
et aux receveurs des contributions diverses aura lieu à l'époque
era ultérieurement déterminée par le ministre des finances.
Les ministres de l'intérieur et des finances, ainsi que le gou-
général civil de l'Algérie, sont chargés, chacun en ce qui le
, de l'exécution du présent décret, qui sera inséré au Bulle-
des lois.

Fait à Paris, le 17 Octobre 1874.

Signé M^{al} DE MAC MAHON.

Le Ministre des finances,

Signé MATHIEU-BODET.

Le Ministre de l'intérieur,

Signé G^{al} DE CHABAUD LA TOUR.

3528.—DÉCRET DU PRÉSIDENT DE LA RÉPUBLIQUE FRANÇAISE (contre-signé
par le ministre de l'intérieur) portant ce qui suit :

La juridiction du commissaire spécial de police de Moûtiers (Savoie) est
e sur les communes de Bozel, Aime, Salins, Brides-les-Bains et Aigue-
he.
La juridiction du commissaire spécial de police de Lagny (Seine-et-Marne)
est étendue sur les communes de Thorigny et de Pomponne.
Il est créé à la Mure (Isère) un commissariat spécial du police.
La juridiction du titulaire comprendra, outre cette commune, celles de
Susville, Sousville, Pierre-Châtel, la Motte-d'Aveillans et la Motte-Saint-
Martin.

La juridiction du commissaire central de police d'Aix (Bouches-du-est étendue sur la commune de Tholonet.

La résidence du commissaire de police de Coursan (Aude) est tr à Cuxac-d'Aude.

Il est créé à Pont-du-Château (Puy-de-Dôme) un commissariat sp police.

La juridiction du titulaire comprendra, outre cette commune, Lempdes, Cournon, Dallet, les Martres-d'Artières, Lussat et le Pont-du-Château. (*Versailles, 2 Juin 1874.*)

N° 3529. — DÉCRET DU PRÉSIDENT DE LA RÉPUBLIQUE FRANÇAISE (cont par le garde des sceaux, ministre de la justice) portant ce qui su

1° M. *Bernard (Claude)*, cultivateur, né le 2 février 1845, à ment-Sainte-Colombe, arrondissement de Chalon-sur-Saône (Sa Loire), y demeurant, est autorisé à ajouter à son nom patronymique de *Jannin*, et à s'appeler, à l'avenir, *Bernard Jannin.*

2° Ledit impétrant ne pourra se pourvoir devant les tribunaux faire op....., sur les registres de l'état civil, le changement résul présent de...........rès l'expiration du délai fixé par la loi du 11 an XI, et en justi...., qu'aucune opposition n'a été formée devant le d'État. (*Versailles, 25 Septembre 1874.*)

Certifié conforme :

Paris, le 31 * Octobre 1874,

Le Garde des Sceaux, Ministre de la J

A. TAILHAND.

* Cette date est celle de la réception du B au ministère de la Justice.

On s'abonne pour le Bulletin des lois, à raison de 9 francs par an, à la caisse de l'Im nationale ou chez les Receveurs des postes des départements.

BULLETIN DES LOIS

DE LA RÉPUBLIQUE FRANÇAISE.

N° 231.

RÉPUBLIQUE FRANÇAISE.

. — *Loi relative à la déclaration d'utilité publique et à la concession Canal d'irrigation dérivé de la rivière de la Bourne, dans le département la Drôme.*

Du 21 Mai 1874.

(Promulguée au *Journal officiel* du 27 mai 1874.)

Assemblée nationale a adopté la loi dont la teneur suit :

. 1ᵉʳ. Est déclaré d'utilité publique l'établissement d'un canal tion dérivé de la rivière de la Bourne et destiné à l'arrosage de e située à l'est de Valence (Drôme).

t approuvée la convention passée, le 7 février 1874, entre le des travaux publics et MM. *Berger* (*Jean-Pierre*), *Faure*) et *Duc* (*Alexandre-Victor*), agissant tant en leur nom per- l qu'au nom d'une société locale en formation, ladite conven- ortant concession à cette société du canal d'irrigation énoncé rticle 1ᵉʳ ci-dessus, aux clauses et conditions du cahier des y annexé.

ré en séance publique, à Versailles, le 21 Mai 1874.

Le Président,

Signé L. Buffet.

Les Secrétaires,

Signé Félix Voisin, Francisque Rive, L. Grivart, E. de Cazenove de Pradine.

Le Président de la République promulgue la présente loi.

Signé Mᵃˡ DE MAC MAHON, duc DE MAGENTA.

Le Ministre des travaux publics,

Signé E. Caillaux.

CONVENTION.

L'an mil huit cent soixante-quatorze, et le sept février,

Entre le ministre des travaux publics, agissant au nom de l'État, sous la ré[...] de l'approbation des présentes par une loi,

D'une part,

Et MM. *Berger* (*Jean-Pierre*), *Faure* (*Pierre*) et *Duc* (*Alexandre-Victor*), agi[...] tant en leur nom personnel qu'au nom d'une société locale en formation,

D'autre part,

Il a été convenu ce qui suit :

ART. 1er. Le ministre des travaux publics, au nom de l'État, concède aux s[...] més, qui l'acceptent, un canal d'irrigation à dériver de la Bourne, de la Lyonn[...] Cholet, aux clauses et conditions du cahier des charges ci-annexé.

2. La présente concession est faite pour une durée de quatre-vingt-dix-neuf[...] qui courra à partir de la réception provisoire des travaux du canal principal.

3. Tous les frais pour l'établissement du canal, à quelque titre que ce soit, [...] supportés exclusivement par la société concessionnaire.

La société concessionnaire supportera également, pendant la durée de la co[...] sion, tous les frais d'administration, d'entretien, de réparation, etc. nécessaire[...] assurer l'exploitation régulière du canal.

4. Le ministre des travaux publics, au nom de l'État, s'engage à allouer à [...] ciété concessionnaire, sur les fonds du trésor, une subvention de deux millio[...] cent mille francs (2,900,000'.

Toutefois, cette subvention ne sera accordée définitivement qu'après que la s[...] aura justifié de souscriptions déjà réalisées par elle jusqu'à concurrence de[...] mille litres (3,000') par seconde.

Les deux premiers tiers de la subvention seront affectés au canal princip[...] à-compte successifs sur cette partie de la subvention ne seront délivrés qu'a[...] la société concessionnaire justifiera, au moyen de décomptes visés par les i[...] du contrôle du canal, de l'exécution de travaux, acquisitions de terrains et [...] néraux pour une somme triple du montant total de ces à-compte. Le s[...] deux premiers tiers de la subvention sera payé à la société concessionnair[...] la réception provisoire du canal, sauf une retenue d'un dixième qui sera re[...] après la réception définitive. Le dernier tiers de la subvention sera payé au f[...] mesure de la réception provisoire de chacun des six groupes de canaux seco[...] et tertiaires, sauf une retenue de garantie d'un dixième qui sera rembour[...] la réception définitive.

Toutefois, les à-compte et les soldes de la subvention ne seront acquittés q[...] le montant des crédits prévus au budget, et il ne pourra être demandé auc[...] demnité pour retard de payement.

5. La société concessionnaire percevra à son profit exclusif, pendant la dur[...] la concession, les produits du canal, redevances et autres, sous quelque form[...] se présentent.

À l'expiration de la concession, la société concessionnaire n'aura plus aucun d[...] sur le canal; elle le remettra à l'État en bon état d'entretien, avec tous les pr[...] gements, développements et additions qu'elle y aura apportés.

Pour assurer l'exécution de cette clause, il sera procédé par les ingénieurs du [...] vice hydraulique, concurremment avec les agents de la compagnie, deux ans a[...] l'expiration du terme, à une reconnaissance des travaux, destinée à constater [...] sont en bon état d'entretien. Un arrêté du ministre des travaux publics détermin[...] le cas échéant, d'après les conclusions des ingénieurs, les travaux à faire pour met[...] le canal en état de réception, et fixera le délai dans lequel ces travaux devront ê[...] exécutés. À l'expiration de ce délai, si la compagnie n'a pas satisfait aux prescripti[...] de l'arrêté ministériel, l'État aura le droit de faire exécuter les travaux prescri[...] d'en prélever la dépense sur le montant des redevances, qu'il saisira, soit entre l[...] mains des propriétaires usagers, soit dans la caisse du receveur du syndicat auqu[...] elles auraient été transmises, conformément aux articles suivants.

6. La compagnie pourra exiger, en recevant les souscriptions des futurs usagers[...] que chacun d'eux prenne l'engagement d'adhérer, avec les usagers desservis par l[...]

e canal secondaire, à la formation d'une association syndicale qui sera sub-
ie, après son autorisation par le préfet et la mise en eau du canal, à tous les
de la compagnie sur ledit canal, dans les conditions suivantes :

sociation syndicale sera tenue, aux termes de ses statuts, dans le cas où la
ie lui en ferait la demande, de contracter au Crédit foncier de France, par
tion de la loi du 6 juillet 1860, ou à toute autre banque de crédit, un ou plu-
emprunts successifs, dont l'intérêt, l'amortissement et les frais ne pourront dé-
le produit des redevances souscrites par les usagers et devenues exigibles
la mise en eau du canal, sauf déduction des frais d'entretien et d'adminis-
de ce canal et de ses dépendances.

frais seront évalués, lors du premier emprunt, à une somme fixe réglée de
gré ou, en cas de désaccord, par les tribunaux compétents. Si, lors des em-
subséquents, d'autres canaux tertiaires ou rigoles d'intérêt collectif ont été
us pour l'usage de nouveaux souscripteurs, une réserve supplémentaire sera
en vue de pourvoir à leur entretien, avant d'affecter les nouvelles redevances
ice des annuités.

esure que ces emprunts seront réalisés et que le montant en sera remis à la
gnie, celle-ci abandonnera au syndicat l'entière disposition des redevances
lles correspondant aux frais, intérêts et amortissement dudit emprunt.

et effet, le syndicat restera chargé de faire opérer par son receveur spécial le
ment de toutes les redevances afférentes aux immeubles compris dans son
être, et ce comptable, après avoir prélevé sur ces encaissements les fonds né-
s au service des emprunts et ceux destinés au payement des frais de percep-
emettra chaque année le surplus à la compagnie, qui demeurera chargée de
ir directement à tous autres frais d'administration, d'entretien, etc.

ompagnie restera, vis-à-vis de chaque syndicat, garante des redevances appli-
au service des emprunts, de telle sorte qu'en cas d'insuffisance de ces rede-
, pour quelque cause que ce soit, la compagnie sera responsable et devra y
ir.

ompagnie pourra également transférer à chaque association toutes les rede-
présentes et à venir qu'elle aurait à percevoir sur les eaux du canal secondaire
ri son périmètre, moyennant une somme à forfait dont le montant sera fixé
le.

ation syndicale autorisée se trouvera, par ce fait, subrogée, vis-à-vis de l'État,
droits de la société concessionnaire, ainsi qu'aux obligations stipulées par
des charges. Toutes les redevances présentes et futures appartiendront
nt à l'association, qui les fera recouvrer par son receveur spécial, sans que
concessionnaire puisse prétendre à dédommagement, quelque élevé que soit
le chiffre total des redevances.

tous les cas et quel que soit le contrat intervenu entre la compagnie et les
ions syndicales, la compagnie restera chargée de pourvoir à l'entretien du
riucipal et de livrer à chaque syndicat, pour la martellière de tête de son
secondaire, un volume d'eau correspondant à la totalité des redevances sus-
ent souscrites dans le périmètre dudit canal.

Le Ministre des travaux publics,
Signé R. DE LARCY.

Approuvé l'écriture :
Signé BERGER.
Approuvé l'écriture :
Signé FAURE.
Approuvé l'écriture :
Signé DUC.

a pour être annexé à la loi adoptée par l'Assemblée nationale dans sa séance
21 mai 1874.

Le Président,
Signé L. BUFFET.

Les Secrétaires,
Signé FÉLIX VOISIN, FRANCISQUE RIVE, L. GRIVARY,
E. DE CAZENOVE DE PRADINE.

34.

CAHIER DES CHARGES.

Objet du canal.

ART. 1ᵉʳ. Le canal à dériver de la Bourne et, au besoin, de la Lyonne et du est destiné à l'irrigation, aux usages domestiques et d'agrément, à l'alim publique des communes et à la mise en jeu des usines.

Indication générale du tracé du canal principal, des dérivations de la Lyonne et du et des canaux secondaires.

2. Le canal aura son origine dans la Bourne, à deux cents mètres environ d ance en aval de Pont-en-Royans (Isère).

Il se composera d'un canal principal et de canaux secondaires établis sur le toire des communes suivantes : Pont-en-Royans, Auberives et Saint-Just (l Saint-Nazaire, la Baume-d'Hostun, Eymeux, Beauregard, Chatuzange, Péage, Alizan, Saint-Marcel, Châteauneuf-d'Isère, Montélier, Bourg-lès-Vi Valence, Chabeuil, Montvendre, Beaumont, Montéléger, la Vache, Fiancey, Montmeyran, Upie et Montoison (Drôme).

Il sera fait, en outre, s'il est besoin, deux dérivations : l'une dans la Lyonne, dans le Cholet, son affluent. Ces dérivations, qui amèneront les eaux de la Ly du Cholet dans le canal principal, après avoir franchi la Bourne, traverseront l munes de Saint-Jean-en-Royans, Saint-Thomas et Saint-Laurent (départemer Drôme).

Le canal principal et les canaux secondaires sont figurés par des traits ro le plan général dressé par MM. les ingénieurs des ponts et chaussées à la 4 et 17 février 1860. Ce plan restera annexé au présent cahier des charges.

Le tracé du canal principal, des canaux de dérivation de la Lyonne et du C des canaux secondaires sera arrêté ultérieurement par l'administration, lors présentation du projet définitif.

Volume d'eau à dériver.

3. Le volume d'eau à dériver de la Bourne est fixé à sept mètres cubes par Pour compléter ce volume en temps d'étiage, il pourra être pris dans la le Cholet un volume d'eau de deux mètres cubes par seco₄ de.

Néanmoins, la compagnie concessionnaire sera tenue ; en tout temps, (dans les trois cours d'eau de la Bourne, la Lyonne et le Cholet, en aval des un débit total de un demi-mètre cube par seconde, au minimum.

Division du périmètre arrosable en zones desservies par le même branchement dérivé du canal principal.

4. Le périmètre comprend vingt-deux mille hectares, dont dix mille cinq tares arrosables. Il est divisé en zones dont chacune est desservie par un condaire spécial dérivé du canal principal.

Obligations de la société concessionnaire et des usagers.

5. 1° La société concessionnaire s'engage à exécuter à ses frais, risques et non-seulement le canal principal, les deux dérivations et les canaux secon mais encore les canaux tertiaires et les rigoles destinées à amener les eaux de chaque propriété à desservir.

2° L'entretien du canal principal et des deux dérivations sera à la charge de ciété concessionnaire.

L'entretien des canaux secondaires, des canaux tertiaires et des rigoles d'int collectif qui en dépendent sera également supporté par elle ; mais elle pourra, mo nant une association aux bénéfices dont les conditions seront réglées par des tr particuliers, mettre cet entretien à la charge des usagers réunis en association dicale autorisée, dans le périmètre desservi par chaque canal secondaire.

3° Seront à la charge exclusive des usagers les prises d'eau, rigoles particul fossés de versure et de colature et tous autres travaux n'intéressant que leurs priétés.

Ne sont considérées comme rigoles d'intérêt collectif que les rigoles de dis tion qui portent au moins cinq litres préalablement souscrits aux eaux périod pour l'irrigation, ou deux décilitres préalablement souscrits aux eaux continues les usages domestiques et d'agrément.

La société concessionnaire s'engage aussi à exécuter les travaux de canalisation l'alimentation publique des communes, conduites principales et secondaires, que les branchements, y compris le robinet de jauge, jusqu'à l'entrée de la pro-des abonnés. L'entretien sera à sa charge ou à la charge des usagers, suivant tinctions établies dans le paragraphe précédent.

esteront à la charge exclusive des abonnés les travaux en dehors de la voie e pour la distribution des eaux dans leurs propriétés.

canal principal devra être entièrement terminé et mis en état d'être exploité i délai de cinq ans, à partir de la loi approuvant la concession.

société concessionnaire ne sera tenue d'entreprendre les canaux secondaires ires, les rigoles pour les eaux périodiques ou continues et les conduites les, secondaires et embranchements pour l'alimentation des communes et riétés privées, qu'autant que l'exécution de ces canaux et conduites lui assu-préalable, un revenu de six pour cent du capital à dépenser d'après les devis es par l'administration.

ins le cas où la somme des redevances préalablement souscrites, capitalisées our cent, serait inférieure à la dépense prévue par les devis approuvés, les taires intéressés, réunis en association syndicale, auront le droit, comme les nes pour leur alimentation, de contraindre la société concessionnaire à exé-s travaux, mais à la condition de lui payer d'avance le complément de la dé-sauf remboursement en capital et intérêts par la société concessionnaire, le chiffre des souscriptions aura atteint la somme qui aurait suffi pour la con-t à l'exécution des travaux. Dans le même cas, la société sera également con-à l'exécution des travaux, si les propriétaires intéressés, réunis en association le, souscrivent le complément des redevances nécessaires pour représenter, ées à six pour cent, le chiffre de la dépense prévue. Ils auront alors le droit ces souscriptions, aux prix stipulés par le cahier des charges, dans le péri-ladite association, et la société concessionnaire n'y pourra recevoir de sous-nouvelles que lorsque celles-ci auront été entièrement placées.

ivaux, pour une zone ou pour une commune, une fois commencés, devront vés dans le délai de deux ans.

s dérivations de la Lyonne et du Cholet n'ont point été exécutées en même e le canal principal, la société concessionnaire sera tenue d'en commencer aussitôt qu'elle aura recueilli des souscriptions pour cinq mille litres de les terminer dans le délai de deux ans.

Production et approbation des projets définitifs.

a société concessionnaire devra soumettre à l'approbation de M. le ministre aux publics, dans le cours de l'année qui suivra la loi approuvant la conces-projet définitif du barrage de prise d'eau et des travaux à exécuter pour la on du canal principal et des deux dérivations.

rojets des travaux à exécuter pour la construction des canaux secondaires et s et des rigoles qui en dépendent, et pour l'établissement des distributions dans les communes, pourront être approuvés par le préfet du département, rapport de M. l'ingénieur en chef des ponts et chaussées. Mais si l'exécution travaux devait donner lieu à des acquisitions de terrains nécessitant l'expro-n pour cause d'utilité publique, les projets devraient être soumis à l'approbation ministration supérieure.

cours d'exécution, la société concessionnaire aura la faculté de proposer les ations qu'elle jugera utile d'introduire, mais ces modifications ne pourront exécutées qu'après avoir été approuvées dans les mêmes formes que les projets.

Rétablissement des voies de communication existantes et du libre cours des eaux.

La société concessionnaire devra construire, à ses frais, des ponts pour la tra-de toutes les voies de communication existantes qui seront rencontrées par aux. La largeur de ces ponts entre les parapets sera fixée par l'administration, les circonstances locales. Elle ne pourra, dans aucun cas, être inférieure à ètres pour les routes nationales et les chemins de fer, à sept mètres pour les départementales, à cinq mètres pour les chemins de grande communication, quatre mètres pour les chemins vicinaux.

il y a lieu de déplacer les routes existantes, l'inclinaison des pentes et rampes pourra pas dépasser trois centimètres par mètre pour les routes nationales et départementales, et cinq centimètres pour les chemins vicinaux. Il est reste libre, toutefois, d'apprécier les circonstances qui pourraient motiver une gation à la règle précédente.

La société concessionnaire sera également tenne de rétablir et d'assurer frais le libre écoulement de toutes les eaux naturelles ou artificielles dont le serait détourné ou modifié par ses travaux.

Elle sera tenue également de prendre les dispositions qui seront prescrite l'administration pour arrêter, autant que possible, les infiltrations d'eau qui p draient de ses canaux et d'empêcher ces infiltrations de nuire aux parties territoire.

Les ponts à construire à la rencontre des routes nationales et des chemi ne pourront être entrepris qu'en vertu des projets approuvés par l'adm supérieure.

Le préfet du département, sur l'avis de l'ingénieur en chef des ponts et cha pourra autoriser le déplacement des routes départementales et des chemi naux, et la construction des ponts à la rencontre de ces routes et chemins traversée des cours d'eau.

A la rencontre des routes nationales et départementales et de tous autres c publics, la société concessionnaire sera tenue d'établir des chemins et pont soires partout où cela sera nécessaire pour que la circulation n'éprouve n ruption ni gêne pendant l'exécution de ses travaux. Avant que les commue existantes puissent être interceptées, les ingénieurs et les agents voyers reconnaître et constater, chacun en ce qui le concerne, si les ouvrages pr présenjeut une solidité suffisante et s'ils peuvent assurer le service de la ci Un délai sera fixé pour l'exécution de ces travaux provisoires.

Dans le cas où le canal ou ses branches devraient traverser un chemin de ponts, aqueducs ou siphons qui seront construits à cet effet devront être de manière à ne jamais interrompre la circulation sur le chemin de fer. La concessionnaire sera tenue de se conformer à toutes les dispositions qui lui prescrites par l'autorité administrative dans l'intérêt de la conservation du c fer et de la sûreté du passage.

Nature et qualité des matériaux.

8. La société concessionnaire emploiera, pour l'exécution des ouvrages entreprise, les matériaux communément en usage dans les travaux publ' localité. Les têtes des voûtes, les angles, socles, couronnement et extré radier des ouvrages d'art seront en moellons de choix proprement bo Toutefois, elle aura le droit de substituer des maçonneries en béton de maçonneries ordinaires des ouvrages d'art, et des siphons métalliques aux en maçonnerie.

Les maçonneries ordinaires seront en mortier hydraulique.

Les siphons seront en tôle ou en fonte.

Les pieds-droits, montants et radiers des martellières seront en pierre de dure. Les vannes seront en tôle; elles seront pourvues de crics fermés par une rure de sûreté.

Indemnités de terrains et dommages.

9. Tous les terrains destinés à servir d'emplacement au canal principal et aux rivations, aux canaux secondaires et tertiaires, ainsi qu'au rétablissement des municatious déplacées ou interrompues et des nouveaux lits des cours d'eau, achetés et payés par la société concessionnaire.

Les indemnités dues pour l'établissement des rigoles ou pour obtenir le p de leurs eaux sur les fonds intermédiaires, à titre de simple servitude, seront payées par la société concessionnaire, sauf à ladite société, à défaut des souscri réunis en association, à poursuivre elle-même, d'office et en leur nom, l'appl de la loi du 29 avril 1845.

Les indemnités pour occupation temporaire ou détérioration de terrains chômages d'usines, pour tous dommages quelconques qui seront la conséquel la concession ou de l'exécution des travaux, seront supportées et payées par concessionnaire.

Mais les dommages de toute nature qui pourront résulter de l'emploi des eaux les usagers seront à la charge exclusive des usagers.

Contrôle et surveillance de l'administration pour l'exécution et pour l'entretien
des travaux.

La société concessionnaire exécutera les travaux par des moyens et des agents
choix, mais en restant soumise au contrôle et à la surveillance de l'adminis-

anal principal, avec ses dérivations et ses dépendances, sera toujours main-
a bon état.

ra constamment alimenté du volume d'eau nécessaire pour assurer, dans la
des arrosages, le service régulier des eaux périodiques en quantités égales à
pour lesquelles les propriétaires auront souscrit, et, dans le cours comme en
de la saison des arrosages, le service régulier des eaux continuera pour l'ali-
a publique et privée et pour la mise en jeu des usines, sans toutefois dé-
e volume concédé.

dudit canal, de ses dérivations et de ses dépendances sera reconnu annuel-
et plus souvent, en cas d'urgence ou d'accident, par les ingénieurs du

ce qui concerne cette alimentation, cet entretien et les réparations, soit ordi-
oit extraordinaires, la société concessionnaire demeure soumise au contrôle
surveillance de l'administration, qui pourra y pourvoir d'office, aux frais de
concessionnaire, après mise en demeure restée sans résultat ; le montant
ances ainsi faites sera recouvré au moyen de rôles rendus exécutoires par le

Réception des travaux.

Après l'achèvement du canal principal ou des deux dérivations, il sera pro-
à leur réception par un ou plusieurs commissaires que l'administration dési-
Le procès-verbal de réception ne sera valable qu'après homologation par l'ad-
tion supérieure. La réception définitive aura lieu un an après la réception
re.

ciété concessionnaire fera faire à ses frais un bornage contradictoire, un
dastral du canal et de ses dépendances et un état descriptif des ponts,
, siphons et autres ouvrages d'art établis sur son parcours.

rédition dûment certifiée du procès-verbal de réception, du bornage, du
stral et de l'état descriptif sera déposée par la société concessionnaire à
de la Drôme et au ministère des travaux publics.

opération sera faite après l'achèvement des canaux secondaires et ter-
des rigoles qui en dépendent, pour chacune des zones qu'ils sont destinés à

ception sera faite par les ingénieurs du contrôle et le procès-verbal sera
vé par le préfet.

Clauses de déchéance.

Si, dans le délai de deux ans, à dater de la loi approuvant la concession, la
é concessionnaire ne s'est pas mise en mesure de commencer les travaux de
on du canal principal, et si elle ne les a pas effectivement commencés,
rra être déchue de tous les droits qui lui seront conférés par la loi de con-

par elle de les avoir terminés dans le délai de cinq ans fixé par l'article 5,
npérer aux réquisitions qu'il y aurait lieu de lui adresser à l'effet de construire
a dérivations, les canaux que pourraient ré lamer les propriétaires intéressés,
remplir les diverses obligations qui lui sont imposées par le présent cahier des
s, la société concessionnaire encourra la déchéance, et il sera pourvu à la
on et à l'achèvement des travaux, comme à l'exécution des autres engage-
par elle contractés, au moyen d'une adjudication ouverte sur une mise à prix
rrages ex cutés, des matériaux approvisionnés et des parties du canal déjà
à l'exploitation, déduction faite des subventions que la société concessionnaire
rrait avoir reçues.

Cette adjudication sera prononcée au profit de celui des soumissionnaires qui,
après avoir fourni un cautionnement dont le montant sera fixé par le ministre des

travaux publics, offrira la plus forte somme pour les objets compris dans la prix.

Les soumissions pourront être inférieures à la mise à prix.

Le nouveau concessionnaire sera soumis aux clauses du cahier des charges société évincée recevra de lui le prix que l'adjudication aura fixé.

Dans le cas où l'adjudication ouverte n'amènerait aucun résultat, une se adjudication serait tentée sur la même base, après un délai de trois mois; si deuxième tentative reste également sans résultat, la société concessionnair définitivement déchue de tous droits, et alors les ouvrages exécutés, les ma approvisionnés et les parties du canal déjà livrées à l'exploitation appartien l'État.

Si l'exploitation du canal vient à être interrompue en totalité ou en partie faute de la société concessionnaire, l'administration prendra immédiatement frais et riques de ladite société, les mesures nécessaires pour assurer le service, dans les trois mois de l'organisation du service provisoire, la société concessi n'a pas valablement justifié qu'elle est en état de reprendre l'exploitation, si l'a pas effectivement reprise, la déchéance pourra être prononcée par le mi travaux publics. La déchéance prononcée, le canal et toutes ses dépendances mis en adjudication, et il sera procédé ainsi qu'il a été dit ci-dessus.

Les dispositions qui précèdent cesseront d'être applicables, et la déchéa serait pas encourue, dans le cas où la société concessionnaire n'aurait pu rem obligations par suite de circonstances de force majeure régulièrement co

Contribution foncière.

13. La contribution foncière sera établie en raison de la surface des terrains pés par le canal et ses dépendances. La cote en sera calculée conformément à du 15 floréal an XI.

Les bâtiments et magasins dépendant de l'exploitation du canal seront aux propriétés bâties dans la localité, et la société concessionnaire devra payer toutes les contributions auxquelles ils pourront être soumis.

Règlement de l'usage des eaux périodiques et règlement d'eau des usines.

14. Un règlement d'administration publique, rendu après que la société sionnaire et les propriétaires intéressés réunis en association syndicale a entendus, déterminera les périodes et les durées des arrosages.

Les usines à établir pour utiliser les chutes créées sur le canal principal e canaux secondaires et tertiaires ne pourront être construites qu'après aut régulière du préfet et à charge par la société concessionnaire de ne pas n service des irrigations.

Subvention et redevances.

15. Pour indemniser la société concessionnaire des travaux et dépenses s'engage à faire par le présent cahier des charges, il lui est accordé, en outre subvention fixée par la convention à intervenir entre ladite compagnie et le m des travaux publics:

1° L'autorisation de percevoir pendant la durée de sa concession, sur les taires qui voudront se servir des eaux périodiques pour l'arrosage, une red maximum annuelle de cinquante francs par litre de débit à la seconde, pour souscriront avant la mise en eau du canal principal, et de soixante francs par pour ceux qui se seront engagés après.

Les premiers souscripteurs qui voudront, par la suite, augmenter l' leurs arrosages, jouiront du bénéfice de souscrire au prix de cinquante francs jusqu'à concurrence d'une quantité d'eau égale à celle de leur première souscrip Au delà de cette quantité, ils seront soumis aux mêmes conditions que les teurs engagés depuis la mise en eau du canal.

Tout souscripteur sera tenu d'arroser une surface de terres en culture d'un h au moins par litre souscrit, et de ne pas détourner l'eau de l'usage auquel elle affectée par la souscription.

Les souscriptions ne pourront être inférieures à un litre par seconde pour les d'arrosage;

° L'autorisation de percevoir pendant la durée de la concession, sur les propriĉ-
qui voudront se servir des eaux continues pour potagers, jardins, jets d'eau,
domestiques et d'agrément, et sur les communes, pour l'alimentation pu-
, une redevance annuelle fixée au maximum, par module d'un décilitre par
e, conformément au tableau suivant :

	en litres par 24 heures.	REDEVANCE ANNUELLE en francs.
1 00	8,640	160^f
0 90	7,775	150
0 80	6,912	140
0 70	6,048	130
0 60	5,188	120
0 50	4,320	110
0 40	3,456	100
0 30	2,591	90
0 20	1,728	80
0 10	864	70
0 05	432	60

les abonnements qui dépasseraient un module, la redevance sera fixée à
le cent vingt francs au maximum par chaque module en sus;
l'autorisation d'aliéner les forces motrices, pendant la durée de la concession,
t des particuliers qui voudront les utiliser pour des usines, moyennant une
annuelle fixée à raison de deux cents francs par unité de force de cheval,
le force de cheval étant représentée par un volume d'eau de cent litres par
tombant d'une hauteur d'un mètre.

Faculté de racheter les redevances.

Les abonnés auront le droit de s'affranchir de toute redevance vis-à-vis de la
concessionnaire en lui payant la somme représentant cette redevance capita-
à six pour cent.

Forme des actes d'engagement.

. Les engagements définitifs des propriétaires pour usage des eaux seront
dans la forme qui sera arrêtée par M. le ministre des travaux publics, sur la
tion de la société concessionnaire, et en ayant égard, autant que possible,
conditions suivant lesquelles les engagements provisoires des propriétaires
t été reçus.

Payement des redevances.

8. Les redevances pour les eaux d'arrosage seront exigibles dans les trois derniers
de l'année et d'avance. Les rôles seront rendus exécutoires par le préfet, et le
vrement des taxes aura lieu comme en matière de contributions publiques.
redevances pour les eaux employées aux usages domestiques et d'agrément, à
ntation publique des communes et à la mise en jeu des usines, seront payables
année et d'avance.

Irrégularité du service due à des cas de force majeure ou à des accidents.

19. L'insuffisance temporaire des eaux et la suspension temporaire du service,
à des accidents ou à la force majeure, seront constatées par l'administration
dans ce cas, elles ne donneront lieu à aucune réduction de redevance, à moins
l'insuffisance des eaux ou l'interruption du service ne dure plus de six mois.

Dans ce cas, si la quantité d'eau était diminuée de plus de moitié, il y aurait un dégrèvement de la redevance proportionnel à la diminution de jouissance.

Il en serait de même si, en temps d'étiage, le volume d'eau fourni par la la Lyonne et le Cholet était inférieur à celui qui est spécifié dans l'articl quantités attribuées aux usagers se trouveraient réduites en proportion de la tion du volume d'eau. Toutefois, la société concessionnaire garantit, même e d'étiage, aux souscripteurs des quatre mille cinq cents premiers litres, le d'eau qu'ils auront souscrit.

La société concessionnaire aura la faculté de mettre le canal principal en treute jours par an, en dehors des périodes d'arrosage, sans que les usagers élever à ce sujet aucune réclamation.

Les époque de chômage annuel seront fixées par arrêté du préfet, sur les tions de la société concessionnaire.

En dehors des accidents, des cas de force majeure, d'insuffisance de d étiage et de chômage, les usagers pourront prétendre à dégrèvement de red et le montant en sera réglé par les tribunaux compétents.

Travaux postérieurs à l'exécution du canal.

20.' Dans le cas où il viendrait à être construit des routes nationales, dépa tales ou vicinales, des canaux ou des chemins qui traverseraient le canal, la concessionnaire ne pourrait mettre aucun obstacle à ces travaux. Mais toutes les cautions devront être prises pour qu'il n'en résulte aucune interruption dans le vice du canal, ni aucuns frais pour la société.

Agents et gardes préposés au canal.

21. Les agents ou les gardes que la société concessionnaire établira pour là veillance ou la police du canal principal pourront être commissionnés par le préfet et assermentés, conformément à la loi du 20 messidor an III; ils ce cas, assimilés aux gardes champêtres.

Frais de contrôle.

22. Les frais de surveillance et de réception des travaux et les frais de de l'exploitation dus aux ingénieurs et agents des ponts et chaussées se portés par la société concessionnaire. Ces frais seront payés d'après les qui en seront faits par le préfet, conformément aux lois et règlements qui la matière.

Siége de la société concessionnaire.

23. La société concessionnaire sera tenue d'avoir son siége social à Valence faire choix d'un agent y résidant, chargé de recevoir, en son nom, les signi notifications ou réquisitions, et d'y répondre. En cas de non-élection, toute tion à la société concessionnaire sera valable lorsqu'elle sera faite au secrétariat préfecture de la Drôme.

Cautionnement.

24. Dans les huit jours qui suivront sa formation définitive, la société con naire devra verser à la caisse des consignations et à titre de cautionnem somme de soixante-quinze mille francs, soit en espèces, soit en rentes sur calculées conformément à l'ordonnance du 19 janvier 1825.

Ce cautionnement sera restitué à la société concessionnaire dès que les d du canal principal atteindront trois cent mille francs et sur la production d'un ficat de l'ingénieur en chef du département approuvé par le ministre des tra publics.

Approuvé :

Le 7 février 1874.

Le Ministre des travaux publics,

Signé R. DE LARCY.

RÉPUBLIQUE FRANÇAISE.

1.— Décret qui ouvre au Budget de la Grande Chancellerie de la Légion
*nneur, exercice 1871, deux Chapitres destinés à recevoir l'imputation des
ements faits pour Rappels d'arrérages de Traitements et Suppléments de
'tements de la Légion d'honneur et de la Médaille militaire qui se rapportent
des exercices clos.*

Du 12 Novembre 1873.

Président de la République française,

la proposition du grand chancelier de la Légion d'honneur et sur le
rt du ministre de la justice;
l'article 9 de la loi du 8 juillet 1837, aux termes duquel la dépense
t de base au règlement des crédits de chaque exercice pour le ser-
e la dette viagère et des pensions, et pour celui de la solde et autres
se payables sur revues, ne se composera que de payements effectués
à l'époque de sa clôture, les rappels d'arrérages payés sur ces mêmes
ices, d'après les droits ultérieurement constatés, devant continuer d'être
és sur les crédits de l'exercice courant et le transport en être effectué
d'exercice à un chapitre spécial, au moyen d'un virement de crédit
chaque année à la sanction législative, avec le règlement de
ce expiré;
article 128 du décret du 31 mai 1862 [1], portant règlement général
omptabilité publique;
idérant qu'il y a lieu, en ce qui concerne les traitements et supplé-
de traitements de la Légion d'honneur et de la médaille militaire,
er les dispositions ci-dessus à l'exercice 1871, qui a atteint le
sa clôture et dont le règlement doit être incessamment présenté
blée nationale,

ète :

. 1er. Il est ouvert au budget de la grande chancellerie de la
n d'honneur, pour l'exercice 1871, deux nouveaux chapitres
iés à recevoir l'imputation des payements faits pendant cet
ice pour rappels d'arrérages de traitements et suppléments de
tements de la Légion d'honneur et de la médaille militaire qui
rapportent à des exercices clos.
Ces chapitres sont intitulés :

*Rappels de traitements et suppléments de traitements de la Légion
nneur des exercices clos.*

Rappels de traitements de la médaille militaire des exercices clos.

2. Les payements effectués pour ces rappels d'arrérages, montant

_____

[1] XI° série, Bull. 1045, n° 10,527.

34....

à un million trois cent neuf mille sept cent quatre-vingt-cinq fra
cinquante centimes, sont, en conséquence, déduits des chapitres ou
naires ouverts au budget de l'exercice 1871 pour traitements et s
pléments de traitements de la Légion d'honneur et de la méd
militaire, et appliqués comme il suit aux nouveaux chapitres d
gnés par l'article précédent :

Rappels de traitements et suppléments de traitements de la Légion d'honneur
exercices clos... 757,755ʳ
Rappels de traitements de la médaille militaire des exercices clos... 552,029

TOTAL....................

3. Sur les crédits ouverts par la loi de finances pour le service
traitements et suppléments de traitements de la Légion d'honn
et de la médaille militaire pendant l'année 1871, une somme de
million trois cent neuf mille sept cent quatre-vingt-cinq francs
quante centimes est transportée aux deux chapitres ci-dessus et
nulée aux chapitres suivants :

CHAP. III. Traitements et suppléments de traitements des membres de l'
ci.. 757,
——— VI. Traitements de la médaille militaire................. 552,

TOTAL....................

4. Le présent décret sera annexé au projet de loi de règl
définitif de l'exercice 1871.

5. Le ministre de la justice, le ministre des finances et le
chancelier de la Légion d'honneur sont chargés de l'exécution
présent décret, qui sera inséré au Bulletin des lois.

Fait à Versailles, le 12 Novembre 1873.

Signé Mᵃˡ DE MAC MAHON

Le Garde des sceaux, Ministre de la justice,
Signé E. ERNOUL.

RÉPUBLIQUE FRANÇAISE.

3532. — *DÉCRET qui ouvre au Budget de la Grande Chancellerie de la Légion d'honneur, exercice 1872, deux Chapitres destinés à recevoir l'imputation des payements faits pour Rappels d'arrérages de Traitements et Suppléments de traitements de la Légion d'honneur et de la Médaille militaire qui se rapportent à des exercices clos.*

Du 12 Novembre 1873.

LE PRÉSIDENT DE LA RÉPUBLIQUE FRANÇAISE,

Sur la proposition du grand chancelier de la Légion d'honneur et sur le rt du ministre de la justice;

ı l'article 9 de la loi du 8 juillet 1837, aux termes duquel la dépense ser- de base au règlement des crédits de chaque exercice pour le service de tte viagère et des pensions, et pour celui de la solde et autres dépenses bles sur revues, ne se composera que de payements effectués jusqu'à que de sa clôture, les rappels d'arrérages payés sur ces mêmes exer- , d'après les droits ultérieurement constatés, devant continuer d'être tés sur les crédits de l'exercice courant et le transport en être tué en fin d'exercice à un chapitre spécial, au moyen d'un virement de it à soumettre chaque année à la sanction législative, avec le règlement exercice expiré;

ı l'article 128 du décret du 31 mai 1862, portant règlement général sur ptabilité publique;

sidérant qu'il y a lieu, en ce qui concerne les traitements et supplé- de traitements de la Légion d'honneur et de la médaille militaire, er les dispositions ci-dessus à l'exercice 1872, qui a atteint le terme ôture et dont le règlement doit être incessamment présenté à l'As- nationale,

DÉCRÈTE :

ART. 1ᵉʳ. Il est ouvert au budget de la grande chancellerie de la on d'honneur, pour l'exercice 1872, deux nouveaux chapitres tinés à recevoir l'imputation des payements faits pendant cet rcice pour rappels d'arrérages de traitements et suppléments de traitements de la Légion d'honneur et de la médaille militaire qui se rapportent à des exercices clos.

Ces chapitres sont intitulés :

Rappels de traitements et suppléments de traitements de la Légion d'honneur des exercices clos.

Rappels de traitements de la médaille militaire des exercices clos.

2. Les payements effectués pour ces rappels d'arrérages, montant à un million trois cent soixante-trois mille six cent quatre-vingt-quinze francs quatre-vingt-cinq centimes, sont, en conséquence, déduits

des chapitres ordinaires ouverts au budget de l'exercice 1872 pour traitements et suppléments de traitements de la Légion d'honneur et de la médaille militaire, et appliqués comme il suit aux nouveaux chapitres désignés par l'article précédent :

Rappels de traitements et suppléments de traitements de la Légion d'honneur des exercices clos... 877,746ᶠ 72ᶜ
Rappels de traitements de la médaille militaire des exercices clos.... 485,949 13

TOTAL....................... 1,363,695 85

3. Sur les crédits ouverts par la loi de finances pour le service des traitements et suppléments de traitements de la Légion d'honneur et de la médaille militaire pendant l'année 1872, une somme de un million trois cent soixante-trois mille six cent quatre-vingt quinze francs quatre-vingt-cinq centimes, est transportée aux deux chapitres ci-dessus et annulée aux chapitres suivants :

CHAP. III. Traitements et suppléments de traitements des membres de l'ordre ci.. 877,746ᶠ 72ᶜ
—— VI. Traitements de la médaille militaire................. 485,949 13

TOTAL....................... 1,363,695 85

4. Le présent décret sera annexé au projet de loi de règlement définitif de l'exercice 1872.
5. Le ministre de la justice, le ministre des finances et le grand chancelier de la Légion d'honneur sont chargés de l'exécution du présent décret, qui sera inséré au Bulletin des lois.
Fait à Versailles, le 12 Novembre 1873.

Signé Mᵈ DE MAC MAHON.

Le Garde des sceaux, Ministre de la justice,

Signé E. ERNOUL.

RÉPUBLIQUE FRANÇAISE.

N° 3533. — Décret qui déclare d'utilité publique l'établissement, dans l'enceinte de la ville de Lille, d'un Chemin de fer de Ceinture destiné à relier la gare aux marchandises de Saint-Sauveur au Port de la Haute-Deule.

Du 11 Juin 1874.

(Promulgué au Journal officiel du 18 juin 1874.)

LE PRÉSIDENT DE LA RÉPUBLIQUE FRANÇAISE,

Sur le rapport du ministre des travaux publics;

l'avant-projet présenté par l'administration municipale de Lille pour
issement, dans l'enceinte de cette ville, d'un chemin de fer de cein-
destiné à relier la gare aux marchandises de Saint-Sauveur (ligne de
à Lille) au port de la Deule;

le dossier de l'enquête d'utilité publique à laquelle cet avant-projet a
oumis dans le département du Nord, conformément à l'article 3 de la
13 mai 1841, et notamment le procès-verbal de la commission d'en-
, en date du 22 juillet 1873;

l'adhésion donnée, le 7 décembre 1869, à l'exécution du chemin sus-
ionné par le ministre de la guerre;

les conventions passées, les 13 et 24 février 1873 et 13 février 1874,
le maire de Lille et la compagnie du chemin de fer du Nord, pour
lissement et l'exploitation dudit chemin, ainsi que le cahier des charges
exé;

les rapports des ingénieurs des ponts et chaussées, des 5 et 7 mars,
20 septembre 1873;

l'avis du préfet du Nord, du 26 septembre 1873;

les avis du conseil général des ponts et chaussées, des 21 avril 1873
nars 1874;

la loi du 3 mai 1841, sur l'expropriation pour cause d'utilité publique;
Conseil d'État entendu,

RÈTE :

t. 1er. Est déclaré d'utilité publique l'établissement, dans l'en-
: de la ville de Lille, d'un chemin de fer de ceinture destiné à
la gare aux marchandises de Saint-Sauveur (ligne de Paris à
au port de la Haute-Deule, en suivant les boulevards désignés
les noms du Maréchal-Vaillant, de Belfort, d'Alsace, de Stras-
, de Metz, de la Moselle et de Lorraine.

La ville de Lille est autorisée à pourvoir à l'exécution de ce
in conformément aux conditions des conventions passées, les
24 février 1873 et les 13 février et 27 mai 1874, avec la compa-
du chemin de fer du Nord, et du cahier des charges y annexé.
s conventions et cahier des charges resteront annexés au présent
t.

Le ministre des travaux publics est chargé de l'exécution du
décret, lequel sera inséré au Bulletin des lois.

Fait à Versailles, le 11 Juin 1874.

Signé M¹ DE MAC MAHON.

Le Ministre des travaux publics,

Signé E. CAILLAUX.

CONVENTION.

Entre la ville de Lille, représentée par M. *André-Charles-Joseph Catél-Béghin*,
maire, agissant en cette qualité et dans l'intérêt de ladite ville,
Et la compagnie du chemin de fer du Nord, représentée par MM. *Germain-Joseph
Delebecque, de Champlouis, Armand-André-Aimé de Saint-Didier.*

Il a été convenu ce qui suit :

ART. 1ᵉʳ. La ville de Lille abandonne à la compagnie du chemin de fer du pour-tout le temps restant à courir de sa concession, la jouissance d'une huit mètres vingt-quatre centimètres (8ᵐ,24) à prendre entre la route militai chaussée pavée du boulevard Vaillant, à charge par elle d'y établir un chemin de ceinture, dont le profil transversal a été arrêté, d'un commun accord, il suit :

Accotement du côté du rempart contigu au chemin de service empierré de l' nistration de la guerre... 0ᵐ
Première voie ferrée, y compris l'épaisseur des deux rails.............. 1
Entre-voie... 3
Deuxième voie ferrée, y compris l'épaisseur des deux rails.............. 1
Accotement du côté de la ville, y compris l'épaisseur de la bordure en grès taillé que la ville sera tenue de poser au fur et à mesure de l'exécution d'une chaussée pavée contiguë.................................... 1

TOTAL PAREIL..............

Il est expliqué que, dans ces huit mètres vingt-quatre centimètres, cinq quarante-cinq centimètres appartiennent à la ville en toute propriété et deux soixante-dix-neuf centimètres appartiennent à l'administration de la guerre par décision du 16 septembre 1869, a autorisé l'affectation au chemin de de cette partie de la rue militaire.

2. La compagnie du chemin de fer du Nord sera tenue de commencer la la première voie trois mois après la remise qui lui aura été faite, par la vill bande de terrain en question.

La compagnie ne sera tenue de faire un service régulier de marchan la gare éventuelle du canal que quand la ville aura accordé à celle-ci la joui pendant toute la durée de sa concession, des terrains nécessaires à l'exploitat ladite gare.

La pose de la première voie devra, d'ailleurs, être terminée dans les deux qui suivront.

3. La compagnie du chemin de fer du Nord établira, aussitôt que cela sera n saire, les parties de la deuxième voie sur lesquelles les industriels riverains d deraient à se raccorder pour relier leurs usines au chemin de fer de ceinture.

4. Au moment où prendra fin la concession faite par l'État à la compagnie chemin de fer du Nord, les voies ferrées construites par elle pour ledit chemin fer de ceinture deviendront la propriété de la ville, qui devra les recevoir en état d'entretien.

5. Tous les raccordements industriels se feront par plaques de quatre mètres v centimètres à poser sur la deuxième voie; la construction, l'entretien et l'exploita de ces embranchements particuliers seront faits aux conditions de l'article 62 cahier des charges de la compagnie du chemin de fer du Nord.

6. Le chemin de fer de ceinture sera exclusivement affecté au service des m chandises; la traction y sera faite par des locomotives précédées d'un pilote m au pas.

7. En ce qui concerne la tarification applicable au chemin de fer de ceinture, il est stipulé :

1° Transports ayant effectué ou devant effectuer un parcours sur le chemin de fer du Nord.

Les transports à effectuer sur le chemin de fer de ceinture, en provenance ou en destination de la ligne du Nord, seront taxés, savoir :
Pour trois kilomètres, de ou pour tout point intermédiaire du chemin de ceinture;
Pour six kilomètres, au départ ou en provenance de la station éventuelle près du canal.

le chemin de fer de ceinture de Lille étant considéré comme faisant partie du réseau du Nord, les frais accessoires de chargement, de déchargement, de gare et d'enregistrement ne seront perçus qu'une fois pour les marchandises qui empruntent à la fois le chemin de ceinture et le réseau du Nord.

Pour les parcours inférieurs à six kilomètres, partie sur le Nord, partie sur le chemin de ceinture, il sera fait bloc des deux parcours pour constituer le minimum de taxe, fixé par le cahier des charges à six kilomètres.

La taxe à appliquer sur le chemin de fer de ceinture, pour les marchandises des tarifs généraux, sera celle résultant du barême de la compagnie du chemin de fer du Nord; elle sera calculée sur les distances actuelles de ou pour Lille, augmentées, selon le cas, de:

Six kilomètres pour la gare éventuelle du canal;

Trois kilomètres pour les parcours intermédiaires.

Quant aux marchandises expédiées de ou pour la gare de Saint-Sauveur aux prix et conditions des tarifs spéciaux, elles payeront, pour le parcours sur le chemin de fer de ceinture, un supplément uniforme de:

Quarante centimes par tonne pour ou de la gare éventuelle du canal;

Vingt centimes par tonne pour les parcours intermédiaires.

2° Transports de la gare de Saint-Sauveur ou de celle de Fives pour un point du chemin de ceinture, et réciproquement;

Et transports propres au chemin de fer de ceinture.

Pour les marchandises n'ayant aucun parcours à effectuer sur le réseau du Nord, c'est-à-dire pour celles transportées en destination ou en provenance de la gare de Saint-Sauveur ou de la gare de Fives, d'un point quelconque du chemin de fer de ceinture, ou circulant entre deux établissements reliés au chemin de ceinture, la taxe sera celle des tarifs généraux de la compagnie du Nord, réglée sur une distance uniforme de six kilomètres, pour le parcours sur le chemin de fer de ceinture.

La présente convention, respectivement consentie et acceptée, a été faite et signée par la compagnie du chemin de fer du Nord, à Paris, le 24 février 1873; et pour la ville de Lille, sous la réserve de l'approbation préfectorale, en l'hôtel de la mairie, à Lille, le 13 février 1873.

Le Maire de Lille,

Signé CATEL-BÉGHIN.

Les Administrateurs de service de la compagnie du chemin de fer du Nord,

Signé DELEBECQUE.
DE CHAMPLOUIS.
DE SAINT-DIDIER.

Certifié conforme à la convention annexée au décret en date du 11 juin 1874, enregistré sous le n° 424.

Le Conseiller d'État, Secrétaire général,

Signé DE BOUREUILLE.

————

Nouvelle convention entre la ville et la compagnie du chemin de fer du Nord, concernant l'acceptation du projet de cahier des charges de la concession par l'État, à la ville, du chemin de fer de ceinture.

(Extrait du registre aux délibérations du conseil municipal de la ville de Lille.

— Séance du 13 février 1874. —

Présidence de M. CASTEL-BÉGHIN, maire.)

Présents: MM. Testelin, Legrand, Meurein, Castelain, Bouchée, Morisson, Rigaut, Masure, Desbonnets (J.-B.), Verly, Lemaître, Brassart, Desbonnets (Ed.), Olivier, Seins, Courmont, Corenwinder, Stiévenart, Charles, Delmar, Mariage, Bonnier, Delécaille,

Le conseil,

Vu ses deux délibérations en date de ce jour,

Modifie comme suit la convention passée avec le chemin de fer du Nord, nant l'acceptation du projet de cahier des charges de la concession par l'Éta ville, du chemin de fer de ceinture :

Entre la ville de Lille, représentée par M. André-Charles-Joseph Catel-Béghin, agissant en cette qualité,

Et la compagnie du chemin de fer du Nord, représentée par MM. Germain-J Delebecque, Marc Caillard, Armand-André-Amé de Saint-Didier,

Il a été convenu ce qui suit :

La compagnie du chemin de fer du Nord, après avoir pris connaissance du de cahier des charges pour la concession à faire par l'État, à la ville, du chemin fer de ceinture, et avoir reconnu, notamment, que la tarification aura les effets que celle spécifiée dans la première convention des 13-24 février 1873 gage à se conformer audit cahier des charges, sous les réserves ci-après :

La ville reste chargée :

1° D'assurer l'écoulement des eaux arrêtées par l'exécution des travaux d' ment du chemin de fer de ceinture;

2° De fournir et de poser des contre-rails en face de chaque bastion ou po de paver à ses frais les passages correspondants;

3° D'assurer l'entretien spécifié dans le deuxième paragraphe de l'article 9;

4° De supporter les conséquences de l'inexécution, par la compagnie, de l' ticle 15.

Si le Gouvernement reconnaît qu'il n'y a pas lieu d'imposer à la ville la pr spécifiée dans l'article 17, la compagnie consent à renoncer au bénéfice du se paragraphe de l'article 4 de la convention des 13-24 février 1873, qui lui donne faculté d'abandonner, si elle le désire, l'exploitation du chemin de fer de ceinture.

Signé CATEL-BÉGHIN, etc. etc.

Certifié conforme à la convention annexée au décret en date du 11 juin 1 enregistré sous le n° 424.

Le Conseiller d'État, Secrétaire général,

Signé DE BOUREUILLE.

CAHIER DES CHARGES.

TITRE I.er

TRACÉ ET CONSTRUCTION.

ART. 1.er. La ville de Lille est autorisée à exécuter à ses risques et périls, et à exploiter pour un service de marchandises seulement et avec locomotives marchant au pas d'un pilote qui les précédera, un chemin de fer de ceinture partant de la gare aux marchandises de Saint-Sauveur, suivant le tracé des boulevards extérieurs désignés sous les noms du Maréchal-Vaillant, de Belfort, d'Alsace, de Strasbourg, de Metz, de la Moselle et de Lorraine, et aboutissant au port de la Haute-Deule.

2. La ville de Lille est autorisée à passer un traité avec la compagnie du chemin de fer du Nord pour l'établissement et l'exploitation du chemin de fer de ceinture ci-dessus décrit. Par ce traité, qui devra assurer l'exécution des clauses du présent cahier des charges et être approuvé par décret rendu en Conseil d'État, la compagnie du chemin de fer du Nord sera tenue d'exécuter les clauses du présent cahier des charges et de se conformer aux prescriptions du cahier des charges du 26 juin 1857, qui régit son réseau, en tout ce à quoi il n'est pas dérogé par les conditions ci-après. La ville de Lille reste garante, vis-à-vis de l'État, des obligations imposées par ledit traité à la compagnie du chemin de fer du Nord.

3. En exécution de la décision du ministre de la guerre, en date du 16 septembre

. le rail le plus rapproché de la fortification sera placé à cinq mètres cinquante
ètres du pied du talus du rempart, ce qui réduira la rue militaire proprement
une largeur de cinq mètres en dehors des wagons; l'occupation d'une bande
x mètres soixante-dix-neuf centimètres, ainsi distraite de ladite rue, aura lieu
a réserve que le terrain ne cessera pas de faire partie du domaine public mili-
En conséquence, l'État pourra en reprendre possession», en temps de guerre,
tre tenu à payer aucune indemnité, si les intérêts de la défense venaient à
cette mesure nécessaire; il sera ménagé, vis-à-vis de chaque bastion et de
poterne, une traversée commode sur les deux voies du chemin de fer, au
de contre-rails et de pavages, pour relier lesdits bastions et poternes avec la
pavée à établir parallèlement au chemin de fer.
La plate-forme du chemin de fer sera établie dans le même plan que la partie
rue militaire, au pied du talus du rempart, qui a déjà été empierrée dans l'inde la défense de la place.
largeur de ladite plate-forme, fixée à huit mètres vingt-six centimètres, se dé-
ra comme il suit :

ent du côté du rempart	0ᵐ,50
re voie	1 ,57
voie	3 ,20
e voie	1 ,57
oir pour la surveillance	1 ,42
TOTAL PAREIL	8 ,26

L'établissement de la première voie destinée à la circulation des trains devra
achevé dans les cinq mois qui suivront l'autorisation de commencer l'exécution
travaux. La seconde voie sera placée au fur et à mesure qu'il y aura des établis-
industriels à desservir et qu'il faudra établir des gares d'évitement, dont
istration se réserve, d'ailleurs, de déterminer le nombre, l'étendue et l'em-
nt.
Le rayon minimum des courbes de raccordement des alignements droits est
deux cent cinquante mètres, et le maximum des pentes et rampes n'excédera
uit mi limètres par mètre.
Toutes les voies publiques rencontrées par le chemin de fer de ceinture au droit
ortes de ville seront traversées à niveau, et l'administration se réserve d'ap-
, les services intéressés entendus, les projets qui devront lui être soumis pour
de ces passages.
ucun point, la déclivité des raccordements n'excédera deux centimètres par

En raison du mode d'exploitation prévu à l'article 1er et conformément à la dé-
du ministre de la guerre, en date du 16 septembre 1869, il ne pourra être
i de clôtures le long des voies ferrées.

TITRE II.

ENTRETIEN ET EXPLOITATION.

. 9. Dans les traversées des voies publiques, les rails seront établis sans saillie ni
ion et seront munis de contre-rails; toute l'étendue des passages à niveau
pavée et le pavage sera entretenu tant dans chaque entre-rail que dans la zone
un mètre de largeur formant accotement extérieur au rail.
sraque, pour la construction ou la réparation des voies ferrées, il sera nécessaire
démolir des parties pavées ou empierrées situées en dehors de la zone ci-dessus
e des routes de la grande voirie, il devra être pourvu à l'entretien de ces
pendant une année, à dater de la réception provisoire des ouvrages exécutés.
de même pour tous les ouvrages souterrains.
10. Aucune manœuvre de composition ou de décomposition de trains ne pourra se

faire sur toute la largeur des places situées au droit de chacune des portes de
servant au passage des voies publiques traversées par le chemin de fer de ceintur
Il sera interdit d'user du chemin de fer de ceinture comme voie de garage a
à l'exploitation des gares à marchandises de Lille et de sa banlieue.

Tous les raccordements industriels se feront par plaques tournantes de
mètres vingt centimètres de diamètre à poser sur la deuxième voie ou par cl
ments de voie ordinaires. Les cloches des pivots des plaques tournantes fei
moindre saillie possible au-dessus des plateaux. Les projets de tous ces raccord
industriels devront, d'ailleurs, être soumis, dans les formes ordinaires, à l'app
tion préalable de l'administration, qui fixera les conditions de leur construction,
leur entretien et de leur exploitation, conformément à l'article 62 du cahier
charges du 26 juin 1857, qui régit le chemin de fer du Nord.

TITRE III.

DURÉE ET DÉCHÉANCE DE LA CONCESSION.

11. La présente concession prendra fin avec celle de la compagnie du chemin
fer du Nord.

12. A l'expiration de la concession, le Gouvernement décidera, la ville enten
si les voies ferrées seront maintenues, en tout ou en partie, pour être l'objet d
nouvelle concession.

Dans le cas du maintien des voies, les conditions de la nouvelle concession
arrêtées après instruction.

13. Dans le cas où, à l'expiration de la concession, le Gouvernement déci
que les voies devront être supprimées en tout ou en partie, les voies seront enle
et les lieux remis dans l'état primitif, par les soins et aux frais de la ville.

TITRE IV.

TAXES ET CONDITIONS RELATIVES AU TRANSPORT DES MARCHANDISES.

14. Pour indemniser la ville de Lille des sacrifices que lui a imposés l'éta
ment de l'assiette du chemin de fer de ceinture, le Gouvernement l'autorise
cevoir, comme il suit, les prix de transport qui résultent de la convention pro
des 13-24 février 1873, avec la compagnie du chemin de fer du Nord :

1° Marchandises ayant emprunté ou devant emprunter les voies du Nord.

La taxe à appliquer, sur le chemin de fer de ceinture, aux marchandises dont
prix de transport ront fixés par les tarifs généraux, sera celle résultant du
de la compagnie du chemin de fer du Nord, les frais accessoires de chargemen
déchargement, de gare et d'enregistrement n'étant perçus qu'une fois.

Tout parcours partiel sur le chemin de fer de ceinture sera compté pour trois
mètres, qu'il s'agisse de marchandises arrivant à un point intermédiaire de ce ch
après avoir fait un trajet sur le réseau du Nord, ou de marchandises partant dudit
point intermédiaire pour faire ensuite un trajet sur le réseau du Nord.

Le parcours entier du chemin de fer de ceinture sera compté pour six kilomètres,
qu'il s'agisse de marchandises arrivant à la station du port de la Haute-Deule après
avoir fait un trajet sur le réseau du Nord, ou de marchandises partant de ladite
station pour faire ensuite un trajet sur le réseau du Nord.

Pour les parcours faits, partie sur le chemin de fer de ceinture et partie sur les
voies de la compagnie du chemin de fer du Nord, qui seraient moindres que six kilomètres en tout, il sera fait bloc des deux parties pour constituer le minimum de
six kilomètres auquel s'applique le minimum de taxe.

Les marchandises expédiées aux prix et conditions des tarifs spéciaux, soit de la
station du port de la Haute-Deule, soit d'un point intermédiaire du chemin de fer
de ceinture à la gare Saint-Sauveur, ou réciproquement, payeront un supplément
uniforme de quarante centimes par tonne pour le parcours entier du chemin de
fer de ceinture, et de vingt centimes par tonne pour tout parcours partiel du même
chemin.

*Marchandises circulant entre la gare Saint-Sauveur ou celle de Fives et un point in-
termédiaire du chemin de fer de ceinture, ou réciproquement en empruntant les voies
particulières de la compagnie du chemin de fer du Nord qui relieront ces deux gares
au chemin de fer de ceinture.*

La taxe des marchandises dont les prix de transport sont fixés par les tarifs géné-
, circulant entre la gare Saint-Sauveur ou celle de Fives et un point intermé-
e du chemin de fer de ceinture, ou réciproquement, sera réglée sur une dis-
uniforme de six kilomètres, en appliquant le barème de la compagnie du
in de fer du Nord.

TITRE V.

CLAUSES DIVERSES.

15. La ville ne pourra réclamer aucune indemnité pour les causes ci-après :
Dommages aux voies ferrées occasionnés par le roulage ordinaire ;
État de la chaussée des passages à niveau et influence pouvant en résulter pour
n de ces voies ;
ouverture de nouvelles voies de communication en travers des voies ferrées ;
rouble et interruptions du service qui pourraient résulter, soit de mesures d'ordre
le police, soit de travaux exécutés sur la voie publique tant par l'administration
par les compagnies ou les particuliers dûment autorisés ;
fin, toute circonstance résultant du libre usage des voies publiques traversées.
Les agents et les cantonniers qui seront chargés de la surveillance et de l'endes voies ferrées pourront être présentés à l'agrément de l'administration et
tés ; ils auront, dans ce cas, qualité pour dresser des procès-verbaux.
es contestations qui s'élèveraient entre l'État et la ville, au sujet de l'exécu-
de l'interprétation du présent cahier des charges, seront jugées administra-
t par le conseil de préfecture du Nord, sauf recours au Conseil d'État.
La ville sera tenue de déposer à la préfecture du département du Nord un
étaillé de ses voies ferrées, telles qu'elles auront été exécutées.
sous la direction de M. l'inspecteur général chargé de la deuxième inspection.

e, le 8 Février 1874.

L'Ingénieur en chef,
Directeur des travaux municipaux,

Signé MASQUELEZ.

Certifié conforme au cahier des charges annexé au décret en date du 11 juin 1874,
ré sous le n° 424.

Le Conseiller d'État, Secrétaire général,

Signé DE BOUREUILLE.

RÉPUBLIQUE FRANÇAISE.

N° 3534. — *Décret qui déclare d'utilité publique l'établissement
d'un réseau de Tramways dans la ville de Marseille.*

Du 19 Septembre 1874.

(Promulgué au *Journal officiel* du 20 septembre 1874.)

LE PRÉSIDENT DE LA RÉPUBLIQUE FRANÇAISE,

Sur le rapport du ministre des travaux publics ;

Vu l'avant-projet dressé par l'ingénieur en chef des Bouches-du-
pour l'établissement d'un réseau de tramways dans la ville de Marseille
notamment le plan général, en date des 30 septembre 1873-13 juillet 1

Vu le cahier des charges arrêté, le 6 août 1874, par le ministre des.
vaux publics;

Vu les pièces de l'enquête ouverte en exécution de l'article 3 de la loi
3 mai 1841 et dans la forme prescrite par l'ordonnance réglementaire
18 février 1834 [1];

Vu notamment les procès-verbaux de la commission d'enquête, en
des 21, 23, 26, 30 août et 6 septembre 1873;

Vu les délibérations du conseil municipal de Marseille, en date des 4 j
et 19 décembre 1873, 20 février et 1er juin 1874;

Vu l'avis de la chambre de commerce de Marseille, du 29 juillet 1873;

Vu la lettre du préfet, du 20 juillet 1874;

Vu les avis du conseil général des ponts et chaussées, des 31 mars
20 novembre 1873, 26 janvier, 9 avril et 22 juin 1874;

Vu la lettre du ministre de l'intérieur, du 26 avril 1873;

Vu la loi du 3 mai 1841;

Le Conseil d'État entendu,

DÉCRÈTE :

ART. 1er. Est déclaré d'utilité publique l'établissement d'un
de tramways sur diverses voies de la ville de Marseille dé
de la grande et de la petite voirie.

2. La ville de Marseille est autorisée à établir lesdits tram
ses risques et périls, en se conformant aux clauses et conditio
cahier des charges et suivant les dispositions générales du plan a
au présent décret.

3. Les expropriations nécessaires à l'exécution de l'entreprise
vront être accomplies dans un délai de cinq ans, à partir de la
mulgation du présent décret.

4. Le ministre des travaux publics est chargé de l'exécution
présent décret.

Fait à Versailles, le 19 Septembre 1874.

Signé Mal DE MAC MAHON.

Le Ministre des travaux publics,

Signé E. CAILLAUX.

CAHIER DES CHARGES.

TITRE Ier.

TRACÉ ET CONSTRUCTION.

ART. 1er. La ville de Marseille est autorisée à placer à ses risques et périls,
les voies publiques ci-après désignées dépendant tant de la grande voirie que de
voirie urbaine, un réseau de voies ferrées desservies par des chevaux, et à y é
un service de voyageurs et de marchandises.

[1] IXe série, 2e partie, 1re section, Bull. 286, n° 5212.

Le réseau comprendra les sept lignes suivantes et les deux embranchements suivants :

LIGNES.

1" ligne : des Chartreux à la place Neuve.

Cette ligne partira du kilomètre 3 de la route nationale n° 8 bis, de Marseille en
bis, et suivra le boulevard de la Madeleine, les allées de Meilhan, les rues de
Noailles et Cannebière et le quai du Vieux-Port. En retour, elle passera par les boulevards Longchamp et Philippon.

2° ligne : de la place Saint-Ferréol aux bains des Catalans.

Cette ligne suivra le boulevard du Muy, le cours Puget, le boulevard de la Corderie
et le chemin de la Corniche.

3° ligne : du boulevard Notre-Dame aux allées du Prado, par la Corniche.

Cette ligne suivra le boulevard de la Corderie et le chemin de la Corniche.

4° ligne : de l'avenue d'Arenc, route n° 8, au cours du Chapitre.

Cette ligne suivra les boulevards Mirabeau et Montricher, les rues de la Répu-
, Cannebière et de Noailles, et les allées de Meilhan.

ligne : du cours Belzunce aux bains du Prado.

te ligne suivra le cours Belzunce, la rue de Rome, en se détournant par la rue
ny et le boulevard du Muy, pour toucher la place Saint-Ferréol et les allées du
. En retour, elle passera par le boulevard Baille, le cours Lieutaud et la rue de

ne : du cours du Chapitre à l'abattoir.

ligne suivra les boulevards Longchamp et National et l'avenue d'Arenc, route

me : de la place des Capucines à la place Castellane.

ligne suivra le boulevard Dugommier, le cours Lieutaud et le boulevard

EMBRANCHEMENTS.

embranchement : de la gare d'arrivée (Saint-Charles) au boulevard National.
embranchement : de la gare de départ (Saint-Charles) au boulevard National.

embranchement suivra la rue Guibal.

La ville de Marseille est autorisée à passer des traités avec une ou plusieurs
agnies pour l'établissement et l'exploitation des lignes ci-dessus décrites. Ces
devront assurer l'exécution des clauses du présent cahier des charges. Ils seront
vés par décret rendu en Conseil d'État. La ville de Marseille demeurera ga-
envers l'État de l'accomplissement des obligations que le cahier des charges
mpose.

Les voies ferrées devront être achevées et le service mis en complète activité
un délai maximum de cinq ans, à partir de la date du décret de concession, et
amière qu'un cinquième au moins de la longueur totale du réseau soit livré
année à la circulation durant cette période de cinq ans.

La ville de Marseille devra soumettre à l'approbation de l'administration supé-
e le projet d'ensemble des lignes concédées dans le délai de six mois, à compter
date du décret de concession.

projet comprendra les dispositions générales, telles que le tracé, l'emplace-
l, la largeur et le mode de construction des voies ferrées.

projets d'exécution et de détail des ouvrages des diverses lignes seront approu-
par le préfet, sur l'avis des ingénieurs. Ils devront être présentés dans l'ordre
sera fixé par le préfet.

En cours d'exécution et pendant la durée de la concession, la ville aura la faculté
proposer des modifications aux dispositions adoptées. Ces modifications ne pour-

ront être effectuées qu'avec l'approbation de l'administration supérieure ou du
fet, suivant qu'il s'agira de dispositions générales ou de dispositions de détail.

De son côté, l'administration pourra ordonner d'office, dans la disposition
voies ferrées, les modifications dont l'expérience ou les changements à faire sur
voies publiques feraient connaître la nécessité.

En aucun cas, ces modifications ne pourront donner lieu à indemnité.

5. La position des bureaux d'attente et de contrôle qui pourront être autorisés sur
la voie publique, celle des égouts, de leurs bouches et regards et des conduits
d'eau et de gaz, devront être indiquées sur les plans présentés par la ville, ainsi
tout ce qui serait de nature à influer sur la position de la voie et sur la régularité
divers services qui peuvent en être affectés.

6. La voie sera double, à l'exception des parties de ligne où il sera reconnu su
sant d'établir des gares d'évitement.

Les voies ferrées seront posées au niveau du sol, sans saillie ni dépression, su
vant le profil normal de la voie publique et sans aucune altération de ce profil, su
dans le sens transversal, soit dans le sens longitudinal, à moins d'une autorisat
spéciale du préfet.

Les rails, dont l'administration supérieure déterminera la forme, le poids et
mode d'attache, sur la proposition de la ville, seront·compris dans un pavage
régnera dans l'entre-rail et à quarante-sept centimètres au moins au delà de cha
côté.

7. La ville sera tenue de rétablir et d'assurer à ses frais les écoulements d'eau
seraient arrêtés, suspendus ou modifiés par ses travaux.

Elle rétablira de même les communications publiques ou particulières que
travaux l'obligeraient à modifier.

8. La démolition des chaussées et l'ouverture des tranchées, pour la pose et l'
tretien de la voie, seront effectuées avec toute la célérité et toutes les précau
convenables.

Les chaussées devront, autant que possible, être rétablies dans la même jo
et remises dans le meilleur état.

9. Le déchet résultant de la démolition et du rétablissement des chaussées
couvert par des fournitures de matériaux neufs de la nature et de la qualité de
qui sont employés dans lesdites chaussées.

Pour le rétablissement des chaussées pavées, au moment de la pose de la
ferrée, il sera fourni, en outre, la quantité de boutisses nécessaire pour opér
rétablissement suivant les règles de l'art, en évitant l'emploi des demi-pavés.

Dans le cas où les voies ferrées seraient placées sur les trottoirs ou contre-a
en terre, il sera établi une chaussée empierrée pour la circulation des chevaux
ployés à l'exploitation.

Les fers, bois et autres éléments constitutifs des voies ferrées devront être
bonne qualité et propres à remplir leur destination.

10. Les travaux d'établissement et d'entretien seront exécutés sous le contrôle
ingénieurs de l'État.

Ils seront conduits de manière à nuire le moins possible à la liberté et à la sû
de la circulation. Les chantiers seront éclairés et gardés pendant la nuit.

11. A mesure que les travaux seront terminés sur des parties de voie assez é
dues pour être livrées à la circulation, il sera procédé à leur réception par les i
nieurs chargés du contrôle. Le procès-verbal de réception ne sera valable qu'ap
l'homologation du préfet.

Après cette homologation, la ville pourra mettre en service lesdites parties de
et y percevoir les prix de transport et les droits de péage ci-après déterminés. Tou
fois, ces réceptions partielles ne deviendront définitives que par la réception gé
rale de la ligne concédée.

Lorsque les travaux compris dans la concession seront achevés, la réception gé
nérale et définitive aura lieu dans la même forme que les réceptions partielles.

TITRE II.

ENTRETIEN ET EXPLOITATION.

12. Les voies ferrées devront être entretenues constamment en bon état.

entretien comprendra celui du pavage de l'entre-rail et des quarante-sept ètres qui servent d'accotements extérieurs aux rails, ainsi que l'entretien des ments établis sur les trottoirs et les contre-allées.

e, pour la construction ou la réparation des voies ferrées, il sera nécessaire olir des parties pavées ou empierrées de la voie publique situées en dehors ne ci-dessus indiquée, il devra être pourvu à l'entretien de ces parties pen-e année, à dater de la réception provisoire des ouvrages exécutés. Il en sera e pour tous les ouvrages souterrains.

Il sera établi par la ville, en nombre suffisant, des agents et des cantonniers ront chargés de la police et de l'entretien des voies ferrées.

Les types des diverses voitures à mettre en service devront être soumis à l'aption préalable du préfet.

voitures destinées au transport des voyageurs seront du meilleur modèle, sus-les sur ressorts, garnies à l'intérieur de banquettes rembourrées et fermées à . Leur largeur sera de un mètre quatre-vingt-dix-huit centimètres au plus.

voitures devront remplir les conditions de police réglées ou à régler pour les es qui servent au transport des personnes.

se conformera, pour la disposition des places de chaque classe, aux mesures ront arrêtées par le préfet.

L'entretien et les réparations des voies ferrées, avec leurs dépendances, l'en-du matériel et le service de l'exploitation, seront soumis au contrôle et à la nce de l'administration.

rvice de l'entretien de l'exploitation est d'ailleurs assujetti aux règlements x de police et de voirie intervenus ou à intervenir, et notamment à ceux qui endus pour régler les dispositions, l'aménagement, la circulation et le sta-ent des voitures.

frais de contrôle seront à la charge de la ville; ils seront réglés par le préfet.

TITRE III.

DURÉE .ET DÉCHÉANCE DE LA CONCESSION.

1. La durée de la concession, pour les lignes mentionnées à l'article 1" du pre-cahier des charges, sera de cinquante ans, à partir de l'époque fixée pour l'achè-t des travaux.

A l'expiration de la concession, le Gouvernement décidera, la ville entendue, voies ferrées seront maintenues en tout ou en partie, pour être l'objet d'une lle concession.

s le cas du maintien des voies, les conditions de la nouvelle concession seront après instruction.

Dans le cas où le Gouvernement déciderait, au contraire, qu'à l'expiration de cession les voies devront être supprimées en tout ou partie, les voies suppri-seront enlevées et les lieux remis dans l'état primitif par les soins et aux frais ville de Marseille, sans que celle-ci puisse prétendre à aucune indemnité, ni que l'État reprenne aucune partie des objets mobiliers et immobiliers qui dé-t de ces voies.

18. Faute par la ville d'avoir présenté les projets ou d'avoir entièrement pourvu à l'exécution et à l'achèvement des travaux dans les délais fixés; et faute aussi par elle de remplir les diverses obligations qui lui sont imposées par le présent cahier des charges, elle encourra la déchéance. L'administration décidera, la ville entendue, si la voie doit être maintenue ou supprimée.

Dans le cas de la suppression, les ouvrages seront démolis et les lieux remis dans l'état primitif par les soins et aux frais de la ville, ainsi qu'il est dit ci-dessus. Dans le cas contraire, les travaux seront conservés et l'exploitation aura lieu sur les bases que l'administration arrêtera.

20. En cas d'interruption partielle ou totale de l'exploitation, la ville de Marseille sera tenue de prendre les mesures nécessaires pour assurer provisoirement le service et pour réorganiser ensuite une exploitation régulière.

Si, dans un délai de six mois, cette réorganisation ne peut s'effectuer, la déchéance pourra être également prononcée.

21. Les dispositions des articles qui précèdent relatives à la déchéance ne seront pas applicables à la ville de Marseille si le retard ou la cessation des travaux, ou l'interruption de l'exploitation, provenait de la force majeure régulièrement constaté.

TITRE IV.

TAXES ET CONDITIONS RELATIVES AU TRANSPORT DES VOYAGEURS ET DES MARCHANDISES.

22. A titre d'indemnité de la dépense et des charges de la présente concession, le Gouvernement accorde à la ville de Marseille l'autorisation de percevoir, pendant toute la durée de la concession, les droits de péage et les prix de transport ci-après déterminés :

1° VOYAGEURS.

| | | PRIX | |
PAR VOYAGEUR ET PAR KILOMÈTRE.	de péage.	de transport.	TOTAL.
	fr. c.	fr. c.	fr. c.
Classe unique.......................................	0 014	0 056	0 07

2° MARCHANDISES.

| | POUR LE 1er KILOMÈTRE. | | | POUR UN KILOMÈTRE COURANT | | |
| | Prix | | | Prix | | |
PAR TONNE ET PAR KILOMÈTRE.	de péage.	de transport.	TOTAL.	de péage.	de transport.	TOTAL.
	fr. c.	fr. c.	fr. c.	fr. c.	fr. c.	fr. c.
1re classe...........................	0 08	0 96	1 04	0 08	0 32	0 40
2e classe...........................	0 06	0 72	0 88	0 06	0 24	0 30
3e classe...........................	0 04	0 48	0 52	0 04	0 16	0 20

La classification des marchandises sera la même que celle qui est portée au cahier des charges de la compagnie des chemins de fer de Paris à Lyon et à la Méditerranée, en date du 11 avril 1857.

Il y aura correspondance entre toutes les lignes.

Pour le transport des voyageurs :

Les lignes seront coupées par des stations réelles ou nominales; le tarif des prix à percevoir sera établi de station à station et calculé de manière à ce que le prix à percevoir pour le transport d'un voyageur entre deux stations quelconques corresponde à la distance comprise entre ces deux stations, cette distance étant mesurée sur le réseau suivant la ligne la plus courte. Toutefois, le prix à percevoir ne descendra pas au-dessous de dix centimes (0' 10°).

Les prix à percevoir seront en nombre rond de cinq centimes; à cet effet, la fraction inférieure à deux centimes et demi sera négligée, et les fractions égales ou supérieures à deux centimes et demi seront remplacées par cinq centimes (0' 05').

Tout voyageur monté entre deux stations payera comme s'il était parti de la station.

. Tout voyageur à descendre entre deux stations payera comme s'il avait été à la station non encore atteinte.

......ants au-dessous de trois ans, tenus sur les genoux, seront transportés gra-nt. Il en sera de même des paquets et bagages peu volumineux susceptibles ....ortés sur les genoux sans gêner les voisins et dont le poids n'excédera pas ...grammes.

le transport des marchandises :

fractions de kilomètre seront comptées par demi-kilomètre ou par cinq cents ; toute fraction de deux cent cinquante mètres et au-dessus sera comptée pour ....ats mètres, toute fraction inférieure à deux cent cinquante mètres sera né-

.......fractions de tonne seront comptées par centième ou par dix kilogrammes, ...action comprise entre zéro et dix kilogrammes étant comptée comme dix kilo-....es, une fraction comprise entre dix et vingt kilogrammes étant comptée pour ...ilogrammes, et ainsi de suite.

....prix du tarif ne sont pas applicables aux objets encombrants, à l'or, à l'argent ....valeurs, et en général aux paquets et colis pesant isolément moins de cinq ...kilogrammes; les prix à percevoir pour le transport de ces objets seront arrê-....le préfet, sur la proposition de la ville.

...n sera de même pour les frais accessoires non mentionnés au tarif, tels que de chargement, de déchargement et d'entrepôt.

......perception des taxes devra être faite indistinctement et sans aucune faveur.

. Dans le cas où la ville jugerait à propos d'abaisser tout ou partie des tarifs, les ....réduites ne pourront être relevées qu'après un délai de trois mois.

Au moyen de la perception de ces tarifs, la ville de Marseille contracte l'obli-....d'assurer le transport des voyageurs et celui des marchandises avec soin, exac-....et célérité; à cet effet, elle devra faire mettre et entretenir en circulation, en ....saison, le nombre de voitures et de chevaux réclamé par les besoins du service, conformant aux arrêtés qui seront pris par le préfet.

Les tarifs ci-dessus déterminés pourront être revisés tous les cinq ans par l'ad-......supérieure, la ville entendue, après le renouvellement des formalités ....nt précédé leur établissement.

....oins d'une autorisation spéciale de l'administration, il est interdit à la ville ...lle ou à ses ayants droit, sous les peines portées par l'article 419 du Code ....faire directement ou indirectement avec des entreprises de transport de ....., sous quelque dénomination que ce puisse être, des arrangements qui ne .... pas consentis en faveur de toutes les entreprises ayant le même objet.

TITRE V.

STIPULATIONS RELATIVES À DIVERS SERVICES PUBLICS.

. Les soldats et les sous-officiers en uniforme seront transportés à moitié prix.

Les ingénieurs et les agents chargés de la surveillance de la voie seront ....és gratuitement dans les voitures du concessionnaire.

TITRE VI.

CLAUSES DIVERSES.

29. Aucune indemnité ne pourra être réclamée par la ville pour les causes ci-:

....ommages aux voies ferrées occasionnés par le roulage ordinaire;

....tat de la chaussée et influence pouvant en résulter pour l'entretien de ces voies;

....uverture de nouvelles voies de communication et établissement de nouveaux ser-....ices de transport en concurrence avec celui du concessionnaire;

....rouble et interruptions du service qui pourraient résulter, soit de mesures ....d'ordre et de police, soit de travaux exécutés sur ou sous la voie publique, tant par ....administration que par les compagnies ou les particuliers dûment autorisés;

Enfin, toute circonstance résultant du libre usage de la voie publique.

30. En cas d'interruption des voies ferrées par suite des travaux exécutés sur l

voie publique, la ville pourra être tenue de rétablir provisoirement les comm
tions, soit en déplaçant momentanément ses voies, soit en les branchant l'ur
l'autre, soit en employant, à la traversée de l'obstacle, des voitures ordinair
puissent le tourner en suivant d'autres lignes.

31. Le Gouvernement se réserve expressément le droit d'autoriser, la ville
due, toute autre entreprise de transport usant de la voie ordinaire, et, en ou
d'accorder de nouvelles concessions de voies ferrées s'embranchant sur celles qui
l'objet du présent cahier des charges ou qui seraient établies en prolongement
mêmes voies.

Moyennant le droit de péage tel qu'il est ci-dessus fixé par l'article 22 el
arrangements qu'ils prendront avec la ville, les concessionnaires de ces
chements ou prolongements pourront, sous la réserve de l'observation des
ments de police, faire circuler leurs voitures sur ces lignes, et réciproqueme

Dans le cas où la ville et les concessionnaires de ces embranchements ne pou
s'entendre sur l'exercice de cette faculté, le préfet statuerait sur les difficultés
s'élèveraient entre eux à cet égard.

32. Le Gouvernement se réserve, en outre, le droit d'autoriser, la ville entend
de nouvelles entreprises de transport sur les voies ferrées qui font l'objet de la
sente concession, à charge, par ces entreprises, d'observer les règlements de se
et de police, et de payer, au profit du concessionnaire, un droit de circulation
sera arrêté par l'administration supérieure, sur la proposition de la ville, et qu
pourra excéder la moitié ni être inférieur au tiers des tarifs; cette proposition
soumise à la révision prévue à l'article 25.

33. Les agents et les cantonniers qui seront chargés de la surveillance et de l
tretien des voies ferrées pourront être présentés à l'agrément du préfet et a
tés; ils auront, dans ce cas, qualité pour dresser des procès-verbaux.

34. Comme toutes les concessions faites sur le domaine public, la présente
cession est toujours révocable sans indemnité, en tout ou en partie, avant le
fixé pour sa durée par l'article 16.

La révocation ne pourra être prononcée que dans les formes de la présente
cession. En cas de révocation avant l'expiration de la concession ou de la sup
ordonnée à la suite de la déchéance, la ville ou ses ayants droit seront tenu
tablir les lieux dans l'état primitif à leurs frais.

35. Les contestations qui s'élèveraient entre la ville de Marseille et l'adm
tion, au sujet de l'exécution ou de l'interprétation du présent cahier des c
seront jugées administrativement par le conseil de préfecture du départeme
Bouches-du-Rhône, sauf recours au Conseil d'État.

36. La ville de Marseille sera tenue de déposer à la préfecture des Bouch
Rhône un plan détaillé de ses voies ferrées, telles qu'elles auront été exécutées.

37. Les droits des tiers sont et demeurent expressément réservés.

Dressé par l'ingénieur en chef.

Marseille, le 11 Juillet 1873.

Signé LE BLANC.

Approuvé :

Versailles, le 6 août 1874.

Le Ministre des travaux publics,

Signé E. CAILLAUX.

Vu le cahier des charges qui précède;

Vu la délibération, en date du 1ᵉʳ juin dernier, par laquelle la commission m
pale a décidé qu'il y avait lieu d'établir une seule classe de voyageurs, au prix de sept
centimes par kilomètre, dans les tramways de Marseille, et a exprimé le vœu que la
projet de réseau fût modifié de manière à ce que la voie ferrée passant par la rue
Saint-Ferréol et que l'une de celles passant par la rue de Rome fussent supprimées et
remplacées par une ligne sur le cours Lieutaud;

Vu la décision ministérielle, en date du 3 juillet courant, adoptant lesdites modifications;

Considérant que ces modifications ont été opérées sur les plan et cahier des es par les soins de M. l'ingénieur en chef du département des Bouches-du-e;

la lettre ci-annexée, en date du 1" juillet courant, par laquelle les demandeurs ncession déclarent adhérer complétement, tant en leur nom personnel qu'au de M. de la Hault, aux modifications susmentionnées,

larons accepter, au nom de la ville de Marseille, les plan et cahier des charges modifiés, pour être annexés au traité du 20 décembre 1873, en conformité de cle 2 dudit traité.

Le Maire de Marseille,

Signé RABATAU.

é conforme au cahier des charges annexé au décret en date du 19 sep-1874, enregistré sous le n° 624.

Pour le Conseiller d'État, Secrétaire général,
et par autorisation :

Le Chef du bureau du secrétariat général,

Signé DENIEAU.

RÉPUBLIQUE FRANÇAISE.

3535. — Décret portant convocation, 1° des Conseils d'arrondissement de Sceaux et de Saint-Denis; 2° du Conseil général de la Seine.

Du 5 Octobre 1874.

PRÉSIDENT DE LA RÉPUBLIQUE FRANÇAISE,

la proposition du ministre de l'intérieur;
les lois des 22 juin 1833, 10 mai 1838, 16 septembre 1871, 21 mai et 25 mars 1874,

TE :

RT. 1". Les conseils d'arrondissement de Sceaux et de Saint-is, département de la Seine, se réuniront le jeudi 15 octobre r la première partie de leur session ordinaire, qui ne pourra r plus de trois jours.

La session ordinaire du conseil général de la Seine s'ouvrira le i 20 octobre et sera close au plus tard le 15 novembre.

La seconde partie de la session ordinaire des conseils d'arron-ment de Sceaux et de Saint-Denis s'ouvrira le mercredi 25 no-ore et ne pourra durer plus de quatre jours.

Le ministre de l'intérieur est chargé de l'exécution du présent t.

ait au château de la Forêt, le 5 Octobre 1874.

Signé M^{al} DE MAC MAHON.

Vice-Président du Conseil, Ministre de la guerre,
, par intérim, du département de l'intérieur,

Signé Gal E. DE CISSEY.

N° 3536.— Décret du Président de la République française (contresi par le ministre de l'intérieur) portant que la juridiction du commi spécial de police de Cadenet (Vaucluse) est étendue sur la commune Mérindol. (*Versailles, 2 Juin 1874.*)

N° 3537.— Décret du Président de la République française (con par le ministre de l'intérieur) portant :

Art. 1ᵉʳ. La commune d'Aspremont, canton de Levens, arrondi de Nice, département des Alpes-Maritimes, formera, à l'avenir, trois munes distinctes, qui auront pour chefs-lieux Aspremont, Castagnès e lomars, dont elles prendront le nom.

2. La limite entre les trois communes est déterminée suivant la figurée par un liséré rouge sur le plan annexé au présent décret.

3. Le partage des biens entre les communes aura lieu suivant le p dressé par les experts, conformément à la délibération du conseil muni du 8 décembre 1872, et approuvé par les commissions syndicales de gnès et de Colomas. (*Versailles, 2 Juin 1874.*)

N° 3538.— Décret du Président de la République française (contre par le ministre de l'intérieur) portant :

Art. 1ᵉʳ. Les hameaux de Bassignac, Pajou, Ladou, Morzière et la sont distraits de la commune de Badailhac, canton de Vic-sur-Cère, dissement d'Aurillac, département du Cantal, et réunis à la comm Cros-de-Ronesque, même canton.

2. La limite entre les deux communes sera, en conséquence, dét par la ligne figurée aux plans annexés au présent décret par un lisé

3. L'actif de la commune de Badailhac sera partagé proportionn au nombre de feux existant dans la commune, telle qu'elle vient d' limitée, et dans les villages réunis à Cros-de-Ronesque.

La portion du passif relative au service des chemins vicinaux or subventionnés sera partagée proportionnellement au montant des c contributions directes.

La portion du passif concernant les dépenses de reconstruction de l' de Badailhac restera à la charge de la commune de ce nom.

4. Les dispositions qui précèdent auront lieu sans préjudice des d'usage ou autres qui pourraient être respectivement acquis. (*Versa 5 Juin 1874.*)

N° 3539.— Décret du Président de la République française (contresi par le ministre de l'intérieur) portant que le territoire teinté ea ca sur le plan annexé au présent décret, et circonscrit par la ligne a, d, e, h, g, est distrait de la commune de Saint Jouin-sous-Chu arrondissement de Bressuire, département des Deux-Sèvres, et ra à la commune de Châtillon-sur-Sèvres, même canton. (*Versailles, 29 J 1874.*)

o. — Décret du Président de la République française (contre-signé le ministre de l'intérieur) portant que la section de la Bastide-Soulages, qu'elle est délimitée au plan annexé au présent décret par un liséré rmin, est distraite de la commune de Plaisance, canton de Saint-Ser-**n**, arrondissement de Saint-Affrique, département de l'Aveyron, et éri-**ée** en commune distincte, dont le chef-lieu est fixé à la Bastide-Soulages dont elle prendra le nom. (*Versailles, 29 Juin 1874.*)

---

41. — Décret du Président de la République française (contre-signé le ministre de l'intérieur) portant :

. 1ʳ. La section du Verdon est distraite de la commune de Soulac, **n** de Vivien, arrondissement de Lesparre, département de la Gironde, elle dépend, et formera, à l'avenir, une commune distincte, dont le lieu est fixé au Verdon.

limite entre les deux communes suivra la ligne indiquée au plan coté par une série de croix violettes et au plan parcellaire n° 2 par un trait in A, B, C, D, E, F, G, H, I et J.

Les dispositions ci-dessus auront lieu sans préjudice des droits d'usage utres qui pourraient être respectivement acquis. (*Versailles, 11 Juillet .*)

. — Décret du Président de la République française (contre-signé le ministre de l'intérieur) portant que la commune d'Ornolac, canton Tarascon, arrondissement de Foix, département de l'Ariège, portera, avenir, le nom d'*Ornolac-Ussat-les-Bains*. (*Versailles, 15 Juillet 1874.*)

. — Décret du Président de la République française (contre-signé e ministre de l'intérieur) portant que la portion de territoire de la nune de Murat-le-Quaire, canton de Rochefort, arrondissement de ont, département du Puy-de-Dôme, située au sud de la ligne indi-au plan annexé au présent décret par un liséré carmin, est distraite la**dite** commune et formera, à l'avenir, une commune distincte, dont chef-lieu est fixé à la Bourboule et dont elle prendra le nom. (*Ver-tilles, 18 Juillet 1874.*)

---

544. — Décret du Président de la République française (contre-signé le garde des sceaux, ministre de la justice) portant ce qui suit :

M. *Berthier* (*Pierre-Julien-Noé*), né le 16 germinal an X (6 avril 1802), rre-Châtel, arrondissement de Grenoble (Isère), demeurant à Lyon e),

M. *Berthier* (*Benoît-Amédée-Pierre-Noé*), capitaine au premier régiment nterie de marine, en garnison à Cherbourg (Manche), né le 30 avril , à la Clayette (Saône-et-Loire),

Sont autorisés à ajouter à leur nom patronymique celui de *Allemand de Montrigaud*, et à s'appeler, à l'avenir, *Berthier Allemand de Montrigaud*.

2° M. *Serpette* (*Georges-Marie-Antoine*), capitaine au premier régiment d'infanterie, né le 17 juin 1846, à Louvencourt, arrondissement de Doullens (Somme), en garnison à Bouchain (Nord),

M. *Serpette* (*Marie-Augustin-Adrien*), enseigne de vaisseau à bord de *l'Alma*, né le 21 avril 1850, à Louvencourt (Somme),

Et M{sup}lle{/sup} *Serpette* (*Marie-Antoinette-Charlotte*), née le 16 avril 1852, à Louvencourt (Somme), y demeurant,

Sont autorisés à ajouter à leur nom patronymique celui de *de Bersaucourt*, et à s'appeler, à l'avenir, *Serpette de Bersaucourt*.

3° Lesdits impétrants ne pourront se pourvoir devant les tribunaux pour faire opérer, sur les registres de l'état civil, les changements résultant du présent décret, qu'après l'expiration du délai fixé par la loi du 11 germinal an XI, et en justifiant qu'aucune opposition n'a été formée devant le Conseil d'État. (*Paris, 25 Septembre 1874.*)

Certifié conforme :

Paris, le 11 * Novembre 1874,

Le Garde des Sceaux, Ministre de la Justice,

A. TAILHAND.

* Cette date est celle de la réception du Bulletin au ministère de la Justice.

On s'abonne pour le Bulletin des lois, à raison de 9 francs par an, à la caisse de l'Imprimerie nationale ou chez les Receveurs des postes des départements.

IMPRIMERIE NATIONALE. — 11 Novembre 1874.

BULLETIN DES LOIS

DE LA RÉPUBLIQUE FRANÇAISE.

N° 232.

RÉPUBLIQUE FRANÇAISE.

45. — Décret *portant réception des Décrets pontificaux qui modifient les scriptions des Diocèses de Nancy, Saint-Dié, Strasbourg et Metz, et de la nce ecclésiastique de Besançon.*

Du 10 Août 1874.

(Promulgué au *Journal officiel* du 18 octobre 1874.)

Président de la République française,

le rapport du ministre de l'instruction publique, des cultes et des ·aris ;

le tableau de la circonscription des archevêchés et évêchés de France, à la loi du 18 germinal an X ;

l'ordonnance du 31 octobre 1822, relative à cette même circonscrip-

l'article 6 du décret de paix conclu, le 10 mai 1871, entre la France et gne, portant que «les parties contractantes, étant d'avis que les criptions diocésaines des territoires cédés à l'Empire allemand t coïncider avec la nouvelle frontière, se concerteraient, après la cation du présent traité, sur les mesures à prendre en commun à cet »;

l'article 1ᵉʳ de la convention du 26 février 1871 ;

l'article 1ᵉʳ du traité du 10 mai précité, l'article 3 des articles addi-els, en date du même jour, et le procès-verbal d'échange des ratifica-, du 20 mai suivant, l'article 10 de la convention additionnelle du bre de la même année, qui ont déterminé la nouvelle frontière de :e et de l'Allemagne ;

s lettres par lesquelles les archevêque et évêques de la province de n déclarent consentir aux modifications de la circonscription de ces ce et diocèses, nécessitées par les conventions diplomatiques pré-
;

l'article 2 de la convention du 26 messidor an IX ;

les décrets pontificaux donnés à Rome, les 10 et 14 juillet 1874, sur position du Gouvernement, et portant modification de la circonscrip-e la province ecclésiastique de Besançon et des diocèses de Besançon, , Saint-Dié, Strasbourg et Metz ;

Vu l'article 1ᵉʳ de la loi du 18 germinal an x :
Le Conseil d'État entendu,

DÉCRÈTE :

ART. 1ᵉʳ. Le décret pontifical donné à Rome, sur la propositi
Gouvernement, par Sa Sainteté le Pape *Pie IX*, le 10 du
juillet de l'an de l'Incarnation 1874, portant modification
conscriptions des diocèses de Nancy, Saint-Dié et de Stras
Metz, est reçu et sera publié en France dans la forme ordinai

2. Le décret pontifical donné à Rome, sur la proposition du
vernement, par Sa Sainteté le Pape *Pie IX*, le 14 du mois de j
de l'an de l'Incarnation 1874, portant modification de la circo
tion de la province ecclésiastique de Besançon, est reçu
publié en France dans la forme ordinaire.

3. Lesdits décrets pontificaux sont reçus sans approbati
clauses, formules ou expressions qu'ils renferment et qui
pourraient être contraires aux lois du pays, aux franchises,
ou maximes de l'Église gallicane.

4. Lesdits décrets seront transcrits en latin et en français
registres du Conseil d'État; mention de ladite transcriptio
faite sur l'original par le secrétaire général du Conseil.

5. Le ministre de l'instruction publique, des cultes et des
arts est chargé de l'exécution du présent décret, qui sera in
Bulletin des lois.

Fait à Versailles, le 10 Août 1874.

Signé Mᵃˡ DE MAC M

Le Ministre de l'instruction publique et des cultes,
Signé A. DE CUMONT.

BISUNTINA.

*Separationis ecclesiarum suffraganearum
Strasburgensis atque Metensis, ut S. Sedi
apostolicae immediate subsint.*

Rem in ecclesiastica provincia Bisuntina pro modernis temporum et locorum
subortis circumstantiis opportunam
scilicet atque prestantem confecturus,
Pius, hujus nominis IX, divina Providentia Pontifex Maximus, dignatus est
annuere postulationibus enixisque votis
a Gallico Gubernio devotissime ad Sanctam Sedem apostolicam oblatis, implorandi gratia ut Argentinensis seu
Strasburgensis alteraque Metensis ec-
clesia episcopalis, quae in Alsatia-Lorena
consiste sunt, modo subtrahantur et
liberentur a metropolitana, cui subsunt,
jurisdictione archiepiscopi Bisuntini;
subindeque, paterna ex ejusdem Sum-
mi Pontificis benignitate salutarique in
Domino providentia, nedum honorifi-

PROVINCE DE BESANÇON.

*Distraction des églises suff
Strasbourg et de Metz, qui
relèveront immédiatement d
Siége.*

Pour donner à la province
tique de Besançon une organi
venable et en rapport avec le
tances de temps et de lieu q
récemment produites, *Pie*,
de ce nom, par la Providence d
verain Pontife, a daigné
vœux et aux demandes que
nement français a resp
présentés au Saint-Siége a
l'effet d'obtenir que les églises
pales de Strasbourg et de Metz,
dans l'Alsace-Lorraine, soient
mais distraites et détachées de
diction de l'église arch
Besançon, à laquelle elles
mises, et que, par un acte d
veillance paternelle du même

...sed etiam consultius praeferant
...tatam, erga Sanctam Sedem apos-
..., in ecclesiasticis et spiritualibus
...tionem.

...iter enactis que animadvertenda
...maturo consilio sapientique deli-
...ue perpensis, tandem Sanctitas
...x certa scientia, motuque veluti
..., et apostolice sue auctoritatis
...dine, omnia hec que sequuntur
...rem etiam illorum Christifide-
...tilitatem et consolationem, in
...mandavit atque sancivit :

I.

...omnia videlicet, ad hoc nego-
...a qua par est regularitate omni-
...e validitate, opportune utili-
...ia Domino perficiendum, Sum-
...um Pontifex minime dubitavit
...ere, atque adeo de apostolice
...testatis plenitudine, quatenus
..., omnino supplere consensum
...cumque interesse habentium
...modocumque habere presumen-

II.

...ac episcopalem ecclesiam Argen-
...seu Strasburgensem, nec non
...Metensem, decrevit exemptas
...fore a metropolitico jure archi-
...tas Bisuntini, cui hodiedum
..., adeoque plane subductas ab
...ejusmet metropolitani antis-
...ria superioritate, atque prero-
...modocumque jurisdictionali.

III.

...erea bine ipsemet ecclesie illa-
...insimul civitates et universum
...e prefati episcopatos territorium
...num, insimulque cetere que
...imperiantur civitates, oppida,
...nec non ecclesiastica quevis
...ia, pieque instituta, pariterque
...c singuli utriusque sexus incole,
...ci, sive clerici, sive presbyteri
...astici, cujuscumque sint gradus,
...et conditionis; isthec utique
...et singula cum suis inherentibus
...ore concomitantibus accessoriis,
...tur et sint a metropolitica Bi-
...astitutis jurisdictione itidem
...a, penitusque subtracta.

IV.

...tim Sanctitas Sua, prestantioris
honoris gratia, dignata est in de-

Pontife, et d'une salutaire prévoyance dans les vues du Seigneur, elles aient l'honneur et l'avantage d'être immédiate-ment soumises, en matière ecclésiastique et spirituelle, au Saint-Siège apostolique.

C'est pourquoi, tout ce qui était à considérer ayant été mûrement pesé et délibéré, Sa Sainteté, de science cer-taine et comme de propre mouvement, dans la plénitude de son autorité apos-tolique, pour la plus grande utilité et consolation des fidèles de ces contrées, a décrété et décrète ce qui suit :

I.

Pour accomplir utilement dans le Sei-gneur cette affaire, en y apportant toutes les conditions requises de régularité et de validité, le même Souverain Pontife n'a pas hésité à présumer, et, en tant que besoin, de la plénitude de son pou-voir apostolique, à suppléer le consen-tement de toutes les parties intéressées ou croyant l'être.

II.

En conséquence, il a décrété que les églises épiscopales de Strasbourg et de Metz seront complétement exemptes du droit métropolitain de l'archevêque de Besançon, à qui elles sont aujourd'hui soumises, et qu'elles seront entièrement distraites de toute supériorité ordinaire et de toute prérogative juridictionnelle quelconque dudit métropolitain.

III.

Que, par suite, ces deux églises, en-semble les villes épiscopales et tout le territoire formant le diocèse de l'un et l'autre évêchés susdits, ensemble encore tout ce que ce territoire comprend : villes, bourgs, paroisses, bénéfices ecclésiastiques quelconques, instituts pieux, et pareillement tous et chacun habitants de l'un et l'autre sexe, soit laïques, soit clercs, soit prêtres ou reli-gieux, de quelque grade, ordre et con-dition qu'ils soient; que toutes et cha-cune choses que dessus avec leurs accessoires inhérents ou concomitants, suivant la coutume, sont déclarées être et sont exemptes et complétement dis-traites de la juridiction métropolitaine de l'archevêque de Besançon.

IV.

Pour honorer d'une faveur spéciale ces deux églises, Sa Sainteté a daigné

Metensis, Nanceyensis et Tullensis, nec non S. Deodati, insuperque Argentinensis seu Strasburgensis, in Alsatia-Lorena, dismembrationum et posterarum incorporationum.

Propter modernas in Alsatia-Lorena et rerum et locorum conversiones, exploratum est necessariam continuoque opportunam ecclesiasticorum quoque negotiorum gestionem multis obnoxiam esse difficultatibus, non sine illorum Christifidelium etiam in spiritualibus jactura et detrimento.

Enimvero ad ejusmodi incommoda amovenda, nec non ad expeditiorem diecesium administrationem procurandam, visum est in Domino convenientius praestare, ac etiam oportere, ut qua conserta modo reperiuntur confinia inter Gallicam et Germanicam ditionem (juxta conventionem Francfortiensem jam initam ab anno 1871, sub die decima maii) illa que vicissim intersita et quodammodo commixta sunt diecesana territoria, in presentiarum accommodatius circumscribantur, et qua interest pro bono communi dismembrentur, ut porro dismembrationes ejusmodi commodius atque utilius finitimis incorporentur diecesibus.

Quocirca nuper contigit ut Gallice nationis Gubernium devotas offerri curaverit postulationes Sanctissimo Domino Nostro Pio, hujus nominis IX, Pontifici Maximo, implorandi gratia ut hujuscemodi negotium auctoritate apostolica conficiatur, atque ad optatum exitum provide feliciterque perducatur.

Idcirco Beatitudo Sua, his atque aliis que accurate animadvertenda erant magni ponderis causis, earumque momentis matura deliberatione perpensis, quam libenter dignata est prenuntiatas ipsius Gallici Gubernii postulationes enixaque vota benigno prosequi favore.

Ideo nimirum, ex certa scientia motuque veluti proprio, deliberavit voluitque omnia et singula, que sequuntur, in decretis mandare, apostolicaque sua auctoritate inviolabiliter sancire:

. I.

Ante omnia, sicuti par est, tum debite regularitatis, tum indubie validitatis gratia, ut cumulatum hoc diecesium opportune circumscribendarum negotium, ad commodiorem earum quoque

---

Diocèses de Nancy et Toul et de en France; de Metz et de St en Alsace-Lorraine. — et incorporation.

Il a été reconnu que, par suite événements et des modifications de ritoire récemment survenus en Lorraine, la gestion des affaires siastiques rencontrait, sur des p essentiels ou seulement importants, nombreuses difficultés qui nuisi gravement aux intérêts spirituels fidèles de cette contrée.

En conséquence, pour écarter ces convénients et rendre l'adminis des diocèses plus facile, il a pari le Seigneur convenable et même saire que les territoires diocésains par suite des changements de fri entre la France et l'Allemagne du traité conclu à Francfort en 1871, le 10 du mois de mai, se t tour à tour en deçà ou au delà frontières et sont comme confon uns dans les autres, reçoivent u conscription plus en rapport avec sent état de choses, et qu'ils soi membrés, autant qu'il peut étre bien commun, de telle sorte parties ainsi démembrées soien portées plus commodément et lement aux diocèses limitrophe

A cet effet, le Gouvernement a récemment adressé des dema pectueuses à Sa Sainteté Notre Pie, neuvième de ce nom, S Pontife, pour le prier de rég affaire, en vertu de son autorit lique, et de la mener heureu la fin désirée.

C'est pourquoi Sa Béatitude, avoir mûrement délibéré et pes motifs et d'autres d'un grand poi étaient hautement à considérer, a volontiers accueillir favorablem susdites demandes et les vœux d vernement français.

En conséquence, de science c et comme de propre mouvemen a délibéré et voulu que toutes cune des dispositions qui suivent décrétées et inviolablement sancti de son autorité apostolique:

I.

Avant tout, pour que cette que compliquée de la circonscription de diocèses soit réglée de manière à rer leur meilleure administration, spirituel, avec la régularité néces

spiritualibus administrationem salu-
peragendam, conficiatur, id uti-
comperto sit, quod Sanctitas Sua
e dubitaverit vel ratiouabiliter
iere, vel de sue apostolice potes-
enitudine, quatenus opus fuerit,
) supplere consensum omnium
lorum interesse habentium vel
odolibet habere presumentium su-
iocesibus que modo circumscri-
sunt.

II.

avero, uti prestat, generatim de-
et statutum esto quod cuncta
sua parecie, ipsarumque territoris,
ingillatim ut infra eximenda sunt
dinaria suorum antistitum juris-
ne, ut ab eorum diecesibus dis-
rentur, aliisque finitimis nunc
us incorporentur; ea porro
nseantur et revera sint tum
tum a pristinis diecesibus dis-
, tum denique aliis mox de-
lis diecesibus incorporata : una
cum omnibus et singulis respec-
tinentibus locis, incolis et quibus-
ecclesiis, earumque beneficiis, et
cujuscumque generis instituntis;
rehensis etiam cujusque ordinis
s et monasteriis, adeoque omni-
spective pertinentibus bonis, et
iis de jure, deque more conco-
bus.

III.

igitur ab ordinaria jurisdictione
administratione R. P. D. Paul-
Marie Dupont des Loges, hodierni
Metentis, penitus eximentur,
sua diecesi dismembrentur, al-
Nanceyensi et Tullensi actutum
ntur, hec quæ sequuntur loca
parecie, videlicet :

iey, Anoux, Auboué, Avril, Géna-
, Hatrize, Jœuf, Jouaville, Mance,
ieville, Montiers, Valleroy, iosu-
municipium de Saint-Ail; — pre-
Serrouville, Auderny, Audun-
, Benvillers, Avillers, Bettain-
, Bonvillers, Errouville, Higny,
pécourt, Landres, Mairy, Mercy-le-
, Mercy-le-Haut, Saint-Supplet,
iancy, Trieux, Tucquegneux, Xivry;—
iam etiam Chambley, Dampvitoux,
igeville, Mars-la-Tour, Onville, Saint-
ien-lès-Gorze, Sponville, Villecey,
iville, superaddito quoque municipio
Trouville; — itidem Conflans, Abbé-
ie, Afléville, Allamont, Bechamps,
ienville, Bruville, Doncourt, Friau-

et une validité incontestable, ainsi qu'il
convient, il sera tenu pour certain que
Sa Sainteté n'a nullement hésité à présumer raisonnablement, ou, en vertu
de la plénitude de sa puissance apostolique, à suppléer le consentement de
tous et chacun des intéressés, ou de
ceux qui sont présumés avoir quelque
intérêt dans cette nouvelle délimitation
des diocèses.

II.

En conséquence, qu'il soit déclaré e
statué d'une manière générale comme
il convient que tous les lieux ou paroisses et leurs territoires, qui seront
ci-dessus nominativement exempts de la
juridiction ordinaire de leurs prélats,
sont démembrés de leurs diocèses et
incorporés, pour plus de commodité,
aux autres diocèses limitrophes; que
chacune de ces localités soit donc tenue
pour être, et soit en réalité exempte et
démembrée de son ancien diocèse et
incorporée à l'un des autres diocèses
qui vont être ci-dessus désignés, avec
tous et chacun lieux, habitants, églises
quelconques, bénéfices, institutions
pieuses de tout genre, communautés et
monastères de tout ordre; avec toutes
et chacune de leurs dépendances, leurs
biens respectifs et tous les accessoires
qui en font partie de droit ou d'usage.

III.

Ainsi donc, que de la juridiction ordinaire et administration du Révérendissime Père et Seigneur Paul-Georges-
Marie Dupont des Loges, aujourd'hui
évêque de Metz, soient distraites et démembrées de son diocèse et incorporées
en même temps au diocèse de Nancy
et de Toul, les localités ou paroisses qui
suivent, à savoir :

Briey, Anoux, Auboué, Avril, Géna-
ville, Hatrize, Jœuf, Jouaville, Mance,
Moineville, Montiers, Valleroy et de
plus la commune de Saint-Ail; — en
outre, Serrouville, Anderny, Audun-le-Roman, Benvillers, Avillers,
Bettainvillers, Bonvillers, Errouville,
Higny, Joppécourt, Landres, Mairy,
Mercy-le-Bas, Mercy-le-Haut, Saint-Supplet, Sancy, Trieux, Tucquegneux,
Xivry; — et aussi Chambley, Dampvitoux, Hageville, Mars-la-Tour, Onville,
Saint-Julien-lès-Gorze, Sponville, Villecey, Vaville, en y ajoutant encore la
commune de Trouville; — et de même
Conflans, Abbéville, Afléville, Allamont, Bechamps, Brainville, Bruville,

35..

ville, Gondrecourt, Hannonville-au-
Passage, Jarny, Jeandelize, Labry,
Lixières, Norroy-le-Sec, Olley, Oze-
railles, Saint-Marcel, Tuméreville,
Ville-sur-Yon;— Longuyon,Allondrelle,
Beuveille, Charency, Colmey, Cous-la-
Graville, Fresnoy-la-Montagne, Grand-
Failly, Ham, Montigny-sur-Chiers, Petit-
Failly, Pierrepont, Saint-Pancré, Tel-
lancourt, Ugny, Viviers-sur-Chiers; —
Longwy, Baslieux, Cosnes, Cutry, Fil-
lières, Gorcy, Haucourt, Herserange,
Hussigny, Laix, Lexy, Longwy-Bas,
Mont-Saint-Martin, Morfontaine, Réhon,
Saulnes, Tiercelet, Ville-au-Montois,
Ville-Houdlémont, Villers-la-Montagne,
Villerupt.

Doncourt, Friauville, God
Hannonville-au-Passage, Jarny, Jea
Labry, Lixières, Norroy-le-Sec
Ozerailles, Saint-Marcel, Thum
Ville-sur-Yon; — Longuyon.
drelle, Beuveille, Charency,
Cons-la-Graville, Fresnoy-la-M(
Grand-Failly, Ham, Montigny-su
Petit-Failly, Pierrepont, Sain
Tellancourt, Ugny, Viviers-sur-
— Longwy, Baslieux, Cosnes,
Fillières, Gorcy, Haucourt, Here
Hussigny, Laix, Lexy, Longwy-Ba
Saint-Martin, Morfontaine,
Saulnes, Tiercelet, Ville-au-
Ville-Houdlémont, Villers-la-M
Villerupt.

IV.

Itidem ab ordinaria jurisdictione atque administrationé R. P. D. Josephi-
Alfredi Foalon, hodierni episcopi Nanceyensis et Tullensis, eximantur a sua-
que separentur diecesi, ac protinus ad-
judicentur diecesi Metensi hec que
sequuntur loca seu parecie, videlicet:

Albestroff, Altroff, Benestroff, Ber-
mering, Givricourt, Guinzeling, Huns-
kirich, Insming, Inswiller, Lening, Lhor,
Lostroff, Loudrefing, Marimont, Mont-
didier, Munster, Nébing, Réding, Ro-
dalbe, Torcheville, Vahl, Viberswiller,
Virming, Vittersbourg; — Château-
Salins, Achain, Amélécourt, Bellange,
Bioncourt, Burlioncourt, Chambrey,
Château-Voué, Conthil, Dalhain,
Fresnes-en-Saulnois, Gremecey, Habon-
dange, Hampont, Haraucourt-sur-Seille,
Manhoué, Morville-lès-Vic, Pettoncourt,
Puttigny, Riche, Salonné, Vannecourt,
Vaxy, Vuisse; — Delme, Aulnois, Ba-
court, Baudrecourt, Bréhain, Crain-
court, Fonteny, Fossieux, Jallaucourt,
Juville, la Neuveville-en-Saulnois, Le-
moncourt, Lesse, Liocourt, Lucy, Malau-
court, Marthil, Morville-sur-Nied, Oron,
Prévocourt, Puzieux, Saint-Epvre,Tincry,
Viviers, Xocourt, superaddito munici-
pio nuncupato Ajoncourt;—preteresque
Dieuze, Bassing, Bidestroff, Blanche-
Église, Bourgaltroff, Cutting, Domnon,
Gélucourt, Guéblange, Guébling, Ker-
prich-lès-Dieuze, Lidrezing, Lindre-
Basse, Mulcey, Saint-Médard, Tarquimpol, Vergaville, Zommange; — Vic,
Bezange-la-Petite, Bourdonnay, Donne-
lay, Juvelize, Lagarde, Ley, Lezey, Maizières-lès-Vic, Marsal, Montcourt,
Moyenvic, Ommerey, superaddito mu-
nicipio Xanrey; — tum autem Féné-

IV.

De même, de la juridiction
et de l'administration du Révé
Père et Seigneur Joseph-Alfred
aujourd'hui évêque de Nancy et d
sont distraites et séparées de son
et aussitôt attribuées au diocèse
les localités ou paroisses qui
à savoir:

Albestroff, Altroff, Benestroff,
ring, Givricourt, Guinzeling,
rich, Insming, Inswiller, Lening
Lostroff, Loudrefing, Marimont
didier, Munster, Nébing, Rédi
dalbe, Torcheville, Vahl, Vi
Virming, Vittersbourg; — C
lins, Achain, Amélécourt,
Bioncourt, Burlioncourt,
Château-Voué, Conthil, Dall
nes-en-Saulnois, Gremece
dange, Hampont, Haraucourt
Manhoué, Morville-lès-Vic, P
Puttigny, Riche, Salonné, Van
Vaxy, Vuisse; — Delme, Auln
court, Baudrecourt, Bréhain,
court, Fonteny, Fossieux, Jalla
Juville, la Neuveville-en-Saulno
moncourt, Lesse, Liocourt, La
laucourt, Marthil, Morville-
Oron, Prévocourt, Puzieux, Sai
Tincry, Viviers, Xocourt, en y
la commune nommée Ajoncou
de plus, Dieuze, Bassing, Bi
Blanche-Église, Bourgaltroff,
Domnom, Gélucourt, Guéblan
bling, Kerprich-lès-Dieuze, Li
Lindre-Basse, Mulcey, Saint-M
Tarquimpol, Vergaville, Zommange;—
Vic, Bezange-la-Petite, Bourdonay
Donnelay, Juvelize, Lagarde, Le
Lezey, Maizières-lès-Vic, Marsal,
court, Moyenvic, Ommerey, en y
tant la commune de Xanrey;— et

, Berthelming, Bettborn, Bisping, , Fleisheim, Gosselming, Hel-Hilbesheim, Mittersheim, Ni-, Oberstinzel, Postroff, Ro-, Saint-Jean-de-Bassel, Sarral-Schalbach, Veckersviller, Vieux-; — Lorquin, Abreschwiller, y, Héming, Lafrimbolle, Lan-Niderhoff, Nitting, Saint-Quirin, — Phalsbourg (Assomption), rg, Arschwiller, Bourscheid, er, Dabo, Danne, Dannelbourg, bourg, Guntzwiller, Hazelbourg, , Hérange, Hultenhausen, , Lützelbourg, Metting, Mittel-, Saint-Jean-Kourtzerode, Saint-Vescheim, Vilsberg; — Réchi-e-Château, Assenoncourt, Avri-Azoudange, Desseling, Foulcrey, Irexange, Guermaxnge, Ibigny, Lan-, Moussey, Saint-Georges; — rg, Bieberskirch, Brouderdorff, Diane-Capelle, Hartzwiller, Haut-Hesse, Hoff, Hommarting, mert, Imling, Kerprich-aux-Bois, , Niderviller, Plaine-de-Walsch, Rhodes, Walscheid, Xouaxange.

enim ab eadem Nanceyensi die-rea eximatur, et secernatur, ea habitata territorii pertinentis nuncupatam Raon-lès-Leau e incorporetur diecesi Argen-u Strasburgensi, quatenus terminanda erit ab apostolico inferius deputando.

V.

ab ordinaria jurisdictione atque ministratione R. P. D. Ludovici-Marie-Caverot, hodierni episcopi eccle-i-Deodati, eximantur, ejusque a disjungantur, tum autem adji-diecesi Argentinensi seu Stras-ruxi hec que sequuntur loca seu , videlicet :
, Bourgbruche, Colroy-la-Plaine, Ranrupt, Saulxures; — ck, Barembach, Grandfontaine, , la Broque, Natzvillers, Ro-Russ, Wisches; — insuper adda-ea pars parecie de Raon-sur-

VI. •

ab ordinaria jurisdictione atque ministratione R. P. D. Andreæ Raess, 1 episcopi Argentinensis seu burgensis, eximantur, eodemque ab illius diecesi retrahantur et une archidiecesi, ad quam ante millesimum octingentesimum

Fénétrange, Berthelming, Bettborn, Bisping, Dolving, Fleisheim, Gosselming, Hellering, Hilbesheim, Mittersheim, Niderstinzel, Oberstinzel, Postroff, Romelfing, Saint-Jean-de-Bassel, Sarraltroff, Schalbach, Veckersviller, Vieux-Lixheim; — Lorquin, Abreschwiller, Hattigny, Héming, Lafrimbolle, Landange, Niderhoff, Nitting, Saint-Quirin, Voyer;—Phalsbourg (Assomption), Phalsbourg, Arschwiller, Bourscheid, Brouviller, Dabo, Danne, Dannelbourg, Garrebourg, Guntzwiller, Hazelbourg, Henridorff, Hérange, Hultenhausen, Lixheim, Lützelbourg, Metting, Mittelbronn, Saint-Jean-Kourtzerode, Saint-Louis, Vescheim, Vilsberg; — Réchicourt-le-Château, Assenoncourt, Avricourt, Azoudange, Desseling, Foulcrey, Gondrexange, Guermange, Ibigny, Languimberg, Moussey, Saint-Georges ; — Sarrebourg, Bieberskirch, Brouderdorff, Bühl, Diane-Capelle, Hartzwiller, Haut-Clocher, Hesse, Hoff, Hommarting, Hommert, Imling, Kerprich-aux-Bois, Langatte, Niderviller, Plaine de-Walsch, Reding, Rhodes, Walscheid, Xouaxange.

Mais que de ce même diocèse de Nancy soit, en outre, distraite et séparée une portion de territoire inhabité, qui appartient à la paroisse de Raon-lès-Leau, et qu'elle soit aussitôt incorporée au diocèse de Strasbourg, avec les limites qui lui seront assignées par l'exécuteur apostolique qui sera ci-dessous désigné.

V.

De même, que la juridiction ordinaire et de l'administration du Révérendissime Père et Seigneur Louis-Marie-Joseph Caverot, aujourd'hui évêque de Saint-Dié, soient distraites et séparées de son diocèse et réunies au diocèse de Strasbourg les localités ou paroisses qui suivent, à savoir :
Saales, Bourgbruche, Colroy-la-Roche, Plaine, Ranrupt, Saulxures; — Schirmeck, Barembach, Grandfontaine, Hersbach, la Broque, Natzvillers, Rothau, Russ, Wisches; — il faut de plus y ajouter une partie de la paroisse de Raon-sur-Plaine.

VI.

De même, que de la juridiction ordinaire et de l'administration du Révérendissime Père et Seigneur André Raess, aujourd'hui évêque de Strasbourg, soient exemptées et en même temps distraites de son diocèse et de nouveau réunies à l'archidiocèse de Besançon, auquel elles

secundum pertinebant, rursum addicantur hec que sequuntur loca seu parecie, videlicet:
Belfort, Beauvillars, Bavillers, Bermont, Buc, Châtenois, Chèvremont, Danjoutin, Essert, Mérour, Novillard, Offemont, Pérouze, Trétudans, Valdoye, Vézelois; — Delle, Beaucourt, Borpu, Bourogne, Brebotte, Courcelles, Courtelevant, Croix, Faverois, Fèche-l'Église, Florimont, Froidefontaine, Grandvillars, Grosne, Joncherey, Montbouton, Morvillars, le Puix, Réchésy, Saint-Dizier, Suerce, Villars-le-Sec; — Giromagny, Anjoutey, Auxelles-Bas, Auxelles-Haut, Chapelle-sous-Chaux, Étueffont-le-Haut, Évette, Grosmagny, le Puix, Rougegontte; — la Chapelle-sous-Rougemont, Angeot, Bessoncourt, Felon, Fontaine, Montreux-Château, Petit-Croix, Pfaffans, Reppe, Rivière (la), Saint-Germain, Vauthiermont; — Chavannes-les-Grands; — Rougemont, — superaddita parte parecie Sewen.

VII.

Quibus ita dispositis et constitutis, voluit Sanctitas Sua in decretis expresse cavere atque mandare, ut quisque diecesium uti desuper auctarum antistes libere planeque valeat, immoque debeat ordinariam super iis jurisdictionem episcopalem et pastoralem curam salutariter exercere; iisdem scilicet observatis et adhibitis legibus, modis, usibus, favoribus, indultis, honoribus, oneribus, et quibuscumque aliis, que pro primevis cujusque ex illis diecesibus subditis, locis et rebus quomodolibet et quandocumque fuerint hactenus adhibita, vel deinceps legitime adhibenda; iis verumtamen specialiter reservatis, que videlicet peculare seu personale preseferant indultum.

VIII.

Verum e converso, singuli etiam diecesani, uti supra noviter aggregandi, teneantur eque ac ceteri primeve originis diecesani, pari ratione parique modo debitam suo cuique suffecto antistiti reverentiam et observantiam prestare, atque adeo similiter erga illius quoque curiam et cancellariam animo equo libentique consuetam quamcumque officiorum et munium obire satisfactionem.

IX.

Porro ubi hec presignatarum diecesium dismembratio et incorporatio confecta fuerit, curandum esto ut omnia tunc instrumenta et quelibet documenta

avaient appartenu jusqu'en 1806, localités ou paroisses qui suivent, à voir:
Belfort, Beauvillars, Bavillers, Bermont, Buc, Châtenois, Chèvremont, Danjoutin, Essert, Mérour, Novillard, Offemont, Pérouze, Trétudans, Valdoye, Vézelois; — Delle, Beaucourt, Borpu, Bourogne, Brebotte, Courcelles, Courtelevant, Croix, Faverois, Fèche-l'Église, Florimont, Froidefontaine, Grandvillars, Grosne, Joncherey, Montbouton, Morvillars, le Puix, Réchésy, Saint-Dizier, Suerce, Villars-le-Sec; — Giromagny, Anjoutey, Auxelles-Bas, Auxelles-Haut, Chapelle-sous-Chaux, Étueffont-le-Haut, Évette, Grosmagny, le Puix, Rougegontte; — la Chapelle-sous-Rougemont, Angeot, Bessoncourt, Felon, Fontaine, Montreux-Château, Petit-Croix, Pfaffans, Reppe, Rivière (la), Saint-Germain, Vauthiermont; — Chavannes-les-Grands; — Rougemont, — en y ajoutant une partie de la paroisse de Sewen.

VII.

Ces choses ainsi disposées et établies Sa Sainteté a voulu régler et ordonner expressément par décret que chacun des prélats des diocèses ci-dessus augmentés ait le libre et plein pouvoir, bien même, le devoir d'exercer sur eux, l'intérêt du salut, la juridiction épiscopale ordinaire et l'administration pastorale en observant ou appliquant les mêmes lois, règles, usages, faveurs, indults, honneurs et charges, et tout ce qui été suivi jusqu'à ce jour d'une façon quelconque pour les lieux et choses soumis à chacun de ces diocèses primitifs, ou qui sera dans la suite légitimement observé, sous réserve spéciale de ce qui réclamerait un indult particulier ou personnel.

VIII.

Réciproquement que tous les diocésains nouvellement agrégés comme dessus soient tenus, comme les autres diocésains d'origine antérieure, de rendre de la même manière et dans la même mesure à leur nouveau prélat le respect et l'obéissance qui lui sont dus, et de se montrer également disposés à remplir les devoirs et charges accoutumés envers sa curie et chancellerie.

IX.

Dès que le démembrement et l'incorporation des diocèses ci-dessus désignés aura été achevé, que l'on prenne soin que toutes les pièces et tous les docu-

respicientia singularum, uti membramdarum alibique incorm, pareciarum personas, bona, queque jura, diligenter inquiranteceraantur'a respectivis cancelu siusdujusque episcopatus, cui parocie hactenus extiterant adindeque profecto deferantur ad pectivas cancellarias uniuscujustus, cujus favore decreta pra, moderna incorporatio icatio : prestat enim ea quemodi documenta in unaquative subrogata cancellaria coriperantur, et ad quamcumnitatem probabiliter super-, fideliter custodiantur.

ments concernant spécialement les personnes, biens, choses et droits des paroisses qui doivent être démembrés et incorporés dans un autre diocèse, soient recherchés et distraits des chancelleries respectives de chacun des évêchés auxquels ces paroisses ont été réunies jusqu'ici, et qu'ils soient aussitôt transportés dans les chancelleries respectives de chacun des évêchés en faveur desquels a été décrétée, comme il est dit plus haut, leur récente incorporation et annexion; il convient, en effet, que tous les documents de cette sorte soient réunis dans chacune des chancelleries épiscopales subrogée à l'ancienne et qu'ils y soient fidèlement gardés pour toutes les circonstances qui pourraient survenir.

X.

ero hisce omnibus ita dispostitutis atque sancitis, idem s Pontifex, contrariis quibuscumpeciali quamvis mentione dignis, e obstantibus, vel eis, ad hoc iat negotium, illata derogatione, declarare atque cavere ne quis audeat sive obreptionis, sive s, sive demum alterius cujuspeciei vitio notare, ullatenusgnare que hoc in decreto expoandata sunt.

X.

Tout étant ainsi disposé, établi et décrété, et nonobstant toutes choses contraires pouvant même réclamer une mention spéciale, et y dérogeant, à cet effet seulement, le même Souverain Pontife a voulu déclarer et ordonner que nul n'ose jamais contester pour obreption ou subreption, ou pour tout autre vice, ou attaquer en quoi que ce soit tout ce qui a été exposé et ordonné dans le présent décret.

XI.

jusmodi autem decreti Exequulignatus est deputare in primis Petrum-Franciscum Meglia, Daarchiepiscopum et apostoliium penes Gallicum Guberenim super iis tantummodo t ad singulas dismembratiotesque incorporationes uti designatorum locorum et parehactenus addictarum archidieuntine, nec non binis diecesibus Deodati et Nanceyensi, seu etiam i.
ide maluit deputare hodiernum ecclesie Argentinensis seu is, qua nempe pertinet ad respectivam dismembraposteramque incorporationem et pareciarum hodiedum conn diecesi Metensi, uti supra bende ; modernum autem ecclesiæ Metensis R. P. D. Georgium-Mariam Dupont des [ua nempe solummodo interest ignatam dismembrationem et utaram incorporationem locopareciarum hactenus addictarum Argentinensei seu Strasburgensi.

XI.

Comme Exécuteur de ce décret, le Souverain Pontife a daigné députer en premier lieu le Révérendissime Père et Seigneur Pierre-François Meglia, archevêque de Damas et Nonce apostolique près du Gouvernement français, mais seulement pour tout ce qui concerne les démembrements et les incorporations subséquentes des localités et paroisses ci-dessus désignées et réunies jusqu'à ce jour à l'archidiocèse de Besançon et aux deux diocèses de Saint-Dié et de Nancy et Toul.
Il lui a plu de députer en second lieu l'évêque actuel de Strasbourg, seulement en ce qui concerne le démembrement respectif et l'incorporation ultérieure des localités et paroisses aujourd'hui réunies au diocèse de Metz, qui doit être délimité comme ci-dessus, et aussi l'évêque actuel de Metz, le Révérendissime Père et Seigneur Paul-Georges-Marie Dupont des Loges, en ce qui concerne seulement le démembrement ci-dessus énoncé et l'incorporation subséquente des localités ou paroisses jusqu'ici réunies au diocèse de Strasbourg.

XII.

Horum quidem unicuique delegato censuit veniam facere atque adeo impertire facultatem subdelegandi ad hoc perficiendum negotium aliam quoque personam, que utique probitate atque idoneitate sit predita, et in ecclesiastica dignitate jam constituta.

XII.

A chacun de ces délégués, le Souverain Pontife a jugé bon de permettre de donner la faculté de se déléguer pour achever cette affaire, une autre personne, pourvu qu'elle soit probe et idoine et qu'elle soit déjà constituée en dignité ecclésiastique.

XIII.

Unicuique insuper delegato, vel eorum cuique subdelegato Summus idem Pontifex impertitus est omnes et singulas quascumque sive accessorias sive opportunas facultates, ut ipsi delegati eorumque subdelegati singulatim, qua sua interest, valeant atque satagant ea queque inquirere, declarare, ordinare, facere, statuere, ac etiam super qualibet questione, si qua forsan inciderit, definitive absque ulla appellatione decernere, que comperiantur in Domino expedire, ut hoc tam magni ponderis negotium ad optatum exitum feliciter salubriterque perducatur.

XIII.

De plus, à chacun des délégués ou leurs subdélégués, le même Souv Pontife a accordé tous et chacun pouvoirs, tant accessoires qu'opport de telle sorte que les délégués et leurs délégués, chacun en ce qui le conce puissent sans retard rechercher, de rer, régler, faire, statuer, et même toute question quelconque, si par ha il s'en produit, prendre définitive et sans aucun appel les décision seront jugées être utiles dans le S pour que cette affaire d'une si g importance puisse être conduite reusement et salutairement à la fin sirée.

XIV.

Enimvero singulis ipsis deputatis delegatis, itidemque singulis eorum subdelegatis, si fuerint adscriti, expressam injungi voluit obligationem mittendi ad hanc Sanctam Sedem apostolicam, tres intra menses ab expleta exequutione hujusce summarii decreti (uti prefertur, perinde valituri ac si esset in litteris apostolicis sub plumbo redactum), exemplar authentica forma exaratum omnium quorumcumque decretorum, que ad universum hoc ipsum negotium conficiendum emittenda fuerint.

·XIV.

A chacun des délégués, en mê temps qu'à chacun de leurs su gués s'ils s'en sont adjoint, il a que l'on imposât l'obligation exp d'envoyer à ce Saint-Siège aposto dans l'espace de trois mois, à part l'exécution complète de ce décret maire, qui, comme il se comporte. avoir la même valeur que s'il était sous forme de lettres apostoliqu plumbo, un exemplaire dressé en authentique de tous les décrets q ront dû être rendus pour l'achèv de toute cette affaire.

XV.

Ut hec itaque omnia ad majorem Dei et eorum Christifidelium spirituale presertim bonum et commodum queant exexpeditius exequutioni mandari, jussit hujusmodi decretum quam primum confici atque promulgari; sed enim ad perpetuam rei memoriam et observantiam, originaliter inter acta hujusmet Sacre Congregationis de more, uti par est, custodiri.

XV.

Afin que toutes ces mesures pi être mises plus vite à exécution, pour plus grande gloire de Dieu et le bien les avantages spirituels des fidèles ces diocèses, il a ordonné de préparer de promulguer le plus tôt possible décret; pour en perpétuer le sou l'exécution, il a encore prescrit d garder, comme il convient, l'original parmi les actes de cette S. Congrégation.

Datum Rome, hac die decima mensis

Donné à Rome, le dixième jour du

, anno reparate hominum salutis imo octingentesimo septuagesimo).

R. P. D. *Antici-Mattei*, S. Congre- s consistorialis secretario :

FLAVIUS CORDELLI, substitutus.

S. ✠

mois de juillet, l'an du salut mil huit cent soixante-quatorze.

Pour le R. P. et S. *Antici-Mattei*, se- crétaire de la S. Congrégation consisto- riale :

FLAVIUS CORDELLI, substitut.

Place du sceau ✠.

registré par nous, maître des requêtes, secrétaire général du Conseil d'État, au re des procès-verbaux du Conseil d'État, séance du 5 août 1874, conformément éliberation du Conseil d'État du même jour, approuvée par décret du Président Bépublique, du 10 août 1874. , le 12 Août 1874.

Signé A. FOUQUIER.

RÉPUBLIQUE FRANÇAISE.

6. — *DÉCRET qui prescrit la publication du Protocole signé à Paris, 7 octobre 1874, par les Commissaires français et allemands, pour déterminer nouvelles circonscriptions diocésaines entre la France et l'Allemagne.*

Du 10 Octobre 1874.

(Promulgué au *Journal officiel* du 18 octobre 1874.)

PRÉSIDENT DE LA RÉPUBLIQUE FRANÇAISE,

la proposition du ministre des affaires étrangères,

TE :

. 1er. Un Protocole ayant été signé à Paris, le 7 octobre 1874, es commissaires français et allemands, pour déterminer, con- ment à l'article 6 du Traité de paix du 10 mai 1871, les nou- circonscriptions diocésaines entre la France et l'Allemagne, Protocole, dont la teneur suit, est approuvé et sera inséré au nal officiel.

PROTOCOLE.

commissaires désignés par le Président de la République fran- et par Sa Majesté l'Empereur d'Allemagne, Roi de Prusse, pour rminer, conformément à l'article 6 du Traité de paix du 10 mai l, les nouvelles circonscriptions diocésaines entre la France et emagne, se sont réunis aujourd'hui au ministère des affaires gères, à l'effet de conclure l'entente définitive prévue par le -verbal de leurs délibérations précédentes.

commissaires français ont fait connaître que, par deux décrets istoriaux, en date des 10 et 14 juillet dernier, le Saint-Siége,

d'une part, a distrait de la province ecclésiastique de B
diocèses de Strasbourg et de Metz et les a déclarés exem
juridiction archiépiscopale ou métropolitaine.

Et, d'autre part, a prononcé les distractions et des inc
nécessaires pour faire coïncider avec la frontière politi
conscriptions des diocèses de Nancy, Saint-Dié, Besanç
Strasbourg, d'après les états qui lui ont été présentés par
nement français.

Les commissaires français ont ajouté que, par un déc
du 10 août de cette année, rendu en Conseil d'État, le P
la République française a ordonné l'enregistrement et la
en France des deux décrets consistoriaux précités, et des
sures d'ordre civil qui doivent concourir au même but.

Et qu'ainsi, le Gouvernement français se trouve prêt, e
concerne, à mettre à exécution les dispositions de l'article
de Francfort.

Les commissaires allemands ont pris acte de cette déc
ils ont fait savoir que, de son côté, le Gouvernement all
également prêt à pourvoir aux arrangements qu'implique
délimitation des diocèses.

En conséquence, les commissaires respectifs, en ver
pouvoirs antérieurement vérifiés, sont convenus des
suivantes :

1° Les paroisses ou fractions de paroisses des cantons d
Château-Salins, Delme, Dieuze, Vic-sur-Seille, Fénétrang
Phalsbourg, Réchicourt-le-Château et Sarrebourg, qui
sur le territoire allemand et font actuellement partie du
Nancy; les paroisses ou fractions de paroisses des canton
et de Schirmeck, situées sur le territoire allemand et fai
lement partie du diocèse de Saint-Dié, cessent de rele
siége épiscopal établi en territoire français.

2° Les paroisses ou fractions de paroisses des cantor
Audun-le-Roman, Chambley (ancien canton de Gorze
Longuyon et Longwy, situées sur le territoire français e
tuellement partie du diocèse de Metz; les paroisses ou f
paroisses des cantons de Belfort, Delle, Fontaine, Girom
anciens cantons de Dannemarie et de Massevaux, qui s
sur le territoire français et font actuellement partie du
Strasbourg, cessent de relever de tout siége épiscopal
territoire allemand.

3° Les deux Gouvernements s'engagent à prendre, da
qui ne dépassera pas le 1er novembre prochain, les disp
cessaires pour assurer, en ce qui les concerne respecti
effets de la nouvelle délimitation diocésaine, telle qu'elle e
ci-dessus.

4° Le partage des biens et le règlement des intérêt
des circonscriptions paroissiales qui se trouvent scindées
velle délimitation sont renvoyés à la commission mixt

l'examen et la décision des questions analogues par l'article 11
convention additionnelle du 11 décembre 1871.

t et signé double, à Paris, en langue française et en langue
nde, le 7 Octobre 1874.

Signé H. Desprez.   Signé Ledderhose.
          Ad. Tardif.   de Wesdehlen.

Le ministre des affaires étrangères est chargé de l'exécution du
nt décret.

à Paris, le 10 Octobre 1874.

                                            Signé Mᵃˡ DE MAC MAHON.
Le Ministre des affaires étrangères,

Signé Decazes.

_____

RÉPUBLIQUE FRANÇAISE.

547. — DÉCRET qui modifie la circonscription de la Province ecclésiastique
de Besançon et des Diocèses de Besançon, de Nancy et de Saint-Dié.

Du 10 Octobre 1874.

(Promulgué au Journal officiel du 18 octobre 1874.)

Président de la République française,

le rapport du ministre de l'instruction publique et des cultes;
le tableau de la circonscription des archevêchés et évêchés de France,
à la loi du 18 germinal an x;
u l'ordonnance du 31 octobre 1822, relative à cette même circonscrip-
;
u l'article 6 du traité de paix conclu', le 10 mai 1871, entre la France et
emagne, portant que « les parties contractantes, étant d'avis que les cir-
criptions diocésaines des territoires cédés à l'Empire allemand devaient
cider avec la nouvelle frontière, se concerteraient, après la ratifica-
du présent traité, sur les mesures à prendre en commun à cet effet; »
l'article 1ᵉʳ de la convention du 26 février 1871;
l'article 1ᵉʳ du traité précité du 10 mai, l'article 3 des articles addi-
els, en date du même jour, et le procès-verbal d'échange des ratifica-
, du 20 mai suivant, l'article 10 de la convention additionnelle du
:tobre de la même année, qui ont déterminé la nouvelle frontière de
nce et de l'Allemagne;
les lettres par lesquelles les archevêque et évêques de la province de
u déclarent consentir aux modifications de la circonscription de ces
vince et diocèses, nécessitées par les conventions diplomatiques pré-
es;
Vu l'article 2 de la convention du 26 messidor an ix;

Vu les décrets pontificaux donnés à Rome, les 10 et 14 juillet 1874, sur
proposition du Gouvernement, et portant modification de la circon
de la province ecclésiastique de Besançon et des diocèses de Besançon, N
Saint-Dié, Strasbourg et Metz;

Vu le décret du 10 août dernier, portant réception et publication
France de ces deux décrets;

Vu le protocole, en date du 7 octobre, par lequel les Gouvernem
français et allemand se sont entendus pour déterminer, au point de vu
ternational, les nouvelles délimitations diocésaines, ledit protocole p
par décret de ce jour,

Décrète :

Art. 1er. La métropole de Besançon aura désormais pour su
gantes les églises épiscopales de Verdun, Belley, Saint-Dié et Na

2. Les paroisses ou fractions de paroisses des cantons de Bell
Delle, Fontaine, Giromagny et des anciens cantons de Dann
et de Massevaux, situées sur le territoire français et faisant précéd
ment partie du diocèse de Strasbourg, sont réunies au diocèse
Besançon.

3. Les paroisses ou fractions de paroisses des cantons d'Albes
Château-Salins, Delme, Dieuze, Vic-sur-Seille, Fénétrange, Lor
Phalsbourg, Réchicourt-le-Château et Sarrebourg, aujourd'hu
tuées sur le territoire allemand, sont distraites du diocèse de N

4. Les paroisses ou fractions de paroisses des cantons de Bri
Audun-le-Roman, Chambley (ancien canton de Gorze), Confla
Longuyon et Longwy, situées sur le territoire français et faisant p
cédemment partie du diocèse de Metz, sont réunies au diocèse
Nancy.

5. Les paroisses ou fractions de paroisses des cantons de Saales
de Schirmeck, aujourd'hui situées sur le territoire allemand,
distraites du diocèse de Saint-Dié.

6. Le ministre de l'instruction publique et des cultes est cha
de l'exécution du présent décret, qui sera inséré au Bulletin des lois.

Fait à Versailles, le 10 Octobre 1874.

Signé M^{al} DE MAC MAHON.

Le Ministre de l'instruction publique et des cultes,

Signé A. DE CUMONT.

N° 3548. — Décret du Président de la République française (cont
par le garde des sceaux, ministre de la justice) portant ce qui suit:

1° M. *Bordel* (*Esprit-Agricol-Michel*), entrepreneur de cabriolets sur place,
né le 29 septembre 1829, à Avignon (Vaucluse), demeurant à Marseille
(Bouches-du-Rhône), est autorisé à substituer à son nom patronymique
celui de *Bordet*, et à s'appeler, à l'avenir, *Bordet* au lieu de *Bordel*.

2° Ledit impétrant ne pourra se pourvoir devant les tribunaux pour
faire opérer, sur les registres de l'état civil, le changement résultant du

t décret, qu'après l'expiration du délai fixé par la loi du 11 germinal , et en justifiant qu'aucune opposition n'a été formée devant le Conseil t. (*Versailles, 11 Septembre 1873.*)

9.— DÉCRET DU PRÉSIDENT DE LA RÉPUBLIQUE FRANÇAISE (contre-signé le ministre des travaux publics) portant ce qui suit :

Est déclaré d'utilité publique l'établissement d'un chemin de fer de ion entre les docks de Saint-Ouen et la gare des marchandises de la e de Saint-Denis (Seine), suivant le tracé indiqué par une ligne rouge e plan produit par la compagnie du Nord, lequel plan restera annexé ent décret.

La compagnie du Nord est autorisée à établir et à exploiter ce chemin aux clauses et aux conditions de son cahier des charges en date du in 1857.

Les expropriations nécessaires pour l'exécution des travaux devront accomplies dans un délai de dix-huit mois, à partir de la promulgation résent décret.

compagnie sera soumise, pour ces expropriations, aux droits comme obligations qui dérivent, pour l'administration, de la loi du 3 mai 1841. Le chemin de fer concédé par l'article 2 du présent décret est compris l'ancien réseau de la compagnie du chemin de fer du Nord. (*Versailles, 1874.*)

— DÉCRET DU PRÉSIDENT DE LA RÉPUBLIQUE FRANÇAISE (contre-signé ministre des travaux publics) qui affecte au département des tra- publics, pour être incorporée à la route thermale n° 5, à Vichy r), la parcelle de terrain, d'une contenance de mille trente-trois carrés, figurée par une teinte rose sur un plan qui restera annexé présent décret. (*Versailles, 8 Juin 1874.*)

3551.— DÉCRET DU PRÉSIDENT DE LA RÉPUBLIQUE FRANÇAISE (contre-signé par le ministre des travaux publics) portant ce qui suit :

1° Il sera procédé à l'exécution des travaux nécessaires pour le prolonge- du quai Saint-Bernard, sur la rive droite de l'Adour, au port de Bayonne ses-Pyrénées), conformément au projet et aux avis, en date des 9 juillet et 15 décembre 1873, du conseil général des ponts et chaussées.

2° Les travaux mentionnés dans l'article qui précède sont déclarés d'utilité publique.

Il est pris acte de l'engagement souscrit par la compagnie des chemins de du Midi, tel qu'il résulte de la déclaration, en date du 6 juin 1873, du sident du conseil d'administration de ladite compagnie, de contribuer à dépense pour une somme de vingt-cinq mille francs.

Le surplus, soit la somme de cent soixante-dix-sept mille francs, sera im- té sur la deuxième section du budget (*Amélioration des ports de commerce*). (*Versailles, 13 Juin 1874.*)

N° 3552. — Décret du Président de la République française (contresigné par le ministre des travaux publics) portant ce qui suit :

1° Sont déclarés d'utilité publique les travaux de rectification de la route départementale n° 3, entre Gare-le-Coup et Bicqueley (Meurthe-et-Moselle), sur les territoires des communes de Toul et de Bicqueley, suivant la direction générale indiquée par une ligne rouge, lilas et bleue sur un plan restera annexé au présent décret.

2° L'administration est autorisée à faire l'acquisition des terrains et b ments nécessaires à l'exécution de l'entreprise, en se conformant aux positions des titres II et suivants de la loi du 3 mai 1841, sur l'expropria pour cause d'utilité publique.

3° Le présent décret sera considéré comme non avenu, si les travaux n pas été adjugés dans un délai de cinq ans, à partir du jour de sa p gation. (*Versailles, 18 Juin 1874.*)

N° 3553. — Décret du Président de la République française (par le ministre des travaux publics) portant ce qui suit :

1° Il sera procédé à l'exécution des travaux nécessaires pour la constru tion, dans la baie du Mont Saint-Michel (Manche), d'une digue insubmer sible reliant le mont Saint-Michel au continent, conformément aux dis tions du projet et aux avis, en date des 11 août 1873 et 9 avril 1874, conseil général des ponts et chaussées.

2° Ces travaux sont déclarés d'utilité publique.

3° La dépense, évaluée à trois cent mille francs, sera imputée sur fonds annuellement inscrits à la deuxième section du budget du d ment des travaux publics pour l'amélioration des ports maritimes de com merce. (*Versailles, 25 Juin 1874.*)

N° 3554. — Décret du Président de la République française (contre-signé par le ministre des travaux publics) qui déclare d'utilité publique les tra vaux nécessaires à l'établissement d'un canal d'irrigation à dériver de la Vanera, sur le territoire des communes de Valcebollère et d'Osséja (Pyré nées-Orientales). (*Versailles, 25 Juin 1874.*)

N° 3555. — Décret du Président de la République française (con par le ministre de l'intérieur) portant :

Art. 1er. Les territoires formant les villages de Brégiroux et de Tho figurés au plan d'assemblage ci-annexé par une teinte jaune, sont dis de la commune de Bussières, canton de Pionsat, arrondissement de Riom, département du Puy-de-Dôme, et réunis à celle de Roche-d'Agoux, même canton. La limite entre les deux communes sera fixée conformément au liséré carmin, tel qu'il est indiqué à l'extrait du plan parcellaire certifié, le 21 février 1874, par le directeur des contributions directes du département du Puy-de-Dôme, et qui demeurera également annexé au décret.

2. Les dispositions qui précèdent auront lieu sans préjudice des droits d'usage ou autres qui peuvent être respectivement acquis. (*Versailles, 18 Juillet 1874.*)

3556. — Décret du Président de la République française (contre-signé par le ministre de l'intérieur) portant :

Art. 1er. Les territoires teintés en vert sur le plan annexé au présent dé-
sont distraits, savoir : 1° la section de Vitrac, de la commune de La-
; 2° le village de Viala, de la commune de Cantoin ; 3° la ferme de
Ihez, de la commune de Graissac, canton de Sainte-Geneviève, arron-
ment d'Espalion, département de l'Aveyron, et formeront, à l'avenir,
commune distincte, sous le nom de *Vitrac*, avec ce hameau pour chef-

. Les dispositions qui précèdent auront lieu sans préjudice des droits
ge ou autres qui peuvent être respectivement acquis. (*Versailles,
Juillet 1874.*)

Certifié conforme :

Paris, le 18 * Novembre 1874,

Le Garde des Sceaux, Ministre de la Justice,

A. TAILHAND.

* Cette date est celle de la réception du Bulletin
au ministère de la Justice.

On s'abonne pour le Bulletin des lois, à raison de 9 francs par an, à la caisse de l'Imprimerie
ou chez les Receveurs des postes des départements.

IMPRIMERIE NATIONALE. — 18 Novembre 1874.

BULLETIN DES LOIS

DE LA RÉPUBLIQUE FRANÇAISE.

N° 233.

RÉPUBLIQUE FRANÇAISE.

57. — Décret* qui déclare d'utilité publique l'établissement d'un Chemin de fer de Blaye à la ligne de Saintes à Coutras, près Saint-Mariens.

Du 29 Janvier 1871.

Délégation du Gouvernement de la Défense nationale,

la loi et le décret[1] approuvant la convention passée à la même date la compagnie des chemins de fer des Charentes;

ladite convention, et notamment les articles 3 et 4 de cette convention conçus :

Art. 3. Le ministre de l'agriculture, du commerce et des travaux publics, nom de l'État, s'engage à concéder à la compagnie des chemins de fer Charentes, dans le cas où l'utilité publique en serait reconnue après plissement des formalités prescrites par la loi du 3 mai 1841, le che-le fer de Blaye à la ligne de Saintes à Coutras, près Saint-Mariens;

. . . .

compagnie s'engage à exécuter ledit chemin dans un délai de huit dater du 1er janvier qui suivra la concession définitive à intervenir, et que ce délai puisse partir d'une date antérieure au 1er janvier 1870;»

4. Le ministre de l'agriculture, du commerce et des travaux publics e, au nom de l'État, à payer à la compagnie, à titre de subvention, l'exécution. . . . .

. . . .

hemin de fer de Blaye à la ligne de Saintes à Coutras, deux millions cent mille francs (2.200,000'). . . . .

subventions ci-dessus déterminées seront payées dans les formes et nt les conditions énoncées à l'article 2 ci-dessus, à partir du 15 janvier seconde année qui suivra la concession définitive, etc. . . . . »

l'avant-projet relatif à l'établissement de ce chemin;

les pièces de l'enquête ouverte sur cet avant-projet dans le département Gironde, et notamment le procès-verbal de la commission d'enquête, le du 1er février 1870;

la lettre du ministre de la guerre, en date du 25 janvier 1871, par la-il déclare adhérer à la déclaration d'utilité publique de la ligne pré- sous la réserve que les travaux ne seront entrepris immédiatement qu :

la décret n'a pas été inséré au Bulletin des lois de la Délégation du Gouverne- de la défense nationale hors Paris.

II° série, Bull. 1628, n° 16,273.

dans la partie comprise entre Saint-Mariens et Cars-Saint-Paul; et que,
le surplus de la ligne, il devra être procédé préalablement à des conf
régulières avec le service militaire;
Vu la loi du 3 mai 1841, sur l'expropriation pour cause d'utilité pub
Sur le rapport du ministre des travaux publics,

DÉCRÈTE :

ART. 1er. Est déclaré d'utilité publique l'établissement du ch
de fer de Blaye à la ligne de Saintes à Coutras, près Saint-M
En conséquence, la concession dudit chemin, accordée à
éventuel à la compagnie des chemins de fer des Charentes
convention du 18 juillet 1868, est déclarée définitive.
2. Le tracé de ce chemin entre Cars-Saint-Paul et Blaye
détails d'exécution entre les mêmes points ne seront arrêtés q
suite de conférences entre les services civil et militaire.
3. La subvention allouée pour l'exécution dudit chemin
payable à dater du 15 janvier 1873, dans les formes et suivant les
ditions énoncées à l'article 2 de la convention du 18 juillet 1
4. Le ministre des travaux publics est chargé de l'exécutio
présent décret, qui sera inséré au Bulletin des lois.
Fait à Bordeaux, le 29 Janvier 1871.

Signé AD. CRÉMIEUX, GLAIS-BIZOIN, L, FOURICHON, LÉON

Par le Gouvernement :

Le Ministre des travaux publics.

Pour le Ministre et par délégation :

Le Secrétaire général,

Signé DE BOUREUILLE.

RÉPUBLIQUE FRANÇAISE.

N° 3558. — DÉCRET qui déclare d'utilité publique l'exécution du Chemin
d'Arzew à Saïda, avec prolongement sur Géryville, et approuve la
passée pour l'exploitation dudit Chemin de fer.

Du 29 Avril 1874.

LE PRÉSIDENT DE LA RÉPUBLIQUE FRANÇAISE,

Sur le rapport du vice-président du Conseil, ministre de l'intérieur, d
les propositions du gouverneur général civil de l'Algérie;
Vu l'avant-projet présenté par la compagnie franco-algérienne
construction, dans la province d'Oran, d'un chemin de fer d'Arzew à
et de son prolongement sur soixante-dix kilomètres environ dans la
tion de Géryville, chemin dont elle demande la concession;
Vu le projet de cahier des charges de cette concession, dressé par la
pagnie;
Vu les pièces de l'instruction à laquelle cette demande a été
notamment :
L'enquête ouverte sur le projet à la sous-préfecture de
aux mairies d'Arzew et de Mascara, ainsi que le procès-verbal de la
sion d'enquête (10 janvier 1874);

les avis du conseil de préfecture d'Oran (24 janvier 1874), du général
mandant la division d'Oran (4 février 1874), de l'ingénieur en chef du
rtement (29 janvier 1874); le rapport de la commission spéciale insti-
par décision du gouverneur général civil de l'Algérie, en vue de l'exa-
a du projet de convention relative à la concession dont il s'agit;
u l'avis du conseil général des ponts et chaussées, du 5 mars 1874;
l'avis du conseil de gouvernement de l'Algérie, en date du 21 mars 1874;
la convention passée, le 20 décembre 1873, entre le gouverneur gé-
civil de l'Algérie, agissant tant au nom de l'État qu'en qualité de
taire des tribus indigènes ci-après désignées, savoir : Ouled-Daoud,
f, Ouhaïba, Hassassena, Cheraga et Gbaraba, Rezaïna-Cheraga et
ba, Ouled-Sidi-Khalifa et Rouadi de Harrar-Gharaba, et la compagnie
algérienne, ladite convention portant concession du chemin de fer
à Saïda et prolongements et du privilège de l'exploitation de l'alfa
s terrains des hauts plateaux situés dans la subdivision de Mascara,
ble les délibérations des djemâas des tribus arabes précitées et la déli-
on du conseil de la commune subdivisionnaire de Mascara, en date
décembre 1873;
la convention annexe, en date du 16 mars 1874, par laquelle la
gnie franco-algérienne renonce, quant à présent, au bénéfice de
7 de la convention du 20 décembre 1873;
les statuts de la société dite Compagnie franco-algérienne, en date du
ier 1873;
le titre IV de l'ordonnance royale du 1er octobre 1844 et le titre IV de
du 16 juin 1851, les décrets des 11 juin 1858 et 8 septembre 1859,
s à l'expropriation pour cause d'utilité publique en Algérie;
Conseil d'État entendu,
rs :

t. 1er. Est déclaré d'utilité publique l'établissement du chemin
d'Arzew à Saïda, avec prolongement sur soixante-dix kilo-
s dans la direction de Géryville.
approuvée la convention passée, le 20 décembre 1873, entre
rneur général civil de l'Algérie et la compagnie franco-algé-
, et modifiée par acte du 16 mars 1874, ladite convention
t concession du chemin de fer d'Arzew à Saïda, avec son pro-
ment vers Géryville, et du droit exclusif d'exploiter l'alfa sur
tendue de trois cent mille hectares de terrains des Hauts-Pla-
situés dans la subdivision de Mascara.
te convention restera annexée au présent décret.
La société concessionnaire devra se renfermer, à moins d'une
ation spéciale du Gouvernement, dans l'objet des statuts en
n 13 février 1873.
Aucune émission d'obligations par la société concessionnaire
ura avoir lieu qu'en vertu d'une autorisation donnée par le
tre de l'intérieur, après avis du ministre des finances, et sur la
ition du gouverneur général civil de l'Algérie.
aucun cas, il ne pourra être émis d'obligations pour une somme
eure à la moitié du capital total à réaliser par la compagnie.
cune émission d'obligations ne pourra d'ailleurs être autorisée
que la moitié du capital-actions ait été versée et employée en

36.

achats de terrains ou travaux, en approvisionnements sur p
en dépôt de cautionnement.

4. Le vice-président du Conseil, ministre de l'intérieur, et
verneur général civil de l'Algérie sont chargés, chacun en çe
concerne, de l'exécution du présent décret.

Fait à Paris, le 29 Avril 1874.

Signé M⁴ DE MAC M

Le Vice-Président du Conseil,
Ministre de l'intérieur,
Signé BROGLIE.

Convention du 20 décembre 1873, entre le gouverneur général civil de l'A
compagnie franco-algérienne, relative à la concession du chemin de fer d'
et prolongements et à l'exploitation de l'alfa sur les terrains des hauts p
dans la subdivision de Mascara.

L'an mil huit cent soixante-treize, et le vingt décembre,

Entre le gouverneur général civil de l'Algérie, agissant tant au nom de
qualité de mandataire des tribus indigènes ci-après désignées, seules in
présente convention : Ouled-Daoud, Mahalif, Ouhaïba, Hassassena, Ch
raba, Rezaïna-Cheraga et Gharaba, Ouled-Sidi-Khalifa et Rouadi de Ha
dont les djemâas, constituées pour la circonstance par arrêté de l'au
tente, en date du 25 novembre 1873, ont déclaré donner délégation plei
au gouverneur général pour conclure la présente convention, par déli
date du 30 novembre 1873, sur l'avis conforme du conseil de la commu
sionnaire de Mascara, exprimé par délibération en date du 4 décembre 1
sous la réserve de l'approbation des présentes par qui de droit, :

D'une part,

Et la société anonyme établie à Paris sous la dénomination de Co
algérienne, ladite compagnie représentée par M. *Débrousse*, président
d'administration, élisant domicile au siége de ladite société, rue Basse-d
n° 52, et agissant en vertu des pouvoirs qui lui ont été conférés par déli
conseil d'administration, en date du 9 août 1873, et sous la réserve de l'
de l'assemblée générale des actionnaires dans un délai de six mois au pl

D'autre part,

Il a été convenu ce qui suit :

ART. 1ᵉʳ. Le gouverneur général civil de l'Algérie, au nom de l'État,
subvention ni garantie d'intérêt, sauf les stipulations de la présente con
compagnie franco-algérienne, qui accepte, le chemin de fer d'Arzew à
Hauts-Plateaux, par la Macta et Perrégaux, avec faculté de prolonger ledit
fer, à partir de Saïda, sur les Hauts-Plateaux, dans une direction et sur un
qui seront ultérieurement déterminées à la demande du concessionnaire.

La compagnie s'engage à exécuter ledit chemin de fer dans un délai de
partir du décret d'utilité publique, et conformément aux dispositions du
charges annexé à la présente.

Il est également stipulé que si, pendant la durée de la concession qui
de la présente convention, il était reconnu nécessaire par les besoins de
créer une nouvelle ligne partant également de Saïda ou environs, d
partie de la vallée de l'Oued-el-Hammam ou des plaines de Taria e
aboutissant sur un point entre l'Hillil et Saint-Denis-du-Sig, le Gouve
nerait le droit de préférence aux concessionnaires de la ligne d'Arze
prolongements.

2. Le gouverneur général civil de l'Algérie, aux noms qu'il agit,
compagnie franco-algérienne, qui accepte, le privilége exclusif de l'expl
l'alfa sur une surface de trois cent mille hectares de terrains à alfa compris
parcours des tribus ci-dessus désignées.

La délimitation de ces terrains sera faite ultérieurement, de concert entre
pagnie et l'administration, dans l'espace compris entre les limites suivantes :
le méridien géographique de Guétifa; à l'ouest, la limite administrative de
division de Mascara.

compagnie sera tenue de payer, pour la concession consentie au présent article,
fixe, par tonne d'alfa sec exploité, de quinze centimes jusqu'à cent mille
et vingt-cinq centimes pour chaque tonne excédant. Ce droit sera payé an-
ment, en un seul terme, dans le mois qui suivra la clôture de l'exercice.
compagnie entrera en possession de ses droits sur les terres à alfa du jour de
lation de la délimitation à intervenir.

à l'achèvement du chemin de fer jusqu'à Saïda, la compagnie versera an-
ent à la caisse des dépôts et consignations une somme en dépôt de quarante-
times par tonne d'alfa sec exploité par elle ou ses ayants droit. Le produit de
mes sera restitué à la compagnie à l'achèvement du chemin de fer, s'il y a
s les délais consentis par l'administration. Dans le cas où l'administration
igée d'appliquer des mesures coercitives prévues par l'article 38 du cahier
es du chemin de fer, le produit des sommes susindiquées serait acquis à la
e subdivisionnaire de Mascara.

e cas où la compagnie refuserait d'acheter l'alfa exploité par les indigènes,
du droit qui leur est réservé par le paragraphe 2 de l'article 8, les indigènes
le droit de le vendre à d'autres négociants sur les grandes routes de Saïda à
de Saïda à Kreider, de Saïda à Frendah, mais en dehors des terrains con-
Cette disposition ne sera applicable, bien entendu, que jusqu'à l'achèvement
in de fer jusqu'à Saïda, conformément au paragraphe précédent.

recettes provenant du droit stipulé au paragraphe 3 du présent article ne
t être affectées qu'à des travaux d'utilité publique exécutés sur les territoires
us désignées à la présente convention et dans le périmètre de la concession.

concessions stipulées aux articles 1 et 2 précédents sont faites pour quatre-
-neuf ans.

s frais d'expropriation et de construction du chemin de fer précité seront à la
de la compagnie concessionnaire. Toutefois, dans les cas définis ci-après,
de à la compagnie la jouissance gratuite, pendant la durée de la concession,
rains nécessaires au chemin de fer:
où l'État dispose de terres à quelque titre que ce soit;
où des terres font partie de concessions accordées par le Gouvernement
erve de reprise de terrains nécessaires à un service public; néanmoins, ce
s'étendra pas aux constructions existantes.

sera participer la compagnie, dans la mesure qui sera jugée nécessaire, à
nce des droits qu'il s'est réservés, lors des concessions d'eau, dans l'intérêt
es publics.

l'exercice des droits contenus dans le présent article et pour l'exercice du
propriation en général, la compagnie sera substituée au lieu et place de
i-même.

compagnie aura le droit d'établir, sans indemnité au profit de l'État, un port
imité du port d'Arzew, sur les emplacements qui seront déterminés par
istration, après concert préalable entre les divers services publics intéressés
mpagnie, les quais, appontements, magasins, bâtiments d'administration,
fer et appareils d'embarquement et de débarquement dont elle pourra avoir
pour l'exploitation du chemin de fer.

État établit des quais verticaux ou une darse à Arzew, la compagnie sera admise
comme le commerce général, des quais et de la darse.

e gouverneur général civil de l'Algérie s'engage à fournir à la compagnie
ionnaire, dans le cas où elle le demanderait pour l'exécution de ses travaux,
rs militaires disponibles.

ce cas, les tarifs journaliers seront réglés de concert entre le gouverneur gé-
et la compagnie.

partir du décret d'utilité publique jusqu'à l'expiration du délai fixé pour la
uction, la compagnie aura le droit d'introduire en franchise de tous droits de
e le matériel et les matériaux nécessaires à la construction et à l'entretien du
n de fer.

est stipulé, à l'égard de la concession consentie à l'article 2, que les droits
gènes, parcours libres pour eux et leurs troupeaux propres ou en azib, pâtu-
, campement, usage des eaux, chasse, culture, sont expressément réservés. En
concerne spécialement l'alfa, ils conservent, comme par le passé, le droit de
e pâturer, de couper, exploiter ou extraire l'alfa nécessaire à leurs besoins et
x de leurs animaux.

Ils ne pourront exploiter l'alfa dans une intention de commerce que pour le
de la compagnie, en se faisant inscrire sur les listes de ses chantiers et à l
tion, sous peine de radiation de ces listes, de se conformer aux règlements
tation qu'elle aura arrêtés.

Il leur est interdit d'incendier les peuplements d'alfa et autres herbes e
sailles dans le périmètre ou à proximité du périmètre de la concession. Il
concourir à l'extinction de tout incendie qui se déclarerait dans un rayon
kilomètres autour de leurs campements.

En cas de non-concours des indigènes, l'autorité administrative locale e
les mesures de répression à prendre contre eux, s'il y a lieu.

Les réserves comme les prescriptions du présent article sont applicables
gènes du Tell et du Sahara, dont les troupeaux vont boire aux chotts par e
traditionnelle avec les occupants.

Elles sont également applicables aux indigènes autres que ceux des tribu
sées qui, en vertu d'ordres ou d'autorisations de l'autorité supérieure, vi
par cas de force majeure ou de mesures administratives, s'établir prou
dans les limites de l'exploitation concédée.

Enfin, la liberté de parcours, de campement et d'établissement rest
pour les troupes, avec toutes ses conséquences intéressant la consommatio
mais sous la réserve de ne causer aucun dommage aux établissements e
sionnements de la compagnie.

La compagnie jouira de son droit d'exploitation comme elle l'entend
bon père de famille.

Elle veillera à la conservation de l'alfa et empêchera les entreprises qui
nature à compromettre la conservation et la reproduction des peuplement

Tous les cinq ans, une commission dont les membres seront désignés
par la compagnie et par l'administration inspectera les peuplements et
leur état.

Dans les dix dernières années de la concession, l'État sera chargé de
lance des exploitations d'après un règlement concerté d'avance avec la co

Pour assurer l'exécution des clauses de la présente convention et des
spéciaux qu'elle aura arrêtés, la compagnie aura le droit d'avoir des ga
mentés. Ces agents seront Français ou naturalisés Français. Des garde
pourront leur être adjoints.

9. Le gouverneur général assure aux établissements de la compagni
emplacements et les tracés auront été arrêtés de concert entre elle et la
militaires, la protection qu'il accorde à tous les établissements autorisés d

Si les emplacements et les tracés arrêtés exigent des travaux défensifs
ces travaux seront exécutés aux frais de la compagnie.

Dans le cas où les circonstances exigeraient un déplacement rapide e
dans un but de protection spéciale à accorder aux établissements de la c
les frais de transport sur la ligne principale du chemin de fer des troupe
qui est nécessaire à leur ravitaillement seraient à la charge de la compagn

La compagnie devra encore pourvoir au baraquement d'une garnison e
si, par la suite, l'autorité militaire juge cette garnison indispensable à la s
établissements.

La surveillance et la police administrative s'exerceront sur toute l'éte
concession, dans les conditions où elles s'exercent ou s'exerceront dans les
militaires du Tell.

Dans aucune circonstance, l'État ne pourra être responsable des domma
tant des cas de force majeure.

10. La compagnie aura le droit de créer et d'établir sans autorisation, s
superficie des terrains dont l'exploitation lui est concédée et sur leurs end
établissements, routes, travaux hydrauliques, travaux spéciaux ayant pou
prévenir ou de circonscrire les incendies, chemins de fer, dépôts, chantier
couverts, clos et non clos, etc., constituant les voies et moyens de son exp

Ces établissements devront être placés en dehors et à cent cinquante
moins des groupes de puits ou sources actuellement existants, de manière
les enceindre et à en laisser l'accès libre aux indigènes et à leurs troupeau

La compagnie pourra se servir des puits existants, en creuser de nouve
sur les sources, installer des pompes et tous appareils sur les nappes d'eau e
nues et utilisées, établir des bassins, drainer les rivières, faire des barra
réservoirs, sous la réserve que si ces travaux diminuaient la quantité d'eau

actuellement les indigènes, soit en tarissant des puits ou sources, soit en sup-
par le drainage des redus consacrés par l'usage, elle serait tenue de leur
ter, sur ses réserves, des fontaines et des abreuvoirs spéciaux, à titre de com-
ation.

compagnie aura toute liberté pour les travaux nécessités par la recherche de
, mais elle ne pourra entreprendre aucun travail aux sources ou puits actuelle-
utilisés sans que les projets en aient été préalablement soumis à l'administra-
et approuvés par elle.

compagnie pourra créer, partout où elle le jugera utile, des centres, villages,
ns pour ses ouvriers, employés et agents de toute nature.

ministration pourra également, la compagnie entendue, créer des centres de
ation étrangère à la compagnie.

compagnie pourra, au moyen de travaux exécutés à ses frais, utiliser les ter-
pour le jardinage, les cultures diverses et les plantations.

aucun cas, elle ne pourra interdire la circulation des Européens et des indi-
travers les peuplements d'alfa, ni faire commerce, pour les besoins de la
l'eau qu'elle aura aménagée.

expiration des concessions stipulées aux articles 1 et 2, les immeubles établis
de l'exploitation sur le territoire de la concession et ses enclaves, les meubles,
l'outillage, le matériel fixe et le matériel roulant des chemins de fer d'exploita-
en dehors de la ligne principale, resteront la propriété de la compagnie conces-
ire.

ce qui concerne la ligne principale du chemin de fer, le retour à l'État se fera
les conditions prévues par le cahier des charges de la concession dudit chemin

La compagnie concessionnaire aura le droit d'exploiter et d'extraire, dans les
de l'État, les bois qui pourront lui être nécessaires pour la construction et l'endes chemins de fer et des diverses dépendances de la concession.
exploitation se fera conformément aux règlements forestiers et au cahier des
s.

redevance par mètre cube de bois en grume sera fixée à deux francs pour le
Alep, le thuya et le genévrier, et à quatre francs pour le chêne.

La présente convention n'est passible que du droit fixe de trois francs.

double, à Alger, le 20 Décembre 1873.

Signé G¹ CHANZY.　　　　　　　Signé H. DÉBROUSSE.

pour être annexé au décret du 29 avril 1874.

Pour le Ministre de l'intérieur :
Le Chef de bureau du service de l'Algérie,
Signé E. DELABARRE.

à la convention du 20 décembre 1873, passée entre le gouverneur général de
Algérie et la compagnie franco-algérienne, relative au chemin de fer d'Arzew à Saïda
prolongements, et à l'exploitation de l'alfa sur les terrains des Hauts-Plateaux situés
la subdivision de Mascara.

est convenu, d'un commun accord, entre le gouverneur général civil de l'Algé-
M. Hubert Débrousse, agissant aux noms et qualités relatés dans la convention
20 décembre 1873, que la compagnie franco-algérienne renonce, quant à pré-
au bénéfice de l'article 7 de ladite convention, relatif à l'importation en franchise
tous droits de douane des matériel et matériaux provenant de l'étranger, ladite
pagnie se réservant de faire ultérieurement de cet article l'objet d'une convention
ciale qui serait soumise à la ratification législative.

Fait double, à Paris, le 16 Mars 1874.

Approuvé l'écriture ci-dessus :　　　　　Approuvé l'écriture ci-dessus :

Signé G¹ CHANZY.　　　　　　　Signé H. DÉBROUSSE.

Vu pour être annexé au décret du 29 avril 1874.

Pour le Ministre de l'intérieur :
Le Chef de bureau du service de l'Algérie,
Signé E. DELABARRE.

CAHIER DES CHARGES.

TITRE Ier.

TRACÉ ET CONSTRUCTION.

Art. 1er. Le chemin de fer partira d'Arzew et se dirigera sur Saïda par la Debrousseville, Perrégaux, Oued-el-Hammam, la plaine d'Eghris, en se rapp le plus possible de la ville de Mascara, la plaine de Taria, la vallée de l'Ou et Saïda.

A partir de Saïda, le chemin de fer sera prolongé à travers les Hauts-Plateau soixante-dix kilomètres environ, à peu près dans la direction de Géryville.

2. Les travaux devront être achevés et les chemins mis en exploitation d dé'ai de six ans, à partir du décret d'utilité publique.

3. Aucun travail ne pourra être entrepris, pour l'établissement des chemins et de leurs dépendances, qu'avec l'autorisation de l'administration supérieure. eff·t, les projets de tracé et communications importantes seront dressés en expédition et soumis à l'approbation du gouverneur général, qui prescrira, si lieu, d'y introduire telles modifications que de droit; l'une de ces expéditions remise à la compagnie avec le visa du gouverneur général; l'autre demeurera les mains de l'administration.

La compagnie devra présenter ses projets définitifs dans les délais d'un an au à compter de la date du décret de concession, et avoir commencé ses travaux m après l'approbation des projets.

Avant comme pendant l'exécution, la compagnie aura la faculté de proposer projets approuvés les modifications qu'elle jugerait utiles; mais ces modificatioa pourront être exécutées que moyennant l'approbation de l'administration supéri

4. La compagnie pourra prendre copie de tous les plans, nivellements et devi pourraient avoir été antérieurement dressés aux frais de l'Etat.

5. Le tracé et le profil du chemin de fer seront arrêtés sur la producti projets d'ensemble comprenant, pour la ligne entière ou pour chaque s ligne :

1° Un plan général à l'échelle de un dix-millième;

2° Un profil en long à l'échelle de un cinq-millième pour les longueurs et millième pour les hauteurs, dont les cotes seront rapportées au niveau moyen mer, pris pour plan de comparaison; au-dessous de ce profil, on indiquera, au de trois lignes horizontales disposées à cet effet, savoir :

Les distances kilométriques du chemin de fer, comptées à partir de son origi

La longueur et l'inclinaison de chaque ligne en rampe;

La longueur des parties droites et le développement des parties courbes du en faisant connaître le rayon correspondant à chacune de ces dernières;

3° Un certain nombre de profils en travers, y compris le profil type de la voie;

4° Un mémoire dans lequel seront justifiées toutes les dispositions essentielle projet et un devis descriptif dans lequel seront reproduites, sous forme de tableau indications relatives aux déclivités et aux courbes déjà données sur le profil en

La position des gares et stations projetées, celle des cours d'eau et des voies communication traversés par le chemin de fer, des passages soit à niveau, soit dessus, soit en dessous de la voie ferrée, devront être indiquées tant sur le plan sur le profil en long; le tout sans préjudice des projets à fournir pour chacun de ouvrages.

6. Les terrains seront acquis ou concédés pour une voie; les terrassements, souterrains et les ouvrages d'art seront exécutés pour une seule voie, sauf l' sement d'un certain nombre de gares d'évitement.

7. La largeur de la voie, mesurée d'axe en axe, des rails devra être de un mètre dix centimètres (1^m,10) à un mètre onze centimètres (1^m,11). Dans les parties à deux voies, la largeur de l'entre-voie, mesurée entre les bords extérieurs des rails, sera de un mètre quatre-vingts centimètres (1^m,80).

La largeur des accotements, c'est-à-dire des parties comprises de chaque côté entre le bord extérieur du rail et l'arête du ballast, sera de cinquante centimètres (0^m,50) au moins. On ménagera au pied de chaque talus du ballast une banquette de quarante centimètres (0^m,40) de largeur;

La compaguie établira le long du chemin de fer les fossés ou rigoles qui seront jugés nécessaires pour l'asséchement de la voie et pour l'écoulement des eaux.

Les dimensions de ces fossés et rigoles seront déterminées par l'administration, suivant les circonstances locales, sur les propositions de la compagnie.

Les alignements seront raccordés entre eux par des courbes dont le rayon ne pourra, à moins d'une autorisation spéciale, être inférieur à cent mètres.

Le maximum de l'inclinaison des pentes et rampes est fixé à trente millimètres par mètre; sur toute l'étendue des stations, le chemin sera de niveau ou présentera de pentes, dont le maximum ne pourra s'élever au-dessus de cinq millimètres par mètre.

Une partie horizontale de cent mètres au moins devra être ménagée entre deux déclivités consécutives, lorsque ces déclivités se succéderont en sens contraire, et de manière à verser leurs eaux au même point.

Les déclivités correspondant aux courbes de faible rayon devront être réduites autant que faire se pourra.

La compagnie aura la faculté de proposer aux dispositions de cet article et à celles de l'article précédent les modifications qui lui paraîtraient utiles; mais ces modifications ne pourront être exécutées que moyennant l'approbation préalable de l'administration.

Le nombre, l'étendue et l'emplacement des gares d'évitement seront déterminés par l'administration, la compagnie entendue.

Le nombre et l'emplacement des stations de voyageurs et des gares de marchandises seront également déterminés par l'administration, sur les propositions de la compagnie, après une enquête spéciale et avoir entendu la compagnie.

Les gares et stations seront réduites au strict nécessaire.

Les croisements à niveau seront tolérés pour toutes les voies de communication publiques ou particulières.

Lorsque le chemin de fer devra passer au-dessus d'une route ou d'un chemin public, l'ouverture du viaduc sera fixée par l'administration, en tenant compte des circonstances locales; mais cette ouverture ne pourra, dans aucun cas, être inférieure à huit mètres (7m,00) pour une route nationale et départementale, et à quatre mètres (4m,00) pour un chemin vicinal.

Pour les viaducs de forme cintrée, la hauteur au-dessus du fil d'eau le long des naissances ne pourra être inférieure à quatre mètres trente centimètres (4m,3o). Pour ceux qui seront formés de poutres horizontales, la hauteur sous poutre au-dessus du sol de la chaussée sera de quatre mètres trente centimètres (4m,3o) au moins.

La largeur entre les parapets sera au moins de sept mètres (7m,00) pour les sections à deux voies, et d'au moins quatre mètres (4m,00) pour celles à une voie. La hauteur des parapets sera fixée par l'administration et ne pourra, dans aucun cas, être inférieure à quatre-vingts centimètres (0m,80).

Lorsque le chemin de fer devra passer au-dessous d'une route ou d'un chemin public, la largeur entre les parapets du pont qui supportera la route ou le chemin, sera fixée par l'administration, en tenant compte des circonstances locales; mais cette largeur ne pourra, dans aucun cas, être inférieure à sept mètres (7m,00), pour la route, et à quatre mètres (4m,00) pour un simple chemin vicinal.

L'ouverture du pont entre les culées sera au moins de sept mètres (7m,00) pour les sections à deux voies et d'au moins quatre mètres (4m,00) pour celles à une voie, la distance verticale ménagée au-dessus des rails extérieurs de chaque voie pour le passage des trains ne sera pas inférieure à quatre mètres trente centimètres (4m,3o) au moins.

11. Dans le cas où des routes ou des chemins vicinaux, ruraux ou particuliers, seraient traversés à leur niveau par le chemin de fer, les rails devront être posés sans aucune saillie ni dépression sur la surface de ces routes, et de telle sorte qu'il ne résulte aucune gêne pour la circulation des voitures.

Le croisement à niveau du chemin de fer et des routes ne pourra s'effectuer sous un angle de moins de quarante-cinq degrés (45°).

Les passages à niveau seront munis de barrières lisses ou de chaines et de maisons de garde ou de guérites, lorsque cette mesure sera reconnue indispensable par l'administration.

14. Lorsqu'il y aura lieu de modifier l'emplacement ou le profil des routes existantes, l'inclinaison des pentes et rampes sur les routes modifiées ne pourra excéder cinq centimètres (0m,05) par mètre, pour les routes et six centimètres (0m,06) pour

les chemins vicinaux. L'administration restera libre, toutefois, d'apprécier les constances qui pourraient motiver une dérogation à cette clause, comme à qui est relative à l'angle de croisement des passages à niveau.

15. La compagnie sera tenue de rétablir et d'assurer à ses frais l'écoulement des eaux dont le cours serait arrêté, suspendu ou modifié par ses travaux, qu celles qui s'amasseraient dans les fossés ou chambres d'emprunt.

Les emprunts de terre seront régulièrement faits pour éviter toute stagnation eaux ; ils seront ; autant que possible, disposés de manière à former des ca desséchement pour les parties basses des terrains qu'ils traverseront ; les p ront dirigées vers les ravins ou les voies naturelles d'écoulement avec une son suffisante.

Les viaducs à construire à la rencontre des rivières, des canaux et des co quelconques auront au moins sept mètres (7^m,00) de largeur entre les p les sections à deux voies, et quatre mètres (4^m,00) sur celles à une voie. La de ces parapets sera fixée par l'administration et ne pourra être inférieure à vingt centimètres (0^m,80).

Cependant, il pourra n'être pas établi de parapets pour tous les ouvrages parapets présenteraient une longueur inférieure à quatre mètres (4^m,00).

La hauteur et le débouché du viaduc seront déterminés, dans chaque ca culier, par l'administration, suivant les circonstances.

16. Les souterrains à établir pour le passage du chemin de fer sur les deux voies auront au moins sept mètres (7^m,00) de largeur entre les pieds-niveau des rails, et six mètres de hauteur (6^m,00) sous clef au-dessus de des rails. La largeur des souterrains pour les sections à une voie sera mètres (4^m,00) au moins ; la hauteur sous clef au-dessus des rails sera, au de cinq mètres (5^m,00). La distance verticale entre l'intrados et le dessus de extérieurs de chaque voie ne sera pas inférieure à quatre mètres trente centi (4^m,30). L'ouverture des puits d'aérage et de construction des souterrains sera rée d'une margelle en maçonnerie de deux mètres (2^m,00) de hauteur. Cette ture ne pourra être établie sur aucune voie publique.

17. À la rencontre des cours d'eau flottables ou navigables, la compagn tenue de prendre toutes les mesures et de payer tous les frais nécessaires pour service de la navigation ou du flottage n'éprouve ni interruption ni entrave l'exécution des travaux.

À la rencontre des routes et des autres chemins publics, il sera construit d mins et ponts provisoires par les soins et aux frais de la compagnie, partout sera jugé nécessaire pour que la circulation n'éprouve ni interruption ni gên

Avant que les communications existantes puissent être interceptées, une naissance sera faite par les ingénieurs de la localité à l'effet de constater si vrages provisoires présentent une solidité suffisante et s'ils peuvent assurer le de la circulation.

Un délai sera fixé par l'administration pour l'exécution des travaux définitifs tinés à rétablir les communications interceptées.

Le Gouvernement se réserve d'autoriser, avec les précautions convenables, compagnie entendue, les conduites d'eau ou canaux de desséchement ou d ment qui devraient traverser ou emprunter les terrains affectés au chemin de à ses dépendances.

18. La compagnie n'emploiera dans l'exécution des ouvrages que des de bonne qualité ; elle sera tenue de se conformer à toutes les règles de l'a manière à obtenir une construction parfaitement solide.

Tous les aqueducs, ponceaux, ponts et viaducs à construire à la rencont divers cours d'eau et des chemins publics et particuliers seront en maçonnerie fer, sauf les cas d'exception qui pourront être admis par l'administration.

19. Les voies seront établies d'une manière solide et avec des matériaux bonne qualité. Le poids des rails sera d'au moins vingt kilogrammes par mètre rant. La compagnie aura la faculté d'employer des rails en acier du poids de kilogrammes le mètre courant.

20. En principe, il ne sera pas établi de clôtures ni de haies, sauf dans les parties de la ligne où cette mesure serait indispensable, notamment dans la traversée ou le voisinage des lieux habités.

21. Tous les terrains nécessaires pour l'établissement du chemin de fer et de se dépendances, pour la déviation des voies de communication et des cours d'eau dé

chés, et, en général, pour l'exécution des travaux, quels qu'ils soient, auxquels cet établissement pourra donner lieu, seront achetés et payés par la compagnie concessionnaire.

Toutefois, dans les cas définis ci-après, l'État cède à la compagnie la jouissance gratuite, pendant la durée de la concession, des terrains nécessaires au chemin de fer : 1° là où l'État dispose de terres à quelque titre que ce soit; 2° là où les terres font partie de concessions accordées par le Gouvernement avec réserve de prise des mains nécessaires à un service public; néanmoins, ce droit ne s'étendrait pas aux constructions actuellement existantes.

Les indemnités pour occupation temporaire ou pour détérioration de terrains, pour chômage, modification ou destruction d'usines, et pour tous dommages quelconques résultant des travaux, seront supportées et payées par la compagnie.

L'État fera participer la compagnie, dans la mesure qui sera jugée nécessaire, à la jouissance des droits qu'il s'est réservés, lors des concessions d'eau, dans l'intérêt des services publics.

22. L'entreprise étant d'utilité publique, la compagnie est investie, pour l'exécution des travaux dépendant de sa concession, de tous les droits que les lois, décrets et règlements confèrent à l'administration en matière de travaux publics, soit pour l'acquisition des terrains par voie d'expropriation, soit pour l'extraction, le transport ou le dépôt des terres, matériaux, etc., et elle demeure en même temps soumise à toutes les obligations qui dérivent, pour l'administration, de ces lois et règlements.

23. Dans les limites de la zone frontière et dans le rayon de servitude des enceintes fortifiées, la compagnie sera tenue, pour l'étude et l'exécution de ses projets, de se soumettre à l'accomplissement de toutes les formalités et de toutes les conditions prescrites par les lois, décrets et règlements concernant les travaux mixtes.

24. Si la ligne du chemin de fer traverse un sol déjà concédé pour l'exploitation d'une mine, l'administration déterminera les mesures à prendre pour que l'établissement du chemin de fer ne nuise pas à l'exploitation de la mine, et réciproquement pour que, le cas échéant, l'exploitation de la mine ne compromette pas l'existence du chemin de fer.

Les travaux de consolidation à faire dans l'intérieur de la mine, à raison de la traversée du chemin de fer, et tous les dommages résultant de cette traversée pour les concessionnaires de la mine, seront à la charge de la compagnie.

25. Si le chemin de fer doit s'étendre sur des terrains renfermant des carrières et les traverser souterrainement, il ne pourra être livré à la circulation avant que les excavations qui pourraient en compromettre la solidité aient été remblayées ou consolidées. L'administration déterminera la nature et l'étendue des travaux qu'il conviendra d'entreprendre à cet effet, et qui seront d'ailleurs exécutés par les soins et aux frais de la compagnie.

26. Pour l'exécution des travaux, la compagnie se soumettra aux décisions ministérielles concernant l'interdiction du travail les dimanches et jours fériés.

27. La compagnie exécutera les travaux par des moyens et des agents à son choix, mais en restant soumise au contrôle et à la surveillance de l'administration.

Ce contrôle et cette surveillance auront pour objet d'empêcher la compagnie de s'écarter des dispositions prescrites par le présent cahier des charges et de celles qui résulteront des projets approuvés.

28. À mesure que les travaux seront terminés sur des parties de chemin de fer susceptibles d'être livrées utilement à la circulation, il sera procédé, sur la demande de la compagnie, à la reconnaissance et, s'il y a lieu, à la réception provisoire de ces travaux par un ou plusieurs commissaires que l'administration désignera.

Sur le vu du procès-verbal de cette reconnaissance, l'administration autorisera, s'il y a lieu, la mise en exploitation des parties dont il s'agit; après cette autorisation, la compagnie pourra mettre lesdites parties en service et y percevoir les taxes ci-après déterminées. Toutefois, ces réceptions partielles ne deviendront définitives que par la réception générale et définitive du chemin de fer.

29. Après l'achèvement total des travaux, et dans le délai qui sera fixé par l'administration, la compagnie fera faire à ses frais un bornage contradictoire et un plan cadastral du chemin de fer et de ses dépendances. Elle fera dresser également à ses frais, et contradictoirement avec l'administration, un état descriptif de tous les ouvrages d'art qui auront été exécutés, ledit état accompagné d'un atlas contenant les dessins cotés de tous lesdits ouvrages.

Une expédition dûment certifiée des procès-verbaux de bornage, du plan cadastral, de l'état descriptif de l'atlas, sera dressée aux frais de la compagnie et déposée dans les archives du gouvernement général de l'Algérie.

Les terrains acquis par la compagnie postérieurement au bornage général, en vue de satisfaire aux besoins de l'exploitation, et qui par cela même deviendront intégrante du chemin de fer, donneront lieu, au fur et à mesure de leur sition, à des bornages supplémentaires et seront ajoutés sur le plan cadastral; tion sera également faite sur l'atlas de tous les ouvrages d'art exécutés posté ment à sa rédaction.

TITRE II.

ENTRETIEN ET EXPLOITATION.

30. Le chemin de fer et toutes ses dépendances seront constamment en bon état, de manière que la circulation y soit toujours facile et sûre.

Les frais d'entretien et ceux auxquels donneront lieu les réparations ordinaire extraordinaires seront entièrement à la charge de la compagnie.

Si le chemin de fer, une fois achevé, n'est pas constamment entretenu en état, il y sera pourvu d'office à la diligence de l'administration et aux frais de compagnie, sans préjudice, s'il y a lieu, de l'application des dispositions i ci-après dans l'article 40.

Le montant des avances faites sera recouvré au moyen de rôles que le préfet r exécutoires.

31. La compagnie sera tenue d'établir à ses frais, mais seulement dans la de la ligne où cette mesure sera reconnue indispensable, des gardiens en suffisant pour assurer la sécurité du passage des trains sur la voie et celle de la lation ordinaire sur les points où le chemin de fer sera traversé à niveau p routes ou chemins.

32. Les machines locomotives seront construites sur de bons modèles; devront consumer leur fumée et satisfaire d'ailleurs à toutes les conditions p ou à prescrire par l'administration pour la mise en service de ce genre de

Les voitures de voyageurs devront également être faites d'après de bons et satisfaire à toutes les conditions réglées ou à régler pour les voitures ser transport des voyageurs sur les chemins de fer. Elles seront suspendues sur et garnies de banquettes.

Il y en aura de deux classes au moins :

Celles de première classe seront couvertes, fermées à vitres et garnies de quettes rembourrées;

Celles de deuxième classe seront couvertes, fermées à vitres et munies de quettes à dossier.

Les vitres pourront s'ouvrir et elles seront garnies de rideaux et de stores.

L'intérieur de chacun des compartiments de toute classe contiendra l'indication du nombre de places de ce compartiment.

L'administration pourra exiger qu'un compartiment de chaque classe soit réservé. dans les trains de voyageurs, aux femmes voyageant seules.

Les locomotives, les voitures de voyageurs, les wagons destinés au transport des marchandises, des chaises de poste, des chevaux ou des bestiaux, les plates-formes et, en général, toutes les parties du matériel roulant, seront de bonne et solide construction; mais il est bien entendu que tout ce matériel sera établi en raison. de la largeur de la voie et de l'importance du chemin.

Le compagnie sera tenue, pour la mise en service de ce matériel, de se soumettre à tous les règlements sur la matière.

Les machines locomotives et tenders, s'il en est fait usage, voitures, wagons de toute espèce, plates-formes composant le matériel roulant, seront constamment entretenus en bon état.

33. Des arrêtés du gouverneur général, rendus après que la compagnie aura été entendue, détermineront les mesures et les dispositions nécessaires pour assurer la police et l'exploitation du chemin de fer, ainsi que la conservation des ouvrages qui en dépendent.

Toutes les dépenses qu'entraînera l'exécution des mesures prescrites en vertu de ces règlements seront à la charge de la compagnie.

La compagnie sera tenue de soumettre à l'approbation de l'administration les règlements relatifs et à l'exploitation du chemin de fer.

Les règlements dont il s'agit dans les deux paragraphes précédents seront obligatoires non-seulement pour la compagnie concessionnaire, mais encore pour toutes celles qui obtiendraient ultérieurement l'autorisation d'établir des lignes de chemins de fer d'embranchement ou de prolongement, et, en général, pour toutes les personnes qui emprunteraient l'usage du chemin de fer.

34. Pour tout ce qui concerne l'entretien et les réparations du chemin de fer et de ses dépendances, l'entretien du matériel et le service de l'exploitation, la compagnie sera soumise au contrôle et à la surveillance de l'administration.

Outre la surveillance ordinaire, l'administration déléguera, aussi souvent qu'elle le jugera utile, un ou plusieurs commissaires pour reconnaître et constater l'état du chemin de fer, de ses dépendances et du matériel.

TITRE III.

DURÉE; RACHAT ET DÉCHÉANCE DE LA CONCESSION.

35. La durée de la concession, pour les chemins désignés à l'article 1er, sera de quatre-vingt-dix-neuf ans (99). Elle commencera à courir le 29 avril 1874 et finira le 28 avril 1973.

36. A l'époque fixée pour l'expiration de la concession, et par le seul fait de cette expiration, le Gouvernement sera subrogé à tous les droits de la compagnie sur le chemin de fer et ses dépendances, et il entrera immédiatement en jouissance de tous ses produits.

La compagnie sera tenue de lui remettre en bon état d'entretien le chemin de fer et tous les immeubles qui en dépendent, quelle qu'en soit l'origine, tels que les bâtiments des gares et stations, les remises, ateliers et dépôts, les maisons de gardes, etc. Il en sera de même de tous les objets mobiliers dépendant également du chemin, tels que les barrières et clôtures, voies, changements de voies, plaques tournantes, réservoirs d'eau, grues hydrauliques, machines fixes, etc.

Dans les cinq dernières années qui précéderont le terme de la concession, le Gouvernement aura le droit de saisir les revenus du chemin de fer et de les employer à rétablir en bon état le chemin de fer et ses dépendances, si la compagnie ne se mettait pas en mesure de satisfaire pleinement et entièrement à cette obligation.

En ce qui concerne les objets mobiliers, tels que le matériel roulant, les matériaux, combustibles et approvisionnements de tous genres, le mobilier des stations, l'outillage des ateliers et des gares, l'État sera tenu, si la compagnie le requiert, de reprendre tous ces objets sur l'estimation qui en sera faite à dire d'experts, et réciproquement, si l'État le requiert, la compagnie sera tenue de les céder de la même manière.

Toutefois, l'État ne pourra être tenu de reprendre que les approvisionnements nécessaires à l'exploitation du chemin pendant six mois.

37. A toute époque, après l'expiration des vingt-cinq premières années de la concession, le Gouvernement aura la faculté de racheter la concession entière du chemin de fer.

Pour régler le prix du rachat, on relèvera les produits nets annuels obtenus par la compagnie pendant les sept années qui auront précédé celle où le rachat sera effectué; on en déduira les produits nets des deux plus faibles années, et l'on établira le produit net moyen des cinq autres années.

Ce produit net moyen formera le montant d'une annuité qui sera due et payée à la compagnie pendant chacune des années restant à courir sur la durée de la concession.

Dans aucun cas, le montant de l'annuité ne sera inférieur au produit net de la dernière des sept années prises pour terme de comparaison.

La compagnie recevra, en outre, dans les trois mois qui suivront le rachat, les remboursements auxquels elle aurait droit, à l'expiration de la concession, selon l'article 36 ci-dessus.

38. Faute par la compagnie d'avoir terminé les travaux dans le délai fixé par l'article 2, faute aussi par elle d'avoir rempli les diverses obligations qui lui sont imposées par le présent cahier des charges, elle encourra la déchéance, et il sera pourvu tant à la continuation et à l'achèvement des travaux qu'à l'exécution des autres engagements contractés par la compagnie, au moyen d'une adjudication que l'on ouvrira sur une mise à prix des ouvrages exécutés, des matériaux approvisionnés et des parties du chemin de fer déjà livrées à l'exploitation.

Les soumissions pourront être inférieures à la mise à prix.

La nouvelle compagnie sera soumise aux clauses du présent cahier des charges, la compagnie évincée recevra d'elle le prix que la nouvelle adjudication aura fixé.

Si l'adjudication ouverte n'amène aucun résultat, une seconde adjudication tentée sur les mêmes bases, après un délai de trois mois; si cette seconde reste également sans résultat, la compagnie sera définitivement déchue de droits, et alors les ouvrages exécutés, les matériaux approvisionnés et les partie: chemin de fer déjà livrées à l'exploitation appartiendront à l'État.

39. Si l'exploitation du chemin de fer vient à être interrompue en totalité et partie, l'administration prendra immédiatement, aux frais et risques de la les mesures nécessaires pour assurer provisoirement le service.

Si, dans les trois mois de l'organisation du service provisoire, la compag pas valablement justifié qu'elle est en état de reprendre et de continuer l' tation, et si elle ne l'a pas effectivement reprise, la déchéance pourra être pro cée par le gouverneur général. Cette déchéance prononcée, le chemin de f toutes ses dépendances seront mis en adjudication et il sera procédé ainsi qu'i dit à l'article précédent.

40. Les dispositions des trois articles qui précèdent cesseraient d'être appli et la déchéance ne serait pas encourue, dans le cas où le concessionnaire n'au remplir ses obligations par suite de circonstances de force majeure dûment co

TITRE IV.

TAXES ET CONDITIONS RELATIVES AU TRANSPORT DES VOYAGEURS ET DES MARCHANDISES.

41. Pour indemniser la compagnie des travaux et dépenses qu'elle s'engage à par le présent cahier des charges, et sous la condition expresse qu'elle en rem exactement toutes les obligations, le Gouvernement lui accorde l'autorisa percevoir, pendant toute la durée de la concession, les droits de péage et ! de transport ci-après déterminés :

TARIF.

1° PAR TÊTE ET PAR KILOMÈTRE.

	fr. a.	fr. c.
Grande vitesse.		
Voyageurs... Voitures couvertes, fermées à vitres, et à banquettes rembourrées (1re classe)	o 08	o o4
Voitures couvertes et fermées à vitres (2e classe)	o o55	o o25
Enfants..... Au-dessous de trois ans, les enfants ne payent rien, à la condition d'être portés sur les genoux des personnes qui les accompagnent.		
De trois à sept ans, ils payent demi-place et ont droit à une place distincte; toutefois, dans un même compartiment, deux enfants ne pourront occuper que la place d'un voyageur.		
Chiens transportés par les trains de voyageurs (sans que la perception puisse être inférieure à o⁵ 30°)	o o16	o oo8
Petite vitesse.		
Bœufs, vaches, taureaux, chevaux, mulets, bêtes de trait.	o o7	o o3
Veaux et porcs	o o25	o o15
Moutons, brebis, agneaux, chèvres	o o1	o o1
Lorsque les animaux ci-dessus dénommés seront, sur la demande des expéditeurs, transportés à la vitesse des trains de voyageurs, les prix seront doublés.		

2° PAR TONNE ET PAR KILOMÈTRE.

Marchandises transportées à grande vitesse.		
Huîtres, poissons, frais, denrées, excédants de bagages et marchandises de toute classe transportées à la vitesse des trains de voyageurs	o 30	o 24

	PRIX		
	de péage.	de trans- port.	TOTAUX.
	fr. c.	fr. c.	fr. c.
Marchandises transportées à petite vitesse.			
.... — Spiritueux. — Huiles. — Bois de menuiserie, de tein- ture et autres bois exotiques. — Produits chimiques non dénom- ..... — Œufs. — Viande fraîche. — Gibier. — Sucre. — Café. — ....gues. — Épiceries. — Tissus. — Denrées coloniales. — Objets ....ufacturés. — Armes..	0 135	0 105	0 24
.... — Blés. — Grains. — Farines. — Légumes farineux. — Riz, ...s, châtaignes et autres denrées alimentaires non dénommées. — Chaux et plâtre. — Charbon de bois. — Bois à brûler dit *de* ..... — Perches. — Chevrons. — Planches. — Madriers. — Bois ...charpente. — Marbre en bloc. — Albâtre. — Bitumes. — Co- .... — Laines. — Vins. — Vinaigres. — Boissons. — Bières. — .....tre sèche. — Coke. — Fers. — Cuivres. — Plomb et autres .....ux ouvrés ou non. — Fontes moulées. — Alfa.............. ..... — Houille. — Marne. — Cendres. — Fumiers et engrais. .. Pierres à chaux et à plâtre. — Pavés et matériaux pour la ....truction et la réparation des routes. — Pierres de taille et ....uits de carrières. — Minerais de fer et autres. — Fonte brute. .. Sel. — Moellons. — Meulières. — Cailloux. — Sable. — Argiles. ..briques. — Ardoises......................................	0 12.	0 08	0 20
	0 08	0 05	0 13
VOITURES ET MATÉRIEL ROULANT TRANSPORTÉS À GRANDE VITESSE.			
Par pièce et par kilomètre.			
...n ou chariot pouvant porter de trois à cinq tonnes..........	0 14	0 09	0 23
...n ou chariot pouvant porter plus de cinq tonnes...........	0 18	0 12	0 30
...otive pesant de huit à douze tonnes (ne trainant pas de con- .]..	2 70	1 80	4 50
...tive pesant de douze à vingt tonnes (ne trainant pas de con- .]..	3 37	2 25	5 62
...r de quatre à sept tonnes................................	1 35	0 90	2 25
...r de plus de sept tonnes.................................	0 02	1 35	3 37
Les machines locomotives seront considérées comme ne trainant .. le convoi, lorsque le convoi remorqué, soit de voyageurs, ...e marchandises, ne comportera pas un péage au moins égal ...lui qui serait perçu sur la locomotive avec son tender mar- ....nt sans rien trainer.			
...Le prix à payer pour un wagon chargé ne pourra jamais être ....ieur à celui qui serait dû pour un wagon marchant à vide.			
...res à deux ou quatre roues, à un fond et à une seule ban- ....tte dans l'intérieur...................................	0 22	0 15.	0 37
...res à quatre roues, à deux fonds et à deux banquettes dans ...érieur, omnibus, diligences, etc.......................	0 27	0 21	0 48
. Lorsque, sur la demande des expéditeurs, les transports auront .. à la vitesse des trains de voyageurs, les prix ci-dessus seront ....blés.			
Dans ce cas, deux personnes pourront, sans supplément de ...x, voyager dans les voitures à une banquette, et trois dans les ....tures à deux banquettes, omnibus, diligences, etc. Les voya- ....urs excédant ce nombre payeront le prix des places de deuxième			
...res de déménagement à deux ou quatre roues, à vide.......	0 18	0 12	0 30
...s voitures, lorsqu'elles seront chargées, payeront en sus des prix ci- .....s, par tonne de chargement et par kilomètre............	0 12	0 09	0 21
4° SERVICE DES POMPES FUNÈBRES ET TRANSPORT DES CERCUEILS.			
Grande vitesse.			
...ne voiture des pompes funèbres renfermant un ou plusieurs cer- ....ils sera transportée aux mêmes prix et conditions qu'une voi- ....re à quatre roues, à deux fonds et à deux banquettes;.......	0 54	0 42	0 96
Chaque cercueil confié à l'administration du chemin de fer sera ...sporté, dans un compartiment isolé, au prix de...........	0 27	0 18	0 45

Les prix déterminés ci-dessus pour les transports ne comprennent pas l'impôt pourrait être établi.

Il est expressément entendu que les prix de transport ne seront dus à la gnie qu'autant qu'elle effectuerait elle-même ces transports à ses frais et propres moyens; dans le cas contraire, elle n'aura droit qu'aux prix fixés péage.

La perception aura lieu d'après le nombre de kilomètres parcourus. Tout mètre entamé sera payé comme s'il avait été parcouru en entier.

Si la distance parcourue est inférieure à six kilomètres, elle sera comptée six kilomètres.

Le poids de la tonne est de mille kilogrammes.

Les fractions de poids ne seront comptées, tant pour la grande que pour la vitesse, que par centième de tonne ou par dix kilogrammes.

Ainsi, tout poids compris entre zéro et dix kilogrammes payera comme grammes, entre dix et vingt kilogrammes comme vingt kilogrammes, etc.

Toutefois, pour les excédants de bagages et marchandises à grande vi coupures seront établies :

1° De zéro à cinq kilogrammes;

2° Au-dessus de cinq kilogrammes, jusqu'à dix kilogrammes;

3° Au-dessus de dix kilogrammes, par fraction indivisible de dix kil

Quelle que soit la distance parcourue, le prix d'une expédition quelce grande, soit en petite vitesse, ne pourra être moindre de quarante cent

Dans le cas où le prix de l'hectolitre de blé s'élèverait sur le marché Marseille à vingt francs ou au-dessus, le Gouvernement pourra exiger de la gnie que le tarif du transport des blés, grains, riz, mais, farines et légume neux, péage compris, ne puisse s'élever au maximum qu'à dix centimes par et par kilomètre.

42. A moins d'une autorisation spéciale et révocable de l'administration, tout régulier de voyageurs devra contenir des voitures de toutes classes en nombre pour toutes les personnes qui se présenteraient dans les bureaux du chemin

Dans chaque train de voyageurs, la compagnie aura la faculté de placer tures à compartiments spéciaux pour lesquels il sera établi des prix partic l'administration fixera, sur la proposition de la compagnie ; mais le nombre à donner dans ces compartiments ne pourra dépasser le cinquième du no des places du train.

43. Tout voyageur dont le bagage ne pèsera pas plus de trente kilogramm à payer, pour le port de ce bagage, aucun supplément de prix de place. C chise ne s'appliquera pas aux enfants transportés gratuitement, et elle se à vingt kilogrammes pour les enfants transportés à moitié prix.

44. Les animaux, denrées, marchandises, effets et autres objets non d le tarif seront rangés, pour les droits à percevoir, dans les classes avec lesqu auront le plus d'analogie, sans que jamais, sauf les exceptions formulées ticles 45 et 46 ci-après, aucune marchandise non dénommée puisse être so une taxe supérieure à celle de la première classe du tarif ci-dessus.

Les assimilations de classes pourront être provisoirement réglées par la mais elles seront soumises immédiatement à l'administration, qui prononce nitivement.

45. Les droits de péage et les prix de transport déterminés au tarif ne so applicables à toute masse indivisible pesant plus de trois mille kilogrammes (3

Néanmoins, la compagnie ne pourra se refuser à transporter les masses indi pesant de trois mille à quatre mille kilogrammes; mais les droits de péage et l de transport seront augmentés de moitié.

La compagnie ne pourra être contrainte à transporter des masses pesant quatre mille kilogrammes (4,000ᵏ).

Si, nonobstant la disposition qui précède, la compagnie transporte des divisibles pesant plus de quatre mille kilogrammes, elle devra, pendant troi au moins, accorder les mêmes facilités à tous ceux qui en feraient la demande

Dans ce cas, les prix de transport seront fixés par l'administration, sur la sition de la compagnie.

46. Les prix de transport déterminés au tarif ne sont point applicables :

1° Aux denrées et objets qui ne sont pas nommément énoncés dans le tarif et ne pèseraient pas deux cents kilogrammes sous le volume d'un mètre cube;

3° Aux matières inflammables ou explosibles, aux animaux et objets dangereux, par lesquels des règlements de police prescriraient des précautions spéciales;

3° Aux animaux dont la valeur déclarée excéderait cinq mille francs;

4° A l'or et à l'argent, soit en lingots, soit monnayés ou travaillés, au plaqué d'or d'argent, au mercure et au platine, ainsi qu'aux bijoux, dentelles, pierres précieuses, objets d'art et autres valeurs;

5° Et, en général, à tous paquets, colis ou excédants de bagages pesant isolément quarante kilogrammes et au-dessous.

Toutefois, les prix de transport déterminés au tarif sont applicables à tous paquets et colis, quoique emballés à part, s'ils font partie d'envois pesant ensemble plus de quarante kilogrammes d'objets envoyés par une personne à une même personne. Il sera de même pour les excédants de bagages qui pèseront ensemble ou isolément plus de quarante kilogrammes.

Le bénéfice de la disposition énoncée dans le paragraphe précédent, en ce qui concerne les paquets et colis, ne peut être invoqué par les entrepreneurs de messageries et de roulage et autres intermédiaires de transport, à moins que les articles par eux envoyés ne soient réunis en un seul colis.

Dans les cinq cas ci-dessus spécifiés, les prix de transport seront arrêtés annuellement par l'administration, tant pour la grande que pour la petite vitesse, sur la proposition de la compagnie.

En ce qui concerne les paquets ou colis mentionnés au paragraphe 5° ci-dessus, les prix de transport devront être calculés de telle manière qu'en aucun cas un de ces paquets ou colis ne puisse payer un prix plus élevé qu'un article de même nature et plus de quarante kilogrammes.

Dans le cas où la compagnie jugerait convenable, soit pour le parcours total, pour les parcours partiels de la voie de fer, d'abaisser, avec ou sans conditions, dessous des limites déterminées par le tarif les taxes qu'elle est autorisée à percevoir, les taxes abaissées ne pourront être relevées qu'après un délai de trois mois moins pour les voyageurs et pour les marchandises.

Toute modification de tarif proposée par la compagnie sera annoncée un mois à l'avance par des affiches.

La perception des tarifs modifiés ne pourra avoir lieu qu'avec l'homologation de l'administration supérieure, conformément aux dispositions de l'ordonnance du novembre 1846.

La perception des taxes devra se faire indistinctement et sans aucune faveur. Tout traité particulier qui aurait pour effet d'accorder à un ou plusieurs expéditeurs une réduction sur les tarifs approuvés demeure formellement interdit.

Toutefois, cette disposition n'est pas applicable aux traités qui pourraient intervenir entre le Gouvernement et la compagnie dans l'intérêt des services publics, et aux réductions ou remises qui seraient accordées par la compagnie aux indigents.

En cas d'abaissement des tarifs, la réduction portera proportionnellement sur le droit et sur le transport.

La compagnie sera tenue d'effectuer constamment avec soin, exactitude et sécurité, et sans tour de faveur, le transport des voyageurs, bestiaux, denrées, marchandises et objets quelconques qui lui seront confiés.

Les colis, bestiaux et objets quelconques seront inscrits, à la gare d'où ils partent et à la gare où ils arrivent, sur des registres spéciaux au fur et à mesure de leur réception; mention sera faite, sur les registres de la gare de départ, du prix total dû pour leur transport.

Pour les marchandises ayant une même destination, les expéditions auront lieu suivant l'ordre de leur inscription à la gare de départ.

Toute expédition de marchandises sera constatée, si l'expéditeur le demande, par une lettre de voiture, dont un exemplaire restera aux mains de la compagnie et l'autre aux mains de l'expéditeur.

Dans le cas où l'expéditeur ne demanderait pas de lettre de voiture, la compagnie sera tenue de lui délivrer un récépissé qui énoncera la nature et le poids du colis, le prix total du transport et le délai dans lequel ce transport devra être effectué.

49. Les animaux, denrées, marchandises et objets quelconques seront expédiés et transportés de gare en gare dans les délais résultant des conditions ci-après exprimées :

1° Les denrées, marchandises et objets quelconques à grande vitesse seront expédiés par le premier train de voyageurs comprenant des voitures de toutes classes et correspondant avec leur destination, pourvu qu'ils aient été présentés à l'enregistrement six heures avant le départ de ce train; ils seront mis à la disposition des destinataires, à la gare, dans le délai de six heures après l'arrivée de ce même train.

Pour les animaux, ces délais seront fixés à trois heures (3^h), pour les gares de départ, et à deux heures (2^h), pour les gares d'arrivée.

2° Les animaux, denrées, marchandises et objets quelconques à petite vitesse seront expédiés dans le jour qui suivra celui de la remise; toutefois l'administration pourra étendre ce délai à deux jours.

Le maximum de durée du trajet sera fixé par l'administration, sur la proposition de la compagnie, sans que ce maximum puisse excéder vingt-quatre heures par fraction indivisible de cent vingt-cinq kilomètres.

Les colis seront mis à la disposition des destinataires dans le jour qui suivra celui fixé pour leur arrivée en gare.

Le délai total résultant des trois paragraphes ci-dessus sera seul obligatoire pour la compagnie.

Il pourra être établi un tarif réduit, approuvé par le gouverneur général, pour l'expéditeur qui acceptera des délais plus longs que ceux déterminés ci-dessus pour la petite vitesse.

Pour le transport des marchandises, il pourra être établi, sur la proposition de la compagnie, un délai moyen entre ceux de la grande et de la petite vitesse. Le prix correspondant à ce délai sera un prix intermédiaire entre ceux de la grande et de la petite vitesse.

L'administration déterminera, par des règlements spéciaux, les heures d'ouverture et de fermeture des gares et stations, tant en hiver qu'en été, ainsi que les dispositions relatives aux denrées apportées par les trains de nuit et destinées à l'approvisionnement des marchés des villes.

Lorsque la marchandise devra passer d'une ligne sur une autre sans solution de continuité, les délais de livraison et d'expédition au point de jonction seront fixés par l'administration, sur la proposition de la compagnie.

50. Les frais accessoires non mentionnés dans les tarifs, tels que ceux d'enregistrement, de chargement, de déchargement et de magasinage dans les gares et magasins du chemin de fer, seront fixés annuellement par l'administration, sur la proposition de la compagnie.

51. La compagnie sera tenue de faire, dans un périmètre et dans des délais seront déterminés par l'administration, soit par elle-même, soit par un intermédiaire dont elle répondra, le factage et le camionnage pour la remise au domicile des destinataires de toutes les marchandises qui lui sont confiées.

Le factage et le camionnage ne seront obligatoires que pour les stations présentant une population agglomérée d'au moins cinq mille âmes.

Les tarifs à percevoir seront fixés par l'administration, sur la proposition de la compagnie. Ils seront applicables à tout le monde sans distinction.

Toutefois, les expéditeurs et destinataires restent libres de faire eux-mêmes ou leurs frais le factage et le camionnage des marchandises.

52. A moins d'une autorisation spéciale de l'administration, il est interdit à la compagnie, conformément à l'article 14 de la loi du 15 juillet 1845, de faire directement ou indirectement avec des entreprises de transport de voyageurs ou de marchandises par terre ou par eau, sous quelque dénomination ou forme que ce puisse être, des arrangements qui ne seraient pas consentis en faveur de toutes les entreprises desservant les mêmes voies de communication.

L'administration, agissant en vertu de l'article 53 ci-dessus, prescrira les mesures à prendre pour assurer la plus complète égalité entre les diverses entreprises de transport dans leurs rapports avec le chemin de fer.

TITRE VI.

STIPULATIONS RELATIVES À DIVERS SERVICES PUBLICS.

53. Les militaires ou marins voyageant en corps, aussi bien que les militaires et marins voyageant isolément pour cause de service, envoyés en congé limité ou en permission, ou rentrant dans leurs foyers après libération, ne seront assujettis, eux, leurs chevaux et leurs bagages, qu'à la moitié de la taxe du tarif fixé par le présent cahier des charges.

...vernement avait besoin de diriger des troupes et un matériel militaire ou ...l'un des points desservis par le chemin de fer, la compagnie serait ...mettre immédiatement à sa disposition, pour la moitié de la taxe du même ...ses moyens de transport.

...fonctionnaires ou agents chargés de l'inspection, du contrôle et de la sur- ...du chemin de fer seront transportés gratuitement dans les voitures de ...nie.

...faculté est accordée aux agents des contributions indirectes et des ...argés de la surveillance des chemins de fer dans l'intérêt de la perception

...rvice des lettres et dépêches sera fait comme il suit sur chaque ligne : ...cun des trains de voyageurs et de marchandises circulant aux heures ordi- ...l'exploitation, la compagnie sera tenue de réserver gratuitement un com- ...écial d'une voiture de deuxième classe pour recevoir les lettres, les dé- ...s agents nécessaires au service des postes, le surplus de la voiture restant ...tion de la compagnie.

..., si les besoins du service l'exigeaient, la compagnie devrait livrer gra- ...un deuxième compartiment.

...volume des dépêches ou la nature du service rend insuffisante la capacité ...mpartiments à deux banquettes, de sorte qu'il y ait lieu de substituer une ...iale aux wagons ordinaires, le transport de cette voiture sera également

...la compagnie voudra changer les heures de départ de ses convois ordi- ...sera tenue d'en avertir l'administration des postes quinze jours à l'avance. ...vice de la poste pourra exiger chaque jour un ou plusieurs trains spéciaux ...arche sera réglée par M. le gouverneur général de l'Algérie, la compagnie

...bation à payer dans ce cas à la compagnie pour chaque train ne pourra ...xante-quinze centimes par kilomètre parcouru pour la première voiture, ...q centimes pour chaque voiture en sus de la première.

...mpagnie pourra placer dans les convois spéciaux de la poste des voitures ...es pour le transport, à son profit, des voyageurs et des marchandises. ...agnie ne pourra être tenue d'établir des convois spéciaux ou de changer ...de départ, la marche ou le stationnement des convois, qu'autant que ...on l'aura prévenue par écrit quinze jours à l'avance.

...ins, toutes les fois qu'en dehors des services réguliers l'administration ...pédition d'un convoi extraordinaire, soit de jour, soit de nuit, cette expé- ...être faite immédiatement, sauf l'observation des règlements de police; ...ultérieurement réglé, de gré à gré ou à dire d'experts, avec l'adminis- ...compagnie.

...inistration des postes fera construire à ses frais les voitures qu'il pourra ...aire d'affecter spécialement au transport et à la manutention des dépêches. ...ra la forme et la dimension de ces voitures, sauf l'approbation par ...erneur général de l'Algérie des dispositions qui intéressent la régularité ...té de la circulation. Elles seront montées sur châssis et sur roues. Leur ...épassera pas six mille kilogrammes, chargement compris. L'administration ...fera entretenir à ses frais ses voitures spéciales; toutefois, l'entretien des ...des roues sera à la charge de la compagnie.

...mpagnie ne pourra réclamer aucune augmentation des prix ci-dessus in- ...qu'il sera nécessaire d'employer des plates-formes au transport des malles- ...des voitures spéciales en réparation.

...esse moyenne des convois spéciaux mis à la disposition de l'administration ...ne pourra être inférieure à celle des trains les plus rapides de la compa- ...chaque section.

...compagnie sera tenue de transporter gratuitement, par tous les convois de ...m, tout agent des postes chargé d'une mission ou d'un ordre de service acci- ...porteur d'un ordre de service régulier délivré conformément aux prescrip- ...arrêté rendu par le gouverneur de l'Algérie, la compagnie entendue. Il ...dé à l'agent des postes en mission une place de voiture de première classe. ...compagnie sera tenue de fournir, à chacun des points extrêmes de la ligne, ...x principales stations intermédiaires qui seront désignées par l'adminis- ...postes, un emplacement sur lequel l'administration pourra faire construire

37.

des bureaux de poste ou d'entrepôt des dépêches et des hangars pour le
et le déchargement des malles-poste. Les dimensions de cet emplacement
au maximum, de soixante-quatre mètres carrés.

12° La valeur locative du terrain ainsi fourni par la compagnie lui sera pa
gré à gré ou à dire d'experts.

13° La position sera choisie de manière que les bâtiments qui y seront
aux frais de l'État ne puissent entraver en rien le service de la compagnie

14° L'administration se réserve le droit d'établir à ses frais, sans indemu
aussi sans responsabilité pour la compagnie, tous poteaux ou appareils
à l'échange des dépêches sans arrêt de train, à la condition que ces apparei
leur nature ou leur position, n'apportent pas d'entraves aux différents servic
ligne ou des stations.

15° Les employés chargés de la surveillance du service, les agents pré
l'échange ou à l'entrepôt des dépêches auront accès dans les gares ou statio
l'exécution de leur service, en se conformant aux règlements de police in
de la compagnie.

56. La compagnie sera tenue, à toute réquisition, de faire partir par conv
naire les wagons ou voitures cellulaires employés au transport des prévenus,
ou condamnés.

Les wagons et les voitures employés au service dont il s'agit seront co
frais de l'État ou des départements, leurs formes et dimensions seront d
de concert par le gouverneur général de l'Algérie, la compagnie entendu

Les employés de l'administration, les agents, les gendarmes et les
placés dans les wagons ou voitures cellulaires, ne seront assujettis qu'à la
la taxe applicable aux places de deuxième classe, telle qu'elle est fixée par le
cahier des charges.

Les gendarmes placés dans les mêmes voitures ne payeront que le quart
même taxe.

Le transport des wagons et des voitures sera gratuit.

Dans le cas où l'administration voudrait, pour le transport des prisonniers
usage des voitures de la compagnie, celle-ci sera tenue de mettre à sa d
ou plusieurs compartiments spéciaux de voitures de deuxième classe à d
quettes. Le prix de location sera fixé à raison de trente centimes (0ᶠ 30°) par
timent et par kilomètre.

Les dispositions qui précèdent seront applicables au transport des jeunes dél
ecueillis par l'administration pour être transférés dans les établissements d'

57. Sur chaque ligne, le Gouvernement se réserve la faculté de faire, le
voies, toutes les constructions, de poser tous les appareils nécessaires à l'
ment d'une ligne télégraphique, sans nuire au service du chemin de fer.

Sur la demande de l'administration des lignes télégraphiques, il sera réserv
les gares des villes et des localités qui seront désignées ultérieurement, des
nettes destinées à recevoir le bureau télégraphique et son matériel.

La compagnie concessionnaire sera tenue de faire garder par ses agents le
appareils des lignes électriques, de donner aux employés télégraphiques
sance de tous les accidents qui pourraient survenir et de leur en faire
causes.

En cas de rupture du fil télégraphique, les employés de la compagnie a
raccrocher provisoirement les bouts séparés, d'après les instructions qui leur
données à cet effet.

Les agents de la télégraphie voyageant pour le service de la ligne électrique
le droit de circuler gratuitement dans les voitures du chemin de fer.

En cas de rupture du fil télégraphique par d'accidents graves, une l
sera mise immédiatement à la disposition de l'inspecteur de la ligne télégra
pour le transporter sur le lieu de l'accident avec les hommes et les matériaux
saires à la réparation. Ce transport sera gratuit et il devra être effectué da
conditions telles qu'il ne puisse entraver en rien la circulation publique.

Dans le cas où des déplacements de fils, appareils ou poteaux deviendraiel
cessaires par suite de travaux exécutés sur le chemin, ces déplacements
lieu aux frais de la compagnie, par les soins de l'administration des lignes
phiques.

La compagnie pourra être autorisée et, au besoin, requise par le gouverneur
néral de l'Algérie d'établir à ses frais les fils et appareils télégraphiques destiné

soumettre les signaux nécessaires pour la sûreté et la régularité de son exploita‑
tion.

Elle pourra, avec l'autorisation de M. le gouverneur général de l'Algérie, se servir
des poteaux de la ligne télégraphique de l'État, lorsqu'une semblable ligne existera
le long de la voie.

La compagnie sera tenue de se soumettre à tous les règlements d'administration
publique concernant l'établissement et l'emploi de ces appareils, ainsi que l'organi‑
sation, aux frais de la compagnie, du contrôle de ce service par les agents de l'État.

TITRE VI.

CLAUSES DIVERSES.

Dans le cas où le Gouvernement ordonnerait ou autoriserait la construction
de routes, de chemins de fer ou de canaux qui traverseraient la ligne objet de la
présente concession, la compagnie ne pourra s'opposer à ces travaux; mais toutes
les dispositions nécessaires seront prises pour qu'il n'en résulte aucun obstacle à la
construction ou au service du chemin de fer, ni aucuns frais pour la compagnie.

Toute exécution ou autorisation ultérieure de route, de canal, de chemin de
fer, de travaux de navigation dans la contrée où est situé le chemin de fer objet de
la présente concession, ou dans toute autre contrée voisine ou éloignée, ne pourra
donner ouverture à aucune demande d'indemnité de la part de la compagnie.

Le Gouvernement se réserve expressément le droit d'accorder de nouvelles
concessions de chemins de fer s'embranchant sur les lignes concédées ou qui pour‑
ront être établies en prolongement desdites lignes.

La compagnie ne pourra mettre aucun obstacle à ces embranchements ni ré‑
clamer, à l'occasion de leur établissement, aucune indemnité quelconque, pourvu
qu'il n'en résulte aucun obstacle à la circulation, ni aucuns frais particuliers pour
la compagnie.

Les compagnies concessionnaires de chemins de fer d'embranchement ou de
prolongement auront la faculté, moyennant les tarifs ci-dessus déterminés et l'ob‑
servation des règlements de police et de service établis ou à établir, de faire circuler
leurs voitures, wagons et machines sur le chemin de fer objet de la présente con‑
cession, pour lequel cette faculté sera réciproque à l'égard desdits embranchements
et prolongements.

Dans le cas où les diverses compagnies ne pourraient s'entendre entre elles sur
l'exercice de cette faculté, le Gouvernement statuerait sur les difficultés qui s'élève‑
raient entre elles à cet égard.

Dans le cas où une compagnie d'embranchement ou de prolongement joignant
celle qui fait l'objet de la présente concession n'userait pas de la faculté de cir‑
culer sur cette ligne, comme aussi dans le cas où la compagnie concessionnaire de
la dernière ligne ne voudrait pas circuler sur les prolongements et embranche‑
ments, les compagnies seraient tenues de s'arranger entre elles, de manière que le
service de transport ne soit jamais interrompu aux points de jonction des diverses
lignes.

Celle des compagnies qui se servira d'un matériel qui ne serait pas sa propriété
payera une indemnité en rapport avec l'usage et la détérioration de ce matériel.

Dans le cas où les compagnies ne se mettraient pas d'accord sur la quotité de l'in‑
demnité ou sur les moyens d'assurer la continuation du service sur toute la ligne,
le Gouvernement y pourvoirait d'office et prescrirait toutes les mesures nécessaires.

La compagnie pourra être assujettie, par les décrets qui seront ultérieurement
rendus pour l'exploitation des chemins de fer de prolongement ou d'embranchement
joignant celui qui lui est concédé, à accorder aux compagnies de ces chemins une
réduction de péage ainsi calculée :

1° Si le prolongement ou l'embranchement n'a pas plus de cent kilomètres, dix
pour cent (10 p. 0/0) du prix perçu par la compagnie;

2° Si le prolongement ou l'embranchement excède cent kilomètres, quinze pour
cent (15 p. 0/0);

3° Si le prolongement ou l'embranchement excède deux cents kilomètres, vingt
pour cent (20 p. 0/0);

4° Si le prolongement ou l'embranchement excède trois cents kilomètres, vingt‑
cinq pour cent (25 p. 0/0).

RÉPUBLIQUE. FRANÇAISE.

N° 3559. — DÉCRET qui fixe la Taxe municipale à percevoir sur les dans les communes de Cruzy, d'Olonzac, d'Agde et de Beaufort (Hérault

Du 10 Août 1874.

LE PRÉSIDENT DE LA RÉPUBLIQUE FRANÇAISE,

Sur le rapport du ministre de l'intérieur;

Vu la loi du 2 mai 1855;

Les délibérations des conseils municipaux de Cruzy, d'Olonzac, d' de Beaufort (Hérault), en date des 9, 11 et 12 novembre 1873 et 15 1874;

L'avis du conseil général et celui du préfet;

Le Conseil d'État entendu,

DÉCRÈTE :

ART. 1er. La taxe municipale à percevoir sur les chiens, à du 1er janvier 1875, dans les communes de Cruzy, d'Ol d'Agde et de Beaufort (Hérault), est fixée ainsi qu'il suit :

A cinq francs (5f) pour les chiens d'agrément ou servant chasse;

A deux francs (2f) pour les chiens de garde.

2. Le ministre de l'intérieur est chargé de l'exécution du p décret.

Fait à Versailles, le 10 Août 1874.

Signé Mal DE MAC MAHON.

Le Ministre de l'intérieur,

Signé. Gal DE CHABAUD LA TOUR.

RÉPUBLIQUE FRANÇAISE.

N° 3560. — DÉCRET qui approuve les délibérations du Conseil général de Martinique et de la Guadeloupe, des 12 novembre 1872 et 28 novembre 1 modifiant l'assiette de l'impôt du Timbre.

Du 28 Août 1874.

LE PRÉSIDENT DE LA RÉPUBLIQUE FRANÇAISE,

Sur le rapport du ministre de la marine et des colonies;

Vu les sénatus-consultes des 3 mai 1854 et 4 juillet 1866, sur la constitu-tion des colonies de la Martinique, de la Guadeloupe et de la Réunion;

Vu les décrets des 24 octobre 1860 [1] et 21 septembre 1864 [2], sur l'organisation du timbre à la Martinique et à la Guadeloupe;

Vu le décret du 11 août 1866 [3], sur le mode d'approbation des délibérations des conseils généraux;

Vu les délibérations du conseil général de la Martinique, des 12 novembre
et 28 novembre 1873, portant modification au tarif et à l'assiette de
l'impôt du timbre;

Vu les arrêtés du gouverneur de la Martinique, des 3 décembre 1872 et
juillet 1873;

Vu l'avis du gouverneur de la Martinique, en date du 7 juin 1874,

DÉCRÈTE :

Art. 1er. Sont approuvées les délibérations susvisées du conseil
général de la Martinique, des 12 novembre 1872 et 28 novembre
1873, modifiant l'assiette de l'impôt du timbre et déclarant applicables dans la colonie les dispositions ci-après :

1° La loi du 25 août 1871, articles 18, 19, 20, 21, 22, 23 et 24;

2° Le décret portant règlement d'administration publique du
novembre 1871.

2. Le ministre de la marine et des colonies est chargé de l'exécution du présent décret, qui sera inséré au Bulletin des lois et au
Bulletin officiel de la marine.

Fait à Paris, le 28 Août 1874.

Signé Mᵃˡ DE MAC MAHON.

Le Ministre de la marine et des colonies,

Signé MONTAIGNAC.

RÉPUBLIQUE FRANÇAISE.

3561. — DÉCRET qui autorise le Gouverneur de la Guyane française à
accorder la francisation coloniale aux Bateaux à vapeur affectés au service
de la navigation sur les rivières et sur les côtes de la Colonie.

Du 28 Août 1874.

LE PRÉSIDENT DE LA RÉPUBLIQUE FRANÇAISE,

Vu l'ordonnance coloniale du 20 janvier 1820, formant le code des
douanes de la Guyane;

Vu l'article 18 du sénatus-consulte du 3 mai 1854, sur la constitution des
colonies,

DÉCRÈTE :

ART. 1er. Le gouverneur de la Guyane française est autorisé à dé-

livrer des actes de francisation coloniale aux bateaux à vapeur
fectés simultanément aux entreprises de navigation sur les rivièr
sur les côtes de la colonie.

2. Les droits résultant de la francisation spécifiée en l'artic
n'auront leur effet qu'à la Guyane, à l'exclusion de la France e
autres colonies françaises. Ils cesseront avec l'entreprise à laq
les navires sont attachés.

3. Le ministre de la marine et des colonies est chargé de l
cution du présent décret, qui sera inséré au Bulletin des lois
Bulletin officiel de la marine.

Fait à Paris, le 28 Août 1874.

Signé M⁵ DE MAC MAHON.

Le Ministre de la marine et des colonies,

Signé MONTAIGNAC.

RÉPUBLIQUE FRANÇAISE.

N° 3562. — DÉCRET portant prorogation de la Chambre temporaire du Tr
de première instance de la Seine.

Du 2 Octobre 1874.

LE PRÉSIDENT DE LA RÉPUBLIQUE FRANÇAISE,

Sur le rapport du garde des sceaux, ministre de la justice;
Vu le décret du 25 octobre 1873 [1], qui a prorogé d'une année la ch
temporaire instituée au tribunal de la Seine;
Considérant que les fonctions de cette chambre doivent, aux term
ce même décret, expirer le 9 novembre 1874, s'il n'en est autremen
donné;
Mais attendu que l'intérêt des justiciables exige encore le concours
chambre temporaire pour l'expédition des affaires arriérées;
Le Conseil d'État entendu,

DÉCRÈTE :

ART. 1ᵉʳ. La chambre temporaire établie au tribunal de la Se
est prorogée d'une année, à partir du 9 novembre 1874.

2. Le garde des sceaux, ministre de la justice, est chargé
l'exécution du présent décret, qui sera inséré au Bulletin des l

Fait à Paris, le 2 Octobre 1874.

Signé M⁵ DE MAC MAHON.

Le Garde des sceaux, Ministre de la justice,

Signé A. TAILHAND.

[1] Bull. 159, n° 2449.

RÉPUBLIQUE FRANÇAISE.

. — Décret qui reporte à l'exercice 1874 une somme non employée, 4878, sur les crédits ouverts au Ministre de la Marine et des Colonies par décret du 8 août 1873, pour le service de l'Artillerie.

Du 10 Octobre 1874.

LE PRÉSIDENT DE LA RÉPUBLIQUE FRANÇAISE,

le rapport du ministre de la marine et des colonies ;
la loi du 1er août 1868, qui a ouvert au ministère de la marine et des
, sur le montant de l'emprunt de quatre cent vingt-neuf millions
') , exercice 1869, un crédit de treize millions neuf cent mille
es (13,900,000') pour le service de l'artillerie ;
u l'article 4 de cette loi, ainsi conçu :
Les crédits ouverts sur les ressources créées par la présente loi,, non
ployés en clôture d'exercice, seront reportés par décret à l'exercice
vant, avec leur affectation spéciale et la ressource y afférente ; »
le décret du 20 août 1870 [1], qui reporte à l'exercice 1870 une somme
ept millions six cent soixante-deux mille quatre cent quarante-trois
s (7,662,443') non employée sur le crédit de treize millions neuf cent
francs (13,900,000') ouvert au ministère de la marine et des colonies
ladite loi du 1er août 1868, au titre de l'exercice 1869, pour le service
l'artillerie ;
lu l'arrêté du 14 août 1871 [2], qui reporte à l'exercice 1871 ladite somme
sept millions six cent soixante-deux mille quatre cent quarante-trois francs
' 3') non employée, en 1870, pour le service précité ;
1 décret du 26 février 1872 [3], qui reporte à l'exercice 1872 la même
de sept millions six cent soixante-deux mille quatre cent quarante-
francs (7,662,443') non employée, en 1871, pour le même service ;
u le décret du 8 août 1873 [4], qui reporte à l'exercice 1873 une somme
sept millions trois cent neuf mille sept cent quatre francs (7,309,704')
employée, en 1872, pour ledit exercice ;
Vu l'état des sommes non employées sur le budget spécial de l'emprunt,
au titre de l'exercice 1873, pour le service précité ;
Vu la lettre du ministre des finances, en date du 21 septembre 1874 ;
Le Conseil d'État entendu,

DÉCRÈTE :

ART. 1er. La somme de trois millions vingt-neuf mille neuf cents francs (3,029,900') non employée sur les crédits ouverts au ministère de la marine et des colonies, au titre du budget spécial de l'emprunt de quatre cent vingt-neuf millions (429,000,000'), exercice 1873, par le décret du 8 août 1873, est reportée à l'exercice 1874, avec la même affectation et de la manière suivante :

[1] XI° série, Bull. 1855, n° 18,080.　　[3] XII° série, Bull. 85, n° 982.
[2] XII° série, Bull. 77, n° 820.　　[4] XII° série, Bull. 150, n° 2365.

2. Une somme de trois millions vingt-neuf mille neuf cen|
(3,029,900ᶠ) est annulée sur la portion du même budget aff
l'exercice 1873, ainsi qu'il suit :

3. Il sera pourvu à la dépense autorisée par l'article 1ᵉʳ du |
décret au moyen des ressources créées par la loi du 1ᵉʳ août 1
4. Le ministre de la marine et des colonies et le minis|
finances sont chargés, chacun en ce qui le concerne, de l'ex
du présent décret, qui sera inséré au Bulletin des lois.
Fait à Paris, le 10 Octobre 1874.

Signé Mᵃˡ DE MAC MAHON.

Le Ministre des finances,

Signé MATHIEU-BODET.

Le Ministre de la marine et des

Signé MONTAIGNAC.

RÉPUBLIQUE FRANÇAISE.

Nᵒ 3564.—*Décret qui institue une Commission chargée d'arrêter définit'
et sans recours l'Indemnité à allouer aux personnes qui ont éprouvé un
judice matériel par suite des destructions ordonnées par l'autorité mili
française pendant la guerre de 1870-1871.*

Du 12 Octobre 1874.

LE PRÉSIDENT DE LA RÉPUBLIQUE FRANÇAISE,

Vu la loi du 28 juillet 1874, ayant pour objet d'accorder un dédo
ment à tous ceux qui ont éprouvé un préjudice matériel et direct par
des destructions ordonnées par l'autorité militaire française pendant la
guerre de 1870-1871, et notamment l'article 3;
Sur la proposition du vice-président du Conseil, ministre de la guerre,
des ministres des finances et de l'intérieur,
DÉCRÈTE :

ART. 1ᵉʳ. Une commission est instituée pour contrôler les réclama-

et arrêter définitivement, souverainement et sans recours, ité à allouer à chaque réclamant.

Cette commission est composée ainsi qu'il suit :

le général *de Chabaud La Tour*, ministre de l'intérieur, président;

a *Say*, membre de l'Assemblée nationale, vice-président;

Durangel, conseiller d'État, directeur de l'administration départementale et communale au ministère de l'intérieur;

Lecler, chef de la division du contentieux au ministère des finances;

Conder, sous-directeur adjoint à la direction générale de la comptabilité publique au ministère des finances;

sunez, chef de service à la direction générale du contrôle et de la comptabilité au ministère de la guerre;

ziat, colonel du génie, chef du neuvième bureau de la direction générale du personnel et du matériel au ministère de la guerre;

Decoux, chef de bataillon du génie en retraite, attaché à la direction du génie de Paris;

Coste, chef de bureau à la division du mouvement général des fonds au ministère des finances;

Boulan, chef du bureau de liquidation au ministère de l'intérieur;

Pilon, chef de bureau à la préfecture de la Seine.

M. *Boulan* remplira les fonctions de secrétaire et M. *Pilon* de secrétaire adjoint.

Le vice-président du Conseil, ministre de la guerre, et les mi- de l'intérieur et des finances sont chargés, chacun en ce qui e, de l'exécution du présent décret.

à Paris, le 12 Octobre 1874.

Signé M^{al} DE MAC MAHON, duc DE MAGENTA.

des finances,	*Le Vice-Président du Conseil, Mi-*	*Le Vice-Président du Conseil,*
MATHIEU-BODET.	*nistre de la guerre, chargé, par intérim, du département de l'intérieur,*	*Ministre de la guerre,*
		Signé Gal E. DE CISSEY.
	Signé Gal E. DE CISSEY.	

RÉPUBLIQUE FRANÇAISE.

3565. — DÉCRET *qui ouvre un Crédit, sur l'exercice 1874, à titre de Fonds de concours versés au Trésor par le Syndicat du Canal de l'Est, pour les travaux de construction de ce canal.*

Du 18 Octobre 1874.

LE PRÉSIDENT DE LA RÉPUBLIQUE FRANÇAISE,

Sur le rapport du ministre des travaux publics;

Vu la loi du 29 décembre 1873, portant fixation du budget général recettes et des dépenses de l'exercice 1874, avec la répartition, par chapi des crédits affectés au ministère des travaux publics pour ledit exercice

Vu l'article 13 de la loi de finances du 6 juin 1843, portant règl définitif du budget de l'exercice 1840, ledit article ainsi conçu :

« Les fonds versés par des départements, des communes et des pa « pour concourir, avec ceux de l'État, à l'exécution de travaux publics, « portés en recette aux produits divers du budget; un crédit de pa « somme sera ouvert par ordonnance royale au ministère des travaux « blics, additionnellement à ceux qui lui auront été accordés par le bu « pour les mêmes travaux, et la portion desdits fonds qui n'aura pas « employée pendant le cours d'un exercice pourra être réimputée, av « même affectation, aux budgets des exercices subséquents, en vertu « donnantes royales qui prononceront l'annulation des sommes restées « emploi sur l'exercice expiré ; »

Vu la loi du 24 mai dernier, qui autorise le syndicat du canal de à faire à l'État une avance montant à soixante-cinq millions de francs la construction du canal de l'Est;

Vu la déclaration du receveur central du département de la Seine, tatant qu'il a été versé au trésor, le 15 septembre dernier, une somme million de francs, à titre d'à-compte sur l'avance précitée de soixant millions de francs;

Vu la lettre du ministre des finances, en date du 9 octobre 1874,

DÉCRÈTE :

ART. 1ᵉʳ. Il est ouvert au ministère des travaux publics, fonds de la deuxième section du budget de l'exercice 1874 pitre xxxv. — *Amélioration des rivières*), un crédit de un milli francs (1,000,000ᶠ), applicable aux travaux de construction du de l'Est.

2. Il sera pourvu à la dépense au moyen des ressources versées au trésor, à titre de fonds de concours, par voie d' faite par le syndicat du canal de l'Est.

3. Les ministres des travaux publics et des finances sont ch chacun en ce qui le concerne, de l'exécution du présent décret, sera inséré au Bulletin des lois.

Fait à Paris, le 18 Octobre 1874.

Signé Mᵃˡ DE MAC MAHON.

Le Ministre des finances,
Signé MATHIEU-BODET.

Le Ministre des travaux publics,
Signé E. CAILLAUX.

RÉPUBLIQUE FRANÇAISE.

3566. — Décret qui affecte au service du Département de la Guerre la pièce d'eau des Suisses à Versailles, et les terrains avoisinants.

Du 18 Octobre 1874.

Président de la République française,

le rapport du ministre de la guerre;

l'ordonnance du 14 juin 1833 [1], qui règle le mode à suivre dans tous où il s'agit d'affecter un immeuble domanial à un service public de

idérant qu'il y a lieu d'affecter au département de la guerre la pièce des Suisses, située dans le petit parc de Versailles, et les terrains avoi-, remis provisoirement au service militaire, savoir : la pièce d'eau pour aux expériences de l'école régimentaire du génie, et les terrains con-our l'installation du camp, dont l'établissement remonte à la fin de 1871;

idérant que, par une dépêche du 29 septembre dernier, le ministre ances a donné son adhésion à cette mesure, sous la réserve, toutefois, immeubles affectés feraient retour au domaine aussitôt qu'ils cesse-d'être utilisés pour l'objet qui en nécessite actuellement l'occupation, rant cette remise les lieux seraient rétablis dans leur état primitif oins du département de la guerre,

TE :

1er. Sont affectés au service du département de la guerre, réserve ci-dessus exprimée, la pièce d'eau des Suisses, à Ver-(Seine-et-Oise), et les terrains avoisinants, tels qu'ils sont limi-un liséré rouge sur un plan ci-annexé.

es ministres de la guerre et des finances sont chargés, chacun qui le concerne, de l'exécution du présent décret, qui sera in-u Bulletin des lois.

it à Paris, le 18 Octobre 1874.

Signé Mal DE MAC MAHON.

Vice-Président du Conseil,
Ministre de la guerre,

Signé Gal E. DE CISSEY.

II° série, 2° partie, 1re section, Bull. 254, n° 4853.

RÉPUBLIQUE FRANÇAISE.

N° 3567. — Décret concernant les Exécutions militaires.

Du 25 Octobre 1874.

Le Président de la République française,

Sur le rapport du ministre de la guerre ;
Vu l'article 187 du Code de justice militaire;
Vu l'article 154 (chapitre xvi) du décret du 13 octobre 1863 [1], service dans les places de guerre et les villes de garnison;
Considérant qu'il y a lieu, dans un but d'humanité, de rendre plus et plus prompte l'exécution militaire des condamnés à mort,

Décrète :

Art. 1er. La condamnation à mort s'exécutera militairement il suit.

2. Le commandant de place ou le commandant d'armes fa mander pour l'exécution un adjudant sous-officier, quatre ou maréchaux des logis, quatre caporaux ou brigadiers et soldats pris à tour de rôle, en commençant par les plus ancien le corps auquel appartenait le condamné, et lorsque le con n'appartiendra pas à un des corps de la garnison, le peloton cution sera fourni à tour de rôle par les corps qui se trouve la place, en commençant par le plus bas numéro.

3. Il est commandé, en même temps que le peloton d'ex un cinquième sergent ou maréchal des logis, pris également les plus anciens et dont le rôle sera déterminé ci-après.

4. Un poteau, muni d'un crochet, sera planté au lieu fixé l'exécution; un sillon, tracé à six mètres en avant de ce poteau diquera la distance à laquelle le peloton, composé de douze h devra se ranger devant le condamné. L'adjudant, auquel un de l'état-major de la place fera connaître le moment de l'exécu fera charger les armes avant l'arrivée du condamné.

5. Le condamné est amené sur le terrain par un détachemen cinquante hommes; il n'est pas porteur de ses insignes. Lo arrive au centre des troupes, elles portent les armes, les battent aux champs.

6. Le condamné sera adossé au poteau; pendant la lec l'extrait du jugement, conformément à la loi, un soldat d l'avance lui bandera les yeux et le fera mettre à genoux.
Dans ce moment, le peloton, formé sur deux rangs, pren place à la distance indiquée, et le condamné étant laissé seul, l judant, placé à quatre pas sur la droite et à deux pas en avant

[1] xi° série, Bull. 1106, n° 11,860.

ton, lèvera son épée; à ce signe, les douze hommes mettront en
e; chacun visera à la poitrine, sur une ligne qui joindrait le mi-
des deux bras, c'est-à-dire entre les coudes et les épaules; l'ad-
ant, gardant son épée élevée, laissera au peloton le temps d'assurer
tir, puis il prononcera distinctement le commandement : *Feu,*
sera immédiatement suivi d'exécution.

. Un médecin militaire, choisi, soit dans le corps de troupe qui
fourni les tireurs, soit à tour de rôle parmi les plus anciens
garnison, devra assister à l'exécution; aussitôt après le feu du
n, il s'approchera du corps du condamné pour décider s'il faut
a donner le coup de grâce.

'il y a nécessité de donner le coup de grâce, le sous-officier
ndé en même temps que le peloton d'exécution, ainsi qu'il
à l'article 3, dont l'arme sera chargé d'avance et qui se tiendra
du médecin militaire, placera l'extrémité du canon à cinq
nètres de l'oreille du supplicié, et fera ainsi feu à bout portant.
Les exécutions multiples seront toujours simultanées. Les con-
és seront placés sur une même ligne et séparés par une distance
t mètres. Un seul adjudant commandera le feu.

Le médecin militaire qui a assisté à l'exécution examinera le
du supplicié, il indiquera dans un rapport médico-légal, le
re et le siége des blessures, et appréciera, s'il y a lieu, les cir-
nces majeures qui auraient, en faisant varier le procédé d'exé-
n, rendu le coup de grâce nécessaire.

rapport, indépendant de celui par lequel le décès est médicale-
constaté, sera immédiatement remis à l'autorité militaire su-
qui a ordonné l'exécution du jugement.

Toutes les dispositions antérieures relatives au mode d'exé-
militaire des condamnés à mort sont abrogées.

Le ministre de la guerre est chargé de l'exécution du présent
, qui sera inséré au Bulletin des lois.

à Paris, le 25 Octobre 1874.

Signé M^{al} DE MAC MAHON.

Le Vice-Président du Conseil,
Ministre de la guerre,

Signé Gal E. DE CISSEY.

RÉPUBLIQUE FRANÇAISE.

3568. — *DÉCRET qui ouvre au Budget du Ministère de la Marine et des
Colonies, pour l'exercice 1872, un Chapitre spécial destiné à recevoir l'imputation des Dépenses de Solde antérieures à cet exercice.*

Du 31 Octobre 1874.

LE PRÉSIDENT DE LA RÉPUBLIQUE FRANÇAISE,

Sur le rapport du ministre de la marine et des colonies;

Vu l'article 9 de la loi du 8 juillet 1837, portant que les rappels d'a rages de solde et accessoires de la solde continueront d'être imputés sur crédits de l'exercice courant et qu'en fin d'exercice le transport en effectué à un chapitre spécial, au moyen d'un virement de crédits à mettre à la sanction législative avec la loi de règlement de l'exe expiré;

Vu l'article 128 du décret du 31 mai 1862 [1] , portant règlement comptabilité publique,

DÉCRÈTE :

ART. 1ᵉʳ. Il est ouvert au budget du ministère de la marine et colonies, pour l'exercice 1872, un chapitre spécial destiné à r l'imputation des dépenses de solde antérieures à cet exerc chapitre, qui portera le n° 25, prendra le titre de *Rappels de payables sur revues antérieures à 1872.*

2. Le crédit du chapitre mentionné à l'article précédent se mera, par virement de comptes, de la somme de cent soixante et mille sept cent quatorze francs deux centimes, montant des rap de solde et autres dépenses y assimilées provisoirement acq sur les fonds des chapitres du budget désignés dans le tableau a au présent décret, et dont les résultats se répartissent comme il

Exercice 1868...................................	8,908ᶠ 19ᶜ
Exercice 1869...................................	25,940 76
Exercice 1870......	73,856 61
Exercice 1871...................................	53,008 46
TOTAL ÉGAL.........	161,714 02

3. Les crédits ouverts par la loi du 30 mars 1872, au litre du get de l'exercice 1872, ainsi que les dépenses imputées aux c suivants sur les fonds du budget précité, sont atténués dans les portions ci-après :

CHAP. IV.	États-majors et équipages à terre et à la mer......	97,039ᶠ 54ᶜ
—— V.	Troupes..................................	14,507 60
—— VI.	Corps entretenus et agents divers..............	20,073 61
—— VII.	Maistrance, gardiennage et surveillance..........	260 85
—— IX.	Vivres....................................	97 60
—— XVI.	Frais de passage, de rapatriement, de pilotage, etc..	3,265 37
—— XVII.	Traitements temporaires....................	658 33
—— XIX.	Personnel civil et militaire aux colonies.........	22,772 40
—— XX.	Matériel civil et militaire aux colonies..........	50 00
—— XXI.	Service pénitentiaire......................	2,988 71
	SOMME ÉGALE..........	161,714 02

[1] XIᵉ série, Bull. 1045, n° 10,527.

Le ministre de la marine et des colonies et le ministre des
ces sont chargés, chacun en ce qui le concerne, de l'exécution
résent décret, qui sera inséré au Bulletin des lois et annexé au
et de loi portant règlement définitif des dépenses de l'exer-
1872.

iit à Paris, le 31 Octobre 1874.

Signé M^{al} DE MAC MAHON.

Ministre des finances,

é MATHIEU-BODET.

Le Ministre de la marine et des colonies,

Signé MONTAIGNAC.

, par exercice, des rappels de dépenses payables sur revues antérieures à 1872,
u été acquittés sur les crédits des chapitres du budget de l'exercice 1872 désignés
ts, dont le transport au chapitre XXV doit être opéré dans le compte définitif des
de l'exercice précité, conformément aux dispositions des articles 9 de la loi
illet 1837 et 128 du décret impérial du 31 mai 1862, portant règlement sur la
ilité publique.

TION PRIMITIVE ET DES PAYEMENTS. (tres et articles.)	DÉTAIL, PAR EXERCICE, DES PAYEMENTS effectués en 1872.				TOTAUX	
	1868.	1869.	1870.	1871.	par article.	par chapitre.
HAPITRE IV.						
LJORS ET ÉQUIPAGES.						
. Solde et accessoires de la solde........	8,704^f63^c	9,913^f08^c	52,011^f37^c	26,110^f56^c	96,739^f54^c	97,039^f54
Habillement des équipages.............	»	»	»	300 00	300 00	
CHAPITRE V.						
TROUPES.						
. Infanterie de la marine.............	»	171 61	»	722 05	893 66	
Artillerie de la marine.............	»	»	18 96	8,754 62	8,773 58	
Gendarmerie maritime	»	»	»	3,918 61	3,918 61	14,507 60
Habillement des troupes.............	»	695 88	»	»	695 88	
Objets divers concernant les troupes...	»	»	225 87	»	225 87	
CHAPITRE VI.						
ENTRETENUS, ETC.						
Comptables des matières............	»	2,100 00	7,066 50	10,492 50	19,659 00	
Examinateurs et professeurs d'hydrographie..............	»	»	368 61	»	368 61	20,073 62
. Commis du commissariat..............	»	»	»	46 01	46 01	
CHAPITRE VII.						
MAISTRANCE, ETC.						
▲3. Gœtheurs des sémaphores.......	»	»	»	87 50	87 50	
▲4. Divers agents........	»	»	»	150 00	150 00	260 85
▲5. Escouades de gabiers de ports..........	»	»	23 35	»	23 35	

IMPUTATION PRIMITIVE DES CRÉDITS ET DES PAYEMENTS. (Chapitres et articles.)	DÉTAIL, PAR EXERCICE, DES PAYEMENTS effectués en 1872.				TOTAUX	
	1868.	1869.	1870.	1871.	par article.	par ch...
CHAPITRE IX. VIVRES.						
Art. 1er. Appointements et frais divers........	»	»	97f60c	»	97f60c	
CHAPITRE XVI. FRAIS DE PASSAGE, ETC.						
Art. 1er. Indemnités de route, etc., en France.	»	»	397 88	»	397 88	
——— 2. Indemnités de route, à l'extérieur.......	»	»	8 23	»	8 23	3,...
——— 3. Frais de passage, etc.	»	143f79c	1,552 40	»	1,696 19	
——— 5. Indemnités et allocations en France....	»	»	349 81	813f26c	1,163 07	
CHAPITRE XVII. TRAITEMENTS TEMPORAIRES.						
Article unique. Soldes de réforme et traitements temporaires.......	»	»	658 33	»	658 33	
CHAPITRE XIX. PERSONNEL CIVIL ET MILITAIRE AUX COLONIES.						
Art. 1er. Services civils......	»	4,914 31	3,837 04	567 58	9,318 93	22,...
——— 2. Services militaires....	178f66c	7,418 00	5,813 51	44 30	13,453 47	
CHAPITRE XX. MATÉRIEL CIVIL ET MILITAIRE AUX COLONIES.						
Art. 2. Services militaires....	25 00	25 00	»	»	50 00	
CHAPITRE XXI. SERVICE PÉNITENTIAIRE.						
Art. 1er. Personnel.........	»	559 09	1,428 15	1,001 47	2,988 71	2,9...
	8,908 19	25,940 76	73,856 61	53,008 46	161,714 02	161,71...

Arrêté le présent état à la somme de cent soixante et un mille sept cent quator...
francs deux centimes, dont le montant (crédits et payements) doit être transp...
des chapitres du budget de l'exercice 1872 ci-dessus désignés au chapitre XXV ...
même budget (*Rappels de dépenses payables sur revues antérieures à 1872*).

Paris, le 31 Octobre 1874.

Le *Ministre de la marine et des colonies*,

Signé MONTAIGNAC.

RÉPUBLIQUE FRANÇAISE.

˙69. — Décret qui rectifie, en ce qui concerne le département des *es-Maritimes*, le Tableau de population n° 3, déclaré authentique par le *et du 31 décembre 1872.*

Du 3 Novembre 1874.

Président de la République française,

le rapport du ministre de l'intérieur ;
le décret du 31 décembre 1872[1], qui déclare authentiques les tableaux population de la France ;
les rectifications proposées par le préfet des Alpes-Maritimes,

˙te :

. 1ᵉʳ. Le tableau rectificatif ci-après est substitué, en ce qui rne le département des Alpes-Maritimes, au tableau de popujoint au décret du 31 décembre 1872.

RECTIFICATION AU TABLEAU N° 3.

pulation des communes de 2,000 âmes et au-dessus et des chefs-lieux de canton.

DÉPARTEMENT.	COMMUNE.	POPU-LATION totale.	POPU-LATION comptée à part.	POPULATION normale ou municipale	
				totale.	agglomérée.
	Sospel...............	3,563	16	3,547	

⅃e ministre de l'intérieur est chargé de l'exécution du présent

t à Paris, le 3 Novembre 1874.

Signé Mᵃˡ DE MAC MAHON.

Le Ministre de l'intérieur,

é Gᵈ de Chabaud La Tour.

RÉPUBLIQUE FRANÇAISE.

3570. — Décret qui fixe l'époque des Élections pour le renouvellement des Conseils municipaux.

Du 4 Novembre 1874.

(Promulgué au *Journal officiel* du 5 novembre 1874.)

Le Président de la République française,

⁑ Bull. 114, n° 1562.

Sur la proposition du ministre de l'intérieur;

Vu les lois du 14 avril 1871 et du 25 mars 1874;

Vu les lois du 5 mai 1855 et du 7 juillet 1874,

DÉCRÈTE :

ART. 1ᵉʳ. Les élections pour le renouvellement des conseils municipaux auront lieu dans toutes les communes le 22 novembre, présent mois.

Toutefois, dans les communes du département de la Seine, il ne sera procédé que le 29 novembre.

2. Le ministre de l'intérieur est chargé de l'exécution du présent décret.

Fait à l'Élysée, le 4 Novembre 1874.

Signé Mᵃˡ DE MAC MAHON.

Le Ministre de l'intérieur,

Signé Gᵃˡ DE CHABAUD LA TOUR.

RÉPUBLIQUE FRANÇAISE.

Nº 3571. — DÉCRET *qui ouvre au Ministre des Travaux publics un Crédit l'exercice 1874, à titre de Fonds de concours versés au Trésor pour les vaux d'achèvement du nouvel Opéra.*

Du 4 Novembre 1874.

LE PRÉSIDENT DE LA RÉPUBLIQUE FRANÇAISE,

Sur la proposition du ministre des travaux publics;

Vu la loi du 29 décembre 1873 , portant fixation du budget général des recettes et des dépenses de l'exercice 1874, avec la répartition, par chapitres, des crédits affectés au ministère des travaux publics pour ledit exercice;

Vu l'article 13 de la loi de finances du 6 juin 1843, portant règlement définitif du budget de l'exercice 1840, ledit article relatif aux fonds versés au trésor pour concourir, avec ceux de l'État, à l'exécution des travaux publics;

Vu la loi du 28 mars 1874, autorisant le ministre des travaux publics à accepter les offres qui lui seraient faites, soit par des réunions de propriétaires, soit par des sociétés de crédit, d'avancer à État, en 1874, la somme de trois millions neuf cent mille francs; en 1875, la somme de un million de francs, nécessaires à l'achèvement du nouvel Opéra et à l'acquisition du matériel, et fixant les conditions principales de ces avances;

Vu l'arrêté pris par le ministre des travaux publics pour l'exécution de la loi susénoncée et décidant qu'une adjudication aurait lieu le 28 avril 1874, ledit arrêté publié au Journal officiel du 16 avril;

Vu le procès-verbal de l'adjudication passée, le 28 avril 1874, par le ministre des travaux publics, à M. *Blanc* (*François*), de l'emprunt autorisé par

loi du 28 mars 1874, ladite adjudication approuvée par décret en date du
9 mai 1874 [1] du Président de la République; ·

Vu les déclarations du caissier payeur central du trésor public, constatant
qu'il a été versé, les 13 et 20 octobre courant, à la recette centrale, des
sommes montant ensemble à deux millions trois cent mille francs et formant complément de l'avance ci-dessus mentionnée;

Vu les décrets, en date des 18 [2] et 25 juin 1874 [3], ouvrant au ministère
des travaux publics, sur les fonds de la deuxième section du budget de
l'exercice 1874, un crédit de deux millions six cent mille francs, en échange
des deux versements opérés par M. *Blanc* et s'élevant ensemble à pareille
somme;

Vu la lettre du ministre des finances, en date du 21 octobre 1874,

DÉCRÈTE :

ART. 1ᵉʳ. Il est ouvert au ministre des travaux publics, sur les
fonds de la deuxième section du budget de l'exercice 1874 (chapitre XLVIII. — *Construction du nouvel Opéra*), un crédit de deux
millions trois cent mille francs (2,300,000ᶠ) pour les travaux
d'achèvement du nouvel Opéra et l'acquisition du matériel.

2. Il sera pourvu à la dépense au moyen de ressources spéciales
versées au trésor à titre d'avance, en exécution de l'adjudication sus-
noncée.

3. Les ministres des travaux publics et des finances sont chargés,
chacun en ce qui le concerne, de l'exécution du présent décret, qui
sera inséré au Bulletin des lois.

Fait à Paris, le 4 Novembre 1874.

Signé Mᵃˡ DE MAC MAHON.

Le Ministre des finances,   Le Ministre des travaux publics,

Signé MATHIEU-BODET.   Signé E. CAILLAUX.

RÉPUBLIQUE FRANÇAISE.

N° 3572. — *DÉCRET qui autorise le département de la Sarthe
à s'imposer extraordinairement.*

Du 14 Novembre 1874.

LE PRÉSIDENT DE LA RÉPUBLIQUE FRANÇAISE,

Vu la loi du 4 août 1874, relative aux dépenses du casernement de
l'armée;

Vu la délibération du conseil général de la Sarthe, en date du 27 octobre
1874;

Le Conseil des ministres entendu,

DÉCRÈTE :

ART. 1ᵉʳ. Le département de la Sarthe est autorisé à s'imposer extraordinairement pendant deux ans, à partir de 1875, deux times cinq dixièmes additionnels au principal des quatre con butions directes, dont le produit sera affecté au payement de subvention promise à la ville du Mans en vue de l'extension casernement.

Cette imposition sera recouvrée indépendamment des cen extraordinaires, dont le maximum est fixé, chaque année, pa loi de finances.

2. Les ministres de l'intérieur, de la guerre et des finances chargés de l'exécution du présent décret, qui sera inséré au Bull des lois.

Fait à Paris, le 14 Novembre 1874.

Signé M^{al} DE MAC MAH

Le Ministre des finances,	*Le Vice-Président du Conseil, Ministre de la guerre,*	*Le Ministre de l'intérieur*
Signé MATHIEU-BODET.	Signé Gal E. DE CISSEY.	Signé G^{al} DE CHABAUD L\

Certifié conforme :

Paris, le 23[*] Novembre 1874,

Le Garde des Sceaux, Ministre de la J

A. TAILHAND.

* Cette date est celle de la réception du B au ministère de la Justice.

On s'abonne pour le Bulletin des lois, à raison de 9 francs par an, à la caisse de l'I nationale ou chez les Receveurs des postes des départements.

BULLETIN DES LOIS

DE LA RÉPUBLIQUE FRANÇAISE.

N° 234.

RÉPUBLIQUE FRANÇAISE.

———

73. — *Décret qui déclare d'utilité publique l'établissement d'un Chemin de fer d'intérêt local de Carentan à Carteret.*

Du 10 Février 1874.

Président de la République française,

le rapport du ministre des travaux publics;

l'avant-projet présenté pour l'établissement, dans le département de che, d'un chemin de fer d'intérêt local de Carentan à Carteret;

e dossier de l'enquête d'utilité publique à laquelle cet avant-projet *a* umis, et notamment le procès-verbal de la commission d'enquête, du 26 juin 1872;

a procès-verbaux des conférences tenues entre les officiers du génie et les ingénieurs des ponts et chaussées;

a délibérations, en date des 13 novembre 1871 et 13 avril 1872, par *a* le conseil général du département de la Manche a approuvé la on du chemin de fer susmentionné;

les conventions passées, les 24 janvier et 14 avril 1872 et le 23 octobre *a*, entre le préfet du département et les sieurs *Gasbhard* fils, *Riche* frères *arent-Pécher,* pour la construction et l'exploitation dudit chemin, ainsi le cahier des charges y annexé;

a l'avis du conseil général des ponts et chaussées, du 7 avril 1873;

u la lettre du ministre des finances, du 28 mai 1873, et celle du ministre *l*'intérieur, du 19 juin 1873;

u l'avis de la commission mixte des travaux publics, du 10 novembre 3, et la lettre du ministre de la guerre, du 9 décembre suivant;

u la loi du 3 mai 1841, sur l'expropriation pour cause d'utilité publique;

u la loi du 12 juillet 1865, sur les chemins de fer d'intérêt local;

u la loi du 10 août 1871, sur les conseils généraux;

Conseil d'État entendu,

RÈTE :

· 1er. Est déclaré d'utilité publique l'établissement d'un chemin fer de Carentan à Carteret, par ou près Auvers, Saint-Jores, la Ye-du-Puits et Portbail.

2. Le département de la Manche est autorisé à pourvoir à l'exécu
tion de ce chemin, comme chemin de fer d'intérêt local, suivant la
dispositions de la loi du 12 juillet 1865 et conformément aux condi
tions des conventions passées, les 24 janvier et 14 avril 1872 et
23 octobre 1873, avec MM. *Guebhard* fils, *Riche* frères et *Parin
Pécher*, ainsi que du cahier des charges annexé à ces conventions.
Des copies certifiées de ces conventions et cahier des charges ré
teront annexées au présent décret.

3. Il est alloué au département de la Manche, sur les fonds
trésor, par application de l'article 5 de la loi précitée du 12 jui
1865, et sous réserve de l'inscription préalable d'un crédit au bud
des travaux publics, une subvention de deux cent mille fra
(200,000').

Cette subvention sera versée en termes semestriels égaux, à
époques qui seront fixées ultérieurement par un décret délibéré
Conseil d'État.

Le département devra justifier, avant le payement de cha
terme, d'une dépense, en achats de terrains, travaux et approvisi
nements sur place, triple de la somme à recevoir.

Le dernier terme ne sera payé qu'après l'achèvement complet
travaux.

4. Aucune émission d'obligations ne pourra avoir lieu qu'en ve
d'une autorisation donnée par le ministre des travaux publics, de c
cert avec le ministre de l'intérieur et après avis du ministre
finances.

En aucun cas, il ne pourra être émis d'obligations pour
somme supérieure au montant du capital-actions.

Aucune émission d'obligations ne pourra d'ailleurs être auto
avant que les quatre cinquièmes du capital-actions aient été ver
employés en achats de terrains, travaux, approvisionnements
place ou en dépôt de cautionnement.

5. Les ministres de l'intérieur et des travaux publics sont cha
chacun en ce qui le concerne, de l'exécution du présent déc
lequel sera inséré au Bulletin des lois.

Fait à Versailles, le 10 Février 1874.

Signé M^{al} DE MAC MAHON.

Le Ministre des travaux publics,

Signé R. DE LARCY.

ACTE DE CONCESSION.

L'an mil huit cent soixante-douze, le vingt-quatre janvier,

Entre MM. *Bouvattier*, président de la commission départementale, et *Vablé*
préfet du département de la Manche,

Agissant en vertu d'une délibération du conseil général, en date du 13 novemb
1871, par laquelle il a arrêté la concession d'un chemin de fer d'intérêt local d
après énoncé,

D'une part,

Et MM. *P. F. Guebhard* fils, industriel, demeurant à Paris, rue Saint-Lazare, n° 3
Riche frères, ingénieurs-constructeurs de chemins de fer, demeurant
Bruxelles (Belgique), rue de la Chancellerie, n° 6;

M. *Parent-Pécher*, banquier, demeurant à Tournay (Belgique),
S'engageant conjointement et solidairement,

D'autre part,

Il a été convenu ce qui suit :

Art. 1er. Le président de la commission départementale et le préfet du département de la Manche concèdent à MM. *Guebhard* fils, *Riche* frères et *Parent-Pécher*, ci-dessus dénommés, qui l'acceptent, un chemin de fer d'intérêt local de Carentan à Carteret, tel qu'il est désigné à l'article 1er du cahier des charges annexé à la présente convention et dont ils déclarent avoir pris connaissance.

2. De leur côté, MM. *Guebhard* fils, *Riche* frères et *Parent-Pécher* s'engagent à exécuter ledit chemin de fer et à se conformer, pour la construction et l'exploitation, aux clauses et conditions du cahier des charges ci-dessus mentionné, et ce dans un délai de deux ans, à partir de la livraison des terrains nécessaires à son établissement.

3. Le président de la commission départementale et le préfet du département de la Manche s'engagent, au nom du même département :

1° A livrer aux concessionnaires tous les terrains nécessaires à l'emplacement du chemin de fer, de ses ouvrages d'art et de ses dépendances, et ce dans les termes et conditions mentionnés à l'article 21 du cahier des charges ci-dessus mentionné ;

2° A payer aux concessionnaires, à titre de subvention pour l'exécution dudit chemin, une somme de trente-deux mille francs par kilomètre, et proportionnellement par fraction de kilomètre, y compris la subvention de l'État, calculée, dans les conditions de la loi de 1865, au quart de la dépense totale.

Ladite subvention sera payée comme suit :

1° La part afférente au département, valeur à la date de la mise en exploitation, en cinq annuités à partir de cette date, avec intérêts calculés à cinq pour cent l'an ;

2° La part afférente à l'État, suivant les échéances qui seront déterminées par le gouvernement.

4. M. le président de la commission départementale et M. le préfet de la Manche se réservent le droit d'exiger de la compagnie l'avance des sommes nécessaires pour payer les terrains contre des bons départementaux avec intérêt à six pour cent, remboursables dans un délai qui ne pourra excéder quinze années, à partir de leur émission.

Ils se réservent aussi le droit d'anticiper le payement des annuités de la subvention.

La présente convention reste subordonnée à l'approbation du conseil général et à l'allocation de la subvention de l'État, avec faculté de dédit réciproque si, dans le délai de six mois après l'approbation par le conseil général, ladite subvention n'était accordée par l'État.

Pour l'exécution de la présente convention, les parties font élection de domicile : M. le président de la commission départementale et M. le préfet de la Manche, à la préfecture, à Saint-Lô, et MM. *Guebhard*, *Riche* frères et *Parent-Pécher*, chez M. *Lehérissey*, notaire à Saint-Lô.

Fait double, à Saint-Lô, le 24 Janvier 1872.

Approuvé l'écriture ci-dessus :

Le Préfet de la Manche,

Signé VAULTIER.

Approuvé l'écriture :

Le Président de la commission départementale,

Signé BOUVATTIER.

Approuvé l'écriture :

Signé RICHE frères.

Approuvé l'écriture ci-dessus, pour M. P. F.
Guebhard fils et en vertu d'une procuration jointe aux présentes :

Signé J. LE CROSNIER.

Approuvé l'écriture ci-dessus, pour M. *Parent-Pécher* et en vertu d'une procuration jointe aux présentes et au besoin me portant fort pour lui :

Signé E. RICHE.

Enregistré à Saint-Lô, le 25 janvier 1872, folio 75 recto, case 2. Reçu deux francs ; décimes, quarante centimes. Signé *Lapommerie.*

L'an mil huit cent soixante-douze, le quatorze avril,

Entre MM. *Bouvattier*, président de la commission départementale, et *Vaultier*, préfet du département de la Manche, agissant en vertu d'une délibération du conseil général, en date du 13 du même mois d'avril,

D'une part,

Et MM. *Guebhard* fils, *Riche* frères et *Parent-Pécher*, dénommés au traité ci relaté, en date du 24 janvier dernier,

D'autre part.

Il a été dit ce qui suit :

Les articles 3, 4 et 5 du traité ci-dessus relaté sont et demeurent nuls et avenus. Ces articles sont remplacés audit traité par trois articles nouveaux dont la teneur :

« Art. 3 nouveau. Le président de la commission départementale et le préfet « département de la Manche s'engagent, au nom du même département :

« 1° A livrer aux concessionnaires tous les terrains nécessaires à l'emplacement « chemin de fer, de ses ouvrages d'art et de ses dépendances, et ce dans les « et délais mentionnés à l'article 21 du cahier des charges ci-dessus mentionné ;

« 2° A payer aux concessionnaires, tous droits à la subvention de l'État réserv « département, une somme ferme de vingt-sept mille cinq cents francs par « mètre, et proportionnellement par fraction de kilomètre, pour l'exécution « chemin.

« Ladite subvention de vingt-sept mille cinq cents francs, valeur à la date « mise en exploitation, sera payée en cinq annuités, à partir de cette date, ava « térêts calculés à cinq pour cent l'an.

« Art. 4 nouveau. M. le président de la commission départementale et M. le « de la Manche se réservent le droit d'exiger de la compagnie l'avance des « nécessaires pour payer les terrains contre des bons départementaux avec i « six pour cent l'an, remboursables dans un délai qui ne pourra excéder « années, à partir de leur création.

« Ils se réservent aussi le droit soit d'anticiper en totalité ou en partie le « des annuités de la subvention, soit de s'acquitter en totalité ou en partie « annuités au moyen de bons départementaux, dans les conditions ci-des « minées.

« Art. 5 nouveau. MM. *Guebhard* fils, *Riche* frères et *Parent-Pécher* s'int « droit de rétrocéder leur concession sans l'agrément du conseil général.

MM. *Bouvattier* et *Vaultier*, ès noms et qualités, déclarent qu'aux termes délibération susvisée du conseil général du département de la Manche, en d 13 avril, le traité passé, le 24 janvier dernier, avec MM. *Guebhard* fils, *Riche* et *Parent-Pécher*, pour la concession du chemin de fer d'intérêt local de Car Carteret, est définitivement approuvé par ledit conseil général, moyennant l tation par les concessionnaires des dispositions contenues aux trois nouvel ticles ci-dessus énoncés.

De leur côté, MM. *Guebhard* fils, *Riche* frères et *Parent-Pécher* déclarent a les dispositions desdits nouveaux articles, qui sont et demeurent substitués a ticles portant les mêmes numéros dans le traité susrelaté ;

Et ont signé les jour, mois et an que dessus.

Fait et signé double, après lecture.

Le Président de la commission départementale,   *Le Préfet de la Manche,*

Signé BOUVATTIER.   Signé VAULTIER.

Signé RICHE frères.

Par procuration de Parent-Pécher :   Par procuration de P. F. Guebhard fils :

Signé E. RICHE.   Signé J. LE CROSNIER.

Enregistré à Saint-Lô, le 15 avril 1874, folio 2 recto, case 8. Reçu trois fran décimes, soixante centimes. Signé *Lapommerie.*

Certifié conforme à l'acte annexé au décret en date du 10 février 1874, e tré sous le n° 97.

Le Conseiller d'État, Secrétaire général,

Signé DE BOUREUILLE.

CONVENTION.

MM. *Bouvattier*, président de la commission départementale, et *de Champagnac*, département de la Manche, d'une part, agissant en vertu des délibérations il général de la Manche des 21 et 26 août dernier, et MM. *Guebhard* fils, *Riche Parent-Pécher*, concessionnaires du chemin de fer d'intérêt local de Carentan et, ainsi que cela résulte du traité passé le 24 janvier 1872, convenu ce qui suit :

icles 3 et 4 de la convention du 14 avril 1872 sont remp'acés audit traité par icles nouveaux dont suit la teneur :

nouveau. Le président de la commission départementale et le préfet du dé-t de la Manche s'engagent, au nom du même département :

vrer aux concessionnaires tous les terrains nécessaires à l'emplacement du de fer, de ses ouvrages et de ses dépendances, et ce dans les termes et dé-tionnés à l'article 21 du cahier des charges ci-dessus mentionné;

yer aux concessionnaires, tous droits à la subvention réservés au départe-ne somme de trente et un mille sept cent cinquante francs par kilomètre, tionnellement par fraction de kilomètre, pour l'exécution dudit chemin.

subvention de trente et un mille sept cent cinquante francs sera soldée en ements annuels égaux; le premier payement sera effectué seulement à la première année d'exploitation, et les autres successivement d'année en à partir de cette époque, et ce sans intérêts. Ces payements seront effectués 0.

nouveau. M. le président de la commission départementale et M. le préfet nche se réservent le droit d'exiger de la compagnie l'avance des sommes res pour payer les terrains contre des bons départementaux avec intérêt à cent l'an, remboursables dans un délai qui ne pourra excéder quinze an-partir de leur création.

sident de la commission départementeale et M. le préfet de la Manche se le droit d'anticiper en totalité ou en partie le payement de la subvention, éfice d'une déduction d'escompte à cinq pour cent l'an. »

ble, à Saint-Lô, le 23 Octobre 1873.

de la *commission départementale*,   *Le Préfet,*

  Signé Bouvattier.   Signé de Champagnac.

        Les Concessionnaires,

uration de *P. F. Guebhard* fils   Signé Riche frères.
  et *Parent-Pécher :*

  Signé E. Riche.

tré à Saint-Lô, le 28 octobre 1873, folio 26, case 6. Reçu trois francs; soixante centimes. Signé *Lapommerie.*

é conforme à la convention annexée au décret en date du 10 février 1874, tré sous le n° 97.

         Le Conseiller d'État, Secrétaire général,

         Signé de Boureuille.

CAHIER DES CHARGES.

TITRE I**.

TRACÉ ET CONSTRUCTION.

. I**. Le chemin de fer d'intérêt local de Carentan à Carteret partira de la gare entan (ligne de Caen à Cherbourg), passera par ou près Auvers, Saint-Jores, e-du-Puits, Portbail, et aboutira au port de Carteret.

2. Les travaux devront être commencés dans un délai de six mois au plus tard et terminés dans un délai de deux ans, à partir de la livraison des terrains par le département.

3. La compagnie soumettra à l'approbation du préfet le tracé et le profil du chemin, ainsi que l'emplacement, l'étendue et les dispositions principales des gares et stations, et ce dans le délai d'un an, à partir du décret d'utilité publique.

4. Aucun travail ne pourra être entrepris, pour l'établissement du chemin de fer et de ses dépendances, qu'avec l'autorisation préfectorale.

A cet effet, les projets de tous les travaux à exécuter seront dressés en double expédition, soumis à l'approbation de l'administration supérieure pour ce qui concerne la grande voirie, et à celle du préfet pour ce qui concerne la petite.

L'administration et le préfet pourront y introduire les modifications qu'ils jugeront nécessaires.

L'une de ces expéditions sera remise à la compagnie avec le visa du préfet, l'autre restera dans les bureaux de la préfecture.

5. La compagnie pourra prendre copie, sans déplacement, de tous les plans nivellements et devis qui ont été antérieurement dressés aux frais du département.

6. Le tracé et le profil en long du chemin de fer seront arrêtés sur la production des projets d'ensemble comprenant, pour la ligne entière ou pour chaque section de ligne :

1° Un plan général à l'échelle de un dix-millième ;

2° Un profil en long à l'échelle de un cinq-millième pour les longueurs et de un millième pour les hauteurs, dont les cotes seront rapportées au niveau moyen de la mer, pris pour plan de comparaison. Au-dessous de ce profil, on indiquera, au moyen de trois lignes horizontales disposées à cet effet, savoir :

La longueur de l'inclinaison de chaque pente et rampe ;

La longueur des parties droites et le développement des parties courbes du tracé en faisant connaître le rayon correspondant à chacune de ces dernières ;

Les distances kilométriques du chemin de fer, comptées à partir de son origine.

3° Un certain nombre de profils en travers, y compris le profil type de la voie ;

4° Un mémoire dans lequel seront justifiées toutes les dispositions essentielles du projet et un devis descriptif dans lequel seront reproduites, sous forme de tableaux, les indications relatives aux déclivités et aux courbes déjà données sur le profil en long.

La position des gares et des stations projetées, celle des cours d'eau et des voies de communication traversés par le chemin de fer, des passages, soit à niveau, soit en dessus, soit en dessous de la voie ferrée, devront être indiquées tant sur le plan que sur le profil en long ; le tout sans préjudice des projets à fournir pour chacun de ces ouvrages.

7. Les terrains seront acquis, les terrassements et les ouvrages d'art seront exécutés pour une seule voie, sauf l'établissement d'un certain nombre de gares d'évitement.

8. La largeur de la voie entre les bords intérieurs des rails devra être de un mètre quarante quatre centimètres à un mètre quarante-cinq centimètres. Dans les parties à deux voies, la largeur de l'entre-voie, mesurée entre les bords extérieurs des rails, sera de deux mètres.

La largeur des accotements, c'est-à-dire des parties comprises de chaque côté entre le bord extérieur du rail et l'arête supérieure du ballast, sera de soixante-quinze centimètre au moins.

La largeur en couronne du profil en travers sera de cinq mètres.

La compagnie établira le long du chemin de fer les fossés ou rigoles qui seront nécessaires pour l'asséchement de la voie et pour l'écoulement des eaux.

Les dimensions de ces fossés et rigoles seront déterminées par le préfet, suivant les circonstances locales, sur les propositions de la compagnie.

9. Les alignements seront raccordés par des courbes d'un rayon minimum de trois cents mètres. Une partie droite de soixante-quinze mètres de longueur sera ménagée entre deux courbes consécutives, lorsqu'elles seront dirigées en sens contraire.

Le maximum de l'inclinaison des pentes et rampes est fixé à quinze millimètres par mètre.

Une partie horizontale de cent mètres au moins de longueur devra être ménagée entre deux fortes déclivités consécutives, lorsqu'elles se succéderont en sens contraire, et de manière à verser leurs eaux sur le même point.

Les déclivités correspondant aux courbes de faible rayon devront être réduites autant que faire se pourra.

La compagnie aura la faculté de proposer aux dispositions de cet article et à celles de l'article précédent les modifications qui lui paraîtraient utiles; mais ces modifications ne pourront être exécutées qu'avec l'approbation préalable de l'administration.

10. Le nombre, l'étendue et l'emplacement des gares d'évitement seront déterminés par l'administration, la compagnie entendue.

Le nombre des voies sera augmenté, s'il y a lieu, dans les gares et aux abords de ces gares, conformément aux décisions qui seront prises par le préfet, la compagnie entendue.

Le nombre et l'emplacement des stations ou arrêts de voyageurs et des gares de marchandises seront également déterminés par l'administration, sur les propositions de la compagnie, après une enquête spéciale.

La compagnie sera tenue, préalablement à tout commencement d'exécution, de soumettre au préfet le projet desdites gares, stations et arrêts, lequel se composera :

1° D'un plan à l'échelle de un cinq-centième, indiquant les voies, les quais, les bâtiments et leur distribution intérieure, ainsi que la disposition de leurs abords ; ,

2° D'une élévation des bâtiments à l'échelle d'un centimètre pour mètre ;

3° D'un mémoire descriptif dans lequel les dispositions essentielles du projet sont justifiées.

11. La compagnie sera tenue de rétablir les communications interrompues par le chemin de fer, suivant les dispositions qui seront approuvées par l'administration.

12. Lorsque le chemin de fer devra passer au-dessus d'une route nationale ou départementale, ou d'un chemin vicinal, l'ouverture du viaduc sera fixée par l'administration supérieure pour les routes et par le préfet pour les chemins, en tenant compte des circonstances locales; mais cette ouverture ne pourra, dans aucun cas, être inférieure à huit mètres pour la route nationale, à sept mètres pour la route départementale, à cinq mètres pour le chemin vicinal de grande communication, et quatre mètres pour un simple chemin vicinal.

Pour les viaducs de forme cintrée, la hauteur sous clef, à partir du sol de la route, sera de cinq mètres au moins. Pour ceux qui seront formés de poutres horizontales en bois ou en fer, la hauteur sous poutre sera de quatre mètres trente centimètres au moins.

La largeur entre les têtes sera au moins de quatre mètres.

13. Lorsque le chemin de fer devra passer au-dessous d'une route nationale ou départementale, ou d'un chemin vicinal, la largeur entre les parapets du pont qui supportera la route ou le chemin sera fixée par l'administration supérieure pour les routes et par le préfet pour les chemins, en tenant compte des circonstances locales; mais cette largeur ne pourra, dans aucun cas, être inférieure à huit mètres pour la route nationale, à sept mètres pour la route départementale, à cinq mètres pour le chemin vicinal de grande communication, et à quatre mètres pour un simple chemin vicinal.

L'ouverture du pont entre les culées sera au moins de quatre mètres, et la distance verticale ménagée au-dessus des rails extérieurs de chaque voie pour le passage des trains ne sera pas inférieure à quatre mètres quatre-vingts centimètres.

14. Dans le cas où des routes nationales ou départementales, ou des chemins vicinaux, ruraux ou particuliers, seraient traversés à leur niveau par le chemin de fer, les rails devront être posés sans aucune saillie ni dépression sur la surface de ces routes, et de telle sorte qu'il n'en résulte aucune gêne pour la circulation des voitures.

Le croisement à niveau du chemin de fer et des routes ne pourra s'effectuer sous un angle de moins de quarante-cinq degrés.

Le préfet déterminera, la compagnie entendue, ceux de ces passages à niveau qui devront être munis de barrières simples ou de barrières avec maisons de garde.

La forme, le type et le mode de manœuvre des barrières seront fixés par l'administration, sur la proposition des concessionnaires.

15. Lorsqu'il y aura lieu de modifier l'emplacement ou le profil des routes existantes, l'inclinaison des pentes et rampes sur les routes modifiées ne pourra excéder trois centimètres par mètre pour les routes nationales ou départementales, et cinq centimètres pour les chemins vicinaux.

L'administration restera libre, toutefois, d'apprécier les circonstances qui pourraient motiver une dérogation à cette clause, comme à celle qui est relative à l' de croisement des passages à niveau.

16. La compagnie sera tenue de rétablir et d'assurer à ses frais l'écoulement toutes les eaux dont le cours serait arrêté, suspendu ou modifié par ses travaux, de prendre les mesures nécessaires pour prévenir l'insalubrité pouvant résulter chambres d'emprunt.

Les viaducs à construire à la rencontre des rivières, des canaux et des cours d' quelconques auront au moins quatre mètres entre les têtes.

La hauteur et le débouché de chacun d'eux seront déterminés, dans chaque particulier, par l'administration, suivant les circonstances locales.

17. A la rencontre des routes nationales ou départementales et des autres ch publics, il sera construit des chemins et ponts provisoires, par les soins et au de la compagnie, partout où cela sera jugé nécessaire pour que la circulatio prouve ni interruption ni gêne.

Avant que les communications existantes puissent être interceptées, une naissance sera faite par les ingénieurs du service ordinaire du département, à l' de constater si les ouvrages provisoires présentent une solidité suffisante et s'ils vent assurer le service de la circulation.

Un délai sera fixé par le préfet pour l'exécution des travaux définitifs destin rétablir les communications interceptées.

18. La compagnie n'emploiera, dans l'exécution des ouvrages, que des ma de bonne qualité; elle sera tenue de se conformer à toutes les règles de l'art, manière à obtenir une construction parfaitement solide.

Tous les aqueducs, ponceaux, ponts et viaducs à construire à la rencontre des vers cours d'eau et des chemins publics ou particuliers seront en maçonnerie ou fer, sauf les cas d'exception qui pourront être admis par l'administration préf rale.

19. Les voies seront établies d'une manière solide et avec des matériaux de qualité.

Les rails seront du système Vignole, éclissés et du poids minimum de vingt-kilogrammes chacun par mètre courant. Ils seront posés sur des traverses en cl ou en toute autre essence injectée, espacées entre elles de quatre-vingt-dix c mètres au plus d'axe en axe.

20. Les concessionnaires sont dispensés de toute clôture, sauf de celles qui cernent les gares ou leurs annexes.

21. Tous les terrains nécessaires pour l'établissement du chemin de fer et de dépendances, pour la déviation des voies de communication et des cours d'eau placés, et, en général, pour l'exécution des travaux, quels qu'ils soient, auxquels établissement pourra donner lieu, seront achetés et payés par le département et mis gratuitement au concessionnaire, à titre de subvention, et ce dans le d'un an, à partir de la présentation par la compagnie, à l'approbation de nistration, des plans parcellaires et des états indicatifs des contenances à a

Les indemnités pour occupation temporaire ou pour détérioration de terra chômage ou modification d'usines, et pour tous dommages quelconques des travaux, seront supportées et payées par la compagnie.

22. L'entreprise étant d'utilité publique, la compagnie est investie, pour l cution des travaux dépendant de sa concession, de tous les droits que les lo règlements confèrent à l'administration en matière de travaux publics, soit l'acquisition des terrains par voie d'expropriation, soit l'extraction, le transport dépôt des terres, matériaux, etc., et elle demeure en même temps soumise à t les obligations qui dérivent, pour l'administration, de ces lois et règlements.

23. Dans les limites de la zone frontière et dans le rayon de servitude des encc fortifiées, la compagnie sera tenue, pour l'étude et l'exécution de ses projets, soumettre à l'accomplissement de toutes les formalités et de toutes les con exigées par les lois, décrets et règlements concernant les travaux mixtes.

24. Si la ligne du chemin de fer traverse un sol déjà concédé pour l'exploitation d'une mine, l'administration déterminera les mesures à prendre pour que l'établisse-ment du chemin de fer ne nuise pas à l'exploitation de la mine, et réciproquement pour que, le cas échéant, l'exploitation de la mine ne compromette pas l'existence du chemin de fer.

25. Si le chemin de fer doit s'étendre sur des terrains renfermant des carrières ou

ner souterrainement, il ne pourra être livré à la circulation avant que les
ns qui pourraient en compromettre la solidité aient été remblayées ou con-
L'administration préfectorale déterminera la nature et l'étendue des tra-
l conviendra d'entreprendre à cet effet, et qui seront d'ailleurs exécutés par
et aux frais de la compagnie.

compagnie exécutera les travaux par des moyens et des agents à son choix,
restant soumise au contrôle et à la surveillance de l'administration préfec-

trôle et cette surveillance auront pour objet d'empêcher les concession-
s'écarter des dispositions prescrites par le cahier des charges et de celles
lteront des projets approuvés.

soumettra aux décisions ministérielles concernant l'interdiction du travail
ches et jours fériés.

mesure que les travaux seront terminés sur des parties de chemin de fer
bles d'être livrées utilement à la circulation, il sera procédé, sur la demande
mpagnie, à la reconnaissance et, s'il y a lieu, à la réception provisoire de
ux par un ou plusieurs commissaires que l'administration désignera.

vu du procès-verbal de cette reconnaissance, l'administration autorisera,
eu, la mise en exploitation des parties dont il s'agit; après cette autorisa-
compagnie pourra mettre lesdites parties en service et y percevoir les taxes
déterminées. Toutefois, ces réceptions partielles ne deviendront défini-
par la réception générale et définitive du chemin de fer.

près l'achèvement total des travaux et dans le délai qui sera fixé par l'ad-
tion, la compagnie fera faire à ses frais un bornage contradictoire et un plan
du chemin de fer et de ses dépendances.

pédition dûment certifiée des procès-verbaux de bornage et du plan cadastral
ée aux frais de la compagnie et déposée aux archives de la préfecture.

rains acquis par la compagnie postérieurement au bornage général, en vue
faire aux besoins de l'exploitation, et qui, par cela même, deviendront
tégrante du chemin de fer, donneront lieu, au fur et à mesure de leur
on, à des bornages supplémentaires et seront ajoutés sur le plan cadastral.

TITRE II.
ENTRETIEN ET EXPLOITATION.

chemin de fer et toutes ses dépendances seront constamment entretenues
tat, de manière que la circulation y soit toujours facile et sûre.

s d'entretien et ceux auxquels donneront lieu les réparations ordinaires et
aires seront à la charge de la compagnie.

chemin de fer, une fois achevé, n'est pas constamment entretenu en bon
sera pourvu d'office à la diligence de l'administration et aux frais de la
ie, sans préjudice, s'il y a lieu, de l'application des dispositions indiquées
dans l'article 39.

tant des avances faites sera recouvré au moyen de rôles que le préfet ren-
atoires.

compagnie sera tenue d'établir à ses frais, partout où besoin sera, des
en nombre suffisant pour assurer la sécurité du passage des trains sur la
elle de la circulation ordinaire sur les points où le chemin de fer sera tra-
iveau par des routes ou chemins publics.

machines locomotives seront construites sur les meilleurs modèles; elles
atisfaire d'ailleurs à toutes les conditions prescrites ou à prescrire par l'ad-
ion pour la mise en service de ce genre de machines.

tures de voyageurs devront également être faites d'après les meilleurs mo-
satisfaire à toutes les conditions réglées ou à régler pour les voitures ser-
ransport des voyageurs sur les chemins de fer. Elles seront suspendues sur
garnies de banquettes.

aura de trois classes au moins, conformes aux modèles adoptés par les
mpagnies des chemins de fer de France :

voitures de première classe seront couvertes, garnies, fermées à glaces
de rideaux;

es de deuxième classe seront couvertes, fermées à glaces, munies de ri-
auront des banquettes rembourrées;

les de troisième classe seront couvertes, fermées à vitres et munies soit de rideaux, soit de persiennes. Les banquettes et les dossiers devront être inclinés, les dossiers seront élevés à la hauteur de la tête des voyageurs.

L'intérieur de chacun des compartiments de toute classe contiendra l'in du nombre des places de ce compartiment, et donnera sur chaque portière le méro de la voiture.

Le préfet pourra exiger qu'un compartiment de chaque classe soit réservé, les trains de voyageurs, aux femmes voyageant seules.

Les voitures de voyageurs, les wagons destinés au transport des marchan des chaises de poste, des chevaux et des bestiaux, les plates-formes, et, en ral, toutes les parties du matériel roulant, seront de bonne et solide constru

La compagnie sera tenue, pour la mise en service de ce matériel, de se à tous les règlements sur la matière.

Les machines locomotives, tenders, wagons de toute espèce, plates-for posant le matériel roulant, seront constamment entretenus en bon état.

32. Des arrêtés préfectoraux, rendus après que la compagnie aura été détermineront les mesures et les dispositions nécessaires pour assurer la l'exploitation du chemin de fer, ainsi que la conservation des ouvrages dépendent.

Toutes les dépenses qu'entraînera l'exécution des mesures prescrites en ces règlements seront à la charge de la compagnie.

La compagnie sera tenue de soumettre à l'approbation du préfet les généraux relatifs au service ou à l'exploitation du chemin de fer.

Le préfet déterminera, sur la proposition de la compagnie, le minimum maximum de vitesse des convois de voyageurs et de marchandises, ainsi durée du trajet.

33. Pour tout ce qui concerne l'entretien et les réparations du chemin de de ses dépendances, l'entretien du matériel et le service de l'exploitation, la pagnie sera soumise au contrôle et à la surveillance de l'administration.

Outre la surveillance ordinaire, l'administration déléguera, aussi souvent le jugera utile, un ou plusieurs commissaires pour reconnaître et constater l' chemin de fer, de ses dépendances et du matériel.

TITRE III.
DURÉE, RACHAT ET DÉCHÉANCE DE LA CONCESSION.

34. La durée de la concession, pour la ligne mentionnée à l'article 1ᵉʳ du sent cahier des charges, sera de quatre-vingt-dix-neuf ans. Elle commencera à du jour de la mise en exploitation de la ligne entière, et, au plus tard, à l'ex du délai fixé pour l'achèvement des travaux par l'article 2 dudit cahier des

35. A l'époque fixée pour l'expiration de la concession, et par le seul fait de expiration, le département sera subrogé à tous les droits de la compagnie chemin de fer et ses dépendances, et il entrera immédiatement en jouissance d ses produits.

La compagnie sera tenue de lui remettre en bon état d'entretien le chemin et tous les immeubles qui en dépendent, quelle qu'en soit l'origine, tels q bâtiments des gares et stations, les remises, ateliers et dépôts, les maiso gardes, etc. Il en sera de même de tous les objets immobiliers dépendant égal dudit chemin, tels que les barrières et clôtures, les voies, changements de plaques tournantes, réservoirs d'eau, grues hydrauliques, machines fixes, etc

Dans les cinq dernières années qui précéderont le terme de la conces département aura le droit de saisir les revenus du chemin de fer et de les emp rétablir en bon état le chemin de fer et ses dépendances, si la compagnie mettait pas en mesure de satisfaire pleinement et entièrement à cette obligati

En ce qui concerne les objets mobiliers, tels que le matériel roulant, les riaux, combustibles et approvisionnements de tous genres, le mobilier des st l'outillage des ateliers et des gares, le département sera tenu, si la com requiert, de reprendre tous ces objets sur l'estimation qui en sera faite à perts, et réciproquement, si le département le requiert, la compagnie s de les céder de la même manière.

Toutefois, le département ne pourra être tenu de reprendre que les ap nements nécessaires à l'exploitation du chemin pendant six mois.

36. A toute époque après l'expiration des quinze premières années de la le département aura la faculté de racheter la concession entière du chemin de fer.

r le prix du rachat, on relèvera les produits nets annuels obtenus par
pendant les sept années qui auront précédé celle où le rachat sera
on déduira les produits nets des deux plus faibles années, et l'on établira
le moyen des cinq autres années.

Ce net moyen formera le montant d'une annuité qui sera due et payée à la
pendant chacune des années restant à courir sur la durée de la con-

cas, le montant de l'annuité ne sera inférieur au produit net de la
sept années prises pour terme de comparaison.

nie recevra, en outre, dans les trois mois qui suivront le rachat, les
ments auxquels elle aurait droit à l'expiration de la concession, selon
ci-dessus.

compagnie n'a pas commencé les travaux ou présenté les projets dans les
par les articles 2 et 3, elle encourra la déchéance, sans qu'il y ait lieu à
tification ou mise en demeure préalable.

cas, la somme de cent soixante mille francs qui aura été déposée,
sera dit à l'article 67, à titre de cautionnement, deviendra la propriété du
ment et lui restera acquise ; de son côté, la compagnie aura le droit de se
livrer le département, si celui-ci ne l'a pas mise en possession des terrains
dans le délai fixé ci-dessus à l'article 21.

par la compagnie d'avoir terminé les travaux dans le délai fixé par l'ar-
ticle aussi par elle d'avoir rempli les diverses obligations qui lui sont im-
par le présent cahier des charges, elle encourra la déchéance.

travaux exécutés, tous les matériaux approvisionnés et toutes les parties
de fer déjà livrées à l'exploitation, avec leur matériel, appartiendront au
ment, qui avisera aux moyens à employer pour la continuation et l'achève-
ouvrages et pour toutes les conditions de l'exploitation.

pagnie sera déchue de tous droits, sans aucune indemnité. Elle n'aura plus
partie de la subvention qui n'aura pas été payée, et la partie du cautionne-
ment aura pas encore été restituée deviendra la propriété du département.

exploitation du chemin de fer vient à être interrompue en totalité ou en
administration prendra immédiatement, aux frais et risques de la com-
pagnie les mesures nécessaires pour assurer provisoirement le service.

les trois mois de l'organisation du service provisoire, la compagnie n'a
ment justifié qu'elle est en état de reprendre et de continuer l'exploita-
tion elle ne l'a pas effectivement reprise, la déchéance pourra être prononcée
et il sera procédé ainsi qu'il est dit à l'article précédent.

dispositions des trois articles qui précèdent cesseraient d'être applicables,
et la déchéance ne serait pas encourue, dans le cas où le concessionnaire n'aurait pu
ses obligations par suite de circonstances de force majeure dûment cons-

TITRE IV.

**TAXES ET CONDITIONS RELATIVES AU TRANSPORT DES VOYAGEURS
ET DES MARCHANDISES.**

Pour indemniser la compagnie des travaux et dépenses qu'elle s'engage à faire
par le présent cahier des charges, et sous la condition expresse qu'elle en remplira
toutes les obligations, le département lui accorde :

subvention de trente-deux mille francs par kilomètre, laquelle sera payée
mode indiqué à la convention ci-annexée, et la livraison des terrains comme
à l'article 21 [1] ;

autorisation de percevoir, pendant toute la durée de la concession, les droits
et les prix de transport déterminés par le tarif ci-dessous.

La somme constituant la subvention sera payée dans les termes portés à la
convention susmentionnée.

Le cinquième ne sera délivré qu'après l'ouverture et la mise en exploita-
tion de la ligne entière.

Le tarif que la compagnie concessionnaire est autorisée à percevoir est le sui-

---

La convention du 23 octobre 1873, la subvention kilométrique départementale a été
fixée et un mille sept cent cinquante francs, aux conditions stipulées dans cet acte.

TARIF.
1° PAR TÊTE ET PAR KILOMÈTRE.

		de péage.	de transport.
		fr. c.	fr. c.
	Grande vitesse.		
Voyageurs...	Voitures couvertes, garnies et fermées à glaces (1re classe).....................................	o o67	o o33
	Voitures couvertes, fermées à glaces, et à banquettes rembourrées (2e classe)..................	o o5o	o o25
	Voitures couvertes et fermées à vitres (3e classe)...	o o37	o o18
Enfants.....	Au-dessous de trois ans, les enfants ne payent rien, à la condition d'être portés sur les genoux des personnes qui les accompagnent.		
	De trois à sept ans, ils payent demi-place et ont droit à une place distincte; toutefois, dans un même compartiment, deux enfants ne pourront occuper que la place d'un voyageur.		
	Au-dessus de sept ans, ils payent place entière.		

Chiens transportés dans les trains de voyageurs.................. o o1o o oo5
(Sans que la perception puisse être inférieure à o' 3o°.)

Petite vitesse.

Bœufs, vaches, taureaux, chevaux, mulets, bêtes de trait........ o o7 o o3
Veaux et porcs.. o o25 o o15
Moutons, brebis, agneaux, chèvres.............................. o o1 o o1
Lorsque les animaux ci-dessus dénommés seront, sur la demande
des expéditeurs, transportés à la vitesse des trains de voyageurs,
les prix seront doublés.

2° PAR TONNE ET PAR KILOMÈTRE.

Marchandises transportées à grande vitesse.

Huîtres, poissons frais, denrées, excédants de bagages et marchandises de toute classe transportées à la vitesse des trains de voyageurs.. o 3o o 2o

Marchandises transportées à petite vitesse.

1re classe. — Spiritueux. — Huiles. — Bois de menuiserie, de teinture
et autres bois exotiques. — Produits chimiques non dénommés. —
Œufs. — Viande fraîche. — Gibier. — Sucre. — Café. — Drogues.
— Épiceries. — Tissus. — Denrées coloniales. — Objets manufacturés. — Armes.. o o9 o o7
2e classe. — Blés. — Grains. — Farines. — Légumes farineux. — Riz,
maïs, châtaignes et autres denrées alimentaires non dénommées.
— Chaux et plâtre pour constructions. — Charbon de bois. — Bois à
brûler dit *de corde.* — Perches. — Chevrons. — Planches. — Madriers. — Bois de charpente. — Marbre en bloc. — Albâtre. — Bitume. — Cotons. — Laines. — Vins. — Vinaigres. — Boissons. —
Bières. — Levûre sèche. — Coke. — Fer. — Cuivre. — Plomb et
autres métaux ouvrés ou non. — Fontes moulées.................. o o8 o o6
3e classe. — Pierres de taille et produits de carrières. — Minerais
autres que les minerais de fer. — Fonte brute. — Sel. — Moellons.
— Meulières. — Argiles. — Briques. — Ardoises.................. o o6 o o4
4e classe. — Houille. — Marne. — Cendres. — Fumiers et engrais.
— Pierres à chaux et à plâtre. — Chaux et plâtre pour l'agriculture. — Pavés et matériaux pour la construction et la réparation
des routes. — Minerais de fer. — Cailloux et sables............. o 45 o 35

3° VOITURES ET MATÉRIEL ROULANT TRANSPORTÉS À PETITE VITESSE.

Par pièce et par kilomètre.

Wagon ou chariot pouvant porter de trois à six tonnes............ o 15 o 1o
Wagon ou chariot pouvant porter plus de six tonnes............. o 2o o 1o
Locomotive pesant de douze à dix-huit tonnes (ne traînant pas de
convoi)... 2 25 1 5o
Locomotive pesant plus de dix-huit tonnes (ne traînant pas de convoi). 3 oo 1 5o
Tender de sept à dix tonnes.................................... 1 35 o 9o
Tender de plus de dix tonnes................................... 2 oo 1 oo
Les machines locomotives seront considérées comme ne traînant
pas de convoi, lorsque le convoi remorqué, soit de voyageurs, soit
de marchandises, ne comportera pas un péage au moins égal à
celui qui serait perçu sur une locomotive avec son tender marchant
sans rien traîner.

	PRIX		
	de péage.	de trans- port.	TOTAUX.
	fr. c.	fr. c.	fr. c.
Le prix à payer pour un wagon chargé ne pourra jamais être ...ieur à celui qui serait dû pour un wagon marchant à vide.			
...es à deux ou à quatre roues, à un fond et à une seule ban- ...tte à l'intérieur..	0 18	0 14	0 32
...res à quatre roues, à deux fonds et à deux banquettes dans l'in- ...ieur, omnibus, diligences, etc.............................	0 25	0 15	0 40
Lorsque, sur la demande des expéditeurs, les transports auront ... à la vitesse des trains de voyageurs, les prix ci-dessus seront ...blés.			
Dans ce cas, deux personnes pourront, sans supplément de prix, ...ger dans les voitures à une banquette, et trois dans les voi- ...s à deux banquettes, omnibus, diligences, etc.			
...s voyageurs excédant ce nombre payeront le prix des places de ...ème classe.			
...res de déménagement à deux ou à quatre roues, à vide.......	0 20	0 10	0 30
...itures, lorsqu'elles seront chargées, payeront en sus des prix ...ssus, par tonne de chargement et par kilomètre.............	0 10	0 08	0 18
SERVICE DES POMPES FUNÈBRES ET TRANSPORT DES CERCUEILS.			
Grande vitesse.			
...voiture des pompes funèbres renfermant un ou plusieurs cer- ...ils sera transportée aux mêmes prix et conditions qu'une voi- ...e à quatre roues, à deux fonds et à deux banquettes.........	0 50	0 30	0 80
...e cercueil confié à l'administration du chemin de fer sera ...porté, dans un compartiment isolé, au prix de.............	0 18	0 12	0 30

...es prix déterminés ci-dessus pour les transports à grande vitesse ne comprennent ...impôt dû à l'État.

...est expressément entendu que les prix de transport ne seront dus à la compagnie ...ant qu'elle effectuerait elle-même ces transports à ses frais et par ses propres ...s; dans le cas contraire, elle n'aura droit qu'aux prix fixés pour le péage.

...perception aura lieu d'après le nombre de kilomètres parcourus. Tout kilomètre ...é sera payé comme s'il avait été parcouru en entier.

...la distance parcourue est inférieure à six kilomètres, elle sera comptée pour ...omètres.

...poids de la tonne est de mille kilogrammes.

...s fractions de poids ne seront comptées, tant pour la grande que pour la petite ...se, que par centième de tonne ou par dix kilogrammes.

...nsi tout poids compris entre zéro et dix kilogrammes payera comme dix kilo- ...mes; entre dix et vingt kilogrammes, comme vingt kilogrammes, etc.

...utefois, pour les excédants de bagages et marchandises à grande vitesse, les ...res seront établies: 1° de zéro à cinq kilogrammes; 2° au-dessus de cinq jus- ...à dix kilogrammes; 3° au-dessus de dix kilogrammes, par fraction indivisible de ...kilogrammes.

...uelle que soit la distance parcourue, le prix d'une expédition quelconque, soit ...grande, soit en petite vitesse, ne pourra être moindre de quarante centimes.

.... À moins d'une autorisation spéciale et révocable de l'administration, tout train ...ulier de voyageurs devra contenir des voitures de toute classe en nombre suffisant ...ur toutes les personnes qui se présenteraient dans les bureaux du chemin de fer.

...ans chaque train de voyageurs, la compagnie aura la faculté de placer des voi- ...s à compartiments spéciaux pour lesquels il sera établi des prix particuliers que ...ministration fixera, sur la proposition de la compagnie; mais le nombre des places ...onner dans ces compartiments ne pourra dépasser le cinquième du nombre total ... places du train.

...5. Tout voyageur dont le bagage ne pèsera pas plus de trente kilogrammes n'aura ...payer, pour le port de ce bagage, aucun supplément du prix de sa place.

Cette franchise ne s'appliquera pas aux enfants transportés gratuitement, et
sera réduite à vingt kilogrammes pour les enfants transportés à moitié prix.

46. Les animaux, denrées, marchandises, effets et autres objets non désignés
le tarif seront rangés, pour les droits à percevoir, dans les classes avec lesqu
auront le plus d'analogie, sans que jamais, sauf les exceptions formulées
ticles 47 et 48 ci-après, aucune marchandise non dénommée puisse être
une taxe supérieure à celle de la première classe du tarif ci-dessus.

Les assimilations de classes pourront être provisoirement réglées par l
gnie; mais elles seront soumises immédiatement à l'administration, qui
définitivement.

47. Les droits de péage et les prix de transport déterminés au tarif ne
applicables à toute masse indivisible pesant plus de trois mille kilogrammes.

Néanmoins, la compagnie ne pourra se refuser à transporter les masses
sibles pesant de trois mille à cinq mille kilogrammes; mais les droits de péag
prix de transport seront augmentés de moitié.

La compagnie ne pourra être contrainte à transporter les masses pesant
cinq mille kilogrammes.

Si, nonobstant la disposition qui précède, la compagnie transporte des
indivisibles pesant plus de cinq mille kilogrammes, elle devra, pendant
au moins, accorder les mêmes facilités à tous ceux qui en feraient la d

Dans ce cas, les prix de transport seront fixés par l'administration, sur
position de la compagnie.

48. Les prix de transport déterminés au tarif ne sont point applicables :

1° Aux denrées et objets qui ne sont pas nommément énoncés dans le tarif
ne pèseraient pas deux cents kilogrammes sous le volume d'un mètre cube;

2° Aux matières inflammables ou explosibles, aux animaux et objets
pour lesquels des règlements de police prescriraient des précautions spéc

3° Aux animaux dont la valeur déclarée excéderait cinq mille francs;

4° A l'or et à l'argent, soit en lingots, soit monnayés ou travaillés, au
ou d'argent, au mercure et au platine, ainsi qu'aux bijoux, dentelles, pi
cieuses, objets d'art et autres valeurs;

5° Et, en général, à tous paquets, colis ou excédant de bagages pesant
quarante kilogrammes et au-dessous.

Toutefois, les prix de transport déterminés au tarif sont applicables à tou
ou colis, quoique emballés à part, s'ils font partie d'envois pesant ensemble
quarante kilogrammes d'objets envoyés par une même personne à une m
sonne. Il en sera de même pour les excédants de bagages qui pèseraient
ou isolément plus de quarante kilogrammes.

Le bénéfice de la disposition énoncée dans le paragraphe précédent, en
concerne les paquets et colis, ne peut être invoqué par les entrepreneurs de
geries et de roulage et autres intermédiaires de transport, à moins que les
par eux envoyés ne soient réunis en un seul colis.

Dans les cinq cas ci-dessus spécifiés, les prix de transport seront arrêtés
ment par l'administration, tant pour la grande que pour la petite vitesse, su
position de la compagnie.

En ce qui concerne les paquets ou colis mentionnés au paragraphe 5° ci
les prix de transport devront être calculés de telle manière qu'en aucun cas
ces paquets ou colis ne puisse payer un prix plus élevé qu'un article de même
pesant plus de quarante kilogrammes.

49. Dans le cas où la compagnie jugerait convenable, soit pour le parcours
soit pour le parcours partiel de la voie de fer, d'abaisser, avec ou sans con
au-dessous des limites déterminées par le tarif les taxes qu'elle est autorisée à
cevoir, les taxes abaissées ne pourront être relevées qu'après un délai de trois
au moins pour les voyageurs et de six mois pour les marchandises.

Toute modification de tarif proposée par la compagnie sera annoncée un
d'avance par des affiches.

La perception des tarifs modifiés ne pourra avoir lieu qu'avec l'h
préfet, conformément aux dispositions de la loi du 12 juillet 1865.

La perception des taxes devra se faire indistinctement et sans aucune fave
Tout traité particulier qui aurait pour effet d'accorder à un ou à plusieurs
teurs une réduction sur les tarifs approuvés demeure formellement interdit.

Toutefois, cette disposition n'est pas applicable aux traités qui pourraient

aire le Gouvernement et la compagnie dans l'intérêt des services publics, ni
ductions ou remises qui seraient accordées par la compagnie aux indigents.
d'abaissement des tarifs, la réduction portera proportionnellement sur le
sur le transport.

compagnie sera tenue d'effectuer constamment avec soin, exactitude et
et sans tour de faveur, le transport des voyageurs, bestiaux, denrées, mar-
et objets quelconques qui lui seront confiés.

x, bestiaux et objets quelconques seront inscrits, à la gare d'où ils partent
re où ils arrivent, sur des registres spéciaux, au fur et à mesure de leur
; mention sera faite, sur les registres de la gare de départ, du prix total
le transport.

s marchandises ayant une même destination, les expéditions auront lieu
ordre de leur inscription à la gare de départ.

expédition de marchandises sera constatée, si l'expéditeur le demande, par
e de voiture dont un exemplaire restera aux mains de la compagnie et
mains de l'expéditeur. Dans le cas où l'expéditeur ne demanderait pas
de voiture, la compagnie sera tenue de lui délivrer un récépissé qui an-
nature et le poids du colis, le prix total du transport et le délai dans
transport devra être effectué.

animaux, denrées, marchandises et objets quelconques seront expédiés et
gare en gare, dans les délais résultant des conditions ci-après exprimées:
animaux, denrées, marchandises et objets quelconques à grande vitesse
édiés par le premier train de voyageurs comprenant des voitures de toutes
correspondant avec leur destination, pourvu qu'ils aient été présentés à
ement trois heures avant le départ de ce train.

ont mis à la disposition des destinataires, à la gare, dans le délai de deux
es l'arrivée du même train.

animaux, denrées, marchandises et objets quelconques à petite vitesse
édiés dans le jour qui suivra celui de la remise; toutefois, l'administration
pourra étendre ce délai à deux jours.

imum de durée du trajet sera fixé par l'administration, sur la proposition
agnie, sans que ce maximum puisse excéder vingt-quatre heures par frac-
ble de cent vingt-cinq kilomètres.

seront mis à la disposition des destinataires dans le jour qui suivra celui
ée effective en gare.

otal résultant des trois paragraphes ci-dessus sera seul obligatoire pour
e.

m être établi un tarif réduit, approuvé par le préfet, pour tout expéditeur
ca des délais plus longs que ceux déterminés ci-dessus pour la petite

transport des marchandises, il pourra être établi, sur la proposition de la
e, un délai moyen entre ceux de la grande et de la petite vitesse.
correspondant à ce délai sera un prix intermédiaire entre ceux de la
de la petite vitesse.

istration déterminera, par des règlements spéciaux, les heures d'ouverture
meture des gares et stations, tant en hiver qu'en été. Le service de nuit
obligatoire pour la compagnie.

e la marchandise devra passer d'une ligne sur une autre sans solution de
té, les délais de livraison et d'expédition au point de jonction seront fixés par
ration, sur la proposition de la compagnie.

s frais accessoires non mentionnés dans les tarifs, tels que ceux d'enregis-
, de chargement, de déchargement et de magasinage dans les gares et ma-
chemin de fer, seront fixés annuellement par l'administration, sur la
ion de la compagnie.

compagnie sera tenue de faire, soit par elle-même, soit par un intermé-
nt elle répondra, le factage et le camionnage pour la remise au domicile
ataires de toutes les marchandises qui lui sont confiées.

tage et le camionnage ne seront point obligatoires en dehors du rayon de
non plus que pour les gares qui desserviraient, soit une population agglo-
de moins de cinq mille habitants, soit un centre de population de cinq mille
ts situé à plus de cinq kilomètres de la gare du chemin de fer.

Les tarifs à percevoir seront fixés par l'administration, sur la proposition de la compagnie. Ils seront applicables à tout le monde sans distinction.

Toutefois, les expéditeurs et destinataires resteront libres de faire eux-mêmes à leurs frais le factage et le camionnage des marchandises.

54. A moins d'une autorisation spéciale de l'administration, il est interdit à la compagnie, conformément à l'article 14 de la loi du 15 juillet 1845, de faire directement ou indirectement avec des entreprises de transport de voyageurs ou de marchandises par terre ou par eau, sous quelque dénomination ou forme que ce puisse être, des arrangements qui ne seraient pas consentis en faveur de toutes les entreprises desservant les mêmes voies de communication.

L'administration, agissant en vertu de l'article 32 ci-dessus, prescrira les mesures à prendre pour assurer la plus complète égalité entre les diverses entreprises de transport dans leurs rapports avec le chemin de fer.

TITRE V.

STIPULATIONS RELATIVES À DIVERS SERVICES PUBLICS.

55. Les militaires ou marins voyageant en corps, aussi bien que les militaires ou marins voyageant isolément pour cause de service, envoyés en congé limité ou en permission, ou rentrant dans leurs foyers après libération, ne seront assujettis, pour leurs chevaux et leurs bagages, qu'à la moitié de la taxe du tarif fixé par le présent cahier des charges. Si le Gouvernement avait besoin de diriger des troupes ou du matériel militaire ou naval sur l'un des points desservis par le chemin de fer, la compagnie serait tenue de mettre immédiatement à sa disposition, pour la moitié de la taxe du même tarif, tous ses moyens de transport.

56. Les fonctionnaires ou agents chargés de l'inspection, du contrôle et de la surveillance du chemin de fer seront transportés gratuitement dans les voitures de la compagnie.

La même faculté est accordée aux agents des contributions indirectes et des douanes chargés de la surveillance du chemin de fer dans l'intérêt de la perception de l'impôt.

57. 1° Dans l'un des trains de voyageurs ou de marchandises désigné par le préfet, la compagnie sera tenue de réserver gratuitement un compartiment d'une voiture de deuxième classe, ou un espace équivalent, pour recevoir les dépêches et les agents nécessaires au service des postes, le surplus de la voiture restant à la disposition de la compagnie.

2° Si le volume des dépêches ou la nature du service rend insuffisante la capacité d'un compartiment à deux banquettes, de sorte qu'il y ait lieu d'en occuper un deuxième, la compagnie sera tenue de le livrer, et il lui sera payé, pour la location de ce deuxième compartiment, vingt centimes par kilomètre parcouru.

Lorsque la compagnie voudra changer les heures de départ de ses convois ordinaires, elle sera tenue d'en avertir l'administration des postes quinze jours à l'avance.

3° La compagnie sera tenue de transporter gratuitement, par tous les convois de voyageurs, tout agent des postes chargé d'une mission ou d'un service accidentel, porteur d'un ordre de service régulier délivré à Paris par le directeur général des postes. Il sera accordé à l'agent des postes en mission une place de voiture de deuxième classe, ou de première classe, si le convoi ne comporte pas de voiture de deuxième classe.

4° L'administration se réserve le droit d'établir à ses frais, sans indemnité, et aussi sans responsabilité pour la compagnie, tous poteaux ou appareils nécessaires à l'échange des dépêches sans arrêt de train, à la condition que ces appareils, leur nature ou leur position, n'apportent pas d'entraves aux différents services de la ligne ou des stations.

5° Les employés chargés de la surveillance du service, les agents préposés à l'échange ou à l'entrepôt des dépêches, auront accès dans les gares ou stations pour l'exécution de leur service, en se conformant aux règlements de police intérieure de la compagnie.

58. La compagnie sera tenue, à toute réquisition, de faire partir par convoi ordinaire les wagons ou voitures cellulaires employés au transport des prévenus, accusés ou condamnés.

wagons et les voitures employés au service dont il s'agit seront construits aux
frais de l'État ou des départements; leurs formes et dimensions seront déterminées
par le ministre de l'intérieur et par le ministre des travaux publics, la
partie entendue.

Les employés de l'administration, les gendarmes, les gardiens et les prisonniers
dans les wagons ou voitures cellulaires ne seront assujettis qu'à la moitié
du prix applicable aux places de troisième classe, telle qu'elle est fixée par le
cahier des charges.

Le transport des wagons et des voitures sera gratuit.

Dans le cas où l'administration voudrait, pour le transport des prisonniers, faire
les voitures de la compagnie, celle-ci serait tenue de mettre à sa disposition
plusieurs compartiments spéciaux de voitures de deuxième classe à deux ban-
cs. Le prix de location en sera fixé à raison de vingt centimes par compartiment
et kilomètre.

Les dispositions qui précèdent seront applicables au transport des jeunes délinquants recueillis par l'administration pour être transférés dans les établissements
d'éducation. La compagnie devra de plus mettre à la disposition de l'administration
un compartiment séparé de deuxième classe pour le transport des aliénés, sur la réquisition qui lui en sera faite.

Le Gouvernement se réserve la faculté de faire, le long des voies, toutes les
opérations, de poser tous les appareils nécessaires à l'établissement d'une ligne
électrique, sans nuire au service du chemin de fer.

À la demande de l'administration des lignes télégraphiques, il sera réservé, dans
les des villes ou des localités qui seront désignées ultérieurement, le terrain
propre à l'établissement des maisonnettes destinées à recevoir le bureau télégraphique et son matériel.

La compagnie concessionnaire sera tenue de faire garder par ses agents les fils et
poteaux des lignes électriques, de donner aux employés télégraphiques connaissance de tous les accidents qui pourraient survenir et de leur en faire connaître les
causes.

En cas de rupture du fil télégraphique, les employés de la compagnie auront à
rattacher provisoirement les bouts séparés, d'après les instructions qui leur seront données à cet effet.

Les agents de la télégraphie voyageant pour le service de la ligne électrique auront le droit de circuler gratuitement dans les voitures du chemin de fer.

En cas de rupture du fil électrique ou d'accidents graves, une locomotive sera
immédiatement à la disposition de l'inspecteur télégraphique de la ligne, pour
transporter sur le lieu de l'accident avec les hommes et les matériaux nécessaires
à la réparation. Ce transport devra être effectué dans des conditions telles qu'il ne
puisse entraver en rien la circulation publique. Il sera alloué à la compagnie une indemnité un franc par kilomètre parcouru par la machine.

La compagnie sera tenue d'établir à ses frais les fils et appareils télégraphiques
propres à transmettre les signaux nécessaires pour la sûreté et la régularité de son
exploitation.

Elle pourra, avec l'autorisation du ministre de l'intérieur, se servir des poteaux de
la ligne télégraphique de l'État, lorsqu'une semblable ligne existera le long de la voie.
La compagnie sera tenue de se soumettre à tous les règlements d'administration
publique concernant l'établissement et l'emploi de ces appareils.

TITRE VI.

CLAUSES DIVERSES.

Dans le cas où le Gouvernement ou le département ordonnerait ou autoriserait la construction de routes nationales, départementales ou vicinales, de
chemins de fer ou de canaux qui traverseraient la ligne objet de la présente concession, la compagnie ne pourra s'opposer à ces travaux; mais toutes les dispositions
nécessaires seront prises pour qu'il n'en résulte aucun obstacle à la construction ou
le service du chemin de fer, ni aucuns frais pour la compagnie.

Toute exécution ou autorisation ultérieure de route, de canal, de chemin de
fer ou de travaux de navigation dans la contrée où est situé le chemin de fer objet de
la présente concession, ou dans toute autre contrée voisine ou éloignée, ne pourra
ouvrir à aucune demande d'indemnité de la part de la compagnie.

62. Le Gouvernement et le département se réservent expressément le droit d'accorder de nouvelles concessions de chemins de fer s'embranchant sur le chemin qui fait l'objet du présent cahier des charges, ou qui seraient établis en prolongement du même chemin.

La compagnie ne pourra mettre aucun obstacle à ces embranchements, ni réclamer, à l'occasion de leur établissement, aucune indemnité quelconque, pourvu qu'il n'en résulte aucun obstacle à la circulation, ni aucuns frais particuliers pour la compagnie.

Les compagnies concessionnaires de chemins de fer d'embranchement ou de prolongement auront la faculté, moyennant les tarifs ci-dessus déterminés et l'observation des règlements de police et de service établis ou à établir, de faire circuler leurs voitures, wagons et machines sur le chemin de fer objet de la présente concession, pour lequel cette faculté sera réciproque à l'égard desdits embranchements et prolongements. Toutefois, la compagnie ne sera pas tenue d'admettre sur ses rails un matériel dont le poids et les dimensions seraient hors de proportion avec les éléments constitutifs de ses voies.

Dans le cas où les diverses compagnies ne pourraient s'entendre entre elles sur l'exercice de cette faculté, le Gouvernement ou le préfet statuerait sur les difficultés qui s'élèveraient entre elles à cet égard.

Dans le cas où une compagnie d'embranchement ou de prolongement joignant la ligne qui fait l'objet de la présente concession n'userait pas de la faculté de circuler sur cette ligne, comme aussi dans le cas où la compagnie concessionnaire de cette dernière ligne ne voudrait pas circuler sur les embranchements et prolongements, les compagnies seraient tenues de s'arranger entre elles de manière que le service de transport ne soit jamais interrompu aux points de jonction des diverses lignes.

Celle des compagnies qui se servira d'un matériel qui ne serait pas sa propriété payera une indemnité en rapport avec l'usage et la détérioration de ce matériel.

Dans le cas où les compagnies ne se mettraient pas d'accord sur la quotité de l'indemnité ou sur les moyens d'assurer la continuation du service sur toute la ligne, le Gouvernement ou le préfet y pourvoirait d'office et prescrirait toutes les mesures nécessaires.

La compagnie sera tenue, si l'administration le juge convenable, de partager l'usage des stations établies à l'origine des chemins de fer d'embranchement avec les compagnies qui deviendraient ultérieurement concessionnaires desdits chemins.

63. La compagnie sera tenue de s'entendre avec tout propriétaire de mines ou d'usines qui, offrant de se soumettre aux conditions prescrites ci-après, demanderait un nouvel embranchement; à défaut d'accord, le préfet statuera sur la demande, la compagnie entendue.

Les embranchements seront construits aux frais des propriétaires de mines ou d'usines, et de manière à ce qu'il ne résulte de leur établissement aucune entrave à la circulation générale, aucune cause d'avarie pour le matériel, ni aucuns frais particuliers pour la compagnie.

Leur entretien devra être fait avec soin et aux frais de leurs propriétaires, et sous le contrôle de l'administration. La compagnie aura le droit de faire surveiller par ses agents cet entretien, ainsi que l'emploi de son matériel sur les embranchements.

L'administration pourra, à toutes époques, prescrire les modifications qui seront jugées utiles dans la soudure, le tracé ou l'établissement de la voie desdits embranchements, et les changements seront opérés aux frais des propriétaires.

L'administration pourra même, après avoir entendu les propriétaires, ordonner l'enlèvement temporaire des aiguilles de soudure, dans le cas où les établissements embranchés viendraient à suspendre en tout ou en partie leurs transports.

La compagnie sera tenue d'envoyer ses wagons sur tous les embranchements autorisés destinés à faire communiquer des établissements de mines ou d'usines avec la ligne principale du chemin de fer.

La compagnie amènera ses wagons à l'entrée des embranchements.

Les expéditeurs ou destinataires feront conduire les wagons dans leurs établissements pour les charger ou décharger, et les ramèneront au point de jonction avec la ligne principale, le tout à leurs frais.

Les wagons ne pourront d'ailleurs être employés qu'au transport d'objets et marchandises destinés à la ligne principale du chemin de fer.

Le temps pendant lequel les wagons séjourneront sur les embranchements particuliers ne pourra excéder six heures, lorsque l'embranchement n'aura pas plus d'un kilomètre. Le temps sera augmenté d'une demi-heure par kilomètre en sus du premier.

mier, non compris les heures de nuit, depuis le coucher jusqu'au lever du soleil.

Dans le cas où ces limites de temps seraient dépassées, nonobstant l'avertissement spécial donné par la compagnie, elle pourra exiger une indemnité égale à la valeur du droit de loyer des wagons, pour chaque période de retard après l'avertissement.

Les traitements des gardiens d'aiguilles et des barrières des embranchements autorisés par l'administration seront à la charge des propriétaires des embranchements. Ces gardiens seront nommés et payés par la compagnie, et les frais qui en résultent lui seront remboursés par lesdits propriétaires.

En cas de difficulté, il sera statué par l'administration, la compagnie entendue.

Les propriétaires d'embranchements seront responsables des avaries que le matériel pourrait éprouver pendant son parcours ou son séjour sur ces lignes.

Dans le cas d'inexécution d'une ou de plusieurs des conditions énoncées ci-dessus, le préfet pourra, sur la plainte de la compagnie et après avoir entendu le propriétaire de l'embranchement, ordonner par un arrêté la suspension du service et faire supprimer la soudure.

Pour indemniser la compagnie de la fourniture et de l'envoi de son matériel sur les embranchements, elle est autorisée à percevoir un prix de douze centimes par tonne pour le premier kilomètre, et, en outre, quatre centimes par tonne et par kilomètre en sus du premier, lorsque la longueur de l'embranchement excédera un kilomètre.

Tout kilomètre entamé sera payé comme s'il avait été parcouru en son entier.

Le chargement et le déchargement sur les embranchements s'opéreront aux frais des expéditeurs ou destinataires, soit qu'ils les fassent eux-mêmes, soit que la compagnie du chemin de fer consente à les opérer.

Dans ce dernier cas, ces frais seront l'objet d'un règlement arrêté par l'administration supérieure, sur la proposition de la compagnie.

Tout wagon envoyé par la compagnie sur un embranchement devra être payé comme wagon complet, lors même qu'il ne serait pas complétement chargé.

La surcharge, s'il y en a, sera payée au prix du tarif légal et au prorata du poids réel. La compagnie sera en droit de refuser les chargements qui dépasseraient le maximum de trois mille cinq cents kilogrammes déterminé en raison des dimensions actuelles des wagons.

Le maximum sera revisé par l'administration, de manière à être toujours en rapport avec la capacité des wagons.

Les wagons seront pesés à la station d'arrivée par les soins et aux frais de la compagnie.

64. La contribution foncière sera établie en raison de la surface des terrains occupés par le chemin de fer et ses dépendances; la cote en sera calculée, comme pour les canaux, conformément à la loi du 25 avril 1803.

Les bâtiments et magasins dépendant de l'exploitation du chemin de fer seront assimilés aux propriétés bâties de la localité. Toutes les contributions auxquelles ces édifices pourront être soumis seront, aussi bien que la contribution foncière, à la charge de la compagnie.

65. Les agents et gardes que la compagnie établira, soit pour la perception des droits, soit pour la surveillance et la police du chemin de fer et de ses dépendances, pourront être assermentés et seront, dans ce cas, assimilés aux gardes champêtres.

66. Les frais de visite, de surveillance et de réception des travaux et les frais de contrôle de l'exploitation seront supportés par la compagnie. Afin de pourvoir à ces frais, la compagnie sera tenue de verser chaque année, à la caisse départementale du trésor public, une somme de cinquante francs par kilomètre de chemin de fer concédé.

Si la compagnie ne verse pas la somme ci-dessus réglée aux époques qui auront été fixées, le préfet rendra un rôle exécutoire, et le montant en sera recouvré comme matière de contributions publiques.

67. Avant la signature de l'acte de concession, la compagnie déposera dans une caisse publique désignée par le préfet une somme de cent soixante mille francs en numéraire ou en rentes sur l'État calculées conformément à l'ordonnance du 19 janvier 1825, ou en bons du trésor ou autres effets publics, ou valeurs acceptées par le préfet, avec transfert, au profit du département, de celles de ces valeurs qui seraient nominatives ou à ordre.

40.

Cette somme formera le cautionnement de l'entreprise. Elle sera rendue à la compagnie par moitié et proportionnellement à l'avancement des travaux. La dernière moitié ne sera remboursée qu'après leur entier achèvement.

68. La compagnie devra faire élection de domicile dans le département de la Manche.

Dans le cas où elle ne l'aurait pas fait, toute notification ou signification à elle adressée sera valable lorsqu'elle sera faite au secrétariat général de la préfecture.

69. Les contestations qui s'élèveraient entre la compagnie et l'administration sujet de l'exécution et de l'interprétation des clauses du présent cahier des charges seront jugées administrativement par le conseil de préfecture du département la Manche, sauf recours au Conseil d'État.

Vu pour être annexé à la convention en date de ce jour.

Saint-Lô, le 24 Janvier 1872.

Le Président de la commission départementale,

    Signé BOUVATTIER.

Le Préfet de la Manche,

    Signé VAULTIER.

Les Concessionnaires,

Signé RICHE frères.

Par procuration de *P. F. Guebhard* fils :

    Signé J. LECROSNIER.

Par procuration de *Parent-Pécher* :

    Signé E. RICHE.

Enregistré à Saint-Lô, le 26 janvier 1872, folio 75 recto, case 8. Reçu deux décimes, quarante centimes. Signé *Lapommerie.*

———————

L'an mil huit cent soixante-douze, le quatorze avril,

Entre MM. *Bouvattier,* président de la commission départementale, et M préfet du département de la Manche,

Agissant en vertu d'une délibération du conseil général, en date du 13 du mois d'avril,

    D'une part,

Et MM. *P. F. Guebhard* fils, industriel, demeurant à Paris, rue Saint-Lazare,

Riche frères, ingénieurs-constructeurs de chemins de fer, dem Bruxelles (Belgique), rue de la Chancellerie, n° 6;

Parent-Pécher, banquier, demeurant à Tournay (Belgique),

S'engageant conjointement et solidairement,

    D'autre part,

Il a été dit ce qui suit :

Par suite de la convention additionnelle au traité passé, le 24 janvier dernier, MM. *Guebhard* fils, *Riche* frères et *Parent-Pécher,* il y a lieu de remplacer l'article du cahier des charges, annexé audit traité, par un nouvel article dont sui teneur :

« Art. 41 nouveau. Pour indemniser la compagnie des travaux et dépenses qu' « s'engage à faire par le présent cahier des charges, et sous la condition exp « qu'elle en remplira exactement toutes les obligations, le département lui accor « 1° La subvention de vingt-sept mille cinq cents francs par kilomètre, laquelle « payée suivant le mode indiqué à la convention ci-annexée, et la livraison des « comme il est dit à l'article 21 ;

« 2° L'autorisation de percevoir, pendant toute la durée de la concession, les « de péage et les prix de transport-déterminés par le tarif ci-dessous. »

En conséquence, les parties contractantes susdénommées déclarent que l' article 41 du cahier des charges susrelaté est et demeure nul et non avenu, et que le nouvel article 41 susénoncé aura seul force et vigueur.

Il est expressément convenu entre les parties que tous les frais, droits de garde, de négociation, timbre, enregistrement et tous autres, ainsi que les impôts prévu ou imprévus pouvant grever les valeurs déposées à titre de cautionnement, soit en France, soit en Belgique, sont à la charge des concessionnaires.

Et ont signé double, à Saint-Lô, les jour, mois et an que dessus, après lecture faite.

Le Président de la commission départementale,   *Le Préfet de la Manche,*

　　Signé BOUVATTIER.   Signé VAULTIER.

　　　　　　　　　　　　　Signé RICHE frères.

Par procuration de P. F. Guebhard fils :   Par procuration de *Parent-Pécher :*

　　Signé J. LE CROSNIER.   ·   Signé E. RICHE.

Certifié conforme au cahier des charges annexé au décret en date du 10 février 1874, enregistré sous le n° 97.

　　　　　　　　　　　　　　　Le Conseiller d'État, Secrétaire général,

　　　　　　　　　　　　　　　　　Signé DE BOUREUILLE.

　　　　　　　　　　RÉPUBLIQUE FRANÇAISE.

3574. — DÉCRET *qui déclare d'utilité publique l'établissement d'un Chemin de fer d'intérêt local de Confolens à Excideuil.*

　　　　　　　　　　Du 13 Juin 1874.

LE PRÉSIDENT DE LA RÉPUBLIQUE FRANÇAISE,

Sur le rapport du ministre des travaux publics;

Vu l'avant-projet présenté pour l'établissement, dans le département de Charente, d'un chemin de fer d'intérêt local de Confolens à la gare d'Excideuil, sur la ligne d'Angoulême à Limoges;

Vu le dossier de l'enquête d'utilité publique à laquelle cet avant-projet été soumis, et notamment le procès-verbal de la commission d'enquête, en date des 17 octobre et 18 novembre 1872;

Vu les délibérations, en date des 16 avril, 26 et 27 août 1872, par lesquelles conseil général du département de la Charente a approuvé l'établissement chemin de fer susmentionné, ainsi que sa concession à la compagnie des chemins de fer des Charentes, et voté les voies et moyens nécessaires pour la subvention par lui accordée;

Vu la convention passée, le 12 février 1873, entre le préfet du département et la compagnie des chemins de fer des Charentes, ainsi que le cahier des charges y annexé;

Vu l'avis du conseil général des ponts et chaussées, du 17 avril 1873;

Vu la lettre du ministre des finances, du 8 mai 1873;

Vu la lettre du ministre de la guerre, du 19 mai 1873;

Vu la lettre du ministre de l'intérieur, du 16 mai 1873;

Vu la loi du 3 mai 1841, sur l'expropriation pour cause d'utilité publique;

Vu la loi du 12 juillet 1865, sur les chemins de fer d'intérêt local;

Le Conseil d'État entendu,

DÉCRÈTE :

ART. 1er. Est déclaré d'utilité publique l'établissement d'un chemin de fer partant de Confolens, en un point qui sera ultérieurement déterminé, passant par ou près Ansac et Manot et se raccordant au chemin de fer d'Angoulême à Limoges, à ou près Excideuil.

2. Le département de la Charente est autorisé à pourvoir à l'exécution de ce chemin, comme chemin de fer d'intérêt local, suivant les dispositions de la loi du 12 juillet 1865 et conformément aux clauses et conditions de la convention passée, le 12 février 1873,

avec la compagnie des chemins de fer des Charentes, ainsi que la cahier des charges y annexé.

Des copies certifiées de ces convention et cahier des charges resteront annexées au présent décret.

3. Il est alloué au département de la Charente, sur les fonds trésor, par application de l'article 5 de la loi précitée du 12 juil 1865, et sous réserve de l'inscription préalable d'un crédit au bu du ministère des travaux publics, une subvention de deux cent mille sept cent cinquante francs (213,750'.).

Cette subvention sera versée en termes semestriels égaux, à époques qui seront ultérieurement fixées par un décret délibéré Conseil d'État.

Le département devra justifier, avant le payement de cha terme, d'une dépense, en achats de terrains ou en travaux et app sionnements sur place, triple de la somme à recevoir.

Le dernier terme ne sera payé qu'après l'achèvement complet travaux.

4. Aucune émission d'obligations ne pourra avoir lieu qu'en v d'une autorisation du ministre des travaux publics, donnée de cert avec le ministre de l'intérieur, après avis du ministre des nances.

En aucun cas, il ne pourra être émis d'obligations pour somme supérieure au montant du capital-actions.

Aucune émission d'obligations ne pourra d'ailleurs être autori avant que les quatre cinquièmes du capital-actions aient été versé employés en achats de terrains, travaux, approvisionnements place ou en dépôt de cautionnement, et sous la condition que émissions d'obligations successivement autorisées ne pourront mais dépasser le montant des versements effectués sur le ca actions.

5. Le ministre de l'intérieur et le ministre des travaux pu sont chargés, chacun en ce qui le concerne, de l'exécution du sent décret, lequel sera inséré au Bulletin des lois.

Fait à Versailles, le 13 Juin 1874.

Signé M** DE MAC MAHON.

Le Ministre des travaux publics,

Signé E. CAILLAUX.

CONVENTION.

L'an mil huit cent soixante-treize et le douze février,

Entre le préfet du département de la Charente, agissant au nom du dé ment, en vertu de la délibération du conseil général en date du 16 avril 187 sous réserve de la déclaration d'utilité publique du chemin de fer dont il sera après parlé,

D'une part,

Et M. Love, directeur de la compagnie des chemins de fer des Charentes, a au nom de cette compagnie, dont le siége est à Paris, rue de Châteaudun, n° 42.

D'autre part,

Il a été convenu ce qui suit :

ART. 1**. Le préfet de la Charente concède, pour une durée de quatre-vingt-dix neuf ans, à ladite compagnie des chemins de fer des Charentes, qui l'accepte, aux clauses et conditions du cahier des charges ci-annexé, le chemin de fer d'intérêt local à établir de Confolens à Excideuil.

2. De son côté, ladite compagnie s'engage à construire et exploiter ledit chemin qui fait l'objet de la présente convention, en se conformant, pour la construction et l'exploitation de ce chemin, aux clauses et conditions du cahier des charges ci-dessus mentionné, et ce dans un délai de deux ans et demi, à partir de la date du décret déclaratif d'utilité publique des travaux.

3. Le préfet de la Charente s'engage, au nom du département, à payer à la compagnie concessionnaire, à titre de subvention, pour l'exécution dudit chemin de fer, une somme de cinq cent soixante-dix mille francs, indépendamment de celle qui sera accordée par l'État et qui peut être évaluée à la moitié de la précédente, soit à deux cent quatre-vingt-cinq mille francs, et encore outre les sommes qui seront offertes par les communes.

La partie de la subvention à fournir par le département et par les communes sera payée au fur et à mesure de l'avancement des travaux, à moins que des termes différents ne soient stipulés dans les délibérations des communes, sur des états de situation dressés tous les trois mois par la compagnie concessionnaire, vérifiés et approuvés par l'administration départementale, et dans la limite des annuités qui seront votées par le conseil général; en tout cas, le payement total de la subvention à fournir par le département et les communes sera effectué dans les six mois qui suivront la mise en exploitation de la ligne. La subvention de l'État sera versée suivant les séances qui seront déterminées par le Gouvernement.

4. Il sera retenu, à titre de garantie, un dixième sur les versements, lequel dixième formera le cautionnement, qui ne sera remboursable qu'à l'époque de la livraison de la ligne, conformément à l'article 61 du cahier des charges.

5. Le département stipule, en faveur du préfet, des sous-préfets, du secrétaire général, des agents du service des routes départementales, des chemins vicinaux et des enfants assistés, la gratuité de transport sur la ligne concédée.

6. La présente convention ne sera définitive qu'après sa ratification par le conseil général de la Charente.

7. Pour l'exécution des conventions contenues dans le présent acte, la compagnie concessionaire fait élection de domicile à Angoulême.

Fait double à Angoulême, les jour, mois et an que dessus.

Le Concessionnaire,

Signé E. LOVE.

Vu et approuvé :

Le Préfet de la Charente,

Signé DE LANGSDORFF.

Certifié conforme à la convention annexée au décret en date du 13 juin 1874, enregistré sous le n° 428.

Le Conseiller d'État, Secrétaire général,

Signé DE BOUREUILLE.

CAHIER DES CHARGES.

TITRE Iᵉʳ.

TRACÉ ET CONSTRUCTION.

ART. 1ᵉʳ. Le chemin de fer de Confolens à Excideuil partira de Confolens en un point qui sera ultérieurement déterminé par l'administration, passera par ou près Manot et Ansac, en suivant la vallée de la Vienne, et se raccordera à la ligne des Charentes d'Angoulême à Limoges, à ou près Excideuil.

2. Les travaux devront être commencés dans un délai de six mois au plus, à partir du décret déclaratif d'utilité publique; ils seront terminés dans un délai de deux ans et demi, à partir de la même date, de manière que le chemin soit praticable et exploité sur toute sa longueur à l'expiration de ce dernier délai.

3. Aucun travail ne pourra être entrepris, pour l'établissement du chemin de fer et de ses dépendances, qu'avec l'autorisation préfectorale.

A cet effet, les projets de tous les travaux à exécuter seront dressés en double expé-

dition et soumis à l'approbation du préfet, qui prescrira, s'il y a lieu, d'y i
telles modifications que de droit; l'une de ces expéditions sera remise à la
gnie avec le visa du préfet, l'autre demeurera entre les mains de l'administration.

Ces projets comprendront notamment :

Un plan général à l'échelle de un dix-millième;

Un profil en long et les profils en travers types;

Des plans de détail à l'échelle de un millième, indiquant notamment les em
ments et les dispositions des stations et de leurs abords, les ouvrages projeté:
rencontre des cours d'eau et des voies de communication;

Les dessins des types d'ouvrages d'art et des bâtiments à exécuter;

Une notice explicative dans laquelle les dispositions essentielles des projets
justifiées.

Avant comme pendant l'exécution, la compagnie aura la faculté de propos
projets approuvés les modifications qu'elle jugerait utiles, mais ces modificat
pourront être exécutées que moyennant l'approbation du préfet.

4. Le concessionnaire pourra prendre copie de tous les plans, nivellem
devis qui pourraient avoir été antérieurement dressés aux frais de l'État ou
partement.

5. Les terrains seront acquis et les travaux seront exécutés pour une seul
sauf dans les stations ou autres points où il serait nécessaire d'établir pl
voies.

6. La largeur de la voie entre les bords intérieurs des rails devra être de un
quarante-quatre centimètres (1″,44) à un mètre quarante-cinq centimètres (1′
Dans les parties à deux voies, la largeur de l'entre-voie, mesurée entre les
des rails, sera de deux mètres (2″,00) au minimum.

La largeur des accotements, c'est-à-dire des parties comprises de chaque côté
le bord extérieur du rail et l'arête supérieure du ballast, sera de soixan
centimètres (0″,75) au moins.

Dans les parties en remblai, on ménagera au pied de chaque talus du ball
banquette de cinquante centimètres (0″,50) de largeur. Cette disposition est
toire en remblai comme en déblai.

La compagnie établira le long du chemin de fer les fossés et rigoles né
pour l'asséchement de la voie et l'écoulement des eaux.

7. Les alignements seront raccordés entre eux par des courbes dont le r
pourra être inférieur à deux cent cinquante mètres (250″,00). Une partie
quarante mètres (40″,00) au moins de longueur devra être ménagée ent
courbes consécutives, lorsqu'elles seront dirigées en sens contraire. Une par
zontale de cent mètres (100″,00) au moins sera interposée entre deux fortes d
consécutives, lorsque ces déclivités se succéderont en sens contraire, et de
à verser leurs eaux au même point.

Le maximum de l'inclinaison des pentes et rampes est fixé à vingt-cinq
mètres (0″,025).

8. Lorsque le chemin de fer devra passer au-dessus ou au-dessous des rout
autres chemins publics, les dimensions, les ouvertures des viaducs et les
entre les parapets seront fixées par le préfet, en tenant compte des circo
locales, et les dimensions minima seront les mêmes que sur le chemin de fer
Charentes.

9. Les souterrains à établir pour le passage du chemin de fer pourront n'avoir
quatre mètres cinquante centimètres (4″,50) de largeur entre les pieds-droits au
veau des rails, et quatre mètres quatre-vingts centimètres (4″,80) de hauteur
cale au-dessus de la surface des rails.

10. Dans le cas où des routes ou autres chemins publics ou privés seraient
à niveau par le chemin de fer, les rails devront être posés sans saillie ni d
sensibles sur la surface de ces routes et chemins, de telle sorte qu'il n'en
aucune gêne pour la circulation des voitures.

Le croisement à niveau du chemin de fer et des routes ou chemins pourra s'
tuer sous un angle de quarante-cinq degrés (45°).

Les passages à niveau les plus fréquentés seront munis de barrières toutes le
que l'utilité en sera reconnue par l'administration.

11. Les bâtiments destinés aux voyageurs pourront consister en des h
fermés de trois côtés seulement et munis de banquettes.

Le nombre, l'emplacement et l'étendue des stations de voyageurs et des gares de marchandises seront déterminés par le préfet, sur les propositions de la compagnie, après une enquête spéciale.

La compagnie pourra, moyennant l'autorisation préfectorale, établir entre les stations de simples haltes ou arrêts sans aucun aménagement particulier, aux points où cela lui paraîtra utile.

12. L'administration pourra obliger le concessionnaire à poser des clôtures sur les parties du chemin où elle le jugera utile.

Lorsqu'il y aura lieu de modifier l'emplacement ou le profil des routes existantes, l'inclinaison des pentes ou rampes sur les routes modifiées ne pourra excéder trois centimètres (o^m,o3) pour les routes nationales, et cinq centimètres (o^m,o5) pour les chemins vicinaux et pour les routes départementales.

L'administration restera libre, toutefois, d'apprécier les circonstances qui pourraient motiver une dérogation à cette clause, comme à celle qui est relative à l'angle de croisement des passages à niveau.

13. La compagnie sera tenue de rétablir à ses frais l'écoulement de toutes les eaux dont le cours serait arrêté, suspendu ou modifié par ses travaux, et de prendre les mesures nécessaires pour prévenir l'insalubrité pouvant résulter des chambres d'emprunt.

Les viaducs à construire à la rencontre des rivières, des canaux et des cours d'eau quelconques auront au moins quatre mètres (4^m,co) de largeur entre les parapets. La hauteur de ces parapets sera de quatre-vingts centimètres (o^m,8o).

Quant au débouché des viaducs et ponts, il sera déterminé, dans chaque cas particulier, par le préfet, suivant les circonstances locales.

14. A la rencontre des cours d'eau flottables ou navigables, le concessionnaire sera tenu de prendre toutes les mesures et de payer tous les frais nécessaires pour que le service de la navigation ou du flottage n'éprouve ni interruption ni entrave pendant l'exécution des travaux.

A la rencontre des routes nationales ou départementales et des autres chemins publics, il sera construit des chemins et ponts provisoires, par les soins et aux frais de la compagnie, partout où cela sera jugé nécessaire pour que la circulation n'éprouve ni interruption ni gêne.

Avant que les communications existantes puissent être interceptées, une reconnaissance sera faite par les ingénieurs de la localité à l'effet de constater si les ouvrages provisoires présentent une solidité suffisante et s'ils peuvent assurer le service de la circulation.

Un délai sera fixé par l'administration pour l'exécution des travaux définitifs destinés à rétablir les communications interceptées.

15. Le concessionnaire n'emploiera, dans l'exécution des ouvrages, que des matériaux de bonne qualité; il sera tenu de se conformer aux règles de l'art, de manière à obtenir une construction parfaitement solide.

Tous les aqueducs, ponceaux, ponts et viaducs à construire à la rencontre des divers cours d'eau et des chemins publics ou particuliers seront en maçonnerie ou en fer; cependant pour les aqueducs dont l'ouverture ne dépassera pas soixante-dix centimètres (o^m,70), des châssis en bois pourront être admis par l'administration.

16. Le poids des rails sera au moins de trente kilogrammes (3o^k) par mètre courant sur la voie de circulation, que ces voies soient posées sur traverses ou sur longrines.

17. Tous les terrains nécessaires pour l'établissement du chemin de fer et de ses dépendances, pour la déviation des voies de communication et des cours d'eau, et, en général, pour l'exécution des travaux, quels qu'ils soient, auxquels cet établissement pourra donner lieu, seront achetés et payés par le concessionnaire.

Les indemnités pour occupation temporaire ou pour détérioration de terrains, pour chômage, modification ou destruction d'usines, et pour tous dommages quelconques résultant des travaux, seront supportées et payées par la compagnie.

18. L'entreprise étant d'utilité publique, la compagnie est investie, pour l'exécution des travaux dépendant de sa concession, de tous les droits que les lois et les règlements confèrent à l'administration en matière de travaux publics, soit pour l'acquisition des terrains par voie d'expropriation, soit pour l'extraction, le transport ou le dépôt des terres, matériaux, etc., et elle demeure en même temps soumise à toutes les obligations qui dérivent, pour l'administration, de ces lois et règlements.

19. Si la ligne du chemin de fer traverse un sol déjà concédé pour l'exploitation d'une mine, l'administration déterminera les mesures à prendre pour que l'établis-

sement du chemin de fer ne nuise pas à l'exploitation de la mine, et réci
pour que, le cas échéant, l'exploitation de la mine ne compromette pas l'
du chemin de fer.

Les travaux de consolidation à faire dans l'intérieur de la mine, à raison de la
versée du chemin de fer, et tous les dommages causés par cette traversée aux
cessionnaires de la mine, seront à la charge du concessionnaire.

20. Si le chemin de fer doit s'étendre sur des terrains renfermant des
ou les traverser souterrainement, il ne pourra être livré à la circulation avant
excavations qui pourraient en compromettre la solidité aient été remblayées
solidées. L'administration déterminera la nature et l'étendue des travau
conviendra d'entreprendre à cet effet, et qui seront d'ailleurs exécutés par les
aux frais de la compagnie concessionnaire.

21. Pour l'exécution des travaux, la compagnie se soumettra aux décisions
térielles concernant l'interdiction du travail les dimanches et jours fériés.

22. La compagnie exécutera les travaux par des moyens et des agents à son
mais en restant soumise au contrôle et à la surveillance de l'administration dé
mentale.

Ce contrôle et cette surveillance auront pour objet d'empêcher la compagnie
s'écarter des dispositions prescrites par le présent cahier des charges, et de celles
résulteront des projets approuvés.

23. A mesure que les travaux seront terminés sur des parties de chemin de
susceptibles d'être livrées définitivement à la circulation, il sera procédé, sur la
mande du concessionnaire, à la reconnaissance et, s'il y a lieu, à la réception
visoire de ces travaux par un ou plusieurs commissaires que le préfet désignera.

Sur le vu du procès-verbal de cette reconnaissance, le préfet autorisera, s'il
lieu, la mise en exploitation des parties dont il s'agit; après cette autorisa
compagnie pourra mettre lesdites parties en service et y percevoir les taxes
déterminées.

Toutefois, ces réceptions partielles ne deviendront définitives que par la
générale et définitive du chemin de fer.

24. Après l'achèvement total des travaux, et dans le délai qui sera fixé par
nistration, la compagnie fera faire à frais communs avec le département un
contradictoire et un plan cadastral du chemin de fer et de ses dépendances

Elle fera également dresser à frais communs avec le département, et co
toirement avec l'administration, un état descriptif de tous les ouvrages d'art q
ront été exécutés, ledit état accompagné d'un atlas contenant les dessins co
tous lesdits ouvrages.

Une expédition dûment certifiée des procès-verbaux de bornage, du plan cad
de l'état descriptif et de l'atlas sera dressée à frais communs avec le départe
déposée dans les archives de la préfecture.

Les terrains acquis par la compagnie postérieurement au bornage général,
de satisfaire aux besoins de l'exploitation, et qui par cela même deviendron
intégrante du chemin de fer, donneront lieu, au fur et à mesure de leur
tion, à des bornages supplémentaires, et seront ajoutés sur le plan cadastra
tion sera également faite sur l'atlas de tous les ouvrages d'art exécutés
ment à sa rédaction.

TITRE II.

ENTRETIEN ET EXPLOITATION.

25. Le chemin de fer et ses dépendances seront constamment entretenus en
état, de manière que la circulation y soit toujours facile et sûre.

Les frais d'entretien et ceux auxquels donneront lieu les réparations ordinaire
extraordinaires seront entièrement à la charge de la compagnie.

Si le chemin de fer, une fois achevé, n'est pas constamment entretenu en
état, il y sera pourvu d'office à la diligence de l'administration préfectorale et
frais de la compagnie, sans préjudice, s'il y a lieu, de l'application des dispos
indiquées ci-après dans l'article 34.

26. La compagnie sera tenue d'établir à ses frais, partout où besoin sera, des gar
diens en nombre suffisant pour assurer la sécurité du passage des trains sur la voie et
celle de la circulation ordinaire sur les points où le chemin de fer sera traversé à niveau par des routes ou chemins et où des barrières seront jugées indispensables.

27. La compagnie sera autorisée à employer soit des machines locomotives-tea-

it des machines locomotives avec tenders séparés, construites d'ailleurs sur
eurs modèles; elles devront satisfaire à toutes les conditions prescrites ou
par l'administration pour la mise en service de ce genre de machines.
tures de voyageurs seront suspendues sur ressorts et garnies de banquettes.
ra de trois classes au moins; toutefois lapremière classe sera facultative pour
gnie.
tures de première classe seront couvertes, garnies et fermées à glaces ou
munies de rideaux; celles de deuxième classe seront couvertes, fermées,à
à vitres, munies de rideaux, et auront des banquettes rembourrées; celles
me classe seront couvertes, fermées à vitres et auront des banquettes à .

pagnie sera autorisée à établir des impériales couvertes.
eur de chacun des compartiments de toute classe contiendra l'indication du
le places de ce compartiment.
les parties du matériel roulant seront de bonne et solide construction.
gnie sera tenue, pour la mise en service de ce matériel, de se soumettre
règlements sur la matière.
règlements arrêtés par le préfet, après que la compagnie aura été en-
létermineront les mesures et les dispositions nécessaires pour assurer la po-
nploitation du chemin de fer, ainsi que la conservation des ouvrages qui
dent.
les dépenses qu'entraînera l'exécution des mesures prescrites en vertu de
ments seront à la charge de la compagnie.
pagnie sera tenue de soumettre à l'approbation du préfet les règlements gé-
latifs au service et à l'exploitation du chemin de fer.
et déterminera, sur la proposition de la compagnie, le minimum et le
de vitesse des convois de voyageurs et de marchandises, ainsi que la durée
et le nombre des trains qui devront être établis pour le service journalier
?.
tout ce qui concerne l'entretien et les réparations du chemin de fer et
)endances, l'entretien du matériel et le service de l'exploitation, la com-
a soumise au contrôle et à la surveillance de l'administration.
surveillance ordinaire, l'administration déléguera, aussi souvent qu'elle
tile, un ou plusieurs commissaires pour reconnaître et constater l'état du
fer, de ses dépendances et du matériel.
s, les mesures de contrôle et de surveillance seront adoucies autant que
le manière à faire jouir l'exploitation de toutes les libertés et facilités com-
ec la sécurité publique.

TITRE III.

DURÉE, RACHAT ET DÉCHÉANCE DE LA CONCESSION.

urée de la concession, pour la ligne mentionnée à l'article 1ᵉʳ du présent
charges, sera de quatre-vingt-dix-neuf ans (99).
encera à courir à l'expiration du délai fixé pour l'achèvement des tra-
rticle 2 du cahier des charges.
)oque fixée pour l'expiration de la concession, et par le seul fait de
ition, le département sera subrogé à tous les droits de la compagnie
in de fer et ses dépendances, et il entrera immédiatement en jouissance
leurs produits.
compagnie sera tenue de lui remettre en bon état d'entretien le chemin de
tous les immeubles qui en dépendent, quelle qu'en soit l'origine, tels que
timents des gares et stations, les remises, ateliers et dépôts, les maisons de
i, etc. Il en sera de même de tous les objets immobiliers dépendant également
chemin de fer, tels que les barrières et clôtures, les voies, changements de
plaques tournantes, réservoirs d'eau, grues hydrauliques, machines fixes, etc.
les cinq dernières années qui précéderont le terme de la concession, le
ment aura le droit de saisir les revenus du chemin de fer et de ses dépen-
, si la compagnie ne se mettait pas en mesure de satisfaire pleinement et
rement à cette obligation.
ce qui concerne les objets mobiliers, tels que le matériel roulant, les maté-
, combustibles et approvisionnements de tout genre, le mobilier des stations,

l'outillage des ateliers et des gares, le département sera tenu, si la compagnie requiert, de reprendre tous ces objets sur l'estimation qui en sera faite à dire d' perts, et réciproquement, si le département le requiert, la compagnie sera de les céder de la même manière.

Toutefois, le département ne pourra être tenu de reprendre que les app nements nécessaires à l'exploitation du chemin pendant six mois.

32. A toute époque après l'expiration des quinze premières années de l'exploi le département aura la faculté de racheter la concession entière du chemin de

Pour régler le prix du rachat, on relèvera les produits annuels nets obtenus compagnie pendant les sept années qui auront précédé celle où le rachat aura effectué; on en déduira les produits nets des deux plus faibles années, et l'on blira le produit moyen des cinq autres années.

Ce produit net moyen formera le montant d'une annuité qui sera due et payée compagnie pendant chacune des années restant à courir sur la durée de la con

Dans aucun cas, le montant de l'annuité ne sera inférieur au produit net dernière des sept années prises pour terme de comparaison.

La compagnie recevra en outre, dans les trois mois qui suivront le rachat remboursements auxquels elle aurait droit à l'expiration de la concession, l'article 31 ci-dessus.

33. Faute par la compagnie d'avoir terminé les travaux dans le délai fixé par ticle 2, faute aussi par elle d'avoir rempli les diverses obligations qui lui sont par le présent cahier des charges, elle encourra la déchéance, et il sera pou la continuation et à l'achèvement des travaux qu'à l'exécution des autres e contractés par la compagnie, au moyen d'une adjudication que l'on ouvrira mise à prix des ouvrages exécutés, des matériaux approvisionnés et des pa chemin de fer déjà livrées à l'exploitation.

Les soumissions pourront être inférieures à la mise à prix.

La nouvelle compagnie sera soumise aux clauses du présent cahier des et la compagnie évincée recevra le prix que la nouvelle adjudication aura fixé.

Le cautionnement dont il est parlé à l'article 61 deviendra la propriété du d tement.

Si l'adjudication ouverte n'amène aucun résultat, une seconde adjudication tentée sur les mêmes bases, après un délai de trois mois; si cette seconde reste également sans résultat, la compagnie sera définitivement déchue de droits, et alors les ouvrages exécutés, les matériaux approvisionnés et les parti chemin de fer déjà livrées à l'exploitation appartiendront au département.

34. Si l'exploitation du chemin de fer vient à être interrompue en totalité partie, le préfet prendra immédiatement, aux frais et risques de la compagni mesures nécessaires pour assurer provisoirement le service.

Si, dans les trois mois de l'organisation du service provisoire, la compagn pas valablement justifié qu'elle est en état de reprendre et de continuer l'ex tion, et si elle ne l'a pas effectivement reprise, la déchéance pourra être par le préfet en conseil de préfecture, sauf recours au Conseil d'État; la gnie sera déchue de tous droits, et il sera procédé à une adjudication comm dit à l'article précédent.

35. Les dispositions des trois articles qui précèdent cesseraient d'être appli et la déchéance ne serait pas encourue, dans le cas où la compagnie n'aura remplir ses obligations par suite de circonstances de force majeure dûment tatées.

TITRE IV.

SUBVENTIONS, TAXES ET CONDITIONS RELATIVES AU TRANSPORT DES VOYAG ET DES MARCHANDISES.

36. En sus des subventions accordées par l'État et par le département et les com munes à la compagnie concessionnaire par le traité en date de ce jour, et pour l'in demniser des travaux et dépenses qu'elle s'engage à faire par le présent cahier charges, et sous la condition qu'elle en remplira exactement toutes les obli le département lui accorde l'autorisation de percevoir, pendant toute la d concession, les droits de péage et les prix de transport ci-après déterminés:

TARIF. 1° PAR TÊTE ET PAR KILOMÈTRE.	PRIX		
	de péage.	de transport.	TOTAUX.
Grande vitesse.	fr. c.	fr. c.	fr. c.
Voitures couvertes, garnies et fermées à glaces ou à vitres (1re classe)......................	0 067	0 033	0 10
Voitures couvertes, fermées à glaces ou à vitres, avec banquettes rembourrées, avec ou sans impériales (2e classe).............................	0 055	0 025	0 08
Voitures couvertes, fermées à vitres, avec banquettes à dossier (3e classe).....................	0 042	0 018	0 06
Au-dessous de trois ans, les enfants ne payeront rien, à la condition d'être portés sur les genoux des personnes qui les accompagnent.			
De trois à sept ans, ils payent demi-place et ont droit à une place distincte; toutefois, dans un même compartiment, deux enfants ne pourront occuper que la place d'un voyageur.			
Au-dessus de sept ans, ils payent place entière.			
transportés dans les trains de voyageurs................ que la perception puisse être inférieure à 0f 30c.)	0 010	0 005	0 015
Petite vitesse.			
...ches, taureaux, chevaux, mulets, bêtes de trait........	0 07	0 03	0 10
...porcs..	0 025	0 015	0 04
..., agneaux, brebis et chèvres..........................	0 01	0 01	0 02
...que les animaux ci-dessus dénommés seront, sur la demande des expéditeurs, transportés à la vitesse des trains de voyageurs, les prix seront doublés.			
2° PAR TONNE ET PAR KILOMÈTRE.			
Marchandises transportées à grande vitesse.			
...issons frais, denrées, excédants de bagages et marchandises de toute classe transportées à la vitesse des trains de voyageurs...	0 30	0 20	0 50
Marchandises transportées à petite vitesse.			
...Spiritueux. — Huiles. — Bois de menuiserie, de teinture et bois exotiques. — Produits chimiques non dénommés. — Viande fraiche. — Gibier. — Sucre. — Café. — Épiceries. — Tissus. — Denrées coloniales. — Objets manufacturés. — Armes..............................	0 09	0 07	0 16
...Blés. — Grains. — Farines. — Légumes farineux. — Maïs. — Châtaignes et autres denrées alimentaires non dénommées. — Chaux et plâtre. — Charbon de bois. — Bois à brûler de corde. — Perches. — Chevrons. — Planches. — Marbre. — Bois de charpente. — Marbre en bloc. — Albâtre. — Cotons. — Laines. — Vins. — Vinaigres. — Boissons. — Levûre sèche. — Coke. — Fers. — Cuivre. — Plomb et autres métaux ouvrés ou non. — Fontes moulées..............	0 08	0 06	0 14
...Pierres de taille et produits de carrière. — Minerais autres que les minerais de fer. — Fonte brute. — Sel. — Moellons. — Meulières. — Argiles. — Briques. — Ardoises........	0 06	0 04	0 10
...Houille. — Marnes. — Cendres. — Fumiers et engrais. — Pierres à chaux et à plâtre. — Pavés et matériaux pour la construction et pour la réparation des routes. — Minerais de fer. — Cailloux et sables....................................	0 045	0 035	0 08
3° PAR PIÈCE ET PAR KILOMÈTRE.			
Voitures et matériel roulant transportés à petite vitesse.			
...chariot pouvant porter de trois à six tonnes..........	0 15	0 10	0 25
...chariot pouvant porter plus de six tonnes.............	0 20	0 10	0 30
...pesant de douze à dix-huit tonnes (ne trainant pas de ...)...	2 25	1 50	3 75
...pesant plus de dix-huit tonnes (ne trainant pas de ...)...	3 00	1 50	4 50

	de péage.	de transport.	
	fr. c.	fr. c.	fr.
Tender de sept à dix tonnes......................................	1 35	0 90	2
Tender de plus de dix tonnes...................................	2 00	1 00	3

Les machines locomotives seront considérées comme ne traînant pas de convoi, lorsque le convoi remorqué, soit de voyageurs, soit de marchandises, ne comportera pas un péage au moins égal à celui qui serait perçu sur la locomotive avec son tender marchant sans rien traîner.

Le prix à payer pour un wagon chargé ne pourra jamais être inférieur à celui qui serait dû pour un wagon marchant à vide.

Voitures à deux ou quatre roues, à un fond et à une seule banquette dans l'intérieur..	0 18	0 14	0
Voitures a quatre roues, à deux fonds et à deux banquettes dans l'inrieur, omnibus, diligences, etc.............................	0 25	0 15	0

Lorsque, sur la demande des expéditeurs, les transports auront lieu à la vitesse des trains de voyageurs, les prix ci-dessus seront doublés.

Dans ce cas, deux personnes pourront, sans supplément de prix, voyager dans les voitures à une banquette et trois dans les voitures a deux banquettes, omnibus, diligences, etc. Les voyageurs excédant ce nombre payeront le prix des places de deuxième classe.

Voitures de déménagement à deux ou a quatre roues..............	0 20	0 10	0
Ces voitures, lorsqu'elles seront chargées, payeront en sus, par tonne de chargement et par kilomètre........................	0 10	0 08	0

4ᵉ SERVICE DES POMPES FUNÈBRES ET TRANSPORT DES CERCUEILS.

Grande vitesse.

Une voiture des pompes funèbres renfermant un ou plusieurs cercueils sera transportée aux mêmes prix et conditions qu'une voiture à quatre roues, à deux fonds et à deux banquettes........	0 36	0 28	0
Chaque cercueil confié à l'administration du chemin de fer sera transporté, dans un compartiment isolé, au prix de............	0 18	0 12	0

Les prix ci-dessus déterminés pour les transports à grande vitesse ne com pas l'impôt dû à l'État.

Il est expressément entendu que les prix de transport ne seront dus à la co qu'autant qu'elle effectuerait elle-même ces transports à ses frais et par ses moyens; dans le cas contraire, elle n'aura droit qu'aux prix fixés pour le péag

La perception aura lieu d'après le nombre de kilomètres parcourus. Tout kil entamé sera payé comme s'il avait été parcouru en entier.

Si la distance parcourue est inférieure à six kilomètres, elle sera comptée six kilomètres.

Le poids de la tonne est de mille kilogrammes.

Les fractions de poids ne seront comptées, tant pour la grande que pour la vitesse, que par centième de tonne ou par dix kilogrammes.

Ainsi, tout le poids compris entre zéro et dix kilogrammes payera comme dix grammes; entre dix et vingt kilogrammes, comme vingt kilogrammes, etc.

Toutefois, pour les excédants de bagages et marchandises à grande vitesse, coupures seront établies :

1° De zéro à cinq kilogrammes;

2° Au-dessus de cinq jusqu'à dix kilogrammes;

3° Au-dessus de dix kilogrammes, par fraction indivisible de dix kil

Quelle que soit la distance parcourue, le prix d'une expédition quelconque, en grande, soit en petite vitesse, ne pourra être moindre de quarante centimes.

37. La compagnie aura la faculté de faire délivrer des billets de voyageurs par conducteurs des trains en mouvement, sous la réserve d'appliquer le système contrôle qui lui paraîtra le plus avantageux.

38. A moins d'une autorisation spéciale et révocable de l'administration, ou de circonstances de force majeure, tout train régulier de voyageurs devra contenir des voitures de toute classe en nombre suffisant pour toutes les personnes qui se présenteraient dans les bureaux du chemin de fer.

Dans chaque train, la compagnie aura la faculté de placer des voitures à compartiments spéciaux pour lesquels il sera établi des prix particuliers que l'administration fixera, sur la proposition de la compagnie; mais le nombre des places à donner dans ces compartiments ne pourra dépasser le cinquième du nombre total des places du train.

39. Tout voyageur dont le bagage ne pèsera pas plus de trente kilogrammes n'aura à payer, pour le port de ce bagage, aucun supplément du prix de sa place. Cette franchise ne s'appliquera pas aux enfants transportés gratuitement, et elle est réduite à vingt kilogrammes pour les enfants transportés à moitié prix.

40. Les animaux, denrées, marchandises, effets et autres objets non désignés dans le tarif sont rangés, pour les droits à percevoir, dans les classes avec lesquelles ils auront le plus d'analogie, sans que jamais, sauf les exceptions formulées aux articles 41 et 42 ci-après, aucune marchandise non dénommée puisse être soumise à une taxe supérieure à celle de la première classe du tarif ci-dessus.

Les assimilations de classes pourront être provisoirement réglées par la compagnie; mais elles seront soumises immédiatement à l'administration, qui prononcera définitivement.

41. Les droits de péage et les prix de transport déterminés au tarif ne sont point applicables à toute masse indivisible pesant plus de trois mille kilogrammes (3,000ᵏ). Néanmoins, la compagnie ne pourra se refuser à transporter les masses indivisibles pesant de trois à cinq mille kilogrammes; mais les droits de péage et les prix de transport seront augmentés de moitié.

La compagnie ne pourra être contrainte à transporter les masses pesant plus de cinq mille kilogrammes (5,000ᵏ).

Si, nonobstant la disposition qui précède, la compagnie transporte des masses pesant plus de cinq mille kilogrammes, elle devra, pendant trois mois au moins, accorder les mêmes facilités à tous ceux qui en feront la demande.

Dans ce cas, les prix de transport seront fixés par l'administration, sur la proposition de la compagnie.

42. Les prix de transport déterminés au tarif ne sont point applicables:

1° Aux denrées et objets qui ne sont pas nommément énoncés dans le tarif et qui n'occuperaient pas deux cents kilogrammes sous le volume d'un mètre cube;

2° Aux matières inflammables ou explosibles, aux animaux et objets dangereux, pour lesquels des règlements de police prescriraient des précautions spéciales;

3° Aux animaux dont la valeur déclarée excéderait cinq mille francs;

4° A l'or et à l'argent, soit en lingots, soit monnayés ou travaillés, au plaqué d'or ou d'argent, au mercure et au platine, ainsi qu'aux bijoux, dentelles, pierres précieuses, objets d'art et autres valeurs;

5° En général, à tous paquets, colis ou excédants de bagages pesant isolément quarante kilogrammes et au-dessous.

Toutefois, les prix de transport déterminés au tarif sont applicables à tous paquets ou colis, quoique emballés à part, s'ils font partie d'envois pesant ensemble plus de quarante kilogrammes d'objets envoyés par une même personne à une même personne.

Il en sera de même pour les excédants de bagages qui pèseraient ensemble ou isolément plus de quarante kilogrammes.

Le bénéfice de la disposition énoncée dans le paragraphe précédent, en ce qui concerne les paquets ou colis, ne peut être invoqué par les entrepreneurs de messageries et de roulage et autres intermédiaires de transport, à moins que les articles par eux envoyés ne soient réunis en un seul colis.

Dans les cinq cas ci-dessus spécifiés, les prix de transport seront arrêtés annuellement par l'administration, tant pour la grande que pour la petite vitesse, sur la proposition de la compagnie.

En ce qui concerne les paquets ou colis mentionnés au paragraphe 5° ci-dessus, le prix de transport devront être calculés de telle manière qu'en aucun cas un de ces paquets ou colis ne puisse payer un prix plus élevé qu'un article de même nature pesant plus de quarante kilogrammes.

43. Dans le cas où la compagnie jugerait convenable, soit pour le parcours total,

soit pour le parcours partiel de la voie de fer, d'abaisser, avec ou sans conditions, au-dessous des limites déterminées par le tarif les taxes qu'elle est autorisée à percevoir, les taxes abaissées ne pourront être relevées qu'après un délai de trois mois au moins pour les voyageurs et de six mois pour les marchandises.

Toute modification de tarif proposée par la compagnie sera annoncée un mois d'avance par des affiches.

La perception des tarifs modifiés ne pourra avoir lieu qu'avec l'homologation du préfet, conformément aux dispositions de la loi du 12 juillet 1865.

La perception des taxes devra se faire indistinctement et sans aucune faveur.

Tout traité particulier qui aurait pour effet d'accorder à un ou plusieurs expéditeurs une réduction sur les tarifs approuvés demeure formellement interdit.

Toutefois, cette disposition n'est pas applicable aux traités qui pourraient intervenir entre le Gouvernement et la compagnie dans l'intérêt des services publics, aux réductions ou remises qui seraient accordées par la compagnie aux indigents.

En cas d'abaissement des tarifs, la réduction portera proportionnellement sur le péage et sur le transport.

44. La compagnie sera tenue d'effectuer constamment avec soin, exactitude, célérité, et sans tour de faveur, le transport des voyageurs, bestiaux, denrées, marchandises et objets quelconques qui lui seront confiés.

Les colis, bestiaux et objets quelconques seront inscrits, à la gare d'où ils partent et à la gare où ils arrivent, sur des registres spéciaux, au fur et à mesure de leur réception ; mention sera faite, sur les registres de la gare du départ, du prix total de pour leur transport.

Pour les marchandises ayant une même destination, les expéditions auront lieu suivant l'ordre de leur inscription à la gare de départ.

Toute expédition de marchandises sera constatée, si l'expéditeur le demande, par une lettre de voiture dont un exemplaire restera dans les mains de la compagnie, l'autre aux mains de l'expéditeur.

Dans le cas où l'expéditeur ne demanderait pas de lettre de voiture, la compagnie sera tenue de lui délivrer un récépissé qui énoncera la nature et le poids du colis, le prix total du transport et le délai dans lequel ce transport devra être effectué.

45. Les animaux, denrées, marchandises et objets quelconques seront expédiés et livrés de gare en gare dans les délais résultant des conditions ci-après exprimées :

1° Les animaux, denrées, marchandises et objets quelconques à grande vitesse seront expédiés par le premier train de voyageurs comprenant des voitures de cette classe et correspondant avec leur destination, pourvu qu'ils aient été présentés à l'enregistrement trois heures avant le départ de ce train.

Ils seront mis à la disposition des destinataires, à la gare, dans un délai de deux heures après l'arrivée du même train.

2° Les animaux, denrées, marchandises et objets quelconques à petite vitesse seront expédiés dans le jour qui suivra celui de la remise ; toutefois, l'administration pourra étendre ce délai à deux jours.

Le maximum de durée du trajet sera fixé par l'administration, sur la proposition de la compagnie, sans que ce maximum puisse excéder vingt-quatre heures par fraction indivisible de cent vingt-cinq kilomètres.

Les colis seront mis à la disposition du destinataire, à la gare, dans le jour qui suivra celui de leur arrivée en gare.

Le délai total résultant des trois paragraphes ci-dessus sera seul obligatoire pour la compagnie.

Il pourra être établi un tarif réduit, approuvé par le préfet, pour tout expéditeur qui acceptera des délais plus longs que ceux déterminés ci-dessus pour la petite vitesse.

L'administration déterminera, par des règlements spéciaux, les heures d'ouverture et de fermeture des gares et stations, tant en hiver qu'en été.

Le service de nuit n'est pas obligatoire pour la compagnie.

Lorsque la marchandise devra passer d'une ligne sur une autre sans solution de continuité, les délais de livraison et d'expédition au point de jonction seront fixés par l'administration, sur la proposition de la compagnie.

46. Les frais accessoires non mentionnés dans les tarifs, tels que ceux d'enregistrement, de déchargement et de magasinage dans les gares et magasins du chemin de fer, seront fixés annuellement par l'administration, sur la proposition de la compagnie.

certaines gares, la compagnie pourra ne pas être obligée à faire les charge-
et déchargements; cette autorisation sera donnée par le préfet, sur la propo-
la la compagnie.

a compagnie sera tenue de faire, soit par elle-même, soit par un intermédiaire
le répondra, le factage et le camionnage pour la remise aux destinataires de
les marchandises qui lui seront confiées.

stage et le camionnage ne seront point obligatoires en dehors du rayon de l'oc-
m plus que pour les gares qui desserviraient, soit une population agglomérée
ms de cinq mille habitants, soit un centre de population de cinq mille habi-
tmé à plus de cinq kilomètres de la gare du chemin de fer.

tarifs à percevoir seront fixés par l'administration, sur la proposition de la
mie; ils seront applicables à tout le monde sans distinction.

fois, les expéditeurs et destinataires resteront libres de faire eux-mêmes et
frais le factage et le camionnage des marchandises.

, moins d'une autorisation spéciale de l'administration, il est interdit à la
mie, conformément à l'article 14 de la loi du 15 juillet 1845, de faire directe-
m indirectement avec des entreprises de transport de voyageurs ou de marles par terre ou par eau, sous quelque dénomination ou forme que ce puisse
ss arrangements qui ne seraient pas consentis en faveur de toutes les entre-
desservant les mêmes voies de communication.

TITRE V.

STIPULATIONS RELATIVES À DIVERS SERVICES PUBLICS.

les militaires ou marins voyageant en corps, aussi bien que les militaires ou
voyageant isolément pour cause de service, envoyés en congé limité ou en
mon, ou rentrant dans leurs foyers après libération, ne seront assujettis, eux,
vaux et leurs bagages, qu'à la moitié de la taxe du tarif fixé par le présent
les charges.

ouvernement avait besoin de diriger des troupes et un matériel militaire ou
l'un des points desservis par le chemin de fer, la compagnie serait tenue
immédiatement à sa disposition, pour la moitié de la taxe du même tarif,
moyens de transport.

fonctionnaires ou agents chargés de l'inspection, du contrôle et de la sur-
du chemin de fer seront transportés gratuitement dans les voitures de la

me faculté est accordée aux agents des contributions indirectes et des douanes
de la surveillance des chemins de fer dans l'intérêt de la perception de

service des lettres et dépêches sera fait comme il suit :
chacun des trains de voyageurs et de marchandises circulant aux heures
es de l'exploitation, la compagnie sera tenue de réserver gratuitement un
timent spécial d'une voiture de deuxième classe, ou un espace équivalent-
cevoir les lettres, les dépêches et les agents nécessaires au service des postes,
rus de la voiture restant à la disposition de la compagnie.
le volume des dépêches ou la nature du service rend insuffisante la capacité du
timent à deux banquettes, de sorte qu'il y ait lieu d'en occuper un deuxième, la
mie sera tenue de le livrer, et il sera payé à la compagnie, pour la location de
même compartiment, vingt centimes par kilomètre parcouru.
que la compagnie voudra changer les heures de départ de ses convois ordi-
b elle sera tenue d'en avertir l'administration des postes quinze jours à l'avance.
La compagnie sera tenue de transporter gratuitement, par tous les convois de
urs, tout agent des postes chargé d'une mission ou d'un service accidentel et
m d'un ordre de service régulier délivré à Paris par le directeur général des
L Il sera accordé à l'agent des postes en mission une place de voiture de
me classe, ou de première classe, si le convoi ne comporte pas de voitures de
me classe.
l'administration se réserve le droit d'établir à ses frais, sans indemnité, mais
sans responsabilité pour la compagnie, tous poteaux et appareils néces-
à l'échange des dépêches sans arrêt de train, à la condition que ces appa-

reils, par leur nature ou leur position, n'apportent pas d'entraves aux différe[n]
services de la ligne et des stations.

5° Les employés chargés de la surveillance du service, les agents préposés à l'é
change ou à l'entrepôt des dépêches, auront accès dans les gares et stations pou[r]
l'exécution de leur service, en se conformant aux règlements de police intérieu[re]
de la compagnie.

52. La compagnie sera tenue, à toute réquisition, de faire partir par con[voi]
ordinaire les wagons ou voitures cellulaires employés au transport des préven[us]
accusés ou condamnés.

Les wagons et les voitures employés au service dont il s'agit seront construits [aux]
frais de l'État ou des départements; leurs formes et dimensions seront détermi[nées]
de concert par le ministre de l'intérieur et par le ministre des travaux public[s, la]
compagnie entendue.

Les employés de l'administration, les gardiens et les prisonniers placés dan[s les]
wagons ou voitures cellulaires ne seront assujettis qu'à la moitié de la taxe ap[pli-]
cable aux places de troisième classe, telle qu'elle est fixée par le présent cahie[r des]
charges.

Les gendarmes placés dans les mêmes voitures ne payeront que la moitié d[e la]
même taxe.

Le transport des wagons et des voitures sera gratuit.

Dans le cas où l'administration voudrait, pour le transport des prisonniers, fa[ire]
usage des voitures de la compagnie, celle-ci serait tenue de mettre à sa dispo[sition]
un ou plusieurs compartiments spéciaux de voitures de deuxième classe à de[ux]
banquettes. Le prix de location en sera fixé à raison de vingt centimes (0'20')[par]
compartiment et par kilomètre.

Les dispositions qui précèdent seront applicables au transport des jeunes dé[lin-]
quants recueillis par l'administration pour être transférés dans les établissement[s d'é-]
ducation.

53. Le Gouvernement se réserve la faculté de faire, le long des voies, toute[s les]
constructions, de poser tous les appareils nécessaires à l'établissement d'une li[gne]
télégraphique, sans nuire au service du chemin de fer.

Sur la demande de l'administration des lignes télégraphiques, il sera réservé, [dans]
les gares des villes ou des localités qui seront désignées ultérieurement, le te[rrain]
nécessaire à l'établissement des maisonnettes destinées à recevoir le bureau télé[gra-]
phique et son matériel.

. La compagnie concessionnaire sera tenue de faire garder par ses agents les f[ils et]
appareils des lignes électriques, de donner aux employés connaissance de tou[s les]
accidents qui pourraient survenir et de leur en faire connaître les causes. En ca[s de]
rupture du fil télégraphique, les employés de la compagnie auront à racco[rder]
provisoirement les bouts séparés, d'après les instructions qui leur seront donn[ées à]
cet effet.

Les agents de la télégraphie voyageant pour le service de la ligne électrique a[uront]
le droit de circuler gratuitement dans les voitures du chemin de fer.

En cas de rupture du fil électrique ou d'accidents graves, une locomotive [sera]
mise immédiatement à la disposition de l'inspecteur télégraphique de la ligne [pour]
le transporter sur le lieu de l'accident avec les hommes et les matériaux néces[saires]
à la réparation. Ce transport devra être effectué dans des conditions telles qu'i[l ne]
puisse entraver en rien la circulation publique. Il sera alloué à la compagnie [une]
indemnité de un franc par kilomètre parcouru par la machine.

La compagnie sera tenue d'établir à ses frais les fils et appareils télégraphi[ques]
destinés à transmettre les signaux nécessaires pour la sûreté et la régularité de [l']
exploitation.

Elle pourra, sur l'autorisation du ministre de l'intérieur, se servir des pot[eaux]
de la ligne télégraphique de l'État, lorsqu'une semblable ligne existera le long de [la v-]
oie.

La compagnie sera tenue de se soumettre à tous les règlements d'administrati[on]
publique concernant l'établissement et l'emploi de ces appareils.

TITRE VI.

CLAUSES DIVERSES.

Dans le cas où l'administration ordonnerait ou autoriserait la construction de [na]tionales, départementales ou vicinales, de chemins de fer ou de canaux [tra]verseraient la ligne objet de la présente concession, la compagnie ne pourra [s'oppos]er à ces travaux; mais toutes les dispositions nécessaires seront prises pour [qu'il n'en] résulte aucun obstacle à la construction ou au service du chemin de fer, [ni au]cun frais pour la compagnie.

[T]oute exécution ou autorisation ultérieure de route, de canal, de chemin de [fer ou de] travaux de navigation dans la contrée où est situé le chemin de fer objet de [la prése]nte concession, ou dans toute autre contrée voisine ou éloignée, ne pourra [donner] ouverture à aucune demande d'indemnité de la part de la compagnie.

[L'administration se réserve expressément le droit d'accorder de nouvelles con[cession]s de chemins de fer s'embranchant sur le chemin qui fait l'objet du présent [cahier] des charges ou qui seraient établis en prolongement du même chemin. [Le con]cessionnaire ne pourra mettre aucun obstacle à ces embranchements, ni [s'oppos]er, à l'occasion de leur établissement, aucune indemnité quelconque, pourvu [qu'il n'en] résulte aucun obstacle à la circulation, ni aucuns frais particuliers pour [l'exploi]tation.

[Les] compagnies de chemins de fer d'embranchement ou de prolongement auront [la faculté], moyennant les tarifs ci-dessus déterminés et l'observation des règlements [de polic]e et de service établis ou à établir, de faire circuler leurs voitures, wagons et [machines] sur le chemin de fer objet de la présente concession, pour lequel cette [faculté] sera réciproque à l'égard desdits embranchements et prolongements. [Toute]fois, la compagnie ne sera pas tenue d'admettre sur les rails un matériel [dont le] poids et les dimensions seraient hors de proportion avec les éléments consti- [tutifs de] ses voies.

[Dans le] cas où les diverses compagnies ne pourraient s'entendre entre elles sur [l'exercice] de cette faculté, l'administration préfectorale statuerait sur les difficultés [qui s'élè]veraient entre elles à cet égard.

[Dans le] cas où un concessionnaire d'embranchement ou de prolongement joignant [celui] qui fait l'objet de la présente concession n'userait pas de la faculté de cir- [culer sur] cette ligne, comme aussi dans le cas où la compagnie concessionnaire de [la premi]ère ligne ne voudrait pas circuler sur les prolongements et embranche- [ments, les] concessionnaires seraient tenus de s'arranger entre eux de manière que [le service] des transports ne soit jamais interrompu aux points de jonction des di- [verses lig]nes.

[Celui] des concessionnaires qui se servira d'un matériel qui ne serait pas sa pro- [priété] payera une indemnité en rapport avec l'usage et la détérioration de ce [matériel.]

[La com]pagnie sera tenue, si l'administration le juge convenable, de partager l'u- [sage des] gares établies à l'origine des chemins de fer d'embranchement avec les [compag]nies qui deviendraient ultérieurement concessionnaires desdits chemins. [Dans le] cas où les concessionnaires ne se mettraient pas d'accord sur la quotité des [indemn]ités à payer dans les cas prévus par les deux paragraphes précités ou sur les [moyens] d'assurer soit la continuation du service sur toute la ligne, soit la commu- [nauté d']usage des gares de jonction, le préfet y pourvoirait d'office et prescrirait [toutes les] mesures nécessaires.

[La] compagnie sera tenue de s'entendre avec tout propriétaire de mines [ou usine] qui, offrant de se soumettre aux conditions prescrites ci-après, deman- [derait u]n nouvel embranchement. A défaut d'accord, le préfet statuera sur la de- [mande,] la compagnie entendue.

[Les em]branchements seront construits aux frais des propriétaires de mines ou [d'usine], et de manière à ce qu'il ne résulte de leur établissement aucune entrave à la [cir]culation générale, aucune cause d'avarie pour le matériel, ni aucuns frais par- [ticuliers] pour la compagnie.

[Leur] entretien devra être fait avec soin, aux frais des propriétaires et sous le con- [trôle] de l'administration. La compagnie aura le droit de faire surveiller par ses [agents] cet entretien, ainsi que l'emploi de son matériel sur les embranchements.

L'administration pourra, à toutes époques, prescrire les modifications qu jugées utiles dans la soudure, le tracé ou l'établissement de la voie desdits chements, et les changements seront opérés aux frais des propriétaires.

L'administration pourra même, après avoir entendu les propriétaires, l'enlèvement temporaire des aiguilles de soudure, dans le cas où les établi embranchés viendraient à suspendre en tout ou en partie leurs transports.

La compagnie sera tenue d'envoyer ses wagons sur tous les embranchements risés à faire communiquer les établissements de mines ou d'usines avec la ligne cipale, le tout à leurs frais.

La compagnie amènera ses wagons à l'entrée des embranchements.

Les expéditeurs ou destinataires feront conduire les wagons dans leurs ments pour les charger ou décharger, et les ramèneront au point de jonction la ligne principale, le tout à leurs frais.

Les wagons ne pourront d'ailleurs être employés qu'au transport d'objets ou de chandises destinés à la ligne principale du chemin de fer.

Le temps pendant lequel les wagons séjourneront sur les embranchements culiers ne pourra excéder six heures, lorsque l'embranchement n'aura pas d'un kilomètre.

Le temps sera augmenté d'une demi-heure par kilomètre en sus du premier, compris les heures de la nuit, depuis le coucher jusqu'au lever du soleil.

Dans le cas où la limite de temps serait dépassée, nonobstant l'avertissement cial donné par la compagnie, elle pourra exiger une indemnité égale à la valeu droit de loyer des wagons pour chaque période de retard après l'avertissement.

Les traitements des gardiens d'aiguilles et des barrières des embranch autorisés par l'administration seront à la charge des propriétaires des embra ments.

Les gardiens seront nommés et payés par la compagnie, et les frais qui en teront lui seront remboursés par lesdits propriétaires.

En cas de difficulté, il sera statué par l'administration, la compagnie en

Les propriétaires d'embranchements seront responsables des avaries que le riel pourrait éprouver pendant son parcours ou son séjour sur ces lignes.

Dans le cas d'inexécution d'une ou de plusieurs des conditions énoncées ci-d le préfet pourra, sur la plainte de la compagnie et après avoir entendu le p taire de l'embranchement, ordonner par un arrêté la suspension du service et supprimer la soudure, sauf recours à l'administration supérieure et sans préj de tous dommages-intérêts que la compagnie serait en droit de répéter pour la exécution de ces conditions.

Pour indemniser la compagnie de la fourniture et de l'envoi de son matérie les embranchements, elle est autorisée à percevoir un prix fixe de douze ce (o' 12') par tonne pour le premier kilomètre, et, en outre, quatre centimes (par tonne et par kilomètre en sus du premier, lorsque la longueur de l'em ment excédera un kilomètre.

Tout kilomètre entamé sera payé comme s'il avait été parcouru en entier.

Le chargement et le déchargement sur les embranchements s'opéreront aux des expéditeurs ou destinataires, soit qu'ils les fassent eux-mêmes, soit que la pagnie du chemin de fer consente à les opérer.

Dans ce dernier cas, ces frais seront l'objet d'un règlement arrêté par l'ad tion, sur la proposition de la compagnie.

Tout wagon envoyé par la compagnie sur un embranchement devra être comme wagon complet, lors même qu'il ne serait pas complétement chargé.

La surcharge, s'il y en a, sera payée au prix du tarif légal et au prorata du réel. La compagnie sera en droit de refuser les chargements qui dépass maximum de trois mille cinq cents kilogrammes, déterminé en raison des sions actuelles des wagons.

Le maximum pourra être réduit ou augmenté par le préfet, sur la demande compagnie, de manière à être toujours en rapport avec la capacité des wagons.

Les wagons seront pesés à la station d'arrivée par les soins et aux frais de la pagnie.

58. La contribution foncière sera établie en raison de la surface des terrain cupés par le chemin de fer et ses dépendances; la cote en sera calculée, pour les canaux, conformément à la loi du 25 avril 1803.

Les bâtiments et magasins dépendant de l'exploitation du chemin de fer

similés aux propriétés bâties de la localité. Toutes les contributions auxquelles ces édifices pourront être soumis seront, aussi bien que la contribution foncière, à la charge de la compagnie.

59. Les agents et gardes que la compagnie établira, soit pour la perception des droits, soit pour la surveillance et la police du chemin de fer et de ses dépendances, pourront être assermentés et seront, dans ce cas, assimilés aux gardes champêtres.

60. Le chemin de fer concédé restera toujours placé sous la surveillance de l'autorité préfectorale.

Les frais de contrôle, de surveillance et de réception de travaux, les frais de contrôle de l'exploitation, seront supportés par la compagnie.

Afin de pourvoir à ces frais, la compagnie sera tenue de verser chaque année, à la caisse du trésorier payeur général du département, une somme de cinquante francs (50') par chaque kilomètre de chemin de fer concédé.

Si la compagnie ne verse pas cette somme aux époques qui auront été fixées, le préfet rendra un rôle exécutoire, et le montant en sera recouvré comme en matière de contributions publiques.

61. La compagnie concessionnaire sera tenue de déposer, avant la déclaration d'utilité publique du chemin, à la caisse de M. le trésorier payeur général de la Charente, un cautionnement de vingt-sept mille quatre cents francs (27,400'), égal au trentième (30') de la dépense restant à sa charge.

62. La compagnie concessionnaire devra faire élection de domicile à Confolens. Dans le cas où elle ne l'aurait pas fait, toute notification ou signification à elle faite sera valable lorsqu'elle sera faite au secrétariat général de la préfecture de la Charente.

63. Les contestations qui s'élèveraient entre la compagnie et l'administration au sujet de l'exécution et de l'interprétation du présent cahier des charges seront jugées administrativement par le conseil de préfecture du département de la Charente, sauf recours au Conseil d'État.

64. Les frais d'enregistrement seront à la charge du concessionnaire.

Arrêté à Angoulême, le 12 février 1873.

Le Concessionnaire,	Vu et approuvé :
Signé E. LOVE.	Le Préfet de la Charente,
	Signé DE LANGSDORFF.

Certifié conforme au cahier des charges annexé au décret en date, du 13 juin 1862, enregistré sous le n° 428.

Le Conseiller d'État, Secrétaire général,

Signé DE BOUREUILLE.

RÉPUBLIQUE FRANÇAISE.

3575. — DÉCRET qui déclare d'utilité publique l'établissement d'un Chemin de fer d'intérêt local de Sathonay à la limite du département de l'Ain, vers Trévoux.

Du 1er Août 1874.

(Promulgué au Journal officiel du 14 août 1874.)

LE PRÉSIDENT DE LA RÉPUBLIQUE FRANÇAISE,

Sur le rapport du ministre des travaux publics;

Vu l'avant-projet présenté pour l'établissement, dans le département du

Rhône, d'un chemin de fer d'intérêt local de Sathonay à la limite du département de l'Ain, vers Trévoux;

Vu le dossier de l'enquête d'utilité publique à laquelle cet avant-projet a été soumis dans le département du Rhône, et notamment le procès-verbal de la commission d'enquête, en date des 4 et 8 novembre 1871;

Vu les délibérations, en date des 10 et 20 avril 1872, par lesquelles le conseil général du Rhône a approuvé l'établissement du chemin de fer susmentionné;

Vu le traité conclu, le 30 août 1872, entre le préfet du département et le sieur Mors (Louis), ingénieur civil, agissant au nom de la compagnie des chemins de fer du Rhône, ainsi que le cahier des charges y annexé;

Vu l'avis du conseil général des ponts et chaussées, en date du 31 juillet 1873;

Vu le procès-verbal de la conférence tenue entre les ingénieurs des ponts et chaussées et les officiers du génie, la délibération de la commission mixte des travaux publics, en date du 20 avril 1874, et l'adhésion donnée par le ministre de la guerre aux conclusions de cette délibération, par une lettre en date du 29 mai 1874;

Vu la lettre du ministre de l'intérieur, du 20 mai 1874;

Vu la loi du 3 mai 1841, sur l'expropriation pour cause d'utilité publique;

Vu la loi du 12 juillet 1865, sur les chemins de fer d'intérêt local;

Vu la loi du 10 août 1871, sur les conseils généraux;

Le Conseil d'État entendu,

DÉCRÈTE :

ART. 1ᵉʳ. Est déclaré d'utilité publique l'établissement, dans le département du Rhône, d'un chemin de fer de Sathonay à la limite du département de l'Ain, vers Trévoux.

2. Le département du Rhône est autorisé à pourvoir à l'exécution de ce chemin, comme chemin de fer d'intérêt local, suivant les dispositions de la loi du 12 juillet 1865 et conformément au traité passé le 30 août 1872, avec le sieur Mors (Louis), ès noms qu'il agit, au cahier des charges annexé à ce traité.

Des copies certifiées de ces traité et cahier des charges resteront annexées au présent décret.

3. Aucune émission d'obligations ne pourra avoir lieu qu'en vertu d'une autorisation donnée par le ministre des travaux publics, de concert avec le ministre de l'intérieur, et après avis du ministre des finances.

En aucun cas, il ne pourra être émis d'obligations pour une somme supérieure au montant du capital-actions.

Aucune émission d'obligations ne pourra d'ailleurs être autorisée avant que les quatre cinquièmes du capital-actions aient été versés et employés en achat de terrains, travaux, approvisionnements sur place ou en dépôt de cautionnement.

4. Le compte rendu détaillé des résultats de l'exploitation, comprenant les dépenses de premier établissement et d'exploitation et les recettes brutes, sera remis, tous les trois mois, au préfet du département, qui l'enverra au ministre des travaux publics, pour être inséré au Journal officiel.

5. Le ministre de l'intérieur et le ministre des travaux publics

chargés, chacun en ce qui le concerne, de l'exécution du présent décret, lequel sera inséré au Bulletin des lois.

Fait à Versailles, le 1ᵉʳ Août 1874.

Signé Mᵃˡ DE MAC MAHON.

Ministre des travaux publics,

Signé E. CAILLAUX.

CONVENTION.

L'an huit cent soixante-douze, et le trente du mois d'août,

M. le préfet du département du Rhône, agissant au nom du département,

Vu :

la loi du 12 juillet 1865;

la loi du 10 août 1871;

une délibération du conseil général du département du Rhône, en date du 1872, délibération par laquelle il est appelé à donner la concession d'un chemin de fer allant de Sathonay à Trévoux, dans la partie située sur le territoire du département du Rhône, sous les réserves expresses adoptées par le conseil général;

une seconde délibération du conseil général du département du Rhône, en date du 20 avril 1872, délibération par laquelle le conseil approuve, après lecture, la forme et teneur, la présente convention, présentée par l'un de ses membres; sous réserve de la déclaration d'utilité publique du chemin et d'autorisation d'exécuter les travaux, par décret du Président de la République,

D'une part,

M. Mors (Louis), ingénieur civil, demeurant rue Saint-Pétersbourg, n° 23, à Paris, faisant par les présentes élection de domicile chez Mᵉ Chapuis, avoué, place ?, n° 44, à Lyon,

D'autre part,

Est convenu ce qui suit :

1. Le préfet du département du Rhône concède, pour une période de quatre-vingt-dix-neuf ans, à M. Mors (Louis), qui accepte, l'exécution et l'exploitation du chemin de fer entre Sathonay et Trévoux, pour la partie comprise sur le territoire du département du Rhône; ce chemin de fer, qui doit partir de la gare de ?, dans le département de l'Ain, du chemin de fer de la Croix-Rousse au ? Sathonay, passera par ou près Saint-Louis-de-Fontaines, par ou près Roche-?, par ou près, mais derrière Neuville-l'Archevêque, et rentrera dans le département de l'Ain, à la limite de la commune de Genay, le tout aux clauses et conditions cahier des charges annexé à la présente convention et des délibérations du conseil général du département du Rhône, en date des 10 et 20 avril 1872.

2. Mors (Louis) s'engage à exécuter à ses frais, risques et périls le chemin de fer fait l'objet de la présente concession et à se conformer, pour la construction l'exploitation dudit chemin de fer, aux clauses et conditions du cahier des charges sus-mentionné et des délibérations du conseil général, en date des 10 et 20 avril ?

Déclare en outre avoir reçu une copie certifiée conforme de ces délibérations, lecture lui a été faite, et en avoir une parfaite connaissance.

Pour l'exécution et l'exploitation du chemin concédé, M. Mors engage sa garantie personnelle, se réservant le droit de former une société anonyme à laquelle il transférera lesdites obligations résultant de la présente concession, en se conformant aux existantes sur la matière.

La société qui sera formée pour l'exécution et l'exploitation de ce prolongement du chemin de fer de Lyon à Sathonay devra être substituée à son lieu et place, expliquant dès à présent qu'il agit pour le compte de la compagnie qui s'est formée pour l'exécution et l'exploitation du chemin de fer de Lyon-Croix-Rousse au camp de Sathonay, expliquant encore que la concession présentement accordée est le prolongement de ce chemin et doit être cédée à ladite compagnie.

4. En outre des clauses et conditions du cahier dés charges, il reste parfait stipulé que ladite concession est faite et acceptée aux périls et aux risques du cessionnaire. Ladite concession est donnée sans subvention, et le concessionnairi pourra, sous aucun prétexte et à quelques sommes que s'élèvent les dépensé construction et d'exploitation du chemin de fer, rien réclamer au département.

5. Le concessionnaire devra faire toutes diligences pour obtenir le décret claratif d'utilité publique et autorisant l'exécution des travaux; un délai d'un an est accordé à cet effet. A l'expiration de ce délai, s'il n'est pas pourvu du décret devra demander une prolongation de délai, en justifiant des efforts qu'il a faits près de l'administration supérieure. Ce délai lui sera accordé ou refusé par le général, et la concession sera nulle dans ce dernier cas.

Un pareil délai lui est accordé, et aux mêmes conditions, pour justifier q définitivement et complétement propriétaire du chemin de fer de la Croix-Ro camp de Sathonay, par lui-même ou par la compagnie dont il est parlé à l' le fait de cette propriété étant une condition absolue de la présente co comme elle a servi de base à la demande du concessionnaire.

6. Le concessionnaire nous a représenté en bonne forme du fait par lui, au trésor public, d'une somme de soixante mille francs, à titre tionnement, aux conditions stipulées au cahier des charges ci-annexé pour l'exécution des engagements résultant pour lui de la présente convention, reçu lui a été immédiatement rendu.

En cas d'exécution de la présente convention, ce cautionnement sera res deux parties égales : 1° la première moitié, quand le concessionnaire aura ju l'acquisition et du payement des terrains; 2° la seconde moitié, après la re définitive des travaux et la mise en exploitation du chemin de fer dans les temps fixées par le cahier des charges.

7. Les droits d'enregistrement ou droit fixe, plus les décimes additionnels, s à la charge du concessionnaire.

8. La présente convention, lue en séance du conseil général, le 20 avril 187: approuvée par lui dans sa forme et teneur, par délibération en date du même

Fait, arrêté et signé en double expédition, dont un exemplaire de la con et du cahier des charges a été remis à chacune des deux parties, en l'hôtel de préfecture de Lyon, les jour, mois et an que dessus.

Approuvé l'écriture ci-dessus :

Le Concessionnaire,

Signé L. Mors.

Le Préfet du Rhône,

Signé Cantonnet.

Enregistré par duplicata, à Lyon, le 4 septembre 1872, folio 95 verso, Reçu trois francs soixante centimes. Signé A. Lambert.

Certifié conforme à la convention annexée au décret én date du 1ᵉʳ août 1 enregistré sous le n° 550.

Le Conseiller d'État, Secrétaire g

Signé DE BOUREUILLE.

CAHIER DES CHARGES.

TITRE Iᵉʳ.

TRACÉ ET CONSTRUCTION.

ART. 1ᵉʳ. Le chemin de fer d'intérêt local à établir dans la traversée du départe-ment du Rhône, sous le titre de Chemin de fer d'intérêt local de Sathonay à Tre..., partira de la gare de Sathonay, dans le département de l'Ain, du chemin de fer de le Croix-Rousse au camp de Sathonay, passera par ou près Fontaines-Saint-Louis, pa ou près Rochetaillée, par ou près, mais derrière Neuville-l'Archevêque, et rentrera dans le département de l'Ain, à la limite de la commune de Genay.

...chemin fera partie intégrante du chemin de fer de la Croix-Rousse au camp de
...y.

...concédé aux clauses et conditions des articles du cahier des charges de ce
...annexé au décret en date du 12 janvier 1861, sauf certaines modifications.
...det du département aura tous les droits conférés à l'administration dans ce
...les charges et compatibles avec les lois existantes.

...es travaux devront être commencés dans un délai de un an, à partir de la date
...et d'utilité publique, et terminés dans un délai de trois ans, à partir de la
...date, de manière que le chemin soit praticable et exploité dans toute sa lon-
...à l'expiration de ce dernier délai.

...cun travail ne pourra être entrepris, pour l'établissement du chemin de fer
...es dépendances, qu'avec l'autorisation de l'administration; à cet effet, les pro-
...tous les travaux à exécuter seront dressés en double expédition et soumis à
...tion du préfet, qui prescrira, s'il y a lieu, d'y introduire telles modifications
...droit : l'une de ces expéditions sera remise à la compagnie avec le visa du
...l'autre demeurera entre les mains de l'administration.

...comme pendant l'exécution, la compagnie aura la faculté de proposer aux
...approuvés les modifications qu'elle jugerait utiles; mais ces modifications ne
...t être exécutées que moyennant l'approbation de l'administration.

...projets devront être soumis à l'approbation de l'administration dans un délai
...ois, à dater du décret déclaratif d'utilité publique.

...a compagnie pourra prendre copie de tous les plans, nivellements et devis qui
...ont avoir été antérieurement dressés aux frais de l'administration.

...tracé et le profil du chemin de fer seront arrêtés sur la production de projets
...ble comprenant, pour la ligne entière ou pour chaque section de la ligne :
...n plan général à l'échelle de un dix-millième;
...profil en long à l'échelle de cinq-millièmes pour les longueurs et de un
...ne pour les hauteurs, dont les cotes seront rapportées au niveau moyen de
...pris pour plan de comparaison. Au-dessous de ce profil, on indiquera, au
...les trois lignes horizontales disposées à cet effet, savoir :
...tances kilométriques du chemin de fer, comptées à partir de son origine;
...gueur et l'inclinaison de chaque pente et rampe;
...gueur des parties droites et le développement des parties courbes du tracé,
...nt connaître le rayon correspondant à chacune de ces dernières;
...certain nombre de profils en travers, y compris le profil type de la voie;
...mémoire dans lequel seront justifiées toutes les dispositions essentielles du
...t un devis descriptif dans lequel seront reproduites, sous forme de tableaux,
...tions relatives aux déclivités et aux courbes déjà données sur le profil en

...sition des gares et stations projetées, celle des cours d'eau et des voies de
...ication traversés par le chemin de fer, des passages soit à niveau, soit en
...u ou en dessous de la voie ferrée, devront être indiquées tant sur le plan que
...profil en long;
...ut sans préjudice des projets à fournir pour chacun de ces ouvrages.

...es terrains seront acquis pour deux voies; les terrassements et les ouvrages
...xécutés et les rails posés pour une voie seulement, sauf l'établissement d'un
...in nombre de gares d'évitement.

...terrains acquis par la compagnie pour l'établissement de la seconde voie ne
...ont recevoir une autre destination.

...La largeur de la voie entre les bords intérieurs des rails devra être de un mètre
...ante-quatre (1^m,44) à un mètre quarante-cinq centimètres (1^m,45).

...us les parties à deux voies, la largeur de l'entre-voie, mesurée entre les bords
...rieurs des rails, sera de deux mètres (2^m,00).

...largeur des accotements, c'est-à-dire des parties comprises de chaque côté entre
...rd extérieur du rail et l'arête supérieure du ballast, sera de soixante-quinze
...mètres (0^m,75) au moins.

...ménagera au pied de chaque talus du ballast, lorsque le chemin sera en rem-
...une banquette de cinquante centimètres (0^m,50) de largeur.

...largeur de la plate-forme sera de cinq mètres (5^m,00) au moins.

...compagnie établira le long du chemin de fer les fossés ou rigoles qui seront
...nécessaires pour l'assèchement de la voie et l'écoulement des eaux.

Les dimensions de ces fossés et rigoles seront déterminées par l'a
vant les circonstances locales, sur les propositions de la compagnie.

8. Les alignements seront raccordés entre eux par des courbes dont
pourra être inférieur à trois cents mètres (300^m,00). Une partie droite
mètres (50^m,00) au moins de longueur devra être ménagée entre deux
sécutives, lorsqu'elles seront dirigées en sens contraire. Le maximum d
son des pentes et rampes est fixé à vingt-cinq millimètres (0^m,025) par
partie horizontale de cent mètres (100^m,00) au moins devra être ménagée
fortes déclivités consécutives, lorsque ces déclivités se succéderont en sens
et de manière à verser leurs eaux au même point.

Les déclivités correspondant aux courbes de faible rayon devront être
autant que faire se pourra.

La compagnie aura la faculté de proposer aux dispositions de cet article
de l'article précédent les modifications qui lui paraîtront utiles; mais ce
cations ne pourront être exécutées que moyennant l'approbation préalable
nistration.

9. Le nombre, l'étendue et l'emplacement des gares d'évitement seront
nés par l'administration, la compagnie entendue.

Le nombre des voies sera augmenté, s'il y a lieu, dans les gares et aux
ces gares, conformément aux décisions qui seront prises par l'
compagnie entendue.

Le nombre et l'emplacement des stations de voyageurs et des g
dises seront également déterminés par l'administration, sur les
compagnie, après une enquête spéciale.

La compagnie sera tenue, préalablement à tout commencement d'ex
soumettre à l'administration le projet desdites gares, lequel se composer

1° D'un plan à l'échelle de un cinq-centième (1/500), indiquant le
quais, les bâtiments et leur distribution intérieure, ainsi que la
leurs abords;

2° D'une élévation des bâtiments à l'échelle de un centimètre (1/100)

3° D'un mémoire descriptif dans lequel les dispositions essentielles de
ront justifiées.

10. La compagnie sera tenue de rétablir les communications
chemin de fer, suivant les dispositions qui seront approuvées par l'

11. Lorsque le chemin de fer devra passer au-dessus d'une route
départementale, ou d'un chemin vicinal, l'ouverture du viaduc sera fi
ministration, en tenant compte des circonstances locales; mais cette
pourra, dans aucun cas, être inférieure à huit mètres (8^m,00) pour la
nale, à sept mètres (7^m,00) pour la route départementale, à cinq mètre
pour un chemin vicinal de grande communication, et à quatre mètres (4^m
un simple chemin vicinal.

Pour les viaducs de forme cintrée, la hauteur sous clef, à partir du
route, sera de cinq mètres (5^m,00) au moins. Pour ceux qui seront formés
horizontales en bois ou en fer, la hauteur sous poutres sera de quatre
centimètres (4^m,50) au moins.

La largeur entre les parapets sera au moins de quatre mètres cinquante
mètres (4^m,50). La hauteur de ces parapets sera fixée par l'administration
pourra, dans aucun cas, être inférieure à quatre-vingts centimètres (0^m,80
Cette largeur sera au moins de huit mètres (8^m,00) pour les parties à de

12. Lorsque le chemin de fer devra passer au-dessous d'une route na
départementale, ou d'un chemin vicinal, la largeur entre les parapets du
supportera la route ou le chemin sera fixée par l'administration, en tenan
des circonstances locales; mais cette largeur ne pourra, dans aucun cas,
rieure à huit mètres (8^m,00) pour la route nationale, à sept mètres (7^m,00)
route départementale, à cinq mètres (5^m,00) pour un chemin vicinal de
communication, et à quatre mètres (4^m,00) pour un simple chemin vicinal.

L'ouverture du pont entre les culées sera au moins de quatre mètres
centimètres (4^m,50), et la distance verticale ménagée au-dessus des rails
de chaque voie pour le passage des trains ne sera pas inférieure à quatre
quatre-vingts centimètres (4^m,80).

Cette ouverture sera au moins de huit mètres (8^m,00) pour les parties à deux

13. Dans le cas où des routes nationales ou départementales, ou des

 m, ruraux ou particuliers, seraient traversés à leur niveau par le chemin de
rails devront être posés sans aucune saillie ni dépression sur la surface de
las, et de telle sorte qu'il n'en résulte aucune gêne pour la circulation des

cement à niveau du chemin de fer et des routes ne pourra s'effectuer sous
de moins de quarante-cinq degrés (45°). Chaque passage à niveau établi sur
le sur sur un chemin public sera muni de barrières lisses à bascule ou chaîne;
la en outre, établi une maison de garde toutes les fois que l'utilité en sera
la par l'administration.
me, le type et le mode des manœuvres des barrières seront fixés par l'admi-
m, sur les propositions de la compagnie.
orsqu'il y aura lieu de modifier l'emplacement ou le profil des routes exis-
inclinaison des pentes et rampes, sur les routes modifiées, ne pourra excé-
centimètres (0^m,03) par mètre pour les routes nationales ou départementales,
centimètres (0^m,05) pour les chemins vicinaux. L'administration restera libre,
, d'apprécier les circonstances qui pourraient motiver une dérogation à cette
omme à celle qui est relative à l'angle de croisement des passages à niveau.
compagnie sera tenue de rétablir et d'assurer à ses frais l'écoulement de
eaux dont le cours serait arrêté, suspendu ou modifié par ses travaux, et
les mesures nécessaires pour prévenir l'insalubrité pouvant résulter des
d'emprunt.
ducs à construire à la rencontre des rivières, des canaux et des cours d'eau
auront au moins quatre mètres cinquante centimètres (4^m,50) de lar-
les parapets. La hauteur de ces parapets sera fixée par l'administration
pourra être inférieure à quatre-vingts centimètres (0^m,80).
argeur sera au moins de huit mètres (8^m,00) pour les parties à deux voies.
teur et le débouché du viaduc seront déterminés, dans chaque cas particu-
l'administration, suivant les circonstances locales.
souterrains à établir pour le passage du chemin de fer auront au moins
mètres cinquante centimètres (4^m,50) de largeur entre les pieds-droits au
rails; ils auront cinq mètres cinquante centimètres (5^m,50) de hauteur
au-dessus de la surface des rails. Cette largeur sera au moins de huit
,00) et cette hauteur de six mètres (6^m,00) pour les parties à deux voies.
verticale entre l'intrados et le dessus des rails extérieurs de chaque
pas inférieure à quatre mètres quatre-vingts centimètres (4^m,80). L'ou-
puits d'aérage et de construction des souterrains sera entourée d'une
en maçonnerie de deux mètres (2^m,00) de hauteur. Cette ouverture ne
établie sur aucune voie publique. Dans les souterrains de plus de trente
,00) de longueur, il sera ménagé des niches.
la rencontre des cours d'eau flottables ou navigables, la compagnie sera te-
rendre toutes les mesures et de payer tous les frais nécessaires pour que le
la navigation ou du flottage n'éprouve ni interruption ni entrave pendant
des travaux.
rencontre des routes nationales ou départementales et des autres chemins
il sera construit des chemins et ponts provisoires, par les soins et aux frais de
agnie, partout où cela sera jugé nécessaire pour que la circulation n'éprouve
ruption ni gêne.
que les communications existantes puissent être interceptées, une recon-
sera faite par les ingénieurs de la localité, à l'effet de constater si les ou-
provisoires présentent une solidité suffisante et s'ils peuvent assurer le service
culation.
lai sera fixé par l'administration pour l'exécution des travaux définitifs des-
rétablir les communications interceptées.
La compagnie n'emploiera, dans l'exécution des ouvrages, que des matériaux
ne qualité; elle sera tenue de se conformer à toutes les règles de l'art, de
à obtenir une construction parfaitement solide.
Les aqueducs, ponceaux, ponts et viaducs à construire à la rencontre des di-
cours d'eau et des chemins publics ou particuliers seront en maçonnerie ou
sauf les cas d'exception qui pourront être admis par l'administration.
Les voies seront établies d'une manière solide et avec des matériaux de bonne
té;

Le poids des rails sera de trente-cinq kilogrammes (35^k) par mètre courant, les réductions qui seraient autorisées par l'administration.

20. Le chemin de fer sera séparé des propriétés riveraines par des murs, toute autre clôture dont le mode et la disposition devront être autorisés l'administration, sur la proposition de la compagnie, partout où, sur sa dem elle n'en aura pas été dispensée par décision de l'administration.

21. Tous les terrains nécessaires pour l'établissement du chemin de fer et dépendances, pour la déviation des voies de communication et des cours d'eau d cés, et, en général, pour l'exécution des travaux, quels qu'ils soient, auquel établissement pourra donner lieu, seront achetés et payés par la compagnie c sionnaire.

Les indemnités pour occupation temporaire ou pour détérioration des te pour chômage et pour tous dommages quelconques résultant des travaux, supportées et payées par la compagnie concessionnaire.

22. L'entreprise étant d'utilité publique, la compagnie est investie, pour l' tion des travaux dépendant de sa concession, de tous les droits que les lois e ments confèrent à l'administration en matière de travaux publics, soit pour quisition des terrains par voie d'expropriation, soit pour l'extraction, le tra et le dépôt des terres, matériaux, etc., et elle demeure en même temps su à toutes les obligations qui dérivent, pour l'administration, de ces lois et règle

Dans les limites de la zone frontière et dans le rayon de servitude d ceintes fortifiées, la compagnie sera tenue, pour l'étude et l'exécution de se jets, de se soumettre à l'accomplissement de toutes les formalités et de tou conditions exigées par les lois, décrets et règlements concernant les travaux

23. Si la ligne du chemin de fer traverse un sol déjà concédé pour l'exple d'une mine, l'administration déterminera les mesures à prendre pour que l'éta ment du chemin de fer ne nuise pas à l'exploitation de la mine, et récipro pour que, le cas échéant, l'exploitation de la mine ne compromette pas l'ex du chemin de fer.

24. Si le chemin de fer doit s'étendre sur des terrains renfermant des car les traverser souterrainement, il ne pourra être livré à la circulation avant q excavations qui pourraient en compromettre la solidité aient été remblayées solidées. L'administration déterminera la nature et l'étendue des travaux qu viendra d'entreprendre à cet effet, et qui seront d'ailleurs exécutés par les aux frais de la compagnie.

26. Pour l'exécution des travaux, la compagnie se soumettra aux décisions rielles concernant l'interdiction du travail les dimanches et jours fériés.

25. La compagnie exécutera les travaux par des moyens et des agents à son mais en restant soumise au contrôle et à la surveillance de l'administration.

Les travaux devront être adjugés par lots et sur série de prix, soit avec et concurrence, soit sur soumissions cachetées, entre entrepreneurs agréés à l' toutefois, si le conseil d'administration juge convenable, pour une entrepr une fourniture déterminée, de procéder par voie de régie ou de traité direct, il préalablement à toute exécution, obtenir de l'assemblée générale des action l'approbation soit de la régie, soit du traité.

Tout marché général pour l'ensemble du chemin de fer, soit à forfait, soit sur de prix, est dans tous les cas formellement interdit.

Le contrôle et la surveillance de l'administration auront pour objet d'empêc compagnie de s'écarter des dispositions prescrites par le présent cahier des ch et de celles qui résulteront des projets approuvés.

27. A mesure que les travaux seront terminés sur des parties de chemin susceptibles d'être livrées utilement à la circulation, il sera procédé, sur la dem de la compagnie, à la reconnaissance et, s'il y a lieu, à la réception provisoire d travaux par un ou plusieurs commissaires que l'administration désignera.

Sur le vu du procès-verbal de cette reconnais........
s'il y a lieu, la mise en exploitation des par....
la compagnie pourra mettre lesdite........
après déterminées. Toutefois, ...
par la réception générale et ....

28. Après l'achève......
nistration, la compa......
général du chem......

pédition dûment certifiée des procès-verbaux de bornage et du plan gé-
dressée aux frais de la compagnie et déposée dans les archives de la
l.

rains acquis par la compagnie postérieurement au bornage général, en
tisfaire aux besoins de l'exploitation, et qui par cela même deviendront
égrante du chemin de fer, donneront lieu, au fur et à mesure de leur
n, à des bornages supplémentaires, et seront ajoutés sur le plan général.

TITRE II.

ENTRETIEN ET EXPLOITATION.

chemin de fer et toutes ses dépendances seront constamment entretenus en
de manière que la circulation y soit toujours facile et sûre.
is d'entretien et ceux auxquels donneront lieu les réparations ordinaires et
naires seront entièrement à la charge de la compagnie.
hemin de fer, une fois achevé, n'est pas constamment entretenu en bon
sera pourvu d'office, à la diligence de l'administration et aux frais de la
ie, sans préjudice, s'il y a lieu, de l'application des dispositions indiquées
dans l'article 39.
ntant des avances faites sera recouvré au moyen de rôles que le préfet
écutoires.
compagnie sera tenue d'établir à ses frais, partout où besoin sera, des gar-
nombre suffisant pour assurer la sécurité du passage des trains sur la voie
de la circulation ordinaire sur les points où le chemin de fer sera traversé
par des routes ou chemins publics.
es machines locomotives seront construites sur les meilleurs modèles. Elles
satisfaire d'ailleurs à toutes les conditions prescrites ou à prescrire par l'ad-
tion pour la mise en service de ce genre de machines.
oitures de voyageurs devront également être faites d'après les meilleurs mo-
atisfaire à toutes les conditions prescrites ou à prescrire pour les voitures
u transport des voyageurs sur les chemins de fer. Elles seront suspendues
orts et garnies de banquettes; elles pourront être à deux étages.
aura de trois classes au moins :
voitures de première classe seront couvertes, garnies, fermées à glaces et
de rideaux :
elles de deuxième classe seront couvertes, fermées à glaces, et auront des
nes à dossier rembourrées;
elles de troisième classe seront couvertes, fermées à vitres, et auront des
nes à dossier.
age supérieur, elles seront également couvertes et auront des banquettes à

rieur de chacun des compartiments de toute classe contiendra l'indication
bre des places de ce compartiment.
ministration pourra exiger qu'un compartiment de chaque classe soit réservé,
s trains de voyageurs, aux femmes voyageant seules.
voitures de voyageurs, les wagons destinés au transport des marchandises,
ns de poste, des chevaux ou des bestiaux, les plates-formes, et, en général,
es parties du matériel roulant, seront de bonne et solide construction.
compagnie sera tenue, pour la mise en service de ce matériel, de se soumettre
x règlements sur la matière.
achines locomotives, wagons de toute espèce, tenders, voitures, plates-
mposant le matériel roulant, seront constamment entretenus en bon état.
Les règlements arrêtés par le préfet, après que la compagnie aura été enten-
tendus exécutoires, général du département, détermineront les
et y disposition, assurer la police et l'exploitation du che-
fer, ainsi que vrages qui en dépendent.
tion des mesures prescrites en vertu de
pagnie.
l'approbation du préfet les règlements
n du chemin de fer.
x paragraphes précédents seront obliga-

toires non-seulement pour la compagnie concessionnaire, mais encore pour
celles qui obtiendraient ultérieurement l'autorisation d'établir des lignes de ch
de fer d'embranchement ou de prolongement, et, en général, pour toutes les
sonnes qui emprunteraient l'usage du chemin de fer.

Le préfet déterminera, sur la proposition de la compagnie, le minimum
maximum de vitesse des convois de voyageurs et de marchandises, ainsi
durée du trajet.

33. Pour tout ce qui concerne l'entretien et les réparations du chemin de fer
ses dépendances, l'entretien du matériel et le service de l'exploitation, la
gnie sera soumise au contrôle et à la surveillance de l'administration.

Outre la surveillance ordinaire, l'administration déléguera, aussi souvent
le jugera utile, un ou plusieurs commissaires pour reconnaître et constater
chemin de fer, de ses dépendances et du matériel.

TITRE III.

DURÉE, RACHAT ET DÉCHÉANCE DE LA CONCESSION.

34. La durée de la concession, pour la ligne mentionnée à l'article 1er du
cahier des charges, sera de quatre-vingt-dix-neuf ans, et commencera à
dater du premier janvier mil huit cent soixante-seize (1876) et finira le trente
décembre mil neuf cent soixante-quatorze (1974).

35. A l'époque fixée pour l'expiration de la concession, et par le seul fait
expiration, le département sera subrogé à tous les droits de la compag
chemin de fer et ses dépendances, et il entrera immédiatement en jou
tous ses produits.

La compagnie sera tenue de lui remettre en bon état d'entretien le che
et tous les immeubles qui en dépendent, quelle qu'en soit l'origine, tels que
timents des gares et stations, les remises, ateliers et dépôts, les maisons de ga
Il en sera de même de tous les objets immobiliers dépendant également du ch
min, tels que les barrières et clôtures, les voies, changements de voies, pla
nantes, réservoirs d'eau, grues hydrauliques, machines fixes, etc.

Dans les cinq dernières années qui précéderont le terme de la conces
partement aura le droit de saisir les revenus du chemin de fer et de les e
rétablir en bon état le chemin de fer et ses dépendances, si la compa
mettait pas en mesure de satisfaire pleinement et entièrement à cette o

En ce qui concerne les objets mobiliers, tels que le matériel roulant,
riaux, combustibles et approvisionnements de tout genre, le mobilier dé
l'outillage des ateliers et des gares, le département sera tenu, si la co
requiert, de reprendre tous ces objets sur l'estimation qui en sera faite à
perts, et réciproquement, si le département le requiert, la compagnie
de les céder de la même manière.

Toutefois, le département ne pourra être tenu de reprendre que les
sionnements nécessaires à l'exploitation du chemin pendant six mois.

36. A toute époque après l'expiration des quinze premières années de la
sion, le département aura la faculté de racheter la concession entière du
de fer.

Pour régler le prix du rachat, on relèvera les produits nets annuels obten
compagnie pendant les sept années qui auront précédé celle où le rachat ser
tué; on en déduira les produits nets des deux plus faibles années, et l'on é
le produit moyen des cinq autres années.

Ce produit net moyen formera le montant d'une annuité qui sera due et pa
compagnie pendant chacune des années restant à courir sur la durée de la c
sion.

Dans aucun cas, le montant de l'annuité ne sera inférieur au produit n
dernière des sept années prises pour terme de comparaison.

La compagnie recevra, en outre, dans les trois mois qui suivront le ra
remboursements auxquels elle aurait droit à l'expiration de la concession,
l'article 35 ci-dessus.

37. Si la compagnie n'a pas commencé les travaux ou présenté les projets da
délai fixé par les articles 2 et 3, elle encourra la déchéance, sans qu'il y ai
aucune notification ou mise en demeure préalable.

■ ce cas, la somme de soixante mille francs (60,000ᶠ) qui aura été déposée,
■'il sera dit à l'article 64, à titre de cautionnement, deviendra la propriété du
■ment et lui restera acquise.

■nte par la compagnie d'avoir commencé ou terminé les travaux dans le délai
■l'article 2, faute aussi par elle d'avoir rempli les diverses obligations qui lui
■osées par le présent cahier des charges, elle encourra la déchéance, et il
■rvu tant à la continuation et à l'achèvement des travaux qu'à l'exécution des
■ngagements contractés par la compagnie, au moyen d'une adjudication que
■ura sur une mise à prix des ouvrages exécutés, des matériaux approvision-
■es parties du chemin de fer déjà livrées à l'exploitation.
■missions pourront être inférieures à la mise à prix.

■uvelle compagnie sera soumise aux clauses et conditions du présent cahier
■rges, et la compagnie évincée recevra d'elle le prix que la nouvelle adjudi-
■ra fixé.

■rtie du cautionnement qui n'aura pas encore été restituée deviendra la pro-
■la département.

■djudication ouverte n'amène aucun résultat, une seconde adjudication sera
■ar les mêmes bases, après un délai de trois mois; si cette seconde tentative
■lement sans résultat, la compagnie sera définitivement déchue de tous
■alors les ouvrages exécutés, les matériaux approvisionnés et les parties de
■le fer déjà livrées à l'exploitation appartiendront au département.

■ l'exploitation du chemin de fer vient à être interrompue en totalité ou en
■administration prendra immédiatement, aux frais de la compagnie, les
■écessaires pour assurer provisoirement le service.

■s les trois mois de l'organisation du service provisoire, la compagnie n'a pas
■ent justifié qu'elle est en état de reprendre et de continuer l'exploitation,
■ ne l'a pas effectivement reprise, la déchéance pourra être prononcée par
■ Cette déchéance prononcée, le chemin de fer et toutes ses dépendances
■s en adjudication, et il sera procédé ainsi qu'il est dit à l'article précé-

■ dispositions des trois articles qui précèdent cesseraient d'être applicables,
■éance ne serait pas encourue, dans le cas où le concessionnaire n'aurait
■ ses obligations par suite de circonstances de force majeure dûment
■. En cas de contestation à ce sujet, la décision du ministre des travaux
■ souveraine.

■as où la déchéance serait encourue par la compagnie pour la partie de la
■ dans le département de l'Ain ou pour le chemin de fer de la Croix-
■camp de Sathonay, elle encourra de plein droit et sans aucun autre motif
■ce de la présente ligne concédée sur le territoire du département du Rhône,
■ment si la compagnie encourait la déchéance pour la présente ligne, la dé-
■rait encourue de plein droit et sans autre motif pour la partie de la ligne
■s le département de l'Ain et pour le chemin de fer de la Croix-Rousse au
■ Sathonay.

TITRE IV.

**TAXES ET CONDITIONS RELATIVES AU TRANSPORT DES VOYAGEURS
ET DES MARCHANDISES.**

■ur indemniser la compagnie des travaux et dépenses qu'elle s'engage à faire
■résent cahier des charges, et sous la condition expresse qu'elle en rem-
■ctement toutes les obligations, le département lui accorde l'autorisation
■voir, pendant toute la durée de la concession, les droits de péage et les prix
■port ci-après déterminés :

TARIF.

1° PAR TÊTE ET PAR KILOMÈTRE.

Grande vitesse.

Voyageurs.. {
Voitures couvertes, garnies et fermées à glaces (1re classe)...........................
Voitures couvertes, fermées à glaces, et à banquettes rembourrées (2e classe)........................
Voitures couvertes et fermées à vitres..(3e classe)...

Enfants.... {
Au-dessous de trois ans, les enfants ne payent rien, à la condition d'être portés sur les genoux des personnes qui les accompagnent. De trois à sept ans, ils payent demi-place et ont droit à une place distincte; toutefois, dans un même compartiment, deux enfants ne pourront occuper que la place d'un voyageur.
Au-dessus de sept ans, ils payent place entière.

Chiens transportés dans les trains de voyageurs (sans que la perception puisse être inférieure à 0f 30c).................

Petite vitesse.

Bœufs, vaches, taureaux, chevaux, mulets, bêtes de trait.........
Veaux et porcs..
Moutons, brebis, agneaux, chèvres...........................
    Lorsque les animaux ci-dessus dénommés seront, sur la demande des expéditeurs, transportés à la vitesse des trains de voyageurs, les prix seront doublés.

2° PAR TONNE ET PAR KILOMÈTRE.

Marchandises transportées à grande vitesse.

Huîtres, poissons frais, denrées, excédants de bagages et marchandises de toute classe transportées à la vitesse des trains de voyageurs...

Marchandises transportées à petite vitesse.

1re classe. — Spiritueux. — Huiles. — Bois de menuiserie, de teinture et autres bois exotiques. — Produits chimiques non dénommés. — Œufs. — Viande fraîche. — Gibier. — Sucre. — Café. — Drogues. — Épiceries. — Tissus. — Denrées coloniales. — Objets manufacturés. — Armes.....................................

2e classe. — Blés. — Grains. — Farines. — Légumes farineux. — Riz. — Maïs. — Châtaignes et autres denrées alimentaires non dénommées. — Chaux et plâtre. — Charbon de bois. — Bois à brûler dit de corde. — Perches. — Chevrons. — Planches. — Madriers. — Bois de charpente. — Marbre en bloc. — Albâtre. — Bitumes. — Cotons. — Laines. — Vins. — Vinaigres. — Boissons. — Bière. — Levûre sèche. — Coke. — Fers. — Cuivre. — Plombs et autres métaux ouvrés ou non. — Fontes moulées..................

3e classe. — Pierres de taille et produits de carrières. — Minerais autres que les minerais de fer. — Fonte brute. — Sel. — Moellons. — Meulières. — Argiles. — Briques. — Ardoises. — Houille. — Marne. — Cendres. — Fumiers et engrais. — Pierres à chaux et à plâtre. — Pavés et matériaux pour la construction et la réparation des routes. — Minerais de fer. — Cailloux et sables..........

3° VOITURES ET MATÉRIEL ROULANT TRANSPORTÉS À PETITE VITESSE.

Par pièce et par kilomètre.

Wagon ou chariot pouvant porter de trois à six tonnes ....
Wagon ou chariot pouvant porter plus de six tonnes.................
Locomotive pesant de douze à dix-huit tonnes (ne traînant pas de convoi)..

	PRIX		
	de péage.	de trans- port.	TOTAUX.
	fr. c.	fr. c.	fr. c.
...tive pesant plus de dix-huit tonnes (ne trainant pas de ...l)...	2 25	1 50	3 75
...de sept à dix tonnes...............................	0 90	0 60	1 50
...de plus de dix tonnes..............................	1 35	0 90	2 25

...machines locomotives seront considérées comme ne trainant
...convoi, lorsque le convoi remorqué, soit de voyageurs,
...marchandises, ne comportera pas un péage au moins égal
...qui serait perçu sur la locomotive avec son tender mar-
...ans rien trainer.
...prix à payer pour un wagon chargé ne pourra jamais être
...ar à celui qui serait dû pour un wagon marchant à vide.

| ...à deux ou quatre roues, à un fond et à une seule banquette ...intérieur... | 0 15 | 10 | 0 25 |
| ...à quatre roues, à deux fonds et à deux banquettes dans ...ur, omnibus, diligences, etc..................... | 0 18 | 0 14 | 0 32 |

...ue, sur la demande des expéditeurs, les transports auront
...la vitesse des trains de voyageurs, les prix ci-dessus seront
...

...ce cas, deux personnes pourront, sans supplément de prix,
...r dans les voitures à une banquette, et trois dans les voi-
...deux banquettes, omnibus, diligences, etc.; les voya-
...excédant ce nombre payeront le prix des places de deuxième

| ...de déménagement à deux ou quatre roues, à vide........ | 0 12 | 0 08 | 0 20 |
| ...res, lorsqu'elles seront chargées, payeront en sus des prix ...us, par tonne de chargement et par kilomètre............ | 0 08 | 0 06 | 0 14 |

...VICE DES POMPES FUNÈBRES ET TRANSPORT DES CERCUEILS.

Grande vitesse.

...re des pompes funèbres renfermant un ou plusieurs cer-

| ...a transportée aux mêmes prix et conditions qu'une voiture ...roues, à deux fonds et à deux banquettes............. | 0 36 | 0 28 | 0 64 |
| ...cueil confié à l'administration du chemin de fer sera ...té, dans un compartiment isolé, au prix de............ | 0 18 | 0 12 | 0 30 |

...ix déterminés ci-dessus pour les transports à grande vitesse ne comprennent
...ôt dû à l'État.
...xpressément entendu que les prix de transport ne seront dus à la compagnie
...u qu'elle effectuerait elle-même ces transports à ses frais et par ses propres
...s. Dans le cas contraire, elle n'aurait droit qu'aux prix fixés pour le péage.
...ception aura lieu d'après le nombre de kilomètres parcourus. Tout kilomètre
...sera payé comme s'il avait été parcouru en entier.
...distance parcourue est inférieure à six kilomètres, elle sera comptée pour
...mètres.
...ds de la tonne est de mille kilogrammes.
...actions de poids ne seront comptées, tant pour la grande que pour la petite
...que par centième de tonne ou par dix kilogrammes.
..., tout poids compris entre zéro et dix kilogrammes payera comme dix kilo-
...es; entre dix et vingt kilogrammes, comme vingt kilogrammes, etc.
...fois, pour les excédants de bagages et marchandises à grande vitesse, les
...es seront établies : 1° de zéro à cinq kilogrammes; 2° au-dessus de cinq, jus-
...à kilogrammes; 3° au-dessus de dix kilogrammes, par fraction indivisible de
...grammes.
...le que soit la distance parcourue, le prix d'une expédition quelconque, soit
...se, soit en petite vitesse, ne pourra être moindre de quarante centimes.
...à moins d'une autorisation spéciale et révocable de l'administration, tout train

42

régulier de voyageurs devra contenir des voitures de toute classe en nombre
pour toutes les personnes qui se présenteraient dans les bureaux de chemin
Dans chaque train, la compagnie de chemin de fer aura la faculté de
voitures à compartiments spéciaux pour lesquels il sera établi des prix
liers que l'administration fixera, sur la proposition de la compagnie; mais le
des places à donner dans ces compartiments ne pourra dépasser le
nombre total des places du train.

43. Tout voyageur dont le bagage ne pèsera pas plus de trente
n'aura à payer, pour le port de ce bagage, aucun supplément du prix
Cette franchise ne s'appliquera pas aux enfants transportés
sera réduite à vingt kilogrammes pour les enfants transportés à moitié

44. Les animaux, denrées, marchandises, effets ou autres objets non
le tarif seront rangés, pour les droits à percevoir, dans les classes avec
auront le plus d'analogie, sans que jamais, sauf les exceptions formulées
ticles 45 et 46 ci-après, aucune marchandise non dénommée puisse être
une taxe supérieure à celle de la première classe du tarif ci-dessus.

Les assimilations de classes pourront être provisoirement réglées par
gnie; mais elles seront soumises immédiatement à l'administration, qui
définitivement.

45. Les droits de péage et les prix de transport déterminés au tarif ne
applicables à toute masse indivisible pesant plus de trois mille kilogramm
Néanmoins, la compagnie ne pourra se refuser à transporter les
sibles pesant de trois mille à cinq mille kilogrammes, mais les droits d
prix de transport seront augmentés de moitié.

La compagnie ne pourra être contrainte à transporter les masses pes
cinq mille kilogrammes (5,000ᵏ).

Si, nonobstant la disposition qui précède, la compagnie transporte des
divisibles pesant plus de cinq mille kilogrammes, elle devra, pendant tr
moins, accorder les mêmes facilités à tous ceux qui en feraient la
Dans ce cas, les prix de transport seront fixés par l'administration, sur
tion de la compagnie.

46. Les prix de transport déterminés au tarif ne sont point applicables:
1° Aux denrées et objets qui ne sont pas nommément énoncés dans le
ne pèseraient pas deux cents kilogrammes sous le volume d'un mètre cub
2° Aux matières inflammables ou explosibles, aux animaux et objets
pour lesquels des règlements de police prescriraient des précautions
3° Aux animaux dont la valeur déclarée excédait cinq mille francs;
4° A l'or et à l'argent, soit en lingots, soit monnayés ou travaillés, au
ou d'argent, au mercure et au platine, ainsi qu'aux bijoux, dentelles,
cieuses, objets d'art et autres valeurs;
5° Et, en général, à tous paquets, colis ou excédants de bagages pesa
quarante kilogrammes et au-dessus.

Toutefois, les prix de transport déterminés au tarif sont applicables à
ou colis, quoique emballés à part, s'ils font partie d'envois pesant en
quarante kilogrammes d'objets envoyés par une même personne à u
personne. Il en sera de même pour les excédants de bagages qui pèseraient
ou isolément plus de quarante kilogrammes.

Le bénéfice de la disposition énoncée dans le paragraphe précédent,
concerne les paquets et colis, ne peut être invoqué par les entrepreneurs
geries et de roulage et autres intermédiaires de transport, à moins que le
par eux envoyés ne soient réunis en un seul colis.

Dans les cinq cas ci-dessus spécifiés, les prix de transport seront arrêtés
ment par l'administration, tant pour la grande que pour la petite vitesse,
proposition de la compagnie.

En ce qui concerne les paquets ou colis mentionnés au paragraphe 5°
prix de transport devront être calculés de telle manière qu'en aucun
ces paquets ou colis ne puisse payer un prix plus élevé qu'un article de
pesant plus de quarante kilogrammes.

47. Dans le cas où la compagnie jugerait convenable, soit pour le
soit pour le parcours partiel de la voie de fer, d'abaisser, avec ou sans
au-dessous des limites déterminées par le tarif les taxes qu'elle est

les taxes abaissées ne pourront être relevées qu'après un délai de trois mois pour les voyageurs et de six mois pour les marchandises.

modification de tarif proposée par la compagnie sera annoncée un mois par des affiches.

exception des tarifs modifiés ne pourra avoir lieu qu'avec l'homologation du Gouvernement aux dispositions de la loi du 12 juillet 1865.

perception des taxes devra se faire indistinctement et sans aucune faveur.

traité particulier qui aurait pour effet d'accorder à un ou plusieurs expéditeurs réduction sur les tarifs approuvés demeure formellement interdit.

Mais, cette disposition n'est pas applicable aux traités qui pourraient intervenir le Gouvernement et la compagnie dans l'intérêt des services publics, ni aux réductions ou remises qui seraient accordées par la compagnie aux indigents.

abaissement des tarifs, la réduction portera proportionnellement sur le prix de transport.

La compagnie sera tenue d'effectuer constamment avec soin, exactitude et sans tour de faveur, le transport des voyageurs, denrées, marchandises quelconques qui lui seront confiés.

Les bestiaux et objets quelconques seront inscrits, à la gare d'où ils partent comme où ils arrivent, sur des registres spéciaux, au fur et à mesure de leur mention sera faite, sur le registre de la gare de départ, du prix total du transport.

Les marchandises ayant une même destination, les expéditions auront lieu dans l'ordre de leur inscription à la gare de départ.

expédition de marchandises sera constatée, si l'expéditeur le demande, par de voiture dont un exemplaire restera aux mains de la compagnie et l'autre de l'expéditeur. Dans le cas où l'expéditeur ne demanderait pas de lettre voiture la compagnie sera tenue de lui délivrer un récépissé qui énoncera le poids du colis, le prix total du transport et le délai dans lequel ce devra être effectué.

Les animaux, denrées, marchandises et objets quelconques seront expédié de gare en gare dans les délais résultant des conditions ci-après exprimées :

animaux, denrées, marchandises et objets quelconques à grande vitesse expédiés par le premier train de voyageurs comprenant des voitures de toutes correspondant avec leur destination, pourvu qu'ils aient été présentés à moins trois heures avant le départ de ce train.

remis à la disposition des destinataires, à la gare, dans le délai de deux l'arrivée du même train.

animaux, denrées, marchandises et objets quelconques à petite vitesse expédiés dans le jour qui suivra celui de la remise ; toutefois, l'administration rendre ce délai à deux jours.

maximum de durée du trajet sera fixé par l'administration, sur la proposition compagnie, sans que ce maximum puisse excéder vingt-quatre heures par indivisible de cent vingt-cinq kilomètres.

seront mis à la disposition des destinataires dans le jour qui suivra celui arrivée effective en gare.

total résultant des trois paragraphes ci-dessus sera seul obligatoire pour gnie.

peut être établi un tarif réduit, approuvé par l'administration, pour tout expéacceptera des délais plus longs que ceux déterminés ci-dessus pour la

transport des marchandises, il pourra être établi, sur la proposition de la un délai moyen entre ceux de la grande et de la petite vitesse.

correspondant à ce délai sera un prix intermédiaire entre ceux de la de la petite vitesse.

administration supérieure déterminera par des règlements spéciaux les heures et de fermeture des gares et stations, tant en hiver qu'en été. Le service n'est pas obligatoire pour la compagnie.

la marchandise devra passer d'une ligne sur une autre sans solution de les délais de livraison et d'expédition au point de jonction seront fixés administration, sur la proposition de la compagnie.

frais accessoires non mentionnés dans les tarifs, tels que ceux d'enregistrement, de chargement, de déchargement et de magasinage dans les gares et

42.

. Les dimensions de ces fossés et rigoles seront déterminées par l'administration, vant les circonstances locales, sur les propositions de la compagnie.

8. Les alignements seront raccordés entre eux par des courbes dont le pourra être inférieur à trois cents mètres (3oo^m,oo). Une partie droite de ci mètres (5o^m,oo) au moins de longueur devra être ménagée entre deux courl sécutives, lorsqu'elles seront dirigées en sens contraire. Le maximum de l'i son des pentes et rampes est fixé à vingt-cinq millimètres (o^m,o25) par mèt partie horizontale de cent mètres (1oo^m,oo) au moins devra être ménagée en fortes déclivités consécutives, lorsque ces déclivités se succéderont en sens et de manière à verser leurs eaux au même point.

Les déclivités correspondant aux courbes de faible rayon devront être autant que faire se pourra.

La compagnie aura la faculté de proposer aux dispositions de cet article et de l'article précédent les modifications qui lui paraîtront utiles; mais ces cations ne pourront être exécutées que moyennant l'approbation préalable de nistration.

9. Le nombre, l'étendue et l'emplacement des gares d'évitement seront nés par l'administration, la compagnie entendue.

Le nombre des voies sera augmenté, s'il y a lieu, dans les gares et aux ces gares, conformément aux décisions qui seront prises par l'administ compagnie entendue.

Le nombre et l'emplacement des stations de voyageurs et des gares de dises seront également déterminés par l'administration, sur les proposit compagnie, après une enquête spéciale.

La compagnie sera tenue, préalablement à tout commencement d'ex soumettre à l'administration le projet desdites gares, lequel se composera :

1° D'un plan à l'échelle de un cinq-centième (1/5oo), indiquant les voies quais, les bâtiments et leur distribution intérieure, ainsi que la disposi leurs abords;

2° D'une élévation des bâtiments à l'échelle de un centimètre (1/1oo) par

3° D'un mémoire descriptif dans lequel les dispositions essentielles du ront justifiées.

10. La compagnie sera tenue de rétablir les communications interrompu chemin de fer, suivant les dispositions qui seront approuvées par l'a

11. Lorsque le chemin de fer devra passer au-dessus d'une route départementale, ou d'un chemin vicinal, l'ouverture du viaduc sera fi ministration, en tenant compte des circonstances locales; mais cette pourra, dans aucun cas, être inférieure à huit mètres (8^m,oo) pour la route nale, à sept mètres (7^m,oo) pour la route départementale, à cinq mètres (pour un chemin vicinal de grande communication, et à quatre mètres (4^m,oo un simple chemin vicinal.

Pour les viaducs de forme cintrée, la hauteur sous clef, à partir du sol route, sera de cinq mètres (5^m,oo) au moins. Pour ceux qui seront formés de horizontales en bois ou en fer, la hauteur sous poutres sera de quatre mètres centimètres (4^m,3o) au moins.

La largeur entre les parapets sera au moins de quatre mètres cinquante mètres (4^m,5o). La hauteur de ces parapets sera fixée par l'administration e pourra, dans aucun cas, être inférieure à quatre-vingts centimètres (o^m,8o).

Cette largeur sera au moins de huit mètres (8^m,oo) pour les parties à deux voi

12. Lorsque le chemin de fer devra passer au-dessous d'une route national départementale, ou d'un chemin vicinal, la largeur entre les parapets du pon supportera la route ou le chemin sera fixée par l'administration, en tenant des circonstances locales; mais cette largeur ne pourra, dans aucun cas, ét rieure à huit mètres (8^m,oo) pour la route nationale, à sept mètres (7^m,oo) route départementale, à cinq mètres (5^m,oo) pour un chemin vicinal de communication, et à quatre mètres (4^m,oo) pour un simple chemin vicinal.

L'ouverture du pont entre les culées sera au moins de quatre mètres centimètres (4^m,5o), et la distance verticale ménagée au-dessus des rails ou de chaque voie pour le passage des trains ne sera pas inférieure à quatre quatre-vingts centimètres (4^m,8o).

Cette ouverture sera au moins de huit mètres (8^m,oo) pour les parties à deux voies.

13. Dans le cas où des routes nationales ou départementales, ou des chemin

u, ... ou particuliers, seraient traversés à leur niveau par le chemin de rails devront être posés sans aucune saillie ni dépression sur la surface de ... et de telle sorte qu'il n'en résulte aucune gêne pour la circulation des ...

...ement à niveau du chemin de fer et des routes ne pourra s'effectuer sous ... de moins de quarante-cinq degrés (45°). Chaque passage à niveau établi sur ... ou sur un chemin public sera muni de barrières lisses à bascule ou chaîne ; ... en outre, établi une maison de garde toutes les fois que l'utilité en sera ... par l'administration.

..., le type et le mode des manœuvres des barrières seront fixés par l'admi... ..., sur les propositions de la compagnie.

...qu'il y aura lieu de modifier l'emplacement ou le profil des routes exis... ...inclinaison des pentes et rampes, sur les routes modifiées, ne pourra excé... ...centimètres (0m,03) par mètre pour les routes nationales ou départementales, ...imètres (0m,05) pour les chemins vicinaux. L'administration restera libre, ..., d'apprécier les circonstances qui pourraient motiver une dérogation à cette ...omme à celle qui est relative à l'angle de croisement des passages à niveau. ... compagnie sera tenue de rétablir et d'assurer à ses frais l'écoulement de ... eaux dont le cours serait arrêté, suspendu ou modifié par ses travaux, et ... les mesures nécessaires pour prévenir l'insalubrité pouvant résulter des ... d'emprunt.

...nâes à construire à la rencontre des rivières, des canaux et des cours d'eau ... auront au moins quarante cinquante centimètres (4m,50) de lar... ...re les parapets. La hauteur de ces parapets sera fixée par l'administration ...ura être inférieure à quatre-vingts centimètres (0m,80). ...largeur sera au moins de huit metres (8m,00) pour les parties à deux voies. ...eur et le débouché du viaduc seront déterminés, dans chaque cas particu... ...l'administration, suivant les circonstances locales. ... souterrains à établir pour le passage du chemin de fer auront au moins ...tres cinquante centimètres (4m,50) de largeur entre les pieds-droits au ... rails; ils auront cinq mètres cinquante centimètres (5m,50) de hauteur ... au-dessus de la surface des rails. Cette largeur sera au moins de huit ...,00) et cette hauteur de six mètres (6m,00) pour les parties à deux voies. ... verticale entre l'intrados et le dessus des rails extérieurs de chaque ...ra pas inférieure à quatre mètres quatre-vingts centimètres (4m,80). L'ou... ... puits d'aérage et de construction des souterrains sera entourée d'une ... en maçonnerie de deux mètres (2m,00) de hauteur. Cette ouverture ne ...re établie sur aucune voie publique. Dans les souterrains de plus de trente ...(30m,00) de longueur, il sera ménagé des niches. ... la rencontre des cours d'eau flottables ou navigables, la compagnie sera te... ...rendre toutes les mesures et de payer tous les frais nécessaires pour que le ... la navigation ou du flottage n'éprouve ni interruption ni entrave pendant ...on des travaux. ...rencontre des routes nationales ou départementales et des autres chemins ..., il sera construit des chemins et ponts provisoires, par les soins et aux frais de ...pagnie, partout où cela sera jugé nécessaire pour que la circulation n'éprouve ...ruption ni gêne. ... que les communications existantes puissent être interceptées, une recon... ...ce sera faite par les ingénieurs de la localité, à l'effet de constater si les ou... ...provisoires présentent une solidité suffisante et s'ils peuvent assurer le service ...culation. ...lai sera fixé par l'administration pour l'exécution des travaux définitifs des ...rétablir les communications interceptées. ...La compagnie n'emploiera, dans l'exécution des ouvrages, que des matériaux ...ne qualité; elle sera tenue de se conformer à toutes les règles de l'art, de ...r à obtenir une construction parfaitement solide. ... les aqueducs, ponceaux, ponts et viaducs à construire à la rencontre des di... ...vers d'eau et des chemins publics ou particuliers seront en maçonnerie ou ..., sauf les cas d'exception qui pourront être admis par l'administration. ...Les voies seront établies d'une manière solide et avec des matériaux de bonne ...:

Le poids des rails sera de trente-cinq kilogrammes (35ᵏ) par mètre courant; les réductions qui seraient autorisées par l'administration.

20. Le chemin de fer sera séparé des propriétés riveraines par des murs, toute autre clôture dont le mode et la disposition devront être auto l'administration, sur la proposition de la compagnie, partout où, sur se d elle n'en aura pas été dispensée par décision de l'administration.

21. Tous les terrains nécessaires pour l'établissement du chemin de fer et à dépendances, pour la déviation des voies de communication et des cours d'eau d cés, et, en général, pour l'exécution des travaux, quels qu'ils soient, auxquel établissement pourra donner lieu, seront achetés et payés par la compagnie sionnaire.

Les indemnités pour occupation temporaire ou pour détérioration des pour chômage et pour tous dommages quelconques résultant des travaux, supportées et payées par la compagnie concessionnaire.

22. L'entreprise étant d'utilité publique, la compagnie est investie, pour l' tion des travaux dépendant de sa concession, de tous les droits que les lois et ments confèrent à l'administration en matière de travaux publics, soit pou quisition des terrains par voie d'expropriation, soit pour l'extraction, le tra et le dépôt des terres, matériaux, etc., et elle demeure en même temps à toutes les obligations qui dérivent, pour l'administration, de ces lois et règl

Dans les limites de la zone frontière et dans le rayon de servitude ceintes fortifiées, la compagnie sera tenue, pour l'étude et l'exécution de jets, de se soumettre à l'accomplissement de toutes les formalités et de conditions exigées par les lois, décrets et règlements concernant les travau

23. Si la ligne du chemin de fer traverse un sol déjà concédé pour l'ex d'une mine, l'administration déterminera les mesures à prendre pour que l' ment du chemin de fer ne nuise pas à l'exploitation de la mine, et récip pour que, le cas échéant, l'exploitation de la mine ne compromette pas l' du chemin de fer.

24. Si le chemin de fer doit s'étendre sur des terrains renfermant des carri les traverser souterrainement, il ne pourra être livré à la circulation avant excavations qui pourraient en compromettre la solidité aient été remblayées solidées. L'administration déterminera la nature et l'étendue des travaux qu viendra d'entreprendre à cet effet, et qui seront d'ailleurs exécutés par les aux frais de la compagnie.

26. Pour l'exécution des travaux, la compagnie se soumettra aux décisions rielles concernant l'interdiction du travail les dimanches et jours fériés.

25. La compagnie exécutera les travaux par des moyens et des agents à so mais en restant soumise au contrôle et à la surveillance de l'administration.

Les travaux devront être adjugés par lots et sur série de prix, soit avec p et concurrence, soit sur soumissions cachetées, entre entrepreneurs agréés à l' toutefois, si le conseil d'administration juge convenable, pour une entrep une fourniture déterminée, de procéder par voie de régie ou de traité direct, il préalablement à toute exécution, obtenir de l'assemblée générale des actio l'approbation soit de la régie, soit du traité.

Tout marché général pour l'ensemble du chemin de fer, soit à forfait, soit sur de prix, est dans tous les cas formellement interdit.

Le contrôle et la surveillance de l'administration auront pour objet d'empêch compagnie de s'écarter des dispositions prescrites par le présent cahier des et de celles qui résulteront des projets approuvés.

27. A mesure que les travaux seront terminés sur des parties de chemin susceptibles d'être livrées utilement à la circulation, il sera procédé, sur la d de la compagnie, à la reconnaissance et, s'il y a lieu, à la réception provisoir travaux par un ou plusieurs commissaires que l'administration désignera.

Sur le vu du procès-verbal de cette reconnaissance, l'administration au s'il y a lieu, la mise en exploitation des parties dont il s'agit; après cette au la compagnie pourra mettre lesdites parties en service et y percevoir les ta après déterminées. Toutefois, ces réceptions partielles ne deviendront définitiv par la réception générale et définitive du chemin de fer.

28. Après l'achèvement total des travaux, et dans le délai qui sera fixé par l' nistration, la compagnie fera faire à ses frais un bornage contradictoire et un pla général du chemin de fer et de ses dépendances.

Une expédition dûment certifiée des procès-verbaux de bornage et du plan général sera dressée aux frais de la compagnie et déposée dans les archives de la
préfecture.

Les terrains acquis par la compagnie postérieurement au bornage général, en
vue de satisfaire aux besoins de l'exploitation, et qui par cela même deviendront
partie intégrante du chemin de fer, donneront lieu, au fur et à mesure de leur
acquisition, à des bornages supplémentaires, et seront ajoutés sur le plan général.

TITRE II.

ENTRETIEN ET EXPLOITATION.

Le chemin de fer et toutes ses dépendances seront constamment entretenus en
bon état, de manière que la circulation y soit toujours facile et sûre.

Les frais d'entretien et ceux auxquels donneront lieu les réparations ordinaires et
extraordinaires seront entièrement à la charge de la compagnie.

Si le chemin de fer, une fois achevé, n'est pas constamment entretenu en bon
état, il y sera pourvu d'office, à la diligence de l'administration et aux frais de la
compagnie, sans préjudice, s'il y a lieu, de l'application des dispositions indiquées
plus bas dans l'article 39.

Le montant des avances faites sera recouvré au moyen de rôles que le préfet
rendra exécutoires.

La compagnie sera tenue d'établir à ses frais, partout où besoin sera, des gardes en nombre suffisant pour assurer la sécurité du passage des trains sur la voie
et celle de la circulation ordinaire sur les points où le chemin de fer sera traversé
à niveau par des routes ou chemins publics.

Les machines locomotives seront construites sur les meilleurs modèles. Elles
devront satisfaire d'ailleurs à toutes les conditions prescrites ou à prescrire par l'administration pour la mise en service de ce genre de machines.

Les voitures de voyageurs devront également être faites d'après les meilleurs modèles et satisfaire à toutes les conditions prescrites ou à prescrire pour les voitures
servant au transport des voyageurs sur les chemins de fer. Elles seront suspendues
sur ressorts et garnies de banquettes; elles pourront être à deux étages.

Il y en aura de trois classes au moins :

Les voitures de première classe seront couvertes, garnies, fermées à glaces et
munies de rideaux;

Celles de deuxième classe seront couvertes, fermées à glaces, et auront des
banquettes à dossier rembourrées;

Celles de troisième classe seront couvertes, fermées à vitres, et auront des
banquettes à dossier.

À l'étage supérieur, elles seront également couvertes et auront des banquettes à
dossier.

L'intérieur de chacun des compartiments de toute classe contiendra l'indication
du nombre des places de ce compartiment.

L'administration pourra exiger qu'un compartiment de chaque classe soit réservé,
dans les trains de voyageurs, aux femmes voyageant seules.

Les voitures de voyageurs, les wagons destinés au transport des marchandises,
chaises de poste, des chevaux ou des bestiaux, les plates-formes, et, en général,
toutes les parties du matériel roulant, seront de bonne et solide construction.

La compagnie sera tenue, pour la mise en service de ce matériel, de se soumettre
aux règlements sur la matière.

Les machines locomotives, wagons de toute espèce, tenders, voitures, plates-
formes composant le matériel roulant, seront constamment entretenus en bon état.

Des règlements arrêtés par le préfet, après que la compagnie aura été entendue, et rendus exécutoires par le conseil général du département, détermineront les
mesures et dispositions nécessaires pour assurer la police et l'exploitation du chemin de fer, ainsi que la conservation des ouvrages qui en dépendent.

Toutes les dépenses qu'entraînera l'exécution des mesures prescrites en vertu de
ces règlements seront à la charge de la compagnie.

La compagnie sera tenue de soumettre à l'approbation du préfet les règlements
généraux relatifs au service et à l'exploitation du chemin de fer.

Les règlements dont il s'agit dans les deux paragraphes précédents seront obliga-

toires non-seulement pour la compagnie concessionnaire, mais encore pour tou
celles qui obtiendraient ultérieurement l'autorisation d'établir des lignes de ch
de fer d'embranchement ou de prolongement, et, en général, pour toutes les
sonnes qui emprunteraient l'usage du chemin de fer.

Le préfet déterminera, sur la proposition de la compagnie, le minimum
maximum de vitesse des convois de voyageurs et de marchandises, ainsi qu
durée du trajet.

33. Pour tout ce qui concerne l'entretien et les réparations du chemin de fer
ses dépendances, l'entretien du matériel et le service de l'exploitation, la com
gnie sera soumise au contrôle et à la surveillance de l'administration.

Outre la surveillance ordinaire, l'administration déléguera, aussi souvent qu
le jugera utile, un ou plusieurs commissaires pour reconnaître et constater l'ét
chemin de fer, de ses dépendances et du matériel.

TITRE III.

DURÉE, RACHAT ET DÉCHÉANCE DE LA CONCESSION.

34. La durée de la concession, pour la ligne mentionnée à l'article 1ᵉʳ du
cahier des charges, sera de quatre-vingt-dix-neuf ans, et commencera à cou
dater du premier janvier mil huit cent soixante-seize (1876) et finira le trente
décembre mil neuf cent soixante-quatorze (1974).

35. À l'époque fixée pour l'expiration de la concession, et par le seul fait de
expiration, le département sera subrogé à tous les droits de la compagnie
chemin de fer et ses dépendances, et il entrera immédiatement en jouiss
tous ses produits.

La compagnie sera tenue de lui remettre en bon état d'entretien le chemin
et tous les immeubles qui en dépendent, quelle qu'en soit l'origine, tels que l
timents des gares et stations, les remises, ateliers et dépôts, les maisons de gard
Il en sera de même de tous les objets immobiliers dépendant également dudit
min, tels que les barrières et clôtures, les voies, changements de voies, plaques
nantes, réservoirs d'eau, grues hydrauliques, machines fixes, etc.

Dans les cinq dernières années qui précéderont le terme de la concession, l
partement aura le droit de saisir les revenus du chemin de fer et de les empl
rétablir en bon état le chemin de fer et ses dépendances, si la compagnie
mettait pas en mesure de satisfaire pleinement et entièrement à cette obligati

En ce qui concerne les objets mobiliers, tels que le matériel roulant, les
riaux, combustibles et approvisionnements de tout genre, le mobilier des st
l'outillage des ateliers et des gares, le département sera tenu, si la comp
requiert, de reprendre tous ces objets sur l'estimation qui en sera faite à dire
perts, et réciproquement, si le département le requiert, la compagnie sera t
de les céder de la même manière.

Toutefois, le département ne pourra être tenu de reprendre que les
sionnements nécessaires à l'exploitation du chemin pendant six mois.

36. À toute époque après l'expiration des quinze premières années de la con
sion, le département aura la faculté de racheter la concession entière du ch
de fer.

Pour régler le prix du rachat, on relèvera les produits nets annuels obtenus p
compagnie pendant les sept années qui auront précédé celle où le rachat sera
tué; on en déduira les produits nets des deux plus faibles années, et l'on étab
le produit moyen des cinq autres années.

Ce produit net moyen formera le montant d'une annuité qui sera due et payée
compagnie pendant chacune des années restant à courir sur la durée de la con
sion.

Dans aucun cas, le montant de l'annuité ne sera inférieur au produit net de
dernière des sept années prises pour terme de comparaison.

La compagnie recevra, en outre, dans les trois mois qui suivront le rachat, l
remboursements auxquels elle aurait droit à l'expiration de la concession, sel
l'article 35 ci-dessus.

37. Si la compagnie n'a pas commencé les travaux ou présenté les projets dans les
délai fixé par les articles 2 et 3, elle encourra la déchéance, sans qu'il y ait lieu à
aucune notification ou mise en demeure préalable.

ι ce cas, la somme de soixante mille francs (60,000') qui aura été déposée,
qu'il sera dit à l'article 64, à titre de cautionnement, deviendra la propriété du
département et lui restera acquise.

Faute par la compagnie d'avoir commencé ou terminé les travaux dans le délai
de l'article 2, faute aussi par elle d'avoir rempli les diverses obligations qui lui
sont imposées par le présent cahier des charges, elle encourra la déchéance, et il
sera pourvu tant à la continuation et à l'achèvement des travaux qu'à l'exécution des
engagements contractés par la compagnie, au moyen d'une adjudication que
l'on ouvrira sur une mise à prix des ouvrages exécutés, des matériaux approvisionnés, des parties du chemin de fer déjà livrées à l'exploitation.

Les soumissions pourront être inférieures à la mise à prix.

La nouvelle compagnie sera soumise aux clauses et conditions du présent cahier
des charges, et la compagnie évincée recevra d'elle le prix que la nouvelle adjudication aura fixé.

La partie du cautionnement qui n'aura pas encore été restituée deviendra la propriété du département.

Si l'adjudication ouverte n'amène aucun résultat, une seconde adjudication sera
faite sur les mêmes bases, après un délai de trois mois; si cette seconde tentative
reste également sans résultat, la compagnie sera définitivement déchue de tous
droits, et alors les ouvrages exécutés, les matériaux approvisionnés et les parties de
chemin de fer déjà livrées à l'exploitation appartiendront au département.

Si l'exploitation du chemin de fer vient à être interrompue en totalité ou en
partie, l'administration prendra immédiatement, aux frais de la compagnie, les
mesures nécessaires pour assurer provisoirement le service.

Si dans les trois mois de l'organisation du service provisoire, la compagnie n'a pas
suffisamment justifié qu'elle est en état de reprendre et de continuer l'exploitation,
et si elle ne l'a pas effectivement reprise, la déchéance pourra être prononcée par
... Cette déchéance prononcée, le chemin de fer et toutes ses dépendances
seront mis en adjudication, et il sera procédé ainsi qu'il est dit à l'article précédent.

Les dispositions des trois articles qui précèdent cesseraient d'être applicables,
et la déchéance ne serait pas encourue, dans le cas où le concessionnaire n'aurait
pu remplir ses obligations par suite de circonstances de force majeure dûment
constatées. En cas de contestation à ce sujet, la décision du ministre des travaux
publics sera souveraine.

Dans le cas où la déchéance serait encourue par la compagnie pour la partie de la
ligne dans le département de l'Ain ou pour le 'chemin de fer de la Croix-
Rousse au camp de Sathonay, elle encourra de plein droit et sans aucun autre motif
la déchéance de la présente ligne concédée sur le territoire du département du Rhône,
de même si la compagnie encourait la déchéance pour la présente ligne, la déchéance serait encourue de plein droit et sans autre motif pour la partie de la ligne
dans le département de l'Ain et pour le chemin de fer de la Croix-Rousse au
camp de Sathonay.

TITRE IV.

TAXES ET CONDITIONS RELATIVES AU TRANSPORT DES VOYAGEURS ET DES MARCHANDISES.

Pour indemniser la compagnie des travaux et dépenses qu'elle s'engage à faire
par le présent cahier des charges, et sous la condition expresse qu'elle en remplira exactement toutes les obligations, le département lui accorde l'autorisation
de percevoir, pendant toute la durée de la concession, les droits de péage et les prix
de transport ci-après déterminés :

TARIF.
1° PAR TÊTE ET PAR KILOMÈTRE.

	PRIX		
	de péage.	de transport.	TOTAL.
	fr. c.	fr. c.	fr.

Grande vitesse.

Voyageurs.. Voitures couvertes, garnies et fermées à glaces (1re classe)............................	0 067	0 068	0
Voitures couvertes, fermées à glaces, et à banquettes rembourrées (2e classe)...................	0 050	0 025	0
Voitures couvertes et fermées à vitres (3e classe)...	0 037	0 018	0
Enfants.... Au-dessous de trois ans, les enfants ne payent rien, à la condition d'être portés sur les genoux des personnes qui les accompagnent. De trois à sept ans, ils payent demi-place et ont droit à une place distincte; toutefois, dans un même compartiment, deux enfants ne pourront occuper que la place d'un voyageur. Au-dessus de sept ans, ils payent place entière.			
Chiens transportés dans les trains de voyageurs (sans que la perception puisse être inférieure à 0f 30c).............................	0 010	0 005	0

Petite vitesse.

Bœufs, vaches, taureaux, chevaux, mulets, bêtes de trait,........	0 07	0 05	0
Veaux et porcs.............................	0 025	0 015	0
Moutons, brebis, agneaux, chèvres.................	0 01	0 01	
Lorsque les animaux ci-dessus dénommés seront, sur la demande des expéditeurs, transportés à la vitesse des trains de voyageurs, les prix seront doublés.			

2° PAR TONNE ET PAR KILOMÈTRE.

Marchandises transportées à grande vitesse.

Huîtres, poissons frais, denrées, excédants de bagages et marchandises de toute classe transportées à la vitesse des trains de voyageurs.............................	0 30	0 16	0

Marchandises transportées à petite vitesse.

1re classe. — Spiritueux. — Huiles. — Bois de menuiserie, de teinture et autres bois exotiques. — Produits chimiques non dénommés. — Œufs. — Viande fraiche. — Gibier. — Sucre. — Café. — Drogues. — Épiceries. — Tissus. — Denrées coloniales. — Objets manufacturés. — Armes.........................	0 09	0 07	0
2e classe. — Blés. — Grains. — Farines. — Légumes farineux. — Riz. — Maïs. — Châtaignes et autres denrées alimentaires non dénommées. — Chaux et plâtre. — Charbon de bois. — Bois à brûler dit de corde. — Perches. — Chevrons. — Planches. — Madriers. — Bois de charpente. — Marbre en bloc. — Albâtre. — Bitumes. — Cotons. — Laines. — Vins. — Vinaigres. — Boissons. — Bière. — Levûre sèche. — Coke. — Fers. — Cuivre. — Plombs et autres métaux ouvrés ou non. — Fontes moulées...................	0 08	0 06	0
3e classe. — Pierres de taille et produits de carrières. — Minerais autres que les minerais de fer. — Fonte brute. — Sel. — Moellons. — Meulières. — Argiles. — Briques. — Ardoises. — Houille. — Marne. — Cendres. — Fumiers et engrais. — Pierres à chaux et à plâtre. — Pavés et matériaux pour la construction et la réparation des routes. — Minerais de fer. — Cailloux et sables........	0 06	0 04	0

3° VOITURES ET MATÉRIEL ROULANT TRANSPORTÉS À PETITE VITESSE.

Par pièce et par kilomètre.

Wagon ou chariot pouvant porter de trois à six tonnes............	0 09	0 06	0
Wagon ou chariot pouvant porter plus de six tonnes.................	0 12	0 08	0
Locomotive pesant de douze à dix-huit tonnes (ne traînant pas de convoi).............................	1 50	1 20	3

	PRIX		
	de péage.	de trans- port.	TOTAUX.
	fr. c.	fr. c.	fr. c.
ve pesant plus de dix-huit tonnes (ne trainant pas de oi).	2 25	1 50	3 75
de sept à dix tonnes	0 90	0 60	1 50
de plus de dix tonnes	1 35	0 90	2 25
s machines locomotives seront considérées comme ne trainant do convoi, lorsque le convoi remorqué, soit de voyageurs, le marchandises, ne comportera pas un péage au moins égai lui qui serait perçu sur la locomotive avec son tender mar- t sans rien trainer.			
prix à payer pour un wagon chargé ne pourra jamais être à celui qui serait dû pour un wagon marchant à vide.			
deux ou quatre roues, à un fond et à une seule banquette stérieur	0 15	10	0 25
i quatre roues, à deux fonds et à deux banquettes dans ur, omnibus, diligences, etc.	0 18	0 14	0 32
ue, sur la demande des expéditeurs, les transports auront i vitesse des trains de voyageurs, les prix ci-dessus seront			
ce cas, deux personnes pourront, sans supplément de prix, dans les voitures à une banquette, et trois dans les vol- deux banquettes, omnibus, diligences, etc.; les voya- céant ce nombre payeront le prix des places de deuxième			
e déménagement à deux ou quatre roues, à vide	0 12	0 08	0 20
, lorsqu'elles seront chargées, payeront en sus des prix , par tonne de chargement et par kilomètre	0 08	0 06	0 14

SERVICE DES POMPES FUNÈBRES ET TRANSPORT DES CERCUEILS.

Grande vitesse.

voiture des pompes funèbres renfermant un ou plusieurs cer- sera transportée aux mêmes prix et conditions qu'une voiture roues, à deux fonds et à deux banquettes	0 36	0 28	0 64
rcueil confié à l'administration du chemin de fer sera é, dans un compartiment isolé, au prix de	0 18	0 12	0 30

prix déterminés ci-dessus pour les transports à grande vitesse ne comprennent mpôt dû à l'État.

t expressément entendu que les prix de transport ne seront dus à la compagnie ut qu'elle effectuerait elle-même ces transports à ses frais et par ses propres . Dans le cas contraire, elle n'aurait droit qu'aux prix fixés pour le péage.

reception aura lieu d'après le nombre de kilomètres parcourus. Tout kilomètre sera payé comme s'il avait été parcouru en entier.

distance parcourue est inférieure à six kilomètres, elle sera comptée pour mètres.

oids de la tonne est de mille kilogrammes.

fractions de poids ne seront comptées, tant pour la grande que pour la petite , que par centième de tonne ou par dix kilogrammes.

i, tout poids compris entre zéro et dix kilogrammes payera comme dix kilo- ; entre dix et vingt kilogrammes, comme vingt kilogrammes, etc.

ois, pour les excédants de bagages et marchandises à grande vitesse, les seront établies : 1° de zéro à cinq kilogrammes; 2° au-dessus de cinq, jus- kilogrammes; 3° au-dessus de dix kilogrammes, par fraction indivisible de rammes.

que soit la distance parcourue, le prix d'une expédition quelconque, soit , soit en petite vitesse, ne pourra être moindre de quarante centimes.

A moins d'une autorisation spéciale et révocable de l'administration, tout train

régulier de voyageurs devra contenir des voitures de toute classe en nombre
pour toutes les personnes qui se présenteraient dans les bureaux de chemin

Dans chaque train, la compagnie de chemin de fer aura la faculté de placer
voitures à compartiments spéciaux pour lesquels il sera établi des prix
liers que l'administration fixera, sur la proposition de la compagnie; mais le
des places à donner dans ces compartiments ne pourra dépasser le cinquième
nombre total des places du train.

43. Tout voyageur dont le bagage ne pèsera pas plus de trente kilogram
n'aura à payer, pour le port de ce bagage, aucun supplément du prix de sa

Cette franchise ne s'appliquera pas aux enfants transportés gratuitement,
sera réduite à vingt kilogrammes pour les enfants transportés à moitié prix.

44. Les animaux, denrées, marchandises, effets ou autres objets non désignés
le tarif seront rangés, pour les droits à percevoir, dans les classes avec
auront le plus d'analogie, sans que jamais, sauf les exceptions formulées
ticles 45 et 46 ci-après, aucune marchandise non dénommée puisse être
une taxe supérieure à celle de la première classe du tarif ci-dessus.

Les assimilations de classes pourront être provisoirement réglées par
gnie; mais elles seront soumises immédiatement à l'administration, qui
définitivement.

45. Les droits de péage et les prix de transport déterminés au tarif ne sont
applicables à toute masse indivisible pesant plus de trois mille kilogrammes

Néanmoins, la compagnie ne pourra se refuser à transporter les masses
sibles pesant de trois mille à cinq mille kilogrammes, mais les droits de péage
prix de transport seront augmentés de moitié.

La compagnie ne pourra être contrainte à transporter les masses pesant
cinq mille kilogrammes (5,000ᵏ).

Si, nonobstant la disposition qui précède, la compagnie transporte des
divisibles pesant plus de cinq mille kilogrammes, elle devra, pendant trois
moins, accorder les mêmes facilités à tous ceux qui en feraient la demande.

Dans ce cas, les prix de transport seront fixés par l'administration, sur la
tion de la compagnie.

46. Les prix de transport déterminés au tarif ne sont point applicables :

1° Aux denrées et objets qui ne sont pas nommément énoncés dans le tarif
ne pèseraient pas deux cents kilogrammes sous le volume d'un mètre cube;

2° Aux matières inflammables ou explosibles, aux animaux et objets
pour lesquels des règlements de police prescriraient des précautions spéciales

3° Aux animaux dont la valeur déclarée excéderait cinq mille francs;

4° A l'or et à l'argent, soit en lingots, soit monnayés ou travaillés, au p
ou d'argent, au mercure et au platine, ainsi qu'aux bijoux, dentelles,
cieuses, objets d'art et autres valeurs;

5° Et, en général, à tous paquets, colis ou excédants de bagages pesant
quarante kilogrammes et au-dessus.

Toutefois, les prix de transport déterminés au tarif sont applicables à tous
ou colis, quoique emballés à part, s'ils font partie d'envois pesant ensemble
quarante kilogrammes d'objets envoyés par une même personne à une
personne. Il en sera de même pour les excédants de bagages qui pèseraient
ou isolément plus de quarante kilogrammes.

Le bénéfice de la disposition énoncée dans le paragraphe précédent, en
concerne les paquets et colis, ne peut être invoqué par les entrepreneurs de
geries et de roulage et autres intermédiaires de transport, à moins que les
par eux envoyés ne soient réunis en un seul colis.

Dans les cinq cas ci-dessus spécifiés, les prix de transport seront arrêtés
ment par l'administration, tant pour la grande que pour la petite vitesse
proposition de la compagnie.

En ce qui concerne les paquets ou colis mentionnés au paragraphe 5° ci-des
prix de transport devront être calculés de telle manière qu'en aucun cas
ces paquets ou colis ne puisse payer un prix plus élevé qu'un article de même
pesant plus de quarante kilogrammes.

47. Dans le cas où la compagnie jugerait convenable, soit pour le parcours
soit pour le parcours partiel de la voie de fer, d'abaisser, avec ou sans
au-dessous des limites déterminées par le tarif les taxes qu'elle est

, les taxes abaissées ne pourront être relevées qu'après un délai de trois mois pour les voyageurs et de six mois pour les marchandises.

modification de tarif proposée par la compagnie sera annoncée un mois par des affiches.

ception des tarifs modifiés ne pourra avoir lieu qu'avec l'homologation du nformément aux dispositions de la loi du 12 juillet 1865.

ception des taxes devra se faire indistinctement et sans aucune faveur.

ie particulier qui aurait pour effet d'accorder à un ou plusieurs expédi-éduction sur les tarifs approuvés demeure formellement interdit.

, cette disposition n'est pas applicable aux traités qui pourraient inter-le Gouvernement et la compagnie dans l'intérêt des services publics, ni ou remises qui seraient accordées par la compagnie aux indigents.

ıs d'abaissement des tarifs, la réduction portera proportionnellement sur le t sur le transport.

a compagnie sera tenue d'effectuer constamment avec soin, exactitude et , et sans tour de faveur, le transport des voyageurs, denrées, marchandises quelconques qui lui seront confiés.

. bestiaux et objets quelconques seront inscrits, à la gare d'où ils partent e où ils arrivent, sur des registres spéciaux, au fur et à mesure de leur ; mention sera faite, sur le registre de la gare de départ, du prix total leur transport.

les marchandises ayant une même destination, les expéditions auront lieu 'ordre de leur inscription à la gare de départ.

expédition de marchandises sera constatée, si l'expéditeur le demande, par e de voiture dont un exemplaire restera aux mains de la compagnie et l'autre ıs de l'expéditeur. Dans le cas où l'expéditeur ne demanderait pas de lettre ; la compagnie sera tenue de lui délivrer un récépissé qui énoncera et le poids du colis, le prix total du transport et le délai dans lequel ce devra être effectué.

x' animaux, denrées, marchandises et objets quelconques seront expédié de gare en gare dans les délais résultant des conditions ci-après exprimées : animaux, denrées, marchandises et objets quelconques à grande vitesse pédiés par le premier train de voyageurs comprenant des voitures de toutes t correspondant avec leur destination, pourvu qu'ils aient été présentés à nt trois heures avant le départ de ce train.

nis à la disposition des destinataires, à la gare, dans le délai de deux l'arrivée du même train.

maux, denrées, marchandises et objets quelconques à petite vitesse és dans le jour qui suivra celui de la remise ; toutefois, l'administration endre ce délai à deux jours.

imum de durée du trajet sera fixé par l'administration, sur la proposition mpagnie, sans que ce maximum puisse excéder vingt-quatre heures par ndivisible de cent vingt-cinq kilomètres.

is seront mis à la disposition des destinataires dans le jour qui suivra celui rrivée effective en gare.

i total résultant des trois paragraphes ci-dessus sera seul obligatoire pour ınie.

a être établi un tarif réduit, approuvé par l'administration, pour tout expé-i acceptera des délais plus longs que ceux déterminés ci-dessus pour la

e transport des marchandises, il pourra être établi, sur la proposition de la ie, un délai moyen entre ceux de la grande et de la petite vitesse.

x correspondant à ce délai sera un prix intermédiaire entre ceux de la t de la petite vitesse.

nistration supérieure déterminera par des règlements spéciaux les heures et de fermeture des gares et stations, tant en hiver qu'en été. Le service ıt pas obligatoire pour la compagnie.

la marchandise devra passer d'une ligne sur une autre sans solution de les délais de livraison et d'expédition au point de jonction seront fixés stration, sur la proposition de la compagnie.

frais accessoires non mentionnés dans les tarifs, tels que ceux d'enre-, de chargement, de déchargement et de magasinage dans les gares et magasins du chemin de fer, seront fixés annuellement par l'administration, sur proposition de la compagnie.

51. La compagnie sera tenue de faire, soit par elle-même, soit par un intermédiaire dont elle répondra, le factage et le camionnage pour la remise au domicile des destinataires de toutes les marchandises qui lui sont confiées.

Le factage et le camionnage ne seront point obligatoires en dehors du rayon de l'octroi, non plus que pour les garés qui desserviraient, soit une population agglomérée de moins de cinq mille habitants, soit un centre de population de cinq cents habitants situé à plus de cinq kilomètres de la gare du chemin de fer.

Les tarifs à percevoir seront fixés par l'administration, sur la proposition de la compagnie. Ils seront applicables à tout le monde sans distinction.

Toutefois, les expéditeurs et destinataires resteront libres de faire eux-mêmes à leurs frais le factage et le camionnage des marchandises.

52. A moins d'une autorisation spéciale de l'administration, il est interdit à la compagnie, conformément à l'article 14 de la loi du 15 juillet 1845, de faire directement ou indirectement avec des entreprises de transport de voyageurs ou de marchandises par terre ou par eau, sous quelque dénomination ou forme qu'elle puisse être, des arrangements qui ne seraient pas consentis en faveur de toutes les entreprises desservant les mêmes voies de communication.

L'administration, agissant en vertu de l'article 32 ci-dessus, prescrira les mesures à prendre pour assurer la plus complète égalité entre les diverses entreprises de transport dans leurs rapports avec le chemin de fer.

TITRE V.

STIPULATIONS RELATIVES À DIVERS SERVICES PUBLICS.

53. Les militaires ou marins voyageant en corps, aussi bien que les militaires et marins voyageant isolément pour cause de service, envoyés en congé limité ou en permission, ou rentrant dans leurs foyers après libération, ne seront assujettis pour leurs chevaux et leurs bagages, qu'à la moitié de la taxe du tarif fixé par le présent cahier des charges.

Si le Gouvernement avait besoin de diriger des troupes et du matériel militaire ou naval sur l'un des points desservis par le chemin de fer, la compagnie serait tenue de mettre immédiatement à sa disposition, pour la moitié de la taxe du présent tous ses moyens de transport.

54. Les fonctionnaires ou agents chargés de l'inspection, du contrôle et de la veillance du chemin de fer seront transportés gratuitement dans les voitures de la compagnie.

La même faculté est accordée aux ingénieurs des ponts et chaussées et aux chargés d'un service public dans le département, ainsi qu'aux conducteurs et mines sous leurs ordres ; aux agents des contributions indirectes et des chargés de la surveillance des chemins de fer dans l'intérêt de la perception de l'impôt.

Ces stipulations sont applicables au chemin de fer de la Croix-Rousse au Sathonay.

55. Le service des lettres et dépêches sera fait comme il suit :

1° A chacun des trains de voyageurs et de marchandises circulant aux heures ordinaires de l'exploitation, la compagnie sera tenue de réserver gratuitement un compartiment spécial d'une voiture de deuxième classe, ou un espace équivalent aux places de huit voyageurs, pour recevoir les lettres, les dépêches et les agents nécessaires au service des postes, le surplus de la voiture restant à la disposition de la compagnie.

2° Si le volume des dépêches ou la nature du service rend insuffisante la capacité du compartiment à deux banquettes, de sorte qu'il y ait lieu d'un second deuxième, la compagnie sera tenue de le livrer, et il sera payé à la compagnie la location de ce deuxième compartiment, vingt centimes par kilomètre parcouru.

Lorsque la compagnie voudra changer les heures de départ de ses convois ordinaires, elle sera tenue d'en avertir l'administration des postes quinze jours à l'avance.

3° La compagnie sera tenue de transporter gratuitement par tous les convois de voyageurs, tout agent des postes chargé d'une mission ou d'un service accidentel, porteur d'un ordre de service régulier délivré à Paris par le directeur général

Il sera accordé à l'agent des postes en mission une place de voiture de
ou de première classe, si le convoi ne comporte pas de voitures de
classe.

ministration se réserve le droit d'établir à ses frais, sans indemnité, mais
responsabilité pour la compagnie, tous poteaux ou appareils nécessaires à
ge des dépêches sans arrêt de train, à la condition que ces appareils, par leur
ou leur position, n'apportent pas d'entraves aux différents services de la ligne
stations.

es employés chargés de la surveillance du service, les agents préposés à
ange ou à l'entrepôt des dépêches, auront accès dans les gares ou stations pour
tion de leur service, en se conformant aux règlements de police intérieure de
compagnie.

La compagnie sera tenue, à toute réquisition, de faire partir par convoi ordi-
les wagons ou voitures cellulaires employés au transport des prévenus, accusés
damnés.

wagons et les voitures employés au service dont il s'agit seront construits aux
à l'État ou des départements; leurs formes et dimensions seront déterminées
ministre de l'intérieur, et par le ministre des travaux publics, la compagnie

employés de l'administration, les gardiens et les prisonniers placés dans les
ou voitures cellulaires ne seront assujettis qu'à la moitié de la taxe applicable
aces de deuxième classe, telle qu'elle est fixée par le présent cahier des
rges.

gendarmes placés dans les mêmes voitures ne payeront que moitié de la
taxe.

rt des wagons et des voitures sera gratuit.

cas où l'administration voudrait, pour le transport des prisonniers, faire
voitures de la compagnie, celle-ci serait tenue de mettre à sa disposition
sieurs compartiments spéciaux de voitures de deuxième classe à deux ban-
e prix de location en sera fixé à raison de vingt centimes (o' 20') par com-
et par kilomètre.

positions qui précèdent seront applicables au transport des jeunes délin-
ecueillis par l'administration pour être transférés dans les établissements
on.

dministration se réserve la faculté de faire le long des voies toutes les
na, de poser tous les appareils nécessaires à l'établissement d'une ligne
que, sans nuire au service du chemin de fer.

mande de l'administration des lignes télégraphiques, il sera réservé, dans
les villes ou des localités qui seront désignées ultérieurement, le terrain
à l'établissement des maisonnettes destinées à recevoir le bureau télégra-
t son matériel, la compagnie ne devant fournir que le terrain.

pagnie concessionnaire sera tenue de faire garder par ses agents les fils et
des lignes électriques, de donner aux employés télégraphiques connais-
de tous les accidents qui pourraient survenir et de leur en faire connaître les
. En cas de rupture du fil télégraphique, les employés de la compagnie au-
rocher provisoirement les bouts séparés, d'après les instructions qui leur
données à cet effet.

agents de la télégraphie voyageant pour le service de la télégraphie électrique
le droit de circuler gratuitement dans les voitures du chemin de fer.

as de rupture du fil électrique ou d'accidents graves, une locomotive sera
mmédiatement à la disposition de l'inspecteur télégraphique de la ligne pour
sur le lieu de l'accident avec les hommes et les matériaux nécessaires
ion. Ce transport devra être effectué dans des conditions telles qu'il ne
raver en rien la circulation publique. Il sera alloué à la compagnie une
de un franc par kilomètre parcouru par la machine.

cas où des déplacements de fils, appareils ou poteaux deviendraient né-
par suite de travaux exécutés sur le chemin, ces déplacements auront lieu
de la compagnie, par les soins de l'administration des lignes télégraphiques.

pagnie sera tenue d'établir à ses frais les fils et appareils télégraphiques
à transmettre les signaux nécessaires pour la sûreté et la régularité de son
tion.

e pourra, avec l'autorisation du ministre de l'intérieur, se servir des poteaux de la ligne télégraphique de l'État ; lorsqu'une semblable ligne existerait le long du chemin, la compagnie sera tenue de se soumettre à tous les règlements de police publique concernant l'établissement et l'emploi de ces appareils.

La compagnie sera [...]

TITRE VI.

CLAUSES DIVERSES.

58. Dans le cas où l'administration ordonnerait ou autoriserait la construction de routes nationales, départementales ou vicinales, de chemins de fer ou qui traverseraient la ligne objet de la présente concession, la compagnie ne pourra s'opposer à ces travaux ; mais toutes les dispositions nécessaires seront prises pour qu'il n'en résulte aucun obstacle à la construction ou au service du chemin, ni aucuns frais pour la compagnie.

59. Toute exécution ou autorisation ultérieure de route, de canal, de chemin de fer, de travaux de navigation dans la contrée où est situé le chemin de fer de la présente concession, ou dans toute autre contrée voisine ou éloignée, ne pourra donner ouverture à aucune demande d'indemnité de la part de la compagnie.

60. L'administration se réserve expressément le droit d'accorder de concessions de chemins de fer s'embranchant sur le chemin qui fait l'objet du présent cahier de charges ou qui seraient établis en prolongement du [...]

La compagnie ne pourra mettre aucun obstacle à ces embranchements, à l'occasion de leur établissement, aucune indemnité quelconque n'en résulte aucun obstacle à la circulation, ni aucune com-pagnie.

Les compagnies concessionnaires des chemins de fer d'embranchement ou de prolongement auront la faculté, moyennant les tarifs ci-dessus déterminés et l'observation des règlements de service et de police établis ou à établir, de faire circuler leurs voitures, wagons et machines sur le chemin de fer objet de la cession, pour lequel cette faculté sera réciproque à l'égard desdits embranchements et prolongements. Toutefois, la compagnie ne sera pas tenue d'admettre un matériel dont le poids et les dimensions seraient hors de proportion avec les éléments constitutifs de ses voies.

Dans le cas où les diverses compagnies ne pourraient s'entendre entre elles sur l'exercice de cette faculté, l'administration statuerait sur les difficultés qui s'élèveraient entre elles à cet égard.

Dans le cas où une compagnie d'embranchement ou de prolongement de la ligne qui fait l'objet de la présente concession n'userait pas de la faculté de circuler sur cette ligne, comme aussi dans le cas où la compagnie de cette dernière ligne ne voudrait pas circuler sur les prolongements et les embranchements, les compagnies seraient tenues de s'arranger entre elles, de manière que le service de transport ne soit jamais interrompu aux points de jonction des diverses lignes.

Celle des compagnies qui se servira d'un matériel qui ne serait pas à elle payera une indemnité en rapport avec l'usage et la détérioration de ce matériel.

Dans le cas où les compagnies ne se mettraient pas d'accord sur la quotité de cette indemnité ou sur les moyens d'assurer la continuation du service sur toute la ligne, l'administration y pourvoirait d'office et prescrirait toutes les mesures nécessaires.

La compagnie pourra être assujettie, par les arrêtés qui seront ultérieurement rendus pour l'exploitation des chemins de fer de prolongement ou d'embranchement joignant celui qui lui est concédé, à accorder aux compagnies de ces chemins de fer une réduction de péage ainsi calculée :

1º Si le prolongement ou l'embranchement n'a pas plus de cent kilomètres, dix pour cent (10 p. o/o) du prix perçu par la compagnie ;

2º Si le prolongement ou l'embranchement excède cent kilomètres, quinze pour cent (15 p. o/o) ;

3º Si le prolongement ou l'embranchement excède deux cents kilomètres, vingt pour cent (20 p. o/o) ;

4º Si le prolongement ou l'embranchement excède trois cents kilomètres, vingt-cinq pour cent (25 p. o/o).

La compagnie sera tenue, si l'administration le juge convenable, de l'usage des stations établies à l'origine des chemins de fer d'embranchement par les compagnies qui deviendraient ultérieurement concessionnaires desdits

... sera fait un partage équitable des frais communs résultant de l'usage des gares ... en cas de désaccord entre les compagnies, le règlement sera fait par l'administration.

61. La compagnie sera tenue de s'entendre avec tout propriétaire de mines ou d'usines qui, offrant de se soumettre aux conditions prescrites ci-après, demandera un nouvel embranchement; à défaut d'accord, l'administration statuera sur la demande, la compagnie entendue.

Les embranchements seront construits aux frais des propriétaires de mines et ... de manière à ce qu'il ne résulte de leur établissement aucune entrave à la circulation générale, aucune cause d'avarie pour le matériel, ni aucuns frais particuliers pour la compagnie.

Leur exploitation devra être fait avec soin, aux frais de leurs propriétaires et sous le contrôle de l'administration.

La compagnie aura le droit de faire surveiller par ses agents cet entretien, ainsi ... de son matériel sur les embranchements.

L'administration pourra, à toutes époques, prescrire les modifications qui seraient ... utiles dans la soudure, le tracé ou l'établissement de la voie desdits embranchements; et ces changements seront opérés aux frais des propriétaires.

L'administration pourra même, après avoir entendu les propriétaires, ordonner ... temporaire des aiguilles de soudure, dans le cas où les établissements ... de suspendre en tout ou en partie leurs transports.

La compagnie fournira ... de ses wagons sur tous les embranchements autorisés destinés à faire communiquer des établissements de mines ou d'usines ou ... la ligne principale du chemin de fer.

La compagnie amènera ses wagons à l'entrée des embranchements.

Les expéditeurs ou destinataires feront conduire les wagons dans leurs établissements pour les charger ou décharger, et les ramèneront au point de jonction avec ... principale, le tout à leurs frais.

Les wagons ne pourront d'ailleurs être employés qu'au transport d'objets et marchandises destinés à la ligne principale du chemin de fer.

Le temps pendant lequel les wagons séjourneront sur les embranchements particuliers ne pourra excéder six heures, lorsque l'embranchement n'aura pas plus d'un ... mètre. Le temps sera augmenté d'une demi-heure par kilomètre en sus du premier ... compris les heures de la nuit, depuis le coucher jusqu'au lever du soleil.

... les limites de temps seraient dépassées; nonobstant l'avertissement ... donné par la compagnie, elle pourra exiger une indemnité égale à la valeur ... de loyer des wagons pour chaque période de retard après l'avertissement.

... gardiens d'aiguilles et des barrières des embranchements autorisés par l'administration seront à la charge des propriétaires des embranchements.

... seront nommés et payés par la compagnie, et les frais qui en résulteront seront remboursés par lesdits propriétaires.

... difficulté, il sera statué par l'administration, la compagnie entendue.

Les propriétaires d'embranchements seront responsables des avaries que le matériel éprouvera pendant son parcours ou son séjour sur ces lignes.

... cas d'inexécution d'une ou de plusieurs des conditions énoncées ci-dessus, l'administration pourra, sur la plainte de la compagnie et après avoir entendu le ... de l'embranchement, ordonner par un arrêté la suspension du service ... supprimer la soudure, sauf recours à l'administration supérieure et sans ... de tous dommages-intérêts que la compagnie serait en droit de répéter ... la non-exécution de ces conditions.

Pour indemniser la compagnie de la fourniture et de l'envoi de son matériel sur ... embranchements, elle est autorisée à percevoir un prix fixe de douze centimes (0' 12') par tonne pour le premier kilomètre, et, en outre, quatre centimes (0' 04') ... tonne et par kilomètre, en sus du premier, lorsque la longueur de l'embranchement excédera un kilomètre.

Tout kilomètre entamé sera payé comme s'il avait été parcouru en son entier.

Le chargement et le déchargement sur les embranchements s'opéreront aux frais ... expéditeurs ou destinataires, soit qu'ils les fassent eux-mêmes, soit que la compagnie du chemin de fer consente à les opérer.

Dans ce dernier cas, ces frais seront l'objet d'un règlement arrêté par l'administration, sur la proposition de la compagnie.

Tout wagon envoyé par la compagnie sur un embranchement devra être payé comme wagon complet, lors même qu'il ne serait pas complètement chargé.

La surcharge, s'il y en a, sera payée au prix du tarif légal et au prorata du poids réel. La compagnie sera en droit de refuser les chargements qui dépasseraient le maximum de trois mille cinq cents kilogrammes, déterminé en raison des dimensions actuelles des wagons.

Le maximum sera revisé par l'administration, de manière à être toujours en rapport avec la capacité des wagons. Les wagons seront pesés à la station d'arrivée par les soins et aux frais de la compagnie.

62. La contribution foncière sera établie en raison de la surface des terrains occupés par le chemin de fer et ses dépendances; la cote en sera calculée, comme pour les canaux, conformément à la loi du 25 avril 1803.

Les bâtiments et magasins dépendant de l'exploitation du chemin de fer seront assimilés aux propriétés bâties de la localité. Toutes les contributions auxquelles ces édifices pourront être soumis seront, aussi bien que la contribution foncière, à la charge de la compagnie.

63. Les agents et gardes que la compagnie établira, soit pour la perception des droits, soit pour la surveillance et la police du chemin de fer et de ses dépendances, pourront être assermentés et seront, dans ce cas, assimilés aux gardes champêtres.

Le chemin de fer restera toujours placé sous la surveillance de l'autorité préfectorale; les frais de contrôle, de surveillance et de réception des travaux, les frais de contrôle de l'exploitation, seront supportés par la compagnie.

Afin de pourvoir à ces frais, la compagnie sera tenue de verser chaque année à la caisse du trésorier payeur général du département, une somme de cent vingt francs (120ᶠ) par chaque kilomètre de chemin concédé.

Si la compagnie ne verse pas cette somme aux époques qui auront été fixées, le préfet rendra un rôle exécutoire, et le montant en sera recouvré comme en matière de contributions publiques.

64. Avant la signature de l'acte de concession, la compagnie déposera dans une caisse publique désignée par le préfet une somme de soixante mille francs (60,000ᶠ) en numéraire ou en rentes sur l'État calculées conformément à l'ordonnance du 31 janvier 1872, ou en bons du trésor ou autres effets publics, ou valeurs acceptées par le préfet, avec transfert, au profit du département, de celles qui seraient nominatives ou à ordre.

Cette somme formera le cautionnement de l'entreprise. Elle sera rendue à la compagnie par moitié : la première moitié après qu'elle aura justifié de l'acquisition et du payement des terrains mentionnés à l'article 21, la deuxième moitié après réception définitive du chemin.

65. La compagnie devra faire élection de domicile à Lyon.

Dans le cas où elle ne l'aurait pas fait, toute notification ou signification à elle adressée sera valable lorsqu'elle sera faite au secrétariat général de la préfecture.

66. Les contestations qui s'élèveraient entre la compagnie et l'administration au sujet de l'exécution et de l'interprétation des clauses du présent cahier des charges seront jugées administrativement par le conseil de préfecture du département du Rhône, sauf recours au Conseil d'État.

67. Le présent cahier des charges et la convention y annexée ne seront passibles que du droit fixe, plus les décimes additionnels, qui seront à la charge du concessionnaire.

Fait, arrêté et signé en double expédition, dont un exemplaire du présent cahier des charges et de la convention ont été remis à chacune des deux parties, en l'hôtel de la préfecture de Lyon, le 30 août 1872.

Le Concessionnaire approuve l'écriture ci-dessus :

Signé L. Mons.

Le Préfet du Rhône,

Signé Cantonnet.

Enregistré par duplicata, à Lyon, le 4 septembre 1872, folio 95 verso, case 8. Reçu trois francs; décimes, soixante centimes. Signé A. Lambert.

Certifié conforme au cahier des charges annexé au décret en date du 1ᵉʳ août 1873, enregistré sous le n° 550.

Le Conseiller d'État, Secrétaire général,

Signé DE BOUREUILLE.

RÉPUBLIQUE FRANÇAISE.

N° 3576. — DÉCRET qui déclare d'utilité publique l'établissement d'un Chemin de fer d'intérêt local de la limite du département du Rhône à Trévoux.

Du 1er. Août 1874.

(Promulgué au *Journal officiel* du 14 août 1874.)

LE PRÉSIDENT DE LA RÉPUBLIQUE FRANÇAISE,

Sur le rapport du ministre des travaux publics ;

Vu l'avant-projet présenté pour l'établissement, dans le département de l'Ain, d'un chemin de fer d'intérêt local de la limite du département du Rhône à Trévoux ;

Vu le dossier de l'enquête d'utilité publique à laquelle cet avant-projet a été soumis dans le département de l'Ain, et notamment le procès-verbal de la commission d'enquête, en date du 28 novembre 1871 ;

Vu les délibérations, en date des 18 janvier et 23 avril 1873, par lesquelles le conseil général de l'Ain a approuvé l'établissement du chemin de fer mentionné, ainsi que sa concession à la compagnie des chemins de fer du Rhône ;

Vu le traité conclu, le 12 mai 1873, entre le préfet du département et le sieur Cucheval-Clarigny, agissant au nom de la compagnie des chemins de fer du Rhône, ainsi que le cahier des charges y annexé ;

Vu l'avis du conseil général des ponts et chaussées, en date du 31 juillet 1873 ;

Vu le procès-verbal de la conférence tenue entre les ingénieurs des ponts et chaussées et les officiers du génie, la délibération de la commission mixte des travaux publics, en date du 20 avril 1874, et l'adhésion donnée par le ministre de la guerre aux conclusions de cette délibération, par une lettre du 29 mai 1874 ;

Vu la lettre du ministre de l'intérieur, du 19 mai 1874 ;

Vu la loi du 3 mai 1841, sur l'expropriation pour cause d'utilité publique ;

Vu la loi du 12 juillet 1865, sur les chemins de fer d'intérêt local ;

Vu la loi du 10 août 1871, sur les conseils généraux ;

Le Conseil d'État entendu,

DÉCRÈTE :

ART. 1er. Est déclaré d'utilité publique l'établissement, dans le département de l'Ain, d'un chemin de fer de la limite du département du Rhône à Trévoux.

2. Le département de l'Ain est autorisé à pourvoir à l'exécution de ce chemin, comme chemin de fer d'intérêt local, suivant les dispositions de la loi du 12 juillet 1865 et conformément au traité passé, le 12 mai 1873, avec le sieur Cucheval-Clarigny, ès noms qu'il agit, et au cahier des charges y annexé.

Des copies certifiées de ces traité et cahier des charges resteront annexées au présent décret.

3. Aucune émission d'obligations ne pourra avoir lieu qu'en vertu

d'une autorisation donnée par le ministre des travaux publics
concert avec le ministre de l'intérieur, après avis du ministre
finances.

En aucun cas, il ne pourra être émis d'obligations pour une
supérieure au montant du capital-actions.

Aucune émission d'obligations ne pourra d'ailleurs être au
avant que les quatre cinquièmes du capital-actions aient été
et employés en achats de terrains, travaux, approvisionnemen
place ou en dépôt de cautionnement.

4. Le compte rendu détaillé des résultats de l'exploitation,
prenant les dépenses de premier établissement et d'exploi
les recettes brutes, sera remis, tous les trois mois, au préfet
partement, qui l'enverra au ministre des travaux publics, pour
inséré au Journal officiel.

5. Les ministres de l'intérieur et des travaux publics sont charg
chacun en ce qui le concerne, de l'exécution du présent décret,
quel sera inséré au Bulletin des lois.

Fait à Versailles, le 1er Août 1874.

Signé Mal DE MAC MAHON,

Le Ministre des travaux publics,

Signé E. CAILLAUX.

CONVENTION.

L'an mil huit cent soixante-treize, et le douze mai,

Entre M. *Hippolyte Rousseau*, préfet du département de l'Ain, agissant au
département,

Et M. *A. Cacheval-Clarigny*, administrateur de la compagnie anonyme des
de fer du Rhône, dont le siège est à Paris, chaussée d'Antin, n° 51, agissant
de ladite compagnie anonyme, qui est elle-même au lieu et place de M. Mon
nieur civil à Paris,

Il a été convenu ce qui suit :

ART. 1er. Le préfet, au nom du département de l'Ain, concède à la
anonyme des chemins de fer du Rhône la construction et l'exploitation
d'un chemin de fer d'intérêt local situé sur le département de l'Ain, e
de Sathonay et Trévoux, conformément aux clauses et conditions du
charges en date de ce jour, lequel restera annexé à la présente convention.

2. De son côté, M. l'administrateur de la compagnie anonyme des che
du Rhône s'engage, au nom de ladite compagnie, à construire et
frais, risques et périls, sans subvention de l'État, du département et des co
et sans garantie d'intérêts, le chemin de fer qui fait l'objet de la présente con
et à se conformer, pour la construction et l'exploitation dudit chemin, d
clauses et conditions du cahier des charges ci-dessus mentionné.

3. Il est accordé au concessionnaire un délai d'un an, à partir du 1er jui
pour obtenir le décret déclaratif d'utilité publique autorisant l'exécution des
A l'expiration de ce délai, si le décret n'est pas rendu, le conseil général
ou considérer la convention comme nulle, ou accorder un nouveau délai.
Dans le cas où, à l'expiration du délai accordé à la compagnie des chemins
du Rhône pour obtenir le décret déclaratif d'utilité publique, le conseil général
Rhône ne voudrait pas proroger ce délai et recouvrerait sa liberté, le conseil
de l'Ain reprendrait aussi la sienne.

4. Tout traité à forfait contracté par le concessionnaire pour la construction
l'exploitation de l'ensemble de la ligne projetée devra être soumis à l'approbation
conseil général.

4. La présente convention pour devenir définitive, devra être suivie du décret déclaratif d'utilité publique.

Fait et signé en deux originaux, à Bourg, le 12 mai 1873.

Pour la compagnie, le concessionnaire,   Le Préfet de l'Ain,

Signé CUCHEVAL-CLARIGNY.   Signé H. ROUSSEAU.

Enregistré à Bourg, le 13 mai 1873, folio 120 recto, case 2. Reçu un franc cinquante centimes, double décime, trente centimes.

Le Receveur,

Signé CHEVASSU.

Certifié conforme à la convention annexée au décret en date du 1er août 1874, enregistrée sous le n° 55.

Le Conseiller d'État, Secrétaire général,

Signé DE BOUREUILLE.

CAHIER DES CHARGES.

TITRE Ier.

TRACÉ ET CONSTRUCTION.

Art. 1er. Le chemin de fer d'intérêt local à établir dans le département de l'Ain, sous le titre de *Chemin de fer d'intérêt local de Sathonay à Trévoux*, aura son origine en gare de Sathonay, descendra dans la vallée de la Saône en traversant une partie du département du Rhône, passera sur les territoires des communes de Genay, Massieux, Parcieux, Reyrieux, Trévoux, et se terminera en amont de la ville de Trévoux-Béluison.

Ce chemin fera partie intégrante du chemin de fer de la Croix-Rousse au camp de Sathonay.

2. Il est concédé aux clauses et conditions des articles du cahier des charges de ce chemin, annexé au décret en date du 12 janvier 1861, sauf certaines modifications.

Le préfet du département aura tous les droits conférés à l'administration dans ce cahier des charges, et compatibles avec les lois existantes.

3. Les travaux devront être commencés dans un délai d'un an, à partir de la date du décret déclaratif d'utilité publique, et terminés dans un délai de trois ans, à partir de la même date, de manière que le chemin soit praticable et exploité dans toute sa longueur à l'expiration de ce dernier délai.

Aucun travail ne pourra être entrepris, pour l'établissement du chemin de fer et ses dépendances, qu'avec l'autorisation de l'administration; à cet effet, les projets de tous les travaux à exécuter seront dressés en double expédition et soumis à l'approbation du préfet, qui pourra, s'il y a lieu, d'y introduire telles modifications que de droit; l'une de ces expéditions sera remise à la compagnie avec le visa du préfet; l'autre demeurera entre les mains de l'administration.

Avant comme pendant l'exécution, la compagnie aura la faculté de proposer aux projets approuvés les modifications qu'elle jugera utiles, mais ces modifications ne pourront être exécutées que moyennant l'approbation de l'administration.

Ces projets devront être soumis à l'approbation de l'administration, dans un délai de six mois, à dater du décret déclaratif d'utilité publique.

4. La compagnie pourra prendre copie de tous les plans, nivellements et devis qui pourraient avoir été antérieurement dressés aux frais de l'administration.

5. Le tracé et le profil du chemin de fer seront arrêtés sur la production de projets d'ensemble comprenant, pour la ligne entière ou pour chaque section de la ligne :

1° Un plan général à l'échelle de un dix-millième;

2° Un profil en long à l'échelle de un cinq-millième pour les longueurs et de un mètre pour les hauteurs, dont les cotes seront rapportées au niveau moyen de la mer, pris pour plan de comparaison; au-dessous de ce profil, on indiquera, au moyen de trois lignes horizontales disposées à cet effet, savoir :

Les distances kilométriques du chemin de fer, comptées à partir de son origine;

La longueur et l'inclinaison de chaque pente et rampe, la longueur des droites et le développement des parties courbes du tracé, en faisant rayon correspondant à chacune de ces dernières;

3° Un certain nombre de profils en travers, y compris le profil type d

4° Un mémoire dans lequel seront justifiées toutes les dispos projet et un devis descriptif dans lequel seront reproduites, sous forme de les indications relatives aux déclivités et aux courbes déjà données, sur le long;

La position des gares et stations projetées, celle des cours d'eau et des voies munication traversés par le chemin de fer, des passages, soit à niveau, soit e sus ou en dessous de la voie ferrée, devront être indiquées tant sur le plan que profil en long;

Le tout sans préjudice des projets à fournir pour chacun de ces ouvrages.

6. Les terrains seront acquis pour deux voies, les terrassements et les ou d'art exécutés et les rails posés pour une voie seulement, sauf l'établ certain nombre de gares d'évitement.

Les terrains acquis par la compagnie pour l'établissement de la seconde v pourront recevoir une autre destination.

7. La largeur de la voie entre les bords intérieurs des rails devra être de un quarante-quatre centimètres (1m,44) à un mètre quarante-cinq centimètres (1m Dans les parties à deux voies, la largeur de l'entre-voie, mesurée entre le extérieurs des rails, sera de deux mètres (2m,00) au moins.

La largeur des accotements, c'est-à-dire des parties comprises de chaqu entre le bord extérieur du rail et l'arête supérieure du ballast, sera de centimètres (0m,75) au moins.

On ménagera au pied de chaque talus du ballast, lorsque le chemin sera e blai, une banquette de cinquante centimètres (0m,50) de largeur.

La largeur de la plate-forme sera de cinq mètres (5m,00) au moins.

La compagnie établira le long du chemin de fer les fossés ou rigoles qui jugés nécessaires pour l'assèchement de la voie et pour l'écoulement des eaux

Les dimensions de ces fossés et rigoles seront déterminées par l' suivant les circonstances locales, sur les propositions de la compagnie.

8. Les alignements seront raccordés entre eux par des courbes dont ne pourra être inférieur à trois cents mètres (300m,00). Une partie cinquante mètres (50m,00) au moins de longueur devra être ménagée ei courbes consécutives, lorsqu'elles seront dirigées en sens contraire. L'inclinaison des pentes et rampes est fixé à vingt-cinq millimètres (0m,025) Une partie horizontale de cent mètres (100m,00) au moins devra être ména deux fortes déclivités consécutives, lorsque ces déclivités se succéderont en traire, et de manière à verser leurs eaux au même point.

Les déclivités correspondant aux courbes de faible rayon devront être réd tant que faire se pourra.

La compagnie aura la faculté de proposer aux dispositions de cet article et de l'article précédent les modifications qui lui paraîtront utiles; mais ces tions ne pourront être exécutées que moyennant l'approbation préalable de nistration.

9. Le nombre, l'étendue et l'emplacement des gares d'évitement seront dé par l'administration, la compagnie entendue.

Le nombre des voies sera augmenté, s'il y a lieu, dans les gares et aux gares, conformément aux décisions qui seront prises par l'administration gnie entendue.

Le nombre et l'emplacement des stations de voyageurs et des gares de dises seront également déterminés par l'administration, sur les propositions compagnie, après une enquête spéciale.

La compagnie sera tenue, préalablement à tout commencement d'exécution soumettre à l'administration le projet desdites gares, lequel se composera :

1° D'un plan à l'échelle de un cinq-centième (1/500°), indiquant les voies, les bâtiments et leur distribution intérieure, ainsi que la disposition de leurs

2° D'une élévation des bâtiments à l'échelle de un centimètre par mètre;

3° D'un mémoire descriptif dans lequel les dispositions essentielles du proj ront justifiées.

10. La compagnie sera tenue de rétablir les communications interrompues par le
chemin de fer, suivant les dispositions qui seront approuvées par l'administration.

11. Lorsque le chemin de fer devra passer au-dessus d'une route nationale ou départementale, ou d'un chemin vicinal, l'ouverture du viaduc sera fixée par l'administration, en tenant compte des circonstances locales; mais cette ouverture ne
pourra, dans aucun cas, être inférieure à huit mètres (8^m,oo) pour la route nationale, à sept mètres (7^m,oo) pour la route départementale, à cinq mètres (5^m,oo) pour
un chemin vicinal de grande communication, et à quatre mètres (4^m,oo) pour un
simple chemin vicinal.

Pour les viaducs de forme cintrée, la hauteur sous clef, à partir du sol de la route,
sera de cinq mètres (5^m,6o) au moins. Pour ceux qui seront formés de poutres horizontales en bois ou en fer, la hauteur sous poutre sera de quatre mètres trente centimètres (4^m,3o) au moins.

La largeur entre les parapets sera au moins de quatre mètres cinquante centimètres
(4^m,5o); la hauteur de ces parapets sera fixée par l'administration et ne pourra, dans
aucun cas, être inférieure à quatre-vingts centimètres (o^m,8o).

Cette largeur sera au moins de huit mètres (8^m,oo) pour les parties à deux voies.

12. Lorsque le chemin de fer devra passer au-dessous d'une route nationale ou départementale, ou d'un chemin vicinal, la largeur entre les parapets du pont qui sup-
porte la route ou le chemin sera fixée par l'administration, en tenant compte des
circonstances locales; mais cette largeur ne pourra, dans aucun cas, être inférieure
à huit mètres (8^m,oo) pour la route nationale, à sept mètres (7^m,oo) pour la route
départementale, à cinq mètres (5^m,oo) pour un chemin vicinal de grande communication, et à quatre mètres (4^m,oo) pour un simple chemin vicinal.

L'ouverture du pont entre les culées sera au moins de quatre mètres cinquante
centimètres (4^m,5o), et la distance verticale ménagée au-dessus des rails extérieurs
de chaque voie, pour le passage des trains, ne sera pas inférieure à quatre mètres
quatre-vingts centimètres (4^m,8o) au moins.

Cette ouverture sera au moins de huit mètres (8^m,oo) pour les parties à deux voies.

13. Dans le cas où des routes nationales ou départementales, ou des chemins vicinaux, ruraux ou particuliers seraient traversés à leur niveau par le chemin de fer,
les rails devront être posés sans aucune saillie ni dépression sur la surface de ces
routes, et de telle sorte qu'il n'en résulte aucune gêne pour la circulation des voitures.

14. Le croisement à niveau du chemin de fer et des routes ne pourra s'effectuer sous
un angle de moins de quarante-cinq degrés (45°). Chaque passage à niveau établi sur
une route ou sur un chemin public sera muni de barrières lisses à bascule ou chaîne;
il y sera, en outre, établi une maison de garde, toutes les fois que l'utilité en sera
reconnue par l'administration.

Le nombre, le type et le mode des manœuvres des barrières seront fixés par l'administration, sur les propositions de la compagnie.

15. Lorsqu'il y aura lieu de modifier l'emplacement ou le profil des routes existantes, l'inclinaison des pentes et rampes sur les routes modifiées ne pourra excéder
trois centimètres (o^m,o3) par mètre pour les routes nationales ou départementales, et
cinq centimètres (o^m,o5) pour les chemins vicinaux. L'administration restera libre,
toutefois, d'apprécier les circonstances qui pourraient motiver une dérogation à cette
règle, comme à celle qui est relative à l'angle de croisement des passages à niveau.

16. La compagnie sera tenue de rétablir et d'assurer à ses frais l'écoulement de
toutes les eaux dont le cours serait arrêté, suspendu ou modifié par ses travaux, et
de prendre les mesures nécessaires pour prévenir l'insalubrité pouvant résulter des
chantiers d'emprunt.

17. Les viaducs à construire à la rencontre des rivières, des canaux et des cours d'eau
quelconques auront au moins quatre mètres cinquante centimètres (4^m,5o) de largeur
entre les parapets. La hauteur de ces parapets sera fixée par l'administration et ne
pourra être inférieure à quatre-vingts centimètres (o^m,8o).

La largeur entre les parapets sera au moins de huit mètres (8^m,oo) pour les parties
à deux voies.

La hauteur et le débouché du viaduc seront déterminés, dans chaque cas particulier, par l'administration, suivant les circonstances locales.

18. Les souterrains à établir pour le passage du chemin de fer auront au moins
quatre mètres cinquante centimètres (4^m,5o) de largeur entre les pieds-droits au niveau
des rails; ils auront cinq mètres cinquante centimètres (5^m,5o) de hauteur sous clef

au-dessus de la surface des rails; cette largeur sera au moins de huit mètres (8ᵐ) et cette hauteur de six mètres (6ᵐ,oo) pour les parties à deux voies. La distance verticale entre l'intrados et le dessus des rails extérieurs de chaque voie ne sera pas inférieure à quatre mètres quatre-vingts centimètres (4ᵐ,8o). L'ouverture des puits d'aérage et de construction des souterrains sera entourée d'une margelle en maçonnerie de deux mètres (2ᵐ,oo) de hauteur. Cette ouverture ne pourra être établie sur aucune voie publique.

Dans les souterrains de plus de trente mètres (3oᵐ,oo) de longueur, il sera établi des niches.

17. A la rencontre des cours d'eau flottables ou navigables, la compagnie est tenue de prendre toutes les mesures et de payer tous les frais nécessaires pour que le service de la navigation ou du flottage n'éprouve ni interruption ni entrave pendant l'exécution des travaux.

A la rencontre des routes nationales ou départementales et autres chemins publics, il sera construit des chemins et ponts provisoires, par les soins et aux frais de la compagnie, partout où cela sera jugé nécessaire pour que la circulation n'éprouve ni interruption ni gêne.

Avant que les communications existantes puissent être interceptées, une reconnaissance sera faite par les ingénieurs de la localité à l'effet de constater si les ouvrages provisoires présentent une solidité suffisante et s'ils peuvent assurer le service de la circulation.

Un délai sera fixé par l'administration pour l'exécution des travaux définitifs destinés à rétablir les communications interceptées.

18. La compagnie n'emploiera dans l'exécution des ouvrages que des matériaux de bonne qualité; elle sera tenue de se conformer à toutes les règles de l'art, de manière à obtenir une construction parfaitement solide.

Tous les aqueducs, ponceaux, ponts et viaducs à construire à la rencontre des divers cours d'eau et des chemins publics ou particuliers, seront en maçonnerie ou en fer, sauf les cas d'exception qui pourront être admis par l'administration.

19. Les voies seront établies d'une manière solide et avec des matériaux de bonne qualité.

Le poids des rails sera de trente-cinq kilogrammes (35ᵏ) par mètre courant, les réductions qui seraient autorisées par l'administration.

20. Le chemin de fer sera séparé des propriétés riveraines par des murs, haies ou toute autre clôture dont le mode et la disposition devront être autorisés par l'administration, sur la proposition de la compagnie, partout où, sur sa demande, il n'en aura pas été dispensée par décision de l'administration.

21. Tous les terrains nécessaires pour l'établissement du chemin de fer et ses dépendances, pour la déviation des voies de communication et des cours d'eau déplacés, et, en général, pour l'exécution des travaux, quels qu'ils soient, auxquels l'établissement pourra donner lieu, seront achetés et payés par la compagnie concessionnaire.

* Les indemnités pour occupation temporaire ou pour détérioration des terrains pour chômage, modification ou destruction d'usines, et pour tous dommages quelconques résultant des travaux, seront supportées et payées par la compagnie concessionnaire.

22. L'entreprise étant d'utilité publique, la compagnie est investie, pour l'exécution des travaux dépendant de sa concession, de tous les droits que les lois et règlements confèrent à l'administration en matière de travaux publics, soit pour l'acquisition des terrains par voie d'expropriation, soit pour l'extraction, le transport ou le dépôt des terres, matériaux, etc., et elle demeure en même temps soumise à toutes les obligations qui dérivent, pour l'administration, de ces lois et règlements.

Dans les limites de la zone frontière et dans le rayon des servitudes des enceintes fortifiées, la compagnie sera tenue, pour l'étude et l'exécution de ses projets, de soumettre à l'accomplissement de toutes les formalités et de toutes les conditions exigées par les lois, décrets et règlements concernant les travaux mixtes.

23. Si la ligne du chemin de fer traverse un sol déjà concédé pour l'exploitation d'une mine, l'administration déterminera les mesures à prendre pour que l'établissement du chemin de fer ne nuise pas à l'exploitation de la mine, et réciproquement pour que, le cas échéant, l'exploitation de la mine ne compromette pas l'existence du chemin de fer.

Les travaux de consolidation à faire dans l'intérieur de la mine, à raison de la tra-

... du chemin de fer, et tous les dommages résultant de cette traversée pour les ~~propriétaires~~ de la mine, seront à la charge de la compagnie du chemin de fer.

Si le chemin de fer doit s'étendre sur des terrains renfermant des carrières ou ~~traverser~~ souterrainement, il ne pourra être livré à la circulation avant que les ~~travaux~~ qui pourraient en compromettre la solidité aient été remblayées ou con~~solidé~~es. L'administration déterminera la nature et l'étendue des travaux qu'il con~~viendra~~ d'entreprendre à cet effet, et qui seront d'ailleurs exécutés par les soins et ~~aux frais~~ de la compagnie.

Pour l'exécution des travaux, la compagnie se soumettra aux décisions minis~~térielles~~ concernant l'interdiction du travail des dimanches et jours fériés.

La compagnie exécutera les travaux par des moyens et des agents à son choix, en restant soumise au contrôle et à la surveillance de l'administration.

~~Les~~ travaux devront être adjugés par lots et sur série de prix, soit avec publicité et ~~concur~~rence, soit sur soumissions cachetées, entre entrepreneurs agréés à l'avance.

~~Toutef~~ois, si le conseil d'administration juge convenable, pour une entreprise ou ~~fou~~rniture déterminée, de procéder par voie de régie ou de traité direct, il devra, ~~préala~~blement à toute exécution, obtenir de l'assemblée générale des actionnaires ~~l'appro~~bation, soit de la régie, soit du traité.

~~Tout~~ marché général pour l'ensemble du chemin de fer, soit à forfait, soit sur ~~série de~~ prix, est, dans tous les cas, formellement interdit.

~~Le~~ contrôle et la surveillance de l'administration auront pour objet d'empêcher la ~~compag~~nie de s'écarter des dispositions prescrites par le présent cahier des charges, ~~et~~ celles qui résulteront des projets approuvés.

~~À mesure~~ que les travaux seront terminés sur des parties de chemin de fer ~~susceptib~~les d'être livrées utilement à la circulation, il sera procédé, sur la demande ~~de la~~ compagnie, à la reconnaissance, et, s'il y a lieu, à la réception provisoire de ~~ces travaux~~, par un ou plusieurs commissaires que l'administration désignera.

~~Au~~ vu du procès-verbal de cette reconnaissance, l'administration autorisera, ~~s'il y a~~ lieu, la mise en exploitation des parties dont il s'agit; après cette autorisation, ~~la compag~~nie pourra mettre lesdites parties en service et y percevoir les taxes ci-après ~~déterminé~~es. Toutefois, ces réceptions partielles ne deviendront définitives que par ~~la récep~~tion générale et définitive du chemin de fer.

~~Après~~ l'achèvement total des travaux et dans le délai qui sera fixé par l'admi~~nistra~~tion, la compagnie fera faire à ses frais un bornage contradictoire et un plan ~~cadastral~~ du chemin de fer et de ses dépendances. Elle fera dresser, également à ses ~~frais et~~ contradictoirement avec l'administration préfectorale, un état descriptif de ~~tous les~~ ouvrages d'art qui auront été exécutés, ledit état accompagné d'un atlas con~~tenant les~~ dessins cotés de tous lesdits ouvrages.

~~Une ex~~pédition dûment certifiée des procès-verbaux de bornage et du plan cadas~~tral sera~~ dressée aux frais de la compagnie et déposée dans les archives de la pré~~fecture.~~

~~Les~~ terrains acquis par la compagnie postérieurement au bornage général, en vue ~~de satis~~faire aux besoins de l'exploitation, et qui, par cela même, deviendront partie ~~intégran~~te du chemin de fer, donneront lieu, au fur et à mesure de leur acquisition, ~~à des~~ bornages supplémentaires et seront ajoutés sur le plan cadastral; addition sera ~~égale~~ment faite sur l'atlas de tous les ouvrages exécutés postérieurement à sa rédac~~tion.~~

TITRE II.

ENTRETIEN ET EXPLOITATION.

~~Le~~ chemin de fer et toutes ses dépendances seront constamment entretenus ~~en bon~~ état, de manière que la circulation y soit toujours facile et sûre.

~~Les~~ frais d'entretien et ceux auxquels donneront lieu les réparations ordinaires et ~~extra~~ordinaires, seront entièrement à la charge de la compagnie.

~~Si~~ le chemin de fer, une fois achevé, n'est pas constamment entretenu en bon état, ~~il y~~ sera pourvu d'office, à la diligence de l'administration et aux frais de la compa~~gnie, sans~~ préjudice, s'il y a lieu, de l'application des dispositions indiquées ci-après ~~à l'~~article 59.

~~Le~~ montant des avances faites sera recouvré au moyen de rôles que le préfet rendra ~~exé~~cutoires.

~~2~~0. La compagnie sera tenue d'établir à ses frais, partout où besoin sera, des gar-

diens en nombre suffisant pour assurer la sécurité du passage des trains sur
et celle de la circulation ordinaire sur les points où le chemin de fer sera
à niveau par des routes ou chemins publics.

31. Les machines locomotives seront construites sur les meilleurs modèle
vront satisfaire à toutes les conditions prescrites ou à prescrire par l'ad
pour la mise en service de ce genre de machines.

Les voitures de voyageurs devront également être faites d'après les meilleu
dèles et satisfaire à toutes les conditions réglées ou à régler pour les voitures
au transport des voyageurs sur le chemin de fer.

Elles seront suspendues sur ressorts et garnies de banquettes; elles pourront
à deux étages.

Il y en aura de trois classes au moins :

1° Les voitures de première classe seront couvertes, garnies, fermées à
munies de rideaux;

2° Les voitures de deuxième classe seront couvertes, fermées à glaces, e
des banquettes à dossier rembourrées;

3° Les voitures de troisième classe seront couvertes, fermées à vitres et m
banquettes à dossier. A l'étage supérieur, elles seront également couvertes e
des banquettes à dossier.

L'intérieur de chacun des compartiments de toute classe contiendra l'ind'
nombre des places de ce compartiment.

L'administration pourra exiger qu'un compartiment de chaque classe soi
dans les trains de voyageurs, pour les femmes voyageant seules.

Les voitures de voyageurs, les wagons destinés au transport des march
chaises de poste, des chevaux ou des bestiaux, les plates-formes, et, en
toutes les parties du matériel roulant, seront de bonne et solide constructi

La compagnie sera tenue, pour la mise en service de ce matériel, de se
à tous les règlements sur la matière.

Les machines locomotives, tenders, voitures, wagons de toute espèce,
formes composant le matériel roulant seront constamment entretenus en bon

32. Des règlements arrêtés par le préfet, après que la compagnie aura été
due, et rendus exécutoires par le conseil général du département, détermin
mesures et les dispositions nécessaires pour assurer la police et l'exploi
chemin de fer, ainsi que la conservation des ouvrages qui en dépendent.

Toutes les dépenses qu'entraînera l'exécution des mesures prescrites en
ces règlements seront à la charge de la compagnie.

La compagnie sera tenue de soumettre à l'approbation du préfet les
généraux relatifs au service ou à l'exploitation du chemin de fer.

Les règlements dont il s'agit dans les deux paragraphes précédents seron
toires, non-seulement pour la compagnie concessionnaire, mais encore pou
celles qui obtiendraient ultérieurement l'autorisation d'établir des lignes de
de fer d'embranchement ou de prolongement, et, en général, pour toutes le
sonnes qui emprunteraient l'usage du chemin de fer.

Le préfet déterminera, sur la proposition de la compagnie, le minimum
maximum de vitesse des convois de voyageurs et de marchandises, ainsi que la
du trajet.

33. Pour tout ce qui concerne l'entretien et les réparations du chemin de
de ses dépendances, l'entretien du matériel et le service de l'exploitation, la
gnie sera soumise au contrôle et à la surveillance de l'administration.

Outre la surveillance ordinaire, l'administration déléguera, aussi souvent
le jugera utile, un ou plusieurs commissaires pour reconnaître et constater l'
chemin de fer, de ses dépendances et du matériel.

TITRE III.

DURÉE, RACHAT ET DÉCHÉANCE DE LA CONCESSION.

34. La durée de la concession, pour la ligne mentionnée à l'article 1" du
cahier des charges, sera de quatre-vingt-dix-neuf années (99 ans). Elle
à courir le 1" janvier mil huit cent soixante-seize (1" janvier 1876) et finira le
et un décembre mil neuf cent soixante-quatorze (31 décembre 1974).

35. A l'époque fixée pour l'expiration de la concession, et par le seul fait de

, le département sera subrogé à tous les droits de la compagnie sur le che-
de fer et ses dépendances, et il entrera immédiatement en jouissance de tous
produits.

compagnie sera tenue de lui remettre en bon état d'entretien le chemin de fer
les immeubles qui en dépendent, quelle qu'en soit l'origine, tels que bâti-
des gares et stations, les remises, ateliers et dépôts, les maisons de garde, etc.
sera de même de tous les objets immobiliers dépendant également dudit
n, tels que les barrières et clôtures, les voies, changements de voies, plaques
ntes, réservoirs d'eau, grues hydrauliques, machines fixes, etc.

les cinq dernières années qui précéderont le terme de la concession, le dé-
ent aura le droit de saisir les revenus du chemin de fer et de les employer à
en bon état le chemin de fer et ses dépendances, si la compagnie ne se
pas en mesure de satisfaire pleinement et entièrement à cette obligation.

é qui concerne les objets mobiliers, tels que le matériel roulant, les matériaux,
tibles et approvisionnements de tout genre, le mobilier des stations, l'ou-
des ateliers et des gares, le département sera tenu, si la compagnie le rede reprendre tous ces objets sur l'estimation qui en sera faite à dire d'experts,
proquement, si le département le requiert, la compagnie sera tenue de les
de la même manière.

tefois, le département ne pourra être tenu de reprendre que les approvision-
nts nécessaires à l'exploitation du chemin de fer pendant six mois.

A toute époque après l'expiration des quinze premières années de la conces-
le département aura la faculté de racheter la concession entière du chemin

régler le prix du rachat, on élèvera les produits nets annuels obtenus par
pendant les sept années qui auront précédé celle où le rachat sera
n déduira les produits nets des deux plus faibles années, et l'on établira
moyen des cinq autres années.

net moyen formera le montant d'une annuité qui sera due et payée
le pendant chacune des années qui resteront à courir sur la durée de la
on.

aucun cas, le montant de l'annuité ne sera inférieur au produit net de la
des sept années prises pour terme de comparaison.

compagnie recevra, en outre, dans les trois mois qui suivront le rachat, les
ents auxquels elle aurait droit à l'expiration de la concession, selon l'ar-
ci-dessus.

Si la compagnie n'a pas commencé les travaux ou présenté les projets dans les
fixés par les articles 2 et 3, elle encourra la déchéance, sans qu'il y ait lieu à
notification ou mise en demeure préalable. Dans ce cas, la somme de trente
(30,000') qui aura été déposée, ainsi qu'il sera dit à l'article 64, à titre
nement, deviendra la propriété du département et lui sera acquise.

Faute par la compagnie d'avoir commencé ou terminé les travaux dans les
fixés par l'article 2, faute aussi par elle d'avoir rempli les diverses obligations
lui sont imposées par le présent cahier des charges, elle encourra la déchéance,
sera pourvu tant à la continuation et à l'achèvement des travaux qu'à l'exécution
autres engagements contractés par la compagnie, au moyen d'une adjudication
l'on ouvrira sur une mise à prix des travaux exécutés, des matériaux approvi-
et des parties du chemin de fer déjà livrées à l'exploitation.

soumissions pourront être inférieures à la mise à prix.

nouvelle compagnie sera soumise aux clauses du présent cahier des charges, et
compagnie évincée recevra d'elle le prix que la nouvelle adjudication aura fixé.

partie du cautionnement qui n'aura pas encore été restituée deviendra la pro-
du département.

l'adjudication ouverte n'amène aucun résultat, une seconde adjudication sera
lée sur les mêmes bases, après un délai de trois mois; si cette seconde tentative
également sans résultat, la compagnie sera définitivement déchue de tous ses
ats, et alors les ouvrages exécutés, les matériaux approvisionnés et les parties du
de fer déjà livrées à l'exploitation appartiendront au département.

Si l'exploitation du chemin de fer vient à être interrompue en totalité ou en
l'administration prendra immédiatement, aux frais et risques de la compa-
les mesures nécessaires pour assurer provisoirement le service.

dans les trois mois de l'organisation du service provisoire, la compagnie n'a pas valablement justifié qu'elle est en état de reprendre et de continuer tion, et si elle ne l'a pas effectivement reprise, la déchéance pourra être par le préfet. Cette déchéance prononcée, le chemin de fer et toutes ses dances seront mis en adjudication, et il sera procédé ainsi qu'il est dit à l'art cédent.

40. Les dispositions des trois articles qui précèdent cesseront d'être app et la déchéance ne serait pas encourue, dans le cas où les concessionna raient pas rempli leurs obligations par suite de circonstances de force ment constatées.

En cas de contestation à ce sujet, la décision du ministre des travaux p souveraine.

Dans le cas où la déchéance serait encourue par la compagnie pour la la ligne située dans le département du Rhône ou pour le chemin de fer de Rousse au camp de Sathonay, elle encourra de plein droit et sans autres déchéance de la présente ligne, concédée sur le territoire du département et inversement, si la compagnie encourait la déchéance pour la présente déchéance serait encourue de plein droit et sans autres motifs pour la ligne située dans le département du Rhône et pour le chemin de fer de la Rousse au camp de Sathonay.

TITRE IV.

TAXES ET CONDITIONS RELATIVES AU TRANSPORT DES VOYAGEURS ET DES MARCHANDISES.

41. Pour indemniser la compagnie des travaux et dépenses qu'elle s'engage par le présent cahier des charges, et sous la condition expresse qu'elle en exactement toutes les obligations, le département lui accorde l'autorisation voir, pendant toute la durée de la concession, les droits de péage et le transport ci-après déterminés :

TARIF.

1° PAR TÊTE ET PAR KILOMÈTRE.

Grande vitesse.

Voyageurs....	Voitures couvertes, garnies et fermées à glaces (1re classe)..........................
	Voitures couvertes, fermées à glaces, et à banquettes rembourrées (2e classe)...............
	Voitures couvertes et fermées à vitres (3e classe)..
Enfants......	Au-dessous de trois ans, les enfants ne payent rien, à la condition d'être portés sur les genoux des personnes qui les accompagnent.
	De trois a sept ans, ils payent demi-place et ont droit à une place distincte; toutefois, dans un même compartiment, deux enfants ne pourront occuper que la place d'un voyageur.
	Au-dessus de sept ans, ils payent place entière.

Chiens transportés dans les trains de voyageurs...................
(Sans que la perception puisse être inférieure à 0f 30c.)

Petite vitesse.

Bœufs, vaches, taureaux, chevaux, mulets, bêtes de trait........
Veaux et porcs..
Moutons, brebis, agneaux, chèvres............................
    Lorsque les animaux ci-dessus dénommés seront, sur la de-
demande des expéditeurs, transportés à la vitesse des trains de
voyageurs, les prix seront doublés.

2° PAR TONNE ET PAR KILOMÈTRE.

Marchandises transportées à grande vitesse.

Huitres. — Poissons frais. — Denrées. — Excédants de bagages et marchandises de toutes classes transportées à la vitesse des trains de voyageurs...

Marchandises transportées à petite vitesse.	de péage.	de transport.	TOTAUX.
	fr. c.	fr. c.	fr. c.
....se. — Spiritueux. — Huiles. — Bois de menuiserie, de tein-ture et autres bois exotiques. — Produits chimiques non dénom-...s. — Œufs. — Viande fraîche. — Gibier. — Sucre. — Café. — ...gues. — Épiceries. — Tissus. — Denrées coloniales. — Objets ...nufacturés. — Armes................................	o o9	o o7	o 16
...ne. — Blés. — Grains. — Farines. — Légumes farineux. — ...— Maïs. — Châtaignes et autres denrées alimentaires non dé-...mées. — Chaux et plâtre. — Charbon de bois. — Bois à brû-...it de corde. — Perches. — Chevrons. — Planches. — Madriers. ...ois de charpente. — Marbre en bloc. — Albâtre. — Bitume. ...tons. — Laines. — Vins. — Vinaigres. — Boissons. — Bières. ...rdre sèche. — Coke. — Fers. — Cuivre. — Fontes moulées. ...omb et autres métaux ouvrés ou non....................	o o8	o o6	o 14
...ne. — Houille. — Marne. — Cendres. — Fumiers et engrais. ...Pierres à chaux et à plâtre. — Pavés et matériaux pour la cons-...tion et la réparation des routes. — Pierres de taille et produits ...carrières. — Minerais de fer et autres. — Fonte brute. — Sel. ...Moellons. — Meulières. — Cailloux. — Sables. — Argiles. — ...ues et ardoises...........................	o o6	o o4	o 10
...ITURES ET MATÉRIEL ROULANT TRANSPORTÉS À PETITE VITESSE.			
Par pièce et par kilomètre.			
...n ou chariot pouvant porter de trois à six tonnes............	o o9	o o6	o 15
...n chariot pouvant porter plus de six tonnes...............	o 12	o o8	o 20
...otive pesant de douze à dix-huit tonnes (ne traînant pas de ...oi)...	1 8o	1 2o	3 oo
...otive pesant plus de dix-huit tonnes (ne traînant pas de ...oi)...	2 25	1 5o	3 75
...r de sept à dix tonnes..........................	o 9o	o 6o	1 5o
...r de plus de dix tonnes.........................	1 35	o 9o	2 25
...es machines locomotives seront considérées comme ne traînant ...un convoi, lorsque le convoi remorqué, soit de voyageurs, ...e marchandises, ne comportera pas un péage au moins égal ...qui serait perçu sur la locomotive avec son tender marchant ...sans traîner.			
...prix à payer pour un wagon chargé ne pourra jamais être in-...à celui qui serait dû pour un wagon marchant à vide.			
...s à deux ou quatre roues, à un fond et à une seule ban-...te dans l'intérieur.........................	o 15	o 10	o 25
...es à quatre roues, à deux fonds et à deux banquettes dans ...rieur, omnibus, diligences, etc.................	o 18	o 14	o 32
...orsque, sur la demande des expéditeurs, les transports auront ...à la vitesse des trains de voyageurs, les prix ci-dessus seront ...blés.			
...Dans ce cas, deux personnes pourront, sans supplément de ...x, voyager dans les voitures à une banquette, et trois dans les ...ures à deux banquettes, omnibus, diligences, etc. Les voya-...rs excédant ce nombre payeront le prix des places de deuxième ...sse.			
...res de déménagement à deux ou à quatre roues (vides)......	o 12	o o8	o 20
...oitures, lorsqu'elles seront chargées, payeront en sus des prix ...sus, par tonne de chargement et par kilomètre............	o o8	o o6	o 14
§ SERVICE DES POMPES FUNÈBRES ET TRANSPORT DES CERCUEILS.			
Grande vitesse.			
...voiture des pompes funèbres renfermant un ou plusieurs cer-...ils sera transportée aux mêmes prix et conditions qu'une voi-...re à quatre roues, à deux fonds et à deux banquettes.........	o 36	o 28	o 64
...que cercueil confié à l'administration du chemin de fer sera ...nsporté, dans un compartiment isolé, au prix [de............	o 18	o 12	o 3o

Les prix déterminés ci-dessus pour les transports à grande vitesse ne comprent pas l'impôt dû à l'État.

Il est expressément entendu que les prix de transport ne seront dus à la gnie qu'autant qu'elle effectuera elle-même ces transports à ses frais et par propres moyens; dans le cas contraire, elle n'aura droit qu'aux prix fixés péage.

La perception aura lieu d'après le nombre de kilomètres parcourus. Tout kilomd entamé sera payé comme s'il avait été parcouru en entier.

Si la distance parcourue est inférieure à six kilomètres, elle sera comptée six kilomètres.

Le poids de la tonne est de mille kilogrammes.

Les fractions de poids ne seront comptées, tant pour la grande que pour la vitesse, que par centième de tonne ou par dix kilogrammes.

Ainsi tout poids compris entre zéro et dix kilogrammes payera comme dix grammes, entre dix et vingt kilogrammes, comme vingt kilogrammes, etc.

Toutefois, pour les excédants de bagages et marchandises à grande vitesse, coupures seront établies : 1° de zéro à cinq kilogrammes; 2° au-dessus de cinq qu'à dix kilogrammes; 3° au-dessus de dix kilogrammes, par fraction indivisible dix kilogrammes.

Quelle que soit la distance parcourue, le prix d'une expédition quelconque en grande, soit en petite vitesse, ne pourra être moindre de quarante centimes.

42. A moins d'une autorisation spéciale et révocable de l'administration, tout régulier de voyageurs devra contenir des voitures de toute classe en nombre pour toutes les personnes qui se présenteraient dans les bureaux du chemin

Dans chaque train de voyageurs, la compagnie aura la faculté de placer tures à compartiments spéciaux pour lesquels il sera établi des prix particuli l'administration fixera, sur la proposition de la compagnie; mais le nombre de à donner dans ces compartiments ne pourra dépasser le cinquième du nom des places du train.

43. Tout voyageur dont le bagage ne pèsera pas plus de trente kilogrammes à payer, pour le port de ce bagage, aucun supplément du prix de sa place.

Cette franchise ne s'appliquera pas aux enfants transportés gratuitement, sera réduite à vingt kilogrammes pour les enfants transportés à moitié prix.

44. Les animaux, denrées, marchandises, effets et autres objets non dés le tarif seront rangés, pour les droits à percevoir, dans les classes avec lesq auront le plus d'analogie, sans que jamais, sauf les exceptions formulées ticles 45 et 46 ci-après, aucune marchandise non dénommée puisse être à une taxe supérieure à celle de la première classe du tarif ci-dessus.

Les assimilations de classes pourront être provisoirement réglées par la com mais elles seront soumises immédiatement à l'administration, qui prononcent tivement.

45. Les droits de péage et les prix de transport déterminés au tarif ne sont applicables à toute masse indivisible pesant plus de trois mille kilogrammes (3

Néanmoins, la compagnie ne pourra se refuser à transporter les masses indivise pesant de trois à cinq mille kilogrammes, mais les droits de péage et les transport seront augmentés de moitié.

La compagnie ne pourra être contrainte à transporter les masses pesant cinq mille kilogrammes (5,000ᵏ).

Si, nonobstant la disposition qui précède, la compagnie transporte des masses visible pesant plus de cinq mille kilogrammes, elle devra, pendant trois moins, accorder les mêmes facilités à tous ceux qui en feraient la demande.

Dans ce cas, les prix de transport seront fixés par l'administration, sur la tion de la compagnie.

46. Les prix de transport déterminés au tarif ne sont point applicables :

1° Aux denrées et objets qui ne sont pas nommément énoncés dans le tarif ne pèseraient pas deux cents kilogrammes sous le volume d'un mètre cube;

2° Aux matières inflammables ou explosibles, aux animaux et objets dang pour lesquels des règlements de police prescriraient des précautions spéciales;

3° Aux animaux dont la valeur déclarée excéderait cinq mille francs;

4° A l'or et à l'argent, soit en lingots, soit monnayés ou travaillés, au plaqué ou d'argent, au mercure et au platine, ainsi qu'aux bijoux, dentelles, pierres cieuses, objets d'art et autres valeurs;

5° Et, en général, à tous paquets, colis ou excédants de bagages pesant isolément quarante kilogrammes et au-dessus.

Toutefois, les prix de transport déterminés au tarif sont applicables à tous paquets et colis, quoique emballés à part, s'ils font partie d'envois pesant ensemble plus de quarante kilogrammes d'objets envoyés par une même personne à une même personne. Il en sera de même pour les excédants de bagages qui pèseraient ensemble isolément plus de quarante kilogrammes.

Le bénéfice de la disposition énoncée dans le paragraphe précédent, en ce qui concerne les paquets et colis, ne peut être invoqué par les entrepreneurs de messageries de roulage et autres intermédiaires de transport, à moins que les articles par eux envoyés ne soient réunis en un seul colis.

Dans les cinq cas ci-dessus spécifiés, les prix de transport seront arrêtés annuellement par l'administration, tant pour la grande que pour la petite vitesse, sur la proposition de la compagnie.

En ce qui concerne les paquets ou colis mentionnés au paragraphe 5° ci-dessus, les prix de transport devront être calculés de telle manière qu'en aucun cas un de ces paquets ou colis ne puisse payer un prix plus élevé qu'un article de même nature pesant plus de quarante kilogrammes (40ᵏ).

Dans le cas où la compagnie jugerait convenable, soit pour le parcours total, soit pour le parcours partiel de la voie de fer, d'abaisser, avec ou sans conditions, au-dessous des limites déterminées par le tarif les taxes qu'elle est autorisée à percevoir, les taxes abaissées ne pourront être relevées qu'après un délai de trois mois au moins pour les voyageurs et de six mois pour les marchandises.

Toute modification de tarif proposée par la compagnie sera annoncée un mois d'avance par des affiches.

La perception des tarifs modifiés ne pourra avoir lieu qu'avec l'homologation de l'administration, conformément aux dispositions de la loi du 12 juillet 1865.

La perception des taxes devra se faire indistinctement et sans aucune faveur.

Tout traité particulier qui aurait pour effet d'accorder à un ou plusieurs expéditeurs une réduction sur les tarifs approuvés demeure formellement interdit.

Toutefois, cette disposition n'est pas applicable aux traités qui pourraient intervenir dans l'intérêt des services publics, ni aux réductions ou remises qui seraient accordées par la compagnie aux indigents.

En cas d'abaissement des tarifs, la réduction portera proportionnellement sur le prix et sur le transport.

La compagnie sera tenue d'effectuer constamment avec soin, exactitude et célérité, et sans tour de faveur, le transport des voyageurs, bestiaux, denrées, marchandises et objets quelconques qui lui seront confiés.

Les colis, bestiaux et objets quelconques seront inscrits, à la gare d'où ils partent et à la gare où ils arrivent, sur des registres spéciaux au fur et à mesure de leur réception; mention sera faite sur les registres de la gare du départ, du prix total dû pour le transport.

Pour les marchandises ayant une même destination, les expéditions auront lieu dans l'ordre de leur inscription à la gare du départ.

Toute expédition de marchandises sera constatée, si l'expéditeur le demande, par une lettre de voiture dont un exemplaire restera aux mains de l'expéditeur et l'autre aux mains de la compagnie. Dans le cas où l'expéditeur ne demanderait pas de lettre de voiture, la compagnie sera tenue de lui délivrer un récépissé qui énoncera la nature et le poids du colis, le prix total du transport et le délai dans lequel ce transport devra être effectué.

Les animaux, denrées, marchandises et objets quelconques seront expédiés et remis de gare en gare dans les délais résultant des conditions ci-après exprimées :

1° Les animaux, denrées, marchandises et objets quelconques à grande vitesse seront expédiés par le premier train de voyageurs comprenant des voitures de toutes classes et correspondant avec leur destination, pourvu qu'ils aient été présentés à l'enregistrement trois heures avant le départ de ce train.

Ils seront mis à la disposition des destinataires, à la gare, dans le délai de deux heures après l'arrivée du même train.

2° Les animaux, denrées, marchandises et objets quelconques à petite vitesse seront expédiés dans le jour qui suivra celui de la remise. Toutefois, l'administration pourra étendre ce délai à deux jours.

Le maximum de durée du trajet sera fixé par l'administration, sur la proposition

de la compagnie, sans que ce maximum puisse excéder vingt-quatre heures par la
tion indivisible de cent vingt-cinq kilomètres.

Les colis seront mis à la disposition des destinataires dans le jour qui suivra
de leur arrivée effective en gare.

Le délai total résultant des trois paragraphes ci-dessus sera seul obligatoire p
compagnie.

Il pourra être établi un tarif réduit, approuvé par l'administration, pour tout
diteur qui acceptera des délais plus longs que ceux déterminés ci-dessus pour
tite vitesse.

Pour le transport des marchandises, il pourra être établi, sur la proposition
compagnie; un délai moyen entre ceux de la grande et de la petite vitesse.

Le prix correspondant à ce délai sera un prix intermédiaire entre ceux de la g
et de la petite vitesse.

L'administration déterminera, par des règlements spéciaux, les heures d'ou
et de fermeture des gares et stations, tant en hiver qu'en été. Le service de m
pas obligatoire pour la compagnie.

Lorsque la marchandise devra passer d'une ligne sur une autre sans sol
continuité, les délais de livraison et d'expédition au point de jonction sero
par l'administration, sur la proposition de la compagnie.

50. Les frais accessoires non mentionnés dans les tarifs, tels que ceux d'e
trement, de chargement, de déchargement et de magasinage dans les gares
gasins du chemin de fer, seront fixés annuellement par l'administration, sur
position de la compagnie.

51. La compagnie sera tenue de faire, soit par elle-même, soit par un in
diaire dont elle répondra, le factage et le camionnage pour la remise au d
des destinataires de toutes les marchandises qui lui seront confiées.

Le factage et le camionnage ne seront point obligatoires en dehors du ra
l'octroi, non plus que pour les gares qui desserviraient soit une population ag
rée de moins de cinq mille habitants, soit un centre de population de ci
habitants situé à plus de cinq kilomètres de la gare du chemin de fer.

Les tarifs à percevoir seront fixés par l'administration, sur la proposition
compagnie.

Ils seront applicables à tout le monde sans distinction.

Toutefois, les expéditeurs et les destinataires resteront libres de faire eu
et à leurs frais le factage et le camionnage des marchandises.

52. A moins d'une autorisation spéciale de l'administration, il est inte
compagnie, conformément à l'article 14 de la loi du 15 juillet 1845, de faire
ment ou indirectement avec des entreprises de transport de voyageurs ou d
chandises par terre ou par eau, sous quelque dénomination ou forme que ce
être des arrangements qui ne seraient pas consentis en faveur de toutes les
prises desservant les mêmes voies de communication.

L'administration, agissant en vertu de l'article 32 ci-dessus, prescrira les m
à prendre pour assurer la plus complète égalité entre les diverses entrepri
transports dans leurs rapports avec le chemin de fer.

TITRE V.

STIPULATIONS RELATIVES À DIVERS SERVICES PUBLICS.

53. Les militaires ou marins voyageant en corps, aussi bien que les milit
marins voyageant isolément pour cause de service, envoyés en congé limité ou e
mission, ou rentrant dans leurs foyers après libération, ne seront assujettis
leurs chevaux et leurs bagages, qu'à la moitié de la taxe du tarif fixé par le
cahier des charges.

Si le Gouvernement avait besoin de diriger des troupes et un matériel milit
naval sur un des points desservis par le chemin de fer, la compagnie serait ten
mettre immédiatement à sa disposition, pour la moitié de la taxe du même t
tous ses moyens de transport.

54. Les fonctionnaires ou agents chargés de l'inspection, du contrôle et de la
veillance du chemin de fer seront transportés gratuitement dans les voitures d
compagnie.

La même faculté est accordée aux ingénieurs des ponts et chaussées et des m

...rgés d'un service public dans le département, ainsi qu'aux conducteurs et gardes-
...es sous leurs ordres, aux agents des contributions indirectes et des douanes char-
...de la surveillance des chemins de fer dans l'intérêt de la perception de l'impôt.
...s stipulations sont applicables au chemin de fer de la Croix-Rousse au camp de Sa-
...way.

...6. Le service des lettres et des dépêches sera fait comme il suit :

...A chacun des trains de voyageurs ou de marchandises circulant aux heures or-
...ires de l'exploitation, la compagnie sera tenue.de réserver gratuitement un
...partiment spécial d'une voiture de deuxième classe, ou un espace équivalent aux
...es de huit voyageurs, pour recevoir les lettres et dépêches et les agents néces-
...s au service des postes, le surplus de la voiture restant à la disposition de la
...pagnie.

...s facteurs ruraux des cantons traversés par la voie ferrée, étant en tournée de
...ce, auront une entière gratuité dans les wagons de troisième classe de la com-
...ie pour l'exercice de leurs fonctions.

...Si le volume des dépêches ou la nature du service rend insuffisante la capacité
...compartiment à deux banquettes, de sorte qu'il y ait lieu d'en occuper un
...ième, la compagnie sera tenue de le livrer, et il sera payé à la compagnie, pour
...cation de ce deuxième compartiment, vingt centimes par kilomètre parcouru.

...rsque la compagnie voudra changer les heures de départ de ses convois ordi-
...es, elle sera tenue d'en avertir l'administration des postes quinze jours à l'avance.

...La compagnie sera tenue de transporter gratuitement, par tous les convois de
...ageurs, tout agent des postes chargé d'une mission ou d'un service accidentel et
...teur d'un ordre de service régulier délivré à Paris par le directeur général des
...es.

...l sera accordé à l'agent des postes en mission une place de voiture de deuxième
...se, ou de première classe, si le convoi ne comporte pas de voitures de deuxième
...se.

...L'administration se réserve le droit d'établir à ses frais, sans indemnité mais
...i sans responsabilité pour la compagnie, tous poteaux ou appareils nécessaires à
...hange des dépêches sans arrêt de train, à la condition que ces appareils, par leur
...ure ou leur position, n'apportent pas d'entraves aux différents services de la ligne
...des stations.

...Les employés chargés de la surveillance du service, les agents préposés à l'é-
...ge ou à l'entrepôt des dépêches, auront accès dans les gares ou stations pour
...cation de leur service, en se conformant aux règlements de police intérieure de
...pagnie.

...La compagnie sera tenue, à toute réquisition, de faire partir par convoi ordi-
...e les wagons ou voitures cellulaires employés au transport des prévenus, accusés
...condamnés.

...Les wagons et les voitures employés au service dont il s'agit seront construits aux
...s de l'État ou des départements ; leurs formes ou dimensions seront déterminées
...concert par le ministre de l'intérieur et par le ministre des travaux publics, la
...pagnie entendue.

...Les employés de l'administration, les gardiens et les prisonniers placés dans les
...gons ou voitures cellulaires ne seront assujettis qu'à la moitié de la taxe applicable
...x places de deuxième classe, telle qu'elle est fixée par le présent cahier des
...arges.

...Les gendarmes placés dans les mêmes voitures ne payeront que la moitié de la
...me taxe.

...Le transport des wagons et des voitures sera gratuit.

...Dans le cas où l'administration voudrait, pour le transport des prisonniers, faire
...ge des voitures de la compagnie, celle-ci serait tenue de mettre à sa disposition
...n ou plusieurs compartiments spéciaux de voiture de deuxième classe à deux ban-
...ttes. Le prix de location en sera fixé à raison de vingt centimes (o' 20') par com-
...rtiment et par kilomètre.

...Les dispositions qui précèdent seront applicables au transport des jeunes délin-
...uants recueillis par l'administration pour être transférés dans les établissements
...éducation.

...57. L'administration se réserve la faculté de faire, le long des voies, toutes les cons-
...tructions, de poser tous les appareils nécessaires à l'établissement d'une ligne télé-
...graphique, sans nuire au service du chemin de fer.

Sur la demande de l'administration des lignes télégraphiques, il sera réservé, d
les gares des villes ou des localités qui seront désignées ultérieurement, le t
nécessaire à l'établissement des maisonnettes destinées à recevoir le bureau té
phique et son matériel, la compagnie ne devant fournir que le terrain.

La compagnie concessionnaire sera tenue de faire garder par ses agents les
appareils des lignes électriques, de donner aux employés télégraphiques con
sance de tous les accidents qui pourraient survenir et de leur en faire connaît
causes. En cas de rupture du fil télégraphique, les employés de la compagnie a
à raccrocher provisoirement les bouts séparés, d'après les instructions qui l
ront données à cet effet.

Les agents de la télégraphie voyageant pour le service de la ligne élect
auront le droit de circuler gratuitement dans les voitures du chemin de fer.

En cas de rupture du fil électrique ou d'accidents graves, une locomotive sera
immédiatement à la disposition de l'inspecteur télégraphique de la ligne p
transporter sur le lieu de l'accident avec les hommes et les matériaux nécessa
réparation. Ce transport devra être effectué dans des conditions telles qu'il ne p
entraver en rien la circulation publique. Il sera alloué à la compagnie une ind
de un franc par kilomètre parcouru par la machine.

Dans le cas où des déplacements de fils, appareils ou poteaux deviendraient n
saires par suite des travaux exécutés sur le chemin, ces déplacements auront
aux frais de la compagnie, par les soins de l'administration des lignes télégraph

La compagnie sera tenue d'établir à ses frais les fils et appareils télégraph
destinés à transmettre les signaux nécessaires pour la sûreté et la régularité de
exploitation.

Les bureaux télégraphiques établis dans les stations de la compagnie seront
verts à la télégraphie privée dans les limites et suivant les conditions qui seront f
par l'administration supérieure et conformément aux lois et règlements sur la
tière.

La compagnie pourra, avec l'autorisation du ministre de l'intérieur, se servir
poteaux de la ligne télégraphique de l'État, lorsqu'une semblable ligne exister
long de la voie.

La compagnie sera tenue de se soumettre à tous les règlements d'administ
publique concernant l'établissement et l'emploi de ces appareils.

TITRE VI.

CLAUSES DIVERSES.

58. Dans le cas où l'administration ordonnerait ou autoriserait la construc
routes nationales, départementales ou vicinales, de chemins de fer ou de ca
qui traverseraient la ligne objet de la présente concession, la compagnie ne p
s'opposer à ces travaux; mais toutes les dispositions nécessaires seront prises
qu'il n'en résulte aucun obstacle à la construction ou au service du chemin de fer
aucuns frais pour la compagnie.

59. Toute exécution ou autorisation ultérieure de route, de canal, de chemin
fer, de travaux de navigation dans la contrée où est situé le chemin de fer objet
la présente concession, ou dans toute autre contrée voisine ou éloignée, ne po
donner ouverture à aucune demande d'indemnité de la part de la compagnie.

60. L'administration se réserve expressément le droit d'accorder de nouvelles c
cessions de chemins de fer s'embranchant sur le chemin de fer qui fait l'objet
présent cahier des charges, ou qui seraient établis en prolongement du m
chemin.

La compagnie ne pourra mettre aucun obstacle à ces embranchements, ni ré
mer, à l'occasion de leur établissement, aucune indemnité quelconque, pourvu q
n'en résulte aucun obstacle à la circulation, ni aucuns frais particuliers pour la co
pagnie.

Les compagnies concessionnaires des chemins de fer d'embranchement ou de pro
longement auront la faculté, moyennant les tarifs ci-dessus déterminés et l'obser
tion des règlements de service et de police établis ou à établir, de faire circuler le
voitures, wagons et machines sur le chemin de fer objet de la présente concession
pour lequel cette faculté sera réciproque à l'égard desdits embranchements et pro
longements; toutefois, la compagnie ne sera pas tenue d'admettre sur les rails un ma-

...nt le poids et les dimensions seraient hors de proportion avec les élément
...tifs de ses voies.

...e cas où les diverses compagnies ne pourraient s'entendre entre elles sur
... de cette faculté, l'administration statuerait sur les difficultés qui s'élève-
...tre elles à cet égard.

...e cas où une compagnie d'embranchement ou de prolongement joignant la
...ii fait l'objet de la présente concession n'userait pas de la faculté de circuler
... ligne, comme aussi dans le cas où la compagnie concessionnaire de cette
... ligne ne voudrait pas circuler sur les prolongements et embranchements,
...agnies seraient tenues de s'arranger entre elles, de manière que le service de
...t ne soit jamais interrompu aux points de jonction des diverses lignes. Celle
...agnies qui se servira d'un matériel qui ne serait pas sa propriété, payera
...nnité en rapport avec l'usage et la détérioration de ce matériel. Dans le cas
...ompagnies ne se mettraient pas d'accord sur la quotité de l'indemnité ou sur
...ns d'assurer la continuation du service sur toute la ligne, l'administration y
...it d'office et prescrirait toutes les mesures nécessaires.

...pagnie pourra être assujettie, par les arrêtés qui seront ultérieurement ren-
... l'exploitation des chemins de fer de prolongement ou d'embranchement
... celui qui lui est concédé, à accorder aux compagnies de ces chemins de fer
...ction de péage ainsi calculée :

...e prolongement ou l'embranchement n'a pas plus de cent kilomètres, dix
...t (10 p. o/o) du prix perçu par la compagnie;

...e prolongement ou l'embranchement excède cent kilomètres, quinze pour
...5 p. o/o);

...le prolongement ou l'embranchement excède deux cents kilomètres, vingt
...t (20 p. o/o);

... le prolongement ou l'embranchement excède trois cents kilomètres, vingt-
...ur cent (25 p. o/o).

...pagnie sera tenue, si l'administration le juge convenable, de partager
...es stations établies à l'origine des chemins de fer d'embranchement avec les
...ies qui deviendraient ultérieurement concessionaires desdits chemins.

... fait un partage équitable des frais communs résultant de l'usage des gares
...es; en cas de désaccord entre les compagnies, le règlement sera fait par
...tration.

... compagnie sera tenue de s'entendre avec tout propriétaire de mines et
...ni, offrant de se soumettre aux conditions prescrites ci-après, demande-
...uvel embranchement; à défaut d'accord, l'administration statuera sur la
..., la compagnie entendue.

...mbranchements seront construits aux frais des propriétaires de mines et
..., et de manière qu'il ne résulte de leur établissement aucune entrave à la cir-
... générale, aucune cause d'avarie pour le matériel, ni aucuns frais particu-
...r la compagnie.

...entretien devra être fait avec soin et aux frais de leurs propriétaires, et sous
...ôle de l'administration.

...pagnie aura le droit de faire surveiller par ses agents cet entretien, ainsi
...ploi de son matériel sur les embranchements.

...nistration pourra, à toute époque, prescrire les modifications qui seraient
...utiles, dans la soudure, le tracé ou l'établissement de la voie desdits embran-
...ts, et les changements seront opérés aux frais des propriétaires.

...nistration pourra même, après avoir entendu les propriétaires, ordonner
...ment temporaire des aiguilles de soudure, dans le cas où les établissements
...chés viendraient à suspendre en tout ou en partie leurs transports.

...pagnie sera tenue d'envoyer ses wagons sur tous les embranchements auto-
...estinés à faire communiquer des établissements de mines ou d'usines avec la
...rincipale du chemin de fer.

...ompagnie amènera ses wagons à l'entrée des embranchements.

... expéditeurs ou destinataires feront conduire les wagons dans leurs établisse-
... pour les charger on décharger et les ramèneront au point de jonction avec la
...principale, le tout à leurs frais.

... wagons ne pourront d'ailleurs être employés qu'au transport d'objets et mar-
...ses destinés à la ligne principale du chemin de fer.

... temps pendant lequel les wagons séjourneront sur les embranchements particu-

liers ne pourra excéder six heures, lorsque l'embranchement n'aura pas plus d'un
lomètre. Le temps sera augmenté d'une demi-heure par kilomètre, en sus du
mier, non compris les heures de la nuit, depuis le coucher jusqu'au lever du

Dans le cas où les limites de temps seraient dépassées, nonobstant l'av
spécial donné par la compagnie, elle pourra exiger une indemnité égale
du droit de loyer des wagons pour chaque période de retard après l'avert

Les traitements des gardiens d'aiguilles et des barrières des embranch
torisés par l'administration seront à la charge des propriétaires des embranch
Ces gardiens seront nommés et payés par la compagnie, et les frais qui en
ront lui seront remboursés par lesdits propriétaires.

En cas de difficulté, il sera statué par l'administration, la compagnie enten

Les propriétaires d'embranchements seront responsables des avaries que le
riel pourrait éprouver pendant son parcours ou son séjour sur ces lignes.

Dans le cas d'inexécution d'une ou de plusieurs des conditions énoncées
sus, l'administration pourra, sur la plainte de la compagnie et après avoir
le propriétaire de l'embranchement, ordonner par un arrêté la suppression
vice et faire supprimer la soudure, sauf recours à l'administration supéri
sans préjudice de tous dommages-intérêts que la compagnie serait en droit de
pour la non-exécution de ces conditions.

Pour indemniser la compagnie de la fourniture et de l'envoi de son mat
les embranchements, elle est autorisée à percevoir un prix fixe de douze
(o' 12°) par tonne pour le premier kilomètre, et, en outre, quatre centimes
par tonne et par kilomètre en sus du premier, lorsque la longueur de l'emb
ment excédera un kilomètre.

Tout kilomètre entamé sera payé comme s'il avait été parcouru en son entier

Le chargement et le déchargement sur les embranchements s'opéreront au
des expéditeurs ou des destinataires, soit qu'ils les fassent eux-mêmes, soit
compagnie du chemin de fer consente à les opérer.

Dans ce dernier cas, ces frais seront l'objet d'un règlement arrêté par l'a
tration, sur la proposition de la compagnie.

Tout wagon envoyé par la compagnie sur un embranchement devra être
comme wagon complet, lors même qu'il ne serait pas complétement chargé.

La surcharge, s'il y en a, sera payée au prix du tarif légal et au prorata du
réel. La compagnie sera en droit de refuser les chargements qui dép
maximum de trois mille cinq cents kilogrammes, déterminé en raison des
sions actuelles des wagons.

Le maximum sera revisé par l'administration, de manière à être toujours en
port avec la capacité des wagons. Les wagons seront pesés à la station d'arrivée
les soins et aux frais de la compagnie.

62. La contribution foncière sera établie en raison de la surface des terrains
pés par le chemin de fer et ses dépendances; la cote en sera calculée, comme
les canaux, conformément à la loi du 25 avril 1803.

Les bâtiments et magasins dépendant de l'exploitation du chemin de fer
assimilés aux propriétés bâties de la localité. Toutes les contributions auxquelles
édifices pourront être soumis seront, aussi bien que la contribution foncière, à
charge de la compagnie.

63. Les agents et gardes que la compagnie établira, soit pour la perception
droits, soit pour la surveillance et la police du chemin de fer et de ses dépendan
pourront être assermentés et seront, dans ce cas, assimilés aux gardes ch

Le chemin de fer restera toujours placé sous la surveillance de l'autorité p
torale; les frais de contrôle, de surveillance et de réception des travaux, les frai
contrôle de l'exploitation, seront supportés par la compagnie.

Afin de pourvoir à ces frais, la compagnie sera tenue de verser, chaque année,
caisse du trésorier payeur général du département, à partir du décret de déclara
d'utilité publique, une somme de cent vingt francs (120') par chaque kilomètre
chemin concédé. Si la compagnie ne verse pas cette somme aux époques qui a
été fixées, le préfet rendra un rôle exécutoire, et le montant en sera recouvré co
en matière de contributions publiques.

64. Avant la signature de l'acte de concession, la compagnie déposera dans une
caisse publique désignée par le préfet une somme de trente mille francs (30,000')
en numéraire ou en rentes sur l'État calculées conformément à l'ordonnance du
31 janvier 1872, ou en bons du trésor ou autres effets publics, ou valeurs acceptées

sur le préfet, avec transfert, au profit du département, de celles qui seraient nominatives ou à ordre.

Cette somme formera le cautionnement de l'entreprise; elle sera rendue à la compagnie par moitié, la première moitié après qu'elle aura justifié de l'acquisition du payement des terrains mentionnés à l'article 21, la deuxième moitié après la réception définitive du chemin.

25. La compagnie devra faire élection de domicile à Lyon. Dans le cas où elle ne serait pas fait, toute notification ou signification à elle adressée sera valable lorsqu'elle sera faite au secrétariat général de la préfecture.

26. Les contestations qui s'élèveraient entre la compagnie et l'administration au sujet de l'exécution ou de l'interprétation des clauses du présent cahier des charges seront jugées administrativement par le conseil de préfecture de l'Ain, sauf recours au Conseil d'État.

27. Le présent cahier des charges et la convention y annexée ne seront passibles que du droit fixe, plus les décimes additionnels, qui seront à la charge du concessionnaire.

Fait, arrêté et signé en double expédition, en l'hôtel de la préfecture, à Bourg, le 3 mai 1873.

Vu et approuvé l'écriture ci-dessus	Le Préfet de l'Ain,
et d'autre part :
Le Concessionnaire,	Signé H. ROUSSEAU.

Signé CUCHEVAL-CLARIGNY.

Enregistré à Bourg, le 13 mai 1873, folio 120 recto, case 1re. Reçu un franc cinquante centimes ; double décime, trente centimes.

Le Receveur,

Signé CHEVASSU.

Certifié conforme au cahier des charges annexé au décret en date du 1er août 1874, enregistré sous le n° 551.

Le Conseiller d'État, Secrétaire général,

Signé DE BOUREUILLE.

RÉPUBLIQUE FRANÇAISE.

3577. — DÉCRET qui déclare d'utilité publique l'établissement d'un Chemin de fer d'intérêt local de Saint-Pierre-lès-Elbeuf à la limite du département de l'Eure, vers le Neubourg.

Du 1er Août 1874.

(Promulgué au Journal officiel du 14 août 1874.)

LE PRÉSIDENT DE LA RÉPUBLIQUE FRANÇAISE,

Sur le rapport du ministre des travaux publics ;

Vu l'avant-projet présenté pour l'établissement, dans le département de la Seine-Inférieure, du chemin de fer d'intérêt local de Saint-Pierre-lès-Elbeuf à la limite du département de l'Eure, vers le Neubourg ;

Vu le dossier de l'enquête d'utilité publique à laquelle cet avant-projet a été soumis dans le département, et notamment le procès-verbal de la commission d'enquête, en date du 25 mai 1872 :

Vu la délibération, en date du 23 avril 1873, par laquelle le conseil général du département de la Seine-Inférieure a approuvé la concession du chemin de fer susmentionné ;

Vu la convention passée, le 28 février 1872, par le préfet de la Seine-Infé-
rieure, avec le sieur *de Villermont*, agissant au nom de la compagnie
chemin de fer d'Orléans à Rouen, ainsi que le cahier des charges y an
Vu l'avis du conseil général des ponts et chaussées, du 16 avril 18
Vu la lettre du ministre de l'intérieur, du 2 mai 1874;
Vu la lettre, en date du 3 juin 1874, par laquelle le ministre de la
adhère à l'exécution du chemin;
Vu la loi du 3 mai 1841, sur l'expropriation pour cause d'utilité
Vu la loi du 12 juillet 1865, sur les chemins de fer d'intérêt local;
Vu la loi du 10 août 1871, sur les conseils généraux;
Le Conseil d'État entendu, ·

DÉCRÈTE :

ART. 1ᵉʳ. Est déclaré d'utilité publique l'établissement du ch
de fer de Saint-Pierre-lès-Elbeuf à la limite du départemen
l'Eure, vers le Neubourg.

2. Le département de la Seine-Inférieure est autorisé à pou
à l'exécution de ce chemin, comme chemin de fer d'intérêt l
suivant les dispositions de la loi du 12 juillet 1865 et conformé
à la convention passée, le 28 février 1872, avec le sieur *de V*
mont, ès noms qu'il agit, et au cahier des charges annexé à
convention.

Des copies certifiées de ces convention et cahier des charges
ront annexées au présent décret.

3. Aucune émission d'obligations ne pourra avoir lieu qu'en
d'une autorisation donnée par le ministre des travaux publics,
concert avec le ministre de l'intérieur et après avis du ministre
finances. ·

En aucun cas, il ne pourra être émis d'obligations pour une so
supérieure au montant du capital-actions.

Aucune émission d'obligations ne pourra d'ailleurs être aut
avant que les quatre cinquièmes du capital-actions aient été v
et employés en achats de terrains, travaux, approvisionnement
place ou en dépôt de cautionnement.

4. Le compte rendu détaillé des résultats de l'exploitation,
prenant les dépenses de premier établissement et d'exploitatio
les recettes brutes, sera remis, tous les trois mois, au préfet du dé
tement, qui l'enverra au ministre des travaux publics, pour
inséré au Journal officiel.

5. Les ministres de l'intérieur et des travaux publics sont charg
chacun en ce qui le concerne, de l'exécution du présent décret, leq
sera inséré au Bulletin des lois.

Fait à Versailles, le 1ᵉʳ Août 1874.

Signe Mᵃˡ DE MAC MAHON.

Le Ministre des travaux publics,
Signé E. CAILLAUX.

CONVENTION.

délibération en date du 16 novembre 1871, le conseil général a accordé à la
gnie d'Orléans à Rouen, représentée par M. de Villermont, la concession d'un
n de fer d'intérêt local partant de la limite du département de l'Eure, vers
bre, passant par Saint-Pierre-lès-Elbeuf, traversant la ville d'Elbeuf, les terri-
des communes d'Orival, de Grand-Couronne et Quevilly, et aboutissant à
, place Saint-Sever, près des docks, avec embranchement de Grand-Quevilly
teville.

xécution de cette délibération, un cahier des charges a été rédigé et une con-
n a été passée avec la compagnie d'Orléans à Rouen, pour la construction et
tation du chemin dont il s'agit. Ces pièces ont été signées, sous la date du
ier 1872, par le préfet et par M. de Villermont.

le convention comprend, indépendamment du chemin de fer de la limite de
Rouen et de l'embranchement sur Sotteville, un tronçon de chemin de fer
de Saint-Pierre-lès-Elbeuf et se dirigeant, par la vallée de l'Oison, vers le
rg et Évreux.

dernière ligne n'ayant pas fait l'objet d'une instruction régulière, l'autorisa-
la mettre à exécution a été demandée à titre éventuel, sous réserve de sanction
re et de déclaration d'utilité publique après l'accomplissement des formalités
te; mais M. le ministre des travaux publics, par dépêche du 19 février cou-
ait connaître que cette demande ne pouvait être accueillie et qu'il convenait
ncher de la convention et du cahier des charges susénoncés tout ce qui se
à l'embranchement dont il s'agit.

nséquence, entre :

réfet du département de la Seine-Inférieure, agissant en vertu des lois des
t 1865 et 10 août 1871, et en exécution de la délibération du conseil géné-
le du 16 novembre 1871 et sous la réserve de déclaration d'utilité publique
isation des travaux par décret du Gouvernement,

e part,

ociété anonyme établie à Paris sous la dénomination de Compagnie du
fer d'Orléans à Rouen,
ompagnie représentée par M. de Villermont, administrateur délégué, élisant
à Rouen, aux docks, agissant en vertu des pouvoirs à lui conférés par une
on du conseil d'administration de ladite compagnie, en date du 27 octobre
nt extrait enregistré est et demeure annexé à la présente convention,

tre part,

té convenu et arrêté ce qui suit :

1°. Sont considérés comme nuls et non avenus la convention et le cahier des
ci-dessus mentionnés, signés sous la date du 17 janvier dernier.

préfet de la Seine-Inférieure, au nom du département et sous les réserves
énoncées, concède à la compagnie du chemin de fer d'Orléans à Rouen,
epte, un chemin de fer partant de Saint-Pierre-lès-Elbeuf et se dirigeant, par
e de l'Oison, vers le Neubourg et Évreux;
aux clauses et conditions du cahier des charges ci-annexé.

dite concession est faite sans subvention d'aucune sorte ni garantie d'intérêt
art du département et de l'État.

De son côté, la compagnie concessionnaire s'engage à se conformer, pour la
ruction et l'exploitation dudit chemin de fer, aux clauses et conditions du cahier
arges ci-dessus mentionné, et ce dans le délai qui s'y trouve déterminé.

La compagnie concessionnaire ne pourra jamais rétrocéder la concession ou
itation de la ligne comprise dans la présente convention sans l'autorisation du
général, sous peine, en cas d'inexécution, de révocation ou d'une réduction
t-cinq pour cent sur les tarifs appliqués au moment de la rétrocession.

Il est interdit aux concessionnaires de faire aucun appel public de fonds, de créer ni émettre aucune action ou obligation négociable avant l'obtention du décret déclaratif d'utilité publique.

Fait double à Rouen, le 28 Février 1872.

Signé V. DE VILLEBMONT.

Le Préfet de la Seine-Inférieure,

Signé LIZOT.

Certifié conforme à la convention annexée au décret en date du 1er août 18.. enregistré sous le n° 549.

Le Conseiller d'État, Secrétaire général.

Signé DE BOUREUILLE.

CAHIER DES CHARGES.

TITRE Ier.

TRACÉ ET CONSTRUCTION.

ART. 1er. La concession à laquelle s'applique le présent cahier des charges o. prend la construction et l'exploitation d'un chemin de fer partant de Saint-Pie. lès-Elbeuf et se dirigeant, par la vallée de l'Oison, vers le Neubourg et Évreu. jonction de ce chemin se fera à Saint-Pierre-lès-Elbeuf, sur la ligne de Montau. Rouen, concédée à la compagnie d'Orléans à Rouen, avec cette réserve, toutef. qu'Elbeuf sera tête de ligne, et, par conséquent, que les trains se rendront dire. ment d'Elbeuf au Neubourg et réciproquement, sans rompre charge à Saint-Pie.

2. Les travaux devront être commencés aussitôt après l'approbation des plans. finitifs et être complétement terminés dans le délai de deux ans, à partir du dé. déclaratif d'utilité publique.

3. La compagnie soumettra à l'approbation du préfet le tracé et le prof. chemin, ainsi que l'emplacement, l'étendue et les dispositions principales des. et stations, et ce dans un délai de six mois, à partir du décret de concession.

Aucun cours d'eau navigable ou non navigable, aucun chemin public ap. nant soit à la grande, soit à la petite voirie, ne pourra être modifié ou dé. sans l'autorisation de l'autorité compétente.

Les ouvrages à construire à la rencontre du chemin de fer et desdits cours d. ou chemins ne pourront être entrepris qu'après qu'il aura été reconnu par l'a. nistration que les dispositions projetées sont de nature à assurer le libre écou. des eaux ou à maintenir une circulation facile, soit sur les cours d'eau navi. soit sur les voies de terre traversées par le chemin de fer.

4. La compagnie pourra prendre copie de tous les plans, nivellements et é. qui pourraient avoir été antérieurement dressés aux frais de l'administration.

5. Le tracé et le profil du chemin de fer seront arrêtés sur la production de pr. d'ensemble, comprenant, pour la ligne entière ou pour chaque section de la lig.

1° Un plan général à l'échelle de un dix-millième;

2° Un profil en long à l'échelle de deux dix-millièmes pour les longueurs et de. millième pour les hauteurs, dont les cotes seront rapportées au niveau moyen d. mer, pris pour plan de comparaison; au-dessous de ce profil, on indiquera, au mo. de trois lignes horizontales disposées à cet effet, savoir:

Les distances kilométriques du chemin de fer, comptées à partir de son origine. La longueur et l'inclinaison de chaque pente et rampe;

La longueur des parties droites et le développement des parties courbes du tra. en faisant connaître le rayon correspondant à chacune de ces dernières;

3° Un certain nombre de profils en travers, y compris le profil type de la voie;

4° Un mémoire dans lequel seront justifiées toutes les dispositions essentielle. projet et un devis descriptif dans lequel seront reproduites, sous forme de tablea. les indications relatives aux déclivités et aux courbes déjà données sur le profil. long.

sition des gares et stations projetées, celle des cours d'eau et des voies de
nication traversés par le chemin de fer, des passages soit à niveau, soit en
, soit en dessous de la voie ferrée, devront être indiquées tant sur le plan
le profil en long, le tout sans préjudice des projets à fournir pour chacun de
ges.

s terrains seront acquis, les terrassements et les ouvrages d'art exécutés et les
s pour deux voies.

largeur de la voie entre les bords intérieurs des rails devra être de un mètre
quatre centimètres (1^m,44) à un mètre quarante-cinq centimètres (1^m,45).

les parties à deux voies, la largeur de l'entre-voie, mesurée entre les bords
des rails, sera de deux mètres (2^m,oo).

eur des accotements, c'est-à-dire des parties comprises de chaque côté entre
érieur du rail et l'arête supérieure du ballast sera de soixante-quinze
res (0^m,75) au moins.

nagera au pied de chaque talus du ballast, lorsque le chemin sera en rem-
banquette de cinquante centimètres (0^m,5o) de largeur.

pagnie établira le long du chemin de fer les fossés ou rigoles qui seront
cessaires pour l'asséchement de la voie et pour l'écoulement des eaux.

alignements seront raccordés entre eux par des courbes dont le rayon ne
tre inférieur à trois cents mètres. Une partie droite de quarante mètres au
longueur devra être ménagée entre deux courbes consécutives, lorsqu'elles
igées en sens contraire.

ximum de l'inclinaison des pentes et rampes est fixé à seize millimètres

tie horizontale de cent mètres au moins devra être ménagée entre deux
livités consécutives, lorsque ces déclivités se succéderont en sens con-
de manière à verser leurs eaux au même point.

ivités correspondant aux courbes de faible rayon devront être réduites au-
re se pourra.

agnie aura la faculté de proposer aux dispositions de cet article et à celles
précédent les modifications qui lui paraîtraient utiles ; mais ces modifica-
urront être exécutées que moyennant l'approbation préalable de l'admi-

mbre, l'étendue et l'emplacement des gares d'évitement seront détermi-
dministration, la compagnie entendue.

e des voies sera augmenté, s'il y a lieu, dans les gares et aux abords de
conformément aux décisions qui seront prises par l'administration, la
ntendue.

re et l'emplacement des stations de voyageurs et des gares de marchan-
également déterminés par l'administration, sur les propositions de la com-
s une enquête spéciale.

agnie sera tenue, préalablement à tout commencement d'exécution, de
à l'administration le projet desdites gares, lequel se composera :

plan à l'échelle de un cinq-centième, indiquant les dispositions principales ;
mémoire descriptif et justificatif.

compagnie sera tenue de rétablir les communications interrompues par le
fer, suivant les dispositions qui seront approuvées par l'administration.

que le chemin de fer devra passer au-dessus d'une route nationale ou dé-
ale ou d'un chemin vicinal, l'ouverture du viaduc sera fixée par l'adminis-
tenant compte des circonstances locales ; mais cette ouverture ne pourra,
cas, être inférieure à huit mètres (8^m,oo) pour la route nationale, à
res (7^m,oo) pour la route départementale, à cinq mètres (5^m,oo) pour un
vicinal de grande communication, et à quatre mètres (4^m,oo) pour un
emin vicinal.

les viaducs de forme cintrée, la hauteur sous clef, à partir du sol de la route,
cinq mètres (5^m,oo) au moins. Pour ceux qui seront formés de poutres hori-
en bois ou en fer, la hauteur sous poutre sera de quatre mètres trente cen-
(4^m,3o) au moins.

eur entre les parapets sera au moins de quatre mètres cinquante centimètres
La hauteur de ces parapets sera fixée par l'administration et ne pourra, dans
cas, être inférieure à quatre-vingts centimètres (0^m,8o).

Lorsque le chemin de fer devra passer au-dessous d'une route nationale ou

départementale, ou d'un chemin vicinal, la largeur entre les parapets du pont qui
supportera la route ou le chemin sera fixée par l'administration, en tenant compte
des circonstances locales; mais cette largeur ne pourra, dans aucun cas, être inférieure à huit mètres (8",oo) pour la route nationale, à sept mètres (7",oo) pour
route départementale; à cinq mètres (5",oo) pour un chemin vicinal de grande communication, et à quatre mètres (4",oo) pour un simple chemin vicinal.

L'ouverture du pont entre les culées sera au moins de quatre mètres cinquante
centimètres (4",5o) et la distance verticale ménagée au-dessus des rails extérieurs
chaque voie pour le passage des trains ne sera pas inférieure à quatre mètres qua-
vingts centimètres (4",8o) au moins.

13. Dans le cas où des routes nationales ou départementales, ou des chemins
cinaux, ruraux ou particuliers seraient traversés à leur niveau par le chemin de
les rails devront être posés sans aucune saillie ni dépression sur la surface de
routes, et de telle sorte qu'il n'en résulte aucune gêne pour la circulation des
tures.

Le croisement à niveau du chemin de fer et des routes ne pourra s'effectuer s
un angle de moins de quarante-cinq degrés.

Chaque passage à niveau établi sur une route ou sur un chemin public sera
de barrières lisses à bascule ou chaîne; il y sera, en outre, établi une mai-
garde toutes les fois que l'utilité en sera reconnue par l'administration.

14. Lorsqu'il y aura lieu de modifier l'emplacement ou le profil des routes
tantes, l'inclinaison des pentes et rampes sur les routes modifiées ne pourra ex-
trois centimètres (o",o3) par mètre pour les routes nationales ou départemen
et cinq centimètres (o",o5) pour les chemins vicinaux. L'administration restera
toutefois d'apprécier les circonstances qui pourraient motiver une dérogation à c
clause, comme à celle qui est relative à l'angle de croisement des passages à niv

15. La compagnie sera tenue de rétablir et d'assurer à ses frais l'écoulement
toutes les eaux dont le cours serait arrêté, suspendu ou modifié par ses travaux
de prendre les mesures nécessaires pour prévenir l'insalubrité pouvant résulter
chambres d'emprunt.

Les viaducs à construire à la rencontre des rivières, des canaux et des cours
quelconques auront au moins quatre mètres cinquante centimètres (4",5o) de
geur entre les parapets. La hauteur de ces parapets sera fixée par l'administra
ne pourra être inférieure à quatre-vingts centimètres (o",8o).

La hauteur et le débouché du viaduc seront déterminés, dans chaque cas p
lier, par l'administration, suivant les circonstances locales.

16. Les souterrains à établir pour le passage du chemin de fer auront au
quatre mètres cinquante centimètres (4",5o) de largeur entre les pieds-dr
niveau des rails; ils auront cinq mètres cinquante centimètres (5",5o) de ha
sous clef au-dessus de la surface des rails. La distance verticale entre l'int
le dessus des rails extérieurs de chaque voie ne sera pas inférieure à quatre m
quatre-vingts centimètres (4",8o). L'ouverture des puits d'aérage et de constr
des souterrains sera entourée d'une margelle en maçonnerie de deux mètres (2",
de hauteur. Cette ouverture ne pourra être établie sur aucune voie publique.

17. A la rencontre des cours d'eau flottables ou navigables, la compagnie
tenue de prendre toutes les mesures et de payer tous les frais nécessaires pour
le service de la navigation ou du flottage n'éprouve ni interruption ni entrave
dant l'exécution des travaux.

A la rencontre des routes nationales ou départementales et des autres che
publics, il sera construit des chemins et ponts provisoires par les soins et aux
de la compagnie, partout où cela sera jugé nécessaire pour que la circulation
prouve ni interruption ni gêne.

Un délai sera fixé par l'administration pour l'exécution des travaux définitifs
nés à rétablir les communications interceptées.

18. La compagnie n'emploiera dans l'exécution des ouvrages que des matériaux
bonne qualité; elle sera tenue de se conformer à toutes les règles de l'art, de
nière à obtenir une construction parfaitement solide.

Tous les aqueducs, ponceaux, ponts et viaducs à construire à la rencontre de
divers cours d'eau et des chemins publics ou particuliers seront en maçonnerie ou
en fer, sauf les cas d'exception qui pourront être admis par l'administration, et établi
aux frais de la compagnie.

es voies seront établies d'une manière solide et avec des matériaux de bonne

ds des rails sera de trente-cinq kilogrammes par mètre courant, sauf les ré-
qui seraient autorisées par l'administration.

chemin de fer sera séparé des propriétés riveraines par des murs, haies ou
tre clôture dont le mode et la disposition seront autorisés, partout où la
ie n'aurait pas été dispensée par décision du préfet.

us les terrains nécessaires pour l'établissement du chemin de fer et de ses
nces, pour la déviation des voies de communication et des cours d'eau dé-
t, en général, pour l'exécution des travaux, quels qu'ils soient, auxquels cet
ent pourra donner lieu, seront achetés et payés par la compagnie.

emnités pour occupation temporaire ou pour détérioration des terrains, pour
et pour tous dommages quelconques résultant tant de l'exécution des tra-
de la disposition des ouvrages seront aussi supportées et payées par la com-

entreprise étant d'utilité publique, la compagnie est investie, pour l'exécu-
travaux dépendant de sa concession, de tous les droits que les lois et règle-
nfèrent à l'administration en matière de travaux publics, soit pour l'acqui-
terrains par voie d'expropriation, soit pour l'extraction, le transport et le
terres, matériaux, etc., et elle demeure en même temps soumise à toutes
tions qui dérivent, pour l'administration, de ces lois et règlements.

la ligne du chemin de fer traverse un sol déjà concédé pour l'exploitation
ne, l'administration déterminera les mesures à prendre pour que l'établis-
chemin de fer ne nuise pas à l'exploitation de la mine, et réciproquement,
; le cas échéant, l'exploitation de la mine ne compromette pas l'existence
a de fer.

le chemin de fer doit s'étendre sur des terrains renfermant des carrières
verser souterrainement, il ne pourra être livré à la circulation avant que
tions qui pourraient en compromettre la solidité aient été remblayées ou
es. L'administration déterminera la nature et l'étendue des travaux qu'il
n d'entreprendre à cet effet, et qui seront d'ailleurs exécutés par les soins
s de la compagnie.

r l'exécution des travaux, la compagnie se soumettra aux décisions minis-
ncernant l'interdiction du travail les dimanches et jours fériés.

travaux seront exécutés sous le contrôle et la surveillance du préfet.

rôle et cette surveillance auront pour objet d'empêcher la compagnie de
es dispositions prescrites par le présent cahier des charges et de celles
ront des projets approuvés.

esure que les travaux seront terminés sur des parties de chemin de fer
es d'être livrées utilement à la circulation, il sera procédé, sur la demande
pagnie, à la reconnaissance et, s'il y a lieu, à la réception provisoire do
x par un ou plusieurs commissaires que l'administration désignera.

vu du procès-verbal de cette reconnaissance, l'administration autorisera,
eu, la mise en exploitation des parties dont il s'agit; après cette autorisation,
gnie pourra mettre lesdites parties en service et y percevoir les taxes ci-après
es. Toutefois, ces réceptions partielles ne deviendront définitives que par
tion générale et définitive du chemin de fer.

rès l'achèvement total des travaux, et dans le délai qui sera fixé par l'admi-
a, la compagnie fera faire à ses frais un bornage contradictoire et un plan
du chemin de fer et de ses dépendances.

pédition dûment certifiée des procès-verbaux de bornage et du plan ca-
sera dressée aux frais de la compagnie et déposée dans les archives de la pré-

rrains acquis par la compagnie postérieurement au bornage général, en vue
aire aux besoins de l'exploitation, et qui, par cela même, deviendront partie
te du chemin de fer, donneront lieu, au fur et à mesure de leur acquisition,
rnages supplémentaires et seront ajoutés sur le plan cadastral.

TITRE II.
ENTRETIEN ET EXPLOITATION.

Le chemin de fer et toutes ses dépendances seront constamment entretenus
n état, de manière que la circulation y soit toujours facile et sûre.

Les frais d'entretien et ceux auxquels donneront lieu les réparations .rdmaires
extraordinaires seront entièrement à la charge de la compagnie.

Si le chemin de fer, une fois achevé, n'est pas constamment entretenu en bon
état, il y sera pourvu d'office, à la diligence de l'administration et aux frais de la
compagnie, sans préjudice, s'il y a lieu, de l'application des dispositions indiquées
ci-après dans l'article 39.

Le montant des avances faites sera recouvré au moyen de rôles que le préfet rend
exécutoires.

30. La compagnie sera tenue d'établir à ses frais, partout où besoin sera, des
diens en nombre suffisant pour assurer la sécurité du passage des trains sur la voie
celle de la circulation ordinaire sur les points où le chemin de fer sera traversé à niveau par des routes ou chemins publics.

31. Les machines locomotives seront construites sur les meilleurs modèles,
devront satisfaire à toutes les conditions prescrites ou à prescrire par l'administration
pour la mise en service de ce genre de machines.

Les voitures de voyageurs devront également être faites d'après les meilleurs modèles et satisfaire à toutes les conditions réglées ou à régler pour les voitures servant
au transport des voyageurs sur les chemins de fer. Elles seront suspendues sur
ressorts et garnies de banquettes.

Il y en aura de trois classes au moins :

1° Les voitures de première classe seront couvertes, garnies, fermées à glaces
et munies de rideaux ;

2° Celles de deuxième classe seront couvertes, fermées à glaces, munies de rideaux, et auront des banquettes rembourrées ;

3° Celles de troisième classe seront couvertes, fermées à vitres, et auront des banquettes à dossier. Les banquettes et les dossiers devront être inclinés, et les dossiers seront élevés à la hauteur de la tête des voyageurs.

L'intérieur de chacun des compartiments de toute classe contiendra l'indication du
nombre des places de ce compartiment.

Le préfet pourra exiger qu'un compartiment de chaque classe soit réservé, dans les
trains de voyageurs, aux femmes voyageant seules.

Les voitures de voyageurs, les wagons destinés au transport des marchandises,
chaises de poste, des chevaux ou des bestiaux, les plates-formes, et, en gé-
toutes les parties du matériel roulant, seront de bonne et solide construction.

La compagnie sera tenue, pour la mise en service de ce matériel, de se sou-
à tous les règlements sur la matière.

Les machines locomotives, tenders, voitures, wagons de toute espèce, p
formes composant le matériel roulant, seront constamment entretenus en bon

32. Des règlements arrêtés par le préfet, après que la compagnie aura été entendue, et rendus exécutoires par l'approbation du conseil général du départe-
détermineront les mesures et les dispositions nécessaires pour assurer la p
l'exploitation du chemin de fer, ainsi que la conservation des ouvrages qui en dépendent.

Toutes les dépenses qu'entraînera l'exécution des mesures prescrites en ver
ces règlements seront à la charge de la compagnie.

La compagnie sera tenue de soumettre à l'approbation du préfet les règlements
néraux relatifs au service et à l'exploitation du chemin de fer.

Les règlements dont il s'agit dans les deux paragraphes précédents seront ob-
gatoires non-seulement pour la compagnie concessionnaire, mais encore pour tou-
celles qui obtiendraient ultérieurement l'autorisation d'établir des lignes de che
de fer d'embranchement ou de prolongement, et, en général, pour toutes les personnes qui emprunteraient l'usage du chemin de fer.

Le préfet déterminera, sur la proposition de la compagnie, le minimum et le maximum de vitesse des convois de voyageurs et de marchandises, ainsi que la durée
du trajet.

33. Pour tout ce qui concerne l'entretien et les réparations du chemin de fer et
de ses dépendances, l'entretien du matériel et le service de l'exploitation, la compagnie sera soumise au contrôle et à la surveillance de l'administration.

Outre la surveillance ordinaire, l'administration déléguera, aussi souvent qu'elle
le jugera utile, un ou plusieurs commissaires pour reconnaître et constater l'état du
chemin de fer, de ses dépendances et du matériel.

TITRE III.

DURÉE, RACHAT ET DÉCHÉANCE DE LA CONCESSION.

34. La durée de la concession, pour la ligne mentionnée à l'article 1er du présent cahier des charges, sera de quatre-vingt-dix-neuf ans (99 ans). Elle commencera à courir à partir de la date du décret déclaratif d'utilité publique.

35. A l'époque fixée pour l'expiration de la concession, et par le seul fait de cette expiration, le département sera subrogé à tous les droits de la compagnie sur le chemin de fer et ses dépendances, et il entrera immédiatement en jouissance de tous ses produits.

La compagnie sera tenue de lui remettre en bon état d'entretien le chemin de fer et tous les immeubles qui en dépendent, quelle qu'en soit l'origine, tels que les bâtiments des gares et stations, les remises, ateliers et dépôts, les maisons de gardes, etc. Il en sera de même de tous les objets immobiliers dépendant également dudit chemin, tels que les barrières et clôtures, les voies, changements de voies, plaques tournantes, réservoirs d'eau, grues hydrauliques, machines fixes, etc.

Dans les cinq dernières années qui précéderont le terme de la concession, le département aura le droit de saisir les revenus du chemin de fer et de les employer à rétablir en bon état le chemin de fer et ses dépendances, si la compagnie ne se mettait pas en mesure de satisfaire pleinement et entièrement à cette obligation.

En ce qui concerne les objets mobiliers, tels que le matériel roulant, les matériaux, combustibles et approvisionnements de tous genres, le mobilier des stations, l'outillage des ateliers et des gares, le département sera tenu, si la compagnie le requiert, de reprendre tous ces objets, sur l'estimation qui en sera faite à dire d'experts, et réciproquement, si le département le requiert, la compagnie sera tenue de les céder de la même manière.

Toutefois, le département ne pourra être tenu de reprendre que les approvisionnements nécessaires à l'exploitation du chemin pendant six mois.

36. A toute époque après l'expiration des quinze premières années de la concession, le département aura la faculté de racheter la concession entière du chemin de fer.

Pour régler le prix du rachat, on relèvera les produits nets annuels obtenus par la compagnie pendant les sept années qui auront précédé celle où le rachat sera effectué; on en déduira les produits nets des deux plus faibles années, et l'on établira le produit net moyen des cinq autres années.

Ce produit net moyen formera le montant d'une annuité qui sera due et payée à la compagnie pendant chacune des années restant à courir sur la durée de la concession.

Dans aucun cas, le montant de l'annuité ne sera inférieur au produit net de la dernière des sept années prises pour terme de comparaison.

La compagnie recevra en outre, dans les trois mois qui suivront le rachat, les remboursements auxquels elle aurait droit à l'expiration de la concession, selon l'article 35 ci-dessus.

37. Si la compagnie n'a pas commencé les travaux ou présenté les projets dans les délais fixés par les articles 2 et 5, elle encourra la déchéance, sans qu'il y ait lieu à aucune notification ou mise en demeure préalable.

38. Faute par la compagnie d'avoir terminé les travaux dans le délai fixé par l'article 2, faute aussi par elle d'avoir rempli les diverses obligations qui lui sont imposées par le présent cahier des charges, elle encourra la déchéance, et il sera pourvu tant à la continuation et à l'achèvement des travaux qu'à l'exécution des autres engagements contractés par la compagnie, au moyen d'une adjudication que l'on ouvrira sur une mise à prix des ouvrages exécutés, des matériaux approvisionnés et des parties du chemin de fer déjà livrées à l'exploitation.

Les soumissions pourront être inférieures à la mise à prix.

La nouvelle compagnie sera soumise aux clauses du présent cahier des charges, et la compagnie évincée recevra d'elle le prix que la nouvelle adjudication aura fixé.

La partie du cautionnement qui n'aura pas encore été restituée deviendra la propriété du département.

Si l'adjudication ouverte n'amène aucun résultat, une seconde adjudication sera tentée sur les mêmes bases, après un délai de trois mois. Si cette seconde tentative

44.

reste également sans résultat, la compagnie sera définitivement déchue de tous droits, et alors les ouvrages exécutés, les matériaux approvisionnés et les parties du chemin de fer déjà livrées à l'exploitation appartiendront au département.

39. Si l'exploitation du chemin de fer vient à être interrompue en totalité ou en partie, l'administration prendra immédiatement, aux frais et risques de la compagnie, les mesures nécessaires pour assurer provisoirement le service.

Si, dans les trois mois de l'organisation du service provisoire, la compagnie n'a pas valablement justifié qu'elle est en état de reprendre et de continuer l'exploitation, et si elle ne l'a pas effectivement reprise, la déchéance pourra être prononcée par le préfet. Cette déchéance prononcée, le chemin de fer et toutes ses dépendances seront mis en adjudication, et il sera procédé ainsi qu'il est dit à l'article précédent.

39 bis. Dans les cas prévus et réglementés par les articles 37, 58 et 39, il est formellement stipulé que la déchéance encourue porterait non-seulement sur l'embranchement présentement concédé, mais aussi sur la ligne principale partant de la limite de l'Eure et aboutissant à Rouen.

40. Les dispositions des trois articles qui précèdent cesseraient d'être ap et la déchéance ne serait pas encourue, dans le cas où le concessionnaire n'aurait remplir ses obligations par suite de circonstances de force majeure dûment constatées.

TITRE IV.
TAXES ET CONDITIONS RELATIVES AU TRANSPORT DES VOYAGEURS ET DES MARCHANDISES.

41. Pour indemniser la compagnie des travaux et dépenses qu'elle s'engage à faire par le présent cahier des charges, et sous la condition expresse qu'elle en rem exactement toutes les obligations, le département lui accorde l'autorisation de voir, pendant toute la durée de la concession, les droits de péage et les prix de port ci-après déterminés :

TARIF. 1° PAR TÊTE ET PAR KILOMÈTRE.	de péage.	de transport.	
	fr. c.	fr. c.	fr. c.
Grande vitesse.			
Voyageurs... Voitures couvertes, garnies et fermées à glaces (1re classe)............................	0 067	0 033	0 10
Voitures couvertes, fermées à glaces, et à banquettes rembourrées (2e classe)...................	0 050	0 025	0 075
Voitures couvertes et fermées à vitres (3e classe)...	0 037	0 018	0 055
Enfants...... Au-dessous de trois ans, les enfants ne payent rien, à la condition d'être portés sur les genoux des personnes qui les accompagnent.			
De trois à sept ans, ils payent demi-place et ont droit à une place distincte; toutefois, dans un même compartiment, deux enfants ne pourront occuper que la place d'un voyageur.			
Au-dessus de sept ans, ils payent place entière.			
Chiens transportés dans les trains de voyageurs (sans que la perception puisse être inférieure à 0f 30°)............................	0 010	0 005	0 015
Petite vitesse.			
Bœufs, vaches, taureaux, chevaux, mulets, bêtes de trait.........	0 07	0 03	0 10
Veaux et porcs...................................	0 025	0 015	0 04
Moutons, brebis, agneaux, chèvres................	0 01	0 01	0 02

Lorsque les animaux ci-dessus dénommés seront, sur la demande des expéditeurs, transportés à la vitesse des trains de voyageurs, les prix seront doublés.

2° PAR TONNE ET PAR KILOMÈTRE.

Marchandises transportées à grande vitesse.

Huîtres, poissons frais, denrées, excédants de bagages et marchandises de toute classe transportées à la vitesse des trains de voyageurs................	0 30	0 20	0 50

| | PRIX | | |
	de péage.	de trans-port.	TOTAUX.

Marchandises transportées à petite vitesse.	fr. c.	fr. c.	fr. c.
1re classe. — Spiritueux. — Huiles. — Bois de menuiserie, de teinture et autres bois exotiques. — Produits chimiques non dénommés. — Œufs. — Viande fraiche. — Gibier. — Sucre. — Café. — Drogues. — Épiceries. — Tissus. — Denrées coloniales. — Objets manufacturés. — Armes............................	0 09	0 07	0 16
2e classe. — Blés. — Grains. — Farines. — Légumes farineux. — Riz. — Maïs. — Châtaignes et autres denrées alimentaires non dénommées. — Chaux et plâtre. — Charbon de bois. — Bois à brûler dit *de corde*. — Perches. — Chevrons. — Planches. — Madriers. — Bois de charpente. — Marbre en bloc. — Albâtre. — Bitumes. — Cotons. — Laines. — Vins. — Vinaigres. — Boissons. — Bières. — Levûre sèche. — Coke. — Fers. — Cuivres. — Plomb et autres métaux ouvrés ou non. — Fontes moulées...	0 08	0 06	0 14
3e classe. — Pierres de taille et produits de carrières. — Minerais autres que le minerais de fer. — Fonte brute.— Sel.— Mœllons. — Meulières.—Argiles.—Briques.—Ardoises.....................	0 06	0 04	0 10
4e classe. — Houille. — Marne. — Cendres. — Fumiers et engrais. — Pierres à chaux et à plâtre. — Pavés et matériaux pour la construction et la réparation des routes. — Minerais de fer. — Cailloux et sables..............................	0 045	0 035	0 08

2° VOITURES ET MATÉRIEL ROULANT TRANSPORTÉS À PETITE VITESSE.

Par pièce et par kilomètre.

	fr. c.	fr. c.	fr. c.
Wagon ou chariot pouvant porter de trois à six tonnes............	0 15	0 10	0 25
Wagon ou chariot pouvant porter plus de six tonnes..............	0 20	0 10	0 30
Locomotive pesant de douze à dix-huit tonnes (ne trainant pas de convoi).	2 25	1 50	3 75
Locomotive pesant plus de dix-huit tonnes (ne trainant pas de convoi).	3 00	1 50	4 50
Tender de sept à dix tonnes..................................	1 35	0 90	2 25
Tender de plus de dix tonnes.................................	2 00	1 00	3 00

Les machines locomotives seront considérées comme ne trainant pas de convoi, lorsque le convoi remorqué, soit de voyageurs, soit de marchandises, ne comportera pas un péage au moins égal à celui qui serait perçu sur la locomotive avec son tender marchant sans rien trainer.

Le prix à payer pour un wagon chargé ne pourra jamais être inférieur à celui qui serait dû pour un wagon marchant à vide.

| Voiture à deux ou quatre roues, à un fond et à une seule banquette dans l'intérieur.. | 0 18 | 0 14 | 0 32 |
| Voiture à quatre roues, à deux fonds et à deux banquettes dans l'intérieur, omnibus, diligences, etc................................. | 0 25 | 0 15 | 0 40 |

Lorsque, sur la demande des expéditeurs, les transports auront lieu à la vitesse des trains de voyageurs, les prix ci-dessus seront doublés.

Dans ce cas, deux personnes pourront, sans supplément de prix, voyager dans les voitures à une banquette, et trois dans les voitures à deux banquettes, omnibus, diligences, etc. Les voyageurs excédant ce nombre payeront le prix des places de deuxième classe.

| Voitures de déménagement à deux ou à quatre roues, à vide...... | 0 20 | 0 10 | 0 30 |
| Ces voitures, lorsqu'elles seront chargées, payeront en sus des prix ci-dessus, par tonne de chargement et par kilomètre........ | 0 10 | 0 08 | 0 18 |

4° SERVICE DES POMPES FUNÈBRES ET TRANSPORT DES CERCUEILS.

Grande vitesse.

| Une voiture des pompes funèbres renfermant un ou plusieurs cercueils sera transportée aux mêmes prix et conditions qu'une voiture à quatre roues, à deux fonds et à deux banquettes........ | 0 36 | 0 28 | 0 64 |
| Chaque cercueil confié à l'administration du chemin de fer sera transporté, dans un compartiment isolé, au prix de.......... | 0 18 | 0 12 | 0 30 |

Les prix déterminés ci-dessus pour les transports à grande vitesse ne comprennent pas les impôts dus à l'État.

Il est expressément entendu que les prix de transport ne seront dus à la compagnie qu'autant qu'elle effectuerait elle-même ces transports à ses frais et par ses propres moyens; dans le cas contraire, elle n'aurait droit qu'aux prix fixés pour le péage.

La perception aura' lieu d'après le nombre de kilomètres parcourus. Tout kilomètre entamé sera payé comme s'il avait été parcouru en entier.

Si la distance parcourue est inférieure à six kilomètres, elle sera comptée pour six kilomètres.

Le poids de la tonne est de mille kilogrammes.

Les fractions de poids ne seront comptées, tant pour la grande que pour la petite vitesse, que par centième de tonne ou par dix kilogrammes.

Ainsi, tout poids compris entre zéro et dix kilogrammes payera comme dix kilogrammes, entre dix et vingt kilogrammes comme vingt kilogrammes, etc.

Toutefois, pour les excédants de bagages et marchandises à grande vitesse, les coupures seront établies : 1° de zéro à cinq kilogrammes ; 2° au-dessus de cinq jusqu'à dix kilogrammes ; 3° au-dessus de dix kilogrammes, par fraction- indivisible de dix kilogrammes.

Quelle que soit la distance parcourue, le prix d'une expédition quelconque, soit en grande, soit en petite vitesse, ne pourra être moindre de quarante centimes.

42. A moins d'une autorisation spéciale et révocable de l'administration, tout train régulier de voyageurs devra contenir des voitures de toutes classes en nombre suffisant pour toutes les personnes qui se présenteraient dans les bureaux du chemin de fer.

Dans chaque train de voyageurs, la compagnie aura la faculté de placer des voitures à compartiments spéciaux pour lesquels il sera établi des prix particuliers que l'administration fixera, sur la proposition de la compagnie; mais le nombre des places à donner dans ces compartiments ne pourra dépasser le cinquième du nombre total des places du train.

43. Tout voyageur dont le bagage ne pèsera pas plus de trente kilogrammes n'aura à payer, pour le port de ce bagage, aucun supplément du prix de sa place. Cette franchise ne s'appliquera pas aux enfants transportés gratuitement, et elle sera réduite à vingt kilogrammes pour les enfants transportés à moitié prix.

44. Les animaux, denrées, marchandises, effets et autres objets non désignés dans le tarif seront rangés, pour les droits à percevoir, dans les classes avec lesquelles ils auront le plus d'analogie, sans que jamais, sauf les exceptions formulées aux articles et 46 ci-après, aucune marchandise non dénommée puisse être soumise à une taxe supérieure à celle de la première classe du tarif ci-dessus.

Les assimilations de classes pourront être provisoirement réglées par la compagnie, mais elles seront soumises immédiatement à l'administration, qui prononcera définitivement.

45. Les droits de péage et les prix de transport déterminés au tarif ne sont pas applicables à toute masse indivisible pesant plus de trois mille kilogrammes (3.000).

Néanmoins, la compagnie ne pourra se refuser à transporter les masses indivisibles pesant de trois mille à cinq mille kilogrammes; mais les droits de péage et les prix de transport seront augmentés de moitié.

La compagnie ne pourra être contrainte à transporter les masses pesant plus de cinq mille kilogrammes.

Si, nonobstant la disposition qui précède, la compagnie transporte des masses indivisibles pesant plus de cinq mille kilogrammes, elle devra, pendant trois mois au moins, accorder les mêmes facilités à tous ceux qui en feraient la demande.

Dans ce cas, les prix de transport seront fixés par l'administration, sur la proposition de la compagnie.

46. Les prix de transport déterminés au tarif ne sont point applicables :

1° Aux denrées et objets qui ne sont pas nommément énoncés dans le tarif et qui ne pèseraient pas deux cents kilogrammes sous le volume d'un mètre cube ;

2° Aux matières inflammables ou explosibles, aux animaux et objets dangereux, pour lesquels des règlements de police prescriraient des précautions spéciales ;

3° Aux animaux dont la valeur déclarée excéderait cinq mille francs ;

4° A l'or et à l'argent, soit en lingots, soit monnayés ou travaillés, au plaqué d'or ou d'argent, au mercure et au platine, ainsi qu'aux bijoux, dentelles, pierres précieuses, objets d'art et autres valeurs ;

, en général, à tous paquets, colis ou excédants de bagages pesant isolément
e kilogrammes et au-dessous.

ois, les prix de transport déterminés au tarif sont applicables à tous paquets
, quoique emballés à part, s'ils font partie d'envois pesant ensemble plus de
 kilogrammes d'objets envoyés par une même personne à une même per-
l en sera de même pour les excédants de bagages qui pèseraient ensemble ou
at plus de quarante kilogrammes.

dfice de la disposition énoncée dans le paragraphe précédent, en ce qui
e les paquets et colis, ne peut être invoqué par les entrepreneurs de messa-
t de roulage et autres intermédiaires de transport, à moins que les articles
envoyés ne soient réunis en un seul colis.

les cinq cas ci-dessus spécifiés, les prix de transport seront arrêtés annuelle-
r l'administration, tant pour la grande que pour la petite vitesse, sur la pro-
de la compagnie.

qui concerne les paquets ou colis mentionnés au paragraphe 5° ci-dessus,
de transport devront être calculés de telle manière que, en aucun cas, un
paquets ou colis ne puisse payer un prix plus élevé qu'un article de même
esant plus de quarante kilogrammes.

ans le cas où la compagnie jugerait convenable, soit pour le parcours total,
r le parcours partiel de la voie de fer, d'abaisser, avec ou sans conditions,
us des limites déterminées par le tarif les taxes qu'elle est autorisée à per-
es taxes abaissées ne pourront être relevées qu'après un délai de trois mois
 pour les voyageurs et de six mois pour les marchandises.

modification de tarif proposée par la compagnie sera annoncée un mois
 par des affiches.

rception des tarifs modifiés ne pourra avoir lieu qu'avec l'homologation du
onformément aux dispositions de la loi du 12 juillet 1865.

rception des taxes devra se faire indistinctement et sans aucune faveur.

raité particulier qui aurait pour effet d'accorder à un ou plusieurs expédi-
e réduction sur les tarifs approuvés demeure formellement interdit.

ois, cette disposition n'est pas applicable aux traités qui pourraient inter-
tre le Gouvernement et la compagnie dans l'intérêt des services publics,
ductions ou remises qui seraient accordées par la compagnie aux indigents.

s d'abaissement des tarifs, la réduction portera proportionnellement sur le
sur le transport.

compagnie sera tenue d'effectuer constamment avec soin, exactitude et cé-
sans tour de faveur, le transport des voyageurs, bestiaux, denrées, mar-
s et objets quelconques qui lui seront confiés.

olis, bestiaux et objets quelconques seront inscrits, à la gare d'où ils
t à la gare où ils arrivent, sur des registres spéciaux, au fur et à mesure de
eption; mention sera faite, sur les registres de la gare de départ, du prix
pour leur transport.

es marchandises ayant une même destination, les expéditions auront lieu
l'ordre de leur inscription à la gare de départ.

expédition de marchandises sera constatée, si l'expéditeur le demande, par
re de voiture dont un exemplaire restera aux mains de la compagnie et
ux mains de l'expéditeur. Dans le cas où l'expéditeur ne demanderait pas de
 voiture, la compagnie sera tenue de lui délivrer un récépissé qui énoncera
 et le poids du colis, le prix total du transport et le délai dans lequel ce
t devra être effectué.

es animaux, denrées, marchandises et objets quelconques seront expédiés et
 gare en gare dans les délais résultant des conditions ci-après exprimées :

 animaux, denrées, marchandises et objets quelconques à grande vitesse
expédiés par le premier train de voyageurs comprenant des voitures de toutes
s et correspondant avec leur destination, pourvu qu'ils aient été présentés à
gistrement trois heures avant le départ de ce train.

seront mis à la disposition des destinataires, à la gare, dans le délai de deux
es après l'arrivée du même train;

Les animaux, denrées, marchandises et objets quelconques à petite vitesse
t expédiés dans le jour qui suivra celui de la remise; toutefois, l'administration
rieure pourra étendre ce délai à deux jours.

maximum de durée du trajet sera fixé par l'administration, sur la proposition de la compagnie, sans que ce maximum puisse excéder vingt-quatre heures par tion indivisible de cent vingt-cinq kilomètres.

Les colis seront mis à la disposition des destinataires dans le jour qui suivra de leur arrivée effective en gare.

Le délai total résultant des trois paragraphes ci-dessus sera seul obligatoire compagnie.

Il pourra être établi un tarif réduit, approuvé par le préfet, pour tout ex qui acceptera des délais plus longs que ceux déterminés ci-dessus pour la peti tesse.

Pour le transport des marchandises, il pourra être établi, sur la proposition compagnie, un délai moyen entre ceux de la grande et de la petite vitesse.

Le prix correspondant à ce délai sera un prix intermédiaire entre ceux grande et de la petite vitesse.

L'administration déterminera, par des règlements spéciaux, les heures d'ou et de fermeture des gares et stations, tant en hiver qu'en été. Le service n'est pas obligatoire pour la compagnie.

Lorsque la marchandise devra passer d'une ligne sur une autre sans solu continuité, les délais de livraison et d'expédition au point de jonction sero par l'administration, sur la proposition de la compagnie.

50. Les frais accessoires non mentionnés dans les tarifs, tels que ceux d'en ment, de chargement, de déchargement et de magasinage dans les gares et m du chemin de fer, seront fixés annuellement par l'administration, sur la pro de la compagnie.

51. La compagnie sera tenue de faire, soit par elle-même, soit par un i diaire dont elle répondra, le factage et le camionnage pour la remise au des destinataires de toutes les marchandises qui lui sont confiées.

Le factage et le camionnage ne seront point obligatoires en dehors du ra l'octroi, non plus que pour les gares qui desserviraient, soit une population mérée de moins de cinq mille habitants, soit un centre de population de cinq habitants situé à plus de cinq kilomètres de la gare du chemin de fer.

Les tarifs à percevoir seront fixés par l'administration, sur la proposition compagnie. Ils seront applicables à tout le monde sans distinction.

Toutefois, les expéditeurs et destinataires resteront libres de faire eux-m à leurs frais le factage et le camionnage des marchandises.

52. A moins d'une autorisation spéciale de l'administration, il est inter compagnie, conformément à l'article 14 de la loi du 15 juillet 1845, de faire ment ou indirectement avec des entreprises de transport de voyageurs ou d chandises par terre ou par eau, sous quelque dénomination ou forme que ce être, des arrangements qui ne seraient pas consentis en faveur de toutes les prises desservant les mêmes voies de communication.

L'administration, agissant en vertu de l'article 32 ci-dessus, prescrira les m à prendre pour assurer la plus complète égalité entre les diverses entrep transport dans leurs rapports avec le chemin de fer.

TITRE V.

STIPULATIONS RELATIVES À DIVERS SERVICES PUBLICS.

53. Les militaires ou marins voyageant en corps, aussi bien que les milita marins voyageant isolément pour cause de service, envoyés en congé limité permission, ou rentrant dans leurs foyers après libération, ne seront assujetti leurs chevaux et leurs bagages, qu'à la moitié de la taxe du tarif fixé par le cahier des charges.

Si le Gouvernement avait besoin de diriger des troupes et un matériel mili naval sur l'un des points desservis par le chemin de fer, la compagnie serait de mettre immédiatement à sa disposition, pour la moitié de la taxe du même tous ses moyens de transport.

54. Les fonctionnaires ou agents chargés de l'inspection, du contrôle et de la veillance du chemin de fer seront transportés gratuitement dans les voitures compagnie.

La même facilité est accordée aux agents des contributions indirectes et

ass chargés de la surveillance des chemins de fer dans l'intérêt de la perception
impôt.

f Le service des lettres et dépêches sera fait comme il suit :
à chacun des trains de voyageurs et de marchandises circulant aux heures ordi-
à de l'exploitation, la compagnie sera tenue de réserver gratuitement un com-
ment spécial d'une voiture de deuxième classe, ou un espace équivalent, pour
ir les lettres et dépêches et les agents nécessaires au service des postes, le
s de la voiture restant à la disposition de la compagnie.
Il le volume des dépêches ou la nature du service rend insuffisante la capacité
partiment à deux banquettes, de sorte qu'il y ait lieu d'en occuper un deuxième,
pagnie sera tenue de le livrer, et il sera payé à la compagnie, pour la location
deuxième compartiment, vingt centimes par kilomètre parcouru.
que la compagnie voudra changer les heures de départ de ses convois ordi-
elle sera tenue d'en avertir l'administration des postes quinze jours à l'avance.
a compagnie sera tenue de transporter gratuitement, par tous les convois de
urs, tout agent des postes chargé d'une mission ou d'un service accidentel et
d'un ordre de service régulier délivré à Paris par le directeur général des
Il sera accordé à l'agent des postes en mission une place de voiture de
me classe, ou de première classe, si le convoi ne comporte pas de voitures de
me classe.
Administration se réserve le droit d'établir à ses frais, sans indemnité, mais
ns responsabilité pour la compagnie, tous poteaux ou appareils nécessaires
ange des dépêches sans arrêt de train, à la condition que ces appareils, par
ure ou leur position, n'apportent pas d'entraves aux différents services de la
ue des stations.
les employés chargés de la surveillance du service, les agents préposés à
re ou à l'entrepôt des dépêches, auront accès dans les gares ou stations pour
on de leur service, en se conformant aux règlements de police intérieure
mpagnie.
La compagnie sera tenue, à toute réquisition, de faire partir par convoi ordi-
wagons ou voitures cellulaires employés au transport des prévenus, accusés
mnés.
gons et les voitures employés au service dont il s'agit seront construits aux
f État ou des départements; leurs formes et dimensions seront déterminées
rt par le ministre de l'intérieur et par le ministre des travaux publics, la
e entendue.
ployés de l'administration, les gardiens et les prisonniers placés dans les
ou voitures cellulaires ne seront assujettis qu'à la moitié de la taxe applicable
es de troisième classe, telle qu'elle est fixée par le présent cahier des charges.
endarmes placés dans les mêmes voitures ne payeront que moitié de la
axe.
ansport des wagons et des voitures sera gratuit.
s le cas où l'administration voudrait, pour le transport des prisonniers, faire
des voitures de la compagnie, celle-ci serait tenue de mettre à sa disposition
plusieurs compartiments spéciaux de voitures de deuxième classe à deux ban-
. Le prix de location en sera fixé à raison de vingt centimes (o' 20') par com-
ment et par kilomètre.
dispositions qui précèdent seront applicables au transport des jeunes délin-
recueillis par l'administration pour être transférés dans les établissements,
tion.

Le Gouvernement se réserve la faculté de faire, le long des voies, toutes les
ctions, de poser tous les appareils nécessaires à l'établissement d'une ligne
phique, sans nuire au service du chemin de fer.
la demande de l'administration des lignes télégraphiques, il sera réservé,
es gares des villes ou des localités qui seront désignées ultérieurement, le ter-
écessaire à l'établissement des maisonnettes destinées à recevoir le bureau
phique et son matériel.
compagnie concessionnaire sera tenue de faire garder par ses agents les fils et
ils des lignes électriques, de donner aux employés télégraphiques connais-
de tous les accidents qui pourraient survenir, et de leur en faire connaître les
s. En cas de rupture du fil télégraphique, les employés de la compagnie au-

ront à raccrocher provisoirement les bouts séparés, d'après les instructions qui
seront données à cet effet.

Les agents de la télégraphie voyageant pour le sérvice de la ligne électrique
le droit de circuler gratuitement dans les voitures du chemin de fer.

En cas de rupture du fil électrique ou d'accidents graves, une locomoti
mise immédiatement à la disposition de l'inspecteur télégraphique de la ligr
le transporter sur le lieu de l'accident avec les hommes et les matériaux n
à la réparation. Ce transport devra être effectué dans des conditions telles
puisse entraver en rien la circulation publique. Il sera alloué à la compagn
indemnité de un franc par kilomètre parcouru par la machine.

La compagnie sera tenue d'établir à ses frais les fils et appareils télégrap
destinés à transmettre les signaux nécessaires pour la sûreté et la régularité
exploitation.

Elle pourra, avec l'autorisation du ministre de l'intérieur, se servir des pote
ligne télégraphique de l'État, lorsqu'une semblable ligne existera le long de

La compagnie sera tenue de se soumettre à tous les règlements d'admi
publique concernant l'établissement et l'emploi de ces appareils.

TITRE VI.

CLAUSES DIVERSES.

58. Dans le cas où le Gouvernement ordonnerait ou autoriserait la cons
routes nationales, départementales ou vicinales, de chemins de fer ou de
qui traverseraient la ligne objet de la présente concession, la compagnie ne
s'opposer à ces travaux; mais toutes les dispositions nécessaires seront prise
qu'il n'en résulte aucun obstacle à la construction ou au service du chemin
ni aucuns frais pour la compagnie.

59. Toute exécution ou autorisation ultérieure de route, de canal, de ch
fer, de travaux de navigation dans la contrée où est situé le chemin de fe
de la présente concession, ou dans toute autre contrée voisine ou éloignée, ne
donner ouverture à aucune demande d'indemnité de la part de la compagnie.

60. Le Gouvernement et le département se réservent expressément le dro
corder de nouvelles concessions de chemins de fer s'embranchant sur le ch
fait l'objet du présent cahier des charges ou qui seraient établis en prol
même chemin.

La compagnie ne pourra mettre aucun obstacle à ces embranchemen
mer, à l'occasion de leur établissement, aucune indemnité quelconque,
n'en résulte aucun obstacle à la circulation, ni aucuns frais particuliers pour
pagnie.

Les compagnies concessionnaires de chemins de fer d'embranchement ou
longement auront la faculté, moyennant les tarifs ci-dessus déterminés et l'
tion des règlements de police et de service établis ou à établir, de faire circul
voitures, wagons et machines sur le chemin de fer objet de la présente
pour lequel cette faculté sera réciproque à l'égard desdits embranchements
longements. Toutefois, la compagnie ne sera pas tenue d'admettre sur les
matériel dont le poids et les dimensions seraient hors de proportion avec les é
constitutifs de ses voies.

Dans le cas où les diverses compagnies ne pourraient s'entendre entre e
l'exercice de cette faculté, le Gouvernement ou le préfet statuerait sur les di
qui s'élèveraient entre elles à cet égard.

Dans le cas où une compagnie d'embranchement ou de prolongement
ligne qui fait l'objet de la présente concession n'userait pas de la faculté
sur cette ligne, comme aussi dans le cas où la compagnie concessionnai
dernière ligne ne voudrait pas circuler sur les prolongements et
les compagnies seraient tenues de s'arranger entre elles, de manière que l
de transport ne soit jamais interrompu aux points de jonction des diverses l

Celle des compagnies qui se servira d'un matériel qui ne serait pas sa
payera une indemnité en rapport avec l'usage et la détérioration de ce
Dans le cas où les compagnies ne se mettraient pas d'accord sur la quotité d
demnité ou sur les moyens d'assurer la continuation du service sur toute la

Gouvernement ou le préfet y pourvoirait d'office et prescrirait toutes les mesures
es.

npagnie sera tenue, si l'administration le juge convenable, de partager
ss stations établies à l'origine des chemins de fer d'embranchement avec les
qui deviendraient ultérieurement concessionnaires desdits chemins.

ompagnie sera tenue de s'entendre avec tout propriétaire de mines ou
., offrant de se soumettre aux conditions prescrites ci-après, demanderait
embranchement; à défaut d'accord, le préfet statuera sur la demande,
e entendue.

ranchements seront construits aux frais des propriétaires de mines et
i, et de manière à ce qu'il ne résulte de leur établissement aucune entrave
culation générale, aucune cause d'avarie pour le matériel, ni aucuns frais
iers pour la compagnie.

entretien devra être fait avec soin et aux frais de leurs propriétaires, et sous le
de l'administration. La compagnie aura le droit de faire surveiller par ses
et entretien, ainsi que l'emploi de son matériel sur les embranchements.

inistration pourra, à toutes époques, prescrire les modifications qui seraient
tiles dans la soudure, le tracé ou l'établissement de la voie desdits embran-
ts, et les changements seront opérés aux frais des propriétaires.

inistration pourra même, après avoir entendu les propriétaires, ordonner
ment temporaire des aiguilles de soudure, dans le cas où les établissements
chés viendraient à suspendre en tout ou en partie leurs transports.

ompagnie sera tenue d'envoyer ses wagons sur tous les embranchements au-
destinés à faire communiquer des établissements de mines ou d'usines avec
principale du chemin de fer.

ompagnie amènera ses wagons à l'entrée des embranchements.

expéditeurs ou destinataires feront conduire les wagons dans leurs établisse-
pour les charger ou les décharger, et les ramèneront au point de jonction
a ligne principale, le tout à leurs frais.

wagons ne pourront d'ailleurs être employés qu'au transport d'objets et mar-
destinés à la ligne principale du chemin de fer.

is pendant lequel les wagons séjourneront sur les embranchements parti-
pourra excéder six heures, lorsque l'embranchement n'aura pas plus d'un
. Le temps sera augmenté d'une demi-heure par kilomètre en sus du pre-
compris les heures de la nuit, depuis le coucher jusqu'au lever du soleil.

le cas où les limites de temps seraient dépassées, nonobstant l'avertissement
donné par la compagnie, elle pourra exiger une indemnité égale à la valeur
de loyer des wagons pour chaque période de retard après l'avertissement.

traitements des gardiens d'aiguilles et des barrières des embranchements au-
par l'administration seront à la charge des propriétaires des embranchements.
ardiens seront nommés et payés par la compagnie, et les frais qui en résulte-
lui seront remboursés par lesdits propriétaires.

cas de difficultés, il sera statué par l'administration, la compagnie entendue.

propriétaires d'embranchements seront responsables des avaries que le maté-
éprouver pendant son parcours ou son séjour sur ces lignes.

e cas d'inexécution d'une ou de plusieurs des conditions énoncées ci-dessus,
pourra, sur la plainte de la compagnie, et après avoir entendu le proprié-
l'embranchement, ordonner par un arrêté la suspension du service et faire
er la soudure.

indemniser la compagnie de la fourniture et de l'envoi de son matériel sur les
chements, elle est autorisée à percevoir un prix fixe de douze centimes (o' 12°)
ane pour le premier kilomètre, et, en outre, quatre centimes (o' 4°) par tonne
kilomètre en sus du premier, lorsque la longueur de l'embranchement excé-
un kilomètre.

ut kilomètre entamé sera payé comme s'il avait été parcouru en son entier.

chargement et le déchargement sur les embranchements s'opéreront aux frais
xpéditeurs ou destinataires, soit qu'ils les fassent eux-mêmes, soit que la com-
e du chemin de fer consente à les opérer.

ce dernier cas, ces frais seront l'objet d'un règlement arrêté par l'administra-
supérieure, sur la proposition de la compagnie.

out wagon envoyé par la compagnie sur un embranchement devra être payé
me wagon complet, lors même qu'il ne serait pas complétement chargé.

La surchârge, s'il y en a, sera payée au prix du tarif légal et au prorata du poids réel. La compagnie sera en droit de refuser les chargements qui dépasseraient maximum de trois mille cinq cents kilogrammes, déterminé en raison des dimensions actuelles des wagons.

Le maximum sera revisé par l'administration, de manière à être toujours en rapport avec la capacité des wagons.

Les wagons seront pesés à la station d'arrivée par les soins et aux frais de la compagnie.

62. La contribution foncière sera établie en raison de la surface des terrains occupés par le chemin de fer et ses dépendances; la cote en sera calculée, comme pour les canaux, conformément à la loi du 25 avril 1803.

Les bâtiments et magasins dépendant de l'exploitation du chemin de fer seront assimilés aux propriétés bâties de la localité. Toutes les contributions auxquelles les édifices pourront être soumis seront, aussi bien que la contribution foncière, à la charge de la compagnie.

63. Les agents et gardes que la compagnie établira, soit pour la perception des droits, soit pour la surveillance et la police du chemin de fer et de ses dépendances, pourront être assermentés et seront, dans ce cas, assimilés aux gardes champêtres.

64. La somme de deux cent cinquante mille francs versée par la compagnie cessionnaire pour la ligne de Montaure à Rouen s'appliquera tout à la fois à la ligne et à celle faisant l'objet du présent cahier des charges.

65. La compagnie devra faire élection de domicile à Rouen.

Dans le cas où elle ne l'aurait pas fait, toute notification ou signification à elle adressée sera valable lorsqu'elle sera faite au secrétariat général de la préfecture de la Seine-Inférieure.

66. Les frais de visite, de surveillance et de réception des travaux, et les frais de contrôle de l'exploitation, seront supportés par la compagnie.

Afin de pourvoir à ces frais, la compagnie sera tenue de verser chaque année à la caisse du trésorier payeur général, une somme de cinquante francs par chaque kilomètre de chemin de fer concédé.

Toutefois, cette somme sera réduite à vingt-cinq francs pour les parties livrées à l'exploitation.

67. Les contestations qui s'élèveraient entre la compagnie et l'administration au sujet de l'exécution et de l'interprétation des clauses du présent cahier des charges seront jugées administrativement par le conseil de préfecture du département de la Seine-Inférieure, sauf recours au Conseil d'État.

68. Les frais d'enregistrement seront à la charge du concessionnaire.

Arrêté à Rouen, le 28 Février 1872.

Approuvé l'écriture :
Signé V. DE VILLERMONT.

Signé LIZOT.

Certifié conforme au cahier des charges annexé au décret en date du 1er août enregistré sous le n° 549.

Le Conseiller d'État, Secrétaire général.
Signé DE BOURETILLE.

RÉPUBLIQUE FRANÇAISE.

N° 3578. — DÉCRET qui déclare d'utilité publique l'établissement d'une Voie à traction de locomotives entre Rueil et Marly-le-Roi (Seine-et-Oise).

Du 28 Août 1874.

(Promulgué au Journal officiel du 2 septembre 1874.)

LE PRÉSIDENT DE LA RÉPUBLIQUE FRANÇAISE,

Sur le rapport du ministre des travaux publics;

Vu la demande présentée par le sieur Eugène Tarbé des Sablons, à l'effet

btenir l'autorisation d'établir une voie ferrée à traction de locomotives
diverses voies publiques dépendant tant de la grande voirie que de la
e urbaine, entre Rueil et Marly-le-Roi, pour le transport des voyageurs
es marchandises, aux clauses et conditions du cahier des charges arrêté,
e juin 1874, par le ministre des travaux publics;·
u l'avant-projet et notamment le plan visé par l'ingénieur en chef de
e-et-Oise, le 9 mars 1874;
u les pièces des enquêtes ouvertes sur cet avant-projet et le tarif pro-
en exécution de l'article 3 de la loi du 3 mai 1841 et dans la forme
rite par l'ordonnance du 18 février 1834;
a notamment les délibérations des commissions d'enquête, en date des
21 juin 1872, 6 et 13 janvier 1873 et 20 décembre de la même année;
les avis du conseil général des ponts et chaussées, en date des 24 mars
novembre 1873 et 20 avril 1874;
les lettres du préfet de Seine-et-Oise, en date des 6 et 29 janvier et
ût 1873 et 10 mars 1874;
la loi du 3 mai 1841, sur l'expropriation pour cause d'utilité publique;
Conseil d'État entendu,
DÉCRÈTE :

T. 1er. Est déclaré d'utilité publique l'établissement d'une voie
e à traction de locomotives pour le transport des voyageurs et
marchandises entre la station de Rueil (chemin de fer de Saint-
main) et Marly-le-Roi (Seine-et-Oise), suivant le tracé exprimé
une ligne rouge sur le plan ci-dessus visé annexé au présent
et, lequel tracé emprunte diverses voies publiques, sauf pour
rtie comprise entre la station du chemin de fer de Saint-Germain
rue du Vieux-Pont, à Rueil, où il se développe en dehors de
e publique.

Le sieur Eugène Tarbé des Sablons est autorisé à établir et à
iter ladite voie ferrée à ses risques et périls, en se conformant
clauses et conditions du cahier des charges ci-joint; il est subrogé
droits de l'administration pour l'expropriation des terrains et
ments nécessaires à l'exécution de son entreprise, en se confor-
t aux dispositions des titres II et suivants de la loi ci-dessus
e du 3 mai 1841.

Le ministre des travaux publics est chargé de l'exécution du
ent décret.

it à Versailles, le 28 Août 1874.

Signé M^{al} DE MAC MAHON.

Le Ministre des travaux publics;

Signé E. CAILLAUX.

CAHIER DES CHARGES.

TITRE Ier.
TRACÉ ET CONSTRUCTION.

T. 1er. M. Eugène Tarbé des Sablons est autorisé à placer, à ses risques et périls,
les voies publiques ci-après désignées dépendant tant de la grande voirie que de

la voirie urbaine, une voie ferrée à traction de locomotives et à y établir un
de voyageurs et de marchandises.

La voie ferrée partira des abords de la station de Rueil, du chemin de fer
à Saint-Germain, sur le côté gauche de ce chemin ; de là elle se dirigera, à
parallèlement au chemin de grande communication n° 39, jusqu'à la rue du
Pont.

Dans cette première partie, il sera ménagé un intervalle de un mètre
centimètres (1m,50) au moins entre la limite extrême des sentiers qu'elle lot
bord de l'accotement de la voie ferrée.

A partir de sa rencontre avec la rue du Vieux-Pont, la voie ferrée sera
cette rue, dont la largeur sera portée à douze mètres (12m,00), de telle
reste toujours au passage des voitures un espace libre de un mètre
centimètres (1m,90) au moins du côté des maisons qui pourraient y être

Avant de déboucher sur la route nationale n° 13, la voie ferrée empiéta
trémité de la rue dite du Bois, qui devra élargie en ce point ; puis elle
sur les trottoirs de droite, de manière qu'il reste toujours du côté des
espace libre d'au moins trois mètres quatre-vingt-dix centimètres (3m,90) et
mètre (1m,00) au moins du côté de l'accotement de la route.

Par suite de ces dispositions, la ligne d'arbres actuelle devra être déplacé
que l'aqueduc conduisant à la Seine les eaux de la commune. Cet aqueduc
porté sur le trottoir de gauche de la route, aux frais du concessionnaire.

Il sera donné d'ailleurs à cet aqueduc, si la ville consent à payer l'ex
dépenses, la largeur de section qui sera jugée nécessaire au complet écoul
eaux.

A partir de Bois-Préau, où sera établie une station, la voie ferrée suivra
trottoir de droite de la route, jusqu'à l'entrée de Bougival, la chaussée de
sur toute la partie de cette chaussée comprise depuis la station de la Jon
qu'au café de Madrid, la voie restera sur le trottoir de droite, qui sera con
ment élargi, aux frais du concessionnaire.

La voie passera ensuite sur le chemin de halage de la Seine, et, après avoir
le pont de Bougival, elle sera placée sur le trottoir de droite de la route
Port-Marly. Elle suivra la rue Saint-Louis, à Port-Marly, où elle sera établie
trottoir de six mètres (6m,00) de largeur, de manière à laisser trois mètres (
moins de largeur libre du côté des maisons ; le surplus de la largeur de la
divisé par le concessionnaire en six mètres (6m,00) de chaussée et trois mètre
de trottoirs ; au delà de la rue Saint-Louis, la voie ferrée sera établie sur la
de droite de la route nationale n° 184, jusqu'à l'abreuvoir de Marly-le-Roi
franchira la route pour aboutir à une voie d'évitement sur le côté de cet

2. La voie ferrée devra être achevée et le service mis en complète activité
délai maximum d'un an, à partir de la date de l'approbation du projet prévu
ticle 4 ci-après. Les travaux seront entrepris par parties, dans l'ordre qui ser
miné par le préfet, de manière à assurer le plus longtemps possible le serv
voie ferrée à traction de chevaux actuelle.

Le concessionnaire sera tenu d'établir, sur les parties de route qui ne
desservies par cette voie ferrée américaine pendant l'exécution des travau
tures en nombre suffisant pour assurer le transport des voyageurs.

3. Le concessionnaire ne pourra céder tout ou partie de son entreprise
la construction, soit pour l'exploitation, sans l'autorisation expresse de l'a
tion supérieure ; à défaut de cette autorisation, il demeurera garant envers l'
l'accomplissement des obligations que le cahier des charges lui impose.

4. Aucun travail ne pourra être entrepris, pour l'établissement de la voie
qu'avec l'autorisation de l'administration supérieure ; à cet effet, les projets
les travaux à exécuter seront dressés en double expédition et soumis, dans l
de deux mois, à compter de la date du décret de concession, à l'approbation
nistre, qui prescrira s'il y a lieu d'y introduire telles modifications que de
L'une de ces expéditions sera remise au concessionnaire avec le visa du
l'autre demeurera entre les mains de l'administration.

Avant comme pendant l'exécution, le concessionnaire aura la faculté de
aux projets approuvés les modifications qu'il jugerait utiles ; mais ces mo
ne pourront être exécutées qu'après avoir reçu l'approbation de l'
supérieure.

En aucun cas, ces modifications ne pourront donner lieu à indemnité.

Le concessionnaire pourra prendre copie de tous les plans, nivellements et devis
qui pourraient avoir été antérieurement dressés aux frais de l'État.

4. Le tracé et le profil de la voie ferrée seront arrêtés sur la production de projets
d'ensemble et de détail comprenant, pour la ligne entière ou pour chaque section
de la ligne :

1° Un plan général à l'échelle de un dix-millième ;

2° Un profil en long à l'échelle de un cinq-millième pour les longueurs et de un
millième pour les hauteurs, dont les cotes seront rapportées au niveau moyen de la
mer, pris pour plan de comparaison ; au-dessous de ce profil, on indiquera au moyen
de trois lignes horizontales disposées à cet effet, savoir :

Les distances kilométriques de la voie ferrée, comptées à partir de son origine ;

La longueur de l'inclinaison de chaque pente ou rampe ;

La longueur des parties droites et le développement des parties courbes du tracé,
en faisant connaître le rayon correspondant à chacune de ces dernières ;

3° Un certain nombre de profils en travers, y compris le profil type de la voie ;

4° Un mémoire dans lequel seront justifiées toutes les dispositions essentielles du
projet et un devis descriptif dans lequel seront reproduites, sous forme de tableaux,
les indications relatives aux déclivités et aux courbes déjà données sur le profil en

long.

La position des gares et stations projetées, celle des cours d'eau, des voies de
communication traversées par la voie ferrée, des passages à niveau, des égouts, de
bouches et regards et des conduites d'eau et de gaz, devront être indiquées
sur le plan que sur le profil en long.

5. La voie ferrée sera simple, à l'exception des points où il serait reconnu nécessaire d'établir des gares d'évitement.

Les terrains pour les rectifications à exécuter en dehors de l'assiette actuelle des
routes et voies suivies ou traversées seront acquis, les terrassements et les ouvrages
exécutés et les rails posés sur toute la longueur pour une voie seulement, à
l'exception des points où il sera reconnu nécessaire d'établir des gares d'évitement.

La largeur de la voie entre les bords intérieurs des rails devra être de un mètre
quarante-quatre centimètres (1m,44) à un mètre quarante-cinq centimètres (1m,45).

Dans les parties où la voie ferrée n'empruntera pas l'accotement des routes ou
des voies publiques, on ménagera au pied de chaque talus du ballast une bande de cinquante centimètres (0m,50) de largeur ; le concessionnaire établira les
fossés et rigoles qui seront jugés nécessaires pour l'assèchement de la voie et pour
l'écoulement des eaux ; les dimensions de ces fossés et rigoles seront déterminées
par l'administration, suivant les circonstances locales, sur les propositions du concessionnaire.

Partout où la voie ferrée sera établie sur la chaussée des routes ou chemins publics, de même que dans la traversée des localités habitées et au devant des accès
des propriétés riveraines, elle sera posée au niveau du sol sans saillie ni dépression,
soit le profil normal de la voie publique et sans altération de ce profil, soit dans
le sens transversal, soit dans le sens longitudinal.

Les rails et contre-rails, dont l'administration déterminera la forme et le mode
d'attache, seront compris, dans les cas spécifiés au paragraphe précédent, dans un
type d'échantillon qui régnera dans l'entre-rail et à quarante-sept centimètres
(0m,47) au moins au delà de chaque côté.

Dans les rampes où il serait nécessaire d'établir un rail central plus élevé que
les autres rails, le concessionnaire sera tenu d'exécuter les travaux qui seront
prescrits par l'administration pour que ce rail ne puisse gêner la circulation ni
celle des propriétés riveraines.

Dans la traverse de Bougival, le concessionnaire sera autorisé à établir la voie
ferrée au niveau du trottoir de la route et sur le chemin de halage, relevé lui-même
à ce niveau, sous la condition qu'il exécutera tous les travaux nécessaires dans l'intérêt de la navigation et ceux de la sécurité publique.

Au passage du pont de Bougival, il sera établi une barrière avec gardien, laquelle
sera habituellement la voie ferrée et ne sera ouverte sur cette voie que pour le
passage des trains.

Dans tous les cas, les projets détaillés des ouvrages et spécialement des moyens de
séparation entre la voie ferrée et la route nationale ou le chemin de halage devront,
avant toute exécution, être soumis à l'approbation de l'administration supérieure.

Le concessionnaire aura la faculté de proposer, en cours d'exécution, aux dispositions de cet article et à celle des deux articles précédents les modifications qui lui paraîtraient utiles ; mais ces modifications ne pourront être exécutées qu'après avoir reçu l'approbation de l'administration supérieure.

11. Le nombre, l'étendue et l'emplacement des gares d'évitement seront déterminés par l'administration, le concessionnaire entendu.

Le nombre des voies sera augmenté, s'il y a lieu, dans les gares et aux abords de ces gares, conformément aux décisions qui seront prises par l'administration, le concessionnaire entendu.

Le nombre et l'emplacement des stations de voyageurs et des gares de marchandises seront également déterminés par l'administration, sur les propositions du concessionnaire, après une enquête spéciale.

Le concessionnaire sera tenu, préalablement à tout commencement d'exécution, de soumettre à l'administration le projet desdites gares, lequel se composera :

1° D'un plan à l'échelle de un cinq-centième, indiquant les voies, les quais, bâtiments et leur distribution intérieure, ainsi que les dispositions de leurs abords ;

2° D'une élévation des bâtiments à l'échelle de un centimètre par mètre ;

3° D'un mémoire descriptif dans lequel les dispositions essentielles du projet seront justifiées.

12. La voie ferrée croisera à niveau toutes les voies de communication qu'elle rencontrera.

13. Dans le cas où des routes nationales ou départementales, ou des chemins vicinaux, ruraux ou particuliers seraient traversés à leur niveau par la voie ferrée, les rails devront être posés sans aucune saillie ni dépression sur la surface de ces routes, et de telle sorte qu'il n'en résulte aucune gêne pour la circulation des voitures.

Le croisement à niveau de la voie ferrée et des routes ne pourra s'effectuer sous un angle de moins de quarante-cinq degrés (45°).

14. Le concessionnaire sera tenu de rétablir et d'assurer à ses frais l'écoulement de toutes les eaux dont le cours serait arrêté, suspendu et modifié par ses travaux.

Il rétablira de même les communications publiques ou particulières que les travaux l'obligeraient à modifier.

Il rétablira en outre, et dans leur état primitif, toutes les parties de route occupées actuellement par la voie ferrée à traction de chevaux de Rueil à Port-Marly, qui se trouveront en dehors de la voie nouvelle.

La hauteur et le débouché des viaducs à construire à la rencontre des cours d'eau quelconques seront déterminés, dans chaque cas particulier, par l'administration, suivant les circonstances locales.

15. La démolition de la chaussée et l'ouverture de tranchées pour la pose, l'entretien de la voie seront effectuées avec toute la célérité et les précautions convenables.

Les chaussées devront être rétablies suivant leurs dimensions normales, et, autant que possible, dans la même journée.

En cas de négligence, de retard ou de mauvaise exécution, il y sera immédiatement pourvu aux frais du concessionnaire, sans préjudice des poursuites qui pourront être exercées contre lui pour contraventions aux règlements de grande voirie et des dommages-intérêts dont il pourrait être passible envers les tiers, en cas de dommage ou d'accident.

Le montant des avances sera recouvré par des rôles que le préfet du département de Seine-et-Oise rendra exécutoires.

Le déchet provenant de la démolition et du rétablissement des chaussées sera couvert, aux frais du concessionnaire, par des fournitures de matériaux neufs de nature et de la qualité de ceux qui sont employés pour ces chaussées.

Pour le rétablissement des chaussées pavées, au moment de la pose de la voie ferrée, il sera fourni, en outre, la quantité de boutisses nécessaire pour opérer le rétablissement suivant les règles de l'art, en évitant l'emploi des demi-pavés.

Dans le cas où la voie ferrée serait placée sur les trottoirs ou contre-allées en il sera établi, si la traction vient à s'opérer au moyen de chevaux, une chaussée pierrée pour la circulation desdits chevaux.

16. Le concessionnaire sera tenu d'exécuter à ses frais, sur les routes et voies suivies ou traversées, les travaux de terrassement, de reconstruction ou de rechargement de chaussées, les travaux de modification des ouvrages d'art desdites voies que pourra exiger l'établissement de la voie ferrée, ainsi qu'il sera prescrit par l'administration, de telle sorte que l'État ne participera à aucun degré dans les dépenses occasionnées par les modifications que le concessionnaire pourra être autorisé

faire subir aux routes et voies dont il emprunte le parcours, afin de les approprier
au exigences de la voie ferrée.

17. Le concessionnaire n'emploiera, dans l'exécution des ouvrages, que des matériaux de bonne qualité ; il sera tenu de se conformer à toutes les règles de l'art, de
manière à obtenir une construction parfaitement solide.

Tous les aqueducs, ponceaux, ponts et viaducs à construire à la rencontre des
divers cours d'eau seront en maçonnerie ou en fer, sauf les cas d'exception qui pourront être admis par l'administration.

18. Les voies seront établies d'une manière solide et avec des matériaux de bonne
qualité.

Le poids des rails sera au moins de trente-cinq kilogrammes (35^k) par mètre con-
tant sur les voies de circulation, si ces rails sont posés sur traverses, et de trente kilogrammes (3o^k) dans le cas où ils seraient posés sur longrines.

Le poids des contre-rails sera de vingt kilogrammes (2o^k) par mètre courant.

19. Aucune clôture séparative ne pourra être élevée entre la voie ferrée et les
parties de route réservées à la circulation ordinaire. Toutefois, l'administration
pourra prescrire l'établissement de barrières mobiles gardées partout où elle le jugera
utile, et notamment au passage à niveau du chemin vicinal n° 39, si la nécessité en
est reconnue par la suite.

20. Tous les terrains nécessaires pour l'établissement de la voie ferrée et de ses
dépendances, en dehors de l'assiette actuelle des routes, pour la déviation des voies
de communication et des cours d'eau déplacés, et, en général, pour l'exécution des
travaux, quels qu'ils soient, auxquels cet établissement pourra donner lieu, seront
achetés et payés par le concessionnaire.

Les indemnités pour occupation temporaire ou pour détérioration de terrains,
pour chômage, modification ou destruction d'usines, et pour tous dommages quelques résultant des travaux, seront supportées et payées par le concessionnaire.

21. L'entreprise étant déclarée d'utilité publique, le concessionnaire est investi,
pour l'exécution des travaux dépendant de sa concession, de tous les droits que les
lois et règlements confèrent à l'administration en matière de travaux publics, soit
pour l'acquisition des terrains par voie d'expropriation, soit pour l'extraction, le
transport et le dépôt des terres, matériaux, etc., et il demeure en même temps soumis à toutes les obligations qui dérivent, pour l'administration, de ces lois et règlements.

22. Dans les limites de la zone frontière et le rayon de servitude des enceintes
fortifiées, le concessionnaire sera tenu, pour l'étude et l'exécution de ses projets,
de soumettre à l'accomplissement de toutes les formalités et de toutes les conditions exigées par les lois, décrets et règlements concernant les travaux mixtes.

Pour l'exécution des travaux, le concessionnaire se soumettra aux décisions
ministérielles concernant l'interdiction du travail les dimanches et jours fériés.

23. Les travaux seront exécutés sous le contrôle et la surveillance de l'administration.

Les chantiers situés sur les routes devront être éclairés et gardés pendant la nuit.
Les travaux seront conduits de manière à gêner le moins possible la liberté de la
circulation.

25. A mesure que les travaux seront terminés sur des parties de voie ferrée assez
étendues pour être livrées utilement à la circulation, il sera procédé, sur la demande
du concessionnaire, à la reconnaissance et, s'il y a lieu, à la réception provisoire de
ces travaux par un ou plusieurs commissaires que l'administration désignera.

Sur le vu du procès-verbal de cette reconnaissance, l'administration autorisera,
s'il y a lieu, la mise en exploitation des parties dont il s'agit ; après cette autorisation,
le concessionnaire pourra mettre lesdites parties en service et y percevoir les taxes
après déterminées. Toutefois, ces réceptions partielles ne deviendront définitives
que par la réception générale et définitive de la voie ferrée.

Lorsque tous les travaux compris dans la concession seront achevés, la réception
générale et définitive aura lieu dans la même forme que les réceptions partielles.

26. Après l'achèvement total des travaux et dans le délai qui sera fixé par l'administration, le concessionnaire fera faire à ses frais un bornage contradictoire et un
plan cadastral des dépendances de la voie ferrée et des rectifications établies en
dehors de l'assiette des routes et voies dont il empruntera le parcours. Il fera dresser,
également à ses frais et contradictoirement avec l'administration, un état descriptif
de tous les ouvrages d'art qui auront été exécutés ou modifiés sur le parcours de la

voie ferrée, ledit état accompagné d'un atlas contenant les dessins cotés de tous lesdits ouvrages.

Une expédition dûment certifiée des procès-verbaux de bornage, du plan cadastral, de l'état descriptif et de l'atlas sera dressée aux frais du concessionnaire et déposée à la préfecture de Seine-et-Oise.

Les terrains acquis par le concessionnaire postérieurement au bornage général, en vue de satisfaire aux besoins de l'exploitation, donneront lieu, au fur et à mesure de leur acquisition, à des bornages supplémentaires et seront ajoutés sur le plan cadastral; addition sera également faite, sur l'atlas, de tous les ouvrages d'art exécutés postérieurement à sa rédaction.

TITRE II.

ENTRETIEN ET EXPLOITATION.

27. La voie ferrée et toutes ses dépendances seront constamment entretenues en bon état, de manière que la circulation y soit toujours facile et sûre.

Les frais d'entretien et ceux auxquels donneront lieu les réparations ordinaires extraordinaires seront entièrement à la charge du concessionnaire.

Si la voie ferrée, une fois achevée, n'est pas constamment entretenue en bon état, il y sera pourvu d'office à la diligence de l'administration et aux frais du concessionnaire, sans préjudice, s'il y a lieu, de l'application des dispositions indiquées ci-après dans l'article 38.

Le montant des avances faites sera recouvré au moyen de rôles que le préfet rendra exécutoires.

28. Le concessionnaire sera chargé de l'entretien du pavage de l'entre-rail et de quarante-sept centimètres qui serviront d'accotements extérieurs aux rails, dans les cas spécifiés à l'article 9, ainsi que de l'entretien des empierrements qui pourront être établis sur les trottoirs et les contre-allées, conformément au dernier paragraphe de l'article 15.

Lorsque, pour la construction ou la réparation des voies ferrées, il sera nécessaire de démolir des parties pavées ou empierrées de la voie publique située en dehors de la zone ci-dessus indiquée, il devra être pourvu à l'entretien de ces parties pendant une année, à dater de la réception provisoire des ouvrages exécutés. Il en sera de même pour tous les ouvrages souterrains.

29. Le concessionnaire sera tenu d'établir à ses frais, partout où besoin sera, des gardiens en nombre suffisant pour assurer la sécurité du passage des trains sur la voie et celle de la circulation ordinaire sur les routes, rues et chemins dont elle suit l'accotement et les routes, rues et chemins qu'elle traverse à niveau.

30. Les machines locomotives seront construites sur les meilleurs modèles; elles devront consumer leur fumée et satisfaire d'ailleurs à toutes les conditions prescrites ou à prescrire par l'administration pour la mise en service de ce genre de machines.

Elles seront disposées de manière à pouvoir facilement tourner dans les courbes du rayon minimum que présentera le tracé.

La largeur de la machine entre les parties les plus saillantes ne devra pas excéder deux mètres cinquante centimètres (2ᵐ,50). La charge par essieu ne dépassera pas onze mille kilogrammes (11,000ᵏ).

Aucune locomotive ne pourra être mise en service qu'après avoir été visitée par les ingénieurs des mines.

En cas d'empêchement, ces ingénieurs pourront se faire remplacer par les agents sous leurs ordres; ils s'assureront que la machine remplit les conditions ci-dessus prescrites et pourront exiger, lorsqu'ils le jugeront nécessaire, qu'elle soit soumise à une expérience qui leur permette de constater l'efficacité des appareils dont elle doit être pourvue et son aptitude au service auquel elle est destinée.

Les voitures de voyageurs devront également être faites d'après les meilleurs modèles et satisfaire à toutes les conditions réglées ou à régler pour les voitures servant au transport des voyageurs sur les chemins de fer. Elles seront suspendues sur ressorts, garnies à l'intérieur de banquettes rembourrées, fermées à glaces, munies de stores, éclairées à l'intérieur pendant la nuit et chauffées pendant l'hiver.

Leur largeur sera de deux mètres cinquante centimètres (2ᵐ,50) au plus.

Il y aura des places de deux classes; les compartiments de première classe seront couverts, garnis et fermés à glaces; ceux de seconde classe seront couverts, fermés à vitres et munis de banquettes rembourrées.

L'intérieur de chacun des compartiments de chaque classe contiendra l'indication du nombre de places de ce compartiment.

L'administration pourra exiger qu'un compartiment de chaque classe soit réservé, dans les trains de voyageurs, aux femmes voyageant seules.

Les voitures de voyageurs, les wagons destinés au transport des marchandises, des chaises de poste, des chevaux ou des bestiaux, les plates-formes et, en général, toutes les parties du matériel roulant, seront de bonne et solide construction.

Le concessionnaire sera tenu, pour la mise en service de ce matériel, de se soumettre à tous les règlements sur la matière.

Les machines locomotives, tenders, voitures, wagons de toute espèce, plates-formes composant le matériel roulant, seront constamment entretenus en bon état.

31. Le service de l'entretien et de l'exploitation est assujetti aux règlements généraux de police et de voirie intervenus ou à intervenir, et notamment à ceux qui seront rendus pour régler les dispositions, l'aménagement, la circulation et le stationnement des voitures, ainsi qu'aux lois et règlements sur la police du roulage et des messageries.

Toutes les dépenses qu'entraînera l'exécution des mesures prescrites en vertu de ces règlements seront à la charge du concessionnaire.

Le concessionnaire sera tenu de soumettre à l'approbation de l'administration les règlements relatifs au service et à l'exploitation de la voie ferrée.

Les règlements dont il s'agit dans les deux paragraphes précédents seront obligatoires non-seulement pour le concessionnaire, mais encore pour tous ceux qui obtiendraient ultérieurement l'autorisation d'établir des lignes d'embranchement ou de prolongement, et, en général, pour toutes les personnes qui emprunteraient l'usage de la voie ferrée.

Le ministre déterminera, sur la proposition du concessionnaire, le minimum et maximum de vitesse des convois de voyageurs et de marchandises et des convois spéciaux des postes, ainsi que la durée du trajet.

La vitesse en marche ne dépassera pas vingt kilomètres (20ᵏ) à l'heure; elle sera réduite à cinq kilomètres (5ᵏ) à l'heure dans les parties du parcours qui seront indiquées par l'administration. Le tableau des vitesses de marche sur les différentes parties de l'itinéraire, après avoir été arrêté, le concessionnaire entendu, sera remis aux mécaniciens et chefs de train; les points où la vitesse devra être ralentie seront indiqués par des poteaux placés le long de la voie aux frais du concessionnaire. Le mouvement devra être ralenti ou même arrêté toutes les fois que l'approche d'un train, en effrayant les chevaux ou autres animaux, pourrait être cause de désordre et occasionner des accidents.

L'approche du train devra être signalée au moyen d'une corne, d'une trompe ou de tout autre instrument du même genre, à l'exclusion du sifflet à vapeur.

La longueur d'un convoi ne pourra pas dépasser cinquante mètres (50ᵐ,00).

Pendant la nuit, le train portera à l'avant un feu vert et à l'arrière un feu rouge. Ces feux devront être allumés une demi-heure après le coucher du soleil et ne pourront être éteints qu'une demi-heure avant son lever.

Deux hommes seront exclusivement attachés au service de la machine. Il y aura, en outre, un conducteur chef de train préposé à la manœuvre d'un frein placé à l'arrière du train toutes les fois que la machine remorquera plus d'un véhicule. Ce frein sera d'une puissance suffisante pour retenir le train entier, sauf la machine, sur les plus fortes pentes que présentera le parcours.

Les locomotives et leurs trains ne pourront stationner sans nécessité sur la voie publique; ils devront être remisés aux deux extrémités de leur parcours, aux points qui seront désignés par l'administration.

L'alimentation d'eau et de charbon ne pourra se faire, sur la voie publique, que sur les points qui seront indiqués par l'administration.

Il est expressément interdit d'y opérer le décrassage des grilles.

La largeur du chargement des voitures ne devra pas excéder deux mètres cinquante centimètres (2ᵐ,50).

Toutefois, il pourra être accordé par le préfet des permis spéciaux de circulation pour les objets d'un grand volume qui ne seraient point susceptibles d'être chargés à ces conditions.

Les locomotives et les voitures porteront sur une plaque métallique, en caractères lisibles et apparents, le nom et le domicile du concessionnaire.

Chaque machine aura en outre un numéro d'ordre ou un nom particulier.

45.

32. Pour tout ce qui concerne l'entretien et les réparations de la voie ferrée et de ses dépendances, l'entretien du matériel et les services de d'exploitation, le concessionnaire sera soumis au contrôle et à la surveillance de l'administration.

Outre la surveillance ordinaire, l'administration déléguera, aussi souvent qu'elle le jugera utile, un ou plusieurs commissaires pour reconnaître et constater l'état de la voie ferrée, de ses dépendances et du matériel.

33. La durée de la concession, pour la ligne mentionnée à l'article 1ᵉʳ du cahier des charges, sera de quarante ans (40 ans). Elle commencera à courir à l'expiration du délai fixé pour l'achèvement des travaux par l'article 2, dudit cahier charges.

34. A l'époque fixée pour l'expiration de la présente concession, et si la voie est supprimée, le concessionnaire sera tenu de vider les lieux et de les remettre dans leur état normal. Dans ce cas, il restera propriétaire des immeubles par lui en dehors des voies publiques pour l'exécution et l'exploitation de son entreprise.

Si, à l'expiration de la concession, la voie ferrée est maintenue et que le c sionnaire ne demeure pas titulaire de l'entreprise, il sera tenu de céder à dir perts, soit à l'administration, soit au concessionnaire qui pourrait être appel succéder, les immeubles dont il vient d'être parlé, la voie ferrée et telle par son matériel que l'administration jugerait convenable de retenir pour la con tion du service, ainsi que les bâtiments, gares, stations, affectés à l'exploit l'outillage des ateliers et les approvisionnements pour six mois.

35. A toute époque après l'expiration des quinze premières années de la sion, le Gouvernement aura la faculté de racheter la concession entière.

Pour régler le prix du rachat, on relèvera les produits nets annuels obtenu concessionnaire pendant les sept années qui auront précédé celle où le rac effectué; on en déduira les produits nets des deux plus faibles années, et l'on blira le produit net moyen des cinq autres années.

Ce produit net moyen formera le montant d'une annuité qui sera due et payé concessionnaire pendant chacune des années restant à courir sur la durée de la cession.

Dans aucun cas, le montant de l'annuité ne sera inférieur au produit net dernière des sept années prises pour terme de comparaison.

Le concessionnaire recevra, en outre, dans les trois mois qui suivront le les remboursements auxquels il aurait droit à l'expiration de la concession, l'article 34 ci-dessus, dans le cas où le Gouvernement déciderait le maintien voie ferrée.

36. Si le concessionnaire n'a pas présenté les projets d'exécution dans le fixé par l'article 4, il sera déchu de plein droit, sans qu'il y ait lieu d'aucun cation ou mise en demeure préalable.

Dans ce cas, il restera chargé de toutes les obligations qui lui sont imposées le service du tramway à traction de chevaux par les décrets et cahiers des charges 15 juillet 1854 et 27 février 1864.

37. Faute par le concessionnaire d'avoir terminé les travaux dans le délai fixé l'article 2, faute aussi par lui d'avoir rempli les diverses obligations qui lui son posées par le présent cahier des charges, il encourra la déchéance. Si la dé est prononcée, le ministre ordonnera, le concessionnaire entendu, soit la su sion partielle ou totale des travaux, soit leur continuation et l'exploitation p autre concessionnaire.

Dans le cas de la suppression, les ouvrages seront démolis et les lieux remis leur état normal, par les soins et aux frais du concessionnaire, ainsi qu'il est d dessus.

Dans le cas de la conservation des travaux, il sera pourvu à leur achèvement qu'à l'exécution des autres engagements contractés par le concessionnaire au d'une adjudication que l'on ouvrira sur une mise à prix des ouvrages exécutés, matériaux approvisionnés, des parties de la voie déjà livrées à l'exploitation e parties du matériel prévues à l'article 34.

le nouveau concessionnaire sera soumis aux clauses du présent cahier des charges ; et le concessionnaire évincé recevra de lui le prix que la nouvelle adjudication aura fixé.

Les fers provenant de la démolition de la voie ferrée à traction de chevaux et déposés, ainsi qu'il sera dit à l'article 67, pour la garantie des obligations imposées par le présent cahier des charges, deviendront la propriété de l'État.

38. Si l'exploitation de la voie ferrée vient à être interrompue en totalité ou en partie, l'administration prendra immédiatement, aux frais et risques du concessionnaire, les mesures nécessaires pour assurer provisoirement le service.

Si, dans les trois mois de l'organisation du service provisoire, le concessionnaire n'a pas valablement justifié qu'il est en état de reprendre et de continuer l'exploitation, et s'il ne l'a pas effectivement reprise, la déchéance pourra être prononcée par l'administration. Cette déchéance prononcée, la voie ferrée et toutes ses dépendances seront mises en adjudication, et il sera procédé ainsi qu'il est dit à l'article précédent.

39. Les dispositions des trois articles qui précèdent cesseraient d'être applicables, et la déchéance ne serait pas encourue, dans le cas où le concessionnaire n'aurait pu remplir ses obligations par suite de circonstances de force majeure dûment constatées.

TITRE IV.

TAXES ET CONDITIONS RELATIVES AU TRANSPORT DES VOYAGEURS ET DES MARCHANDISES.

40. Pour indemniser le concessionnaire des travaux et dépenses qu'il s'engage à faire par le présent cahier des charges, et sous la condition expresse qu'il en remplira toutes les obligations, le Gouvernement lui accorde l'autorisation de percevoir, pendant toute la durée de la concession, les droits de péage et les prix de transport ci-après déterminés, qui pourront être revisés tous les cinq ans par l'administration supérieure, le concessionnaire entendu, après le renouvellement des formalités qui auront précédé leur établissement, sans toutefois qu'ils puissent être abaissés au-dessous des trois cinquièmes des prix fixés ci-après :

	1re CLASSE.	2e CLASSE.
De la station de Rueil.		
A Rueil-ville.........................	0 15	0 10
A la Malmaison.......................	0 30	0 45
A Bougival...........................	0 55	0 35
A Port-Marly.........................	0 80	0 50
A Marly-le-Roi.......................	1 05	0 65
De Rueil-ville.		
A la Malmaison.......................	0 15	0 10
A Bougival...........................	0 45	0 30
A Port-Marly.........................	0 65	0 45
A Marly-le-Roi.......................	0 90	0 60
De la Malmaison :		
A Bougival...........................	0 35	0 20
A Port-Marly.........................	0 55	0 35
A Marly-le-Roi.......................	0 80	0 50
De Bougival :		
A Port-Marly.........................	0 20	0 15
A Marly-le-Roi.......................	0 45	0 30
De Port-Marly :		
A Marly-le-Roi.......................	0 25	0 15

Il sera délivré des cartes d'abonnement pour parcours en deuxième classe entre Rueil-gare et Rueil-ville moyennant une redevance de trois francs par mois.

Pour les stations nouvelles à créer, les prix seront calculés à raison de dix centimes par kilomètre en première classe et de sept centimes en deuxième classe par kilomètre entre Rueil-gare et Port-Marly, et de onze centimes et demi en première classe et sept centimes et demi en deuxième classe par kilomètre entre Port-Marly et Marly-le-Roi, impôts de toute nature non compris; toutefois, les prix ainsi calculés ne devront pas excéder les prix portés au tarif ci-dessus pour les stations immédiatement suivantes.

Au-dessous de trois ans, les enfants seront transportés gratuitement, à la condition d'être portés sur les genoux des personnes qui les accompagnent; de trois à sept ans, ils payent demi-place et ont droit à une place distincte; toutefois, dans un même compartiment, deux enfants ne pourront occuper que la place d'un voyageur.

Au-dessus de sept ans, ils payent place entière.

2° CHIENS.

De Rueil-gare :

A Rueil-ville...	0 10°
A Bougival..	0 15
A Port-Marly...	0 20
A Marly-le-Roi...	0 25

Dans les stations intermédiaires, on appliquera le prix fixé au tarif pour celle des stations indiquées ci-dessus qui suivra immédiatement.

3° ANIMAUX.

Par kilomètre.

Bœufs, vaches, taureaux, chevaux, mulets, bêtes de trait..................	0 10
Veaux, porcs...	0 04
Moutons, brebis, agneaux, chèvres.......................................	0 02

Bêtes et oiseaux en cage seront taxés au poids, comme marchandise encombrante.

4° MARCHANDISES.

Première catégorie. — Marchandises en grande vitesse transportées par les trains de voyageurs, excédants de bagages, marchandises encombrantes, arbustes (emballage compris), tout ce qui, sous un volume d'un mètre cube, ne pèse pas cent kilogrammes, par tonne et par kilomètre................................. 0 50

Deuxième catégorie. — Marchandises en petite vitesse, par tonne et par kilomètre.. 0 20

Minimum de perception dans les deux cas.............................. 0 25

5° FINANCES ET VALEURS.

Par mille francs et fraction de mille francs, quelle que soit la distance de transport. 0 50

Les prix déterminés ci-dessus ne comprennent pas l'impôt dû à l'État, sauf prix de transport des voyageurs, qui comprennent les impôts antérieurs à 1870.

La perception aura lieu d'après le nombre de kilomètres parcourus. Tout mètre entamé sera payé comme s'il avait été parcouru en entier. Le poids de la tonne est de mille kilogrammes.

Les fractions de poids ne seront comptées, tant pour la grande que pour la petite vitesse, que par centième de tonne ou par dix kilogrammes. Ainsi, tout poids compris entre zéro et dix kilogrammes payera comme dix kilogrammes, entre dix et vingt kilogrammes comme vingt kilogrammes. Toutefois, pour les excédants de bagage et marchandises à grande vitesse transportées par les trains de voyageurs, les coupures seront établies : 1° de zéro à cinq kilogrammes; 2° au-dessus de cinq jusqu'à dix kilogrammes; 3° au-dessus de dix kilogrammes, par fraction indivisible de dix kilogrammes.

Dans le cas où le prix de l'hectolitre de blé s'élèverait sur le marché régulateur de Paris à vingt francs ou au-dessus, le Gouvernement pourra exiger du concessionnaire que le tarif du transport des blés, grains, riz, maïs, farines et légumes farineux, péage compris, ne puisse s'élever au maximum qu'à sept centimes par tonne et par kilomètre.

41. A moins d'une autorisation spéciale et révocable de l'administration, tout train régulier de voyageurs devra contenir des voitures ou des places de chaque classe en nombre suffisant pour toutes les personnes qui se présenteraient dans les bureaux de la voie ferrée.

42. Tout voyageur dont le bagage ne pèsera pas plus de trente kilogrammes n'aura à payer, pour le port de ce bagage, aucun supplément du prix de sa place.

Cette franchise ne s'appliquera pas aux enfants transportés gratuitement, et elle sera réduite à vingt kilogrammes pour les enfants transportés à moitié prix.

43. Les animaux, effets et autres objets non désignés dans le tarif seront rangés, pour les droits à percevoir, dans les classes avec lesquelles ils auront le plus d'analogie, sans que jamais, sauf les exceptions formulées aux articles 44 et 45 ci-après, aucune marchandise non dénommée puisse être soumise à une taxe supérieure à celle de la première catégorie du tarif ci-dessus.

Les assimilations de classes pourront être provisoirement réglées par le concessionnaire, mais elles seront soumises immédiatement à l'administration, qui prononcera définitivement.

44. Les droits de péage et les prix de transport déterminés au tarif ne sont point applicables à toute masse indivisible pesant plus de trois mille kilogrammes (3,000^k).

Néanmoins, le concessionnaire ne pourra se refuser à transporter les masses indivisibles pesant de trois mille à cinq mille kilogrammes, mais les droits de péage et les prix de transport seront augmentés de moitié.

Le concessionnaire ne pourra être contraint à transporter les masses pesant plus de cinq mille kilogrammes (5,000^k).

Si, nonobstant la disposition qui précède, le concessionnaire transporte des masses indivisibles pesant plus de cinq mille kilogrammes, il devra, pendant trois mois au moins, accorder les mêmes facilités à tous ceux qui en feraient la demande.

Dans ce cas, les prix de transport seront fixés par l'administration, sur la proposition du concessionnaire.

45. Les prix de transport déterminés au tarif ne seront point applicables :

1° Aux denrées et objets qui ne sont pas nommément énoncés dans le tarif et qui ne pèseraient pas deux cents kilogrammes sous le volume d'un mètre cube ;

2° Aux matières inflammables ou explosibles, aux animaux et objets dangereux, pour lesquels des règlements de police prescriraient des précautions spéciales ;

3° Aux animaux dont la valeur déclarée excéderait cinq mille francs ;

4° Et, en général, à tous paquets, colis ou excédants de bagages pesant isolément quarante kilogrammes et au-dessous.

Toutefois, les prix de transport déterminés au tarif sont applicables à tous paquets ou colis, quoique emballés à part, s'ils font partie d'envois pesant ensemble plus de quarante kilogrammes d'objets envoyés par une même personne à une même personne.

Il en sera de même pour les excédants de bagages qui pèseraient ensemble ou isolément plus de quarante kilogrammes.

Le bénéfice de la disposition énoncée dans le paragraphe précédent, en ce qui concerne les paquets et colis, ne peut être invoqué par les entrepreneurs de messageries et de roulage et autres intermédiaires de transport, à moins que les articles par eux envoyés ne soient réunis en un seul colis.

Dans les quatre cas ci-dessus spécifiés, les prix de transport seront arrêtés annuellement par l'administration, tant pour la grande que pour la petite vitesse, sur la proposition du concessionnaire.

En ce qui concerne les paquets ou colis mentionnés au paragraphe 4° ci-dessus, les prix de transport devront être calculés de telle manière qu'en aucun cas un de ces paquets ou colis ne puisse payer un prix plus élevé qu'un article de même nature pesant plus de quarante kilogrammes.

46. Dans le cas où le concessionnaire jugerait convenable, soit pour le parcours total, soit pour les parcours partiels de la voie de fer, d'abaisser, avec ou sans conditions, au-dessous des limites déterminées par le tarif les taxes qu'il est autorisé à recevoir, les taxes abaissées ne pourront être relevées qu'après un délai de trois mois au moins pour les voyageurs et d'un an pour les marchandises.

Toute modification au tarif proposée par le concessionnaire, sera annoncée un mois d'avance par des affiches.

La perception des tarifs modifiés ne pourra avoir lieu qu'avec l'homologation de l'administration supérieure, conformément aux dispositions de l'ordonnance du 5 novembre 1846.

La perception des taxes devra se faire indistinctement et sans aucune faveur.

Tout traité particulier qui aurait pour effet d'accorder à un ou plusieurs expéditeurs une réduction sur les tarifs approuvés demeure formellement interdit.

Toutefois, cette disposition n'est pas applicable aux traités qui pourraient intervenir entre le Gouvernement et le concessionnaire dans l'intérêt des services publics,

digents.

47. Le concessionnaire sera tenu d'effectuer constamment avec soin, exactitude et célérité, et sans tour de faveur, le transport des voyageurs, bestiaux, denrées, marchandises et objets quelconques qui lui seront confiés.

Les colis, bestiaux et objets quelconques seront inscrits, à la gare d'où ils partent et à la gare où ils arrivent, sur des registres spéciaux, au fur et à mesure de leur réception; mention sera faite, sur le registre de la gare de départ, du prix total du port et pour leur transport.

Pour les marchandises ayant une même destination, les expéditions auront lieu suivant l'ordre de leur inscription à la gare de départ.

Toute expédition de marchandises sera constatée, si l'expéditeur le demande, par une lettre de voiture dont un exemplaire restera aux mains du concessionnaire et l'autre aux mains de l'expéditeur. Dans le cas où l'expéditeur ne demanderait pas de lettre de voiture, le concessionnaire sera tenu de lui délivrer un récépissé qui énoncera la nature et le poids du colis, le prix total du transport et le délai dans lequel ce transport devra être effectué.

48. Les animaux, denrées, marchandises et objets quelconques seront expédiés et livrés de gare en gare dans les délais résultant des conditions ci-après exprimées :

1° Les animaux, denrées, marchandises et objets quelconques à grande vitesse seront expédiés par le premier train de voyageurs comprenant des voitures de places de chaque classe et correspondant avec leur destination, pourvu qu'ils aient été présentés à l'enregistrement trois heures avant le départ du convoi. Ils seront mis à la disposition des destinataires, à la gare, dans le délai de six heures après l'arrivée du même train.

2° Les animaux, denrées, marchandises et objets quelconques à petite vitesse seront expédiés dans le jour qui suivra celui de la remise; toutefois l'administration supérieure pourra étendre ce délai à deux jours.

Le maximum de durée du trajet sera fixé par l'administration, sur la proposition du concessionnaire.

Les colis seront mis à la disposition des destinataires dans le jour qui suivra celui de leur arrivée effective en gare.

Le délai total résultant des trois paragraphes ci-dessus sera seul obligatoire pour le concessionnaire.

Il pourra être établi un tarif réduit, approuvé par le ministre, pour tout expéditeur qui acceptera des délais plus longs que ceux déterminés ci-dessus pour la grande vitesse.

Pour le transport des marchandises, il pourra être établi aussi un délai moyen entre ceux de la grande et de la petite vitesse; le prix correspondant à ce délai sera un prix intermédiaire entre ceux de la grande et de la petite vitesse.

L'administration supérieure déterminera, par des règlements spéciaux, les heures d'ouverture et de fermeture des gares et stations, tant en hiver qu'en été, ainsi que les dispositions relatives aux denrées apportées par les trains de nuit et destinées à l'approvisionnement des marchés des villes.

Lorsque la marchandise devra passer d'une ligne sur une autre sans solution de continuité, les délais de livraison et d'expédition au point de jonction seront fixés par l'administration, sur la proposition du concessionnaire.

49. Les frais accessoires non mentionnés dans les tarifs, tels que ceux d'enregistrement, de chargement, de déchargement et de magasinage dans les gares et magasins de la voie ferrée, ceux de factage et de camionnage pour la remise du domicile des destinataires des marchandises confiées au concessionnaire, seront fixés annuellement par l'administration, sur la proposition du concessionnaire.

50. Le concessionnaire sera tenu de faire, soit par lui-même, soit par un intermédiaire dont il répondra, le factage et le camionnage pour la remise au domicile des destinataires de toutes les marchandises qui lui seront confiées.

Le factage et le camionnage ne seront point obligatoires en dehors du rayon de l'octroi, non plus que pour les gares qui desserviraient soit une population agglomérée de moins de cinq mille habitants, soit un centre de population de cinq mille habitants situé à plus de cinq kilomètres de la gare de la voie ferrée.

Les tarifs à percevoir seront fixés par l'administration, sur la proposition du concessionnaire. Ils seront applicables à tout le monde sans distinction.

......des expéditeurs et destinataires resteront libres de faire eux-mêmes et
à frais le factage et le camionnage des marchandises.

......moins d'une autorisation spéciale de l'administration, il est interdit au con-
cessaire de faire directement ou indirectement avec des entreprises de transport voyageurs ou de marchandises par terre ou par eau, sous quelque dénomination que ce puisse être, des arrangements qui ne seraient pas consentis
en faveur de toutes les entreprises desservant les mêmes voies de communication.

......istration prescrira les mesures à prendre pour assurer la plus complète
......entre les diverses entreprises de transport dans leurs rapports avec la voie
......

TITRE V.

STIPULATIONS RELATIVES À DIVERS SERVICES PUBLICS.

......militaires ou marins voyageant en corps, aussi bien que les militaires ou
......voyageant isolément pour cause de service, envoyés en congé limité ou en
......sion, ou rentrant dans leurs foyers après libération, ne seront assujettis, eux,
......qu'au pour leurs bagages, qu'à moitié de la taxe du tarif fixé par le présent
......charges.

......Gouvernement avait besoin de diriger des troupes et un matériel militaire
......sur l'un des points desservis par la voie ferrée, le concessionnaire serait
......mettre immédiatement à sa disposition, pour la moitié de la taxe du même
......tous ses moyens de transport,

......Les fonctionnaires ou agents chargés de l'inspection, du contrôle et de la sur-
......ce de la voie ferrée seront transportés gratuitement dans les voitures du con-
......sionnaire.

......même facilité est accordée aux agents des contributions indirectes et des
......chargés de la surveillance des chemins de fer dans l'intérêt de la perception
......

......Le service des lettres et dépêches sera fait comme il suit :

......Dans chacun des trains de voyageurs et de marchandises circulant aux heures ordi-
......de l'exploitation, le concessionnaire sera tenu de réserver gratuitement un
......compartiment spécial d'une voiture de deuxième classe, ou un espace équivalent,
......recevoir les lettres, les dépêches et les agents nécessaires au service des postes,
......cette voiture restant à la disposition du concessionnaire.

......Lorsque le volume des dépêches ou la nature du service rend insuffisante la capacité
......compartiment à deux banquettes, de sorte qu'il y ait lieu de substituer une
......voiture spéciale aux wagons ordinaires, le transport de cette voiture sera également
......

......Si le concessionnaire voudra changer les heures de départ de ses convois
......ires, il sera tenu d'en avertir l'administration des postes quinze jours à
......

......Un train spécial régulier, dit train journalier de la poste, sera mis gratuitement
......chaque jour à l'aller et au retour, à la disposition du ministre des finances, pour le
......port des dépêches sur toute l'étendue de la ligne.

......L'étendue du parcours, les heures de départ et d'arrivée, soit de jour, soit de
......nuit, la marche et les stationnements de ce convoi seront réglés par le ministre des
......travaux publics et le ministre des finances, le concessionnaire entendu.

......Indépendamment de ce train, il pourra y avoir tous les jours, à l'aller et au re-
......tour, un ou plusieurs convois spéciaux, dont la marche sera réglée comme il est dit
......ci-dessus. La rétribution payée au concessionnaire pour chaque convoi ne pourra
......excéder soixante et quinze centimes par kilomètre parcouru pour la première voi-
......et vingt-cinq centimes pour chaque voiture en sus de la première.

......Le concessionnaire pourra placer dans les convois spéciaux de la poste des
......voitures de toutes classes pour le transport, à son profit, des voyageurs et des mar-
......dises.

......Le concessionnaire ne pourra être tenu d'établir des convois spéciaux ou de
......ger les heures de départ, la marche ou le stationnement de ces convois, qu'au-
......que l'administration l'aura prévenu par écrit quinze jours à l'avance.

......Néanmoins, toutes les fois qu'en dehors des services réguliers, l'administration
......aura besoin de l'expédition d'un convoi extraordinaire, soit de jour, soit de nuit, cette expé-
......dition devra être faite immédiatement, sauf l'observation des règlements de police.

Le prix sera ultérieurement réglé, de gré à gré ou à dire d'experts, entre l'administration et le concessionnaire.

9° L'administration des postes fera construire à ses frais les voitures qu'il pourra être nécessaire d'affecter spécialement au transport et à la manutention des dépêches. Elle réglera la forme et les dimensions de ces voitures, sauf l'approbation par le ministre des travaux publics, des dispositions qui intéressent la régularité et la sécurité de la circulation. Elles seront montées sur châssis et sur roues. Leur poids ne dépassera pas huit mille kilogrammes, chargement compris. L'administration des postes fera entretenir à ses frais ses voitures spéciales; toutefois, l'entretien du châssis et des roues sera à la charge du concessionnaire.

10° Le concessionnaire ne pourra réclamer aucune augmentation des prix ci-dessus indiqués lorsqu'il sera nécessaire d'employer des plates-formes au transport des malles-poste ou des voitures spéciales en réparation.

11° La vitesse moyenne des convois spéciaux mis à la disposition de l'administration des postes ne pourra être moindre de quinze kilomètres à l'heure, temps d'arrêt compris; l'administration pourra consentir une vitesse moindre, soit à raison des pentes, soit à raison des courbes à parcourir, ou bien exiger une plus grande vitesse dans le cas où le concessionnaire obtiendrait plus tard dans la marche de son service une vitesse supérieure.

12° Le concessionnaire sera tenu de transporter gratuitement, par tous les convois de voyageurs, tout agent des postes chargé d'une mission ou d'un service accidentel et porteur d'un ordre de service régulier délivré à Paris par le directeur général des postes. Il sera accordé à l'agent des postes en mission une place de voiture deuxième classe, ou de première classe, si le convoi ne comporte pas de voiture deuxième classe.

13° Le concessionnaire sera tenu de fournir à chacun des points extrêmes de ligne, ainsi qu'aux principales stations intermédiaires qui seront désignées par l'administration des postes, un emplacement sur lequel l'administration pourra construire des bureaux de poste ou d'entrepôt des dépêches et des hangars pour chargement et le déchargement des malles-poste. Les dimensions de cet emplacement seront, au maximum, de soixante-quatre mètres carrés.

14° La valeur locative du terrain ainsi fourni par le concessionnaire lui sera payée de gré à gré ou à dire d'experts.

15° La position sera choisie de manière que les bâtiments qui y seront construits aux frais de l'administration des postes ne puissent entraver en rien le service du concessionnaire.

16° L'administration se réserve le droit d'établir à ses frais, sans indemnité, et aussi sans responsabilité pour le concessionnaire; tous poteaux ou appareils nécessaires à l'échange des dépêches sans arrêt de train, à la condition que ces appareils, par leur nature ou leur position, n'apportent pas d'autres entraves aux différents services de la ligne ou des stations.

17° Les employés chargés de la surveillance du service, les agents préposés à l'échange ou à l'entrepôt des dépêches, auront accès dans les gares ou stations pour l'exécution de leur service, en se conformant aux règlements de police intérieure du concessionnaire.

55. Le concessionnaire sera tenu, à toute réquisition, de faire partir par convoi ordinaire les wagons ou voitures cellulaires employés au transport des prévenus, accusés ou condamnés.

Les wagons et les voitures employés au service dont il s'agit seront construits aux frais de l'État ou des départements; leurs formes et dimensions seront déterminées de concert par le ministre de l'intérieur et par le ministre des travaux publics, concessionnaire entendu.

Les employés de l'administration, les gardiens et les prisonniers placés dans les wagons ou voitures cellulaires ne seront assujettis qu'à la moitié de la taxe applicable aux places de deuxième classe, telle qu'elle est fixée par le présent cahier des charges.

Les gendarmes placés dans les mêmes voitures ne payeront que la moitié de la même taxe.

Le transport des wagons et des voitures sera gratuit.

Dans le cas où l'administration voudrait, pour le transport des prisonniers, faire usage des voitures du concessionnaire, celui-ci serait tenu de mettre à sa disposition un ou plusieurs compartiments spéciaux de voitures de deuxième classe à deux ban-

Le prix de location sera fixé à raison de vingt centimes (o' 20') par compartiment et par kilomètre.

Les dispositions qui précèdent seront applicables au transport des jeunes délinquants recueillis par l'administration pour être transférés dans les établissements d'éducation.

Le Gouvernement se réserve la faculté de faire, le long des voies, toutes les constructions, de poser tous les appareils nécessaires à l'établissement d'une ligne télégraphique, sans nuire au service de la voie ferrée.

À la demande de l'administration des lignes télégraphiques, il sera réservé, dans les gares des villes et des localités qui seront désignées ultérieurement, le terrain nécessaire à l'établissement des maisonnettes destinées à recevoir le bureau télégraphique et son matériel.

Le concessionnaire sera tenu de faire garder par ses agents les fils et appareils des courants électriques, de donner aux employés télégraphiques connaissance de tous les accidents qui pourraient survenir et de leur en faire connaître les causes. En cas de rupture du fil télégraphique, les employés du concessionnaire auront à raccrocher provisoirement les bouts séparés, d'après les instructions qui leur seront données à cet effet.

Les agents de la télégraphie voyageant pour le service de la ligne électrique auront le droit de circuler gratuitement dans les voitures de la voie ferrée.

En cas de rupture du fil télégraphique ou d'accidents graves, une locomotive sera immédiatement à la disposition de l'inspecteur télégraphique de la ligne pour transporter sur le lieu de l'accident avec les hommes et les matériaux nécessaires à la réparation. Ce transport sera gratuit, et il devra être effectué dans des conditions telles qu'il ne puisse entraver en rien la circulation publique.

Dans le cas où des déplacements de fils, appareils ou poteaux deviendraient nécessaires par suite de travaux exécutés sur la voie ferrée, ces déplacements auraient lieu aux frais du concessionnaire, par les soins de l'administration des lignes télégraphiques.

Le concessionnaire pourra être autorisé, et au besoin requis par le ministre des travaux publics, agissant de concert avec le ministre de l'intérieur, d'établir à ses frais les fils et appareils télégraphiques destinés à transmettre les signaux nécessaires à la sûreté et la régularité de son exploitation.

Il pourra, avec l'autorisation du ministre de l'intérieur, se servir des poteaux de la ligne télégraphique de l'État, lorsqu'une semblable ligne existera le long de la voie.

Le concessionnaire sera tenu de se soumettre à tous les règlements d'administration publique concernant l'établissement et l'emploi de ces appareils, ainsi que l'organisation, aux frais du concessionnaire, du contrôle de ce service par les agents de l'État.

TITRE VI.

CLAUSES DIVERSES.

Dans le cas où le Gouvernement ordonnerait ou autoriserait la construction de routes nationales, départementales ou vicinales, de chemins de fer ou de canaux qui traverseraient la ligne objet de la présente concession, le concessionnaire ne pourra s'opposer à ces travaux; mais toutes les dispositions nécessaires seront prises pour qu'il n'en résulte aucun obstacle à la construction ou au service de la voie ferrée, ni aucuns frais pour le concessionnaire.

Toute exécution ou autorisation ultérieure de route, de canal, de chemin de fer, de travaux de navigation dans la contrée où est située la voie ferrée objet de la présente concession, ou dans toute autre contrée voisine ou éloignée, ne pourra ouvrir ouverture à aucune demande d'indemnité de la part du concessionnaire.

Le concessionnaire ne sera admis à réclamer aucune indemnité :

À raison des dommages que le roulage ordinaire pourrait occasionner à la voie ferrée ;

À raison de l'état de la chaussée et de l'influence qu'elle pourrait avoir sur l'état d'entretien de cette voie ;

À raison du trouble et des interruptions de service qui pourraient résulter des mesures temporaires d'ordre et de police, ou des travaux exécutés sur la voie publique tant par l'administration que par des tiers régulièrement autorisés ;

Enfin pour une cause quelconque résultant du libre usage de la voie ferrée.

En cas d'interruption de la voie ferrée par suite de travaux exécutés sur la voie publique, le concessionnaire pourra être tenu de rétablir provisoirement les communications, soit en déplaçant momentanément la voie, soit en employant à la versée de l'obstacle, des voitures ordinaires qui puissent le tourner en d'autres lignes.

60. Le Gouvernement se réserve expressément le droit d'autoriser le naire entendu, toute autre entreprise de transport usant de la voie ordin outre, d'accorder des concessions de chemins de fer, ou de nouvelles s'embranchant sur celle qui fait l'objet du présent cahier des charges raient établis en prolongement.

Le concessionnaire ne pourra mettre aucun obstacle à ces em réclamer, à l'occasion de leur établissement, aucune indemnité quelconque qu'il n'en résulte aucun obstacle à la circulation, ni aucuns frais particulier concessionnaire.

Les concessionnaires de chemins de fer ou de voies ferrées quelconques d' chement ou de prolongement auront la faculté, moyennant les tarifs terminés et l'observation des règlements de police et de service établis ou de faire circuler leurs voitures, wagons et machines sur la ligne de fer objet sent cahier des charges. Le concessionnaire de celle-ci jouira réciproquemer même faculté à l'égard desdits embranchements et prolongements.

Dans le cas où les divers concessionnaires ne pourraient s'entendre entre l'exercice de cette faculté, le Gouvernement statuerait sur les difficultés qu raient entre eux à cet égard.

Dans le cas où le concessionnaire d'un embranchement ou d'un prolo joignant la ligne qui fait l'objet de la présente concession n'userait pas de l de circuler sur cette ligne, comme aussi dans le cas où la concessionnaire dernière ligne ne voudrait pas circuler sur les prolongements et les concessionnaires seraient tenus de s'arranger entre eux, de manéif des transports ne soit jamais interrompu aux points de jonction de

Le concessionnaire qui se servira d'un matériel qui ne serait pas se une indemnité en rapport avec l'usage et la détérioration de ce matérie où les concessionnaires ne se mettraient pas d'accord sur la quotité de l ou sur les moyens d'assurer la continuation du service sur toute la ligne, nement y pourvoirait d'office, et prescrirait toutes les mesures nécessaires.

Le concessionnaire pourra être assujetti par des décrets qui seront ulté rendus pour l'exploitation des lignes de prolongement ou d'embranchemen celle qui lui est concédée, à accorder aux concessionnaires de ces lignes a tion de péage ainsi calculée :

1° Si le prolongement ou l'embranchement n'a pas plus de cent kilo pour cent (10 p. o/o) du prix perçu par le concessionnaire;

2° Si le prolongement ou l'embranchement excède cent kilomètres, q cent (15 p. o/o);

3° Si le prolongement ou l'embranchement excède deux cents kilomètres pour cent (20 p. o/o);

4° Si le prolongement ou l'embranchement excède trois cents kilomètres cinq pour cent (25 p. o/o).

Le Gouvernement se réserve en outre le droit d'autoriser de nouvelles de transport sur la voie ferrée qui fait l'objet de la présente concession par ces entreprises, d'observer les règlements de service et de police, en profit du concessionnaire un droit de circulation qui sera arrêté par l' sur la proposition du concessionnaire, et qui ne pourra excéder la moitié férieur au tiers des tarifs; cette proposition sera soumise à la révision l'article 40.

61. Le concessionnaire sera tenu de s'entendre avec tout propriétaire d'usines qui, offrant de se soumettre aux conditions prescrites ci-après, un embranchement; à défaut d'accord, le Gouvernement statuera sur la le concessionnaire entendu.

Les embranchements seront construits aux frais des propriétaires de d'usines et de manière à ce qu'il ne résulte de leur établissement aucune la circulation générale, aucune cause d'avarie pour le matériel, ni aucuns ticuliers pour le concessionnaire.

Leur entretien devra être fait avec soin, aux frais de leurs propriétaires et sous

le de l'administration. Le concessionnaire aura le droit de faire surveiller par
... ainsi que l'emploi de son matériel sur les embranchements,
... pourra, à toutes époques, prescrire les modifications qui seraient
... la soudure, le tracé ou l'établissement de la voie desdits embran-
... changements seront opérés aux frais des propriétaires.

... pourra même, après avoir entendu les propriétaires, ordonner
... temporaire des aiguilles de soudure, dans le cas où les établissements
... viendraient à suspendre en tout ou en partie leurs transports.

... sera tenu d'envoyer ses wagons sur tous les embranchements
... destinés à faire communiquer des établissements de mines ou d'usines avec
... principale de la voie ferrée.

... amènera ses wagons à l'entrée des embranchements.

... les destinataires feront conduire les wagons dans leurs établisse-
... les charger ou décharger, et les ramèneront au point de jonction avec la
... principale, le tout à leurs frais.

... pourront d'ailleurs être employés qu'au transport d'objets et mar-
... destinés à la ligne principale de la voie ferrée.

... pendant lequel les wagons séjourneront sur les embranchements parti-
... pourra excéder six heures, lorsque l'embranchement n'aura pas plus d'un
... temps sera augmenté d'une demi-heure par kilomètre en sus du pre-
... compris les heures de la nuit, depuis le coucher jusqu'au lever du soleil.

... les limites de temps seraient dépassées, nonobstant l'avertissement
... par le concessionnaire, il pourra exiger une indemnité égale à la valeur
... de loyer des wagons pour chaque période de retard après l'avertissement.

... des gardiens d'aiguilles et des barrières des embranchements au-
... l'administration seront à la charge des propriétaires des embranchements.
... seront nommés et payés par le concessionnaire, et les frais qui en ré-
... seront remboursés par lesdits propriétaires.

... difficultés, il sera statué par l'administration, le concessionnaire entendu.
... d'embranchements seront responsables des avaries que le maté-
... éprouver pendant son parcours ou son séjour sur ces lignes.

... d'inexécution d'une ou de plusieurs des conditions énoncées ci-dessus,
... sur la plainte du concessionnaire, et après avoir entendu le pro-
... l'embranchement, ordonner par un arrêté la suspension du service et
... la soudure, sauf recours à l'administration supérieure, et sans pré-
... dommages-intérêts que le concessionnaire serait en droit de répéter
... exécution de ces conditions.

... indemniser le concessionnaire de la fourniture et de l'envoi de son matériel
... embranchements, il est autorisé à percevoir un prix fixe de douze centimes
... pour le premier kilomètre, et en outre quatre centimes (0′ 04′′)
... et par kilomètre en sus du premier, lorsque la longueur de l'embranche-
... un kilomètre.

... kilomètre entamé sera payé comme s'il avait été parcouru en entier.

... chargement et le déchargement sur les embranchements s'opéreront aux frais
... éditeurs ou destinataires, soit qu'ils les fassent eux-mêmes, soit que le con-
... de la voie ferrée consente à les opérer.

... ce dernier cas, ces frais seront l'objet d'un règlement arrêté par l'administra-
... sur la proposition du concessionnaire.

... wagon envoyé par le concessionnaire sur un embranchement devra être payé
... wagon complet, lors même qu'il ne serait pas complétement chargé.

... chargé, s'il y en a, sera payée au prix du tarif légal et au prorata du poids
... le concessionnaire sera ou droit de refuser les chargements qui dépasseraient
... de trois mille cinq cents kilogrammes, déterminé en raison des dimen-
... actuelles des wagons.

... maximum sera revisé par l'administration, de manière à être toujours en rap-
... la capacité des wagons.

... wagons seront pesés à la station d'arrivée par les soins et aux frais du conces-
... sire.

... le cas où il y aurait insuffisance de wagons pour le transport des minerais
... des divers concessionnaires des mines, les wagons disponibles seront par-
... proportionnellement à la quantité de minerais amenée à la voie ferrée par
... d'eux dans le courant de l'année.

62. La contribution foncière, pour les parties situées en dehors de l'assiette des routes, sera établie en raison de la surface des terrains occupés par la voie ferrée et ses dépendances, la cote en sera calculée, comme pour les canaux, conformément à la loi du 25 avril 1803.

Les bâtiments et magasins dépendant de l'exploitation de la voie ferrée seront assimilés aux propriétés bâties de la localité. Toutes les contributions auxquelles édifices pourront être soumis seront, aussi bien que la contribution foncière, à charge du concessionnaire.

63. Les agents et gardes que le concessionnaire établira, soit pour la percep des d oits, soit pour l'entretien, la surveillance et la police de la voie ferrée et de dépendances, pourront être agréés par le préfet et assermentés. Ils auront, dans cas, qualité pour dresser des procès-verbaux.

64. Le concessionnaire se soumettra aux dispositions des règlements d'admi tion publique concernant les emplois dont la moitié doit être réservée aux en militaires de l'armée de terre et de mer libérés du service.

65. Les frais de visite, de surveillance et de réception des travaux, et les frais contrôle de l'exploitation et du service télégraphique du concessionnaire par agents de l'État, seront supportés par le concessionnaire.

Ces frais seront réglés par le ministre, sur la proposition du préfet, et le sionnaire sera tenu d'en verser le montant dans la caisse du trésorier génér être distribué à qui de droit.

66. Si le concessionnaire ne verse pas les sommes ci-dessus réglées aux qui auront été fixées, le préfet rendra un rôle exécutoire, et le montant en couvré comme en matière de contributions publiques.

67. Pour la garantie des obligations qui lui sont imposées, le concessionna tenu de déposer sur la route, aux points qui lui seront indiqués, les fers p de la démolition de la voie ferrée à traction de chevaux. Ces matériaux lui remis après la réception définitive des travaux.

68. Le concessionnaire devra faire élection de domicile à Versailles.

Dans le cas où il ne l'aurait pas fait, toute notification ou signification à lui sée sera valable lorsqu'elle sera faite au secrétariat général de la préfecture de et-Oise.

69. Comme toutes les concessions faites sur le domaine public, la présente cession est révocable sans indemnité, en tout ou en partie, avant le terme fixé sa durée par l'article 33, notamment en ce qui concerne l'emploi des loco

Dans le cas où, sur tout ou partie du parcours, cet emploi viendrait à être connu incompatible avec la circulation ordinaire, le concessionnaire pourra être torisé à y substituer le mode de traction par chevaux.

La révocation ne pourra être prononcée que dans les formes de la présente c ession.

En cas de révocation avant l'expiration de la concession, comme dans le cas suppression ordonnée à la suite de la déchéance, le concessionnaire sera tenu tablir les lieux à ses frais dans leur état normal.

70. Les contestations qui s'élèveraient entre le concessionnaire et l'admini au sujet de l'exécution et de l'interprétation des clauses du présent cahier des seront jugées administrativement par le conseil de préfecture du département Seine-et-Oise, sauf recours au Conseil d'État.

71. Les droits d'enregistrement sont à la charge du concessionnaire.

Vu et accepté :
Le 19 mai 1874.

Signé EUGÈNE TARBÉ DES SABLONS.

Approuvé :
Versailles, le 16 juin 1674.
Le Ministre des travaux publics,
Signé E. CAILLAUX.

Certifié conforme au cahier des charges annexé au décret en date du 28 août 1871, enregistré sous le n° 594.

Le Conseiller d'État, Secrétaire général,
Signé DE BOUREUILLE.

RÉPUBLIQUE FRANÇAISE.

3579. — *DÉCRET qui modifie l'article 47 de l'ordonnance du 7 février 1842, concernant l'organisation de l'ordre judiciaire et l'administration de la justice dans les Établissements français de l'Inde.*

Du 30 Septembre 1874.

LE PRÉSIDENT DE LA RÉPUBLIQUE FRANÇAISE,

Vu l'ordonnance du 7 février 1842 [1], concernant l'organisation de l'ordre judiciaire et l'administration de la justice dans les établissements français de l'Inde;

Vu le décret du 31 mai 1873 [2], portant modification de l'article 45 de l'ordonnance du 7 février 1842;

Vu l'article 18 du sénatus-consulte du 3 mai 1854;

Vu l'avis du garde des sceaux, ministre de la justice, suivant lettre en date du 17 septembre 1874;

Sur le rapport du ministre de la marine et des colonies,

DÉCRÈTE :

ART. 1er. L'article 47 de l'ordonnance du 7 février 1842 est modifié ainsi qu'il suit :

« Art. 47. Après la clôture des débats, le président pose d'abord la question de culpabilité résultant de l'acte d'accusation; elle est résolue à la simple majorité des voix, ainsi que toutes les autres dispositions des arrêts, telles que l'application de la loi pénale, l'appréciation des causes légales, des circonstances aggravantes ou atténuantes et celle des dommages-intérêts. »

2. Le ministre de la marine et des colonies est chargé de l'exécution du présent décret, qui sera inséré au Bulletin des lois et au Bulletin officiel de la marine.

Fait à Paris, le 30 Septembre 1874.

Signé M** DE MAC MAHON.

Le Ministre de la marine et des colonies,

Signé MONTAIGNAC.

---

[1] IXe série, Bull. 890, n° 9879.   [2] XIIe série, Bull. 141, n° 2140.

Certifié conforme :

Paris, le 10* Décembre 1874,

Le Garde des Sceaux, Ministre de la Justice,

A. TAILHAND.

* Cette date est celle de la réception du
au ministère de la Justice.

On s'abonne pour le Bulletin des lois, à raison de 9 francs par an, a la caisse de l'I
nationale ou chez les Receveurs des postes des départements.

IMPRIMERIE NATIONALE. — 10 Décembre 1874.

BULLETIN DES LOIS

DE LA RÉPUBLIQUE FRANÇAISE.

N° 235.*

RÉPUBLIQUE FRANÇAISE.

N° 3580. — DÉCRET *qui autorise, comme Communauté dirigée par une Supérieure locale, l'Association des Sœurs de Jésus-Christ-Bon-Pasteur, existant a Rouen.*

Du 19 Septembre 1874.

LE PRÉSIDENT DE LA RÉPUBLIQUE FRANÇAISE,

Sur le rapport du ministre de l'instruction publique et des cultes;
Vu la demande de l'association des sœurs de Jésus-Christ-Bon-Pasteur, à Rouen, tendant à obtenir sa reconnaissance légale comme communauté à supérieure locale;

Vu les pièces produites, à l'appui de cette demande, en exécution de la loi du 24 mai 1825 et du décret du 31 janvier 1852 [1];

Le Conseil d'État entendu,

DÉCRÈTE :

ART. 1er. L'association des sœurs de Jésus-Christ-Bon-Pasteur, existant de fait à Rouen (Seine-Inférieure), est autorisée comme communauté de refuge à supérieure locale, à la charge, par ses membres, de se conformer exactement aux statuts approuvés par ordonnance du 11 septembre 1816 [2] pour la communauté des sœurs de Notre-Dame-de-Charité-du-Refuge, à Tours, et que cette association a déclaré adopter.

2. Le ministre de l'instruction publique et des cultes et le ministre de l'intérieur sont chargés, chacun en ce qui le concerne, de l'exécution du présent décret, qui sera inséré au Bulletin des lois.

Fait à Paris, le 19 Septembre 1874.

Signé Mᵃˡ DE MAC MAHON.

Le Ministre de l'instruction publique et des cultes,

Signé A. DE CUMONT.

' Voyez un *Erratum* à la fin de ce numéro.

[1] Xᵉ série, Bull. 486, n° 3600.

[2] VIIᵉ série, Bull. 119, n° 1275.

RÉPUBLIQUE FRANÇAISE.

N° 3581. — Décret *qui autorise, comme Communauté dirigée par une rieure locale, l'Association des Religieuses de Jésus-Christ-Bon-Pasteur et Marie-Immaculée, existant à Nantes.*

Du 19 Septembre 1874.

Le Président de la République française,

Sur le rapport du ministre de l'instruction publique et des cultes;
Vu la demande en reconnaissance légale formée par l'association religieuses de Jésus-Christ-Bon-Pasteur et de Marie-Immaculée, à Nan
Vu les pièces produites à l'appui de cette demande, en exécution de du 24 mai 1825 et du décret du 31 janvier 1852 [1];
Vu notamment la copie des statuts adoptés par l'association;
Vu l'avis du ministre de l'intérieur;
Le Conseil d'État entendu,

Décrète :

Art. 1er. L'association des religieuses de Jésus-Christ-Bon-
et de Marie-Immaculée, existant à Nantes (Loire-Inférieure),
torisée, comme communauté de refuge dirigée par une su
locale, à la charge, par ses membres, de se conformer aux
approuvés par ordonnance du 11 septembre 1816 [2] pour la
munauté des sœurs de Notre-Dame-de-Charité-du-Refuge, à
(Indre-et-Loire), et que cette association a déclaré adopter.

2. Le ministre de l'instruction publique et des cultes et
nistre de l'intérieur sont chargés, chacun en ce qui le concer
l'exécution du présent décret, qui sera inséré au Bulletin des

Fait à Paris, le 19 Septembre 1874.

Signé Mal DE MAC MAHON.

Le Ministre de l'instruction publique et des cultes,

Signé A. DE CUMONT.

RÉPUBLIQUE FRANÇAISE.

N° 3582. — Décret *qui modifie l'organisation de l'Administration du Ministère de la Guerre.*

Du 4 Octobre 1874.

Le Président de la République française,

[1] X° série, Bull. 486, n° 3600.   [2] VII° série, Bull. 119, n° 1375.

Vu l'arrêté du 8 juin 1871, portant organisation de l'administration centrale de la guerre ;

Vu les diverses modifications dont cette organisation a été l'objet jusqu'à ce jour ;

Sur le rapport du ministre de la guerre,

Décrète :

Art. 1ᵉʳ. Un nouveau service est créé à la direction générale du personnel et du matériel au ministère de la guerre.

2. Sont reconstitués dans l'administration centrale les bureaux suivants :

1° A la direction générale du personnel et du matériel :

Le bureau des remontes,

Le bureau du matériel du génie ;

2° A la direction générale du contrôle et de la comptabilité :

Le bureau des comptes-matières et état des approvisionnements généraux,

Le bureau des archives.

3. Est supprimé le bureau de la liquidation des dépenses des armées, dont les attributions sont rattachées, comme section temporaire, au bureau du contrôle des dépenses, du contentieux, etc.

4. La direction générale du contrôle et de la comptabilité au ministère de la guerre comprendra, à l'avenir, deux services, savoir :

Premier service, réunissant les bureaux ci-après :

Premier bureau. — Contrôle des dépenses. — Contentieux. — Budgets généraux. — Liquidation de la dotation de l'armée. — Avance comptable. — Liquidation des dépenses des armées.

Deuxième bureau. — Fonds et ordonnances.

Troisième bureau. — Comptes-matières. — État des approvisionnements généraux.

Quatrième bureau. — Solde, revues, indemnité de route.

Deuxième service, comprenant les bureaux suivants :

Cinquième bureau. — Pensions et secours.

Sixième bureau. — Archives.

Septième bureau. — Service intérieur.

5. Le ministre de la guerre est chargé de l'exécution du présent décret.

Fait à Paris, le 4 Octobre 1874.

Signé Mᵃˡ DE MAC MAHON.

Le Vice-Président du Conseil,
Ministre de la guerre,

Signé Gᵈ E. DE CISSEY.

RÉPUBLIQUE FRANÇAISE.

Nº 3583. — *Décret qui autorise la fondation, à Armentières (Nord), d'un Établissement de Sœurs de Saint-Maur.*

Du 8 Octobre 1874.

LE PRÉSIDENT DE LA RÉPUBLIQUE FRANÇAISE,

Sur le rapport du ministre de l'instruction publique et des cultes;
Vu la demande de la congrégation des sœurs de Saint-Maur, à (Seine), tendant à obtenir l'autorisation :
1º De fonder à Armentières un établissement de sœurs de son ordre
2º D'accepter une rétrocession d'immeubles;
Vu l'acte sous seings privés du 1ᵉʳ juillet 1870, contenant cette ré sion;
Vu les autres pièces produites en exécution de la loi du 24 mai 1825 des ordonnances des 7 mai 1826 [1] et 14 janvier 1831 [2];
La section de l'intérieur, de la justice, de l'instruction publique, cultes et des beaux-arts du Conseil d'État entendue,

DÉCRÈTE :

ART. 1ᵉʳ. La congrégation des sœurs de Saint-Maur, existant à (Seine), en vertu d'un décret du 19 janvier 1811 [3], est au fonder à Armentières (Nord) un établissement de sœurs de ordre, à la charge, par les membres de cet établissement, de se former exactement aux statuts approuvés pour la maison mère décret précité.

2. La supérieure générale et la première assistante de la co gation des sœurs de Saint-Maur, à Paris (Seine), sont autori accepter, au nom de cette congrégation, savoir :
1º La supérieure générale, le bénéfice résultant, en faveur de l congrégation, d'un acte sous seings privés, du 1ᵉʳ juillet 1870, lequel les dames *Martin* et *Doderet* ont déclaré que divers imme situés à Armentières (Nord) et estimés quatre-vingt-quatorze francs ont été acquis en leur nom pour le compte et avec les d de l'association;
2º La première assistante, le bénéfice des déclarations résultan même acte, en ce qui concerne les parts et portions apparten dans lesdits immeubles, à la dame *de Faudoas*, actuellement rieure générale de la congrégation.

3. Le ministre de l'instruction publique et des cultes et le nistre de l'intérieur sont chargés, chacun en ce qui le concerne, l'exécution du présent décret, qui sera inséré au Bulletin des

Fait à Paris, le 8 Octobre 1874.

Signé Mᵃˡ DE MAC MAHON.

Le Ministre de l'instruction publique et des cultes,

Signé A. DE CUMONT.

[1] VIIIᵉ série, Bull. 119, nº 3921.　　[2] IVᵉ série, Bull. 349, nº 6508.
[3] IXᵉ série, 2ᵉ partie, Bull. 39, nº 971.

RÉPUBLIQUE FRANÇAISE.

N° 3584. — *Décret qui nomme le Commandant de la marine en Cochinchine membre de droit du Conseil privé.*

Du 14 Octobre 1874.

LE PRÉSIDENT DE LA RÉPUBLIQUE FRANÇAISE,

Sur le rapport du ministre de la marine et des colonies;

Vu l'article 18 du sénatus-consulte du 3 mai 1854, sur la constitution des colonies;

Vu le décret du 21 août 1869 [1], portant création d'un conseil privé en Cochinchine,

DÉCRÈTE :

ART. 1er. Le commandant de la marine en Cochinchine est nommé membre de droit du conseil privé.

Il prendra rang après le commandant supérieur des troupes.

2. Sont abrogées les dispositions contraires au présent décret.

3. Le ministre de la marine et des colonies est chargé de l'exécution du présent décret, qui sera inséré au Bulletin des lois et au Bulletin officiel de la marine.

Fait à Paris, le 14 Octobre 1874.

Signé M^{al} DE MAC MAHON.

Le Ministre de la marine et des colonies,

Signé MONTAIGNAC.

RÉPUBLIQUE FRANÇAISE.

N° 3585. — *Décret relatif aux Emplois réservés aux anciens Sous-Officiers des Armées de terre et de mer.*

Du 28 Octobre 1874.

(Promulgué au *Journal officiel* du 4 novembre 1874.)

LE PRÉSIDENT DE LA RÉPUBLIQUE FRANÇAISE,

Sur le rapport du ministre de la guerre;

Vu la loi du 24 juillet 1873, sur les emplois réservés aux anciens sous-officiers des armées de terre et de mer, et notamment l'article 3, ainsi conçu : «Un règlement d'administration publique déterminera le mode de l'examen destiné à constater l'aptitude professionnelle du candidat;»

[1] XIe série, Bull. 1752, n° 17,227.

Vu les observations faites sur le projet de décret par les ministres de la
justice, de l'intérieur, de la marine et des colonies, et de l'instruction publique et des beaux-arts;

Le Conseil d'État entendu,

Décrète :

Art. 1er. Les emplois réservés aux anciens sous-officiers des armées
de terre et de mer par la loi du 24 juillet 1873 sont divisés, d'ap
la nature et le degré de l'instruction qu'ils exigent, en quatre ca
gories, conformément aux indications de l'état annexé au p
décret.

La première catégorie comprend les emplois obtenus à la su
d'un examen professionnel; la seconde, ceux qui demandent
connaissances supérieures à l'instruction primaire; la troisiè
ceux pour lesquels l'instruction primaire est suffisante; la qua
enfin, les emplois accessibles sans examen à tous les sou
réunissant les conditions de moralité et de bonne tenue fixées
la loi.

Une moralité irréprochable est exigée de tous les candidats.

2. Les candidats qui expriment le désir de concourir pour
emplois subissent les épreuves indiquées pour chacun de ces en

3. Une commission est instituée dans chaque corps pour
ner les sous-officiers qui, remplissant les conditions fixées pa
se présentent pour obtenir les emplois des trois premières ca

La composition de cette commission et le mode de nomination
ses membres sont fixés par des arrêtés du ministre de la guerre
du ministre de la marine.

4. Les candidats aux emplois des trois premières catégories,
activité de service, subissent à leurs corps, à l'époque de la
trimestrielle, en présence de la commission instituée par l'a
précédent, un examen sur les connaissances élémentaires fixées
les tableaux annexés à la loi.

A défaut d'indication spéciale, cet examen embrasse les mati
suivantes :

Écriture;

Orthographe;

Rédaction;

Géographie élémentaire de la France (celle de l'Algérie comp
pour les emplois en Afrique);

Arithmétique (programme de l'instruction primaire).

Le résultat de chaque épreuve est constaté par un chiffre de
à 10 (o nul, 10 parfait).

5. L'épreuve relative à l'écriture et à l'orthographe consiste
une dictée et une copie..

Le sujet de la rédaction et les exercices d'arithmétique sont choisi
en rapport avec l'emploi que le candidat veut obtenir.

6. Le chef de corps donne aux candidats de toutes les catégories
des notes de moralité, de conduite, d'aptitude physique, d'éduca-

et de tenue, d'après son appréciation et l'ensemble des punitions
ont subies depuis leur entrée au service.

adresse au général commandant le corps d'armée ces notes,
mpagnées de l'état signalétique des services, du folio des puni-
de chaque candidat et des diplômes, brevets ou certificats qui
pu lui être délivrés, ainsi que du procès-verbal de son examen
ses diverses compositions, lorsque l'emploi qui en est l'objet
gé dans l'une des trois premières catégories.

e sous-officier appartient à l'armée de terre, le général de bri-
le général de division, en transmettant ces pièces, y joignent
notes sur le candidat.

ppartient à l'armée de mer, les pièces qui le concernent sont
ses, par l'intermédiaire du major général et du préfet mari-
qui donnent pareillement leurs notes, au général comman-
région dans laquelle se trouve le corps dont le candidat fait

n outre de l'examen prescrit par l'article 4 du présent décret,
ndidats aux emplois des deux premières catégories subissent,
la revue trimestrielle, un examen sur les connaissances spé-
ou professionnelles fixées par la loi.

es candidats aux emplois de la deuxième catégorie subissent
nd examen, au chef-lieu du corps d'armée, devant une com-
nommée par le général commandant ce corps et composée
il suit :

ficier général, président;

officiers;

fonctionnaires civils présentés par le préfet et choisis suivant
des examens.

candidats aux emplois de la première catégorie subissent
ond examen devant la commission ou le fonctionnaire dési-
r la loi du 24 juillet 1873 (tableaux annexes), ou, à défaut,
arrêté du ministre compétent, après entente avec le ministre
guerre.

même arrêté détermine le lieu et le mode d'examen.

président de la commission, ou le fonctionnaire désigné, adresse
éral commandant le corps d'armée le procès-verbal de l'exa-
concluant à l'admissibilité ou au rejet du candidat.

Les sous-officiers et officiers mariniers libérés du service qui,
ssant les conditions légales, désirent, par application des ar-
5 et 6 de la loi du 24 juillet 1873, obtenir un des emplois civils
vés aux sous-officiers, adressent leur demande, avec les pièces
ppui, au général commandant la région dans laquelle ils ont
domicile, par l'intermédiaire du commandant de la gendarmerie
épartement où ils résident.

commandant, après avoir entendu le candidat, donne, en
mettant sa demande, des notes sur son aptitude physique, sa
e, sa moralité et sa conduite depuis sa sortie du service.

Les mêmes sous-officiers libérés du service, s'ils l'ont quitté sans obtenir le certificat mentionné à l'article 5 de la loi précitée s'ils sollicitent un emploi des trois premières catégories, subissent l'examen prescrit par l'article 4 du présent décret devant une commission départementale nommée par le général commandant le corps d'armée et composée ainsi qu'il suit :

Un officier général ou supérieur, président;

Deux officiers;

Deux fonctionnaires civils choisis dans les conditions indiquées l'article 7.

12. S'ils sollicitent un emploi des deux premières catégories, il subissent, en outre, un second examen, dans les conditions fixé par les articles 7 et 9 du présent décret pour les sous-officiers activité de service.

Les candidats aux emplois de la troisième catégorie sont examinés par la commission mentionnée au précédent article.

13. Chaque trimestre, après la fin des examens, le général commandant le corps d'armée transmet au ministre de la guerre procès-verbaux des examens subis dans sa région, avec ses notes tous les candidats et les pièces qui les concernent.

14. Le ministre de la guerre, le ministre de la marine et colonies, le garde des sceaux, ministre de la justice, le ministre affaires étrangères, le ministre de l'intérieur, le ministre des finances le ministre de l'instruction publique, des cultes et des beaux-arts, ministre de l'agriculture et du commerce et le ministre des travaux publics, sont chargés, chacun en ce qui le concerne, de l'exécution du présent décret, qui sera publié au Journal officiel.

Fait à Paris, le 28 Octobre 1874.

Signé M^{al} DE MAC MAHON.

Le Vice-Président du Conseil,
Ministre de la guerre,

Signé Gal E. DE CISSEY.

État annexé au décret du 28 octobre 1874, portant règlement d'administration publique et relatif aux emplois réservés aux anciens sous-officiers des armées de terre et de mer.

NUMÉROS des catégories des emplois.	EMPLOIS.	CONDITIONS D'APTITUDE. (Pour tous les emplois, moralité irréprochable.)	LIMITE d'âge.	
		MINISTÈRE DE LA JUSTICE.		
		ADMINISTRATION CENTRALE.		
3°.	Expéditionnaire.........	Belle écriture, dictée, rédaction française, éléments d'arithmétique, géographie la France.	36 ans.	
4°.	Huissiers, concierges, gardiens de bureau.	Bonne tenue.......................	Idem.	

(des catégories des emplois.)	EMPLOIS.	CONDITIONS D'APTITUDE. (Pour tous les emplois, moralité irréprochable.)	LIMITE d'âge.	PROPOR- TION réservée aux sous- officiers.
	CONSEIL D'ÉTAT.			
3°.	Expéditionnaires........	Belle écriture, dictée, rédaction française, éléments d'arithmétique, géographie de la France.	36 ans.	1/2
4°.	Huissiers, gardiens de bureau.	Bonne tenue.......................	Idem.	3/4
	GRANDE CHANCELLERIE DE LA LÉGION D'HONNEUR.			
3°.	Commis...............	Belle écriture, dictée, rédaction française, éléments d'arithmétique, géographie de la France.	Idem.	1/4
4°.	Huissiers, concierges, gardiens de bureau.	Bonne tenue.	Idem.	Totalité.
	MINISTÈRE DE L'INTÉRIEUR.			
	MINISTRATION CENTRALE.			
3°.	Expéditionnaires........	Belle écriture, dictée, rédaction française, éléments d'arithmétique, géographie de la France.	Idem.	1/2
4°.	Huissiers, concierges, garçons de bureau.	Bonne tenue.......................	Idem.	3/4
	TÉLÉGRAPHIE.			
1°.	Employés titulaires......	Examen à subir : écriture, orthographe, rédaction française, arithmétique (quatre règles, fractions décimales, et ordinaires), système métrique, physique et chimie (éléments d'électricité, réactions qui se produisent dans la pile), géographie. Les candidats sont examinés, s'ils le désirent, sur l'une ou plusieurs des langues suivantes : anglais, allemand, espagnol, italien, hollandais, portugais, arabe. — A l'expiration du stage, qui est de six mois au moins, le candidat subit un examen après lequel, si le résultat est favorable, il est nommé employé de 5° classe.	33 ans.	1/3
3°.	Chefs surveillants.	(Emplois à réserver de préférence aux sous-officiers de l'artillerie et du génie.) Dictée, composition française, arithmétique, un peu de dessin linéaire.	36 ans.	Totalité.
4°.	Surveillants.............	Bonne écriture.......................	Idem.	3/4
	PRISONS.			
1°.	Instituteurs.............	Être pourvu du brevet de capacité. — Examen : arithmétique, géographie, histoire, droit civil et criminel.	Idem.	1/4
2°.	Commis aux écritures....	Examen : arithmétique, tenue des livres. — Un peu de droit civil et criminel.	Idem.	1/2
3°.	Teneurs de livres........	Avoir été au moins pendant deux années sous-officier comptable.	Idem.	1/2
4°.	Gardiens chefs	Faire un stage de plusieurs mois avec le titre d'agent auxiliaire rétribué.	40 ans.	1/2

NUMÉROS des catégories des emplois.	EMPLOIS.	CONDITIONS D'APTITUDE. (Pour tous les emplois, moralité irréprochable.)	LIMITE d'Âge.	
	SÛRETÉ PUBLIQUE.			
1re.	Commissaires spéciaux de police.	Bonne éducation: bonne tenue; habitudes rangées. — Savoir rédiger un rapport. — Notions élémentaires de droit ou de pratique judiciaire.	36 ans.	1/2
1re.	Inspecteurs spéciaux de la police des chemins de fer.	Bonne éducation; bonne tenue; bonne santé. — Savoir rédiger un rapport; autant que possible, parler une langue étrangère.	Idem.	Totalité
4e.	Gardiens de la paix à Lyon	Avoir au minimum la taille de 1m,70. — Savoir lire et écrire.—Être reconnu apte au service par le medecin du corps.	Idem.	5/6
	MINISTÈRE DE L'INTÉRIEUR. — GOUVERNEMENT DE L'ALGÉRIE.			
	ADMINISTRATION CENTRALE.			
3e.	Commis................	Belle écriture, dictée, rédaction française, arithmétique élémentaire, géographie de la France et de l'Algérie.	Idem.	1 1
4e.	Huissiers, concierges, garçons de bureau.	Bonne tenue........................	Idem.	T
	ADMINISTRATION PROVINCIALE, DÉPARTEMENTALE ET CANTONALE.			
3e.	Commis................	Mêmes conditions que pour les commis de l'administration centrale.	Idem.	1/2
4e.	Huissiers, garçons de bureau.	Bonne tenue........................	Idem.	T
	PRISONS.			
4e.	Maisons centrales, gardiens, concierges.	Santé robuste........................	Idem.	3/4
4e.	Prisons civiles. Gardiens chefs.	Idem...............................	Idem.	1/2
	TÉLÉGRAPHIE.			
1re.	Employés...............	Mêmes conditions que pour les employés du télégraphe à l'intérieur.	33 ans.	1/2
3e.	Chefs surveillants.......	Mêmes conditions que pour les chefs surveillants du télégraphe à l'intérieur, et savoir monter à cheval.	36 ans.	T
4e.	Surveillants............	Mêmes conditions que pour les surveillants du télégraphe à l'intérieur, et savoir monter à cheval.	Idem.	3/4
	ENREGISTREMENT.			
4e.	Timbreurs, tourne-feuilles	....	Idem.	
	CONTRIBUTIONS DIRECTES.			
2e.	Recenseurs.............	Connaître la comptabilité.—Parler l'arabe et avoir des notions d'arpentage. (Emplois à donner de préférence à d'anciens sous-officiers du génie et de l'artillerie.)	Idem.	3/4
	FORÊTS.			
3e.	Gardes actifs et sédentaires.	Mêmes conditions que pour les gardes forestiers à l'intérieur. (Voir à l'état du ministère des finances.) La préférence sera donnée aux sous-officiers de cavalerie.	Idem.	4/4

EMPLOIS.	CONDITION D'APTITUDE. (Pour tous les emplois, moralité irreprochable.)	LIMITE d'âge.	PROPORTION réservée aux sous-officiers.
POSTES.			
Receveurs de bureaux....	....	36 ans.	1/3
Commis ordinaires........	....	Idem.	2/3
Brigadiers facteurs......	....	Idem.	2/3
POIDS ET MESURES.			
Vérificateurs............	Mêmes conditions qu'à l'intérieur. (Voir à l'état du ministère des travaux publics.)	Idem.	1/4
SERVICE SANITAIRE.			
Capitaine de santé.......	Être capable de rédiger un rapport.....	Idem.	Totalité.
Gardes sanitaires........	....	Idem.	Idem.
TRAVAUX PUBLICS.			
Conducteurs des ponts et chaussées.	Mêmes conditions qu'à l'intérieur. (Voir à l'état du ministère des travaux publics.)	Idem.	1/2
Agents secondaires......	Enseignement primaire, un peu de dessin et d'arithmétique.	Idem.	2/3
MINES ET FORAGES.			
Gardes-mines............	Mêmes conditions qu'à l'intérieur. (Voir à l'état du ministère des travaux publics.)	Idem.	1/2
PHARES.			
Gardiens des phares et fanaux.	....	Idem.	Totalité.
POLICE.			
Police centrale d'Alger (inspecteurs et sous-inspecteurs).	Santé robuste......................	Idem.	1/2
Agents français..........	Idem.	Idem.	1/2
Commissaires de police des communes autres que des chefs-lieux de département et d'arrondissement.	Idem.	Idem.	1/3

MINISTÈRE DES FINANCES.

ADMINISTRATION CENTRALE.

Commis expéditionnaires.	Belle écriture, dictée française, orthographe, notions d'arithmétique.	Idem.	1/4
Gardiens de bureau, huissiers, concierges, etc.	....	Idem.	3/4
CONTRIBUTIONS DIRECTES.			
Perception (4° et 5° classe).	Bonne instruction. — Connaissances en arithmétique et en comptabilité. — Versement d'un cautionnement qui peut varier de 4,000 à 9,000 francs et exigible des titulaires avant leur installation.	Idem.	1/3

NUMÉROS des catégories des emplois.	EMPLOIS.	CONDITIONS D'APTITUDE. (Pour tous les emplois, moralité irréprochable.)	LIMITE d'âge.	
	FORÊTS.			
3°.	Gardes domaniaux........	Savoir rédiger un procès-verbal. — Arithmétique (quatre règles) et système décimal.	36 ans.	
3°.	Gardes forestiers dans le service sédentaire.	Bonne écriture et orthographe.........	Idem.	
	DOUANES.			
4°.	Préposés de 1re classe (France).	Savoir rédiger un procès-verbal........	34 ans.	
4°.	Préposés de 1re classe (Algérie).	Idem...............................	Idem.	
3°.	Commis (emplois subalternes).	Dictée française, un peu de calcul et de comptabilité.	Idem.	
	CONTRIBUTIONS INDIRECTES.			
3°.	Préposés aux sucres et autres.	Notions de comptabilité, dictée, les quatre règles de l'arithmétique.	36 ans.	Tot.
	POSTES.			
4°.	Facteurs à Paris.........	N'être atteint d'aucune infirmité........	Idem.	
3°.	Receveurs des départements.	Savoir un peu de comptabilité et de géographie. — Bonne tenue.	Idem.	
4°.	Distributeurs des départements.	Bonne tenue.......................	Idem.	
4°.	Facteurs de ville des départements.	N'être atteint d'aucune infirmité........	Idem.	
	MANUFACTURES DE L'ÉTAT.			
3°.	Vérificateurs, commis de culture.	Un peu de comptabilité...............	Idem.	

MINISTÈRE DE LA GUERRE.

ADMINISTRATION CENTRALE.

NUMÉROS	EMPLOIS.	CONDITIONS D'APTITUDE.	LIMITE d'âge.	
3°.	Commis................	Bonne écriture, dictée, rédaction française, éléments d'arithmétique, géographie de la France.	Idem.	
4°.	Gardiens de bureau......	Bonne tenue	Idem.	
	ÉTAT-MAJOR DES PLACES.			
4°.	Portiers-consignes.......	....	40 ans.	Tot.
	JUSTICE MILITAIRE.			
2°.	Adjudants sous-officiers, commis greffiers près les conseils de guerre.	Dictée française, arithmétique, notions d'administration et de législation justifiées autant que possible par un stage dans les parquets des conseils de guerre ou de révision en qualité de commis greffiers auxiliaires.	Idem.	
4°.	Sergents-huissiers appariteurs.	Bonne tenue	Idem.	
4°.	Sergents surveillants dans les ateliers de travaux publics et les pénitenciers militaires.	Idem...............................	Idem.	

EMPLOIS.	CONDITIONS D'APTITUDE. (Pour tous les emplois, moralité irréprochable.)	LIMITE d'âge.	PROPORTION réservée aux sous-officiers.
Sergents-fourriers dans les ateliers de travaux publics et les pénitenciers militaires.	Dictée française, arithmétique, notions d'administration et de comptabilité.	40 ans.	Totalité.
Sergents surveillants dans les prisons militaires.	Bonne tenue......................	Idem.	Idem.
Sergents-fourriers dans les prisons militaires.	Dictée française, arithmétique, notions d'administration et de comptabilité.	Idem.	Idem.
GÉNIE.			
Caserniers en France.....	....	Idem.	3/4
Caserniers en Algérie.....	....	Idem.	3/4
Concierges des hôtels divisionnaires.	....	Idem.	3/4
ÉCOLES MILITAIRES.			
Adjudants et sergents-majors de surveillance.	Conditions variant suivant la spécialité..	36 ans.	Totalité.
Sergents maîtres de gymnastique et d'escrime.	Idem..............................	Idem.	Idem.
Commis d'administration.	Bonne écriture, notions de comptabilité.	Idem.	Idem.
Agents subalternes......	....	Idem.	Idem.
ARMÉE TERRITORIALE.			
Secrétaires, magasiniers, etc.	....	Idem.	Idem.

MINISTÈRE DE LA MARINE ET DES COLONIES.

PERSONNEL ADMINISTRATIF DES DIRECTIONS DE TRAVAUX.			
Écrivains...............	Savoir rédiger un peu de comptabilité..	Idem.	3/4
COMPTABILITÉ DES MATIÈRES.			
Écrivains auxiliaires.....	Dictée française, arithmétique et géographie.	Idem.	3/4
GARDIENNAGE ET SURVEILLANCE.			
Gardiens-concierges......	....	Idem.	Totalité.
Portiers-consignes......	....	Idem.	Idem.
Gardiens-portiers........	....	Idem.	Idem.
Gardiens-concierges des bâtiments militaires aux colonies.	Aptitude à la surveillance des travaux..	40 ans.	Idem.
SERVICE PÉNITENTIAIRE DES COLONIES.			
Surveillants...........	....	Idem.	Idem.
COMMISSARIAT.			
Commis...............	Examen : dictée française, arithmétique. NOTA. Les emplois portés au présent tableau ne sont affectés aux anciens sous-officiers de l'armée de terre qu'autant que l'administration de la marine ne dispose pas, pour les occuper, d'un nombre suffisant d'anciens officiers mariniers.	36 an .	1/2

NUMÉROS des catégories des emplois	EMPLOIS.	CONDITIONS D'APTITUDE. (Pour tous les emplois, moralité irréprochable.)	LIMITE d'âge.	

SERVICES DIVERS.

(Les emplois de gardes-pêches, éclusiers et pontiers, gardes de navigation, maitres et gardiens de phares, ne seront affectés aux anciens sous-officiers de l'armée qu'autant que l'administration de la marine ne disposera, pas pour les occuper, d'un nombre suffisant d'anciens officiers mariniers.)

4°.	Gardes-pêche.............	....	36 ans.	
4°.	Éclusiers et pontiers.....	....	4o ans.	
4°.	Gardes de navigation.....	....	Idem.	
4°.	Maitres et gardiens de phares.	....	Idem.	

PALAIS NATIONAUX.

4°.	Surveillants des palais nationaux.	Bonne tenue. (Emplois réservés de préférence aux sous-officiers décorés ou médaillés.)	36 ans.	
4°.	Portiers des palais nationaux.	Bonne tenue........................	Idem.	

PRÉFECTURE DE LA SEINE.

ADMINISTRATION CENTRALE.

3°.	Calligraphes, teneurs de livres.	Belle écriture, dictée, rédaction française, éléments d'arithmétique, géographie de la France.	Idem.	
4°.	Gardiens de bureau (y compris ceux de la caisse municipale).	Bonne tenue...............	Idem.	

AGENTS DE PERCEPTION DE LA CAISSE MUNICIPALE.

3°.	Expéditionnaires........	Mêmes conditions que pour les calligraphes de l'administration centrale.	Idem.	

OCTROIS, ENTREPÔTS.

4°.	Facteurs..............	....	Idem.	
4°.	Magasiniers...........	....	Idem.	
4°.	Concierges...........	....	Idem.	
4°.	Garçons de bureau.....	....	Idem.	
4°.	Commis ambulants......	Bonne tenue, santé robuste...........	Idem.	

PERCEPTIONS MUNICIPALES.

1re.	Préposés du poids public, mesurage des pierres, contrôle, halles, marchés, abattoirs.	Bonne instruction primaire. — Six mois de stage comme préposé provisoire. — Examen préalable.	Idem.	
4°.	Entrepôt de Bercy.......	....	Idem.	
4°.	Pescurs titulaires........	....	Idem.	
4°.	Agents du service de la surveillance des voitures et des concessions sur la voie publique.	....	Idem.	
4°.	Surveillants de l'entrepôt du quai Saint-Bernard.	....	Idem.	

	EMPLOIS.	CONDITIONS D'APTITUDE. (Pour tous les emplois, moralité irréprochable.)	LIMITE d'âge.	PROPORTION réservée aux sous-officiers
	MAIRIES.			
3°.	Teneurs de livres.......	Même examen que pour l'administration centrale.	36 ans.	3/4
4°.	Garçons de bureau, concierges.	Bonne tenue........................	Idem.	Totalité
4°.	Facteurs à l'inspection de la vérification des décès.	....	Idem.	Idem.
5°.	Ordonnateurs des pompes funèbres.	Bonne tenue. — Taille, 1ᵐ,70. — Être en état de rédiger un procès-verbal. — Examen préalable.	Idem.	Idem.
4°.	Gardes des cimetières....	Bonne tenue. (La préférence est donnée aux sous-officiers médaillés.) — Instruction primaire.	38 ans.	Idem.
	TRAVAUX DE PARIS.			
3°.	Piqueurs..............	Examen : écriture, orthographe, rédaction d'un rapport, arithmétique, géographie, dessin au trait, levé des plans.	36 ans.	1/3
4°.	Piétons................	Un peu d'arithmétique..............	Idem.	Totalité
4°.	Gardes des bois de Boulogne et de Vincennes.	Bonne tenue. — Être décoré ou médaillé.	38 ans.	Idem.
4°.	Gardes des squares.......	Idem...........................	Idem.	Idem.
	EAUX ET ÉGOUTS.			
3°.	Piqueurs..............	Mêmes conditions que pour les piqueurs des travaux de Paris.	36 ans.	1/3
4°.	Fontainiers............	....	Idem.	1/2
4°.	Gardes-bassins.........	....	Idem.	Totalité
5°.	Gardiens du canal Saint-Martin.	....	40 ans.	Idem.
4°.	Gagistes du mont-de-piété.	Bonne tenue.....................	36 ans.	1/2
5°.	Sergent et brigadier à la Bourse.	Idem...........................	40 ans.	Totalité
4°.	Brigadier et gardes au palais de justice.	Idem...........................	Idem.	Idem.
4°.	Brigadier et surveillants au tribunal de commerce.	Idem...........................	Idem.	Idem.
	ASSISTANCE PUBLIQUE.			
3°.	Expéditionnaires.......	Examen : dictée, problème sur les règles de trois, rédaction d'un rapport.	36 ans.	1/4
3°.	Expéditionnaires des bureaux de bienfaisance.	....	Idem.	1/4
4°.	Garçons de bureau.......	Bonne tenue	Idem.	3/4
4°.	Concierges.............	Idem...........................	Idem.	3/4
4°.	Garçons de bureau des bureaux de bienfaisance.	Idem...........................	Idem.	3/4
5°.	Piqueurs des travaux des bâtiments.	Ces emplois conviennent surtout aux anciens sous-officiers du génie.	Idem.	Totalité
	PRÉFECTURE DE POLICE.			
4°.	Surveillants des prisons de la Seine.	Santé robuste. — Taille, 1ᵐ,70........	Idem.	3/4
5°.	Commis greffiers des prisons de la Seine.	Connaître la comptabilité............	Idem.	2/3
4°.	Surveillants des voitures de place.	Santé robuste. — Taille, 1ᵐ,70........	Idem.	Totalité
4°.	Inspecteurs et gardiens de la paix.	Idem..................	Idem.	4/5

RÉPUBLIQUE FRANÇAISE.

N° 3586. — Décret *qui autorise, comme Congrégation à Supérieure générale, exclusivement propre au diocèse de Saint-Claude, l'Association religieuse des Franciscaines de l'Immaculée-Conception, existant à Macornay (Jura).*

Du 29 Octobre 1874.

Le Président de la République française,

Sur le rapport du ministre de l'instruction publique et des cultes;

Vu la demande de l'association religieuse des franciscaines de l'Immaculée-Conception, à Macornay, tendant à être reconnue comme congrégation hospitalière et enseignante à supérieure générale, exclusivement propre au diocèse de Saint-Claude;

Vu les pièces produites à l'appui de cette demande, en exécution de la loi du 24 mai 1825 et du décret du 31 janvier 1852 [1];

Vu l'avis du ministre de l'intérieur;

Le Conseil d'État entendu,

Décrète :

Art. 1er. L'association religieuse des franciscaines de l'Immaculée-Conception existant de fait à Macornay (Jura), est autorisée comme congrégation hospitalière et enseignante à supérieure générale, exclusivement propre au diocèse de Saint-Claude, à la charge de se conformer exactement aux statuts approuvés par décret du 10 a 1854 [2], pour la congrégation des sœurs du tiers ordre de François-d'Assise de Calais, et qu'elle a déclaré adopter.

2. Le ministre de l'instruction publique et des cultes et le ministre de l'intérieur sont chargés, chacun en ce qui le concerne, de l'exécution du présent décret, qui sera inséré au Bulletin des lois.

Fait à Paris, le 29 Octobre 1874.

Signé Mal DE MAC MAHON.

Le Ministre de l'instruction publique et des cultes,

Signé A. DE CUMONT.

RÉPUBLIQUE FRANÇAISE.

N° 3587. — Décret *qui autorise l'établissement, à Argelès (Hautes-Pyrénées), d'une Succursale de l'École secondaire ecclésiastique de Saint-Pé.*

Du 29 Octobre 1874.

Le Président de la République française,

Sur le rapport du ministre de l'instruction publique et des cultes;

[1] 1ᵉ série. Bull. 486, n° 3600.　　　[2] 11ᵉ série, Bull. 158, n° 1277.

Vu la demande formée, le 27 mai 1874, par l'évêque de Tarbes, à l'effet d'obtenir l'autorisation d'établir à Argelès une succursale de l'école secondaire ecclésiastique de Saint-Pé;

Vu l'avis favorable du préfet des Hautes-Pyrénées, en date du 10 juillet 1874;

Vu l'article 70 de la loi du 15 mars 1850,

DÉCRÈTE :

ART. 1ᵉʳ. L'évêque de Tarbes est autorisé à établir à Argelès (Hautes-Pyrénées) une succursale de l'école secondaire ecclésiastique de Saint-Pé. Cet établissement sera spécialement affecté aux classes de grammaire.

2. Le ministre de l'instruction publique et des cultes est chargé de l'exécution du présent décret, qui sera inséré au Bulletin des lois.

Fait à Paris, le 29 Octobre 1874.

Signé Mᵃˡ DE MAC MAHON.

Le Ministre de l'instruction publique et des cultes ,

Signé A. DE CUMONT.

—————

RÉPUBLIQUE FRANÇAISE.
—————

N° 3588. — *DÉCRET qui ouvre au Budget du Gouvernement général de l'Algérie un Crédit sur l'exercice 1874.*

Du 9 Novembre 1874.

LE PRÉSIDENT DE LA RÉPUBLIQUE FRANÇAISE,

Sur le rapport du ministre de l'intérieur, d'après les propositions du gouverneur général civil de l'Algérie;

Vu la loi de finances du 29 décembre 1873, portant fixation du budget général des recettes et des dépenses pour l'exercice 1874;

Vu les déclarations de recette, au profit de l'État, d'une somme de trente-quatre mille cinq cent cinquante francs soixante-dix-neuf centimes (34,550 79°), formant le prix d'aliénation de parcelles acquises, par voie d'expropriation, pour le percement de la rue Nationale, à Constantine, avec les fonds avancés à l'État par la Société algérienne, et revendues par le domaine dans le courant de l'année 1874;

Vu la lettre du ministre des finances;

Vu l'article 52 du décret du 31 mai 1862 [1], relatif aux fonds de concours; Le Conseil d'État entendu,.

DÉCRÈTE:

ART. 1ᵉʳ. Il est accordé au ministre de l'intérieur, au delà des cré-

—————

[1] XIᵉ série, Bull. 1045, n° 10,527.

dits ouverts par la loi du 29 décembre 1873 au chapitre XII (*Travaux publics*. — *Service extraordinaire*) du budget du gouvernement général de l'Algérie, exercice 1874, un crédit de trente-quatre mille cinq cent cinquante francs soixante-dix-neuf centimes (34,550ᶠ 79ᶜ).

2. Les ministres de l'intérieur et des finances et le gouverneur général civil de l'Algérie sont chargés, chacun en ce qui le concerne, de l'exécution du présent décret, qui sera inséré au Bulletin officiel du gouvernement général de l'Algérie.

Fait à Paris, le 9 Novembre 1874.

Signé Mˡ DE MAC MAHON.

Le Ministre des finances,

Signé MATHIEU-BODET.

Le Ministre de l'intérieur,

Signé Gˡ DE CHABAUD LA TOUR.

RÉPUBLIQUE FRANÇAISE.

N° 3589. — Décret *qui autorise, à titre de Maison Mère pour la France, l'Association des Sœurs de la Providence, dites de Saint-André, existant à Fillières (Meurthe-et-Moselle), comme Établissement particulier de la Congrégation des Sœurs de ce nom.*

Du 9 Novembre 1874.

LE PRÉSIDENT DE LA RÉPUBLIQUE FRANÇAISE,

Sur le rapport du ministre de l'instruction publique et des cultes ;

Vu la demande de la congrégation des sœurs de la Providence, dites de *Saint-André*, à Peltre, tendant à obtenir la reconnaissance légale, à titre de maison mère de cette congrégation pour la France, de l'établissement de sœurs de cet ordre existant à Fillières ;

Vu les pièces produites à l'appui de cette demande, en exécution de la loi du 24 mai 1825 et du décret du 31 janvier 1852 [1] ;

Vu l'avis du ministre de l'intérieur ;

Le Conseil d'État entendu,

DÉCRÈTE :

ART. 1ᵉʳ. L'association religieuse des sœurs de la Providence, dites *de Saint-André*, existant à Fillières (Meurthe-et-Moselle) comme établissement particulier de la congrégation hospitalière et enseignante des sœurs de ce nom reconnue à Peltre, près Metz, par ordonnance du 28 mai 1826 [2], est autorisée à titre de maison mère de cette congrégation pour la France.

2. Le ministre de l'instruction publique et des cultes et le ministre de l'intérieur sont chargés, chacun en ce qui le concerne, de l'exécution du présent décret, qui sera inséré au Bulletin des lois.

Fait à Paris, le 9 Novembre 1874.

Signé Mˡ DE MAC MAHON.

Le Ministre de l'instruction publique et des cultes,

Signé A. DE CUMONT.

[1] Xᵉ série, Bull. 486, n° 3600.　　[2] VIIIᵉ série, Bull. 95, n° 3139.

RÉPUBLIQUE FRANÇAISE.

N° 3590. — Décret *qui autorise la fondation, à Draguignan, d'un Établissement de Petites-Sœurs-des-Pauvres.*

Du 9 Novembre 1874.

Le Président de la République française,

Sur le rapport du ministre de l'instruction publique et des cultes;

Vu la demande de la congrégation des Petites-Sœurs-des-Pauvres, à Saint-Pern, tendant à obtenir l'autorisation, 1° de fonder à Draguignan un établissement de sœurs de cet ordre; 2° d'acquérir un immeuble pour les besoins de cet établissement;

Vu l'acte d'acquisition, en date du 20 avril 1860;

Vu les autres pièces produites en exécution de la loi du 24 mai 1825 et de l'ordonnance du 14 janvier 1831 [1];

Vu l'avis du ministre de l'intérieur;

La section de l'intérieur, de la justice, de l'instruction publique et des cultes du Conseil d'État entendue,

Décrète :

Art. 1er. La congrégation hospitalière des Petites-Sœurs-des-Pauvres, existant primitivement à Rennes et actuellement à Saint-Pern (Ille-et-Vilaine), en vertu des décrets des 9 janvier 1856 [2] et 21 avril 1869 [3], est autorisée à fonder à Draguignan (Var) un établissement de sœurs de son ordre, à la charge, par les membres de cet établissement, de se conformer exactement aux statuts adoptés par la maison mère et approuvés par ordonnance du 8 juin 1828 [4].

2. La supérieure générale de la congrégation des Petites-Sœurs-des-Pauvres, à Saint-Pern (Ille-et-Vilaine), est autorisée à acquérir, au nom de cette congrégation, du sieur *Taxil*, moyennant une somme de dix-huit mille francs et aux autres clauses et conditions énoncées dans un acte notarié du 20 avril 1860, une propriété située à Draguignan (Var), composée de bâtiments, cours, jardins et dépendances et estimée dix-huit mille neuf cents francs.

3. Le ministre de l'instruction publique et des cultes et le ministre de l'intérieur sont chargés, chacun en ce qui le concerne, de l'exécution du présent décret, qui sera inséré au Bulletin des lois.

Fait à Paris, le 9 Novembre 1874.

Signé Mal DE MAC MAHON.

Le Ministre de l'instruction publique et des cultes,

Signé A. DE CUMONT.

---

[1] IX° série, 2° partie, Bull. 39, n° 971.　　[2] XI° série, Bull. 1723, n° 17,006.
[3] XI° série, Bull. 355, n° 3293.　　[4] VIII° série, Bull. 236, n° 8607.

RÉPUBLIQUE FRANÇAISE.

N° 3591. — *Décret qui autorise, comme Congrégation à Supérieure générale, l'Association religieuse des Sœurs de Saint-François, à Saint-Philbert-de-Grandlieu (Loire-Inférieure).*

Du 9 Novembre 1874.

LE PRÉSIDENT DE LA RÉPUBLIQUE FRANÇAISE,

Sur le rapport du ministre de l'instruction publique et des cultes;
Vu les demandes par lesquelles l'association religieuse des sœurs de Saint-François, à Saint-Philbert-de-Grandlieu, reconnue comme communauté à supérieure locale par décret du 11 juin 1858 [1], sollicite :

1° Sa reconnaissance légale comme congrégation à supérieure générale diocésaine;

2° La modification de ses statuts;

3° L'autorisation d'acquérir un immeuble situé à Nantes, destiné à l'installation des sœurs de cet ordre chargées de visiter les malades pauvres de la paroisse Saint-Donatien de cette ville;

Vu les pièces produites en exécution de la loi du 24 mai 1825, de l'ordonnance du 14 janvier 1831 [2] et du décret du 31 janvier 1852 [3];

Vu l'avis du ministre de l'intérieur;

Le Conseil d'État entendu,

DÉCRÈTE :

ART. 1ᵉʳ. L'association religieuse des sœurs de Saint-François, à Saint-Philbert-de-Grandlieu (Loire-Inférieure), reconnue, par décret du 11 juin 1858, comme communauté régie par une supérieure locale, à la charge de se conformer aux statuts approuvés par ordonnance du 31 décembre 1826 [4] pour la communauté du même nom, à Mauron (Morbihan), est autorisée comme congrégation dirigée par une supérieure générale, exclusivement propre au diocèse de Nantes.

2. Les modifications demandées par la congrégation des sœurs de Saint-François, à Saint-Philbert-de-Grandlieu, aux statuts qu'elle a été autorisée à suivre par le décret précité du 11 juin 1858, sont approuvées.

Ces modifications, telles qu'elles résultent des statuts annexés au présent décret, seront enregistrées et transcrites sur les registres du Conseil d'État. Mention de ladite transcription sera faite par le secrétaire général du Conseil d'État sur la pièce enregistrée.

3. La supérieure générale de la congrégation hospitalière et enseignante des sœurs de Saint-François, à Saint-Philbert-de-Grandlieu (Loire-Inférieure), est autorisée à acquérir, au nom de cette congré-

---

[1] XIᵉ série, Bull. 619, n° 5738.
[2] IXᵉ série, 2ᵉ partie, Bull. 39, n° 971.
[3] Xᵉ série, Bull. 486, n° 3600.
[4] VIIIᵉ série, Bull. 137, n° 4723.

gation, des dames *Dugast-Caillé* et *Brunellières*, moyennant le prix de vingt mille francs (20,000ᶠ), égal au montant de l'estimation, et aux clauses et conditions énoncées dans un acte sous seings privés des 24 et 25 août 1873, une propriété sise à Nantes (même département), rue d'Espagne, n⁰ˢ 1 et 3, et destinée à l'installation des sœurs de cet ordre chargées de visiter les malades pauvres de la paroisse Saint-Donatien de cette ville.

Il sera passé acte public de cette acquisition, dont le prix sera payé au moyen des excédants de recettes de la congrégation. Cet acte devra être transcrit conformément aux prescriptions de la loi du 23 mars 1855.

4. Le ministre de l'instruction publique et des cultes et le ministre de l'intérieur sont chargés, chacun en ce qui le concerne, de l'exécution du présent décret, qui sera inséré au Bulletin des lois.

Fait à Paris, le 9 Novembre 1874.

Signé Mᵃˡ DE MAC MAHON.

Le Ministre de l'instruction publique et des cultes,

Signé A. DE CUMONT.

RÉPUBLIQUE FRANÇAISE.

N° 3592. — *Décret qui ouvre au Ministre des Finances un Crédit supplémentaire sur l'exercice 1873.*

Du 10 Novembre 1874.

LE PRÉSIDENT DE LA RÉPUBLIQUE FRANÇAISE,

Sur le rapport du ministre des finances ;
Vu la loi du 20 décembre 1872, portant fixation des crédits du budget de l'exercice 1873 ;
Vu les lois des 2 et 5 avril et 8 décembre 1873, 29 et 30 janvier et 20 juillet 1874, qui ont ouvert des crédits sur le budget des dépenses du même exercice ;
Le Conseil d'État entendu ;
De l'avis du Conseil des ministres,

DÉCRÈTE :

ART. 1ᵉʳ. Il est ouvert au ministre des finances, sur l'exercice 1873, un crédit supplémentaire s'élevant à la somme de sept cent soixante-deux mille neuf cents francs soixante-sept centimes (762,900ᶠ 67ᶜ) et applicable au chapitre LI (*Remises aux percepteurs, indemnités aux porteurs de contraintes et frais judiciaires*).

2. Il sera pourvu à cette augmentation de crédit au moyen des ressources générales du budget de l'exercice 1873.

3. Le présent décret sera soumis à la sanction de l'Assemblée
tionale dans la première quinzaine de sa prochaine réunion.
4. Le ministre des finances est chargé de l'exécution du
décret, qui sera inséré au Bulletin des lois.
Fait à Paris, le 10 Novembre 1874.

Signé M^{al} DE MAC MAHON.

Le Ministre des finances,

Signé MATHIEU-BODET.

RÉPUBLIQUE FRANÇAISE.

N° 3593. — *Décret qui ouvre au Ministre des Finances des Crédits
supplémentaires sur l'exercice 1874.*

Du 10 Novembre 1874.

LE PRÉSIDENT DE LA RÉPUBLIQUE FRANÇAISE,

Sur le rapport du ministre des finances;

Vu la loi du 29 décembre 1873, portant fixation des crédits du bu
l'exercice 1874;

Vu les lois des 29 janvier, 28 mars, 21 mai, 25 juin, 28 juillet et 4
1874, qui ont ouvert des crédits sur le budget des dépenses du même
cice;

Le Conseil d'État entendu;

De l'avis du Conseil des ministres,

DÉCRÈTE :

ART. 1er. Il est ouvert au ministre des finances, sur l'exercice 1
des crédits supplémentaires s'élevant à la somme de deux mi
huit cent huit mille francs (2,808,000^f), savoir :

DOUANES.

CHAP. LXII.	Dépenses diverses...............................	1
—— LXIII.	Dépenses du service des douanes en Algérie.........	11

CONTRIBUTIONS INDIRECTES.

CHAP. LXIV.	Personnel.......................................	1

REMBOURSEMENTS ET RESTITUTIONS. — NON-VALEURS.
— PRIMES ET ESCOMPTES.

CHAP. LXXVIII.	Remboursements sur produits indirects et divers....	1,4
—— LXXIX.	Répartitions de produits d'amendes, saisies et confisca-tions attribués à divers.......................	1,003
—— LXXXI.	Escomptes sur divers droits......................	100,000

TOTAL......................... 2,808,000

art. Il sera pourvu à ces augmentations de crédit au moyen des ressources générales du budget de l'exercice 1874.

art. Le présent décret sera soumis à la sanction de l'Assemblée nationale dans la première quinzaine de sa prochaine réunion.

art. Le ministre des finances est chargé de l'exécution du présent décret, qui sera inséré au Bulletin des lois.

Fait à Paris, le 10 Novembre 1874.

Signé M^al DE MAC MAHON.

Le Ministre des finances,

Signé MATHIEU-BODET.

RÉPUBLIQUE FRANÇAISE.

---

594. — DÉCRET qui déclare d'utilité publique le prolongement de la Voie ferrée à traction de chevaux de Vincennes à Boulogne depuis le Rond-Point de la Reine, à Boulogne, jusqu'à l'extrémité de la place d'Armes, à Saint-Cloud.

Du 11 Novembre 1874.

LE PRÉSIDENT DE LA RÉPUBLIQUE FRANÇAISE,

Sur le rapport du ministre des travaux publics;

Vu le décret du 18 février 1854 [1], par lequel le sieur Loubat a été autorisé à placer sur la voie publique, de Vincennes au pont de Sèvres et au rond-point de Boulogne, des voies ferrées à traction de chevaux, et à y établir un service d'omnibus, le tout aux clauses et conditions du cahier des charges arrêté le 17 février 1854 et annexé audit décret;

Vu le décret du 15 septembre 1856 [2], qui substitue la compagnie générale des omnibus dans Paris, au lieu et place du sieur Loubat, dans tous les droits et obligations qui résultent pour celui-ci du décret précité du 18 février 1854;

Vu le décret du 6 février 1864 [3], qui modifie les prix de transport à percevoir par le concessionnaire, fixés dans le cahier des charges ci-dessus visé du 17 février 1854;

Vu la demande présentée par la compagnie générale des omnibus, à l'effet d'être autorisée à prolonger la voie ferrée depuis le rond-point de la Reine, à Boulogne, jusqu'à l'extrémité de la place d'Armes, à Saint-Cloud;

Vu notamment le plan visé par les administrateurs de la compagnie, le 21 août 1873;

Vu les pièces des enquêtes ouvertes dans les départements de la Seine et de Seine-et-Oise, en exécution de l'article 3 de la loi du 3 mai 1841 et dans la forme prescrite par l'ordonnance réglementaire du 18 février 1834 [4];

[1] XI° série, Bull. 159, n° 1299.
[2] XI° série, Bull. 432, n° 4060.
[3] XI° série, Bull. 1183, n° 12,032.

[4] IX° série, 2° partie, 1™ section, Bull. 286, n° 5212.

Vu les délibérations des commissions d'enquête, en date des 13 et 14 février 1874;

Vu les lettres des préfets de la Seine et de Seine-et-Oise, en date des 20 octobre 1873, 23 février et 9 avril 1874;

Vu la lettre du préfet de police, du 2 avril 1874;

Vu l'avis du conseil général des ponts et chaussées, en date du 1ᵉʳ juin 1874;

Vu les lois du 3 mai 1841 et 27 juillet 1870;

Le Conseil d'État entendu,

Décrète :

Art. 1ᵉʳ. Est déclaré d'utilité publique le prolongement de la voie ferrée à traction de chevaux de Vincennes à Boulogne depuis le rond-point de la Reine, à Boulogne, jusqu'à l'extrémité de la place d'Armes, à Saint-Cloud.

2. La compagnie générale des omnibus est autorisée à établir ce prolongement à ses risques et périls, suivant la direction générale indiquée en bleu sur le plan ci-dessus visé, qui restera annexé au présent décret, et en se conformant aux clauses et conditions du cahier des charges ci-dessus visé du 17 février 1854, sous la réserve des modifications suivantes :

1° Les rails, dont l'administration supérieure déterminera la forme, le poids et le mode d'attache, la compagnie entendue, seront compris dans un pavage qui régnera dans l'entre-rail et à cinquante centimètres (0ᵐ,50) au delà de chaque côté.

2° Les prix fixés par le décret du 6 février 1864 ci-dessus visé, pour le transport des voyageurs jusqu'au rond-point de Boulogne seront appliqués jusqu'à la place d'Armes, à Saint-Cloud.

3. Le ministre des travaux publics est chargé de l'exécution du présent décret.

Fait à Paris, le 11 Novembre 1874.

Signé Mᵃˡ DE MAC MAHON.

Le Ministre des travaux publics,

Signé E. CAILLAUX.

RÉPUBLIQUE FRANÇAISE.

N° 3595. — Décret qui ouvre au Gouvernement général de l'Algérie un Crédit sur l'exercice 1874, à titre de Fonds de concours versés au Trésor pour Dépenses publiques.

Du 13 Novembre 1874.

Le Président de la République française,

Sur le rapport de ministre de l'intérieur, d'après les propositions du gouverneur général civil de l'Algérie;

· Il sera pourvu à ces augmentations de crédit au moyen des **s**urces générales du budget de l'exercice 1874.

, Le présent décret sera soumis à la sanction de l'Assemblée na- **ti**le dans la première quinzaine de sa prochaine réunion.

. Le ministre des finances est chargé de l'exécution du présent **e**t, qui sera inséré au Bulletin des lois.

fit à Paris, le 10 Novembre 1874.

Signé M**r**l DE MAC MAHON.

Le Ministre des finances,

Signé MATHIEU-BODET.

RÉPUBLIQUE FRANÇAISE.

---

i94. — *DÉCRET qui déclare d'utilité publique le prolongement de la Voie ferrée à traction de chevaux de Vincennes à Boulogne depuis le Rond-Point de la Reine, à Boulogne, jusqu'à l'extrémité de la place d'Armes, à Saint-Cloud.*

Du 11 Novembre 1874.

LE PRÉSIDENT DE LA RÉPUBLIQUE FRANÇAISE,

Vu le rapport du ministre des travaux publics;

Vu le décret du 18 février 1854 [1], par lequel le sieur *Loubat* a été auto-**risé à** placer sur la voie publique, de Vincennes au pont de Sèvres et au **p**oint de Boulogne, des voies ferrées à traction de chevaux, et à y éta-**bli**r service d'omnibus, le tout aux clauses et conditions du cahier des **charges** arrêté le 17 février 1854 et annexé audit décret;

Vu le décret du 15 septembre 1856 [2], qui substitue la compagnie géné-**rale des** omnibus dans Paris, au lieu et place du sieur *Loubat,* dans tous **les** droits et obligations qui résultent pour celui-ci du décret précité du **18 f**évrier 1854;

Vu le décret du 6 février 1864 [3], qui modifie les prix de transport à per-**cevoi**r par le concessionnaire, fixés dans le cahier des charges ci-dessus **du** 17 février 1854;

Vu la demande présentée par la compagnie générale des omnibus, à **l'effe**t d'être autorisée à prolonger la voie ferrée depuis le rond-point de la **Rein**e, à Boulogne, jusqu'à l'extrémité de la place d'Armes, à Saint-Cloud; **Vu** notamment le plan visé par les administrateurs de la compagnie, le **4** août 1873;

Vu les pièces des enquêtes ouvertes dans les départements de la Seine et **de** Seine-et-Oise, en exécution de l'article 3 de la loi du 3 mai 1841 et dans **la f**orme prescrite par l'ordonnance réglementaire du 18 février 1834 [4];

---

[1] x1° série, Bull. 159, n° 1299.
[2] x1° série, Bull. 432, n° 4060.
[3] x1° série, Bull. 1183, n° 12,032.

[4] ix° série, 2° partie, 1° section, Bull. 286, n° 5212.

Sur le rapport du ministre des travaux publics;

Vu la loi du 19 mai 1866, sur la marine marchande, portant, article 4 «Les droits de tonnage actuellement perçus tant sur les navires «çais que sur les navires étrangers, et affectés, comme garantie, au «ment des emprunts contractés pour travaux d'amélioration dans les «de mer français, sont maintenus.

«Des décrets impériaux, rendus dans la forme de règlements d'a «tration publique, pourront, en vue de subvenir à des dépenses de «nature, établir un droit de tonnage, qui ne pourra excéder deux «cinquante centimes par tonneau, décime compris, et qui portera à «sur les navires français et étrangers;»

Vu le décret, en date du 21 février 1863 [1], déclarant d'utilité publi ensemble de travaux destinés à l'amélioration du port de Dieppe;

Vu la demande, en date du 24 avril 1873, de la chambre de co de Dieppe, tendant à l'établissement d'un droit de tonnage sur les entrant dans le port, en vue de hâter l'achèvement des travaux su nés;

Vu les pièces de l'enquête à laquelle cette demande a été soumise, tamment l'avis du commissaire enquêteur, en date du 1er septembre

Vu la lettre du préfet de la Seine-Inférieure, en date du 6 décembre

Vu l'avis du conseil général des ponts et chaussées, en date du 18 1874;

Vu la lettre du ministre de l'agriculture et du commerce, en date 14 juillet 1874;

Vu la lettre du ministre des finances, en date du 20 juillet 1874;

Le Conseil d'État entendu,

DÉCRÈTE :

ART. 1er. Il est établi au port de Dieppe un droit de trente times par tonneau de jauge sur les navires entrant dans ce venant de la grande pêche, des colonies ou de l'étranger.

Sont exemptés de ce droit les navires en simple relâche, l ne feront aucune opération de commerce.

2. La perception du droit spécial de tonnage est concéd chambre de commerce. Le produit en sera affecté, concurre avec les ressources annuelles inscrites à la deuxième section du get pour les travaux du port de Dieppe (décret du 21 février 1 à la continuation et à l'achèvement de ces travaux.

La perception du droit spécial cessera aussitôt après l'achève desdits travaux.

3. Les ministres des travaux publics, de l'agriculture et du merce, et des finances, sont chargés, chacun en ce qui le con de l'exécution du présent décret, qui sera inséré au Bulletin lois.

Fait à Paris, le 14 Novembre 1874.

Signé Mal DE MAC MAHON.

Le Ministre des travaux publics,

Signé E. CAILLAUX.

[1] xie série, Bull. 1118, n° 11,290.

la loi du 29 décembre 1873, portant fixation du budget général des
es et des dépenses ordinaires de l'exercice 1874;
l'article 13 de la loi du 6 juin 1843, portant règlement définitif du
t de l'exercice 1840;
l'article 52 du décret du 31 mai 1862 [1], sur la comptabilité publique;
le décret du 10 novembre 1856 [2] (article 2);
l'article 4 du sénatus-consulte du 31 décembre 1861;
les récépissés constatant le versement au trésor, à titre de fonds de
ours pour dépenses publiques, d'une somme de cinq cent quatre-vingt-
mille huit cent quarante francs (596,840ᶠ), provenant de soultes de
t de séquestre;
l'avis du ministre des finances,

Décrète :

Art. 1ᵉʳ. Il est ouvert au gouvernement général de l'Algérie, sur le
budget ordinaire de l'exercice 1874, un crédit de cinq cent quatre-
vingt-seize mille huit cent quarante francs (596,840ᶠ) applicable aux
frais de colonisation, aux frais occasionnés par le fonctionne-
ment des commissions de séquestre et à l'extinction des créances
grevant les biens séquestrés.
Cette somme figurera à l'article 4 du chapitre x, qui sera libellé
de la manière suivante :

Acquisition de terres melk pour la colonisation; frais de commission
de séquestre; extinction des créances grevant les biens séquestrés; secours
aux Alsaciens-Lorrains.

Les crédits ouverts par les décrets des 11 et 19 septembre dernier
recevront recevoir la même affectation que le crédit ci-dessus.
Il sera pourvu aux dépenses imputables sur le crédit ouvert par
l'article précédent au moyen des fonds versés au trésor à titre de
fonds de concours pour dépenses publiques.
Nos ministres de l'intérieur et des finances et le gouverneur
général civil de l'Algérie, sont chargés, chacun en ce qui le concerne,
*de l'exé*cution du présent décret.
Fait à Paris, le 13 Novembre 1874.

Signé Mᵃˡ DE MAC MAHON.

Le Ministre des finances,

Signé MATHIEU-BODET.

Le Ministre de l'intérieur,

Signé Gᵃˡ DE CHABAUD LA TOUR.

RÉPUBLIQUE FRANÇAISE.

N° ... — *Décret qui établit au port de Dieppe un Droit de tonnage sur les*
navires entrant dans ce port et venant de la grande pêche, des colonies ou de
l'étranger.

Du 14 Novembre 1874.

(Promulgué au *Journal officiel* du 25 novembre 1874.)

LE PRÉSIDENT DE LA RÉPUBLIQUE FRANÇAISE,

2° L'administration est autorisée à faire l'acquisition des terrains et
ments nécessaires à l'exécution de cette entreprise, en se conformant
dispositions des titres II et suivants de la loi du 3 mai 1841, sur l'
priation pour cause d'utilité publique.

3° Le présent décret sera considéré comme non avenu, si les travaux n
pas été adjugés dans un délai de cinq ans, à partir du jour de sa prom
tion. (*Versailles, 9 Juillet 1874.*)

N° 3599. — DÉCRET DU PRÉSIDENT DE LA RÉPUBLIQUE FRANÇAISE (contre-si
par le ministre des travaux publics) portant ce qui suit :

1° Sont déclarés d'utilité publique les travaux de construction,
traverse d'Eu (Seine-Inférieure), d'un nouvel embranchement de la
départementale n° 16, de Criel à Saint-Valery-sur-Somme, suivant la
tion générale indiquée par le tracé rouge sur un plan qui restera
présent décret.

2° L'administration est autorisée à faire l'acquisition des terrains et
ments nécessaires à l'exécution de ces travaux, en se conformant aux
sitions des titres II et suivants de la loi du 3 mai 1841, sur l'exp
pour cause d'utilité publique.

3° Le présent décret sera considéré comme non avenu, si les travaux
pas été adjugés dans un délai de cinq ans, à partir du jour de sa prom
tion. (*Versailles, 9 Juillet 1874.*)

N° 3600. — DÉCRET DU PRÉSIDENT DE LA RÉPUBLIQUE FRANÇAISE (con
par le ministre des travaux publics) portant ce qui suit :

1° Sont déclarés d'utilité publique les travaux de construction de la
départementale de la Creuse n° 2, d'Aubusson à Montaigut, entre la
départementale n° 3, au pont de Courleix, et la limite du Puy-de-Dô
suivant la direction générale indiquée par une ligne rouge sur un
restera annexé au présent décret.

2° L'administration est autorisée à faire l'acquisition des terrains
ments nécessaires à l'exécution de ces travaux, en se conformant aux
sitions des titres II et suivants de la loi du 3 mai 1841, sur l'expro
pour cause d'utilité publique.

3° Le présent décret sera considéré comme non avenu, si les
n'ont pas été adjugés dans un délai de cinq ans, à partir du jour de sa
mulgation. (*Versailles, 23 Juillet 1874.*)

N° 3601. — DÉCRET DU PRÉSIDENT DE LA RÉPUBLIQUE FRANÇAISE (contre-si
par le ministre des travaux publics) portant ce qui suit :

1° Est déclarée d'utilité publique la rectification de la route
n° 71, de Dijon à Troyes, dans la traverse de Châtillon-sur-Seine (Cô
entre le pont Saint-Martin et le pont de l'Abbaye, suivant la place
de l'Hôtel-de-Ville, la place Marmont et la rue de la Gare, confo
aux indications figurées en rouge sur un plan qui restera annexé au
décret.

2° Il est donné acte au conseil municipal de Châtillon-sur-Seine des engagements pris par lui dans sa séance du 13 novembre 1872, en ce qui
touche les travaux à faire pour ladite rectification. (*Versailles, 23 Juillet 1874.*)

N° 3602.—Décret du Président de la République française (contre-signé
par le ministre des travaux publics) portant ce qui suit :

1° Il sera procédé à la reconstruction, sous la route nationale n° 10 *bis*,
des trois passerelles de Sablons (Gironde).

2° Sont acceptées les offres faites par la compagnie du chemin de fer des
Charentes de contribuer pour une somme de cinq mille francs dans la dépense, évaluée à cinquante-huit mille francs.

3° La dépense incombant à l'État (cinquante-trois mille francs) sera imputée sur les fonds affectés annuellement à la construction des grands ponts
par le budget du ministère des travaux publics. (*Versailles, 23 Juillet 1874.*)

N° 3603.— Décret du Président de la République française (contre-signé
par le garde des sceaux, ministre de la justice) portant ce qui suit :

1° M. *Prud'homme* (*Paul-Marie-Gaston*), propriétaire, né le 24 juin 1844,
à Domérat, arrondissement de Montluçon (Allier), y demeurant, est autorisé à ajouter à son nom patronymique celui de *de la Pérelle,* et à s'appeler,
à l'avenir, *Prud'homme de la Pérelle.*

2° M. *Toupot* (*Gabriel-Gustave*), contrôleur des postes du département de
Haute-Saône, né le 14 février 1829, à Purgerot (Haute-Saône), demeu-
rant à Vesoul, est autorisé à ajouter à son nom patronymique celui de *de
Béveaux,* et à s'appeler, à l'avenir, *Toupot de Béveaux.*

3° M. *Lécaille* (*Léonce-Marie*), né le 7 octobre 1851, à Paris (Seine), demeurant à Levallois-Perret, même département, est autorisé à ajouter à son
nom patronymique celui de *Boulanger,* et à s'appeler, à l'avenir, *Lécaille-
Boulanger.*

4° Mlle *Lefebvre* (*Marie-Eugénie*), née le 14 janvier 1826, à Vendôme (Loir-
et-Cher), demeurant à Paris,

M. *Lefebvre* (*Henri-Émile*), percepteur des contributions directes, né le
9 décembre 1826, à Vendôme (Loir-et-Cher), demeurant à Guérigny
(Nièvre),

Et M. *Lefèbvre* (*François-Émilien*), commissaire de police, né le 28 octobre 1830, à Vendôme (Loir-et-Cher), demeurant à Paris,

Sont autorisés à ajouter à leur nom patronymique celui de *d'Hellencourt,*
et à s'appeler, à l'avenir, *Lefebvre d'Hellencourt.*

5° M. *Martin* (*Antoine-Charles-Félix*), propriétaire, né à Pontoise (Seine-et-
Oise) le 18 mars 1817, demeurant à Caen (Calvados),

Et M. *Martin* (*Henri-Antoine*), homme de lettres, né à Caen (Calvados), le
5 novembre 1846, demeurant à Paris,

Sont autorisés à ajouter à leur nom patronymique celui de *de Puiseux,* et
à s'appeler, à l'avenir, *Martin de Puiseux.*

6° Lesdits impétrants ne pourront se pourvoir devant les tribunaux pour faire
opérer, sur les registres de l'état civil, les changements résultant du présent
décret, qu'après l'expiration du délai fixé par la loi du 11 germinal an XI, et

en justifiant qu'aucune opposition n'a été formée devant le Conseil d' .
(*Paris, 16 Novembre 1874.*)

Erratum. Bulletin des lois n° 227, page 431, troisième ligne du décret qui a
M. *Collin* à ajouter à son nom celui de *Dufresne*, au lieu de : 1° M. *Collin (Jean-
tiste-Médard)*, lisez : 1° M. *Collin (Jean-Joseph-Médard)*.

Certifié conforme :

Paris, le 10 * Décembre 1874,

Le Garde des Sceaux, Ministre de la Jus ‾

A. TAILHAND.

* Cette date est celle de la réception du
au ministère de la Justice.

On s'abonne pour le Bulletin des lois, à raison de 9 francs par an , à la caisse de l'Im ·
nationale ou chez les Receveurs des postes des départements.

BULLETIN DES LOIS

DE LA RÉPUBLIQUE FRANÇAISE.

N° 236.

RÉPUBLIQUE FRANÇAISE.

—

3604. — *Décret qui déclare d'utilité publique l'établissement d'un Chemin de fer de jonction entre les Docks de Saint-Ouen et la Gare de marchandises de la plaine Saint-Denis.*

Du 6 Juin 1874.

LE PRÉSIDENT DE LA RÉPUBLIQUE FRANÇAISE,

Sur le rapport du ministre des travaux publics;

Vu l'ordonnance du 10 septembre 1845 [1], déclarant la compagnie du Nord adjudicataire de la concession du chemin de fer de Paris en Belgique et embranchements;

Vu le décret, en date du 21 novembre 1873 [2], qui a autorisé la rétrocession à la compagnie du Nord du chemin de fer de raccordement des docks Saint-Ouen avec le chemin de Ceinture;

Vu l'avant-projet présenté par ladite compagnie pour l'établissement d'un chemin de fer de jonction destiné à relier les docks de Saint-Ouen avec la nouvelle gare aux marchandises de la plaine Saint-Denis, sur la ligne de Paris à la frontière;

Vu le dossier de l'enquête d'utilité publique à laquelle cet avant-projet a été soumis dans le département de la Seine, et notamment le procès-verbal de la commission d'enquête, en date du 9 octobre 1873;

Vu le rapport des ingénieurs des ponts et chaussées, des 16-19 février 1874;

Vu le procès-verbal des conférences tenues avec les officiers du génie et l'adhésion donnée, le 6 mars 1874, à l'exécution des travaux par le ministre de la guerre;

Vu l'avis du conseil des ponts et chaussées (première section), du 18 mars 1874;

Vu la lettre des administrateurs de la compagnie, en date du 11 mai 1874;

[1] IX° série, Bull. 1238, n° 12,240.   [2] XII° série, Bull. 170, n° 2550.

XIIe Série. 47

Vu la loi du 3 mai 1841, sur l'expropriation pour cause d'utilité

Le Conseil d'État entendu,

DÉCRÈTE :

ART. 1er. Est déclaré d'utilité publique l'établissement d'un min de fer de jonction entre les docks de Saint-Ouen et la gare marchandises de la plaine Saint-Denis, suivant le tracé indiqué une ligne rouge sur le plan produit par la compagnie du N lequel devra rester annexé au présent décret.

2. La compagnie du Nord est autorisée à établir et à exploiter chemin de fer aux clauses et conditions de son cahier des charges en date du 26 juin 1857.

3. Les expropriations nécessaires pour l'exécution des tra devront être accomplies dans un délai de dix-huit mois, à partir la promulgation du présent décret.

La compagnie sera soumise, pour ces expropriat ons, aux comme aux obligations qui dérivent, pour l'administration, de du 3 mai 1841.

4. Le chemin de fer concédé par l'article 2 du présent est compris dans l'ancien réseau de la compagnie des chemins fer du Nord.

5. Le ministre des travaux publics est chargé de l'exécution présent décret, qui sera inséré au Bulletin des lois.

Fait à Versailles, le 6 Juin 1874.

Signé Mal DE MAC MAHON.

Le Ministre des travaux publics,
Signé E. CAILLAUX.

RÉPUBLIQUE FRANÇAISE.

N° 3605.— DÉCRET qui approuve divers Travaux à exécuter et diverses Dépen à faire par la Compagnie des Chemins de fer du Midi et du Canal latéral à Garonne.

Du 7 Octobre 1874.

LE PRÉSIDENT DE LA RÉPUBLIQUE FRANÇAISE,

Sur le rapport du ministre des travaux publics;

Vu les loi et décret du 11 juin 1863 [1] et la convention du 1er mai de même année;

Vu les loi et décret du 10 août 1868 [2], portant approbation de la tion passée le même jour entre l'État et la compagnie des chemins de du Midi et du canal latéral à la Garonne, et spécialement l'article 12 ladite convention;

[1] XIe série, Bull. 1141, n° 11,553.   [2] XIe série, Bull. 1642, n° 16,363.

Vu les projets présentés et demandes faites par la compagnie des chemins de fer du Midi à l'effet d'obtenir que divers travaux projetés sur des lignes son ancien réseau soient approuvés par décret délibéré en Conseil d'État, conformément aux dispositions de l'article 12 susvisé de la convention du août 1868;

Vu les pièces de l'instruction à laquelle chacun desdits projets a été sou-, et notamment les avis du conseil des ponts et chaussées, des 8 novembre 1873, 31 janvier, 14 février, 7, 14 et 28 mars 1874;

Le Conseil d'État entendu,

DÉCRÈTE :

ART. 1ᵉʳ. Sont approuvés les travaux à exécuter et les dépenses à re par la compagnie des chemins de fer du Midi et du canal laté- à la Garonne, conformément aux projets suivants :

LIGNE DE BORDEAUX A BAYONNE.

et d'établissement d'un pont à bascule à la station de Solférino, présenté le 9 février 1874, avec un détail estimatif montant à...................... 4,256ᶠ

LIGNE DE BORDEAUX A CETTE.

et d'agrandissement de la gare des marchandises de Valence-d'Agen, présenté le 12 janvier 1874, avec un détail estimatif montant à........ 12,442

et de plantations destinées à empêcher l'accumulation des neiges dans traversée de Montrédon, présenté le 30 août 1873, avec un détail estimatif montant à........................... 41,664

et d'agrandissement de la station de Coursan, présenté le 8 août 1873, et un détail estimatif montant à...................... 93,373

et d'établissement d'une maison de garde et d'un ponceau métallique piquet kilométrique 435ᵏ,621, présenté le 20 novembre 1873, avec détail estimatif montant à............................ 12,208

de modification du dépôt des machines et de la remise des voitures gare de Cette, présenté le 17 décembre 1873, avec un détail esti-montant à............................ 41,201

ENSEMBLE............ 205,144

La dépense des travaux dont il s'agit sera imputée sur les trente lions (30,000,000ᶠ) mentionnés à l'article 12 de la convention du août 1868 comme maximum de dépenses complémentaires à oriser, dans un délai de dix ans, sur l'ancien réseau de la compagnie.

2. Le ministre des travaux publics est chargé de l'exécution du sent décret, lequel sera inséré au Bulletin des lois.

Fait à Paris, le 7 Octobre 1874.

Signé Mᵃˡ DE MAC MAHON.

Le Ministre des travaux publics,

Signé E. CAILLAUX.

RÉPUBLIQUE FRANÇAISE.

N° 3606.— *Décret qui approuve divers Travaux à exécuter et diverses Dépenses à faire par la Compagnie des Chemins de fer du Midi et du Canal latéral à la Garonne.*

Du 7 Octobre 1874.

LE PRÉSIDENT DE LA RÉPUBLIQUE FRANÇAISE,

Sur le rapport du ministre des travaux publics;
Vu le décret et la convention en date du 1ᵉʳ août 1857 [1];
Vu les loi et décret du 11 juin 1859 [2], ensemble la convention y annexée du 28 décembre 1858 et du 11 juin 1859;
Vu les loi et décret du 11 juin 1863 [3] et la convention du 1ᵉʳ mai de la même année;
Vu les loi et décret du 10 août 1868 [4], portant approbation de la convention passée le même jour entre l'État et la compagnie des chemins de fer du Midi et du canal latéral à la Garonne, et spécialement l'article 12 de ladite convention;
Vu les projets présentés et demandes faites par ladite compagnie des chemins de fer du Midi à l'effet d'obtenir que divers travaux projetés sur la ligne de Bordeaux à Cette soient approuvés par décret délibéré en Conseil d'État, conformément aux dispositions de l'article 12 susvisé de la convention du 10 août 1868;
Vu les pièces de l'instruction à laquelle chacun desdits projets a été soumis, et notamment les avis du conseil des ponts et chaussées, des 25 janvier, 21 et 28 juin et 5 juillet 1873,11 et 25 avril, 2 et 9 mai et 6 juin 1874;
Le Conseil d'État entendu,

DÉCRÈTE :

ART. 1ᵉʳ. Sont approuvés les travaux à exécuter et les dépenses à faire par la compagnie des chemins de fer du Midi et du canal latéral à la Garonne, conformément aux projets suivants :

LIGNE DE BORDEAUX A CETTE.

Projet de déplacement du parc de la voie et du petit matériel à la gare Saint-Jean, à Bordeaux, présenté le 17 décembre 1873, avec un détail estimatif réglé à.. 466,273ᶠ 81ᶜ
Projet d'élargissement du chemin latéral reliant le chemin de Lasborde au passage à niveau de Christol, présenté le 14 février 1873, avec un détail estimatif montant à..................... 5,333 18
Projet d'agrandissement de la station de Bram, présenté le 13 mai 1873, avec un détail estimatif montant à..................... 82,656 00
Projet de modification de l'aqueduc de Saint-Martin, présenté le 11 mars 1874, avec un détail estimatif montant à............. 5,152 00
Projet d'agrandissement de la gare de Trèbes, présenté le 5 juin 1873, avec un détail estimatif montant à..................... 233,815 63
Projet d'agrandissement de la gare de Capendu, présenté le 4 juin 1873, avec détail estimatif rectifié montant à................. 167,888 00

[1] xiᵉ série, Bull. 554, n° 4994.   [2] xiᵉ série, Bull. 1141, n° 11,553.
[3] xiᵉ série, Bull. 709, n° 6710.   [4] xiᵉ série, Bull. 1642, n° 16,363.

Projet d'agrandissement de la gare de Moux, présenté le 5 juin
1873, avec détail estimatif rectifié montant à.................. 184,419ᶠ 20°
Projet de modification du pont de Concarrous, présenté le 9 mars
1874, avec un détail estimatif montant à..................... 6,720 00
Projet d'agrandissement de la station de Marcorignan, présenté le
13 mai 1873, avec un détail estimatif montant à............... 308,017 00
Projet d'agrandissement de la station de Vias, présenté le 25 février
1874, avec un détail estimatif montant à..................... 106,151 36

ENSEMBLE.............. 1,566,426 55

La dépense des travaux dont il s'agit sera imputée sur les trente
millions (30,000,000ᶠ) énoncés à l'article 12 de la convention du
10 août 1868 comme maximum des dépenses complémentaires à
utoriser, dans un délai de dix ans, sur l'ancien réseau de la com-
gnie.

2. L'approbation du projet de déplacement du parc de la voie et
petit matériel à la gare Saint-Jean, à Bordeaux, est subordonnée
ux conditions suivantes :

1° La compagnie présentera des propositions pour le classement
u passage à niveau projeté sur la rue Carle-Vernet et du passage à
veau actuel d'Auvegnac, conformément à l'article 4 de l'ordon-
ance du 15 novembre 1846.

2° Le débouché du nouveau pont sur l'Estey-de-Bègles sera augmenté, par les soins et aux frais de la compagnie, si, dans l'avenir,
cette augmentation était reconnue être une conséquence du détour-
nement de l'Estey-de-Bègles dans l'Estey-Majoux.

3° L'axe du nouveau pont en maçonnerie fera, avec l'axe du pont
métallique, un axe de cent soixante-cinq degrés au moins.

4° Deux regards seront établis dans la longueur de l'aqueduc
ûté sur l'Estey-de-Bègles, pour faciliter le curage.

3. Le ministre des travaux publics est chargé de l'exécution du
présent décret, lequel sera inséré au Bulletin des lois.

Fait à Paris, le 7 Octobre 1874.

Signé Mᵃˡ DE MAC MAHON.

Le Ministre des travaux publics,

Signé E. CAILLAUX.

RÉPUBLIQUE FRANÇAISE.

N° 3607. — *DÉCRET relatif à la Contribution spéciale à percevoir, en 1875,
pour les Dépenses de diverses Chambres et Bourses de commerce.*

Du 29 Octobre 1874.

LE PRÉSIDENT DE LA RÉPUBLIQUE FRANÇAISE,

Sur le rapport du ministre de l'agriculture et du commerce;

Vu les articles 11 à 16 de la loi de finances du 23 juillet 1820, l'article 4 de la loi du 14 juillet 1838 et l'article 33 de la loi du 25 avril 1844;

Vu la loi du 5 août 1874, portant fixation des dépenses et des recettes de l'exercice 1875,

DÉCRÈTE :

ART. 1ᵉʳ. Une contribution spéciale de la somme de cent soixante-neuf mille sept cent quarante-cinq francs (169,745ᶠ), nécessaire au payement des dépenses des chambres et des bourses de commerce mentionnées au tableau annexé au présent décret, suivant les budgets approuvés, sur la proposition des chambres de commerce, par le ministre de l'agriculture et du commerce, plus cinq centimes par franc pour couvrir les non-valeurs et trois centimes aussi par franc pour subvenir aux frais de perception, sera répa en 1875, conformément audit tableau, sur les patentés désign par l'article 33 de la loi du 25 avril 1844, en ayant égard aux ad tions et modifications autorisées par les lois ultérieures sur les tentés.

2. Le produit de ladite contribution sera mis, sur les mandats des préfets, à la disposition des chambres de commerce, qui ren dront compte de son emploi au ministre de l'agriculture et du commerce.

3. Le ministre de l'agriculture et du commerce et le ministre des finances sont chargés, chacun en ce qui le concerne, de l'exécution du présent décret, qui sera inséré au Bulletin des lois.

Fait à Paris, le 29 Octobre 1874.

Signé Mᵃˡ DE MAC MAHON.

Le Ministre de l'agriculture et du commerce,

Signé L. GRIVART.

VILLES.	DÉPARTEMENTS.	CHAMBRES et bourses.	SOMMES à imposer.	PATENTÉS IMPOSABLES.
Abbeville........	Somme.........	Chambre...	1,316ᶠ	Patentés du département compris dans la circonscription de la chambre.
Angers.........	Maine-et-Loire...	Idem.......	1,120	Patentés de tout le département.
Arras...........	Pas-de-Calais....	Idem.........	834	Patentés du département compris dans la circonscription de la chambre.
		Bourse.....	538	Patentés de la ville seulement.
Bastia..........	Corse..........	Chambre...	2,150	Patentés de tout le département.
Bayonne........	Basses-Pyrénées..	Idem.......	3,595	Idem.
Besançon.......	Doubs.........	Idem.......	5,177	Idem.
		Idem.......	4,761	Patentés du département compris dans la circonscription de la chambre.
Caen...........	Calvados.......			
		Bourse.....	870	Patentés de la ville seulement.

VILLES.	DÉPARTEMENTS.	CHAMBRES et bourses.	SOMMES à imposer.	PATENTÉS IMPOSABLES.
Castres........	Tarn...........	Chambre...	819'	Patentés du département compris dans la circons- cription de la chambre.
Cette...........	Hérault.........	Idem........	2,435	Idem.
Chambéry......	Savoie..........	Idem........	500	Patentés de tout le départe- ment.
Cherbourg.....	Manche.........	Idem........	2,632	Patentés du département compris dans la circons- cription de la chambre.
Clermont-Ferr^d..	Puy-de-Dôme....'	Idem........	900	Idem.
Dieppe.........	Seine-Inférieure..	Idem........	6,275	Idem.
		Bourse......	315	Patentés de la ville seule- ment.
Dijon..........	Côte-d'Or.......	Chambre.....	2,880	Patentés du département compris dans la circons- cription de la chambre.
Douai..........	Nord...........	Idem........	2,267	Idem.
Dunkerque......	Idem...........	Idem........	6,591	Idem.
		Bourse.....	340	Patentés de la ville seule- ment.
Elbeuf.........	Seine-Inférieure..	Chambre...	5,200	Patentés du département compris dans la circons- cription de la chambre.
Fécamp........	Idem...........	Idem........	3,280	Idem.
Fougères.......	Ille-et-Vilaine...	Idem........	1,146	Idem.
Honfleur.......	Calvados........	Idem........	2,933	Idem.
Gray..........	Haute-Saône.....	Idem........	1,948	Patentés de tout le départe- ment.
Laval..........	Mayenne........	Idem........	600	Idem.
Le Havre.......	Seine-Inférieure..	Idem........	19,240	Patentés du département compris dans la circons- cription de la chambre.
		Bourse.....	874	Patentés de la ville seule- ment.
Lille..........	Nord...........	Chambre...	10,795	Patentés du département compris dans la. circons- cription de la chambre.
		Bourse.....	2,544	Patentés de la ville seule- ment.
Limoges.......	Haute-Vienne....	Chambre...	3,300	Patentés de tout le départe- ment.
Lorient........	Morbihan.......	Idem........	1,630	Idem.
		Bourse.....	72	Patentés de la ville seule- ment.
Mâcon.........	Saône-et-Loire...	Chambre...	2,000	Patentés du département compris dans la circons- cription de la chambre.
Morlaix........	Finistère........	Idem........	1,750	Idem.
Grenoble.......	Isère...........	Idem........	1,050	Idem.
Nimes.........	Gard...........	Idem........	2,499	Patentés de tout le départe- ment.
		Bourse.....	678	Patentés de la ville seule- ment.
Rennes........	Ille-et-Vilaine...	Chambre...	2,400	Patentés du département compris dans la circons- cription de la chambre.
Roanne........	Loire...........	Idem........	2,300	Idem.
Rochefort......	Charente-Infér^{re}..	Idem........	2,270	Idem.
Rouen.........	Seine-Inférieure..	Idem........	8,638	Idem.
		Bourse.....	4,792	Patentés de la ville seule- ment.
Saint-Brieuc....	Côtes-du-Nord....	Chambre...	1,100	Patentés de tout le départe- ment.

VILLES.	DÉPARTEMENTS.	CHAMBRES et bourses.	SOMMES à imposer.	PATENTÉS IMPOSABLES.
Saint-Étienne...	Loire...........	Chambre...	3,000ᶠ	Patentés du département compris dans la circonscription de la chambre.
Saint-Malo......	Ille-et-Vilaine....	Idem....... Bourse.....	3,240 652	Idem. Patentés de la ville seulement.
Saint-Omer.....	Pas-de-Calais.....	Chambre...	1,885	Patentés du département compris dans la circonscription de la chambre.
Saint-Quentin...	Aisne..........	Idem.......	5,269	Patentés de tout le département.
Thiers..........	Puy-de-Dôme....	Idem.......	494	Patentés du département compris dans la circonscription de la chambre.
Toulon..........	Var..............	Idem.......	6,950	Patentés de tout le département.
Toulouse.......	Haute-Garonne...	Idem....... Bourse.....	3,000 2,100	Idem. Patentés de la ville seulement.
Tourcoing......	Nord............	Chambre...	2,200	Patentés du département compris dans la circonscription de la chambre.
Troyes..........	Aube...........	Idem.......	3,800	Patentés de tout le département.
Tours..........	Indre-et-Loire....	Idem.......	3,000	Idem.
Valenciennes....	Nord............	Idem.......	2,652	Patentés du département compris dans la circonscription de la chambre.
Vienne.........	Isère............	Idem.......	2,080	Idem.
		TOTAL...	169,745	

Vu pour être annexé au décret en date de ce jour, enregistré sous le nᵒ 125. Paris, le 29 Octobre 1874.

Le Ministre de l'agriculture et du commerce,

Signé L. GRIVART.

RÉPUBLIQUE FRANÇAISE.

Nᵒ 3608. — *DÉCRET qui modifie la Taxe de vérification première du Mètre.*

Du 4 Novembre 1874.

LE PRÉSIDENT DE LA RÉPUBLIQUE FRANÇAISE,

Sur le rapport du ministre de l'agriculture et du commerce;
Vu l'article 5 de la loi de finances du 5 août 1874;
Vu le décret du 26 février 1873[1] et le tableau annexe C (tarifs);
Le Conseil d'État entendu,

[1] Bull. 121, nᵒ 1842.

Décrète :

Art. 1er. A dater du 1er janvier 1875, la taxe de vérification pre-
ère du mètre simple, ployant ou à charnières, et du demi-mètre,
fixée à cinq centimes (0f05°).
Les taxes fixées par le décret du 26 février 1873 restent appli-
les à la vérification périodique de ces instruments.
2. Le ministre de l'agriculture et du commerce est chargé de l'exé-
tion du présent décret, qui sera inséré au Bulletin des lois.
Fait à Paris, le 4 Novembre 1874.

Signé Mal DE MAC MAHON.

Ministre de l'agriculture et du commerce,

Signé L. Grivart.

RÉPUBLIQUE FRANÇAISE.

N° 3609. — Décret qui reporte à l'exercice 1874 une portion du Crédit
non employé, en 1873, pour le déblayement de l'ancien Opéra.

Du 14 Novembre 1874.

Le Président de la République française,

Sur la proposition du ministre des travaux publics ;
Vu la loi du 20 décembre 1872, portant fixation du budget général des
ttes et des dépenses de l'exercice 1873, avec la répartition, par cha-
, des crédits affectés au budget du ministère des travaux publics ;
Vu la loi du 28 mars 1874, ayant pour objet de pourvoir à l'achèvement
nouvel Opéra et au déblayement de l'ancien Opéra ;
Vu l'article 6 de ladite loi, ainsi conçu :
« Il est ouvert au ministère des travaux publics, sur l'exercice 1873, pour
travaux de déblayement de l'ancien Opéra, un crédit de soixante mille
ncs (60,000f).
Ce crédit sera inscrit à un chapitre spécial de la deuxième section du
get du ministère des travaux publics, sous le n° 48 ter.
« La portion dudit crédit qui n'aurait pas été dépensée avant la fin de
l'année sera reportée à l'exercice 1874 par un décret du président de la
République ; »
. Vu les documents administratifs desquels il résulte que, sur les soixante
mille francs ci-dessus, il reste sans emploi une somme de vingt-six mille
sept cent quatre-vingt-quatre francs quatre-vingt-six centimes ;
Vu la lettre du ministre des finances, en date du 12 novembre 1874,

Décrète :

Art. 1er. La somme de vingt-six mille sept cent quatre-vingt-
quatre francs quatre-vingt-six centimes (26,784f 86°), restant dispo-

1° De l'avis inséré au Journal officiel du 26 août 1874 ;

2° Des articles 7, 8, 9 et 10 de la loi du 23 mars 1874;

. 3° Des articles 27 et 35 du cahier des charges annexé à la loi précitée.

Nous avons fait observer aux demandeurs en concession :

D'une part, que l'article 35 du cahier des charges annexé à la loi du 23 mars porte que la concession aura une durée égale au temps restant à courir sur la concession du chemin de fer de Paris-Lyon-Méditerranée, et prendra fin à la même date, tandis que l'article 2 de l'arrêté du 21 juillet dernier indiquait par erreur, conformément au projet primitif du cahier des charges, que cette durée serait de quatre-vingt-dix-neuf ans ; .

D'autre part, que certaines compagnies ont prétendu, par application de la fin du second paragraphe de l'article 27, qu'une approbation de l'assemblée générale des actionnaires pouvait régulariser l'exécution à forfait de tous les travaux d'un chemin; que cette interprétation est repoussée par l'administration, qui n'admet la validité de cette approbation que pour une entreprise ou une fourniture déterminée, notamment les fournitures de rails ou de matériel roulant, et maintient absolument la nécessité de l'adjudication par lots et sur séries de prix pour l'ensemble des travaux construction, terrassements, ouvrages d'art, etc.;

Enfin, qu'il est bien entendu, conformément à l'article 5 de la loi du 23 1874, que le chemin doit aboutir à la frontière suisse, près Morteau.

· Nous avons ensuite invité chacune des compagnies admises à concourir à nous mettre sa soumission et à justifier de la réalisation du dépôt de garantie.

Ces compagnies sont au nombre de deux.

Un paquet nous ayant été remis par chacune de ces compagnies, nous avons médiatement donné connaissance des récépissés délivrés par la caisse des dépôt consignations, et après avoir constaté que chacune des compagnies avait effectué dépôt de garantie égal à cinq cent mille francs (500,000ᶠ), nous les avons d toutes les deux définitivement admises à l'adjudication.

· Puis nous avons procédé à l'ouverture des soumissions et nous avons donné ture :

1° De la soumission de M. le baron Gustave de Bussière, agissant au nom de la ciété financière de Paris, M. Frédéric Barrot, agissant au nom de la société des vaux publics, MM. Watel et Ferry;

2° De la soumission de MM. Villevert, le comte de Constantin et Aglantier.

L'adjudication a donné les résultats suivants :

NOMS DES SOUMISSIONNAIRES.	CHIFFRE de la subvention demandée.	
MM. Gustave de Bussière, Frédéric Barrot, Watel et Ferry	Douze millions (12,000,000ᶠ).	Récépissé constatant la réalisation d'un dépôt de garantie de 500,000 fr.
MM. Villevert, le comte de Constantin et Aglantier.	Neuf millions deux cent soixante-cinq mille francs (9,265,000ᶠ).	Trois récépissés : le premier, de 5,435 francs de rente 5 p. o/o; le second, de 16,500 francs de rente 5 p. o/o ; le troisième, de 3,070 francs de rente 3 p. o/o.

MM. Villevert, le comte de Constantin et Aglantier ayant offert, sur le chiffre de la subvention à fournir par l'État, un rabais supérieur à celui qui a été proposé par les autres soumissionnaires, nous avons déclaré MM. Villevert, le comte de Constantin et Aglantier adjudicataires du chemin de fer de Besançon à la frontière suisse, près Morteau, avec embranchement sur Lods, aux clauses et conditions tant de la loi ci-dessus mentionnée du 23 mars 1874, relative à la mise en adjudication dudit chemin, que du cahier des charges y annexé.

Nous avons déclaré d'ailleurs que la présente adjudication ne serait valable et définitive qu'après avoir été homologuée par un décret délibéré en Conseil d'État.

De tout quoi nous avons dressé le présent procès-verbal, pour valoir ce que de raison, les jour, mois et an ci-dessus indiqués, et avons signé avec les personnes ci-dessus dénommées et les adjudicataires.

Le Ministre des travaux publics,

Signé E. CAILLAUX.

Signé Comte DE RUOLZ, ERNEST GOUIN, EUG. LEFÉBURE DE FOURCY, F. CUVIER, DE BOURRUILLE, LANGLOIS DE NEUVILLE, secrétaire.

Les Adjudicataires,

Signé VILLEVERT, comte DE CONSTANTIN, AGLANTIER.

Enregistré à Paris, bureau des actes administratifs, le 4 décembre 1874, folio 69, cases 5 et suivantes. Reçu un franc vingt-cinq centimes pour deux décimes et, d'après le cahier des charges annexé à la loi du 23 mars 1874, article 71. é *Varnier.*

Vu pour être annexé au decret en date du 16 novembre 1874, enregistré sous le n° 726.

Le Ministre des travaux publics,

Signé E. CAILLAUX.

Nous soussignés :

Villevert (Jules-Eugène), demeurant à Paris, rue Debrousse, n° 1 ;

Le comte *de Constantin (François-Victor)*, demeurant à Paris, rue de Constantinople, n° 12 ;

Aglantier (François-Eugène), demeurant à Garancières (Seine-et-Oise), après avoir pris connaissance de la loi du 23 mars 1874, qui prescrit la mise en adjudication du chemin de fer de Besançon à Morteau, avec embranchement sur Lods, et du cahier des charges y annexé, ainsi que de l'arrêté du 21 juillet suivant et des observations contenues dans la lettre ministérielle du 22 août 1874,

Nous engageons à exécuter toutes les clauses et conditions exprimées tant dans le décret que dans le cahier des charges susénoncés, et consentons à ce que la subvention, dont le maximum est fixé à douze millions de francs (12,000,000'), soit réduite d'une somme de deux millions sept cent trente-cinq mille francs et fixée ainsi à neuf millions deux cent soixante-cinq mille francs.

Pour garantie de la présente soumission, nous avons déposé à la caisse des dépôts et consignations la somme de cinq cent mille francs (500,000'), suivant le récépissé ci-inclus et dans les valeurs y détaillées.

Paris, le 14 septembre 1874.

Signé VILLEVERT.
Le comte DE CONSTANTIN.
AGLANTIER.

Vu pour être annexé au décret en date du 16 novembre 1874, enregistré sous le n° 726.

Le Ministre des travaux publics,

Signé E. CAILLAUX.

RÉPUBLIQUE FRANÇAISE.

N° 3611. — *Décret qui fixe le Droit d'inscription à payer par les Courtiers de marchandises qui demanderont à être inscrits sur les listes dressées par les Tribunaux de commerce de Nancy, Dijon et Roubaix.*

Du 18 Novembre 1874.

Le Président de la République française,

Sur le rapport des ministres de l'agriculture et du commerce, et finances ;
Vu l'article 2 de la loi du 18 juillet 1866, sur les courtiers de dises, ledit article ainsi conçu :
« Il pourra être dressé par le tribunal de commerce une liste des « tiers de marchandises de la localité qui auront demandé à y être ins « Nul ne pourra être inscrit sur ladite liste, s'il ne justifie..... 3° de « quittement d'un droit d'inscription une fois payé au trésor. Ce droit « cription, qui ne pourra excéder trois mille francs, sera fixé, pour ch « place, en raison de son importance commerciale, par un décret rend « la forme des règlements d'administration publique ; »
Vu le décret du 22 décembre 1866 [1] ;
Vu les demandes faites par les tribunaux de commerce de Dijon, Ro et Nancy, tendant à la fixation du droit d'inscription dans ces villes ;
Vu l'avis des chambres de commerce et des préfets ;
Le Conseil d'État entendu,

Décrète :

Art. 1er. Le droit d'inscription à payer par les courtiers de chandises qui demanderont à être inscrits sur la liste dressée par tribunal de commerce, en exécution de l'article 2 de la loi du 18 juillet 1866, est fixé, pour les villes de Dijon, Roubaix et Nancy, de la manière suivante :

Roubaix...................................	2,000f
Dijon.....................................	1,500
Nancy....................................	1,000

2. Les ministres de l'agriculture et du commerce, et des finances, sont chargés, chacun en ce qui le concerne, de l'exécution du présent décret.
Fait à Paris, le 18 Novembre 1874.

Signé Mal DE MAC MAHON.

Le Ministre des finances,
Signé Mathieu-Bodet.

Le Ministre de l'agriculture et du commerce,
Signé L. Grivart.

[1] XIe série, Bull. 1450, n° 14,787.

RÉPUBLIQUE FRANÇAISE.

3612. — *Décret qui ouvre un Crédit sur l'exercice 1874, à titre de Fonds de concours versés au Trésor par des Départements, des Communes et des Particuliers, pour l'exécution de Travaux télégraphiques.*

Du 21 Novembre 1874.

LE PRÉSIDENT DE LA RÉPUBLIQUE FRANÇAISE,

Sur le rapport du ministre de l'intérieur;

Vu la loi de finances du 30 décembre 1873, portant fixation du budget général des dépenses et des recettes de l'exercice 1874;

Vu l'article 13 de la loi de finances du 6 juin 1843, concernant les fonds versés au trésor pour concourir à l'exécution de travaux publics;

Vu l'état ci-annexé des sommes encaissées à ce titre pour concourir à l'exécution de travaux télégraphiques;

Vu l'avis du ministre des finances,

DÉCRÈTE :

ART. 1ᵉʳ. Il est ouvert au ministre de l'intérieur, sur l'exercice 1874, un crédit de soixante-cinq mille neuf cent quatre-vingt-treize francs dix-sept centimes (65,993ᶠ 17ᶜ), applicable comme suit au service télégraphique :

CHAP. VIII. Matériel des lignes télégraphiques.

2. Il sera pourvu aux dépenses autorisées par le présent décret au moyen des ressources spéciales résultant des versements faits au trésor à titre de fonds de concours.

3. Les ministres de l'intérieur et des finances sont chargés, chacun en ce qui le concerne, de l'exécution du présent décret, qui sera inséré au Bulletin des lois.

Fait à Paris, le 21 Novembre 1874.

Signé Mᵃˡ DE MAC MAHON

Le Ministre des finances,   Le Ministre de l'intérieur,
Signé MATHIEU-BODET.   Signé Gᵃˡ DE CHABAUD LA TOUR.

État des sommes versées dans les caisses du trésor par des départements, des communes, des particuliers, pour concourir, avec les fonds de l'État, à l'exécution de télégraphiques.

DÉPARTE-MENTS.	MOTIFS DES VERSEMENTS.		
	BUDGET ORDINAIRE.		
	CHAPITRE VIII.		
	MATÉRIEL DES LIGNES TÉLÉGRAPHIQUES.		
Ardennes..	Déplacement du bureau de Grandpré.......................		
Ariége....	Entretien du bureau de Saint-Ybars...........................	25	20
	Déplacement du bureau de Lavelanet........................	31	92
	Idem...	46	20
Bouches-du-Rhône.	Travaux sur les lignes télégraphiques de la compagnie des char-bonnages.....................................	36	30
Drôme....	Établissement des bureaux de Viviers et à l'usine de Lafarge....	385	95
Finistère..	Travaux sur les lignes télégraphiques de la compagnie du câble transatlantique..................................	315	00
Gard......	Déplacement du bureau de Bességes..........................	33	15
Gironde...	Établissement d'une ligne télégraphique pour les observations météorologiques..	384	87
Hérault...	Établissement d'une ligne télégraphique de Pezénas à Bassan....	61	58
	Idem de Bassan à Béziers..................................	369	18
	Établissement d'un bureau à la Tour........................	960	64
	Déplacement du bureau de Puimisson........................	2	63
	Entretien du bureau de Vias...............................	6	81
	Installation d'une sonnerie chez le facteur de Nissan............	7	35
	Déplacement du bureau de Mauguio.........................	6	30
Indre.....	Entretien du bureau d'Aigurande...........................	39	20
Loiret....	Établissement d'une ligne télégraphique entre le laboratoire et les salles du lycée d'Orléans..............................	144	14
	Entretien de la ligne télégraphique des eaux de la ville d'Or-léans...	37	02
Marne (Haute-).	Établissement d'un bureau télégraphique à l'usine de MM. *Jamin* et compagnie, à Eurville.................................	99	71
Nièvre....	Établissement d'un fil de sonnerie à Fours....................	244	02
Nord......	Travaux sur les lignes télégraphiques du chemin de fer de Lille à Valenciennes..	247	35
	Établissement de communications électriques destinées au service des incendies, à Dunkerque...............................	1,371	74
Oise......	Établissement d'une ligne télégraphique reliant les sucreries de MM. *Desjardins* et compagnie..............................	2,028	42
	Idem de MM. *Legru* fils et compagnie......................	586	90
	Idem de MM. *Mercier* et compagnie........................	1,101	84
Pas-de-Calais.	Travaux sur les lignes télégraphiques de la compagnie houillère de Bruay...		
	Idem de la compagnie du chemin de fer d'Achiet à Bapaume		
	Idem de l'usine de Marquise...............................		
	Idem de la compagnie des mines de Dourges..................		

DÉPARTE-MENTS.	MOTIFS DES VERSEMENTS.	MONTANT des versements effectués.
Pyrénées (Basses-).	Établissement du bureau de l'embouchure de l'Adour	759ᶠ 60ᶜ
Saône (Haute-).	Déplacement du bureau de Montbozon......................	6 30
Saône-et-Loire.	Établissement d'une ligne télégraphique aux houillères d'Épinac. Travaux sur les lignes télégraphiques des houillères d'Épinac....	732 47 / 16 00
Sarthe....	Déplacement du bureau de Beaumont-sur-Sarthe..............	.16 15
Seine.....	Raccordement du câble franco-danois au bureau de Calais.......	3,826 72
	Établissement d'une ligne télégraphique sous le tunnel de Cha-ronne..	337 61
	Établissement d'une ligne télégraphique de Furnes à Dunkerque.	1,610 01
	Travaux sur les lignes télégraphiques d'Alençon à Condé-sur-Huisne..	5 00
	Entretien de la ligne du Havre à Antifer....................	624 90
	Établissement du réseau électrique reliant la préfecture de police aux vingt arrondissements de Paris......................	42,800 00
	Travaux sur les lignes télégraphiques du chemin de fer d'Or-léans..	735 11
	Établissement d'une ligne télégraphique sous le tunnel de Cha-ronne..	86 55
	Établissement d'une ligne reliant l'usine de Suresnes au bureau de Puteaux...	200 75
	Travaux sur les lignes télégraphiques du chemin de fer d'Orléans à Châlons-sur-Marne.....................................	229 50
	Idem du Nord...	1,674 36
	Idem de l'Est...	182 50
Seine-Inférieure.	Travaux sur les lignes et dans les postes de secours contre l'in-cendie, au Havre.....................................	680 12
	Déplacement du bureau de Montivilliers....................	41 89
Seine-et-Marne.	Idem de Voulx..	35 00
Somme....	Idem de Nesles..	9 50
	Établissement d'une ligne télégraphique reliant les râperies an-nexes de la sucrerie d'Abbeville au bureau de l'État..........	2,298 34
	Déplacement du bureau de Longpré-les-Corps-Saints...........	15 15
	Idem de Crotoy...	18 60
	Travaux sur les lignes télégraphiques du chemin de fer de Fré-vent à Gamaches......................................	10 57
	Établissement d'une ligne télégraphique entre le grand réservoir et le château d'eau, à Amiens...........................	272 77
	Déplacement du bureau d'Acheux.........................	8 40
Var.......	Établissement d'une ligne télégraphique de Fréjus à Saint-Raphaël...	117 30
	TOTAL........................	65,993 17

Vu pour être annexé au décret du 21 novembre 1874.

Le Ministre de l'intérieur.

Pour le Ministre et par délégation :

Le Directeur du secrétariat et de la comptabilité,

Signé F. NORMAND.

BUDGET ORDINAIRE.

				Intérieur	Intérieur
II° section.	Chap. IV..	États-majors.	Art. 1ᵉʳ. Traitement des maréchaux de France, officiers généraux, supérieurs et autres d'état-major............	»	500ᶠ00ᶜ
			— 2. Traitement de l'intendance militaire...............	104ᶠ17ᶜ	97 21
			— 3. Traitement de l'état-major des places............	»	»
			— 4. Traitement de l'état-major particulier de l'artillerie..	»	»
			— 5. Traitement de l'état-major particulier du génie......	»	»
	Chap. V...	Gendarmerie impériale.	Art. 1ᵉʳ. Gendarmerie.. § 1ᵉʳ. Solde et accessoires......	1 65	10 95
			§ 2. Abonnements et indemnités.	»	»
			— 2. Garde de Paris.. § 1ᵉʳ. Solde et accessoires......	»	3 60
			§ 2. Abonnements et indemnités.		
III° section.	Chap. VI..	1ʳᵉ partie. Solde, abonnements, etc.	Art. 1ᵉʳ. Solde de l'infanterie......	»	51 70
			— 2. Solde de la cavalerie.......	88 75	511 80
			— 3. Solde de l'artillerie	»	35 70
			— 4. Solde du génie............	»	»
			— 5. Solde des équipages militaires	»	»
		2° partie. Vivres, chauffage et fourrage.	Art. 1ᵉʳ. Personnel...............	»	»
		3° partie. Hôpitaux militaires.	Art. 1ᵉʳ. Personnel...............	»	14 17
	Chap. VII.	Habillement et campement.	Art. 1ᵉʳ. Personnel................	»	»
	Chap. XII.	Justice militaire.	Art. 2. Ateliers de militaires condamnés.................	»	»
			— 3. Pénitenciers militaires......	»	»
			— 4. Prisons militaires..........	»	»
V° section.	Chap. XIX.	Solde de non-activité, solde et traitement de réforme.	Art. 1ᵉʳ. Solde de non-activité......	»	673 11
			— 2. Solde de réforme..........	»	»
	Chap. XX..	Secours....	Article unique. § 2. Gratifications de réforme renouvenables.	»	»
				194 57	1,898 35
					2,051ᶠ05ᶜ

*...res à **1870**, et non passibles de déchéance.*

...PENDANT L'ANNÉE 1870.

1868.	Algérie.	1869.			OBSERVATIONS.
...rieur.		Intérieur.	États-Romains.	Algérie.	
844f 45c	.	27,393f 92c	25f 12c	410f 64c	
"	"	2,115 28	"	184 03	
61 44	"	737 79	"	161 39	
"	"	386 85	"	"	
"	"	2,031 72	"	332 27	
32 06	"	9,310 38	"	1,551 02	
"	"	744 45	"	65 18	
47 45	"	753 16	"	"	
4 44	"	43 34	"	"	
78 52	131 95	717,617 88	2,022 14	45,900 89	
47 29	6 36	108,233 90	338 18	27,801 32	
34 28	38 48	58,094 39	158 27	4,004 59	
9 69	"	15,589 12	30 12	369 21	
	84 07	5,768 66	"	5,417 63	
14 25	29 38	1,898 52	1 20	364 34	
"	2 55	2,964 64	0 90	3,034 32	
"	"	132 35	"	1 80	
"	"	"	"	263 16	
"	"	23 55	"	"	
"	"	45 83	"	30 21	
4,050 00	"	2,836 61	"	"	
487 62	"	761 52	"	"	
"	"	2,520 00	"	"	
4,352f 49c	292 79	960,003 86	2,575 93	89,892 00	

3,645f 28c

1,052,471f 79c

1,058,362f 69c

Rappels de dépenses payables

SERVICES.   **Intérieur.**

BUDGET ORDINAIRE.

II° section.

Chap. IV.. États-majors.

Art. 1er. Traitement des maréchaux de France, officiers généraux, supérieurs et autres d'état-major.............	28,738f 37c	25f 12c
— 2. Traitement de l'intendance militaire................	2,316 67	
— 3. Traitement de l'état-major des places...............	799 23	
— 4. Traitement de l'état-major particulier de l'artillerie...	386 85	
— 5. Traitement de l'état-major particulier du génie......	2,031 72	

Chap. V... Gendarmerie impériale.

Art. 1er. Gendarmerie.. § 1er. Solde et accessoires......	9,355 04	
§ 2. Abonnements et indemnités.	744 45	
— 2. Garde de Paris... § 1er. Solde et accessoires...	804 21	
§ 2. Abonnements et indemnités.	44 78	

III° section.

Chap. VI.. 1re partie. Solde, abonnements, etc.

Art. 1er. Solde de l'infanterie......	718,348 10	2,022 14
— 2. Solde de la cavalerie.......	108,881 74	338 18
— 3. Solde de l'artillerie........	68,214 37	27
— 4. Solde du génie............	15,598 81	30 12
— 5. Solde des équipages militaires	5,768 66	

2e partie. Vivres, chauffage et fourrage.

Art. 1er. Personnel...............	1,916 77

3e partie. Hôpitaux militaires.

Art. 1er. Personnel...............	2,978 81

Chap. VII. Habillement et campement.

Art. 1er. Personnel..............	132 35

Chap. XII. Justice militaire.

Art. 2. Ateliers de militaires condamnés................	
— 3. Pénitenciers militaires......	23 55
— 4. Prisons militaires..........	45 83

V° section.

Chap. XIX. Solde de non-activité, solde et traitement de réforme.

Art. 1er. Solde de non-activité.....	4,549 72
— 2. Solde de réforme..........	1,249 14

Chap. XX.. Secours....

Article unique. § 2. Gratifications de réforme renouvelables.	2,520 00

965,449 17

Vu :

Le Conseiller d'État,
Directeur général du contrôle et de la comptabilité,
Signé L. GUILLOT.

174ᶠ 13ᶜ					
600 70					 **(A) Dont :** Troupes françaises........... 32,112ᶠ 55ᶜ Corps indigènes............ 10,193 64 Régiment étranger:....... 3,879 45
980 62	34,272ᶠ 84ᶜ	25ᶠ 12ᶜ	1,688ᶠ 33ᶜ	35,386ᶠ 29ᶜ	
386 85					
463 99					**TOTAL ÉGAL.**.... 46,185 64
68 06					
99 63	10,948 48	″	1,616 20	12,564 68	**(B) Dont 9,384ᶠ 14ᶜ pour les corps in-** digènes.
601 21					
84 78					**(C) Dont :**
66 88					Troupes françaises........ 60,780ᶠ 07ᶜ
87 60					Corps indigènes.......... 19,577 78
65 71	906,811 68	2,548 71	(c) 83,907 30	993,267 69	Régiment étranger........ 3,879 45
92 14					
20 36					**TOTAL ÉGAL.**.... 83,907 30
314 69	1,916 77	1 20	393 72	2,311 69	
601 58	2,978 81	0 90	3,036 87	6,016 58	**(D) Dont :** Troupes françaises........ 67,180ᶠ 36ᶜ Corps étrangers:
14 15	132 35	″	1 80	134 15	Corps indigènes. 19,577 78ᶜ } Régiment étran- } 23,167 23 ger........... 3,879 45 }
263 16					
23 55	69 38	″	293 37	362 75	**TOTAL ÉGAL.**.... 90,337 59
76 04					
4,549 72	4,549 72	″	″	4,549 72	
1,249 14	1,249 14	″	″	1,249 14	
2,520 00	2,520 00	″	″	2,520 00	
4,892 69	965,449 17	2,575 93	(D) 90,337 59	1,058,362 69	
	968,025ᶠ 10ᶜ				

RÉPUBLIQUE FRANÇAISE.

N° 3615. — Décret relatif à la Contribution spéciale à percevoir, en 1875, pour les Dépenses de plusieurs Chambres de commerce.

Du 3 Décembre 1874.

LE PRÉSIDENT DE LA RÉPUBLIQUE FRANÇAISE,

· Sur le rapport du ministre de l'agriculture et du commerce;
Vu les articles 11 à 16 de la loi de finances du 23 juillet 1820, l'article 4 de la loi du 14 juillet 1838 et l'article 33 de la loi du 25 avril 1844;
Vu la loi du 5 août 1874, portant fixation des dépenses et des recettes de l'exercice 1875,

DÉCRÈTE :

ART. 1ᵉʳ. Une contribution spéciale de la somme de cinquante-quatre mille cent quatorze francs (54,114ᶠ), nécessaire au payement des dépenses des chambres de commerce mentionnées au tableau annexé au présent décret, suivant les budgets approuvés, sur la proposition des chambres de commerce, par le ministre de l'agriculture et du commerce, plus cinq centimes par franc pour couvrir les non-valeurs et trois centimes aussi par franc pour subvenir aux frais de perception, sera répartie, en 1875, conformément au tableau, sur les patentés désignés par l'article 33 de la loi du 25 avril 1844, en ayant égard aux additions et modifications autorisées par les lois ultérieures sur les patentes.

2. Le produit de ladite contribution sera mis, sur les mandats des préfets, à la disposition des chambres de commerce, qui rendront compte de son emploi au ministre de l'agriculture et du commerce.

3. Le ministre de l'agriculture et du commerce et le ministre des finances sont chargés, chacun en ce qui le concerne, de l'exécution du présent décret, qui sera inséré au Bulletin des lois.

Fait à Versailles, le 3 Décembre 1874.

Signé Mᵃˡ DE MAC MAHON.

Le Ministre de l'agriculture et du commerce,

Signé L. GRIVART.

VILLES.	DÉPARTEMENTS.	CHAMBRES.	SOMMES à imposer.	PATENTÉS IMPOSABLES.
Boulogne.......	Pas-de-Calais....	Chambre...	2,550ᶠ	Patentés du département compris dans la circonscription de la chambre.
Brest..........	Finistère........	Idem......	2,940	Idem.
Granville	Manche.........	Idem.......	2,200	Idem.

VILLES.	DÉPARTEMENTS.	CHAMBRES.	SOMMES à imposer.	
Nice...........	Alpes-Maritimes..	Chambre...	,914ᶠ	Patentés de tout le département.
Paris...........	Seine...........	Idem.......	39,814	Idem.
Roubaix.......	Nord...........	Idem.......	1,696	Patentés du département compris dans la circonscription de la chambre.
			54,114	

Vu pour être annexé au décret en date de ce jour, enregistré sous le n° 152.
Versailles, le 3 Décembre 1874.

Le Ministre de l'agriculture et du commerce,

Signé L. GRIVART.

RÉPUBLIQUE FRANÇAISE.

3616. — *Décret qui convoque les Électeurs du Département des Hautes-Pyrénées, à l'effet d'élire un Député à l'Assemblée nationale.*

Du 8 Décembre 1874.

LE PRÉSIDENT DE LA RÉPUBLIQUE FRANÇAISE,

Sur le rapport du ministre secrétaire d'État au département de l'intérieur;

Vu la loi du 15 mars 1849, les décrets organique et réglementaire du 2 février 1852 [1], les lois des 10 avril et 2 mai 1871 et celle du 18 février 1873;

Vu le décret du Gouvernement de la défense nationale, en date du 29 janvier 1871 [2], et le décret du Président de la République, en date du 2 avril 1873 [3], portant convocation de divers colléges électoraux;

Attendu le décès de M. *de Goulard*, député du département des Hautes-Pyrénées,

DÉCRÈTE :

ART. 1ᵉʳ. Les électeurs du département des Hautes-Pyrénées sont convoqués pour le dimanche 3 janvier prochain, à l'effet d'élire un député à l'Assemblée nationale.

2. Les opérations électorales auront lieu suivant les formes déterminées par le décret du 2 avril 1873 ci-dessus visé.

[1] 2ᵉ série, Bull. 488, nᵒˢ 3636 et 3637. [2] XIIᵉ série, Bull. 124, nᵒ 1887.
[3] XIIᵉ série, Bull. 41, nᵒ 274.

3. Le ministre de l'intérieur est chargé de l'exécution du p décret.

Fait à Versailles, le 8 Décembre 1874.

Signé M^{al} DE MAC MAHON.

Le Ministre de l'intérieur,

Signé G^{al} DE CHABAUD LA TOUR.

N° 3617.—DÉCRET DU PRÉSIDENT DE LA RÉPUBLIQUE FRANÇAISE (co par le ministre de l'agriculture et du commerce) qui autorise le de l'agriculture et du commerce à accepter, au nom de l'école des arts et manufactures, le legs fait à cette école par la dame suivant son testament du 10 novembre 1873, d'une rente de francs trois pour cent, destinée à fonder à ladite école une bourse à pétuité, qui portera le nom de *Bourse Olivier.* (*Versailles, 29 Juillet 1*

N° 3618.—DÉCRET DU PRÉSIDENT DE LA RÉPUBLIQUE FRANÇAISE (con par le ministre de l'intérieur) portant :

ART. 1er. La section d'Ayssènes, canton de Saint-Rome-du-Tarn, sement de Saint-Affrique, département de l'Aveyron, est distraite de la mune du Truel et est érigée en commune distincte, ayant Ayssènes chef-lieu.

La limite entre les deux communes sera fixée conformément au carmin, tel qu'il est figuré au plan d'assemblage annexé au présent et à l'extrait du plan parcellaire également joint, pour la partie entre les points A et B.

2. Les dispositions qui précèdent auront lieu sans préjudice d d'usage ou autres qui peuvent être respectivement acquis. (*V 31 Juillet 1874.*)

N° 3619.—DÉCRET DU PRÉSIDENT DE LA RÉPUBLIQUE FRANÇAISE (con par le ministre de l'intérieur) portant :

ART. 1er. Les polygones définis au plan annexé au présent décret p lettres a, b, c et c, d, e, f, g, b, sont distraits, le premier, de la com d'Ormancey, le second, de la commune de Saint-Martin, canton et dissement de Langres, département de la Haute-Marne, et réunis au toire de la commune de Beauchemin, même canton.

2. Les dispositions qui précèdent auront lieu sans préjudice des d'usage ou autres qui peuvent être respectivement acquis. (*V 31 Juillet 1874.*)

N° 3620.—DÉCRET DU PRÉSIDENT DE LA RÉPUBLIQUE FRANÇAISE (contre-signé par le ministre des travaux publics) portant qu'il y a urgence de prendre possession, pour l'établissement du chemin de fer d'intérêt local de G-

s à Beauvais, de plusieurs parcelles de terrain non bâties, sises au **ritoire** des communes de Labosse, Porcheux, Vaumain-Boulencourt, **méricourt**, Énencourt-Léage et Trie-Château (Oise), lesdites parcelles **signées** dans un tableau et sur sept plans parcellaires qui resteront **annexés** au présent décret. (*Versailles, 1ᵉʳ Août 1874.*)

aa. — Décret du Président de la République française (contre-signé **le ministre des travaux publics**) portant ce qui suit :

Sont déclarés d'utilité publique les travaux de rectification de la route **mentale** de la Charente n° 10, de Cognac à Ribérac, dans la traverse **Beauneuf**, suivant la direction générale indiquée par des lignes rouges **plan** qui restera annexé au présent décret.

L'administration est autorisée à faire l'acquisition des terrains et bâti-**nécessaires** à l'exécution de ces travaux, en se conformant aux dis-**ons** des titres II et suivants de la loi du 3 mai 1841, sur l'expropriation **cause** d'utilité publique.

Le présent décret sera considéré comme non avenu, si les travaux **pas** été adjugés dans un délai de cinq ans, à partir du jour de sa pro-**tion**. (*Versailles, 12 Août 1874.*)

a. — Décret du Président de la République française (contre-signé **le ministre des travaux publics**) portant ce qui suit :

Sera procédé à la reconstruction du pont de Grenelle, sur la Seine, à **suivant** les dispositions du projet dressé par les ingénieurs, le 25 avril

La part de dépense à la charge de l'État (deux cent dix-sept mille cinq **francs**) sera imputée sur les fonds affectés annuellement à la recons-**des** grands ponts par le budget du ministère des travaux publics. **lles, 12 Août 1874.**

a. — Décret du Président de la République française (contre-signé **le ministre des travaux publics**) portant qu'il y a urgence de prendre **session**, pour l'établissement de la déviation du chemin de fer de Lille **Calais** et à Dunkerque, aux abords de Lille, de plusieurs parcelles de **rains** non bâties, sises au territoire des communes de Lille, Fives, **s-en-Barœul**, Marcq-en-Barœul, la Madeleine et Saint-André (Nord), **désignées** sur un tableau, indicatif et dans quatre plans parcellaires qui **seront** annexés au présent décret. (*Versailles, 12 Août 1874.*)

a4. — Décret du Président de la République française (contre-signé **le ministre des travaux publics**) portant qu'il y a urgence de prendre **session**, pour l'établissement du chemin de fer d'intérêt local de Saint-**Omer-en-Chaussée** à Abancourt, de diverses parcelles de terrain non **ties**, sises au territoire des communes de Saint-Omer-en-Chaussée, **Marseille**, Fontaine-Lavaganne, Gaudechart, Cempuis, Grandvil-**Briot**, Brombos, Feuquières, Broquiers et Blargies (Oise), lesdites parcelles désignées dans trois plans et un tableau indicatif qui rest annexés au présent décret. (*Versailles, 15 Août 1874.*)

N° 3625.—Décret du Président de la République française (contre-s par le garde des sceaux, ministre de la justice) portant ce qui suit :

1° M. *Boyer* (*Pierre-Paul-Dominique-Henri*), substitut du procureur d République à Die (Drôme), né le 4 août 1848, à Grenoble (Isère), est risé à ajouter à son nom patronymique celui de *de Bouillane*, et à peler, à l'avenir, *Boyer de Bouillane*.

2°\Ledit impétrant ne pourra se pourvoir devant les tribunaux pour opérer, sur les registres de l'état civil, le changement résultant du décret, qu'après l'expiration du délai fixé par la loi du 11 germinal a et en justifiant qu'aucune opposition n'a été formée devant le Conseil d (*Paris, 9 Septembre 1874.*)

N° 3626. — Décret du Président de la République française (con par le garde des sceaux, ministre de la justice) portant ce qui suit

Le décret du 11 janvier 1874, qui assigne six offices d'avoué au de première instance de Cusset (Allier), est modifié en ce sens nombre est réduit à cinq.

Le décret du 10 juillet 1857, qui assigne cinq offices d'avoué au de première instance de Rochechouart (Haute-Vienne), est modifié sens que ce nombre est réduit à quatre.

Le décret du 10 octobre 1859, qui assigne vingt et un offices d'h au tribunal de première instance d'Aix (Bouches-du-Rhône), est mod ce sens que ce nombre est réduit à vingt.

Le décret du 26 août 1857, qui assigne quatorze offices d'huissier a bunal de première instance de Lannion (Côtes-du-Nord), est modifié sens que ce nombre est réduit à douze.

Le décret du 9 février 1867, qui assigne quarante offices d'huissier au bunal de première instance de Toulouse (Haute-Garonne), est modifié ce sens que ce nombre est réduit à trente-neuf.

Le décret du 12 février 1870, qui assigne vingt et un offices d'huissier tribunal de première instance de Langres (Haute-Marne), est modifié en sens que ce nombre est réduit à vingt. (*Paris, 10 Octobre 1874.*)

N° 3627. — Décret du Président de la République française (con par le garde des sceaux, ministre de la justice) portant que le décre 10 avril 1858, qui assigne dix-sept offices d'huissier au tribunal de mière instance de Saint-Brieuc (Côtes-du-Nord), est modifié en ce que ce nombre est réduit à quinze. (*Paris, 16 Octobre 1874.*)

N° 3628.—Décret du Président de la République française (con par le garde des sceaux, ministre de la justice) portant ce qui suit :

1° M. *Mérovée* (*Jean*), garçon de bureau à l'Assemblée nationale, né le 2 a

à Laplume, arrondissement d'Agen (Lot-et-Garonne), demeurant à
... (Seine-et Oise), est autorisé à substituer à son nom patronymique
de *Ribière*, et à s'appeler, à l'avenir, *Ribière* au lieu de *Mérovée*.

Briot (*Alfred-Théodore-Félix*), chevalier de la Légion d'honneur, ca-
... vingt-quatrième régiment d'infanterie, en garnison à Dieppe
(Inférieure), né le 3o octobre 1835, à Loyat, arrondissement de
... (Morbihan), est autorisé à ajouter à son nom patronymique
... de la Gautrais de la Mallerie, et à s'appeler, à l'avenir, *Briot de la
... de la Mallerie.*

Lesdits impétrants ne pourront se pourvoir devant les tribunaux pour
opérer, sur les registres de l'état civil, les changements résultant du
... décret, qu'après l'expiration du délai fixé par la loi du 11 germinal
... en justifiant qu'aucune opposition n'a été formée devant le Conseil
(*Paris, 16 Novembre 1874.*)

———

... — DÉCRET DU PRÉSIDENT DE LA RÉPUBLIQUE FRANÇAISE (contre-signé
... ministre de l'agriculture et du commerce) portant:

1°. Est déclarée d'intérêt public la source d'eau minérale qui ali-
l'établissement thermal d'Avène (Hérault), appartenant aux sieurs
... frères.
... présent décret sera publié et affiché, à la diligence du préfet, dans
... une d'Avène et dans les chefs-lieux d'arrondissement du départe-
... l'Hérault. (*Paris, 23 Novembre 1874.*)

———

... — DÉCRET DU PRÉSIDENT DE LA RÉPUBLIQUE FRANÇAISE (contre-signé
... garde des sceaux, ministre de la justice) portant ce qui suit:

Marie-Thérèse Serpette, épouse de M. *Van den Hecke*, née le 3 août
... Louvencourt (Somme), demeurant à Hénu, arrondissement d'Arras
(Calais), est autorisée à ajouter à son nom patronymique celui de
... court, et à être dénommée, dans son acte de naissance et dans
... de mariage, *Serpette de Bersaucourt.*

Lecomte (*Jean-Antoine-Jules*), artiste peintre, né à Paris, le 10 juin
... demeurant, est autorisé à ajouter à son nom patronymique celui de
... et à s'appeler, à l'avenir, *Lecomte Dunouy.*

Lesdits impétrants ne pourront se pourvoir devant les tribunaux pour
opérer, sur les registres de l'état civil, les changements résultant du
... décret, qu'après l'expiration du délai fixé par la loi du 11 germinal
... en justifiant qu'aucune opposition n'a été formée devant le Conseil
(*Paris, 2 Décembre 1874.*)

———

... — DÉCRET DU PRÉSIDENT DE LA RÉPUBLIQUE FRANÇAISE (contre-signé
... le garde des sceaux, ministre de la justice) portant ce qui suit:

M. *Fournier* (*Joseph-Raymond*), préfet du département de Loir-et-Cher,
... 8 janvier 1836, à Moulins (Allier), est autorisé à ajouter à son nom
... mique celui de *Sarlovèze*, et à s'appeler, à l'avenir, *Fournier-
... ze.*

M. *Goupil* (*Charles-Auguste-Anatole*), chef de bureau au ministère des

finances, né le 11 juin 1824, à Paris, y demeurant, est auto
à son nom patronymique celui de *de Préfeln*, et à s'appeler, à
Goupil de Préfeln.

3° Lesdits impétrants ne pourront se pourvoir devant les tribunal
faire opérer, sur les registres de l'état civil, les changements résul
présent décret, qu'après l'expiration du délai fixé par la loi du 11 g
an XI, et en justifiant qu'aucune opposition n'a été formée devant le
d'État. (*Versailles, 18 Décembre 1874.*)

Certifié conforme :

Paris, le 28 Décembre 1874,

Le Garde des Sceaux, Ministre de la Justic

A. TAILHAND.

Cette date est celle de la réception du Bull
au ministère de la Justice.

On s'abonne pour le Bulletin des lois, à raison de 9 francs par an, à la caisse de l'Imprim
nationale ou chez les Receveurs des postes des départements.

BULLETIN DES LOIS

DE LA RÉPUBLIQUE FRANÇAISE.

N° 237.

RÉPUBLIQUE FRANÇAISE.

N° 3632. — *Loi relative à la protection des Enfants employés dans les professions ambulantes.*

Du 7 Décembre 1874.

(Promulguée au *Journal officiel* du 20 décembre 1874.)

L'ASSEMBLÉE NATIONALE A ADOPTÉ LA LOI dont la teneur suit :

ART. 1er. Tout individu qui fera exécuter par des enfants de moins seize ans des tours de force périlleux ou des exercices de dislo- on ;

Tout individu, autre que les père et mère, pratiquant les profes- d'acrobate, saltimbanque, charlatan, montreur d'animaux ou teur de cirque, qui emploiera, dans ses représentations, des en- âgés de moins de seize ans,

era puni d'un emprisonnement de six mois à deux ans et d'une nde de seize à deux cents francs.

La même peine sera applicable aux père et mère exerçant les pro- ions ci-dessus désignées qui emploieraient dans leurs représen- ons leurs enfants âgés de moins de douze ans.

2. Les pères, mères, tuteurs ou patrons qui auront livré, soit uitement, soit à prix d'argent, leurs enfants, pupilles ou appren- âgés de moins de seize ans aux individus exerçant les professions dessus spécifiées, ou qui les auront placés sous la conduite de abonds, de gens sans aveu ou faisant métier de la mendicité, ont punis des peines portées en l'article 1er.

La même peine sera applicable à quiconque aura déterminé des fants âgés de moins de seize ans à quitter le domicile de leurs pa- ts ou tuteur pour suivre des individus des professions susdési- ées.

La condamnation entraînera de plein droit, pour les tuteurs, la stitution de la tutelle; les pères et mères pourront être privés des oits de la puissance paternelle.

3. Quiconque emploiera des enfants âgés de moins de seize ans à la mendicité habituelle, soit ouvertement, soit sous l'apparence d'une profession, sera considéré comme auteur ou complice du délit de mendicité en réunion, prévu par l'article 276 du Code pénal, et sera puni des peines portées audit article.

Dans le cas où le délit aurait été commis par les pères, mères tuteurs, ils pourront être privés des droits de la puissance patern ou être destitués de la tutelle.

4. Tout individu exerçant l'une des professions spécifiées à l' ticle 1ᵉʳ de la présente loi devra être porteur de l'extrait des actes naissance des enfants placés sous sa conduite, et justifier de l origine et de leur identité par la production d'un livret ou d passe-port.

Toute infraction à cette disposition sera punie d'un empriso ment de un mois à six mois et d'une amende de seize à cinq francs.

5. En cas d'infraction à l'une des dispositions de la présent les autorités municipales seront tenues d'interdire toutes repr tations aux individus désignés en l'article 1ᵉʳ.

Cesdites autorités seront également tenues de requérir la j cation, conformément aux dispositions de l'article 4, de l'origi de l'identité de tous les enfants placés sous la conduite des indi susdésignés. A défaut de cette justification, il en sera donné immédiat au parquet.

Toute infraction à la présente loi commise à l'étranger à l' de Français devra être dénoncée, dans le plus bref délai, pa agents consulaires aux autorités françaises, ou aux autorités l si les lois du pays en assurent la répression.

Ces agents devront, en outre, prendre les mesures n pour assurer le rapatriement en France des enfants d'origi çaise.

6. L'article 463 du Code pénal est applicable aux délits p punis par la présente loi.

Délibéré en séances publiques, à Versailles, les 22 Mai, 23 J 7 Décembre 1874.

Le Président,

Signé L. BUFFET.

Les Secrétaires,

Signé FÉLIX VOISIN, T. DUCHÂTEL, E. DE CAZENOVE DE VANDIER.

LE PRÉSIDENT DE LA RÉPUBLIQUE PROMULGUE LA PRÉSENTE LOI.

Signé Mᵃˡ DE MAC MAHON, duc DE MAGENTA.

Le Garde des sceaux, Ministre de la justice,

Signé A. TAILHAND.

RÉPUBLIQUE FRANÇAISE.

N° 3633. — *Loi qui rend les navires susceptibles d'hypothèque.*

Du 10 Décembre 1874.

(Promulguée au *Journal officiel* du 22 décembre 1874.)

L'ASSEMBLÉE NATIONALE A ADOPTÉ LA LOI dont la teneur suit :

Art. 1er. Les navires sont susceptibles d'hypothèque; ils ne peuvent hypothéqués que par la convention des parties.

Le contrat par lequel l'hypothèque maritime est consentie être rédigé par écrit; il peut être fait par acte sous signatures tées.

Pour l'inscription de l'hypothèque, l'acte sous seing privé ne sera ible que du droit fixe de deux francs. Mais le droit proportion- pourra être ultérieurement exigé dans les cas où les actes sous- privé y sont assujettis, conformément aux lois sur l'enregistre-

L'hypothèque sur le navire ou sur portion du navire ne peut consentie que par le propriétaire ou par son mandataire justi- d'un mandat spécial.

L'hypothèque consentie sur le navire ou portion du navire d, à moins de convention contraire, au corps du navire, aux , apparaux, machines et autres accessoires.

L'hypothèque maritime peut être constituée sur un navire en ruction. Dans ce cas, l'hypothèque doit être précédée d'une ration faite au bureau du receveur des douanes du lieu où le e est en construction.

tte déclaration indiquera la longueur de la quille du navire, et roximativement ses autres dimensions, ainsi que son port pré- é. Elle mentionnera l'emplacement de la mise en chantier du re.

. L'hypothèque est rendue publique par l'inscription sur un re- re spécial tenu par le receveur des douanes du lieu où le navire en construction, ou de celui où il est immatriculé.

i le navire a déjà un acte de francisation, l'inscription doit être tionnée au dos dudit acte par le receveur des douanes.

ans tous les cas, l'inscription est, en outre, certifiée par lui im- liatement et sous la même date sur le contrat d'hypothèque ou son expédition authentique, dont la représentation lui aura été e.

. Tout propriétaire d'un navire construit en France qui demande faire admettre à la francisation est tenu de joindre aux pièces uises à cet effet un état des inscriptions prises sur le navire en struction ou un certificat qu'il n'en existe aucune.

48.

Les inscriptions non rayées sont reportées d'office à leurs dates res‌pectives, par le receveur des douanes, sur l'acte de francisation ains‌que sur le registre du lieu de la francisation, si ce lieu est autr‌que celui de la construction.

Si le navire change de port d'immatricule, les inscriptions no‌rayées sont pareillement reportées d'office, par le receveur de‌douanes du nouveau port où il est immatriculé, sur son registre ‌avec mention de leurs dates respectives.

8. Pour opérer l'inscription, il est présenté au bureau du rec‌veur des douanes un des originaux du titre constitutif d'hypothèque‌lequel y reste déposé s'il est sous seing privé ou reçu en brevet, o‌une expédition s'il en existe minute.

Il y est joint deux bordereaux signés par le requérant, dont l'u‌peut être porté sur le titre présenté. Ils contiennent :

1° Les noms, prénoms et domiciles du créancier et du débiteur, ‌leur profession, s'ils en ont une ;

2° La date et la nature du titre ;

3° Le montant de la créance exprimée dans le titre ;

4° Les conventions relatives aux intérêts et au remboursement ;

5° Le nom et la désignation du navire hypothéqué, la date ‌l'acte de francisation ou de la déclaration de sa mise en constructio‌

6° Élection de domicile, par le créancier, dans le lieu de la ré‌dence du receveur des douanes.

9. Le receveur des douanes fait mention sur son registre du c‌tenu aux bordereaux, et remet au requérant l'expédition du ti‌s'il est authentique, et l'un des bordereaux au pied duquel il cer‌avoir fait l'inscription.

10. S'il y a deux ou plusieurs hypothèques sur la même part‌propriété du navire, leur rang est déterminé par l'ordre de priori‌des dates de l'inscription.

Les hypothèques inscrites le même jour viennent en concurrenc‌nonobstant la différence des heures de l'inscription.

11. L'inscription conserve l'hypothèque pendant trois ans, ‌compter du jour de sa date ; son effet cesse si l'inscription n'a ét‌renouvelée, avant l'expiration de ce délai, sur l e registre tenu ‌douane, et mentionnée à nouveau sur l'acte de francisation, dès ‌retour du navire au port où il est immatriculé.

12. Si le titre constitutif de l'hypothèque est à ordre, sa négoci‌tion par voie d'endossement emporte la translation du droit hypoth‌caire.

13. L'inscription garantit, au même rang que le capital, de‌années d'intérêt en sus de l'année courante.

14. Les inscriptions sont rayées, soit du consentement des partie‌intéressées ayant capacité à cet effet, soit en vertu d'un jugement e‌dernier ressort ou passé en force de chose jugée.

15. A défaut de jugement, la radiation totale ou partielle de l'ins‌cription ne peut être opérée, par le receveur des douanes, que sur

le dépôt d'un acte authentique de consentement à la radiation, donné par le créancier ou son cessionnaire justifiant de ses droits.

Si l'acte se borne à donner mainlevée, le droit proportionnel sur le titre constitutif de l'hypothèque ne sera pas perçu.

Dans le cas où l'acte constitutif de l'hypothèque est sous seing privé, ou si, étant authentique, il a été reçu en brevet, il est comuniqué au receveur des douanes, qui y mentionne, séance tete, la radiation totale ou partielle.

Si l'acte de francisation lui est représenté simultanément ou ultéurement, le receveur des douanes est tenu d'y mentionner à sa te la radiation totale ou partielle.

16. Le receveur des douanes est tenu de délivrer à tous ceux qui requièrent l'état des inscriptions subsistantes sur un navire, ou certificat qu'il n'en n'existe aucune.

17. En cas de perte ou d'innavigabilité du navire, les droits des anciers s'exercent sur les choses sauvées ou sur leur produit, alors me que les créances ne seraient pas encore échues. Ils s'exercent alement, dans l'ordre des inscriptions, sur le produit des assunces qui auraient été faites par l'emprunteur sur le navire hypoéqué. Dans le cas prévu par le présent article, l'inscription de ypothèque vaut opposition au payement de l'indemnité d'assuce.

Les créanciers inscrits ou leurs cessionnaires peuvent, de leur é, faire assurer le navire pour la garantie de leurs créances.

Les assureurs avec lesquels ils ont contracté l'assurance sont, lors remboursement, subrogés à leurs droits contre le débiteur.

18. Les créanciers ayant hypothèque inscrite sur un navire ou on de navire le suivent, en quelques mains qu'il passe, suivant re de leurs inscriptions.

i l'hypothèque ne grève qu'une portion de navire, le créancier peut saisir et faire vendre que la portion qui lui est affectée.

tefois, si plus de la moitié du navire se trouve hypothéquée, le ncier pourra, après saisie, le faire vendre en totalité, à charge ppeler à la vente les copropriétaires.

Dans tous les cas de copropriété autres que ceux qui résultent ne succession ou de la dissolution d'une communauté conjugale, dérogation à l'article 883 du Code civil, les hypothèques consendurant l'indivision, par un ou plusieurs des copropriétaires, une portion de navire, continuent à subsister après le partage la licitation.

Toutefois, si la licitation s'est faite en justice dans les formes déinées par les articles 201 et suivants du Code de commerce, le it des créanciers n'ayant hypothèque que sur une portion du nasera limité au droit de préférence sur la partie du prix afférente 'intérêt hypothéqué.

19. L'acquéreur d'un navire ou d'une portion de navire hypoéqué qui veut se garantir des poursuites autorisées par l'article écédent est tenu, avant la poursuite ou dans le délai de quin-

zaine, de notifier à tous les créanciers inscrits sur l'acte de francisation, au domicile élu dans les inscriptions :

1° Un extrait de son titre indiquant seulement la date et la nature de l'acte, le nom du vendeur, le nom, l'espèce et le tonnage du navire et les charges faisant partie du prix;

2° Un tableau, sur trois colonnes, dont la première contiendra la date des inscriptions, la seconde, le nom des créanciers, la troisième, le montant des créances inscrites.

20. L'acquéreur déclarera, par le même acte, qu'il est prêt à acquitter sur-le-champ les dettes hypothécaires jusqu'à concurrence seulement de son prix, sans distinction des dettes exigibles ou non exigibles.

21. Tout créancier peut requérir la mise aux enchères du nav' ou portion de navire, en offrant de porter le prix à un dixième sus et de donner caution pour le payement du prix et des cha

22. Cette réquisition signée du créancier doit être signifiée à quéreur dans les dix jours des notifications. Elle contiendra assi tion devant le tribunal civil du lieu où se trouve le navire, ou, s'i en cours de voyage, du lieu où il est immatriculé, pour voir o ner qu'il sera procédé aux enchères requises.

23. La revente aux enchères aura lieu à la diligence soit du cier qui l'aura requise, soit de l'acquéreur, dans les formes é pour les ventes sur saisie.

24. La réquisition de mise aux enchères n'est pas admise et de vente judiciaire.

25. Faute par les créanciers de s'être réglés entre eux à l'ami dans le délai de quinzaine, pour la distribution du prix offert notification ou produit par la surenchère, il y est procédé entre créanciers privilégiés, hypothécaires et chirographaires, dans formes établies en matière de saisie. En cas de distribution du d'un navire hypothéqué, l'inscription vaut opposition au profit créancier inscrit. Les créanciers auront un mois pour produire l titres, à compter de la sommation qui leur aura été adressée.

26. Le propriétaire qui veut se réserver la faculté d'hypoth son navire en cours de voyage est tenu de déclarer, avant le dé du navire, au bureau du receveur des douanes du lieu où le na est immatriculé, la somme pour laquelle il entend pouvoir user ce droit.

Cette déclaration est mentionnée sur le registre du receveur et l'acte de francisation, à la suite des hypothèques déjà existantes.

Les hypothèques réalisées en cours de voyage sont constatées l'acte de francisation : en France et dans les possessions frança par le receveur des douanes; à l'étranger, par le consul de France ou, à défaut, par un officier public du lieu du contrat. Il en est fait mention, par l'un et par l'autre, sur un registre spécial qui sera conservé pour y avoir recours, au cas de perte de l'acte de francisation par naufrage ou autrement, avant le retour du navire. Elles prennent rang du jour de leur inscription sur l'acte de francisation.

La mention faite en vertu du paragraphe 2 du présent article ne pourra être supprimée qu'après le voyage accompli et sur la présentation de l'acte de francisation.

27. Les paragraphes 9 de l'article 191 et 7 de l'article 192 du Code de commerce sont abrogés.

L'article 191 du même code est terminé par la disposition suivante :

« Les créanciers hypothécaires sur le navire viendront, dans leur ordre d'inscription, après les créances privilégiées. »

28. L'article 233 du Code de commerce est modifié ainsi qu'il suit :

« Si le bâtiment est frété du consentement des propriétaires et que quelques-uns fassent refus de contribuer aux frais nécessaires pour l'expédition, le capitaine peut, en ce cas, vingt quatre heures après sommation faite aux refusants de fournir leur contingent, emprunter hypothécairement pour leur compte sur leur part dans le navire, avec l'autorisation du juge. »

29. Les navires de vingt tonneaux et au-dessus seront seuls susceptibles de l'hypothèque créée par la présente loi.

30. Le tarif des droits à percevoir par les employés de l'administration des douanes et le cautionnement spécial à leur imposer, à raison des actes auxquels donnera lieu l'exécution de la présente loi, seront fixés par un décret rendu dans la forme des règlements d'administration publique.

La responsabilité de la régie des douanes, du fait de ses agents, ne s'applique pas aux attributions conférées aux receveurs par les dispositions qui précèdent.

La loi sera exécutoire à partir du 1er mai 1875.

Délibéré en séances publiques, à Versailles, les 22 Mai, 30 Juin et 8 Décembre 1874.

Le Président,

Signé L. BUFFET.

Les Secrétaires,

Signé FÉLIX VOISIN, VANDIER, Vte BLIN DE BOURDON, T. DUCHÂTEL.

LE PRÉSIDENT DE LA RÉPUBLIQUE PROMULGUE LA PRÉSENTE LOI.

Signé Mal DE MAC MAHON, duc DE MAGENTA.

Le Ministre de l'agriculture et du commerce,

Signé L. GRIVART.

RÉPUBLIQUE FRANÇAISE.

N° 3634. — *Loi relative, 1° au classement du Fort de Bellevue, à Constantine (Algérie); 2° à l'aliénation de deux Immeubles du Domaine militaire.*

Du 12 Décembre 1874.

(Promulguée au *Journal officiel* du 23 décembre 1874.)

L'ASSEMBLÉE NATIONALE A ADOPTÉ LA LOI dont la teneur suit :

ART. 1er. Le fort de Bellevue, dépendant de la place de Constantine, est classé, comme cette place, dans la deuxième série places de guerre.

2. La zone unique des servitudes de ce fort, assujettie aux p bitions et restrictions spécifiées par les articles 7 et 9 du décre glementaire du 10 août 1853 [1], sera délimitée conformément indications du plan joint à l'avis du comité des fortifications, en du 7 février 1873, et annexé à la présente loi.

3. Le ministre des finances est autorisé à aliéner, au profit du sor, les deux immeubles dits *Dar el Bey* et *Écuries de la sous-i dance*, actuellement compris dans le domaine militaire de la pl de Constantine, lesquels seront remis à cet effet à l'administrat des domaines.

4. Un crédit de cent soixante-dix mille francs (170,000'), à p ver sur le produit de cette aliénation, est ouvert au ministre de guerre, sur l'exercice 1874 (chapitre XIII, *Matériel du génie*), être affecté aux dépenses du fort de Bellevue.

Il ne sera fait usage de ce crédit qu'après qu'il en aura été fai cette par le payement du prix de vente des deux immeubles ali en vertu de l'article précédent.

Les portions de ce crédit qui ne seront pas employées en 1874 pourront être reportées par décret aux exercices suivants.

Délibéré en séance publique, à Versailles, le 12 Décembre 1874.

Le Président,

Signé L. BUFFET.

Les Secrétaires,

Signé LOUIS DE SÉGUR, Vte BLIN DE BOURDON, T. DUCHÂTEL, FÉLIX VOISIN. ,

LE PRÉSIDENT DE LA RÉPUBLIQUE PROMULGUE LA PRÉSENTE LOI.

Signé Mal DE MAC MAHON, duc DE MAGENTA.

Le Vice-Président du Conseil,
Ministre de la guerre,

Signé Gal E. DE CISSEY.

[1] XIe série , Bull. 91, n° 780, et Bull. 105, n° 882.

RÉPUBLIQUE FRANÇAISE.

N° 3635. — *Loi qui ouvre au Ministre de l'Agriculture et du Commerce, sur l'exercice 1874, un Crédit extraordinaire, pour les frais de fabrication des Étalons métriques internationaux.*

Du 15 Décembre 1874.

(Promulguée au *Journal officiel* du 22 décembre 1874.)

L'Assemblée nationale a adopté la loi dont la teneur suit :

Art. 1ᵉʳ. Il est ouvert au ministre de l'agriculture et du commerce, sur l'exercice 1874, un crédit extraordinaire de seize mille trois cent cinq francs quatre-vingt-dix centimes (16,305ᶠ 90ᶜ), applicable aux dépenses résultant de la fabrication des étalons métriques internationaux, sous la rubrique : *Chapitre x bis. — Frais de fabrication des étalons métriques internationaux.*

2. Il sera pourvu à cette dépense au moyen de ressources générales affectées à l'exercice 1874.

Délibéré en séance publique, à Versailles, le 15 Décembre 1874.

Le Président,

Signé L. BUFFET.

Les Secrétaires,

Signé FÉLIX VOISIN, VANDIER, T. DUCHÂTEL, LOUIS DE SÉGUR, E. DE CAZENOVE DE PRADINE.

LE PRÉSIDENT DE LA RÉPUBLIQUE PROMULGUE LA PRÉSENTE LOI.

Signé Mᵃˡ DE MAC MAHON, duc DE MAGENTA.

Le Ministre de l'agriculture et du commerce,

Signé L. GRIVART.

RÉPUBLIQUE FRANÇAISE.

N° 3636. — *Loi qui ouvre au Ministre des Finances, sur l'exercice 1874, un Crédit supplémentaire applicable au Personnel de l'Administration centrale.*

Du 16 Décembre 1874.

(Promulguée au *Journal officiel* du 28 décembre 1874.)

L'Assemblée nationale a adopté la loi dont la teneur suit :

Art. 1ᵉʳ. Il est accordé au ministre des finances, sur l'exercice 1874, en augmentation des crédits ouverts par la loi du 29 décembre 1873 pour le budget de cet exercice, un crédit montant à la somme de vingt mille deux cent huit francs trente-cinq centimes (20,208' 35'), applicable au chapitre xxxv (*Personnel de l'administration centrale*).

2. Il sera pourvu à ce supplément de crédit au moyen des ressources générales du budget de l'exercice 1874.

Délibéré en séance publique, à Versailles, le 16 Décembre 1874.

Le Président,
Signé L. BUFFET.

Les Secrétaires,

Signé FÉLIX VOISIN, T. DUCHÂTEL, E. DE CAZENOVE DE LOUIS DE SÉGUR.

LE PRÉSIDENT DE LA RÉPUBLIQUE PROMULGUE LA PRÉSENTE LOI.

Signé M⁰¹ DE MAC MAHON, duc DE MAGENTA.

Le Ministre des finances,
Signé MATHIEU-BODET.

RÉPUBLIQUE FRANÇAISE.

N° 3637. — *Loi qui établit sur les Chiens de forte race un Droit à l'ex de la frontière de terre.*

Du 19 Décembre 1874.

(Promulguée au *Journal officiel* du 28 décembre 1874.)

L'ASSEMBLÉE NATIONALE A ADOPTÉ LA LOI dont la teneur suit :

ARTICLE UNIQUE. Il est établi sur les chiens de forte race, à l'ex tation de la frontière de terre, un droit de six francs (6') par décime compris.

Seront considérés comme chiens de forte race ceux qui au trois cent vingt-cinq millimètres ou plus de hauteur au milieu l'échine.

Délibéré en séance publique, à Versailles, le 19 Décembre 1874.

Le Président,
Signé L. BUFFET.

Les Secrétaires,

Signé FÉLIX VOISIN, VANDIER, T. DUCHÂTEL, LOUIS DE SÉGUR.

LE PRÉSIDENT DE LA RÉPUBLIQUE PROMULGUE LA PRÉSENTE LOI.

Signé M⁰¹ DE MAC MAHON, duc DE MAGENTA.

Le Ministre des finances,
Signé MATHIEU-BODET.

RÉPUBLIQUE FRANÇAISE.

N° 3638. — Décret qui fixe la Taxe municipale à percevoir sur les Chiens dans la commune de Craponne (Haute-Loire).

Du 18 Octobre 1874.

Le Président de la République française,

Sur le rapport du ministre de l'intérieur;
Vu la loi du 2 mai 1855;
La délibération du conseil municipal de Craponne (Haute-Loire), en du 12 février 1874;
L'avis du conseil général et celui du préfet;
Le Conseil d'État entendu,

Décrète :

Art. 1er. La taxe municipale à percevoir sur les chiens, à partir 1er janvier 1875, dans la commune de Craponne (Haute-Loire), fixée ainsi qu'il suit :

À cinq francs (5') pour les chiens d'agrément ou servant à la sse ;

À deux francs (2') pour les chiens de garde.

Le ministre de l'intérieur est chargé de l'exécution du présent t.

Fait à Paris, le 18 Octobre 1874.

Signé Mal DE MAC MAHON.

Le Ministre de l'intérieur,

Signé Gal DE CHABAUD LA TOUR.

RÉPUBLIQUE FRANÇAISE.

N° 3639. — Décret qui crée une Direction des Contributions directes dans chacun des départements d'Alger, d'Oran et de Constantine.

Du 21 Novembre 1874.

Le Président de la République française,

Vu l'ordonnance du 2 janvier 1846 [1];
Vu l'avis du ministre des finances;
Sur le rapport du ministre de l'intérieur, d'après les propositions du gouverneur général civil de l'Algérie,

Décrète :

Art. 1er. Il est créé une direction des contributions directes dans chacun des départements d'Alger, d'Oran et de Constantine.

[1] IX° série, Bull. 1269, n° 12,547.

2. Au personnel continental attaché à chaque direction s
adjoints des agents coloniaux spécialement chargés des opérati
relatives à l'assiette de l'impôt arabe dans les territoires non ca
trés.

3. Les relations des directeurs des contributions directes avec
directeur général des affaires civiles et financières et, suivant
territoires, avec les préfets des départements et les généraux
mandant les divisions, sont les mêmes que celles qui existent da
métropole entre ces directeurs et le directeur général et les p

4. Les dispositions des lois, ordonnances, décrets et règle
qui régissent en France l'organisation du personnel et les at
tions des contributions directes sont applicables en Algérie, sa
exceptions résultant de l'organisation administrative du pays,
culièrement en ce qui concerne les travaux d'art du cadastre
continueront à être préparés par le service spécial de la
graphie.

5. Le gouverneur général réglera les détails et moyens d'exécu
du présent décret. Il statuera sur le mode de recrutement el
nomination des agents coloniaux.

6. Le décret du 8 mai 1872 [1], portant création d'un service
tral des contributions directes et du recensement, est et dem
rapporté.

7. Les ministres de l'intérieur et des finances et le gouv
général civil de l'Algérie sont chargés, chacun en ce qui le con
de l'exécution du présent décret.

Fait à Paris, le 21 Novembre 1874.

Signé M^{al} DE MAC MAHON.

Le Ministre des finances,

Signé MATHIEU-BODET.

Le Ministre de l'intérieur,

Signé G^{al} DE CHABAUD LA TOUR.

RÉPUBLIQUE FRANÇAISE.

N° 3640. — *Décret qui ouvre au Ministre des Travaux publics, sur l'
1874, un Crédit à titre de Fonds de concours versés au Trésor par la ville
Dunkerque, pour les Travaux d'amélioration du Port de cette ville.*

Du 27 Novembre 1874.

LE PRÉSIDENT DE LA RÉPUBLIQUE FRANÇAISE,

Sur le rapport du ministre des travaux publics;
Vu la loi du 29 décembre 1873, portant fixation du budget général des recettes et des dépenses de l'exercice 1874, avec la répartition, par chapitres,
des crédits affectés au ministère des travaux publics pour ledit exercice;

[1] Bull. 95, n° 1188.

Vu l'article 13 de la loi de finances du 6 juin 1843, portant règlément nitif du budget de l'exercice 1840, ledit article ainsi conçu :

Les fonds versés par des départements, des communes et des particu- rs pour concourir, avec ceux de l'État, à l'exécution de travaux publics, nt portés en recette aux produits divers du budget; un crédit de pa- lle somme sera ouvert par ordonnance royale au ministère des travaux blics, additionnellement à ceux qui lui auront été accordés par le dget pour les mêmes travaux, et la portion desdits fonds qui n'aura pas employée pendant le cours d'un exercice pourra être réimputée, avec nême affectation, aux budgets des exercices subséquents, en vertu d'or- mances royales qui prononceront l'annulation des sommes restées sans loi sur l'exercice expiré; »

ı la loi du 20 mai 1868, qui autorise la ville de Dunkerque à faire à t une avance montant à douze millions de francs pour l'amélioration de port de commerce;

u la déclaration du receveur de l'arrondissement de Dunkerque, cons- nt qu'il a été versé au trésor, le 5 octobre dernier, une nouvelle somme ıix cent mille francs, à titre d'à-compte sur l'avance précitée de douze ions de francs;

u la lettre du ministre des finances, en date du 24 novembre 1874,

ÉCRÈTE :

т. 1ᵉ. Il est ouvert au ministère des travaux publics, sur les ; de la deuxième section du budget de l'exercice 1874 (cha- xxxvII. — *Travaux d'amélioration et d'achèvement des ports mari-*), un crédit de six cent mille francs (600,000ᶠ), applicable aux aux d'amélioration à effectuer au port de Dunkèrque.

2. Il sera pourvu à la dépense au moyen des ressources spéciales sées au trésor, à titre de fonds de concours, par voie d'avance e par la ville de Dunkerque.

3. Les ministres des travaux publics et des finances sont chargés, cun en ce qui le concerne, de l'exécution du présent décret, qui a inséré au Bulletin des lois.

Fait à Paris, le 27 Novembre 1874.

Signé Mᵃˡ DE MAC MAHON.

Le Ministre des finances,　　　　Le Ministre des travaux publics,

Signé MATHIEU-BODET.　　　　　Signé E. CAILLAUX.

RÉPUBLIQUE FRANÇAISE.

Nᵒ 3641. — DÉCRET *qui ouvre au Ministre des Travaux publics, sur l'exercice 1874, un Crédit à titre de Fonds de concours versés au Trésor par la Chambre de commerce du Havre, pour les travaux d'agrandissement de l'Avant-Port de cette ville.*

Du 27 Novembre 1874.

LE PRÉSIDENT DE LA RÉPUBLIQUE FRANÇAISE,

Sur le rapport du ministre des travaux publics;

Vu la loi du 29 décembre 1873, portant fixation du budget général des recettes et des dépenses de l'exercice 1874, avec la répartition, par chapitres, des crédits affectés au ministère des travaux publics pour ledit exercice;

Vu l'article 13 de la loi de finances du 6 juin 1843, portant règl définitif du budget de l'exercice 1840, ledit article ainsi conçu :

« Les fonds versés par des départements, des communes et des pa « liers pour concourir, avec ceux de l'État, à l'exécution de travaux publ « seront portés en recette aux produits divers du budget; un crédit de « reille somme sera ouvert par ordonnance royale au ministère des trav « publics, additionnellement à ceux qui lui auront été accordés par « budget pour les mêmes travaux, et la portion desdits fonds qui n'aura « été employée pendant le cours d'un exercice pourra être réimputée, « la même affectation, aux budgets des exercices subséquents, en v « d'ordonnances royales qui prononceront l'annulation des sommes r « sans emploi sur l'exercice expiré; »

Vu la loi du 22 juillet 1870, qui autorise la chambre de commerc Havre à faire à l'État une avance montant à sept millions de francs l'agrandissement de l'avant-port du Havre;

Vu les déclarations du receveur central du département de la S constatant qu'il a été versé au trésor, les 25 juin, 6-25 juillet, 5-25 5 septembre et 5 octobre 1874, de nouvelles sommes montant ens sept cent mille francs, à titre d'à-compte sur l'avance précitée de millions de francs;

Vu la lettre du ministre des finances, en date du 24 novembre 1874,

Décrète :

Art. 1er. Il est ouvert au ministère des travaux publics, su fonds de la deuxième section du budget de l'exercice 1874 (pitre xxxvii. — *Travaux d'amélioration et d'achèvement des ports ritimes*), un crédit de sept cent mille francs (700,000ᶠ), appli aux travaux d'agrandissement de l'avant-port du Havre.

2. Il sera pourvu à la dépense au moyen des ressources versées au trésor, à titre de fonds de concours, par voie d'à faite par la chambre de commerce du Havre.

3. Les ministres des travaux publics et des finances sont ch chacun en ce qui le concerne, de l'exécution du présent décret, sera inséré au Bulletin des lois.

Fait à Paris, le 27 Novembre 1874.

Signé Mal DE MAC MAHON.

Le Ministre des finances,

Signé MATHIEU-BODET.

Le Ministre des travaux publics,

Signé E. CAILLAUX.

RÉPUBLIQUE FRANÇAISE.

N° 2. — DÉCRET *qui ouvre, sur l'exercice 1874, un Crédit à titre de Fonds de concours versés au Trésor par des Départements, des Communes et des particuliers, pour l'exécution de divers Travaux publics.*

Du 27 Novembre 1874.

LE PRÉSIDENT DE LA RÉPUBLIQUE FRANÇAISE,

Sur le rapport du ministre des travaux publics;

Vu la loi du 29 décembre 1873, portant fixation du budget général des recettes et des dépenses de l'exercice 1874, avec la répartition, par chapitres, des crédits affectés au ministère des travaux publics pour ledit exercice;

Vu l'article 13 de la loi de finances du 6 juin 1843, portant règlement définitif du budget de l'exercice 1840, ledit article ainsi conçu :

« Les fonds versés par des départements, des communes et des particuliers pour concourir, avec ceux de l'État, à l'exécution de travaux publics seront portés en recette aux produits divers du budget; un crédit de pareille somme sera ouvert par ordonnance royale au ministère des travaux publics, additionnellement à ceux qui lui auront été accordés par le budget pour les mêmes travaux, et la portion desdits fonds qui n'aura pas été employée pendant le cours d'un exercice pourra être réimputée, avec la même affectation, aux budgets des exercices subséquents, en vertu d'ordonnances royales qui prononceront l'annulation des sommes restées sans emploi sur l'exercice expiré ; »

Vu l'état ci-annexé des sommes versées dans les caisses du trésor par des départements, des communes et des particuliers pour concourir, avec les fonds de l'État, à l'exécution de travaux publics appartenant à l'exercice 1874;

Vu la lettre du ministre des finances, en date du 24 novembre 1874,

DÉCRÈTE :

ART. 1er. Il est ouvert au ministère des travaux publics, sur les fonds du budget de l'exercice 1874 (première et deuxième sections), un crédit de un million quatre cent quarante-six mille trois cent quatorze francs vingt-quatre centimes (1,446,314ᶠ 24ᶜ).

Cette somme de un million quatre cent quarante-six mille trois cent quatorze francs vingt-quatre centimes (1,446,314ᶠ 24ᶜ) est répartie de la manière suivante entre les chapitres de la première et de la deuxième sections ci-après désignés, savoir :

1ʳᵉ SECTION.
TRAVAUX ORDINAIRES.

CHAP. XI.	Routes et ponts............................	47,166ᶠ 53ᶜ
— XII.	Navigation intérieure. — Rivières...............	44,730 87
— XIII.	Navigation intérieure. — Canaux................	28,513 91
— XIV.	Ports maritimes, phares et fanaux..............	30,374 39

II° SECTION.

TRAVAUX EXTRAORDINAIRES.

ENSEMBLE, comme ci-dessus..... 1,446,314 24

2. Il sera pourvu à la dépense autorisée par l'article 1ᵉʳ au mo des ressources spéciales versées au trésor à titre de fonds de conco

3. Les ministres des travaux publics et des finances sont char chacun en ce qui le concerne, de l'exécution du présent décret, sera inséré au Bulletin des lois.

Fait à Paris, le 27 Novembre 1874.

Signé Mᵃˡ DE MAĆ MAHON.

Le Ministre des finances,

Signé MATHIEU-BODET.

Le Ministre des travaux publics,

Signé E. CAILLAUX.

État des sommes versées dans les caisses du trésor par des départements, des co et des particuliers pour concourir, avec les fonds de l'État, à l'exécution de publics appartenant à l'exercice 1874.

ENTREPRISES AUXQUELLES LES FONDS SONT DESTINÉS.	
Iʳᵉ SECTION. (TRAVAUX ORDINAIRES.)	
CHAPITRE XI.	
ROUTES ET PONTS.	
Ardèche..... Construction de trottoirs le long des routes nationales nᵒˢ 102 et 104, dans la traverse d'Aubenas...................	2,608ᶠ
Revêtement du talus (côté droit) de la route nationale nᵒ 104, à la sortie de la ville de Privas.....................	950 00
Creuse....... Construction d'un égout sous la route nationale nᵒ 140, dans la traverse de Guéret.....................	400 00
Doubs....... Construction de trottoirs et d'aqueducs dans la traverse de Saint-Claude, banlieue de Besançon..................	3,500 00
Ille-et-Vilaine. Amélioration de la route nationale nᵒ 164, dans la traverse de Montfort.....................	3,500 00
Indre........ Amélioration de la route nationale nᵒ 151, dans la traverse d'Issoudun................................	3,000 00

Maine-et-Loire.	Élargissement de la route nationale n° 138, dans la traverse de Beaugé..........................	4,083ᶠ 82ᶜ
	Rescindement de la maison *Bernier*, située le long de la route nationale n° 23, à Angers......................	3,500 00
nche......	Construction d'un aqueduc sous la route nationale n° 172, dans la traverse de Saint-Gilles......................	400 00
yenne.....	Réparation de trottoirs et de caniveaux le long de la route nationale n° 157, dans la traverse de Soulgé-le-Bruant...	512 00
ne........	Entretien des ponts et passerelles à péage rachetés par la ville de Paris..........................	15,000 00
	Arrosage de la route nationale n° 34, dans la traversée du bois de Vincennes............................	1,500 00
Seine-férieure.	Entretien des chaussées latérales des quais de Rouen......	5,000 00
e-et-Oise..	Entretien de la route nationale n° 10, entre Sèvres et Versailles............................	1,529 20
Tarn-aronne.	Amélioration de la route nationale n° 123, dans la traverse de Castelsarrasin............................	683 21
ée.......	Amélioration de la route nationale n° 149 *bis*, dans la traverse de la Chaize-le-Vicomte......................	1,000 00
	TOTAL du chapitre XI..............	47,166 53

CHAPITRE XII.

NAVIGATION INTÉRIEURE. — RIVIÈRES.

èche.....	Construction d'un bas port sur le Rhône, à Tournon......	8,409 20
e........	Travaux de dragage du port d'Andelle, sur la Seine.......	1,900 00
Indre-t-Loire.	Construction d'une cale d'abordage sur la Loire, à Saint-Michel-sur-Loire......................	700 00
....	Travaux de redressement du coude de Fretteraux et de régularisation du Doubs, à la limite des départements du Jura et de Saône-et-Loire......................	3,000 00
......	Amélioration de la rampe d'accès d'aval du pont de Dax, sur l'Adour............................	2,066 66
	Frais de nettoyage de la Leyre orientale................	800 00
re-eure.	Approfondissement de la Maine et construction d'une cale au lieu dit le *Port Coffineau*, commune de Château-Thibaud....................	2,000 00
Lot-aronne.	Construction d'une cale sur le Lot......................	7,000 00
aine-Loire.	Reconstruction du petit port de Chêne-Hutte-les-Tuffeaux, sur la Loire............................	500 00
......	Entretien des pertuis établis sur l'Yonne...............	700 00
e-Calais..	Réparation de l'estacade de Watten, sur l'Aa............	1,000 00
	Curage de la Scarpe......................	180 00
-de-Dôme.	Réparation des avaries causées par les crues de l'Allier au perré des Laisses, commune des Martres-d'Artières......	1,875 00
Savoie Haute-).	Construction de barrages régulateurs des eaux du lac d'Annecy....................	10,300 01
Seine-t-Marne.	Établissement d'un port sur la Marne, à Lagny..........	4,000 00
ne.......	Entretien des pertuis établis sur la Cure................	300 00
	TOTAL du chapitre XII..............	44,730 87

CHAPITRE XIII.

NAVIGATION INTÉRIEURE. — CANAUX.

Bouches-u-Rhône.	Approfondissement du canal d'Arles à Bouc........ ...	4,881 41
Marne-(Haute-).	Études d'un canal de Saint-Dizier à Vassy.............	2,000 00

XII° Série.

Meurthe-et-Moselle.	Études d'un avant-projet de canalisation de la Meurthe en aval du pont de Malzéville et de jonction de cette rivière soit avec le canal de la Marne au Rhin, soit avec la Mosell canalisée....................................	1,000^f
Nord........	Reconstruction du pont tournant de la Croix, situé au confluent de la Basse-Colme et de l'embranchement d'Hondschoote...	7,250
Pas-de-Calais..	Reconstruction du tablier du pont tournant de l'Abbesse, sur le canal de la Haute-Colme........................	8,700
Somme......	Entretien du chemin de halage du canal de la Sensée.....	50
	Construction d'un pont mobile sur le canal de la Somme, en remplacement du bac de Petit-Port................	4,631

TOTAL du chapitre XIII............

CHAPITRE XIV.

PORTS MARITIMES, PHARES ET FANAUX.

Alpes-Maritimes.	Construction d'une jetée dans la crique de Crotton........	1,000
Bouches-du-Rhône.	Entretien des capoulières du canal de Bouc à Martigues....	2,900
Charente-Inférieure.	Construction de deux appontements au port de Chatressac.	1,500
	Amélioration du chenal de l'Arceau, à Dolus.............	3,333
	Entretien des quais du port de Libourne................	1,194
Gironde.....	Entretien des ports de Caverne, de Saint-Christoly, de Lamarque, de Saint-Julien, de Pauillac, de Saint-Estèphe, de La Maréchale et de Richard......................	2,157
Hérault......	Travaux de dragage au port de Balarue, sur l'étang de Thau..	
	Entretien des ports de Mèze, de Bouzigues, de Balarue et de Marseillan..	
Manche.....	Construction d'une passerelle au Haut-Dick, sur la Taute..	
	Travaux de creusement du chenal d'Yport................	
Seine-Inférieure.	Travaux de défense de la plage des Petites-Dalles.........	
	Entretien des chaussées longeant les quais du port de Dieppe...	

TOTAL du chapitre XIV............

IIe SECTION. (TRAVAUX EXTRAORDINAIRES.)

CHAPITRE XXX.

LACUNES DES ROUTES NATIONALES.

Alpes-(Basses-).	Construction de la route nationale n° 207, dans la commune d'Entrevaux................................	
Savoie (Haute-).	Construction de la route nationale n° 202, entre Cluses et le pont de Bioges....................................	10,000

TOTAL du chapitre XXX............

CHAPITRE XXXI.

RECTIFICATION DES ROUTES NATIONALES.

Hérault.....	Rectification de la route nationale n° 112, dans la traverse de Béziers...	7,000
Pyrénées (Hautes-).	Rectification de la route nationale n° 21, entre Juzes et Baréges...	4,300

TOTAL du chapitre XXXI..........

CHAPITRE XXXV.

AMÉLIORATION DES RIVIÈRES.

Meuse.......	Études relatives à l'établissement de réservoirs dans la vallée de l'Ornain, pour l'alimentation du canal de la Marne au Rhin....................................	1,000ᶠ 00ᶜ
Seine-Inférieure.	Restauration de trois ponts de halage sur la Seine........	1,500 00

TOTAL du chapitre XXXV........... 2,500 00

CHAPITRE XXXVI.

ÉTABLISSEMENT DE CANAUX DE NAVIGATION.

Saône-et-Loire.	Établissement de la rigole navigable de l'Arroux..........	20,000 00

CHAPITRE XXXVII.

TRAVAUX D'AMÉLIORATION ET D'ACHÈVEMENT DES PORTS MARITIMES.

Calvados.....	Amélioration du port de Honfleur........................	100,000 00

CHAPITRE XXXVIII.

TRAVAUX DE DÉFENSE CONTRE LES INONDATIONS.

Landes......	Travaux de défense de la ville de Dax contre les inondatio de l'Adour (quartiers Bibi et Sablar)..................	15,300 00
	Travaux de défense de la ville d'Angers contre les inondations.....................................	20,000 00
Maine-et-Loire.	Travaux d'exhaussement et de consolidation des levées de Savennières..	7,915 10
	Construction d'une chaussée d'empierrement sur le couronnement des levées de Savennières..................	8,886 71
Puy-de-Dôme.	Construction d'une deuxième rampe d'abordage dans le perré de Dallet, sur l'Allier........................	600 00

TOTAL du chapitre XXXVIII.......... 52,701 81

CHAPITRE XLIII.

TRAVAUX DE CHEMINS DE FER EXÉCUTÉS PAR L'ÉTAT.

Côte-d'Or	Études des chemins de fer de Dijon à Gray, par Mirabeau, et de Seurre à Chagny, par Corgengoux..............	2,000 00
Gers et Lot-et-Garonne.	Construction du chemin de fer de Condom à Port-Sainte-Marie......................................	1,064,193 19
Somme et Pas-de-Calais.	Construction du chemin de fer de Béthune à Abbeville....	3,500 00

DÉPARTEMENTS.	ENTREPRISES AUXQUELLES LES FONDS SONT DESTINÉS.	
Seine.......	Construction du chemin de fer de Ceinture (rive gauche)..	654ᶠ30ᶜ
	TOTAL du chapitre XLIII..........	1,370,047 49

RÉCAPITULATION.

Iʳᵉ SECTION. — TRAVAUX ORDINAIRES.

CHAP. XI.	Routes et ponts..	47,160ᶠ 59
— XII.	Navigation intérieure. — Rivières......................	44,730 87
— XIII.	Navigation intérieure. — Canaux......................	28,513 94
— XIV.	Ports maritimes, phares et fanaux	30.374 59

IIᵉ SECTION. — TRAVAUX EXTRAORDINAIRES.

CHAP. XXX.	Lacunes des routes nationales	38,779 28
— XXXI.	Rectification des routes nationales.....................	11,200 00
— XXXV.	Amélioration des rivières..............................	2,500 00
— XXXVI.	Établissement de canaux de navigation.................	20,000 00
— XXXVII.	Travaux d'amélioration et d'achèvement des ports maritimes...	100,000 00
— XXXVIII.	Travaux de défense contre les inondations..............	52,701 81
— XLIII.	Travaux de chemins de fer exécutés par l'État............	1,070,347 49
	TOTAL GÉNÉRAL..............	1,446,311 49

Vu pour être annexé au décret en date du 27 novembre 1874, enregistré sous le nᵒ 755.

Le Ministre des travaux publics,

Signé E. CAILLAUX.

RÉPUBLIQUE FRANÇAISE.

Nᵒ 3643. — DÉCRET *qui modifie la composition du Conseil de Prud'hommes de Lunéville.*

Du 27 Novembre 1874.

(Promulgué au *Journal officiel* du 1ᵉʳ décembre 1874.)

LE PRÉSIDENT DE LA RÉPUBLIQUE FRANÇAISE,

Sur le rapport du ministre de l'agriculture et du commerce;
Vu la loi du 1ᵉʳ juin 1853, sur les conseils de prud'hommes;
Vu le décret du 4 mars 1854 [1], qui a établi un conseil de prud'hommes à Lunéville;
Vu la délibération prise par le conseil municipal de Lunéville, dans sa séance du 6 mars 1874;

[1] XIᵉ série, Bull. 164, nᵒ 1373.

u la délibération du conseil de prud'hommes de Lunéville, en date du
uillet 1874;
u l'avis du préfet de Meurthe-et-Moselle, du 2 septembre 1874;
u la lettre du garde des sceaux, ministre de la justice, du 28 du même
s;
e Conseil d'État entendu,

DÉCRÈTE :

ART. 1er. Le conseil de prud'hommes établi à Lunéville sera dé-
mais composé de la manière suivante :

INDUSTRIES.	NOMBRE de prud'hommes.	
	Patrons.	Ouvriers.
Forgerons, taillandiers, maréchaux, cloutiers, serruriers, armuriers, fondeurs en cuivre, tourneurs sur métaux, chaudronniers, ferblantiers, lampistes, orfévres, bijoutiers, horlogers, graveurs, doreurs, fourbisseurs, mécaniciens, fabricants d'instruments de précision, couteliers, pompiers, fontainiers, fabricants de verres de montres.	1	1
Charpentiers, menuisiers, ébénistes, charrons, scieurs de long, tonneliers, tabletiers, emballeurs, fabricants de cadres, formiers, tourneurs en bois et en os, fabricants de chaises, vanniers, fabricants de jouets d'enfants, fabricants de pipes	1	1
Entrepreneurs de travaux publics, sculpteurs, tailleurs de pierres, carriers, paveurs, marbriers, maçons, fabricants de tuiles et de briques, de poterie et faïence; couvreurs, chaufourniers, fabricants de platre, plâtriers, poêliers, vitriers, peintres en bâtiments et en voitures, badigeonneurs, verriers.	1	1
Fabricants de broderie, bonnetiers, filateurs de coton, gantiers, tisserands, teinturiers, passementiers, fabricants de parapluies, tapissiers, chapeliers, fabricants de casquettes, tailleurs d'habits, tanneurs, chamoiseurs, corroyeurs et mégissiers, selliers, carrossiers, bourreliers, cordonniers, bottiers, fourreurs, pelletiers, brossiers, fabricants de peignes, cordiers, fabricants de chapeaux de paille, fabricants de tricots.	2	2
Imprimeurs, lithographes, libraires et relieurs, fabricants de papiers peints, cartonniers, fabricants d'huile, de chandelle, de cire, de couleurs; distillateurs, brasseurs, féculiers, confiseurs, chocolatiers, meuniers, vermicelliers, pâtissiers, fabricants d'amidon, fabricants de poudrette, cardiers, fabricants de cirage, gaziers, saliniers	1	1
	6	6
TOTAL.	12	

2. La juridiction du conseil de prud'hommes de Lunéville s'é-
dra à tous les établissements industriels désignés ci-dessus et dont
iége sera situé dans les deux cantons de Lunéville.
Seront justiciables de ce conseil les fabricants, entrepreneurs et
efs d'atelier qui seront à la tête desdits établissements, ainsi que
contre-maîtres, ouvriers et apprentis qui travailleront pour eux,
el que soit d'ailleurs le lieu du domicile ou de la résidence des
s et des autres.
3. Le ministre de l'agriculture et du commerce et le garde des
aux, ministre de la justice, sont chargés, chacun en ce qui le con-

cerne, de l'exécution du présent décret, qui sera publié au Journal officiel et inséré au Bulletin des lois.

Fait à Paris, le 27 Novembre 1874.

Signé M^{al} DE MAC MAHON.

. *Le Ministre de l'agriculture et du commerce,*

Signé L. GRIVART.

RÉPUBLIQUE FRANÇAISE.

N° 3644. — DÉCRET *qui établit un Conseil de Prud'hommes à Nice.*

Du 27 Novembre 1874.

(Promulgué au *Journal officiel* du 1er décembre 1874.)

LE PRÉSIDENT DE LA RÉPUBLIQUE FRANÇAISE,

Sur le rapport du ministre de l'agriculture et du commerce;

Vu la loi du 18 mars 1806, les décrets des 11 juin 1809[1] et 20 fé 1810[2], la loi du 3 août 1810 et celle du 1er juin 1853, concernant conseils de prud'hommes;

Vu la délibération de la chambre de commerce de Nice, en date 21 mai 1872, et celle du tribunal de commerce de cette ville, en date 28 octobre suivant;

Vu les délibérations du conseil municipal de Nice, des 2 octobre 1 12 novembre 1874;

. Vu l'avis du préfet des Alpes-Maritimes, du 29 mai 1874;

Vu la lettre du garde des sceaux, ministre de la justice, en date 17 juillet 1874;

Le Conseil d'État entendu,

DÉCRÈTE :

ART. 1er. Il est créé à Nice un conseil de prud'hommes qui composé de la manière suivante :

INDUSTRIES.

Entrepreneurs de maçonnerie et de charpentes, tailleurs de pierres, fabricants de chaux et de plâtre, briquetiers, marbriers.	2	2
Serruriers, ferblantiers et zingueurs, fumistes, mécaniciens....	1	1
Peintres en bâtiments, peintres décorateurs, marqueteurs, tabletiers, menuisiers et ébénistes, charrons, tonneliers.....	1	1
Fabricants de pâtes alimentaires.........................	1	1
Imprimeurs et lithographes.................................	1	1

TOTAL...............

[1] IVe série, Bull. 240, n° 4450.   [2] IVe série, Bull. 272, n° 5254.

2. La juridiction du conseil de prud'hommes de Nice s'étendra à
s les établissements industriels désignés ci-dessus et dont le siége
situé sur le territoire de cette ville.

Seront justiciables dudit conseil les fabricants, entrepreneurs et
efs d'atelier qui seront à la tête desdits établissements, ainsi que
contre-maîtres, ouvriers et apprentis qui travailleront pour eux,
uel que soit le lieu du domicile ou de la résidence des uns et des
utres.

3. Aussitôt après son installation, le conseil de prud'hommes de
ice préparera et soumettra à l'approbation du ministre de l'agricul-
re et du commerce un projet de règlement pour son régime in-
ieur.

4. Le ministre de l'agriculture et du commerce et le garde des
eaux, ministre de la justice, sont chargés, chacun en ce qui le
ncerne, de l'exécution du présent décret, qui sera inséré au Bul-
tin des lois et publié au Journal officiel de la République française.

Fait à Paris, le 27 Novembre 1874.

Signé M^{al} DE MAC MAHON.

Le Ministre de l'agriculture et du commerce,
Signé L. GRIVART.

RÉPUBLIQUE FRANÇAISE.

N° 3645. — *Décret qui modifie la composition du Conseil de Prud'hommes
de Troyes.*

Du 27 Novembre 1874.

(Promulgué au *Journal officiel* du 1er décembre 1874.)

LE PRÉSIDENT DE LA RÉPUBLIQUE FRANÇAISE,

Sur le rapport du ministre de l'agriculture et du commerce,
Vu la loi du 1er juin 1853, concernant les conseils de prud'hommes;
Vu le décret du 7 mai 1808 [1], qui a institué un conseil de prud'hommes
Troyes, l'ordonnance du 17 avril 1820 [2] et les décrets des 16 septembre
850 [3] et 26 août 1865 [4], qui ont modifié la composition de ce conseil;
Vu les délibérations des conseils de prud'hommes de Troyes, en date des
22 juin et 13 octobre 1873, et celles de la chambre de commerce de la même
ville, des 13 août 1873 et 24 février 1874;
Vu l'avis du du préfet de l'Aube, en date du 10 avril 1874;
Vu l'avis du garde des sceaux, ministre de la justice, exprimé dans sa
lettre du 1er juillet 1874;
Le Conseil d'État entendu,

DÉCRÈTE:

---

[1] IVe série, Bull. 192, n° 3362.
[3] VIIe série, Bull. 565, n° 8669.
[2] X^e série, Bull. 311, n° 2444.
[4] XIe série, Bull. 1396, n° 13,656.

Art. 1ᵉʳ. Le conseil de prud'hommes établi à Troyes sera désormais composé de la manière suivante :

CATÉ-GORIES.	INDUSTRIES.	NOMBRE de prud'hommes.	
		Patrons.	Ouvriers
1ᵉʳ.	Filateurs de coton, de fil, de soie, de bourre de soie, de laine, fabricants de cardes, retordeurs, fabricants de ouate, défilocheurs.	1	1
2ᵉ.	Fabricants de bonneterie en coton, en laine, en fil de soie et en bourre de soie; fabricants de tricots au métier circulaire, blanchisseurs et apprêteurs de bonneterie et de toile, teinturiers, dégraisseurs, fabricants de ganterie en coton, en laine, en fil de soie et en bourre de soie; apprêteurs en draperie et étoffes diverses, fabricants d'aiguilles, lamineurs en coton, fabricants de tissus de coton, de fil de laine et de soie; passementiers, calendreurs, cylindreurs, gratteurs, fabricants de broderies et d'ornements d'église, fabricants de toile cirée, de rots et de laines.	2	2
3ᵉ.	Charpentiers, menuisiers en bâtiments, scieurs de long, maçons, plâtriers, tailleurs de pierres, fabricants de briques, de tuiles, de tuyaux de drainage, de poteries; peintres, vitriers, serruriers en bâtiments, fabricants de chaux et de plâtre, fabricants de couleurs préparées, décorateurs de bâtiments, entrepreneurs de constructions, sculpteurs, ornemanistes, marbriers, entrepreneurs de monuments funèbres, fabricants et poseurs de bitume, usine à gaz, exploitants de scieries, zingueurs, grillageurs, tôliers, couvreurs, paveurs, carriers, terrassiers, fabricants de carreaux de terre.	1	1
4ᵉ.	Ébénistes, tourneurs sur bois, doreurs et argenteurs sur bois, fabricants de chaises, tonneliers, cordiers, sabotiers, graveurs sur bois, boisseliers, vanniers, tamisiers, fabricants de billards, fabricants d'objets de literie, layetiers, emballeurs, tapissiers, matelassiers, fabricants de cannes, de parapluies, de paillassons, de brosses et de peignes; fabricants d'eau gazeuse, fabricants de moutarde, de chandelles, de bougies, d'allumettes; produits chimiques, confiseurs, distillateurs, liquoristes, brasseurs, fabricants de vinaigre, de pâte d'Italie, de chocolat, d'huile, de colle d'amidon, de fécule, de savon et de farine de Troyes; fabricants de placage, fabricants de formes.	1	1
5ᵉ.	Imprimeurs, typographes et lithographes, graveurs en taille-douce, fabricants de papier, de carton, de registres; brocheurs, relieurs, maroquiniers, parcheminiers, cartonniers pour bonneterie et bureaux, photographes, figuristes, fabricants de papiers peints, peintres sur verre, opticiens, fabricants d'instruments de musique, miroitiers, tabletiers.	1	1
6ᵉ.	Tailleurs d'habits, cordonniers, bottiers, fabricants de chaussons, tanneurs, corroyeurs, chamoiseurs, hongroyeurs, mégissiers, pelletiers, bandagistes, apprêteurs de crin, boyaudiers, meuniers, chapeliers, fabricants de chapeaux de paille, ateliers de confections pour hommes et pour femmes, chemisiers, modistes, lingères, couturières, fabricants de corsets, de casquettes, de fleurs artificielles, parfumeurs.	1	1
7ᵉ.	Ateliers de constructions de machines, mécaniciens, armuriers, couteliers, taillandiers, maréchaux ferrants, fabricants de pompes, plombiers, poêliers, fumistes, serruriers en métiers, orfévres, horlogers, bijoutiers, ciseleurs, fondeurs en métaux, doreurs et argenteurs sur métaux, graveurs sur métaux, étameurs, potiers d'étain, émouleurs, fabricants en tailleurs de limes, balanciers, forgerons, charrons, carrossiers, bourreliers, selliers, peintres en voitures, ferblantiers, lampistes, fabricants de carrés de montres, menuisiers en voitures.	1	1
		8	8
	TOTAL.	16	

2. La juridiction du conseil de prud'hommes de Troyes s'étendra à tous les établissements industriels désignés ci-dessus et dont le ège sera situé dans les trois cantons de Troyes.

Seront justiciables de ce conseil les fabricants, entrepreneurs et efs d'atelier qui seront à la tête desdits établissements, ainsi que contre-maîtres, ouvriers et apprentis qui travailleront pour eux, el que soit le lieu du domicile ou de la résidence des uns et des tres.

3. Le ministre de l'agriculture et du commerce et le garde des aux, ministre de la justice, sont chargés, chacun en ce qui le ıcerne, de l'exécution du présent décret, qui sera publié au Jour-officiel et inséré au Bulletin des lois.

Fait à Paris, le 27 Novembre 1874.

Signé M^{al} DE MAC MAHON.

Le Ministre de l'agriculture et du commerce,

Signé L. GRIVART.

RÉPUBLIQUE FRANÇAISE.

N° 3646. — *Décret qui supprime l'École élémentaire annexée au Conservatoire des Arts et Métiers.*

Du 3 Décembre 1874.

LE PRÉSIDENT DE LA RÉPUBLIQUE FRANÇAISE,

le rapport du ministre de l'agriculture et du commerce;
u la décision ministérielle du 2 mai 1806, qui a créé au Conservatoire arts et métiers une école de dessin appliqué à la mécanique;
u l'ordonnance royale du 25 novembre 1819[1], qui a confirmé le fonc-nement de cette école;
u les délibérations du conseil de perfectionnement du Conservatoire des et métiers, en date des 13 août 1869 et 29 octobre 1874, tendant à la pression de l'école élémentaire,

DÉCRÈTE :

ART. 1er. L'école élémentaire annexée au Conservatoire des arts et métiers est supprimée.

2. Le ministre de l'agriculture et du commerce est chargé de l'exé-cution du présent décret.

Fait à Versailles, le 3 Décembre 1874.

Signé M^{al} DE MAC MAHON.

Le Ministre de l'agriculture et du commerce,

Signé L. GRIVART.

[1] VIIe série, Bull. 329, n° 7931.

RÉPUBLIQUE FRANÇAISE.

N° 3647. — Décret qui ouvre au Ministre des Travaux publics, sur l'
cice 1875, un Crédit à titre de Fonds de concours versés au Trésor par la v
de Dunkerque, pour les Travaux d'amélioration du Port de cette ville.

Du 7 Décembre 1874.

Le Président de la République française,

Sur le rapport du ministre des travaux publics;
Vu la loi du 5 août 1874, portant fixation du budget général des
et des dépenses de l'exercice 1875, avec la répartition, par chapitre
crédits affectés au ministère des travaux publics pour ledit exercice;
Vu l'article 13 de la loi de finances du 6 juin 1843, portant règl
définitif du budget de l'exercice 1840, ledit article ainsi conçu :
« Les fonds versés par des départements, des communes et des
« liers pour concourir, avec ceux de l'État, à l'exécution de travaux pul
« seront portés en recette aux produits divers du budget; un crédit de
« reille somme sera ouvert par ordonnance royale au ministère des tra
« publics, additionnellement à ceux qui lui auront été accordés par le
« get pour les mêmes travaux, et la portion desdits fonds qui n'aur
« été employée pendant le cours d'un exercice pourra être réimputée,
« la même affectation, aux budgets des exercices subséquents, en vertu d
« donnances royales qui prononceront l'annulation des sommes restées
« emploi sur l'exercice expiré; »
Vu la loi du 20 mai 1868, qui autorise la ville de Dunkerque à f
l'État une avance montant à douze millions de francs pour l'améli
de son port de commerce;
Vu la déclaration du receveur des finances de l'arrondissement de
kerque, constatant qu'il a été versé au trésor, le 5 octobre 1874, une
velle somme de quatre cent mille francs, à titre d'à-compte sur l'avance
citée de douze millions de francs;
Vu la lettre du ministre des finances, en date du 27 novembre 1874,

Décrète :

Art. 1er. Il est ouvert au ministère des travaux publics, sur
fonds de la deuxième section du budget de l'exercice 1875 (
pitre XXXVI. — Travaux d'amélioration et d'achèvement des ports
times), un crédit de quatre cent mille francs (400,000ᶠ), appli
aux travaux d'amélioration à effectuer au port de Dunkerque.

2. Il sera pourvu à la dépense au moyen des ressources sp
versées au trésor, à titre de fonds de concours, par voie d'avan
par la ville de Dunkerque.

3. Les ministres des travaux publics et des finances sont
chacun en ce qui le concerne, de l'exécution du présent décret,
sera inséré au Bulletin des lois.

Fait à Versailles, le 7 Décembre 1874.

Signé Mᵃˡ DE MAC MAHON.

Le Ministre des finances,

Signé MATHIEU-BODET.

Le Ministre des travaux publics,

Signé E. CAILLAUX.

RÉPUBLIQUE FRANÇAISE.

N° 3648. — Décret concernant le Gouvernement de la Nouvelle-Calédonie.

Du 12 Décembre 1874.

LE PRÉSIDENT DE LA RÉPUBLIQUE FRANÇAISE,

Sur le rapport du ministre de la marine et des colonies,

DÉCRÈTE :

TITRE PREMIER.

FORME DU GOUVERNEMENT.

ART. 1er. Le commandement général et la haute administration de la Nouvelle-Calédonie sont confiés à un gouverneur.

2. Un commandant militaire est chargé, sous les ordres du gouverneur, du commandement des troupes et des autres parties du service militaire que le gouverneur lui délègue.

3. Quatre chefs d'administration, savoir : un ordonnateur, un directeur de l'intérieur, un chef du service judiciaire et un directeur de l'administration pénitentiaire, dirigent, sous les ordres du gouverneur, les différentes parties du service.

4. Un conseil privé consultatif, placé près du gouverneur, éclaire ses décisions et participe à ses actes dans les cas déterminés.

TITRE II.

DU GOUVERNEUR.

CHAPITRE PREMIER.

DISPOSITIONS PRÉLIMINAIRES.

5. — § 1er. Le gouverneur est le dépositaire de l'autorité du Chef de l'État dans la colonie.

Ses pouvoirs sont réglés par les lois et par des décrets.

§ 2. Les ordres du Gouvernement sur toutes les parties du service lui sont transmis par le ministre de la marine et des colonies.

§ 3. Le gouverneur exerce l'autorité militaire seul et sans partage.

Il exerce l'autorité civile avec ou sans le concours du conseil privé. Les cas où ce concours est nécessaire sont réglés au titre V du présent décret.

CHAPITRE II.

DES POUVOIRS MILITAIRES DU GOUVERNEUR.

6. Le gouverneur est chargé de la défense intérieure et extérieure de la colonie.

7. Il a le commandement supérieur des troupes de toutes armes dans l'étendue de son gouvernement. Il ordonne leurs mouvements, et veille à la régularité du service et de la discipline.

8. Les milices de la colonie sont sous les ordres directs du gouverneur. Il en a le commandement général

9. Il a sous ses ordres ceux des bâtiments de l'État qui sont at tachés au service de la colonie, et en dirige seul les mouvements.

10. — § 1er. Les commandants de bâtiments de l'État, escadres divisions navales en station ou en mission, mouillés dans les ou sur les rades de la Nouvelle-Calédonie, sont tenus, toutes les qu'ils en sont requis par le gouverneur, de convoyer à leur tour Europe, les bâtiments marchands, et de concourir à toutes les sures qui intéressent la sûreté de la colonie, à moins d'instructi spéciales qui ne leur permettent pas d'obtempérer à ces réquisitic

§ 2. Les commandants desdits bâtiments, escadres ou divisi navales exercent sur les rades de la colonie la police qui leur attribuée par les lois, ordonnances et décrets de la marine, en conformant aux règlements locaux; mais ils n'exercent à terre cune autorité.

11. — § 1er. En cas de péril imminent pour la sécurité intéri ou extérieure, la colonie peut être, soit en entier, soit partiellem déclarée en état de siége par le gouverneur, qui en rend compte médiatement au ministre de la marine et des colonies.

§ 2. Aussitôt l'état de siége déclaré, les pouvoirs dont l'au civile était revêtue pour le maintien de l'ordre et de la poli sent à l'autorité militaire, qui les exerce conformément aux décrets en vigueur dans la colonie en ce qui concerne l'état de la justice militaire et le service des places de guerre.

§ 3. L'état de siége est levé aussitôt que les circonstances qui l motivé cessent d'exister.

12. Le gouverneur veille et pourvoit à l'administration de la j militaire, en se conformant aux lois et décrets sur la matière mulgués dans la colonie.

CHAPITRE III.

DES POUVOIRS ADMINISTRATIFS DU GOUVERNEUR.

SECTION PREMIÈRE.

Des pouvoirs administratifs du gouverneur relativement au service de la marine et autres services métropolitains à la charge de l'État.

1° En ce qui concerne l'administration générale.

13. — § 1er. Le gouverneur donne, en se conformant aux ments sur la matière et aux instructions du ministre de la marine des colonies, en ce qui regarde l'administration de la marine et les autres services métropolitains à la charge de l'État, les ordres généraux concernant :

réalisation, la garde et la délivrance des approvisionnements
nés aux besoins de la flotte et des autres services;
exécution des travaux maritimes, militaires et civils conforment aux plans et devis arrêtés;
s constructions et réparations des bâtiments de l'État et du
riel appartenant à la flotte;
rmement et le désarmement des bâtiments attachés au service
colonie.
. Il détermine le mode d'exécution des travaux, la composition
hantiers et ateliers provisoires ou permanents, et règle les tarifs
de ou autres prestations du personnel qui doit y être employé.
autorise, s'il le juge utile, en se conformant aux lois et aux ins-
ons du département de la marine et des colonies, l'emploi des
nés sur les chantiers et dans les ateliers, et règle les condi-
de cet emploi.
Il tient la main à ce que les dépenses à faire dans la colonie
le compte de l'État soient strictement maintenues dans la limite
xations réglementaires et dans celles des prévisions établies
pprouvées par le ministre de la marine et des colonies.
5 [1]. Il arrête et approuve définitivement les plans et devis reaux travaux dont la dépense ne doit pas dépasser dix mille
.
sque la dépense doit excéder cette somme, les mémoires,
et devis ne sont approuvés que provisoirement par le gou-
r, qui doit ensuite les soumettre à l'approbation du ministre.
tefois, l'exécution peut être ordonnée par lui, sans attendre
obation ministérielle, lorsqu'il s'agit de réparations ou de re-
uctions urgentes.
— ' S 1ᵉʳ. Lorsque les travaux à entreprendre au compte de
doivent entraîner des expropriations, le gouverneur rend les
s déclaratifs de l'utilité publique, si l'expropriation ne doit
sur estimation, entraîner une dépense en indemnités supérieure
mille francs.
2. Si la dépense doit excéder cette somme, la déclaration d'uti-
publique est proposée par le gouverneur au ministre de la marine
peut avoir lieu que par un décret.
3. L'expropriation reste d'ailleurs soumise aux formes de procé-
déterminées par les lois, ordonnances, décrets et règlements
la matière, en vigueur dans la colonie.
7. — ' S 1ᵉʳ. Le gouverneur approuve, suivant les besoins du ser-
, dans les cas prévus et dans les limites fixées par les règlements
nciers, les cahiers des charges, adjudications et marchés de gré
é relatifs, soit à des fournitures de matières, munitions navales
bsistances, soit à des entreprises de travaux ou de services
lics au compte de l'État.

Pour faciliter l'application de l'ordonnance, on a indiqué par un astérisque les
où le gouverneur est tenu de prendre l'avis du conseil privé.

§ 2. Il autorise la vente des approvisionnements et des objets reconnus inutiles ou condamnés comme impropres au service.

18. — § 1ᵉʳ. Il propose au ministre les acquisitions et aliénations d'immeubles appartenant à l'État, ainsi que les échanges dont ces immeubles peuvent être l'objet, lorsque leur valeur excède dix francs.

§ 2. Il statue définitivement à l'égard des aliénations et éch dont la valeur n'excède pas cette somme, et en rend compte au nistre de la marine et des colonies.

§ 3. Lorsqu'il y a lieu de procéder à des ventes d'immeubles partenant à l'État, elles ont lieu, sur cahier des charges, par la des enchères publiques.

19. Il arrête, chaque année, pour être soumis à l'appro du ministre de la marine et des colonies :

1° L'état de prévision des dépenses à comprendre, l'année vante, au budget de l'État pour les services coloniaux qui sont compte de la métropole ;

2° Les plans de campagne, ou programmes d'emploi des alloués au budget de l'État, en ce qui concerne les services matériel ;

3° Les comptes administratifs des dépenses effectuées pour tous services à la charge de l'État, pendant l'exercice expiré.

20. Il arrête, pour être transmis au ministre :

1° Les comptes des receveurs, des gardes-magasins du appartenant à l'État, autres que celui des approvisionnemei raux de la flotte, et ceux de tous les comptables de la col justiciables de la cour des comptes ;

2° Les comptes rendus par les officiers d'administration taines comptables des bâtiments armés localement et ne pas pour la dépense à l'un des ports de la métropole ;

3° Les comptes d'application, en matière et en main-d' ainsi que les inventaires généraux des services du matériel.

21. — § 1ᵉʳ. Il autorise conformément aux règlements sur la et aux instructions du ministre, le tirage des traites en re sement des avances faites par la caisse coloniale pour les ser la charge du budget de la marine.

§ 2. Il règle le mode et les conditions de négociation des du caissier central du trésor public sur lui-même qui entrei la composition des valeurs formant l'encaisse du trésorier pa de ses préposés.

22. Le gouverneur se fait rendre compte de la situatio differentes caisses publiques, et ordonne toutes vérifications dinaires qu'il juge nécessaires.

23. — § 1ᵉʳ. Le gouverneur exerce une haute surveillance police de la navigation.

§ 2. Il réglemente la pêche maritime et la navigation au et au cabotage local, et détermine les limites dans lesquelles ces verses industries peuvent être régulièrement exercées.

3. Il donne, lorsqu'il y a lieu, les ordres d'embargo.

4. En temps de guerre, il détermine l'envoi des bâtiments par-
entaires et les commissionne.

5. Il commissionne les maîtres au cabotage pour la navigation
e et les pilotes lamaneurs, conformément aux règlements
tants.

6. Il autorise la convocation des tribunaux maritimes commer-
x et tient la main à la ponctuelle exécution des lois et règlements
cernant la police des équipages des bâtiments du commerce.

24. Il statue sur les questions douteuses que présente l'appli-
on des lois, ordonnances, décrets et règlements concernant les
ices métropolitains.

2° Pouvoirs spéciaux relatifs à l'administration pénitentiaire.

. Le gouverneur règle, d'après les dispositions législatives,
installations des transportés et des déportés.

arrête, par des règlements généraux et sur la proposition du
cteur, le classement, la discipline des condamnés, l'organisation
travail, les mesures de répression et les récompenses.

26. Il accorde ou retire, sur la proposition du directeur, les
essions de terrain, les autorisations d'établissements particuliers
veur des transportés et des déportés, soit sur les lieux de dépor-
n, soit sur la Grande-Terre; les autorisations de travail, soit dans
eliers des services publics, soit chez les particuliers.

. — § 1er. Il arrête, en ce qui concerne les services péniten-
s, les projets de budget et les projets de travaux à soumettre à
robation du ministre de la marine et des colonies, lorsque la
nse excède le chiffre de dix mille francs.

2. Il approuve directement les dépenses ou projets de travaux
prévus au budget, et dont le montant total n'excède pas cette
me.

28. Il arrête, chaque année, et transmet au ministre, avec ses
rvations, le compte administratif établi par l'administration pé-
ntiaire et faisant connaître l'emploi général des fonds du budget
tés à ce service.

9. Il transmet au ministre les propositions concernant les con-
nés qui ont paru dignes de la clémence du Gouvernement; il
vre, sur la proposition du directeur, les autorisations de mariage
r les condamnés, conformément aux règlements.

30. Il règle, sur la proposition du directeur, les rapports de ser-
e et les règles de subordination des divers officiers, fonctionnaires
gents attachés à l'administration pénitentiaire.

SECTION IV.

Des pouvoirs administratifs du gouverneur relativement au service intérieur
de la colonie.

31. — § 1er. Le gouverneur arrête, chaque année, en se confor-

mant aux décrets et règlements financiers en vigueur dans la colonie, les budgets des recettes et des dépenses du service local, et les rend exécutoires.

* § 2. Il arrête, en même temps, l'état général du plan de campagne des travaux à exécuter, au compte du même service, pendant l'exercice correspondant à celui du budget.

A moins de circonstances tout à fait exceptionnelles, le plan de campagne ne doit comprendre que des travaux dont les plans et devis ont été régulièrement approuvés, suivant les distinctions établies à l'article 35 ci-après.

32. Pour l'exécution du budget des recettes :

* § 1ᵉʳ. Il statue sur l'assiette, le tarif, les règles de perception et le mode de poursuite des taxes et contributions publiques, sauf ce qui concerne les droits de douane, qui ne peuvent être réglés que par des décrets.

Les arrêtés qu'il rend à cet effet sont immédiatement soumis à l'approbation du ministre de la marine et des colonies. Ils sont toutefois provisoirement exécutoires.

* § 2. Il rend exécutoires les rôles des contributions et statue sur les demandes en dégrèvement. Mais il ne peut, en matière de contributions indirectes, accorder ni remise ni modération de droits.

* § 3. Il arrête les mercuriales pour la perception des droits *valorem*.

* § 4. En matière de contributions indirectes, il arrête et rend définitives les transactions consenties, dans les cas prévus par règlements, entre l'administration et les contrevenants, et sur toutes les questions contentieuses relatives au service des contributions.

* 33. Pour l'exécution du budget des dépenses, il règle trimestriellement, par voie d'arrêté et par exercice, la distribution des crédits à mettre à la disposition des divers services, et mensuellement celle des fonds réalisés, entre les chapitres du budget.

34. — * § 1ᵉʳ. Pour l'exécution du plan de campagne, le gouverneur détermine, au commencement de chaque trimestre, les travaux à entreprendre, à continuer ou à suspendre, et fixe la somme à affecter à chacun d'eux dans la répartition des crédits dont il est parlé à l'article précédent.

* § 2. En dehors de ces déterminations trimestrielles, qui pourront, suivant les besoins nés ou reconnus depuis l'ouverture de l'exercice, comporter certaines modifications au plan de campagne primitivement arrêté, le gouverneur ne devra ordonner ou autoriser aucun travail nouveau et non prévu, si ce n'est dans des cas graves et urgents, comme à la suite d'accidents ou de sinistres tels que incendies, ouragans ou inondations, qui exigeraient des mesures exceptionnelles.

35. — * § 1ᵉʳ. Il arrête et approuve définitivement les mémoires, plans et devis des travaux à comprendre au plan de campagne, lorsque la dépense ne doit pas excéder quarante mille francs.

§ 2. Si la dépense doit excéder cette somme, les mémoires, plans
[qu]is doivent être préalablement soumis à l'approbation du ministre
[de] la marine et des colonies.

§ 3. Toutefois, l'exécution peut être ordonnée par le gouverneur,
[sans] attendre l'approbation ministérielle, s'il s'agit de travaux de
[defen]se ou de réparations urgentes.

[8.] — § 1er. Lorsque les travaux sont exécutés en régie, le gou-
[vern]eur règle la composition des chantiers et ateliers, fixe les tarifs
[de sol]de et autres prestations, et détermine les conditions d'admis-
[sion], d'emploi et de licenciement du personnel qui doit y être
[empl]oyé.

[2.] Il autorise, s'il le juge utile, conformément aux lois et aux
[instru]ctions du département de la marine et des colonies, l'emploi
[des c]ondamnés sur les chantiers et dans les ateliers, et règle les
[condi]tions de cet emploi.

[9.] — ' § 1er. Lorsque les travaux à entreprendre au compte du
[servi]ce local doivent entraîner des expropriations, le gouverneur
[prend] les arrêtés déclaratifs de l'utilité publique.

[2.] L'expropriation reste d'ailleurs soumise aux formes de procé-
[dure] déterminées par les lois, ordonnances, décrets et règlements
[en vig]ueur dans la colonie.

[10.] — ' § 1er. Il approuve, suivant les besoins du service, dans les
[cas pr]évus et dans les limites fixées par les règlements financiers,
[les ca]hiers des charges, adjudications et marchés de gré à gré rela-
[tifs s]oit à des fournitures de matières ou de subsistances, soit à des
[entre]prises de travaux ou de services publics à la charge du service
[local.]

[2.] Il autorise la vente des approvisionnements et des objets
[deven]us inutiles ou condamnés comme impropres au service.

[11.] — ' § 1er. Il propose au ministre les acquisitions ou aliénations
[d'imm]eubles appartenant au service local, ainsi que les échanges
[dont] ces immeubles peuvent être l'objet, lorsque leur valeur excède
[dix] mille francs.

[2.] Il statue définitivement à l'égard des acquisitions, aliénations
[et éc]hanges dont la valeur n'excède pas cette somme, et en rend
[com]pte au ministre de la marine et des colonies.

[3.] Lorsqu'il y a lieu de procéder à des ventes d'immeubles
[appar]tenant au service local, elles ont lieu, sur cahier des charges,
[par la] voie des enchères publiques.

[12.] — ' § 1er. Le gouverneur pourvoit, à titre gratuit ou onéreux,
[aux c]oncessions de terrains et emplacements inutiles au service, en
[se co]nformant aux lois, ordonnances, décrets et règlements sur la
[mati]ère.

[2.] Il veille à ce que des poursuites soient exercées pour la révo-
[cati]on des concessions et leur retour au domaine local, lorsque les
[con]cessionnaires n'ont pas rempli leurs obligations.

[13]. Le gouverneur arrête, chaque année, pour être transmis
[au] ministre de la marine et des colonies :

1° Le compte administratif des recettes et des dépenses du service local, établi selon les formes prescrites par les règlemen
financiers ;

2° Le compte général des travaux exécutés dans le cours de l'ex
cice, conformément au plan de campagne ;

3° Les comptes d'application en matière et main-d'œuvre, a
que les inventaires généraux des services du matériel ;

4° Les comptes des receveurs, gardes-magasins et général
de tous dépositaires, à un titre quelconque, de valeurs app
au service local.

42. — § 1ᵉʳ. Il nomme et convoque les conseils municipaux
commissions en tenant lieu, fixe la durée de leurs sessions et dé
mine l'objet de leurs délibérations.

§ 2. Il prononce la suspension de ces conseils ou commissions
même leur révocation, ou met fin à leurs sessions, lorsqu'il le j
utile au bon ordre et au bien du service, à la charge de rendre
au ministre de la marine et des colonies.

§ 3. Il approuve et rend exécutoires les budgets des recettes e
penses municipales, ainsi que les projets de travaux à la charge
dits budgets.

§ 4. Il arrête les comptes administratifs d'emploi des ressou
communales et ceux de tous receveurs et comptables de denien
de valeurs appartenant aux communes ou centres de pop
dotés d'une administration communale.

§ 5. Il approuve et rend exécutoires les marchés passés p
administrations municipales pour fournitures ou entrepris
travaux à la charge de la commune.

43. — § 1ᵉʳ. Il statue sur les propositions des administrations
munales ayant pour objet des aliénations, acquisitions ou éch
d'immeubles ou de rentes sur l'État ou les particuliers, ainsi q
les demandes ou projets d'emprunts, ou autres obligations à
à la charge des communes.

§ 2. Lorsqu'il y a lieu de procéder à des ventes d'immeuble
autres propriétés appartenant aux communes, ou à des réalisa
d'emprunts, elles se font avec concurrence et publicité.

44. — § 1ᵉʳ. Le gouverneur prend toutes les mesures que les
constances peuvent rendre nécessaires pour encourager les
tions commerciales et en favoriser les progrès.

§ 2. Il peut, si le défaut de concurrence ou toute autre ci
tance le rend nécessaire, régler les tarifs du prix des transports
chaloupes, pirogues et embarcations, dans l'intérieur des ports
rades de la colonie.

§ 3. Il délivre les actes de francisation exceptionnelle ou
soire, ainsi que les congés de mer, dans la limite et selon les fo
déterminées par les lois, ordonnances et décrets sur la matière.

§ 4. Il réglemente la pêche fluviale et détermine les limites
lesquelles elle peut être régulièrement exercée.

45. Le gouverneur défend ou permet, selon qu'il y a lieu

rtation des grains, légumes, bestiaux et autres objets de sub-
sce, et prend, en cas de disette, les mesures nécessaires pour en
per l'introduction, en se conformant aux lois, ordonnances et
bis sur la matière.

— § 1er. Le gouverneur règle tout ce qui a rapport à l'instruc-
publique.

2. Aucun collège, aucune école ou autre institution du même
ne peuvent être fondés dans la colonie sans son autorisation
cle.

3. Il peut ordonner la fermeture de ces établissements, lorsque
t de la morale ou de l'ordre public le rend nécessaire.

Il nomme aux bourses accordées aux jeunes colons dans les
cements d'instruction publique, soit dans la colonie même,
France, quand elles doivent être acquittées sur les fonds du
local, et propose au ministre les candidats pour celles dont
nse serait supportée par l'État.

— § 1er. Le gouverneur assure le libre exercice et la police ex-
re du culte, et pourvoit à ce qu'il soit entouré de la dignité
ble.

Il tient la main à ce qu'aucune congrégation ou commu-
religieuse ne s'établisse dans la colonie sans l'autorisation spé-
Chef de l'État.

Aucun bref ou acte de la cour de Rome, à l'exception de ceux
encerie, ne peut être reçu ni publié dans la colonie qu'avec
tion du gouverneur, donnée d'après les ordres du Gouver-
métropolitain.

— : § 1er. Le gouverneur propose au ministre, conformément
nnance royale du 25 juin 1833 [1], l'acceptation des dons et
ux ou de bienfaisance dont la valeur est au-dessus de trois
ncs.

pose également à l'acceptation du Gouvernement métropo-
les dons et legs faits à la colonie qui contiendraient des clauses
ses ou donneraient lieu à des réclamations.

3. Il statue sur l'acceptation de dons et legs pieux ou de bien-
ce de trois mille francs et au-dessous, et sur ceux faits à la
e sans conditions onéreuses, quand ils ne donnent lieu à
e réclamation.

rend compte au ministre de la marine et des colonies.

— § 1er. Le gouverneur surveille l'usage de la presse, en suit
lances et en réprime les abus.

. Il commissionne les imprimeurs, donne les autorisations de
r les journaux et les révoque en cas d'abus.

Aucun écrit autre que les jugements, arrêts et actes publics
torité de justice, ne peut être livré à la publicité, sans qu'au
ble deux exemplaires en aient été déposés, l'un au parquet
n de la publication, l'autre à la direction de l'intérieur.

série, 2e partie, 1re section, Bull. 240, n° 4895.

§ 4. Il peut interdire l'introduction et la mise en circulation d
la colonie des journaux et autres écrits venant du dehors qui se
reconnus dangereux.

50. — ˙ § 1ᵉʳ. Le gouverneur ordonne les mesures générales
tives à la police sanitaire, tant à l'intérieur qu'à l'extérieur d
colonie.

§ 2. Il permet ou défend aux bâtiments venant du dehors la
munication avec la terre.

˙ § 3. Il permet l'établissement, la levée et la durée des qu
taines et des cordons sanitaires; il fixe les emplacements des
et autres lieux d'isolement.

§ 4. Les officiers de santé et pharmaciens non attachés au se
ne peuvent exercer dans la colonie qu'en vertu d'une autori
délivrée par le gouverneur et qu'après avoir rempli les fo
prescrites par les ordonnances, décrets et règlements.

51. — § 1ᵉʳ. Le gouverneur pourvoit à la sûreté et à la tranq
de la colonie. Il maintient ses habitants dans la fidélité et l'obéi
qu'ils doivent à la métropole.

§ 2. Il interdit ou dissout les réunions ou les assemblées qu
vent troubler l'ordre public et réprime toute entreprise qui
affaiblir le respect dû à l'autorité.

§ 3. Il accorde les passe-ports et les permis de débarquement
séjour, en se conformant aux règles établies.

52. — ˙ § 1ᵉʳ. Aucun café, cabaret et autre débit de
consommer sur place ne peut être ouvert dans la colonie
torisation préalable du gouverneur.

˙ § 2. La fermeture des établissements mentionnés au pa
précédent peut être ordonnée par arrêté du gouverneur, soit
une condamnation pour contravention aux lois et règlemei
concernent ces professions, soit par mesure de sûreté publiq

˙ 53. Le gouverneur statue sur les questions douteuses qu
sente l'application des lois, ordonnances, décrets et règlemen
ce qui concerne l'administration intérieure.

SECTION III.

Des pouvoirs du gouverneur relativement à l'administration de la justice.

54. Le gouverneur veille à la libre et prompte distribu ˙
la justice et se fait rendre, à cet égard, par le chef de service
ciaire, des comptes périodiques qu'il transmet au ministre
marine et des colonies.

55. — § 1ᵉʳ. Il lui est interdit de s'immiscer dans les affai
sont de la compétence des tribunaux et de citer devant lui a
des habitants de la colonie à l'occasion de leurs contestations,
en matière civile ou commerciale, soit en matière criminelle.

56. En matière civile, il ne peut empêcher ni retarder
cution des arrêts et jugements, à laquelle il est tenu de prêter
forte lorsqu'il en est requis.

7. — ' § 1". En matière criminelle, il ordonne, en conseil privé, ecution de l'arrêt, ou prononce le sursis lorsqu'il y a lieu de urir à la clémence du Chef de l'État.

§2. Dans le cas de condamnation à mort, le sursis est de droit ue dans le conseil deux voix au moins se sont prononcées pour l'appel à la clémence du Chef de l'État suive son cours.

§6. Il peut faire surseoir aux poursuites ayant pour objet le ment des amendes, lorsque l'insolvabilité des contrevenants est nue, à la charge d'en rendre compte au ministre de la marine colonies.

. Il rend exécutoires les jugements administratifs prononcés conseil privé, conformément à la section 3 du chapitre III, du présent décret.

— ' § 1". Il accorde, en se conformant aux règles établies, les es de mariage, dans les cas prévus par les articles 145 et 146 de civil et par la loi du 16 avril 1832, relatives aux mariages beaux-frères et belles-sœurs.

2. Il supplée, par une décision prise en conseil privé, à l'ab- du consentement ou des actes respectueux pour le mariage par les articles 151, 152 et 153 du Code civil, dans les condi- indiquées et selon les formes prescrites par le décret du rs 1852 [1].

— § 1". Le gouverneur légalise les actes à transmettre hors de nie et ceux venant de l'étranger.

ut se faire suppléer, pour l'accomplissement de cette forma- r le chef du secrétariat du gouvernement.

Il se fait remettre et adresse au ministre de la marine les minutes des actes destinés au dépôt des actes des chartes et coloniales.

CHAPITRE IV.

DES POUVOIRS DU GOUVERNEUR À L'ÉGARD DES FONCTIONNAIRES ET DES AGENTS DU GOUVERNEMENT.

Tous les fonctionnaires et les agents du Gouvernement dans onie sont soumis à l'autorité du gouverneur.

Son autorité sur les ministres de la religion s'exerce confor- ent aux ordonnances, édits et déclarations. Mais la surveillance elle et la discipline ecclésiastique appartiennent au vicaire ique ou autre supérieur ecclésiastique régulièrement institué a colonie.

Il exerce une haute surveillance sur les membres de l'ordre iaire. Il a le droit de les reprendre et il prononce sur les faits cipline conformément aux ordonnances et décrets qui les con- nt.

—§ 1". Le commandant militaire et les chefs d'administration placés sous son autorité immédiate.

§ 2. Le gouverneur peut déléguer au commandant militaire une partie des attributions militaires dont il est investi.

§ 3. Le gouverneur donne, tant au commandant militaire qu' chefs d'administration, les ordres généraux relatifs aux div parties du service.

Ces fonctionnaires peuvent individuellement lui faire les rep sentations respectueuses ou les propositions qu'ils jugent utiles bien du service. Le gouverneur les reçoit, y fait droit s'il y a lieu, leur faire connaître par écrit le motif de son refus.

66. Le gouverneur maintient les chefs d'administration dans attributions qui leur sont respectivement conférées, sans po lui-même entreprendre sur ces attributions ni les modifier.

' 67. Il prononce sur les différends qui peuvent s'élever entr fonctionnaires de la colonie à l'occasion de leur rang ou de l prérogatives.

68. — ' § 1ᵉʳ. Le gouverneur statue sur l'autorisation à do pour la poursuite, dans la colonie, des agents du Gouvernement venus de crimes ou délits commis dans l'exercice de leurs fon

' § 2. Cette autorisation n'est pas nécessaire pour commencer l truction, dans les cas de flagrant délit, mais la mise en jugemes peut avoir lieu que sur l'autorisation du gouverneur donnée en seil.

§ 3. Il rend compte immédiatement des décisions qui on prises au ministre de la marine et des colonies, qui statue réclamations des parties, lorsque les poursuites ou la mise e ment n'ont point été autorisées.

69. — § 1ᵉʳ. Aucune fonction nouvelle rétribuée sur les f l'État ne peut être créée dans la colonie sans l'autorisation de l'État ou du ministre de la marine et des colonies.

Toutefois, en cas d'urgence, le gouverneur peut pourvoir aux cessités du service, à charge d'en rendre compte au ministre.

§ 2. Le gouverneur pourvoit provisoirement, en cas d'urgence se conformant aux règles établies dans chaque service, aux va qui surviennent dans les emplois qui sont à la nomination du C l'État ou à celle du ministre de la marine et des colonies, mais peut conférer aux intérimaires le grade ou le titre des fonctions leur sont ainsi provisoirement confiées.

§ 3. Il pourvoit définitivement à tous les emplois qui ne sont la nomination du Chef de l'État, ni à celle du ministre, à la ' de ceux des agents inférieurs qui sont nommés par les chefs d'a nistration, comme il sera dit à l'article 141 ci-après.

§ 4. Il révoque ou destitue les agents nommés par lui.

Il révoque ou destitue également ceux nommés par les chefs ministration, sur la proposition ou après avoir pris l'avis de ces de qui émane la nomination.

70. Il se fait remettre, tous les ans, par les chefs d'administra et les chefs de corps, chacun en ce qui le concerne, des notes sur

…duite et la capacité des fonctionnaires, officiers et employés de
…t grade.
…fait parvenir ces notes au ministre de la marine avec ses obser-
…ns.

CHAPITRE V.

…S RAPPORTS DU GOUVERNEUR AVEC LES GOUVERNEMENTS ÉTRANGERS.

…1.— § 1ᵉʳ. Le gouverneur communique, en ce qui concerne la
…velle-Calédonie, avec les gouverneurs des pays et colonies de l'Aus-
…, de la mer des Indes, de la Malaisie, des mers de la Chine, du
…n et de l'Océanie.
…2. Il négocie, lorsqu'il y est autorisé et dans les limites de ses
…ctions, toutes conventions commerciales et autres, mais il ne
…les conclure que sauf la ratification du Chef de l'État.
…3. Il traite des cartels d'échange.

CHAPITRE VI.

…POUVOIRS DU GOUVERNEUR À L'ÉGARD DE LA LÉGISLATION COLONIALE.

…— § 1ᵉʳ. Le gouverneur promulgue les lois, ordonnances, dé-
…et arrêtés qui doivent recevoir leur exécution dans la colonie.
…promulgation résulte de l'insertion des actes dans la feuille
…elle.
…sont exécutoires au chef-lieu à compter du lendemain de cette
…tion.
…2. Le gouverneur détermine par arrêté les délais dans lesquels
…iennent exécutoires à partir de cette publication dans les dif-
…s districts de la colonie, suivant leur éloignement du chef-

…. Les lois, ordonnances et décrets de la métropole ne peuvent
…promulgués dans la colonie qu'autant qu'ils y ont été rendus
…atoires par un décret du Chef de l'État.
…. — § 1ᵉʳ. Le gouverneur prend, en conseil, les arrêtés ayant
…objet de régler les matières d'administration et de police en
…cation des lois, ordonnances, décrets et ordres du ministre de la
…ine et des colonies.
…§ 2. Il peut, comme sanction de ses arrêtés, édicter des peines
…u'au maximum de cent francs d'amende et quinze jours de pri-
…mais sans que ces peines sortent du domaine des peines de
…ple police.
…3. Les arrêtés du gouverneur portent la formule suivante :
…Nous, gouverneur de la Nouvelle-Calédonie, sur le rapport de…
…… (le chef d'administration compétent),
…Le conseil privé entendu,
…Avons arrêté et arrêtons…
…s portent, dans un article final, l'indication du ou des chefs d'ad-
…nistration qui sont chargés de leur exécution, et sont contre-signés

par le ou les chefs d'administration sur le rapport desquels ils sont pris par le gouverneur.

* 74. Lorsque le gouverneur juge utile d'introduire dans la législation coloniale, en dehors des matières qu'il peut régler par des arrêtés, des modifications ou des dispositions nouvelles, il s'en fait faire le rapport en conseil ou fait préparer au besoin des projets de lois de décrets et transmet le travail au ministre de la marine, qui p à ce sujet les ordres du Chef de l'État.

75. Le gouverneur peut faire des proclamations conformes aux l ordonnances et décrets en vigueur et pour leur exécution.

CHAPITRE VII.
DES POUVOIRS EXTRAORDINAIRES DU GOUVERNEUR.

76. Le gouverneur exerce dans la colonie les pouvoirs extra naires et de haute police qui lui sont conférés ci-après.

77. — § 1er. Il peut mander devant lui, lorsque l'intérêt du ordre et de la tranquillité publique l'exige, tout habitant, tout n ciant ou autre individu qui se trouve dans l'étendue de son gou nement.

§ 2. Il écoute et reçoit les plaintes, griefs et réclamations qui sont adressés par les habitants de la colonie et en rend compte tement au ministre de la marine et des colonies, comme a mesures qu'il a prises pour y porter remède.

78. — § 1er. Il peut faire arrêter, par mesure de haute poli individu dont le maintien en liberté serait un danger pour la quillité publique ou la sûreté de la colonie.

Ces arrestations ne peuvent avoir lieu qu'en vertu d'un ordre du gouverneur.

§ 2. Il peut interroger l'individu arrêté, mais il doit le f ' mettre, dans les vingt-quatre heures, entre les mains de la j sauf le cas où il serait jugé nécessaire de procéder contre lui judiciairement, conformément à l'article 79 ci-après.

79. Dans les circonstances graves et lorsque le bon ordre (sûreté de la colonie le commande, le gouverneur peut prendre gard des individus qui compromettent la tranquillité publique mesures ci-après, savoir :

1° L'exclusion pure et simple d'une partie déterminée de colonie ;

2° La mise en surveillance dans une partie déterminée colonie.

Ces mesures ne peuvent être prononcées que pour deux a plus. Pendant ce temps, les individus qui en sont l'objet ont culté de s'absenter de la colonie ;

3° L'exclusion de la colonie à temps ou illimitée.

Les individus de nationalité française, nés, mariés ou pro taires dans la colonie, ne peuvent en être exclus pour plus de années.

à l'égard des autres, l'exclusion peut être illimitée.

2. Les individus qui, pendant la durée de leur exclusion, rentreraient dans la colonie et ceux qui se soustrairaient à la surveillance à laquelle ils auraient été soumis ou enfreindraient la mesure d'exclusion partielle prise contre eux en vertu du paragraphe qui précède, seront jugés pour ce fait par les tribunaux, qui leur appliqueront les dispositions de l'article 45 du Code pénal.

0. Il peut refuser l'admission dans la colonie des individus dont la présence y serait reconnue dangereuse.

1. — § 1er. Dans le cas où un fonctionnaire civil ou militaire nommé par le Chef de l'État ou par le ministre de la marine et des colonies aurait tenu une conduite tellement répréhensible qu'il ne puisse être maintenu dans l'exercice de ses fonctions, si d'ailleurs il n'y a pas lieu à le traduire devant les tribunaux ou si une procédure judiciaire offrait de graves inconvénients, le gouverneur peut prononcer la suspension de ce fonctionnaire jusqu'à ce que le ministre lui fait connaître ses ordres ou ceux du Chef de l'État.

2. Toutefois, à l'égard des chefs d'administration, des membres de l'ordre judiciaire et des chefs de corps qui seraient dans le cas prévus ci-dessus, le gouverneur, avant de proposer au conseil aucune mesure à leur égard, doit leur faire connaître les griefs existant contre eux et leur offrir les moyens de passer en France pour rendre compte de leur conduite au ministre de la marine et des colonies. La suspension ne peut être prononcée qu'après qu'ils se sont refusés à profiter de cette faculté.

Leur est loisible, lors même qu'ils ont été suspendus, de demander au gouverneur un passage pour France aux frais du Gouvernement. Ce passage ne peut leur être refusé.

3. Le gouverneur fait connaître par écrit au fonctionnaire suspendu les motifs de la décision prise à son égard.

4. Il peut lui interdire la résidence du chef-lieu et lui assigner dans la colonie une résidence déterminée pendant le temps de sa suspension.

5. La suspension entraîne de droit la privation de la partie du traitement dite *supplément colonial,* pendant le temps que le fonctionnaire restera en cet état dans la colonie, et la moitié du traitement d'Europe, à compter du jour de son départ.

2. — § 1er. Le gouverneur rend compte immédiatement au ministre de la marine et des colonies des mesures qu'il a prises en vertu des pouvoirs extraordinaires et lui en adresse toutes les pièces justificatives, afin qu'il soit statué définitivement.

2. Les individus auxquels les mesures autorisées par le présent chapitre auront été appliquées pourront, dans tous les cas, se pourvoir auprès du ministre de la marine et des colonies, à l'effet d'obtenir qu'elles soient rapportées ou modifiées.

CHAPITRE VIII.

DE LA RESPONSABILITÉ DU GOUVERNEUR.

83. — § 1ᵉʳ. Le gouverneur peut être poursuivi pour trahison, concussion, abus d'autorité ou désobéissance aux ordres du Chef l'État ou à ceux du ministre de la marine et des colonies.

§ 2. Toutefois, en ce qui concerne les actes d'administration, il peut être recherché que pour les mesures qu'il a prises ou refusé prendre en opposition aux représentations ou aux propositions chefs d'administration.

84. — § 1ᵉʳ. Soit que les poursuites aient lieu à la requête du vernement, soit qu'elles s'exercent sur la plainte d'une partie ressée, il y est procédé conformément aux règles prescrites en F à l'égard des agents du Gouvernement.

§ 2. Dans le cas où le gouverneur est recherché pour dépenses dûment ordonnées en deniers, matières ou main-d'œuvre, il y procédé administrativement.

85. — § 1ᵉʳ. Le gouverneur ne peut, pour quelque cause que soit, être ni actionné ni poursuivi dans la colonie pendant l'exe de ses fonctions.

§ 2. Toute action dirigée contre lui sera portée devant les naux de France, suivant les formes prescrites par les lois de l tropole.

§ 3. Aucun acte, aucun jugement, ne peuvent être mis à ex contre le gouverneur dans la colonie.

CHAPITRE IX.

DISPOSITIONS DIVERSES RELATIVES AU GOUVERNEUR.

86. Indépendamment des pouvoirs qui lui sont nommément et pressément conférés par le présent titre, le gouverneur exerce qui lui sont attribués par les lois, ordonnances ou décrets spéc intervenus ou à intervenir relativement aux diverses branches services publics, dans la mesure, les conditions et les formes d minées par ces actes.

87. Le gouverneur ne peut, pendant la durée de ses fonc acquérir des propriétés foncières, ni contracter mariage dans la lonie, sans l'autorisation du Chef de l'État.

88. — § 1ᵉʳ. Lorsque le gouverneur est rappelé par le Chef l'État, ses pouvoirs cessent aussitôt après le débarquement de successeur.

§ 2. Le gouverneur remplacé fait reconnaître immédiatement successeur, en présence des autorités du chef-lieu et devant troupes assemblées.

§ 3. Il lui remet un mémoire détaillé faisant connaître les o tions commencées ou projetées pendant son administration et la tuation des différentes parties du service.

§ 4. Il lui fournit par écrit des renseignements sur tous les fonctionnaires et employés du Gouvernement dans la colonie.

§ 5. Il lui remet, en outre, sur inventaire, ses registres de correspondance et toutes les lettres et pièces officielles relatives à son administration, sans pouvoir en retenir aucune, à l'exception de ses registres de correspondance confidentielle et secrète.

89. — § 1er. En cas de mort, d'absence ou autre empêchement, et lorsqu'il n'y a pas été pourvu d'avance par le Chef de l'État, le gouverneur est remplacé provisoirement par le commandant militaire, ou, à son défaut, par l'un des chefs d'administration, en suivant l'ordre de préséance établi par l'article 150 ci-après du présent décret.

§ 2. Le commandant militaire ou les chefs d'administration intérimaires ne pourront être appelés à remplacer le gouverneur que si aucun titulaire desdits emplois n'est présent dans la colonie.

§ 3. Si, pendant que l'un des chefs d'administration remplit l'intérim, la sûreté intérieure ou extérieure de la colonie est menacée, les mouvements de troupes, ceux des bâtiments de guerre attachés au service de la colonie et toutes les mesures militaires ne peuvent être décidés qu'avec le concours d'un conseil de défense, composé de la manière suivante :

Le gouverneur p. i., président,
Le commandant militaire p. i.,
L'ordonnateur p. i.,
Le commandant des forces navales,
Le directeur d'artillerie,
Le directeur du génie militaire.

TITRE III.

DU COMMANDANT MILITAIRE.

90. Un officier de troupes de la marine, ayant au moins le grade de colonel, occupe, sous les ordres du gouverneur, l'emploi de commandant militaire.

Il est membre du conseil privé.

91. Les attributions du commandant militaire comprennent :

Le commandement des troupes de toutes armes ;

Le commandement des milices, lorsqu'elles sont réunies ;

L'inspection des troupes et des milices, en ce qui concerne la discipline, le service et l'instruction ;

La visite et l'inspection des places, des forts, des quartiers, des arsenaux, des approvisionnements de guerre, des fortifications, des hôpitaux et de tous autres établissements militaires ;

La police militaire ;

Les fonctions de commandant d'armes au chef-lieu dans les conditions déterminées par le chapitre xxv du titre III du décret du 13 octobre 1863 [1], sur le service dans les places de guerre et les villes de garnison.

92. — § 1ᵉʳ. Il reçoit le rapport des chefs de corps et des commandants de place sur les différentes parties de leurs services, et les transmet au gouverneur avec ses observations s'il y a lieu.

§ 2. Il lui adresse également les rapports concernant les crimes et les délits commis par des militaires, et pourvoit à l'exécution des ordres donnés par le gouverneur pour la poursuite des prévenus et pour la réunion des conseils de guerre.

93. — § 1ᵉʳ. En cas de vacances dans les emplois du service militaire, il remet au gouverneur la liste des candidats avec des observations sur chacun d'eux.

§ 2. Il propose, s'il y a lieu, la révocation ou la destitution des agents du service militaire nommés par le gouverneur.

94. Le commandant militaire correspond, pour le service ordinaire, avec les commandants des milices, à qui il transmet les ordres du gouverneur.

Il reçoit d'eux les propositions aux places vacantes et les adresse au gouverneur avec ses observations.

95. Il contre-signe les commissions provisoires ou définitives, les congés et les ordres qui émanent du gouverneur et qui sont relatifs aux officiers de toutes armes et aux agents militaires dépendant de son service.

96. Il prépare, d'après les ordres du gouverneur, et lui présente en conseil, lorsqu'il y a lieu, les projets de décrets, d'arrêtés et règlements concernant le service militaire et celui des milices.

97. Dans l'exercice des attributions déterminées par les précédents articles et de celles qui peuvent lui être déléguées, en outre, conformément aux articles 2 et 65, paragraphe 2, le commandant militaire se conforme aux ordres de service donnés par le gouverneur.

98. Le commandant militaire remet au gouverneur, à la fin de chaque année, un rapport sur toutes les parties du service des troupes et sur la situation de la colonie, en ce qui concerne les ouvrages et les travaux de défense.

Ce rapport est transmis par le gouverneur au ministre de la marine et des colonies.

99. En cas de mort, d'absence ou d'empêchement qui oblige le commandant militaire à cesser ses fonctions, et lorsqu'il n'y a pas été pourvu d'avance par le Chef de l'État, il est remplacé par l'officier militaire le plus élevé en grade, et, à grade égal, par le plus ancien.

[1] xɪᵉ série, Bull. 1166, n° 11,860.

TITRE IV.

DES CHEFS D'ADMINISTRATION.

CHAPITRE PREMIER.

DES ATTRIBUTIONS DE L'ORDONNATEUR.

100. Un officier du commissariat de la marine, ayant au moins le grade de commissaire, remplissant les fonctions d'ordonnateur, est chargé, sous les ordres immédiats du gouverneur, de l'administration générale de la marine et de celle des services dits *coloniaux* à la charge de l'État.

101. Ces attributions, en ce qui concerne l'administration de la marine proprement dite, comprennent :

Les armements et les revues ;

L'inscription maritime, y compris les rapports de toute nature de ce service avec l'établissement des invalides dn la marine, la police de la navigation et des pêches maritimes, la gestion des prises, bris et naufrages et des épaves maritimes ;

Le service des subsistances de la marine ;

La réalisation, la garde, la conservation et la délivrance des approsionnements nécessaires aux bâtiments de la flotte et aux autres services de la marine ;

La comptabilité générale, la liquidation des dépenses de la marine et l'émission des ordres de payement.

102. Les services coloniaux à la charge de l'État comprennent :

L'administration des finances de l'État et la direction du trésor ;

Les services de l'artillerie et du génie militaire, en ce qui concerne la direction administrative et la comptabilité ;

La subsistance des troupes et, en général, du personnel au compte du budget colonial ;

La direction, l'administration et la police administrative des prisons militaires et des hôpitaux à la charge du même budget ;

Le service des revues, en ce qui concerne le personnel civil et militaire entretenu aux frais de l'État ;

La comptabilité générale et l'ordonnancement de toutes les dépenses des services coloniaux compris dans le budget de l'État ;

Le contrôle des dépenses des services pénitentiaires, dans les conditions indiquées en l'article 130.

103. Les services énumérés aux deux articles précédents sont régis, quant aux rapports d'attributions et aux détails d'exécution, par les décrets, ordonnances et règlements généraux de la marine rendus applicables dans la colonie, par les ordres et instructions du ministre de la marine et des colonies et par les décisions et arrêtés du gouverneur.

104. L'ordonnateur a encore dans ses attributions :

1° La subsistance, l'entretien et le payement des prisonniers de guerre ;

2° Les examens à faire subir, conformément aux décrets et règlements en vigueur, aux marins qui se présentent pour être reçus maîtres au cabotage local ; l'expédition de leurs commissions ;

3° Les examens à faire subir aux aspirants pilotes , l'expédition de leurs commissions, la réglementation du pilotage et la surveillance de ce service au point de vue de la discipline et de la sûreté de la navigation ;

4° Les mesures à prendre pour l'émission et la négociation des traites en remboursement des avances faites par la caisse colon au service marine ;

5° Les mesures à prendre pour la réalisation au trésor de tou les valeurs appartenant à l'État, ainsi que les conditions de négociation ou de placement des traites du trésor et autres valeurs de portefeuille ;

6° Les marchés et adjudications des ouvrages et approvision ments pour tous les services métropolitains, les ventes et d'objets provenant des magasins de l'État ou condamnés comme i propres au service ; la réalisation au trésor du produit desdi ventes et cessions ;

7° L'administration du domaine de l'État dans la colonie et les mesures qui s'y rapportent ;

8° Les mouvements du port de guerre ; la garde et la conserva des bâtiments désarmés ;

9° La gestion et la liquidation des successions maritimes d celles de tous les officiers, fonctionnaires et agents rétribués soi les fonds de l'État, soit sur ceux du service local ;

10° La police administrative des bâtiments militaires affecté logement des troupes, ainsi que les mesures à prendre pour occupation, leur entretien et leur conservation ;

Le tout conformément aux dispositions des lois, ordonna décrets et règlements spécialement faits pour la colonie ou qui y été rendus applicables ;

11° Et en général la préparation, la présentation et l'exécution ordres, décisions et arrêtés du gouverneur en cé qui concerne l' cice des pouvoirs définis dans la première section du chapitre I titre II du présent décret, sauf, en ce qui concerne l'adminis pénitentiaire, les attributions réservées au directeur de ladite a nistration par le chapitre IV du présent titre.

105. L'ordonnateur a sous ses ordres :

Les officiers et employés du commissariat de la marine emplo dans les services dépendant de son administration ;

Les gardes-magasins des services à la charge de l'État ;

Les médecins et pharmaciens de la marine;

Le trésorier payeur et ses préposés ;

Et les autres agents civils entretenus ou non entretenus qui, la nature de leurs fonctions, dépendent de son service.

106. Il donne des ordres ou adresse des réquisitions en ce concerne son service :

Aux officiers commandant les bâtiments de l'État attachés au service de la colonie;

Aux officiers chargés des directions de l'artillerie et du génie;

Aux ingénieurs des constructions navales;

Aux officiers de port;

A la gendarmerie ou aux troupes qui en font le service;

A tous les comptables.

107. En cas de mort, d'absence ou de tout autre empêchement qui oblige l'ordonnateur à cesser son service, il est remplacé par l'officier d'administration de la marine le plus élevé en grade, et, à grade égal, par le plus ancien.

CHAPITRE II.

DES ATTRIBUTIONS DU DIRECTEUR DE L'INTÉRIEUR.

108. Le directeur de l'intérieur est chargé, sous les ordres du gouverneur, de l'administration intérieure de la colonie et de la direction de tous les services qui s'y rattachent.

109. Ces attributions comprennent:

§ 1". En ce qui concerne le service général:

1° Le service des travaux publics au compte de la colonie;

2° Celui des ports de commerce, en tout ce qui concerne leur création, leur conservation, leur police et leur entretien; l'établissement, l'entretien et la surveillance des signaux, vigies et phares;

3° L'instruction publique à tous ses degrés, sauf la part d'action dévolue à l'autorité ecclésiastique légalement constituée;

4° L'exécution des lois, édits, déclarations, ordonnances, décrets et règlements relatifs au culte, aux ecclésiastiques et aux communautés religieuses; à la police et à la conservation des églises et des lieux de sépulture; aux tarifs et règlements sur le casuel, les convois et inhumations; le tout dans la limite assignée à l'autorité civile et sans préjudice des pouvoirs spéciaux conférés à l'autorité ecclésiastique par les lois, décrets et autres actes relatifs à son institution dans la colonie;

5° Les administrations financières de l'enregistrement et du domaine local, de la douane, des postes et des contributions diverses, le service de la perception des revenus locaux, sans préjudice du droit de surveillance et de contrôle conféré à l'ordonnateur sur tous comptables des deniers publics dans la colonie;

6° La conservation des eaux et forêts, les ports d'armes, la chasse, la pêche dans les lacs, étangs et rivières à partir du point où cesse l'action de l'autorité maritime dévolue à l'ordonnateur;

7° L'administration et la police sanitaires, tant en ce qui concerne les bâtiments venant du dehors que pour les mesures à prendre à l'intérieur contre les maladies contagieuses ou épidémiques et les zooties; la surveillance des officiers de santé et pharmaciens non attachés au service de la marine; les examens à leur faire subir; la surveillance du commerce de droguerie;

8° L'assistance publique; les mesures concernant les lép
aliénés et les enfants abandonnés; le régime intérieur des h
et asiles entretenus aux frais de la colonie; les propositions
nant les dons et legs pieux de bienfaisance;

9° Le régime intérieur et l'administration des prisons
geôles, et, en général, de tous les lieux de détention autres
prisons militaires;

10° La surveillance administrative de la curatelle aux su
vacantes; la gestion et la vente des biens sans maîtres et des
autres que les épaves maritimes; la réunion au domaine
des lieux abandonnés ou acquis par prescription;

11° La direction de l'agriculture, du commerce et de l'ind
et la proposition de toutes les mesures qui les concernent; la
veillance des approvisionnements généraux de la colonie et la
position des mesures à prendre à cet égard;

12° Le système monétaire, les mesures concernant l'ex
du numéraire;

13° La surveillance des banques publiques, des agents de
courtiers et des préposés aux ventes publiques, autres qu
faites par autorité de justice;

14° La direction et l'administration de l'imprimerie en
aux.frais du service local; la police et la surveillance de
meries particulières et du commerce de la librairie;

15° Les rapports administratifs avec la gendarmerie; les
administratives et de comptabilité concernant les milices
troupe armée entretenue directement aux frais de la coloni

16° La police des auberges, cafés, maisons de jeux, sp
autres lieux publics; la proposition et l'exécution des mes
tives à la sûreté générale de la colonie;

17° Les mesures d'ordre à l'occasion des fêtes et cérém
bliques;

18° L'exécution des règlements concernant:
Les poids et mesures;
Le contrôle des matières d'or et d'argent;
La tenue des marchés publics;
L'approvisionnement des boulangers et bouchers;
Le colportage;
Les coalitions d'ouvriers;
La grande et la petite voirie;
Enfin tout ce qui a rapport à la police administrative.

§ 2. En ce qui concerne l'administration communale:
La haute direction et la surveillance de l'administration des
munes, tant sous le rapport de la gestion de leurs intérêts que
celui de la police municipale;
Et spécialement:

1° L'examen des budgets des communes et leur présenta
l'approbation du gouverneur; la surveillance de l'emploi des
communaux, la vérification des comptes y relatifs et leur p

à l'approbation du gouverneur; la surveillance des receveurs
icipaux et la vérification de leurs caisses;

La présentation des propositions relatives aux acquisitions,
, locations, échanges et partages de biens communaux, et de
relatives à la construction, à la réparation et à l'entretien des
ents, routes, ponts et canaux à la charge des communes;

. Et, en général, la préparation, la présentation et l'exécution
rdres, décisions et arrêtés du gouverneur en ce qui concerne
cice des pouvoirs définis dans la section 2 du chapitre III du
II du présent décret.

). Le directeur de l'intérieur centralise les budgets particuliers
vers services dépendants de son administration. Il prépare,
être soumis à l'approbation du gouverneur, les budgets d'enle des recettes et des dépenses du service local et prend ou pro-
les mesures nécessaires pour en assurer l'exécution.

1. Il assure la confection, en temps utile, des rôles de contri-
s directes et les fait mettre en recouvrement lorsqu'ils ont été
s exécutoires par le gouverneur; il veille à la prompte et
liquidation des droits et autres revenus indirects.

struit les demandes en dégrèvement, remise et modération
tes imposées, et les soumet, avec ses propositions, à la décision
verneur.

i soumet également, avec ses propositions, les transactions
ties entre les administrations financières et les contrevenants
tière de contributions indirectes.

En ce qui concerne les dépenses, il prépare la distribution
dits entre les services d'exécution et dispose en conséquence
ts mensuels de répartition des fonds disponibles, pour être
à l'approbation du gouverneur.

la liquidation et l'ordonnancement de toutes les dépenses du-
local; mais il peut, avec l'autorisation du gouverneur, délé-
une partie de ses pouvoirs aux chefs de service sous ses ordres,
eviennent alors, dans une mesure déterminée, ses ordonna-
secondaires.

Il prépare ou centralise, suivant ce qui sera réglé à cet égard
s arrrêtés locaux, les cahiers des charges, adjudications et
és de gré à gré pour fournitures ou entreprises de travaux pu-
intéressant tous les services qui dépendent de son administra-
et les soumet à l'approbation du gouverneur.

lui soumet également tout ce qui concerne la formation et la
ition des chantiers et ateliers, ainsi que leur discipline et leur
en.

. Il propose au gouverneur le plan de campagne annuel des
x à exécuter au compte du service local, ainsi que les mé-
, plans et devis des travaux qni doivent y être compris.

Il rend, chaque année, un compte général des recettes et des
en deniers, ainsi que des travaux exécutés en vertu du plan

de campagne ou des dispositions .modificatives prises en cours
d'exercice par le gouverneur.

116. Le directeur de l'intérieur a sous ses ordres : ·

Le personnel de la direction ;

Les ingénieurs civils et le personnel des ponts et chaussées;

Les directeurs, inspecteurs et autres employés du domaine
de l'enregistrement, des postes, des douanes et des contributions
rectes;

Les officiers et maîtres des ports du commerce;

Les agents de l'instruction publique salariés sur les fonds du
vice local ou des communes;

Les fonctionnaires municipaux;

Les fonctionnaires et agents du service de la police, sans préju
de l'action appartenant à l'autorité judiciaire;

Les fonctionnaires et agents du service topographique et du
vice télégraphique;

Et tous autres qui, par la nature de leurs fonctions, dépendent
son administration.

117. — § 1ᵉʳ. Il donne des ordres ou adresse des réquisitions,
ce qui concerne son service :

Aux agents du trésor chargés de la perception des revenus
caux.

§ 2. Il requiert, lorsque son service l'exige :

La gendarmerie ou les troupes qui en font le service;

Les officiers de santé de la marine.

118. En cas de mort, d'absence ou de tout autre empê
qui oblige le directeur de l'intérieur à cesser son service, et l
n'y a pas été pourvu d'avance par le Chef de l'État, il est pro
ment remplacé par un fonctionnaire au choix du gouverneur.

CHAPITRE III.

DES ATTRIBUTIONS DU CHEF DU SERVICE JUDICIAIRE EN SA QUALITÉ DE CHEF D'ADMINISTRATION.

119. Le chef du service judiciaire prépare et soumet au gou
neur :

1° Les projets d'arrêtés, de règlements et d'instructions sur
matières judiciaires;

2° Les rapports concerhant :

Les conflits,

·Les recours en grâce,

Les demandes en dispense de mariage.

120. Le chef du service judiciaire a dans ses attributions :

1° La surveillance et la bonne tenue des lieux où se rend la ·
·tice;

2° La surveillance de la curatelle aux successions vacantes,
qu'elle est déterminée par les ordonnances, décrets et

3° La préparation du budget des dépenses relatives à la justice;

4° La vérification et le visa de toutes les pièces nécessaires à la justification et la liquidation des frais de justice à la charge des services publics, à l'exception des frais de justice militaire;

5° L'expédition et le contre-seing des commissions de défenseurs et des officiers ministériels.

121. — § 1ᵉʳ. Il exerce directement la discipline sur les notaires, les avoués et les autres officiers ministériels; prononce contre eux, après les avoir entendus, le rappel à l'ordre, la censure simple, la censure avec réprimande et leur donne tout avertissement qu'il juge convenable.

Il rend compte au gouverneur des peines qu'il a prononcées.

§ 2. A l'égard des peines plus graves, telles que la suspension, le remplacement ou la destitution, il fait d'office ou sur les réclamations des parties, après avoir pris l'avis des tribunaux, qui entendent en chambre du conseil le fonctionnaire inculpé, les propositions qu'il juge nécessaires, et le gouverneur statue, sauf le recours au ministre de la marine et des colonies.

122. Il se fait remettre et adresse au gouverneur, après en avoir fait la vérification, les doubles minutes des actes qui doivent être envoyés au dépôt des archives coloniales en France.

123. Il présente au gouverneur les candidats pour les places de notaire, avoué et autres officiers ministériels, après qu'ils ont subi les examens et satisfait aux conditions prescrites par les règlements.

124. Le chef du service judiciaire correspond avec le directeur des colonies pour l'envoi des significations faites à son parquet et pour la réception de celles qui ont été faites au parquet des cours et tribunaux de France, à l'effet d'être transmises dans la colonie.

125. En cas de mort, d'absence ou de tout autre empêchement qui oblige le chef du service judiciaire à cesser son service, et à moins qu'il n'y ait été pourvu d'avance par le Chef de l'État, il est provisoirement remplacé par un magistrat au choix du gouverneur.

CHAPITRE IV.

DES ATTRIBUTIONS DU DIRECTEUR DE L'ADMINISTRATION PÉNITENTIAIRE.

126. Le directeur de l'administration pénitentiaire dirige, sous les ordres du gouverneur, les services de la déportation et de la transportation.

127. Ses attributions comprennent :

1° La présentation au chef de la colonie des projets d'arrêtés et règlements concernant les deux services ;

2° Les mesures à prendre pour assurer le maintien de la discipline, l'organisation du travail, du service religieux et de l'instruction publique sur les établissements;

3° Les propositions ayant pour objet les autorisations de séjour de déportés hors des lieux de déportation ; les mises en concession, les engagements de travail dans les ateliers publics et chez les habitants, et toutes les mesures qui se rapportent à la colonisation pénale ;

4° La présentation au chef de la colonie de la liste des condamnés jugés dignes d'être recommandés à la clémence du Gouvernement ;

5° L'initiative des projets et la direction supérieure des travaux de toutes sortes à exécuter sur les établissements pénitentiaires ;

6° La répartition et l'emploi des effectifs sur les divers établissements, la tenue des matricules et l'état civil des condamnés.

128. Le directeur de l'administration pénitentiaire a sous ses ordres tous les fonctionnaires et agents employés, soit à la direction cent soit sur les établissements pénitentiaires. Les officiers, fonctionn et agents du commissariat, du service de santé, des services des et chaussées détachés sur les établissements, fonctionnent sous sa rection, et ne peuvent être ou désignés ou changés sans qu'il ait appelé à émettre son avis.

Il dirige le service de surveillance et propose au gouverneur nominations des agents inférieurs qui relèvent de son admini tion.

129. Il prépare les budgets de la déportation et de la tran tation, et en dirige l'emploi d'après les ordres du gouvernet rend, chaque année, un compte administratif de l'ensembk opérations concernant son budget. Ce compte est transmis au d tement.

130. Il prépare les cahiers des charges, projets de march' mandes de matériel à acheter en France intéressant son service, en ce qui concerne les vivres. Néanmoins, aucune dépense ne être proposée par lui à l'approbation du gouverneur sans avoi revêtue du visa de l'ordonnateur, chargé du contrôle de toutes les rations financières intéressant le budget de l'État.

Les projets, revêtus du visa de l'ordonnateur, sont soumis au verneur par le directeur de l'administration pénitentiaire, qui chargé de l'exécution.

Les achats relatifs aux vivres sont faits, pour l'administration nitentiaire comme pour tous les autres services publics, par l'o nateur ; mais ces achats ne peuvent être effectués que sur la dem du directeur.

Aucune cession intéressant l'administration pénitentiaire ne être faite sans le concours du directeur.

131. Le directeur a dans ses attributions l'administration e comptabilité de tous les magasins placés sur les établissements tentiaires ; il règle, d'après les instructions du gouverneur, la ga la distribution des denrées et matières renfermées dans lesdits gasins.

Les états constatant les entrées et sorties et les existants transmis par les officiers d'administration, mensuellement, à la rection, pour être soumis au contrôle de l'ordonnateur ; il en est même des états de revues du personnel.

Il a également dans ses attributions le service administratif et disciplinaire des hôpitaux affectés spécialement à la déportation et à la transportation.

132. En dehors des établissements pénitentiaires, le directeur exerce sa surveillance sur les condamnés placés dans les services publics ou chez les habitants. Il surveille les libérés astreints à résidence dont l'entretien est encore en tout ou en partie à la charge du budget pénitentiaire. Il correspond avec la gendarmerie et les chefs de la force publique pour le maintien du bon ordre sur les établissements. Il donne des ordres aux chefs des circonscriptions territoriales pour ce qui se rapporte à la participation de ces chefs aux opérations concernant l'administration pénitentiaire.

133. Il a la direction des caisses de service dites *caisses de transtation* et *caisses de déportation*. La comptabilité de ces caisses est soumise au contrôle et a la vérification de l'ordonnateur.

134. Il établit et certifie les mémoires et états de payements constatant les dépenses à la charge du budget pénitentiaire et qui doivent être remis à l'ordonnateur pour servir à l'ordonnancement.

135. Un arrêté du gouverneur, rendu sur la proposition du directeur de l'administration pénitentiaire, détermine les rapports de service et les règles de subordination entre les divers officiers, fonctionnaires et agents attachés à l'administration pénitentiaire.

136. En cas de mort, d'absence ou de tout autre empêchement qui oblige le directeur de l'administration pénitentiaire à cesser son service, et à moins qu'il n'y ait été pourvu d'avance par le Chef de l'État, il est provisoirement remplacé par un fonctionnaire au choix du gouverneur.

CHAPITRE V.

DES ATTRIBUTIONS COMMUNES AUX QUATRE CHEFS D'ADMINISTRATION.

137. L'ordonnateur, le directeur de l'intérieur, le chef du service judiciaire et le directeur de l'administration pénitentiaire sont nommés par décret du Chef de l'État,

Ils sont membres du conseil privé.

138. Ils prennent les ordres généraux du gouverneur sur toutes les parties des services qui leur sont respectivement confiés, dirigent et surveillent leur exécution, en se conformant aux lois, ordonnances, décrets, règlements, et rendent compte au gouverneur, périodiquement et toutes les fois qu'il l'exige, des actes et des résultats de leur administration.

Ils l'informent immédiatement de tous les cas extraordinaires et circonstances imprévues qui intéressent leurs services.

139. Ils travaillent et correspondent seuls avec le gouverneur sur les matières de leurs attributions.

Seuls ils reçoivent et transmettent ses ordres sur tout ce qui est relatif aux services qu'ils dirigent.

Ils représentent au gouverneur, toutes les fois qu'ils en sont requis, les registres des ordres qu'ils ont donnés et de leur correspondance officielle.

Ils portent à la connaissance du gouverneur, sans attendre ses ordres, les rapports qui leur sont faits par leurs subordonnés sur les abus à réformer et les améliorations à introduire dans les services qui leur sont confiés.

140. Ils ont la présentation des candidats aux places vacantes dans tous les services dépendant de leurs administrations respectives, en ce qui concerne les emplois et fonctions qui sont à la nomination provisoire ou définitive du gouverneur.

Ils proposent, s'il y a lieu, la suspension, la révocation ou la destitution des fonctionnaires et employés sous leurs ordres dont nomination émane du gouverneur.

141. Ils nomment directement les agents qui relèvent de administrations et dont la solde jointe aux autres allocations n' cède pas deux mille francs par an.

Ils les révoquent ou les destituent après avoir pris les ordres d gouverneur.

142. Ils pourvoient à l'expédition des commissions provisoires o définitives, des congés et des ordres de service qui émanent gouverneur et qui sont relatifs aux officiers, fonctionnaires et age placés sous leurs ordres.

Ils les contresignent et pourvoient à leur enregistrement partout où besoin est.

143. Ils préparent et soumettent au gouverneur, chacun en ce qui concerne le service qu'il dirige, les rapports concernant :

Les questions douteuses que présente l'application des lois, crets, ordonnances et règlements;

Les mesures à prendre à l'égard des fonctionnaires placés leurs ordres, dans les cas prévus par les articles 68, 69, graphe 4, et 81, du présent décret;

Les contestations entre les fonctionnaires à l'occasion de leur rangs et prérogatives.

144. Ils préparent et proposent, en ce qui concerne leurs administrations respectives, la correspondance générale du gouverneur avec le ministre et avec les gouverneurs étrangers, les ordres généraux de service et tous autres travaux de même nature dont le gouverneur juge à propos de les charger.

Ils tiennent enregistrement de la correspondance générale gouverneur relative aux services dont ils sont chargés.

145. Ils contresignent les arrêtés, règlements, ordres généra de service, décisions, formules exécutoires et autres actes du gouverneur qui ont rapport à leurs administrations respectives et veillent à leur enregistrement partout où besoin est.

146. Ils correspondent avec tous les fonctionnaires et agents du Gouvernement dans la colonie et les requièrent, au besoin, de concourir au bien du service qu'ils dirigent.

147. Ils sont personnellement responsables de tous les actes de

leur administration, hors le cas où ils justifient, soit avoir agi en vertu d'ordres formels du gouverneur et lui avoir fait, sur ces ordres, des représentations qui n'ont pas été accueillies, soit avoir proposé au gouverneur des mesures qui n'ont pas été adoptées.

Les dispositions du paragraphe 1ᵉʳ de l'article 83 sur la responsabilité du gouverneur sont communes aux quatre chefs d'administration; celles du paragraphe 2 de l'article 84 ne sont communes qu'à l'ordonnateur, au directeur de l'intérieur et au directeur de l'administration pénitentiaire.

148. Ils adressent au ministre de la marine et des colonies copie des représentations et des propositions qu'ils ont été dans le cas de faire au gouverneur, lorsqu'elles ont été écartées, ainsi que la décision intervenue. Ils en donnent avis au gouverneur et lui remettent copie de la lettre d'envoi.

Ils adressent également au ministre, par l'intermédiaire du gouverneur, à la fin de chaque année, un compte moral et raisonné de la situation des services dont ils sont chargés.

149. Lorsque les chefs d'administration sont remplacés dans leurs fonctions, ils sont tenus de remettre à leurs successeurs, en ce qui concerne leurs services respectifs, les pièces et documents mentionnés à l'article 88 du présent décret.

TITRE V.

DU CONSEIL PRIVÉ.

CHAPITRE PREMIER.

DE LA COMPOSITION DU CONSEIL.

150. Le conseil privé est composé:

Du gouverneur,
Du commandant militaire,
De l'ordonnateur,
Du directeur de l'intérieur,
Du chef du service judiciaire,
Du directeur de l'administration pénitentiaire,
De deux conseillers coloniaux choisis parmi les notables habitants de la colonie et nommés par le gouverneur.

Deux suppléants choisis comme il vient d'être dit, et également nommés par le gouverneur, remplacent au besoin les conseillers titulaires.

La durée des fonctions des conseillers coloniaux et de leurs suppléants est de deux années; ils peuvent être nommés de nouveau.

Un secrétaire-archiviste tient la plume.

151. Lorsque le conseil est appelé à prononcer sur les matières du contentieux administratif, le juge président du tribunal supérieur, ou, à son défaut, le juge de première instance, est appelé à siéger avec voix délibérative.

Les fonctions du ministère public sont remplies par un magistrat du parquet, ou, à défaut, par un officier du commissariat de la marine commissionné à cet effet par le gouverneur.

Le juge présidant le tribunal supérieur, ou, à son défaut, le j de première instance, est également appelé à siéger au conseil a voix délibérative, lorsqu'il s'agit des pouvoirs extraordinaires du verneur.

152. Les membres du conseil privé prennent rang et séance l'ordre établi par l'article 150.

Les intérimaires prennent rang après les membres titulaire avant les conseillers coloniaux ; les conseillers suppléants et les sonnes appelées momentanément à faire partie du conseil, après conseillers coloniaux titulaires.

153. Sont appelés de droit au conseil, avec voix délibérative, l qu'il y est traité des matières de leurs attributions :

Les directeurs de l'artillerie et du génie,

Le trésorier payeur,

Le chef du service de santé de la marine,

Le chef du service des ponts et chaussées,

Le chef du service de l'enregistrement,

Le chef du service des douanes et des contributions diverses,

Le capitaine du port de commerce du chef-lieu.

CHAPITRE II.

DES SÉANCES DU CONSEIL ET DE LA FORME DE SES DÉLIBÉRATIONS.

154. Le gouverneur est président du conseil.

Lorsqu'il n'y assiste pas, la présidence appartient au comm militaire, ou, à défaut, au chef d'administration appelé à rem le gouverneur, suivant les distinctions établies par l'article 89 d sent décret.

155. Les membres du conseil prêtent, entre les mains du g neur, lorsqu'ils siégent ou assistent pour la première fois au le serment dont la teneur suit :

« Je jure de tenir secrètes les délibérations du conseil et d
« guidé, dans l'exercice des fonctions que je suis appelé à y
« que par ma conscience et le bien du service. »

156. Le conseil s'assemble à l'hôtel du gouvernement, dans un spécialement affecté à ses séances.

Il se réunit régulièrement au moins une fois par mois, et outre, toutes les fois que des affaires urgentes le requièrent et le gouverneur juge à propos de le convoquer.

157. Le conseil ne peut délibérer qu'autant que tous ses m sont présents ou légalement remplacés.

Toutefois, hors le cas où il juge administrativement, la p du gouverneur n'est point obligatoire.

Les membres du conseil ne peuvent se faire remplacer qu'en d'empêchement absolu.

158. Sauf le cas d'urgence, le président fait informer à l'avance les membres du conseil et les personnes appelées à y siéger momentanément des affaires qui doivent y être traitées ; les pièces et rapports relatifs sont déposés au secrétariat du conseil au moins quarante-huit heures avant la séance, pour que les membres puissent en prendre connaissance.

159. Les membres du conseil ont, soit individuellement, soit collectivement, le droit de demander communication des pièces et documents qui peuvent servir à les éclairer et à former leur opinion.

Ils peuvent également demander :

1° L'appel devant le conseil, pour y être entendus, de tous fonctionnaires et autres personnes qui par leurs connaissances spéciales sont propres à l'éclairer ;

2° Le renvoi à l'examen de commissions prises dans le sein du conseil des affaires qui demandent à être approfondies.

Le gouverneur décide s'il sera fait droit à ces demandes. En cas de refus, mention en est faite au procès-verbal.

160. Les affaires inscrites à l'ordre du jour sont présentées et exposées au conseil, dans l'ordre de leur inscription, par les chefs d'administration compétents.

Toutefois, dans le cas où une affaire présenterait un caractère particulier d'urgence, le gouverneur peut, d'office ou sur la demande du chef d'administration intéressé, la mettre en délibération sans attendre son tour d'inscription.

Après l'exposé de chaque affaire, la délibération est ouverte par le président.

Lorsque personne ne demande plus la parole et que la discussion est épuisée, le président, avant de clore la délibération, consulte le conseil pour savoir s'il est suffisamment instruit.

Les avis sont recueillis par le président dans l'ordre inverse des âges qu'occupent les membres du conseil. Le président fait ensuite connaître sa décision ou se réserve de la faire connaître ultérieurement au conseil.

Lorsque le conseil n'est pas présidé par le gouverneur, le président doit se borner à exprimer son avis et réserver la décision au gouverneur.

Tout membre qui s'écarte des égards et du respect dus au conseil et à chacun de ses membres est rappelé à l'ordre par le président, insertion en est faite au procès-verbal.

161. Le secrétaire-archiviste rédige le procès-verbal des séances. Il y consigne les avis motivés de chacun et la décision intervenue. Il y insère textuellement, lorsqu'il en est requis, les opinions, qui sont remises toutes rédigées, séance tenante, par les membres du conseil.

Il donne lecture, au commencement de chaque séance, du procès-verbal de la séance précédente.

Le procès-verbal approuvé est transcrit sur un registre coté et paraphé par le gouverneur, et est signé par tous les membres du conseil.

Deux expéditions du procès-verbal de chaque séance, certifi par le secrétaire-archiviste et visées par le président, sont a au ministre par des occasions différentes.

L'une, divisée par extraits relatifs à chaque affaire, est trans par les soins du chef d'administration compétent, à qui elle remise, à cet effet, par le secrétaire-archiviste, avec la copie pièces composant le dossier de l'affaire. Elle est adressée au min sous le timbre et la direction et du bureau auxquels ressortit l' qui en est l'objet.

L'autre est adressée, en un seul cahier, par le cabinet du gou neur, sous le timbre de la direction des colonies.

162. Le secrétaire-archiviste a dans ses attributions la garde sceau du conseil, le dépôt de ses archives, la garde de sa biblio et l'entretien du local destiné à ses séances.

Il est chargé de la convocation des membres du conseil et des à leur donner, sur l'ordre du président, de la réunion de tous documents nécessaires pour éclairer les délibérations, et de tout qui est relatif à la rédaction, à l'enregistrement et à l'expédition procès-verbaux.

163. Avant d'entrer en fonctions, le secrétaire-archiviste p entre les mains du gouverneur, en conseil, le serment de teni crètes les délibérations.

Il lui est interdit de donner à d'autres personnes qu'aux m du conseil communication des pièces et documents confiés à sa à moins d'un ordre écrit du gouverneur.

En cas d'absence ou d'empêchement qui oblige le secrétaire-viste à cesser son service, il est remplacé par un officier ou e de l'administration, au choix du gouverneur.

CHAPITRE III.

DES ATTRIBUTIONS DU CONSEIL PRIVÉ.

SECTION PREMIÈRE.

Dispositions générales.

164. Le conseil ne peut délibérer que sur les affaires dont il saisi par le gouverneur ou par son ordre, sauf les cas où il juge a nistrativement.

Avant chaque séance, le gouverneur, après s'être fait représ le rôle des affaires déposées par les chefs d'administration, a l'ordre dans lequel lesdites affaires viendront en délibération, l'exception prévue par le deuxième paragraphe de l'article 16c dessus.

Les projets d'ordonnances, de décrets, d'arrêtés, de règlem et toutes les affaires qu'il est facultatif au gouverneur de soumettre

avis du conseil, peuvent être retirés par lui, en tout état de cause,
lorsqu'il le juge convenable.

165. — § 1er. Aucune des affaires sur lesquelles le conseil est
appelé à donner obligatoirement son avis ne doit être soustraite à
connaissance.

Les membres titulaires peuvent faire, à ce sujet, des réclamations;
gouverneur les admet ou les rejette.

2. Tout membre titulaire peut également soumettre au gouverneur, en conseil, les propositions ou observations qu'il juge
utiles au bien du service. Le gouverneur décide s'il en sera délibéré.

3. Mention du tout est faite au procès-verbal.

166. Le conseil ne peut correspondre avec aucune autorité.

SECTION II.
Des matières sur lesquelles le gouverneur prend l'avis du conseil.

167. Les pouvoirs et les attributions conférés au gouverneur par
articles 15, 16, paragraphes 1 et 2; 17, 18, paragraphes 1 et 2;
20, 21, paragraphe 2; 23, paragraphe 2; 24, 26, 27, 28, 30,
32, 33, 34, 35, 37, paragraphe 1er; 38, 39, paragraphes 1 et 2;
paragraphe 1er; 41, 42, paragraphes 2, 3, 4 et 5; 43, paragraphe 1er; 44, paragraphes 2, 3 et 4; 45, 46, paragraphes 2, 3 et
48, 49, paragraphe 2; 50, paragraphes 1 et 3; 52, 53, 57, 58,
67, 68, paragraphes 1 et 2; 71, paragraphes 2 et 3; 72, paragraphe 2; 73, paragraphes 1 et 2; 74, ne sont exercés par lui qu'après
avoir pris l'avis du conseil privé, mais sans qu'il soit tenu de
conformer.

Dans tous les autres cas, le gouverneur ne prend l'avis du conseil
autant qu'il le juge nécessaire et utile au bien du service.

SECTION III.
Des matières que le conseil juge administrativement.

168. Le conseil privé connaît, comme conseil du contentieux
administratif :

1er. Des conflits positifs ou négatifs élevés par les chefs d'administration, chacun en ce qui le concerne, et du renvoi devant l'autorité compétente, lorsque l'affaire n'est pas de nature à être portée
vant le conseil privé;

2. De toutes les contestations qui peuvent s'élever entre l'administration et les entrepreneurs de fournitures et de travaux publics
ou autres qui auraient passé des marchés avec le Gouvernement, concernant le sens ou l'exécution des clauses de ces marchés;

3. Des réclamations des particuliers qui se plaignent de torts et
dommages provenant du fait personnel des entrepreneurs à
occasion des marchés passés par ceux-ci avec le Gouvernement;

4. Des demandes et contestations concernant les indemnités
dues aux particuliers à raison du dommage causé à leurs terrains par
l'extraction ou l'enlèvement des matériaux nécessaires à la confection des chemins, canaux et autres ouvrages publics;

§ 5. Des demandes en réunion de terrains au domaine, lorsque concessionnaires ou leurs ayants droit n'ont pas rempli les cla des concessions;

§ 6. Des demandes concernant les concessions de prises d'eau de saignées à faire aux rivières pour l'établissement des usin l'irrigation des terres et tous autres usages; la collocation des dans la distribution des eaux; la quantité d'eau appartenant à cha terre; la manière de jouir de ces eaux; les servitudes et placem de travaux pour la conduite et le passage des eaux; les réparatioi l'entretien desdits travaux;

L'interprétation des titres de concessions, s'il y a lieu, la aux tribunaux à statuer sur toute autre contestation qui peut s'él relativement à l'exercice des droits concédés et à la jouissance eaux appartenant à des particuliers;

§ 7. Des contestations relatives à l'ouverture, la largeur, le re sement et l'entretien des routes, des canaux, des chemins vicin de ceux qui conduisent à l'eau, des chemins particuliers ou de munication aux villes, routes, chemins, rivières et autres lieu blics, comme aussi des contestations relatives aux servitudes l'usage de ces routes et de ces chemins;

§ 8. Des contestations relatives à l'établissement des embarcad des ponts, bacs et passages sur les rivières et sur les étangs a tenant au domaine;

§ 9. Des empiétements sur le domaine de la colonie ou de et sur toute autre propriété publique;

§ 10. Des demandes formées par les comptables en main-l séquestre ou d'hypothèques établis à la diligence de l'ad tion;

§ 11. En général du contentieux administratif.

169. Les parties peuvent se pourvoir devant le Conseil d'État, la voie du contentieux, contre les décisions rendues par le privé sur les matières énoncées dans l'article précédent.

Ce recours n'a d'effet suspensif que dans le cas de conflit.

170. Le conseil privé prononce, sauf recours en cassation, l'appel des jugements rendus par le tribunal de première in relativement aux contraventions aux lois, ordonnances, d règlements sur le commerce étranger et les douanes.

171. Les formes et les règles de procédure à observer d affaires déférées au conseil privé constitué au contentieux ad tratif sont celles déterminées par l'ordonnance du 31 août 1828 le mode de procéder devant les conseils privés des colonies, sauf ce qui concerne les délais, qui sont l'objet d'un règlement spécial

TITRE VII.
DISPOSITIONS DIVERSES.

172. Les dispositions des lois, édits, déclarations, ordonn décrets, règlements, décisions et instructions ministérielles

nt le gouvernement et l'administration de la Nouvelle-Calé-
sont et demeurent abrogées en ce qu'elles ont de contraire
résent décret.

. Le ministre de la marine et des colonies est chargé de l'exé-
du présent décret.
t à Versailles, le 12 Décembre 1874.

Signé M^al DE MAC MAHON.

Ministre de la marine et des colonies,

Signé MONTAIGNAC.

RÉPUBLIQUE FRANÇAISE.

—

9. — *DÉCRET qui place le service des Prisons et Établissements pénitentiaires
de l'Algérie sous l'autorité directe du Ministre de l'Intérieur.* .

Du 18 Décembre 1874.

PRÉSIDENT DE LA RÉPUBLIQUE FRANÇAISE,

e vœu émis par le conseil supérieur de gouvernement;
l'avis du gouverneur général civil de l'Algérie;
le rapport du ministre secrétaire d'État de l'intérieur,

RTE :

. 1er. Le service des prisons et établissements pénitentiaires de
ie est placé sous l'autorité directe du ministre de l'intérieur.
Les lois, ordonnances et décrets concernant les établissements
res de la métropole sont exécutoires en Algérie. Toutefois, le
tre de l'intérieur pourra, sur l'avis du gouverneur général
, maintenir, à titre transitoire, pendant un laps de temps qu'il
minera, les dispositions spéciales actuellement en vigueur dans
onie.
Les crédits ou portions de crédits inscrits au budget du dépar-
nt de l'intérieur (exercice 1875) sous le titre de *Service de l'Al-
*, pour les dépenses relatives aux prisons, et montant ensemble
million soixante-dix mille cinq cents francs (1,070,500ᶠ), sont
ortés aux chapitres XIV, XV et XVI du budget général de ce
tère, conformément aux indications du tableau ci-annexé.
Le ministre de l'intérieur est chargé de l'exécution du présent
ret, qui sera inséré au Bulletin des lois.
ait à Paris, le 18 Décembre 1874.

Signé M^al DE MAC MAHON.

Le Ministre de l'intérieur,

Signé G^al DE CHABAUD LA TOUR.

Répartition entre les chapitres XIV, XV et XVI du budget général du ministère de l'in[térieur] exercice 1875, des crédits ou portions de crédits inscrits aux chapitres Ier, V et XVI du [budget] de l'Algérie, pour les dépenses relatives aux prisons.

DÉSIGNATION DES SERVICES.	MONTANT des dépenses.	BUDGET DE L'ALGÉRIE.			BUDGET DU MINISTÈRE DE L'INT[...]		
		Cha- pitre Ier.	Chapitre V.	Cha- pitre XVI	Cha- pitre XIV	Chapitre XV.	pi[...]
	fr. c.	fr.	fr. c.	fr.	fr.	fr. c.	
Inspecteur central, traitement	6,000 00	6,000	»	»	6,000	»	
Inspecteur central, frais de tournée	1,500 00	1,500	»	»	»	1,500 00	
Personnel des maisons centrales	140,523 00	»	140,523 00	»	140,523	»	
Indemnités, vaguemestres, logements, etc. — Maisons centrales	3,360 00	»	3,360 00	»	»	3,360 00	
Matériel et frais de transport. — Maisons centrales	6,500 00	»	6,500 00	»	»	6,500 00	
Matériel et frais de transport. — Colonie de l'Alma	1,500 00	»	1,500 00	»	»	1,500 00	
Nourriture. — Maisons centrales	322,117 60	»	322,117 60	»	»	322,117 60	
Nourriture. — Colonie de l'Alma	36,580 00	»	36,580 00	»	»	36,580 00	
Remboursements sur le produit du travail	66,856 40	»	66,856 40	»	»	»	
Personnel des maisons d'arrêt, de justice et de correction	118,760 00	»	118,760 00	»	118,760	»	
Frais de tournée	1,200 00	»	1,200 00	»	»	1,200 00	
Matériel, locations, réparations, dépenses diverses	14,300 00	»	14,300 00	»	»	14,300 00	
Nourriture des détenus	297,503 00	»	297,503 00	»	»	297,503 00	
Dépenses des Arabes internés	25,000 00	»	25,000 00	»	»	25,000 00	
Dépenses accidentelles et imprévues	4,000 00	»	4,000 00	»	»	4,000 00	
Travaux aux bâtiments des maisons centrales	24,800 00	»	»	24,800	»	24,800 00	
	1,070,500 00	7,500	1,038,200 00	28,800	265,283	738,360 60	
			1,070,500f			1,070,500f	

Vu pour être annexé au décret du 18 décembre 1874.

Paris, le 18 décembre 1874.

Le Ministre de l'intérieur,

Signé Gal DE CHABAUD LA [...]

3650. — Décret du Président de la République française (contre-signé par le ministre de la marine et des colonies) portant ce qui suit :

La circonscription des communes de la Guadeloupe et dépendances est modifiée ainsi qu'il suit, savoir :

Sont annexées :

1° A la commune de Saint-Louis, les trois habitations Wrimouth, Grand-is-Vergé et Grand-Bois-Pélisson, sises dans la commune de la Capesterre;

2° A la commune de la Capesterre, l'habitation Borée, qui actuellement fit partie de celle de Saint-Louis. (*Versailles, 9 Juin 1874.*)

3651. — Décret du Président de la République française (contre-signé par le ministre de l'intérieur) portant ce qui suit :

Il est créé à Mussidan (Dordogne) un commissariat spécial de police. La juridiction du titulaire comprendra, outre cette commune, celles de Neuvic, Douzillac, Saint-Germain-du-Salembre, Beauronne, Saint-Vincent-de-Connazac, Beaupouyet, Saint-Laurent-des-Hommes, Saint-Médard, Saint-Front-de-Pradoux, Sourzac, Saint-Louis, Monpont, le Pizou, Menesplet, Menestérols-Montignac, Saint-Martial-d'Artenset, Echourgnac. (*Versailles, 9 Juillet 1874.*)

3652. — Décret du Président de la République française (contre-signé par le ministre de l'intérieur) portant ce qui suit :

Il est créé à Loriol (Drôme) un commissariat spécial de police. La juridiction du titulaire comprendra, outre cette commune, celles de ce et Mirmande. (*Versailles, 9 Juillet 1874.*)

3653. — Décret du Président de la République française (contre-signé par le ministre de l'intérieur) portant ce qui suit :

Il est créé à Sainte-Livrade (Lot-et-Garonne) un commissariat spécial de lice.

Il est créé à Saint-Chinian (Hérault) un commissariat spécial de police. Versailles, 9 Juillet 1874.)

3654. — Décret du Président de la République française (contre-signé par le ministre de l'intérieur) portant que la juridiction de commissaire de police d'Albertville (Savoie) est étendue sur la commune de Beaufort. (*Versailles, 18 Juillet 1874.*)

3655. — Décret du Président de la République française (contre-signé par le ministre de l'intérieur) portant que la juridiction du commissaire spécial de police de Frontignan (Hérault) est étendue sur la commune de Balaruc. (*Versailles, 18 Juillet 1874.*)

N° 3656. — Décret du Président de la République française (contre-signé par le ministre de l'intérieur) portant:

Art. 1ᵉʳ. Les villages composant la section de Saint-Amand-le-Petit sont distraits de la commune de Peyrat-le-Château, canton d'Eymoutiers, arron-dissement de Limoges, département de la Haute-Vienne, et formeront, à l'avenir, une commune distincte, dont le chef-lieu est fixé à Saint-A le-Petit.

Les limites entre les communes de Peyrat-le-Château et de Saint-le-Petit seront déterminées suivant la ligne rouge indiquée au plan et difiée par le tracé vert du point P au point R.

2. La présente séparation aura lieu sans préjudice des droits d'usage autres qui peuvent être respectivement acquis. (*Versailles, 7 Août 1874.*)

Certifié conforme :

Paris, le 7* Janvier 1875,

Le Garde des Sceaux, Ministre de la J

A. TAILHAND.

* Cette date est celle de la réception du au ministère de la Justice.

On s'abonne pour le Bulletin des lois, à raison de 9 francs par an, à la caisse de nationale ou chez es Receveurs des postes des départements.

BULLETIN DES LOIS

DE LA RÉPUBLIQUE FRANÇAISE.

N° 238.

RÉPUBLIQUE FRANÇAISE.

N° 3657. — Loi qui établit des Surtaxes à l'Octroi de la commune d'Haubourdin (Nord).

Du 12 Décembre 1874.

(Promulguée au Journal officiel du 23 décembre 1874.)

L'ASSEMBLÉE NATIONALE A ADOPTÉ LA LOI dont la teneur suit :

ARTICLE UNIQUE. A partir du 1ᵉʳ janvier 1875 et jusqu'au 31 décembre 1879 inclusivement, les surtaxes suivantes seront perçues à l'octroi de la commune d'Haubourdin, département du Nord, savoir :

Vins en cercles et en bouteilles, par hectolitre........ 3ᶠ 50ᶜ
Alcool pur contenu dans les eaux-de-vie et esprits, liqueurs
fruits à l'eau-de-vie, par hectolitre.................. 3 00
Absinthe (volume total), par hectolitre............... 3 00

Ces surtaxes seront indépendantes des droits de un franc vingt centimes (1ᶠ 20ᶜ) par hectolitre sur les vins et six francs (6ᶠ) par hectolitre sur les alcools, établis à titre de taxes principales.

Délibéré en séance publique, à Versailles, le 12 Décembre 1874.

Le Président,
Signé L. BUFFET.

Les Secrétaires,
Signé FÉLIX VOISIN, VANDIER, T. DUCHÂTEL, LOUIS DE SÉGUR,
E. DE CAZENOVE DE PRADINE.

LE PRÉSIDENT DE LA RÉPUBLIQUE PROMULGUE LA PRÉSENTE LOI.

Signé Mᵃˡ DE MAC MAHON, duc DE MAGENTA.

Le Ministre des finances,
Signé MATHIEU-BODET.

RÉPUBLIQUE FRANÇAISE.

N° 3658. — *Loi qui établit une Surtaxe à l'Octroi de Loc-Maria-Plouzané* (*Finistère*).

Du 12 Décembre 1874.

(Promulguée au *Journal officiel* du 23 décembre 1874.)

L'ASSEMBLÉE NATIONALE A ADOPTÉ LA LOI dont la teneur suit :

ARTICLE UNIQUE. A partir du 1er janvier 1875 et jusqu'au 31 cembre 1879 inclusivement, il sera perçu à l'octroi de la comm de Loc-Maria-Plouzané (Finistère) une surtaxe de seize francs (par hectolitre d'alcool pur contenu dans les eaux-de-vie et esp liqueurs et fruits à l'eau-de-vie, et par hectolitre d'absinthe.

Cette surtaxe est indépendante du droit de six francs (6ᶠ) par tolitre établi à titre de taxe principale.

Délibéré en séance publique, à Versailles, le 12 Décembre 18

Le Président,

Signé L. BUFFET.

Les Secrétaires,

Signé FÉLIX VOISIN, VANDIER, T. DUCHÂTEL, LOUIS DE
B. DE CAZENOVE DE PRADINE.

LE PRÉSIDENT DE LA RÉPUBLIQUE PROMULGUE LA PRÉSENTE LOI

Signé Mᵃˡ DE MAC MAHON, duc DE MA

Le Ministre des finances,
Signé MATHIEU-BODET.

RÉPUBLIQUE FRANÇAISE.

N° 3659. — *Loi qui établit une Surtaxe à l'Octroi de Loc-Mélard (Fin*

Du 12 Décembre 1874.

(Promulguée au *Journal officiel* du 23 décembre 1874.)

L'ASSEMBLÉE NATIONALE A ADOPTÉ LA LOI dont la teneur suit :

ARTICLE UNIQUE. A partir du 1er janvier 1875 et jusqu'au 31 cembre 1879 inclusivement, il sera perçu à l'octroi de la de Loc-Mélard, département du Finistère, une surtaxe de quatorze francs (14ᶠ) par hectolitre d'alcool pur contenu dans les eaux-de-vie et esprits, liqueurs et fruits à l'eau-de-vie, et par hectolitre d'absinthe.

Cette surtaxe est indépendante du droit de six francs (6ᶠ) par hectolitre établi en taxe principale.

Délibéré en séance publique, à Versailles, le 12 Décembre 1874.

Le Président,

Signé L. BUFFET.

Les Secrétaires,

Signé FÉLIX VOISIN, VANDIER, T. DUCHÂTEL, LOUIS DE SÉGUR, E. DE CAZENOVE DE PRADINE.

LE PRÉSIDENT DE LA RÉPUBLIQUE PROMULGUE LA PRÉSENTE LOI.

Signé Mᵃˡ DE MAC MAHON, duc DE MAGENTA.

Le Ministre des finances,
Signé MATHIEU-BODET.

RÉPUBLIQUE FRANÇAISE.

660. — *Loi qui établit des Surtaxes à l'Octroi de la commune de Mortain (Manche).*

Du 12 Décembre 1874.

(Promulguée au *Journal officiel* du 23 décembre 1874.)

L'ASSEMBLÉE NATIONALE A ADOPTÉ LA LOI dont la teneur suit :

ARTICLE UNIQUE. A partir du 1ᵉʳ janvier 1875 et jusqu'au 31 décembre 1879 inclusivement, les surtaxes suivantes seront perçues à l'octroi de la commune de Mortain (Manche), savoir :

Vins en cercles et en bouteilles, par hectolitre........... 2ᶠ52ᶜ
Cidres et poirés, par hectolitre...................... 0 05
Alcool pur contenu dans les eaux-de-vie et esprits, liqueurs et fruits à l'eau-de-vie, par hectolitre................ 2 40
Absinthe (volume total), par hectolitre................ 2 40

Ces surtaxes sont indépendantes des droits de un franc vingt centimes (1ᶠ20ᶜ) par hectolitre de vin, cinquante centimes (0ᶠ50ᶜ)

56.

par hectolitre de cidre et de poiré, et six francs (6') par hectoli
d'alcool pur et d'absinthe, établis à titre de taxes principales.

Délibéré en séance publique, à Versailles, le 12 Décembre 1874.

Le Président,

Signé L. BUFFET.

Les Secrétaires,

Signé FÉLIX VOISIN, VANDIER, T. DUCHÂTEL, LOUIS DE S
E. DE CAZENOVE DE PRADINE.

LE PRÉSIDENT DE LA RÉPUBLIQUE PROMULGUE LA PRÉSENTE LOI.

Signé M^{al} DE MAC MAHON, duc DE MAG

Le Ministre des finances,

Signé MATHIEU-BODET.

RÉPUBLIQUE FRANÇAISE.

N° 3661. — *Loi qui établit une Surtaxe à l'Octroi de Plounéour-Trez*
(Finistère).

Du 12 Décembre 1874.

(Promulguée au *Journal officiel* du 23 décembre 1874.)

L'ASSEMBLÉE NATIONALE A ADOPTÉ LA LOI dont la teneur suit :

ARTICLE UNIQUE. A partir du 1er janvier 1875 et jusqu'au 31
cembre 1879 inclusivement, il sera perçu à l'octroi de la co
de Plounéour - Trez, département du Finistère, une sur
quinze francs (15') par hectolitre d'alcool pur contenu dans le
de-vie et esprits, liqueurs et fruits à l'eau-de-vie, et par h
d'absinthe.

Cette surtaxe est indépendante du droit de six francs (6') par
tolitre établi à titre de taxe principale.

Délibéré en séance publique, à Versailles, le 12 Décembre 187

Le Président,

Signé L. BUFFET.

Les Secrétaires,

Signé FÉLIX VOISIN, VANDIER, T. DUCHÂTEL, LOUIS DE
E. DE CAZENOVE DE PRADINE.

LE PRÉSIDENT DE LA RÉPUBLIQUE PROMULGUE LA PRÉSENTE LOI.

Signé M^{al} DE MAC MAHON, duc DE MAGENTA.

Le Ministre des finances,

Signé MATHIEU-BODET.

RÉPUBLIQUE FRANÇAISE.

N° 3662. — *Loi qui établit des Surtaxes à l'Octroi de Pont-l'Abbé (Finistère).*

Du 12 Décembre 1874.

(Promulguée au *Journal officiel* du 28 décembre 1874.)

L'Assemblée nationale a adopté la loi dont la teneur suit :

Article unique. A partir du 1er janvier 1875 et jusqu'au 31 décembre 1879 inclusivement, les surtaxes suivantes seront perçues à l'octroi de la commune de Pont-l'Abbé, département du Finistère, savoir :

Vins en cercles et en bouteilles, par hectolitre	0ᶠ 80ᶜ
Cidres, poirés et hydromels, par hectolitre	0 50
Alcool pur contenu dans les eaux-de-vie, esprits, liqueurs et fruits à l'eau-de-vie, par hectolitre	4 00
Absinthe (volume total), par hectolitre	4 00

Ces surtaxes sont indépendantes des droits de un franc vingt centimes (1ᶠ 20ᶜ) sur les vins, de cinquante centimes (0ᶠ50ᶜ) sur les cidres, et de six francs (6ᶠ) sur les alcools, établis à titre de taxes principales.

Délibéré en séance publique, à Versailles, le 12 Décembre 1874.

Le Président,

Signé L. BUFFET.

Les Secrétaires,

Signé FÉLIX VOISIN, VANDIER, T. DUCHÂTEL, LOUIS DE SÉGUR,
E. DE CAZENOVE DE PRADINE.

LE PRÉSIDENT DE LA RÉPUBLIQUE PROMULGUE LA PRÉSENTE LOI.

Signé Mᵃˡ DE MAC MAHON, duc DE MAGENTA.

Le Ministre des finances,

Signé MATHIEU-BODET.

RÉPUBLIQUE FRANÇAISE.

N° 3663. — *Loi qui établit une Surtaxe à l'Octroi de la commune de Plouigneau (Finistère).*

Du 18 Décembre 1874.

(Promulguée au *Journal officiel* du 28 décembre 1874.)

L'Assemblée nationale a adopté la loi dont la teneur suit :

ARTICLE UNIQUE. A partir du 1ᵉʳ janvier 1875 et jusqu'au 31 décembre 1879 inclusivement, il sera perçu à l'octroi de la comm de Plouigneau, département du Finistère, une surtaxe de dix-h francs (18ᶠ) :

1° Par hectolitre d'alcool pur contenu dans les eaux-de-vie et espri liqueurs et fruits à l'eau-de-vie;

2° Par hectolitre d'absinthe.

Cette surtaxe est indépendante du droit de six francs (6ᶠ) par tolitre établi en taxe principale.

Délibéré en séance publique, à Versailles, le 18 Décembre 187

Le Président,

Signé L. BUFFET.

Les Secrétaires,

Signé FÉLIX VOISIN, VANDIER, T. DUCH
LOUIS DE SÉGUR.

LE PRÉSIDENT DE LA RÉPUBLIQUE PROMULGUE LA PRÉSENTE LOI.

Signé Mᵃˡ DE MAC MAHON, duc DE MAG

Le Ministre des finances,

Signé MATHIEU-BODET.

RÉPUBLIQUE FRANÇAISE.

N° 3664. — *Loi portant prorogation de Surtaxe à l'Octroi de la co de Saint-Marc (Finistère).*

Du 18 Décembre 1874.

(Promulguée au *Journal officiel* du 28 décembre 1874.)

L'ASSEMBLÉE NATIONALE A ADOPTÉ LA LOI dont la teneur suit :

ARTICLE UNIQUE. A partir du 1ᵉʳ janvier 1875 et jusqu'au 31 cembre 1879 inclusivement, il sera perçu à l'octroi de la com de Saint-Marc, département du Finistère, une surtaxe de dix-francs (19ᶠ) par hectolitre d'alcool pur contenu dans les eaux-de-esprits, liqueurs et fruits à l'eau-de-vie, et par hectolitre d'absin

Cette surtaxe est indépendante du droit de six francs (6ᶠ) par hectolitre établi en taxe principale.

Délibéré en séance publique, à Versailles, le 18 Décembre 1874.

Le Président,

Signé L. BUFFET.

Les Secrétaires,

Signé FÉLIX VOISIN, VANDIER, T. DUCHÂTEL, LOUIS DE SÉGUR.

LE PRÉSIDENT DE LA RÉPUBLIQUE PROMULGUE LA PRÉSENTE LOI.

Signé Mᵈ DE MAC MAHON, duc DE MAGENTA.

Le Ministre des finances,

Signé MATHIEU-BODET.

RÉPUBLIQUE FRANÇAISE.

N° 3665. — *Loi qui établit une Surtaxe à l'Octroi de la commune de Ploudaniel (Finistère).*

Du 22 Décembre 1874.

(Promulguée au Journal officiel du 31 décembre 1874.)

L'ASSEMBLÉE NATIONALE A ADOPTÉ LA LOI dont la teneur suit :

ARTICLE UNIQUE. A partir du 1ᵉʳ janvier 1875 et jusqu'au 31 décembre 1879 inclusivement, il sera perçu à l'octroi de la commune de Ploudaniel, département du Finistère, une surtaxe de dix-huit francs (18ᶠ) par hectolitre d'alcool pur contenu dans les eaux-de-vie, esprits, liqueurs et fruits à l'eau-de-vie, et par hectolitre d'absinthe.

Cette surtaxe est indépendante du droit de six francs (6ᶠ) par hectolitre établi à titre de taxe principale.

Délibéré en séance publique, à Versailles, le 22 Décembre 1874.

Le Président,

Signé L. BUFFET.

Les Secrétaires,

Signé FÉLIX VOISIN, VANDIER, T. DUCHÂTEL, Vᵗᵉ BLIN DE BOURDON, E. DE CAZENOVE DE PRADINE.

LE PRÉSIDENT DE LA RÉPUBLIQUE PROMULGUE LA PRÉSENTE LOI.

Signé Mᵗ DE MAC MAHON, duc DE MAGENTA.

Le Ministre des finances,

Signé MATHIEU-BODET.

RÉPUBLIQUE FRANÇAISE.

N° 3666. — *Loi qui ouvre au Ministre de la Marine et des Colonies un Crédit sur l'exercice 1874.*

Du 22 Décembre 1874.

(Promulguée au Journal officiel du 31 décembre 1874.)

L'ASSEMBLÉE NATIONALE A ADOPTÉ LA LOI dont la teneur suit :

ART. 1ᵉʳ. Il est ouvert au ministre de la marine et des colon sur l'exercice 1874, en augmentation des crédits ouverts par la du 29 décembre 1873 pour le budget général de cet exercice, crédit montant à la somme de sept cent mille francs (700,00 applicable au chapitre IX (*Vivres*).

2. Il sera pourvu à ce supplément de crédit au moyen des sources générales du budget dudit exercice.

. Délibéré en séance publique, à Versailles, le 22 Décembre 1874.

Le Président,

Signé L. BUFFET.

Les Secrétaires,

Signé FÉLIX VOISIN, VANDIER, T. DUCHÂTEL, Vᵗᵉ BLIN DE BOU
E. DE CAZENOVE DE PRADINE.

LE PRÉSIDENT DE LA RÉPUBLIQUE PROMULGUE LA PRÉSENTE LOI.

Signé Mᵃˡ DE MAC MAHON, duc DE MAGENT

Le Ministre des finances,

Signé MATHIEU-BODET.

RÉPUBLIQUE FRANÇAISE.

N° 3667. — *Loi qui ouvre au Ministère de l'Instruction publique et des Cultes un Crédit sur l'exercice 1874.*

Du 23 Décembre 1874.

(Promulguée au Journal officiel du 6 janvier 1875.)

L'ASSEMBLÉE NATIONALE A ADOPTÉ LA LOI dont la teneur suit :

ART. 1ᵉʳ. Il est ouvert au ministère de l'instruction publique et cultes, sur l'exercice 1874, par addition au chapitre III du bu des cultes (*Cardinaux, archevéques et évéques*), un crédit montant à cent dix-huit mille trente-trois francs trente-quatre centimes (118,033ᶠ 34ᶜ).

2. Il sera pourvu à cette dépense au moyen des ressources générales du budget de 1874.

Délibéré en séance publique, à Versailles, le 23 Décembre 1874.

Le Président,

Signé L. BUFFET.

Les Secrétaires,

Signé FÉLIX VOISIN, LOUIS DE SÉGUR, E. DE CAZENOVE
DE PRADINE, T. DUCHÂTEL.

LE PRÉSIDENT DE LA RÉPUBLIQUE PROMULGUE LA PRÉSENTE LOI.

Signé M** DE MAC MAHON, duc DE MAGENTA.

*Le Ministre de l'instruction publique, des cultes
et des beaux-arts,*

Signé A. DE CUMONT.

RÉPUBLIQUE FRANÇAISE.

N° 3668. — *Loi qui établit une Surtaxe à l'Octroi de Milizac (Finistère).*

Du 23 Décembre 1874.

(Promulguée au *Journal officiel* du 9 janvier 1875.)

L'ASSEMBLÉE NATIONALE A ADOPTÉ LA LOI dont la teneur suit :

ARTICLE UNIQUE. A partir du 1er janvier 1875 et jusqu'au 31 décembre 1879 inclusivement, il sera perçu à l'octroi de la commune
de Milizac, département du Finistère, une surtaxe de vingt francs
(20f) par hectolitre d'alcool pur contenu dans les eaux-de-vie et
esprits, liqueurs et fruits à l'eau-de-vie, et par hectolitre d'absinthe.
Cette surtaxe est indépendante du droit de six francs (6f) par hectolitre établi à titre de taxe principale.

Délibéré en séance publique, à Versailles, le 23 Décembre 1874.

Le Président,

Signé L. BUFFET.

Les Secrétaires,

Signé FÉLIX VOISIN, LOUIS DE SÉGUR, E. DE CAZENOVE
DE PRADINE, T. DUCHÂTEL.

LE PRÉSIDENT DE LA RÉPUBLIQUE PROMULGUE LA PRÉSENTE LOI.

Signé M** DE MAC MAHON, duc DE MAGENTA.

Le Ministre des finances,

Signé MATHIEU-BODET.

RÉPUBLIQUE FRANÇAISE.

N° 3669. — DÉCRET qui modifie la composition du Conseil d'appel des îles Saint-Pierre et Miquelon.

Du 28 Septembre 1872.

LE PRÉSIDENT DE LA RÉPUBLIQUE FRANÇAISE,

Sur le rapport du ministre de la marine et des colonies et du garde sceaux, ministre de la justice;

Vu les ordonnances des 26 juillet 1833 [1] et 6 mars 1843 [2], et le d du 4 avril 1868 [3], concernant l'organisation judiciaire des îles Saint-Pi et Miquelon,

DÉCRÈTE :

ART. 1er. Le chirurgien chargé du service de santé et le capi de port, qui, aux termes de l'article 43 de l'ordonnance orgar du 26 juillet 1833, sont appelés à siéger comme juges au d'appel des îles Saint-Pierre et Miquelon, cessent de faire part ce conseil. Ils sont remplacés par deux officiers du commissari la marine pourvus du diplôme de licencié en droit et désignés effet par le commandant de la colonie.

2. A défaut d'officiers du commissariat de la marine du diplôme de licencié en droit, le contrôleur colonial et le missaire de l'inscription maritime sont appelés à siéger au d'appel.

3. Sont et demeurent maintenues toutes les dispositions de donnances et du décret susvisés qui ne sont pas contraires au sent décret.

4. Le ministre de la marine et des colonies et le garde des sce: ministre de la justice, sont chargés, chacun en ce qui le conc de l'exécution du présent décret.

Fait à Paris, le 28 Septembre 1872.

Signé A. THIERS.

Le Vice-Amiral, Ministre de la marine et des colonies,

Signé A. POTHUAU.

Le Garde des sceaux, Ministre de la ju

Signé J. DUFAURE.

[1] IX° série, 2° partie, 1re section, Bull. 246, n° 4930.

[2] IX° série, Bull. 988, n° 10.568.
[3] XI° série, Bull. 1587, n° 15.961.

RÉPUBLIQUE FRANÇAISE.

N° 3670. — Décret *qui modifie l'organisation judiciaire des îles*
Saint-Pierre et Miquelon.

Du 9 Octobre 1874.

LE PRÉSIDENT DE LA RÉPUBLIQUE FRANÇAISE,

Sur le rapport du ministre de la marine et des colonies et du garde des
sceaux, ministre de la justice;

Vu les ordonnances des 26 juillet 1833 [1] et 6 mars 1843 [2], et le décret du
avril 1868 [3], concernant l'organisation judiciaire des îles Saint-Pierre et
Miquelon;

Vu le décret du 28 septembre 1872, modifiant la composition du conseil
d'appel des îles Saint Pierre et Miquelon;

Vu le décret du 15 avril 1873, portant suppression du contrôle colonial,

DÉCRÈTE :

ART. 1er. L'article 2 du décret du 28 septembre 1872, portant
modification du conseil d'appel des îles Saint-Pierre et Miquelon, est
modifié ainsi qu'il suit :

« Art. 2. A défaut d'officiers du commissariat de la marine pourvus du diplôme de licencié en droit, les deux officiers de ce corps
les plus élevés en grade, et, à grade égal, les plus anciens de services, choisis parmi ceux attachés au service de la colonie, sont
appelés à siéger au conseil d'appel. »

2. Le ministre de la marine et des colonies et le garde des sceaux,
ministre de la justice, sont chargés, chacun en ce qui le concerne,
de l'exécution du présent décret, qui sera inséré au Bulletin des lois
au Bulletin officiel de la marine.

Fait à Paris, le 9 Octobre 1874.

Signé M^{al} DE MAC MAHON.

Le Garde des sceaux, Ministre de la justice,   *Le Ministre de la marine et des colonies,*

Signé A. TAILHAND.   Signé MONTAIGNAC.

RÉPUBLIQUE FRANÇAISE.

N° 3671. — Décret *qui approuve le Traité passé pour l'établissement et
l'exploitation d'une ligne de Voies ferrées à traction de chevaux dans la ville
du Havre, entre la jetée et l'octroi de Rouen.*

Du 16 Novembre 1874.

LE PRÉSIDENT DE LA RÉPUBLIQUE FRANÇAISE,

[1] IX° série, 2° partie, 1re section,   [2] IX° série, Bull. 988, n° 10,568.
Bull. 246, n° 4930.   [3] XI° série, Bull. 1587, n° 15,964.

Sur le rapport du ministre des travaux publics;

Vu le décret du 4 octobre 1873 [1], qui déclare d'utilité publique l'établissement d'une ligne de voies ferrées à traction de chevaux sur diverses voies publiques de la ville du Havre et concède à cette ville lesdites voies ferrées sous les clauses et conditions du cahier des charges annexé au décret;

Vu le décret du 29 mars 1874 [2], qui modifie partiellement le tracé approuvé par le décret précédent;

Vu l'article 2 du cahier des charges précité, ainsi conçu :

« La ville du Havre est autorisée à passer des traités avec une ou plusieurs « compagnies pour l'établissement et l'exploitation de la ligne concédée. Ces « traités devront assurer l'exécution des clauses du présent cahier des charges. « Ils seront approuvés par décrets rendus en Conseil d'État. La ville demeu- « rera garante envers l'État de l'accomplissement des obligations que le cahier « des charges lui impose; »

Vu le traité passé, le 3 novembre 1873, entre la ville du Havre et la banque française et italienne, dont le siége est à Paris, rue de Provence, n° 34, pour l'établissement et l'exploitation de ladite voie ferrée;

Vu les délibérations du conseil municipal du Havre, en date des 17 octobre et 31 décembre 1873 et 6 mai 1874;

Vu les lettres du préfet de la Seine-Inférieure, des 22 novembre 1873, 14 janvier et 22 juin 1874;

Vu l'avis du conseil général des ponts et chaussées, en date du 1er octobre 1874;

Vu la lettre du ministre de l'intérieur, du 16 octobre 1874;

Le Conseil d'État entendu,

Décrète :

Art. 1er. Est approuvé le traité ci-dessus visé, passé entre la ville du Havre et la banque française et italienne, pour l'établissement et l'exploitation d'une ligne de voies ferrées à traction de chevaux dans la ville, entre la jetée et l'octroi de Rouen; ce traité restera annexé au présent décret.

2. Le ministre des travaux publics est chargé de l'exécution du présent décret.

Fait à Paris, le 16 Novembre 1874.

Signé Mal DE MAC MAHON.

Le Ministre des travaux publics,

Signé E. Caillaux.

Entre les soussignés, M. *Ulysse Guillemard*, chevalier de la Légion d'honneur maire de la ville du Havre, agissant en cette qualité, en vertu d'une délibération municipale en date du 17 octobre 1873,

D'une part,

Et M. *Frédéric de la Hault*, propriétaire, demeurant à Paris, rue Saint-Georges, n° 28, agissant au nom de la banque française et italienne, ayant son siége également à Paris, rue de Provence, n° 34, en vertu d'une procuration passée devant Me *Pérard*, notaire à Paris, le 23 octobre 1873, laquelle, avec trois extraits de déli-

[1] Bull. 194, n° 3098.　　　　[2] Bull. 204, n° 3098.

rations de l'assemblée générale et du comité consultatif de la banque française e
Sienne justificatifs des qualités, demeurera annexée au présent,

À été dit et convenu ce qui suit :

ART. 1er. La ville du Havre rétrocède à la banque française et italienne, représen-
, comme il est dit ci-dessus, par M. de la Hault, l'entreprise de construction et
exploitation de deux lignes de tramways à établir dans la ville du Havre et dési-
les aux décrets des 4 octobre 1873 et 29 mars 1874, portant concession par l'État
à ville.

L M. de la Hault, ès qualités, déclare accepter dans toute leur teneur les clauses,
rges et avantages portés au cahier des charges de la concession qui est faite par
à la ville du Havre, et s'engage à se substituer à elle pour l'exécution de toutes
obligations mentionnées audit acte, dont un exemplaire, signé et paraphé des
traclants, sera annexé au présent.

La ville du Havre s'engage à ne demander à l'autorité supérieure aucune modi-
fion aux dispositions adoptées audit cahier des charges qu'après que l'entrepre-
aura été entendu.

Indépendamment des clauses énoncées au cahier des charges de la concession,
de la Hault, aux noms qu'il agit, déclare accepter et s'engage à exécuter dans
le leur teneur les conventions additionnelles suivantes : l'intérieur des wagons
t éclairé la nuit par des lampes devant projeter une lumière intérieure suffisante;
mêmes lampes pourront servir également pour l'éclairage extérieur des wagons;
feux seront : rouge à l'avant, vert à l'arrière. En temps de fort brouillard, ils de-
æ être allumés pendant le jour.

les véhicules devront être munis de freins capables de permettre en toute sécurité
escente des plus fortes rampes du réseau, et aussi l'arrêt presque immédiat du
on. Les wagons devront toujours être en parfait état sous tous les rapports.

. Les divers agents composant le personnel de l'entreprise devront justifier, cha-
dans sa spécialité, des qualités requises pour leur emploi. Ce personnel sera
x nombreux pour qu'aucune partie du service ne puisse jamais rester en souf-
æ. Un costume uniforme et un numéro distinct sont obligatoires pour les cochers
nducteurs dans l'exercice de leurs fonctions, ainsi que pour tout agent de l'en-
bise qu'il serait reconnu nécessaire de placer sur le parcours aux endroits indi-
par l'administration municipale, en vue de prévenir tout accident, notamment
ngles des rues ou naissances de courbes à petits rayons. Les cochers, conduc-
et gardes seront munis d'un sifflet ou d'une trompe et d'un drapeau pour an-
r le passage du wagon.

Les chevaux devront réunir les conditions indispensables pour satisfaire com-
ment aux exigences du service; ils seront convenablement harnachés; en un
, l'attelage d'un wagon ne devra jamais laisser rien à désirer.

. L'exécution des travaux des diverses voies ferrées rétrocédées sera commencée
médiatement après que les autorisations nécessaires auront été obtenues de l'ad-
istration supérieure, à la diligence du rétrocessionnaire. Celui-ci supportera la
anse de rétablissement des ouvrages de toute nature que la pose des lignes fer-
obligerait à modifier sur les voies publiques, tels que siphons, bouches à clef,
nes, regards, etc. dépendant du service municipal ou appartenant aux compa-
s des eaux ou du gaz. En cas d'inachèvement des travaux au 31 janvier 1874, et
ce seul fait, le rétrocessionnaire sera passible, par chaque jour de retard, d'une
nde de cent francs qui sera prélevée sur le cautionnement fourni. Si, de plus,
e se trouvait pas en mesure de commencer le lendemain, 1er février, le service
ploitation générale, la ville ferait exécuter, par tels moyens qu'elle jugerait con-
ables et pour le compte dudit rétrocessionnaire, des transports publics sur les
ra points que les tramways sont appelés à desservir.

. Le rétrocessionnaire est autorisé à faire les règlements qu'il jugera utiles pour
ervice et l'exploitation du chemin de fer. Ces règlements seront soumis à l'appro-
on de l'autorité municipale pour tout ce qui concerne l'ordre public et la sécu-
des voyageurs. Ils seront affichés dans l'intérieur de chaque wagon et dans les
les ou salles d'attente dont l'administration pourra prescrire l'établissement. Le
cessionnaire devra congédier ceux des agents qui lui seraient signalés par l'auto-
comme ayant fait preuve, soit d'imprudence, soit d'inaptitude, ou comme ayant
vus en état d'ivresse, ou, enfin, comme ayant manqué de politesse et de conve-
ce envers le public.

9. Les wagons du chemin de fer devront marcher avec une vitesse d'environ douze kilomètres à l'heure. La marche sera ralentie, et même les chevaux seront mis au pas, au débouché des rues aboutissant à la voie ferrée et aux endroits où l'autorité jugera que les circonstances l'exigent. Si, nonobstant l'avertissement donné par les cochers, conducteurs ou préposés à la surveillance de la voie, une voiture se trouvait en totalité ou partie sur ladite voie, les cochers des wagons seront tenus de mettre leurs chevaux au pas ou même de les arrêter jusqu'à ce que la voie ferrée se trouve libre de tout obstacle.

10. Le nombre des voyages, les heures de départ et d'arrivée sur toutes les lignes seront réglées de commun accord entre l'entrepreneur et l'administration municipale, sans toutefois qu'à chaque station intermédiaire ou aux têtes de ligne il puisse se trouver, en toute saison (les temps de neige et de glace exceptés), un intervalle de plus de dix minutes entre les départs et les arrivées. Le service commencera au plus tôt pour être en activité, sur tout le parcours, au plus tard à sept heures du matin en été et à huit heures en hiver. Les derniers départs des points extrêmes des lignes auront lieu, en été, à onze heures du soir, et, en hiver, à dix heures; passé ces heures, le service sera facultatif.

11. Les employés des services municipaux, dont le transport est gratuit aux termes de l'article 28 du cahier des charges, seront munis de cartes spéciales délivrées par l'entreprise sur les indications de l'administration municipale.

12. Indépendamment des dispositions de l'article 19 du cahier des charges, le rétrocessionnaire pourra être déchu de tous ses droits: 1° si, après que les tramways auront été livrés à la circulation, l'exploitation en était suspendue pendant trois jours consécutifs sans cause reconnue légitime par l'administration; 2° s'il y avait lieu de constater à la charge du rétrocessionnaire des faits susceptibles de compromettre la sécurité publique; 3° s'il était déclaré en état de faillite.

13. Le cautionnement affecté à la garantie des obligations du présent traité est fixé à la somme de quarante mille francs, soit en espèces, soit en obligations de la ville du Havre ou rentes sur l'État français.

Il sera versé par le rétrocessionnaire à la succursale de la Banque de France au Havre, où il restera déposé aux conditions de cet établissement jusqu'à l'approbation du présent, après quoi il sera versé à la caisse municipale. Le récépissé du versement à la Banque devra, à titre de justification, être remis à la ville. Toutefois, ce versement pourra être également fait à la banque du crédit havrais, sous réserve de la même justification. La moitié du cautionnement déposé sera conservée par l'administration à titre de cautionnement permanent et affectée à la garantie d'une bonne exploitation, ainsi qu'à l'accomplissement de toutes les charges et conditions de l'entreprise. L'autre moitié sera remboursée au rétrocessionnaire, sur certificats des ingénieurs, par quart, au fur et à mesure de l'avancement des travaux. Si le cautionnement, tant provisoire que permanent, est entamé par application d'une pénalité, l'entreprise devra le reconstituer dans les trois jours de l'information qui lui en sera donnée par l'administration municipale, à peine de déchéance; enfin, pour quelque cause que le rétrocessionnaire soit déchu, le cautionnement sera de plein droit acquis à la ville.

14. A titre de droit de stationnement sur la voie publique, le rétrocessionnaire sera tenu de verser à la ville, savoir: 1° une somme annuelle de douze mille francs pendant les deux premières années de la rétrocession; 2° une somme annuelle de quinze mille francs pendant les douze années suivantes; 3° une somme annuelle de dix-huit mille francs pendant les quinze dernières années, sans que ce droit de stationnement puisse être augmenté sous aucun prétexte et sans que le rétrocessionnaire puisse être assujetti à d'autres taxes municipales de stationnement. Les versements seront opérés en espèces et en une seule fois à la caisse municipale, le 31 juillet de chaque année.

15. Dans les cas de déchéance prévus à l'article 12 du présent traité, la ville se réserve, soit de faire achever les travaux, soit de faire procéder à l'exploitation par voie de régie, au compte de la faillite, et ce jusqu'à ce qu'une autre rétrocession ou adjudication ait été prononcée à la folle enchère de l'entreprise.

16. A l'époque de l'expiration de l'entreprise, la ville sera subrogée à tous les droits du rétrocessionnaire et entrera immédiatement en possession de la voie ferrée, qui deviendra sa propriété; quant au matériel mobile, la ville pourra s'en rendre propriétaire à dire d'experts, en faisant connaître son intention trois mois avant l'expiration de l'entreprise. Le chemin de fer et ses dépendances devront se trouver, à

époque de l'expiration, en parfait état d'entretien. A cet effet, si, pendant les cinq dernières années de la concession, l'entreprise négligeait de satisfaire complétement ses obligations, l'administration municipale aurait le droit de prélever sur le cautionnement les dépenses qu'elle aurait faites pour le rétablissement en bon état du chemin de fer et de ses dépendances.

17. La banque française et italienne ne pourra céder tout ou partie de la rétrocession sans l'assentiment exprès de l'administration municipale.

18. Ladite banque française et italienne fait, dès à présent, élection de domicile au Havre, chez M. *Oscar Guyot*, directeur des tramways, actuellement rue de Bordeaux, n° 39, où toutes pièces, actes, ordres, etc. concernant l'entreprise lui seront adressés ou signifiés.

19. Comme corollaire de l'article 34 du cahier des charges, l'administration municipale se réserve la faculté de retirer, sans être tenue de payer aucune indemnité, privilége de la rétrocession qu'elle a faite à la banque française et italienne, non-seulement dans le cas où l'autorisation accordée par le décret du 4 octobre 1873 serait rapportée, mais encore dans le cas où une pareille mesure serait exigée par l'État dans l'intérêt de la circulation ou tout autre intérêt public.

20. Les frais de timbre et d'enregistrement auxquels donneront lieu le cahier des charges susdaté ainsi que le présent traité seront supportés par la banque française et italienne.

Fait double, au Havre, le 3 novembre 1873.

Approuvé l'écriture :   Signé GUILLEMARD.

Par procuration de la banque française-italienne :

Signé DE LA HAULT.

Vu pour être annexé au décret en date du 16 novembre 1874, enregistré sous le n° 725.

Le Ministre des travaux publics,

Signé E. CAILLAUX.

———

Assemblée générale des actionnaires de la banque française et italienne
(société anonyme).

L'an 1872, le 14 février, à trois heures du soir,

Les actionnaires de la banque française et italienne, société anonyme au capital de cette millions de francs, représenté par soixante mille actions, se sont réunis au siège social, à Paris, rue de la Bourse, n° 4, en assemblée générale constitutive, sur convocation faite par les fondateurs, par lettres closes, conformément à l'article 29 des statuts.

M. *Léopold Trivulzi*, président élu, ouvre la séance.

MM. *Kohn-Reinach* et *Weil-Schott* (*Cimon*), les deux plus forts actionnaires présents, prennent place au bureau en qualité de scrutateurs.

M. le président désigne M. *A. Blacque-Vignal* pour secrétaire.

M. le président vérifie la feuille de présence et constate que cinquante-neuf mille deux cents actions sont représentées, soit par leurs propriétaires, soit par des mandataires eux-mêmes actionnaires, c'est-à-dire plus de la moitié du capital social; en conséquence, il déclare l'assemblée régulièrement constituée pour délibérer.

L'assemblée nomme administrateurs pour six ans :

MM. L. Trivulzi,
       E. Cavaglion,
       E. Pasteur.

Cette résolution est adoptée à l'unanimité.

Les administrateurs, les membres du comité consultatif et le commissaire élus par l'assemblée, tous présents ou représentés, aux termes des pouvoirs énoncés à la feuille de présence, déclarent accepter respectivement les fonctions auxquelles sont nommés :

M. le président prend acte de ces acceptations et déclare la société défi constituée.

Pour copie conforme :

Le Président de l'assemblée,

Signé TRIVULZI.

En marge de ladite copie de délibération se trouve la mention suivante : « Enregistré à Paris, troisième bureau, le 17 février 1872, folio 43 verso, « Reçu deux francs quarante centimes. Signé *Girodroux*. »

Extrait littéralement sur ladite copie de délibération, déposée pour M° *Gautier*, notaire à Paris, suivant acte reçu par lui et son collègue, aussi à Paris, le 16 février 1872, enregistré.

L'an 1873, le 24 octobre, les présentes ont été extraites et collationnées sur copie de délibération et délivrées par M° *Pérard*, notaire à Paris, soussigné, successeur immédiat dudit M° *Gautier* et détenteur des minutes de son ex

Signé PÉRARD.

Vu pour légalisation de la signature de M° *Pérard*, notaire à Paris, par nous, près le tribunal civil de première instance de la Seine, pour M. le président, péché.

Paris, le 24 octobre 1873.

Signé MARCEAU.

Vu pour être annexé au traité du 3 novembre 1873.

Pour la banque française et italienne :

Signé DE LA HAULT.   Signé GUILLEMARD.

Vu pour être annexé au décret en date du 16 novembre 1874, enregistré n° 725.

Le Ministre des travaux publics,

Signé E. CAILLAUX.

————

Par-devant M° *Pérard* et son collègue, notaires à Paris, soussignés,

Ont comparu :

M. *Léopold-Charles-Paul Trivulzi*, propriétaire, chevalier de la Légion d' demeurant à Paris, rue Godot-de-Mauroy, n° 20,

Et M. *Édouard Pasteur*, propriétaire, demeurant à Paris, rue Malesherbes,

Agissant, M. *Trivulzi*, comme membre et président, et M. *Pasteur*, comme du conseil d'administration de la banque française et italienne, société anon capital de trente millions de francs, dont le siége est à Paris, rue de Provenc et précédemment rue de la Bourse, n° 4, en vertu des pouvoirs qu'ils tien articles 14 et 15 des statuts de la société, passés devant M° *Gautier* et son col notaires à Paris, le 6 février 1872 (ledit M° *Gautier* prédécesseur immédiat de rard, soussigné) ;

Lesquels ont, par ces présentes, constitué pour leur mandataire aux effets ci-M. *Frédéric de la Hault*, propriétaire, demeurant à Paris, rue Saint-Georges.

Auquel ils donnent pouvoir de, pour eux et en leurs noms et qualités sus

Signer avec la ville du Havre le contrat de rétrocession, par cette ville, à la française et italienne, de la concession de l'établissement et de l'exploitatio tramway accordé par l'État à ladite ville ;

Passer et signer tous actes, élire domicile, et généralement faire le nécessaire.

Dont acte :

Fait et passé à Paris, au siège de la banque française et italienne, rue de Pro-
nce, n° 34,
L'an 1873, le 23 octobre.

Et les comparants ont signé avec les notaires, après lecture.

Signé E. Pasteur, Trivulzi, Rouget, Pérard.

Enregistré à Paris, le 23 octobre 1873, troisième bureau, folio 9 verso, case 2.
Reçu trois francs soixante centimes, décime compris. Signé (illisible).

Vu pour légalisation de la signature de Mme Pérard et Rouget, notaires à Paris, par
b, juge près le tribunal civil de première instance de la Seine, pour M. le prési-
t, empêché.

Paris, le 23 octobre 1873.

Signé Marceau.

Vu pour être annexé au traité du 3 novembre 1873.

Pour la banque française et italienne :

Signé DE LA HAULT.   Signé Guillemard.

Vu pour être annexé au décret en date du 16 novembre 1874, enregistré sous
n° 25.

Le Ministre des travaux publics,

Signé E. Caillaux.

_____

Extrait de la délibération du comité consultatif de la banque française et italienne,
du 17 octobre 1873.

Présents : MM. L. S. Kœnigswarter, J. E. Gunzburg, A. Blacque-Vignal et compagnie, Kohn-Reinach et compagnie, B. Allegri et compagnie, Germain Halphen.

M. Trivulzi rappelle qu'à la date du 18 juin 1872 le comité consultatif a émis un
avis favorable sur la proposition d'entreprendre la construction et l'exploitation de
tramways en France et à l'étranger.

Il expose que, depuis cette époque, le Gouvernement français a décidé que les
concessions de tramways seraient accordées par l'État aux villes, et que celles-ci
seraient à leur tour avec des rétrocessionnaires.

M. Trivulzi demande au comité consultatif une confirmation de son vote du 18 juin
et la déclaration que ce vote s'applique, sous leur forme nouvelle, aux concessions des tramways du Havre, tant pour les lignes projetées que pour les extensions
qui seraient données dans l'avenir.

Le comité émet un avis favorable.

Paris, le 17 octobre 1873.

Le Président du comité consultatif de la banque française
et italienne,

Signé L. S. Kœnigswarter.

Vu pour être annexé au traité du 3 novembre 1873.

Pour la banque française et italienne :

Signé DE LA HAULT.   Signé Guillemard.

Vu pour être annexé au décret en date du 16 novembre 1874, enregistré sous le
n° 25.

Le Ministre des travaux publics,

Signé E. Caillaux.

_____

Par-devant M° *Gustave Pérard* et son collègue, notaires à Paris, soussignés,
A comparu :

M. *Léopold-Charles-Paul Trivulzi*, propriétaire, demeurant à Paris, rue Godot
Mauroy, n° 20,

Agissant comme l'un des administrateurs de la société anonyme dite *Banque
çaise et italienne*, au capital de trente millions de francs, dont le siège est à
rue de Provence, n° 34,

Lequel a, par ces présentes, déposé à M° *Pérard*, l'un des notaires soussi
l'a requis de mettre au rang de ses minutes, à la date de ce jour, pour en
lui délivré tous extraits et expéditions que besoin sera,

L'extrait du procès-verbal de l'assemblée générale des actionnaires de l
anonyme dite *Banque française et italienne*, en date du 29 avril 1873, aux t
laquelle l'assemblée a adopté à l'unanimité la proposition faite par le p
surseoir à la nomination d'un troisième administrateur, en autorisant les a
teurs actuels à s'adjoindre un troisième administrateur, après avoir pris
comité consultatif, sauf à faire ratifier cette nomination par la prochaine
générale;

Laquelle pièce, délivrée par M. *Trivulzi*, en sadite qualité qu'il agit en
sentes, écrite sur une feuille de papier frappée d'un timbre de dimensi
franc vingt centimes, non encore enregistrée, mais qui le sera en même t
les présentes, est demeurée ci-annexée après avoir été certifiée véritable
comparant et revêtue de la mention du tout par les notaires soussignés.

Mention des présentes est consentie partout où besoin sera.

Dont acte :

Fait et passé à Paris, au siège de la société de la banque française et i
de Provence, n° 34,

L'an 1873, le 18 octobre.

Et le comparant a signé avec les notaires, après lecture faite.

Ensuite est écrit :

«Enregistré à Paris, troisième bureau, le 21 octobre 1873, folio 97 verso
«Reçu trois francs soixante centimes. Signé *Colliot*.»

(Suit la teneur de l'annexe.)

*Extrait du procès-verbal de l'assemblée générale des actionnaires de la banque
et italienne, du 29 avril 1873.*

Le président expose que, jusqu'à ces derniers jours, la pensée de la f
conseil d'administration qui aurait lui-même choisi ses délégués avait fait
à la recherche d'un administrateur à adjoindre à l'administration sous la
tuelle. Il propose donc à l'assemblée de surseoir à la nomination d'un
administrateur, en autorisant les administrateurs actuels à s'adjoindre un
administrateur, après avoir pris l'avis du comité consultatif, sauf à faire ratifier
nomination par la prochaine assemblée.

Cette proposition est adoptée à l'unanimité.

Pour extrait conforme :

Signé TRIVULZI.

Ensuite est écrit :

«Enregistré à Paris, troisième bureau, le 21 octobre 1873, folio 72 recto,
«Reçu trois francs soixante centimes. Signé *Colliot*.»

Signé PÉRARD.

Vu pour légalisation de la signature de M° *Pérard*, notaire à Paris, par nous, j

près le tribunal civil de première instance de la Seine, pour M. le président, empêché.

Paris, le 21 octobre 1873.

Signé MARCEAU.

Vu pour être annexé au traité du 3 novembre 1873.

Pour la banque française et italienne :

Signé DE LA HAULT.   Signé GUILLEMARD.

Vu pour être annexé au décret en date du 16 novembre 1874, enregistré sous le
725.

Le Ministre des travaux publics,

Signé E. CAILLAUX.

RÉPUBLIQUE FRANÇAISE.

3672. — DÉCRET *qui autorise le Ministre des Finances à créer 52,000 Bons
de liquidation, conformément à la loi du 28 juillet 1874.*

Du 19 Novembre 1874.

LE PRÉSIDENT DE LA RÉPUBLIQUE FRANÇAISE,

Sur le rapport du vice-président du Conseil, ministre de la guerre, du
ministre de l'intérieur et du ministre des finances;

Vu la loi du 28 juillet 1874, accordant un dédommagement aux personnes qui ont éprouvé préjudice lors des destructions ordonnées par l'autorité militaire pendant la guerre de 1870-1871 ;

Vu l'article 9 de la loi du 7 avril 1873 et le décret du 20 mars 1874 [1], portant création des bons de liquidation à remettre aux départements, communes et particuliers pour les dommages résultant de l'invasion,

DÉCRÈTE :

ART. 1er. Le ministre des finances est autorisé à créer cinquante-
deux mille (52,000) bons de liquidation au porteur, de cinq cents
francs chacun, productifs d'un intérêt annuel de vingt-cinq francs et
remboursables au pair en vingt-cinq ans, par voie de tirage au sort.
Le montant de ces bons sera affecté au payement : 1° des sommes
dues en vertu de jugements des tribunaux civils ou administratifs ;
2° des indemnités liquidées par la commission nommée conformément à la loi du 28 juillet 1874.

2. Les nouveaux bons de liquidation seront numérotés de 221,501
à 273,500, de façon à ne former qu'une seule série avec les bons qui

---

[1] Bull. 192, n° 2887.

ont été créés en vertu de la loi du 7 avril 1873 et du décret du 20 mars 1874.

Ils seront munis de cinquante coupons semestriels de douze francs cinquante centimes, payables les 15 janvier et 15 juillet de chaque année.

3. Le tirage des bons à rembourser aura lieu les 15 mai et 15 novembre de chaque année, conformément au tableau d'amortissement annexé au présent décret.

Les bons sortis au tirage du 15 mai seront remboursés à partir du 15 juillet, et ceux sortis au tirage du 15 novembre, à partir du 15 janvier suivant.

Le premier tirage se fera le 15 mai 1875 et le dernier le 15 novembre 1899.

4. Les sommes dues en vertu de jugements et les indemnités n convertibles en bons de liquidation seront payées en espèces par trésor, au moyen de la négociation du nombre de bons qui sera n cessaire pour faire face à tous ces payements.

Tableau d'amortissement des 52,000 bons de l

ANNÉES.	ORDRE numérique des semestres.	DATES DES TIRAGES.	NOMBRE de séries de 100 à extraire de la roue.	NOMBRE de bons de liquidation		Capital à raison de 500 francs par bon de liquidation sorti aux tirages semestriels.
				en circulation aux dates des tirages.	sortis aux tirages et remboursables aux échéances semestrielles.	
1	2	3		5	6	7
1874..		....				
1875..	1	15 mai 1875...........	5	52,000ᶠ	500ᶠ	250,000ᶠ
	2	15 novembre 1875....	6	51,500	600	300,000
1876..	3	15 mai 1876.........	6	50,900	600	300,000
	4	15 novembre 1876....	6	50,300	600	300,000
1877..	5	15 mai 1877...........	6	49,700	600	300,000
	6	15 novembre 1877....	6	49,100	600	300,000
1878..	7	15 mai 1878...........	6	48,500	600	300,000
	8	15 novembre 1878....	6	47,900	600	300,000
1879..	9	15 mai 1879..........	6	47,300	600	300,000
	10	15 novembre 1879....	7	46,700	700	350,000
1880..	11	15 mai 1880..........	7	46,000	700	350,000
	12	15 novembre 1880....	7	45,300	700	350,000
1881..	13	15 mai 1881...........	7	44,600	700	350,000
	14	15 novembre 1881....	7	43,900	700	350,000
1882..	15	15 mai 1882...........	7	43,200	700	350,000
	16	15 novembre 1882....	8	42,500	800	400,000

Il sera fait, à la charge des indemnitaires, une déduction représentant les frais et, s'il y a lieu, la perte à la négociation des bons.

5. Le crédit de deux cent mille francs ouvert au ministère des finances, en compte sur les frais matériels de la répartition des indemnités, par l'article 9 de la loi du 28 juillet 1874, fera l'objet d'un nouveau chapitre à ouvrir au budget du ministère des finances, exercice 1874, sous le n° 11 *bis* et le titre : *Dédommagements en raison des destructions ordonnées par l'autorité militaire.*

5. Le vice-président du Conseil, ministre de la guerre, le ministre de l'intérieur et le ministre des finances sont chargés, chacun en ce qui le concerne, de l'exécution du présent décret.

Fait à Paris, le 19 Novembre 1874.

Signé M^{al} DE MAC MAHON.

Le Vice-Président du Conseil,
Ministre de la guerre,   *Le Ministre de l'intérieur,*   *Le Ministre des finances,*

Signé Gal E. DE CISSEY.   Signé G^{al} DE CHABAUD LA TOUR.   Signé MATHIEU-BODET.

vertu de la loi du 28 juillet 1874.

	Annuités.	DATES des échéances de payement.	FRAIS matériels de l'opération. (Capital.)	DÉPENSE par année.	TOTALISATION.
	10	11	12	13	14
	"	....	200,000^f	200,000^f	200,000^f
	1,843,750^f	15 juillet 1875............ 15 janvier 1876............	4,500 4,500	1,862,750	2,052,750
	1,865,000	15 juillet 1876............ 15 janvier 1877............	4,500 4,500	1,874,000	3,926,750
	1,835,000	15 juillet 1877............ 15 janvier 1878............	4,500 4,500	1,844,000	5,770,750
	1,805,000	15 juillet 1878............ 15 janvier 1879............	4,500 4,500	1,814,000	7,584,750
	1,825,000	15 juillet 1879............ 15 janvier 1880............	4,500 4,500	1,834,000	9,418,750
	1,841,250	15 juillet 1880............ 15 janvier 1881............	4,500 4,500	1,850,250	11,269,000
	1,806,250	15 juillet 1881............ 15 janvier 1882............	4,500 4,500	1,815,250	13,084,250
	1,871,250	15 juillet 1882............ 15 janvier 1883............	4,500 4,500	1,830,250	14,914,500

ANNÉES.	ORDRE numérique des semestres.	DATES DES TIRAGES.	NOMBRE de séries de 100 à extraire de la roue.	NOMBRE de bons de liquidation en circulation aux dates des tirages.	sortis aux tirages et remboursables aux échéances semestrielles.	Capital à reins de 500 francs par bon de liquidation sorti aux tirages semestriels.
1	2	3	4	5	6	7
1883..	17	15 mai 1883.........	8	41,700ᶠ	800ᶠ	400,000ᶠ
	18	15 novembre 1883....	8	40,900	800	400,000
1884..	19	15 mai 1884.........	8	40,100	800	400,000
	20	15 novembre 1884....	9	39,300	900	450,000
1885..	21	15 mai 1885.........	9	38,400	900	450,000
	22	15 novembre 1885.....	9	37,500	900	450,000
1886..	23	15 mai 1886.........	9	36,600	900	450,000
	24	15 novembre 1886....	9	35,700	900	450,000
1887..	25	15 mai 1887.........	10	34,800	1.000	500,000
	26	15 novembre 1887....	10	33,800	1,000	500,000
1888..	27	15 mai 1888.........	10	32,800	1.000	500,000
	28	15 novembre 1888....	10	31,800	1,000	500,000
1889..	29	15 mai 1889.........	11	30,800	1,100	550,000
	30	15 novembre 1889....	11	29,700	1,100	550,000
1890..	31	15 mai 1890.........	11	28,600	1,100	550,000
	32	15 novembre 1890....	12	27,500	1,200	600,000
1891..	33	15 mai 1891.........	12	26,300	1,200	600,000
	34	15 novembre 1891....	12	25,100	1,200	600,000
1892..	35	15 mai 1892.........	12	23,900	1,200	600,000
	36	15 novembre 1892....	13	22,700	1,300	650,000
1893..	37	15 mai 1893.........	13	21,400	1,300	650,000
	38	15 novembre 1893....	13	20,100	1,300	650,000
1894..	39	15 mai 1894.........	14	18,800	1,400	700,000
	40	15 novembre 1894....	14	17,400	1,400	700,000
1895..	41	15 mai 1895.........	14	16,000	1,400	700,000
	42	15 novembre 1895....	15	14,600	1,500	750,000
1896..	43	15 mai 1896.........	15	13,100	1,500	750,000
	44	15 novembre 1896....	15	11,600	1,500	750,000
1897..	45	15 mai 1897.........	16	10,100	1,600	800,000
	46	15 novembre 1897....	16	8,500	1,600	800,000
1898..	47	15 mai 1898.........	17	6,900	1,700	850,000
	48	15 novembre 1898....	17	5,200	1,700	850,000
1899..	49	15 mai 1899.........	17	3,500	1,700	850,000
	50	15 novembre 1899....	18	1,800	1,800	900,000
TOTAUX......			....	....	52,000	26,000,000

Annuités.	Dates des échéances de payement.	Frais matériels de l'opération. (Capital.)	Dépense par année.	Totalisation.
10	11	12	13	14
1,832,500ᶠ	15 juillet 1883............ 15 janvier 1884............	4,500ᶠ 4,500	1,841,500ᶠ	16,756,000ᶠ
1,842,500	15 juillet 1884............ 15 janvier 1885............	4,500 4,500	1,851,500	18,607,500
1,848,750	15 juillet 1885............ 15 janvier 1886............	4,500 4,500	1,857,750	20,465,250
1,803,750	15 juillet 1886............ 15 janvier 1887............	4,500 4,500	1,812,750	22,278,000
1,857,500	15 juillet 1887............ 15 janvier 1888............	4,500 4,500	1,866,500	24,144,500
1,807,500	15 juillet 1888............ 15 janvier 1889............	4,500 4,500	1,816,500	25,961,000
1,856,250	15 juillet 1889............ 15 janvier 1890............	4,500 4,500	1,865,250	27,826,250
1,851,250	15 juillet 1890............ 15 janvier 1891............	4,500 4,500	1,860,250	29,686,500
1,842,500	15 juillet 1891............ 15 janvier 1892............	4,500 4,500	1,851,500	31,538,000
1,832,500	15 juillet 1892............ 15 janvier 1893............	4,500 4,500	1,841,500	33,379,500
1,818,750	15 juillet 1893............ 15 janvier 1894............	4,500 4,500	1,827,750	35,207,250
1,852,500	15 juillet 1894............ 15 janvier 1895............	4,500 4,500	1,861,500	37,068,750
1,832,500	15 juillet 1895............ 15 janvier 1896............	4,500 4,500	1,841,500	38,910,250
1,808,750	15 juillet 1896............ 15 janvier 1897............	4,500 4,500	1,817,750	40,728,000
1,832,500	15 juillet 1897............ 15 janvier 1898............	4,500 4,500	1,841,500	42,569,500
1,851,250	15 juillet 1898............ 15 janvier 1899............	4,500 4,500	1,860,250	44,429,750
1,816,250	15 juillet 1899............ 15 janvier 1900............	4,500 4,500	1,825,250	46,255,000
45,830,000	....	425,000	46,255,000	

annexé au décret du 19 novembre 1874.

Président du Conseil,
et de la guerre,
E. DE CISSEY.

Le Ministre de l'intérieur,
Signé Gᵃˡ DE CHABAUD LA TOUR.

Le Ministre des finances,
Signé MATHIEU-BODET.

RÉPUBLIQUE FRANÇAISE.

N° 3673. — *Décret qui déclare d'utilité publique l'établissement d'un Embrachement destiné à relier la fosse n° 5 des Mines de houille de Marles à la li de raccordement actuel de la fosse n° 3, sur le Chemin de fer des houillère Pas-de-Calais.*

Du 27 Novembre 1874.

LE PRÉSIDENT DE LA RÉPUBLIQUE FRANÇAISE,

Sur le rapport du ministre des travaux publics;

Vu les décrets, en date des 28 avril 1860 [1], 25 juin 1864 [2] et 4 août 186 autorisant la compagnie des mines de Marles à relier par une voie de les fosses d'extraction n°° 1, 2 et 3 de sa concession au chemin de fer houillères du Pas-de-Calais, et à cette voie, par des embranchements, fosses n°° 3 et 4; ensemble le cahier des charges annexé au décret su du 4 août 1869;

Vu la demande et l'avant-projet présentés par la même compagnie l'établissement d'un embranchement destiné à relier la fosse n° 5 à la actuelle de la fosse n° 3;

Vu le dossier de l'enquête ouverte sur cet avant-projet dans le dép ment du Pas-de-Calais, et notamment le procès-verbal de la commi d'enquête, en date du 25 février 1874;

Vu le procès-verbal de la conférence tenue entre les officiers du g les ingénieurs des ponts et chaussées, et l'adhésion donnée, le 8 1874, à l'exécution des travaux, par le colonel directeur des fortifica Arras, conformément à l'article 18 du décret du 16 août 1853 [4];

Vu l'avis du conseil général des ponts et chaussées, du 10 sept 1874;

Vu le certificat constatant le versement à la caisse des dépôts et cons tions d'une somme de sept mille deux cents francs (7,200ʳ), à titre de tionnement;

Vu la loi du 3 mai 1841, sur l'expropriation pour cause d'utilité publi

Le Conseil d'État entendu,

DÉCRÈTE :

ART. 1ᵉʳ. Est déclaré d'utilité publique l'établissement d'un e branchement destiné à relier la fosse n° 5 des mines de houille Marles à la ligne de raccordement actuelle de la fosse n° 3, su chemin de fer des houillères du Pas-de-Calais.

2. La compagnie des mines de Marles est autorisée à établir embranchement à ses frais, risques et périls, et aux clauses et c ditions du cahier des charges annexé au décret susvisé du 4 1869, sous la réserve des modifications suivantes :

1° L'embranchement dont il s'agit partira de l'emplacement d

---

[1] xiᵉ série, Bull. 801, n° 7710.
[3] xiᵉ série, Bull. 1230, n° 12,522.
[2] xiᵉ série, Bull. 1780, n° 17,407.
[4] xiᵉ série, Bull. 97, n° 816.

fosse n° 5 et aboutira à la ligne actuelle sur la fosse n° 3, à mille cinq cents mètres environ en avant de cette fosse;

2° Le maximum de l'inclinaison des pentes et rampes sera fixé à vingt et un millimètres par mètre;

3° Le cautionnement de l'entreprise sera fixé à la somme de sept mille deux cents francs (7,200').

3. L'embranchement concédé pourra, quant à présent, être exclusivement affecté aux transports des produits des mines de Marles, et la compagnie jouira du bénéfice des dispositions de l'article 62 du cahier des charges de la compagnie du Nord.

Toutefois, le Gouvernement se réserve la faculté d'exiger ultérieurement, et dès que la nécessité en sera reconnue après enquête, l'établissement, soit d'un service public de marchandises, soit d'un service de voyageurs et de marchandises, et, dans ce cas, les dispositions du titre IV et les articles 54, 55, 56 et 57 du titre V du cahier des charges susvisé recevront leur application.

4. Les expropriations nécessaires pour l'exécution des travaux devront être accomplis dans un délai de dix-huit mois, à partir de la promulgation du présent décret.

La compagnie sera soumise, pour ces expropriations, aux droits comme aux obligations qui dérivent, pour l'administration, de la loi du 3 mai 1841.

5. Le ministre des travaux publics est chargé de l'exécution du présent décret, lequel sera inséré au Bulletin des lois.

Fait à Paris, le 27 Novembre 1874.

Signé Mˡ DE MAC MAHON.

Le Ministre des travaux publics,

Signé E. CAILLAUX.

RÉPUBLIQUE FRANÇAISE.

N° 3674. — DÉCRET qui ouvre au Ministre des Finances des Crédits supplémentaires sur l'exercice 1874.

Du 28 Novembre 1874.

LE PRÉSIDENT DE LA RÉPUBLIQUE FRANÇAISE,

Sur le rapport du ministre des finances;

Vu la loi du 29 décembre 1873, portant fixation des crédits du budget de l'exercice 1874;

Vu les lois des 29 janvier, 28 mars, 21 mai, 25 juin, 28 juillet et 4 août 1874, qui ont ouvert des crédits sur le budget des dépenses du même exercice;

Le Conseil d'État entendu;

De l'avis du Conseil des ministres,

DÉCRÈTE :

ART. 1er. Il est ouvert au ministre des finances, sur l'exercice 1874, des crédits supplémentaires s'élevant à la somme de un million cent vingt-huit mille six cent soixante-dix francs quatre-vingt-quinze centimes (1,128,670f 95c), savoir :

CAPITAUX REMBOURSABLES À DIVERS TITRES.

| CHAP. VI. | Annuité à la Société générale algérienne.......... | 9,670f |

ENREGISTREMENT, DOMAINES ET TIMBRE.

| CHAP. LIV. | Matériel.... .... | 50,000 00 |
| LV. | Dépenses diverses........................... | 69,000 00 |

REMBOURSEMENTS ET RESTITUTIONS, NON-VALEURS, PRIMES ET ESCOMPTES.

| CHAP. LXXVIII. | Remboursements sur produits indirects et divers... | 1,000,000 00 |

2. Il sera pourvu à ces augmentations de crédits au moyen ressources générales du budget de l'exercice 1874.
3. Le présent décret sera soumis à la sanction de l'Assemblée tionale dans la première quinzaine de sa prochaine réunion.
4. Le ministre des finances est chargé de l'exécution du p décret, qui sera inséré au Bulletin des lois.
Fait à Versailles, le 28 Novembre 1874.

Signé Mal DE MAC MAHON.

Le Ministre des finances,

Signé MATHIEU-BODEr.

RÉPUBLIQUE FRANÇAISE.

N° 3675. — DÉCRET qui ouvre au Ministre des Finances un Crédit supplémentaire sur l'exercice 1874.

Du 28 Novembre 1874.

LE PRÉSIDENT DE LA RÉPUBLIQUE FRANÇAISE,

Sur le rapport du ministre des finances;
Vu la loi du 29 décembre 1873, portant fixation des crédits du budget de l'exercice 1874;

Vu les lois des 29 janvier, 28 mars, 21 mai, 25 juin, 28 juillet et 4 août 1874, qui ont ouvert des crédits sur le budget des dépenses du même exercice;

Le Conseil d'État entendu;

De l'avis du Conseil des ministres,

Décrète :

Art. 1er. Il est ouvert au ministre des finances, sur l'exercice 1874, un crédit supplémentaire s'élevant à la somme de deux cent quarante mille francs (240,000f) et applicable au chapitre xx (*Pensions civiles loi du 22 août 1790*]).

2. Il sera pourvu à cette augmentation de crédit au moyen des ressources générales du budget de l'exercice 1874.

3. Le présent décret sera soumis à la sanction de l'Assemblée nationale dans la première quinzaine de sa prochaine réunion.

4. Le ministre des finances est chargé de l'exécution du présent décret, qui sera inséré au Bulletin des lois.

Fait à Paris, le 28 Novembre 1874.

Signé M^{al} DE MAC MAHON.

Le Ministre des finances,

Signé Mathieu-Bodet.

RÉPUBLIQUE FRANÇAISE.

3676. — Décret *relatif à la répartition du Contingent Personnel et Mobilier assigné à la ville de Paris pour 1875.*

Du 1er Décembre 1874.

(Promulgué au *Journal officiel* du 5 décembre 1874.)

Le Président de la République française,

Vu la délibération en date du 15 octobre 1874, par laquelle le conseil municipal de la ville de Paris a demandé l'autorisation de répartir le contingent personnel et mobilier assigné à cette ville pour 1875 d'après les bases suivantes :

Les locaux d'une valeur matricielle de 400 à 599 francs et ceux des petits patentés inférieurs à ces chiffres payeront.............. 7f 05c p. o/o.
Ceux de 600 à 699... 8 05
Ceux de 700 à 799... 9 05
Ceux de 800 à 899... 10 05
Ceux de 900 à 999... 11 05
Ceux de 1,000 et au-dessus.................................... 12 05

Les locaux d'une valeur matricielle inférieure à quatre cents francs sont affranchis de toute cotisation; toutefois, cette exonération n'est pas applicable :

1° Aux propriétaires logés dans leur propre maison, ni aux ayant un simple pied-à-terre à Paris;

2° Aux propriétaires qui, alors même qu'ils n'habitent pas leur prop payent à Paris une contribution foncière s'élevant à trois cents francs;

3° Aux patentés dont le loyer d'habitation, réuni aux loyers indu atteint quatre cents francs.

La division d'un appartement ou d'un local occupé par plusieurs sonnes passibles de la contribution personnelle ne pourra avoir pour de modifier le montant de la contribution due pour l'ensemble des loca

La somme nécessaire pour parfaire, avec le produit du rôle, le moi du contingent de la ville de Paris sera prélevée sur le produit de l'octro

Vu l'article 20 de la loi du 21 avril 1832 et l'article 5 de la loi du 3 j 1846;

Vu la loi du 5 août 1874 (article 2), qui autorise la perception de di centimes (0ᶠ17ᶜ) additionnels au principal de la contribution person mobilière;

Sur le rapport du ministre des finances,

Décrète :

Art. 1ᵉʳ. La délibération susvisée du conseil municipal de est approuvée.

2. Le ministre des finances est chargé de l'exécution du p décret.

Fait à Paris, le 1ᵉʳ Décembre 1874.

Signé Mᵃˡ DE MAC MAH

Le Ministre des finances,

Signé MATHIEU-BODET.

RÉPUBLIQUE FRANÇAISE.

N° 3677. — *Décret portant nomination des Membres de la Commission c de l'examen des Comptes rendus par les Ministres, pour l'exercice 1 l'année 1874.*

Du 2 Décembre 1874.

LE PRÉSIDENT DE LA RÉPUBLIQUE FRANÇAISE,

Vu les articles 192, 193 et 195 du décret du 31 mai 1862 ⁽¹⁾, portant ment général sur la comptabilité publique, aux termes desquels une mission doit être chargée, chaque année, d'une part, d'arrêter le jo général et le grand-livre de l'administration des finances au 31 déce ainsi que les livres et registres tenus au trésor pour l'inscription des pensions et cautionnements, et d'autre part, de constater dans le p verbal de ses travaux la concordance des comptes rendus par les mini des divers départements avec les écritures qui ont servi à les établir;

Sur le rapport du ministre des finances,

Décrète :

⁽¹⁾ XIᵉ série, Bull. 1045, n° 10,527.

Art. 1°. Sont nommés membres de la commission chargée de
examen des comptes rendus par les ministres, pour l'exercice 1873
t l'année 1874 :

MM. *Raudot*, député, président;
Rousseau, député;
de Ravinel, député;
le comte *de Circourt*, conseiller d'État;
Vacherot, maître des requêtes;
le comte *Ogier d'Ivry*, conseiller maître à la cour des comptes;
de Saint-Paul-Laroche, conseiller référendaire de première
classe;
Colmet-Daâge, conseiller référendaire de première classe;
Razy, conseiller référendaire de deuxième classe.

2. Le ministre des finances est chargé de l'exécution du présent
cret.

Fait à Paris, le 2 Décembre 1874.

Le Ministre des finances,

Signé M°¹ DE MAC MAHON.

Signé Mathieu-Bodet.

RÉPUBLIQUE FRANÇAISE.

3678. — *Décret qui approuve le Traité passé pour l'établissement et
exploitation d'un réseau de Voies ferrées à traction de chevaux dans la ville
e Marseille.*

Du 7 Décembre 1874.

Le Président de la République française,

Sur le rapport du ministre des travaux publics;

Vu le décret du 19 septembre 1874 [1], qui déclare d'utilité publique l'établissement d'un réseau de voies ferrées à traction de chevaux sur diverses
ies publiques de la ville de Marseille et concède à cette ville lesdites voies
rrées, sous les clauses et conditions du cahier des charges annexé au
cret;

Vu l'article 2 dudit cahier des charges, ainsi conçu :

«La ville de Marseille est autorisée à passer des traités avec une ou plu-
eurs compagnies pour l'établissement et l'exploitation des lignes con-
dées. Ces traités devront assurer l'exécution des clauses du présent cahier
es charges. Ils seront approuvés par décrets rendus en Conseil d'État. La
ille demeurera garante envers l'État de l'accomplissement des obligations
e le cahier des charges lui impose; »

Vu le traité passé, les 20 décembre 1873 et 29 octobre 1874, entre la ville
e Marseille et la banque française et italienne, dont le siége est à Paris,
ue de Provence, n° 34, pour l'établissement et l'exploitation desdites voies
rrées;

[1] Bull. 231, n° 3534.

Vu les délibérations du conseil municipal et de la commission municipale
de Marseille, en date des 19 décembre 1873, 20 février et 1ᵉʳ juin 1874;
Vu les lettres du préfet des Bouches-du-Rhône, en date des 9 octobre et
2 novembre 1874;
Vu la lettre du ministre de l'intérieur, en date du 13 novembre 1874;
Le Conseil d'État entendu,

DÉCRÈTE :

ART. 1ᵉʳ. Est approuvé le traité ci-dessus visé, passé entre la ville
de Marseille et la banque française et italienne, pour l'établissement
et l'exploitation d'un réseau de voies ferrées à traction de chevaux
sur diverses voies publiques de cette ville.
Ce traité restera annexé au présent décret.
2. Le ministre des travaux publics est chargé de l'exécution du
présent décret.

Fait à Versailles, le 7 Décembre 1874.

Signé Mᵃˡ DE MAC MAHON.

Le Ministre des travaux publics,

Signé E. CAILLAUX.

Entre les soussignés, M. *Marius Isoard*, remplissant par intérim les fonctions
maire de la ville de Marseille, agissant en cette qualité et en vertu d'une décis-
du conseil municipal du 19 décembre 1873,
D'une part,
Et M. *Frédéric de la Hault*, propriétaire, demeurant à Paris, rue Saint-Geor-
agissant tant en son nom qu'au nom de la banque française-italienne, ayant
siége également à Paris, rue de Provence, n° 34,
D'autre part,
Il a été dit et convenu ce qui suit :
ART. 1ᵉʳ. La ville de Marseille s'engage à rétrocéder éventuellement à M.
Hault et à la banque française-italienne l'entreprise de construction et d'exploi-
des tramways à établir dans l'intérieur de la ville de Marseille, dont la conces-
été demandée à l'État par la ville.
2. M. *de la Hault* et la banque française-italienne déclarent accepter dans tout
teneur les clauses, charges et avantages portés au cahier des charges de la con-
sion qui sera faite par l'État à la ville de Marseille, et ils s'engagent à se subs_
elle pour l'exécution des obligations mentionnées audit cahier des charges, dont
exemplaire, signé par les contractants, sera ultérieurement annexé au présent_
3. Le cautionnement affecté à la garantie des obligations du présent traité est
à la somme de cent cinquante mille francs, soit en espèces, obligations de la vi_
de Marseille, ou rentes sur l'État Français.
Une partie de ce cautionnement, soit une somme de quarante mille francs, se_
conservée pendant la durée de la concession à titre de cautionnement permanent
affectée à la garantie d'une bonne exploitation; l'autre partie, soit la somme de c_
dix mille francs, sera remboursée aux rétrocessionnaires par quart, sur les certifi_
des ingénieurs et au fur et à mesure de l'avancement des travaux.
Si le cautionnement, tant provisoire que permanent, est entamé par l'applic_
d'une pénalité, l'entreprise devra le reconstituer dans les trois jours de l'inform_
tion qui lui en sera donnée par l'administration.
Enfin, pour quelque cause que les rétrocessionnaires soient déchus, le caution_
ment sera de plein droit acquis à la ville.
4. En cas d'inachèvement des travaux dans les délais stipulés dans les cahiers d_
charges, et par ce seul fait, les rétrocessionnaires seront passibles, par chaque jo_
de retard, d'une amende de cent francs, qui sera prélevée sur le cautionneme_
fourni; si, de plus, ils ne se trouvaient pas en mesure de commencer le servi_
d'exploitation générale dans les mêmes délais, la ville pourra faire exécuter, par t_

moyens qu'elle jugera convenable et pour le compte desdits rétrocessionnaires, des transports publics sur les divers points que les tramways sont appelés à desservir.

5. Indépendamment des dispositions de l'article 19 du cahier des charges, les rétrocessionnaires pourront être déchus de tous leurs droits :

1° Si, après que les tramways auront été livrés à la circulation, l'exploitation en était suspendue pendant trois jours consécutifs, sans causes reconnues légitimes ;

2° S'il y avait lieu de constater à la charge des rétrocessionnaires des faits susceptibles de compromettre la sécurité publique ;

3° S'ils étaient déclarés en état de faillite.

6. Les rétrocessionnaires seront tenus d'acquitter le droit de stationnement et de place dans les mêmes conditions imposées actuellement aux propriétaires de voitures faisant les transports en commun.

Ce droit s'acquittera en espèces à la caisse municipale, par trimestre et par anticipation, ainsi que cela est actuellement en usage.

Toutefois, pour la taxe applicable aux voitures des tramways, il est tenu compte des frais de premier établissement et de la participation de cette entreprise aux frais d'entretien des voies municipales.

En conséquence, les voitures de tramways sont imposées pour la durée de la concession à une taxe annuelle et par voiture de cinq cents francs pour les quatre-vingts premières voitures, quatre cents francs pour les vingt voitures suivantes, et deux cents francs pour toutes les voitures supplémentaires, quel que soit le nombre de jours que ces voitures auraient été annuellement en service.

7. A l'époque de l'expiration de l'entreprise, la ville sera subrogée à tous les droits des rétrocessionnaires et entrera immédiatement en possession de la voie ferrée, qui deviendra sa propriété. Quant au matériel mobile, la ville pourra s'en rendre acquéreur, à dire d'expert, en faisant connaître son intention trois mois avant l'expiration de la concession.

8. Les rétrocessionnaires ne pourront céder tout ou partie de la rétrocession sans l'assentiment de l'administration municipale. Dans le cas où il serait constitué une société, celle-ci devrait être agréée par l'administration et approuvée par le Gouvernement.

9. Les frais de contrôle qui pourraient être stipulés seront à la charge des rétrocessionnaires.

10. Comme corollaire de l'article 35 du cahier des charges, l'administration municipale se réserve la faculté de retirer, sans être tenue de payer aucune indemnité, le privilège de la rétrocession qu'elle a faite à M. de la Hault et à la banque française-italienne, non-seulement dans le cas où l'autorisation qui lui sera éventuellement accordée serait rapportée, mais encore dans le cas où une pareille mesure serait exigée par l'État dans l'intérêt de la circulation ou tout autre intérêt public.

11. Les rétrocessionnaires font dès à présent élection de domicile à Marseille, chez M. D. Rigaud, agent de change, où toutes pièces, actes, ordres, etc. concernant l'entreprise leur seront adressés ou signifiés.

12. Les frais de timbre et d'enregistrement auxquels donneront lieu le cahier des charges susrelaté, ainsi que le présent traité, seront supportés par les rétrocessionnaires.

Fait en double à Marseille, le 20 décembre 1873.

Approuvé l'écriture :
Signé F. DE LA HAULT.

Pour la banque française-italienne :
Signé F. DE LA HAULT.

L'Adjoint faisant fonctions de maire de Marseille,
Signé ISOARD.

Vu par le préfet des Bouches-du-Rhône,

Par délégation :
Le Secrétaire général,
Signé PAUL FARRE.

Vu pour être annexé au décret en date du 7 décembre 1874, enregistré sous le n° 762.

Le Ministre des travaux publics,
Signé E. CAILLAUX.

deux cent treize mille sept cent cinquante francs (213,750') pour l'ex
de ce chemin;

Vu, notamment, les paragraphes 2, 3 et 4 de l'article 3 dudit déc:
sont ainsi conçus :

« Cette subvention sera payée en termes semestriels égaux, aux
« qui seront ultérieurement fixées par un décret délibéré en Conseil

« Le département devra justifier, avant le payement de chaque
« d'une dépense, en achats de terrains ou en travaux et approvisionn
« sur place, triple de la somme à recevoir.

« Le dernier terme ne sera payé qu'après l'achèvement complet de:
« vux; »

Vu la loi précitée du 12 juillet 1865, sur les chemins de fer d'intérêt
Le Conseil d'État entendu,

Décrète :

Art. 1ᵉʳ. La subvention susmentionnée de deux cent treize
sept cent cinquante francs (213,750') sera payée en six termes
mestriels égaux, à partir du 15 janvier 1876, sous la réserve qu
compagnie concessionnaire aura produit les justifications qui
sont imposées par le décret précité.

2. Le ministre des travaux publics est chargé de l'exécution
présent décret.

Fait à Versailles, le 7 Décembre 1874.

Signé Mᵃˡ DE MAC MAHON

Le Ministre des travaux publics,

Signé E. Caillaux.

RÉPUBLIQUE FRANÇAISE.

N° 3681. — *Décret qui détermine les époques de payement de la S
allouée à la Compagnie concessionnaire du Chemin de fer d'intérêt local
Tournon à la Châtre.*

Du 7 Décembre 1874.

Le Président de la République française,

Sur le rapport du ministre des travaux publics;

Vu le décret, en date du 10 juin 1873 [1], qui a déclaré d'utilité p
l'établissement du chemin de fer d'intérêt local de Tournon à la Ch
alloué au département de l'Indre, sur les fonds du trésor, par app
de l'article 5 de la loi du 12 juillet 1865, une subvention de neuf ce
rante-cinq mille sept cents francs (945,700') pour l'exécution de ce

Vu notamment les paragraphes 2, 3 et 4 de l'article 3 dudit déc
sont ainsi conçus :

« Cette subvention sera payée en termes semestriels égaux, à des

[1] Bull. 177, n° 2655.

qui seront ultérieurement déterminées par un décret délibéré en Conseil d'État.

« Le département devra justifier, avant le payement de chaque terme, de l'emploi, en achats de terrains ou en travaux et approvisionnements sur place, d'une somme triple du terme à recevoir.

« Le dernier terme ne sera payé qu'après l'achèvement complet des travaux; »

Vu la loi précitée du 12 juillet 1865, sur les chemins de fer d'intérêt local ;

Le Conseil d'État entendu,

DÉCRÈTE :

ART. 1er. La subvention susmentionnée de neuf cent quarante-cinq mille sept cents francs (945,700f) sera payée en douze termes semestriels égaux, à partir du 15 janvier 1876, sous la réserve que la compagnie concessionnaire aura produit les justifications qui lui ont imposées par le décret précité.

2. Le ministre des travaux publics est chargé de l'exécution du présent décret.

Fait à Versailles, le 7 Décembre 1874.

Signé Mal DE MAC MAHON.

Le Ministre des travaux publics,

Signé E. CAILLAUX.

RÉPUBLIQUE FRANÇAISE.

3682. — DÉCRET *qui détermine les époques de payement de la Subvention allouée à la Compagnie concessionnaire du Chemin de fer d'intérêt local de Carentan à Carteret.*

Du 7 Décembre 1874.

LE PRÉSIDENT DE LA RÉPUBLIQUE FRANÇAISE,

Su le rapport du ministre des travaux publics;

Vu le décret, en date du 10 février 1874 [1], qui a déclaré d'utilité publique l'établissement du chemin de fer d'intérêt local de Carentan à Carteret et alloué au département de la Manche, sur les fonds du trésor, par application de l'article 5 de la loi du 12 juillet 1865, une subvention de deux cent mille francs (200,000f) pour l'exécution de ce chemin;

Vu, notamment, les paragraphes 2, 3 et 4 de l'article 3 dudit décret, qui sont ainsi conçus :

« Cette subvention sera payée en termes semestriels égaux, à des époques qui seront fixées ultérieurement par un décret délibéré en Conseil d'État.

« Le département devra justifier, avant le payement de chaque terme,

[1] Bull. 234, n° 3573.

«d'une dépense, en achats de terrains, travaux et approvisionnements sur-
«place, triple de la somme à recevoir.

«Le dernier terme ne sera payé qu'après l'achèvement complet des tra-
«vaux;»

Vu la loi précitée du 12 juillet 1865, sur les chemins de fer d'intérêt
local;

Le Conseil d'État entendu,

DÉCRÈTE :

ART. 1ᵉʳ. La subvention susmentionnée de deux cent mille fra
(200,000ᶠ) sera payée en quatre termes semestriels égaux, à
du 15 janvier 1876, sous la réserve que la compagnie con
naire aura produit les justifications qui lui sont imposées par
décret précité.

2. Le ministre des travaux publics est chargé de l'exécution
présent décret.

Fait à Versailles, le 7 Décembre 1874.

Signé Mᵃˡ DE MAC MAHON.

Le Ministre des travaux publics,

Signé E. CAILLAUX.

RÉPUBLIQUE FRANÇAISE.

N° 3683. — *DÉCRET qui détermine les époques de payement de la Su
alloue à la Compagnie concessionnaire du Chemin de fer d'intérêt lo
Vézelise à la limite du département de Meurthe-et-Moselle, dans la di
de Mirecourt.*

Du 7 Décembre 1874.

LE PRÉSIDENT DE LA RÉPUBLIQUE FRANÇAISE,

Sur le rapport du ministre des travaux publics;

Vu le décret, en date du 5 mars 1874 [1], qui a déclaré d'utilité p
l'établissement du chemin de fer d'intérêt local de Vézelise à la lim
département des Vosges, dans la direction de Mirecourt, et alloué au
tement de Meurthe-et-Moselle, sur les fonds du trésor, par applicati
l'article 5 de la loi du 12 juillet 1865, une subvention de cent quatre-
deux mille francs (182,000ᶠ) pour l'exécution de ce chemin;

Vu, notamment, les paragraphes 2, 3 et 4 de l'article 5 dudit décre
sont ainsi conçus :

«Cette subvention sera payée en termes semestriels égaux, à des
«qui seront ultérieurement déterminées par un décret délibéré en
«d'État.

«Le département devra justifier, avant le payement de chaque terme.

[1] Bull. 223, n° 3412.

l'emploi, en achats de terrains ou en travaux et approvisionnements sur place, d'une somme triple du terme à recevoir.

«Le dernier terme ne sera payé qu'après l'achèvement complet des travaux;»

Vu la loi précitée du 12 juillet 1865, sur les chemins de fer d'intérêt local;

Le Conseil d'État entendu,

Décrète :

Art. 1er. La subvention susmentionnée de cent quatre-vingt-deux mille francs (182,000') sera payée en quatre termes semestriels égaux, à partir du 15 janvier 1876, sous la réserve que la compagnie concessionnaire aura produit les justifications qui lui sont imposées par le décret précité.

2. Le ministre des travaux publics est chargé de l'exécution du présent décret.

Fait à Versailles, le 7 Décembre 1874.

Signé M²¹ DE MAC MAHON.

Le Ministre des travaux publics,

Signé E. CAILLAUX.

RÉPUBLIQUE FRANÇAISE.

3384. — Décret qui détermine les époques de payement de la Subvention allouée à la Compagnie concessionnaire du Chemin de fer d'intérêt local de Lérouville à la limite du département de la Haute-Marne, vers Eurville.

Du 7 Décembre 1874.

Le Président de la République française,

Sur le rapport du ministre des travaux publics;

Vu le décret, en date du 10 octobre 1873[1], qui déclare d'utilité publique l'établissement du chemin de fer d'intérêt local de Lérouville à la limite du département de la Haute-Marne, vers Eurville, avec embranchement sur les carrières de Fourches et les établissements industriels des sieurs André, et de Moutiers-sur-Saulx, et alloué au département de la Meuse, sur les fonds du trésor, par application de l'article 5 de la loi du 12 juillet 1865, une subvention de quatre-vingt mille francs (80,000') pour l'exécution de ce chemin;

Vu, notamment, les paragraphes 2, 3 et 4 de l'article 3 dudit décret, qui sont ainsi conçus :

«Cette subvention sera payée en termes semestriels égaux, aux époques qui seront ultérieurement déterminées par un décret délibéré en Conseil d'État.

[1] Bull. 187, n° 2800.

« Le département devra justifier, avant le payement de chaque terme, « l'emploi, en achats de terrains ou en travaux et approvisionnements « place, d'une somme triple du terme à recevoir.

« Le dernier terme ne sera payé qu'après l'achèvement complet des « vaux ; »

Vu la loi précitée du 12 juillet 1865, sur les chemins de fer d'intérêt

Le Conseil d'État entendu,

DÉCRÈTE :

ART. 1ᵉʳ. La subvention susmentionnée de quatre-vingt mille (80,000ᶠ) sera payée en quatre termes semestriels égaux, à du 15 janvier 1876, sous la réserve que la compagnie con naire aura produit les justifications qui lui sont imposées par le cret précité.

2. Le ministre des travaux publics est chargé de l'exécution présent décret.

Fait à Versailles, le 7 Décembre 1874.

Signé Mᵃˡ DE MAC MAHON.

Le Ministre des travaux publics,

Signé E. CAILLAUX.

RÉPUBLIQUE FRANÇAISE.

N° 3685. — *DÉCRET qui détermine les époques de payement de la allouée à la Compagnie concessionnaire du Chemin de fer d'intérêt l Billom à Vertaizon.*

Du 7 Décembre 1874.

LE PRÉSIDENT DE LA RÉPUBLIQUE FRANÇAISE,

Sur le rapport du ministre des travaux publics ;

Vu le décret, en date du 10 juin 1873 [1], qui a déclaré d'utilité l'établissement du chemin de fer d'intérêt local de Vertaizon à alloué au département du Puy-de-Dôme, sur les fonds du trésor, pa cation de l'article 5 de la loi du 12 juillet 1865, une subvention de quante mille francs (150,000ᶠ) pour l'exécution de ce chemin ;

Vu, notamment, les paragraphes 2, 3 et 4 de l'article 3 dudit décret, sont ainsi conçus :

« Cette subvention sera payée en termes semestriels égaux, aux « qui seront ultérieurement fixées par un décret délibéré en Conseil

« Le département devra justifier, avant le payement de chaque « d'une dépense, en achats de terrains ou en travaux et approvisio « sur place, triple de la somme à recevoir.

. « Le dernier terme ne sera payé qu'après qu'après l'achèvement ce des travaux ; »

[1] Bull. 180, n° 2682.

Vu la loi précitée du 12 juillet 1865, sur les chemins de fer d'intérêt local ;
Le Conseil d'État entendu,

DÉCRÈTE :

ART. 1er. La subvention susmentionnée de cent cinquante mille francs (150,000^f) sera payée en quatre termes semestriels égaux, à partir du 15 janvier 1876, sous la réserve que la compagnie concessionnaire aura produit les justifications qui lui sont imposées par le décret précité.

2. Le ministre des travaux publics est chargé de l'exécution du présent décret.

Fait à Versailles, le 7 Décembre 1874.

Signé M^{al} DE MAC MAHON.

Le Ministre des travaux publics,

Signé E. CAILLAUX.

RÉPUBLIQUE FRANÇAISE.

3686. — DÉCRET qui détermine les époques de payement de la Subvention allouée à la Compagnie concessionnaire du Chemin de fer d'intérêt local de Mirecourt à la limite du département de Meurthe-et-Moselle, dans la direction de Vézelise.

Du 7 Décembre 1874.

LE PRÉSIDENT DE LA RÉPUBLIQUE FRANÇAISE,

Sur le rapport du ministre des travaux publics,

Vu le décret, en date du 5 mars 1874 ⁽¹⁾, qui a déclaré d'utilité publique l'établissement du chemin de fer d'intérêt local de Mirecourt à la limite du département de Meurthe-et-Moselle, dans la direction de Vézelise, et alloué au département des Vosges, sur les fonds du trésor, par application de l'article 5 de la loi du 12 juillet 1865, une subvention de cent quatre-vingt-douze mille francs (192,000^f) pour l'exécution de ce chemin;

Vu, notamment, les paragraphes 2, 3 et 4 de l'article 3 dudit décret, qui sont ainsi conçus :

«Cette subvention sera payée en termes semestriels égaux aux époques qui seront ultérieurement fixées par un décret délibéré en Conseil d'État.

«Le département devra justifier, avant le payement de chaque terme, d'une dépense, en achats de terrains ou en travaux et approvisionnements sur place, triple de la somme à recevoir.

«Le dernier terme ne sera payé qu'après l'achèvement complet des travaux;»

Vu la loi précitée du 12 juillet 1865, sur les chemins de fer d'intérêt local ;
Le Conseil d'État entendu,

⁽¹⁾ Bull. 230, n° 3510.

que le projet de réseau fût modifié de manière à ce que la voie ferrée passant par
la rue Saint-Ferréol et que l'une de celles passant par la rue de Rome fussent supprimées et remplacées par une ligne sur le cours Lieutaud;

Vu la décision ministérielle, en date du 3 juillet courant, adoptant ladite modification;

Considérant que ces modifications ont été opérées sur les plan et cahier des
charges par les soins de M. l'ingénieur en chef du département des Bouches-du-
Rhône;

Vu la lettre ci-annexée, en date du 1ᵉʳ juillet courant, par laquelle les demandeurs
en concession déclarent adhérer complétement, tant en leur nom personnel qu'au
nom de M. de la Haut, aux modifications susmentionnées,

Déclarons accepter, au nom de la ville de Marseille, les plan et cahier des charges
ainsi modifiés, pour être annexés au traité du 20 décembre 1873, en conformité de
l'article 2 dudit traité.

Le Maire de Marseille,

Signé Rabotau.

Certifié conforme au cahier des charges annexé au décret du 19 septembre 1874,
enregistré sous le n° 624.

Pour le Conseiller d'État, Secrétaire général,
et par autorisation :
Le Chef du bureau du secrétariat général,
Signé Deneau.

Le soussigné déclare, tant en son nom personnel qu'au nom de la banque française
et italienne, pour laquelle il se porte fort, accepter le plan et le cahier des charges
annexés au décret du 19 septembre 1874, pour être annexés eux-mêmes au traité
du 20 décembre 1873, conformément à l'article 2 dudit traité.

Marseille, le 29 Octobre 1874.

Signé F. DE LA HAULT.
Pour la banque française et italienne :
Signé F. DE LA HAULT.

Vu pour être annexé au décret en date du 7 décembre 1874, enregistré sous le
n° 762.

Le Ministre des travaux publics,
Signé E. CAILLAUX.

RÉPUBLIQUE FRANÇAISE.

N° 3679. — DÉCRET qui détermine les époques de payement de la Subvention
allouée à la Compagnie concessionnaire du Chemin de fer d'intérêt local
d'Arles aux carrières de Fontvieille.

Du 7 Décembre 1874.

LE PRÉSIDENT DE LA RÉPUBLIQUE FRANÇAISE,

Sur le rapport du ministre des travaux publics;
Vu le décret, en date du 10 juin 1873 [1], qui a déclaré d'utilité publique

[1] Bull. 210, n° 3178.

blissement du chemin de fer d'intérêt local d'Arles aux carrières de
atvieille et alloué au département des Bouches-du-Rhône, sur les fonds
à trésor, par application de l'article 5 de la loi du 12 juillet 1865, une
bvention de deux cent quatre-vingt-neuf mille six cent vingt-cinq francs
9,625') pour l'exécution de ce chemin;
Vu, notamment, les paragraphes 2, 3 et 4 de l'article 3 dudit décret, et
sont ainsi conçus :
Cette subvention sera payée en termes semestriels égaux dont le nombre
les époques seront ultérieurement déterminés par un décret délibéré
à Conseil d'État.
Le département devra justifier, avant le payement de chaque terme,
une dépense, en achats de terrains, travaux, approvisionnements sur
ace, triple de la somme à recevoir.
Le dernier terme ne sera payé qu'après l'achèvement complet des tra-
ux; »
la loi précitée du 12 juillet 1865, sur les chemins de fer d'intérêt local;
Le Conseil d'État entendu,

Décrète :

Art. 1er. La subvention susmentionnée de deux cent quatre-vingt-
nf mille six cent vingt-cinq francs (289,625') sera payée en six
mes semestriels égaux, à partir du 15 janvier 1876, sous la ré-
ve que la compagnie concessionnaire aura produit les justifica-
s qui lui sont imposées par le décret précité.
2. Le ministre des travaux publics est chargé de l'exécution du
sent décret.

Fait à Versailles, le 7 Décembre 1874.

Signé Mal DE MAC MAHON.

Le Ministre des travaux publics,

Signé E. Caillaux.

RÉPUBLIQUE FRANÇAISE.

3680. — Décret qui détermine les époques de payement de la Subvention
allouée à la Compagnie concessionnaire du Chemin de fer d'intérêt local de
Confolens à Excideuil.

Du 7 Décembre 1874.

Le Président de la République française,

Sur le rapport du ministre des travaux publics;
Vu le décret. en date du 13 juin 1874 [1], qui a déclaré d'utilité publique
ablissement du chemin de fer d'intérêt local de Confolens à ou près Exci-
uil et alloué au département de la Charente, sur les fonds du trésor,
r application de l'article 5 de la loi du 12 juillet 1865, une subvention de

[1] Bull. 234, n° 3574.

deux cent treize mille sept cent cinquante francs (213,750ᶠ) pour l'ex
de ce chemin;

Vu, notamment, les paragraphes 2, 3 et 4 de l'article 3 dudit déci
sont ainsi conçus :

« Cette subvention sera payée en termes semestriels égaux, aux
« qui seront ultérieurement fixées par un décret délibéré en Conseil

« Le département devra justifier, avant le payement de chaque
« d'une dépense, en achats de terrains ou en travaux et approvisionn
« sur place, triple de la somme à recevoir.

« Le dernier terme ne sera payé qu'après l'achèvement complet de
« vux; »

Vu la loi précitée du 12 juillet 1865, sur les chemins de fer d'intérêt
Le Conseil d'État entendu,

DÉCRÈTE :

ART. 1ᵉʳ. La subvention susmentionnée de deux cent treize
sept cent cinquante francs (213,750ᶠ) sera payée en six term
mestriels égaux, à partir du 15 janvier 1876, sous la réserve
compagnie concessionnaire aura produit les justifications qui
sont imposées par le décret précité.

2. Le ministre des travaux publics est chargé de l'exécution
présent décret.

Fait à Versailles, le 7 Décembre 1874.

Signé Mᵃˡ DE MAC MAHON

Le Ministre des travaux publics,

Signé E. CAILLAUX.

RÉPUBLIQUE FRANÇAISE.

Nº 3681. — *DÉCRET qui détermine les époques de payement de la S
allouée à la Compagnie concessionnaire du Chemin de fer d'intérêt local
Tournon à la Châtre.*

Du 7 Décembre 1874.

LE PRÉSIDENT DE LA RÉPUBLIQUE FRANÇAISE,

Sur le rapport du ministre des travaux publics;

Vu le décret, en date du 10 juin 1873[1], qui a déclaré d'utilité p
l'établissement du chemin de fer d'intérêt local de Tournon à la Ch
alloué au département de l'Indre, sur les fonds du trésor, par app
de l'article 5 de la loi du 12 juillet 1865, une subvention de neuf ce
rante-cinq mille sept cents francs (945,700ᶠ) pour l'exécution de ce

Vu notamment les paragraphes 2, 3 et 4 de l'article 3 dudit décret,
sont ainsi conçus :

« Cette subvention sera payée en termes semestriels égaux, à des époq

[1] Bull. 177, nº 2655.

B. n° 238. — 919 —

qui seront ultérieurement déterminées par un décret délibéré en Conseil d'État.

« Le département devra justifier, avant le payement de chaque terme, de l'emploi, en achats de terrains ou en travaux et approvisionnements sur place, d'une somme triple du terme à recevoir.

« Le dernier terme ne sera payé qu'après l'achèvement complet des travaux; »

Vu la loi précitée du 12 juillet 1865, sur les chemins de fer d'intérêt local;

Le Conseil d'État entendu,

DÉCRÈTE :

ART. 1ᵉʳ. La subvention susmentionnée de neuf cent quarante-cinq mille sept cents francs (945,700ᶠ) sera payée en douze termes semestriels égaux, à partir du 15 janvier 1876, sous la réserve que la compagnie concessionnaire aura produit les justifications qui lui ont imposées par le décret précité.

2. Le ministre des travaux publics est chargé de l'exécution du présent décret.

Fait à Versailles, le 7 Décembre 1874.

Signé Mᵃˡ DE MAC MAHON.

Le Ministre des travaux publics,

Signé E. CAILLAUX.

RÉPUBLIQUE FRANÇAISE.

3682. — DÉCRET qui détermine les époques de payement de la Subvention allouée à la Compagnie concessionnaire du Chemin de fer d'intérêt local de Carentan à Carteret.

Du 7 Décembre 1874.

LE PRÉSIDENT DE LA RÉPUBLIQUE FRANÇAISE,

Su le rapport du ministre des travaux publics;

Vu le décret, en date du 10 février 1874 [1], qui a déclaré d'utilité publique l'établissement du chemin de fer d'intérêt local de Carentan à Carteret et alloué au département de la Manche, sur les fonds du trésor, par application de l'article 5 de la loi du 12 juillet 1865, une subvention de deux cent mille francs (200,000ᶠ) pour l'exécution de ce chemin;

Vu, notamment, les paragraphes 2, 3 et 4 de l'article 3 dudit décret, qui sont ainsi conçus :

« Cette subvention sera payée en termes semestriels égaux, à des époques qui seront fixées ultérieurement par un décret délibéré en Conseil d'État,

« Le département devra justifier, avant le payement de chaque terme,

[1] Bull. 234, n° 3573.

« d'une dépense, en achats de terrains, travaux et approvisionnements sur
« place, triple de la somme à recevoir.

« Le dernier terme ne sera payé qu'après l'achèvement complet des tra-
« vaux ; »

Vu la loi précitée du 12 juillet 1865, sur les chemins de fer d'intérêt
local ;

Le Conseil d'État entendu,

DÉCRÈTE :

ART. 1er. La subvention susmentionnée de deux cent mille fra
(200,000') sera payée en quatre termes semestriels égaux, à p
du 15 janvier 1876, sous la réserve que la compagnie concessi
naire aura produit les justifications qui lui sont imposées par
décret précité.

2. Le ministre des travaux publics est chargé de l'exécution
présent décret.

Fait à Versailles, le 7 Décembre 1874.

Signé M^{al} DE MAC MAHON.

Le Ministre des travaux publics,

Signé E. CAILLAUX.

RÉPUBLIQUE FRANÇAISE.

N° 3683. — DÉCRET *qui détermine les époques de payement de la Subven-*
allouée à la Compagnie concessionnaire du Chemin de fer d'intérêt local
Vézelise à la limite du département de Meurthe-et-Moselle, dans la di
de Mirecourt.

Du 7 Décembre 1874.

LE PRÉSIDENT DE LA RÉPUBLIQUE FRANÇAISE,

Sur le rapport du ministre des travaux publics ;

Vu le décret, en date du 5 mars 1874 [1], qui a déclaré d'utilité publ'
l'établissement du chemin de fer d'intérêt local de Vézelise à la limit
département des Vosges, dans la direction de Mirecourt, et alloué au d
tement de Meurthe-et-Moselle, sur les fonds du trésor, par application
l'article 5 de la loi du 12 juillet 1865, une subvention de cent quatre-vi
deux mille francs (182,000') pour l'exécution de ce chemin ;

Vu, notamment, les paragraphes 2, 3 et 4 de l'article 5 dudit décret,
sont ainsi conçus :

« Cette subvention sera payée en termes semestriels égaux, à des é
« qui seront ultérieurement déterminées par un décret délibéré en
« d'État.

« Le département devra justifier, avant le payement de chaque terme.

[1] Bull. 223, n° 3412.

d'emploi, en achats de terrains ou en travaux et approvisionnements sur
place, d'une somme triple du terme à recevoir.

«Le dernier terme ne sera payé qu'après l'achèvement complet des travaux;»

Vu la loi précitée du 12 juillet 1865, sur les chemins de fer d'intérêt local;
Le Conseil d'État entendu,

Décrète :

Art. 1er. La subvention susmentionnée de cent quatre-vingt-deux
mille francs (182,000') sera payée en quatre termes semestriels
aux, à partir du 15 janvier 1876, sous la réserve que la compagnie concessionnaire aura produit les justifications qui lui sont imposées par le décret précité.

2. Le ministre des travaux publics est chargé de l'exécution du
présent décret.

Fait à Versailles, le 7 Décembre 1874.

Signé M^{al} DE MAC MAHON.

Le Ministre des travaux publics,

Signé E. Caillaux.

RÉPUBLIQUE FRANÇAISE.

3684. — Décret qui détermine les époques de payement de la Subvention
allouée à la Compagnie concessionnaire du Chemin de fer d'intérêt local de
Lérouville à la limite du département de la Haute-Marne, vers Eurville.

Du 7 Décembre 1874.

Le Président de la République française,

Sur le rapport du ministre des travaux publics;

Vu le décret, en date du 10 octobre 1873 [1], qui déclare d'utilité publique
l'établissement du chemin de fer d'intérêt local de Lérouville à la limite du
département de la Haute-Marne, vers Eurville, avec embranchement sur les
carrières de Fourches et les établissements industriels des sieurs André,
Gillet et de Moutiers-sur-Saulx, et alloué au département de la Meuse, sur les
fonds du trésor, par application de l'article 5 de la loi du 12 juillet 1865,
une subvention de quatre-vingt mille francs (80,000') pour l'exécution de
ce chemin;

Vu, notamment, les paragraphes 2, 3 et 4 de l'article 3 dudit décret, qui
est ainsi conçus :

«Cette subvention sera payée en termes semestriels égaux, aux époques
qui seront ultérieurement déterminées par un décret délibéré en Conseil
d'État.

[1] Bull. 187, n° 2800.

«Le département devra justifier, avant le payement de chaque terme,
«l'emploi, en achats de terrains ou en travaux et approvisionnements
«place, d'une somme triple du terme à recevoir.

«Le dernier terme ne sera payé qu'après l'achèvement complet des
«vaux; »
Vu la loi précitée du 12 juillet 1865, sur les chemins de fer d'intérêt
Le Conseil d'État entendu,

DÉCRÈTE :

ART. 1ᵉʳ. La subvention susmentionnée de quatre-vingt mille
(80,000ᶠ) sera payée en quatre termes semestriels égaux, à
du 15 janvier 1876, sous la réserve que la compagnie con
naire aura produit les justifications qui lui sont imposées par le
cret précité.

2. Le ministre des travaux publics est chargé de l'exécution
présent décret.

Fait à Versailles, le 7 Décembre 1874.

Signé Mᵃˡ DE MAC MAHON.

Le Ministre des travaux publics,

Signé E. CAILLAUX.

RÉPUBLIQUE FRANÇAISE.

Nº 3686. — *DÉCRET qui détermine les époques de payement de la S
allouée à la Compagnie concessionnaire du Chemin de fer d'intérêt l
Billom à Vertaizon.*

Du 7 Décembre 1874.

LE PRÉSIDENT DE LA RÉPUBLIQUE FRANÇAISE,

Sur le rapport du ministre des travaux publics;

Vu le décret, en date du 10 juin 1873 [1], qui a déclaré d'utilité pu
l'établissement du chemin de fer d'intérêt local de Vertaizon à Bi
alloué au département du Puy-de-Dôme, sur les fonds du trésor, par
cation de l'article 5 de la loi du 12 juillet 1865, une subvention de cent
quante mille francs (150,000ᶠ) pour l'exécution de ce chemin;

Vu, notamment, les paragraphes 2, 3 et 4 de l'article 3 dudit décret.
sont ainsi conçus :

«Cette subvention sera payée en termes semestriels égaux, aux
«qui seront ultérieurement fixées par un décret délibéré en Consei
«Le département devra justifier, avant le payement de chaque
«d'une dépense, en achats de terrains ou en travaux et approvisio
«sur place, triple de la somme à recevoir.

«Le dernier terme ne sera payé qu'après qu'après l'achèvement
des travaux; »

[1] Bull. 180, nº 2682.

Vu la loi précitée du 12 juillet 1865, sur les chemins de fer d'intérêt local ;
Le Conseil d'État entendu,

DÉCRÈTE :

ART. 1ᵉʳ. La subvention susmentionnée de cent cinquante mille
francs (150,000ᶠ) sera payée en quatre termes semestriels égaux, à
partir du 15 janvier 1876, sous la réserve que la compagnie concessionnaire aura produit les justifications qui lui sont imposées par le
décret précité.

2. Le ministre des travaux publics est chargé de l'exécution du
présent décret.

Fait à Versailles, le 7 Décembre 1874.

Signé Mᵃˡ DE MAC MAHON.

Le Ministre des travaux publics,
Signé E. CAILLAUX.

RÉPUBLIQUE FRANÇAISE.

3686. — DÉCRET qui détermine les époques de payement de la Subvention
allouée à la Compagnie concessionnaire du Chemin de fer d'intérêt local de
Mirecourt à la limite du département de Meurthe-et-Moselle, dans la direction
de Vézelise.

Du 7 Décembre 1874.

LE PRÉSIDENT DE LA RÉPUBLIQUE FRANÇAISE,

Sur le rapport du ministre des travaux publics,

Vu le décret, en date du 5 mars 1874 ⁽¹⁾, qui a déclaré d'utilité publique
l'établissement du chemin de fer d'intérêt local de Mirecourt à la limite du
département de Meurthe-et-Moselle, dans la direction de Vézelise, et alloué
au département des Vosges, sur les fonds du trésor, par application de l'article 5 de la loi du 12 juillet 1865, une subvention de cent quatre-vingt-
douze mille francs (192,000ᶠ) pour l'exécution de ce chemin;

Vu, notamment, les paragraphes 2, 3 et 4 de l'article 3 dudit décret, qui
sont ainsi conçus :

« Cette subvention sera payée en termes semestriels égaux aux époques
qui seront ultérieurement fixées par un décret délibéré en Conseil d'État.

« Le département devra justifier, avant le payement de chaque terme,
d'une dépense, en achats de terrains ou en travaux et approvisionnements
sur place, triple de la somme à recevoir.

« Le dernier terme ne sera payé qu'après l'achèvement complet des travaux; »

Vu la loi précitée du 12 juillet 1865, sur les chemins de fer d'intérêt local;
Le Conseil d'État entendu,

⁽¹⁾ Bull. 230, n° 3510.

Décrète :

Art. 1ᵉʳ. La subvention susmentionnée de cent quatre-vingt-mille francs (192,000ᶠ) sera payée en quatre termes semestriels à partir du 15 janvier 1876, sous la réserve que la compagnie cessionnaire aura produit les justifications qui lui sont imposées le décret précité.

2. Le ministre des travaux publics est chargé de l'exécution présent décret.

Fait à Versailles, le 7 Décembre 1874.

Signé Mᵃˡ DE MAC MAHON.

Le Ministre des travaux publics,

Signé E. CAILLAUX.

RÉPUBLIQUE FRANÇAISE.

Nº 3687. — *Décret qui détermine les époques de payement de la S allouée à la Compagnie concessionnaire du Chemin de fer d'intérêt Machecoul à la Roche-sur-Yon, avec embranchement sur Saint-Gilles-sur*

Du 7 Décembre 1874.

Le Président de la République française,

Sur le rapport du ministre des travaux publics;

Vu le décret, en date du 11 avril 1874[1], qui a déclaré d'utilité l'établissement du chemin de fer d'intérêt local de Machecoul à la sur-Yon, avec embranchement sur Saint-Gilles-sur-Vie, et alloué au dé tement de la Vendée, sur les fonds du trésor, par application de l'art de la loi du 12 juillet 1865, une subvention de cinq cent soixante-dix mille cinq cents francs (577,500ᶠ) pour l'exécution de ce chemin;

Vu, notamment, les paragraphes 2, 3 et 4 de l'article 3 dudit décret, sont ainsi conçus :

« Cette subvention sera payée en termes semestriels égaux, aux « qui seront ultérieurement fixées par un décret délibéré en Conseil

« Le département devra justifier, avant le payement de chaque « d'une dépense, en achats de terrains ou en travaux et approvisi « sur place, triple de la somme à recevoir.

« Le dernier terme ne sera payé qu'après l'achèvement complet des « vaux; »

Vu la loi précitée du 12 juillet 1865, sur les chemins de fer d'in local ;

Le Conseil d'État entendu,

Décrète :

[1] Bull. 228, nº 3477.

Art. 1ᵉʳ. La subvention susmentionnnée de cinq cent soixante-dix-sept mille cinq cents francs (577,500ᶠ) sera payée en dix termes semestriels égaux, à partir du 15 janvier 1876, sous la réserve que la compagnie concessionnaire aura produit les justifications qui lui sont imposées par le décret précité.

2. Le ministre des travaux publics est chargé de l'exécution du présent décret.

Fait à Versailles, le 7 Décembre 1874.

Signé Mᵃˡ DE MAC MAHON.

Le Ministre des travaux publics,

Signé E. CAILLAUX.

RÉPUBLIQUE FRANÇAISE.

3688. — Décret qui détermine les époques de payement de la Subvention allouée à la Compagnie concessionnaire de divers Chemins de fer d'intérêt local dans le département de Maine-et-Loire.

Du 7 Décembre 1874.

Le Président de la République française,

Sur le rapport du ministre des travaux publics;

Vu le décret, en date du 28 octobre 1873[1], qui a déclaré d'utilité publique l'établissement des chemins de fer d'intérêt local de Montreuil-Bellay à Angers, de Cholet vers Nantes, de Beaupréau à Chalonnes, de Faye à Chalonnes, de Beaufort à Angers, et alloué au département de Maine-et-Loire, sur les fonds du trésor, par application de l'article 5 de la loi du 12 juillet 1865, une subvention de deux millions quarante-sept mille cinq cents francs (2,047,500ᶠ) pour l'exécution de ces chemins;

Vu, notamment, les paragraphes 2, 3 et 4 de l'article 3 dudit décret, qui sont ainsi conçus :

« Cette subvention sera payée en termes semestriels égaux, à des époques qui seront ultérieurement déterminées par un décret délibéré en Conseil d'État.

« Le département devra justifier, avant le payement de chaque terme, de l'emploi, en achats de terrains ou en travaux et approvisionnements sur place, d'une somme triple du terme à recevoir.

« Le dernier terme ne sera payé qu'après l'achèvement complet des travaux; »

Vu la loi précitée du 12 juillet 1865, sur les chemins de fer d'intérêt local ;

Le Conseil d'État entendu,

Décrète :

[1] Bull. 213, n° 3213.

Art. 1ᵉʳ. La subvention susmentionnée de deux millions quarante-
sept mille cinq cents francs (2,047,500ᶠ) sera payée en seize
semestriels égaux, à partir du 15 janvier 1876, sous la réserve
la compagnie concessionnaire aura produit les justifications qui
sont imposées par le décret précité.

2. Le ministre des travaux publics est chargé de l'exécution
présent décret.

Fait à Versailles, le 7 Décembre 1874.

Signé Mᵃˡ DE MAC MAHON.

Le Ministre des travaux publics,

Signé E. CAILLAUX.

RÉPUBLIQUE FRANÇAISE.

Nº 3689. — *Décret qui détermine les époques de payement de la S
allouée à la Compagnie des Chemins de fer d'intérêt local d'Arras à la
du département de la Somme, vers Doullens, et de Frévent à Bouquemaison.*

Du 7 Décembre 1874.

Le Président de la République française,

Sur le rapport du ministre des travaux publics;

Vu le décret, en date du 8 octobre 1873 [1], qui a déclaré d'utilité p
l'établissement des chemins de fer d'intérêt local d'Arras à la limite
partement de la Somme, vers Doullens, et de Frévent à Bouquemaison,
alloué au département du Pas-de-Calais, sur les fonds du trésor, par a
tion de l'article 5 de la loi du 12 juillet 1865, une subvention de ce
quante et un mille six cent soixante-six francs (151,666ᶠ) pour l'ex
de ces chemins;

Vu, notamment, les paragraphes 2, 3 et 4 de l'article 3 dudit décre
sont ainsi conçus:

«Cette subvention sera payée en termes semestriels égaux, à des é
«qui seront fixées ultérieurement par un décret délibéré en Conseil d'
«Le département devra justifier, avant le payement de chaque t
«d'une dépense, en achats de terrains, travaux et approvisionnements
«place, triple de la somme à recevoir,
«Le dernier terme ne sera payé qu'après l'achèvement complet des
«vaux;»

Vu la loi précitée du 12 juillet 1865, sur les chemins de fer d'intérêt
Le Conseil d'État entendu,

Décrète:

Art. 1ᵉʳ. La subvention susmentionnée de cent cinquante et

[1] Bull. 200, nº 3012.

e six cent soixante-six francs (151,666ᶠ) sera payée en quatre
es semestriels égaux, à partir du 15 janvier 1876, sous la réserve
la compagnie concessionnaire aura produit les justifications qui
ont imposées par le décret précité.

Le ministre des travaux publics est chargé de l'exécution du
ut décret.

ât à **Versailles**, le 7 Décembre 1874.

Signé Mᵃˡ DE MAC MAHON.

Ministre des travaux publics,

Signé E. CAILLAUX.

RÉPUBLIQUE FRANÇAISE.

90. — *Décret qui proroge le délai fixé pour l'exécution des Chemins de fer
de la banlieue de Marseille.*

Du 11 Décembre 1874.

Président de la République française,

Je rapport du ministre des travaux publics;

Je décret du 6 août 1865 [1], qui déclare d'utilité publique l'établisse-
d'un chemin de fer de la place Castellane, à Marseille, à la Madrague-
destat; ensemble la convention portant concession dudit chemin aux
Bowles et compagnie, et le cahier des charges y annexé;

Je décret du 3 janvier 1868 [2], qui déclare d'utilité publique : 1° un
chement sur Mazargues, 2° et un prolongement mettant en commu-
m la gare de départ dudit chemin avec le quai de Rive-Neuve du
Port, et fixe au 3 janvier 1871 l'expiration du délai pour l'exécution
e la ligne principale que desdits embranchements et prolongements;
l'arrêté du Chef du Pouvoir exécutif du 18 juillet 1871 [3], qui proroge
dis années, à partir de sa date, le délai fixé pour l'exécution desdits
ns de fer;

la demande présentée, le 25 mai 1874, au nom de la société anonyme
e par les concessionnaires sous la dénomination de *Compagnie du
de fer du Vieux-Port et de la banlieue sud de Marseille*, à l'effet d'ob-
une nouvelle prorogation du délai d'exécution de ces lignes;

les rapports des ingénieurs du contrôle, en date des 30 mai et
et 1874;

l'avis du préfet des Bouches-du-Rhône, en date du 5 juin 1874;

la loi du 3 mai 1841, sur l'expropriation pour cause d'utilité publique;

Conseil d'État entendu,

ARRÊTE :

r. 1ᵉʳ. Le délai fixé pour l'exécution du chemin de fer du Vieux-

IX° série, Bull. 1347, n° 13,778.   [2] XII° série, Bull. 59, n° 463.
XI° série, Bull. 1561, n° 15,719.

XII° Série.   55

Port et de la banlieue sud de Marseille est prorogé de trois ans, partir de la date du présent décret.

2. Cette prorogation est accordée aux conditions suivantes :

1° Le point de départ de la concession ne sera pas modifié; La durée de cette concession, pour les lignes concédées tant le décret du 6 août 1865 que par celui du 3 janvier 1868, fixée à quatre-vingt-dix-neuf ans, à partir du 3 janvier 1871;

2° Aucune émission d'obligations ne pourra avoir lieu qu'en v d'une autorisation donnée, après avis du ministre des finances, le ministre des travaux publics.

En aucun cas, il ne pourra être émis d'obligations pour somme supérieure au montant du capital-actions.

Aucune émission d'obligations ne pourra d'ailleurs être au avant que la moitié du capital-actions ait été versée et employée achats de terrains, en travaux, en approvisionnements sur place en dépôt de cautionnement;

3° Le compte rendu détaillé des résultats de l'exploitation, prenant les dépenses de premier établissement et d'exploitation les recettes brutes, sera remis tous les trois mois au ministre travaux publics et inséré au Journal officiel.

3. Le ministre des travaux publics est chargé de l'exécution présent décret, lequel sera inséré au Bulletin des lois.

Fait à Versailles, le 11 Décembre 1874.

Signé M^{al} DE MAC

Le Ministre des travaux publics,

Signé E. CAILLAUX.

RÉPUBLIQUE FRANÇAISE.

N° 3691. — *DÉCRET concernant les Boissons expédiées à destination de la zone de Savoie.*

Du 21 Décembre 1874.

LE PRÉSIDENT DE LA RÉPUBLIQUE FRANÇAISE,

Sur le rapport du ministre des finances;

Vu l'article 6, titre III, de la loi du 22 août 1791;

Vu l'ordonnance royale du 31 janvier 1840 [1], relative aux de boissons à destination du pays de Gex;

Vu l'article 2 du traité du 24 mars 1860 [2], relatif à l'annexion de la duquel il résulte que la partie du département de la Haute-Savoie si

[1] IXe série, Bull. 710, n° 8488.   [2] XIe série, Bull. 803, n° 7712.

au delà de la ligne des douanes, est placée sous le même régime fiscal que le pays de Gex,

DÉCRÈTE :

. ART. 1ᵉʳ. Tout conducteur de boissons expédiées à destination de la zone de Savoie et enlevées de l'intérieur du territoire français sera tenu de représenter son chargement et de faire viser l'acquit-à-caution dont il doit être porteur à l'un des postes de douanes établis à la limite de la zone franche. A défaut de ce visa, la décharge de l'acquit-à-caution sera refusée par les employés des contributions indirectes.

2. Le ministre des finances est chargé de l'exécution du présent décret, qui sera inséré au Bulletin des lois.

Fait à Versailles, le 21 Décembre 1874.

Signé Mᵃˡ DE MAC MAHON.

Le Ministre des finances,

Signé MATHIEU-BODET.

RÉPUBLIQUE FRANÇAISE.

N° 3692. — *Décret portant Règlement général sur le service de l'Assistance hospitalière en Algérie.*

Du 23 Décembre 1874.

LE PRÉSIDENT DE LA RÉPUBLIQUE FRANÇAISE,

Vu le décret du 27 octobre 1858 [1], ensemble l'ordonnance du 21 février 1841 [2], le décret du 13 juillet 1849 et le décret du 23 mars 1852, promulgué en Algérie par arrêté ministériel du 16 mai 1856;

Sur les rapports des ministres de l'intérieur et des finances, d'après les propositions du gouverneur général civil de l'Algérie,

DÉCRÈTE :

TITRE Iᵉʳ.

DISPOSITIONS ADMINISTRATIVES.

ART. 1ᵉʳ. Les hôpitaux et hospices civils de l'Algérie qui ne sont pas propriété communale ou privée sont, à titre d'établissements coloniaux, placés sous l'administration supérieure du préfet.

2. Ils sont gérés par un receveur-économe, sous la direction d'une commission administrative, ou par un directeur responsable assisté d'un receveur-économe et d'une commission consultative.

Ils peuvent également être régis au moyen de marchés à forfait,

---

[1] XIᵉ série, Bull. 646, n° 5998.   [2] Xᵉ série, Bull. 510, n° 3875.

sous le contrôle d'une commission de surveillance et avec le concours du receveur municipal de la commune comme comptable.

3. Le gouverneur général détermine, en conseil de gouvernement et sur la proposition des préfets, le mode auquel est soumis chaque établissement. Il règle les cadres du personnel ainsi que le traitement et le mode de nomination des agents.

4. Les commissions administratives des hospices et hôpitaux surveillent et dirigent le service intérieur et extérieur des établissem auprès desquels elles fonctionnent; elles sont composées de membres nommés par le préfet et du maire de la commune.

La présidence appartient au maire. Il a voix prépondérante en de partage. En cas d'absence du maire, la présidence appartient plus ancien des membres présents, et, à défaut d'ancienneté, plus âgé.

Les fonctions des commissions administratives sont gratuites.

Les commissions administratives sont renouvelées chaque an par cinquième. Le renouvellement est déterminé par le sort dant les quatre premières années, et ensuite par l'ancienneté. membres sortants sont rééligibles.

Lesdites commissions peuvent être dissoutes par le gouvern général, sur la proposition ou l'avis du préfet.

Les membres de ces commissions peuvent être individuell relevés de leurs fonctions dans la même forme.

5. Les commissions administratives règlent par leurs délibéra les objets suivants :

Le mode d'administration des biens et revenus des établisse hospitaliers; les conditions des baux et fermes de ces biens, lo leur durée n'excède pas dix-huit ans pour les biens ruraux et pour les autres; le mode et les conditions des marchés pour fo tures et entretien dont la durée n'excède pas une année; les tra de toute nature dont la dépense ne dépasse pas trois mille franc

Toute délibération sur l'un de ces objets est exécutoire, si, jours après la notification officielle, le préfet ne l'a pas annulée, d'office pour violation de la loi ou d'un règlement d'administra publique, soit sur la réclamation de toute partie intéressée.

Les commissions administratives arrêtent également, mais a l'approbation du préfet, les règlements du service tant intéri qu'extérieur et de santé, et les contrats à passer avec les con tions hospitalières.

Les commissions administratives délibèrent sur les objets ci-ap énoncés, savoir :

1° Les budgets et comptes; en général, toutes les recettes et penses des établissements;

2° Les acquisitions, aliénations et échanges de propriétés des blissements et tout ce qui intéresse leur conservation, leur améli tion et leur affectation au service;

3° Les projets de travaux pour constructions, grosses répara et démolitions dont la valeur excède trois mille francs;

4° Les conditions ou cahiers des charges des adjudications de tra-
ux et marchés pour fournitures ou entretien dont la durée excède
le année ;

5° L'acceptation des dons et legs ;

6° Les placements de fonds et les emprunts ;

7° Les actions judiciaires et les transactions.

Le président de la commission administrative peut toujours, à titre
servatoire, accepter, en vertu de la délibération de la commission,
dons et legs faits à l'établissement. Le décret du Pouvoir exécutif
l'arrêté du préfet qui interviendra aura effet à partir du jour de
le acceptation.

es commissions administratives soumettent annuellement au pré-
e compte rendu moral et administratif de leur administration.

Dans les établissements confiés à un directeur responsable, ce
cteur est, sous les ordres et le contrôle directs du préfet, chargé
administration intérieure. Il exerce la gestion des biens et reve-
de l'établissement; il assure l'exécution des lois et règlements.

Les commissions consultatives sont formées de trois membres
més par le préfet et du maire de la commune. Le directeur
te aux séances avec voix délibérative, sauf lorsqu'il s'agit de
men de ses comptes.

es règles portées en l'article 4 ci-dessus sont applicables à ces
missions.

es commissions consultatives donnent leur avis sur les objets
nis aux délibérations des commissions administratives, tels qu'ils
énumérés en l'article 5 ci-dessus.

es délibèrent, en outre, sur les comptes tant en deniers qu'en
res et sur les comptes moraux des directeurs, ainsi que sur
s les mesures relatives au régime intérieur et au service écono-
e.

urs délibérations sont directement transmises au préfet par le
ident.

Les commissions de surveillance placées auprès des établisse-
ts régis par marché à forfait sont formées de quatre membres
més par le préfet et du maire de la commune. Les règles portées
l'article 4 ci-dessus leur sont applicables. Elles donnent leur avis
les objets soumis à leur examen par le préfet et s'assurent de la
e et loyale exécution du marché en cours. Elles signalent, dans
rapports trimestriels adressés au préfet par le président, leurs
rvations sur la marche du service et les améliorations qui leur
issent nécessaires.

La comptabilité et le régime économique de chaque établisse-
t non gérés à forfait sont confiés à un receveur-économe, astreint
urnir un cautionnement dont le taux est fixé par l'arrêté de no-
ation.

orsque l'importance d'un établissement le comportera, les fonc-
s d'économe pourront être séparées de celles de receveur. Dans
as, l'économe sera également soumis à un cautionnement.

10. Le service des médecins de colonisation forme une bran
du service d'assistance hospitalière.

Les circonscriptions médicales sont déterminées par le gouvern
général, sur la proposition du préfet, qui nomme les titulaires.

TITRE II.

DISPOSITIONS FINANCIÈRES.

————

BUDGETS PARTICULIERS DES HÔPITAUX ET HOSPICES.

11. Chacun des hôpitaux et hospices compris dans le service
établissements coloniaux a son budget particulier.

12. Ce budget, délibéré ainsi qu'il est dit dans l'article 6,
arrêté par le préfet.

Il comprend au titre des recettes,

Comme recettes ordinaires :

Les produits à provenir du remboursement des prix de journ
de traitement des malades :

1° Par les communes de toutes catégories (de plein exe
mixtes et indigènes), en ce qui concerne les indigents ayant 1
le domicile de secours en Algérie;

2° Par le budget du gouverneur général de l'Algérie (dé
sur ressources spéciales), pour les indigents n'ayant pas acc
domicile de secours;

3° Par les divers budgets en cause, pour les militaires et
ainsi que pour les détenus;

4° Par les particuliers et les corporations;

Les produits des biens, revenus, rentes et fermages;

Les produits divers provenant de la vente des objets hors de
vice, débris et vidanges;

Comme recettes extraordinaires :

Les dons et legs;

Les subventions pour constructions et grosses réparations
bâtiments, pour achat et renouvellement de matériel et de linge

Comme recettes spéciales :

Les subventions provisoires mises à la disposition de l'étab
ment à titre de fonds de roulement et à charge de rembou
ultérieur.

Il pourvoit aux dépenses suivantes :

DÉPENSES ORDINAIRES.

1° Personnel de l'établissement;

2° Nourriture des malades;

3° Médicaments;

4° Entretien des bâtiments, du matériel, du mobilier et de
lingerie;

5° Blanchissage, chauffage et éclairage;
6° Frais d'assurance, tant des bâtiments que du matériel et du mobilier;
7° Menus frais divers.

DÉPENSES EXTRAORDINAIRES.

1° Dépenses de constructions et de grosses réparations;
2° Achat et renouvellement du matériel et de la lingerie.

DÉPENSES SPÉCIALES.

Remboursement au budget de l'Algérie (*Ressources spéciales*) des subventions provisoires pour fonds de roulement.

13. Le budget particulier de chaque hôpital ou hospice est soumis aux règles de la comptabilité communale.

Les fonctions d'ordonnateur sont remplies, suivant le mode d'administration de l'établissement, par un membre de la commission administrative ou par le directeur.

Pour l'établissement régi à forfait, le préfet reste directement chargé du mandatement des dépenses.

BUDGET SUR RESSOURCES SPÉCIALES À L'ALGÉRIE.

14. Les recettes et les dépenses de l'assistance coloniale hospitalière ci-dessous mentionnées forment un chapitre au budget de l'Algérie (*Ressources spéciales*) :

1re PARTIE. — Recettes.

Les recettes afférentes au chapitre précité se composent des produits suivants :

1° Montant des centimes additionnels spéciaux réglés par les lois annuelles de finances, en addition au principal des contributions directes;
2° Part à prélever sur le contingent des centimes additionnels ajoutés à l'impôt arabe.
Cette part est annuellement déterminée par le gouverneur général, le conseil de gouvernement;
3° Recouvrement des avances faites au nom et pour le compte des communes, pour rembourser au budget de la guerre le prix des journées de traitement des malades civils domiciliés admis dans les hôpitaux militaires;
4° Recouvrement des subventions provisoires comme fonds de roulement à la disposition des hôpitaux et hospices.

2e PARTIE. — Dépenses.

Les crédits inscrits annuellement au budget des dépenses sur res-

sources spéciales pour le service de l'assistance coloniale hospita
auront à pourvoir aux dépenses ci-après :

1° Remboursement aux établissements hospitaliers des frais
traitement des immigrants et des malades indigents n'ayant pas
quis le domicile de secours en Algérie;

2° Avances pour remboursement au budget du ministère de
guerre, et pour le compte des communes, des frais de journées
traitement des malades domiciliés admis dans les hôpitaux
taires;

3° Subventions provisoires à la disposition des hôpitaux et
pices à titre de fonds de roulement;

4° Subventions aux communes de récente création dont les
sources sont encore notoirement insuffisantes pour solder int
ment les journées de malades qui leur incombent;

5° Subventions aux institutions charitables concourant à l'assis
hospitalière, et particulièrement à celles qui sont chargées des
à domicile ou des asiles de vieillards;

6° Traitement des médecins de colonisation;

7° Subventions aux hôpitaux et hospices pour achats de ma
et pour constructions et grosses réparations de bâtiments;

8° Assistance des indigènes musulmans qui recevaient des s
ou des subsides sur les biens habous des anciennes fondations
tables.

15. Les subventions provisoires mises à la disposition des hô
et hospices à titre de fonds de roulement pour les débuts de
tionnement sont déterminées par le gouverneur général, sur
position des préfets.

16. Les évaluations de recettes et de dépenses sont arrêtées
soirement par le gouverneur général, en conseil de gouverne
et définitivement réglées par la loi de finances portant fixation
budget général de l'exercice.

17. Les recettes rattachées au budget de l'Algérie (*Ressources*
ciales) sont versées dans les caisses des trésoriers payeurs, au titre
service de l'assistance hospitalière.

TITRE III.

DISPOSITIONS GÉNÉRALES.

18. Le remboursement des frais de journées de traitement de
indigents malades ayant le domicile de secours constitue, pou
communes, une dépense obligatoire.

Ce remboursement s'effectue mensuellement au budget partic
de chaque établissement hospitalier. Il doit avoir lieu dans le
rant du mois qui suit la notification des décomptes mensuels.

Il en est de même en ce qui concerne les sommes à réclamer
'assistance coloniale et aux particuliers.

19. En cas de retard dans les remboursements par les communes

les préfets sont autorisés à procéder à l'ordonnancement d'office, conformément aux règles sur la matière.

20. Le tarif du prix de remboursement des journées de malades est arrêté, chaque année, au mois de janvier, par le préfet, en conseil de préfecture.

Il est fixé pour chaque établissement séparément, en prenant pour base le montant des dépenses de l'année précédente, divisé par le produit du nombre des journées de malades pendant la même période.

Ne sont pas comprises dans les éléments de ce calcul les dépenses de constructions et de grosses réparations, non plus que les dépenses d'achat du matériel et du linge.

En ce qui concerne les hôpitaux militaires, le taux de remboursement est fixé par le ministre de la guerre.

21. Il ne sera rien changé à l'affectation des immeubles concédés antérieurement par l'État aux départements pour les divers services hospitaliers.

22. Sont rapportées les dispositions :

1° Du paragraphe 14 de l'article 44 du décret du 27 octobre 1858, en ce qui concerne les dépenses des malades civils indigents dans les hôpitaux civils ou militaires ;

2° Des paragraphes 12 et 15 dudit décret, en ce qui a trait au service médical de colonisation et aux services d'assistance des indigènes ;

3° Du paragraphe 4 de l'article 48 du décret du 27 octobre précité, attribuant aux provinces le cinquième du produit net de l'octroi municipal de mer perçu dans les ports de l'Algérie tant que les budgets de ces provinces resteraient spécialement chargés des dépenses relatives aux hôpitaux et hospices civils ;

4° Du décret du 26 août 1865, sur la fixation de la part des communes dans les dépenses d'assistance.

23. Le gouverneur général pourvoit, par des règlements particuliers, aux détails d'application du présent décret.

24. Le ministre de l'intérieur, le ministre des finances et le gouverneur général civil de l'Algérie sont chargés, chacun en ce qui le concerne, de l'exécution du présent décret.

Fait à Paris, le 23 Décembre 1874.

Signé M^{al} DE MAC MAHON.

Le Ministre des finances,
Signé MATHIEU-BODET.

Le Ministre de l'intérieur,
Signé G^{al} DE CHABAUD LA TOUR.

RÉPUBLIQUE FRANÇAISE.

N° 3693. — *Décret qui affecte transitoirement au service de l'A hospitalière en Algérie un dixième de l'impôt arabe.*

Du 23 Décembre 1874.

LE PRÉSIDENT DE LA RÉPUBLIQUE FRANÇAISE,

Vu le décret de ce jour portant règlement général sur le service de l' sistance hospitalière en Algérie;

Considérant qu'une des principales ressources affectées à ce service l'article 14 du décret précité se composera de centimes additionnels au principal des contributions directes;

Considérant que cette ressource fera défaut jusqu'au vote de la loi l'impôt foncier en Algérie;

Considérant qu'il est indispensable d'y suppléer à titre transitoire. que l'organisation de l'assistance hospitalière puisse fonctionner à partir 1er janvier 1875;

Sur les rapports des ministres de l'intérieur et des finances, d'après propositions du gouverneur général civil de l'Algérie,

DÉCRÈTE :

ART. 1er. Il est affecté transitoirement au service de l' hospitalière un dixième de l'impôt arabe, à prélever sur les dixièmes de cet impôt concédés aux départements algériens et se trouvent ainsi ramenés à quatre dixièmes.

Le dixième affecté au service de l'assistance hospitalière sera au trésor public, pour le compte dudit service, à partir de l' 1875.

2. Les ministres de l'intérieur et des finances et le gou général civil de l'Algérie sont chargés, chacun en ce qui le cerne, de l'exécution du présent décret.

Fait à Paris, le 23 Décembre 1874.

Signé Mal DE MAC MAHON.

Le Ministre des finances,
Signé MATHIEU-BODET.

Le Ministre de l'intérieur,
Signé Gal DE CHABAUD LA TOUR.

RÉPUBLIQUE FRANÇAISE.

N° 3694. — Décret qui fixe le prix de vente des Allumettes chimiques dites de luxe.

Du 30 Décembre 1874.

(Promulgué au Journal officiel du 1ᵉʳ janvier 1875.)

LE PRÉSIDENT DE LA RÉPUBLIQUE FRANÇAISE,

Vu la loi du 2 août 1872, constitutive du monopole des allumettes chimiques ;

Vu l'article 2 de la loi du 15 mars 1873, relatif à la vente des allumettes chimiques dites de luxe ;

Sur le rapport du ministre des finances,

DÉCRÈTE :

ART. 1ᵉʳ. La compagnie concessionnaire du monopole des allumettes chimiques est autorisée à mettre en vente des allumettes dites de luxe, aux prix et dans les conditions déterminés par le tableau suivant :

DÉSIGNATION DES ESPÈCES D'ALLUMETTES.		PRIX de vente.
ALLUMETTES EN BOIS.		
Bois carré trempé en presse.............	A. Paquet, par 500 allumettes.....................	0ᶠ 35ᶜ
	B. Idem, par 1,000 allumettes.....................	0 70
	C. Boîte ménagère, par 500 allumettes.............	0 40
	D. Portefeuille, par 100 allumettes................	0 10
	E. Idem, par 50 allumettes........................	0 05
Bois carré trempé en presse, paraffiné....,	Coulisse anglaise illustrée en couleur, par 75 allumettes..	0 10
III. Bois rond trempé en presse...........	A. Boîte ménagère, par 500 allumettes.............	0 40
	B. Portefeuille illustré, par 100 allumettes..........	0 10
	C. Idem, par 60 allumettes.........................	0 05
V. Bois strié ou cannelé...............	Coulisse illustrée en couleur, par 500 allumettes.....	0 80
VI. Allumettes suédoises paraffinées et au phosphore amorphe......	A. Paquet, par 1,000 allumettes.....................	1 10
	B. Boîte munie d'un frottoir, par 1,000 allumettes...	1 20
	C. Idem, par 550 allumettes........................	0 65
	D. Idem, par 250 allumettes........................	0 35
	E. Idem, par 50 allumettes.........................	0 10
ALLUMETTES EN CIRE.		
	A. Prie-Dieu, par 50 allumettes.....................	0 15
	B. Tiroir, par 50 allumettes........................	0 15
	C. Coulisse, par 50 allumettes......................	0 15
	D. Tabatière, par 50 allumettes.....................	0 15
VII. Boîtes d'allumettes en cire, illustrées en trois couleurs et au-dessus.	E. Idem double couvercle, par 50 allumettes.........	0 15
	F. Idem.......... { par 25 allumettes............. / 12 pièces amadou chimique.....	0 15
	G. Coulisse, 30 pièces amadou chimique............	0 15
	H. Coulisse illustrée, par 250 allumettes............	0 70
	I. Idem, par 500 allumettes........................	1 20
	J. Coulisse, par 40 allumettes dites cinq-minutes....	0 25
VIII....................	Petit prie-Dieu illustré, par 33 allumettes...........	0 10

2. Les prix de vente fixés par le présent décret devront figu d'une façon apparente sur les boîtes et paquets auxquels ils s' pliquent.

3. Les cartonnages et enveloppes des types d'allumettes sp au tableau qui précède devront être d'une couleur différente de des cartonnages et enveloppes des types imposés par le cahier charges.

4. Les types d'allumettes dont la fabrication et la vente sont a risées par le présent décret pourront être revisés à partir du 1ᵉʳ j 1875.

5. Le ministre des finances est chargé de l'exécution du p décret.

Fait à Paris, le 30 Décembre 1874.

Signé Mᵃˡ DE MAC MAHON.

Le Ministre des finances,

Signé MATHIEU-BODET.

N° 3695. — DÉCRET DU PRÉSIDENT DE LA RÉPUBLIQUE FRANÇAISE (contre-
par le ministre de l'agriculture et du commerce) portant :

ART. 1ᵉʳ. Il est établi un périmètre de protection autour du group sources qui alimentent l'établissement thermal du Mont-Dore (. Dôme).

Ce périmètre, de forme rectangulaire, est limité ainsi qu'il suit :

On tracera, à partir du point milieu de la façade de l'établissement lignes perpendiculaires.

Sur l'une, menée suivant la direction de cette façade, on prendra cents mètres à droite et quatre cents mètres à gauche dudit point mi

Sur l'autre, menée suivant l'axe longitudinal du bâtiment, on com deux cents mètres en avant vers la montagne, également à partir d point milieu.

Par les trois points ainsi obtenus seront tracées trois lignes droites, la première sera parallèle à ladite façade et les deux autres lui seront pendiculaires.

Ces lignes, prolongées l'une et l'autre jusqu'à la rive droite de la dogne, détermineront avec la première et avec ladite rive un espace f sensiblement rectangulaire, qui formera le périmètre de protection.

2. Des bornes seront placées aux angles et aux points principaux d rimètre déterminé en l'article 1ᵉʳ ci-dessus. Ce bornage aura lieu à la gence du préfet et par les soins de l'ingénieur des mines du départ du Puy-de-Dôme, qui dressera procès-verbal de l'opération.

3. Le paragraphe 2 de l'article 3 de la loi du 14 juillet 1856 est d applicable aux terrains compris dans le périmètre des sources thermale Mont-Dore, à l'exception toutefois des terrains situés au delà de deux li perpendiculaires qui seront abaissées à droite et à gauche sur la l menée, conformément aux prescriptions de l'article 1ᵉʳ, suivant la di de la façade de l'établissement thermal, en un point distant de deu mètres du point milieu de la façade dudit établissement.

En conséquence, les propriétaires qui voudront exécuter sur

rains des fouilles, tranchées, pour extraction de matériaux ou pour tout
tre objet, fondations de maisons, caves ou autres travaux à ciel ouvert,
ont tenus d'en faire, au moins un mois à l'avance, la déclaration au
lfet.

l. Le présent décret sera publié et affiché, à la diligence du préfet, dans
communes intéressées et dans les chefs-lieux d'arrondissement du dé-
tement du Puy-de-Dôme. (*Paris, 12 Août 1874.*)

896.—Décret du Président de la République française (contre-signé
par le ministre de l'intérieur) portant ce qui suit :

a juridiction du commissaire de police de Frontignan (Hérault) est éten-
sur la commune de Balaruc-les-Bains.

l est créé un commissariat spécial de police à Miramont (Lot-et-Garonne).

a juridiction du commissaire de police de Tournus (Saône-et-Loire) est
due sur la commune d'Uchizy.

l est créé à Pontacq (Basses-Pyrénées) un commissariat de police.

l. *Baudat*, commissaire central de police à Clermont-Ferrand (Puy-de-
me), exercera en même temps les fonctions de commissaire spécial de
ce sur le chemin de fer de Paris-Lyon-Méditerranée.

a juridiction du commissaire de police de Châteauneuf-sur-Cher (Cher)
tendue sur les communes de Saint-Loup, Chavannes, Venesmes, Valle-
Uzay-le-Venon, Corquoy, Allichamps et Chambon. (*Versailles, 16 Août
.*)

---

897. — Décret du Président de la République française (contre-signé
fr le ministre de l'intérieur) portant ce qui suit :

juridiction du commissaire de police de Gray (Haute-Saône) est éten-
sur les communes d'Arc-lès-Gray, Ancier, Apremont, Batterans, Champ-
, Gray-la-Ville, Esmoulins, le Tremblois, Velet, Chargey-lès-Gray, Man-
e, Nantilly et Rigny.

juridiction du commissaire spécial de police sur le chemin de fer du
, à la résidence de Boulogne (Pas-de-Calais), est étendue sur la partie
ligne du chemin de fer du Nord-Est comprise entre Boulogne et Saint-
r.

juridiction du commissaire de police de Vesoul (Haute-Saône) est éten-
sur les communes de Navenne, Échenoz-la-Méline, Vaivre, Charmoille,
y, Pusy, Frotey-lès-Vesoul, Quincey, Coulevon, Comberjon et Noidans-
esoul.

est créé à Vayrac (Lot) un commissariat spécial de police.

juridiction du titulaire comprendra, outre cette commune, celles de
ille, Carennac, Cavaignac, Condat, Strenquels et Saint-Michel-de-Ba-
es. (*Paris, 29 Août 1874.*)

898.—Décret du Président de la République française (contre-signé
r le ministre de l'intérieur) portant ce qui suit :

juridiction du commissariat spécial de police de Damazan (Lot-et-Garonne) est étendue sur les communes de Razimet, Puch, Saint-Léger, Pierre-de-Buzet et Buzet.

La juridiction du commissaire de police de Cambrai (Nord) est é sur les communes d'Aubencheul, Fontaine-Notre-Dame, Cagnoncles, Naves, Fressies, Bantigny, Haynecourt, Paillencourt et Raillencourt.

La juridiction du commissaire spécial de police de la Souterraine (Cre est étendue sur les communes de Chamborand, Lizières, Saint-Pi Fursac et Saint-Étienne-de-Fursac, du canton de Grand-Bourg, et sur de Bazelat, Azérables, Noth, Saint-Aignant-de-Versillat, Saint-Germain, Maurice, Saint-Priest-la-Feuille et Vareilles, du canton de la Souterraine.

Il est créé à Cluses (Haute-Savoie) un commissariat spécial de (*Paris, 31 Août 1874.*)

N° 3699. — Décret du Président de la République française (contre- par le ministre des finances) portant qu'un terrain domanial de qu deux mètres carrés, situé sur le terre-plein du bassin à flot du port Sables-d'Olonne (Vendée) et indiqué au plan ci-annexé par la le est affecté au service des douanes pour l'installation d'un bureau de (*Paris, 22 Septembre 1874.*)

N° 3700. — Décret du Président de la République française (co par le ministre de la marine et des colonies) portant ce qui suit :

Les limites de la mer, sur le territoire de la commune de Saint-Pair partement de la Manche, quartier maritime de Granville, dans la comprise entre les points désignés, sur le plan annexé au présent par les numéros o à 25, sont et demeurent fixées conformément à la rouge (modifiée en bleu du n° 3 au n° 5) tracée sur ledit plan, avec l cation : *Limites du rivage de la mer.*

Les droits des tiers sont réservés. (*Paris, 25 Octobre 1874.*)

N° 3701. — Décret du Président de la République française (con par le garde des sceaux, ministre de la justice) portant ce qui suit :

L'ordonnance du 19 mars 1820, qui assigne quinze offices d'avoué au bunal de première instance de Valence (Drôme), est modifiée en ce sens ce nombre est réduit à treize.

Le décret du 13 janvier 1855, qui assigne cinq offices d'avoué au de première instance de Ploërmel (Morbihan), est modifié en ce sens nombre est réduit à trois.

Le décret du 26 juin 1871, qui assigne douze offices d'huissier au nal de première instance de Saint-Flour (Cantal), est modifié en ce sens ce nombre est réduit à onze.

Le décret du 8 août 1873, qui assigne vingt offices d'huissier au t de première instance de Châteauroux (Indre), est modifié en ce sens nombre est réduit à dix-neuf.

Le décret du 30 décembre 1868, qui assigne vingt-cinq offices d'h au tribunal de première instance de Vienne (Isère), est modifié en ce que ce nombre est réduit à vingt-quatre. (*Paris, 21 Novembre 1874.*)

Certifié conforme :

Paris, le 14 * Janvier 1875,

Le Garde des Sceaux, Ministre de la Justice,

A. TAILHAND.

---

* Cette date est celle de la réception du Bulletin au ministère de la Justice.

---

e Bulletin des lois, à raison de 9 francs par an , à la caisse de l'Imprimerie
Receveurs des postes des départements.

IMPRIMERIE NATIONALE. — 14 Janvier 1875.

BULLETIN DES LOIS

DE LA RÉPUBLIQUE FRANÇAISE.

N° 239.

RÉPUBLIQUE FRANÇAISE.

N° 3702. — *Loi qui crée de nouvelles Facultés de médecine et pharmacie.*

Du 8 Décembre 1874.

(Promulguée au *Journal officiel* du 20 décembre 1874.)

L'ASSEMBLÉE NATIONALE A ADOPTÉ LA LOI dont la teneur suit :

ART. 1er. Les écoles préparatoires de médecine et pharmacie de Bordeaux, de Lyon et de Lille sont supprimées.

Il est établi à Bordeaux et à Lyon des facultés mixtes de médecine et pharmacie auxquelles devront s'appliquer les lois et règlements qui régissent les facultés actuellement existantes.

Les offres contenues dans les délibérations du conseil municipal de Bordeaux, en date du 26 février 1872, du conseil municipal de Lyon, en date du 24 juin 1873, et de la commission municipale de Lyon, en date du 3 mars 1874, sont acceptées.

Le ministre de l'instruction publique déterminera, le conseil supérieur de l'instruction publique entendu, les conditions et l'époque de l'installation des facultés nouvelles.

Un décret rendu en conseil supérieur de l'instruction publique fixera le mode de présentation pour la première nomination aux chaires des facultés créées par la présente loi.

Délibéré en séances publiques, à Versailles, les 5 et 25 Juin et décembre 1874.

Le Président,

Signé L. BUFFET.

Les Secrétaires,

Signé VANDIER, T. DUCHÂTEL, FÉLIX VOISIN, LOUIS DE SÉGUR.

LE PRÉSIDENT DE LA RÉPUBLIQUE PROMULGUE LA PRÉSENTE LOI.

Signé M^{al} DE MAC MAHON, duc DE MAGENTA.

Ministre de l'instruction publique, des cultes et des beaux-arts,

Signé A. DE CUMONT.

RÉPUBLIQUE FRANÇAISE.

N° 3703. — *Loi qui modifie la loi du 7 février 1851, concernant les nés en France d'étrangers qui eux-mêmes y sont nés.*

Du 16 Décembre 1874.

(Promulguée au *Journal officiel* du 29 décembre 1874.)

L'Assemblée nationale a adopté la loi dont la teneur suit :

Art. 1er. L'article 1er de la loi du 7 février 1851 est ainsi modi
Est Français tout individu né en France d'un étranger q
même y est né, à moins que, dans l'année qui suivra l'epoque
majorité, telle qu'elle est fixée par la loi française, il ne réclam
qualité d'étranger par une déclaration faite, soit devant l'au
municipale du lieu de sa résidence, soit devant les agents dip
tiques et consulaires de France à l'étranger, et qu'il ne justifie
conservé sa nationalité d'origine par une attestation en due
de son gouvernement, laquelle demeurera annexée à la décla
Cette déclaration pourra être faite par procuration spéciale
thentique.

2. Les jeunes gens auxquels s'applique l'article précédent
vent; soit s'engager volontairement dans les armées de terre
mer, soit contracter l'engagement conditionnel d'un an, con
ment à la loi du 27 juillet 1872, titre IV, troisième section, soit
dans les écoles du Gouvernement à l'âge fixé par les lois et
ments, en déclarant qu'ils renoncent à réclamer la qualité d'ét
dans l'année qui suivra leur majorité.

Cette déclaration ne peut être faite qu'avec le consentement
et spécial du père, ou, à défaut du père, de la mère, ou, à
de père et de mère, qu'avec l'autorisation du conseil de f
Elle ne doit être reçue qu'après les examens d'admission et s'ils
favorables.

Délibéré en séances publiques, à Versailles, les 13 Juillet,
16 Décembre 1874.

Le Président,

Signé L. Buffet.

Les Secrétaires,

Signé Félix Voisin, Vandier, T. Duchâtel, Louis de

Le Président de la République promulgue la présente loi.

Signé M^{al} DE MAC MAHON, duc DE MAGEN

l e Gardedes sceaux, Ministre de la justice,

Signé A. Tailhand.

RÉPUBLIQUE FRANÇAISE.

F 3704. — *Loi qui ouvre au Ministre de la Guerre un Crédit sur l'exercice 1875, applicable à l'entretien des bâtiments existants et aux constructions nouvelles nécessaires pour l'établissement des escadrons de Spahis en Algérie.*

Du 19 Décembre 1874.

(Promulguée au *Journal officiel* du 13 janvier 1875.)

L'ASSEMBLÉE NATIONALE A ADOPTÉ LA LOI dont la teneur suit :

ART. 1er. Il est ouvert au ministre de la guerre, sur le budget de l'exercice 1875, chapitre xvi (*Établissements et matériel du génie*), un crédit de cinq cent seize mille cinq cent quarante-neuf francs soixante-douze centimes (516,549ᶠ 72ᶜ), applicable à l'entretien des bâtiments existants et aux constructions nouvelles nécessaires pour l'établissement des escadrons de spahis en Algérie.

2. Il sera pourvu à cette dépense au moyen d'une somme égale versée au trésor par les trois régiments de spahis, en Algérie, et provenant de la masse des smalas et de la masse de construction des fourdjs de ces régiments, lesdites masses ayant été supprimées par le décret du 6 janvier 1874.

3. Les portions du crédit mentionné à l'article 1er qui ne seraient employées en 1875 pourront être reportées, par décrets du Président de la République, aux exercices suivants, avec la même affectation.

Délibéré en séance publique, à Versailles, le 19 Décembre 1874.

Le Président,

Signé L. BUFFET.

Les Secrétaires,

Signé FÉLIX VOISIN, VANDIER, T. DUCHÂTEL, LOUIS DE SÉGUR.

Le PRÉSIDENT DE LA RÉPUBLIQUE PROMULGUE LA PRÉSENTE LOI.

Signé Mᵃˡ DE MAC MAHON, duc DE MAGENTA.

Le Vice-Président du Conseil,
Ministre de la guerre,

Signé Gᵃˡ E. DE CISSEY.

Le Ministre des finances,

Signé MATHIEU-BODET.

RÉPUBLIQUE FRANÇAISE.

N° 3705. — *Loi qui ouvre au Ministre de la Guerre un Crédit sur l'exercice 1 et annule une somme égale au budget du même exercice.*

Du 19 Décembre 1874.

(Promulguée au *Journal officiel* du 13 janvier 1875.)

L'Assemblée nationale a adopté la loi dont la teneur suit:

Art. 1ᵉ. Il est ouvert au ministre de la guerre un crédit de million vingt mille francs (1,020,000ᶠ) sur l'exercice 1874.

Ce crédit est inscrit aux chapitres VIII, X, XIII et XV, et réparti formément à l'état A annexé à la présente loi.

2. Sur les crédits ouverts au ministre de la guerre par la loi 29 décembre 1873, une somme de un million vingt mille f (1,020,000ᶠ) est annulée au titre du service de la gendarmerie (pitre V du budget de 1874).

Délibéré en séance publique, à Versailles, le 19 Décembre 1

Le Président,

Signé L. BUFFET.

Les Secrétaires,

Signé FÉLIX VOISIN, VANDIER, T. LOUIS DE SÉGUR.

Le Président de la République promulgue la présente loi.

Signé Mᵃˡ DE MAC MAHON, duc DE MA

Le Vice-Président du Conseil, Ministre de la guerre,

Signé Gᵃˡ E. DE CISSEY.

Le Ministre des finances,

Signé MATHIEU-BODET.

ÉTAT A. *Tableau des crédits demandés en addition aux prévisions du budget de 1874.*

CHA-PITRES.	INDICATION DES SERVICES.	MONTANT des crédits demandés.
VIII.	Transports généraux..	900,000ᶠ
X.	Justice militaire...	70,000
XIII.	Établissements et matériel du génie......................	20,000
XV.	Invalides de la guerre.....................................	30,000
	TOTAL.....................	1,020,000

Vu pour être annexé à la loi adoptée par l'Assemblée nationale dans sa séance du 19 décembre 1874.

Le Président,

Signé L. BUFFET.

Les Secrétaires,

Signé FÉLIX VOISIN, VANDIER, T. DUCHÂTEL, LOUIS DE SÉGUR.

RÉPUBLIQUE FRANÇAISE.

3706. — *Loi qui ouvre au Ministre de l'Intérieur, sur l'exercice 1875, Crédit applicable aux Dépenses sur ressources spéciales du Gouvernement général civil de l'Algérie.*

Du 21 Décembre 1874.

(Promulguée au *Journal officiel* du 6 janvier 1875.)

L'ASSEMBLÉE NATIONALE A ADOPTÉ LA LOI dont la teneur suit :

ART. 1ᵉʳ. Il est alloué au ministre de l'intérieur, pour les dépenses sur ressources spéciales du gouvernement général civil de l'Algérie, sur l'exercice 1875, au delà des crédits ouverts par la loi de finances du 5 août 1874, un crédit de un million quatre cent quatre-vingt-treize mille francs (1,493,000ᶠ), savoir :

CHAP. 1ᵉʳ.	Administration centrale, article 1ᵉʳ (nouveau)............	13,000ᶠ
III.	Établissement et conservation de la propriété indigène.....	80,000
V	(nouveau). Contributions diverses. — Part des chefs indigènes chargés du recouvrement et de l'assiette de l'impôt arabe (un dixième du principal)...................	1,400,000
	ENSEMBLE................	1,493,000

2. Il sera pourvu à ces dépenses au moyen des recettes corrélatives suivantes, opérées au titre des produits divers spéciaux :

Dixième du principal des impôts arabes attribué aux chefs collecteurs. .   1,400,000

Remboursement du prix des bourses, aux écoles normales primaires des
garçons et des filles, à la charge des départements, communes ét particuliers..   13,000

Remboursement, par les parties intéressées, des frais de constatation et
de constitution de la propriété indigène. (Loi du 26 juillet 1873.)...   80,000

ENSEMBLE.................   1,493,000

Délibéré en séance publique, à Versailles, le 21 Décembre 1874.

Le Président,

Signé L. BUFFET.

Les Secrétaires,

Signé FÉLIX VOISIN, VANDIER, T. DUCARRE
LOUIS DE SÉGUR.

LE PRÉSIDENT DE LA RÉPUBLIQUE PROMULGUE LA PRÉSENTE LOI.

Signé M^{al} DE MAC MAHON, duc DE MAGENTA.

Le Ministre de l'intérieur,

Signé G^{al} DE CHABAUD LA TOUR.

RÉPUBLIQUE FRANÇAISE.

N° 3707. — *Loi relative à la protection des Enfants du premier âge
et, en particulier, des Nourrissons.*

Du 23 Décembre 1874.

(Promulguée au *Journal officiel* du 8 janvier 1875.)

L'ASSEMBLÉE NATIONALE A ADOPTÉ LA LOI dont la teneur suit :

ART. 1er. Tout enfant, âgé de moins de deux ans, qui est pl
moyennant salaire, en nourrice, en sevrage ou en garde
du domicile de ses parents, devient, par ce fait, l'objet d'une
veillance de l'autorité publique, ayant pour but de protéger si
et sa santé.

2. La surveillance instituée par la présente loi est confiée,
le département de la Seine, au préfet de police, et, dans les au
départements, aux préfets.

Ces fonctionnaires sont assistés d'un comité ayant pour mission d'étudier et de proposer les mesures à prendre, et composé comme il suit :

Deux membres du conseil général, désignés par ce conseil;

Dans le département de la Seine, le directeur de l'Assistance publique, et, dans les autres départements, l'inspecteur du service des enfants assistés;

Six autres membres nommés par le préfet, dont un pris parmi les médecins membres du conseil départemental d'hygiène publique et trois pris parmi les administrateurs des sociétés légalement reconnues qui s'occupent de l'enfance, notamment des sociétés protectrices de l'enfance, des sociétés de charité maternelle, des crèches ou des sociétés des crèches, ou, à leur défaut, parmi les membres des commissions administratives des hospices et des bureaux de bienfaisance.

Des commissions locales sont instituées par un arrêté du préfet, près avis du comité départemental, dans les parties du département où l'utilité en sera reconnue, pour concourir à l'application des mesures de protection des enfants et de surveillance des nourrices et gardeuses d'enfants.

Deux mères de famille font partie de chaque commission locale.

Les fonctions instituées par le présent article sont gratuites.

3. Il est institué près le ministère de l'intérieur un comité supérieur de protection des enfants du premier âge, qui a pour mission de réunir et coordonner les documents transmis par les comités départementaux, d'adresser chaque année au ministre un rapport sur les travaux de ces comités, sur la mortalité des enfants et sur les mesures les plus propres à assurer et étendre les bienfaits de la loi, et de proposer, s'il y a lieu, d'accorder des récompenses honorifiques aux personnes qui se sont distinguées par leur dévouement et leurs services.

Un membre de l'académie de médecine, désigné par cette académie, les présidents de la société protectrice de l'enfance de Paris, et la société de charité maternelle et de la société des crèches, font partie de ce comité.

Les autres membres, au nombre de sept, sont nommés par décret du Président de la République.

Les fonctions de membre du comité supérieur sont gratuites.

4. Il est publié, chaque année, par les soins du ministre de l'intérieur, une statistique détaillée de la mortalité des enfants du premier âge et, spécialement, des enfants placés en nourrice, en sevrage et en garde.

Le ministre adresse, en outre, chaque année, au Président de la République un rapport officiel sur l'exécution de la présente loi.

5. Dans les départements où l'utilité d'établir une inspection médicale des enfants en nourrice, en sevrage ou en garde est reconnue par le ministre de l'intérieur, le comité supérieur consulté, un ou plusieurs médecins sont chargés de cette inspection.

56...

La nomination de ces inspecteurs appartient aux préfets.

6. Sont soumis à la surveillance instituée par la présente loi : toute personne ayant un nourrisson ou un ou plusieurs enfants en sevrage ou en garde, placés chez elle moyennant salaire; les bureaux de placement et tous les intermédiaires qui s'emploient au placement des enfants en nourrice, en sevrage ou en garde.

Le refus de recevoir la visite du médecin inspecteur, du maire de la commune ou de toutes autres personnes déléguées ou autorisées en vertu de la présente loi est puni d'une amende de cinq à quinze francs (5' à 15').

Un emprisonnement de un à cinq jours peut être prononcé si le refus dont il s'agit est accompagné d'injures ou de violences.

7. Toute personne qui place un enfant en nourrice, en sevrage ou en garde, moyennant salaire, est tenue, sous les peines portées par l'article 346 du Code pénal, d'en faire la déclaration à la mairie de la commune où a été faite la déclaration de naissance de l'enfant, ou à la mairie de la résidence actuelle du déclarant, en indiquant, dans ce cas, le lieu de la naissance de l'enfant, et de remettre à la nourrice ou à la gardeuse un bulletin contenant un extrait de l'acte de naissance de l'enfant qui lui est confié.

8. Toute personne qui veut se procurer un nourrisson ou un ou plusieurs enfants en sevrage ou en garde, est tenue de se munir préalablement des certificats exigés par les règlements pour indiquer son état civil et justifier de son aptitude à nourrir ou à recevoir des enfants en sevrage ou en garde.

Toute personne qui veut se placer comme nourrice sur lieu est tenue de se munir d'un certificat du maire de sa résidence, indiquant si son dernier enfant est vivant et constatant qu'il est âgé de sept mois révolus, ou, s'il n'a pas atteint cet âge, qu'il est allaité par une autre femme remplissant les conditions qui seront déterminées par le règlement d'administration publique prescrit par l'article 12 de la présente loi.

Toute déclaration ou énonciation reconnue fausse dans lesdits certificats entraîne l'application au certificateur des peines portées au paragraphe 1er de l'article 155 du Code pénal.

9. Toute personne qui a reçu chez elle, moyennant salaire, un nourrisson ou un enfant en sevrage ou en garde, est tenue, sous les peines portées à l'article 346 du Code pénal :

1° D'en faire la déclaration à la mairie de la commune de son domicile dans les trois jours de l'arrivée de l'enfant, et de remettre le bulletin mentionné en l'article 7;

2° De faire, en cas de changement de résidence, la même déclaration à la mairie de sa nouvelle résidence;

3° De déclarer, dans le même délai, le retrait de l'enfant par ses parents ou la remise de cet enfant à une autre personne, pour quelque cause que cette remise ait lieu;

4° En cas de décès de l'enfant, de déclarer ce décès dans les vingt-quatre heures.

Après avoir inscrit ces déclarations au registre mentionné à l'article suivant, le maire en donne avis, dans le délai de trois jours, au maire de la commune où a été faite la déclaration prescrite par l'article 7.

Le maire de cette dernière commune donne avis, dans le même délai, des déclarations prescrites par les n° 2, 3, 4 ci-dessus, aux auteurs de la déclaration de mise en nourrice, en sevrage ou en garde.

10. Il est ouvert dans les mairies un registre spécial pour les déclarations ci-dessus prescrites.

Ce registre est coté, paraphé et vérifié tous les ans par le juge de paix. Ce magistrat fait un rapport annuel au procureur de la République, qui le transmet au préfet, sur les résultats de cette vérification.

En cas d'absence ou de tenue irrégulière du registre, le maire est passible de la peine édictée à l'article 5o du Code civil.

11. Nul ne peut ouvrir ou diriger un bureau de nourrices, ni exercer la profession d'intermédiaire pour le placement des enfants en nourrice, en sevrage ou en garde, et le louage des nourrices, sans en avoir obtenu l'autorisation préalable du préfet de police, dans le département de la Seine, ou du préfet, dans les autres départements.

Toute personne qui exerce sans autorisation l'une ou l'autre de ces professions, ou qui néglige de se conformer aux conditions de autorisation ou aux prescriptions des règlements, est punie d'une amende de seize francs à cent francs (16ᶠ à 100ᶠ). En cas de récidive, la peine d'emprisonnement prévue par l'article 480 du Code pénal peut être prononcée.

Ces mêmes peines sont applicables à toute sage-femme et à tout autre intermédiaire qui entreprend, sans autorisation, de placer des enfants en nourrice, en sevrage ou en garde.

Si, par suite de la contravention ou par suite d'une négligence de la part d'une nourrice ou d'une gardeuse, il est résulté un dommage pour la santé d'un ou de plusieurs enfants, la peine d'emprisonnement de un à cinq jours peut être prononcée.

En cas de décès d'un enfant, l'application des peines portées à l'article 319 du Code pénal peut être prononcée.

12. Un règlement d'administration publique déterminera :

1° Les modes d'organisation du service de surveillance institué par la présente loi ; l'organisation de l'inspection médicale, les attributions et les devoirs des médecins inspecteurs, le traitement de ces inspecteurs, les attributions et devoirs de toutes les personnes chargées des visites ;

2° Les obligations imposées aux nourrices, aux directeurs des bureaux de placement et à tous les intermédiaires du placement des enfants ;

3° La forme des déclarations, registres, certificats des maires et des médecins, et autres pièces exigées par les règlements.

Le préfet peut, après avis du comité départemental, prescrire, par un règlement particulier, des dispositions en rapport avec les circonstances et les besoins locaux.

13. En dehors des pénalités spécifiées dans les articles précédents, toute infraction aux dispositions de la présente loi et des règlements d'administration publique qui s'y rattachent est punie d'une ame de cinq à quinze francs (5^f à 15^f).

Sont applicables à tous les cas prévus par la présente loi le dern paragraphe de l'article 463 du Code pénal et les articles 482, 483 même code.

14. Les mois de nourrice dus par les parents ou par toute au personne font partie des créances privilégiées et prennent rang en les n°s 3 et 4 de l'article 2101 du Code civil.

15. Les dépenses auxquelles l'exécution de la présente loi don lieu sont mises, par moitié, à la charge de l'État et des départe intéressés.

La portion à la charge des départements est supportée par les partements d'origine des enfants et par ceux où les enfants placés en nourrice, en sevrage ou en garde, proportionnellement nombre desdits enfants.

Les bases de cette répartition sont arrêtées tous les trois ans par ministre de l'intérieur.

Pour la première fois, la répartition sera faite d'après le no des enfants en nourrice, en sevrage ou en garde existant d chaque département au moment de la promulgation de la p sente loi.

Délibéré en séances publiques, à Versailles, les 9, 14 et 23 cembre 1874.

Le Président,

Signé L. BUFFET.

Les Secrétaires,

Signé FÉLIX VOISIN, LOUIS DE SÉGUR, E. DE DE PRADINE, T. DUCHÂTEL.

LE PRÉSIDENT DE LA RÉPUBLIQUE PROMULGUE LA PRÉSENTE LOI.

Signé M^{al} DE MAC MAHON, duc DE MAGENTA

Le Ministre de l'intérieur,
Signé G^{al} DE CHABAUD LA TOUR.

RÉPUBLIQUE FRANÇAISE.

N° 3708. — *Loi qui ouvre au Ministre de l'Intérieur, sur l'exercice 1874, un Crédit supplémentaire, en addition au chapitre II du Budget du Gouvernement général civil de l'Algérie, et annule une somme égale au chapitre IX du même budget.*

Du 23 Décembre 1874.

(Promulguée au *Journal officiel* du 8 janvier 1875.)

L'Assemblée nationale a adopté la loi dont la teneur suit :

Art. 1ᵉʳ. Il est ouvert au ministre de l'intérieur, sur l'exercice 1874, en addition au chapitre II (*Matériel de l'administration centrale*) du budget des dépenses ordinaires du gouvernement général civil de l'Algérie, un crédit supplémentaire de quinze mille francs (15,000ᶠ).

2. Une somme de quinze mille francs (15,000ᶠ) est annulée sur le crédit ouvert au chapitre IX du même budget (*Services maritime et sanitaire*).

Délibéré en séance publique, à Versailles, le 23 Décembre 1874.

Le Président,

Signé L. BUFFET.

Les Secrétaires,

Signé FÉLIX VOISIN, LOUIS DE SÉGUR, E. DE CAZENOVE DE PRADINE, T. DUCHÂTEL.

LE PRÉSIDENT DE LA RÉPUBLIQUE PROMULGUE LA PRÉSENTE LOI.

Signé Mᵃˡ DE MAC MAHON, duc DE MAGENTA.

Le Ministre de l'intérieur,

Signé Gᵃˡ DE CHABAUD LA TOUR.

RÉPUBLIQUE FRANÇAISE.

N° 3709. — *Loi qui ouvre au Ministre de l'Intérieur, sur l'exercice 1874, un Crédit supplémentaire pour les Dépenses du Gouvernement général civil de l'Algérie.*

Du 23 Décembre 1874.

(Promulguée au *Journal officiel* du 8 janvier 1875.)

L'Assemblée nationale a adopté la loi dont la teneur suit :

Art. 1ᵉʳ. Il est accordé au ministre de l'intérieur (*Dépenses du ___* *gouvernement général civil de l'Algérie*), sur l'exercice 1874, un crédit de un million deux cent cinquante-huit mille huit cent vingt-trois francs cinquante-cinq centimes (1,258,823ᶠ 55ᵉ), qui sera inscrit au chapitre xiv du budget ordinaire de l'Algérie et sera affecté :

1° Jusqu'à concurrence de un million cent quatre-vingt-trois mille huit cent vingt-trois francs cinquante-cinq centimes (1,183,823ᶠ 55ᵉ), à augmenter le crédit de dix-neuf millions ouvert par la loi du 21 décembre 1872 pour la régularisation des indemnités payées à titre d'avances pour réparation des dommages causés aux particuliers et aux services publics en Algérie pendant l'insurrection de 1871 ;

2° Pour une somme de soixante-quinze mille francs (75,000ᶠ), à augmenter le crédit de cent cinquante mille francs (150,000ᶠ) affecté par la loi du 21 décembre 1872 à la création des académies militaires d'Alger, d'Oran et de Constantine.

2. La justification des dépenses relatives aux opérations d'indemnités devra être faite avant la clôture de l'exercice 1874. Les indemnités qui, au 31 mars 1875, n'auraient pas été payées aux ayants droit, seront versées à la caisse des dépôts et consignations, où elles seront tenues à la disposition des attributaires pendant un nouveau délai de trois ans.

A l'expiration de ce délai, c'est-à-dire au 1ᵉʳ avril 1878, toutes les sommes restées impayées seront retirées de la caisse des dépôts et consignations et seront données aux communes, qui les emploieront en travaux d'utilité publique.

3. Il sera pourvu à cette dépense au moyen des ressources générales du budget de l'exercice 1874.

Délibéré en séance publique, à Versailles, le 23 Décembre 1874.

Le Président,

Signé L. BUFFET.

Les Secrétaires,

Signé FÉLIX VOISIN, LOUIS DE SÉGUR, E. DE CAZENOVE DE PRADINE, T. DUCHÂTEL.

LE PRÉSIDENT DE LA RÉPUBLIQUE PROMULGUE LA PRÉSENTE LOI.

Signé Mˡ DE MAC MAHON, duc DE MAGENTA.

Le Ministre de l'intérieur,

Signé Gˡ DE CHABAUD LA TOUR.

RÉPUBLIQUE FRANÇAISE.

3710. — *Loi qui ouvre au Ministre de l'Intérieur, sur l'exercice 1874, un Crédit supplémentaire pour les Dépenses du Gouvernement général civil de l'Algérie.*

Du 23 Décembre 1874.

(Promulguée au *Journal officiel* du 8 janvier 1875.)

L'ASSEMBLÉE NATIONALE A ADOPTÉ LA LOI dont la teneur suit :

ART. 1er. Il est alloué au ministre de l'intérieur pour les dépenses dinaires du gouvernement général civil de l'Algérie, sur l'exercice 74, au delà des crédits ouverts par la loi de finances du 29 décembre 1873, un crédit de quatre-vingt-dix mille francs (90,000ʳ) chapitre IV (*Administration provinciale, départementale et cantonale*), mme subvention aux orphelinats d'Algérie.

2. Il sera pourvu à cette dépense au moyen des ressources générales du budget de 1874.

Délibéré en séance publique, à Versailles, le 23 Décembre 1874.

Le Président,

Signé L. BUFFET.

Les Secrétaires,

Signé FÉLIX VOISIN, LOUIS DE SÉGUR, E. DE CAZENOVE DE PRADINE, T. DUCHÂTEL.

LE PRÉSIDENT DE LA RÉPUBLIQUE PROMULGUE LA PRÉSENTE LOI.

Signé Mᵃˡ DE MAC MAHON, duc DE MAGENTA.

Le Ministre de l'intérieur,

Signé Gᵃˡ DE CHABAUD LA TOUR.

RÉPUBLIQUE FRANÇAISE.

N° 3711. — *Loi qui modifie la circonscription territoriale des cantons de Chamoux, de la Rochette et d'Aiguebelle (Savoie).*

Du 23 Décembre 1874.

(Promulguée au *Journal officiel* du 8 janvier 1875.)

L'ASSEMBLÉE NATIONALE A ADOPTÉ LA LOI dont la teneur suit:

ART. 1er. Les communes de Bourgneuf et de Chamousset, canton

d'Aiguebelle, arrondissement de Saint-Jean-de-Maurienne, dé
ment de la Savoie, sont réunies au canton de Chamoux, arron
ment de Chambéry (même département).

2. Les communes du Pontet et du Bourget-en-Huile sont dis
du canton de Chamoux, arrondissement de Chambéry, dépa
de la Savoie, et réunies au canton de la Rochette (même arron
sement).·

Délibéré en séance publique, à Versailles, le 23 Décembre 1874.

Le Président,

Signé L. BUFFET.

Les Secrétaires,

Signé FÉLIX VOISIN, LOUIS DE SÉGUR, E. DE
DE PRADINE, T. DUCHÂTEL.

LE PRÉSIDENT DE LA RÉPUBLIQUE PROMULGUE LA PRÉSENTE LOI.

Signé M^{al} DE MAC MAHON, duc DE MAGENTA

Le Ministre de l'intérieur,
Signé G^{al} DE CHABAUD LA TOUR.

RÉPUBLIQUE FRANÇAISE.

N° 3712. — *Loi qui autorise la ville de Paris à changer l'affectation d'une*
de 2,546,347 fr. 48 cent. provenant de l'emprunt approuvé par la loi
6 septembre 1871.

Du 23 Décembre 1874.

(Promulguée au *Journal officiel* du 8 janvier 1875.)

L'ASSEMBLÉE NATIONALE A ADOPTÉ LA LOI dont la teneur suit :

ARTICLE UNIQUE. La ville de Paris est autorisée à prélever s
somme de dix-neuf millions trois cent dix-huit mille sept cent
francs (19,318,730^f) comprise, pour dépenses urgentes extr
naires, dans le montant de l'emprunt approuvé par la loi du (
tembre 1871, une somme de deux millions cinq cent quar
six mille trois cent quarante-sept francs quarante-huit cen
(2,546,347^f 48^c), qui sera employée, savoir :

1° A acquitter des dépenses éventuelles provenant d'indemn

intérêts et frais de toute sorte à payer après solution d'affaires contentieuses et de réclamations d'entrepreneurs.....   1,895,540ᶠ 84ᶜ
2° A compléter les réparations des dégâts résultant
de l'insurrection........................   650,806 64

TOTAL ÉGAL..........   2,546,347 48

Délibéré en séance publique, à Versailles, le 23 Décembre 1874.

Le Président ,

Signé L. BUFFET.

Les Secrétaires ,

Signé FÉLIX VOISIN, LOUIS DE SÉGUR, E. DE CAZENOVE
DE PRADINE, T. DUCHÂTEL.

LE PRÉSIDENT DE LA RÉPUBLIQUE PROMULGUE LA PRÉSENTE LOI.

Signé Mᵃˡ DE MAC MAHON, duc DE MAGENTA.

Le Ministre de l'intérieur,

Signé Gᵃˡ DE CHABAUD LA TOUR.

RÉPUBLIQUE FRANÇAISE.

N° 3713. — *Loi qui autorise la ville de Paris à emprunter une somme
de 220 millions.*

Du 24 Décembre 1874.

(Promulguée au *Journal officiel* du 8 janvier 1875.)

L'ASSEMBLÉE NATIONALE A ADOPTÉ LA LOI dont la teneur suit :

ART. 1ᵉʳ. La ville de Paris est autorisée à emprunter une somme
de deux cent vingt millions (220,000,000ᶠ), remboursable sur ses revenus en soixante-quinze ans, à partir de 1875.
Le produit de cet emprunt sera affecté au payement des dettes et
autres dépenses énumérées dans les tableaux annexés à la présente
loi.
Il sera statué sur le mode de réalisation par décret rendu sur la
proposition du ministre de l'intérieur. Toutefois, le chiffre total de
l'annuité à servir ne pourra excéder cinq francs soixante centimes
pour cent (5ᶠ 60ᶜ p. o/o), le montant annuel des lots applicables aux
obligations sorties à chaque tirage étant fixé à neuf cent mille francs
900,000ᶠ).
2. L'émission des bons de la caisse municipale, autorisée jusqu'à

concurrence de soixante millions de francs (60,000,000') par la
de finances du 5 août 1874, devra être ramenée, à la date du 31
cembre 1875, à la somme de vingt millions de francs (20,000,

3. Les actes susceptibles d'enregistrement auxquels donnera l
l'emprunt autorisé par l'article 1" seront passibles du droit fixe
un franc (1').

Délibéré en séance publique, à Versailles, le 24 Décembre 1

Le Président,

Signé L. BUFFET.

Les Secrétaires,

Signé FÉLIX VOISIN, LOUIS DE SÉGUR, E. DE C
DE PRADINE, T. DUCHÂTEL.

LE PRÉSIDENT DE LA RÉPUBLIQUE PROMULGUE LA PRÉSENTE LOI.

Signé M°¹ DE MAC MAHON, duc DE MAGENT

Le Ministre de l'intérieur,
Signé G¹ DE CHABAUD LA TOUR.

TABLEAUX ANNEXÉS À LA LOI AUTORISANT LA VILLE DE PARIS À EMPRUNTER UNE
DE 220 MILLIONS.

N° 1.   *Tableau d'emploi des fonds à provenir de l'emprunt de 220 millions,
annexé à la loi du 24 décembre 1874.*

Remboursement de partie de la dette flottante.		40,000
Remboursement des bons de la caisse des travaux :		
Échéances de 1874.	14,029,700'	
———— de 1875.	10,208,200	34,597,
———— de 1876.	10,159,800	
Remboursement de la dette immobilière :		
Échéances de 1875.	5,600,819	
———— de 1876.	3,587,941	11,372,1
———— de 1877.	2,183,350	
Somme destinée à remplacer au budget de 1874 le produit des nouvelles taxes non approuvées.		7,
Remboursement de l'emprunt de la Vanne.		19,
Remboursement de la dépense des travaux de la rue Curial.		4,
Remboursement des sommes dues à l'Assistance publique.		12,'
Achèvement de travaux d'architecture en cours et réédification de l'hôtel de ville		13,
Construction d'écoles.		12,
Création de nouveaux cimetières.		12,
Eaux et égouts		2,
Travaux d'architecture à entreprendre.		11,
Pavage dans la zone annexée.		2,
Opérations de voirie désignées au tableau ci-joint.		31,
Frais de l'emprunt.		7,

TOTAL. . . . .

N° 2.

Détail des opérations de voirie.

DÉSIGNATION DES OPÉRATIONS.	ÉVALUATION de la dépense.	REVENTE de terrains par opération.
Rue de Turenne (formation du débouché sur la rue Saint-Antoine)..	255,000	135,560ᶠ
Boulevard Henri IV.....................................	5,000,000	»
Rue Soufflot (acquisition des maisons 17, 19, 21)...........	1,000,000	900,000
Boulevard Saint-Germain (Hautefeuille-Odéon).............	8,000,000	»
Rues du Four et du Vieux-Colombier, entre la rue de Rennes et le carrefour de la Croix-Rouge.....................	2,300,000	850,000
Boulevard Saint-Germain, aux abords de l'église Saint-Germain-des-Prés..	1,800,000	»
Rues de l'Aqueduc, du Chaudron et de Château-Landon....	560,000	1,200,000
Rue de Tolbiac, entre la rue de la Glacière et l'avenue de Choisy...	2,500,000	200,000
Avenue de Montsouris.................................	200,000	»
Rue d'Alésia, de l'avenue d'Orléans à l'avenue de Montsouris.	2,800,000	»
Chemin des Plantes....................................	150,000	»
Rue Croix-Nivert prolongée............................	420,000	»
Rue Péclet...	100,000	»
Église d'Auteuil et abords...........................	300,000	»
Rue Legendre...	400,000	»
Place Jessaint.......................................	300,000	»
Rue Damrémont..	300,000	»
Rues Ordener, Caulaincourt, Championnet et boulevard Chasseloup-Laubat....................................	2,000,000	»
Rue Curial...	300,000	»
Rue des Couronnes prolongée et raccordement avec la rue de la Mare et la rue Piat................................	1,000,000	»
Complément de l'opération de la rue des Bois et abords.....	400,000	»
Rue Sorbier et rue Juillet............................	1,880,000	»
Dégagement de Notre-Dame-de-la-Croix, rue de la Dhuys et abords de la mairie ancienne.......................	1,065,000	»
Imprévus et divers....................................	1,970,000	»
TOTAL...................	35,000,000	3,285,560
Revente de divers terrains provenant de petites opérations...	....	214,440
Produit total des reventes de terrains....................	3,500,000	3,500,000
RESTE NET................	31,500,000	

Vu pour être annexé à la loi adoptée par l'Assemblée nationale dans sa séance du 4 décembre 1874.

Le Président,

Signé L. BUFFET.

Les Secrétaires,

Signé FÉLIX VOISIN, LOUIS DE SÉGUR, E. DE CAZENOVE DE PRADINE, T. DUCHÂTEL.

RÉPUBLIQUE FRANÇAISE.

N° 3714. — Loi qui autorise le département de la Corse à s'imposer extraordinairement.

Du 24 Décembre 1874.

(Promulguée au Journal officiel du 8 janvier 1875.)

L'Assemblée nationale a adopté la loi dont la teneur suit :

Article unique. Le département de la Corse est autorisé, conformément à la demande que le conseil général en a faite, à s'imposer extraordinairement pendant dix ans, à partir de 1875, huit centimes additionnels au principal des quatre contributions directes, dont produit sera affecté aux dépenses de l'instruction primaire.

Cette imposition sera perçue indépendamment des centimes extraordinaires dont le maximum est fixé, chaque année, par la loi de finances, en exécution de la loi du 10 août 1871.

Délibéré en séance publique, à Versailles, le 24 Décembre 1874.

Le Président,

Signé L. BUFFET.

Les Secrétaires,

Signé FÉLIX VOISIN, LOUIS DE SÉGUR, E. DE DE PRADINE, T. DUCHÂTEL.

LE PRÉSIDENT DE LA RÉPUBLIQUE PROMULGUE LA PRÉSENTE LOI.

Signé M⁽ˡ⁾ DE MAC MAHON, duc DE MAGENTA.

Le Ministre de l'intérieur,

Signé Gⁿˡ DE CHABAUD LA TOUR.

RÉPUBLIQUE FRANÇAISE.

N° 3715. — Loi qui autorise la ville de Grenoble à contracter un Emprunt.

Du 24 Décembre 1874.

(Promulguée au Journal officiel du 8 janvier 1875.)

L'Assemblée nationale a adopté la loi dont la teneur suit :

Article unique. La ville de Grenoble (Isère) est autorisée à emprunter, à un taux d'intérêt qui n'excède pas cinq pour cent, u

omme de six cent mille francs (600,000'), remboursable en dix-
ept années, à partir de 1875, sur ses revenus ordinaires.

Cet emprunt servira, jusqu'à concurrence de cinq cent quarante-
ept mille deux cent quatre-vingt-quinze francs (547.295'), à com-
léter les ressources applicables à la construction d'un édifice destiné
à contenir toutes les facultés; le surplus, soit cinquante-deux mille
ept cent cinq francs (52,705'), sera employé à couvrir l'excédant de
épense de construction d'un marché couvert.

L'emprunt pourra être réalisé, soit avec publicité et concurrence,
oit par voie de souscription, soit de gré à gré, avec faculté d'émettre
es obligations au porteur ou transmissibles par voie d'endossement.
Les conditions des souscriptions à ouvrir ou des traités à passer
ont préalablement soumises à l'approbation du ministre de l'inté-
ur.

Délibéré en séance publique, à Versailles, le 24 Décembre 1874.

Le Président,

Signé L. BUFFET.

Les Secrétaires,

Signé FÉLIX VOISIN, LOUIS DE SÉGUR, E. DE CAZENOVE
DE PRADINE, T. DUCHÂTEL.

LE PRÉSIDENT DE LA RÉPUBLIQUE PROMULGUE LA PRÉSENTE LOI.

Signé M^{al} DE MAC MAHON, duc DE MAGENTA.

Le Ministre de l'intérieur,

Signé G^{al} DE CHABAUD LA TOUR.

RÉPUBLIQUE FRANÇAISE.

N° 3716. — *Loi qui autorise la ville de Marseille à contracter
un Emprunt.*

Du 24 Décembre 1874.

(Promulguée au Journal officiel du 8 janvier 1875.)

L'ASSEMBLÉE NATIONALE A ADOPTÉ LA LOI dont la teneur suit :

ARTICLE UNIQUE. La ville de Marseille (Bouches-du-Rhône) est auto-
isée à emprunter, à un taux d'intérêt qui ne pourra excéder six
our cent (6 p. o/o), une somme de seize millions (16,000,000'),
emboursable en cinquante années, à partir de 1881, sur ses reve-
us, et destinée : 1° à la conversion d'une partie de son passif; 2° au
emboursement de l'emprunt de huit millions sept cent quatorze

mille huit cents francs (8,714,800') contracté pour la défense nationale, en vertu du décret du 6 octobre 1870; 3° à l'acquittement des dettes qui pourraient provenir de condamnations judiciaires.

Cet emprunt pourra être réalisé, soit avec publicité et concurrence, soit de gré à gré, soit par voie de souscription, avec faculté d'é des obligations au porteur ou transmissibles par voie d'endossem soit directement de la caisse des dépôts et consignations, aux tions de cet établissement.

Les conditions des souscriptions à ouvrir ou des traités à seront préalablement soumises à l'approbation du ministre de l' térieur.

Délibéré en séance publique, à Versailles, le 24 Décembre 187

Le Président,

Signé L. BUFFET.

Les Secrétaires,

Signé FÉLIX VOISIN, LOUIS DE SÉGUR, E. DE CAZ
DE PRADINE, T. DUCHÂTEL.

LE PRÉSIDENT DE LA RÉPUBLIQUE PROMULGUE LA PRÉSENTE LOI.

Signé M^{al} DE MAC MAHON, duc DE MAGENTA.

Le Ministre de l'intérieur,

Signé G^{al} DE CHABAUD LA TOUR.

RÉPUBLIQUE FRANÇAISE.

N° 3717. — DÉCRET *qui supprime les Établissements de rectification et distillation d'Eaux-de-Vie et d'Esprits actuellement existants dans la annexée à Paris par la loi du 16 juin 1859.*

Du 21 Décembre 1874.

LE PRÉSIDENT DE LA RÉPUBLIQUE FRANÇAISE,

Vu l'article 10 de la loi du 1er mai 1822, qui prohibe la fabrication et distillation des eaux-de-vie et esprits dans l'intérieur de Paris et qui au Pouvoir exécutif le soin de déterminer l'époque où les opérations les usines ou fabriques devront prendre fin et de fixer les bases des ind nités à accorder aux propriétaires;

Vu l'ordonnance du 20 juillet 1825 ⁽¹⁾, qui a supprimé dans Paris les blissements de rectification d'eau-de-vie;

Vu la loi du 16 juin 1859, qui a reporté du mur d'enceinte aux forti tions les limites de Paris;

⁽¹⁾ VIIIe série, Bull. 50, n° 1240.

Sur le rapport du ministre des finances,

DÉCRÈTE :

ART. 1ᵉʳ. Les établissements de rectification et de distillation d'eaux-de-vie et d'esprits actuellement existants dans la zone annexée à Paris par la loi du 16 juin 1859 cesseront toute opération au 5 avril 1875.

2. Les bases pour la fixation de l'indemnité préalable à payer aux propriétaires de ces établissements sont déterminées ainsi qu'il suit :

1° Les frais de démolition des fourneaux, chaudières, alambics, cuves et autres agencements à l'usage de la distillerie exclusivement, ainsi que le montant des réparations aux bâtiments que ces démolitions pourraient nécessiter;

2° Les frais de reconstruction de ces mêmes objets dans un local disposé propre à cet usage, ainsi que les frais de transport depuis l'emplacement actuel de la fabrique jusqu'aux limites de la banlieue de Paris;

3° Les engagements justifiés par actes authentiques et qui auraient été contractés par les distillateurs ou rectificateurs envers les propriétaires des maisons, terrains et usines où sont maintenant leurs fabriques.

3. Le montant de cette indemnité sera réglé, d'après ces bases, par trois experts, l'un nommé par l'administration des contributions directes, le deuxième par le distillateur ou rectificateur intéressé, le troisième par le président du tribunal de première instance à Paris. Dans le cas où le propriétaire d'une distillerie n'aurait pas fait connaître à l'administration des contributions indirectes le choix de son expert dans les trois jours de la notification du présent décret, il y sera pourvu d'office par le président du tribunal de première instance de la Seine.

4. Les procès-verbaux des expertises faites conformément aux articles ci-dessus seront adressés, au plus tard le 15 février prochain, par le directeur général de l'administration des contributions indirectes, avec ses observations et son avis, au ministre des finances, qui autorisera le payement de l'indemnité due à chaque propriétaire, pour ledit payement être effectué avant l'époque fixée par l'article 1ᵉʳ du présent décret.

5. Le ministre des finances est chargé de l'exécution du présent décret, qui sera inséré au Bulletin des lois.

Fait à Versailles, le 21 Décembre 1874.

Signé Mᵃˡ DE MAC MAHON.

Le Ministre des finances,

Signé MATHIEU-BODET.

RÉPUBLIQUE FRANÇAISE.

N° 3718.— *Décret qui ouvre au Ministre de l'Instruction publique et des sur l'exercice 1874, un Crédit à titre de Fonds de concours versés au T par des D.partements, des Communes et des Particuliers, pour l'exécution Travaux à des édifices diocésains.*

Du 31 Décembre 1874.

LE PRÉSIDENT DE LA RÉPUBLIQUE FRANÇAISE,

Sur le rapport du ministre de l'instruction publique et des cultes;
Vu la loi du 29 décembre 1873, portant fixation du budget général dépenses et recettes de l'exercice 1874 et contenant répartition des dudit exercice affectés au service des cultes;
Vu l'article 13 de la loi du 6 juin 1843, relatif à l'emploi des for concours pour travaux publics;
Vu l'état ci-annexé des sommes versées au trésor par des départe des communes et des particuliers, pour concourir, avec les fonds de l à l'exécution des travaux à des édifices diocésains appartenant à l'ex 1874;
Vu le décret du 10 novembre 1856 [1];
Vu l'article 4 du sénatus-consulte du 31 décembre 1861;
Vu les lettres du ministre des finances, en date des 9 et 27 nov 1874;
Le Conseil d'État entendu,

DÉCRÈTE :

ART. 1er. Il est ouvert au ministre de l'instruction publique et cultes, sur les fonds de l'exercice 1874, un crédit de quatre-vi cinq mille cent onze francs (85,111'), formant le montant des sements ci-dessus mentionnés et applicables aux chapitres ci-ap

SERVICE DES CULTES.

TOTAL................

2. Il sera pourvu à la dépense au moyen des ressources s versées au trésor à titre de fonds de concours.

3. Le ministre de l'instruction publique et des cultes et le nistre des finances sont chargés, chacun en ce qui le concerne, l'exécution du présent décret, qui sera inséré au Bulletin des

Fait à Versailles, le 31 Décembre 1874.

Signé Mal DE MAC MAHON.

Le Ministre des finances,

Signé MATHIEU-BODET.

Le Ministre de l'instruction publique et des cul

Signé A. DE CUMONT.

[1] XIe série, Bull. 440, n° 4110.

État des sommes versées dans les caisses du trésor public par des départements, des diocèses ou des communes, pour concourir, avec les fonds de l'État, à l'exécution de travaux appartenant à l'exercice 1874.

DÉPARTEMENTS.	DÉSIGNATION DES TRAVAUX auxquels les fonds sont destinés.	MONTANT des versements par chapitre.
	CHAPITRE XI. **CONSTRUCTIONS ET GROSSES RÉPARATIONS DES ÉDIFICES DIOCÉSAINS.**	
Aisne..........	Réparations des vitraux de la cathédrale de Soissons................................ 4,000ᶠ	
Haute-Garonne..	Reconstruction des murs et des bâtiments de l'archevêché de Toulouse............... 16,111	
Gers	Restauration des stalles de la cathédrale d'Auch................................ 3,000	69,111ᶠ
Indre-et-Loire...	Restauration de la chapelle de la Vierge de la cathédrale de Tours..................... 16,000	
Basses-Pyrénées.	Restauration du clocher de la cathédrale de Bayonne.............................. 30,000	
	CHAPITRE XII. **CRÉDITS SPÉCIAUX POUR DIVERSES CATHÉDRALES.**	
Puy-de-Dôme...	Dégagement des abords de la cathédrale de Clermont............................ 16,000ᶠ	16,000
	TOTAL.................	85,111

Approuvé pour être joint au décret du 31 décembre 1874.

Le Ministre de l'instruction publique et des cultes,

Signé A. DE CUMONT.

RÉPUBLIQUE FRANÇAISE.

3719. — *DÉCRET qui fixe la valeur des Monnaies étrangères en Monnaies françaises, pour la perception, en 1875, du Droit de Timbre établi sur les Titres de Rentes, Emprunts et autres Effets publics des Gouvernements étrangers.*

Du 31 Décembre 1874.

LE PRÉSIDENT DE LA RÉPUBLIQUE FRANÇAISE,

Vu l'article 6 de la loi du 13 mai 1863, portant fixation du budget général des dépenses et des recettes ordinaires de l'exercice 1864, lequel article est ainsi conçu :

« A dater du 1ᵉʳ juillet 1863, seront soumis à un droit de timbre de cinquante centimes par cent francs ou fraction de cent francs du montant de leur valeur nominale les titres de rentes, emprunts et autres effets publics des gouvernements étrangers, quelle qu'ait été l'époque de leur création.

« La valeur des monnaies étrangères en monnaies françaises sera fixée annuellement par un décret; »

Vu l'article 1ᵉʳ de la loi du 25 mai 1872, qui abaisse le droit de timbre établi par l'article précité,

Décrète :

Art. 1ᵉʳ. La valeur des monnaies étrangères en monnaies françaises, pour la perception, pendant l'année 1875, du droit de ti établi par l'article 1ᵉʳ de la loi du 25 mai 1872, est fixée comme il suit :

Allemagne.....	Le thaler...............................	3ᶠ 67ᶜ 1ᵐ
Autriche.......	Le florin...............................	2 50
Danemark....	Le rigsdaler............................	2 77 1
	Le demi-rigsdaler......................	1 38
Espagne......	Dette intérieure, la piastre............	5 09
	Dette extérieure, la piastre...........	5 40
États-Unis......	Le dollar..............................	5 11 1
Hollande.......	Le florin..............................	2 10 1
Portugal.......	La livre sterling.......................	25 25
	Le rouble.............................	3 41
Russie.......	Dette extérieure, la livre sterling......	25 20
	Dette extérieure, rente 4 1/2 p. o/o...	25 50
Turquie.......	Dette extérieure, la livre sterling......	25 00

2. Le ministre des finances est chargé de l'exécution du p décret, qui sera inséré au Bulletin des lois.

Fait à Paris, le 31 Décembre 1874.

Signé Mᵃˡ DE MAC MAHON.

Le Ministre des finances ,

Signé Mathieu-Bodet.

Certifié conforme :

Versailles, le 25˙ Janvier 1875.

Le Garde des Sceaux, Ministre de la Justice,

A. TAILHAND.

˙ Cette date est celle de la réception du Bu au ministère de la Justice.

On s'abonne pour le Bull etin des lois, à raison de 9 francs par an, à la caisse de l'I nationale ou chez les Receveurs des postes des départements.

IMPRIMERIE NATIONALE. — 25 Janvier 1875.

BULLETIN DES LOIS

DE LA RÉPUBLIQUE FRANÇAISE.

N° 240.

RÉPUBLIQUE FRANÇAISE.

3720· — DÉCRET *qui approuve la Convention passée entre le département de la Guerre et le Maire de Troyes, et relative à l'extension du Casernement dans cette ville.*

Du 5 Septembre 1874.

LE PRÉSIDENT DE LA RÉPUBLIQUE FRANÇAISE,

Vu la loi du 4 août 1874, relative aux dépenses du casernement de l'année;

Les pièces de l'enquête à laquelle il a été procédé, les 3, 4 et 5 août 74;

L'avis du préfet et les autres pièces de l'affaire;

L'ordonnance du 23 août 1835 [1] et la loi du 3 mai 1841;

Le Conseil des ministres entendu,

DÉCRÈTE :

ART. 1er. La convention passée entre le département de la guerre le maire de Troyes (Aube), et relative au concours de la ville dans dépense résultant de l'extension du casernement, est définitive-ment approuvée.

Un exemplaire de cet acte restera annexé au présent décret.

2. La ville de Troyes (Aube) est autorisée, pour remplir ses engagements, à emprunter, à un taux d'intérêt qui ne pourra excéder cinq et demi pour cent, une somme de cinq cent mille francs (500,000'), remboursable en vingt années, à partir de 1875, pour secourir, avec un prélèvement de cent trente-cinq mille neuf cent quatre-vingt-quinze francs (135,995') sur le solde des indemnités de guerre attribuées à la commune, au payement de la dépense résultant de l'extension du casernement.

Cet emprunt pourra être réalisé, soit avec publicité et concurrence, soit de gré à gré, soit par voie de souscriptions, avec faculté de mettre des obligations au porteur ou transmissibles par voie d'en-

[1] IX° série, 2° partie, 1re section, Bull. 378, n° 5906.

dossement, soit directement à la caisse des dépôts et consignations, aux conditions de cet établissement.

Les conditions des souscriptions à ouvrir ou des traités à passer à gré à gré seront préalablement soumises à l'approbation du min de l'intérieur.

3. Ledit emprunt sera exempt des droits de timbre mis par la à la charge des communes. Cette exemption devra être menti dans le corps même des titres à émettre, ainsi que la date tan! loi d'autorisation du 4 août 1874 que du présent décret.

4. La même ville est autorisée à affecter, jusqu'à due concur à l'amortissement de l'emprunt de cinq cent mille francs (500. et ce pendant vingt années, à partir de 1875, la portion dis des ressources extraordinaires créées par les lois des 28 dé 1871 et 11 janvier 1872.

5. Est déclaré d'utilité publique, dans la ville de Troyes, l'a dissement de la caserne dite de l'Oratoire.

En conséquence, cette ville est autorisée à acquérir à l'am' d'après expertise contradictoire ou par voie d'expropriation, s'il lieu, conformément à la loi du 3 mai 1841 :

1° Une portion de la maison sise rue de Croncels, n° 32, d' contenance de six cent cinquante-deux mètres superficiels, a nant au sieur *Bégis-Siret* et estimée trente-huit mille cent vingt-deux francs (38,182') environ ;

2° Une maison appartenant au sieur *Durand*, sise rue de C n° 36, comprenant une superficie de cent quarante-sept mè estimée vingt-quatre mille trois cent quarante francs (24,34 tout conformément aux indications du plan qui a servi de l'enquête mentionnée ci-dessus.

6. Les ministres de l'intérieur, de la guerre et des finance chargés, chacun en ce qui le concerne, de l'exécution du p décret.

Fait à Paris, le 5 Septembre 1874.

Signé M^{al} DE MAC MAHON.

Le Ministre des finances,	Le Vice-Président du Conseil,	Le Ministre de l'intérieur,
Signé MATHIEU-BODET.	Ministre de la guerre,	Signé G^{al} DE CHABAUD LA
	Signé Gal E. DE CISSEY.	

RÉPUBLIQUE FRANÇAISE.

N° 3721. — DÉCRET qui approuve la Convention passée entre le la Guerre et le Maire de Saint-Malo, et relative à l'extension du dans cette ville.

Du 11 Septembre 1874.

LE PRÉSIDENT DE LA RÉPUBLIQUE FRANÇAISE,

Vu la loi du 4 août 1874, relative aux dépenses du casernement de
rmée;
Le Conseil des ministres entendu,

Décrète :

Art. 1er. La convention passée entre le département de la guerre
le maire de Saint-Malo (Ille-et-Vilaine), et relative au concours de
Ville dans la dépense résultant de l'extension du casernement, est
définitivement approuvée.
Un exemplaire de cet acte restera annexé au présent décret.
2. La ville de Saint-Malo (Ille-et-Vilaine) est autorisée, pour rem-
r ses engagements, à emprunter, par termes remboursables en
bze années et, à un taux d'intérêt qui ne pourra excéder cinq
pr cent, une somme de cinq cent mille francs (500,000'), savoir :
À titre de subside, cent mille francs (100,000');
À titre d'avance, quatre cent mille francs (400,000').
Cet emprunt pourra être réalisé, soit avec publicité et concur-
ce, soit de gré à gré, soit par voie de souscriptions, avec faculté
mettre des obligations au porteur ou transmissibles par voie d'en-
sement, soit directement à la caisse des dépôts et consignations,
conditions de cet établissement.
Les conditions des souscriptions à ouvrir ou des traités à passer de
à gré seront préalablement soumises à l'approbation du ministre
l'intérieur.
Ledit emprunt sera exempt des droits de timbre mis par la loi
charge des communes. Cette exemption devra être mentionnée
le corps même des titres à émettre, ainsi que la date tant de la
l'autorisation du 4 août 1874 que du présent décret.
La même ville est autorisée à s'imposer extraordinairement
lant douze ans, à partir de 1876, dix centimes (0' 10') addition-
au principal de ses quatre contributions directes, devant rap-
ler une somme totale d'environ cent cinquante-six mille francs
6,000'), pour assurer l'amortissement de l'emprunt de cent mille
mcs (100,000'), représentant le subside offert à l'État.
Il sera pourvu, en 1875, au service de cet emprunt à l'aide d'un
lèvement sur les revenus.
5. La somme de cinq cent mille francs (500,000'), montant de la
bvention et de l'avance, sera versée à la caisse du receveur des
mances en trois termes échelonnés à une année d'intervalle, sa-
r :
Après la réalisation de l'emprunt, et au plus tard le 31 mars
75, trente mille francs (30,000') sur la subvention et cent trente
lle francs (130,000') sur l'avance;
Un an après le premier versement, et au plus tard le 31 mars
76, trente-cinq mille francs (35,000') sur la subvention et cent
ente-cinq mille francs (135,000') sur l'avance;
Un an après le deuxième versement, et au plus tard le 31 mars
77, trente-cinq mille francs (35,000') sur la subvention et cent
ente-cinq mille francs (135,000') sur l'avance.

Les sommes versées à titre d'avance porteront intérêt au taux maximum de cinq pour cent, à dater de l'époque des versements, et l'amortissement, calculé également au taux maximum de cinq pour cent, sera effectué, pour chaque versement, en douze annuités payables par termes semestriels.

6. Les ministres de l'intérieur, de la guerre et des finances chargés, chacun en ce qui le concerne, de l'exécution du p décret.

Fait à Paris, le 11 Septembre 1874.

Signé M^{al} DE MAC MAHON.

Le Ministre des finances,
Signé MATHIEU-BODET.

Le Vice-Président du Conseil,
Ministre de la guerre,
Signé Gal E. DE CISSEY.

Le Ministre de l'intérieur,
Signé G^{al} DE CHABAUD LA T

RÉPUBLIQUE FRANÇAISE.

N° 3722. — *DÉCRET qui approuve la Convention passée entre le département la Guerre et le Maire de Saint-Étienne, et relative à l'extension du Casern dans celle ville.*

Du 19 Septembre 1874.

LE PRÉSIDENT DE LA RÉPUBLIQUE FRANÇAISE,

Vu la loi du 4 août 1874, relative aux dépenses du casernement l'armée;

La délibération du conseil municipal de Saint-Étienne (Loire), du 11 vrier 1874;

Les procès-verbaux des enquêtes auxquelles il a été procédé, les 30, 31 et 1er avril 1874, d'une part, 8, 9 et 10 avril 1874, d'autre part;

Les avis du commissaire enquêteur, celui du préfet et les autres de l'affaire;

L'ordonnance du 23 août 1835 [1];

La loi du 3 mai 1841;

Le Conseil des ministres entendu,

DÉCRÈTE :

ART. 1er. La convention passée entre le département de la g et le maire de Saint-Étienne (Loire), et relative au concours de ville dans la dépense résultant de l'extension du casernement, définitivement approuvée.

Un exemplaire de cet acte restera annexé au présent décret.

[1] IXe série, 2e partie, 1re section, Bull. 378, n° 5906.

2. La ville de Saint-Étienne (Loire) est autorisée, pour remplir ses ingagements, à emprunter, à un taux d'intérêt qui ne pourra excéder ix pour cent, une somme de deux millions cent mille francs (2,100,000'), remboursable en vingt-cinq années, à partir de 1880, par ses revenus tant ordinaires qu'extraordinaires.

Cet emprunt pourra être réalisé, soit avec publicité et concurrence, soit de gré à gré, soit par voie de souscriptions, avec faculté l'émettre des obligations au porteur ou transmissibles par voie d'endossement, soit directement à la caisse des dépôts et consignations, ax conditions de cet établissement.

Les conditions des souscriptions à ouvrir ou des traités à passer de gré à gré seront préalablement soumises à l'approbation du ministre de l'intérieur.

3. Ledit emprunt sera exempt des droits de timbre mis par la loi à la charge des communes. Cette exemption devra être mentionnée ins le corps même des titres à émettre, ainsi que la date tant de la loi d'autorisation du 4 août 1874 que du présent décret.

4. Sont déclarés d'utilité publique la construction, à Saint-Étienne (Loire), d'une caserne de cavalerie et l'établissement d'un champ de manœuvres pour la garnison.

En conséquence, cette ville est autorisée à acquérir, soit à l'amiable, au prix fixé d'après une expertise contradictoire, soit, s'il y a lieu, par voie d'expropriation, conformément aux prescriptions de la loi du 3 mai 1841 :

1° Du sieur *Gensoul,* dix-sept hectares soixante-dix-sept ares dix centiares de terrains, estimés quatre cent cinquante mille francs (450,000') et situés à Saint-Etienne, au lieu dit *Riom* ou *de la Ter-*
re;

2° Des sieurs *Neyron* et autres, vingt-huit hectares quatre-vingts ares cinquante centiares, estimés trois cent mille francs (300,000') situés à Saint-Étienne, au lieu dit *Méons;*

Tels, au surplus, que ces terrains sont désignés aux plans qui ont servi de base aux enquêtes mentionnées ci-dessus.

5. Les ministres de l'intérieur, de la guerre et des finances sont chargés, chacun en ce qui le concerne, de l'exécution du présent décret.

Fait à Paris, le 19 Septembre 1874.

　　　　　　　　　　　　·　　Signé M^{al} DE MAC MAHON.

Le Ministre des finances,	Le Vice-Président du Conseil,	Le Ministre de l'intérieur,
Signé MATHIEU-BODET.	Ministre de la guerre,	Signé G^{al} DE CHABAUD LA TOUR.
	Signé Gal E. DE CISSEY.	

RÉPUBLIQUE FRANÇAISE.

N° 3723. — *Décret qui approuve la Convention passée entre le départemen!
lu Guerre et le Maire de Saint-Lô, et relative à l'extension du Casern
dans cette ville.*

Du 3o Septembre 1874.

Le Président de la République française,

Vu la loi du 4 août 1874, relative aux dépenses du casernement
l'armée;
Le Conseil des ministres entendu,

Décrète :

Art. 1ᵉʳ. La convention passée entre le département de la
et le maire de Saint-Lô (Manche), et relative au concours de la
dans la dépense résultant de l'extension du casernement, est d
tivement approuvée.
Un exemplaire de cet acte restera annexé au présent décret.
2. La ville de Saint-Lô (Manche) est autorisée, pour remplir
engagements, à emprunter, à titre d'avance à l'État, une somme
trois cent mille francs (300,000ᶠ) pour assurer, avec l'emprunt
cent mille francs (100,000ᶠ) approuvé par arrêté préfectoral
1ᵉʳ avril 1874 et un prélèvement sur les revenus, l'exécution des
gagements relatés dans ladite convention.
Cet emprunt pourra être réalisé, soit avec publicité et
rence, soit de gré à gré, soit par voie de souscriptions, avec
d'émettre des obligations au porteur ou transmissibles par vo
dossement, soit directement à la caisse des dépôts et consi
aux conditions de cet établissement.
Les conditions des souscriptions à ouvrir ou des traités à p
gré à gré seront préalablement soumises à l'approbation du
de l'intérieur.
3. Ledit emprunt sera exempt des droits de timbre mis par
à la charge des communes. Cette exemption devra être menti
dans le corps même des titres à émettre, ainsi que la date tant de
loi d'autorisation du 4 août 1874 que du présent décret.
4. La somme de trois cent mille francs (300,000ᶠ), montant
l'avance, sera versée à la caisse du receveur des finances en
termes échelonnés à une année d'intervalle, savoir:
Après la réalisation de l'emprunt, et au plus tard le 31 mars 1
cent mille francs (100,000ᶠ);
Un an après le premier versement, et au plus tard le 31
1876, cent mille francs (100,000ᶠ);
Un an après le deuxième versement, et au plus tard le 31
1877, cent mille francs (100,000ᶠ).
Les sommes versées à titre d'avance porteront intérêt au

naximum de cinq pour cent, à dater de l'époque des versements, et amortissement, calculé également au taux maximum de cinq pour ent, sera effectué, pour chaque versement, en douze annuités ayables par termes semestriels.

5. Les ministres de l'intérieur, de la guerre et des finances sont hargés, chacun en ce qui le concerne, de l'exécution du présent écret.

Fait à Paris, le 30 Septembre 1874.

Signé M⁻ᵃˡ DE MAC MAHON.

Le Ministre des finances, signé MATHIEU-BODET.	Le Vice-Président du Conseil, Ministre de la guerre, Signé Gᵈ E. DE CISSEY.	Le Vice-Président du Conseil, Ministre de la guerre, chargé, par intérim, du département de l'intérieur, Signé Gⁿˡ E. DE CISSEY.

RÉPUBLIQUE FRANÇAISE.

3724. — DÉCRET qui approuve la Convention passée entre le département de la Guerre et le Maire de Vannes, et relative à l'extension du Casernement dans cette ville.

Du 30 Septembre 1874.

LE PRÉSIDENT DE LA RÉPUBLIQUE FRANÇAISE,

Vu la loi du 4 août 1874, relative aux dépenses du casernement de l'armée;

Le Conseil des ministres entendu,

DÉCRÈTE :

ART. 1ᵉʳ. La convention passée entre le département de la guerre et le maire de Vannes (Morbihan), et relative au concours de la ville dans la dépense résultant de l'extension du casernement, est définitivement approuvée.

Un exemplaire de cet acte restera annexé au présent décret.

2. La ville de Vannes (Morbihan) est autorisée, pour remplir ses engagements, à emprunter, par termes remboursables en douze années et à un taux d'intérêt qui ne pourra excéder cinq pour cent, une somme de deux millions (2,000,000ᶠ), savoir :

A titre de subside, cinq cent mille francs (500,000ᶠ);
A titre d'avance, un million cinq cent mille francs (1,500,000ᶠ)

Cet emprunt pourra être réalisé, soit avec publicité et concurrence, soit de gré à gré, soit par voie de souscriptions, avec faculté d'émettre les obligations au porteur ou transmissibles par voie d'endossement, soit directement à la caisse des dépôts et consignations, aux conditions de cet établissement.

Les conditions des souscriptions à ouvrir ou des traités à passer de

gré à gré seront préalablement soumises à l'approbation du ministre de l'intérieur.

3. Ledit emprunt sera exempt des droits de timbre mis par la loi à la charge des communes. Cette exemption devra être mention dans le corps même des titres à émettre, ainsi que la date tant la loi d'autorisation du 4 août 1874 que du présent décret.

4. La même ville est autorisée à s'imposer extraordinaire pendant douze ans, à partir de 1875, seize centimes (o^f 16^c) a tionnels au principal de ses quatre contributions directes, de rapporter une somme totale de deux cent dix-huit mille sept soixante francs (218,760^f) environ, pour assurer, avec un prél ment sur les revenus, l'amortissement de l'emprunt de cinq mille francs (500,000^f), représentant la subvention offerte à l

5. A partir de la date du présent décret et jusqu'au 31 d 1878 inclusivement, il sera perçu à l'octroi de Vannes les su suivantes :

Vins en cercles et en bouteilles, par hectolitre......... 1^f
Cidres, poirés et hydromels, par hectolitre........... o

Ces surtaxes sont indépendantes des droits de deux francs (2^f) hectolitre sur les vins et de un franc (1^f) sur les cidres, établis taxes principales.

6. La somme de un million cinq cent mille francs (1,500, montant de l'avance, sera versée à la caisse du receveur des fin en trois termes échelonnés à une année d'intervalle, savoir :
Après la réalisation de l'emprunt, et au plus tard le 31 1875, cinq cent mille francs (500,000^f);
Un an après le premier versement, et au plus tard le 31 1876, cinq cent mille francs (500,000^f);
Un an après le deuxième versement, et au plus tard le 31 1877, cinq cent mille francs (500,000^f);
Les sommes versées à titre d'avance porteront intérêt au maximum de cinq pour cent, à dater de l'époque des versem et l'amortissement, calculé également au taux maximum de pour cent, sera effectué, pour chaque versement, en douze ann payables par termes semestriels.

7. Les ministres de l'intérieur, de la guerre et des finances chargés, chacun en ce qui le concerne, de l'exécution du p décret.

Fait à Paris, le 30 Septembre 1874.

Signé M^{al} DE MAC MAHON

Le Ministre des finances,
Signé MATHIEU-BODET.

Le Vice-Président du Conseil,
Ministre de la guerre,
Signé Gal E. DE CISSEY.

Le Vice-Président du Conseil,
de la guerre, chargé, par
du département de l'intérieur,
Signé Gal E. DE CISSEY.

RÉPUBLIQUE FRANÇAISE.

N° 3725. — Décret qui approuve la Convention passée entre le département de la Guerre et le Maire de Caen, et relative à l'extension du Casernement dans cette ville.

Du 10 Octobre 1874.

Le Président de la République française,

Vu la loi du 4 août 1874, relative aux dépenses du casernement de l'armée ;

Le Conseil des ministres entendu,

Décrète :

Art. 1er. La convention passée entre le département de la guerre et le maire de Caen (Calvados), et relative au concours de la ville dans la dépense résultant de l'extension du casernement, est définitivement approuvée.

Un exemplaire de cet acte restera annexé au présent décret.

2. La ville de Caen (Calvados) est autorisée, pour remplir ses engagements, à emprunter, à un taux d'intérêt qui ne pourra excéder 5 pour cent, une somme de quatre cent cinquante mille francs (450,000'), savoir :

1° A titre de subside, deux cent mille francs (200,000'), remboursables en huit ans, à partir de 1876 ;

2° A titre d'avance, deux cent cinquante mille francs (250,000'), remboursables suivant les conditions fixées par la loi du 4 août 1874, la différence d'intérêt au delà de cinq pour cent restant à la charge de la ville.

Cet emprunt pourra être réalisé, soit avec publicité et concurrence, soit de gré à gré, soit par voie de souscriptions, avec faculté d'émettre des obligations au porteur ou transmissibles par voie d'endossement, soit directement à la caisse des dépôts et consignations, aux conditions de cet établissement.

Les conditions des souscriptions à ouvrir ou des traités à passer de gré à gré seront préalablement soumises à l'approbation du ministre de l'intérieur.

3. Ledit emprunt sera exempt des droits de timbre mis par la loi à la charge des communes. Cette exemption devra être mentionnée dans le corps même des titres à émettre, ainsi que la date tant de la loi d'autorisation du 4 août 1874 que du présent décret.

4. La même ville est autorisée à s'imposer extraordinairement pendant huit ans, à partir de 1876, cinq centimes un tiers (0' 05 1/3) additionnels au principal de ses quatre contributions directes, devant rapporter une somme totale de deux cent soixante-trois mille trois cents francs (263,300') environ, pour servir, avec un prélève-

ment sur les revenus en 1875, à l'amortissement de la première portion de l'emprunt offerte à l'État à titre de subside.

5. La somme de deux cent cinquante mille francs (250.000'), montant de l'avance, sera versée à la caisse du receveur des finances en trois termes échelonnés à une année d'intervalle, savoir:

Après la réalisation de l'emprunt, et au plus tard le 31 mars 1875, quatre-vingt mille francs (80,000');

Un an après le premier versement, et au plus tard le 31 mars 1876, quatre-vingt-cinq mille francs (85,000');

Un an après le deuxième versement, et au plus tard le 31 mars 1877, quatre-vingt-cinq mille francs (85,000').

Les sommes versées à titre d'avance porteront intérêt au taux maximum de cinq pour cent, à dater de l'époque des versements, et l'amortissement, calculé également au taux maximum de cinq pour cent, sera effectué, pour chaque versement, en douze annuités payables par termes semestriels.

6. Les ministres de l'intérieur, de la guerre et des finances sont chargés, chacun en ce qui le concerne, de l'exécution du présent décret.

Fait à Paris, le 10 Octobre 1874.

Signé M^{al} DE MAC MAHON.

Le Ministre des finances,	Le Vice-Président du Conseil,	Le Vice-Président du Conseil, Ministre
Signé MATHIEU-BODET.	Ministre de la guerre,	de la guerre, chargé, par intérim
	Gal E. DE CISSEY.	du département de l'intérieur,
		Signé Gal E. DE CISSEY.

RÉPUBLIQUE FRANÇAISE.

N° 3726. — *DÉCRET qui approuve la Convention passée entre le département de la Guerre et le Maire de Libourne, et relative à l'extension du Casernement de cette ville.*

Du 10 Octobre 1874.

LE PRÉSIDENT DE LA RÉPUBLIQUE FRANÇAISE,

Vu la loi du 4 août 1874, relative aux dépenses du casernement de l'armée;

Le Conseil des ministres entendu,

DÉCRÈTE :

ART. 1er. La convention passée entre le département de la guerre et le maire de Libourne (Gironde), et relative au concours de la ville dans la dépense résultant de l'extension du casernement, est définitivement approuvée.

Un exemplaire de cet acte restera annexé au présent décret.

2. La ville de Libourne (Gironde) est autorisée, pour remplir ses

ngagements, à emprunter, à un taux d'intérêt qui ne pourra excéder inq pour cent, une somme de quatre cent mille francs (400,000'), emboursable en douze années et qui sera versée, à titre de subside, lans les caisses de l'État, aux époques et dans les conditions détermi-ées par la convention.

Cet emprunt pourra être réalisé, soit avec publicité et concur-ence, soit de gré à gré, soit par voie de souscriptions, avec faculté l'émettre des obligations au porteur ou transmissibles par voie d'en-ossement, soit directement à la caisse des dépôts et consignations, ux conditions de cet établissement.

Les conditions des souscriptions à ouvrir ou des traités à passer de ré à gré seront préalablement soumises à l'approbation du ministre e l'intérieur.

3. Ledit emprunt sera exempt des droits de timbre mis par la loi la charge des communes. Cette exemption devra être mentionnée ans le corps même des titres à émettre, ainsi que la date tant de la i d'autorisation du 4 août 1874 que du présent décret.

4. La même ville est autorisée à s'imposer extraordinairement par ddition au principal de ses quatre contributions directes, savoir:
Vingt centimes (0' 20°) pendant quatre ans, à partir de 1875;
Vingt et un centimes et demi (0' 215) en 1879;
Trente centimes (0' 30°) pendant les six années suivantes;
Treize centimes trente centièmes (0' 1330) en 1886.
Le produit total de cette imposition, prévu pour cinq cent quarante pt mille huit cent vingt-huit francs (547,828') environ, est affecté l'amortissement de l'emprunt.

5. Les ministres de l'intérieur, de la guerre et des finances sont rgés, chacun en ce qui le concerne, de l'exécution du présent cret.

Fait à Paris, le 10 Octobre 1874.

Signé M' DE MAC MAHON.

Le Ministre des finances,   Le Vice-Président du Conseil,   Le Vice-Président du Conseil, Ministre
gné MATHIEU-BODET.   Ministre de la guerre,   de la guerre, chargé, par intérim,
Signé G' E. DE CISSEY.   du département de l'intérieur,
Signé G' E. DE CISSEY.

RÉPUBLIQUE FRANÇAISE.

3727. — DÉCRET qui approuve la Convention passée entre le département de la Guerre et le Maire de Vitré, et relative à l'extension du Casernement dans cette ville.

Du 10 Octobre 1874.

LE PRÉSIDENT DE LA RÉPUBLIQUE FRANÇAISE,

Vu la loi du 4 août 1874, relative aux dépenses du casernement de l'armée;

Le Conseil des ministres entendu,

Décrète :

Art. 1ᵉʳ. La convention passée entre le département de la guerre et le maire de Vitré (Ille-et-Vilaine), et relative au concours de la ville dans la dépense résultant de l'extension du casernement, est définitivement approuvée.

Un exemplaire de cet acte restera annexé au présent décret.

2. La ville de Vitré (Ille-et-Vilaine) est autorisée, pour remplir ses engagements, à emprunter, par termes remboursables en douze années et à un taux d'intérêt qui ne pourra excéder cinq pour cent, une somme de un million vingt-cinq mille francs (1,025,000ᶠ), savoir :

A titre de subside, cent vingt-cinq mille francs (125,000ᶠ);

A titre d'avance, neuf cent mille francs (900,000ᶠ).

Cet emprunt pourra être réalisé, soit avec publicité et concurrence, soit de gré à gré, soit par voie de souscriptions, avec faculté d'émettre des obligations au porteur ou transmissibles par voie d'endossement, soit directement à la caisse des dépôts et consignations aux conditions de cet établissement.

Les conditions des souscriptions à ouvrir ou des traités à passer de gré à gré seront préalablement soumises à l'approbation du ministre de l'intérieur.

3. Ledit emprunt sera exempt des droits de timbre mis par la à la charge des communes. Cette exemption devra être mentionnée dans le corps même des titres à émettre, ainsi que la date tant de la loi d'autorisation du 4 août 1874 que du présent décret.

4. La même ville est autorisée à s'imposer extraordinairement pendant douze ans, à partir de 1875, dix centimes (0ᶠ 10ᶜ) additionnels au principal de ses quatre contributions directes, devant rapporter une somme totale d'environ quatre-vingt-un mille francs (81,000ᶠ), pour assurer, avec un prélèvement sur les revenus, l'amortissement de l'emprunt de cent vingt-cinq mille francs (125,000ᶠ) représentant la subvention offerte à l'Etat.

5. La somme de un million vingt-cinq mille francs (1,025,000ᶠ) montant de la subvention et de l'avance, sera versée à la caisse du receveur des finances en trois termes échelonnés à une année d'intervalle, savoir :

Après la réalisation de l'emprunt, et au plus tard le 31 mars 1875, quarante mille francs (40,000ᶠ) sur la subvention et trois cent mille francs (300,000ᶠ) sur l'avance;

Un an après le premier versement, et au plus tard le 31 mars 1876, quarante-deux mille cinq cents francs (42,500ᶠ) sur la subvention et trois cent mille francs (300,000ᶠ) sur l'avance;

Un an après le deuxième versement, et au plus tard le 31 mars

877, quarante-deux mille cinq cents francs (42,500') sur la subven-
ion et trois cent mille francs (300,000') sur l'avance.

Les sommes versées à titre d'avance porteront intérêt au taux
maximum de cinq pour cent, à dater de l'époque des versements,
t l'amortissement, calculé également au taux maximum de cinq
our cent, sera effectué, pour chaque versement, en douze annuités
ayables par termes semestriels.

6. Les ministres de l'intérieur, de la guerre et des finances sont
hargés, chacun en ce qui le concerne, de l'exécution du présent
écret.

Fait à Paris, le 10 Octobre 1874.

Signé M'¹ DE MAC MAHON.

Le Ministre des finances,	Le Vice-Président du Conseil,	Le Vice-Président du Conseil, Ministre
Signé MATHIEU-BODET.	Ministre de la guerre,	de la guerre, chargé, par intérim,
	Signé G¹ E. DE CISSEY.	du département de l'intérieur,
		Signé G¹ E. DE CISSEY.

RÉPUBLIQUE FRANÇAISE.

3728. — DÉCRET qui approuve la Convention passée entre le département de
la Guerre et le Maire de Coulommiers, et relative à l'extension du Casernement
dans cette ville.

Du 14 Octobre 1874.

LE PRÉSIDENT DE LA RÉPUBLIQUE FRANÇAISE,

Vu la loi du 4 août 1874, relative aux dépenses du casernement de
l'armée ;

Les délibérations du conseil municipal de Coulommiers (Seine-et-Marne),
22 juillet, 19 août et 7 septembre 1874 ;

Le procès-verbal de l'enquête à laquelle il a été procédé, les 4, 5 et
septembre 1874 ;

L'avis du commissaire enquêteur, celui du préfet et les autres pièces de
l'affaire ;

L'ordonnance du 23 août 1835 [1] et la loi du 3 mai 1841 ;

Le Conseil des ministres entendu,

DÉCRÈTE :

ART. 1ᵉʳ. La convention passée entre le département de la guerre
et le maire de Coulommiers (Seine-et-Marne), et relative au concours
de la ville dans la dépense résultant de l'extension du casernement,
est définitivement approuvée.

Un exemplaire de cet acte restera annexé au présent décret.

2. La ville de Coulommiers (Seine-et-Marne) est autorisée, pour

[1] IX° série, 2° partie, 1ᵉ section. Bull. 578, n° 5906.

remplir ses engagements, à emprunter, par termes remboursables
en douze années et à un taux d'intérêt qui ne pourra excéder
pour cent, une somme de cinq cent mille francs (5oo,ooo^f), savoir:
A titre de subside, deux cent mille francs (2oo,ooo^f);
A titre d'avance, trois cent mille francs (3oo,ooo^f).

Cet emprunt pourra être réalisé, soit avec publicité et concur
rence, soit de gré à gré, soit par voie de souscriptions, avec fa
d'émettre des obligations au porteur ou transmissibles par voie d'
dossement, soit directement à la caisse des dépôts et consignatio
aux conditions de cet établissement.

Les conditions des souscriptions à ouvrir ou des traités à passer
gré à gré seront préalablement soumises à l'approbation du minis
de l'intérieur.

3. Ledit emprunt sera exempt des droits de timbre mis par la
à la charge des communes. Cette exemption devra être mention
dans le corps même des titres à émettre, ainsi que la date tant de
loi d'autorisation du 4 août 1874 que du présent décret.

4. La même ville est autorisée à s'imposer extraordinaireme
pendant douze ans, à partir de 1875, dix centimes (o^f 10^c) additio
nels au principal de ses quatre contributions directes, devant
porter une somme totale de soixante-six mille deux cent qu:
vingt-quinze francs (66,295^f) environ, pour assurer, avec
prélèvement sur les revenus, l'amortissement de l'emprunt de
cent mille francs (2oo,ooo^f), représentant la subvention offer
l'État.

5. Sont déclarés d'utilité publique, dans la même ville, les
vaux nécessaires pour l'établissement d'un baraquement provi
En conséquence, la ville de Coulommiers est autorisée à acq
du sieur *Lavigne,* soit à l'amiable, au prix fixé d'après une expe
contradictoire, soit, s'il y a lieu, par voie d'expropriation, conf
mément aux prescriptions de la loi du 3 mai 1841, des bâtiments
dépendances affectés à une fonderie de suif, estimés ensemble
mille sept cent quatre-vingt-neuf francs cinquante centi
(6,789^f 5o^c) et situés au lieu dit *de Saulny,* tels au surplus que
immeubles sont désignés au plan qui a servi de base à l'ex
mentionnée ci-dessus.

Il sera pourvu au payement de cette acquisition au moyen d'
crédit de vingt-cinq mille francs (25,ooo^f) inscrit au budget ad
tionnel de la ville, exercice 1874.

6. La somme de trois cent mille francs (3oo,ooo^f), montant
l'avance, sera versée à la caisse du receveur des finances en
termes échelonnés à une année d'intervalle, savoir :
Après la réalisation de l'emprunt, et au plus tard le 31 mars 187
cent mille francs (100,000^f);
Un an après le premier versement, et au plus tard le 31 m
1876, cent mille francs (100,000^f);
Un an après le deuxième versement, et au plus tard le 31
1877, cent mille francs (100,000^f).

Les sommes versées à titre d'avance porteront intérêt au taux maximum de cinq pour cent, à dater de l'époque des versements, et l'amortissement, calculé également au taux maximum de cinq pour cent, sera effectué, pour chaque versement, en douze annuités payables par termes semestriels.

7. Les ministres de l'intérieur, de la guerre et des finances sont chargés, chacun en ce qui le concerne, de l'exécution du présent décret.

Fait à Paris, le 14 Octobre 1874.

Signé M⁰¹ DE MAC MAHON.

Le Ministre des finances,
Signé MATHIEU-BODET.

Le Vice-Président du Conseil,
Ministre de la guerre,
Signé G⁰¹ E. DE CISSEY.

Le Ministre de l'intérieur,
Signé G⁰¹ DE CHABAUD LA TOUR.

RÉPUBLIQUE FRANÇAISE.

F 3729. — DÉCRET qui approuve la Convention passée entre le département de la Guerre et le Maire de Guéret, et relative à l'extension du Casernement dans cette ville.

Du 14 Octobre 1874.

LE PRÉSIDENT DE LA RÉPUBLIQUE FRANÇAISE,

Vu la loi du 4 août 1874, relative aux dépenses du casernement de l'armée;

Le Conseil des ministres entendu,

DÉCRÈTE :

ART. 1er. La convention passée entre le département de la guerre et le maire de Guéret (Creuse), et relative au concours de la ville dans la dépense résultant de l'extension du casernement, est définitivement approuvée.

Un exemplaire de cet acte restera annexé au présent décret.

2. La ville de Guéret (Creuse) est autorisée, pour remplir ses engagements, à emprunter, à un taux d'intérêt qui ne pourra excéder cinq pour cent, une somme de deux cent soixante-dix mille francs (270,000ᶠ), remboursable dans un délai maximum de quinze années, à partir de 1875, savoir :

A titre de subside, cent trois mille francs (103,000ᶠ);

A titre d'avance, cent soixante-sept mille francs (167,000ᶠ).

Cet emprunt pourra être réalisé, soit avec publicité et concurrence, soit de gré à gré, soit par voie de souscriptions, avec faculté l'émettre des obligations au porteur ou transmissibles par voie d'endossement, soit directement à la caisse des dépôts et consignations, aux conditions de cet établissement.

Les conditions des souscriptions à ouvrir ou des traités à passer de gré à gré seront préalablement soumises à l'approbation du ministre de l'intérieur.

3. Ledit emprunt sera exempt des droits de timbre mis par la loi à la charge des communes. Cette exemption devra être mentionnée dans le corps même des titres à émettre, ainsi que la date tant de la loi d'autorisation du 4 août 1874 que du présent décret.

4. La même ville est autorisée à affecter, jusqu'à due concurrence, à l'amortissement de l'emprunt de cent trois mille francs (103,000'), représentant le subvention qu'elle offre à l'État, le produit de la vente du quart en réserve des bois communaux à exploiter dans une période de quinze années et prévu pour trois cent cinquante-huit mille francs (358,000').

5. La somme de cent soixante-sept mille francs (167,000'), montant de l'avance, sera versée à la caisse du receveur des finances en trois termes échelonnés à une année d'intervalle, savoir :

Après la réalisation de l'emprunt, et au plus tard le 31 mars 1875, cinquante-cinq mille francs (55,000');

Un an après le premier versement, et au plus tard le 31 1876, cinquante-cinq mille francs (55,000');

Un an après le deuxième versement, et au plus tard le 31 1877, cinquante-sept mille francs (57,000').

Les sommes versées à titre d'avance porteront intérêt au maximum de cinq pour cent, à dater de l'époque des verseme et l'amortissement, calculé également au taux maximum de pour cent, sera effectué, pour chaque versement, en douze an payables par termes semestriels.

6. Les ministres de l'intérieur, de la guerre et des finances chargés, chacun en ce qui le concerne, de l'exécution du p décret.

Fait à Paris, le 14 Octobre 1874.

Signé M^{al} DE MAC MAHON.

Le Ministre des finances,
Signé MATHIEU-BODET.

Le Vice-Président du Conseil,
Ministre de la guerre,
Signé Gal E. DE CISSEY.

Le Ministre de l'intérieur,
Signé G^{al} DE CHABAUD LA

RÉPUBLIQUE FRANÇAISE.

N° 3730.— DÉCRET qui approuve la Convention passée entre le département de Guerre et le Maire de Montauban, et relative à l'extension du Casernement celte ville.

Du 14 Octobre 1874.

LE PRÉSIDENT DE LA RÉPUBLIQUE FRANÇAISE,

Vu la loi du 4 août 1874, relative aux dépenses du casernement de l'armée;

Le Conseil des ministres entendu,

DÉCRÈTE:

ART. 1er. La convention passée entre le département de la guerre et le maire de Montauban (Tarn-et-Garonne), et relative au concours de la ville dans la dépense résultant de l'extension du casernement, est définitivement approuvée.

Un exemplaire de cet acte restera annexé au présent décret.

2. La ville de Montauban (Tarn-et-Garonne) est autorisée, pour emplir ses engagements, à emprunter, au taux de cinq pour cent et par termes remboursables en douze années, une somme de un million huit cent mille francs (1,800,000'), savoir:

A titre de subside, trois cent mille francs (300,000');

A titre d'avance, quinze cent mille francs (1,500,000').

Elle est autorisée, en outre, a ajouter à l'intérêt au taux de cinq pour cent le service de l'impôt de trois pour cent sur le revenu des valeurs mobilières.

Cet emprunt pourra être réalisé, soit avec publicité et concurrence, soit de gré à gré, soit par voie de souscriptions, avec faculté d'émettre des obligations au porteur ou transmissibles par voie d'endossement, soit directement à la caisse des dépôts et consignations, aux conditions de cet établissement.

Les conditions des souscriptions à ouvrir ou des traités à passer de gré à gré seront préalablement soumises à l'approbation du ministre de l'intérieur.

3. Ledit emprunt sera exempt des droits de timbre mis par la loi à la charge des communes. Cette exemption devra être mentionnée dans le corps même des titres à émettre, ainsi que la date tant de la loi d'autorisation du 4 août 1874 que du présent décret.

4. La même ville est autorisée à s'imposer extraordinairement, par addition au principal de ses quatre contributions directes, savoir:

Huit centimes (0' 08°) de 1875 à 1882 inclusivement;

Douze centimes (0' 12°) de 1883 à 1888 inclusivement.

Le produit de cette imposition, prévu pour une somme totale de dis cent soixante-dix-huit mille six cent soixante-douze francs (78,672') environ, servira, avec un prélèvement sur les revenus, tant à l'amortissement de l'emprunt de trois cent mille francs (300,000'), représentant le subside offert à l'État, qu'au payement de l'impôt de trois pour cent sur le revenu de l'emprunt de un million cinq cent mille francs (1,500,000') contracté à titre d'avance.

5. La somme de un million huit cent mille francs (1,800,000'), montant de la subvention et de l'avance, sera versée à la caisse du receveur des finances en trois termes échelonnés à une année d'intervalle, savoir:

Après la réalisation de l'emprunt, et au plus tard le 31 mars 1875, cent mille francs (100,000') sur la subvention et cinq cent mille francs (500,000') sur l'avance;

Un an après le premier versement, et au plus tard le 31 mars 1876, cent mille francs (100,000') sur la subvention et cinq cent mille francs (500,000') sur l'avance;

Un an après le deuxième versement, et au plus tard le 31 mars 1877, cent mille francs (100,000') sur la subvention et cinq cent mille francs (500,000') sur l'avance.

Les sommes versées à titre de d'avance porteront intérêt au taux maximum de cinq pour cent, à dater de l'époque des versements, et l'amortissement, calculé également au taux maximum de cinq pour cent, sera effectué, pour chaque versement, en douze annuités payables par termes semestriels.

6. Les ministres de l'intérieur, de la guerre et des finances sont chargés, chacun en ce qui le concerne, de l'exécution du p décret.

Fait à Paris, le 14 Octobre 1874.

Signé M⁰¹ DE MAC-MAHON.

Le Ministre des finances,
Signé MATHIEU-BODET.

Le Vice-Président du Conseil, Ministre de la guerre,
Signé G⁰¹ E. DE CISSEY.

Le Ministre de l'intérieur,
Signé G⁰¹ DE CHABAUD LA

RÉPUBLIQUE FRANÇAISE.

N° 3731. — DÉCRET qui approuve la Convention passée entre le département la Guerre et le Maire de Mont-de-Marsan, et relative à l'extension du ment dans cette ville.

Du 14 Octobre 1874.

LE PRÉSIDENT DE LA RÉPUBLIQUE FRANÇAISE,

Vu la loi du 4 août 1874, relative aux dépenses du casernement l'armée;

Le Conseil des ministres entendu,

DÉCRÈTE :

ART. 1ᵉʳ. La convention passée entre le département de la et le maire de Mont-de-Marsan (Landes), et relative au concours la ville dans la dépense résultant de l'extension du casernement, définitivement approuvée.

Un exemplaire de cet acte restera annexé au présent décret.

2. La ville de Mont-de-Marsan (Landes) est autorisée, pour plir ses engagements, à emprunter, à un taux d'intérêt qui ne

xcéder cinq pour cent, une somme de un million deux cent mille francs
(1,200,000'), savoir :

1° A titre de subside, une somme de trois cent mille francs
(300,000'), remboursable en vingt-cinq ans, à partir de 1875, sur les
revenus communaux ;

2° A titre d'avance, une somme de neuf cent mille francs
(900,000'), dont l'État prend le remboursement à sa charge.

Cet emprunt pourra être réalisé, soit avec publicité et concurrence,
soit de gré à gré, soit par voie de souscriptions, avec faculté d'émettre
ces obligations au porteur ou transmissibles par voie d'endossement,
soit directement à la caisse des dépôts et consignations, aux conditions de cet établissement.

Les conditions des souscriptions à ouvrir ou des traités à passer de
gré à gré seront préalablement soumises à l'approbation du ministre
de l'intérieur.

3. Ledit emprunt sera exempt des droits de timbre mis par la loi
à la charge des communes. Cette exemption devra être mentionnée
dans le corps même des titres à émettre, ainsi que la date tant de
la loi d'autorisation du 4 août 1874 que du présent décret.

4. La somme de neuf cent mille francs (900,000'), montant de
l'avance, sera versée à la caisse du receveur des finances en trois
termes échelonnés à une année d'intervalle, savoir :

Après la réalisation de l'emprunt, et au plus tard le 31 mars
1875, trois cent mille francs (300,000') ;

Un an après le premier versement, et au plus tard le 31 mars
1876, trois cent mille francs (300,000') ;

Un an après le deuxième versement, et au plus tard le 31 mars
1877, trois cent mille francs (300,000').

Les sommes versées à titre d'avance porteront intérêt au taux
maximum de cinq pour cent, à dater de l'époque des versements,
et l'amortissement, calculé également au taux maximum de cinq
pour cent, sera effectué, pour chaque versement, en douze annuités
payables par termes semestriels.

5. Les ministres de l'intérieur, de la guerre et des finances sont
chargés, chacun en ce qui le concerne, de l'exécution du présent
décret.

Fait à Paris, le 14 Octobre 1874.

Signé M^{al} DE MAC MAHON.

Le Ministre des finances, Signé MATHIEU-BODET.	Le Vice-Président du Conseil, Ministre de la guerre, Signé Gal E. DE CISSEY.	Le Ministre de l'intérieur, Signé G^{al} DE CHABAUD LA TOUR.

RÉPUBLIQUE FRANÇAISE.

N° 3732. — DÉCRET *qui approuve la Convention passée entre le département de la Guerre et la ville de Saintes, et relative à l'extension du Casernement dans cette ville.*

Du 14 Octobre 1874.

LE PRÉSIDENT DE LA RÉPUBLIQUE FRANÇAISE,

Vu la loi du 4 août 1874, relative aux dépenses du casernement de l'armée;
Le Conseil des ministres entendu,

DÉCRÈTE :

ART. 1ᵉʳ. La convention passée entre le département de la guerre et la ville de Saintes (Charente-Inférieure), et relative au concours de la ville dans la dépense du casernement, est définitivement approuvée.
Un exemplaire de cet acte restera annexé au présent décret.

2. Il sera pourvu à la dépense à la charge de la ville, jusq
concurrence de cent cinquante mille francs (150,000ᶠ), au mo
de l'emprunt de pareille somme autorisé par arrêté préfectoral
22 septembre 1874.

3. Ledit emprunt sera exempt des droits de timbre mis par la
à la charge des communes. Cette exemption devra être menti
dans le corps même de chacun des titres à émettre, ainsi que la
tant de la loi d'autorisation du 4 août 1874 que du présent décr

4. Les ministres de l'intérieur, de la guerre et des finances
chargés, chacun en ce qui le concerne, de l'exécution du p
décret.

Fait à Paris, le 14 Octobre 1874.

Signé Mᵃˡ DE MAC MAHON.

Le Ministre des finances,	Le Vice-Président du Conseil,	Le Ministre de l'intérieur,
Signé MATHIEU-BODET.	Ministre de la guerre,	Signé Gᵃˡ DE CHABAUD LA
	Signé Gᵃˡ E. DE CISSEY.	

RÉPUBLIQUE FRANÇAISE.

N° 3733. — DÉCRET *qui approuve la Convention passée entre le départemei la Guerre et le Maire de Tarbes, et relative à l'extension du Casernement cette ville.*

Du 14 Octobre 1874.

LE PRÉSIDENT DE LA RÉPUBLIQUE FRANÇAISE,

Vu la loi du 4 août 1874, relative aux dépenses du casernement de 'armée;

Le Conseil des ministres entendu,

Décrète :

Art. 1ᵉʳ. La convention passée entre le département de la guerre t le maire de Tarbes (Hautes-Pyrénées), et relative au concours de ı ville dans la dépense résultant de l'extension du casernement, est léfinitivement approuvée.

Un exemplaire de cet acte restera annexé au présent décret.

2. La ville de Tarbes (Hautes-Pyrénées) est autorisée, pour remplir ı engagements, à emprunter, par termes remboursables en douze nnées et à un taux qui ne pourra excéder cinq pour cent, la somme e un million (1,000,000ᶠ), savoir :

A titre de subside, deux cent cinquante mille francs (250,000ᶠ), imboursables sur les revenus communaux;

A titre d'avance, sept cent cinquante mille francs (750,000ᶠ).

Cet emprunt pourra être réalisé, soit avec publicité et concur-rnce, soit de gré à gré, soit par voie de souscriptions, avec faculté fmettre des obligations au porteur ou transmissibles par voie d'en-ssement, soit directement à la caisse des dépôts et consignations, ı conditions de cet établissement.

Les conditions des souscriptions à ouvrir ou des traités à passer de ſ à gré seront préalablement soumises à l'approbation du ministre ſl'intérieur.

ſ. Ledit emprunt sera exempt des droits de timbre mis par la loi charge des communes. Cette exemption devra être mentionnée ſ le corps même des titres à émettre, ainsi que la date tant de la ſ d'autorisation du 4 août 1874 que du présent décret.

4. La somme de sept cent cinquante mille francs (750,000ᶠ), intant de l'avance, sera versée à la caisse du receveur des finances ı trois termes échelonnés à une année d'intervalle, savoir :

Après la réalisation de l'emprunt, et au plus tard le 31 mars 1875, ıux cent cinquante mille francs (250,000ᶠ);

Un an après le premier versement, et au plus tard le 31 mars ſ76, deux cent cinquante mille francs (250,000ᶠ);

Un an après le deuxième versement, et au plus tard le 31 mars ſ77, deux cent cinquante mille francs (250,000ᶠ).

Les sommes versées à titre d'avance porteront intérêt au taux ıximum de cinq pour cent, à dater de l'époque des versements, l'amortissement, calculé également au taux maximum de cinq ſır cent, sera effectué, pour chaque versement, en douze annuités yables par termes semestriels.

5. L'arrêté du préfet des Hautes-Pyrénées, en date du 1ᵉʳ juin 1874, ıı autorise la ville de Tarbes à emprunter, pour l'extension du ca-rnement, une somme de quatre cent mille francs (400.000ᶠ), soit ıs la forme de subside, soit sous la forme d'avance à l'État, est et meure rapporté.

6. Les ministres de l'intérieur, de la guerre et des finances sont chargés, chacun en ce qui le concerne, de l'exécution du présent décret.

Fait à Paris, le 14 Octobre 1874.

Signé M^{al} DE MAC MAHON.

Le Ministre des finances,

Signé MATHIEU-BODET.

Le Vice-Président du Conseil,
Ministre de la guerre,

Signé Gal E. DE CISSEY.

Le Ministre de l'intérieur,

Signé G^{al} DE CHABAUD LA TOUR.

RÉPUBLIQUE FRANÇAISE.

N° 3734. — DÉCRET qui approuve la Convention passée entre le département de la Guerre et le Maire d'Auxerre, et relative à l'extension du Casernement dans cette ville.

Du 22 Octobre 1874.

LE PRÉSIDENT DE LA RÉPUBLIQUE FRANÇAISE,

Vu la loi du 4 août 1874, relative aux dépenses du casernement de l'armée;

Le Conseil des ministres entendu,

DÉCRÈTE :

ART. 1er. La convention passée entre le département de la guerre et le maire d'Auxerre (Yonne), et relative au concours de la ville dans la dépense résultant de l'extension du casernement, est définitivement approuvée.

Un exemplaire de cet acte restera annexé au présent décret.

2. La ville d'Auxerre (Yonne) est autorisée, pour remplir ses engagements, à emprunter, à un taux d'intérêt qui ne pourra excéder six pour cent, une somme de six cent cinquante mille francs (650,000^f), savoir:

1° A titre de subside, une somme de deux cent cinquante mille francs (250,000^f), remboursable sur les revenus communaux dans un délai maximum de vingt années;

2° A titre d'avance à l'État, une somme de quatre cent mille francs (400,000^f).

Cet emprunt pourra être réalisé, soit avec publicité et concurrence, soit de gré à gré, soit par voie de souscriptions, avec faculté d'émettre des obligations au porteur ou transmissibles par voie d'endossement, soit directement à la caisse des dépôts et consignations, aux conditions de cet établissement.

Les conditions des souscriptions à ouvrir ou des traités à passer à gré à gré seront préalablement soumises à l'approbation du ministre de l'intérieur.

3. Ledit emprunt sera exempt des droits de timbre mis par la loi

à la charge des communes. Cette exemption devra être mentionnée dans le corps même des titres à émettre, ainsi que la date tant de la loi d'autorisation du 4 août 1874 que du présent décret.

4. La somme de six cent cinquante mille francs (650,000ᶠ), montant de la subvention et de l'avance, sera versée à la caisse du receveur des finances en trois termes échelonnés à une année d'intervalle, savoir :

Après la réalisation de l'emprunt, et au plus tard le 31 mars 1875, quatre-vingt-trois mille francs (83,000ᶠ) sur la subvention et cent trente-trois mille francs (133,000ᶠ) sur l'avance;

Un an après le premier versement, et au plus tard le 31 mars 1876, quatre-vingt-trois mille cinq cents francs (83,500ᶠ) sur la subvention et cent trente-trois mille cinq cents francs (133,500ᶠ) sur l'avance;

Un an après le deuxième versement, et au plus tard le 31 mars 1877, quatre-vingt-trois mille cinq cents francs (83,500ᶠ) sur la subvention et cent trente-trois mille cinq cents francs (133,500ᶠ) sur l'avance.

Les sommes versées à titre d'avance porteront intérêt au taux maximum de cinq pour cent, à dater de l'époque des versements, et l'amortissement, calculé également au taux maximum de cinq pour cent, sera effectué, pour chaque versement, en douze annuités payables par termes semestriels.

5. Les ministres de l'intérieur, de la guerre et des finances sont chargés, chacun en ce qui le concerne, de l'exécution du présent décret.

Fait à Paris, le 22 Octobre 1874.

Signé Mᵃˡ DE MAC MAHON.

Le Ministre des finances,   Le Vice-Président du Conseil,   Le Ministre de l'intérieur,
Signé MATHIEU-BODET.   Ministre de la guerre,   Signé Gᵃˡ DE CHABAUD LA TOUR.
                                  Signé Gᵃˡ E. DE CISSEY.

RÉPUBLIQUE FRANÇAISE.

N° 3735. — DÉCRET qui approuve la Convention passée entre le département de la Guerre et le Maire d'Argentan, et relative à l'extension du Casernement dans cette ville.

Du 3 Novembre 1874.

LE PRÉSIDENT DE LA RÉPUBLIQUE FRANÇAISE,

Vu la loi du 4 août 1874, relative aux dépenses du casernement de l'armée;

Le Conseil des ministres entendu,

Décrète :

Art. 1er. La convention passée entre le département de la guerre et le maire d'Argentan (Orne), et relative au concours de la ville dans la dépense résultant de l'extension du casernement, est définitivement approuvée.

Un exemplaire de cet acte restera annexé au présent décret.

2. La ville d'Argentan (Orne) est autorisée, pour remplir ses gagements, à emprunter, à un taux d'intérêt qui ne pourra ex cinq pour cent, une somme de cinq cent soixante-cinq mille f (565.000ᶠ), savoir :

1° Sous la forme de subside, deux cent mille francs (200,0₍ remboursables dans un délai maximum de quinze années, à p de 1875;

2° Sous la forme d'avance, trois cent soixante-cinq mille f (365,000ᶠ), qui seront remboursés par l'Etat aux conditions ci-a indiquées.

Cet emprunt pourra être réalisé, soit avec publicité et concurren₍ soit de gré à gré, soit par voie de souscriptions, avec faculté d'émet des obligations au porteur ou transmissibles par voie d'endosseme₍ soit directement à la caisse des dépôts et consignations, aux con tions de cet établissement.

Les conditions des souscriptions à ouvrir ou des traités à passer gré à gré seront préalablement soumises à l'approbation du mi de l'intérieur.

3. Ledit emprunt sera exempt des droits de timbre mis par à la charge des communes. Cette exemption devra être menti dans le corps même des titres à émettre, ainsi que la date ta la loi d'autorisation du 4 août 1874 que du présent décret.

4. La ville d'Argentan est autorisée à s'imposer extraordinai pendant quinze ans, à partir de 1875, vingt centimes (0ᶠ 20ᶜ) tionnels au principal de ses quatre contributions directes, d rapporter une somme totale de deux cent six mille quatre cent qu₍ vingt-dix francs (206,490ᶠ) environ, pour assurer, avec un prél ment sur les revenus, l'amortissement de l'emprunt de deux mille francs (200,000ᶠ).

En conséquence de cette autorisation, l'imposition extraordin de dix centimes (0ᶠ 10ᶜ) approuvée par arrêté préfectoral du 12 tobre 1872 pour dix ans, à partir de 1873, cessera d'être mise recouvrement à partir du 1er janvier 1875.

5. Sont approuvés, pour être exécutoires à partir de la date présent décret jusqu'au 31 décembre 1889 inclusivement, les et règlement de l'octroi d'Argentan ci-annexés.

6. La somme de trois cent soixante-cinq mille francs (365,0₍ montant de l'avance offerte à l'État, sera versée à la caisse du veur des finances en trois termes échelonnés à une année d'in valle, savoir :

Après la réalisation de l'emprunt, et au plus tard le 31 mars 1875,
nt vingt mille francs (120,000ᶠ);
Un an après le premier versement, et au plus tard le 31 mars 1876,
nt vingt mille francs (120,000ᶠ);
Un an après le deuxième versement, et au plus tard le 31 mars
l77, cent vingt-cinq mille francs (125,000ᶠ).
Les sommes versées à titre d'avance porteront intérêt au taux
aximum de cinq pour cent, à dater de l'époque des versements,
l'amortissement, calculé également au taux maximum de cinq
)ur cent, sera effectué, pour chaque versement, en douze annuités
lyables par termes semestriels.
7. Les ministres de l'intérieur, de la guerre et des finances sont
argés, chacun en ce qui le concerne, de l'exécution du présent
lcret.
Fait à Paris, le 3 Novembre 1874.

Signé Mᵃˡ DE MAC MAHON.

Ministre des finances,   *Le Vice-Président du Conseil,*   *Le Ministre de l'intérieur,*
gné MATHIEU-BODET.   *Ministre de la guerre,*   Signé Gᵃˡ DE CHABAUD LA TOUR.
              Signé Gᵃˡ E. DE CISSEY.

RÉPUBLIQUE FRANÇAISE.

5736. — *DÉCRET qui approuve la Convention passée entre le département de
la Guerre et le Maire de Brive, et relative à l'extension du Casernement dans
cette ville.*

Du 3 Novembre 1874.

LE PRÉSIDENT DE LA RÉPUBLIQUE FRANÇAISE,

Vu la loi du 4 août 1874, relative aux dépenses du casernement de
l'armée;
Vu les délibérations du conseil municipal de Brive (Corrèze), des 9 août
20 septembre 1874;
Le procès-verbal de l'enquête à laquelle il a été procédé, les 24, 25 et
septembre;
L'avis du commissaire enquêteur, celui du préfet et les autres pièces de
l'affaire;
L'ordonnance du 23 août 1835 [1];
La loi du 3 mai 1841;
Le Conseil des ministres entendu,

DÉCRÈTE :

ART. 1ᵉʳ. La convention passée entre le département de la guerre
le maire de Brive (Corrèze), et relative au concours de la ville

[1] IXᵉ série, 2ᵉ partie, 1ʳᵉ section, Bull. 378, n° 5906.

dans la dépense résultant de l'extension du casernement, est définitivement approuvée.

Un exemplaire de cet acte restera annexé au présent décret.

2. La ville de Brive (Corrèze) est autorisée, à titre d'avance à l'État, à emprunter, à un taux d'intérêt qui ne pourra excéder cinq pour cent et par termes remboursables en douze années, une somme de un million dix mille francs (1,010,000^f).

Cet emprunt pourra être réalisé, soit avec publicité et concurrence, soit de gré à gré, soit par voie de souscriptions, avec faculté d'émettre des obligations au porteur ou transmissibles par voie d'endossement, soit directement à la caisse des dépôts et consignations, aux conditions de cet établissement.

Les conditions des souscriptions à ouvrir ou des traités à passer de gré à gré seront préalablement soumises à l'approbation du ministre de l'intérieur.

3. Ledit emprunt sera exempt des droits de timbre mis par la loi à la charge des communes. Cette exemption devra être mentionnée dans le corps même des titres à émettre, ainsi que la date tant de la loi d'autorisation du 4 août 1874 que du présent décret.

4. La même ville est autorisée à aliéner, au fur et à mesure de ses besoins, la somme de rentes trois pour cent sur l'État nécessaire pour produire un capital de quatre cent mille francs (400,000^f), qui sera reconstitué en vingt-six ans, à partir de 1879, conformément au tableau annexé à la délibération municipale du 20 septembre 1874.

Ce capital de quatre cent mille francs (400,000^f) servira, jusqu'à due concurrence, au payement du subside en argent de trois cent vingt mille francs (320,000^f) et à l'exécution des autres engagements relatés dans la convention précitée.

5. Est déclarée d'utilité publique la construction d'une nouvelle caserne dans la ville de Brive (Corrèze).

En conséquence, cette ville est autorisée à acquérir du sieur de Maynard, soit à l'amiable, au prix fixé d'après une expertise contradictoire, soit, s'il y a lieu, par voie d'expropriation, conformément aux prescriptions de la loi du 3 mai 1841, deux parcelles de terrain contenant ensemble trois hectares quatre-vingt-dix ares et estimées quarante-quatre mille francs (44,000^f), telles, au surplus, qu'elles sont désignées au plan qui a servi de base à l'enquête mentionnée ci-dessus.

Il sera pourvu au payement de cette acquisition au moyen d'un prélèvement sur le subside offert par la ville.

6. La somme de un million dix mille francs (1,010,000^f), montant de l'avance, sera versée à la caisse du receveur des finances en trois termes échelonnés à une année d'intervalle, savoir :

Après la réalisation de l'emprunt, et au plus tard le 31 mars 1875, trois cent trente-cinq mille francs (335,000^f) ;

Un an après le premier versement, et au plus tard le 31 mars 1876, trois cent trente-cinq mille francs (335,000^f) ;

Un an après le deuxième versement, et au plus tard le 31 mars 1877, trois cent quarante mille francs (340,000ᶠ).

Les sommes versées à titre d'avance porteront intérêt au taux maximum de cinq pour cent, à dater de l'époque des versements, et l'amortissement, calculé également au taux maximum de cinq pour cent, sera effectué, pour chaque versement, en douze annuités payables par termes semestriels.

7. Les ministres de l'intérieur, de la guerre et des finances sont chargés, chacun en ce qui le concerne, de l'exécution du présent décret.

Fait à Paris, le 3 Novembre 1874.

Signé Mᵃˡ DE MAC MAHON.

La Ministre des finances,
Signé MATHIEU-BODET.

Le Vice-Président du Conseil,
Ministre de la guerre,
Signé Gᵃˡ E. DE CISSEY.

Le Ministre de l'intérieur,
Signé Gᵃˡ DE CHABAUD LA TOUR.

RÉPUBLIQUE FRANÇAISE.

N° 3737. — DÉCRET qui approuve la Convention passée entre le département de la Guerre et le Maire de Dinan, et relative à l'extension du Casernement dans cette ville.

Du 3 Novembre 1874.

LE PRÉSIDENT DE LA RÉPUBLIQUE FRANÇAISE.

Vu la loi du 4 août 1874, relative aux dépenses du casernement de l'armée;

Le Conseil des ministres entendu,

DÉCRÈTE :

ART. 1ᵉʳ. La convention passée entre le département de la guerre et le maire de Dinan (Côtes-du-Nord), et relative au concours de la ville dans la dépense résultant de l'extension du casernement, est définitivement approuvée.

Un exemplaire de cet acte restera annexé au présent décret.

2. La ville de Dinan (Côtes-du-Nord) est autorisée, pour remplir ses engagements, à emprunter une somme de un million sept cent cinquante mille francs (1,750,000ᶠ), savoir :

A titre de subside, quatre cent cinquante mille francs (450,000ᶠ), remboursables en trente années, à un taux d'intérêt qui ne pourra excéder, tous frais compris, six francs trente-cinq centimes pour cent;

A titre d'avance et à un taux d'intérêt maximum de cinq pour cent, une somme de un million trois cent mille francs (1,300,000ᶠ).

Cet emprunt pourra être réalisé, soit avec publicité et concurrence, soit de gré à gré, soit par voie de souscriptions, avec faculté d'émettre des obligations au porteur ou transmissibles par voie d'endossement, soit directement à la caisse des dépôts et consignations ou au Crédit foncier, aux conditions de ces établissements.

Les conditions des souscriptions à ouvrir ou des traités à passer de gré à gré seront préalablement soumises à l'approbation du ministre de l'intérieur.

3. Ledit emprunt sera exempt des droits de timbre mis par la loi à la charge des communes. Cette exemption devra être mentionnée dans le corps même des titres à émettre, ainsi que la date tant de la loi d'autorisation du 4 août 1874 que du présent décret.

4. La même ville est autorisée à s'imposer extraordinairem pendant trente ans, à partir de 1875, quinze centimes (o' 15') additionnels au principal de ses quatre contributions directes, devant rapporter une somme totale de trois cent mille francs (300,000') environ, pour servir, avec un prélèvement sur ses revenus ordinaires qu'extraordinaires, à l'amortissement de la portion l'emprunt représentant le subside offert à l'État.

5. Est prorogée pour trente ans, à partir de 1875, la perception de l'octroi de Dinan conformément aux tarif et règlement ci-annexés.

6. La somme de un million trois cent mille francs (1,300, montant de l'avance, sera versée à la caisse du receveur des fin en trois termes échelonnés à une année d'intervalle, savoir :

Après la réalisation de l'emprunt, et au plus tard le 31 1875, quatre cent trente mille francs (430,000');

Un an après le premier versement, et au plus tard le 31 1876, quatre cent trente-cinq mille francs (435,000');

Un an après le deuxième versement, et au plus tard le 31 1877, quatre cent trente-cinq mille francs (435,000').

Les sommes versées à titre d'avance porteront intérêt au maximum de cinq pour cent, à dater de l'époque des versem et l'amortissement, calculé également au taux maximum de pour cent, sera effectué, pour chaque versement, en douze annu payables par termes semestriels.

7. Les ministres de l'intérieur, de la guerre et des finances chargés, chacun en ce qui le concerne, de l'exécution du p décret.

Fait à Paris, le 3 Novembre 1874.

Signé M^d DE MAC MAHON.

Le Ministre des finances,

Signé MATHIEU-BODET.

Le Vice-Président du Conseil, Ministre de la guerre,

Signé G^l E. DE CISSEY.

Le Ministre de l'intérieur,

Signé G^d DE CHABAUD LA

RÉPUBLIQUE FRANÇAISE.

3738. — *Décret qui approuve la Convention passée entre le département de la Guerre et le Maire de Laval, et relative à l'extension du Casernement dans cette ville.*

Du 3 Novembre 1874.

LE PRÉSIDENT DE LA RÉPUBLIQUE FRANÇAISE,

Vu la loi du 4 août 1874, relative aux dépenses du casernement de rmée ;
Le Conseil des ministres entendu,

DÉCRÈTE :

ART. 1ᵉʳ. La convention passée entre le département de la guerre le maire de Laval (Mayenne), et relative au concours de la ville ns la dépense résultant de l'extension du casernement, est défini-ement approuvée.
Un exemplaire de cet acte restera annexé au présent décret.
2. La ville de Laval (Mayenne) est autorisée, pour remplir ses en-gements, à emprunter, à un taux d'intérêt qui ne pourra excéder lq pour cent et par termes remboursables en douze années, une mme de trois cent soixante-douze mille francs (372,000ᶠ), à titre ivance à l'État.
Cet emprunt pourra être réalisé, soit avec publicité et concur-ce, soit de gré à gré, soit par voie de souscriptions, avec faculté mettre des obligations au porteur ou transmissibles par voie d'en-ssement, soit directement à la caisse des dépôts et consignations, x conditions de cet établissement.
Les conditions des souscriptions à ouvrir ou des traités à passer de é à gré seront préalablement soumises à l'approbation du ministre l'intérieur.
3. Ledit emprunt sera exempt des droits de timbre mis par la loi la charge des communes. Cette exemption devra être mentionnée ns le corps même des titres à émettre, ainsi que la date tant de la i d'autorisation du 4 août 1874 que du présent décret.
4. Le montant des subsides promis par la ville de Laval, soit trois nt cinquante mille francs (350,000ᶠ), sera prélevé sur les crédits verts à cet effet aux budgets de l'exercice courant et des exercices ochains, conformément aux dispositions arrêtées par le conseil nicipal dans sa séance du 16 mai 1874.
Le payement du dernier terme aura lieu, au plus tard, le 31 mars 77.
5. La somme de trois cent soixante-douze mille francs (372,000ᶠ), ontant de l'avance, sera versée à la caisse du receveur des finances trois termes échelonnés à une année d'intervalle, savoir :

Après la réalisation de l'emprunt, et au plus tard le 31 mars 1875, cent vingt-quatre mille francs (124,000');

Un an après le premier versement, et au plus tard le 31 mars 1876, cent vingt-quatre mille francs (124,000');

Un an après le deuxième versement, et au plus tard le 31 mars 1877, cent vingt-quatre mille francs (124,000').

Les sommes versées à titre d'avance porteront intérêt au taux maximum de cinq pour cent, à dater de l'époque des versements, et l'amortissement, calculé également au taux maximum de cinq pour cent, sera effectué, pour chaque versement, en douze annuités payables par termes semestriels.

6. Les ministres de l'intérieur, de la guerre et des finances sont chargés, chacun en ce qui le concerne, de l'exécution du p ' décret.

Fait à Paris, le 3 Novembre 1874.

Signé M^{al} DE MAC MAHON.

Le Ministre des finances,
Signé MATHIEU-BODET.

Le Vice-Président du Conseil, Ministre de la guerre,
Signé Gal E. DE CISSEY.

Le Ministre de l'intérieur,
Signé G^{al} DE CHABAUD LA TOUR

RÉPUBLIQUE FRANÇAISE.

N° 3739. — *DÉCRET qui approuve la Convention passée entre le la Guerre et le Maire de Mayenne, et relative à l'extension du C dans cette ville.*

Du 3 Novembre 1874.

LE PRÉSIDENT DE LA RÉPUBLIQUE FRANÇAISE,

Vu la loi du 4 août 1874, relative aux dépenses du casernement l'armée;

Le Conseil des ministres entendu,

DÉCRÈTE :

ART. 1er. La convention passée entre le département de la guerre le maire de Mayenne (Mayenne), et relative au concours de la dans la dépense résultant de l'extension du casernement, est d tivement approuvée.

Un exemplaire de cet acte restera annexé au présent décret.

2. La ville de Mayenne (Mayenne) est autorisée, pour remplir engagements, à emprunter, à un taux d'intérêt qui ne pourra passer cinq pour cent et par termes remboursables en douze une somme de neuf cent mille francs (900,000'), savoir :

Sous la forme de subside à la charge de la ville, cent vingt mi francs (120,000');

Vu la loi du 4 août 1874, relative aux dépenses du casernement de l'armée;

Le Conseil des ministres entendu,

DÉCRÈTE :

ART. 1ᵉʳ. La convention passée entre le département de la guerre et le maire de Saint-Malo (Ille-et-Vilaine), et relative au concours de cette ville dans la dépense résultant de l'extension du casernement, est définitivement approuvée.

Un exemplaire de cet acte restera annexé au présent décret.

2. La ville de Saint-Malo (Ille-et-Vilaine) est autorisée, pour remplir ses engagements, à emprunter, par termes remboursables en douze années et à un taux d'intérêt qui ne pourra excéder cinq pour cent, une somme de cinq cent mille francs (500,000ᶠ), savoir : à titre de subside, cent mille francs (100,000ᶠ); à titre d'avance, quatre cent mille francs (400,000ᶠ).

Cet emprunt pourra être réalisé, soit avec publicité et concurrence, soit de gré à gré, soit par voie de souscriptions, avec faculté d'émettre des obligations au porteur ou transmissibles par voie d'endossement, soit directement à la caisse des dépôts et consignations, aux conditions de cet établissement.

Les conditions des souscriptions à ouvrir ou des traités à passer de gré à gré seront préalablement soumises à l'approbation du ministre de l'intérieur.

3. Ledit emprunt sera exempt des droits de timbre mis par la loi à la charge des communes. Cette exemption devra être mentionnée dans le corps même des titres à émettre, ainsi que la date tant de la loi d'autorisation du 4 août 1874 que du présent décret.

4. La même ville est autorisée à s'imposer extraordinairement pendant douze ans, à partir de 1876, dix centimes (0ᶠ 10ᶜ) additionnels au principal de ses quatre contributions directes, devant rapporter une somme totale d'environ cent cinquante-six mille francs (156,000ᶠ), pour assurer l'amortissement de l'emprunt de cent mille francs (100,000ᶠ), représentant le subside offert à l'État.

Il sera pourvu, en 1875, au service de cet emprunt à l'aide d'un prélèvement sur les revenus.

5. La somme de cinq cent mille francs (500,000ᶠ), montant de la subvention et de l'avance, sera versée à la caisse du receveur des finances en trois termes échelonnés à une année d'intervalle, savoir :

Après la réalisation de l'emprunt, et au plus tard le 31 mars 1875, trente mille francs (30,000ᶠ) sur la subvention et cent trente mille francs (130,000ᶠ) sur l'avance;

Un an après le premier versement, et au plus tard le 31 mars 1876, trente-cinq mille francs (35,000ᶠ) sur la subvention et cent trente-cinq mille francs (135,000ᶠ) sur l'avance;

Un an après le deuxième versement, et au plus tard le 31 mars 1877, trente-cinq mille francs (35,000ᶠ) sur la subvention et cent trente-cinq mille francs (135,000ᶠ) sur l'avance.

RÉPUBLIQUE FRANÇAISE.

N° 3740. — *Décret qui approuve les Conventions passées entre le*
de la Guerre et la ville d'Angoulême, et relatives aux dépenses des
établissements d'Artillerie et du Casernement.

Du 9 Novembre 1874.

LE PRÉSIDENT DE LA RÉPUBLIQUE FRANÇAISE,

Vu la loi du 4 août 1874, relative aux dépenses du casernement
l'armée;
Le Conseil des ministres entendu,

DÉCRÈTE :

ART. 1ᵉʳ. Les conventions passées entre le département de la
et la ville d'Angoulême (Charente), et relatives aux dépen
nouveaux établissements d'artillerie et de l'extension du
sont définitivement approuvées.
Un exemplaire de chacun de ces actes restera annexé au p
décret.
2. La ville d'Angoulême (Charente) est autorisée à préleve
l'emprunt de un million huit cent mille francs (1,800,000ᶠ) au
par la loi du 16 juin 1874 une somme de deux cent mille
(200,000ᶠ), à titre d'avance à l'État pour l'extension du case
Cette somme portera intérêt au taux maximum de cinq po
à dater de l'époque du versement à la caisse du receveur
nances, et l'amortissement, calculé également au taux maxim
cinq pour cent, sera effectué en douze annuités payables par
semestriels.
3. Les ministres de l'intérieur, de la guerre et des finance
chargés, chacun en ce qui le concerne, de l'exécution du p
décret.
Fait à Paris, le 9 Novembre 1874.

Signé Mᵃˡ DE MAC MAHON.

Le Ministre des finances,
Signé MATHIEU-BODET.

Le Vice-Président du Conseil,
Ministre de la guerre,
Signé Gᵃˡ E. DE CISSEY.

Le Ministre de l'intérieur,
Signé Gᵃˡ DE CHABAUD LA T

RÉPUBLIQUE FRANÇAISE.

N° 3741. — *Décret qui approuve la Convention passée entre le*
la Guerre et le Maire de Parthenay, et relative à l'extension du
dans cette ville.

Du 9 Novembre 1874.

LE PRÉSIDENT DE LA RÉPUBLIQUE FRANÇAISE,

Vu la loi du 4 août 1874, relative aux dépenses du casernement de
ırmée;
Le Conseil des ministres entendu,

Décrète :

Art. 1ᵉʳ. La convention passée entre le département de la guerre
ıe maire de Parthenay (Deux-Sèvres), et relative au concours de la
lle dans la dépense résultant de l'extension du casernement, est
ıfinitivement approuvée.
Un exemplaire de cet acte restera annexé au présent décret.
2. La ville de Parthenay (Deux-Sèvres) est autorisée, pour rem-
ir ses engagements, à emprunter, à un taux d'intérêt qui ne pourra
céder six pour cent, une somme de quatre cent soixante-trois
ılle francs (463,000ᶠ), dont soixante-trois mille francs (63,000ᶠ) à
ıe de subside, remboursable sur les revenus communaux en
ıze ans, à partir de 1875, et quatre cent mille francs (400,000ᶠ) à
ıe d'avance à l'État.
Cet emprunt pourra être réalisé, soit avec publicité et concur-
nce, soit de gré à gré, soit par voie de souscriptions, avec faculté
ımettre des obligations au porteur ou transmissibles par voie d'en-
ısement, soit directement à la caisse des dépôts et consignations,
ı conditions de cet établissement.
Les conditions des souscriptions à ouvrir ou des traités à passer de
ı à gré seront préalablement soumises à l'approbation du ministre
ı'intérieur.
ı. Ledit emprunt sera exempt des droits de timbre mis par la loi
ı charge des communes. Cette exemption devra être mentionnée
ı le corps même des titres à émettre, ainsi que la date tant de
ıoi d'autorisation du 4 août 1874 que du présent décret.
ı. A partir de la date du présent décret et jusqu'au 31 décembre
ıo, la perception de l'octroi s'effectuera d'après les tarif et règle-
ıt ci-joints.
ıendant la même période, il sera perçu une surtaxe de vingt cen-
ıes (0ᶠ 20ᶜ) par hectolitre sur les vins.
ıette surtaxe est indépendante du droit de quatre-vingts centimes
ıoᶜ) établi en principal.
ı. Les ressources énumérées à l'article 4 seront affectées, jusqu'à
ı concurrence, tant à l'amortissement de l'emprunt de soixante-
ı mille francs (63,000ᶠ) à la charge de la ville qu'au payement
ı différence d'intérêts entre le remboursement de l'emprunt de
ıe cent mille francs (400,000ᶠ) effectué par l'État et le taux pro-
ı d'émission.
ıLa somme de quatre cent mille francs (400,000ᶠ), montant de
ıce, sera versée à la caisse du receveur des finances en trois
ıs échelonnés à une année d'intervalle, savoir:
ırès la réalisation de l'emprunt, et au plus tard le 31 mars 1875,
ıtrente mille francs (130,000ᶠ);

Un an après le premier versement, et an plus tard le 31 mars 1876, cent trente-cinq mille francs (135,000ᶠ);
Un an après le deuxième versement, et au plus tard le 31 mars 1877, cent trente-cinq mille francs (135,000ᶠ).

Les sommes versées à titre d'avance porteront intérêt au taux maximum de cinq pour cent, à ·dater de ·l'époque des versements, et l'amortissement, calculé également au taux maximum de cinq pour cent, sera effectué, pour chaque versement, en douze annuités payables par termes semestriels.

6. Les ministres ·de l'intérieur, de la guerre et des finances sont chargés, chacun en ce qui le concerne, de l'exécution du présent décret.

Fait à Paris, le 9 Novembre 1874.

Signé Mᵃˡ DE MAC MAHON.

Le Ministre des finances,	*Le Vice-Président du Conseil, Ministre de la guerre,*	*Le Ministre de l'intérieur,*
Signé MATHIEU-BODET.	Signé Gᵃˡ E. DE CISSEY.	Signé Gᵃˡ DE CHABAUD LA

RÉPUBLIQUE FRANÇAISE.

N° 3742. — DÉCRET *qui approuve la Convention passée entre le dépar de la Guerre et le Maire de la Roche-sur-Yon, et relative à l'extensi Casernement dans cette ville.*

Du 9 Novembre 1874.

LE PRÉSIDENT DE LA RÉPUBLIQUE·FRANÇAISE,

Vu ·la loi du 4 août 1874, relative aux dépenses du casernement l'armée;

Le Conseil des ministres entendu,

DÉCRÈTE :

ART. 1ᵉʳ. La convention passée entre le département de la gu et le maire de la Roche-sur-Yon (Vendée), et relative au de la ville dans la dépense résultant ·de l'extension du casern est définitivement approuvée.

Un exemplaire de cet acte restera annexé au présent décret.

2. La ville de la Roche-sur-Yon (Vendée) est autorisée, remplir ses engagements, à emprunter, à un taux d'intérêt qu pourra excéder cinq pour cent et par termes remboursables en d années, une somme de cinq cent quatre-vingt-quinze mille (595,000ᶠ), dont cent cinquante mille francs (150,000ᶠ) à tit subside et quatre cent quarante-cinq mille francs (445,000ᶠ) à d'avance à l'Etat.

aximum de cinq pour cent, à dater de l'époque des versements, et amortissement, calculé également au taux maximum de cinq pour nt, sera effectué, pour chaque versement, en douze annuités yables par termes semestriels.

5. Les ministres de l'intérieur, de la guerre et des finances sont argés, chacun en ce qui le concerne, de l'exécution du présent cret.

Fait à Paris, le 30 Septembre 1874.

' Signé M⁰¹ DE MAC MAHON.

Ministre des finances,	Le Vice-Président du Conseil,	Le Vice-Président du Conseil, Ministre
gné MATHIEU-BODET.	Ministre de la guerre ,	de la guerre , chargé , par intérim ,
	Signé G⁴ E. DE CISSEY.	du département de l'intérieur,
		Signé G⁴ E. DE CISSEY.

RÉPUBLIQUE FRANÇAISE.

3724. — DÉCRET qui approuve la Convention passée entre le département de la Guerre et le Maire de Vannes, et relative à l'extension du Casernement dans tte ville.

Du 30 Septembre 1874.

LE PRÉSIDENT DE LA RÉPUBLIQUE FRANÇAISE,

Vu la loi du 4 août 1874, relative aux dépenses du casernement de l'armée;

Le Conseil des ministres entendu,

DÉCRÈTE :

ART. 1ᵉʳ. La convention passée entre le département de la guerre le maire de Vannes (Morbihan), et relative au concours de la ville ans la dépense résultant de l'extension du casernement, est définitivement approuvée.

Un exemplaire de cet acte restera annexé au présent décret.

2. La ville de Vannes (Morbihan) est autorisée, pour remplir ses gagements, à emprunter, par termes remboursables en douze années et à un taux d'intérêt qui ne pourra excéder cinq pour cent, la somme de deux millions (2,000,000ᶠ), savoir :

A titre de subside, cinq cent mille francs (500,000ᶠ);

A titre d'avance, un million cinq cent mille francs (1,500,000ᶠ)

Cet emprunt pourra être réalisé, soit avec publicité et concurrence, it de gré à gré, soit par voie de souscriptions, avec faculté d'émettre s obligations au porteur ou transmissibles par voie d'endossement, it directement à la caisse des dépôts et consignations, aux conditions de cet établissement.

Les conditions des souscriptions à ouvrir ou des traités à passer de

RÉPUBLIQUE FRANÇAISE.

N° 3743. — *Décret qui approuve la Convention passée entre le département de la Guerre et le Maire de Pamiers, et relative à l'extension du Casernement dans cette ville.*

Du 14 Novembre 1874.

Le Président de la République française,

Vu la loi du 4 août 1874, relative aux dépenses du casernement de l'armée;

Le Conseil des ministres entendu,

Décrète :

Art. 1er. La convention passée entre le département de la gu et le maire de Pamiers (Ariége), et relative au concours de la dans la dépense résultant de l'extension du casernement, est d tivement approuvée.

Un exemplaire de cet acte restera annexé au présent décret.

2. La ville de Pamiers (Ariége) est autorisée, pour remplir engagements, à emprunter, à un taux d'intérêt qui ne pourra ex cinq pour cent, une somme de sept cent soixante-seize mille f (776,000ᶠ), savoir :

1° A titre de subside, deux cent vingt-six mille francs (226, remboursables en vingt ans, à partir de 1875 ;

2° A titre d'avance, cinq cent cinquante mille francs (550, remboursables aux conditions ci-après déterminées.

Cet emprunt pourra être réalisé, soit avec publicité et rence, soit de gré à gré, soit par voie de souscriptions, avec fa d'émettre des obligations au porteur ou transmissibles par voie dossement, soit directement à la caisse des dépôts et consignati aux conditions de cet établissement.

Les conditions des souscriptions à ouvrir ou des traités à pass gré à gré seront préalablement soumises à l'approbation du mi de l'intérieur.

3. Ledit emprunt sera exempt des droits de timbre mis par la à la charge des communes. Cette exemption devra être mention dans le corps même des titres à émettre, ainsi que la date tant d loi d'autorisation du 4 août 1874 que du présent décret.

4. La même ville est autorisée à s'imposer extraordinaire pendant vingt ans, à partir de 1875, dix centimes (0ᶠ 10ᶜ) additio au principal de ses quatre contributions directes, devant rap une somme totale de cent vingt-deux mille sept cent trente (122,730ᶠ) environ, pour servir, avec un prélèvement sur les re de l'octroi, à l'amortissement de la portion de l'emprunt à la c de la caisse municipale.

5. A partir du 1ᵉʳ janvier 1875 et jusqu'au 31 décembre 1894 inclusivement, la perception de l'octroi de Pamiers s'effectuera d'après les tarif et règlement ci-joints.

6. La somme de cinq cent cinquante mille francs (550,000ᶠ), montant de l'avance offerte à l'État par la ville de Pamiers, sera versée à la caisse du receveur des finances en trois termes échelonnés à une année d'intervalle, savoir :

Après la réalisation de l'emprunt, et au plus tard le 31 mars 1875, cent quatre-vingt-trois mille francs (183,000ᶠ) ;

Un an après le premier versement, et au plus tard le 31 mars 1876, cent quatre-vingt-trois mille cinq cents francs (183,500ᶠ) ;

Un an après le deuxième versement, et au plus tard le 31 mars 1877, cent quatre-vingt-trois mille cinq cents francs (183,500ᶠ).

Les sommes versées à titre d'avance porteront intérêt au taux maximum de cinq pour cent, à dater de l'époque des versements, et l'amortissement, calculé également au taux maximum de cinq pour cent, sera effectué, pour chaque versement, en douze annuités payables par termes semestriels.

7. Les ministres de l'intérieur, de la guerre et des finances sont chargés, chacun en ce qui le concerne, de l'exécution du présent décret.

Fait à Paris, le 14 Novembre 1874.

Signé Mᵃˡ DE MAC MAHON.

Le Ministre des finances,	Le Vice-Président du Conseil, Ministre de la guerre,	Le Ministre de l'intérieur,
Signé MATHIEU-BODET.	Signé Gᵃˡ E. DE CISSEY.	Signé Gᵃˡ DE CHABAUD LA TOUR.

RÉPUBLIQUE FRANÇAISE.

3744. — *Décret qui approuve les Conventions passées entre le département de la Guerre et le Maire d'Amiens, et relatives à l'extension du Casernement dans cette ville.*

Du 21 Novembre 1874.

Le Président de la République française,

Vu la loi du 4 août 1874, relative aux dépenses du casernement de l'armée ;

Le Conseil des ministres entendu,

Décrète :

Art. 1ᵉʳ. Les conventions passées entre le département de la guerre et le maire d'Amiens (Somme), et relatives au concours de la ville dans la dépense résultant de l'extension du casernement, sont définitivement approuvées.

Un exemplaire de ces actes restera annexé au présent décret.

2. La ville d'Amiens (Somme) est autorisée, pour remplir ses engagements, à emprunter, à titre d'avance et à un taux d'intérêt qui ne pourra excéder cinq pour cent, une somme d'un million quatre cent mille francs (1,400,000^f), qui sera remboursée par l'État aux conditions ci-après déterminées.

Cet emprunt pourra être réalisé, soit avec publicité et concurrence, soit de gré à gré, soit par voie de souscriptions, avec faculté d'émettre des obligations au porteur ou transmissibles par voie d'endossement, soit directement à la caisse des dépôts et consignations, aux conditions de cet établissement.

Les conditions des souscriptions à ouvrir ou des traités à passer de gré à gré seront préalablement soumises à l'approbation du ministre de l'intérieur.

3. Ledit emprunt sera exempt des droits de timbre mis par la loi à la charge des communes. Cette exemption devra être mentio dans le corps même des titres à émettre, ainsi que la date tant loi d'autorisation du 4 août 1874 que du présent décret.

4. La somme de un million quatre cent mille francs (1,400, montant de l'avance à faire à l'État par la ville d'Amiens, sera v à la caisse du receveur des finances en trois termes échelonnés à année d'intervalle, savoir :

Après la réalisation de l'emprunt, et au plus tard le 31 mars 1 quatre cent soixante-cinq mille francs (465,000^f);

Un an après le premier versement, et au plus tard le 31 1876, quatre cent soixante-cinq mille francs (465,000^f);

Un an après le deuxième versement, et au plus tard le 31 1877, quatre cent soixante-dix mille francs (470,000^f).

Les sommes versées à titre d'avance porteront intérêt au maximum de cinq pour cent, à dater de l'époque des verse et l'amortissement, calculé également au taux maximum de pour cent, sera effectué, pour chaque versement, en douze ann payables par termes semestriels.

5. Les ministres de l'intérieur, de la guerre et des finances chargés, chacun en ce qui le concerne, de l'exécution du p décret.

Fait à Paris, le 21 Novembre 1874.

Signé M^{al} DE MAC MAHON.

Le Ministre des finances,
Signé MATHIEU-BODET.

Le Vice-Président du Conseil,
Ministre de la guerre,
Signé Gal E. DE CISSEY.

Le Ministre de l'intérieur,
Signé G^{al} DE CHABAUD La

RÉPUBLIQUE FRANÇAISE.

N° 3745. — Décret *qui approuve la Convention passée entre le Chef du Génie et le Maire de Beauvais, au sujet du concours de la ville dans la dépense du casernement d'un Régiment d'Infanterie.*

Du 21 Novembre 1874.

Le Président de la République française,

Vu la loi du 4 août 1874, relative aux dépenses du casernement de l'armée;

Le Conseil des ministres entendu,

Décrète :

Art. 1er. La convention passée entre le chef du génie et le maire de Beauvais (Oise), au sujet du concours de la ville dans la dépense du casernement d'un régiment d'infanterie, est définitivement approuvée.

Un exemplaire de cet acte restera annexé au présent décret.

2. La ville de Beauvais (Oise) est autorisée, en exécution de cette convention, à emprunter, sous forme d'avance à l'État, une somme de cinq cent vingt-sept mille francs (527,000ᶠ).

Elle est autorisée, en outre, à prendre à sa charge le payement des impôts établis par les lois sur les valeurs mobilières, de manière à garantir à ses prêteurs un intérêt net de cinq pour cent.

L'emprunt pourra être réalisé, soit avec publicité et concurrence, soit de gré à gré, soit par voie de souscriptions, avec faculté d'émettre des obligations au porteur ou transmissibles par voie d'endossement, soit directement à la caisse des dépôts et consignations, aux conditions de cet établissement.

Les conditions des souscriptions à ouvrir ou des traités à passer de gré à gré seront préalablement soumises à l'approbation du ministre de l'intérieur.

3. Ledit emprunt sera exempt des droits de timbre mis par la loi à la charge des communes. Cette exemption devra être mentionnée dans le corps même des titres à émettre, ainsi que la date tant de la loi d'autorisation du 4 août 1874 que du présent décret.

4. La somme de cinq cent vingt-sept mille francs (527,000ᶠ), montant de l'avance, sera versée en une fois, et au plus tard le 31 mars 1875, à la caisse du receveur des finances. Elle portera intérêt au taux maximum de cinq pour cent, à dater de l'époque du versement, et l'amortissement, calculé également au taux maximum de cinq pour cent, commencera un an après ledit versement et sera effectué en douze annuités payables par termes semestriels.

5. Les ministres de l'intérieur, de la guerre et des finances sont

chargés, chacun en ce qui le concerne, de l'exécution du présent décret.

Fait à Paris, le 21 Novembre 1874.

Signé Mᵃˡ DE MAC MAHON.

Le Ministre des finances,
Signé MATHIEU-BODET.

Le Vice-Président du Conseil,
Ministre de la guerre,
Signé Gᵈ E. DE CISSEY.

Le Ministre de l'intérieur,
Signé Gᵃˡ DE CHABAUD LA TOUR.

RÉPUBLIQUE FRANÇAISE.

N° 3746. — *DÉCRET qui approuve la Convention passée entre le département de la Guerre et le Maire de Bernay, et relative à l'extension du Casernement dans cette ville.*

Du 21 Novembre 1874.

LE PRÉSIDENT DE LA RÉPUBLIQUE FRANÇAISE,

Vu la loi du 4 août 1874, relative aux dépenses du casernement de l'armée;

Le Conseil des ministres entendu,

DÉCRÈTE :

ART. 1ᵉʳ. La convention passée entre le département de la guerre et le maire de Bernay (Eure), et relative au concours de la ville la dépense résultant de l'extension du casernement, est définitivement approuvée.

Un exemplaire de cet acte restera annexé au présent décret.

2. La ville de Bernay (Eure) est autorisée, pour remplir ses engagements, à emprunter, à un taux d'intérêt qui ne pourra excéder cinq pour cent, une somme de cinq cent soixante-quinze mille francs (575,000ᶠ), savoir:

A titre de subside, cent soixante-quinze mille francs (175,000ᶠ), remboursables en douze années, à partir de 1875;

A titre d'avance, quatre cent mille francs (400,000ᶠ), qui seront remboursés par l'État aux conditions ci-après déterminées.

Cet emprunt pourra être réalisé, soit avec publicité et concurrence, soit de gré à gré, soit par voie de souscriptions, avec faculté d'émettre des obligations au porteur ou transmissibles par voie d'endossement, soit directement à la caisse des dépôts et consignations, aux conditions de cet établissement.

Les conditions des souscriptions à ouvrir ou des traités à passer de gré à gré seront préalablement soumises à l'approbation du ministre de l'intérieur.

3. Ledit emprunt sera exempt des droits de timbre mis par la loi à la charge des communes. Cette exemption devra être mentionnée

lans le corps même des titres à émettre, ainsi que la date tant de la
loi d'autorisation du 4 août 1874 que du présent décret.

4. La même ville est autorisée à s'imposer extraordinairement
)endant douze ans, à partir de 1877, vingt centimes (o' 20°) addition-
lels au principal des quatre contributions directes, devant rapporter
une somme totale de deux cent trente-neuf mille francs (239,000')
inviron, applicable, concurremment avec le produit des deux dernières annuités de l'imposition de vingt centimes établie par décret
lu 9 décembre 1865, tant à l'amortissement du capital de cent
oixante-quinze mille francs (175,000'), montant des subsides offerts
i l'État, qu'à l'extinction des dettes auxquelles était affecté, en 1875
t 1876, le montant de ladite imposition, et dont le payement est
eporté aux années 1887 et 1888.

5. La somme de quatre cent mille francs (400,000'), montant de
'avance à faire à l'État par la ville de Bernay, sera versée à la caisse
lu receveur des finances en trois termes échelonnés à une année
'intervalle, savoir:

Après la réalisation de l'emprunt, et au plus tard le 31 mars 1875,
int trente mille francs (130,000');

Un an après le premier versement, et au plus tard le 31 mars
876, cent trente-cinq mille francs (135,000');

Un an après le deuxième versement, et au plus tard le 31 mars
877, cent trente-cinq mille francs (135,000').

Les sommes versées à titre d'avance porteront intérêt au taux
uaximum de cinq pour cent, à dater de l'époque des versements,
l'amortissement, calculé également au taux maximum de cinq
|r cent, sera effectué, pour chaque versement, en douze annuités
Vables par termes semestriels.

6. Les ministres de l'intérieur, de la guerre et des finances sont
largés, chacun en ce qui le concerne, de l'exécution du présent
icret.

Fait à Paris, le 21 Novembre 1874.

Signé M^{al} DE MAC MAHON.

e Ministre des finances,   Le Vice-Président du Conseil,   Le Ministre de l'intérieur,
igné MATHIEU-BODET.   Ministre de la guerre,   Signé G^{al} DE CHABAUD LA TOUR.
                                Signé Gal E. DE CISSEY.

RÉPUBLIQUE FRANÇAISE.

3747. — DÉCRET qui approuve la Convention passée entre le département de
la Guerre et le Maire de la Flèche, et relative à l'extension du Casernement
dans cette ville.

Du 21 Novembre 1874.

LE PRÉSIDENT DE LA RÉPUBLIQUE FRANÇAISE,

Vu la loi du 4 août 1874, relative aux dépenses du casernement de l'armée;

Le Conseil des ministres entendu,

DÉCRÈTE :

ART. 1ᵉʳ. La convention passée entre le département de la guerre et le maire de la Flèche (Sarthe), et relative au concours de la ville dans la dépense résultant de l'extension du casernement, est définitivement approuvée.

Un exemplaire de cet acte restera annexé au présent décret.

2. La ville de la Flèche (Sarthe) est autorisée, pour remplir ses engagements, à emprunter, à un taux d'intérêt qui ne pourra excéder cinq pour cent, une somme de trois cent soixante-huit mille francs (368,000ᶠ), savoir :

1° A titre de subside, cent mille francs (100,000ᶠ), remboursable en dix ans, à partir de 1875, sur le produit des nouvelles taxes d'octroi dont la perception a été autorisée, par décret du 15 juillet 187[?] jusqu'au 31 décembre 1884;

2° A titre d'avance, deux cent soixante-huit mille francs (268,000ᶠ) remboursables par l'État aux conditions ci-après déterminées.

Cet emprunt pourra être réalisé, soit avec publicité et concurrence, soit de gré à gré, soit par voie de souscriptions, avec faculté d'émettre des obligations au porteur ou transmissibles par voie d'endossement, soit directement à la caisse des dépôts et consignations aux conditions de cet établissement.

Les conditions des souscriptions à ouvrir ou des traités à passer à gré à gré seront préalablement soumises à l'approbation du ministre de l'intérieur.

3. Ledit emprunt sera exempt des droits de timbre mis par la loi à la charge des communes. Cette exemption devra être mentionnée dans le corps même des titres à émettre, ainsi que la date tant de la loi d'autorisation du 4 août 1874 que du présent décret.

4. La somme de deux cent soixante-huit mille francs (268,000ᶠ) montant de l'avance, sera versée à la caisse du receveur des finances en trois termes échelonnés à une année d'intervalle, savoir :

Après la réalisation de l'emprunt, et au plus tard le 31 mars 1875, quatre-vingt-neuf mille francs (89,000ᶠ);

Un an après le premier versement, et au plus tard le 31 mars 1876, quatre-vingt-neuf mille cinq cents francs (89,500ᶠ);

Un an après le deuxième versement, et au plus tard le 31 mars 1877, quatre-vingt-neuf mille cinq cents francs (89,500ᶠ).

Les sommes versées à titre d'avance porteront intérêt au maximum de cinq pour cent, à dater de l'époque des versements et l'amortissement, calculé également au taux maximum de cinq pour cent, sera effectué, pour chaque versement, en douze annuités payables par termes semestriels.

5. Les ministres de l'intérieur, de la guerre et des finances sont

chargés, chacun en ce qui le concerne, de l'exécution du présent décret.

Fait à Paris, le 21 Novembre 1874.

Signé M¹ DE MAC MAHON.

Le Ministre des finances,	Le Vice-Président du Conseil,	Le Ministre de l'intérieur,
Signé MATHIEU-BODET.	Ministre de la guerre,	Signé G¹ DE CHABAUD LA TOUR.
	Signé G¹ E. DE CISSEY.	

RÉPUBLIQUE FRANÇAISE.

N° 3748. — DÉCRET qui approuve la Convention passée entre le département de la Guerre et le Maire de Mamers, et relative à l'extension du Casernement dans cette ville.

Du 21 Novembre 1874.

LE PRÉSIDENT DE LA RÉPUBLIQUE FRANÇAISE,

Vu la loi du 4 août 1874, relative aux dépenses du casernement de l'armée;

Le Conseil des ministres entendu,

DÉCRÈTE :

ART. 1ᵉʳ. La convention passée entre le département de la guerre et le maire de Mamers (Sarthe), et relative au concours de la ville dans la dépense résultant de l'extension du casernement, est définitivement approuvée.

Un exemplaire de cet acte restera annexé au présent décret.

2. La ville de Mamers (Sarthe) est autorisée, pour remplir ses engagements, à emprunter, à un taux d'intérêt qui ne pourra excéder cinq pour cent, une somme de huit cent soixante-sept mille francs (867,000), savoir:

1° A titre de subside, deux cent cinquante mille francs (250,000ᶠ), remboursables en douze ans, à partir de 1875;

2° A titre d'avance, six cent dix-sept mille francs (617,000ᶠ), dont l'amortissement sera effectué dans les conditions ci-après déterminées.

Cet emprunt pourra être réalisé, soit avec publicité et concurrence,'soit de gré à gré, soit par voie de souscriptions, avec faculté d'émettre des obligations au porteur ou transmissibles par voie d'endossement, soit directement à la caisse des dépôts et consignations, aux conditions de cet établissement.

Les conditions des souscriptions à ouvrir ou des traités à passer de gré à gré seront préalablement soumises à l'approbation du ministre de l'intérieur.

3. Ledit emprunt sera exempt des droits de timbre mis par la loi

à la charge des communes. Cette exemption devra être mentionnée
dans le corps même des titres à émettre, ainsi que la date tant de la
loi d'autorisation du 4 août 1874 que du présent décret.

4. La même ville est autorisée à s'imposer extraordinairement pendant douze ans, à partir de 1875, et par addition au principal de
ses quatre contributions directes, savoir :

Seize centimes (o'16°) de 1875 à 1883 inclusivement;
Trente-cinq centimes (o' 35°) de 1884 à 1886 inclusivement.

Le produit de cette imposition, prévu en totalité pour cent trente-
cinq mille sept cents francs (135,700') environ, servira, avec un prélèvement sur les revenus tant ordinaires qu'extraordinaires, à rembourser 'l'emprunt de deux cent cinquante mille francs (250,000')
en capital et intérêts.

5. A dater du présent décret et jusqu'au 31 décembre 1886, la perception de l'octroi de Mamers s'effectuera conformément aux tarif
et règlement ci-annexés.

6. La somme de six cent dix-sept mille francs (617,000'), montant
de l'avance, sera versée à la caisse du receveur des finances en trois
termes échelonnés à une année d'intervalle, savoir :

Après la réalisation de l'emprunt, et au plus tard le 31 mars 1875,
deux cent cinq mille francs (205,000') ;

Un an après le premier versement, et au plus tard le 31 mars
1876, deux cent six mille francs (206,000').

Un an après le deuxième versement, et au plus tard le 31 mars
1877, deux cent six mille francs (206,000').

Les sommes versées à titre d'avance porteront intérêt au taux
maximum de cinq pour cent, à dater de l'époque des versements,
et l'amortissement, calculé également au taux maximum de cinq
pour cent, sera effectué, pour chaque versement, en douze annuités
payables par termes semestriels.

7. Les ministres de l'intérieur, de la guerre et des finances sont
chargés, chacun en ce qui le concerne, de l'exécution du présent
décret.

Fait à Paris, le 21 Novembre 1874.

Signé M^{al} DE MAC MAHON.

Le Ministre des finances,	Le Vice-Président du Conseil,	Le Ministre de l'intérieur,
Signé MATHIEU-BODI.T.	Ministre de la guerre,	Signé G^{al} DE CHABAUD LA TOUR
	Signé Gal E. DE CISSEY.	

RÉPUBLIQUE FRANÇAISE.

N° 3749. — Décret *qui approuve la Convention passée entre le département de la Guerre et le Maire de Senlis, et relative à l'extension du Casernement dans cette ville.*

Du 21 Novembre 1874.

Le Président de la République française,

Vu la loi du 4 août 1874, relative aux dépenses du casernement de 'armée ;
Le Conseil des ministres entendu,

Décrète :

Art. 1ᵉʳ. La convention passée entre le département de la guerre it le maire de Senlis (Oise), et relative au concours de la ville dans a dépense résultant de l'extension du casernement, est définiti-ement approuvée.
Un exemplaire de cet acte restera annexé au présent décret.
2. La ville de Senlis (Oise) est autorisée, pour remplir ses enga-ments, à emprunter, à un taux d'intérêt qui n'excède pas cinq our cent, une somme de sept cent onze mille francs (711,000ᶠ), us forme d'avance à l'État, remboursable suivant les conditions éterminées.
Cet emprunt pourra être réalisé, soit avec publicité et concur-nce, soit de gré à gré, soit par voie de souscriptions, avec faculté mettre des obligations au porteur ou transmissibles par voie d'en-ssement, soit directement à la caisse des dépôts et consignations, x conditions de cet établissement.
Les conditions des souscriptions à ouvrir ou des traités à passer de ré à gré seront préalablement soumises à l'approbation du ministre e l'intérieur.
3. Ledit emprunt sera exempt des droits de timbre mis par la loi la charge des communes. Cette exemption devra être mentionnée ans le corps même des titres à émettre, ainsi que la date tant de la i d'autorisation du 4 août 1874 que du présent décret.
4. La somme de sept cent onze mille francs (711,000ᶠ), montant e l'avance, sera versée à la caisse du receveur des finances en trois rmes échelonnés à une année d'intervalle, savoir :
Après la réalisation de l'emprunt, et au plus tard le 31 mars 1875, ux cent quarante et un mille francs (241,000ᶠ) ;
Un an après le premier versement, et au plus tard le 31 mars ₹76, deux cent trente-cinq mille francs (235,000ᶠ) ;
Un an après le deuxième versement, et au plus tard le 31 mars ₹77, deux cent trente-cinq mille francs (235,000ᶠ).
Les sommes versées à titre d'avance porteront intérêt au taux aximum de cinq pour cent, à dater de l'époque des versements,

et l'amortissement, calculé également au taux maximum de cinq pour cent, sera effectué, pour chaque versement, en douze annuités payables par termes semestriels.

5. Les ministres de l'intérieur, de la guerre et des finances sont chargés, chacun en ce qui le concerne, de l'exécution du présent décret.

Fait à Paris, le 21 Novembre 1874.

Signé M^{al} DE MAC MAHON.

Le Ministre des finances ,
Signé **MATHIEU-BODET.**

Le Vice-Président du Conseil, Ministre de la guerre ,
Signé Gal E. DE CISSEY.

Le Ministre de l'intérieur,
Signé G^{al} DE CHABAUD LA TOUR.

RÉPUBLIQUE FRANÇAISE.

N° 3750. — *DÉCRET qui approuve la Convention passée entre le Chef du Génie et le Maire de Dreux, et relative à l'extension du Casernement dans cette ville.*

Du 23 Novembre 1874.

LE PRÉSIDENT DE LA RÉPUBLIQUE FRANÇAISE,

Vu la loi du 4 août 1874, relative aux dépenses du casernement de l'armée ;

Le Conseil des ministres entendu,

DÉCRÈTE :

ART. 1er. Est approuvée la convention passée entre le chef du génie et le maire de Dreux (Eure-et-Loir), au sujet du concours de la ville dans la dépense à effectuer pour l'extension du casernement.

Un exemplaire de cet acte restera annexé au présent décret.

2. La ville de Dreux (Eure-et-Loir) est autorisée, pour remplir ses engagements, à emprunter, à un taux d'intérêt qui ne pourra excéder cinq pour cent, une somme de deux cent mille francs (200,000^f), à titre d'avance à l'État, remboursable dans les conditions ci-après déterminées.

Cet emprunt pourra être réalisé, soit avec publicité et concurrence, soit de gré à gré, soit par voie de souscriptions, avec faculté d'émettre des obligations au porteur ou transmissibles par voie d'endossement, soit directement à la caisse des dépôts et consignations, aux conditions de cet établissement.

Les conditions des souscriptions à ouvrir ou des traités à passer de gré à gré seront préalablement soumises à l'approbation du ministre de l'intérieur.

3. Ledit emprunt sera exempt des droits de timbre mis par la loi à la charge des communes. Cette exemption devra être mentionnée

lans le corps même des titres à émettre, ainsi que la date tant de la
oi d'autorisation du 4 août 1874 que du présent décret.

4. La somme de deux cent mille francs (200,000ᶠ) sera versée au
résor dans les trois mois qui suivront la notification du présent dé-
ret. Elle sera remboursée, en principal et intérêts, au taux maximum
le cinq pour cent, en douze annuités payables par termes semes-
riels à compter de l'époque du versement.

5. Les ministres de l'intérieur, de la guerre et des finances sont
hargés, chacun en ce qui le concerne, de l'exécution du présent
écret.

Fait à Paris, le 23 Novembre 1874.

Signé Mᵃˡ DE MAC MAHON.

Le Ministre des finances,	*Le Vice-Président du Conseil,*	*Le Ministre de l'intérieur,*
igné MATHIEU-BODET.	*Ministre de la guerre,*	Signé Gᵃˡ DE CHABAUD LA TOUR.
	Signé Gᵃˡ E. DE CISSEY.	

RÉPUBLIQUE FRANÇAISE.

'3751. — DÉCRET qui approuve la Convention passée entre le département de
la Guerre et le Maire de Foix, et relative à l'extension du Casernement dans
cette ville.

Du 23 Novembre 1874.

LE PRÉSIDENT DE LA RÉPUBLIQUE FRANÇAISE,

Vu la loi du 4 août 1874, relative aux dépenses du casernement de
rmée;
Le Conseil des ministres entendu,

DÉCRÈTE :

ART. 1ᵉʳ. La convention passée entre le département de la guerre
le maire de Foix (Ariége), et relative au concours de la ville dans
dépense résultant de l'extension du casernement, est définitive-
ent approuvée.

Un exemplaire de cet acte restera annexé au présent décret.

2. La ville de Foix (Ariége) est autorisée, pour remplir ses enga-
ments, à emprunter, à un taux d'intérêt qui ne pourra excéder
nq pour cent, une somme de deux cent quatre-vingt-cinq mille
ancs (285,000ᶠ), savoir :

A titre de subside, cinquante mille francs (50,000ᶠ), remboursables
sept ans, à partir de 1880, au moyen de prélèvements sur les re-
nus tant ordinaires qu'extraordinaires;

A titre d'avance, deux cent trente-cinq mille francs (235,000ᶠ),
mboursables aux conditions ci-après déterminées.

Cet emprunt pourra être réalisé, soit avec publicité et concurrence, soit de gré à gré, soit par voie de souscriptions, avec faculté d'émettre des obligations au porteur ou transmissibles par voie d'endossement, soit directement à la caisse des dépôts et consignations, aux conditions de cet établissement.

Les conditions des souscriptions à ouvrir ou des traités à passer de gré à gré seront préalablement soumises à l'approbation du ministre de l'intérieur.

3. Ledit emprunt sera exempt des droits de timbre mis par la loi à la charge des communes. Cette exemption devra être mentionnée dans le corps même des titres à émettre, ainsi que la date tant de la loi d'autorisation du 4 août 1874 que du présent décret.

4. La somme de deux cent trente-cinq mille francs (235,000ᶠ), montant de l'avance, sera versée à la caisse du receveur des finances en trois termes échelonnés à une année d'intervalle, savoir:

Après la réalisation de l'emprunt, et au plus tard le 31 mars 1875, soixante-dix-huit mille francs (78,000ᶠ);

Un an après le premier versement, et au plus tard le 31 mars 1876, soixante-dix-huit mille cinq cents francs (78,500ᶠ);

Un an après le deuxième versement, et au plus tard le 31 mars 1877, soixante-dix-huit mille cinq cents francs (78,500ᶠ).

Les sommes versées à titre d'avance porteront intérêt au taux maximum de cinq pour cent, à dater de l'époque des versements, et l'amortissement, calculé également au taux maximum de cinq pour cent, sera effectué, pour chaque versement, en douze années payables par termes semestriels.

5. Les ministres de l'intérieur, de la guerre et des finances sont chargés, chacun en ce qui le concerne, de l'exécution du présent décret.

Fait à Paris, le 23 Novembre 1874.

Signé Mᵃˡ DE MAC MAHON.

Le Ministre des finances,	Le Vice-Président du Conseil, Ministre de la guerre,	Le Ministre de l'intérieur,
Signé MATHIEU-BODET.	Signé Gᵃˡ E. DE CISSEY.	Signé Gᵃˡ DE CHABAUD LA TOUR.

RÉPUBLIQUE FRANÇAISE.

N° 3752. — DÉCRET qui approuve la Convention passée entre le département de la Guerre et le Maire de Limoges, et relative à l'extension du Casernement dans cette ville.

Du 23 Novembre 1874.

LE PRÉSIDENT DE LA RÉPUBLIQUE FRANÇAISE,

Vu la loi du 4 août 1874, relative aux dépenses du casernement de l'armée;

Le Conseil des ministres entendu,

DÉCRÈTE:

Art. 1er. La convention passée entre le département de la guerre
t le maire de Limoges (Haute-Vienne), et relative au concours de la
ille dans la dépense résultant de l'extension du casernement, est
éfinitivement approuvée.

Un exemplaire de cet acte restera annexé au présent décret.

2. La ville de Limoges (Haute-Vienne) est autorisée, pour rem-
lir ses engagements, à emprunter, à titre d'avance et à un taux
l'intérêt qui ne pourra excéder cinq pour cent, une somme
e un million quatre-vingt-quatre mille francs (1,084,000ᶠ), qui sera
emboursée par l'État aux conditions ci-après déterminées.

Cet emprunt pourra être réalisé, soit avec publicité et concur-
ence, soit de gré à gré, soit par voie de souscriptions, avec faculté
l'émettre des obligations au porteur ou transmissibles par voie d'en-
ossement, soit directement à la caisse des dépôts et consignations,
ux conditions de cet établissement.

Les conditions des souscriptions à ouvrir ou des traités à passer de
ré à gré seront préalablement soumises à l'approbation du ministre
e l'intérieur.

3. Ledit emprunt sera exempt des droits de timbre mis par la loi
la charge des communes. Cette exemption devra être mentionnée
ans le corps même des titres à émettre, ainsi que la date tant de
loi d'autorisation du 4 août 1874 que du présent décret.

4. La somme de un million quatre-vingt-quatre mille francs
,084,000ᶠ), montant de l'avance à faire à l'État par la ville de Li-
oges, sera versée à la caisse du receveur des finances en trois
mes échelonnés à une année d'intervalle, savoir :

Après la réalisation de l'emprunt, et au plus tard le 31 mars
75, trois cent soixante et un mille francs (361,000ᶠ);

Un an après le premier versement, et au plus tard le 31 mars
76, trois cent soixante et un mille francs (361,000ᶠ);

Un an après le deuxième versement, et au plus tard le 31 mars
77, trois cent soixante-deux mille francs (362,000ᶠ).

Les sommes versées à titre d'avance porteront intérêt au taux
aximum de cinq pour cent, à dater de l'époque des versements,
l'amortissement, calculé également au taux maximum de cinq
ur cent, sera effectué, pour chaque versement, en douze annuités
yables par termes semestriels.

5. Les ministres de l'intérieur, de la guerre et des finances sont
argés, chacun en ce qui le concerne, de l'exécution du présent
cret.

Fait à Paris, le 23 Novembre 1874.

Signé M*l* DE MAC MAHON.

e Ministre des finances,   *Le Vice-Président du Conseil,*   *Le Ministre de l'intérieur,*
                         Ministre de la guerre,
gné Mathieu-Bodet.   Signé Gal de Chabaud La Tour.
                  Signé Gal E. de Cissey.

RÉPUBLIQUE FRANÇAISE.

N° 3753. — DÉCRET qui approuve la Convention passée entre le département de la Guerre et le Maire d'Alençon, et relative à l'extension du Casernement dans cette ville.

Du 24 Novembre 1874.

LE PRÉSIDENT DE LA RÉPUBLIQUE FRANÇAISE,

Vu la loi du 4 août 1874, relative aux dépenses du casernement de l'armée;

Le Conseil des ministres entendu,

DÉCRÈTE :

ART. 1er. La convention passée entre le département de la guerre et le maire d'Alençon (Orne), et relative au concours de la ville la dépense résultant de l'extension du casernement, est définitivement approuvée.

Un exemplaire de cet acte restera annexé au présent décret.

2. La ville d'Alençon (Orne) est autorisée, pour remplir ses engagements, à emprunter une somme de cinq cent dix mille francs (510,000ʳ), savoir :

A titre de subside, cent vingt-cinq mille francs (125,000ʳ), remboursables en quatre ans, à partir de 1887 ;

A titre d'avance, trois cent quatre-vingt-cinq mille francs (385,000ʳ), qui seront remboursés par l'État suivant les conditions ci-après déterminées.

La ville est autorisée à prendre à sa charge, en sus de l'intérêt fixé au taux maximum de cinq pour cent, les impôts établis par les lois existantes sur les valeurs mobilières.

Cet emprunt pourra être réalisé, soit avec publicité et concurrence, soit de gré à gré, soit par voie de souscriptions, avec faculté d'émettre des obligations au porteur ou transmissibles par voie d'endossement, soit directement à la caisse des dépôts et consignations, aux conditions de cet établissement.

Les conditions des souscriptions à ouvrir ou des traités à passer de gré à gré seront préalablement soumises à l'approbation du ministre de l'intérieur.

3. Ledit emprunt sera exempt des droits de timbre mis par la loi à la charge des communes. Cette exemption devra être mentionnée dans le corps même des titres à émettre, ainsi que la date tant de la loi d'autorisation du 4 août 1874 que du présent décret.

4. La ville d'Alençon est autorisée à prélever sur l'imposition extraordinaire de trente centimes additionnels au principal de ses quatre contributions directes, autorisée de 1872 à 1895 par arrêté du Chef du Pouvoir exécutif, en date du 30 juillet 1871, savoir:

Vingt centimes (0ᶠ20ᶜ) additionnels de 1887 à 1889 inclusivement; Huit centimes (0ᶠ08ᶜ) en 1890.

Le produit de cette imposition, évalué à cent vingt-cinq mille francs (125,000ᶠ) environ, est affecté au remboursement du capital de pareille somme, représentant le subside offert à l'État. Les intérêts de cette portion de l'emprunt et les impôts que la ville a pris à sa charge seront prélevés, de 1875 à 1890, sur les revenus communaux.

5. La somme de trois cent quatre-vingt-cinq mille francs (385,000ᶠ), montant de l'avance, sera versée à la caisse du receveur des finances en trois termes échelonnés à une année d'intervalle, savoir:

1. Après la réalisation de l'emprunt, et au plus tard le 31 mars 1875, cent vingt-cinq mille francs (125,000ᶠ);

2. Un an après le premier versement, et au plus tard le 31 mars 1876, cent trente mille francs (130,000ᶠ);

3. Un an après le deuxième versement, et au plus tard le 31 mars 1877, cent trente mille francs (130,000ᶠ).

Les sommes versées à titre d'avance porteront intérêt au taux maximum de cinq pour cent, à dater de l'époque des versements, et l'amortissement, calculé également au taux maximum de cinq pour cent, sera effectué, pour chaque versement, en douze annuités payables par termes semestriels.

6. Les ministres de l'intérieur, de la guerre et des finances sont chargés, chacun en ce qui le concerne, de l'exécution du présent décret.

Fait à Paris, le 24 Novembre 1874.

Signé Mᵃˡ DE MAC MAHON.

Le Ministre des finances, Signé MATHIEU-BODET.	Le Vice-Président du Conseil, Ministre de la guerre, Signé Gᵃˡ E. DE CISSEY.	Le Ministre de l'intérieur, Signé Gᵃˡ DE CHABAUD LA TOUR.

RÉPUBLIQUE FRANÇAISE.

N° 3754. — DÉCRET qui approuve la Convention passée entre le département de la Guerre et le Maire d'Auch, et relative à l'extension du Casernement dans cette ville.

Du 24 Novembre 1874.

LE PRÉSIDENT DE LA RÉPUBLIQUE FRANÇAISE,

Vu la loi du 4 août 1874, relative aux dépenses du casernement de l'armée;

Le Conseil des ministres entendu,

DÉCRÈTE:

ART. 1ᵉʳ. La convention passée entre le département de la guerre et le maire d'Auch (Gers), et relative au concours de la ville dans la

60.

dépense résultant de l'extension du casernement, est définitivement approuvée.

Un exemplaire de cet acte restera annexé au présent décret.

2. La ville d'Auch (Gers) est autorisée, pour remplir ses engagements, à emprunter une somme de huit cent dix mille francs (810,000ᶠ), savoir :

A titre de subside, deux cent mille francs (200,000ᶠ), remboursables à un taux d'intérêt qui ne pourra excéder six pour cent et en quinze ans, à partir de 1875, sur ses revenus tant ordinaires qu'extraordinaires ;

A titre d'avance, six cent dix mille francs (610,000ᶠ), remboursables par l'État suivant les conditions ci-après déterminées.

Cet emprunt pourra être réalisé, soit avec publicité et concurrence, soit de gré à gré, soit par voie de souscriptions, avec f d'émettre des obligations au porteur ou transmissibles par voie d'endossement, soit directement à la caisse des dépôts et consignations, aux conditions de cet établissement.

Les conditions des souscriptions à ouvrir ou des traités à passer gré à gré seront préalablement soumises à l'approbation du ministre de l'intérieur.

3. Ledit emprunt sera exempt des droits de timbre mis par la à la charge des communes. Cette exemption devra être mention dans le corps même des titres à émettre, ainsi que la date tant loi d'autorisation du 4 août 1874 que du présent décret.

4. La somme de six cent dix mille francs (610,000ᶠ), monte l'avance, sera versée à la caisse du receveur des finances en termes échelonnés à une année d'intervalle, savoir :

Après la réalisation de l'emprunt, et au plus tard le 31 1875, deux cent mille francs (200,000ᶠ) ;

Un an après le premier versement, et au plus tard le 31 1876, deux cent mille francs (200,000ᶠ) ;

Un an après le deuxième versement, et au plus tard le 31 1877, deux cent dix mille francs (210,000ᶠ).

Les sommes versées à titre d'avance porteront intérêt au maximum de cinq pour cent, à dater de l'époque des versem et l'amortissement, calculé également au taux maximum de pour cent, sera effectué, pour chaque versement, en douze ann payables par termes semestriels.

5. Les ministres de l'intérieur, de la guerre et des finances chargés, chacun en ce qui le concerne, de l'exécution du p décret.

Fait à Paris, le 24 Novembre 1874.

Signé Mᵃˡ DE MAC MAHON.

Le Ministre des finances,	Le Vice-Président du Conseil, Ministre de la guerre,	Le Ministre de l'intérieur,
Signé MATHIEU-BODET.	Signé Gᵃˡ E. DE CISSEY.	Signé Gᵃˡ DE CHABAUD LA T

Après la réalisation de l'emprunt, et au plus tard le 31 mars 1875,
et vingt mille francs (120,000ᶠ);

Un an après le premier versement, et au plus tard le 31 mars 1876,
et vingt mille francs (120,000ᶠ);

Un an après le deuxième versement, et au plus tard le 31 mars
77, cent vingt-cinq mille francs (125,000ᶠ).

Les sommes versées à titre d'avance porteront intérêt au taux
maximum de cinq pour cent, à dater de l'époque des versements,
l'amortissement, calculé également au taux maximum de cinq
pour cent, sera effectué, pour chaque versement, en douze annuités
payables par termes semestriels.

7. Les ministres de l'intérieur, de la guerre et des finances sont
chargés, chacun en ce qui le concerne, de l'exécution du présent
décret.

Fait à Paris, le 3 Novembre 1874.

Signé Mᵃˡ DE MAC MAHON.

Ministre des finances,   *Le Vice-Président du Conseil,*   *Le Ministre de l'intérieur,*
Signé MATHIEU-BODET.   *Ministre de la guerre,*   Signé Gᵃˡ DE CHABAUD LA TOUR.
                                          Signé Gᵃˡ E. DE CISSEY.

RÉPUBLIQUE FRANÇAISE.

5936. — DÉCRET *qui approuve la Convention passée entre le département de
Guerre et le Maire de Brive, et relative à l'extension du Casernement dans
le ville.*

Du 3 Novembre 1874.

LE PRÉSIDENT DE LA RÉPUBLIQUE FRANÇAISE,

Vu la loi du 4 août 1874, relative aux dépenses du casernement de
armée;

Vu les délibérations du conseil municipal de Brive (Corrèze), des 9 août
10 septembre 1874;

Le procès-verbal de l'enquête à laquelle il a été procédé, les 24, 25 et
septembre;

L'avis du commissaire enquêteur, celui du préfet et les autres pièces de
l'affaire;

L'ordonnance du 23 août 1835 [1];

La loi du 3 mai 1841;

Le Conseil des ministres entendu,

DÉCRÈTE :

ART. 1ᵉʳ. La convention passée entre le département de la guerre
e maire de Brive (Corrèze), et relative au concours de la ville

5. La somme de six cent trente-neuf mille francs (639,000ᶠ), montant de l'avance à faire à l'État par la ville de Cahors, sera versé à la caisse du receveur des finances en trois termes échelonnés à une année d'intervalle, savoir :

Après la réalisation de l'emprunt, et au plus tard le 31 mars 1875, deux cent treize mille francs (213,000ᶠ);

Un an après le premier versement, et au plus tard le 31 mars 1876, deux cent treize mille francs (213,000ᶠ);

Un an après le deuxième versement, et au plus tard le 31 mars 1877, deux cent treize mille francs (213,000ᶠ).

Les sommes versées à titre d'avance porteront intérêt au taux maximum de cinq pour cent, à dater de l'époque des versements, et l'amortissement, calculé également au taux maximum de cinq pour cent, sera effectué, pour chaque versement, en douze annuités payables par termes semestriels.

6. Les ministres de l'intérieur, de la guerre et des finances sont chargés, chacun en ce qui le concerne, de l'exécution du présent décret.

Fait à Paris, le 24 Novembre 1874.

Signé Mᵃˡ DE MAC MAHON.

Le Ministre des finances,	*Le Vice-Président du Conseil,*	*Le Ministre de l'intérieur,*
Singé MATHIEU-BODET.	*Ministre de la guerre,*	Signé Gˡ DE CHABAUD LA TOUR.
	Signé Gˡ E. DE CISSEY.	

RÉPUBLIQUE FRANÇAISE.

Nᵒ 3756. — *DÉCRET qui approuve la Convention passée entre le département de la Guerre et le Maire de Castelsarrasin, et relative à l'extension du casernement dans cette ville.*

Du 24 Novembre 1874.

LE PRÉSIDENT DE LA RÉPUBLIQUE FRANÇAISE,

Vu la loi du 4 août 1874, relative aux dépenses du casernement de l'armée ;

Le Conseil des ministres entendu,

DÉCRÈTE :

ART. 1ᵉʳ. La convention passée entre le département de la guerre et le maire de Castelsarrasin (Tarn-et-Garonne), et relative au concours de la ville dans la dépense résultant de l'extension du casernement, est définitivement approuvée.

Un exemplaire de cet acte restera annexé au présent décret.

2. La ville de Castelsarrasin (Tarn-et-Garonne) est autorisée, pour

remplir ses engagements, à emprunter une somme de quatre cent trente-sept mille francs (437,000ᶠ), savoir :

A titre de subside, deux cent trente-sept mille francs (237,000ᶠ), remboursables en vingt-cinq ans à partir de 1875 ;

A titre d'avance, deux cent mille francs (200.000ᶠ), remboursables par l'État suivant les conditions ci-après déterminées.

La ville est autorisée à contracter cet emprunt à un taux d'intérêt qui ne pourra excéder cinq pour cent, et à supporter, en outre, pour l'ensemble de l'opération, les impôts sur les valeurs mobilières à la charge des prêteurs, sur le pied de trente-cinq centimes pour cent et par an.

Cet emprunt pourra être réalisé, soit avec publicité et concurrence, soit de gré à gré, soit par voie de souscriptions, avec faculté d'émettre des obligations au porteur ou transmissibles par voie d'endossement, soit directement à la caisse des dépôts et consignations, aux conditions de cet établissement.

Les conditions des souscriptions à ouvrir ou des traités à passer de gré à gré seront préalablement soumises à l'approbation du ministre de l'intérieur.

3. Ledit emprunt sera exempt des droits de timbre mis par la loi à la charge des communes. Cette exemption devra être mentionnée dans le corps même des titres à émettre, ainsi que la date tant de la loi d'autorisation du 4 août 1874 que du présent décret.

4. La même ville est autorisée à s'imposer extraordinairement pendant vingt-quatre ans, à partir de 1876 et par addition au principal de ses quatre contributions directes, savoir :

Deux centimes (0ᶠ 02ᶜ) en 1876 et 1877 ;
Deux centimes et demi (0ᶠ 025) en 1878 ;
Quatre centimes et demi (0ᶠ 045) en 1879 et 1880 ;
Huit centimes (0ᶠ 08ᶜ) en 1881 et 1882 ;
Douze centimes (0ᶠ 12ᶜ) de 1883 à 1897 inclusivement ;
Huit centimes (0ᶠ 08ᶜ) en 1898 ;
Sept centimes (0ᶠ 07ᶜ) en 1899.

Le produit total de cette imposition, prévu pour cent soixante-treize mille neuf cent cinquante-cinq francs (173,955ᶠ) environ, servira, avec un prélèvement sur les revenus tant ordinaires qu'extraordinaires, à l'amortissement de la somme de deux cent trente-sept mille (237,000ᶠ) représentant les subsides offerts à l'État.

5. A partir du 1ᵉʳ janvier 1875 et jusqu'au 31 décembre 1899 inclusivement, la perception de l'octroi de Castelsarrasin s'effectuera d'après les tarif et règlement ci-annexés.

6. La somme de deux cent mille francs (200,000ᶠ), montant de l'avance, sera versée à la caisse du receveur des finances en trois termes échelonnés à une année d'intervalle, savoir :

Après la réalisation de l'emprunt, et au plus tard le 31 mars 1875, soixante-six mille francs (66,000ᶠ) ;

Un an après le premier versement, et au plus tard le 31 mars 1876, soixante-sept mille francs (67,000ᶠ) ;

Un an après le deuxième versement, et au plus tard le 31 mars 1877, soixante-sept mille francs (67,000ᶠ).

Les sommes versées à titre d'avance porteront intérêt au taux maximum de cinq pour cent, à dater de l'époque des versements, et l'amortissement, calculé également au taux maximum de cinq pour cent, sera effectué, pour chaque versement, en douze annuités payables par termes semestriels.

7. Les ministres de l'intérieur, de la guerre et des finances sont chargés, chacun en ce qui le concerne, de l'exécution du présent décret.

Fait à Paris, le 24 Novembre 1874.

Signé Mᵃˡ DE MAC MAHON

Le Ministre des finances,	*Le Vice-Président du Conseil,*	*Le Ministre de l'intérieur,*
Signé MATHIEU-BODET.	*Ministre de la guerre,*	Signé Gˡ DE CHABAUD LA TOUR
	Signé Gˡ E. DE CISSEY.	

RÉPUBLIQUE FRANÇAISE.

N° 3757. — *Décret qui approuve la Convention passée entre le département de la Guerre et le Maire de Chartres, et relative à l'extension du Casernement dans cette ville.*

Du 24 Novembre 1874.

LE PRÉSIDENT DE LA RÉPUBLIQUE FRANÇAISE,

Vu la loi du 4 août 1874, relative aux dépenses du casernement de l'armée ;

Le Conseil des ministres entendu,

DÉCRÈTE :

ART. 1ᵉʳ. La convention passée entre le département de la guerre et le maire de Chartres (Eure-et-Loir), et relative au concours de la ville dans la dépense résultant de l'extension du casernement, est définitivement approuvée.

Un exemplaire de cet acte restera annexé au présent décret.

2. La ville de Chartres (Eure-et-Loir) est autorisée, pour remplir ses engagements, à emprunter, à un taux d'intérêt qui ne pourra excéder cinq pour cent, une somme de un million cent cinquante mille francs (1,150,000ᶠ), savoir :

1° A titre de subside, cent cinquante mille francs (150,000ᶠ), remboursables, jusqu'à concurrence de cent mille francs (100,000ᶠ), sur le montant de la subvention de pareille somme votée par le conseil général d'Eure-et-Loir et payable en quinze annuités, avec intérêts u taux de cinq pour cent, et pour le surplus, soit cinquante mille rancs (50,000ᶠ), à l'aide de prélèvements sur les revenus communaux unt ordinaires qu'extraordinaires, en dix ans, à partir de 1876;

2° A titre d'avance, un million (1,000,000ᶠ), qui sera remboursé ar l'État aux conditions ci-après déterminées.

Cet emprunt pourra être réalisé, soit avec publicité et concurence, soit de gré à gré, soit par voie de souscriptions, avec faculté l'émettre des obligations au porteur ou transmissibles par voie d'endossement, soit directement à la caisse des dépôts et consignations, ux conditions de cet établissement.

Les conditions des souscriptions à ouvrir ou des traités à passer de ré à gré seront préalablement soumises à l'approbation du ministre e l'intérieur.

3. Ledit emprunt sera exempt des droits de timbre mis par la loi la charge des communes. Cette exemption devra être mentionnée lans le corps même des titres à émettre, ainsi que la date tant de la)i d'autorisation du 4 août 1874 que du présent décret.

4. La somme de un million (1,000,000ᶠ), montant de l'avance, era versée à la caisse du receveur des finances en trois termes échemnnés à une année d'intervalle, savoir:

Après la réalisation de l'emprunt, et au plus tard le 31 mars 875, trois cent trente mille francs (330,000ᶠ);

Un an après le premier versement, et au plus tard le 31 mars 876, trois cent trente-cinq mille francs (335,000ᶠ);

Un an après le deuxième versement, et au plus tard le 31 mars 877, trois cent trente-cinq mille francs (335,000ᶠ).

Les sommes versées à titre d'avance porteront intérêt au taux laximum de cinq pour cent, à dater de l'époque des versements, l'amortissement, calculé également au taux maximum de cinq bar cent, sera effectué, pour chaque versement, en douze annuités ayables par termes semestriels.

5. Les ministres de l'intérieur, de la guerre et des finances sont hargés, chacun en ce qui le concerne, de l'exécution du présent écret.

Fait à Paris, le 24 Novembre 1874.

Signé Mᵃˡ DE MAC MAHON.

Le Ministre des finances,	Le Vice-Président du Conseil,	Le Ministre de l'intérieur,
Signé MATHIEU-BODET.	Ministre de la guerre,	Signé Gᵃˡ DE CHABAUD LA TOUR.
	Signé Gᵃˡ E. DE CISSEY.	

RÉPUBLIQUE FRANÇAISE.

N° 3758. — *Décret qui approuve la Convention passée entre le département* la Guerre et le Maire de Châteaudun, et relative à l'extension du dans cette ville.

Du 24 Novembre 1874.

Le Président de la République française,

Vu la loi du 4 août 1874, relative aux dépenses du casernement l'armée;

· Le Conseil des ministres entendu,

Décrète :

Art. 1er. La convention passée entre le département de la et le maire de Châteaudun (Eure-et-Loir), et relative au concours la ville dans la dépense résultant de l'extension du casernement, définitivement approuvée.

Un exemplaire de cet acte restera annexé au présent décret.

· 2. La ville de Châteaudun (Eure-et-Loir) est autorisée, pour plir ses engagements, à emprunter :

1° A titre de subside et à un taux d'intérêt qui ne pourra six pour cent, une somme de cinq cent mille francs (500 savoir :

Deux cent mille francs (200,000'), remboursables en vingt partir de 1875, sur les revenus communaux tant ordinaires q ordinaires;

· Trois cent mille francs (300,000'), remboursables au taux même de cinq pour cent et en quinze ans, à partir de 1875, s fonds départementaux, conformément au vote du conseil d'Eure-et-Loir, en date du 15 avril 1874, l'excédant d'intérêt être, s'il y a lieu, à la charge de la ville;

2° A titre d'avance et à un taux d'intérêt qui ne pourra cinq pour cent, trois cent dix-huit mille francs (318,000'), qui remboursés par l'État aux conditions ci-après déterminées.

Ces emprunts pourront être réalisés, soit avec publicité et co rence, soit de gré à gré, soit par voie de souscriptions, avec fi d'émettre des obligations au porteur ou transmissibles par voie dossement, soit directement à la caisse des dépôts et aux conditions de cet établissement.

Les conditions des souscriptions à ouvrir ou des traités à p gré à gré seront préalablement soumises à l'approbation du de l'intérieur.

3. Lesdits emprunts seront exempts des droits de timbre mi loi à la charge des communes. Cette exemption devra être men dans le corps même des titres à émettre, ainsi que la date tant de loi d'autorisation du 4 août 1874 que du présent décret.

4. La ville de Châteaudun est autorisée à s'imposer extraordinairement pendant vingt ans, à partir de 1875, et par addition au principal de ses quatre contributions directes, savoir :

Dix centimes (0ᶠ 10ᶜ) en 1875 et 1876;

Quinze centimes (0ᶠ 15ᶜ) de 1877 à 1885 inclusivement;

Vingt-cinq centimes (0ᶠ 25ᶜ) de 1886 à 1894 inclusivement.

Le produit de cette imposition, prévu au total pour deux cent cinquante-six mille cinq cent soixante-quatre francs soixante centimes (256,564ᶠ 60ᶜ) environ, servira, avec un prélèvement sur les revenus tant ordinaires qu'extraordinaires, au remboursement, en principal et intérêts, de l'emprunt de deux cent mille francs (200,000ᶠ).

5. La somme de trois cent dix-huit mille francs (318,000ᶠ), montant de l'avance promise à l'État par la ville de Châteaudun, sera versée à la caisse du receveur des finances en trois termes échelonnés à une année d'intervalle, savoir :

1. Après la réalisation de l'emprunt, et au plus tard le 31 mars 1875, cent six mille francs (106,000ᶠ);

Un an après le premier versement, et au plus tard le 31 mars 1876, cent six mille francs (106,000ᶠ);

Un an après le deuxième versement, et au plus tard le 31 mars 1877, cent six mille francs (106,000ᶠ).

Les sommes versées à titre d'avance porteront intérêt au taux maximum de cinq pour cent, à dater de l'époque des versements, et l'amortissement, calculé également au taux maximum de cinq pour cent, sera effectué, pour chaque versement, en douze annuités payables par termes semestriels.

6. Les ministres de l'intérieur, de la guerre et des finances sont chargés, chacun en ce qui le concerne, de l'exécution du présent décret.

Fait à Paris, le 24 Novembre 1874.

Signé Mᵃˡ DE MAC MAHON.

Le Ministre des Finances,　　Le Vice-Président du Conseil,　　Le Ministre de l'Intérieur,
Signé MATHIEU-BODET.　　　Ministre de la guerre,
　　　　　　　　　　　　Signé Gⁿˡ E. DE CISSEY.　　Signé Gᵃˡ DE CHABAUD LA TOUR.

RÉPUBLIQUE FRANÇAISE.

N° 3759. — DÉCRET qui approuve la Convention passée entre le département de la Guerre et le Maire de Cholet, et relative à l'extension du Casernement dans cette ville.

Du 24 Novembre 1874.

LE PRÉSIDENT DE LA RÉPUBLIQUE FRANÇAISE,

Vu la loi du 4 août 1874, relative aux dépenses du casernement de l'armée;

Le Conseil des ministres entendu,

DÉCRÈTE:

ART. 1er. La convention passée entre le département de la guerre et le maire de Cholet (Maine-et-Loire), et relative au concours de la ville dans la dépense résultant de l'extension du casernement, est définitivement approuvée.

Un exemplaire de cet acte restera annexé au présent décret.

2. La ville de Cholet (Maine-et-Loire) est autorisée, pour remplir ses engagements, à emprunter une somme de un million deux cent trente mille francs (1,230,000'), savoir:

A titre de subside, quatre cent mille francs (400,000'), remboursables dans un délai de vingt-cinq ans, à partir de 1875, et à un taux d'intérêt qui ne pourra excéder, tous frais compris, six francs vingt centimes pour cent, sur ses revenus tant ordinaires qu'extraordinaires;

A titre d'avance, huit cent trente mille francs (830,000'), qui seront remboursés par l'État aux conditions ci-après déterminées.

Cet emprunt pourra être réalisé, soit avec publicité et concurrence, soit de gré à gré, soit par voie de souscriptions, avec faculté d'émettre des obligations au porteur ou transmissibles par voie d'endossement, soit directement à la caisse des dépôts et consignations ou au Crédit foncier, aux conditions de ces établissements.

Les conditions des souscriptions à ouvrir ou des traités à passer à gré à gré seront préalablement soumises à l'approbation du mi de l'intérieur.

3. Ledit emprunt sera exempt des droits de timbre mis par la loi à la charge des communes. Cette exemption devra être mentionnée dans le corps même des titres à émettre, ainsi que la date tant de la loi d'autorisation du 4 août 1874 que du présent décret.

4. La somme de huit cent trente mille francs (830,000'), montant de l'avance, sera versée à la caisse du receveur des finances en trois termes échelonnés à une année d'intervalle, savoir:

Après la réalisation de l'emprunt, et au plus tard le 31 mars 1875, deux cent soixante-quinze mille francs (275,000');

Un an après le premier versement, et au plus tard le 31 mars 1876, deux cent soixante-quinze mille francs (275,000');

Un an après le deuxième versement, et au plus tard le 31 mars 1877, deux cent quatre-vingt mille francs (280,000').

Les sommes versées à titre d'avance porteront intérêt au taux maximum de cinq pour cent, à dater de l'époque des versements, et l'amortissement, calculé également au taux maximum de cinq pour cent, sera effectué, pour chaque versement, en douze annuités payables par termes semestriels.

5. Les ministres de l'intérieur, de la guerre et des finances sont

chargés, chacun en ce qui le concerne, de l'exécution du présent décret.

Fait à Paris, le 24 Novembre 1874.

Signé Mᵃˡ DE MAC MAHON.

Le Ministre des finances,   Le Vice-Président du Conseil,   Le Ministre de l'intérieur,

Signé MATHIEU-BODET.   Ministre de la guerre,   Signé Gᵃˡ DE CHABAUD LA TOUR,

Signé Gᵃˡ E. DE CISSEY.

RÉPUBLIQUE FRANÇAISE.

N° 3760. — Décret qui approuve la Convention passée entre le département de la Guerre et le Maire de Gray, et relative à l'extension du Casernement dans cette ville.

Du 24 Novembre 1874.

LE PRÉSIDENT DE LA RÉPUBLIQUE FRANÇAISE,

Vu la loi du 4 août 1874, relative aux dépenses du casernement de armée;

Le Conseil des ministres entendu, .

DÉCRÈTE :

ART. 1ᵉʳ. La convention passée entre le département de la guerre et le maire de Gray (Haute-Saône), et relative au concours de la ville dans la dépense résultant de l'extension du casernement, est définitivement approuvée.

Un exemplaire de cet acte restera annexé au présent décret.

2. La ville de Gray (Haute-Saône) est autorisée, pour remplir ses engagements, à emprunter, à un taux d'intérêt qui ne pourra excéder cinq pour cent, une somme de soixante mille francs (60,000ᶠ), à titre d'avance à l'État.

Le remboursement de cet emprunt sera effectué tant à l'aide des annuités servies par l'État, aux conditions ci-après déterminées, que sur les revenus communaux, dans la proportion et aux époques fixées par la délibération municipale du 3 novembre 1874. En conséquence, la ville est autorisée à prendre à sa charge, en sus de intérêt au taux de cinq pour cent, les impôts établis sur les valeurs mobilières et mis par la loi à la charge des prêteurs.

Cet emprunt pourra être réalisé, soit avec publicité et concurrence, soit de gré à gré, soit par voie de souscriptions, avec faculté d'émettre des obligations au porteur ou transmissibles par voie d'endossement, soit directement à la caisse des dépôts et consignations, aux conditions de cet établissement.

Les conditions des souscriptions à ouvrir ou des traités à passer de

chargés, chacun en ce qui le concerne, de l'exécution du présent décret.

Fait à Paris, le 24 Novembre 1874.

Signé M^{al} DE MAC MAHON.

Le Ministre des finances,
Signé MATHIEU-BODET.

Le Vice-Président du Conseil,
Ministre de la guerre,
Signé Gal E. DE CISSEY.

Le Ministre de l'intérieur,
Signé G^{al} DE CHABAUD LA TOUR.

RÉPUBLIQUE FRANÇAISE.

N° 3762. — *Décret qui approuve la Convention passée entre le département de la Guerre et le Maire de Lisieux, et relative à l'extension du Casernement dans cette ville.*

Du 24 Novembre 1874.

LE PRÉSIDENT DE LA RÉPUBLIQUE FRANÇAISE,

Vu la loi du 4 août 1874, relative aux dépenses du casernement de l'armée;

Le Conseil des ministres entendu,

DÉCRÈTE :

ART. 1er. La convention passée entre le département de la guerre et le maire de Lisieux (Calvados), et relative au concours de la ville dans la dépense résultant de l'extension du casernement, est définitivement approuvée.

Un exemplaire de cet acte restera annexé au présent décret.

2. La ville de Lisieux (Calvados) est autorisée, pour remplir ses engagements, à emprunter, à un taux d'intérêt qui ne pourra excéder cinq pour cent, une somme de quatre cent cinquante mille francs (450,000^f), savoir :

A titre de subside, deux cent mille francs (200,000^f), remboursables sur les revenus, en quinze ans, à partir de 1875;

A titre d'avance, deux cent cinquante mille francs (250,000^f), qui seront remboursés par l'Etat aux conditions ci-après déterminées.

Cet emprunt pourra être réalisé, soit avec publicité et concurrence, soit de gré à gré, soit par voie de souscriptions, avec faculté d'émettre des obligations au porteur ou transmissibles par voie d'endossement, soit directement à la caisse des dépôts et consignations, aux conditions de cet établissement.

Les conditions des souscriptions à ouvrir ou des traités à passer de gré à gré seront préalablement soumises à l'approbation du ministre de l'intérieur.

3. Ledit emprunt sera exempt des droits de timbre mis par la loi

ı la charge des communes. Cette exemption devra être mentionnée
lans le corps même des titres à émettre, ainsi que la date tant de la
oi d'autorisation du 4 août 1874 que du présent décret.

4. La somme de deux cent cinquante mille francs (250,000ᶠ),
nontant de l'avance à faire à l'Etat par la ville de Lisieux, sera
ıersée à la caisse du receveur des finances en trois termes échelonnés
ı une année d'intervalle, savoir :

Après la réalisation de l'emprunt, et au plus tard le 31 mars 1875,
ıuatre-vingt mille francs (80,000ᶠ);

Un an après le premier versement, et au plus tard le 31 mars
876, quatre-vingt-cinq mille francs (85,000ᶠ);

Un an après le deuxième versement, et au plus tard le 31 mars
877, quatre-vingt-cinq mille francs (85,000ᶠ).

Les sommes versées à titre d'avance porteront intérêt au taux
ıaximum de cinq pour cent, à dater de l'époque des versements,
t l'amortissement, calculé également au taux maximum de cinq
ınr cent, sera effectué, pour chaque versement, en douze annuités
ıyables par termes semestriels.

5. Les ministres de l'intérieur, de la guerre et des finances sont
ıargés, chacun en ce qui le concerne, de l'exécution du présent
ıcret.

Fait à Paris, le 24 Novembre 1874.

Signé Mˡ DE MAC MAHON.

ı Ministre des finances,   *Le Vice-Président du Conseil,*   *Le Ministre de l'intérieur,*
gné MATHIEU-BODET.   *Ministre de la guerre,*
                              Signé Gˡ E. DE CISSEY.   Signé Gˡ DE CHABAUD LA TOUR.

RÉPUBLIQUE FRANÇAISE.

3763. — DÉCRET *qui approuve la Convention passée entre le département de
'a Guerre et le Maire de Montargis, et relative à l'extension du Casernement
ıans cette ville.*

Du 24 Novembre 1874.

LE PRÉSIDENT DE LA RÉPUBLIQUE FRANÇAISE,

ʾu la loi du 4 août 1874, relative aux dépenses du casernement de
ınée;

ıe Conseil des ministres entendu,

DÉCRÈTE :

ART. 1ᵉʳ. La convention passée entre le département de la guerre
e maire de Montargis (Loiret), et relative au concours de la ville
ıs la dépense résultant de l'extension du casernement, est défini-
ıment approuvée.

XIIᵉ Série.   61

Un exemplaire de cet acte restera annexé au présent décret.

2. La ville de Montargis (Loiret) est autorisée, pour remplir ses engagements, à emprunter :

1° A titre de subside, à un taux d'intérêt qui ne pourra excéder six pour cent, une somme de cent vingt mille francs (120,000'), remboursable en dix ans, à partir de 1880;

2° A titre d'avance, et à un taux d'intérêt qui ne pourra excéder cinq pour cent, une somme de un million quatre-vingt mille francs (1,080,000'), qui sera remboursée par l'État aux conditions ci-après déterminées.

Ces emprunts pourront être réalisés, soit avec publicité et concurrence, soit de gré à gré, soit par voie de souscriptions, avec faculté d'émettre des obligations au porteur ou transmissibles par voie d'endossement, soit directement à la caisse des dépôts et consignations, aux conditions de cet établissement.

Les conditions des souscriptions à ouvrir ou des traités à passer de gré à gré seront préalablement soumises à l'approbation du ministre de l'intérieur.

3. Lesdits emprunts seront exempts des droits de timbre mis par la loi à la charge des communes. Cette exemption devra être mentionnée dans le corps même des titres à émettre, ainsi que la date tant de la loi d'autorisation du 4 août 1874 que du présent décret.

4. La ville de Montargis est autorisée à s'imposer extraordinairement en dix ans, à partir de 1880, et par addition au principal des quatre contributions directes, une somme de cent vingt mille francs (120,000'), représentant annuellement quinze centimes environ, pour servir, avec un prélèvement sur les revenus, de 1875 à 1884 inclusivement, au remboursement, en principal et intérêts, de l'emprunt de cent vingt mille francs (120,000').

5. La somme de un million deux cent mille francs (1,200,000'), montant des subsides et de l'avance à faire à l'État par la ville de Montargis, sera versée à la caisse du receveur des finances en trois termes échelonnés à une année d'intervalle, savoir :

Après la réalisation de l'emprunt, et au plus tard le 31 mars 1875, quarante mille francs (40,000') sur les subsides et trois cent soixante mille francs (360,000') sur l'avance;

Un an après le premier versement, et au plus tard le 31 mars 1876, quarante mille francs (40,000') sur les subsides et trois cent soixante mille francs (360,000') sur l'avance;

Un an après le deuxième versement, et au plus tard l 31 mars 1877, quarante mille francs (40,000') sur les subsides et trois cent soixante mille francs (360,000') sur l'avance.

Les sommes versées à titre d'avance porteront intérêt au taux maximum de cinq pour cent, à dater de l'époque des versements, et l'amortissement, calculé également au taux maximum de cinq pour cent, sera effectué, pour chaque versement, en douze annuités payables par termes semestriels.

6. Les ministres de l'intérieur, de la guerre et des finances sont

chargés, chacun en ce qui le concerne, de l'exécution du présen
décret.
Fait à Paris, le 24 Novembre 1874.

Signé M^{al} DE MAC MAHON.

Le Ministre des finances,   *Le Vice-Président du Conseil,*   *Le Ministre de l'intérieur,*
Signé MATHIEU-BODET.   *Ministre de la guerre,*   Signé G^{al} DE CHABAUD LA TOUR.
                             Signé Gal E. DE CISSEY.

RÉPUBLIQUE FRANÇAISE.

N° 3764. — *Décret qui approuve la Convention passée entre le département de
la Guerre et le Maire de Morlaix, et relative à l'extension du Casernement
dans cette ville.*

Du 24 Novembre 1874.

LE PRÉSIDENT DE LA RÉPUBLIQUE FRANÇAISE,

Vu la loi du 4 août 1874, relative aux dépenses du casernement de
l'armée;
Le Conseil des ministres entendu,

DÉCRÈTE :

ART. 1er. La convention passée entre le département de la guerre
et le maire de Morlaix (Finistère), et relative au concours de la ville
dans la dépense résultant de l'extension du casernement, est définitivement approuvée.

Un exemplaire de cet acte restera annexé au présent décret.

2. La ville de Morlaix (Finistère) est autorisée, pour remplir ses
engagements, à emprunter, à titre d'avance, une somme de deux
cent mille francs (200,000^f), qui sera remboursée par l'État aux
conditions ci-après déterminées.

Cet emprunt pourra être réalisé, soit avec publicité et concurrence, soit de gré à gré, soit par voie de souscriptions, avec faculté
d'émettre des obligations au porteur ou transmissibles par voie d'endossement, soit directement à la caisse des dépôts et consignations,
aux conditions de cet établissement.

Les conditions des souscriptions à ouvrir ou des traités à passer de
gré à gré seront préalablement soumises à l'approbation du ministre
de l'intérieur.

3. Ledit emprunt sera exempt des droits de timbre mis par la loi
à la charge des communes. Cette exemption devra être mentionnée
dans le corps même des titres à émettre, ainsi que la date tant de la
loi d'autorisation du 4 août 1874 que du présent décret.

4. La somme de deux cent mille francs (200,000^f), montant de

61.

l'avance promise à l'État par la ville de Morlaix, sera versée à la caisse du receveur des finances en trois termes échelonnés à une année d'intervalle, savoir :

Après la réalisation de l'emprunt, et au plus tard le 31 mars 1875, soixante-cinq mille francs (65,000ᶠ);

Un an après le premier versement, et au plus tard le 31 mars 1876, soixante-cinq mille francs (65,000ᶠ);

Un an après le deuxième versement, et au plus tard le 31 mars 1877, soixante-dix mille francs (70,000ᶠ).

Les sommes versées à titre d'avance porteront intérêt au taux maximum de cinq pour cent, à dater de l'époque des versements, et l'amortissement, calculé également au taux maximum de cinq pour cent, sera effectué, pour chaque versement, en douze annuités payables par termes semestriels.

5. Les ministres de l'intérieur, de la guerre et des finances sont chargés, chacun en ce qui le concerne, de l'exécution du présent décret.

Fait à Paris, le 24 Novembre 1874.

Signé Mᵈˡ DE MAC MAHON.

Le Ministre des finances,
Signé MATHIEU-BODET.

Le Vice-Président du Conseil, Ministre de la guerre,
Signé Gᵈˡ E. DE CISSEY.

Le Ministre de l'intérieur,
Signé Gᵈˡ DE CHABAUD LA TOUR.

RÉPUBLIQUE FRANÇAISE.

Nº 3765. — DÉCRET qui approuve la Convention passée entre le département de la Guerre et le Maire de Nantes, et relative à l'extension du Casernement dans cette ville.

Du 24 Novembre 1874,

LE PRÉSIDENT DE LA RÉPUBLIQUE FRANÇAISE,

Vu la loi du 4 août 1874, relative aux dépenses du casernement de l'armée;

Le Conseil des ministres entendu,

DÉCRÈTE :

ART. 1ᵉʳ. La convention passée entre le département de la guerre et le maire de Nantes (Loire-Inférieure), et relative au concours de la ville dans la dépense résultant de l'extension du casernement, est définitivement approuvée.

Un exemplaire de cet acte restera annexé au présent décret.

2. La ville de Nantes (Loire-Inférieure) est autorisée, pour remplir ses engagements, à emprunter :

1° A un taux d'intérêt qui ne pourra excéder six pour cent, une somme de six cent mille francs (600,000'), remboursable en dix-huit ans, à partir de 1876, pour le payement des subsides offerts à l'État;

2° A un taux d'intérêt qui ne pourra excéder cinq pour cent, une somme de six cent soixante mille francs (660,000'), qui sera remboursée par l'État, à titre d'avance, suivant les conditions ci-après déterminées.

Ces emprunts pourront être réalisés, soit avec publicité et concurrence, soit de gré à gré, soit par voie de souscriptions, avec faculté d'émettre des obligations au porteur ou transmissibles par voie d'endossement, soit directement à la caisse des dépôts et consignations, aux conditions de cet établissement.

Les conditions des souscriptions à ouvrir ou des traités à passer de gré à gré seront préalablement soumises à l'approbation du ministre de l'intérieur.

3. Lesdits emprunts seront exempts des droits de timbre mis par la loi à la charge des communes. Cette exemption devra être mentionnée dans le corps même des titres à émettre, ainsi que la date tant de la loi d'autorisation du 4 août 1874 que du présent décret.

4. La ville de Nantes est autorisée à s'imposer extraordinairement pendant dix-huit ans, à partir de 1876, et par addition au principal des quatre contributions directes, savoir :

Deux centimes (0' 02") en 1876;
Quatre centimes (0' 04") de 1877 à 1891 inclusivement;
Deux centimes (0' 02") en 1892 et 1893.

Le produit de cette imposition, évalué à un million (1,000,000') environ, servira, avec un prélèvement sur les revenus pendant l'année 1875, au remboursement, en principal et intérêts, de l'emprunt de six cent mille francs (600,000').

. 5. La somme de six cent soixante mille francs (660,000'), montant de l'avance, sera versée à la caisse du receveur des finances en trois termes échelonnés à une année d'intervalle, savoir:

Après la réalisation de l'emprunt, et au plus tard le 31 mars 1875, deux cent vingt mille francs (220,000');
Un an après le premier versement, et au plus tard le 31 mars 1876, deux cent vingt mille francs (220,000');
Un an après le deuxième versement, et au plus tard le 31 mars 1877, deux cent vingt mille francs (220,000').

Les sommes versées à titre d'avance porteront intérêt au taux maximum de cinq pour cent, à dater de l'époque des versements, et l'amortissement, calculé également au taux maximum de cinq pour cent, sera effectué, pour chaque versement, en douze annuités payables par termes semestriels. -

6. Les ministres de l'intérieur, de la guerre et des finances sont

chargés, chacun en ce qui le concerne, de l'exécution du présent décret.

Fait à Paris, le 24 Novembre 1874.

Signé M^{al} DE MAC MAHON.

Le Ministre des finances,	*Le Vice-Président du Conseil,*	*Le Ministre de l'intérieur,*
Signé MATHIEU-BODET.	*Ministre de la guerre,*	Signé G^{al} DE CHABAUD LA TOUR.
	Signé Gal E. DE CISSEY.	

RÉPUBLIQUE FRANÇAISE.

N° 3766. — *Décret qui approuve la Convention passée entre le département de la Guerre et le Maire de Nogent-le-Rotrou, et relative à l'extension du casernement dans cette ville.*

Du 24 Novembre 1874.

LE PRÉSIDENT DE LA RÉPUBLIQUE FRANÇAISE,

Vu la loi du 4 août 1884, relative aux dépenses du casernement de l'armée;

Le Conseil des ministres entendu,

DÉCRÈTE :

ART. 1er. La convention passée entre le département de la guerre et le maire de Nogent-le-Rotrou (Eure-et-Loir), et relative au concours de la ville dans la dépense résultant de l'extension du casernement, est définitivement approuvée.

Un exemplaire de cet acte restera annexé au présent décret.

2. La ville de Nogent-le-Rotrou (Eure-et-Loir) est autorisée, pour remplir ses engagements, à emprunter, à un taux d'intérêt qui ne pourra dépasser cinq pour cent, une somme de trois cent soixante-dix mille francs (370,000^f), savoir :

A titre de subside, deux cent mille francs (200,000^f), remboursables en quinze années, à partir de 1875 ;

A titre d'avance, cent soixante-dix mille francs (170,000^f), qui seront remboursés par l'État aux conditions ci-après déterminées.

La ville est autorisée à ajouter aux intérêts au taux de cinq pour cent le montant des impôts établis sur les valeurs mobilières et mis par la loi à la charge des prêteurs. Ces impôts, évalués à trente-cinq centimes pour cent et par an du capital emprunté, seront imputés sur les revenus communaux.

Cet emprunt pourra être réalisé, soit avec publicité et concurrence, soit de gré à gré, soit par voie de souscriptions, avec faculté d'émettre des obligations au porteur ou transmissibles par voie d'endossement, soit directement à la caisse des dépôts et consignations, aux conditions de cet établissement.

Les conditions des souscriptions à ouvrir ou des traités à passer de gré à gré seront préalablement soumises à l'approbation du ministre le l'intérieur.

3. Ledit emprunt sera exempt des droits de timbre mis par la loi à la charge des communes. Cette exemption devra être mentionnée dans le corps même des titres à émettre, ainsi que la date tant de la loi d'autorisation du 4 août 1874 que du présent décret.

4. La ville de Nogent-le-Rotrou est autorisée à s'imposer extraordinairement pendant treize ans, à partir de 1875, par addition au principal des quatre contributions directes, savoir:

Dix centimes (0ᶠ 10ᵉ) en 1875 ;
Quinze centimes (0ᶠ 15ᵉ) de 1876 à 1881 inclusivement ;
Dix-huit centimes (0ᶠ 18ᵉ) de 1882 à 1886 inclusivement ;
Huit centimes (0ᶠ 08ᵉ) en 1887.

Le produit de cette imposition, prévu au total pour cent trente-huit mille cinq cents francs (138,500ᶠ) environ, servira, avec les annuités à fournir par le département d'Eure-et-Loir, en exécution du vote du conseil général du 15 avril 1874, au remboursement, en principal et intérêts, de l'emprunt de deux cent mille francs (200,000ᶠ), représentant les subsides offerts à l'État.

5. La somme de cent soixante-dix mille francs (170,000ᶠ), montant des avances, sera versée à la caisse du receveur des finances en trois termes échelonnés à une année d'intervalle, savoir:

Après la réalisation de l'emprunt, et au plus tard le 31 mars 1875, cinquante-six mille six cents francs (56,600ᶠ) ;

Un an après le premier versement, et au plus tard 31 mars 1876, cinquante-six mille sept cents francs (56,700ᶠ) ;

Un an après le deuxième versement, et au plus tard le 31 mars 1877, cinquante-six mille sept cents francs (56,700ᶠ).

Les sommes versées à titre d'avance porteront intérêt au taux maximum de cinq pour cent, à dater de l'époque des versements, et l'amortissement, calculé également au taux maximum de cinq pour cent, sera effectué, pour chaque versement, en douze annuités payables par termes semestriels.

6. Les ministres de l'intérieur, de la guerre et des finances sont chargés, chacun en ce qui le concerne, de l'exécution du présent décret.

Fait à Paris, le 24 Novembre 1874.

Signé Mᵃˡ DE MAC MAHON.

La Ministre des finances,   Le Vice-Président du Conseil,   Le Ministre de l'intérieur,
Signé MATHIEU-BODET.   Ministre de la guerre,   Signé Gᵃˡ DE CHABAUD LA TOUR.
                              Signé Gᵃˡ E. DE CISSEY.

Vu la loi du 4 août 1874, relative aux dépenses du casernement de l'armée;

Le Conseil des ministres entendu,

Décrète :

Art. 1er. La convention passée entre le département de la guerre et le maire de la Flèche (Sarthe), et relative au concours de la ville dans la dépense résultant de l'extension du casernement, est définitivement approuvée.

Un exemplaire de cet acte restera annexé au présent décret.

2. La ville de la Flèche (Sarthe) est autorisée, pour remplir ses engagements, à emprunter, à un taux d'intérêt qui ne pourra excéder cinq pour cent, une somme de trois cent soixante-huit mille francs (368,000ᶠ), savoir :

1° A titre de subside, cent mille francs (100,000ᶠ), remboursable en dix ans, à partir de 1875, sur le produit des nouvelles taxes d'octroi dont la perception a été autorisée, par décret du 15 juillet 1875 jusqu'au 31 décembre 1884 ;

2° A titre d'avance, deux cent soixante-huit mille francs (268,000ᶠ) remboursables par l'État aux conditions ci-après déterminées.

Cet emprunt pourra être réalisé, soit avec publicité et concurrence, soit de gré à gré, soit par voie de souscriptions, avec faculté d'émettre des obligations au porteur ou transmissibles par voie d'endossement, soit directement à la caisse des dépôts et consignations aux conditions de cet établissement.

Les conditions des souscriptions à ouvrir ou des traités à passer de gré à gré seront préalablement soumises à l'approbation du ministre de l'intérieur.

3. Ledit emprunt sera exempt des droits de timbre mis par la loi à la charge des communes. Cette exemption devra être mentionnée dans le corps même des titres à émettre, ainsi que la date tant de la loi d'autorisation du 4 août 1874 que du présent décret.

4. La somme de deux cent soixante-huit mille francs (268,000ᶠ), montant de l'avance, sera versée à la caisse du receveur des finances en trois termes échelonnés à une année d'intervalle, savoir :

Après la réalisation de l'emprunt, et au plus tard le 31 mars 1875, quatre-vingt-neuf mille francs (89,000ᶠ);

Un an après le premier versement, et au plus tard le 31 mars 1876, quatre-vingt-neuf mille cinq cents francs (89,500ᶠ);

Un an après le deuxième versement, et au plus tard le 31 mars 1877, quatre-vingt-neuf mille cinq cents francs (89,500ᶠ).

Les sommes versées à titre d'avance porteront intérêt au maximum de cinq pour cent, à dater de l'époque des versements, et l'amortissement, calculé également au taux maximum de cinq pour cent, sera effectué, pour chaque versement, en douze ans payables par termes semestriels.

5. Les ministres de l'intérieur, de la guerre et des finances sont

Les sommes versées à titre d'avance porteront intérêt au taux maximum de cinq pour cent, à dater de l'époque des versements, et l'amortissement, calculé également au taux maximum de cinq pour cent, sera effectué, à partir de 1879 et en dix annuités payables par termes semestriels.

5. Les ministres de l'intérieur, de la guerre et des finances sont chargés, chacun en ce qui le concerne, de l'exécution du présent décret.

Fait à Paris, le 24 Novembre 1874.

Signé M¹¹ DE MAC MAHON.

Le Ministre des finances,
Signé MATHIEU-BODET.

Le Vice-Président du Conseil,
Ministre de la guerre,
Signé G¹¹ E. DE CISSEY.

Le Ministre de l'intérieur,
Signé G¹¹ DE CHABAUD LA TOUR.

RÉPUBLIQUE FRANÇAISE.

3768. — *DÉCRET qui approuve la Convention passée entre le département de la Guerre et le Maire de Périgueux, et relative à l'extension du Casernement dans cette ville.*

Du 24 Novembre 1874.

LE PRÉSIDENT DE LA RÉPUBLIQUE FRANÇAISE,

Vu la loi du 4 août 1874, relative aux dépenses du casernement de l'armée;

Le Conseil des ministres entendu,

DÉCRÈTE :

ART. 1ᵉʳ. La convention passée entre le département de la guerre et le maire de Périgueux (Dordogne), et relative au concours de la ville dans la dépense résultant de l'extension du casernement, est définitivement approuvée.

Un exemplaire de cet acte restera annexé au présent décret.

2. La ville de Périgueux (Dordogne) est autorisée, pour remplir ses engagements, à emprunter, à un taux d'intérêt qui ne pourra excéder cinq pour cent, une somme de huit cent quinze mille francs (815,000ᶠ), savoir :

A titre de subside, quatre cent quinze mille francs (415,000ᶠ), remboursables en sept années, à partir de 1875, sur ses revenus tant ordinaires qu'extraordinaires;

A titre d'avance, quatre cent mille francs (400,000ᶠ), remboursables par l'État aux conditions ci-après déterminées.

Cet emprunt pourra être réalisé, soit avec publicité et concurrence, soit de gré à gré, soit par voie de souscriptions, avec faculté

d'émettre des obligations au porteur ou transmissibles par voie d'endossement, soit directement à la caisse des dépôts et consignations, aux conditions de cet établissement.

Les conditions des souscriptions à ouvrir ou des traités à passer de gré à gré seront préalablement soumises à l'approbation du ministre de l'intérieur.

3. Ledit emprunt sera exempt des droits de timbre mis par la loi à la charge des communes. Cette exemption devra être mentionnée dans le corps même des titres à émettre, ainsi que la date tant de la loi d'autorisation du 4 août 1874 que du présent décret.

4. A partir de la promulgation du présent décret et jusqu'au 31 décembre 1881 inclusivement, la perception de l'octroi de Périgueux s'effectuera d'après les tarif et règlement ci-annexés.

Pendant cette période, il sera établi :

1° Une surtaxe de trois francs (3ᶠ) par hectolitre d'alcool pur contenu dans les eaux-de-vie et esprits, liqueurs et fruits à l'eau-de-vie, et par hectolitre d'absinthe.

Cette surtaxe est indépendante du droit de quinze francs (15ᶠ) par hectolitre établi en principal ;

2° Une surtaxe de six francs cinquante centimes (6ᶠ 50ᶜ) par cent kilogrammes sur les huiles d'olive et d'œillette, laquelle est également indépendante du droit de sept francs (7ᶠ) par cent grammes établi à titre de taxe principale.

5. La somme de quatre cent mille francs (400,000ᶠ), montant l'avance, sera versée à la caisse du receveur des finances en termes échelonnés à une année d'intervalle, savoir :

Après la réalisation de l'emprunt, et au plus tard le 31 mars 18 cent trente-trois mille francs (133,000ᶠ);

Un an après le premier versement, et au plus tard le 31 1876, cent trente-trois mille cinq cents francs (133,500ᶠ);

Un an après le deuxième versement, et au plus tard le 31 1877, cent trente-trois mille cinq cents francs (133,500ᶠ);

Les sommes versées à titre d'avance porteront intérêt au maximum de cinq pour cent, à dater de l'époque des versement et l'amortissement, calculé également au taux maximum de pour cent, sera effectué, pour chaque versement, en douze ann payables par termes semestriels.

6. Les ministres de l'intérieur, de la guerre et des finances chargés, chacun en ce qui le concerne, de l'exécution du p décret.

Fait à Paris, le 24 Novembre 1874.

Signé Mˡ DE MAC MAHON.

Le Ministre des finances,
Signé MATHIEU-BODET.

Le Vice-Président du Conseil,
Ministre de la guerre,
Signé Gˡ E. DE CISSEY.

Le Ministre de l'intérieur,
Signé Gˡ DE CHABAUD LA T

RÉPUBLIQUE FRANÇAISE.

3769. — Décret *qui approuve la Convention passée entre le département de la Guerre et le Maire de la Rochelle, et relative à l'extension du Casernement dans cette ville.*

Du 24 Novembre 1874.

Le Président de la République française,

Vu la loi du 4 août 1874, relative aux dépenses du casernement de l'armée ;

Le Conseil des ministres entendu,

Décrète :

Art. 1ᵉʳ. La convention passée entre le département de la guerre t le maire de la Rochelle (Charente-Inférieure), et relative au con- jurs de la ville dans la dépense résultant de l'extension du caser- ment, est définitivement approuvée.

Un exemplaire de cet acte restera annexé au présent décret.

2. La ville de la Rochelle (Charente-Inférieure) est autorisée, pour mplir ses engagements, à emprunter une somme de trois cent ixante-quinze mille francs (375,000ᶠ), savoir :

A titre de subside, cinquante mille francs (50,000ᶠ), rembour- bles sur ses revenus, en quinze ans, à partir de 1875 ;

A titre d'avance, trois cent vingt-cinq mille francs (325,000ᶠ), mboursables par l'État aux conditions ci-après déterminées.

La ville est autorisée à contracter cet emprunt à un taux d'intérêt ui ne pourra excéder cinq pour cent et à supporter, en outre, pour nsemble de l'opération, les impôts sur les valeurs mobilières mis r les lois à la charge des prêteurs. Ces impôts sont évalués à trente- nq centimes pour cent et par an du capital emprunté.

Cet emprunt pourra être réalisé, soit avec publicité et concur- nce, soit de gré à gré, soit par voie de souscriptions, avec faculté mettre des obligations au porteur ou transmissibles par voie d'en- ssement, soit directement à la caisse des dépôts et consignations, x conditions de cet établissement.

Les conditions des souscriptions à ouvrir ou des traités à passer de é à gré seront préalablement soumises à l'approbation du ministre l'intérieur.

3. Ledit emprunt sera exempt des droits de timbre mis par la loi à charge des communes. Cette exemption devra être mentionnée ns le corps même des titres à émettre, ainsi que la date tant de la i d'autorisation du 4 août 1874 que du présent décret.

4. L'arrêté pris par le préfet de la Charente-Inférieure, à la date t 29 octobre 1874, pour approuver l'emprunt de trois cent soixante- inze mille francs (375,000ᶠ) voté par la ville de la Rochelle en veur du casernement, est et demeure rapporté.

5. La somme de trois cent vingt-cinq mille francs (325,000ᶠ) sera versée à la caisse du receveur des finances en trois termes échelonnés à une année d'intervalle, savoir :

Après la réalisation de l'emprunt, et au plus tard le 31 mars 1875, cent cinq mille francs (105,000ᶠ) ;

Un an après le premier versement, et au plus tard le 31 mars 1876, cent dix mille francs (110,000ᶠ) ;

Un an après le deuxième versement, et au plus tard le 31 mars 1877, cent dix mille francs (110,000ᶠ).

Les sommes versées à titre d'avance porteront intérêt au taux maximum de cinq pour cent, à dater de l'époque des versements, et l'amortissement, calculé également au taux maximum de cinq pour cent, sera effectué, pour chaque versement, en douze annuités payables par termes semestriels.

6. Les ministres de l'intérieur, de la guerre et des finances sont chargés, chacun en ce qui le concerne, de l'exécution du présent décret.

Fait à Paris, le 24 Novembre 1874.

Signé Mˡ DE MAC MAHON.

Le Ministre des finances,	Le Vice-Président du Conseil, Ministre de la guerre,	Le Ministre de l'intérieur,
Signé MATHIEU-BODET.	Signé Gᵈˡ E. DE CISSEY.	Signé Gᵃˡ DE CHABAUD LA TOUR

RÉPUBLIQUE FRANÇAISE.

—

N° 3770. — DÉCRET qui approuve la Convention passée entre le département de la Guerre et le Maire de Saint-Brieuc, et relative à l'extension du casernement dans cette ville.

Du 24 Novembre 1874.

LE PRÉSIDENT DE LA RÉPUBLIQUE FRANÇAISE,

Vu la loi du 4 août 1874, relative aux dépenses du casernement de l'armée ;

Le Conseil des ministres entendu,

DÉCRÈTE :

ART. 1ᵉʳ. La convention passée entre le département de la guerre et le maire de Saint-Brieuc (Côtes-du-Nord), et relative au concours de la ville dans la dépense résultant de l'extension du casernement est définitivement approuvée.

Un exemplaire de cet acte restera annexé au présent décret.

2. La ville de Saint-Brieuc (Côtes-du-Nord) est autorisée, pour remplir ses engagements, à emprunter, à un taux d'intérêt qui ne

pourra excéder cinq pour cent, une somme de huit cent cinquante mille francs (850,000ᶠ), savoir :

A titre de subside, deux cent quarante mille francs (240,000ᶠ), remboursables en onze ans, à partir de 1875, sur les revenus tant ordinaires qu'extraordinaires ;

A titre d'avance, six cent dix mille francs (610,000ᶠ), remboursables par l'État suivant les conditions ci-après déterminées.

Cet emprunt pourra être réalisé, soit avec publicité et concurrence, soit de gré à gré, soit par voie de souscriptions, avec faculté l'émettre des obligations au porteur ou transmissibles par voie d'endossement, soit directement à la caisse des dépôts et consignations, aux conditions de cet établissement.

Les conditions des souscriptions à ouvrir ou des traités à passer de gré à gré seront préalablement soumises à l'approbation du ministre le l'intérieur.

3. Ledit emprunt sera exempt des droits de timbre mis par la loi à la charge des communes. Cette exemption devra être mentionnée dans le corps même des titres à émettre, ainsi que la date tant de la loi d'autorisation du 4 août 1874 que du présent décret.

4. A partir de la promulgation du présent décret et jusqu'au 1 décembre 1885 inclusivement, la perception de l'octroi de Saint-Brieuc s'effectuera d'après les tarif et règlement ci-annexés.

A partir du 1ᵉʳ janvier 1875 jusqu'au 31 décembre 1885 inclusivement, les surtaxes suivantes seront perçues audit octroi, savoir :

Vins en cercles et en bouteilles, par hectolitre..........	1ᶠ 00ᶜ
Cidres, poirés et hydromels, par hectolitre.............	0 65
Alcool pur contenu dans les eaux-de-vie et esprits, liqueurs	
l fruits à l'eau-de-vie, par hectolitre...................	4 00
Absinthe (volume total), par hectolitre...............	4 00

Ces surtaxes sont indépendantes des droits de deux francs quarante centimes (2ᶠ 40ᶜ) par hectolitre sur les vins, de un franc (1ᶠ) par hectolitre sur les cidres et de douze francs (12ᶠ) par hectolitre sur les alcools, établis en principal.

5. La somme de six cent dix mille francs (610,000ᶠ), montant de l'avance, sera versée à la caisse du receveur des finances en trois termes échelonnés à une année d'intervalle, savoir :

Après la réalisation de l'emprunt, et au plus tard le 31 mars 1875, six cent mille francs (200,000ᶠ) ;

Un an après le premier versement, et au plus tard le 31 mars 1876, deux cent cinq mille francs (205,000ᶠ) ;

Un an après le deuxième versement, et au plus tard le 31 mars 1877, deux cent cinq mille francs (205,000ᶠ).

Les sommes versées à titre d'avance porteront intérêt au taux maximum de cinq pour cent, à dater de l'époque des versements, l'amortissement, calculé également au taux maximum de cinq

pour cent, sera effectué, pour chaque versement, en douze annuités
payables par termes semestriels.

6. Les ministres de l'intérieur, de la guerre et des finances sont
chargés, chacun en ce qui le concerne, de l'exécution du présent
décret.

Fait à Paris, le 24 Novembre 1874.

Signé M¹ DE MAC MAHON.

Le Ministre des finances,

Signé MATHIEU-BODET.

Le Vice-Président du Conseil,
Ministre de la guerre,

Signé Gⁱ E. DE CISSEY.

Le Ministre de l'intérieur,

Signé Gᵃ DE CHABAUD LA TOUR.

RÉPUBLIQUE FRANÇAISE.

N° 3771. — DÉCRET qui approuve la Convention passée entre le département
la Guerre et le Maire de Soissons, et relative à l'extension du C
dans cette ville.

Du 24 Novembre 1874.

LE PRÉSIDENT DE LA RÉPUBLIQUE FRANÇAISE,

Vu la loi du 4 août 1874, relative aux dépenses du casernement
l'armée;

Le Conseil des ministres entendu,

DÉCRÈTE :

ART. 1ᵉ. La convention passée entre le département de la gu
et le maire de Soissons (Aisne), et relative au concours de la
dans la dépense résultant de l'extension du casernement, est d
tivement approuvée.

Un exemplaire de cet acte restera annexé au présent décret.

2. La ville de Soissons (Aisne) est autorisée, pour remplir ses
gements, à emprunter, à titre d'avance, à un taux d'intérêt qui
pourra excéder cinq pour cent, une somme de quatre cent cin
mille francs (450,000ᶠ), qui lui sera remboursée par l'État au
ditions ci-après déterminées.

Cet emprunt pourra être réalisé, soit avec publicité et
rence, soit de gré à gré, soit par voie de souscriptions, avec
d'émettre des obligations au porteur ou transmissibles par voie
dossement, soit directement à la caisse des dépôts et consigna
aux conditions de cet établissement.

Les conditions des souscriptions à ouvrir ou des traités à
gré à gré seront préalablement soumises à l'approbation du
de l'intérieur.

3. Ledit emprunt sera exempt des droits de timbre mis p
à la charge des communes. Cette exemption devra être men

lans le corps même des titres à émettre, ainsi que la date tant de la oi d'autorisation du 4 août 1874 que du présent décret.

4. La somme de quatre cent cinquante mille francs (450,000'), aontant de l'avance à faire à l'État par la ville de Soissons, sera ursée à la caisse du receveur des finances en trois termes échelonnés une année d'intervalle, savoir :

Après la réalisation de l'emprunt, et au plus tard le 31 mars 1875, ant cinquante mille francs (150,000');

Un an après le premier versement, et au plus tard le 31 mars 876, cent cinquante mille francs (150,000');

Un an après le deuxième versement, et au plus tard le 31 mars 877, cent cinquante mille francs (150,000').

Les sommes versées à titre d'avance porteront intérêt au taux uximum de cinq pour cent, à dater de l'époque des versements, l'amortissement, calculé également au taux maximum de cinq our cent, sera effectué, pour chaque versement, en douze annuités tyables par termes semestriels.

5. Les ministres de l'intérieur, de la guerre et des finances sont largés, chacun en ce qui le concerne, de l'exécution du présent kcret.

Fait à Paris, le 24 Novembre 1874.

Signé M^{al} DE MAC MAHON.

Ministre des finances,	Le Vice-Président du Conseil, Ministre de la guerre,	Le Ministre de l'intérieur,
né MATHIEU-BODET.	Signé Gal E. DE CISSEY.	Signé G^{al} DE CHABAUD LA TOUR.

RÉPUBLIQUE FRANÇAISE.

3772. — DÉCRET qui approuve la Convention passée entre le département de la Guerre et le Maire de Tours, et relative à l'extension du Casernement dans cette ville.

Du 24 Novembre 1874.

LE PRÉSIDENT DE LA RÉPUBLIQUE FRANÇAISE,

Vu la loi du 4 août 1874, relative aux dépenses du casernement de rmée ;

Le Conseil des ministres entendu,

DÉCRÈTE :

ART. 1er. La convention passée entre le département de la guerre le maire de Tours (Indre-et-Loire), et relative au concours de la le dans la dépense résultant de l'extension du casernement, est finitivement approuvée.

Un exemplaire de cet acte restera annexé au présent décret.

RÉPUBLIQUE FRANÇAISE.

N° 3766. — Décret qui approuve la Convention passée entre le département de la Guerre et le Maire de Pau, et relative à l'extension du Casernement dans cette ville.

Du 24 Novembre 1874.

LE PRÉSIDENT DE LA RÉPUBLIQUE FRANÇAISE,

Vu la loi du 4 août 1874, relative aux dépenses du casernement de l'armée;

Le Conseil des ministres entendu,

DÉCRÈTE :

ART. 1er. La convention passée entre le département de la guerre et le maire de Pau (Basses-Pyrénées), et relative au concours de la ville dans la dépense résultant de l'extension du casernement, est définitivement approuvée.

Un exemplaire de cet acte restera annexé au présent décret.

2. La ville de Pau (Basses-Pyrénées) est autorisée, pour remplir ses engagements, à emprunter, sous forme d'avance et à un taux d'intérêt qui n'excède pas cinq pour cent, une somme de cent trente mille francs (130,000ᶠ), qui sera remboursée par l'État en dix ans, à partir de 1879, suivant les conditions ci-après déterminées.

Cet emprunt pourra être réalisé, soit avec publicité et concurrence, soit de gré à gré, soit par voie de souscriptions, avec faculté d'émettre des obligations au porteur ou transmissibles par voie d'endossement, soit directement à la caisse des dépôts et consignations, aux conditions de cet établissement.

Les conditions des souscriptions à ouvrir ou des traités à passer de gré à gré seront préalablement soumises à l'approbation du ministre de l'intérieur.

3. Ledit emprunt sera exempt des droits de timbre mis par la loi à la charge des communes. Cette exemption devra être mentionnée dans le corps même des titres à émettre, ainsi que la date tant de la loi d'autorisation du 4 août 1874 que du présent décret.

4. La somme de cent trente mille francs (130,000ᶠ), montant de l'avance à faire à l'État par la ville de Pau, sera versée à la caisse du receveur des finances en trois termes échelonnés à une année d'intervalle, savoir :

Après la réalisation de l'emprunt, et au plus tard le 31 mars 1875, quarante-trois mille cinq cents francs (43,500ᶠ);

Un an après le premier versement, et au plus tard le 31 mars 1876, quarante-trois mille cinq cents francs (43,500ᶠ);

Un an après le deuxième versement, et au plus tard le 31 mars 1877, quarante-trois mille francs (43,000ᶠ).

Les sommes versées à titre d'avance porteront intérêt au taux maximum de cinq pour cent, à dater de l'époque des versements, et l'amortissement, calculé également au taux maximum de cinq pour cent, sera effectué, à partir de 1879 et en dix annuités payables par termes semestriels.

5. Les ministres de l'intérieur, de la guerre et des finances sont chargés, chacun en ce qui le concerne, de l'exécution du présent décret.

Fait à Paris, le 24 Novembre 1874.

Signé M⁻¹ DE MAC MAHON.

Le Ministre des finances,	*Le Vice-Président du Conseil, Ministre de la guerre,*	*Le Ministre de l'intérieur,*
Signé MATHIEU-BODET.	Signé Gˡ E. DE CISSEY.	Signé Gˡ DE CHABAUD LA TOUR.

RÉPUBLIQUE FRANÇAISE.

3768. — *Décret qui approuve la Convention passée entre le département de la Guerre et le Maire de Périgueux, et relative à l'extension du Casernement dans cette ville.*

Du 24 Novembre 1874.

LE PRÉSIDENT DE LA RÉPUBLIQUE FRANÇAISE,

Vu la loi du 4 août 1874, relative aux dépenses du casernement de l'armée;

Le Conseil des ministres entendu,

DÉCRÈTE :

ART. 1ᵉʳ. La convention passée entre le département de la guerre et le maire de Périgueux (Dordogne), et relative au concours de la ville dans la dépense résultant de l'extension du casernement, est définitivement approuvée.

Un exemplaire de cet acte restera annexé au présent décret.

2. La ville de Périgueux (Dordogne) est autorisée, pour remplir es engagements, à emprunter, à un taux d'intérêt qui ne pourra excéder cinq pour cent, une somme de huit cent quinze mille francs 815,000ᶠ), savoir :

A titre de subside, quatre cent quinze mille francs (415,000ᶠ), emboursables en sept années, à partir de 1875, sur. ses revenus ant ordinaires qu'extraordinaires;

A titre d'avance, quatre cent mille francs (400,000ᶠ), remboursables par l'État aux conditions ci-après déterminées.

Cet emprunt pourra être réalisé, soit avec publicité et concurrence, soit de gré à gré, soit par voie de souscriptions, avec faculté

d'émettre des obligations au porteur ou transmissibles par voie d'endossement, soit directement à la caisse des dépôts et consignations, aux conditions de cet établissement.

Les conditions des souscriptions à ouvrir ou des traités à passer de gré à'gré seront préalablement soumises à l'approbation du ministre de l'intérieur.

3. Ledit emprunt sera exempt des droits de timbre mis par la loi à la charge des communes. Cette exemption devra être mentionnée dans le corps même des titres à émettre, ainsi que la date tant de la loi d'autorisation du 4 août 1874 que du présent décret.

4. A partir de la promulgation du présent décret et jusqu'au 31 décembre 1881 inclusivement, la perception de l'octroi de Périgueux s'effectuera d'après les tarif et règlement ci-annexés.

Pendant cette période, il sera établi :

1° Une surtaxe de trois francs (3ᶠ) par hectolitre d'alcool pur contenu dans les eaux-de-vie et esprits, liqueurs et fruits à l'eau-de-vie, et par hectolitre d'absinthe.

Cette surtaxe est indépendante du droit de quinze francs (15ᶠ) par hectolitre établi en principal ;

2° Une surtaxe de six francs cinquante centimes (6ᶠ 50ᶜ) par cent kilogrammes sur les huiles d'olive et d'œillette, laquelle est également indépendante du droit de sept francs (7ᶠ) par cent kilogrammes établi à titre de taxe principale.

5. La somme de quatre cent mille francs (400,000ᶠ), montant de l'avance, sera versée à la caisse du receveur des finances en trois termes échelonnés à une année d'intervalle, savoir :

Après la réalisation de l'emprunt, et au plus tard le 31 mars 1875, cent trente-trois mille francs (133,000ᶠ);

Un an après le premier versement, et au plus tard le 31 mars 1876, cent trente-trois mille cinq cents francs (133,500ᶠ);

Un an après le deuxième versement, et au plus tard le 31 1877, cent trente-trois mille cinq cents francs (133,500ᶠ);

Les sommes versées à titre d'avance porteront intérêt au taux maximum de cinq pour cent, à dater de l'époque des versemens et l'amortissement, calculé également au taux maximum de pour cent, sera effectué, pour chaque versement, en douze annuités payables par termes semestriels.

6. Les ministres de l'intérieur, de la guerre et des finances sont chargés, chacun en ce qui le concerne, de l'exécution du p décret.

Fait à Paris, le 24 Novembre 1874.

Signé Mᵃˡ DE MAC MAHON.

Le Ministre des finances,
Signé MATHIEU-BODET.

Le Vice-Président du Conseil,
Ministre de la guerre,
Signé Gᵃˡ E. DE CISSEY.

Le Ministre de l'intérieur,
Signé Gᵃˡ DE CHABAUD LA TOUR.

RÉPUBLIQUE FRANÇAISE.

N°3769. — Décret qui approuve la Convention passée entre le département de la Guerre et le Maire de la Rochelle, et relative à l'extension du Casernement dans cette ville.

Du 24 Novembre 1874.

LE PRÉSIDENT DE LA RÉPUBLIQUE FRANÇAISE,

Vu la loi du 4 août 1874, relative aux dépenses du casernement de l'armée ;

Le Conseil des ministres entendu,

DÉCRÈTE :

ART. 1er. La convention passée entre le département de la guerre et le maire de la Rochelle (Charente-Inférieure), et relative au concours de la ville dans la dépense résultant de l'extension du casernement, est définitivement approuvée.

Un exemplaire de cet acte restera annexé au présent décret.

2. La ville de la Rochelle (Charente-Inférieure) est autorisée, pour remplir ses engagements, à emprunter une somme de trois cent soixante-quinze mille francs (375,000ᶠ), savoir :

A titre de subside, cinquante mille francs (50,000ᶠ), remboursables sur ses revenus, en quinze ans, à partir de 1875 ;

A titre d'avance, trois cent vingt-cinq mille francs (325,000ᶠ), remboursables par l'État aux conditions ci-après déterminées.

La ville est autorisée à contracter cet emprunt à un taux d'intérêt qui ne pourra excéder cinq pour cent et à supporter, en outre, pour l'ensemble de l'opération, les impôts sur les valeurs mobilières mis par les lois à la charge des prêteurs. Ces impôts sont évalués à trente-cinq centimes pour cent et par an du capital emprunté.

Cet emprunt pourra être réalisé, soit avec publicité et concurrence, soit de gré à gré, soit par voie de souscriptions, avec faculté d'émettre des obligations au porteur ou transmissibles par voie d'endossement, soit directement à la caisse des dépôts et consignations, aux conditions de cet établissement.

Les conditions des souscriptions à ouvrir ou des traités à passer de gré à gré seront préalablement soumises à l'approbation du ministre de l'intérieur.

3. Ledit emprunt sera exempt des droits de timbre mis par la loi à la charge des communes. Cette exemption devra être mentionnée dans le corps même des titres à émettre, ainsi que la date tant de la loi d'autorisation du 4 août 1874 que du présent décret.

4. L'arrêté pris par le préfet de la Charente-Inférieure, à la date du 29 octobre 1874, pour approuver l'emprunt de trois cent soixante-quinze mille francs (375,000ᶠ) voté par la ville de la Rochelle en faveur du casernement, est et demeure rapporté.

5. La somme de trois cent vingt-cinq mille francs (325,000') sera
versée à la caisse du receveur des finances en trois termes échelonnés
à une année d'intervalle, savoir :

Après la réalisation de l'emprunt, et au plus tard le 31 mars
1875, cent cinq mille francs (105,000') ;

Un an après le premier versement, et au plus tard le 31 mars
1876, cent dix mille francs (110,000') ;

Un an après le deuxième versement, et au plus tard le 31 mars
1877, cent dix mille francs (110,000').

Les sommes versées à titre d'avance porteront intérêt au taux
maximum de cinq pour cent, à dater de l'époque des versements,
et l'amortissement, calculé également au taux maximum de cinq
pour cent, sera effectué, pour chaque versement, en douze annuités
payables par termes semestriels.

6. Les ministres de l'intérieur, de la guerre et des finances sont
chargés, chacun en ce qui le concerne, de l'exécution du présent
décret.

Fait à Paris, le 24 Novembre 1874.

Signé M^{al} DE MAC MAHON.

Le Ministre des finances,	Le Vice-Président du Conseil, Ministre de la guerre,	Le Ministre de l'intérieur,
Signé MATHIEU-BODET.	Signé Gal E. DE CISSEY.	Signé G^{al} DE CHABAUD LA TOUR.

RÉPUBLIQUE FRANÇAISE.

N° 3770. — DÉCRET qui approuve la Convention passée entre le département
de la Guerre et le Maire de Saint-Brieuc, et relative à l'extension du Casernement dans cette ville.

Du 24 Novembre 1874.

LE PRÉSIDENT DE LA RÉPUBLIQUE FRANÇAISE,

Vu la loi du 4 août 1874, relative aux dépenses du casernement de
l'armée ;

Le Conseil des ministres entendu,

DÉCRÈTE :

ART. 1er. La convention passée entre le département de la guerre
et le maire de Saint-Brieuc (Côtes-du-Nord), et relative au concours
de la ville dans la dépense résultant de l'extension du casernement,
est définitivement approuvée.

Un exemplaire de cet acte restera annexé au présent décret.

2. La ville de Saint-Brieuc (Côtes-du-Nord) est autorisée, pour
remplir ses engagements, à emprunter, à un taux d'intérêt qui ne

pourra excéder cinq pour cent, une somme de huit cent cinquante mille francs (850,000'), savoir :

A titre de subside, deux cent quarante mille francs (240,000'), remboursables en onze ans, à partir de 1875, sur les revenus tant ordinaires qu'extraordinaires ;

A titre d'avance, six cent dix mille francs (610,000'), remboursables par l'État suivant les conditions ci-après déterminées.

Cet emprunt pourra être réalisé, soit avec publicité et concurrence, soit de gré à gré, soit par voie de souscriptions, avec faculté d'émettre des obligations au porteur ou transmissibles par voie d'endossement, soit directement à la caisse des dépôts et consignations, aux conditions de cet établissement.

Les conditions des souscriptions à ouvrir ou des traités à passer de gré à gré seront préalablement soumises à l'approbation du ministre de l'intérieur.

3. Ledit emprunt sera exempt des droits de timbre mis par la loi à la charge des communes. Cette exemption devra être mentionnée dans le corps même des titres à émettre, ainsi que la date tant de la loi d'autorisation du 4 août 1874 que du présent décret.

4. A partir de la promulgation du présent décret et jusqu'au 31 décembre 1885 inclusivement, la perception de l'octroi de Saint-Brieuc s'effectuera d'après les tarif et règlement ci-annexés.

A partir du 1er janvier 1875 jusqu'au 31 décembre 1885 inclusivement, les surtaxes suivantes seront perçues audit octroi, savoir :

Vins en cercles et en bouteilles, par hectolitre..........	1' 00'
Cidres, poirés et hydromels, par hectolitre.............	o 65
Alcool pur contenu dans les eaux-de-vie et esprits, liqueurs à fruits à l'eau-de-vie, par hectolitre..................	4 oo
Absinthe (volume total), par hectolitre...............	4 oo

Ces surtaxes sont indépendantes des droits de deux francs quarante centimes (2' 40') par hectolitre sur les vins, de un franc (1') par hectolitre sur les cidres et de douze francs (12') par hectolitre sur les alcools, établis en principal.

5. La somme de six cent dix mille francs (610,000'), montant de l'avance, sera versée à la caisse du receveur des finances en trois termes échelonnés à une année d'intervalle, savoir :

Après la réalisation de l'emprunt, et au plus tard le 31 mars 1875, deux cent mille francs (200,000') ;

Un an après le premier versement, et au plus tard le 31 mars 1876, deux cent cinq mille francs (205,000') ;

Un an après le deuxième versement, et au plus tard le 31 mars 1877, deux cent cinq mille francs (205,000').

Les sommes versées à titre d'avance porteront intérêt au taux maximum de cinq pour cent, à dater de l'époque des versements, t l'amortissement, calculé également au taux maximum de cinq

pour cent, sera effectué, pour chaque versement, en douze annuités payables par termes semestriels.

6. Les ministres de l'intérieur, de la guerre et des finances sont chargés, chacun en ce qui le concerne, de l'exécution du présent décret.

Fait à Paris, le 24 Novembre 1874.

Signé M²¹ DE MAC MAHON.

Le Ministre des finances,

Signé MATHIEU-BODET.

Le Vice-Président du Conseil, Ministre de la guerre,

Signé G²¹ E. DE CISSEY.

Le Ministre de l'intérieur,

Signé G²¹ DE CHABAUD LA T

RÉPUBLIQUE FRANÇAISE.

N° 3771. — DÉCRET qui approuve la Convention passée entre le département la Guerre et le Maire de Soissons, et relative à l'extension du C dans cette ville.

Du 24 Novembre 1874.

LE PRÉSIDENT DE LA RÉPUBLIQUE FRANÇAISE,

Vu la loi du 4 août 1874, relative aux dépenses du casernement l'armée;

Le Conseil des ministres entendu.

DÉCRÈTE :

ART. 1ᵉʳ. La convention passée entre le département de la gu et le maire de Soissons (Aisne), et relative au concours de la dans la dépense résultant de l'extension du casernement, est d tivement approuvée.

Un exemplaire de cet acte restera annexé au présent décret.

2. La ville de Soissons (Aisne) est autorisée, pour remplir ses gements, à emprunter, à titre d'avance, à un taux d'intérêt qui pourra excéder cinq pour cent, une somme de quatre cent cin mille francs (450,000ᶠ), qui lui sera remboursée par l'État au ditions ci-après déterminées.

Cet emprunt pourra être réalisé, soit avec publicité et rence, soit de gré à gré, soit par voie de souscriptions, avec d'émettre des obligations au porteur ou transmissibles par voie dossement, soit directement à la caisse des dépôts et consigna aux conditions de cet établissement.

Les conditions des souscriptions à ouvrir ou des traités à pas gré à gré seront préalablement soumises à l'approbation du de l'intérieur.

3. Ledit emprunt sera exempt des droits de timbre mis par la loi à la charge des communes. Cette exemption devra être mentionnée

dans le corps même des titres à émettre, ainsi que la date tant de la loi d'autorisation du 4 août 1874 que du présent décret.

4. La somme de quatre cent cinquante mille francs (450,000ᶠ), montant de l'avance à faire à l'État par la ville de Soissons, sera versée à la caisse du receveur des finances en trois termes échelonnés à une année d'intervalle, savoir :

Après la réalisation de l'emprunt, et au plus tard le 31 mars 1875, cent cinquante mille francs (150,000ᶠ);

Un an après le premier versement, et au plus tard le 31 mars 1876, cent cinquante mille francs (150,000ᶠ);

Un an après le deuxième versement, et au plus tard le 31 mars 1877, cent cinquante mille francs (150,000ᶠ).

Les sommes versées à titre d'avance porteront intérêt au taux maximum de cinq pour cent, à dater de l'époque des versements, et l'amortissement, calculé également au taux maximum de cinq pour cent, sera effectué, pour chaque versement, en douze annuités payables par termes semestriels.

5. Les ministres de l'intérieur, de la guerre et des finances sont chargés, chacun en ce qui le concerne, de l'exécution du présent décret.

Fait à Paris, le 24 Novembre 1874.

Signé Mᵃˡ DE MAC MAHON.

Le Ministre des finances,   Le Vice-Président du Conseil,   Le Ministre de l'intérieur,
Signé MATHIEU-BODET.   Ministre de la guerre,
                                 Signé Gˡ E. DE CISSEY.   Signé Gᵃˡ DE CHABAUD LA TOUR.

RÉPUBLIQUE FRANÇAISE.

N° 3772. — *Décret qui approuve la Convention passée entre le département de la Guerre et le Maire de Tours, et relative à l'extension du Casernement dans cette ville.*

Du 24 Novembre 1874.

LE PRÉSIDENT DE LA RÉPUBLIQUE FRANÇAISE,

Vu la loi du 4 août 1874, relative aux dépenses du casernement de l'armée;

Le Conseil des ministres entendu,

DÉCRÈTE :

ART. 1ᵉʳ. La convention passée entre le département de la guerre et le maire de Tours (Indre-et-Loire), et relative au concours de la ville dans la dépense résultant de l'extension du casernement, est définitivement approuvée.

Un exemplaire de cet acte restera annexé au présent décret.

2. La ville de Tours (Indre-et-Loire) est autorisée, pour remplir
ses engagements, à emprunter, à un taux d'intérêt qui ne pourra
excéder cinq pour cent, une somme de deux millions (2,000,000')
savoir :

A titre de subside, six cent mille francs (600,000'), remboursable
en dix ans, à partir de 1877;

A titre d'avance, un million quatre cent mille francs (1,400,000'
qui seront remboursés par l'État aux conditions ci-après détermi
nées.

Pour la première portion de l'emprunt, la ville est autorisée
ajouter, chaque année, au taux de l'intérêt fixé à cinq pour cent i
maximum, trente-cinq centimes pour cent du capital de six ce
mille francs (600,000'), représentant le montant des impôts à
charge des prêteurs.

Cet emprunt pourra être réalisé, soit avec publicité et concu
rence, soit de gré à gré, soit par voie de souscriptions, avec facul
d'émettre des obligations au porteur ou transmissibles par voie d'e
dossement, soit directement à la caisse des dépôts et consignation
aux conditions de cet établissement.

Les conditions des souscriptions à ouvrir ou des traités à passer
gré à gré seront préalablement soumises à l'approbation du minist
de l'intérieur.

3. Ledit emprunt sera exempt des droits de timbre mis par la l
à la charge des communes. Cette exemption devra être mentionn
dans le corps même des titres à émettre, ainsi que la date tant de
loi d'autorisation du 4 août 1874 que du présent décret.

4. La ville de Tours est autorisée à s'imposer extraordinaireme
pendant dix ans, à partir de 1877, cinq centimes (0'05') additionn
au principal des quatre contributions directes, devant rapporter u
somme totale de deux cent quatre-vingt-trois mille deux cent c
quante-cinq francs (283,255') environ, pour servir, avec un prélè
ment sur ses revenus, au remboursement, en principal et intérêts, i
capital de six cent mille francs (600,000'), représentant le chiff
des subsides.

5. La somme de un million quatre cent mille francs (1,400,000
montant de l'avance à faire à l'Etat par la ville de Tours, sera vers
à la caisse du receveur des finances en trois termes échelonnés à u
année d'intervalle, savoir :

Après la réalisation de l'emprunt, et au plus tard le 31 mars 187
quatre cent soixante-cinq mille francs (465,000');

Un an après le premier versement, et au plus tard le 31 ma
1876, quatre cent soixante-cinq mille francs (465,000');

Un an après le deuxième versement, et au plus tard le 31 ma
1877, quatre cent soixante-dix mille francs (470,000').

Les sommes versées à titre d'avance porteront intérêt au ta
maximum de cinq pour cent, à dater de l'époque des versement
et l'amortissement, calculé également au taux maximum de ci

pour cent, sera effectué, pour chaque versement, en douze annuités payables par termes semestriels.

6. Les ministres de l'intérieur, de la guerre et des finances sont chargés, chacun en ce qui le concerne, de l'exécution du présent décret.

Fait à Paris, le 24 Novembre 1874.

Signé M^{al} DE MAC MAHON.

Le Ministre des finances,
Signé MATHIEU-BODET.

Le Vice-Président du Conseil,
Ministre de la guerre,
.Signé Gal E. DE CISSEY.

Le Ministre de l'intérieur,
Signé G^{al} DE CHABAUD LA TOUR

RÉPUBLIQUE FRANÇAISE.

f° 3773. — *DÉCRET qui approuve la Convention passée entre le département de la Guerre et le Maire d'Abbeville, et relative à l'extension du Casernement dans cette ville.*

Du 25 Novembre 1874.

LE PRÉSIDENT DE LA RÉPUBLIQUE FRANÇAISE,

Vu la loi du 4 août 1874, relative aux dépenses du casernement de l'armée;

Le Conseil des ministres entendu,

DÉCRÈTE:

ART. 1er. La convention passée entre le département de la guerre et le maire d'Abbeville (Somme), et relative au concours de la ville dans la dépense résultant de l'extension du casernement, est définitivement approuvée.

Un exemplaire de cet acte restera annexé au présent décret.

2. La ville d'Abbeville (Somme) est autorisée, pour remplir ses engagements, à emprunter, à un taux d'intérêt qui ne pourra excéder cinq pour cent, une somme de quatre cent soixante-cinq mille francs (465,000'), savoir:

A titre de subside, quatre-vingt-treize mille francs (93,000'), remboursables en douze ans sur ses revenus;

A titre d'avance, trois cent soixante-douze mille francs (372,000'), qui seront remboursés par l'État aux conditions ci-après déterminées.

Cet emprunt pourra être réalisé, soit avec publicité et concurrence, soit de gré à gré, soit par voie de souscriptions, avec faculté d'émettre des obligations au porteur ou transmissibles par voie d'endossement, soit directement à la caisse des dépôts et consignations, aux conditions de cet.établissement.

Les conditions des souscriptions à ouvrir ou des traités à passer de gré à gré seront préalablement soumises à l'approbation du ministre de l'intérieur.

3. Ledit emprunt sera exempt des droits de timbre mis par la loi à la charge des communes. Cette exemption devra être mentionnée dans le corps même des titres à émettre, ainsi que la date tant de la loi d'autorisation du 4 août 1874 que du présent décret.

4. La somme de trois cent soixante-douze mille francs (372,000ᶠ), montant de l'avance à faire à l'État par la ville d'Abbeville, sera versée à la caisse du receveur des finances en trois termes échelonnés à une année d'intervalle, savoir :

Après la réalisation de l'emprunt, et au plus tard le 31 mars 1875, cent vingt-quatre mille francs (124,000ᶠ) ;

Un an après le premier versement, et au plus tard le 31 mars 1876, cent vingt-quatre mille francs (124,000ᶠ) ;

Un an après le deuxième versement, et au plus tard le 31 mars 1877, cent vingt-quatre mille francs (124,000ᶠ).

Les sommes versées à titre d'avance porteront intérêt au taux maximum de cinq pour cent, à dater de l'époque des versements, et l'amortissement, calculé également au taux maximum de cinq pour cent, sera effectué, pour chaque versement, en douze annuités payables par termes semestriels.

5. Les ministres de l'intérieur, de la guerre et des finances sont chargés, chacun en ce qui le concerne, de l'exécution du présent décret.

Fait à Paris, le 25 Novembre 1874.

Signé Mᵃˡ DE MAC MAHON.

Le Ministre des finances,
Signé MATHIEU-BODET.

Le Vice-Président du Conseil,
Ministre de la guerre,
Signé Gᵈˡ E. DE CISSEY.

Le Ministre de l'intérieur,
Signé Gᵈˡ DE CHABAUD LA TOUR.

RÉPUBLIQUE FRANÇAISE.

N° 3774. — DÉCRET qui approuve la Convention passée entre le département de la Guerre et le Maire d'Agen, et relative à l'extension du Casernement dans cette ville.

Du 25 Novembre 1874.

LE PRÉSIDENT DE LA RÉPUBLIQUE FRANÇAISE,

Vu la loi du 4 août 1874, relative aux dépenses du casernement de l'armée ;

Le Conseil des ministres entendu,

DÉCRÈTE :

ART. 1ᵉʳ. La convention passée entre le département de la guerre et le maire d'Agen (Lot-et-Garonne), et relative au concours de la ville dans la dépense résultant de l'extension du casernement, est définitivement approuvée.

Un exemplaire de cet acte restera annexé au présent décret.

2. La ville d'Agen (Lot-et-Garonne) est autorisée, pour remplir ses engagements, à emprunter, à un taux d'intérêt qui ne pourra excéder cinq pour cent et par termes remboursables en douze années, une somme de neuf cent mille francs (900,000'), savoir :

A titre de subside, cent mille francs (100,000'), remboursables sur ses revenus, à partir de 1875;

A titre d'avance, huit cent mille francs (800,000'), qui seront remboursés par l'État aux conditions ci-après déterminées.

Cet emprunt pourra être réalisé, soit avec publicité et concurrence, soit de gré à gré, soit par voie de souscriptions, avec faculté d'émettre des obligations au porteur ou transmissibles par voie d'endossement, soit directement à la caisse des dépôts et consignations, aux conditions de cet établissement.

Les conditions des souscriptions à ouvrir ou des traités à passer de gré à gré seront préalablement soumises à l'approbation du ministre de l'intérieur.

3. Ledit emprunt sera exempt des droits de timbre mis par la loi à la charge des communes. Cette exemption devra être mentionnée dans le corps même des titres à émettre, ainsi que la date tant de la loi d'autorisation du 4 août 1874 que du présent décret.

4. La somme de huit cent mille francs (800,000'), montant de l'avance à faire à l'État par la ville d'Agen, sera versée à la caisse du receveur des finances en trois termes échelonnés à une année d'intervalle, savoir :

Après la réalisation de l'emprunt, et au plus tard le 31 mars 1875, deux cent soixante-cinq mille francs (265,000');

Un an après le premier versement, et au plus tard le 31 mars 1876, deux cent soixante-cinq mille francs (265,000');

Un an après le deuxième versement, et au plus tard le 31 mars 1877, deux cent soixante-dix mille francs (270,000').

Les sommes versées à titre d'avance porteront intérêt au taux maximum de cinq pour cent, à dater de l'époque des versements, et l'amortissement, calculé également au taux maximum de cinq pour cent, sera effectué, pour chaque versement, en douze annuités payables par termes semestriels.

5. Les ministres de l'intérieur, de la guerre et des finances sont chargés, chacun en ce qui le concerne, de l'exécution du présent décret.

Fait à Paris, le 25 Novembre 1874.

Signé M^{al} DE MAC MAHON.

Le Ministre des finances,	Le Vice-Président du Conseil,	Le Ministre de l'intérieur,
Signé MATHIEU-BODET.	Ministre de la guerre,	Signé G' DE CHABAUD LA TOUR
	Signé Gal E. DE CISSEY.	

RÉPUBLIQUE FRANÇAISE.

N° 3775. — Décret *qui approuve la Convention passée entre le département de la Guerre et le Maire de Laon, et relative à l'extension du Casernement dans cette ville.*

Du 25 Novembre 1874.

Le Président de la République française,

Vu la loi du 4 août 1874, relative aux dépenses du casernement de l'armée ;

Le Conseil des ministres entendu,

Décrète :

Art. 1er. La convention passée entre le département de la guerre et le maire de Laon (Aisne), et relative au concours de la ville dans la dépense résultant de l'extension du casernement, est définitivement approuvée.

Un exemplaire de cet acte restera annexé au présent décret.

2. La ville de Laon (Aisne) est autorisée, pour remplir ses engagements, à emprunter, à titre d'avance et à un taux d'intérêt qui ne pourra excéder cinq pour cent, une somme de six cent cinquante mille francs (650,000f), qui lui sera remboursée par l'État aux conditions ci-après déterminées.

Cet emprunt pourra être réalisé, soit avec publicité et concurrence, soit de gré à gré, soit par voie de souscriptions, avec faculté d'émettre des obligations au porteur ou transmissibles par voie d'endossement, soit directement à la caisse des dépôts et consignations, aux conditions de cet établissement.

Les conditions des souscriptions à ouvrir ou des traités à passer de gré à gré seront préalablement soumises à l'approbation du ministre de l'intérieur.

3. Ledit emprunt sera exempt des droits de timbre mis par la loi à la charge des communes. Cette exemption devra être mentionnée dans le corps même des titres à émettre, ainsi que la date tant de la loi d'autorisation du 4 août 1874 que du présent décret.

4. La somme de six cent cinquante mille francs (650,000f), montant de l'avance à faire à l'État par la ville de Laon, sera versée à la caisse du receveur des finances en trois termes échelonnés à une année d'intervalle, savoir :

Après la réalisation de l'emprunt, et au plus tard le 31 mars 1875, deux cent quinze mille francs (215,000f);

Un an après le premier versement, et au plus tard le 31 mars 1876, deux cent quinze mille francs (215,000f);

Un an après le deuxième versement, et au plus tard le 31 mars 1877, deux cent vingt mille francs (220,000f).

Les sommes versées à titre d'avance porteront intérêt au taux maximum de cinq pour cent, à dater de l'époque des versements, et l'amortissement, calculé également au taux maximum de cinq pour cent, sera effectué, pour chaque versement, en douze annuités payables par termes semestriels.

5. Les ministres de l'intérieur, de la guerre et des finances sont chargés, chacun en ce qui le concerne, de l'exécution du présent décret.

Fait à Paris, le 25 Novembre 1874.

Signé M²¹ DE MAC MAHON.

Le Ministre des finances ,	*Le Vice-Président du Conseil,*	*Le Ministre de l'Intérieur,*
Signé MATHIEU - BODET.	*Ministre de la guerre ,*	Signé G²¹ DE CHABAUD LA TOUR.
	Signé G²¹ E. DE CISSEY.	

RÉPUBLIQUE FRANÇAISE.

N° 3776. — DÉCRET *qui approuve la Convention passée entre le département de la Guerre et le Maire de Magnac-Laval, et relative à l'extension du Casernement dans cette ville.*

Du 25 Novembre 1874.

LE PRÉSIDENT DE LA RÉPUBLIQUE FRANÇAISE,

Vu la loi du 4 août 1874, relative aux dépenses du casernement de l'armée ;

Le Conseil des ministres entendu,

DÉCRÈTE :

ART. 1ᵉ. La convention passée entre le département de la guerre et le maire de Magnac-Laval (Haute-Vienne), et relative au concours de la ville dans la dépense résultant de l'extension du casernement, est définitivement approuvée.

Un exemplaire de cet acte restera annexé au présent décret.

2. La ville de Magnac-Laval (Haute-Vienne) est autorisée, pour remplir ses engagements, à emprunter, à titre d'avance et à un taux d'intérêt qui n'excède pas cinq pour cent, une somme de trois cent mille francs (300,000ᶠ), qui sera remboursée par l'État aux condiions ci-après déterminées.

Cet emprunt pourra être réalisé, soit avec publicité et concurrence, soit de gré à gré, soit par voie de souscriptions, avec faculté l'émettre des obligations au porteur ou transmissibles par voie d'enlossement, soit directement à la caisse des dépôts et consignations, aux conditions de cet établissement.

Les conditions des souscriptions à ouvrir ou des traités à passer de

gré à gré seront préalablement soumises à l'approbation du ministre de l'intérieur.

3. Ledit emprunt sera exempt des droits de timbre mis par la loi à la charge des communes. Cette exemption devra être mentionnée dans le corps même des titres à émettre, ainsi que la date tant de la loi d'autorisation du 4 août 1874 que du présent décret.

4. La somme de trois cent mille francs (300,000^f), montant de l'avance à faire à l'État par la ville de Magnac-Laval, sera versée à la caisse du receveur des finances en trois termes échelonnés à une année d'intervalle, savoir :

Après la réalisation de l'emprunt, et au plus tard le 31 mars 1875, cent mille francs (100,000^f);

Un an après le premier versement, et au plus tard le 31 mars 1876, cent mille francs (100,000^f);

Un an après le deuxième versement, et au plus tard le 31 mars 1877, cent mille francs (100,000^f).

Les sommes versées à titre d'avance porteront intérêt au taux maximum de cinq pour cent, à dater de l'époque des versements, et l'amortissement, calculé également au taux maximum de cinq pour cent, sera effectué, pour chaque versement, en douze annuités payables par termes semestriels.

5. Les ministres de l'intérieur, de la guerre et des finances sont chargés, chacun en ce qui le concerne, de l'exécution du présent décret.

Fait à Paris, le 25 Novembre 1874.

Signé M^{al} DE MAC MAHON.

Le Ministre des finances,   Le Vice-Président du Conseil,   Le Ministre de l'intérieur,
                              Ministre de la guerre,
Signé MATHIEU-BODET.   Signé G^{al} DE CHABAUD LA TOUR.
                              Signé Gal E. DE CISSEY.

RÉPUBLIQUE FRANÇAISE.

N° 3777. — *Décret qui approuve la Convention passée entre le département de la Guerre et le Maire d'Orléans, et relative à l'extension du Casernement dans cette ville.*

Du 25 Novembre 1874.

LE PRÉSIDENT DE LA RÉPUBLIQUE FRANÇAISE,

Vu la loi du 4 août 1874, relative aux dépenses du casernement de l'armée;

Le Conseil des ministres entendu,

DÉCRÈTE :

ART. 1er. La convention passée entre le département de la guerre et le maire d'Orléans (Loiret), et relative au concours de la ville dans la dépense résultant de l'extension du casernement, est définitivement approuvée.

Un exemplaire de cet acte restera annexé au présent décret.

2. La ville d'Orléans (Loiret) est autorisée, pour remplir ses engagements, à emprunter, à un taux d'intérêt qui ne pourra excéder cinq pour cent, une somme de trois millions quatre cent quarante mille francs (3,440,000ᶠ), savoir :

1° A titre de subside, deux cent quarante mille francs (240,000ᶠ), remboursables en cinq ans, à partir de 1881, sur la portion disponible des ressources tant ordinaires qu'extraordinaires affectées à l'amortissement d'un emprunt de quatre millions sept cent mille francs (4,700,000ᶠ), approuvé par la loi du 18 janvier 1872 et qui n'a été réalisé que jusqu'à concurrence de trois millions deux cent soixante-quatorze mille neuf cents francs (3,274,900ᶠ).

La ville est autorisée à prendre à sa charge le montant des impôts sur les valeurs mobilières dus par les souscripteurs, à raison de trente-cinq centimes pour cent et par an du capital de deux cent quarante mille francs (240,000ᶠ);

2° A titre d'avance, trois millions deux cent mille francs (3,200,000ᶠ), qui seront remboursés par l'État aux conditions ci-après déterminées.

Cet emprunt pourra être réalisé, soit avec publicité et concurrence, soit de gré à gré, soit par voie de souscriptions, avec faculté d'émettre des obligations au porteur ou transmissibles par voie d'endossement, soit directement à la caisse des dépôts et consignations, aux conditions de cet établissement.

Les conditions des souscriptions à ouvrir ou des traités à passer de gré à gré seront préalablement soumises à l'approbation du ministre de l'intérieur.

3. Ledit emprunt sera exempt des droits de timbre mis par la loi à la charge des communes. Cette exemption devra être mentionnée dans le corps même des titres à émettre, ainsi que la date tant de la loi d'autorisation du 4 août 1874 que du présent décret.

4. La somme de trois millions deux cent mille francs (3,200,000ᶠ), montant de l'avance à faire à l'État par la ville d'Orléans, sera versée à la caisse du receveur des finances en trois termes échelonnés à une année d'intervalle, savoir :

Après la réalisation de l'emprunt, et au plus tard le 31 mars 1875, un million soixante-cinq mille francs (1,065,000ᶠ);

Un an après le premier versement, et au plus tard le 31 mars 1876, un million soixante-cinq mille francs (1,065,000ᶠ);

Un an après le deuxième versement, et au plus tard le 31 mars 1877, un million soixante-dix mille francs (1,070,000ᶠ).

Les sommes versées à titre d'avance porteront intérêt au taux maximum de cinq pour cent, à dater de l'époque des versements, et l'amortissement, calculé également au taux maximum de cinq

pour cent, sera effectué, pour chaque versement, en douze annuités payables par termes semestriels.

5. Les ministres de l'intérieur, de la guerre et des finances sont chargés, chacun en ce qui le concerne, de l'exécution du présent décret.

Fait à Paris, le 25 Novembre 1874.

Signé M^d DE MAC MAHON.

Le Ministre des finances,	*Le Vice-Président du Conseil, Ministre de la guerre,*	*Le Ministre de l'intérieur,*
Signé MATHIEU-BODET.	Signé Gal E. DE CISSEY.	Signé G^al DE CHABAUD LA TOUR

RÉPUBLIQUE FRANÇAISE.

N° 3778. — *Décret qui approuve la Convention passée entre le département de la Guerre et le Maire de Poitiers, et relative à l'extension du Casernement dans cette ville.*

Du 25 Novembre 1874.

LE PRÉSIDENT DE LA RÉPUBLIQUE FRANÇAISE,

Vu la loi du 4 août 1874, relative aux dépenses du casernement de 'armée;

Le Conseil des ministres entendu,

DÉCRÈTE :

ART. 1er. La convention passée entre le département de la guerre et le maire de Poitiers (Vienne), et relative au concours de la ville dans la dépense résultant de l'extension du casernement, est définitivement approuvée.

Un exemplaire de cet acte restera annexé au présent décret.

2. La ville de Poitiers (Vienne) est autorisée, pour remplir ses engagements, à emprunter, à un taux d'intérêt qui n'excède pas cinq pour cent et par termes remboursables en douze années, une somme de deux millions neuf cent cinquante mille francs (2,950,000'), savoir :

A titre de subside, sept cent cinquante mille francs (750,000'), remboursables sur ses revenus tant ordinaires qu'extraordinaires;

A titre d'avance, deux millions deux cent mille francs (2,200,000'), qui seront remboursés par l'État aux conditions ci-après déterminées.

La ville est autorisée à prendre à sa charge, en sus de l'intérêt fixé au maximum de cinq pour cent, le payement des impôts établis par la loi sur les valeurs mobilières.

Cet emprunt pourra être réalisé, soit avec publicité et concurrence, soit de gré à gré, soit par voie de souscriptions, avec faculté

d'émettre des obligations au porteur ou transmissibles par voie d'endossement, soit directement à la caisse des dépôts et consignations,
aux conditions de cet établissement.

Les conditions des souscriptions à ouvrir ou des traités à passer de
gré à gré seront préalablement soumises à l'approbation du ministre
de l'intérieur.

3. Ledit emprunt sera exempt des droits de timbre mis par la loi
à la charge des communes. Cette exemption devra être mentionnée
dans le corps même des titres à émettre, ainsi que la date tant de
la loi d'autorisation du 4 août 1874 que du présent décret.

4. La somme de deux millions deux cent mille francs (2,200,000^f),
montant de l'avance à faire à l'État par la ville de Poitiers, sera
versée à la caisse du receveur des finances en trois termes échelonnés
à une année d'intervalle, savoir:

Après la réalisation de l'emprunt, et au plus tard le 31 mars
1875, sept cent trente mille francs (730,000^f);

Un an après le premier versement, et au plus tard le 31 mars
1876, sept cent trente-cinq mille francs (735,000^f);

Un an après le deuxième versement, et au plus tard le 31 mars
1877, sept cent trente-cinq mille francs (735,000^f).

Les sommes versées à titre d'avance porteront intérêt au taux
maximum de cinq pour cent, à dater de l'époque des versements,
et l'amortissement, calculé également au taux maximum de cinq
pour cent, sera effectué, pour chaque versement, en douze annuités
payables par termes semestriels.

5. Les ministres de l'intérieur, de la guerre et des finances sont
chargés, chacun en ce qui le concerne, de l'exécution du présent
décret.

Fait à Paris, le 25 Novembre 1874.

Signé M^{al} DE MAC MAHON.

Le Ministre des finances,	*Le Vice-Président du Conseil,*	*Le Ministre d: l'intérieur,*
Signé MATHIEU-BODET.	*Ministre de la guerre,*	Signé G^d DE CHABAUD LA TOUR.
	Signé G^d E. DE CISSEY.	

RÉPUBLIQUE FRANÇAISE.

N° 3779. — *Décret qui approuve la Convention passée entre le département de
la Guerre et le Maire de Riom, et relative à l'extension du Casernement dans
cette ville.*

Du 25 Novembre 1874.

LE PRÉSIDENT DE LA RÉPUBLIQUE FRANÇAISE,

Vu la loi du 4 août 1874, relative aux dépenses du casernement de
l'armée;

Le Conseil des ministres entendu,

Décrète :

Art. 1er. La convention passée entre le département de la guerre et le maire de Riom (Puy-de-Dôme), et relative au concours de la ville dans la dépense résultant de l'extension du casernement, est définitivement approuvée.

Un exemplaire de cet acte restera annexé au présent décret.

2. La ville de Riom (Puy-de-Dôme) est autorisée, pour remplir ses engagements, à emprunter, à un taux d'intérêt qui ne pourra excéder cinq pour cent, une somme de cent quatre-vingt mille francs (180,000f), remboursable en douze ans, savoir :

A titre de subside, cent mille francs (100,000f);

A titre d'avance, quatre-vingt mille francs (80,000f).

Cet emprunt pourra être réalisé, soit avec publicité et concurrence, soit de gré à gré, soit par voie de souscriptions, avec faculté d'émettre des obligations au porteur ou transmissibles par voie d'endossement, soit directement à la caisse des dépôts et consignations, aux conditions de cet établissement.

Les conditions des souscriptions à ouvrir ou des traités à passer de gré à gré seront préalablement soumises à l'approbation du ministre de l'intérieur.

3. Ledit emprunt sera exempt des droits de timbre mis par la loi à la charge des communes. Cette exemption devra être mentionnée dans le corps même des titres à émettre, ainsi que la date tant de la loi d'autorisation du 4 août 1874 que du présent décret.

4. La même ville est autorisée à s'imposer extraordinairement pendant douze ans, à partir de 1875, dix centimes (0f 10c) additionnels au principal de ses quatre contributions directes, devant rapporter une somme totale de cent trente-sept mille francs (137,000f) environ, pour le remboursement, en principal et intérêts, du subside de cent mille francs (100,000f).

5. La somme de quatre-vingt mille francs (80,000f), montant de l'avance à faire à l'État par la ville de Riom, sera versée à la caisse du receveur des finances après la réalisation de l'emprunt, et au plus tard le 31 mars 1875.

Cette somme portera intérêt au taux maximum de cinq pour cent, à dater de l'époque du versement, et l'amortissement, calculé également au taux maximum de cinq pour cent, sera effectué en dix annuités payables par termes semestriels.

6. Les ministres de l'intérieur, de la guerre et des finances chargés, chacun en ce qui le concerne, de l'exécution du présent décret.

Fait à Paris, le 25 Novembre 1874.

Signé Mal DE MAC MAHON.

Le Ministre des finances,   Le Vice-Président du Conseil,   Le Ministre de l'intérieur,
                             Ministre de la guerre,
Signé MATHIEU-BODET.   Signé Gal DE CHABAUD LA TOUR.
                             Signé Gal E. DE CISSEY

REPUBLIQUE FRANÇAISE.

N° 3780. — *Décret qui approuve la Convention passée entre le département de la Guerre et le Maire d'Ancenis, et rela:.ve à l'extension du Casernement dans cette ville.*

Du 26 Novembre 1874.

LE PRÉSIDENT DE LA RÉPUBLIQUE FRANÇAISE,

Vu la loi du 4 août 1874, relative aux dépenses du casernement de l'armée;

Le Conseil des ministres entendu,

DÉCRÈTE :

ART. 1ᵉʳ. La convention passée entre le département de la guerre et le maire d'Ancenis (Loire-Inférieure), et relative au concours de la ville dans la dépense résultant de l'extension du casernement, est définitivement approuvée.

Un exemplaire de cet acte restera annexé au présent décret.

2. La ville d'Ancenis (Loire-Inférieure) est autorisée, pour remplir ses engagements, à emprunter :

1° A titre de subside et à un taux d'intérêt qui ne pourra excéder, tous frais compris, six francs vingt centimes pour cent, une somme de soixante mille francs (60,000ᶠ), remboursable en trente années;

2° A titre d'avance et à un taux d'intérêt qui ne pourra excéder cinq pour cent, une somme de six cent mille francs (600,000ᶠ), qui sera remboursée par l'État aux conditions ci-après déterminées.

Ces emprunts pourront être réalisés, soit avec publicité et concurrence, soit de gré à gré, soit par voie de souscriptions, avec faculté d'émettre des obligations au porteur ou transmissibles par voie d'endossement, soit directement à la caisse des dépôts et consignations ou au Crédit foncier, aux conditions de ces établissements.

Les conditions des souscriptions à ouvrir ou des traités à passer de gré à gré seront préalablement soumises à l'approbation du ministre de l'intérieur.

3. Lesdits emprunts seront exempts des droits de timbre mis par la loi à la charge des communes. Cette exemption devra être mentionnée dans le corps même des titres à émettre, ainsi que la date tant de la loi d'autorisation du 4 août 1874 que du présent décret.

4. La ville d'Ancenis est autorisée à s'imposer extraordinairement pendant trente ans, à partir de 1875, quinze centimes (0ᶠ 15ᶜ) additionnels au principal de ses quatre contributions directes, devant rapporter une somme totale de cent trente mille francs (130,000ᶠ) environ, pour servir, au besoin, avec un prélèvement sur les revenus tant ordinaires qu'extraordinaires, à l'amortissement dudit emprunt de soixante mille francs (60,000ᶠ).

5. La somme de six cent mille francs (600,000ᶠ), montant de l'avance, sera versée à la caisse du receveur des finances en trois termes échelonnés à une année d'intervalle, savoir :

Après la réalisation de l'emprunt, et au plus tard le 31 mars 1875, deux cent mille francs (200,000ᶠ);

Un an après le premier versement, et au plus tard le 31 mars 1876, deux cent mille francs (200,000ᶠ);

Un an après le deuxième versement, et au plus tard le 31 mars 1877, deux cent mille francs (200,000ᶠ).

Les sommes versées à titre d'avance porteront intérêt au taux maximum de cinq pour cent, à dater de l'époque des versements, et l'amortissement, calculé également au taux maximum de cinq pour cent, sera effectué, pour chaque versement, en douze annuités payables par termes semestriels.

6. Les ministres de l'intérieur, de la guerre et des finances sont chargés, chacun en ce qui le concerne, de l'exécution du présent décret.

Fait à Paris, le 26 Novembre 1874.

Signé Mᵃˡ DE MAC MAHON.

Le Ministre des finances,	Le Vice-Président du Conseil, Ministre de la guerre,	Le Ministre de l'intérieur,
Signé MATHIEU-BODET.	Signé Gᵃˡ E. DE CISSEY.	Signé Gᵃˡ DE CHABAUD LA TOUR.

RÉPUBLIQUE FRANÇAISE.

N° 3781. — DÉCRET qui approuve la Convention passée entre le département de la Guerre et le Maire d'Aurillac, et relative à l'extension du Casernement dans cette ville.

Du 26 Novembre 1874.

LE PRÉSIDENT DE LA RÉPUBLIQUE FRANÇAISE ,

Vu la loi du 4 août 1874, relative aux dépenses du casernement de l'armée;

Le Conseil des ministres entendu,

DÉCRÈTE :

ART. 1ᵉʳ. La convention passée entre le département de la guerre et le maire d'Aurillac (Cantal), et relative au concours de la ville dans la dépense résultant de l'extension du casernement, est définitivement approuvée.

Un exemplaire de cet acte restera annexé au présent décret.

2. La ville d'Aurillac (Cantal) est autorisée, pour remplir ses engagements, à emprunter, à un taux d'intérêt qui ne pourra excéder

inq pour cent et par termes remboursables en douze années, une omme de quatre cent mille francs (400,000ʳ), savoir :

Sous la forme de subside, vingt-cinq mille francs (25,000ʳ);

Sous la forme d'avances, trois cent soixante-quinze mille francs 375,000ʳ).

L'amortissement des subsides sera prélevé sur les revenus communaux.

Cet emprunt pourra être réalisé, soit avec publicité et concurrence, soit de gré à gré, soit par voie de souscriptions, avec faculté l'émettre des obligations au porteur ou transmissibles par voie d'endossement, soit directement à la caisse des dépôts et consignations, ux conditions de cet établissement.

Les conditions des souscriptions à ouvrir ou des traités à passer de gré à gré seront préalablement soumises à l'approbation du ministre le l'intérieur.

3. Ledit emprunt sera exempt des droits de timbre mis par la loi à la charge des communes. Cette exemption devra être mentionnée lans le corps même des titres à émettre, ainsi que la date tant de la oi d'autorisation du 4 août 1874 que du présent décret.

4. La somme de trois cent soixante-quinze mille francs (375,000ʳ), nontant de l'avance à faire à l'État, sera versée à la caisse du receveur les finances en trois termes échelonnés à une année d'intervalle, avoir :

Après la réalisation de l'emprunt, et au plus tard le 31 mars 1875, ent vingt-cinq mille francs (125,000ʳ);

Un an après le premier versement, et au plus tard le 31 mars 876, cent vingt-cinq mille francs (125,000ʳ);

Un an après le deuxième versement, et au plus tard le 31 mars 877, cent vingt-cinq mille francs (125,000ʳ).

Les sommes versées à titre d'avance porteront intérêt au taux iaximum de cinq pour cent, à dater de l'époque des versements, t l'amortissement, calculé également au taux maximum de cinq our cent, sera effectué, pour chaque versement, en douze annuités ayables par termes semestriels.

5. Les ministres de l'intérieur, de la guerre et des finances sont hargés, chacun en ce qui le concerne, de l'exécution du présent écret.

Fait à Paris, le 26 Novembre 1874.

Signé M^{al} DE MAC MAHON.

'e Ministre des finances,	Le Vice-Président du Conseil, Ministre de la guerre,	Le Ministre de l'intérieur,
Signé MATHIEU-BODET.	Signé Gal E. DE CISSEY.	Signé G^{al} DE CHABAUD I A TOUR.

RÉPUBLIQUE FRANÇAISE.

N° 3782. — *Décret qui approuve la Convention passée entre le départemen la Guerre et le Maire de Châteauroux, et relative à l'extension du Caserne dans cette ville.*

Du 26 Novembre 1874.

Le Président de la République française,

Vu la loi du 4 août 1874, relative aux dépenses du casernement l'armée;

Les délibérations du conseil municipal de Châteauroux (Indre), des 1 vrier et 21 juin 1873;

Le procès-verbal de l'enquête à laquelle il a été procédé, les 26, 2 28 mai 1873;

L'avis du commissaire enquêteur;

Celui du préfet et les autres pièces de l'affaire;

L'ordonnance du 23 août 1835[1] et la loi du 3 mai 1841;

Le décret du 1ᵉʳ août 1864;

Le Conseil des ministres entendu,

Décrète:

Art. 1ᵉʳ. La convention passée entre le département de la gue et le maire de Châteauroux (Indre), et relative au concours de la v dans la dépense résultant de l'extension du casernement, est dé tivement approuvée.

Un exemplaire de cet acte restera annexé au présent décret.

2. La ville de Châteauroux (Indre) est autorisée, pour remplir engagements, à emprunter une somme de un million six cent m francs (1,600,000ᶠ), savoir:

1° A titre de subside, et à un taux d'intérêt qui n'excède pas pour cent, sept cent mille francs (700,000ᶠ), remboursables vingt ans, à partir de 1881;

2° A titre d'avance, et à un taux d'intérêt qui ne pourra exc cinq pour cent, neuf cent mille francs (900,000ᶠ), qui seront re boursés par l'État aux conditions ci-après déterminées.

Cet emprunt pourra être réalisé, soit avec publicité et conc rence, soit de gré à gré, soit par voie de souscriptions, avec fac d'émettre des obligations au porteur ou transmissibles par voie d'e dossement, soit directement à la caisse des dépôts et consignati aux conditions de cet établissement.

Les conditions des souscriptions à ouvrir ou des traités à passer gré à gré seront préalablement soumises à l'approbation du minis de l'intérieur.

[1] IXᵉ série, 2ᵉ partie, 1ʳᵉ section, Bull. 378, n° 5906.

3. Ledit emprunt sera exempt des droits de timbre mis par la loi
: la charge des communes. Cette exemption devra être mentionnée
lans le corps même des titres à émettre, ainsi que la date tant de la
oi d'autorisation du 4 août 1874 que du présent décret.

4. La ville de Châteauroux est autorisée à s'imposer extraordinai-
ement pendant vingt-six ans, à partir de 1875, et par addition au
rincipal de ses quatre contributions directes, savoir :

Vingt centimes (o' 20°) de 1875 à 1880 inclusivement;

Quarante centimes (o' 40°) de 1881 à 1893 inclusivement (sur les-
[uels huit centimes (o' o8°) existaient déjà de 1881 à 1883 inclusive-
aent, en vertu d'un arrêté du 6 mai 1871, et devaient rester libres
le toute affectation pendant cette période triennale);

Vingt centimes (o'20°) de 1894 à 1900 inclusivement.

Le'produit de cette imposition, évalué à un million trente-six mille
hancs (1,036,000') environ, servira, avec un prélèvement sur les
evenus tant ordinaires qu'extraordinaires, au remboursement, en
rincipal et intérêts, de la fraction d'emprunt de sept cent mille
hancs (700,000') à la charge de la ville.

5. Sont déclarées d'utilité publique, à Châteauroux, la construction
l'un abattoir et la création de deux voies destinées à en faciliter
'accès et à en dégager les abords.

En conséquence, cette ville est autorisée à acquérir des sieurs *Gan-
ard*, *Berthelot* et autres, soit à l'amiable, au prix fixé d'après une
apertise contradictoire, soit, s'il y a lieu, par voie d'expropriation,
bnformément aux prescriptions de la loi du 3 mai 1841, diverses
arcelles de terrain contenant un hectare soixante-huit ares trente-
leux centiares et estimées dix-neuf mille deux cent quatre-vingt-dix-
ept francs (19,297'), telles, au surplus, qu'elles sont désignées au plan
[ui a servi de base à l'enquête mentionnée ci-dessus.

: Le payement de ces acquisitions et des travaux qui s'y rattachent
era couvert au moyen d'un prélèvement sur l'emprunt ci-dessus au-
orisé.

6. La somme de neuf cent mille francs (900,000'), montant de
'avance, sera versée à la caisse du receveur des finances en trois
ermes échelonnés à une année d'intervalle, savoir :

Après la réalisation de l'emprunt, et au plus tard le 31 mars 1875,
rois cent mille francs (300,000');

Un an après le premier versement, et au plus tard le 31 mars
1876, trois cent mille francs (300,000');

Un an après le deuxième versement, et au plus tard le 31 mars
1877, trois cent mille francs (300,000').

Les sommes versées à titre d'avance porteront intérêt au taux
naximum de cinq pour cent, à dater de l'époque des versements,
x l'amortissement, calculé également au taux maximum de cinq
)our cent, sera effectué, pour chaque versement, en douze annuités
payables par termes semestriels.

7. Les ministres de l'intérieur, de la guerre et des finances sont

5. La somme de trois cent vingt-cinq mille francs (325,000ᶠ) mm
versée à la caisse du receveur des finances en trois termes éch
à une année d'intervalle, savoir :

Après la réalisation de l'emprunt, et au plus tard le 31
1875, cent cinq mille francs (105,000ᶠ) ;

Un an après le premier versement, et au plus tard le 31
1876, cent dix mille francs (110,000ᶠ) ;

Un an après le deuxième versement, et au plus tard le 31
1877, cent dix mille francs (110,000ᶠ).

Les sommes versées à titre d'avance porteront intérêt au
maximum de cinq pour cent, à dater de l'époque des ve
et l'amortissement, calculé également au taux maximum d
pour cent, sera effectué, pour chaque versement, en douze an
payables par termes semestriels.

6. Les ministres de l'intérieur, de la guerre et des financé
chargés, chacun en ce qui le concerne, de l'exécution du
décret.

Fait à Paris, le 24 Novembre 1874.

Signé Mᵃˡ DE MAC MAHON.

Le Ministre des finances,	Le Vice-Président du Conseil, Ministre de la guerre,	Le Ministre de l'intérieur,
Signé MATHIEU-BODET.	Signé Gˡ E. DE CISSEY.	Signé Gˡ DE CHABAUD LA T

RÉPUBLIQUE FRANÇAISE.

N° 3770. — DÉCRET qui approuve la Convention passée entre le dé
de la Guerre et le Maire de Saint-Brieuc, et relative à l'extension du
nement dans cette ville.

Du 24 Novembre 1874.

LE PRÉSIDENT DE LA RÉPUBLIQUE FRANÇAISE,

Vu la loi du 4 août 1874, relative aux dépenses du casernement
l'armée ;

Le Conseil des ministres entendu,

DÉCRÈTE :

ART. 1ᵉʳ. La convention passée entre le département de la
et le maire de Saint-Brieuc (Côtes-du-Nord), et relative au
de la ville dans la dépense résultant de l'extension du caserne
est définitivement approuvée.

Un exemplaire de cet acte restera annexé au présent décret.

2. La ville de Saint-Brieuc (Côtes-du-Nord) est autorisée.
remplir ses engagements, à emprunter, à un taux d'intérêt qui ê

4. La même ville est autorisée à s'imposer extraordinairement pen-
int douze ans, à partir de 1875, trois centimes (0ᶠ 03ᶜ) additionnels au
incipal de ses quatre contributions directes, devant rapporter une
mme totale de vingt-quatre mille francs (24,000ᶠ) environ, pour
rvir, avec un prélèvement sur ses revenus, au remboursement, en
incipal et intérêts, de la portion de l'emprunt à sa charge.

5. La somme de quatre-vingt-quinze mille francs (95,000ᶠ), mon-
ut de l'avance à faire à l'État, sera versée à la caisse du receveur des
iances en trois termes échelonnés à une année d'intervalle, savoir :
Après la réalisation de l'emprunt, et au plus tard le 31 mars 1875,
ente mille francs (30,000ᶠ);
Un an après le premier versement, et au plus tard le 31 mars
)76, trente-deux mille cinq cents francs (32,500ᶠ);
Un an après le deuxième versement, et au plus tard le 31 mars
)77, trente-deux mille cinq cents francs (32,500ᶠ).
Les sommes versées à titre d'avance porteront intérêt au taux
aximum de cinq pour cent, à dater de l'époque des versements,
l l'amortissement, calculé également au taux maximum de cinq
our cent, sera effectué, pour chaque versement, en douze annuités
ayables par termes semestriels.

6. Les ministres de l'intérieur, de la guerre et des finances sont
argés, chacun en ce qui le concerne, de l'exécution du présent
cret.

Fait à Paris, le 26 Novembre 1874.

Signé Mᵃˡ DE MAC MAHON.

Le Ministre des finances,　　Le Vice-Président du Conseil,　　Le Ministre de l'intérieur,
né MATHIEU-BODET.　　　　Ministre de la guerre,　　Signé Gᵃˡ DE CHABAUD LA TOUR.
　　　　　　　　　　　Signé Gᵃˡ E. DE CISSEY.

RÉPUBLIQUE FRANÇAISE.

3784. — DÉCRET qui approuve la Convention passée entre le département
de la Guerre et le Maire d'Auxonne, et relative à l'extension du Casernement
dans cette ville.

Du 27 Novembre 1874.

LE PRÉSIDENT DE LA RÉPUBLIQUE FRANÇAISE,

Vu la loi du 4 août 1874, relative aux dépenses du casernement de
armée;

Le Conseil des ministres entendu,

DÉCRÈTE :

ART. 1ᵉʳ. La convention passée entre le département de la guerre
t le maire d'Auxonne (Côte-d'Or), et relative au concours de la ville

dans la dépense résultant de l'extension du casernement, est définitivement approuvée.

Un exemplaire. de cet acte restera annexé. au présent décret.

2. La ville d'Auxonne (Côte-d'Or) est autorisée, pour remplir ses engagements, à emprunter, à un taux d'intérêt qui ne pourra excéder six pour cent, une somme de deux cent cinquante mille francs (250,000'), savoir :

1° A titre de subside, cent. mille francs (100,000'), remboursables en treize ans, à partir de 1875;

2° A titre d'avance, cent cinquante mille francs (150,000'), qui seront remboursés par l'Etat aux conditions ci-après déterminées.

Cet emprunt pourra être réalisé, soit avec publicité et concurrence, soit de gré à gré, soit par voie de souscriptions, avec faculté d'émettre des obligations au porteur ou transmissibles par voie d'endossement, soit directement à la caisse des dépôts et consignations, aux conditions de cet établissement.

Les conditions des souscriptions à ouvrir ou des traités à passer de gré à gré seront préalablement soumises à l'approbation du ministre de l'intérieur.

3. Ledit emprunt sera exempt des droits de timbre mis par la loi à la charge des communes. Cette exemption devra être mentionnée dans le corps même, des titres à émettre, ainsi que la date tant de la loi d'autorisation du 4 août 1874 que du présent décret.

4. La ville d'Auxonne est autorisée à s'imposer extraordinairement pendant treize ans, à partir de 1875, vingt-quatre centimes (0' 24') additionnels au principal de ses quatre contributions directes, devant rapporter une somme totale de cent cinquante-six mille francs (156,000') environ, tant pour le remboursement, en principal et intérêts, du subside de cent mille francs (100,000'), que pour acquitter, au besoin, la différence entre les intérêts à servir aux prêteurs de l'avance de cent cinquante mille francs (150,000') et le montant des annuités remboursées par l'État.

5. La somme de cent cinquante mille francs (150,000'), montant de l'avance à faire à l'État par la ville d'Auxonne, sera versée à la caisse du receveur des finances en trois termes échelonnés à une année d'intervalle, savoir :

Après la réalisation de l'emprunt, et au plus tard le 31 mars 1875, cinquante mille francs (50,000');

Un an après le premier versement, et au plus tard le 31 mars 1876, cinquante mille francs (50,000');

Un an après le deuxième versement, et au plus tard le 31 mars 1877, cinquante mille francs (50,000').

Les sommes versées à titre d'avance porteront intérêt au taux maximum de cinq pour cent, à dater de l'époque des versements et l'amortissement, calculé également au taux maximum de cinq pour cent, sera effectué, pour chaque versement, en douze annuités payables par termes semestriels.

6. Les ministres de l'intérieur, de la guerre et des finances sont

chargés, chacun en ce qui le concerne, de l'exécution du, présent décret.

　　Fait à Paris, le 27 Novembre 1874.

　　　　　　　　　　　　　Signé M^{al} DE MAC MAHON.

Le Ministre des finances,　*Le Vice-Président du Conseil,*　　*Le Ministre de l'intérieur,*
　Signé MATHIEU-BODET.　*Ministre de la guerre,*　Signé G^{al} DE CHABAUD LA TOUR.
　　　　　　　　　　Signé Gal E. DE CISSEY.

RÉPUBLIQUE FRANÇAISE.

N° 3785. — DÉCRET *qui approuve la Convention passée entre le département de la Guerre et le Maire de Besançon, et relative à l'extension du Casernement dans cette ville.*

　　　　　　Du 27 Novembre 1874.

LE PRÉSIDENT DE LA RÉPUBLIQUE FRANÇAISE,

　Vu la loi du 4 août 1874, relative aux dépenses du casernement de l'armée;

　Le Conseil des ministres entendu,

DÉCRÈTE :

　ART. 1er. La convention passée entre le département de la guerre et le maire de Besançon (Doubs), et relative au concours de la ville dans la dépense résultant de l'extension du casernement, est définitivement approuvée.

　Un exemplaire de cet acte restera annexé au présent décret.

　2. La ville de Besançon (Doubs) est autorisée, pour remplir ses engagements, à emprunter, à titre d'avance et à un taux d'intérêt qui ne pourra excéder cinq pour cent, une somme de neuf cent soixante mille francs (960,000^f), qui sera remboursée par l'État aux conditions ci-après déterminées.

　Cet emprunt pourra être réalisé, soit avec publicité et concurrence, soit de gré à gré, soit par voie de souscriptions, avec faculté d'émettre des obligations au porteur ou transmissibles par voie d'endossement, soit directement à la caisse des dépôts et consignations, aux conditions de cet établissement.

　Les conditions des souscriptions à ouvrir ou des traités à passer de gré à gré seront préalablement soumises à l'approbation du ministre de l'intérieur.

　3. Ledit emprunt sera exempt des droits de timbre mis par la loi à la charge des communes. Cette exemption devra être mentionnée dans le corps même des titres à émettre, ainsi que la date tant de la loi d'autorisation du 4 août 1874 que du présent décret.

4. La somme de neuf cent soixante mille francs (960,000ᶠ), mantant de l'avance à faire à l'État par la ville de Besançon, sera versé à la caisse du receveur des finances en trois termes échelonnés à une année d'intervalle, savoir :

Après la réalisation de l'emprunt, et au plus tard le 31 mas 1875, trois cent vingt mille francs (320,000ᶠ);

Un an après le premier versement, et au plus tard le 31 mai 1876, trois cent vingt mille francs (320,000ᶠ);

Un an après le deuxième versement, et au plus tard le 31 mai 1877, trois cent vingt mille francs (320,000ᶠ).

Les sommes versées à titre d'avance porteront intérêt au taux maximum de cinq pour cent, à dater de l'époque des versements, et l'amortissement, calculé également au taux maximum de cinq pour cent, sera effectué, pour chaque versement, en douze annuités payables par termes semestriels.

5. Les ministres de l'intérieur, de la guerre et des finances sont chargés, chacun en ce qui le concerne, de l'exécution du présent décret.

Fait à Paris, le 27 Novembre 1874.

Signé Mᵃˡ DE MAC MAHON.

Le Ministre des finances,
Signé MATHIEU-BODET.

Le Vice-Président du Conseil,
Ministre de la guerre,
Signé Gᵃˡ E. DE CISSEY.

Le Ministre de l'intérieur,
Signé Gᵃˡ DE CHABAUD LA TOUR.

RÉPUBLIQUE FRANÇAISE.

N° 3786. — DÉCRET qui approuve la Convention passée entre le département de la Guerre et le Maire de Moulins, et relative à l'extension du Casernement dans cette ville.

Du 27 Novembre 1874.

LE PRÉSIDENT DE LA RÉPUBLIQUE FRANÇAISE,

Vu la loi du 4 août 1874, relative aux dépenses du casernement de l'armée;

Le Conseil des ministres entendu,

DÉCRÈTE :

ART. 1ᵉʳ. La convention passée entre le département de la guerre et le maire de Moulins (Allier), et relative au concours de la ville dans la dépense résultant de l'extension du casernement, est définitivement approuvée.

Un exemplaire de cet acte restera annexé au présent décret.

2. La ville de Moulins (Allier) est autorisée, pour remplir ses engagements, à emprunter, à un taux d'intérêt qui ne pourra excéder cinq pour cent, une somme de trois cent trente-trois mille francs (333,000ᶠ), savoir :

A titre de subside, soixante-huit mille francs (68,000ᶠ), remboursables en douze années, à partir de 1875 ;

A titre d'avance, deux cent soixante-cinq mille francs (265,000ᶠ), qui seront remboursés par l'État aux conditions ci-après déterminées.

Cet emprunt pourra être réalisé, soit avec publicité et concurrence, soit de gré à gré, soit par voie de souscriptions, avec faculté d'émettre des obligations au porteur ou transmissibles par voie d'endossement, soit directement à la caisse des dépôts et consignations, aux conditions de cet établissement.

Les conditions des souscriptions à ouvrir ou des traités à passer de gré à gré seront préalablement soumises à l'approbation du ministre de l'intérieur.

3. Ledit emprunt sera exempt des droits de timbre mis par la loi à la charge des communes. Cette exemption devra être mentionnée dans le corps même des titres à émettre, ainsi que la date tant de la loi d'autorisation du 4 août 1874 que du présent décret.

4. La même ville est autorisée à s'imposer extraordinairement pendant douze ans, à partir de 1875, quatre centimes (0ᶠ04ᶜ) au principal des quatre contributions directes, devant rapporter une somme totale de quatre-vingt-quinze mille francs (95,000ᶠ) environ, pour le remboursement, en principal et intérêts, du subside de soixante-huit mille francs (68,000ᶠ).

5. La somme de deux cent soixante-cinq mille francs (265,000ᶠ), montant de l'avance à faire à l'État par la ville de Moulins, sera versée à la caisse du receveur des finances en trois termes échelonnés à une année d'intervalle, savoir :

Après la réalisation de l'emprunt, et au plus tard le 31 mars 1875, quatre-vingt-cinq mille francs (85,000ᶠ) ;

Un an après le premier versement, et au plus tard le 31 mars 1876, quatre-vingt-dix mille francs (90,000ᶠ) ;

Un an après le deuxième versement, et au plus tard le 31 mars 1877, quatre-vingt-dix mille francs (90,000ᶠ).

Les sommes versées à titre d'avance porteront intérêt au taux maximum de cinq pour cent, à dater de l'époque des versements, et l'amortissement, calculé également au taux maximum de cinq pour cent, sera effectué, pour chaque versement, en douze annuités payables par termes semestriels.

6. Les ministres de l'intérieur, de la guerre et des finances sont chargés, chacun en ce qui le concerne, de l'exécution du présent décret.

Fait à Paris, le 27 Novembre 1874.

Signé Mᵃˡ DE MAC MAHON.

Le Ministre des finances,
Signé MATHIEU-BODET.

Le Vice-Président du Conseil,
Ministre de la guerre,
Signé Gᵃˡ E. DE CISSEY.

Le Ministre de l'intérieur,
Signé Gᵃˡ DE CHABAUD LA TOUR.

RÉPUBLIQUE FRANÇAISE.

N° 3787. — DÉCRET qui approuve la Convention passée entre le département de la Guerre et le Maire de Bourges, et relative à l'extension du Casernement dans cette ville.

Du 27 Novembre 1874.

LE PRÉSIDENT DE LA RÉPUBLIQUE FRANÇAISE,

Vu la loi du 4 août 1874, relative aux dépenses du casernement de l'armée ;

Le Conseil des ministres entendu,

DÉCRÈTE :

ART. 1er. La convention passée entre le département de la guerre et le maire de Bourges (Cher), et relative au concours de la ville dans la dépense résultant de l'extension du casernement, est définitivement approuvée.

Un exemplaire de cet acte restera annexé au présent décret.

2. La ville de Bourges (Cher) est autorisée, pour remplir ses engagements, à emprunter, à titre d'avance et moyennant un taux d'intérêt, qui n'excède pas cinq pour cent, une somme de huit cent mille francs (800,000ᶠ), qui lui sera remboursée par l'État aux conditions ci-après déterminées.

Cet emprunt pourra être réalisé, soit avec publicité et concurrence, soit de gré à gré, soit par voie de souscriptions, avec faculté d'émettre des obligations au porteur ou transmissibles par voie d'endossement, soit directement à la caisse des dépôts et consignations, aux conditions de cet établissement.

Les conditions des souscriptions à ouvrir ou des traités à passer de gré à gré seront préalablement soumises à l'approbation du ministre de l'intérieur.

3. Ledit emprunt sera exempt des droits de timbre mis par la loi à la charge des communes. Cette exemption devra être mentionnée dans le corps même des titres à émettre, ainsi que la date tant de la loi d'autorisation du 4 août 1874 que du présent décret.

4. La somme de huit cent mille francs (800,000ᶠ), montant de l'avance à faire à l'État par la ville de Bourges, sera versée à la caisse du receveur des finances après la réalisation de l'emprunt, et au plus tard le 31 mars 1875.

Cette somme portera intérêt au taux maximum de cinq pour cent à dater de l'époque du versement, et l'amortissement, calculé également au taux maximum de cinq pour cent, sera effectué en douze annuités payables par termes semestriels.

5. Les ministres de l'intérieur, de la guerre et des finances son

chargés, chacun en ce qui le concerne, de l'exécution du présent décret.

Fait à Paris, le 27 Novembre 1874.

Signé M'¹ DE MAC MAHON.

Le Ministre des finances,   Le Vice-Président du Conseil,   Le Ministre de l'intérieur,

Signé MATHIEU-BODET.   Ministre de la guerre,   Signé G'¹ DE CHABAUD LA TOUR

Signé G'¹ E. DE CISSEY.

RÉPUBLIQUE FRANÇAISE.

N° 3788. — DÉCRET qui approuve la Convention passée entre le département de la Guerre et le Maire de Dijon, et relative à l'extension du Casernement dans cette ville.

Du 27 Novembre 1874.

LE PRÉSIDENT DE LA RÉPUBLIQUE FRANÇAISE,

Vu la loi du 4 août 1874, relative aux dépenses du casernement de l'armée;

Le Conseil des ministres entendu,

DÉCRÈTE :

ART. 1ᵉʳ. La convention passée entre le département de la guerre et le maire de Dijon (Côte-d'Or), et relative au concours de la ville dans la dépense résultant de l'extension du casernement, est définitivement approuvée.

Un exemplaire de cet acte restera annexé au présent décret.

2. La ville de Dijon (Côte-d'Or) est autorisée, pour remplir ses engagements, à emprunter, à titre d'avance et moyennant un taux d'intérêt qui ne pourra excéder cinq pour cent, une somme de trois cent mille francs (300,000'), qui lui sera remboursée par l'Etat aux conditions ci-après déterminées.

Cet emprunt pourra être réalisé, soit avec publicité et concurrence, soit de gré à gré, soit par voie de souscriptions, avec faculté d'émettre des obligations au porteur ou transmissibles par voie d'endossement, soit directement à la caisse des dépôts et consignations, aux conditions de cet établissement.

Les conditions des souscriptions à ouvrir ou des traités à passer de gré à gré seront préalablement soumises à l'approbation du ministre de l'intérieur.

3. Ledit emprunt sera exempt des droits de timbre mis par la lo à la charge des communes. Cette exemption devra être mentionnée dans le corps même des titres à émettre, ainsi que la date tant de la loi d'autorisation du 4 août 1874 que du présent décret.

4. La somme de trois cent mille francs (300,000'), montant des

RÉPUBLIQUE FRANÇAISE.

N° 3782. — Décret qui approuve la Convention passée entre le département de la Guerre et le Maire de Châteauroux, et relative à l'extension du Casernement dans cette ville.

Du 26 Novembre 1874.

Le Président de la République française,

Vu la loi du 4 août 1874, relative aux dépenses du casernement de l'armée;

Les délibérations du conseil municipal de Châteauroux (Indre), des 10 février et 21 juin 1873;

Le procès-verbal de l'enquête à laquelle il a été procédé, les 26, 27 et 28 mai 1873;

L'avis du commissaire enquêteur;

Celui du préfet et les autres pièces de l'affaire;

L'ordonnance du 23 août 1835 [1] et la loi du 3 mai 1841;

Le décret du 1er août 1864;

Le Conseil des ministres entendu,

Décrète :

Art. 1er. La convention passée entre le département de la guerre et le maire de Châteauroux (Indre), et relative au concours de la ville dans la dépense résultant de l'extension du casernement, est définitivement approuvée.

Un exemplaire de cet acte restera annexé au présent décret.

2. La ville de Châteauroux (Indre) est autorisée, pour remplir ses engagements, à emprunter une somme de un million six cent mille francs (1,600,000f), savoir :

1° A titre de subside, et à un taux d'intérêt qui n'excède pas si pour cent, sept cent mille francs (700,000f), remboursables en vingt ans, à partir de 1881;

2° A titre d'avance, et à un taux d'intérêt qui ne pourra excéder cinq pour cent, neuf cent mille francs (900,000f), qui seront remboursés par l'État aux conditions ci-après déterminées.

Cet emprunt pourra être réalisé, soit avec publicité et concurrence, soit de gré à gré, soit par voie de souscriptions, avec faculté d'émettre des obligations au porteur ou transmissibles par voie d'endossement, soit directement à la caisse des dépôts et consignations aux conditions de cet établissement.

Les conditions des souscriptions à ouvrir ou des traités à passer de gré à gré seront préalablement soumises à l'approbation du ministre de l'intérieur.

[1] ix° série, 2° partie, 1re section, Bull. 378, n° 5906.

3. Ledit emprunt sera exempt des droits de timbre mis par la loi à la charge des communes. Cette exemption devra être mentionnée dans le corps même des titres à émettre, ainsi que la date tant de la loi d'autorisation du 4 août 1874 que du présent décret.

4. La ville de Châteauroux est autorisée à s'imposer extraordinairement pendant vingt-six ans, à partir de 1875, et par addition au principal de ses quatre contributions directes, savoir :

Vingt centimes (0ᶠ 20ᶜ) de 1875 à 1880 inclusivement ;

Quarante centimes (0ᶠ 40ᶜ) de 1881 à 1893 inclusivement (sur lesquels huit centimes (0ᶠ 08ᶜ) existaient déjà de 1881 à 1883 inclusivement, en vertu d'un arrêté du 6 mai 1871, et devaient rester libres de toute affectation pendant cette période triennale) ;

Vingt centimes (0ᶠ 20ᶜ) de 1894 à 1900 inclusivement.

Le produit de cette imposition, évalué à un million trente-six mille francs (1,036,000ᶠ) environ, servira, avec un prélèvement sur les revenus tant ordinaires qu'extraordinaires, au remboursement, en principal et intérêts, de la fraction d'emprunt de sept cent mille francs (700,000ᶠ) à la charge de la ville.

5. Sont déclarées d'utilité publique, à Châteauroux, la construction d'un abattoir et la création de deux voies destinées à en faciliter l'accès et à en dégager les abords.

En conséquence, cette ville est autorisée à acquérir des sieurs *Ganjard*, *Berthelot* et autres, soit à l'amiable, au prix fixé d'après une expertise contradictoire, soit, s'il y a lieu, par voie d'expropriation, conformément aux prescriptions de la loi du 3 mai 1841, diverses parcelles de terrain contenant un hectare soixante-huit ares trente-deux centiares et estimées dix-neuf mille deux cent quatre-vingt-dix-sept francs (19,297ᶠ), telles, au surplus, qu'elles sont désignées au plan qui a servi de base à l'enquête mentionnée ci-dessus.

Le payement de ces acquisitions et des travaux qui s'y rattachent sera couvert au moyen d'un prélèvement sur l'emprunt ci-dessus autorisé.

6. La somme de neuf cent mille francs (900,000ᶠ), montant de l'avance, sera versée à la caisse du receveur des finances en trois termes échelonnés à une année d'intervalle, savoir :

Après la réalisation de l'emprunt, et au plus tard le 31 mars 1875, trois cent mille francs (300,000ᶠ) ;

Un an après le premier versement, et au plus tard le 31 mars 1876, trois cent mille francs (300,000ᶠ) ;

Un an après le deuxième versement, et au plus tard le 31 mars 1877, trois cent mille francs (300,000ᶠ).

Les sommes versées à titre d'avance porteront intérêt au taux maximum de cinq pour cent, à dater de l'époque des versements, et l'amortissement, calculé également au taux maximum de cinq pour cent, sera effectué, pour chaque versement, en douze annuités payables par termes semestriels.

7. Les ministres de l'intérieur, de la guerre et des finances sont

chargés, chacun en ce qui le concerne, de l'exécution du présent décret.

Fait à Paris, le 26 Novembre 1874.

Signé M¹ DE MAC MAHON.

Le Ministre des finances,	Le Vice-Président du Conseil, Ministre de la guerre,	Le Ministre ·e l'intérieur,
Signé MATHIEU-BODET.	Signé G^d E. DE CISSEY.	Signé G^al DE CHABAUD LA TOUR.

RÉPUBLIQUE FRANÇAISE.

N° 3783. — DÉCRET qui approuve la Convention passée entre le département de la Guerre et le Maire de Tulle, et relative à l'extension du Casernement dans cette ville.

Du 26 Novembre 1874.

LE PRÉSIDENT DE LA RÉPUBLIQUE FRANÇAISE,

Vu la loi du 4 août 1874, relative aux dépenses du casernement de l'armée;

Le Conseil des ministres entendu,

DÉCRÈTE :

ART. 1". La convention passée entre le département de la guerre et le maire de Tulle (Corrèze), et relative au concours de la ville dans la dépense résultant de l'extension du casernement, est définitivement approuvée.

Un exemplaire de cet acte restera annexé au présent décret.

2. La ville de Tulle (Corrèze) est autorisée, pour remplir ses engagements, à emprunter, à un taux d'intérêt qui ne pourra excéder cinq pour cent et par termes remboursables en douze années, une somme de cent quinze mille francs (115,000^f), savoir :

A titre de subside, vingt-cinq mille francs (25,000^f) ;
A titre d'avance, quatre-vingt-quinze mille francs (95,000^f).

Cet emprunt pourra être réalisé, soit avec publicité et concurrence, soit de gré à gré, soit par voie de souscriptions, avec faculté d'émettre des obligations au porteur ou transmissibles par voie d'endossement, soit directement à la caisse des dépôts et consignations, aux conditions de cet établissement.

Les conditions des souscriptions à ouvrir ou des traités à passer de gré à gré seront préalablement soumises à l'approbation du ministre de l'intérieur.

3. Ledit emprunt sera exempt des droits de timbre mis par la loi à la charge des communes. Cette exemption devra être mentionnée dans le corps même des titres à émettre, ainsi que la date tant de la loi d'autorisation du 4 août 1874 que du présent décret.

4. La même ville est autorisée à s'imposer extraordinairement pendant douze ans, à partir de 1875, trois centimes (o'o3°) additionnels au principal de ses quatre contributions directes, devant rapporter une somme totale de vingt-quatre mille francs (24,000') environ, pour servir, avec un prélèvement sur ses revenus, au remboursement, en principal et intérêts, de la portion de l'emprunt à sa charge.

5. La somme de quatre-vingt-quinze mille francs (95,000'), montant de l'avance à faire à l'État, sera versée à la caisse du receveur des finances en trois termes échelonnés à une année d'intervalle, savoir :

Après la réalisation de l'emprunt, et au plus tard le 31 mars 1875, trente mille francs (30,000');

Un an après le premier versement, et au plus tard le 31 mars 1876, trente-deux mille cinq cents francs (32,500');

Un an après le deuxième versement, et au plus tard le 31 mars 1877, trente-deux mille cinq cents francs (32,500').

Les sommes versées à titre d'avance porteront intérêt au taux maximum de cinq pour cent, à dater de l'époque des versements, et l'amortissement, calculé également au taux maximum de cinq pour cent, sera effectué, pour chaque versement, en douze annuités payables par termes semestriels.

6. Les ministres de l'intérieur, de la guerre et des finances sont chargés, chacun en ce qui le concerne, de l'exécution du présent décret.

Fait à Paris, le 26 Novembre 1874.

Signé M°¹ DE MAC MAHON.

Le Ministre des finances,
Signé MATHIEU-BODET.

Le Vice-Président du Conseil,
Ministre de la guerre,
Signé G°¹ E. DE CISSEY.

Le Ministre de l'intérieur,
Signé G°¹ DE CHABAUD LA TOUR.

RÉPUBLIQUE FRANÇAISE.

N° 3784. — DÉCRET qui approuve la Convention passée entre le département de la Guerre et le Maire d'Auxonne, et relative à l'extension du Casernement dans cette ville.

Du 27 Novembre 1874.

LE PRÉSIDENT DE LA RÉPUBLIQUE FRANÇAISE,

Vu la loi du 4 août 1874, relative aux dépenses du casernement de l'armée;

Le Conseil des ministres entendu,

DÉCRÈTE :

ART. 1ᵉʳ. La convention passée entre le département de la guerre et le maire d'Auxonne (Côte-d'Or), et relative au concours de la ville

XII° Série.   63

dans la dépense résultant de l'extension du casernement, est définitivement approuvée.

Un exemplaire de cet acte restera annexé au présent décret.

2. La ville d'Auxonne (Côte-d'Or) est autorisée, pour remplir ses engagements, à emprunter, à un taux d'intérêt qui ne pourra excéder six pour cent, une somme de deux cent cinquante mille francs (250,000ᶠ), savoir :

1° A titre de subside, cent mille francs (100,000ᶠ), remboursables en treize ans, à partir de 1875;

2° A titre d'avance, cent cinquante mille francs (150,000ᶠ), qui seront remboursés par l'Etat aux conditions ci-après déterminées.

Cet emprunt pourra être réalisé, soit avec publicité et concurrence, soit de gré à gré, soit par voie de souscriptions, avec faculté d'émettre des obligations au porteur ou transmissibles par voie d'endossement, soit directement à la caisse des dépôts et consignations, aux conditions de cet établissement.

Les conditions des souscriptions à ouvrir ou des traités à passer de gré à gré seront préalablement soumises à l'approbation du ministre de l'intérieur.

3. Ledit emprunt sera exempt des droits de timbre mis par la loi à la charge des communes. Cette exemption devra être mentionnée dans le corps même, des titres à émettre; ainsi que la date tant de la loi d'autorisation du 4 août 1874 que du présent décret.

4. La ville d'Auxonne est autorisée à s'imposer extraordinairement pendant treize ans, à partir de 1875, vingt-quatre centimes (0ᶠ 24ᶜ) additionnels au principal de ses quatre contributions directes, devant rapporter une somme totale de cent cinquante-six mille francs (156,000ᶠ) environ, tant pour le remboursement, en principal et intérêts, du subside de cent mille francs (100,000ᶠ), que pour acquitter, au besoin, la différence entre les intérêts à servir aux prêteurs de l'avance de cent cinquante mille francs (150,000ᶠ) et le montant des annuités remboursées par l'État.

5. La somme de cent cinquante mille francs (150,000ᶠ), montant de l'avance à faire à l'État par la ville d'Auxonne, sera versée à la caisse du receveur des finances en trois termes échelonnés à une année d'intervalle, savoir :

Après la réalisation de l'emprunt, et au plus tard le 31 mars 1875, cinquante mille francs (50,000ᶠ);

Un an après le premier versement, et au plus tard le 31 mars 1876, cinquante mille francs (50,000ᶠ);

Un an après le deuxième versement, et au plus tard le 31 mars 1877, cinquante mille francs (50,000ᶠ).

Les sommes versées à titre d'avance porteront intérêt au taux maximum de cinq pour cent, à dater de l'époque des versements, et l'amortissement, calculé également au taux maximum de cinq pour cent, sera effectué, pour chaque versement, en douze années payables par termes semestriels.

6. Les ministres de l'intérieur, de la guerre et des finances sont

chargés, chacun en ce qui le concerne, de l'exécution du, présent décret.

Fait à Paris, le 27 Novembre 1874.

Signé M¹ DE MAC MAHON.

Le Ministre des finances,	*Le Vice-Président du Conseil,*	*Le Ministre de l'intérieur,*
Signé MATHIEU-BODET.	*Ministre de la guerre,*	
	Signé G¹ E. DE CISSEY.	Signé G¹ DE CHABAUD LA TOUR.

RÉPUBLIQUE FRANÇAISE.

N° 3785. — *DÉCRET qui approuve la Convention passée entre le département de la Guerre et le Maire de Besançon, et relative à l'extension du Casernement dans cette ville.*

Du 27 Novembre 1874.

LE PRÉSIDENT DE LA RÉPUBLIQUE FRANÇAISE,

Vu la loi du 4 août 1874, relative aux dépenses du casernement de l'armée;

Le Conseil des ministres entendu,

DÉCRÈTE :

ART. 1ᵉʳ. La convention passée entre le département de la guerre et le maire de Besançon (Doubs), et relative au concours de la ville dans la dépense résultant de l'extension du casernement, est définitivement approuvée.

Un exemplaire de cet acte restera annexé au présent décret.

2. La ville de Besançon (Doubs) est autorisée, pour remplir ses engagements, à emprunter, à titre d'avance et à un taux d'intérêt qui ne pourra excéder cinq pour cent, une somme de neuf cent soixante mille francs (960,000'), qui sera remboursée par l'État aux conditions ci-après déterminées.

Cet emprunt pourra être réalisé, soit avec publicité et concurrence, soit de gré à gré, soit par voie de souscriptions, avec faculté d'émettre des obligations au porteur ou transmissibles par voie d'endossement, soit directement à la caisse des dépôts et consignations, aux conditions de cet établissement.

Les conditions des souscriptions à ouvrir ou des traités à passer de gré à gré seront préalablement soumises à l'approbation du ministre de l'intérieur.

3. Ledit emprunt sera exempt des droits de timbre mis par la loi à la charge des communes. Cette exemption devra être mentionnée dans le corps même des titres à émettre, ainsi que la date tant de la loi d'autorisation du 4 août 1874 que du présent décret.

4. La somme de neuf cent soixante mille francs (960,000^f), montant de l'avancé à faire à l'État par la ville de Besançon, sera versé à la caisse du receveur des finances en trois termes échelonnés à une année d'intervalle, savoir :

Après la réalisation de l'emprunt, et au plus tard le 31 mai 1875, trois cent vingt mille francs (320,000^f);

Un an après le premier versement, et au plus tard le 31 mai 1876, trois cent vingt mille francs (320,000^f);

Un an après le deuxième versement, et au plus tard le 31 mai 1877, trois cent vingt mille francs (320,000^f).

Les sommes versées à titre d'avance porteront intérêt au taux maximum de cinq pour cent, à dater de l'époque des versements, et l'amortissement, calculé également au taux maximum de cinq pour cent, sera effectué, pour chaque versement, en douze annuités payables par termes semestriels.

5. Les ministres de l'intérieur, de la guerre et des finances sont chargés, chacun en ce qui le concerne, de l'exécution du présent décret.

Fait à Paris, le 27 Novembre 1874.

Signé M^{al} DE MAC MAHON.

Le Ministre des finances,
Signé MATHIEU-BODET.

Le Vice-Président du Conseil,
Ministre de la guerre,
Signé Gal E. DE CISSEY.

Le Ministre de l'intérieur,
Signé G^{al} DE CHABAUD LA TOUR.

RÉPUBLIQUE FRANÇAISE.

N° 3786. — DÉCRET qui approuve la Convention passée entre le département de la Guerre et le Maire de Moulins, et relative à l'extension du Casernement dans cette ville.

Du 27 Novembre 1874.

LE PRÉSIDENT DE LA RÉPUBLIQUE FRANÇAISE,

Vu la loi du 4 août 1874, relative aux dépenses du casernement de l'armée;

Le Conseil des ministres entendu,

DÉCRÈTE :

ART. 1er. La convention passée entre le département de la guerre et le maire de Moulins (Allier), et relative au concours de la ville dans la dépense résultant de l'extension du casernement, est définitivement approuvée.

Un exemplaire de cet acte restera annexé au présent décret.

2. La ville de Moulins (Allier) est autorisée, pour remplir ses engagements, à emprunter, à un taux d'intérêt qui ne pourra excéder cinq pour cent, une somme de trois cent trente-trois mille francs (333,000^f), savoir :

A titre de subside, soixante-huit mille francs (68,000'), rembour-sables en douze années, à partir de 1875;

A titre d'avance, deux cent soixante-cinq mille francs (265,000'), qui seront remboursés par l'État aux conditions ci-après déter-minées.

Cet emprunt pourra être réalisé, soit avec publicité et concur-rence, soit de gré à gré, soit par voie de souscriptions, avec faculté l'émettre des obligations au porteur ou transmissibles par voie d'en-lossement, soit directement à la caisse des dépôts et consignations, ux conditions de cet établissement.

Les conditions des souscriptions à ouvrir ou des traités à passer le gré à gré seront préalablement soumises à l'approbation du mi-nistre de l'intérieur.

3. Ledit emprunt sera exempt des droits de timbre mis par la loi à la charge des communes. Cette exemption devra être mentionnée dans le corps même des titres à émettre, ainsi que la date tant de la oi d'autorisation du 4 août 1874 que du présent décret.

4. La même ville est autorisée à s'imposer extraordinairement pen-dant douze ans, à partir de 1875, quatre centimes (0' 04°) au principal les quatre contributions directes, devant rapporter une somme totale de quatre-vingt-quinze mille francs (95,000') environ, pour le remboursement, en principal et intérêts, du subside de soixante-huit mille francs (68,000').

5. La somme de deux cent soixante-cinq mille francs (265,000'), montant de l'avance à faire à l'État par la ville de Moulins, sera versée à la caisse du receveur des finances en trois termes échelonnés à une année d'intervalle, savoir:

Après la réalisation de l'emprunt, et au plus tard le 31 mars 875, quatre-vingt-cinq mille francs (85,000'):

Un an après le premier versement, et au plus tard le 31 mars 876, quatre-vingt-dix mille francs (90,000');

Un an après le deuxième versement, et au plus tard le 31 mars 877, quatre-vingt-dix mille francs (90,000').

Les sommes versées à titre d'avance porteront intérêt au taux maximum de cinq pour cent, à dater de l'époque des versements, l'amortissement, calculé également au taux maximum de cinq sur cent, sera effectué, pour chaque versement, en douze annuités payables par termes semestriels.

6. Les ministres de l'intérieur, de la guerre et des finances sont chargés, chacun en ce qui le concerne, de l'exécution du présent décret.

Fait à Paris, le 27 Novembre 1874.

Signé M* DE MAC MAHON.

Le Ministre des finances,
Signé MATHIEU-BODET.

Le Vice-Président du Conseil,
Ministre de la guerre,
Signé G* E. DE CISSEY.

Le Ministre de l'intérieur,
Signé G* DE CHABAUD LA TOUR.

RÉPUBLIQUE FRANÇAISE.

N° 3782. — *Décret qui approuve la Convention passée entre le département*
la Guerre et le Maire de Châteauroux, et relative à l'extension du Cas
dans cette ville.

Du 26 Novembre 1874.

Le Président de la République française,

Vu la loi du 4 août 1874, relative aux dépenses du casernement
l'armée;
Les délibérations du conseil municipal de Châteauroux (Indre), des 10
vrier et 21 juin 1873;
Le procès-verbal de l'enquête à laquelle il a été procédé, les 26, 27
28 mai 1873;
L'avis du commissaire enquêteur;
Celui du préfet et les autres pièces de l'affaire;
L'ordonnance du 23 août 1835 [1] et la loi du 3 mai 1841;
Le décret du 1er août 1864;
Le Conseil des ministres entendu,

Décrète :

Art. 1er. La convention passée entre le département de la
et le maire de Châteauroux (Indre), et relative au concours de la
dans la dépense résultant de l'extension du casernement, est
tivement approuvée.
Un exemplaire de cet acte restera annexé au présent décret.
2. La ville de Châteauroux (Indre) est autorisée, pour remplir
engagements, à emprunter une somme de un million six cent
francs (1,600,000ᶠ), savoir :
1° A titre de subside, et à un taux d'intérêt qui n'excède pas
pour cent, sept cent mille francs (700,000ᶠ), remboursables
vingt ans, à partir de 1881;
2° A titre d'avance, et à un taux d'intérêt qui ne pourra ex
cinq pour cent, neuf cent mille francs (900,000ᶠ), qui seront
boursés par l'État aux conditions ci-après déterminées.
Cet emprunt pourra être réalisé, soit avec publicité et con
rence, soit de gré à gré, soit par voie de souscriptions, avec fa
d'émettre des obligations au porteur ou transmissibles par voie d
dossement, soit directement à la caisse des dépôts et con
aux conditions de cet établissement.
Les conditions des souscriptions à ouvrir ou des traités à pas
gré à gré seront préalablement soumises à l'approbation du
de l'intérieur.

[1] IX° série, 2° partie, 1re section, Bull. 378, n° 5906.

s, chacun en ce qui le concérne, de l'exécution du présent

à Paris, le 27 Novembre 1874.

Signé M^d DE MAC MAHON.

.. ..tre des finances,   Le Vice-Président du Conseil,   Le Ministre de l'intérieur,
MATHIEU-BODET..   Ministre de la guerre, .
                         Signé G^d E. DE CISSEY.   Signé G^d DE CHABAUD LA TOUR

RÉPUBLIQUE FRANÇAISE.

38. — DÉCRET qui approuve la Convention passée entre le département de
guerre et le Maire de Dijon, et relative à l'extension du Casernement dans
la ville.

Du 27 Novembre 1874.

PRÉSIDENT DE LA RÉPUBLIQUE FRANÇAISE,

la loi du 4 août 1874, relative aux dépenses du casernement de
e;

Conseil des ministres entendu,

RÈTE :

ART. 1er. La convention passée entre le département de la guerre
maire de Dijon (Côte-d'Or), et relative au concours de la ville
la dépense résultant de l'extension du casernement, est défini-
ment approuvée.

exemplaire de cet acte restera annexé au présent décret.

La ville de Dijon (Côte-d'Or) est autorisée, pour remplir ses
agements, à emprunter, à titre d'avance et moyennant un taux
térêt qui ne pourra excéder cinq pour cent, une somme de trois
t mille francs (300,000^f), qui lui sera remboursée par l'Etat aux
ditions ci-après déterminées.

et emprunt pourra être réalisé, soit avec publicité et concur-
ce, soit de gré à gré, soit par voie de souscriptions, avec faculté
mettre des obligations au porteur ou transmissibles par voie d'en-
sement, soit directement à la caisse des dépôts et consignations,
conditions de cet établissement.

Les conditions des souscriptions à ouvrir ou des traités à passer de
à gré seront préalablement soumises à l'approbation du ministre
l'intérieur.

3. Ledit emprunt sera exempt des droits de timbre mis par la lo
charge des communes. Cette exemption devra être mentionnée
ns le corps même des titres à émettre, ainsi que la date tant de
loi d'autorisation du 4 août 1874 que du présent décret.

4. La somme de trois cent mille francs (300,000^f), montant des

RÉPUBLIQUE FRANÇAISE.

N° 3782. — DÉCRET qui approuve la Convention passée entre le département de la Guerre et le Maire de Châteauroux, et relative à l'extension du Casernement dans cette ville.

Du 26 Novembre 1874.

LE PRÉSIDENT DE LA RÉPUBLIQUE FRANÇAISE,

Vu la loi du 4 août 1874, relative aux dépenses du casernement de l'armée;

Les délibérations du conseil municipal de Châteauroux (Indre), des 10 février et 21 juin 1873;

Le procès-verbal de l'enquête à laquelle il a été procédé, les 26, 27 et 28 mai 1873;

L'avis du commissaire enquêteur;

Celui du préfet et les autres pièces de l'affaire;

L'ordonnance du 23 août 1835 [1] et la loi du 3 mai 1841;

Le décret du 1er août 1864;

Le Conseil des ministres entendu,

DÉCRÈTE:

ART. 1er. La convention passée entre le département de la guerre et le maire de Châteauroux (Indre), et relative au concours de la ville dans la dépense résultant de l'extension du casernement, est définitivement approuvée.

Un exemplaire de cet acte restera annexé au présent décret.

2. La ville de Châteauroux (Indre) est autorisée, pour remplir ses engagements, à emprunter une somme de un million six cent mille francs (1,600,000'), savoir:

1° A titre de subside, et à un taux d'intérêt qui n'excède pas si pour cent, sept cent mille francs (700,000'), remboursables en vingt ans, à partir de 1881;

2° A titre d'avance, et à un taux d'intérêt qui ne pourra excéder cinq pour cent, neuf cent mille francs (900,000'), qui seront remboursés par l'État aux conditions ci-après déterminées.

Cet emprunt pourra être réalisé, soit avec publicité et concurrence, soit de gré à gré, soit par voie de souscriptions, avec faculté d'émettre des obligations au porteur ou transmissibles par voie d'endossement, soit directement à la caisse des dépôts et consignations aux conditions de cet établissement.

Les conditions des souscriptions à ouvrir ou des traités à passer de gré à gré seront préalablement soumises à l'approbation du ministre de l'intérieur.

[1] IXe série, 2e partie, 1re section, Bull. 378, n° 5906.

3. Ledit emprunt sera exempt des droits de timbre mis par la loi à la charge des communes. Cette exemption devra être mentionnée dans le corps même des titres à émettre, ainsi que la date tant de la loi d'autorisation du 4 août 1874 que du présent décret.

4. La ville de Châteauroux est autorisée à s'imposer extraordinairement pendant vingt-six ans, à partir de 1875, et par addition au principal de ses quatre contributions directes, savoir :

Vingt centimes (0ᶠ 20ᶜ) de 1875 à 1880 inclusivement ;

Quarante centimes (0ᶠ 40ᶜ) de 1881 à 1893 inclusivement (sur lesquels huit centimes (0ᶠ 08ᶜ) existaient déjà de 1881 à 1883 inclusivement, en vertu d'un arrêté du 6 mai 1871, et devaient rester libres de toute affectation pendant cette période triennale) ;

Vingt centimes (0ᶠ 20ᶜ) de 1894 à 1900 inclusivement.

Le produit de cette imposition, évalué à un million trente-six mille francs (1,036,000ᶠ) environ, servira, avec un prélèvement sur les revenus tant ordinaires qu'extraordinaires, au remboursement, en principal et intérêts, de la fraction d'emprunt de sept cent mille francs (700,000ᶠ) à la charge de la ville.

5. Sont déclarées d'utilité publique, à Châteauroux, la construction d'un abattoir et la création de deux voies destinées à en faciliter l'accès et à en dégager les abords.

En conséquence, cette ville est autorisée à acquérir des sieurs *Ganiard*, *Berthelot* et autres, soit à l'amiable, au prix fixé d'après une expertise contradictoire, soit, s'il y a lieu, par voie d'expropriation, conformément aux prescriptions de la loi du 3 mai 1841, diverses parcelles de terrain contenant un hectare soixante-huit ares trente-deux centiares et estimées dix-neuf mille deux cent quatre-vingt-dix-sept francs (19,297ᶠ), telles, au surplus, qu'elles sont désignées au plan qui a servi de base à l'enquête mentionnée ci-dessus.

Le payement de ces acquisitions et des travaux qui s'y rattachent sera couvert au moyen d'un prélèvement sur l'emprunt ci-dessus autorisé.

6. La somme de neuf cent mille francs (900,000ᶠ), montant de l'avance, sera versée à la caisse du receveur des finances en trois termes échelonnés à une année d'intervalle, savoir :

Après la réalisation de l'emprunt, et au plus tard le 31 mars 1875, trois cent mille francs (300,000ᶠ) ;

Un an après le premier versement, et au plus tard le 31 mars 1876, trois cent mille francs (300,000ᶠ) ;

Un an après le deuxième versement, et au plus tard le 31 mars 1877, trois cent mille francs (300,000ᶠ).

Les sommes versées à titre d'avance porteront intérêt au taux maximum de cinq pour cent, à dater de l'époque des versements, et l'amortissement, calculé également au taux maximum de cinq pour cent, sera effectué, pour chaque versement, en douze annuités payables par termes semestriels.

7. Les ministres de l'intérieur, de la guerre et des finances sont

chargés, chacun en ce qui le concerne, de l'exécution du présent décret.

Fait à Paris, le 26 Novembre 1874.

Signé M^al DE MAC MAHON.

Le Ministre des finances,	Le Vice-Président du Conseil,	Le Ministre de l'intérieur,
Signé MATHIEU - BODET.	Ministre de la guerre,	Signé G^al DE CHABAUD LA TOUR.
	Signé Gal E. DE CISSEY.	

RÉPUBLIQUE FRANÇAISE.

N° 3783. — DÉCRET qui approuve la Convention passée entre le département de la Guerre et le Maire de Tulle, et relative à l'extension du Casernement dans cette ville.

Du 26 Novembre 1874.

LE PRÉSIDENT DE LA RÉPUBLIQUE FRANÇAISE,

Vu la loi du 4 août 1874, relative aux dépenses du casernement de l'armée;

Le Conseil des ministres entendu,

DÉCRÈTE :

ART. 1er. La convention passée entre le département de la guerre et le maire de Tulle (Corrèze), et relative au concours de la ville dans la dépense résultant de l'extension du casernement, est définitivement approuvée.

Un exemplaire de cet acte restera annexé au présent décret.

2. La ville de Tulle (Corrèze) est autorisée, pour remplir ses engagements, à emprunter, à un taux d'intérêt qui ne pourra excéder cinq pour cent et par termes remboursables en douze années, une somme de cent quinze mille francs (115,000^f), savoir :

A titre de subside, vingt-cinq mille francs (25,000^f) ;
A titre d'avance, quatre-vingt-quinze mille francs (95,000^f).

Cet emprunt pourra être réalisé, soit avec publicité et concurrence, soit de gré à gré, soit par voie de souscriptions, avec faculté d'émettre des obligations au porteur ou transmissibles par voie d'endossement, soit directement à la caisse des dépôts et consignations, aux conditions de cet établissement.

Les conditions des souscriptions à ouvrir ou des traités à passer de gré à gré seront préalablement soumises à l'approbation du ministre de l'intérieur.

3. Ledit emprunt sera exempt des droits de timbre mis par la loi à la charge des communes. Cette exemption devra être mentionnée dans le corps même des titres à émettre, ainsi que la date tant de la loi d'autorisation du 4 août 1874 que du présent décret.

4. La même ville est autorisée à s'imposer extraordinairement pendant douze ans, à partir de 1875, trois centimes (0ᶠ03ᶜ) additionnels au principal de ses quatre contributions directes, devant rapporter une somme totale de vingt-quatre mille francs (24,000ᶠ) environ, pour servir, avec un prélèvement sur ses revenus, au remboursement, en principal et intérêts, de la portion de l'emprunt à sa charge.

5. La somme de quatre-vingt-quinze mille francs (95,000ᶠ), montant de l'avance à faire à l'État, sera versée à la caisse du receveur des finances en trois termes échelonnés à une année d'intervalle, savoir :

Après la réalisation de l'emprunt, et au plus tard le 31 mars 1875, trente mille francs (30,000ᶠ);

Un an après le premier versement, et au plus tard le 31 mars 1876, trente-deux mille cinq cents francs (32,500ᶠ);

Un an après le deuxième versement, et au plus tard le 31 mars 1877, trente-deux mille cinq cents francs (32,500ᶠ).

Les sommes versées à titre d'avance porteront intérêt au taux maximum de cinq pour cent, à dater de l'époque des versements, et l'amortissement, calculé également au taux maximum de cinq pour cent, sera effectué, pour chaque versement, en douze annuités payables par termes semestriels.

6. Les ministres de l'intérieur, de la guerre et des finances sont chargés, chacun en ce qui le concerne, de l'exécution du présent décret.

Fait à Paris, le 26 Novembre 1874.

Signé Mᵃˡ DE MAC MAHON.

Le Ministre des finances,
Signé MATHIEU-BODET.

Le Vice-Président du Conseil,
Ministre de la guerre,
Signé Gᵃˡ E. DE CISSEY.

Le Ministre de l'intérieur,
Signé Gᵃˡ DE CHABAUD LA TOUR.

RÉPUBLIQUE FRANÇAISE.

N° 3784. — DÉCRET qui approuve la Convention passée entre le départemen de la Guerre et le Maire d'Auxonne, et relative à l'extension du Casernement dans cette ville.

Du 27 Novembre 1874.

LE PRÉSIDENT DE LA RÉPUBLIQUE FRANÇAISE,

Vu la loi du 4 août 1874, relative aux dépenses du casernement de l'armée;

Le Conseil des ministres entendu,

DÉCRÈTE :

ART. 1ᵉʳ. La convention passée entre le département de la guerre et le maire d'Auxonne (Côte-d'Or), et relative au concours de la ville

dans la dépense résultant de l'extension du casernement, est définitivement approuvée.

Un exemplaire de cet acte restera annexé au présent décret.

2. La ville d'Auxonne (Côte-d'Or) est autorisée, pour remplir ses engagements, à emprunter, à un taux d'intérêt qui ne pourra excéder six pour cent, une somme de deux cent cinquante mille francs (250,000^f), savoir :

1° A titre de subside, cent mille francs (100,000^f), remboursables en treize ans, à partir de 1875;

2° A titre d'avance, cent cinquante mille francs (150,000^f), qui seront remboursés par l'Etat aux conditions ci-après déterminées.

Cet emprunt pourra être réalisé, soit avec publicité et concurrence, soit de gré à gré, soit par voie de souscriptions, avec faculté d'émettre des obligations au porteur ou transmissibles par voie d'endossement, soit directement à la caisse des dépôts et consignations, aux conditions de cet établissement.

Les conditions des souscriptions à ouvrir ou des traités à passer de gré à gré seront préalablement soumises à l'approbation du ministre de l'intérieur.

3. Ledit emprunt sera exempt des droits de timbre mis par la loi à la charge des communes. Cette exemption devra être mentionnée dans le corps même des titres à émettre ; ainsi que la date tant de la loi d'autorisation du 4 août 1874 que du présent décret.

4. La ville d'Auxonne est autorisée à s'imposer extraordinairement pendant treize ans, à partir de 1875, vingt-quatre centimes (0^f 24^c) additionnels au principal de ses quatre contributions directes, devant rapporter une somme totale de cent cinquante-six mille francs (156,000^f) environ, tant pour le remboursement, en principal et intérêts, du subside de cent mille francs (100,000^f), que pour acquitter, au besoin, la différence entre les intérêts à servir aux prêteurs de l'avance de cent cinquante mille francs (150,000^f) et le montant des annuités remboursées par l'État.

5. La somme de cent cinquante mille francs (150,000^f), montant de l'avance à faire à l'État par la ville d'Auxonne, sera versée à la caisse du receveur des finances en trois termes échelonnés à une année d'intervalle, savoir :

Après la réalisation de l'emprunt, et au plus tard le 31 mars 1875, cinquante mille francs (50,000^f);

Un an après le premier versement, et au plus tard le 31 mars 1876, cinquante mille francs (50,000^f);

Un an après le deuxième versement, et au plus tard le 31 mars 1877, cinquante mille francs (50,000^f).

Les sommes versées à titre d'avance porteront intérêt au taux maximum de cinq pour cent, à dater de l'époque des versements, et l'amortissement, calculé également au taux maximum de cinq pour cent, sera effectué, pour chaque versement, en douze années payables par termes semestriels.

6. Les ministres de l'intérieur, de la guerre et des finances sont

chargés, chacun en ce qui le concerne, de l'exécution du présent décret.

  Fait à Paris, le 27 Novembre 1874.

Signé M⁺¹ DE MAC MAHON.

Le Ministre des finances,   Le Vice-Président du Conseil,   Le Ministre de l'intérieur,
Signé MATHIEU-BODET.   Ministre de la guerre,   Signé G⁺¹ DE CHABAUD LA TOUR.
                                 Signé G⁺¹ E. DE CISSEY.

RÉPUBLIQUE FRANÇAISE.

N° 3785. — DÉCRET qui approuve la Convention passée entre le département de la Guerre et le Maire de Besançon, et relative à l'extension du Casernement dans cette ville.

Du 27 Novembre 1874.

LE PRÉSIDENT DE LA RÉPUBLIQUE FRANÇAISE,

Vu la loi du 4 août 1874, relative aux dépenses du casernement de l'armée;

Le Conseil des ministres entendu,

DÉCRÈTE :

ART. 1ᵉʳ. La convention passée entre le département de la guerre et le maire de Besançon (Doubs), et relative au concours de la ville dans la dépense résultant de l'extension du casernement, est définitivement approuvée.

Un exemplaire de cet acte restera annexé au présent décret.

2. La ville de Besançon (Doubs) est autorisée, pour remplir ses engagements, à emprunter, à titre d'avance et à un taux d'intérêt qui ne pourra excéder cinq pour cent, une somme de neuf cent soixante mille francs (960,000ᶠ), qui sera remboursée par l'État aux conditions ci-après déterminées.

Cet emprunt pourra être réalisé, soit avec publicité et concurrence, soit de gré à gré, soit par voie de souscriptions, avec faculté d'émettre des obligations au porteur ou transmissibles par voie d'endossement, soit directement à la caisse des dépôts et consignations, aux conditions de cet établissement.

Les conditions des souscriptions à ouvrir ou des traités à passer de gré à gré seront préalablement soumises à l'approbation du ministre de l'intérieur.

3. Ledit emprunt sera exempt des droits de timbre mis par la loi à la charge des communes. Cette exemption devra être mentionnée dans le corps même des titres à émettre, ainsi que la date tant de la loi d'autorisation du 4 août 1874 que du présent décret.

63.

4. La somme de neuf cent soixante mille francs (960,000ᶠ), montant de l'avancé à faire à l'État par la ville de Besançon, sera versé à la caisse du receveur des finances en trois termes échelonnés à une année d'intervalle, savoir :

Après la réalisation de l'emprunt, et au plus tard le 31 mars 1875, trois cent vingt mille francs (320,000ᶠ);

Un an après le premier versement, et au plus tard le 31 mars 1876, trois cent vingt mille francs (320,000ᶠ);

Un an après le deuxième versement, et au plus tard le 31 mars 1877, trois cent vingt mille francs (320,000ᶠ).

Les sommes versées à titre d'avance porteront intérêt au taux maximum de cinq pour cent, à dater de l'époque des versements, et l'amortissement, calculé également au taux maximum de cinq pour cent, sera effectué, pour chaque versement, en douze annuités payables par termes semestriels.

5. Les ministres de l'intérieur, de la guerre et des finances sont chargés, chacun en ce qui le concerne, de l'exécution du présent décret.

Fait à Paris, le 27 Novembre 1874.

Signé Mᵃˡ DE MAC MAHON.

Le Ministre des finances,
Signé MATHIEU-BODET.

Le Vice-Président du Conseil,
Ministre de la guerre,
Signé Gᵃˡ E. DE CISSEY.

Le Ministre de l'intérieur,
Signé Gᵃˡ DE CHABAUD LA TOUR.

RÉPUBLIQUE FRANÇAISE.

N° 3786. — *Décret qui approuve la Convention passée entre le département de la Guerre et le Maire de Moulins, et relative à l'extension du Casernement dans cette ville.*

Du 27 Novembre 1874.

LE PRÉSIDENT DE LA RÉPUBLIQUE FRANÇAISE,

Vu la loi du 4 août 1874, relative aux dépenses du casernement de l'armée;

Le Conseil des ministres entendu,

DÉCRÈTE :

ART. 1ᵉʳ. La convention passée entre le département de la guerre et le maire de Moulins (Allier), et relative au concours de la ville dans la dépense résultant de l'extension du casernement, est définitivement approuvée.

Un exemplaire de cet acte restera annexé au présent décret.

2. La ville de Moulins (Allier) est autorisée, pour remplir ses engagements, à emprunter, à un taux d'intérêt qui ne pourra excéder cinq pour cent, une somme de trois cent trente-trois mille francs 333,000ᶠ), savoir :

A titre de subside, soixante-huit mille francs (68,000ᶠ), remboursables en douze années, à partir de 1875;

A titre d'avance, deux cent soixante-cinq mille francs (265,000ᶠ),
qui seront remboursés par l'État aux conditions ci-après déterminées.

Cet emprunt pourra être réalisé, soit avec publicité et concurrence, soit de gré à gré, soit par voie de souscriptions, avec faculté
d'émettre des obligations au porteur ou transmissibles par voie d'endossement, soit directement à la caisse des dépôts et consignations,
aux conditions de cet établissement.

Les conditions des souscriptions à ouvrir ou des traités à passer
de gré à gré seront préalablement soumises à l'approbation du ministre de l'intérieur.

3. Ledit emprunt sera exempt des droits de timbre mis par la loi
à la charge des communes. Cette exemption devra être mentionnée
dans le corps même des titres à émettre, ainsi que la date tant de la
loi d'autorisation du 4 août 1874 que du présent décret.

4. La même ville est autorisée à s'imposer extraordinairement pendant douze ans, à partir de 1875, quatre centimes (0ᶠ04ᶜ) au principal
des quatre contributions directes, devant rapporter une somme
totale de quatre-vingt-quinze mille francs (95,000ᶠ) environ, pour le
remboursement, en principal et intérêts, du subside de soixante-huit
mille francs (68,000ᶠ).

5. La somme de deux cent soixante-cinq mille francs (265,000ᶠ),
montant de l'avance à faire à l'État par la ville de Moulins, sera versée
à la caisse du receveur des finances en trois termes échelonnés à
une année d'intervalle, savoir:

Après la réalisation de l'emprunt, et au plus tard le 31 mars
1875, quatre-vingt-cinq mille francs (85,000ᶠ);

Un an après le premier versement, et au plus tard le 31 mars
1876, quatre-vingt-dix mille francs (90,000ᶠ);

Un an après le deuxième versement, et au plus tard le 31 mars
1877, quatre-vingt-dix mille francs (90,000ᶠ).

Les sommes versées à titre d'avance porteront intérêt au taux
maximum de cinq pour cent, à dater de l'époque des versements,
et l'amortissement, calculé également au taux maximum de cinq
pour cent, sera effectué, pour chaque versement, en douze annuités
payables par termes semestriels.

6. Les ministres de l'intérieur, de la guerre et des finances sont
chargés, chacun en ce qui le concerne, de l'exécution du présent
décret.

Fait à Paris, le 27 Novembre 1874.

Signé Mᵃˡ DE MAC MAHON.

Le Ministre des finances,   Le Vice-Président du Conseil,   Le Ministre de l'intérieur,
Signé MATHIEU-BODET.   Ministre de la guerre,
                           Signé Gᵃˡ E. DE CISSEY.   Signé Gᵃˡ DE CHABAUD LA TOUR.

RÉPUBLIQUE FRANÇAISE.

N° 3787. — Décret *qui approuve la Convention passée entre le département de la Guerre et le Maire de Bourges, et relative à l'extension du Casernement dans cette ville.*

Du 27 Novembre 1874.

LE PRÉSIDENT DE LA RÉPUBLIQUE FRANÇAISE,

Vu la loi du 4 août 1874, relative aux dépenses du casernement de l'armée ;

Le Conseil des ministres entendu,

DÉCRÈTE :

ART. 1er. La convention passée entre le département de la guerre et le maire de Bourges (Cher), et relative au concours de la ville dans la dépense résultant de l'extension du casernement, est définitivement approuvée.

Un exemplaire de cet acte restera annexé au présent décret.

2. La ville de Bourges (Cher) est autorisée, pour remplir ses engagements, à emprunter, à titre d'avance et moyennant un taux d'intérêt qui n'excède pas cinq pour cent, une somme de huit cent mille francs (800,000'), qui lui sera remboursée par l'État aux conditions ci-après déterminées.

Cet emprunt pourra être réalisé, soit avec publicité et concurrence, soit de gré à gré, soit par voie de souscriptions, avec faculté d'émettre des obligations au porteur ou transmissibles par voie d'endossement, soit directement à la caisse des dépôts et consignations, aux conditions de cet établissement.

Les conditions des souscriptions à ouvrir ou des traités à passer de gré à gré seront préalablement soumises à l'approbation du ministre de l'intérieur.

3. Ledit emprunt sera exempt des droits de timbre mis par la à la charge des communes. Cette exemption devra être mentionnée dans le corps même des titres à émettre, ainsi que la date tant la loi d'autorisation du 4 août 1874 que du présent décret.

4. La somme de huit cent mille francs (800,000'), montant l'avance à faire à l'État par la ville de Bourges, sera versée à la caisse du receveur des finances après la réalisation de l'emprunt, et au plus tard le 31 mars 1875.

Cette somme portera intérêt au taux maximum de cinq pour cent à dater de l'époque du versement, et l'amortissement, calculé également au taux maximum de cinq pour cent, sera effectué en douze annuités payables par termes semestriels.

5. Les ministres de l'intérieur, de la guerre et des finances sont

chargés, chacun en ce qui le concerne, de l'exécution du présent décret.

Fait à Paris, le 27 Novembre 1874.

Signé M^{al} DE MAC MAHON.

Le Ministre des finances,	Le Vice-Président du Conseil,	Le Ministre de l'intérieur,
Signé MATHIEU-BODET,	Ministre de la guerre,	Signé G^{al} DE CHABAUD LA TOUR.
	Signé Gal E. DE CISSEY.	

RÉPUBLIQUE FRANÇAISE.

N° 3788. — DÉCRET qui approuve la Convention passée entre le département de la Guerre et le Maire de Dijon, et relative à l'extension du Casernement dans cette ville.

Du 27 Novembre 1874.

LE PRÉSIDENT DE LA RÉPUBLIQUE FRANÇAISE,

Vu la loi du 4 août 1874, relative aux dépenses du casernement de l'armée;

Le Conseil des ministres entendu,

DÉCRÈTE :

ART. 1er. La convention passée entre le département de la guerre et le maire de Dijon (Côte-d'Or), et relative au concours de la ville dans la dépense résultant de l'extension du casernement, est définitivement approuvée.

Un exemplaire de cet acte restera annexé au présent décret.

2. La ville de Dijon (Côte-d'Or) est autorisée, pour remplir ses engagements, à emprunter, à titre d'avance et moyennant un taux d'intérêt qui ne pourra excéder cinq pour cent, une somme de trois cent mille francs (300,000^f), qui lui sera remboursée par l'Etat aux conditions ci-après déterminées.

Cet emprunt pourra être réalisé, soit avec publicité et concurrence, soit de gré à gré, soit par voie de souscriptions, avec faculté d'émettre des obligations au porteur ou transmissibles par voie d'endossement, soit directement à la caisse des dépôts et consignations, aux conditions de cet établissement.

Les conditions des souscriptions à ouvrir ou des traités à passer de gré à gré seront préalablement soumises à l'approbation du ministre de l'intérieur.

3. Ledit emprunt sera exempt des droits de timbre mis par la lo à la charge des communes. Cette exemption devra être mentionnée dans le corps même des titres à émettre, ainsi que la date tant de la loi d'autorisation du 4 août 1874 que du présent décret.

4. La somme de trois cent mille francs (300,000^f), montant des

avances à faire à l'État par la ville de Dijon, sera versée à la caisse du receveur des finances en trois termes échelonnés à une année d'intervalle, savoir :

Après la résalisation de l'emprunt, et au plus tard le 31 mars 1875, cent mille francs (100,000ᶠ);

Un an après le premier versement, et au plus tard le 31 mars 1876, cent mille francs (100,000ᶠ);

Un an après le deuxième versement, et au plus tard le 31 mars 1877, cent mille francs (100,000ᶠ).

Les sommes versées à titre d'avance porteront intérêt au taux maximum de cinq pour cent, à dater de l'époque des versements et l'amortissement, calculé également au taux maximum de cinq pour cent, sera effectué, pour chaque versement, en douze annuités payables par termes semestriels.

5. Les ministres de l'intérieur, de la guerre et des finances sont chargés, chacun en ce qui le concerne, de l'exécution du présent décret.

Fait à Paris, le 27 Novembre 1874.

Signé Mᵃˡ DE MAC MAHON.

Le Ministre des finances,	Le Vice-Président du Conseil, Ministre de la guerre,	Le Ministre de l'intérieur,
Signé MATHIEU-BODET.	Signé Gᵃˡ E. DE CISSEY.	Signé Gᵃˡ DE CHABAUD LA TOUR.

RÉPUBLIQUE FRANÇAISE.

N° 3789. — DÉCRET qui approuve la Convention passée entre le département de la Guerre et le Préfet du Cher, et relative au concours du département dans la dépense résultant de l'extension du Casernement.

Du 28 Novembre 1874.

LE PRÉSIDENT DE LA RÉPUBLIQUE FRANÇAISE,

Vu la loi du 4 août 1874, relative aux dépenses du casernement de l'armée;

Vu la loi du 10 août 1871, article 40;

Vu la délibération du conseil général du Cher, en date du 26 octobre 1874;

Le Conseil des ministres entendu,

DÉCRÈTE :

ART. 1ᵉʳ. La convention passée entre le département de la guerre et le préfet du Cher, et relative au concours du département dans la dépense résultant de l'extension du casernement, est définitivement approuvée.

Un exemplaire de cet acte restera annexé au présent décret.

2. L'emprunt de deux millions six cent mille francs (2,600,000ᶠ) à réaliser par le département du Cher pour le payement de l'avance consentie à l'État sera exempt des droits de timbre. Cette exemption devra être mentionnée dans le corps même des titres à émettre, ainsi que la date tant de la loi du 4 août 1874 que du présent décret.

3. La somme de deux millions six cent mille francs (2,600,000ᶠ) sera versée à la caisse du receveur des finances en trois termes échelonnés à une année d'intervalle, savoir :

Trois cent mille francs (300,000ᶠ) au plus tard le 31 mars 1875;

Un million cent cinquante mille francs (1,150,000ᶠ) un an après le premier versement, et au plus tard le 31 mars 1876;

Un million cent cinquante mille francs (1,150,000ᶠ) un an après le second versement, et au plus tard le 31 mars 1877.

Les sommes versées à titre d'avance porteront intérêt au taux maximum de cinq pour cent, à dater de l'époque des versements, et l'amortissement, calculé également au taux maximum de cinq pour cent, sera effectué, pour chaque versement, en douze annuités payables par termes semestriels.

4. Les ministres de l'intérieur, de la guerre et des finances sont chargés, chacun en ce qui le concerne, de l'exécution du présent décret.

Fait à Paris, le 28 Novembre 1874.

Signé Mᵃˡ DE MAC MAHON.

Le Ministre des finances,	*Le Vice-Président du Conseil,*	*Le Ministre de l'intérieur,*
Signé MATHIEU-BODET.	*Ministre de la guerre,*	Signé Gˡ DE CHABAUD LA TOUR.
	Signé Gˡ E. DE CISSEY.	

RÉPUBLIQUE FRANÇAISE.

N° 3790. — DÉCRET *qui approuve un Échange d'immeubles entre la ville de Belfort et le Génie militaire.*

Du 28 Novembre 1874.

LE PRÉSIDENT DE LA RÉPUBLIQUE FRANÇAISE,

Vu la loi du 4 août 1874, relative aux dépenses du casernement de l'armée;

Le Conseil des ministres entendu,

DÉCRÈTE :

ART. 1ᵉʳ. Est approuvé, sous la réserve de l'accomplissement des formalités hypothécaires destinées à sauvegarder les droits de l'État, l'échange d'immeubles intervenu entre la ville de Belfort et le génie militaire, suivant les indications et descriptions de la convention des plans ci-annexés.

2. Les ministres de l'intérieur, de la guerre et des finances sont chargés, chacun en ce qui le concerne, de l'exécution du présent décret.

Fait à Paris, le 28 Novembre 1874.

Signé M^{al} DE MAC MAHON.

Le Ministre des finances,	Le Vice-Président du Conseil,	Le Ministre de l'intérieur,
Signé MATHIEU-BODET.	Ministre de la guerre,	Signé G^{al} DE CHABAUD LA TOUR.
	Signé Gal E. DE CISSEY.	

RÉPUBLIQUE FRANÇAISE.

N° 3791. — DÉCRET qui approuve la Convention passée entre le département la Guerre et le Maire de Castelnaudary; et relative à l'extension du Casernement dans cette ville.

Du 28 Novembre 1874.

LE PRÉSIDENT DE LA RÉPUBLIQUE FRANÇAISE,

Vu la loi du 4 août 1874, relative aux dépenses du casernement de l'armée;
Le Conseil des ministres entendu,

DÉCRÈTE :

ART. 1er. La convention passée entre le département de la guerre et le maire de Castelnaudary (Aude), et relative au concours de la ville dans la dépense résultant de l'extension du casernement, est définitivement approuvée.

Un exemplaire de cet acte restera annexé au présent décret.

2. La ville de Castelnaudary (Aude) est autorisée, pour remplir ses engagements, à emprunter, savoir :

1° A titre de subside, et moyennant un taux d'intérêt qui ne pourra dépasser, tous frais compris, six francs vingt centimes pour cent, une somme de deux cent soixante-dix mille francs (270,000^f), remboursable en vingt-cinq ans;

2° A titre d'avance, et moyennant un taux d'intérêt qui ne pourra dépasser cinq pour cent, une somme de cinq cent quarante mille francs (540,000^f), qui sera remboursée par l'État aux conditions ci-après déterminées.

Ces emprunts pourront être réalisés, soit avec publicité et concurrence, soit de gré à gré, soit par voie de souscriptions, avec faculté d'émettre des obligations au porteur ou transmissibles par voie d'endossement, soit directement à la caisse des dépôts et consignations ou au Crédit foncier, aux conditions de ces établissements.

Les conditions des souscriptions à ouvrir ou des traités à passer de gré à gré seront préalablement soumises à l'approbation du ministre de l'intérieur.

3. Lesdits emprunts seront exempts des droits de timbre mis par la loi à la charge des communes. Cette exemption devra être mentionnée dans le corps même des titres à émettre, ainsi que la date ant de la loi d'autorisation du 4 août 1874 que du présent décret.

4. La même ville est autorisée à s'imposer extraordinairement pendant vingt-cinq ans, à partir de 1875, huit centimes et demi (0'085) additionnels au principal de ses quatre contributions directes, devant apporter une somme totale de deux cent dix-huit mille sept cent soixante-quinze francs (218,775') environ, pour servir, avec un prélèvement sur les revenus, au remboursement, en principal, intérêts et frais, de l'emprunt de deux cent soixante-dix mille francs (270,000').

5. La somme de cinq cent quarante mille francs (540,000'), montant de l'avance à faire à l'État par la ville de Castelnaudary, sera versée à la caisse du receveur des finances en trois termes échelonnés à une année d'intervalle, savoir :

Après la réalisation de l'emprunt, et au plus tard le 31 mars 1875, cent quatre-vingt mille francs (180,000').

Un an après le premier versement, et au plus tard le 31 mars 1876, cent quatre-vingt mille francs (180,000');

Un an après le deuxième versement, et au plus tard le 31 mars 1877, cent quatre-vingt mille francs (180,000').

Les sommes versées à titre d'avance porteront intérêt au taux maximum de cinq pour cent, à dater de l'époque des versements, et l'amortissement, calculé également au taux maximum de cinq pour cent, sera effectué, pour chaque versement, en douze annuités payables par termes semestriels.

6. Les ministres de l'intérieur, de la guerre et des finances sont chargés, chacun en ce qui le concerne, de l'exécution du présent décret.

Fait à Paris, le 28 Novembre 1874.

Signé M^{al} DE MAC MAHON.

Le Ministre des finances,
Signé MATHIEU-BODET.

Le Vice-Président du Conseil,
Ministre de la guerre,
Signé Gal E. DE CISSEY.

Le Ministre de l'intérieur,
Signé G^{al} DE CHABAUD LA TOUR.

RÉPUBLIQUE FRANÇAISE.

N° 3790. — DÉCRET qui approuve la Convention passée entre le département de la Guerre et le Maire de Falaise, et relative à l'extension du Casernement dans cette ville.

Du 28 Novembre 1874.

LE PRÉSIDENT DE LA RÉPUBLIQUE FRANÇAISE,

Vu la loi du 4 août 1874, relative aux dépenses du casernement à l'armée ;

Les délibérations du conseil municipal de Falaise (Calvados), des 27 février, 9 avril, 9 mai, 18 juin, 25 juillet et 30 septembre 1874 ;

Le procès-verbal de l'enquête à laquelle il a été procédé, les 15, 16, 17 octobre 1874 ;

L'avis du commissaire enquêteur, celui du préfet et les autres pièces l'affaire ;

L'ordonnance du 23 août 1835 [1] ;

La loi du 3 mai 1841 ;

Le Conseil des ministres entendu,

DÉCRÈTE :

ART. 1er. La convention passée entre le département de la gue et le maire de Falaise (Calvados), et relative au concours de la dans la dépense résultant de l'extension du casernement, est défin vement approuvée.

Un exemplaire de cet acte restera annexé au présent décret.

2. La ville de Falaise (Calvados) est autorisée, pour remplir engagements, à emprunter, savoir :

1° A titre de subside, et à un taux d'intérêt qui ne pourra ex tous frais compris, six francs vingt centimes pour cent, une so de trois cent trente mille francs (330,000'), remboursable en t ans ;

2° A titre d'avance, et moyennant un taux d'intérêt qui ne p dépasser cinq pour cent, une somme de deux cent cinquante francs (250,000'), qui lui sera remboursée par l'État aux condi ci-après déterminées.

Ces emprunts pourront être réalisés, soit avec publicité et cor rence, soit de gré a gré, soit par voie de souscriptions, avec fa d'émettre des obligations au porteur ou transmissibles par voie d dossement, soit directement à la caisse des dépôts et consignati ou au Crédit foncier, aux conditions de ces établissements.

Les conditions des souscriptions à ouvrir ou des traités à passer de gré à gré seront préalablement soumises à l'approbation du ministre de l'intérieur.

3. Lesdits emprunts seront exempts des droits de timbre mis par la loi à la charge des communes. Cette exemption devra être men tionnée dans le corps même des titres à émettre, ainsi que la date tant de la loi d'autorisation du 4 août 1874 que du présent décret.

4. La même ville est autorisée à s'imposer extraordinairement pendant trente ans, à partir de 1875, dix-huit centimes (0' 18') ad ditionnels au principal de ses quatre contributions directes, devant rapporter une somme totale de cinq cent soixante-quinze mille francs (575,000') environ, pour servir, avec un prélèvement sur ses re venus tant ordinaires qu'extraordinaires, à rembourser l'emprunt

[1] IV° série, 2° partie, 1° section, Bull. 378, n° 5906.

trois cent trente mille francs (330,000') en principal, intérêts et
ais.

5. Sont déclarés d'utilité publique, dans la ville de Falaise (Cal-
dos), la construction d'une nouvelle caserne et la création de voies
accès pour le dégagement de ses abords, l'établissement d'un
amp de manœuvres avec jardin et d'un champ de tir.

En conséquence, cette ville est autorisée à acquérir des sieurs
spin, Lecornu, Lecour-Bisson et autres, soit à l'amiable, au prix
té d'après une expertise contradictoire, soit, s'il y a lieu, par voie
expropriation, conformément aux prescriptions de la loi du 3 mai
141, diverses parcelles de terrain contenant ensemble douze hec-
res huit ares soixante-quatre centiares et estimées cinquante-sept
ille cent vingt-sept francs vingt-quatre centimes (57,127' 24'),
lles, au surplus, qu'elles sont désignées aux plans qui ont servi de
ue à l'enquête mentionnée ci-dessus.

Il sera pourvu au payement de ces acquisitions au moyen d'un
élèvement sur le produit de l'emprunt de trois cent trente mille
ancs (330,000') autorisé par l'article 2 du présent décret.

6. La somme de deux cent cinquante mille francs (250,000'),
ontant de l'avance à faire à l'État par la ville de Falaise, sera
rsée à la caisse du receveur des finances en trois termes échelonnés
une année d'intervalle, savoir :

Après la réalisation de l'emprunt, et au plus tard le 31 mars
5, quatre-vingt mille francs (80,000') ;

Un an après le premier versement, et au plus tard le 31 mars
6, quatre-vingt-cinq mille francs (85,000');

Un an après le deuxième versement, et au plus tard le 31 mars
77, quatre-vingt-cinq mille francs (85,000').

Les sommes versées à titre d'avance porteront intérêt au taux
aximum de cinq pour cent, à dater de l'époque des versements,
l'amortissement, calculé également au taux maximum de cinq
ur cent, sera effectué, pour chaque versement, en douze annuités
yables par termes semestriels.

7. Les ministres de l'intérieur, de la guerre et des finances sont
argés, chacun en ce qui le concerne, de l'exécution du présent
cret.

Fait à Paris, le 28 Novembre 1874.

Signé M^al DE MAC MAHON.

Le Ministre des finances,   Le Vice-Président du Conseil,   Le Ministre de l'intérieur,
né MATHIEU-BODET.   Ministre de la guerre,   Signé G^al DE CHABAUD LA TOUR.
                                  Signé Gal E. DE CISSEY.

Vu la loi du 4 août 1874, relative aux dépenses du casernement à l'armée;

Le Conseil des ministres entendu,

DÉCRÈTE :

ART. 1er. La convention passée entre le département de la guerre et le maire de Marmande (Lot-et-Garonne), et relative au concours de la ville dans la dépense résultant de l'extension du casernement, est définitivement approuvée.

Un exemplaire de cet acte restera annexé au présent décret.

2. La ville de Marmande (Lot-et-Garonne) est autorisée, pour remplir ses engagements, à emprunter, à un taux d'intérêt qui ne pourra excéder cinq pour cent et par termes remboursables en douze années, une somme de cinq cent mille francs (500,000'), savoir :

A titre de subside, cent vingt mille francs (120,000');

A titre d'avance, trois cent quatre-vingt mille francs (380,000').

Cet emprunt pourra être réalisé, soit avec publicité et concurrence, soit de gré à gré, soit par voie de souscriptions, avec faculté d'émettre des obligations au porteur ou transmissibles par voie d'endossement, soit directement à la caisse des dépôts et consignations, aux conditions de cet établissement.

Les conditions des souscriptions à ouvrir ou des traités à passer de gré à gré seront préalablement soumises à l'approbation du ministre de l'intérieur.

3. Ledit emprunt sera exempt des droits de timbre mis par la loi à la charge des communes. Cette exemption devra être mentionnée dans le corps même des titres à émettre, ainsi que la date tant de la loi d'autorisation du 4 août 1874 que du présent décret.

4. La même ville est autorisée à s'imposer extraordinairement pendant quatorze ans, à partir de 1875, quinze centimes (0' 15) additionnels au principal des quatre contributions directes, devant rapporter une somme totale de cent cinquante mille francs (150,000') environ, pour servir, avec un prélèvement sur ses revenus, au remboursement en' principal et intérêts, de la fraction de l'emprunt à sa charge, soit cent vingt mille francs (120,000').

5. La somme de trois cent quatre-vingt mille francs (380,000'), montant de l'avance à faire à l'État par la ville de Marmande, sera versée à la caisse du receveur des finances en trois termes échelonnés à une année d'intervalle, savoir :

Après la réalisation de l'emprunt, et au plus tard le 31 mars 1875, cent vingt-cinq mille francs (125,000');

Un an après le premier versement, et au plus tard le 31 mars 1876, cent vingt-cinq mille francs (125,000');

Un an après le deuxième versement, et au plus tard le 31 mars 1877, cent trente mille francs (130,000').

Les sommes versées à titre d'avance porteront intérêt au taux maximum de cinq pour cent, à dater de l'époque des versements,

t l'amortissement, calculé également au taux maximum de cinq
)our cent, sera effectué, pour chaque versement, en douze annuités
payables par termes semestriels.

. 6. Les ministres de l'intérieur, de la guerre et des finances sont
chargés, chacun en ce qui le concerne, de l'exécution du présent
décret.

Fait à Paris, le 28 Novembre 1874.

Signé M^{al} DE MAC MAHON.

Le Ministre des finances,	La Vice-Président du Conseil,	Le Ministre de l'intérieur,
Signé MATHIEU-BODET.	Ministre de la guerre,	Signé G^{al} DE CHABAUD LA TOUR.
	Signé Gal E. DE CISSEY.	

RÉPUBLIQUE FRANÇAISE.

f° 3795. — DÉCRET qui approuve la Convention passée entre le département de la
Guerre et le Maire de Mirande, et relative à l'extension du Casernement dans
cette ville.

Du 28 Novembre 1874.

LE PRÉSIDENT DE LA RÉPUBLIQUE FRANÇAISE,

Vu la loi du 4 août 1874, relative aux dépenses du casernement de
l'armée;

Le Conseil des ministres entendu ,

DÉCRÈTE :

ART. 1er. La convention passée entre le département de la guerre
et le maire de Mirande (Gers), et relative au concours de la ville
dans la dépense résultant de l'extension du casernement, est définitivement approuvée.

Un exemplaire de cet acte restera annexé au présent décret.

2. La ville de Mirande (Gers) est autorisée, pour remplir ses
engagements, à emprunter, à un taux d'intérêt qui ne pourra excéder
cinq pour cent et par termes remboursables dans un délai de
douze années, une somme de trois cent soixante mille francs
(360,000^f), savoir :

À titre de subside, cent quatre-vingt-dix mille francs (190,000^f);
À titre d'avance, cent soixante-dix mille francs (170,000^f).

Cet emprunt pourra être réalisé, soit avec publicité et concurrence, soit de gré à gré, soit par voie de souscriptions, avec faculté
d'émettre des obligations au porteur ou transmissibles par voie d'endossement, soit directement à la caisse des dépôts et consignations,
aux conditions de cet établissement.

Les conditions des souscriptions à ouvrir ou des traités à passer de

gré à gré seront préalablement soumises à l'approbation du ministre
de l'intérieur.

3. Ledit emprunt sera exempt des droits de timbre mis par la loi
à la charge des communes. Cette exemption devra être mentionnée
dans le corps même des titres à émettre, ainsi que la date tant de
la loi d'autorisation du 4 août 1874 que du présent décret.

4. La même ville est autorisée à s'imposer extraordinairement pendant douze ans, à partir de 1875, vingt centimes (0'20') additionnels
au principal de ses quatre contributions directes, devant rapporter
une somme totale de quarante-sept mille cinq cents francs (47,500')
environ, pour servir, avec un prélèvement sur ses revenus, à rembourser, en principal et intérêts, la fraction de l'emprunt qui représente le montant des subsides, soit cent quatre-vingt-dix mille francs
(190,000').

5. A partir du 1er janvier 1875 et jusqu'au 31 décembre 1879 inclusivement, la perception de l'octroi de Mirande s'effectuera d'après
les tarif et règlement ci-annexés.

6. La somme de cent soixante-dix mille francs (170,000'), montant de l'avance à faire à l'État par la ville de Mirande, sera versée
à la caisse du receveur des finances en trois termes échelonnés à une
année d'intervalle, savoir :

Après la réalisation de l'emprunt, et au plus tard le 31 mars 1875,
cinquante-cinq mille francs (55,000');

Un an après le premier versement, et au plus tard le 31 mars
1876, cinquante-sept mille cinq cents francs (57,500');

Un an après le deuxième versement, et au plus tard le 31 mars
1877, cinquante-sept mille cinq cents francs (57,500').

Les sommes versées à titre d'avance porteront intérêt au taux
maximum de cinq pour cent, à dater de l'époque des versements,
et l'amortissement, calculé également au taux maximum de cinq
pour cent, sera effectué, pour chaque versement, en douze annuités
payables par termes semestriels.

7. Les ministres de l'intérieur, de la guerre et des finances sont
chargés, chacun en ce qui le concerne, de l'exécution du présent
décret.

Fait à Paris, le 28 Novembre 1874.

Signé M^{al} DE MAC MAHON.

Le Ministre des finances ,   Le Vice-Président du Conseil,   Le Ministre de l'intérieur,
Signé MATHIEU-BODET.   Ministre de la guerre,   Signé G^{al} DE CHABAUD LA TOUR.
                                  Signé Gal E. DE CISSEY.

RÉPUBLIQUE FRANÇAISE.

N° 3796. — Décret qui approuve la Convention passée entre le département de la Guerre et le Préfet de l'Aube, et relative au concours du département dans la dépense résultant de l'extension du Casernement.

Du 29 Novembre 1874.

Le Président de la République française,

Vu la loi du 4 août 1874, relative aux dépenses du casernement de l'armée;

Vu la loi du 10 août 1871, article 40;

Vu la délibération du conseil général de l'Aube, en date du 28 octobre 1874;

Le Conseil des ministres entendu,

Décrète :

Art. 1er. La convention passée entre le département de la guerre et le préfet de l'Aube, et relative au concours du département dans la dépense résultant de l'extension du casernement, est définitivement approuvée.

Un exemplaire de cet acte restera annexé au présent décret.

2. L'emprunt de cent cinquante mille francs (150,000ᶠ) à réaliser par le département de l'Aube pour le payement de l'avance consentie à l'État sera exempt des droits de timbre. Cette exemption devra être mentionnée dans le corps même des titres à émettre, ainsi que la date tant de la loi du 4 août 1874 que du présent décret.

3. La somme de cent cinquante mille francs (150,000ᶠ) sera versée à la caisse du receveur des finances dans le courant de 1875.

Cette somme portera intérêt au taux maximum de cinq pour cent à dater de l'époque du versement, et l'amortissement, calculé également au taux maximum de cinq pour cent, sera effectué en douze annuités payables par termes semestriels.

4. Les ministres de l'intérieur, de la guerre et des finances sont chargés, chacun en ce qui le concerne, de l'exécution du présent décret.

Fait à Paris, le 29 Novembre 1874.

Signé M'¹ DE MAC MAHON.

Le Ministre des finances,　　Le Vice-Président du Conseil,　　Le Ministre de l'intérieur,
Signé MATHIEU-BODET.　　Ministre de la guerre,　　Signé G'¹ DE CHABAUD LA TOUR.
　　　　　Signé G'¹ E. DE CISSEY.

RÉPUBLIQUE FRANÇAISE.

N° 3797. — *Décret qui approuve la Convention passée entre le départem̃t la Guerre et le Préfet du Morbihan, et relative au concours du départm̃t dans la dépense résultant de l'extension du Casernement.*

Du 29 Novembre 1874.

Le Président de la République française,

Vu la loi du 4 août 1874, relative aux dépenses du casernement l'armée ;
Vu la loi du 10 août 1871, article 40 ;
Vu la délibération du conseil général du Morbihan, en date du 27 1874 ;
Le Conseil des ministres entendu,

Décrète :

Art. 1ᵉʳ. La convention passée entre le département de la, et le préfet du Morbihan, et relative au concours du dépa dans la dépense résultant de l'extension du casernement, est nitivement approuvée.

Un exemplaire de cet acte restera annexé au présent décrt
2. L'emprunt de six cent quarante-cinq mille francs (6 à réaliser par le département du Morbihan pour le pay l'avance consentie à l'État, sera exempt des droits de timbre. exemption devra être mentionnée dans le corps même des ti émettre, ainsi que la date tant de la loi du 4 août 1874 que du sent décret.
3. La somme de six cent quarante-cinq mille francs (645, sera versée à la caisse du receveur des finances au plus tard 31 mars 1875.
Cette somme portera intérêt au taux maximum de cinq pour ce à dater de l'époque du versement, et l'amortissement, calculé éga ment au taux maximum de cinq pour cent, sera effectué en do annuités payables par termes semestriels.
4. Les ministres de l'intérieur, de la guerre et des finances s chargés, chacun en ce qui le concerne, de l'exécution du pré décret.

Fait à Paris, le 29 Novembre 1874.

Signé Mᵃˡ DE MAC MAHON.

Le Ministre des finances,
Signé MATHIEU-BODET.

Le Vice-Président du Conseil,
Ministre de la guerre,
Signé Gᵃˡ E. DE CISSEY.

Le Ministre de l'intérieur,
Signé Gᵃˡ DE CHABAUD LA

RÉPUBLIQUE FRANÇAISE.

'3798. — DÉCRET qui approuve la Convention passée entre le département de la Guerre et le Maire de Bellac, et relative à l'extension du Casernement dans cette ville.

Du 29 Novembre 1874.

LE PRÉSIDENT DE LA RÉPUBLIQUE FRANÇAISE,

Vu la loi du 4 août 1874, relative aux dépenses du casernement de l'armée;

Le Conseil des ministres entendu,

DÉCRÈTE :

ART. 1er. La convention passée entre le département de la guerre et le maire de Bellac (Haute-Vienne), et relative au concours de la ville dans la dépense résultant de l'extension du casernement, est définitivement approuvée.

Un exemplaire de cet acte restera annexé au présent décret.

2. La ville de Bellac (Haute-Vienne) est autorisée, pour remplir ses engagements, à emprunter:

1° A titre de subside, et à un taux d'intérêt qui ne pourra dépasser cinq et demi pour cent, une somme de deux cent mille francs (200,000'), remboursable en quarante années sur ses revenus tant ordinaires qu'extraordinaires ;

2° A titre d'avance, et à un taux d'intérêt qui ne pourra dépasser cinq pour cent, une somme de deux cent mille francs (200,000'), qui sera remboursée par l'État aux conditions ci-après déterminées.

Ces emprunts pourront être réalisés, soit avec publicité et concurrence, soit de gré à gré, soit par voie de souscriptions, avec faculté d'émettre des obligations au porteur ou transmissibles par voie d'endossement, soit directement à la caisse des dépôts et consignations, aux conditions de cet établissement.

Les conditions des souscriptions à ouvrir ou des traités à passer de gré à gré seront préalablement soumises à l'approbation du ministre de l'intérieur.

3. Lesdits emprunts seront exempts des droits de timbre mis par la loi à la charge des communes. Cette exemption devra être mentionnée dans le corps même des titres à émettre, ainsi que la date tant de la loi d'autorisation du 4 août 1874 que du présent décret.

4. Sont prorogés jusqu'au 31 décembre 1914 inclusivement les tarif et règlement ci-annexés de l'octroi de Bellac.

Pendant la même période et à partir de la promulgation du présent décret, les surtaxes suivantes seront perçues audit octroi, savoir :

Vins en cercles et en bouteilles, par hectolitre.......... 0ʹ 9ʲ
Alcool pur contenu dans les eaux-de-vie et esprits, liqueurs
et fruits à l'eau-de-vie, par hectolitre..............✓........ 2 00
Absinthe (volume total), par hectolitre.............. 2 00

Ces surtaxes sont indépendantes des droits de un franc (1ʲ) par
hectolitre sur les vins et de six francs (6ʲ) par hectolitre sur les
alcools, établis en principal.

5. La somme de deux cent mille francs (200,000ʲ), montant des
avances à faire à l'État par la ville de Bellac, sera versée à la caisse
du receveur des finances en trois termes échelonnés à une année
d'intervalle, savoir :

Après la réalisation de l'emprunt, et au plus tard le 31 mai
1875, soixante-cinq mille francs (65,000ʲ);

Un an après le premier versement, et au plus tard le 31 mai
1876, soixante-cinq mille francs (65,000ʲ);

Un an après le deuxième versement, et au plus tard le 31 mai
1877, soixante-dix mille francs (70,000ʲ).

Les sommes versées à titre d'avance porteront intérêt au taux
maximum de cinq pour cent, à dater de l'époque des versements,
et l'amortissement, calculé également au taux maximum de cinq
pour cent, sera effectué, pour chaque versement, en douze annuités
payables par termes semestriels.

6. Les ministres de l'intérieur, de la guerre et des finances sont
chargés, chacun en ce qui le concerne, de l'exécution du présent
décret.

Fait à Paris, le 29 Novembre 1874.

Signé Mᵃˡ DE MAC MAHON

Le Ministre des finances,   Le Vice-Président du Conseil,   Le Ministre de l'intérieur,
Signé MATHIEU-BODET.   Ministre de la guerre,   Signé Gᵃˡ DE CHABAUD LA TOUR
                                 Signé Gᵃˡ E. DE CISSEY.

RÉPUBLIQUE FRANÇAISE.

N° 3799. — DÉCRET qui approuve la Convention passée entre le département,
la Guerre et le Maire de Belley, et relative à l'extension du Casernement de
cette ville.

Du 29 Novembre 1874.

LE PRÉSIDENT DE LA RÉPUBLIQUE FRANÇAISE,

Vu la loi du 4 août 1874, relative aux dépenses du casernement de
l'armée;

Le Conseil des ministres entendu,

DÉCRÈTE :

ART. 1ᵉʳ. La convention passée entre le département de la guerre
et le maire de Belley (Ain), et relative au concours de la ville dans
a dépense résultant de l'extension du casernement, est définitivement
approuvée,

Un exemplaire de cet acte restera annexé au présent décret.

2. La ville de Belley (Ain) est autorisée, pour remplir ses engagements, à emprunter, savoir :

1° A titre de subside, et à un taux d'intérêt qui ne pourra excéder
cinq et demi pour cent, une somme de quatre-vingt-dix-huit mille
francs (98,000ᶠ), remboursable en trente années ;

2° A titre d'avance, et à un taux d'intérêt qui ne pourra dépasser
cinq pour cent, une somme de quatre cent quarante-deux mille
francs (442,000ᶠ), qui lui sera remboursée par l'État aux conditions
ci-après déterminées.

Ces emprunts pourront être réalisés, soit avec publicité et concurrence, soit de gré à gré, soit par voie de souscriptions, avec faculté
d'émettre des obligations au porteur ou transmissibles par voie d'endossement, soit directement à la caisse des dépôts et consignations,
aux conditions de cet établissement.

Les conditions des souscriptions à ouvrir ou des traités à passer de
gré à gré seront préalablement soumises à l'approbation du ministre
de l'intérieur.

3. Lesdits emprunts seront exempts des droits de timbre mis par
la loi à la charge des communes. Cette exemption devra être mentionnée dans le corps même des titres à émettre, ainsi que la date
tant de la loi d'autorisation du 4 août 1874 que du présent décret.

4. La même ville est autorisée à s'imposer extraordinairement
pendant trente ans, à partir de 1875, dix centimes (0ᶠ 10ᶜ) additionnels au principal des quatre contributions directes, devant rapporter une somme totale de cent mille quatre cent quarante francs
100,440ᶠ) environ, pour servir, avec un prélèvement sur les revenus
tant ordinaires qu'extraordinaires, au remboursement de l'emprunt
de quatre-vingt-dix-huit mille francs (98,000ᶠ) en principal et intérêts.

5. Sont prorogés jusqu'au 31 décembre 1904 les tarif et règlement
annexés pour la perception de l'octroi de Belley.

Sont autorisées jusqu'au 31 décembre 1879 :

1° La perception d'une surtaxe de cinquante centimes (0ᶠ 50ᶜ) par
hectolitre sur les vins. Cette surtaxe est indépendante du droit de
quatre-vingts centimes (0ᶠ 80ᶜ) en principal ;

2° La perception de taxes extraordinaires de un franc cinquante
centimes (1ᶠ 50ᶜ) par hectolitre de bière ; de un franc trente-quatre
centimes (1ᶠ 34ᶜ) par cent kilogrammes de bœufs, vaches et génisses ;
de deux francs (2ᶠ) par cent kilogrammes de viandes dépecées, et de
un franc (1ᶠ) par tête de porc.

6. La somme de quatre cent quarante-deux mille francs (442,000ᶠ

montant de l'avance à faire à l'État par la ville de Belley, sera versé
à la caisse du receveur des finances en trois termes échelonnés à un
année d'intervalle, savoir :

Après la réalisation de l'emprunt, et au plus tard le 31 mars 1875,
cent quarante-cinq mille francs (145,000');

Un an après le premier versement, et au plus tard le 31 mai
1876, cent quarante-sept mille francs (147,000');

Un an après le deuxième versement, et au plus tard le 31 mai
1877, cent cinquante mille francs (150,000').

Les sommes versées à titre d'avance porteront intérêt au un.
maximum de cinq pour cent, à dater de l'époque des ve
et l'amortissement, calculé également au taux maximum de
pour cent, sera effectué, pour chaque versement, en douze ans
payables par termes semestriels.

7. Les ministres de l'intérieur, de la guerre et des finances
chargés, chacun en ce qui le concerne, de l'exécution du présent
décret.

Fait à Paris, le 29 Novembre 1874.

Signé M^{al} DE MAC MAHON.

Le Ministre des finances,	*Le Vice-Président du Conseil, Ministre de la guerre,*	*Le Ministre de l'intérieur,*
Signé MATHIEU-BODET.	Signé Gal E. DE CISSEY.	Signé G^{al} DE CHABAUD LA TOUR

RÉPUBLIQUE FRANÇAISE.

N° 3800. — DÉCRET *qui approuve la Convention passée entre le département
de la Guerre et le Maire du Blanc, et relative à l'extension du Cas
dans cette ville.*

Du 29 Novembre 1874.

LE PRÉSIDENT DE LA RÉPUBLIQUE FRANÇAISE,

Vu la loi du 4 août 1874, relative aux dépenses du casernement de
l'armée;

Le Conseil des ministres entendu,

DÉCRÈTE :

ART. 1er. La convention passée entre le département de la guerre
et le maire du Blanc (Indre), et relative au concours de la ville dans
la dépense résultant de l'extension du casernement, est définitivement approuvée.

Un exemplaire de cet acte restera annexé au présent décret.

2. La ville du Blanc (Indre) est autorisée, pour remplir ses en-
gements, à emprunter :

1° A titre de subside, à un taux d'intérêt qui ne pourra excéder,

us frais compris, six francs vingt centimes pour cent, une somme
: trois cent quarante-trois mille francs (343,000^f), remboursable
i cinquante années;

2° A titre d'avance, et à un taux d'intérêt qui ne pourra excéder
nq pour cent, une somme de deux cent vingt-cinq mille francs
i25,000^f), qui sera remboursée par l'État aux conditions ci-après
iterminées.

Ces emprunts pourront être réalisés, soit avec publicité et concur-
nce, soit de gré à gré, soit par voie de souscriptions, avec faculté
émettre des obligations au porteur ou transmissibles par voie d'en-
issement, soit directement à la caisse des dépôts et consignations
i au Crédit foncier, aux conditions de ces établissements.

Les conditions des souscriptions à ouvrir ou des traités à passer de
ré à gré seront préalablement soumises à l'approbation du ministre
é l'intérieur.

3. Lesdits emprunts seront exempts des droits de timbre mis par
iloi à la charge des communes. Cette exemption devra être mention-
ée dans le corps même des titres à émettre, ainsi que la date tant
e la loi d'autorisation du 4 août 1874 que du présent décret.

4. La même ville est autorisée à s'imposer extraordinairement
endant cinquante ans, à partir de 1875, et par addition au princi-
al de ses quatre contributions directes, savoir :

1° De 1875 à 1880 inclusivement, trente centimes (0^f 30^c);

2° De 1881 à 1883 inclusivement, quarante-quatre centimes
)^f 44^c);

3° De 1884 à 1924 inclusivement, soixante centimes (0^f 60^c).

Le produit de cette imposition, devant s'élever à un million
iixante mille francs (1,060,000^f) environ, servira, avec un prélève-
ent sur les revenus tant ordinaires qu'extraordinaires, au rem-
oursement de l'emprunt de trois cent quarante-trois mille francs
l43,000^f) en principal, intérêts et frais.

5. A partir de la promulgation du présent décret et jusqu'au
1 décembre 1884, la perception de l'octroi de la ville du Blanc s'ef-
ictuera d'après les tarif et règlement ci-annexés.

Pendant la même période, il sera établi les surtaxes suivantes, sa-
oir :

1° Quarante-cinq centimes (0^f 45^c) par hectolitre de vin;

2° Quatre francs (4^f) par hectolitre d'alcool pur contenu dans les
aux-de-vie et esprits, liqueurs et fruits à l'eau-de-vie, et par hecto-
tre d'absinthe;

3° Quatre francs (4^f) par cent kilogrammes d'huiles de toute es-
ece (les huiles minérales exceptées).

Ces surtaxes sont indépendantes des droits de quatre-vingts cen-
mes (0^f 80^c) par hectolitre de vin, de six francs (6^f) par hectolitre
alcool et de six francs (6^f) par cent kilogrammes d'huile, établis en
rincipal.

6. La somme de deux cent vingt-cinq mille francs (225,000^f),

montant de l'avance à faire à l'État par la ville du Blanc, sera versé à la caisse du receveur des finances en trois termes échelonnés à année d'intervalle, savoir :

Après la réalisation de l'emprunt, et au plus tard le 31 mars soixante-quinze mille francs (75,000');

Un an après le premier versement, et au plus tard le 31 mars soixante-quinze mille francs (75,000');

Un an après le deuxième versement, et au plus tard le 31 1877, soixante-quinze mille francs (75,000').

Les sommes versées à titre d'avance porteront intérêt au maximum de cinq pour cent, à dater de l'époque des ve et l'amortissement, calculé également au taux maximum de pour cent, sera effectué, pour chaque versement, en douze an payables par termes semestriels.

7. Les ministres de l'intérieur, de la guerre et des finance chargés, chacun en ce qui le concerne, de l'exécution du décret.

Fait à Paris, le 29 Novembre 1874.

Signé M¹¹ DE MAC MAHON.

Le Ministre des finances,   *Le Vice-Président du Conseil,*   *Le Ministre de l'intérieur.*
                              Ministre de la guerre,
Signé MATHIEU-BODET.   Signé G¹¹ DE CHABAUD LA
                        Signé G¹¹ E. DE CISSEY,

RÉPUBLIQUE FRANÇAISE.

N° 3801. — *DÉCRET qui approuve la Convention passée entre le d'*
de la Guerre et le Maire de Bordeaux, et relative à l'extension du
dans cette ville.

Du 29 Novembre 1874.

LE PRÉSIDENT DE LA RÉPUBLIQUE FRANÇAISE,

Vu la loi du 4 août 1874, relative aux dépenses du casernement l'armée;

Le Conseil des ministres entendu,

DÉCRÈTE :

ART. 1ᵉʳ. La convention passée entre le département de la gue et le maire de Bordeaux (Gironde), et relative au concours de la v dans la dépense résultant de l'extension du casernement, est défi tivement approuvée.

Un exemplaire de cet acte restera annexé au présent décret.

2. La ville de Bordeaux (Gironde) est autorisée, pour rempli engagements, à emprunter, à un taux d'intérêt qui ne pourra ex cinq pour cent, une somme de trois millions trois cent quaran

mx mille francs (3,342,000ᶠ), à valoir sur la somme de quatre
illions cinquante mille francs (4,050,000ᶠ) qu'elle s'est engagée à
ancer à l'État et qui lui sera remboursée aux conditions ci-après
iterminées.

Cet emprunt pourra être réalisé, soit avec publicité et concur-
nce, soit de gré à gré, soit par voie de souscriptions, avec faculté
émettre des obligations au porteur ou transmissibles par voie d'en-
issement, soit directement à la caisse des dépôts et consignations,
ix conditions de cet établissement.

Les conditions des souscriptions à ouvrir ou des traités à passer de
é à gré seront préalablement soumises à l'approbation du ministre
: l'intérieur.

3. Ledit emprunt sera exempt des droits de timbre mis par la loi
la charge des communes. Cette exemption devra être mentionnée
ins le corps même des titres à émettre, ainsi que la date tant de la
i d'autorisation du 4 août 1874 que du présent décret.

4. La somme de trois millions trois cent quarante-deux mille
ancs (3,342,000ᶠ), montant de la première portion de l'avance à
ire à l'État par la ville de Bordeaux, sera versée à la caisse du re-
veur des finances en trois termes échelonnés à une année d'inter-
ille, savoir :

Après la réalisation de l'emprunt, et au plus tard le 31 mars 1875,
i million trois cent cinquante mille francs (1,350,000ᶠ);

Un an après le premier versement, et au plus tard le 31 mars
876, un million trois cent cinquante mille francs (1,350,000ᶠ);

Un an après le deuxième versement, et au plus tard le 31 mars
877, six cent quarante-deux mille francs (642,000ᶠ).

Les sommes versées à titre d'avance porteront intérêt au taux
iximum de cinq pour cent, à dater de l'époque des versements,
; l'amortissement, calculé également au taux maximum de cinq
ur cent, sera effectué, pour chaque versement, en douze annuités
iyables par termes semestriels.

5. Les ministres de l'intérieur, de la guerre et des finances sont
argés, chacun en ce qui le concerne, de l'exécution du présent
écret.

Fait à Paris, le 29 Novembre 1874.

Signé Mᵈ DE MAC MAHON.

Le Ministre des finances,
Signé MATHIEU-BODET.

Le Vice-Président du Conseil,
Ministre de la guerre,
Signé Gᵃˡ E. DE CISSEY.

Le Ministre de l'intérieur,
Signé Gᵃˡ DE CHABAUD LA TOUR.

RÉPUBLIQUE FRANÇAISE.

N° 3802. — DÉCRET qui approuve la Convention passée entre le départe[ment] de la Guerre et le Maire de Châlons-sur-Marne, et relative à l'extension [du] Casernement dans cette ville.

Du 29 Novembre 1874.

LE PRÉSIDENT DE LA RÉPUBLIQUE FRANÇAISE,

Vu la loi du 4 août 1874, relative aux dépenses du casernement l'armée;

Le Conseil des ministres entendu,

DÉCRÈTE :

ART. 1er. La convention passée entre le département de la gue[rre] et le maire de Châlons-sur-Marne (Marne), et relative au conco[urs] de la ville dans la dépense résultant de l'extension du caseroeme[nt], est définitivement approuvée.

Un exemplaire de cet acte restera annexé au présent décret.

2. La ville de Châlons-sur-Marne (Marne) est autorisée, pour re[m]plir ses engagements, à emprunter, à un taux d'intérêt qui ne pe[ut] excéder cinq pour cent, une somme de deux millions six cent[s] francs (2,600,000'), remboursable en onze années, à partir de [18]74, savoir :

1° A titre de subside, six cent mille francs (600,000') sur se[s] revenus tant ordinaires qu'extraordinaires;

2° A titre d'avance, deux millions (2,000,000') sur les fonds d[e] l'État, aux conditions ci-après déterminées.

Cet emprunt pourra être réalisé, soit avec publicité et concu[r]rence, soit de gré à gré, soit par voie de souscriptions, avec facul[té] d'émettre des obligations au porteur ou transmissibles par voie d'en[-] dossement, soit directement à la caisse des dépôts et consignatio[ns] aux conditions de cet établissement.

Les conditions des souscriptions à ouvrir ou des traités à passer d[e] gré à gré seront préalablement soumises à l'approbation du minist[re] de l'intérieur.

3. Ledit emprunt sera exempt des droits de timbre mis par la lo[i] à la charge des communes. Cette exemption devra être mentionné[e] dans le corps même des titres à émettre, ainsi que la date tant de l[a] loi d'autorisation du 4 août 1874 que du présent décret.

4. A partir de la date du présent décret et jusqu'au 31 décemb[re] 1889 inclusivement, la perception de l'octroi établi dans la com[-] mune de Châlons-sur-Marne s'effectuera conformément aux tarif[s et] règlement ci-annexés.

Sont prorogées jusqu'au 31 décembre 1889 également les su[r-] xes sur les vins et les alcools établies jusqu'au 31 décembre 1884 ur la loi du 21 décembre 1872.

Toutefois, depuis la promulgation du décret du 31 décembre 1872 [1] et du dernier état de recensement de la population, la ville : Châlons ayant changé de classe pour la perception du droit d'enée, le taux des surtaxes doit être modifié de la manière suivante :

Jusqu'au 31 décembre 1889 inclusivement, sont établies dans la ommune de Châlons les surtaxes ci-après :

Cinquante-six centimes (0ᶠ 56ᶜ) par hectolitre sur les vins ;

Un franc (1ᶠ) par hectolitre d'alcool pur contenu dans les eaux-de-ie et esprits, liqueurs et fruits à l'eau-de-vie, et par hectolitre 'absinthe.

Sont également autorisées, jusqu'à la même époque, des surtaxes e dix francs soixante centimes (10ᶠ 60ᶜ) par cent kilogrammes 'huile d'olive et de vingt centimes (0ᶠ 20ᶜ) par cent kilogrammes es autres huiles végétales et animales.

Ces surtaxes sont indépendantes du droit de deux francs (2ᶠ) par ectolitre sur les vins et de quinze francs (15ᶠ) par hectolitre sur les lcools, et du droit de sept francs (7ᶠ) par cent kilogrammes sur les uiles de toute espèce, à l'exception des huiles minérales, établis en rincipal.

5. La somme de deux millions (2,000,000ᶠ), montant de l'avance à ire à l'État par la ville de Châlons-sur-Marne, sera versée à la caisse receveur des finances en trois termes échelonnés à une année d'invalle, savoir :

Après la réalisation de l'emprunt, et au plus tard le 31 mars 1875, x cent soixante mille francs (660,000ᶠ) ;

Un an après le premier versement, et au plus tard le 31 mars 876, six cent soixante-dix mille francs (670,000ᶠ) ;

Un an après le deuxième versement, et au plus tard le 31 mars 877, six cent soixante-dix mille francs (670,000ᶠ).

Les sommes versées à titre d'avance porteront intérêt au taux aximum de cinq pour cent, à dater de l'époque des versements, l'amortissement, calculé également au taux maximum de cinq our cent, sera effectué, pour les trois versements réunis, en onze nnuités payables par termes semestriels, à partir de 1879.

6. Les ministres de l'intérieur, de la guerre et des finances sont argés, chacun en ce qui le concerne, de l'exécution du présent cret.

Fait à Paris, le 29 Novembre 1874.

Signé Mᵃˡ DE MAC MAHON.

Le Ministre des finances,   Le Vice-Président du Conseil,   Le Ministre de l'intérieur,
Signé MATHIEU-BODET.   Ministre de la guerre,   Signé Gᵃˡ DE CHABAUD LA TOUR.
                               Signé Gᵃˡ E. DE CISSEY.

[1] Bull. 114, n° 1562.

RÉPUBLIQUE FRANÇAISE.

N° 3803. — *Décret qui approuve la Convention passée entre le département de la Guerre et le Maire de Chaumont, et relative à l'extension du Casernement dans cette ville.*

Du 29 Novembre 1874.

Le Président de la République française,

Vu la loi du 4 août 1874, relative aux dépenses du casernement de l'armée ;

Le Conseil des ministres entendu,

Décrète :

Art. 1ᵉʳ. La convention passée entre le département de la guerre et le maire de Chaumont (Haute-Marne), et relative au concours de la ville dans la dépense résultant de l'extension du casernement, est définitivement approuvée.

Un exemplaire de cet acte restera annexé au présent décret.

2. La ville de Chaumont (Haute-Marne) est autorisée, pour remplir ses engagements, à emprunter, savoir :

1° A titre de subside, et à un taux d'intérêt qui ne pourra excéder cinq pour cent, une somme de trois cent cinquante mille fr. (350,000ᶠ), remboursable en dix-huit ans, à partir de 1875, sur les revenus tant ordinaires qu'extraordinaires ;

2° A titre d'avance, et à un taux d'intérêt qui ne pourra dépasser cinq pour cent, une somme de un million (1,000,000ᶠ), qui lui sera remboursée par l'État aux conditions ci-après déterminées.

Ces emprunts pourront être réalisés, soit avec publicité et concurrence, soit de gré à gré, soit par voie de souscriptions, avec faculté d'émettre des obligations au porteur ou transmissibles par voie d'endossement, soit directement à la caisse des dépôts et consignations, aux conditions de cet établissement.

Les conditions des souscriptions à ouvrir ou des traités à passer de gré à gré seront préalablement soumises à l'approbation du ministre de l'intérieur.

3. Lesdits emprunts seront exempts des droits de timbre mis par la loi à la charge des communes. Cette exemption devra être mentionnée dans le corps même des titres à émettre, ainsi que la date tant de la loi d'autorisation du 4 août 1874 que du présent décret.

4. Est prorogée jusqu'au 31 décembre 1879 inclusivement la perception de l'octroi de Chaumont, qui, à partir de la promulgation du présent décret, aura lieu conformément aux tarif et règlement annexés.

Pendant la même période, est autorisée la perception des surtaxes de quatre-vingts centimes (0ᶠ 80ᶜ) par hectolitre de vin et un franc (1ᶠ) par hectolitre d'alcool pur contenu dans les eaux-de-vie, esprits, les liqueurs et les fruits à l'eau-de-vie, et par hectolitre

l'absinthe. Ces surtaxes sont indépendantes des droits de un franc
ingt centimes (1ᶠ 20ᶜ) sur les vins et de neuf francs (9ᶠ) sur les
lcools, perçus en principal.

5. Les frais de casernement à payer par la ville de Chaumont, en
xécution de l'article 10 de l'ordonnance royale du 5 août 1818 [1],
ont fixés, à titre d'abonnement, à la somme annuelle de cinq cents
rancs (500ᶠ).

La durée de cet abonnement sera de cinq ans, à partir du jour de
occupation de la nouvelle caserne.

6. La somme de un million (1,000,000ᶠ), montant de l'avance à
aire à l'État par la ville de Chaumont, sera versée à la caisse du
receveur des finances en trois termes échelonnés à une année d'in-
ervalle, savoir :

Après la réalisation de l'emprunt, et au plus tard le 31 mars 1875,
rois cent trente mille francs (330,000ᶠ) ;

Un an après le premier versement, et au plus tard le 31 mars
876, trois cent trente-cinq mille francs (335,000ᶠ) ;

Un an après le deuxième versement, et au plus tard le 31 mars
877, trois cent trente-cinq mille francs (335,000ᶠ).

Les sommes versées à titre d'avance porteront intérêt au taux
aximum de cinq pour cent, à dater de l'époque des versements,
l'amortissement, calculé également au taux maximum de cinq
ur cent, sera effectué, pour chaque versement, en douze annuités
ables par termes semestriels.

7. Les ministres de l'intérieur, de la guerre et des finances sont
argés, chacun en ce qui le concerne, de l'exécution du présent
ret.

Fait à Paris, le 29 Novembre 1874.

Signé Mᵃˡ DE MAC MAHON.

Le Ministre des finances,　Le Vice-Président du Conseil,　　Le Ministre de l'intérieur,
Signé MATHIEU-BODET.　　　Ministre de la guerre,　　Signé Gᵃˡ DE CHABAUD LA TOUR.
　　　　　　　　　　Signé Gᵃˡ E. DE CISSEY.

RÉPUBLIQUE FRANÇAISE.

204. — DÉCRET qui approuve la Convention passée entre le département de
la Guerre et le Maire d'Épernay, et relative à l'extension du Casernement dans
ette ville.

Du 29 Novembre 1874.

LE PRÉSIDENT DE LA RÉPUBLIQUE FRANÇAISE,

u la loi du 4 août 1874, relative aux dépenses du casernement de
née ;

Le Conseil des ministres entendu,

DÉCRÈTE :

ART. 1ᵉʳ. La convention passée entre le département de la et le maire d'Épernay (Marne), et relative au concours de la ville la dépense résultant de l'extension du casernement, est d' ment approuvée.

Un exemplaire de cet acte restera annexé au présent décret.

2. La ville d'Épernay (Marne) est autorisée, pour remplir ses gagements, à emprunter, savoir :

1° A titre de subside, et moyennant un taux d'intérêt qui ne excéder cinq pour cent, une somme de deux cent soixant mille francs (265,000ᶠ), remboursable en neuf ans, à partir de

2° A titre d'avance, et moyennant un taux d'intérêt qui ne dépasser cinq pour cent, une somme de trois cent trente-cinq francs (335,000ᶠ), qui lui sera remboursée par l'État aux cond ci-après déterminées.

La ville est autorisée à prendre à sa charge, tant pour le s que pour l'avance, le montant de l'impôt sur le revenu et des d de transmission établis par les lois sur les valeurs mobilières. Tou tefois, il ne pourra en résulter pour la caisse municipale une dépense de plus de un demi pour cent et par an du capital emprunté.

Ces emprunts pourront être réalisés, soit avec publicité et concur rence, soit de gré à gré, soit par voie de souscriptions, avec facul d'émettre des obligations au porteur ou transmissibles par voie d'en dossement, soit directement à la caisse des dépôts et consignations, aux conditions de cet établissement.

Les conditions des souscriptions à ouvrir ou des traités à passer de gré à gré seront préalablement soumises à l'approbation du ministre de l'intérieur.

3. Lesdits emprunts seront exempts des droits de timbre mis par la loi à la charge des communes. Cette exemption devra être men tionnée dans le corps même des titres à émettre, ainsi que la date tant de la loi d'autorisation du 4 août 1874 que du présent décret.

4. La ville d'Épernay est autorisée à affecter au remboursement de l'emprunt de deux cent soixante-cinq mille francs (265,000ᶠ), concurremment avec un prélèvement sur ses revenus tant ordinaires qu'extraordinaires, l'imposition extraordinaire de vingt centimes additionnels au principal de ses quatre contributions directes, auto risée par la loi du 27 juillet 1872 pour vingt-deux ans, à partir de 1873, et disponible à partir de 1886.

5. A partir du 1ᵉʳ janvier 1875 et jusqu'au 31 décembre 1893 in clusivement, la perception de l'octroi d'Épernay aura lieu confor mément aux tarif et règlement ci-annexés.

Pendant la même période, est autorisée au même octroi la per ception d'une surtaxe de six francs (6ᶠ) par cent kilogrammes sur les huiles d'olive. Cette surtaxe est indépendante du droit de sept fran (7ᶠ) perçu en principal sur le même article,

6. La somme de trois cent trente-cinq mille francs (335,000ᶠ), ⟩ntant de l'avance à faire à l'État par la ville d'Épernay, sera ver- ⟩ à la caisse du receveur des finances après la réalisation de l'em- unt, et au plus tard le 31 mars 1875.

Cette somme portera intérêt au taux maximum de cinq pour cent, iater de l'époque du versement, et l'amortissement, calculé éga- ment au taux maximum de cinq pour cent, sera effectué en douze nuités payables par termes semestriels.

7. Les ministres de l'intérieur, de la guerre et des finances sont argés, chacun en ce qui le concerne, de l'exécution du présent cret.

Fait à Paris, le 29 Novembre 1874.

Signé Mᵈˡ DE MAC MAHON.

t *Ministre des finances*,	*Le Vice-Président du Conseil, Ministre de la guerre*,	*Le Ministre de l'intérieur*,
₣né MATHIEU-BODET.	Signé Gˡ E. DE CISSEY.	Signé Gˡ DE CHABAUD LA TOUR.

RÉPUBLIQUE FRANÇAISE.

3805. — *DÉCRET qui approuve la Convention passée entre le département de la Guerre et le Maire d'Évreux, et relative à l'extension du Casernement dans cette ville.*

Du 29 Novembre 1874.

LE PRÉSIDENT DE LA RÉPUBLIQUE FRANÇAISE,

Vu la loi du 4 août 1874, relative aux dépenses du casernement de armée;

Le Conseil des ministres entendu,

DÉCRÈTE :

ART. 1ᵉʳ. La convention passée entre le département de la guerre ₁ le maire d'Évreux (Eure), et relative au concours de la ville dans a dépense résultant de l'extension du casernement, est définitive- nent approuvée.

Un exemplaire de cet acte restera annexé au présent décret.

2. La ville d'Évreux (Eure) est autorisée, pour remplir ses enga- ;ements, à emprunter, à titre d'avance à l'État, et moyennant un aux d'intérêt qui ne pourra excéder cinq pour cent, une somme de ⁚inq cent mille francs (500,000ᶠ), qui lui sera remboursée aux condi- ⟩ions ci-après déterminées.

Cet emprunt pourra être réalisé, soit avec publicité et concur- ⁚ence, soit de gré à gré, soit par voie de souscriptions, avec faculté l'émettre des obligations au porteur ou transmissibles par voie d'en- lossement, soit directement à la caisse des dépôts et consignations, ⟩ux conditions de cet établissement.

Les conditions des souscriptions à ouvrir ou des traités à passer gré à gré seront préalablement soumises à l'approbation du de l'intérieur.

3. Ledit emprunt sera exempt des droits de timbre mis à la charge des communes. Cette exemption devra être dans le corps même des titres à émettre, ainsi que la date tant loi d'autorisation du 4 août 1874 que du présent décret.

4. Les frais de casernement à payer par la ville d'Évreux, en cution de l'article 10 de l'ordonnance royale du 5 août 1818 [1], fixés, à titre d'abonnement, à la somme annuelle de quinze francs (1,500f).

La durée de cet abonnement sera de douze ans, à partir du 1er vier 1875.

5. La somme de cinq cent mille francs (500,000f), montan l'avance à faire à l'État par la ville d'Évreux, sera versée à la du receveur des finances en trois termes échelonnés à une d'intervalle, savoir :

Après la réalisation de l'emprunt, et au plus tard le 31 mars 18 cent soixante-cinq mille francs (165,000f);

Un an après le premier versement, et au plus tard le 31 1876, cent soixante-sept mille cinq cents francs (167,500f);

Un an après le deuxième versement, et au plus tard le 31 mars 1877, cent soixante-sept mille cinq cents francs (167,500f);

Les sommes versées à titre d'avance porteront intérêt au taux maximum de cinq pour cent, à dater de l'époque des versements, et l'amortissement, calculé également au taux maximum de cinq pour cent, sera effectué, pour chaque versement, en douze annuités payables par termes semestriels.

6. Les ministres de l'intérieur, de la guerre et des finances sont chargés, chacun en ce qui le concerne, de l'exécution du présent décret.

Fait à Paris, le 29 Novembre 1874.

Signé Mal DE MAC MAHON.

Le Ministre des finances,
Signé MATHIEU-BODET.

Le Vice-Président du Conseil,
Ministre de la guerre,
Signé Gal E. DE CISSEY.

Le Ministre de l'intérieur,
Signé Gal DE CHABAUD LA TOU.

RÉPUBLIQUE FRANÇAISE.

N° 3806. — DÉCRET qui approuve la Convention passée entre le départemen la Guerre et le Maire de Guingamp, et relative à l'extension du Casern dans cette ville.

Du 29 Novembre 1874.

LE PRÉSIDENT DE LA RÉPUBLIQUE FRANÇAISE,

[1] VIIe série, Bull. 230, n° 4755.

Vu la loi du 4 août 1874, relative aux dépenses du casernement de
'armée;

Le Conseil des ministres entendu,

DÉCRÈTE :

ART. 1ᵉʳ. La convention passée entre le département de la guerre
!t le maire de Guingamp (Côtes-du-Nord), et relative au concours
le la ville dans la dépense résultant de l'extension du casernement,
!st définitivement approuvée.

Un exemplaire de cet acte restera annexé au présent décret.

2. La ville de Guingamp (Côtes-du-Nord) est autorisée, pour rem-
)lir ses engagements, à emprunter, savoir :

1° A titre de subside, et moyennant un taux d'intérêt qui ne
)ourra excéder cinq et demi pour cent, une somme de deux cent
nille francs (200,000ᶠ), remboursable sur ses revenus, en trente
ıns, à partir de 1875;

2° A titre d'avance, et moyennant un taux d'intérêt qui ne pourra
lépasser cinq pour cent, une somme de un million (1,000,000ᶠ),
ſui lui sera remboursée par l'État aux conditions ci-après déter-
ninées.

Ces emprunts pourront être réalisés, soit avec publicité et concur-
·ence, soit de gré à gré, soit par voie de souscriptions, avec faculté
l'émettre des obligations au porteur ou transmissibles par voie d'eı-
lossement, soit directement à la caisse des dépôts et consignations
ıux conditions de cet établissement.

Les conditions des souscriptions à ouvrir ou des traités à passer de
ſré à gré seront préalablement soumises à l'approbation du ministre
le l'intérieur.

3. Lesdits emprunts seront exempts des droits de timbre mis par
a loi à la charge des communes. Cette exemption devra être men-
ionnée dans le corps même des titres à émettre, ainsi que la date
ʟant de la loi d'autorisation du 4 août 1874 que du présent décret.

4. A partir du 1ᵉʳ janvier 1875 et jusqu'au 31 décembre 1904, la
)erception de l'octroi de Guingamp s'effectuera conformément aux
ɐrif et règlement ci-annexés.

Pendant la même période, il sera perçu une surtaxe de cinq francs
5ᶠ) par cent kilogrammes sur les huiles à manger de toute espèce.
Cette surtaxe est indépendante du droit de six francs (6ᶠ) perçu en
principal sur les mêmes huiles.

5. La somme de un million (1,000,000ᶠ), montant de l'avance à
ɩaire à l'État par la ville de Guingamp, sera versée à la caisse du re-
:eveur des finances en trois termes échelonnés à une année d'inter-
ɾalle, savoir : .

Après la réalisation de l'emprunt, et au plus tard le 31 mars 1875,
ɩrois cent trente mille francs (330,000ᶠ); .

Un an après le premier versement, et au plus tard le 31 mars
ı876, trois cent trente-cinq mille francs (335,000ᶠ);

65.

Un an après le deuxième versement, et au plus tard le 31 mars 1877, trois cent trente-cinq mille francs (335,000ᶠ).

Les sommes versées à titre d'avance porteront intérêt au taux maximum de cinq pour cent, à dater de l'époque des versements, et l'amortissement, calculé également au taux maximum de cinq pour cent, sera effectué, pour chaque versement, en douze annuités payables par termes semestriels.

6. Les ministres de l'intérieur, de la guerre et des finances sont chargés, chacun en ce qui le concerne, de l'exécution du présent décret.

Fait à Paris, le 29 Novembre 1874.

Signé Mᵃˡ DE MAC MAHON.

Le Ministre des finances,

Signé MATHIEU-BODET.

Le Vice-Président du Conseil, Ministre de la guerre,

Signé Gˡ E. DE CISSEY.

Le Ministre de l'intérieur,

Signé Gˡ DE CHABAUD LA TOUR.

RÉPUBLIQUE FRANÇAISE.

Nᵒ 3807. — DÉCRET qui approuve les Conventions passées entre le département de la Guerre et le Maire du Mans, et relatives à l'extension du Casernement dans cette ville.

Du 29 Novembre 1874.

LE PRÉSIDENT DE LA RÉPUBLIQUE FRANÇAISE,

Vu la loi du 4 août 1874, relative aux dépenses du casernement de l'armée ;

Le Conseil des ministres entendu,

DÉCRÈTE :

ART. 1ᵉʳ. Les conventions passées entre le département de la guerre et le maire du Mans (Sarthe), et relatives au concours de la ville dans la dépense résultant de l'extension du casernement, sont définitivement approuvées.

Un exemplaire de ces actes restera annexé au présent décret.

2. La ville du Mans (Sarthe) est autorisée, pour remplir ses engagements, à emprunter, à un taux d'intérêt qui ne pourra excéder cinq pour cent, une somme de un million deux cent soixante et un mille francs (1,261,000ᶠ), remboursable en douze ans, savoir :

A titre de subside, six cent quinze mille francs (615,000ᶠ) ;

A titre d'avance, six cent quarante-six mille francs (646,000ᶠ).

Elle reste devoir :

Sept cent trente-cinq mille francs (735,000ᶠ), sous la forme de subside ;

Un million quatre cent dix-sept mille francs (1,417,000ᶠ), sous la forme d'avance.

L'emprunt pourra être réalisé, soit avec publicité et concurrence, soit de gré à gré, soit par voie de souscriptions, avec faculté d'émettre des obligations au porteur ou transmissibles par voie d'endossement, soit directement à la caisse des dépôts et consignations, aux conditions de cet établissement.

Les conditions des souscriptions à ouvrir ou des traités à passer de gré à gré seront préalablement soumises à l'approbation du ministre de l'intérieur.

3. Ledit emprunt sera exempt des droits de timbre mis par la loi à la charge des communes. Cette exemption devra être mentionnée dans le corps même des titres à émettre, ainsi que la date tant de la loi d'autorisation du 4 août 1874 que du présent décret.

4. La même ville est autorisée à s'imposer extraordinairement pendant douze ans, à partir de 1875, douze centimes (0ᶠ 12ᶜ) additionnels au principal des quatre contributions directes, devant rapporter une somme totale de huit cent cinquante mille francs (850,000ᶠ) environ, pour le remboursement, en principal et intérêts, du subside de six cent quinze mille francs (615,000ᶠ).

5. La somme de six cent quarante-six mille francs (646,000ᶠ), montant de la première partie de l'avance à faire à l'État par la ville du Mans, sera versée à la caisse du receveur des finances après la réalisation de l'emprunt, et au plus tard le 31 mars 1875.

Cette somme portera intérêt au taux maximum de cinq pour cent, à dater de l'époque du versement, et l'amortissement, calculé également au taux maximum de cinq pour cent, sera effectué en douze annuités payables par termes semestriels.

6. Les ministres de l'intérieur, de la guerre et des finances sont chargés, chacun en ce qui le concerne, de l'exécution du présent décret.

Fait à Paris, le 29 Novembre 1874.

Signé Mᵃˡ DE MAC MAHON.

Le Ministre des finances,	Le Vice-Président du Conseil, Ministre de la guerre,	Le Ministre de l'intérieur,
Signé MATHIEU-BODET.	Signé Gᵉˡ E. DE CISSEY.	Signé Gᵉˡ DE CHABAUD LA TOUR.

RÉPUBLIQUE FRANÇAISE.

N° 3808. — DÉCRET qui approuve la Convention passée entre le département de la Guerre et le Maire de Saint-Quentin, et relative à l'extension du Casernement dans cette ville.

Du 29 Novembre 1874.

LE PRÉSIDENT DE LA RÉPUBLIQUE FRANÇAISE,

Vu la loi du 4 août 1874, relative aux dépenses du casernement de l'armée;

Le Conseil des ministres entendu.

DÉCRÈTE :

ART. 1". La convention passée entre le département de la guerre et le maire de Saint-Quentin (Aisne), et relative au concours de la ville dans la dépense résultant de l'extension du casernement, est définitivement approuvée.

Un exemplaire de cet acte restera annexé au présent décret.

2. La ville de Saint-Quentin (Aisne) est autorisée, pour remplir ses engagements, à emprunter, par termes remboursables en douze années et moyennant un taux d'intérêt qui n'excède pas cinq pour cent, une somme de un million quatre cent mille francs (1,400,000'), savoir :

1° A titre de subside, cinq cent mille francs (500,000');
2° A titre d'avance, neuf cent mille francs (900,000').

Cet emprunt pourra être réalisé, soit avec publicité et concurrence, soit de gré à gré, soit par voie de souscriptions, avec faculté d'émettre des obligations au porteur ou transmissibles par voie d'endossement, soit directement à la caisse des dépôts et consignations, aux conditions de cet établissement.

Les conditions des souscriptions à ouvrir ou des traités à passer de gré à gré seront préalablement soumises à l'approbation du ministre de l'intérieur.

3. Ledit emprunt sera exempt des droits de timbre mis par la loi à la charge des communes. Cette exemption devra être mentionnée dans le corps même des titres à émettre, ainsi que la date tant de la loi d'autorisation du 4 août 1874 que du présent décret.

4. La même ville est autorisée à s'imposer extraordinairement pendant quatre ans, à partir de 1885, dix centimes (o' 10°) additionnels au principal de ses quatre contributions directes, devant rapporter une somme totale de deux cent mille francs (200,000') environ, pour servir, avec un prélèvement sur ses revenus tant ordinaires qu'extraordinaires, au remboursement du capital de cinq cent mille francs (500,000') et au service des intérêts de cette somme de 1885 à 1888.

5. A partir de la date du présent décret et jusqu'au 31 décembre 1888 inclusivement, la perception de l'octroi de Saint-Quentin s'effectuera d'après les tarif et règlement ci-annexés.

Pendant la même période, il sera perçu une surtaxe de sept francs (7') par cent kilogrammes sur les huiles d'olive. Cette surtaxe est indépendante du droit de huit francs (8') perçu en principal.

6. Les frais de casernement à payer par la ville de Saint-Quentin, en exécution de l'article 10 de l'ordonnance royale du 5 août 1818[1].

[1] VII° série, Bull. 230, n° 4755.

iont fixés, à titre d'abonnement, à la somme annuelle de cinq mille francs (5,000ᶠ).

La durée de cet abonnement sera de quatorze ans, à partir du 1ᵉʳ janvier 1875.

7. La somme de un million quatre cent mille francs (1,400,000ᶠ), montant du subside et de l'avance à faire à l'État par la ville de Saint-Quentin, sera versée à la caisse du receveur des finances en trois termes échelonnés à une année d'intervalle, savoir :

Après la réalisation de l'emprunt, et au plus tard le 31 mars 1875, cent soixante-sept mille francs (167,000ᶠ) sur le subside et trois cent mille francs (300,000ᶠ) sur l'avance;

Un an après le premier versement, et au plus tard le 31 mars 1876, cent soixante-sept mille francs (167,000ᶠ) sur le subside et trois cent mille francs (300,000ᶠ) sur l'avance;

Un an après le deuxième versement, et au plus tard le 31 mars 1877, cent soixante-six mille francs (166,000ᶠ) sur le subside et trois cent mille francs (300,000ᶠ) sur l'avance.

Les sommes versées à titre d'avance porteront intérêt au taux maximum de cinq pour cent, à dater de l'époque des versements, et l'amortissement, calculé également au taux maximum de cinq pour cent, sera effectué, pour chaque versement, en douze annuités payables par termes semestriels. `.

8. Les ministres de l'intérieur, de la guerre et des finances sont chargés, chacun en ce qui le concerne, de l'exécution du présent décret.

Fait à Paris, le 29 Novembre 1874.

Signé Mᵃˡ DE MAC MAHON.

Le Ministre des finances,   Le Vice-Président du Conseil,   Le Ministre de l'intérieur,
Signé MATHIEU-BODET.   Ministre de la guerre,   Signé Gᵃˡ DE CHABAUD LA TOUR.
                                   Signé Gᵃˡ E. DE CISSEY.

RÉPUBLIQUE FRANÇAISE.

N° 3809. — DÉCRET qui approuve la Convention passée entre le département de la Guerre et le Maire de Troyes, et relative à l'extension du Casernement dans cette ville.

Du 29 Novembre 1874.

LE PRÉSIDENT DE LA RÉPUBLIQUE FRANÇAISE,

Vu la loi du 4 août 1874, relative aux dépenses du casernement de l'armée;

Le Conseil des ministres entendu,

DÉCRÈTE :

Art. 1ᵉʳ. La convention passée entre le département de la [
et le maire de Troyes ,Aube., et relative au concours de l[
dans la dépense résultant de l'extension du casernement, est [
tivement approuvée.
Un exemplaire de cet acte restera annexé au présent décret.

2. La ville de Troyes ,Aube) est autorisée, pour remplir ses e[
gements, à emprunter, à titre d'avance et à un taux d'intérêt qu[
pourra excéder cinq pour cent, une somme de quatre cent m[
francs (400,000ᶠ), qui sera remboursée par l'Etat aux condit[
ci-après déterminées.

Cet emprunt pourra être réalisé, soit avec publicité et con[
rence, soit de gré à gré, soit par voie de souscriptions, avec fac[
d'émettre des obligations au porteur ou transmissibles par voie [
dossement, soit directement à la caisse des dépôts et consignati[
aux conditions de cet établissement.

Les conditions des souscriptions à ouvrir ou des traités à pass[
gré à gré seront préalablement soumises à l'approbation du min[
de l'intérieur.

3. Ledit emprunt sera exempt des droits de timbre mis par l[
à la charge des communes. Cette exemption devra être mention[
dans le corps même des titres à émettre, ainsi que la date tant d[
loi d'autorisation du 4 août 1874 que du présent décret.

4. La somme de quatre cent mille francs (400,000ᶠ), montant[
l'avance à faire à l'Etat par la ville de Troyes, sera versée à la ca[
du receveur des finances en trois termes échelonnés à une an[
d'intervalle, savoir :

Après la réalisation de l'emprunt, et au plus tard le 31 mars 18[
cent trente mille francs (130,000ᶠ);

Un an après le premier versement, et au plus tard le 31 m[
1876, cent trente-cinq mille francs (135,000ᶠ); .

Un an après le deuxième versement, et au plus tard le 31 m[
1877, cent trente-cinq mille francs (135,000ᶠ).

Les sommes versées à titre d'avance porteront intérêt au t[
maximum de cinq pour cent, à dater de l'époque des verseme[
et l'amortissement, calculé également au taux maximum de c[
pour cent, sera effectué, pour chaque versement, en douze annu[
payables par termes semestriels.

5. Les ministres de l'intérieur, de la guerre et des finances s[
chargés, chacun en ce qui le concerne, de l'exécution du prés[
décret.

Fait à Paris, le 29 Novembre 1874.

Signé Mᵃˡ DE MAC MAHON.

Le Ministre des finances ,   Le Vice-Président du Conseil,   Le Ministre de l'intérieur,
                                  Ministre de la guerre ,
Signé MATHIEU-BODET.   Signé Gᵃˡ DE CHABAUD LA T[
                           Signé Gᵃˡ E. DE CISSEY.

3810. — Décret du Président de la République française (contre-signé par le ministre de l'intérieur) portant ce qui suit :

La juridiction du commissaire de police de Gignac (Hérault) est étendue ir les communes de Saint-André-de-Sangonis, Montpeyroux, Saint-Paroire, le Pouget et Saint-Jean-de-Fos.

Il est créé à Riez (Basses-Alpes) un commissariat spécial de police. (*Paris, Septembre 1874.*)

3811. — Décret du Président de la République française (contre-signé par le ministre de l'intérieur) portant ce qui suit :

La juridiction du commissaire de police de Dieu-le-Fit (Drôme) est étendue sur la commune de Montjoux.

La juridiction du commissaire de police de Chartres (Eure-et-Loir) est étendue sur les communes de Lèves, Champfol, Lucé, Gellainville, le Coulray, Luisant et Mainvilliers.

La juridiction du commissaire de police de Châteaudun (Eure-et-Loir) est étendue sur les communes de Marboué, Donnemain-Saint-Mamert, Jallans, Lutz, Chapelle-du-Noyer et Saint-Denis-les-Ponts.

La juridiction du commissaire de police de Dreux (Eure-et-Loir) est étendue sur les communes de Chérisy, Saint-Denis-de-Moronval, Vernouillet, Louvilliers-en-Drouais et Montreuil.

La juridiction du commissaire de police de Nogent-le-Rotrou (Eure-et-Loir) est étendue sur les communes de Margon, Brunelles, Champrond-en-Perchet, Trizay-Coutretot et Saint-Jean-Pierre-Fixte.

La juridiction du commissaire de police de Clermont-l'Hérault (Hérault) est étendue sur les communes de Paulhan, Saint-Félix-de-Lodez, Aspiran, Brignac, Ceyras, Nébian et Canet. (*Paris, 7 Septembre 1874.*)

N° 3812. — Décret du Président de la République française (contre-signé par le ministre des travaux publics) portant ce qui suit :

1° Sont déclarés d'utilité publique les travaux nécessaires pour la construction d'un débarcadère à Pont-Augan (Morbihan), sur la rive gauche du Blavet, conformément aux dispositions du projet présenté par les ingénieurs et des avis, en date des 21 février et 25 juillet 1874, du conseil général des ponts et chaussées.

2° L'administration est autorisée à faire l'acquisition des terrains et bâtiments nécessaires à l'exécution des travaux, en se conformant aux dispositions de la loi du 3 mai 1841. (*Versailles, 19 Septembre 1874.*)

N° 3813. — Décret du Président de la République française (contre-signé par le ministre des travaux publics) portant ce qui suit :

1° Il sera procédé à la réparation du pont d'Orléans (Loiret), sur la Loire, route nationale n° 20, de Paris à Toulouse, conformément aux dispositions du projet présenté les 14 juin-4 juillet 1874.

2° La dépense, évaluée à quatre-vingt mille francs, sera imputée sur les fonds affectés annuellement à la construction des grands ponts par le budget du ministère des travaux publics. (*Versailles, 19 Septembre 1874.*)

N° 3814. — Décret du Président de la République française (contre-signé par le ministre des travaux publics) portant ce qui suit:

1° Il sera procédé à la rectification de la route nationale n° 170, dans les côtes de Trémaria, de Bel-Air et de Quinquis (Finistère), suivant la direction générale figurée en rouge sur un plan qui restera annexé au présent décret.

Les travaux de cette entreprise sont déclarés d'utilité publique.

L'ordonnance royale du 22 novembre 1844, qui avait autorisé la rectification desdites côtes suivant un autre tracé que celui indiqué sur le plan précité, est rapportée.

2° La dépense, évaluée à quarante-deux mille trois cents francs, sera imputée sur les fonds affectés annuellement à la rectification des routes nationales par le budget du ministère des travaux publics.

3° L'administration est autorisée à faire l'acquisition des terrains et bâtiments nécessaires à l'exécution de ladite rectification, en se conformant aux dispositions des titres II et suivants de la loi du 3 mai 1841, sur l'expropriation pour cause d'utilité publique.

4° Le présent décret sera considéré comme non avenu, si les travaux n'ont pas été adjugés dans un délai de cinq ans, à partir du jour de sa promulgation. (Versailles, 19 Septembre 1874.)

N° 3815. — Décret du Président de la République française (contre-signé par le ministre des travaux publics) portant ce qui suit :

1° Sont déclarés d'utilité publique les travaux de rectification de la route départementale de la Haute-Garonne n° 2, de Toulouse à Sorèze, dans la côte de Saint-Félix, suivant la direction générale indiquée par une teinte et des lignes rouges sur un plan qui restera annexé au présent décret.

2° L'administration est autorisée à faire l'acquisition des terrains et bâtiments nécessaires à l'exécution de ces travaux, en se conformant aux dispositions des titres II et suivants de la loi du 3 mai 1841, sur l'expropriation pour cause d'utilité publique.

3° Le présent décret sera considéré comme non avenu, si les travaux n'ont pas été adjugés dans un délai de cinq ans, à partir du jour de sa promulgation. (Versailles, 19 Septembre 1874.)

N° 3816. — Décret du Président de la République française (contre-signé par le ministre des travaux publics) portant ce qui suit :

1° Sont déclarés d'utilité publique les travaux de rectification, entre Montbozon et Thieffrans, de la route départementale de la Haute-Saône n° 1, de Besançon aux Vosges, suivant la direction générale indiquée par une ligne rouge entre les points C et D d'un plan qui restera annexé au présent décret.

2° L'administration est autorisée à faire l'acquisition des terrains et bâtiments nécessaires à l'exécution de cette entreprise, en se conformant aux dispositions des titres II et suivants de la loi du 3 mai 1841, sur l'expropriation pour cause d'utilité publique.

3° Le présent décret sera considéré comme non avenu, si les travaux n'ont pas été adjugés dans un délai de cinq ans, à partir du jour de sa promulgation. (*Versailles, 19 Septembre 1874.*)

N° 3817.—Décret du Président de la République française (contre-signé par le ministre des travaux publics) portant ce qui suit :

1° Sont déclarés d'utilité publique les travaux de rectification de la route départementale du Doubs n° 12, de Salins en Suisse, entre Saint-Antoine et les Hôpitaux-Neufs, suivant la direction générale indiquée par des lignes rouges sur un plan qui restera annexé au présent décret.

2° L'administration est autorisée à faire l'acquisition des terrains et bâtiments nécessaires à l'exécution de cette entreprise, en se conformant aux dispositions des titres II et suivants de la loi du 3 mai 1841, sur l'expropriation pour cause d'utilité publique.

3° Le présent décret sera considéré comme non avenu, si les travaux n'ont pas été adjugés dans un délai de cinq ans, à partir du jour de sa promulgation. (*Versailles, 19 Septembre 1874.*)

N° 3818.—Décret du Président de la République française (contre-signé par le ministre des travaux publics) portant ce qui suit :

1° Sont déclarés d'utilité publique les travaux de construction d'un aqueduc dans la traverse de Rosières, route départementale de la Somme n° 20, de Roye à Albert, suivant le tracé indiqué par une ligne bleue pointillée sur un plan qui restera annexé au présent décret.

2° L'administration est autorisée à faire l'acquisition des terrains et bâtiments nécessaires à l'exécution de ces travaux, en se conformant aux dispositions des titres II et suivants de la loi du 3 mai 1841, sur l'expropriation pour cause d'utilité publique.

3° Le présent décret sera considéré comme non avenu, si les travaux n'ont pas été adjugés dans un délai de cinq ans, à partir du jour de sa promulgation. (*Versailles, 19 Septembre 1874.*)

N° 3819. — Décret du Président de la République française (contre-signé par le ministre de l'intérieur) portant :

La résidence du commissaire spécial de police de Fondamente (Aveyron) est transférée à Engayresque (même département).

La juridiction du commissaire de police d'Engayresque comprendra toutes les communes du canton de Sévérac, plus celle de Verrières (canton de Saint-Beauzély) et celle de Rivière (canton de Peyreleau). (*Paris, 30 Septembre 1874.*)

N° 3820.—Décret du Président de la République française (contre-signé par le ministre de l'intérieur) qui crée à Arnay-le-Duc (Côte-d'Or) un commissariat spécial de police. (*Paris, 30 Septembre 1874.*)

N° 3821.— Décret du Président de la République française (contre-signé par le ministre de l'intérieur) portant ce qui suit :

Il est créé à Saint-Jean-en-Royans (Drôme) un commissariat spécial de police.

La juridiction du titulaire comprendra, outre cette commune, celles de Bouvante, Saint-Laurent-en-Royans, Oriol, Rochechinard, Saint-Thomas et Léoncel. (*Paris, 30 Septembre 1874.*)

N° 3822.— Décret du Président de la République française (contre-signé par le ministre de l'intérieur) portant que la juridiction de commissaire spécial de police de Saint-Vallier (Drôme) est étendue sur la commune de Laveyron. (*Paris, 30 Septembre 1874.*)

N° 3823. — Décret du Président de la République française (contre-signé par le ministre de l'intérieur) portant que la juridiction du commissaire spécial de police de Nonancourt (Eure) est étendue sur les communes d'Acon, Breux, Courdemanche, Droisy, Illiers-l'Évêque, Madeleine-de-Nonancourt, Marcilly-la-Campagne, Mesnil-sur-l'Estrée, Moisville, Muzy, Saint-Georges-sur-Eure et Saint-Germain-sur-Avre. (*Paris, 30 Septembre 1874.*)

Certifié conforme :

Versailles, le 26* Janvier 1875,

Le Garde des Sceaux, Ministre de la Justice,

A. TAILHAND.

* Cette date est celle de la réception du Bulletin au ministère de la Justice.

On s'abonne pour le Bulletin des lois, à raison de 9 francs par an, a la caisse de l'Imprimerie nationale ou chez les Receveurs des postes des départements.

TABLE ALPHABÉTIQUE

DES MATIÈRES

CONTENUES DANS LE TOME IX DE LA XII° SÉRIE

DU BULLETIN DES LOIS.

PARTIE PRINCIPALE.

DEUXIEME SEMESTRE DE 1874.

DU 1er JUILLET AU 31 DÉCEMBRE 1874.

(N°° 215 à 240.)

A

ACADÉMIE DES INSCRIPTIONS ET BELLES-LETTRES ET DES SCIENCES MORALES ET POLITIQUES. Voyez *Dons et legs.*

ADJOINTS. Voyez *Maires.*

ADMINISTRATION DES POSTES. Voyez *Postes.*

ADMINISTRATIONS CENTRALES. Modification de l'organisation centrale du ministère de la guerre, B. 235, p. 754.

ALGÉRIE. Mesures à prendre en vue de prévenir les incendies dans les régions boisées de l'Algérie (loi du 17 juillet 1874), B. 215, p. 7. — Juridiction provisoire de la justice de paix de Bordj-bou-Aréridj, B. 216, p. 38. — Fixation provisoire de la juridiction du juge de paix de Milah, B. 222, p. 259. — Classes et traitements des cadis, B. 222, p. 259. — Organisation judiciaire dans la Kabylie, B. 225, p. 356; — modification, B. 230, p. 540. — Modi-

fication de la juridiction civile de divers territoires, B. 216, p. 47. — Modification des décrets des 16 octobre 1871 et 10 octobre 1872, relatifs aux concessions de terres, B. 216, p. 54. — Conditions que les habitants indigènes musulmans ou étrangers de l'Algérie doivent remplir pour être admis à l'électorat municipal, B. 227, p. 428. — Sont rendus exécutoires en Algérie les lois et décrets suivants : loi du 7 juillet 1874, relative à l'électorat municipal, B. 220, p. 195; — règlement d'administration publique du 25 juin 1874, pour l'exécution de la loi du 26 novembre 1873, concernant l'apposition d'un timbre ou poinçon spécial sur les marques de fabrique et de commerce, B. 220, p. 200; — loi du 30 juillet 1874, sur l'électorat municipal, et ajournement au 7 décembre de la session des

XII° Série.

66

position territoriale de la France (décret du 10 août 1874), B. 229, p. 496. — Décret du 25 octobre 1874, concernant les exécutions militaires, B. 233, p. 632. — Modification de l'organisation de l'administration centrale du ministère de la guerre (décret du 4 octobre 1874), B. 235, p. 754. — Emplois réservés aux sous-officiers des armées de terre et de mer (décret du 28 octobre 1874), B. 235, p. 757. — Loi du 16 décembre 1874, qui modifie celle du 7 février 1851, concernant les individus nés en France d'étrangers qui eux-mêmes y sont nés, B. 239, p. 44.

ASSEMBLÉE NATIONALE. Voyez Députés.

ASSOCIATIONS RELIGIEUSES. Voyez Congrégations.

ATTERRISSEMENTS. Voyez Domaines.

AVERTISSEMENTS DE CONTRIBUTIONS. Chaque avertissement énoncera les proportions entre la part de la contribution revenant à l'État, celle revenant au département, la part revenant à la commune et le total de la contribution réclamée au contribuable (loi du 5 août 1874), B. 224, p. 298.

AVOUÉS. Voyez Offices.

B

BACCALAURÉAT ÈS LETTRES. Décret relatif à l'examen du baccalauréat ès lettres, B. 218, p. 138.

BACS ET PASSAGES D'EAU. Voyez Péages.

BANQUE DE FRANCE. Approbation du traité passé, le 4 août 1874, entre le ministre des finances et la Banque de France (loi du 5 août 1874), B. 221, p. 213.

BANQUE DE LA NOUVELLE-CALÉDONIE. Autorisation de former un établissement de crédit à Nouméa, B. 229, p. 467.

BASSIN À FLOT. Voyez Ports.

BOIS DE FASCINAGE. Décret du 10 octobre 1874, relatif à la cession des bois de fascinage par l'administration forestière au département de la guerre, B. 230, p. 539.

BOIS POUR L'APPROVISIONNEMENT DE PARIS. Cotisation à percevoir sur les trains de bois flotté pendant l'exercice 1874 (approvisionnement de Paris), B. 222, p. 257.

BOISSONS. Décret concernant les boissons expédiées à destination de la zone de Savoie, B. 238, p. 928.

BONS DE LA CAISSE MUNICIPALE. Voyez Ville de Paris.

BONS DE LIQUIDATION. Création de bons de liquidation affectés au payement des dédommagements accordés aux personnes qui ont éprouvé préjudice lors des destructions opérées par le génie militaire pour les besoins de la défense nationale (loi du 28 juillet 1874), B. 221, p. 206. — Autorisation au ministre des finances de créer cinquante-deux mille bons de liquidation, conformément à ladite loi, B. 238, p. 897.

BONS DU TRÉSOR. Ceux en circulation ne pourront excéder quatre cents millions (loi de finances du 5 août 1874), B. 224, p. 302.

BOURSES DE COMMERCE. Voyez Chambres et bourses de commerce.

BOURSES DE LYCÉES ET COLLÈGES. Voyez Lycées.

BRÉSIL. Voyez Traités.

BUDGET GÉNÉRAL DES DÉPENSES ET DES RECETTES DE L'EXERCICE 1875 (loi du 5 août 1874), B. 224, p. 297.

BUREAU POUR LE TITRAGE DES SOIES. Approbation des statuts du bureau public établi à Saint-Étienne pour le titrage des soies et autres matières textiles, B. 226, p. 388.

BUREAUX DE DOUANES. Voyez Douanes.

BUREAUX DE GARANTIE. Suppression de celui établi à Épinal pour l'es-

sai et la marque des ouvrages d'or et d'argent, B. 228, p. 64

C

CADIS. Voyez *Algérie*.

CAISSE DE LA DOTATION DE L'ARMÉE. Budget de 1875, B. 224, p. 332.

CAISSE DES INVALIDES DE LA MARINE. Budget de 1875, B. 224, p. 332.

CAISSE MUNICIPALE. Voyez *Ville de Paris*.

CANAL DE L'EST. Décret du 18 octobre 1874, qui ouvre un crédit sur l'exercice 1874, à titre de fonds de concours versés au trésor par le syndicat du canal de l'Est, pour les travaux de construction de ce canal, autorisé par la loi du 24 mars 1874, insérée au Bulletin 190, XII° série, B. 233, p. 630.

CANAUX. Établissement d'un canal de secours, dérivé du Verdon, destiné à compléter l'alimentation du canal de Pontoise, en cas d'insuffisance des eaux du Colostre, communes de Gréoux (Basses-Alpes) et de Vinon (Var), B. 219, p. 166. — Loi relative à la déclaration d'utilité publique et à la concession d'un canal d'irrigation dérivé de la rivière de la Bourne, dans le département de la Drôme (21 mai 1874), B. 231, p. 549. — Établissement d'un canal d'irrigation à dériver de la Vanera, sur le territoire des communes de Valcebollère et d'Osséja (Pyrénées-Orientales), B. 232, p. 598.

CANTONS. Loi du 23 décembre 1874, qui modifie la circonscription territoriale des cantons de Chamoux, de la Rochette et d'Aiguebelle (Savoie), B. 239, p. 955.

CARTOUCHES. Introduction en France des cartouches chargées pour l'usage spécial des sociétés de tir (loi du 1ᵉʳ août 1874), B. 218, p. 116.

CASERNEMENT DE L'ARMÉE. Loi du 4 août 1874, relative aux dépenses du casernement de l'ar-

mée, B. 220, p. 177. — Décrets divers qui approuvent des conventions passées entre le département de la guerre et les préfets des départements ainsi que les maires des villes dont la désignation suit, et relatives à l'extension du casernement dans les dites villes :

DÉPARTEMENTS.

Aube, B. 240, p. 1081; Cher, B. 240, p. 1070; — Morbihan, B. 240, p. 1082.

VILLES.

Abbeville (Somme), B. 240 p. 1047 ; Agen (Lot-et-Garonne) B. 240, p. 1048 ; Alençon (B. 240, p. 1016 ; Amiens (Somme B. 240, p. 1003; Ancenis (Inférieure), B. 240, p. 1 Angoulème (Charente), B. p. 998 ; Argentan (Orne), B. p. 989 ; Auch (Gers), B. 240, p.1 Aurillac (Cantal), B. 240, p. 1 Auxerre (Yonne), B. 240, p. Auxonne (Côte-d'Or), B. p. 1063 ; — Beauvais (Oise), B. p. 1005; Bellac (Haute-V B. 240, p. 1082 ; Belley B. 240, p. 1084; Bernay (B. 240, p. 1006; B (Doubs), B. 240, p. 1063 et 1 Bordeaux (Gironde), B. p. 1088 ; Bourges (Cher), B. p. 1068; Brive (Corrèze), B. p. 991 ; — Caen (Cal B. 240, p. 975 ; Cahors B. 240, p. 1019; Castel (Aude), B. 240, p. 1072; sarrasin (Tarn-et-G B. 240, p. 1020; Châ Marne (Marne), B. 240, Chartres (Eure-et-Loir), p. 1022 ; Châteaudun (Loir), B. 240, p. 1024; roux (Indre), B. 240, p Chaumont (Haute-Marne), p. 1092; Cholet (Maine-et-

CAUTIONNEMENTS DES COMPTABLES DU DÉPARTEMENT DE LA GUERRE (décret du 4 septembre 1874), B. 226, p. 397.

CEPS DE VIGNE. Voyez *Importation.*

CERCLES, SOCIÉTÉS ET LIEUX DE RÉUNION. Ne sont pas assujetties à la taxe établie par la loi de finances du 16 septembre 1871 les sociétés ayant pour objet exclusif des jeux d'adresse ou des exercices spéciaux (budget de 1875), B. 224, p. 298.

CHAIRES. Création d'une chaire de médecine opératoire à l'école préparatoire de médecine et de pharmacie de Marseille, B. 229, p. 499.

CHAMBRES ET BOURSES DE COMMERCE. Contribution spéciale à percevoir, en 1874, pour les dépenses de la chambre de commerce de Sedan, B. 219, p. 166, — ainsi que pour celle de Narbonne, B. 220, p. 193; — et pour les dépenses de diverses chambres et bourses de commerce, B. 236, p. 789 et 808.

CHANCELLERIES CONSULAIRES. Budget de 1875, B. 224, p. 331.

CHANGEMENTS DE NOMS. Voyez *Noms.*

CHEMINS DE FER. Autorisation au ministre des finances de convertir le montant des seize millions quatre cent quatre mille trois cent soixante-quinze francs des subventions dues, en 1875, à diverses compagnies de chemins de fer, en quinze annuités au plus, comprenant l'intérêt et l'amortissement (loi de finances du 5 août 1874), B. 224, p. 302.

CONCESSION ET EXÉCUTION.

Déclaration d'utilité publique de l'établissement d'un chemin de fer de Bône à Guelma, B. 217, p. 78. — Concession à MM. de Mieulle et compagnie des chemins de fer : 1° de Bourges à Gien; 2° d'Argent à Beaune-la-Rolande (loi du 17 juin 1874), B. 219, p. 145. — Substitution de la compagnie du chemin de fer de Lille à Valenciennes et ses extensions aux droits et obligations de la société Lebon et Otlet, adjudicataire de la concession du chemin de fer de Lérouville à la ligne des Ardennes, B. 229, p. 497. — Établissement, dans l'enceinte de la ville de Lille, d'un chemin de fer de ceinture destiné à relier la gare aux marchandises de Saint-Sauveur au port de la Haute-Deule. B. 231, p. 562. — Établissement d'un chemin de fer de jonction entre les docks de Saint-Ouen et la gare des marchandises de la plaine de Saint-Denis (Seine), B. 232, p. 597, et B. 236, p. 785. — Établissement d'un chemin de fer de Blaye à la ligne de Saintes à Coutras, près Saint-Mariens (décret de la délégation du Gouvernement de la défense nationale hors Paris, du 29 janvier 1871), B. 233, p. 601. — Exécution du chemin de fer d'Arzew à Saïda, avec prolongement sur Géryville, et approbation de la convention passée pour l'exploitation dudit chemin de fer, B. 233, p. 602. — Établissement d'une voie ferrée à traction de locomotives entre Rueil et Marly-le-Roi (Seine-et-Oise), B. 234, p. 732. — Est rendue définitive la concession du chemin de fer de Besançon à la frontière suisse, par Morteau, avec embranchement sur Lods, B. 236, p. 794. — Établissement d'un embranchement destiné à relier la fosse n° 5 des mines de houille de Marles à la ligne de raccordement actuel de la fosse n° 3, sur le chemin de fer des houillères du Pas-de-Calais, B. 238, p. 911.

PROROGATION DE DÉLAI.

Pour l'exécution du chemin de fer de Pont-d'Ouche à Velars et rectification de la ligne de Pont-d'Ouche à Épinac, B. 221, p. 238, — et pour l'exécution des chemins de fer de la banlieue de Marseille. B. 238, p. 927.

TRAVAUX.

Agrandissement de la station de Luxé (Charente), ligne de Tours à Bordeaux, B. 218, p. 143; — de la gare des marchandises d'Ivry (Seine), chemin de fer de Paris à Orléans, B. 220, p. 302. — Établissement de voies de manœuvre à la gare des usines de la Sambre, ligne de Saint-Quentin à Erquelines (Nord), B. 223, p. 296. — Agrandissement de la gare de Campagnan (Hérault), sur la ligne de Montpellier à Paulhan, B. 225, p. 366; — de celle de Saint-Vallier (Drôme), sur le chemin de fer de Lyon à Avignon, B. 229, p. 505. — Établissement d'une gare de marchandises à la station des Mazes (Hérault), B. 229, p. 505. — Approbation de divers travaux à exécuter et de diverses dépenses à faire sur l'ancien réseau de la compagnie du chemin de fer du Nord, B. 221, p. 241; — sur l'ancien réseau de la compagnie des chemins de fer de Paris à Lyon et à La Méditerranée, B. 229, p. 500; — par la compagnie des chemins de fer du Midi et du canal latéral à la Garonne, B. 236, p. 786 et 788.

FONDS DE CONCOURS.

Ouverture d'un crédit af

L'exercice 1874, à titre de fonds de concours versés au trésor par la compagnie du chemin de fer du Nord, pour la construction des chemins de fer d'Épinay à Luzarches et d'Arras à Étaples, avec embranchements sur Béthune et Abbeville, B. 221, p. 289; — sur le même exercice, pour l'achèvement du chemin de fer de Perpignan à Prades, B. 230, p. 534.

INTÉRÊT LOCAL.

Établissement de chemins de fer dans le département du Nord: 1° d'Hazebrouck à un point intermédiaire à déterminer entre Templeuve et Orchies, par Don; 2° de Don à la limite du Pas-de-Calais, vers Hénin-Liétard; 3° d'Artres à Denain; 4° de Denain à Saint-Amand; 5° de Lourches à la ligne d'Artres à Denain, B. 218, p. 118; — dans celui de Saône-et-Loire, d'un chemin de fer partant de la limite du département de la Loire, dans la direction de Roanne, et aboutissant à Châlon-sur-Saône, avec embranchement de Saint-Gengoux vers Montchanin, B. 221, p. 219. — Établissement d'un chemin de fer de Vézelise à la limite du département des Vosges, dans la direction de Mirecourt, B. 223, p. 269; — de la Teste à l'étang de Cazaux, B. 225, p. 342; — dans le département du Pas-de-Calais, B. 226, p. 369; — d'Anduze à ou près Lezan (Gard), B. 227, p. 409; — de Machecoul à la Roche-sur-Yon (Vendée), avec embranchement sur Saint-Gilles-sur-Vie, B. 228, p. 433; — de Mirecourt (Vosges) à la limite du département de Meurthe-et-Moselle, dans la direction de Vézelise, B. 230, p. 509; — de Carentan à Carteret (Manche), par ou près Auvers, Saint-Jores, la Haye-du-Puits et Portbail, B. 234, p. 641; — de Confolens (Charente) à ou près Excideuil (Dordogne), B. 234, p. 661; — dans le département du Rhône, de

Sathonay à la limite du département de l'Ain, vers Trévoux, B. 234, p. 677; dans ce dernier département, de la limite du département du Rhône à Trévoux, B. 234, p. 697; — de Saint-Pierre-lès-Elbeuf (Seine-Inférieure) à la limite du département de l'Eure, vers le Neubourg, B. 234, p. 715.

Époques de payement des subventions allouées aux compagnies concessionnaires des chemins de fer d'intérêt local suivants: d'Arles aux carrières de Fontvieille, B. 238, p. 916; — de Confolens à Excideuil, p. 238, p. 917; — de Tournon à la Châtre, B. 238, p. 918; — de Carentan à Carteret, B. 238, p. 919; — de Vézelise à la limite du département de Meurthe-et-Moselle, dans la direction de Mirecourt, B. 238, p. 920; — de Lérouville à la limite du département de la Haute-Marne, vers Eurville, B. 238, p. 921; — de Billom à Vertaizon, B. 238, p. 922; — de Mirecourt à la limite du département de Meurthe-et-Moselle, dans la direction de Vézelise, B. 238, p. 923; — de Machecoul à la Roche-sur-Yon, avec embranchement sur Saint-Gilles-sur-Vie, B. 238, p. 924; — dans le département de Maine-et-Loire, B. 238, p. 925; — d'Arras à la limite du département de la Somme, vers Doullens, et de Frévent à Bouquemaison, B. 238, p. 926.

URGENCE DE PRISE DE POSSESSION DE TERRAINS.

Pour l'établissement des chemins de fer suivants: Monsoult à Amiens et Saint-Amand à Blanc-Misseron (Nord), B. 220, p. 201; — Gisors à Beauvais, B. 236, p. 810; — Lille à Calais et à Dunkerque, B. 236, p. 811; — Saint-Omer-en-Chaussée à Abancourt, B. 236, p. 811.

CHEVAUX. Loi du 1er août 1874, relative à la conscription des chevaux, B. 218, p. 113.

CHIENS. Taxe municipale à percevoir sur les chiens dans le département de la Haute-Savoie, B. 220, p. 192 ; — dans les communes de Cruzy, Olonzac, Agde et Beaufort (Hérault), B. 233, p. 624; — Craponne (Haute-Loire), B. 237, p. 825. — Droit sur les chiens de forte race à l'exportation par la frontière de terre, B. 230, p. 532; — et loi du 19 décembre 1874, B. 237, p. 824.

CIRCONSCRIPTIONS DÉPARTEMENTALES ET TERRITORIALES. Voyez *Armée, Cantons, Communes* et *Départements.*

CIRCONSCRIPTIONS DIOCÉSAINES.Voyez *Diocèses* et *Protocole.*

CLERGÉ. Voyez *Diocèses* et *Protocole.*

COCHINCHINE. Voyez *Colonies.*

COLONIES. La loi du 23 janvier 1874, relative à la surveillance de la haute police, est déclarée applicable à diverses colonies, B. 221, p. 243. — Modification de l'article 28 du décret du 13 juin 1872, sur la composition du conseil colonial de l'Inde, B. 222, p. 260. — Autorisation à la société de la banque de la Nouvelle-Calédonie de fonder un établissement de crédit à Nouméa, B. 229, p. 467. — Approbation des délibérations du conseil général de la Martinique et de la Guadeloupe, des 12 novembre 1872 et 28 novembre 1873, portant l'assiette de l'impôt du timbre, B. 233, p. 624. — Le gouverneur de la Guyane française est autorisé à accorder la francisation coloniale aux bateaux à vapeur affectés au service de la navigation sur les rivières et sur les côtes de la colonie, B. 233, p. 625. — Modification de l'article 47 de l'ordonnance du 7 février 1842, concernant l'organisation de l'ordre judiciaire et l'administration de la justice dans les établissements français de l'Inde, B. 234, p. 751. — Le comman

dant de la marine en Cochinchine est nommé membre de droit du conseil privé, B. 235, p. 757. — Décret du 12 décembre 1874, concernant le gouvernement de la Nouvelle-Calédonie, B. 237, p. 841. — Modification de la circonscription des communes de la Guadeloupe et dépendances (décret du 9 juin 1874), B. 237, p. 877. — Modification de la composition du conseil d'appel des îles Saint-Pierre et Miquelon, B. 238, p. 888 et 889.

COMMERCE. Voyez *Chambres et bourses de commerce.*

COMMISSARIATS DE POLICE. Voyez *Police.*

COMMISSIONS. Voyez *Compte des ministres* et *Guerre.*

COMMUNAUTÉS RELIGIEUSES. Voyez *Congrégations.*

COMMUNES.

CRÉATION.

Le territoire qui forme la commune de Lizines-Sognolles, canton de Donnemarie, arrondissement de Provins (Seine-et-Marne), est divisé en deux communes, qui auront pour chef-lieux, l'une *Lizines,* l'autre *Sognolles* (loi du 21 juillet 1874), B. 223, p. 266. — Les territoires formant la succursale de Velzic et dépendant des communes de Lascelle et de Saint-Simon (canton nord d'Aurillac) et de Vic-sur-Cère, arrondissement d'Aurillac (Cantal), formeront, à l'avenir, une commune distincte, dont le chef-lieu est fixé à *Velzic* et qui en prendra le nom (loi du 29 juillet 1874), B. 223, p. 266. — Un territoire est distrait de la commune de Charquemont, canton de Maiche, arrondissement de Montbéliard (Doubs), et formera, sous le nom de *Fournet-Blancheroche,* une commune distincte, dont le chef-lieu est fixé à Fournet (loi du 4 août 1874), B. 225, p. 337. — Création, dans le canton de Loiron, arrondissement de Laval (Mayenne), d'une nouvelle commune, dont le chef-lieu est fixé à *Port-Brillet*, dont elle prendra le nom (loi du 4 août 1874), B. 225, p. 338. — Les territoires composant la succursale de Saint-Jean-Delnous sont distraits des communes de Réquista et de Lédergues (Aveyron), canton de Réquista, arrondissement de Rodez; ils formeront une nouvelle commune, qui aura pour chef-lieu *Saint-Jean-Delnous* et qui en prendra le nom (loi du 5 août 1874), B. 225, p. 340. — Loi qui distrait une portion de territoire des communes de Job, d'Ambert et de Valcivières, canton et arrondissement d'Ambert (Puy-de-Dôme), pour en former une commune distincte, dont le chef-lieu est fixé à *la Forie*, dont elle prendra le nom (5 août 1874), B. 225, p. 341. — La commune d'Aspremont, canton de Levens, arrondissement de Nice (Alpes-Maritimes), formera trois communes distinctes, qui auront pour chefs-lieux *Aspremont, Castagnès* et *Colomars*, dont elles prendront le nom (décret du 2 juin 1874), B. 231, p. 578. — La section de la Bastide-Soulages est distraite de la commune de Plaisance, canton de Saint-Sernin, arrondissement de Saint-Affrique (Aveyron), et érigée en commune distincte, dont le chef-lieu est fixé à *la Bastide-Soulages* et dont elle prendra le nom (décret du 29 juin 1874), B. 231, p. 579. — La section du Verdon est distraite de la commune de Soulac, canton de Vivien, arrondissement de Lespare (Gironde), dont elle dépend, et formera une commune distincte, dont le chef-lieu est fixé au Verdon (décret du 11 juillet 1874), B. 231, p. 579. — Une portion de territoire de la commune de Murat-le-Quaire, canton de Rochefort, arrondissement de

Clermont (Puy-de-Dôme), est distraite de ladite commune et formera une commune distincte, dont le chef-lieu est fixé à *la Bourboule* et dont elle prendra le nom (décret du 18 juillet 1874), B. 231, p. 579. — Des territoires sont distraits, savoir : 1° la section de Vitrac, de la commune de Lacalm; 2° le village de Viala, de la commune de Cantoin; 3° la ferme de Parolhez, de la commune de Graissac, canton de Sainte-Geneviève, arrondissement d'Espalion (Aveyron), et formeront une commune distincte sous le nom de *Vitrac*, avec ce hameau pour chef-lieu (décret du 31 juillet 1874), B. 232, p. 599. — La section d'Ayssènes, canton de Saint-Rome-du-Tarn, arrondissement de Saint-Affrique (Aveyron), est distraite de la commune du Truel et érigée en commune distincte, ayant *Ayssènes* pour chef-lieu (décret du 31 juillet 1874), B. 236, p. 810. — Les villages composant la section de Saint-Amand-le-Petit sont distraits de la commune de Peyrat-le-Château, canton d'Eymoutiers, arrondissement de Limoges (Haute-Vienne), et formeront une nouvelle commune, dont le chef-lieu est fixé à *Saint-Amand-le-Petit* (décret du 7 août 1874), B. 237, p. 878.

RÉUNION DE SECTIONS.

Des territoires sont distraits de la commune de Saint-Pierre-de-Clairac, canton de Puymirol, arrondissement d'Agen (Lot-et-Garonne), et rattachés à la commune de Lafox, même canton, B. 215, p. 15. — Distraction de territoires de la commune de Vezac, canton et arrondissement de Sarlat (Dordogne), et annexion à la commune de la Roque-Gageac, même canton, B. 215, p. 15. — Les hameaux de Bassignac, Pajou, Ladou, Morzière et la Rivière sont distraits de la commune de Badailhac, canton de Vic-sur-Cère,

XII° Série.

arrondissement d'Aurillac (Cantal), et réunis à la commune de Cros-de-Ronesque, même canton, B. 231, p. 578. — Distraction d'un territoire de la commune de Saint-Jouin-sous-Châtillon, arrondissement de Bressuire (Deux-Sèvres), lequel est attaché à la commune de Châtillon-sur-Sèvres, même canton, B. 231, p. 578. — Les territoires formant les villages de Brégiroux et de Tholière sont distraits de la commune de Bussières, canton de Pionsat, arrondissement de Riom (Puy-de-Dôme), et réunis à celle de Roche-d'Agoux, même canton, B. 231, p. 598. — Des polygones sont distraits, le premier, de la commune d'Ormancey, le second, de la commune de Saint-Martin, canton et arrondissement de Langres (Haute-Marne), et réunis au territoire de la commune de Beauchemin,, même canton, B. 236, p. 810.

FIXATION DE LIMITES.

Loi relative à une nouvelle délimitation des communes de Busigny (Nord) et de Becquigny (Aisne) (4 août 1874), B. 225, p. 339.

CHANGEMENT DE NOMS.

La commune d'Ornolac, canton de Tarascon, arrondissement de Foix (Ariége), portera le nom d'*Ornolac-Ussat-les-Bains* (décret du 15 juillet 1874), B. 231, p. 579.
COMPOSITION TERRITORIALE DE LA FRANCE. Modification (décret du 10 août 1874), B. 229, p. 497.
COMPTABLES DU DÉPARTEMENT DE LA GUERRE. Décret du 4 septembre 1874, relatif à leurs cautionnements, B. 226, p. 397.
COMPTE DE LIQUIDATION. Voyez *Guerre*.
COMPTES DES MINISTRES. Nomination des membres de la commission chargée de l'examen des comptes rendus par les ministres, pour l'exercice 1873 et l'année 1874, B. 238, p. 906.

CONCESSIONS DE CHEMINS DE FER. Voyez *Chemins de fer*.
CONGRÉGATIONS. Fondation d'un établissement de Petites-Sœurs-des-Pauvres à Reims, B. 216, p. 49; — à Grasse (Alpes-Maritimes), B. 218, p. 137; — à Périgueux (Dordogne), B. 220, p. 197; — à Draguignan (Var), B. 235, p. 773. — Autorisation, comme congrégation à supérieure générale, exclusivement propre au diocèse de Saint-Claude, de l'association religieuse des franciscaines de l'Immaculée-Conception, existant à Macornay (Jura), B. 235, p. 770; — des sœurs de Saint-François, à Saint-Philbert-de-Grandlieu (Loire-Inférieure), B. 235, p. 774. — Autorisation, à titre de maison mère pour la France, de l'association des sœurs de la Providence, dites de *Saint-André*, existant à Fillières (Meurthe-et-Moselle) comme établissement particulier de la congrégation des sœurs de ce nom, B. 235, p. 772. — Autorisation de la fondation, à Armentières (Nord), d'un établissement de sœurs de Saint-Maur, B. 235, p. 756. — Autorisation, comme communauté dirigée par une supérieure locale, de l'association des sœurs de Jésus-Christ-Bon-Pasteur, existant à Rouen, B. 235, p. 753; — à Nantes, B. 235, p. 754.
CONSCRIPTION. Voyez *Chevaux*.
CONSEIL D'ÉTAT. Loi du 1er août 1874, B. 217, p. 76.
CONSEIL SUPÉRIEUR DES HARAS. Reconstitution de ce conseil, B. 229, p. 466.
CONSEILS D'ARRONDISSEMENT. Fixation de l'époque des élections pour le renouvellement partiel des conseils d'arrondissement dans les départements autres que celui de la Seine, B. 227, p. 429; — et pour ce dernier département, B. 227, p. 431. — Convocation desdits conseils, B. 225, p. 463; — et convocation des

D

à leur amélioration, B. 217, p. 65.

DÉNOMBREMENT DE LA POPULATION. Voyez *Tableaux de la population.*

DÉPARTEMENTS. Loi du 21 juillet 1874, qui modifie les limites des départements de la Marne et de la Meuse entre les communes de Charmontois-le-Roi et de Sénard, B. 223. p. 265. *

DÉPENSES PUBLIQUES. Voyez *Budget.*

DÉPÔT DE MENDICITÉ. Affectation du dépôt de Mirande (Gers) au service du département des Hautes-Pyrénées, B. 229, p. 466.

DÉPUTÉS. Convocation des électeurs des départements ci-après désignés, à l'effet d'élire des députés à l'Assemblée nationale : Alpes-Maritimes, B. 228, p. 461; — Calvados, B. 216, p. 59; — Drôme, B. 230, p. 544; — Maine-et-Loire, B. 222, p. 261; — Nord, B. 230, p. 544; — Oise, B. 230, p. 544; — Pas-de-Calais, B. 228, p. 461; Pyrénées (Hautes-), B. 236, p. 809; — Seine-et-Oise, B. 228, p. 461.

DÉVERSOIR. Voyez *Rivières.*

DIGUE. Construction, dans la baie du Mont-Saint-Michel (Manche), d'une digue insubmersible reliant le mont Saint-Michel au continent, B. 232, p. 598.

DIOCÈSES. Réception des décrets pontificaux qui modifient les circonscriptions des diocèses de Nancy, Saint-Dié, Strasbourg et Metz, et de la province ecclésiastique de Besançon, B. 232, p. 581. — Décret du 10 octobre 1874, qui modifie lesdites circonscriptions, B. 232, p. 595.

DIRECTION D'ARTILLERIE. Voyez *Places de guerre.*

DISTILLATION D'EAUX-DE-VIE. Suppression des établissements de rectification et de distillation d'eaux-de-vie et d'esprits existant dans la zone annexée à la ville de Paris par la loi du 16 juin 1859, B. 239, p. 962.

DOCKS DE SAINT-OUEN. Voyez *Chemins de fer.*

DOMAINES. Cession par l'État, à la ville de Bordeaux, de l'immeuble domanial dit *la Caserne des Fossés* (loi du 28 juillet 1874), B. 218, p. 106. — Échange entre l'État et le département du Pas-de-Calais (loi du 28 juillet 1874), B. 218, p. 107; — avec le sieur Francir (loi du 29 juillet 1874), B. 218. p. 109; — avec le sieur Cabans (loi du 30 juillet 1874), B. 218, p. 111. — Approbation d'un échange d'immeubles entre la ville de Belfort et le génie militaire, B. 240, p. 1071. — Affectation au département de la guerre d'une partie des terrains de l'ancienne corderie, à Cherbourg, B. 229, p. 495; — de la pièce d'eau des Suisses, à Versailles, et des terrains avoisinants, B. 233, p. 631; — au département des travaux publics, d'une parcelle de terrain domanial dépendant du magasin des vivres de la marine, à Bordeaux (Gironde), B. 215, p. 15; — de bâtiments situés au port de Dunkerque (Nord), B. 221, p. 244; — de terrains compris dans les dépendances de l'arsenal de la marine, au port de Bayonne, B. 215. p 366; — d'une parcelle de terrain sise à Vichy, pour être incorporée à la route thermale n° 5, B. 232, p. 597; — au service des ponts et chaussées, de l'ancien corps de garde 46 de la place d'Avesnes (Nord), d'une contenance d'un are neuf centiares vingt-huit centièmes, B. 219, p. 167; — au service des douanes, d'un terrain situé sur le terre-plein du bassin à flot du port des Sables-d'Olonne (Vendée), B. 238, p. 940.

Le préfet du département seront est autorisé à faire certaines concessions de grèves, lais de mer et terrains domaniaux, savoir : Hérault, à la commune de Marseillan, B. 229, p. 506.

DOMAINE MILITAIRE. Loi relative à l'aliénation de deux immeubles du domaine militaire (12 décembre 1874), B. 237, p. 822.

DONS ET LEGS. Autorisation à l'académie des inscriptions et belles-lettres d'accepter le legs de vingt mille francs à elle fait par feu la dame *Guérineau*, B. 215, p. 13; — à l'académie des sciences morales et politiques, de recevoir le legs de cinquante mille francs fait par feu M. *Odilon-Barrot*, B. 222, p. 262; — au ministre de la guerre, d'accepter le don de cent francs de rente sur l'État offert par Mme veuve *Carré* pour la fondation, en faveur des enfants de troupe du cinquième bataillon de chasseurs à pied, de deux prix de bonne conduite de cinquante francs chacun, B. 222, p. 262; —

à l'école des beaux-arts, d'accepter deux titres de rente, l'un de cinq cents francs, l'autre de cent francs, donnés par Mme veuve *Haguier* à ladite école pour former un prix, B. 224, p. 334; — à l'école centrale des arts et manufactures, d'accepter le legs fait par la dame *Olivier*, B. 236, p. 810.

DOTATION DE L'ARMÉE. Voyez *Caisse*.

DOUANES. Ouverture du bureau des douanes de la Nouvelle (Aude) au transit des marchandises non prohibées, B. 230, p. 531. — Droit sur les chiens de forte race à l'exportation par la frontière de terre, B. 230, p. 532.

DROIT DE TONNAGE. Voyez *Navigation*.

E

EAUX MINÉRALES. Voyez *Sources minérales*.

ÉCOLE CENTRALE DES ARTS ET MANUFACTURES. Budget de 1875, B. 224, p. 332. Voyez *Dons et legs*.

ÉCOLE DES BEAUX-ARTS. Voyez *Dons et legs*.

ÉCOLE PRÉPARATOIRE DE MÉDECINE DE MARSEILLE. Voyez *Chaires*.

ÉCOLE SECONDAIRE ECCLÉSIASTIQUE. Autorisation de l'établissement, à Argelès (Hautes-Pyrénées), d'une succursale de l'école secondaire ecclésiastique de Saint-Pé, B. 235, p. 770.

ÉLECTIONS. Voyez *Conseils d'arrondissement*, *Conseils généraux*, *Conseils municipaux*, *Députés* et *Électorat municipal*.

ÉLECTORAT MUNICIPAL. Loi y relative (7 juillet 1874), B. 215, p. 1. — Formation des listes électorales, B. 215, p. 12. — Cette loi est rendue exécutoire en Algérie, B. 202, p. 195. — Fixation de l'époque des élections pour le renouvellement des conseils municipaux, B. 233, p. 637.

EMPLOIS RÉSERVÉS AUX ANCIENS SOUS-OFFICIERS. Voyez *Armée*.

EMPRUNT DE LA VILLE DE PARIS. Loi du 23 décembre 1874, qui autorise la ville de Paris à changer l'affectation d'une somme de deux millions cinq cent quarante-six mille trois cent quarante-sept francs quarante-huit centimes, provenant de l'emprunt approuvé par la loi du 6 septembre 1871, B. 239, p. 956. — Loi qui autorise la ville de Paris à emprunter une somme de deux cent vingt millions (24 décembre 1874), B. 239, p. 957.

EMPRUNTS DES DÉPARTEMENTS ET DES VILLES. *Autorisations accordées aux départements et villes ci-après de contracter des emprunts et de s'imposer extraordinairement :*

DÉPARTEMENTS.

Ardennes, B. 220, p. 179; — Finistère, B. 218, p. 108; — Hérault, B. 217, p. 71, et B. 218, p. 112; — Isère, B. 217, p. 73; — Loire-Inférieure, B. 218, p. 110; — Mayenne, B. 222, p. 246; — Tarn-et-Garonne, B. 217, p. 74; — Vosges, B. 220, p. 172.

F

G

personnes qui ont éprouvé préjudice lors des destructions opérées par le génie militaire pour les besoins de la défense nationale, B. 221, p. 205. — Loi du 4 août 1874, concernant les dépenses du compte de liquidation pour l'exercice 1875, B. 221, p. 210. — Institution d'une com-

mission chargée d'arrêter définitivement et sans recours l'indemnité à allouer aux personnes qui ont éprouvé un préjudice matériel par suite des destructions ordonnées par l'autorité militaire française pendant la guerre de 1870-1871, B. 233, p. 628.

GUYANE FRANÇAISE. Voyez *Colonies*.

H

HARAS. Reconstitution du conseil supérieur, B. 229, p. 465.

HAVRE (VILLE DU). Voyez *Tramways*.

HUISSIERS. Voyez *Offices*.

HYPOTHÈQUE. Loi du 10 décembre 1874, qui rend les navires susceptibles d'hypothèque, B. 237, p. 817.

I

ILES SAINT-PIERRE ET MIQUELON. Voyez *Colonies*.

IMMEUBLES DOMANIAUX. Voyez *Domaines*.

IMPORTATIONS. Le décret du 29 août 1873, relatif à l'importation des grains et farines, est rapporté à partir du 1er octobre 1874, B. 230, p. 533. — Prohibition de l'importation des ceps de vigne en Algérie, B. 236, p. 802.

IMPOSITION D'OFFICE. Loi du 4 août 1874, qui impose d'office la commune de Bens (Haute-Savoie), pour le payement d'une dette résultant de condamnations judiciaires, p. 220, p. 178.

IMPOSITIONS ADDITIONNELLES. Voyez *Chambres et bourses de commerce*.

IMPOSITIONS EXTRAORDINAIRES. Autorisations accordées aux départements et villes ci-après de s'imposer extraordinairement :

DÉPARTEMENTS.

Bouches-du-Rhône, B. 217, p. 70; — Calvados, B. 217, p. 72; Corse, B. 239, p. 960; — Finistère, B. 218, p. 108; — Hérault, B. 217, p. 71, et B. 218, p. 112; — Indre-et-Loire, B. 220, p. 171; — Sarthe, B. 233, p. 639.

VILLES.

Granville (Manche), B. 220,

p. 173; — Limoges (Haute-Vienne), B. 223, p. 268; Lyon (Rhône), changement d'affectation d'une imposition extraordinaire (loi du 31 juillet 1874), B. 218, p. 113; — Paris, B. 221, p. 214;

IMPRIMERIE NATIONALE. Budget de 1875, B. 224, p. 330.

INCENDIES. Voyez *Algérie*.

INDE. Voyez *Colonies*.

INDEMNITÉ. Voyez *Guerre*.

INSCRIPTION MARITIME. Fixation des limites de la mer dans l'anse de Maldormant (commune et quartier maritime de Marseille (Bouches-du-Rhône), B. 222, p. 262; — sur le territoire de la commune de Portiragnes (Hérault, quartier maritime d'Agde), B. 222, p. 263; — sur celui de la commune de Saint-Pair (département de la Manche, quartier maritime de Granville), B. 238, p. 940.

INSTITUTION CANONIQUE. Voyez *Diocèses*.

INSTRUCTION PUBLIQUE. Voyez *Baccalauréat ès lettres, Chaires, Facultés, Lycées* et *Ministère de l'instruction publique*.

INSTRUMENTS DE PESAGE ET DE MESURAGE. Voyez *Mesureur-compteur*.

INTÉRÊT PUBLIC. Voyez *Sources minérales*.

B. 222, p. 259. — Organisation judiciaire dans la Kabylie, B. 225, p. 356; — modification, B. 230, p. 540. — Prorogation de la chambre temporaire du tribunal de première instance de la Seine, B. 233, p. 626. — Modification de l'article 47 de l'ordonnance du 7 février 1842 concernant l'organisation de l'ordre judiciaire et l'administration de la justice dans les établissements français de l'Inde, B. 234, p. 761. — Modification de la composition du conseil d'appel des îles Saint-Pierre et Miquelon, B. 238, p. 888 et 889.

MAIRES. Loi du 7 juillet 1874, relative à l'électorat municipal, B. 215, p. 1.

MARINE. Voyez *Armée*.

MARQUES DE FABRIQUE. Approbation de la déclaration relative à la protection des marques de fabrique, signée à Rome, le 10 juin 1874, entre la France et l'Italie, B. 215, p. 10. — Règlement d'administration publique pour l'exécution de la loi du 26 novembre 1873, concernant l'apposition d'un timbre ou poinçon spécial sur les marques de fabrique ou de commerce, B. 216, p. 38. — Création de types destinés à timbrer les étiquettes, bandes ou nveloppes en papier sur lesquelles figurent des marques de fabrique ou de commerce, B. 216, p. 46.

MARSEILLE (VILLE DE). Voyez *Emprunts* et *Tramways*.

MARTINIQUE. Voyez *Colonies*.

MATIÈRES DANGEREUSES. Mesures à prendre pour leur embarquement et débarquement, B. 228, p. 456. — Nomenclature des matières considérées comme pouvant donner lieu soit à des explosions, soit à des incendies, B. 230, p. 528.

MATIÈRES TEXTILES. Voyez *Bureau pour le titrage des soies*.

MENDICITÉ. Voyez *Dépôt*.

MER. Voyez *Inscription maritime*.

MESURAGE DES PIERRES ET MOELLONS. Voyez *Ville de Paris*.

MESUREUR - COMPTEUR. Est placé parmi les instruments de pesage et de mesurage légaux l'appareil automatique désigné sous le nom de *mesureur-compteur*, pour les grains, B. 219, p. 164.

MÈTRE. Modification de la taxe de vérification première du mètre, B. 236, p. 792.

MÉTROPOLE DE BESANÇON. Voyez *Diocèses*.

MILITAIRES. Voyez *Armée*.

MINISTÈRE DES AFFAIRES ÉTRANGÈRES. Report à l'exercice 1874 d'une portion du crédit ouvert sur l'exercice 1874, à titre de fonds de concours versés au trésor, pour les frais de reconstruction de l'hôtel du consulat de France à Tien-Tsin et de restauration de l'hôtel de la légation de France à Pékin, B. 230, p. 538.

MINISTÈRE DE L'AGRICULTURE ET DU COMMERCE. Ouverture, sur l'exercice 1874, d'un crédit supplémentaire de deux cent mille francs, pour les dépenses de l'exposition de Vienne, et annulation d'une somme de quatre cent mille francs sur l'exercice 1873 (loi du 10 juillet 1874), B. 216, p. 18. — Transport du budget du ministère des travaux publics, exercice 1874, d'une somme de onze mille francs, destinée aux travaux de grosses réparations de l'établissement thermal de Vichy, B. 230, p. 533. — Ouverture, sur l'exercice 1874, d'un crédit extraordinaire pour les frais de fabrication des étalons métriques internationaux (loi du 15 décembre 1874), B. 237, p. 823.

MINISTÈRE DES FINANCES. M. *Mathieu-Bodet* est nommé ministre des finances, B. 215, p. 58. — Ouverture, sur l'exercice 1873, d'un crédit applicable aux dépenses diverses de l'enregistrement, des domaines et du timbre (loi du 20 juillet 1874), B. 217, p. 67;

— sur le même exercice, d'un crédit applicable aux intérêts de la dette flottante du trésor (loi du 20 juillet 1874), B. 217, p. 68; — sur ledit exercice, de plusieurs crédits (loi du même jour), B. 217, p. 69; — sur le chapitre des exercices clos du budget de 1874), d'un crédit de deux mille huit cent six francs soixante-dix-neuf centimes (loi du 3 août 1874), B. 220, p. 171. — Régularisation des crédits supplémentaires ouverts par des décrets pendant la prorogation de l'Assemblée nationale et ouverture de crédits spéciaux d'exercices clos et périmés (loi du 4 août 1874), B. 221, p. 208. — Ouverture, sur l'exercice 1874, de crédits supplémentaires montant à la somme de cent vingt-quatre mille deux cent quatre-vingts francs (loi du 4 août 1874), B. 221, p. 212. — Ouverture d'un crédit supplémentaire sur l'exercice 1873, B. 235, p. 775; — de crédits supplémentaires sur l'exercice 1874, B. 235, p. 776; — d'un crédit supplémentaire sur ledit exercice, applicable au personnel de l'administration centrale (loi du 16 décembre 1874), B. 237, p. 823. — Ouverture de crédits supplémentaires sur l'exercice 1874, B. 238, p. 903 et 904.

MINISTÈRE DE LA GUERRE. Modification de l'organisation de l'administration centrale, B. 235, p. 754. — Ouverture d'un crédit de neuf cent mille francs sur le chapitre VIII (*Transports généraux*) du budget de 1873, et annulation d'une somme égale sur le chapitre V (*Gendarmerie*) du même budget (loi du 22 juillet 1874), B. 217, p. 72; — d'un crédit sur l'exercice 1874, à titre de fonds de concours versés au trésor par des départements et des communes, pour l'exécution de travaux militaires, B. 225, p. 363. — Ouverture, pour l'exercice 1870, d'un chapitre spécial destiné à recevoir l'imputation des dépenses de solde antérieures à cet exercice, B. 236, p. 802. — Ouverture d'un crédit sur l'exercice 1875, applicable à l'entretien des bâtiments existants et aux constructions nouvelles nécessaires pour l'établissement des escadrons de spahis en Algérie (loi du 19 décembre 1874), B. 239, p. 945. — Ouverture d'un crédit sur l'exercice 1874, et annulation d'une somme égale au budget du même exercice (loi du 19 décembre 1874), B. 239, p. 946.

MINISTÈRE DE L'INSTRUCTION PUBLIQUE, DES CULTES ET DES BEAUX-ARTS. Ouverture d'un crédit supplémentaire de vingt mille neuf cent quatre-vingt-neuf francs quatre-vingt-quinze centimes sur l'exercice 1873, et annulation d'une somme égale sur l'exercice 1874 (loi du 29 juillet 1874), B. 220, p. 171; — d'un supplémentaire sur l'exercice 1874 (loi du 5 août 1874), B. 225, p. 339; — d'un crédit sur l'exercice 1874, à titre de fonds de concours versés au trésor, pour la construction d'un édifice destiné à la faculté de médecine de Nancy, B. 225, p. 334. — Ouverture d'un crédit sur l'exercice 1874 (loi du 23 décembre 1874), B. 238, p. 886. — Ouverture d'un crédit à titre de fonds de concours versés au trésor par des départements, des communes et des particuliers, pour l'exécution de travaux à des édifices diocésains, B. 239, p. 964.

MINISTÈRE DE L'INTÉRIEUR. M. le général baron *de Chabaud La Tour*, vice-président de l'Assemblée nationale, est nommé ministre de l'intérieur, B. 216, p. 58. — Ouverture, sur l'exercice 1874, d'un crédit supplémentaire de vingt mille francs en addition au chapitre III du budget des dépenses ordinaires du gouvernement général de l'Algérie, et annulation d'une somme pareille au chapitre IX du même budget (loi du 18 juillet 1874), B. 217, p. 67. — Ouverture d'un crédit supplémentaire sur l'exercice 1873 (loi du 25 juillet 1874), B. 218, p. 105. — Ouverture, sur l'exercice 1874, d'un crédit supplémentaire pour les dépenses occasionnées par la réorganisation des services de police des communes du département de la Seine (loi du 27 juillet 1874), B. 218, p. 106 ; — sur le même exercice, d'un autre crédit supplémentaire de dix mille francs, en addition au chapitre III du budget du gouvernement général civil de l'Algérie, et annulation d'une somme égale au chapitre IX du même budget (loi du 4 août 1874), B. 220, p. 175. — Répartition, pour l'exercice 1875, du fonds de subvention affecté aux dépenses des départements (loi du même jour), B. 220, p. 175. — Ouverture d'un crédit sur l'exercice 1873, à titre de fonds de concours versés au trésor par des constructeurs et inventeurs d'appareils électriques, pour l'installation d'une exposition télégraphique collective à Vienne, B. 202, p. 194. — Report à l'exercice 1874 d'une somme de cent mille francs restant disponible sur l'exercice 1873 (chapitre XXI du budget du ministère de l'intérieur : Secours aux émigrations politiques (loi du 5 août 1874), B. 223, p. 267. — Ouverture d'un crédit sur l'exercice 1874, à titre de fonds de concours versés au trésor pour l'exécution de travaux télégraphiques, B. 230, p. 541, et B. 236, p. 799; — d'un crédit supplémentaire sur le même exercice, pour les dépenses du gouvernement général de l'Algérie, B. 230, p. 545; — d'un autre crédit supplémentaire sur ledit exercice, B. 235, p. 781; — d'un crédit sur l'exercice 1875, appli-

cable aux dépenses sur ressources spéciales du gouvernement général de l'Algérie (loi du 21 décembre 1874), B. 239, p. 947; — de crédits supplémentaires pour les dépenses du même gouvernement (lois du 23 décembre 1874), B. 239, p. 953 et 955.

MINISTÈRE DE LA JUSTICE. Ouverture, sur le chapitre des exercices clos du budget de 1874, de crédits montant à la somme de sept cent vingt-huit mille huit cent soixante-dix-neuf francs (loi du 3 août 1874), B. 218, p. 117.

MINISTÈRE DE LA MARINE ET DES COLONIES. Ouverture de crédits supplémentaires sur l'exercice 1875 (loi du 5 août 1874), B. 222, p. 245; — pour des créances constatées sur des exercices clos, B. 228, p. 452. — Report à l'exercice 1874 d'une somme non employée, en 1873, sur les crédits ouverts par le décret du 8 août 1873 pour le service de l'artillerie, B. 233, p. 627. — Ouverture, pour l'exercice 1872, d'un chapitre spécial destiné à recevoir l'imputation des dépenses de solde antérieures à cet exercice, B. 233, p. 633. — Ouverture d'un crédit sur l'exercice 1874 (loi du 22 décembre 1874), B. 238, p. 886.

MINISTÈRE DES TRAVAUX PUBLICS. Ouverture de crédits supplémentaires (exercice 1874) (loi du 5 août 1874), B. 220, p. 188 ; — d'un crédit sur l'exercice 1874, à titre de fonds de concours versés au trésor par des départements, des communes et des particuliers, pour l'exécution de divers travaux publics, B. 223, p. 289, et B. 237, p. 829; — d'un crédit sur le même exercice, à titre de fonds de concours versés au trésor par le syndicat du canal de l'Est, pour les travaux de construction de ce canal, B. 226, p. 591 ; — d'un crédit sur ledit exercice, à titre de fonds de concours versés par la compagnie des chemins de fer du Midi, pour l'entretien de l'établissement

N

p. 8i3;—M. *Busquet* (*Noël-Charles-Isambart*), à s'appeler *Busquet de Caumont de Marivault*, B. 222, p. 263;—Mlle *Capdepon* (*Agnès-Victoire-Léonie*) et ses frères (*Pierre-Henri-Arthur*), (*Henri-Hiacinthe-Gustave*) et (*Pierre-Henri-Alfred*), à ajouter à leur nom celui de *de Bigu*, et à s'appeler *Capdepon de Bigu*, B. 226, p. 407; — M. *Cavallier* (*Joseph-Henri-Gabriel*), à ajouter à son nom celui de *d'Arnaudy*, et à s'appeler *Cavallier d'Arnaudy*, B. 222, p. 264; — M. *Collin* (*Jean-Baptiste-Médard*), à ajouter à son nom celui de *Dufresne*, et à s'appeler *Collin-Dufresne*, B. 227, p. 431;—. M. *Médaille* (*Gustave-Eugène-Joseph*), à substituer à son nom celui de *Compristo*, et à s'appeler *Compristo* au lieu de *Médaille*, B. 227, p. 431; — Mme *de Laurès*, veuve *Delpon*, et ses trois fils, *Joseph-Paul-Philomen-Charles Delpon*, *Marie-Jean-Albert Delpon* et *Fuldran-Marie-Joseph Delpon*, à ajouter à leur nom celui de *de Vissec*, et à s'appeler *Delpon de Vissec*, B. 217, p. 16; M. *Fournier* (*Joseph-Raymond*), à ajouter à son nom çelui de *Sarlovèze*, et à s'appeler *Fournier-Sarlovèze*, B. 236, p. 8i3; — M. *Goupil* (*Charles-Auguste-Anatole*), à ajouter à son nom celui de *de Préfeln*, et à s'appeler *Goupil de Préfeln*, B. 236, p. 8i3; — M. *Gruet* (*Marie-Félix*), à ajouter à son nom celui de *de Bacquencourt*, et à s'appeler *Gruet de Bacquencourt*, B. 217, p. 15; — M. *Labenne* (*Henri*), à ajouter à son nom celui de *Rougier*, et à s'appeler *Labenne-Rougier*, B. 215, p. 144; — M. *Lamp* (*Jean-Paul-Chrysostôme*), à ajouter à son nom celui de *Ritter*, et à s'appeler *Lamp-Ritter*, B. 217, p. 16;—M. *Lécaille* (*Léonce-Marie*), à ajouter à son nom celui de *Boulanger*, et à s'appeler *Lécaille-Boulanger*, B. 235, p. 783; — M. *Lecomte* (*Jean-Antoine-Jules*), à ajouter à son nom celui de *Dunoay*, et à

s'appeler *Lecomte-Dunoay*, B. 236, p. 8i3; — Mlle *Lefebvre* (*Marie-Eugénie*) et MM. *Lefebvre* (*Henri-Émile*) et (*François-Émilien*), à ajouter à leur nom celui de *d'Hellencourt*, et à s'appeler *Lefebvre d'Hellencourt*, B. 235, p. 783; — M. *Le Roy de Lisa* (*Charles-Marie-Jules*), à ajouter à son nom celui de *de Châteaubrun*, et à s'appeler *Le Roy de Lisa de Châteaubrun*, B. 222, p. 263; — M. *Londès* (*Anne-Scipion-Henri-Édouard*), à ajouter à son nom celui de *de Payen de l'Hôtel de Lagarde*, et à s'appeler *Londès de Payen de l'Hôtel de Lagarde*, B. 215, p. 143; — MM. *Martin* (*Antoine-Charles-Félix*) et (*Henri-Antoine*), à ajouter à leur nom celui de *de Puiseux*, et à s'appeler *Martin de Puiseux*, B. 235, p. 783; — MM. *Mouillesaux* (*Jacques-Auguste-Charles*) et (*Gabriel-Emmanuel*), à s'appeler *Mouillesaux de Bernières*, B. 222, p. 263; — M. *Nugue* (*Louis-André-Alfred*) à ajouter à son nom celui de *Durand d'Auxy*, et à s'appeler *Nugue Durand d'Auxy*, B. 271, p. 104; — M. *Pallangre* (*Antoine-Paul*), à ajouter à son nom celui de *Meyen*, et à s'appeler *Pallangre Meyen*, B. 217, p. 103;— M. *Paul* (*Antoine*), à ajouter à son nom celui de *Dubos*, et à s'appeler *Paul-D* B. 220, p. 204; — M. *Pierrot* (*Jean-Théophile*), à substituer à son nom celui de *Pierret*, et à s'appeler *Pierret* au lieu de *Pierrot*, B. 220, p. 204; — M. *Prud'homme* (*Paul-Marie-Gaston*), à ajouter à son nom celui de *de la Pérelle*, et à s'appeler *Prud'homme de la Pérelle*, B. 235, p. 783; — M. *Mérovée* (*Jean*), à substituer à son nom celui de *Ribière*, et à s'appeler *Ribière* au lieu de *Mérovée*, B. 236, p. 8i3;—M. *Serpette* (*Marie-Auguste-Édouard*), à ajouter à son nom celui de *de Bersaucourt*, et à s'appeler *Serpette de Bersaucourt*, B. 222, p. 263; — MM. *Serpette* (*Georges-Marie-Antoine*), (*Marie-Augustin-*

Adrien) et Mlle *Serpette* (*Marie-Antoinette-Charlotte*), à ajouter à leur nom patronymique celui de de *Bersaucourt*, et à s'appeler *Serpette de Bersaucourt*, B. 231, p. 579; — Mme *Marie-Thérèse Serpette*, épouse de M. *Van den Heeke*, à ajouter à son nom celui de de *Bersaucourt*, et à être dénommée, dans son acte de naissance et son acte de mariage, *Serpette de Bersaucourt*, B. 236, p. 813; — MM. *Thirion* (*Alexandre-Auguste-Oswald-Isidore*) et (*Alexandre-Henry*), à ajouter à leur nom celui de de *Noville*, et à s'appeler *Thirion de Noville*, B. 222, p. 264; — M. *Toupot* (*Gabriel-Gustave*), à ajouter à son nom celui de de

Béveaux, et à s'appeler *Toupot de Béveaux*, B. 235, p. 783; — *Warnesson* (*Charles-Auguste*), à ajouter à son nom celui de de *Grandchamp*, et à s'appeler *Warnesson de Grandchamp*, B. 227, p. 40. NOURRISSONS. Loi du 23 décembre 1874, relative à la protection des enfants du premier âge, et en particulier des nourrissons. B. 239, p. 948. NOUVELLE-CALÉDONIE. Autorisation de former un établissement de crédit à Nouméa, B. 229, p. 467 — Décret du 12 décembre 1874, concernant le gouvernement de la Nouvelle-Calédonie, B. 237, p. 841.

O

OCTROIS. Suppression du service du mesurage des pierres et moellons destinés aux constructions publiques et particulières de la ville de Paris, et fixation de droits d'octroi sur lesdites pierres et moellons, B. 219, p. 165.
Autorisation pour la perception de surtaxes accordées aux villes et communes de : Briançon (Hautes-Alpes), B. 221, p. 215; — Estaires (Nord), B. 220, p. 189; — Guilers (Finistère), B. 221, p. 216; Guipavas (Finistère), B. 220, p. 181; — Haubourdin (Nord), B. 238, p. 879; — Kerlouan (Finistère), B. 220, p. 182; — Lannion (Côtes-du-Nord), B. 200, p. 182; Lillebonne (Seine-Inférieure), B. 221, p. 217; Loc-Maria-Plouzané (Finistère), B. 238, p. 880; Loc-Mélard (Finistère), B. 238, p. 880; — Milizac (Finistère), p. 238, p. 887; Mortain (Manche), B. 238, p. 881; — Paris (Seine), B. 219, p. 165; B. 221, p. 214; B. 225, p. 366 à 368; Plonéour - Lanvern (Finistère), B. 221, p. 218; Ploudaniel (Finistère), B. 238, p. 885; Plouigneau (Finistère), B. 238, p. 883; Plou-

néour-Trez (Finistère), B. 238, p. 882; Plouzané (Finistère, B. 221, p. 219; Pont-l'Abbé (Finistère), B. 238, p. 883; — Rumengol (Finistère), B. 220, p. 183; — Saint-Marc (Finistère), B. 238, p. 884; Saint - Quentin (Aisne), B. 216, p. 29.
OFFICES. *Réduction dans les cours et tribunaux suivants :*

AVOUÉS DE COUR D'APPEL.

Montpellier, à treize, B. 229, p. 507.

AVOUÉS DE PREMIÈRE INSTANCE.

Bellac (Haute-Vienne), à sept, B. 220, p. 203; — Charolles (Saône-et-Loire), à six, B. 223, p. 295; Cholet (Maine-et-Loire), à trois, B. 229, p. 507; Cusset (Allier), à six, B. 236, p. 812; — Fougères (Ille-et-Vilaine), à quatre, B. 223, p. 295; — Mâcon (Saône-et-Loire), à sept, B. 229, p. 507; — Mans (le) (Sarthe), à sept, B. 229, p. 507; Mantes (Seine-et-Oise), à quatre, B. 222, p. 262; — Pau (Basses-Pyrénées), à dix, B. 224, p. 334; Ploërmel (Morbihan), à trois, B. 238, p. 940; — Rochechouart (Haute-Vienne), à quatre, B. 236, p. 812; — Sainte - Menehould (Marne), à quatre, B. 229, p. 507; — Valence (Drôme), à treize, B. 238, p. 940.

HUISSIERS.

Aix (Bouches-du-Rhône), à vingt, B. 236, p. 812; Arras (Pas-de-Calais), à seize, B. 222, p. 262; Autun (Saône-et-Loire), à dix-huit, B. 220, p. 203; Auxerre (Yonne), à vingt-trois, B. 229, p. 507; Avranches (Manche), à vingt-cinq. B. 220, p. 203; — Bagnères (Hautes-Pyrénées), à vingt-quatre, B. 229, p. 506; — Carcassonne (Aude), à quinze, B. 220, p. 203; Châlons (Marne), à neuf, B. 229, p. 508; Châteauroux (Indre), à dix-neuf, B. 238, p. 940; Châtre (la) (Indre), à onze, B. 222, p. 262; Chinon (Indre-et-Loire), à quatorze, B. 229, p. 508; Cholet (Maine-et-Loire), à neuf, B. 229, p. 508; — Gannat (Allier), à neuf, B. 220, p. 203; — Langres (Haute-Marne), à vingt, B. 236, p. 812; Lannion (Côtes-du-Nord), à douze, B. 236, p. 812; Limoges (Haute-Vienne). à vingt-six, B. 220, p. 203; Louviers (Eure), à quatorze, B. 220, p. 203; Lure (Haute-Saône), à dix-sept, B. 220, p. 203; — Melun (Seine-et-Marne), à douze, B. 229, p. 507; Montauban (Tarn-et-Garonne), à vingt, B. 229, p. 507; Montdidier (Somme), à douze, B. 220, p. 203; Mortagne (Oise), à dix-huit, B. 220, p. 203; — Nantes (Loire-Inférieure), à vingt-trois,

B. 229, p. 508; — Parthenay (Deux-Sèvres), à douze, B. 224, p. 334; Périgueux (Dordogne), à vingt-deux, B. 229, p. 507; — Ribérac (Dordogne), à quatorze, B. 229, p. 506. — Saint-Brieuc (Côtes-du-Nord), à quinze, B. 236, p. 812; Saint-Flour (Cantal), à onze, B. 238, p. 940; Saint-Gaudens (Haute-Garonne), à trente-trois, B. 229, p. 508; — Toulouse (Haute-Garonne), à trente-neuf, B. 236, p. 812; — Vesoul (Haute-Saône), à vingt, B. 220, p. 203; Vienne (Isère), à vingt-quatre, B. 238, p. 940; Vitry-le-François (Marne), à onze, B. 229, p. 508.

OPÉRA. Approbation de l'adjudication passée par le ministre des travaux publics pour l'exécution de la loi du 28 mars 1874, relative à l'achèvement du nouvel Opéra, B. 217, p. 98. — Ouverture d'un crédit sur l'exercice 1874, à titre de fonds de concours versés au trésor, pour les travaux d'achèvement du nouvel Opéra, B. 217, p. 100. — Ouverture d'un autre crédit sur le même exercice pour ledit achèvement et l'acquisition de matériel, B. 217, p. 101.

ORDRE JUDICIAIRE. Voyez *Magistrature.*

ORGANISATION JUDICIAIRE dans la Kabylie, B. 225, p. 356; — modification, B. 230, p. 540.

OUVRAGES D'OR ET D'ARGENT. Voyez *Bureaux de garantie.*

P

PARIS (VILLE DE). Voyez *Ville de Paris.*

PASSAGE D'EAU. Voyez *Péage.*

PASSERELLES. Reconstruction, sous la route nationale n° 10 bis, des trois passerelles de Sablons (Gironde), B. 235, p. 783.

PATENTES. La contribution des patentes continuera de supporter, comme en 1874, quarante-trois

centimes additionnels extraordinaires par franc (loi de finances du 5 août 1874), B. 224, p. 298.

PAYS-BAS. Voyez *Postes (Administration des).*

PÉAGE. Approbation d'un tarif pour la perception de péage : au passage d'un bac sur l'Elorn, à Landerneau (Finistère), B. 229, p. 507.

PENSION À TITRE DE RÉCOMPENSE.

NATIÓNALE. Loi du 18 juillet 1874, qui accorde une pension, à titre de récompense nationale, à M. *Pasteur*, membre de l'Institut de France et professeur à la faculté des sciences de Paris, B. 220, p. 169.

PENSIONS CIVILES. Fixation, pour l'année 1874, du crédit d'inscription des pensions civiles régies par la loi du 9 juin 1853, B. 217, p. 102. — Ouverture sur l'exercice 1875, pour l'inscription des pensions civiles par application de la loi du 9 juin 1853, d'un crédit supplémentaire de un million cinq cent mille francs en sus du produit des extinctions (loi de finances du 5 août 1874), B. 224, p. 302.

PENSIONS MILITAIRES. Ouverture d'un crédit de quatre millions cinq cent mille francs pour l'inscription, au trésor, des pensions militaires à liquider dans le courant de l'année 1875 (loi de finances du 5 août 1874), B. 224, p. 302.

PETITES-SŒURS-DES-PAUVRES. Voyez *Congrégations*.

PHYLLOXERA. Création d'un prix de trois cent mille francs au profit de l'inventeur d'un moyen efficace pour détruire le phylloxera (loi du 22 juillet 1874), B. 216, p. 30.

PILOTES. Voyez *Signaux*.

PLACES DE GUERRE. Celle de Valence passe de la direction d'artillerie de Grenoble à celle de Toulon, B. 229, p. 502. — Classement du fort de Bellevue, à Constantine (Algérie) (loi du 12 décembre 1874), B. 237, p. 822.

PLACES. Voyez *Domaines*.

POIDS ET MESURES. Les droits de vérification des poids et mesures seront établis par décrets, sans pouvoir dépasser le taux des droits fixés dans les tarifs annexés au décret du 26 février 1873 (loi du 5 août 1874), B. 224, p. 298.

POINÇON. Voyez *Marques de fabrique*.

POLICE. *Création de commissariats de police à* : Arnay-le-Duc (Côte-d'Or), B. 240, p. 1105; — Bais-les-Baronnies (Drôme), B. 226, p. 406; — Capvern (Hautes-Pyrénées), B. 226, p. 406; Châteauneuf-du-Faou (Finistère), B. 219. p. 167; — Loriol (Drôme), B. 237, p. 877; — Mauguio (Hérault), B. 216, p. 64; Miramont (Lot-et-Garonne), B. 238, p. 939; Mure (la) (Isère), B. 230, p. 547; Mussidan (Dordogne), B. 237, p. 877; — Pontacq (Basses-Pyrénées), B. 238, p. 939; Pont-du-Château (Puy-de-Dôme), B. 230, p. 548; — Riez (Basses-Alpes), B. 240, p. 1103; — Saint-Aignan (Loir-et-Cher), B. 226, p. 406; Saint-Chinian (Hérault), B. 237, p. 877; Saint-Jean-en-Royans (Drôme), B. 240, p. 1106; Saint-Loup (Haute-Saône), B. 226, p. 405; Sainte-Livrade (Lot-et-Garonne), B. 237, p. 877; Solliès-Pont (Var), B. 226, p. 406; — Vierzon-Village (Cher), B. 226, p. 406.

Suppression des commissariats de police de : Saint-Mathieu-de-Tréviers (Hérault), B. 219, p. 167; — Vayrac (Lot), B. 238, p. 939.

Réduction à soixante-dix du nombre des commissaires de police de la ville de Paris, B. 226, p. 393.

Fixation de la juridiction des commissariats de police de : Aix (Bouches-du-Rhône), B. 230, p. 548; Albertville (Savoie), B. 237, p. 877; Argelès (Hautes-Pyrénées), B. 226, p. 406; — Bléré (Indre), B. 219, p. 168; Boulogne (Pas-de-Calais), B. 238, p. 939; — Cadenet (Vaucluse), B. 231, p. 578; Cambrai (Nord), B. 238, p. 940; Chartres (Eure-et-Loir), B. 240, p. 1103; Châteaudun (Eure-et-Loir), B. 240, p. 1103; Châteauneuf-sur-Cher (Cher), B. 238, p. 939; Clermont-l'Hérault (Hérault), B. 240, p. 1103; Confolens (Charente), B. 219, p. 168; — Damazan (Lot-et-Ga-

Q

R

(Landes), B. 226, p. 392. Voyez *Navigation*.

ROUTES DÉPARTEMENTALES. Établissement, à Auch (Gers), d'une pépinière destinée aux plantations des routes départementales.

État indicatif, par département, des classements, travaux, rectifications et déclassements des routes départementales qui suivent : Charente, n° 10, de Cognac à Ribérac, dans la traverse de Châteauneuf, B. 236, p. 811 ; Côte-d'Or, n° 71, de Dijon à Troyes, dans la traverse de Châtillon-sur-Seine, entre le pont Saint-Martin et le pont de l'Abbaye, suivant la rue de l'Hôtel-de-Ville, la place Marmont et la rue de la Gare, B. 235, p. 782 ; Creuse, n° 2, d'Aubusson à Montaigut, aux abords de l'étang de Couyoux, B. 215, p. 14 ; entre la route départementale n° 3, au pont de Courleix, et la limite du Puy-de-Dôme, B. 235, p. 782 ; — Doubs, n° 12, de Salins en Suisse, entre Saint-Antoine et les Hôpitaux - Neufs, B. 240, p. 1105 ; n° 13, entre la route départementale n° 21 et Abbenans, B. 235, p. 781; — Garonne (Haute-), n° 2, de Toulouse à Sorèze, dans la côte de Saint-Félix, B. 240, p. 1104 ; Gers, n° 9, de l'Isle-en-Dodon à Grenade, au point de jonction avec la route n° 5, B. 220, p. 201. —

Meurthe-et-Moselle, n° 3, entre Gare-le-Coup et Bicqueley, B. 232, p. 598; n° 15, de Nancy à Verdun, dans la rue Marion, à Thiaucourt, B. 229, p. 506 ; — Saône-et-Loire, n° 21, de Mâcon à Lugny, B. 215, p. 14 ; Saône (Haute-), n° 4, de Besançon aux Vosges, B. 240, p. 1104 ; Savoie (Haute-), n° 7, d'Annecy à Bonneville, par Thônes, entre le col de Bluffy et la plaine d'Alex, B. 218, p. 142 ; Seine, n° 68, prolongement et classement parmi ces routes du chemin dit *de Villeneuve-le-Roi*, jusqu'à la limite du département de Seine-et-Oise, B. 229, p. 506; Seine-Inférieure, n° 16, de Criel à Saint-Valery-sur-Somme, dans la traverse d'Eu, B. 235, p. 782 ; Somme, n° 20, construction d'un aqueduc dans la traverse de Rosières, B. 240, p. 1105.

ROUTES NATIONALES. Rectification de la route n° 170, dans les côtes de Trémaria, de Belair et de Quinquis (Finistère), B. 240, p. 1104.

ROUTES SALICOLES. Construction de quatre routes salicoles dans le marais de la Moulinette, près de la Rochelle (Charente-Inférieure), B. 220, p. 202.

ROUTE THERMALE N° 5. Incorporation d'une parcelle de terrain sise à Vichy, B. 232, p. 597.

ROYAUME D'ANNAM. Voyez *Traités*.

S

SAVONS. Ceux employés à la préparation, au dégraissage, à la teinture et au blanchiment des soies, des laines, des cotons, des fils et autres matières textiles à l'état brut ou à l'état de tissus n'ayant pas encore reçu le dernier apprêt que comporte leur fabrication, pourront être livrés avec décharge de droits, si l'emploi en est suffisamment justifié (budget de 1875), B. 224, p. 298.

SERVICE JUDICIAIRE. Voyez *Magistrature* et *Offices*.

SERVICE POSTAL. Voyez *Postes (Administration des)*.

SIGNAUX à faire pour l'appel des pilotes pendant la nuit, B. 226, p. 390.

SOCIÉTÉS DE TIR ET AUTRES. Voyez *Cartouches* et *Cercles*.

SOIES. Voyez *Bureau pour le titrage des soies*.

SOURCES MINÉRALES. Déclaration

d'intérèt public de deux sources minérales dites *Nouvelles sources des Célestins n° 2* (au milieu de la grotte), aménagées en 1870, et la *Source des Anciens Célestins n° 2*, découverte en 1870, lesdites sources dépendant de l'établissement thermal de Vichy et appartenant à l'État, B. 224, p. 334; — de la source d'eau minérale qui alimente l'établissement thermal d'Avène (Hérault),

appartenant aux sieurs *Descays* frères, B. 236, p. 813. — Établissement d'un périmètre de protection autour du groupe des sources qui alimentent l'établissement thermal du Mont-Dore (Puy-de-Dôme), B. 238, p. 938.

SOUS-OFFICIERS. Voyez *Armée.*

SUPPLÉMENTS DE CRÉDITS. Voyez *Ministères.*

SYNDICAT. Voyez *Canal de l'Est et Ministère des travaux publics.*

T

TABLEAUX DE LA POPULATION DE LA FRANCE. Rectification en ce qui concerne les départements suivants : Alpes-Maritimes, B. 233, p. 637; — Côtes-du-Nord, B. 215, p. 11; — Rhône, B. 228, p. 462; — Saône-et-Loire, B. 228, p. 460; Somme, B. 228, p. 462.

TARIF DES DROITS DE VOIRIE à percevoir dans la ville de Paris, B. 216, p. 59.

TAXE DE VÉRIFICATION PREMIÈRE DU MÈTRE. Modification de cette taxe, B. 236, p. 792.

TAXE MUNICIPALE. Voyez *Chiens* et *Ville de Paris.*

TERRAINS DOMANIAUX ET MARITIMES. Voyez *Domaines.*

TIMBRES D'ETIQUETTES. Voyez *Marques de fabrique.*

TONNAGE (DROIT DE). Voyez *Navigation.*

TRAITÉS. Approbation de la déclaration relative à la protection des marques de fabrique, signée à Rome, le 10 juin 1874, entre la France et l'Italie, B. 215, p. 10; — d'une convention de poste entre la France et l'Uruguay (loi du 13 juillet 1874), B. 216, p. 19; — de la convention additionnelle à la convention de poste du 3 mars 1869, signée entre la France et l'Italie, le 15 mai 1874 (loi du 17 juillet 1874), B. 216, p. 29; — de la convention additionnelle de poste conclue, le 15 mai 1874, entre la France et

l'Italie, B. 220, p. 190; — de la convention de poste conclue, le 28 avril 1874, avec les États-Unis de l'Amérique du Nord, B. 216, p. 51; — de celle conclue, le 30 mars 1874, entre la France et le Brésil, B. 217, p. 77. — Promulgation de ladite convention, B. 222, p. 247. — Approbation du traité conclu à Saigon, le 15 mars 1874, entre la France et le royaume d'Annam (loi du 4 août 1874), B. 220, p. 174.

TRAMWAYS. Établissement d'un réseau de voies ferrées à traction de chevaux dans la ville de Versailles, B. 216, p. 31. — Autorisation au sieur *Gibiat* de mettre en circulation des voitures d'un nouveau modèle sur la voie ferrée à traction de chevaux de Sèvres à Versailles, B. 229, p. 503. — Établissement d'un réseau de tramways dans la ville de Marseille, B. 231, p. 569; — d'une voie ferrée à traction de locomotives entre Rueil et Marly-le-Roi (Seine-et-Oise), B. 234, p. 732. — Prolongement de la voie ferrée à traction de chevaux de Vincennes à Boulogne depuis le rond-point de la Reine, à Boulogne, jusqu'à l'extrémité de la place d'Armes, à Saint-Cloud, B. 235, p. 777. — Approbation du traité passé pour l'établissement et l'exploitation d'une ligne de voies ferrées à traction de chevaux dans la ville

Z

Zones. Modification de la limite de la zone des fortifications du fort Saint-Nicolas, à Marseille, B. 230, p. 537.

IMPRIMERIE NATIONALE.— Février.1825.

CPSIA information can be obtained
at www.ICGtesting.com
Printed in the USA
BVHW04*0945210918
527831BV00034B/93/P